Sprachliche Verhältnisse und Restrukturierung sprachlicher Repertoires in der Republik Moldova

Sprache, Mehrsprachigkeit und sozialer Wandel

Herausgegeben von Jürgen Erfurt

Volume 30

Zu Qualitätssicherung und Peer Review der vorliegenden Publikation

Die Qualität der in dieser Reihe erscheinenden Arbeiten wird vor der Publikation durch den Herausgeber der Reihe geprüft.

Notes on the quality assurance and peer review of this publication

Prior to publication, the quality of the work published in this series is reviewed by the editor of the series.

Anna-Christine Weirich

Sprachliche Verhältnisse und Restrukturierung sprachlicher Repertoires in der Republik Moldova

Bibliografische Information der Deutschen Nationalbibliothek
Die Deutsche Nationalbibliothek verzeichnet diese Publikation
in der Deutschen Nationalbibliografie; detaillierte bibliografische
Daten sind im Internet über http://dnb.d-nb.de abrufbar.

Zugl.: Frankfurt (Main), Univ., Diss., 2017

Gedruckt auf alterungsbeständigem,säurefreiem Papier.
Druck und Bindung: CPI buchbücher.de GmbH, Birkach

D 30
ISSN 1610-143X
ISBN 978-3-631-74371-3 (Print)
E-ISBN 978-3-631-74407-9 (E-PDF)
E-ISBN 978-3-631-74408-6 (EPUB)
E-ISBN 978-3-631-74409-3 (MOBI)
DOI 10.3726/b13172

© Peter Lang GmbH
Internationaler Verlag der Wissenschaften
Berlin 2018
Alle Rechte vorbehalten.

Peter Lang – Berlin · Bern · Bruxelles ·
New York · Oxford · Warszawa · Wien

Das Werk einschließlich aller seiner Teile ist urheberrechtlich
geschützt. Jede Verwertung außerhalb der engen Grenzen des
Urheberrechtsgesetzes ist ohne Zustimmung des Verlages
unzulässig und strafbar. Das gilt insbesondere für
Vervielfältigungen, Übersetzungen, Mikroverfilmungen und die
Einspeicherung und Verarbeitung in elektronischen Systemen.

Diese Publikation wurde begutachtet.

www.peterlang.com

Inhaltsverzeichnis (Kapitelübersicht)

Abkürzungsverzeichnis 19

Tabellen- und Abbildungsverzeichnis 21

Danksagung 25

1. Einleitung 27

2. Zu ‚Erreichbarkeit' und ‚Reichweite' sprachlicher
   Repertoires in ‚sprachlichen Verhältnissen'
   (theoretische Überlegungen) 39

3. Methoden der Datenerhebung und Interpretation 111

4. Die sprachlichen Verhältnisse in der Republik Moldova 167

5. Fallstudie 1: Das theoretische Lyzeum im Dorf U 245

6. Fallstudie 2: Ein italienischsprachiges
   Call-Center in Chişinău 423

7. Schlussfolgerungen 577

Literaturverzeichnis 609

Index 669

Detailliertes Inhaltsverzeichnis

Abkürzungsverzeichnis 19

Tabellen- und Abbildungsverzeichnis 21

Danksagung 25

1. Einleitung 27

2. Zu ‚Erreichbarkeit' und ‚Reichweite' sprachlicher
   Repertoires in ‚sprachlichen Verhältnissen'
   (theoretische Überlegungen) 39
   2.1 Sprachliche Verhältnisse 41
       2.1.1 Theoretische Prämissen zu ‚sprachlichen
              Verhältnissen' bei Utz Maas 42
       2.1.2 Empirische Darstellung ‚Sprachlicher Verhältnisse' 51
              2.1.2.1 Die Bandbreite der Heterogenität sprachlicher
                       Praxis in einer Gesellschaft 52
              2.1.2.2 Abstand zwischen Varietäten und Sprachen 52
              2.1.2.3 Status und Funktionen verschiedener Sprachen 53
              2.1.2.4 Zugang zu Bildung 55
              2.1.2.5 Normen, Wertungsgefälle und Repräsentationen 56
              2.1.2.6 Kommodifizierbarkeit sprachlicher Ressourcen 57
   2.2 Erreichbarkeit und Reichweite sprachlicher Ressourcen 58
       2.2.1 Vorüberlegungen zu ‚Reichweite' und ‚Erreichbarkeit' 60
       2.2.2 Theoretische Anknüpfungspunkte 63
              2.2.2.1 Der scale-Begriff in der Soziolinguistik
                       der Mobilität 64
              2.2.2.2 Erreichbarkeit 68
              2.2.2.3 Reichweite 70

	2.2.3	Fragen und Thesen	71
		These 1: Die Reichweite sprachlicher Ressourcen ist relativ.	71
		These 2: Es kann nur über die Reichweite sprachlicher Repertoires sinnvoll gesprochen werden, nicht über diejenige einzelner sprachlicher Ressourcen.	75
		These 3: Die ökonomische Reichweite von Ressourcen (Kommodifizierbarkeit) variiert im biographischen Verlauf.	75
		These 4: Die Reichweite sprachlicher Repertoires kann ein kollektives Gut sein.	76
		These 5: Reichweite und Erreichbarkeit sind interdependent mit Bewertungen und Einschätzungen der Person.	77
		These 6: Erreichbarkeit und Reichweite sind veränderlich	77
		These 7: Auch unter ähnlicher Artikulation von Verhältnissen variiert die Erreichbarkeit von sprachlichen Ressourcen	78
2.3	Restrukturierung sprachlicher Repertoires		78
	2.3.1	Von der Sprachgemeinschaft zur Superdiversität	79
	2.3.2	Das ‚sprachliche Repertoire' als *structured inventory of units*	81
	2.3.3	*Usage-based approaches*	85
	2.3.4	Formen des Lernens aus Gebrauchsperspektive	89
		2.3.4.1 Voice und Autonomie	90
		2.3.4.2 Lernumgebungen	93
		2.3.4.3 Sprachliche Kompetenzen	95
		2.3.4.4 Primäre und sekundäre Mehrsprachigkeit	97
		2.3.4.5 Sprachlicher Ausbau (als eine besondere Perspektive von Lernen)	98
		2.3.4.6 Methodische Konsequenzen	101
	2.3.5	Restrukturierung sprachlicher Repertoires	103
	2.3.6	Das ‚sprachliche Repertoire' und *indexical biographies*	106

3. Methoden der Datenerhebung und Interpretation ... 111

3.1 Forschungsfragen ... 111

3.2 Datenerhebung ... 116
    3.2.1 Ablauf der Datenerhebung ... 116
    3.2.2 Zu den Methoden der Datenerhebung ... 117
        3.2.2.1 Politische Aspekte von Ethnographie und Ethnomethodologie ... 118
        3.2.2.2 „Teilnehmen" und die Reflexivität der Beobachtung ... 121
            Positioniertheit und selektive Wahrnehmung (a) ... 121
            Beziehungen im Forschungsprozess (b) ... 124
            Ziele der Forschung, ungeplante und erhoffte Nebeneffekte (c) ... 125
            Schreiben über Andere (d) ... 126
        3.2.2.3 Konsequenzen für das Schreiben ... 128
    3.2.3 Interviews ... 130
        3.2.3.1 Interviewführung ... 130
        3.2.3.2 Leitfragen und Semistruktur ... 131
    3.2.4 Weitere Daten ... 133

3.3 Datenverarbeitung ... 133
    3.3.1 Transkription ... 133
        Transkriptionsregeln ... 134
    3.3.2 Anonymisierung ... 135

3.4 Interpretation der Interviews (Aufbau, Methodik, Leitfragen) ... 136
    3.4.1 Textebene 2: Das Interviewtranskript ... 138
        3.4.1.1 Sprachautobiographien ... 139
        3.4.1.2 Die Interviews als Interaktionen ... 140
        3.4.1.3 Rollen und Interessen der Beteiligten ... 142
        3.4.1.4 Interaktion und Syntax gesprochener Sprache ... 145
        3.4.1.5 Die Interviewtranskripte als Text(e) ... 146
    3.4.2 Leitfragen für die Interpretation ... 147

  3.4.2.1 Versprachlichung der Interpretation (Textebene 3) 148
  3.4.2.2 Struktur der Analyse 148
    Schritt 1: Rekonstruktion von Sprach- und beruflichen Biographien 152
    Schritt 2: Repräsentation der sprachlichen Repertoires der Gesprächspartner*innen durch die Personen selbst 155
    Schritt 3: Analyse der sprachlichen Formen 158
    Sprechweise 159
    Monolingualer Modus und Gewohnheitsmodus 162

4. Die sprachlichen Verhältnisse in der Republik Moldova 167
 4.1 Überblick über Forschungsstand 173
 4.2 Sowjetische Sprachpolitk und sprachliche Verhältnisse in der MSSR 176
  4.2.1 Sowjetische Sprach- und Nationalitätenpolitik 177
  4.2.2 Die sprachlichen Verhältnisse in der MSSR 181
  4.2.3 Skizze der Konfliktlinien seit 1988 185
 4.3 Die moldauische Gesellschaft und ihre sprachlichen Ressourcen ... 190
  4.3.1 Status & Funktion 194
  4.3.2 Ausbau und Normalisierung 197
    4.3.2.1 Auto- vs. Heterozentrierter Ausbau 199
    4.3.2.2 Änderung des Alphabets 201
  4.3.3 Sprachliche Heterogenität: Varietäten des Rumänischen und Russischen 203
  4.3.4 „Minderheitensprachen" und Konzepte von Ethnizität in Moldova 209
    4.3.4.1 Rechtliche Situation 212
    4.3.4.2 Ukrainisch in Molodva 214
  4.3.5 Sprachpraxis und rezeptive Mehrsprachigkeit 218
  4.3.6 Sprachpraxis in der Wirtschaft 220

	4.3.7	Schule und Sprachaneignung	223
		4.3.7.1 Minderheitensituation und Schule	228
		4.3.7.2 Fremdsprachen	229
	4.3.8	Migration	231
		4.3.8.1 Sprachliche Aspekte der Migration	233
		4.3.8.2 Die moldauische Migration nach Italien	236
4.4	Epilinguistische Diskurse		238

5. Fallstudie 1: Das theoretische Lyzeum im Dorf U 245

5.1 Artikulation der sprachlichen Verhältnisse im Dorf U 245
    5.1.1 Räumliche Beziehungen – U. in der Region 247
    5.1.2 Sprachen, Varietäten, Register und Funktionsverteilung 249
        5.1.2.1 Die ukrainische Varietät U.-ski 250
        5.1.2.2 Alltäglicher Sprachgebrauch 254
                Kirche und Medien 258
        5.1.2.3 Reichweite des Ukrainischen und Perspektiven eines Ukrainischstudium 259
        5.1.2.4 Erreichbarkeit vs. Reichweite der Staatssprache 262
        5.1.2.5 Reichweite des Russischen 267
    5.1.3 Das Lyzeum auf dem Arbeitsmarkt in U 268
        5.1.3.1 Das Lyzeum als Arbeitsplatz 270
        5.1.3.2 Migration 273
    5.1.4 Das Lyzuem als sprachpolitischer Akteur 276
        5.1.4.1 Demographischer Wandel und Optimisazija 277
        5.1.4.2 Sprachpolitische Akteur*innen & Personalstruktur 278
        5.1.4.3 Geschichte des Lyzeums und politische Veränderungen 280
        5.1.4.4 Interne Sprachpolitik 282
                Unterrichtssprache Russisch 288
                Rumänischunterricht 291

        Rumänisch in der Kommunikation mit
den Behörden 293
        Ukrainischunterricht 296
        Transnationale Kooperationsbeziehungen mit
ukrainischen Insitutionen 300
        „Fremdsprachenunterricht" 301
    5.1.4.5   Die Schule als kulturpolitischer Akteur 302

5.2 Ukrainischlehrerin Anastasia Dimitrovna 305
    5.2.1 Situierung des Interviews und Übersicht über
den Gesprächsverlauf 306
    5.2.2 Rekonstruktion der Sprach- und Berufsbiographie 307
        5.2.2.1   Familiäre Mehrsprachigkeit 308
        5.2.2.2   Rumänisch-Aneignung 313
        5.2.2.3   Ausbau des Ukrainischen 318
        5.2.2.4   Berufsentscheidung und Kommodifizierung
des Ukrainischen 323
    5.2.3 Repräsentation des sprachlichen Repertoires
und der alltäglichen Sprachpraxis 324
        5.2.3.1   Legitime Ukrainischsprecher*in und Dialekt 325
        5.2.3.2   Reichweite der Rumänisch-Ressourcen 331
    5.2.4 Sprechweise 337

5.3 Englischlehrerin Iolanda 338
    5.3.1 Situierung des Interviews und Übersicht
über den Gesprächsverlauf 338
    5.3.2 Rekonstruktion von Iolandas Sprach-
und Berufsbiographie 340
        5.3.2.1   Sprachausbau und Sprachpraxis
in Kindheit und Jugend 341
        Schulbesuch im Nachbardorf M. und
Rumänischausbau 342
        Erster Schulwechsel (U.–> M.) 345
        Ausbau des Ukrainischen 348
        Aneignung intimer Register (des Ukrainischen) 350

	5.3.2.2	Aktuelle Praxis	353
		Ukrainisch	354
		Auslandsaufenthalte	358
		Gegenwärtige Rumänischpraxis	360
		Sprachmediation	362
5.3.3	Repräsentation ihres Sprachlichen Repertoires		367
	5.3.3.1	Schriftpraxis	368
	5.3.3.2	Sprachliche Benennungen	368
		Russisch als rodnoj jazik	368
		Čisto ukrainskij jazik	369
		Po-našemu vs. na ich	370
		Rumänisch	370
		Praktischer Nutzen sprachlicher Ressourcen und Empowerment im Unterricht	371
5.3.4	Sprechweise		373

5.4 Rumänischlehrerin Polina 374

    5.4.1 Situierung des Interviews und Übersicht über den Gesprächsverlauf 374

    5.4.2 Rekonstruktion von Polinas Sprach- und Berufsbiographie 376

	5.4.2.1	Sprachbiographie, Ausbau des Repertoires	377
		Russischaneignung und -ausbau	377
		Ukrainischausbau	381
		Rumänischausbau und die Umstellung des Alphabets	386
	5.4.2.2	Berufswahl	389
		Entscheidung für das Studium Rumänisch als Zweitsprache	389

    5.4.3 Repräsentation des sprachlichen Repertoires und Sprachpraxis 392

	5.4.3.1	Selbstverortung im Dorf	393
	5.4.3.2	Sprachgebrauch innerhalb der Familie	397
	5.4.3.3	Auswertung der Wochendokumentation	405

		5.4.3.4	Repräsentationen von Rolle und Erreichbarkeit des Rumänischen 406
		5.4.3.5	Repräsentation ihres sprachlichen Repertoires 409
	5.4.4	Sprechweise 413
		5.4.4.1	Elemente eines mehrsprachigen Modus 414
		5.4.4.2	Geschriebene Sprache 416
5.5	Fazit zur Fallstudie zum Lyzeum in U 417

6. Fallstudie 2: Ein italienischsprachiges Call-Center in Chişinău 423

6.1	Artikulation der sprachlichen Verhältnisse bei Univerconnect 424
	6.1.1 Univerconnect als Arbeitsplatz 425
	6.1.2 Univerconnect auf dem sprachlichen Markt in Chişinău 428
	6.1.3 Verortung von Univerconnect innerhalb der Call-Center Forschung 434
	6.1.4 Sprachliche Verhältnisse bei Univerconnect 439
		6.1.4.1 Personal und Rekrutierungsprozesse 439
		Personalrekrutierung und Einstellungsprozess 440
		Training 443
		6.1.4.2 Implizite und explizite Regeln des sprachlichen Marktes Univerconnect 444
		Verkaufsgespräche 444
		Schriftlichkeit 446
		Einsprachigkeit Italienisch vs. mehrsprachige Praxis 447
		Rolle des Rumänischen und Russischen 450
		6.1.4.3 Sprachliche Repertoires der Operator*innen 453
6.2	Natalia (Operatorin, Typ 1) 460
	6.2.1 Situierung des Interviews und Übersicht über den Gesprächsverlauf 460
	6.2.2 Rekonstruktion der Sprach- und Berufsbiographie 462
		6.2.2.1 Ausbildung und Ausbau formeller Register in Rumänisch und Russisch 464

		6.2.2.2	Migration nach Italien 468
		6.2.2.3	Aneignung von Italienischkenntnissen 475
			Schreiberfahrung und Orthographiekenntnisse im Italienischen 479
	6.2.3	Sprachliches Repertoire und Sprachpraxis 483
	6.2.4	Sprechweise Natalia 487
		6.2.4.1	Sprechweise im Interview 487
		6.2.4.2	Lernprozesse im Training 488
			Die Konstruktion Touch Screen 490
		6.2.4.3	Sprachpraxis während der Telefonate und Verkaufsstrategien 499
			Typischer Gesprächsverlauf 500
			Die Konstruktion Touch screen 507
6.3	Oksana (Operatorin, Typ 4) 509
	6.3.1	Situierung des Interviews und Gesprächsverlauf 509
	6.3.2	Rekonstruktion Sprach- und Berufsbiographie 511
		6.3.2.1	Aneignung des Rumänischen 511
		6.3.2.2	Italienischaneignung 515
		6.3.2.3	Italienischausbau bei Univerconnect 521
		6.3.2.4	Italienischlernen während der Arbeit 522
	6.3.3	Repräsentation ihres Repertoires 526
		6.3.3.1	Fremdsprachen: Englisch 528
		6.3.3.2	Schriftpraxis als Operatorin 530
	6.3.4	Sprechweise 532
		6.3.4.1	Skribale Praxen 534
		6.3.4.2	Mehrsprachiger Modus 535
		6.3.4.3	Italienischpraxis in Kund*innengesprächen 543
6.4	Eugen (Direktor, Typ 3) 548
	6.4.1	Situierung des Interviews und Gesprächsverlauf 549
	6.4.2	Rekonstruktion der Sprachbiographie 552
		6.4.2.1	Varietätenunterschiede im Russischen 553
		6.4.2.2	Studium & institutionalisierter Sprachausbau 559
			Sprach- bzw. Fächerwahl 560

		6.4.2.3	Berufseinstieg und erste Italienisch-Praxis 561
		6.4.2.4	Kommunikative Anforderungen im Italienischen im Rahmen seines ersten Jobs 564
	6.4.3	Repräsentation seines eigenen sprachlichen Repertoires 565
	6.4.4	Sprechweise 568
		Anakoluth 569
		Konstruktionen/Lexikon 570
6.5	Zwischenfazit: Call-Center Univerconnect (Fallstudie 2) 571

7. Schlussfolgerungen 577

7.1 Zwei Fallstudien und sechs Sprachbiographien im Vergleich 579

7.2 Erreichbarkeit und Reichweite in den Reflexionen der Gesprächspartner*innen 583

7.3 Erreichbarkeit und Reichweite revisited 586

 These 1: Die Reichweite sprachlicher Ressourcen muss in Relation zu Lebensentwürfen betrachtet werden. 586

  Alltagskommunikation & soziale Anerkennung 587

  Scale-Jumping und indexikalische Ordnungen 588

  Voice & Bürger*innenrechte 589

  Zugang zu Bildung und Information 590

  Kommodifizierbarkeit der Arbeitskraft & Sprache als Produktionsmittel 592

  Mobilität und Migraton 593

 These 2: Es kann nur über die Reichweite sprachlicher Repertoires sinnvoll gesprochen werden, nicht über diejenige einzelner Sprachen und Register. 595

 These 3: Im Kontrast von aktueller und potentieller Reichweite spiegeln sich Ungleichzeitigkeiten zwischen sprachlichem Repertoire und Lebenswelt 596

 These 4: Die Reichweite ist ein häufiges Motiv von Lernprozessen, aber keine hinreichende Bedingung dafür 598

 These 5: Die Reichweite sprachlicher Repertoires stellt ein kollektives Gut dar 600

	These 6:	Ermutigung ist eine Voraussetzung für Reichweite und Erreichbarkeit sprachlicher Ressourcen 601
	These 7:	Erreichbarkeit und Reichweite verändern sich mit den Verhältnissen 604
7.4	Ausblick: Zur künftigen Operationalisierung von Erreichbarkeit und Reichweite 606

Literaturverzeichnis 609

Literatur im lateinischen Alphabet 609

Literatur im kyrilischen Alphabet 661

Verzeichnis der Internetlinks 663

Index 669

Abkürzungsverzeichnis

AȘM	Academia de Științe a Moldovei
BNS	Biroul Național de Statistică (Nationales Statistikbüro)
CEPD	Centrul Educațional Pro Didactică
CreDO	Centrul de Resurse pentru Drepturile Omului
DEX	Dicționarul explicativ al limbii române
Dt.	deutsch(e Übersetzung)
EB	Etnobarometru
FIP	Form-Inhalts-Paar (Streb 2015, 2016)
IOM	International Organization for Migration
IPP	Institutul de Politice Publice
k. A.	keine Angabe
LGBT	Lesbian, Gay, Bisexual, Transgender
LRL	Lexikon der romanistischen Linguistik
o.A.	ohne Autor*in
o.J.	ohne Jahr
MASSR	Moldauische Autonome Sozialistische Sowjetrepublik
MD	(Republik) Moldau/Moldova
MSSR	Moldauische Sozialistische Sowjetrepublik
OSCE	Organization for Security and Co-operation in Europe
PMR	Pridnjestrovskaja Moldavskaja Respublika (dt. Transnistrische Moldauische Republik)
POHO	районный отдел народного образования (Raions-Dezernat für Volksbildung), s. RONO
PU	Philosophische Untersuchungen (Wittgenstein)
RONO	Rajonnyj otdel narodnogo obrazovanija, Transliteration von POHO, s.o.
SprG	Sprachgesetz
TCU	Turn Constructional Unit
UdSSR	Union der Sozialistischen Sowjetrepubliken
USM	Universitatea de Stat din Moldova (dt. Staatliche Universität Moldovas)

Tabellen- und Abbildungsverzeichnis

Tabelle:	„Horizonte" der Grundkategorie Sprachausbau bei Maas (2008a)	49
Abbildung:	Reichweite und Erreichbarkeit	59
Tabelle:	Reichweite, scale und Register	67
Tabelle:	Untergliederung der Texte nach makroskopischen Interaktionssequenzen	149
Tabelle:	Registerdifferenzierung unter gegenwärtigen Verhältnissen in MD	171
Tabelle:	Moldauische Bevölkerung nach „Nationalität" 1989 und 2004	191
Tabelle:	Sprachkenntnisse Erstsprache nach „Nationalität"	192
Tabelle:	Üblicherweise gesprochene Sprache nach „Nationalität" (Zahlen nach Zensus 2004 und Prozentangaben nach Etnobarometru 2004/05)	192
Tabelle:	Ressourcen des Rumänischen in Moldova in der Registerdifferenzierung	207
Tabelle:	Selbsteinschätzung von Sprachkenntnissen und familiärer Sprachpraxis bei der ukrainischen Bevölkerung (in %)	216
Tabelle:	Schulsystem Republik Moldova	223
Tabelle:	Entwicklung Anzahl der Schulen und Schüler*innen	224
Tabelle:	Unterrichtssprachen auf den unterschiedlichen Ebenen des Bildungssystems	225
Tabelle:	Ausgaben für Bildung in der Republik Moldova	228
Tabelle:	Durchschnittlicher Monatslohn	228
Tabelle:	Fremdsprachenunterricht in Primar- und Sekundarschulen	230
Tabelle:	Prozentuale Verteilung von Schüler*innen auf Fremdsprachen	230
Tabelle:	Dorf U. – Bevölkerung nach Zensus 2004	246

Tabelle:	Entwicklung der Schüler*innenzahlen und Schulrückgang 2000–2015	261
Tabelle:	Entwicklung Schüler*innenzahlen in U.	278
Tabelle:	Überblick Geschichte des Lyzeums in U.	281
Tabelle:	Anzahl der Sprach-Unterrichtsstunden 1. bis 9. Klasse in Schulen mit Russisch als Unterrichtssprache und Ukrainisch im Fachunterricht	283
Tabelle:	Anzahl der Sprach-Unterrichtsstunden 10.-12. Klasse	284
Abbildung:	Dreisprachige Schulbeschilderung	285
Abbildung:	Hymnen der Republik Moldova und der Ukraine im Schulflur	285
Tabelle:	Studien- und Ausbildungswahl der Schulabgänger*innen 2011	290
Tabelle:	Anastasia I2/S28–29/T259–270	309
Tabelle:	Anastasia I2/S6/58–64	314
Tabelle:	Anastasia I2/S9/T91–93	317
Tabelle:	Anastasia I2/S13	318
Tabelle:	Anastasia I2/S12	320
Tabelle:	Anastasia I2/S11	322
Tabelle:	Anastasia I2/S19/152–153	326
Tabelle:	Anastasia I2/S17/T132–140	328
Tabelle:	Anastasia I2/S27/T249–252	332
Tabelle:	Anastasia I2/S27/T252–257	335
Tabelle:	Iolanda/S8/T47–49	343
Tabelle:	Iolanda/S13/T69–74	348
Tabelle:	Iolanda/S11/T60	350
Tabelle:	Iolanda/S11/T61–65	355
Abbildung:	Auszug aus Iolandas Wochendokumentation	358
Tabelle:	Iolanda/S14/T78	361

Tabelle:	Iolanda/S16/T89–90	363
Tabelle:	Iolanda/S18/T99–100	364
Tabelle:	Polina/S20/T129–131	378
Tabelle:	Polina/S21/T132–135	382
Tabelle:	Polina/S23/T144–145	385
Tabelle:	Polina/S27/T158–163	386
Tabelle:	Polina/S8/T56–58	390
Tabelle:	Polina/S21/T139–141	394
Tabelle:	Polina/S7/T47–48	395
Tabelle:	Polina/S14/T96–104	397
Abbilung:	Repräsentation der Entwicklung der familiären Kommunikation	402
Tabelle:	Polina/S10/T72	407
Tabelle:	Polina/S32/T181–182	411
Tabelle:	Polina/S1/T13–15	415
Tabelle:	Erreichbarkeit und Reichweite von „Sprachen" in U	420
Tabelle:	Beschäftigte nach Italienischressourcen (Aneignungsformen und -bedingungen)	455
Tabelle:	Natalia/S13	464
Tabelle:	Natalia/S2–S4	469
Tabelle:	Natalia/S17	476
Tabelle:	Natalia/S22–23/T110–117	480
Tabelle:	Natalia/S15/T72–73	485
Tabelle:	Training Beispiel 1: Corina und die Handytasten	491
Grafik:	Ausbau des FIP touch screen	495
Tabelle:	Training Beispiel 2: Verkaufssimulation Natalia	495
Tabelle:	Übersicht über die Gesprächsverläufe (Natalia)	499
Tabelle:	typischer Verlauf eines Verkaufsgesprächs (Natalia)	501

Tabelle:	I-Phone	508
Tabelle:	Oksana/S35/T307	512
Tabelle:	Oksana/S20/T173–182	513
Tabelle:	Oksana/S5/T17–24	516
Tabelle:	Oksana/S6/T26	519
Tabelle:	Oksana/S25/T216–223	522
Tabelle:	Oksana/S22/T196–204	528
Tabelle:	Oksana/S12/T68–79	530
Tabelle:	Oksana/Arbeit/T291–303	534
Tabelle:	Oksana/S19/T162–64	535
Tabelle:	Oksana/Arbeit/T264–269	537
Tabelle:	Oksana/Arbeit/T139–150	538
Tabelle:	Oksana/Arbeit/T89–109	539
Tabelle:	Oksana/Arbeit/T216–230	540
Tabelle:	Oksana/ Arbeit/T123–126	541
Tabelle:	Oksana/S30/T250–255	542
Tabelle:	Anrufstatistik Oksana 19.06.	544
Tabelle:	Typischer Gesprächsverlauf Oksana	544
Tabelle:	Eugen/S10–11/T52–64	554
Tabelle:	Eugen S17/126–129	562
Tabelle:	Eugen/S21/T141	567
Tabelle:	Dimensionen von Reichweite und Erreichbarkeit unter der Bedingung von Mobilität	594

Danksagung

Die Personen, denen mein größter Dank gilt, kann ich an dieser Stelle wegen der Anonymisierung der Daten leider nicht namentlich nennen. Ohne die Bereitschaft der Lehrerinnen des Lyzeums in einem ukrainischen Dorf und der Mitarbeiter*innen in einem Call-Center in Chişinău, mir einen Teil ihrer Zeit zu widmen und mir bereitwillig Auskunft über ihre Sprach- und Berufsbiographien zu geben, könnte es diese Arbeit so nicht geben. Ich bin der Schulleitung und der Schulbehörde des Raions zu Dank verpflichtet, dass sie meinem Forschungsaufenthalt in der Schule zugestimmt haben, den Sprachenlehrerinnen, dass ich in ihrem Unterricht hospitieren und mit ihnen Gespräche führen durfte und dass sie sich die Zeit genommen haben, die Wochendokumentation auszufüllen. Ich danke insbesondere der Schulbibliothekarin dafür, dass sie mich bei sich zu Hause aufgenommen und verpflegt hat, dass sie mich bei der Logistik unterstützt und mich mit dem Dorf und vielen seiner Bewohner*innen bekannt gemacht hat. Ich danke ihr für die Freundschaft, die sie mir entgegengebracht hat und mit der sie mich auch nach dem Forschungsaufenthalt immer wieder empfangen hat. Ich danke den Mitarbeiter*innen des Call-Centers, dass ich sie beim Training, im Sprachkurs und bei der Arbeit beobachten durfte, dass sie vor und nach der Arbeit für ausführliche Gespräche zur Verfügung standen und dass ich nach Hause eingeladen wurde und Familie, Freund*innen und Partner*innen kennenlernen durfte. Dank gilt auch den emsigen Transkriptorinnen Ana Belgorodova, Veronica Stîrbu und Iulia Vorebeva für ihre zuverlässige und freundschaftliche Zusammenarbeit.

Die Teilnahme an einer Sommerschule des Moldova-Instituts Leipzig im Jahr 2009 verschaffte mir einen entscheidenden ersten Eindruck von der moldauischen Gesellschaft. Es waren vor allem Gespräche mit Jan-Peter Abraham, Rosanna Dom und Jan Zofka, aus denen ich zu diesem Zeitpunkt sehr viel lernen konnte und die mir Lust darauf gemacht haben, ein eigenes Forschungsprojekt anzugehen.

Zu Dank bin ich denjenigen verpflichtet, die das Forschungsprojekt „Sprachliche Dynamik im multiethnischen Nationalstaat: Fallstudie Moldova" in den Jahren 2010 bis 2013 möglich gemacht haben, im Rahmen dessen die Forschung zu dieser Dissertation stattgefunden hat: Der Deutschen Forschungsgemeinschaft (DFG) für die Finanzierung dieses Projekts und Jürgen Erfurt, der dieses Projekt geplant, entworfen und beantragt hat. Ich danke ihm auch dafür, dass er mir das Vertrauen geschenkt hat, in diesem Projekt mitzuarbeiten und selbstständig zu forschen. Ich danke der Staatlichen Universität Moldovas und hier insbesondere der Fakultät für Geschichte und dem damaligen Dekan Igor Șarov, dass ich als Gastdoktorandin für ein halbes Jahr aufgenommen wurde sowie Elena Gheorghiță und ihren Studentinnen Cristina Budeanu und Natalia Zaharova von der Fakultät für Fremdsprachen für die Forschungskooperation seit 2012.

Dank gilt Jürgen Erfurt auch für die Betreuung dieser Arbeit und dabei insbesondere dafür, dass er für Rat, Kritik und Unterstützung jederzeit zur Verfügung stand und mir in allen Phasen detaillierte und kritische, aber stets ermutigende Rückmeldung gegeben hat. Ich danke auch Larisa Schippel von der Universität Wien und Elena Gheorgiță von der Staatlichen Universität Moldovas, dass sie das Zweit- und Drittgutachten für diese Arbeit übernommen haben.

Den Prozess eng begleitet hat die Forschungsgruppe um Jürgen Erfurt am Institut für Romanische Sprachen der Goethe-Universität Frankfurt, wo ich meine Forschung regelmäßig zur Debatte stellen konnte. Namentlich möchte ich den wechselnden Mitgliedern dieser Forschungsgruppe danken, dass sie sich mit mir in das ihnen mehrheitlich unbekannte Forschungsfeld der sprachlichen Verhältnisse in Moldova eingedacht haben und mir stets vermittelt haben, dass meine Arbeit spannend und vielversprechend ist: Véronique Castellotti, Vasile Dumbrava, Valérie Fialais, Bettina Herold, Ludovic Ibarrondo, Atobé Kouadio, Tatjana Leichsering, Marie Leroy, Ophélie Périquet, Peter Reimer, Mona Stierwald und Reseda Streb. In diesem Sinne gilt mein Dank auch den Kolleg*innen aus Straßburg und Luxemburg, mit denen sich unsere Forschungsgruppe jährlich zu gemeinsamen Kolloquien getroffen hat.

Schließlich möchte ich all meinen Freund*innen, Kolleg*innen und Familienangehörigen danken, die zu unterschiedlichen Zeitpunkten Teile dieser Arbeit gelesen und kommentiert haben: Thomas Brenner, Vanessa Faix, Daniel Füger, Andrea Gremels, Sebastian Hess, Svenja Keitzel, Ulrike Klemmer, Karoline Kruczynski, Marie Leroy, Eva Niepagenkemper, Sarah Schreiner, Mona Stierwald, Reseda Streb, Sonja Weidner, Hermann-Josef und Regina Weirich, Helga Zichner und Jan Zofka. Ein Dank gilt außerdem Ulrike Klemmer für Unterstützung bei der technischen Fertigstellung der Arbeit, Jan Reinecke für die Gestaltung von Grafiken, Simon Sontowski von der Universität Zürich für die Beschaffung von Literatur und Jan-Peter Abraham für die Übersetzung ukrainischer Literatur.

Anna-Christine Weirich, Frankfurt am Main, Oktober 2017

1. Einleitung

Mișa: pentru că la chișinău e cum strategic foarte bun – și nu-s numai de italiană vin mulți
să deschid aicea pentru că salariu dăi mizerabil [A: ыхы .] nu plătești și unde în europa
găsești oameni care îți vorbească ție și rusă și [da da da da] și germană și italiană și înțelegi
[A: ыхы . da da] foarte convenient pentru ei [...] mai întîi le-au deschis pe acolo pe albania
romînia [ыхы .] și pe urmă s-a gîndit tipa stai că la moldova [da] de două ori mai puțin
Ivan: да ещё в румынии вообще платят
Mișa: вообще gratis [A: ыхы .]
Ivan: в два раза больше – там у них пятьсот евро платят знаешь ну там же европа уже
[A: ыхы .] поэтому – они не могут платить меньше – они обязаны . платить так – [...]¹
(Auszug aus dem Interview mit den Call-Center-Mitarbeitern Mișa und Ivan in Chișinău
am 22.06.2012)²

Mehrsprachigkeit ist in der moldauischen Gesellschaft seit vielen Jahrhunderten
tief verankert. Wer sich in der moldauischen Hauptstadt Chișinău bewegt, hat
täglich Kontakt mit Formen des Rumänischen und Russischen, liest in der sprachlichen Landschaft außerdem Englisch und seltener auch Italienisch, Deutsch und
Französisch. Rezeptive Mehrsprachigkeit, Translanguaging und andere mehrsprachige Praxen wie diejenigen im eingangs zitierten Gespräch zwischen den
Call-Center-Angestellten Mișa, Ivan und mir gehören zum sprachlichen Alltag in
Moldova. Während eine quantitative Mehrheit der Moldauer*innen³ Varietäten

---

1   Dt. „Mișa: weil es in Chișinău irgendwie strategisch sehr gut ist – und nicht nur wegen
    Italienisch es kommen viele und machen hier was auf weil sie einen miserablen Lohn
    zahlen [Anna: ыхы] du zahlst nicht und wo in Europa findest du denn Leute die für
    dich mit dir Russisch reden und [Anna: jaja ja ja] Deutsch und Italienisch und verstehst
    du [A: əhə . ja ja] für sie ist das sehr praktisch naja – zuerst haben sie da in Albanien
    und Rumänien was aufgemacht [A: əhə .] und dann haben sie sich gedacht so nach
    dem Motto warte mal in Moldova [A: da] kostet es ja nur die Hälfte
    Ivan: ja in Rumänien zahlen sie noch=
    Mișa: quasi gratis [A: əhə .]=
    Ivan: das Doppelte – da werden 500 Euro gezahlt weißt du naja da ist halt schon Europa
    [A: əhə .] deswegen – sie können nicht weniger bezahlen – sie sind verpflichtet . so zu
    zahlen – [...]"
2   Zu den Transkriptionskonventionen siehe Kapitel 3.1.1.
3   Ich benutze in diesem Text durchgehend die Sternchenform für Gruppen von Personen, die unterschiedliche Geschlechtsidentitäten haben, bzw. deren Geschlechtsidentitäten ich nicht kenne. Siehe hierzu auch 3.2.2.3/Genderformen.

des Rumänischen als erste Sprache hat, wächst ein ebenfalls großer Anteil der Bevölkerung mit russischen, ukrainischen, gagauzischen oder bulgarischen Varietäten auf. Für viele Moldauer*innen ist die Praxis des Russischen als Zweit- und Verkehrssprache nach wie vor eine Selbstverständlichkeit und in der Schule werden Französisch und in zunehmendem Maße Englisch gelernt. Ein großer Anteil der Moldauer*innen war wie Mișa und Ivan schon mindestens einmal zum Arbeiten im Ausland und verfügt daher über Kenntnisse des Italienischen, Französischen, Portugiesischen, Türkischen oder Griechischen. Dass hierin ein großes Potential liegt, haben viele Unternehmer*innen aus Westeuropa längst erkannt. Der ökonomische Nutzen für die Sprecher*innen selbst ist in einem Land mit Durchschnittslohn von 4000 Moldauischen Lei[4] jedoch gering. Die Frage, wie unter diesen ökonomischen Umständen die eigene Existenz gesichert werden kann, hat oberste Dringlichkeit. Sprachkonflikte treten hierhinter aber mitnichten zurück. Insbesondere die „Normalisierung" der Staatssprache Moldauisch bzw. Rumänisch[5] und der hiervon abhängige Status des Russischen sind hochpolitische und stark ideologisierte Themen, auf deren Diskussion reichlich intellektuelle, zeitliche und mediale Ressourcen verwendet werden.

Auf eine Debatte darüber, wie die sprachlichen Ressourcen der Gesellschaft am besten für das individuelle Wohlbefinden ihrer Sprecher*innen eingesetzt werden können, wartet man aber bislang vergebens. Hierfür wäre eine differenzierte Auseinandersetzung darüber nötig, welche sprachlichen Ressourcen zirkulieren, welche Funktionen sie haben und wie die Bedingungen ihrer Aneignung beschaffen sind. Die Äußerungen von Mișa und Ivan zeigen aber auch, dass es hierfür nötig ist, sprachliche Verhältnisse als Teil der gesellschaftlichen Verhältnisse zu verstehen.

Dass das ‚Beherrschen' von Sprachen allenorts ein entscheidender Schlüssel zur geglückten Lebensführung ist, ist Konsens sowohl in medialen Diskursen als auch in der Mehrsprachigkeitsforschung, in Moldova, wie auch in der BRD. Die

---

4   Im Jahr 2014 waren es nach Angaben des moldauischen Statistikamtes 4089,7 Lei monatlich, was nach aktuellem Wechselkurs etwa 180 Euro wären (Banca de date statistice Moldova 2014).

5   Während das Sprachgesetz von 1989 und die Verfassung von 1994 den Terminus *limba moldovenească* verwenden, ist in der Unabhängigkeitserklärung von 1991 von *limba română* die Rede. Letzteres hat laut einem Verfassungsgerichtsurteil aus dem Jahre 2013 Vorrang (siehe Weirich 2015). Da die Frage in Moldova hohe politische Relevanz hat, verwende ich in der Regel beide Glottonyme parallel. Nur wenn ich mich auf die Standardsprache beziehe, beschränke ich mich auf „Rumänisch", da die Referenznorm für Moldova mit derjenigen für Rumänien identisch ist.

offizielle Sprache wird demnach benötigt, um Zugang zu Arbeit und Bildung zu bekommen, der Pflege der Familiensprache (sofern diese nicht mit der offiziellen Sprache identisch ist) wird hoher Stellenwert für die Entwicklung einer gesunden „Identität" beigemessen und das Fremdsprachen- bzw. Englischlernen als Sprache für internationale Kommunikation gilt als unerlässlich. In der Bundesrepublik Deutschland wird die Debatte aktuell dadurch komplexer, dass sich zur Mehrsprachigkeit der unterschiedlichen Migrant*innen, die in den Jahrzehnten seit dem Zweiten Weltkrieg ihren Lebensmittelpunkt in Deutschland gewählt haben, zunächst die EU-interne Migration aus Osteuropa und seit ca. einem Jahr vor allem diejenige der „Geflüchteten" kommt (Januschek 2016; Gamper/Schroeder 2016). Fokus ist dabei immer das Deutsche. In der Republik Moldova dreht die Debatte sich auch 25 Jahre nach der Unabhängigkeit von der Sowjetunion um sprachliche Dominanzverhältnisse in einer mehrsprachigen Gesellschaft und insbesondere die Funktionen des Rumänischen und des Russischen. Die Pflege der minorisierten Sprachen wie des Ukrainischen ist gesetzlich im Zusammenhang mit „ethnischen Identitäten" verankert. Ein Aktionsplan des moldauischen Bildungsministeriums hat außerdem in den letzten Jahren die Förderung des Englischlernens auf die politische Agenda gebracht. Keinerlei Niederschlag in sprachpolitischen Debatten finden die umfangreiche Migration und die sprachlichen Ressourcen, die die Moldauer*innen hierfür brauchen, oder die sie sich hierbei aneignen und die auch die sprachlichen Verhältnisse in Moldova verändern (Weirich 2016a). Eine differenzierte Auseinandersetzung darüber, welche Funktionen konkrete sprachliche Ressourcen für Personen in verschiedenen Lebenszusammenhängen haben können und wie diese angeeignet werden können, ist selten zu erkennen. Dazu soll die vorliegende Arbeit durch die Auseinandersetzung mit ‚Erreichbarkeit' und ‚Reichweite' sprachlicher Ressourcen einen Beitrag leisten. Vorgeschlagen wird damit ein Konzeptpaar, dass von den Sprachbiographien, den sprachlichen Repertoires und den Zukunftsprojekten einzelner Personen ausgeht, diese aber vor dem Hintergrund der jeweiligen sprachlichen Verhältnisse diskutiert, um Zusammenhänge zwischen sozialen Ungleichheiten und sprachlichen Ressourcen zu aufzuzeigen.

Ich schlage also einerseits ein komplexes theoretisches Gerüst vor, in dem ich auf Basis der Arbeiten von Utz Maas (2008b, 2010, 2015), Klaus Bochmann (1993, 2007), Jürgen Erfurt (1994, 2002, 2003) und anderen das Konzept der ‚sprachlichen Verhältnisse' ausarbeite, auf Basis dessen konkrete sprachliche Verhältnisse in Gesellschaften als diejenigen beschrieben werden können, mit denen sich individuelle Sprecher*innen alltäglich auseinandersetzen müssen. Ich schlage hiervon eine Brücke zu den individuellen sprachlichen Repertoires, wie sie bisher vor allem von Jan Blommaert (2010, mit Ad Backus 2013), Brigitta Busch (2012, 2013, 2015) und Georges Lüdi (2009, 2014) ausgearbeitet wurden, indem ich die Dimensionen von Reichweite und Erreichbarkeit als ausschlaggebende Faktoren für die ‚Restrukturierung' sprachlicher Repertoires und für auf sprachlichen Ressourcen beruhende soziale Ungleichheiten formuliere.

Andererseits leistet die Arbeit aber auch einen Beitrag zur Beschreibung solcher Restrukturierungsprozesse in zwei sehr unterschiedlichen Arbeitskontexten in der Republik Moldova und damit einem Feld, das empirisch bisher kaum erforscht ist. Hieraus erklärt sich der Umfang der Arbeit, die gleichzeitig eine theoretische Debatte anstoßen will und eine umfangreiche Beschreibung der sehr spezifischen Artikulation der sprachlichen Verhältnisse in zwei Fällen liefert.

Die übergeordnete Fragestellung dieser Arbeit ist, welchen Beitrag das Konzeptpaar ‚Erreichbarkeit' und ‚Reichweite' für die Erforschung der Restrukturierung sprachlicher Repertoires leisten kann. Untersucht wird diese Frage anhand der empirischen Beispiele zweier Fallstudien von Arbeitskontexten in der Republik Moldova, in denen Sprache die zentrale Qualifikation ist, namentlich einer Schule in einem ukrainischsprachigen Dorf und einem italienischsprachigen Call-Center in der Hauptstadt Chișinău.

Die Hauptfrage der Arbeit lautet:

Wie restrukturieren sich die sprachlichen Repertoires von Moldauer*innen in Moldova unter sich wandelnden sprachlichen Verhältnissen im Zusammenhang mit Lohnarbeitsbiographien und welche Rolle spielen Erreichbarkeit und Reichweite sprachlicher Ressourcen dabei?

Für eine umfassende Beantwortung der Frage wäre zu klären, wie die sprachlichen Verhältnisse in Moldova beschaffen sind und welchen Wandlungsprozessen sie, insbesondere in den letzten 25 Jahren seit der Unabhängigkeit von der Sowjetunion, unterliegen. Das Bild, das die Arbeit von diesen Verhältnissen entwirft, speist sich aus der vorhandenen soziolinguistischen Literatur, die aus dem theoretischen Blickwinkel der sprachlichen Verhältnisse neu bewertet wird. Zu fundierten Erkenntnissen über den Zusammenhang der ökonomischen Bedeutung von sprachlichen Lernprozessen unter diesen Verhältnissen gehört auch eine Einschätzung der sozio- bzw. politökonomischen Verhältnisse in Moldova, für die hier jedoch allenfalls Hinweise gegeben werden können.

Schließlich geht es darum, wie die sprachlichen Repertoires unterschiedlicher Personengruppen strukturiert sind und welche sprachlichen und außersprachlichen Faktoren zu ihrer Restrukturierung beitragen. Das heißt: wodurch werden Lernprozesse angestoßen, wodurch Aneignungsprozesse gestützt, begünstigt und gehemmt? Welche Ressourcen verlieren im Leben von Sprecher*innen an Bedeutung und geraten in Vergessenheit, bzw. sind in der Praxis nur noch schwer zu erreichen? Welche funktionale Verteilung haben sprachliche Ressourcen im Repertoire der Sprecher*innen?

Die Fragestellung ist aber auch ein theoretisches Konstrukt aus Prämissen und zu erprobenden Konzepten. So gilt es zu überprüfen, ob das alltagssprachlich verständliche Konzept ‚sprachliche Verhältnisse' einerseits einen theoretischen Erkenntnisgewinn bringt und andererseits zur Rahmung einer empirischen Studie taugt. Welche Prozesse können mit dem Konzept ‚Restrukturierung sprachlicher Repertoires' gefasst werden und wie können diese empirisch erforscht werden? Stellen die Konzepte ‚Erreichbarkeit' und ‚Reichweite' eine sinnvolle Ergänzung der Debatte dar?

Die vorliegende Arbeit widmet sich diesen Fragen aus der Perspektive zweier sehr unterschiedlicher Institutionen als Arbeitsplätze, für die sprachliche Ressourcen die entscheidende Qualifikation sind. Diese Fallstudien sind erstens eine russisch-ukrainische Schule in einem ukrainischsprachigen Dorf und zweitens ein italienischsprachiges Call-Center in der Hauptstadt Chișinău. In beiden Fallstudien stehen jeweils drei Personen mit ihren sprachlichen Biographien, den (Auto-)Repräsentationen ihres sprachlichen Repertoires und ihrer sprachlichen Praxis im Fokus. Damit ist das empirische Herzstück der Arbeit auf einer Mikro- und Meso-Ebene angesiedelt. Die Makro-Ebene der sprachlichen Verhältnisse in der Republik Moldova (die ihrerseits in transnationale Prozesse und Verhältnisse verwoben sind) bildet den Horizont für die Betrachtungen als notwendigen Hintergrund, um die Arikulation der sprachlichen Verhältnisse in den beiden Institutionen zu verstehen. Als übergeordnetes Ziel der empirischen Untersuchung sind die sprachlichen Verhältnisse aber auch das zu Verstehende, das durch seine Struktur die sprachliche Dimension sozialer Ungleichheiten in Form von Privilegien und Ausschlussmechanismen wesentlich bestimmt, aus der heraus Individuen sprachlich agieren.

Ich habe mich entschieden, die Auswertung und Darstellung jeweils um die Biographien und Repertoires der sechs Protagonist*innen herum auszuarbeiten. Die Leser*innen sind also aufgefordert, sich auf die Sprachbiographien dieser sechs Personen einzulassen und hiervon ausgehend zu versuchen, die sprachlichen Verhältnisse in der Republik Moldova zu verstehen. Um dies zu ermöglichen, sind die Schilderungen häufig sehr detailliert. Gleichzeitig bleiben in allen Fällen mehr Fragen offen, als beantwortet werden. Tatsächlich habe ich mit den sechs Personen jeweils nur ein Interview geführt und sie im Alltag nicht intensiv begleitet.

Es werden Geschichten erzählt, die mit Sprache eng verbunden sind, die sich aber auch um viele andere Dinge drehen, vor allem immer wieder um die Existenzgrundlage. Deswegen ist die Frage, die sich als roter Faden durch diese Arbeit zieht, auch diejenige, wie die Restrukturierung sprachlicher Repertoires mit der Lohnarbeit zusammenhängt. Tatsächliche Restrukturierungsprozesse können in dieser Arbeit nur punktuell nachvollzogen werden, wie etwa bei Natalia, die ich in ihren ersten Tagen als Mitarbeiterin des Call-Centers begleiten konnte. Um solche Prozesse systematisch zu erforschen, müssten die Sprecher*innen über einen längeren Zeitraum begleitet und beobachtet werden und es müssten deutlich mehr Daten in unterschiedlichen Sprachen, Registern und Medien erhoben werden.

Fallstudie 1, das russisch-ukrainische Lyzeum in einem ukrainischsprachigen Dorf, richtet den Blick auf Arbeitsplätze für Hochqualifizierte, die im Falle der Sprachenlehrer*innen über ausgebaute sprachliche Ressourcen inklusive literater Strukturen und Schriftlichkeit verfügen. Es handelt sich hierbei um Arbeitsplätze mit hohem Prestige, die jedoch auch im Vergleich zum niedrigen moldauischen Durchschnitt schlecht bezahlt sind und kaum eine Existenz sicherstellen können. In der „ukrainischen Schule mit Russisch als Unterrichtssprache" sind ausgebaute Ressourcen in der Unterrichtssprache Russisch für alle Lehrkräfte Voraussetzung, außer für die Rumänischlehrerinnen, die hierüber aber dennoch verfügen. Es handelt sich außerdem um einen der wenigen Arbeitsplätze überhaupt in Moldova, an denen ausgebaute Ukrainischressourcen als Teil der Arbeitskraft kommodifiziert werden können. Diese Fallstudie steht damit auch für das Feld der offiziell anerkannten Minderheiten, derer „die Ukrainer" die prozentual größte sind. Das Interesse der Fallstudie gilt aber nicht der in der Forschung in diesem Zusammenhang privilegierten Frage nach dem Spracherhalt (Erfurt 2012:623), sondern stellt die Frage nach dem Verhältnis von Erreichbarkeit und Reichweite des Ukrainischen als Ressource im Rahmen der moldauischen sprachlichen Verhältnisse. Angesichts der sprachlichen Minorisierung und der auch im Dorf U. weit verbreiteten Arbeitsmigration überrascht es, dass die Bildungsdiskurse in erster Linie auf den moldauischen Markt gerichtet sind. Umso mehr stellt sich die Frage auch nach der Erreichbarkeit und Reichweite anderer sprachlicher Ressourcen, insbesondere der Staatssprache Rumänisch, der Verkehrs- und Bildungssprache Russisch und der sogenannten Fremdsprachen. Die Repräsentationen der Lehrer*innen charakterisieren sich auch dadurch, dass sie zentrale Akteur*innen der Kulturpolitik im Dorf und die legitimen Sprecher*innen der von ihnen unterrichteten Sprachen sind.

Fallstudie 2, das italienischsprachige Call-Center Univerconnect in Chișinău, bietet Arbeitsplätze für Sprecher*innen des Italienischen, ungeachtet ihrer sonstigen Qualifikationen und sprachlichen Ressourcen. Auf Grund einer hohen Nachfrage nach Arbeitskräften sind die Einstellungsanforderungen gering und Italienischressourcen damit relativ leicht auf dem Arbeitsmarkt kommodifizierbar. Es entsteht dadurch ein Raum, in dem Italienischressourcen durch Kontakt mit italienischsprechenden Kolleg*innen und Kund*innen in Italien ausgebaut werden können. Die hierdurch in Moldova erreichbaren Italienischkenntnisse sind in einem halböffentlichen Register und der Fachsprache des Marketings und der Handykommunikation angesiedelt. Schriftlichkeit spielt eine vergleichsweise geringe Rolle und beschränkt sich auf Lesen und skribale Praxen (Notizen). Die Arbeit ist für moldauische Verhältnisse durchschnittlich bezahlt, was jedoch zur Sicherung der Existenz trotzdem kaum reicht. Da sie außerdem anstrengend ist und kaum Karrieremöglichkeiten bietet, ist sie für die allermeisten Angestellten nur eine vorübergehende Station in der Erwerbsbiographie.

Diese Fallstudie steht auch für die migrationsbedingte Mehrsprachigkeit der Moldauer*innen, die nach einem Arbeitsaufenthalt in Italien dauerhaft oder temporär wieder in Moldova leben und arbeiten. Ähnlich wie die E- und Transmigration aus Moldova sprachwissenschaftlich bislang gänzlich unerforscht ist, gilt das auch für Prozesse der Remigration im Allgemeinen, da die Migrationslinguistik traditionell die sprachlichen Anpassungsprozesse in den „Aufnahmegesellschaften" in den Blick nimmt.

Die Fallstudie wirft einen Blick auf die sprachliche Dimension transnationaler und ethnisierter Arbeitsteilung, die die Biographien eines Großteils der Operator*innen, ihre sprachlichen Repertoires und ihre Arbeit selbst dort prägt. Sie zeigt, dass sich mehr noch als die transnationalen Verbindungen der „nationalen Minderheiten" seit der Unabhängigkeit der Republik Moldova sprachliche Transnationalisierungsprozesse durch Migration vollziehen. Diese prägen bei weitem nicht nur die individuellen Biographien und die Migrationszielländer, sondern auch die sprachlichen Verhältnisse in Moldova, u.a. dadurch, dass in der Hauptstadt Arbeitsplätze in den Sprachen der Migration entstehen.

Dies ist auch Ausdruck der politökonomischen Verhältnisse, die sich einerseits in der Wahl von Zielen für die Arbeitsmigration und andererseits in der Herkunft von Investitionen aus dem Ausland niederschlagen (beides sind eher Russland, Italien und Frankreich als die „Kin-States" der nationalen Minderheiten wie z.B. die Ukraine oder Bulgarien). Während aber die „nationalen Minderheiten" als nicht zuletzt rechtlich relevante Gruppen eine politische Bedeutung haben, ebenso wie die Rechte und Beziehungen zur „Diaspora" diskutiert werden, gehen die Remigrant*innen in der öffentlichen Debatte, wie auch in der Forschung, eher unter.

Die Beschreibung der sprachlichen Repertoires dreier Angestellter des Call-Centers geht von der Unterscheidung ihrer Italienischressourcen aus und verändert damit die übliche Perspektive auf Mehrsprachigkeit, die die Erstsprache als relevantestes Unterscheidungskriterium ansetzt. Die zweite Fallstudie berührt auch das für die soziolinguistische Forschung zu Call-Centern wichtige Feld der ‚Kommodifizierung' und ‚marketization of language' (Heller/Duchêne 2012; Holborow 2015), die sich mit den Effekten „neoliberaler" Wirtschaftsformen und „Globalisierungsprozessen" auf sprachliche Ressourcen befasst, nimmt durch den Fokus auf die Restrukturierung sprachlicher Repertoires aber eine grundsätzlich andere Perspektive ein. Vermieden werden soll dadurch diejenige Fetischisierung von Sprache, die den Verwertungsprinzipien sprachlicher Arbeit selbst zu Grunde liegt (und die es zu kritisieren gilt). Die „Kommodifizierbarkeit" der Arbeitskraft wird vielmehr als eine Dimension der Reichweite sprachlicher Repertoires betrachtet.

Für die Personen in beiden Fallstudien ist charakteristisch, dass die Wahl des Arbeitsplatzes für sie sekundär zur Entscheidung für einen Wohnort ist. Dies ist unter Verhältnissen, wo die Arbeitsmigration eine Option ist, über die fast alle nachdenken (selbst wenn sie sich dagegen entscheiden), durchaus relevant. Insofern drücken die beiden Fallstudien auch einen Stadt-Land-Gegensatz aus: Chișinău ist Hauptstadt und ökonomisches Zentrum Moldovas und als solche auch Ziel von Binnenmigration, da es hier viele (wenn auch schlecht bezahlte) Lohnarbeitsplätze gibt. Im Dorf U., das für die überwiegende Mehrheit der Bewohner*innen auch das Dorf ist, in dem sie selbst aufgewachsen sind, gibt es hingegen nur wenige Lohnarbeitsplätze außerhalb der Landwirtschaft.

Das Korpus empirischer Daten stellt sich aus Beobachtungen und Notizen, sprachbiographischen und Expert*innen-Interviews, Audioaufzeichnungen von Alltags-, Ausbildungs- und Arbeitssituationen, Fragebögen und schriftlichen Erzeugnissen sowie gesammelten Dokumenten (wie Zeitungsartikel) zusammen. Das empirisch-induktive Vorgehen räumt sprachlichen Praxen eine chronologische, methodologische und theoretische Priorität gegenüber theoretischen Konstrukten ein (Blanchet 2012:29f). Die theoretischen Prämissen und Fragen, die in dieser Arbeit formuliert und im zweiten Kapitel sowie in den Schlussfolgerungen diskutiert werden, haben sich durch die Forschung und während der Interpretation der Daten ergeben. Zur Interpretation der Interviewdaten, welche den größten Teil der empirischen Arbeit ausmacht, habe ich ein Verfahren entwickelt, dass sich der Methoden der Sprachbiographieforschung, der Interaktionsforschung und der Textlinguistik bedient.

Die Leitfragen für die Interpretation zielen darauf, die Sprachbiographien der sechs Protagonist*innen nachzuvollziehen und dabei herauszuarbeiten, zu welchen Zeitpunkten im Lebensverlauf sich sprachliches Wissen gewandelt hat und wie. Gemeinsam mit der Interpretation von Repräsentationen, die die Personen von der Funktion sprachlicher Ressourcen in ihrem Alltag haben, sowie den praktischen Möglichkeiten, die sie mit ihren eigenen Repertoires haben (oder nicht), ermöglicht diese Herangehensweise herauszuarbeiten, welche Reichweite sprachliche Ressourcen in einem bestimmten gesellschaftlichen Zusammenhang haben und welche Herausforderungen und Hindernisse bei ihrer Aneignung bestehen.

Die umfangreichen theoretischen Überlegungen in dieser Arbeit speisen sich sowohl aus der Auseinandersetzung mit den empirischen Beobachtungen, als auch einer Auseinandersetzung mit der sprachwissenschaftlichen Literatur und nicht zuletzt aus dem Versuch eine angemessene Methode der Datenerhebung und -interpretation zu entwickeln. Sie bilden deswegen die Klammer für die empirischen Beschreibungen und Interpretationen, leiten die Arbeit ein und runden sie insofern ab, als die Schlussfolgerungen (Kapitel 7) die theoretische Diskussion vor dem Hintergrund der empirischen Beschreibung noch einmal aufnehmen. Leser*innen, die sich in erster Linie für eine Einschätzung der sprachlichen Verhältnisse in den beiden Fallstudien interessieren, finden diese in den Zwischenfazits.

Kapitel 2 stellt eine Basis theoretischer Überlegungen dar, die mit wenigen Verweisen auf die moldauischen Verhältnisse auskommt und grundsätzlich auch isoliert gelesen werden kann. In einer Arbeit, die vornehmlich auf empirische Fragen abstellt, wäre eine Trennung der Beschreibung der moldauischen ‚sprachlichen Verhältnisse' (wie sie in Kapitel 4 erfolgt) von den Überlegungen, worin sprachliche Verhältnisse eigentlich bestehen, nicht zielführend gewesen. Ich habe mich hier aber dafür entschieden, beide Schritte getrennt zu vollziehen, um im Rahmen einer solch komplexen Arbeit möglichst große Klarheit der erarbeiteten Konzepte zu ermöglichen.

Die theoretischen Überlegungen bewegen sich vom Großen (den ‚sprachlichen Verhältnissen') über die Scharnierbegriffe ‚Erreichbarkeit' und ‚Reichweite' zum Kleinen (den ‚sprachlichen Repertoires') und damit auf die empirischen Untersuchungen zu. Dem zugrunde liegt aber die Überzeugung, dass die sprachlichen Verhältnisse nicht ohne die individuellen sprachlichen Repertoires zu denken sind und umgekehrt. Auf Basis des auch in der Alltagssprache gebräuchlichen und als theoretisches Konstrukt bislang nicht ausgearbeiteten Begriffs der ‚sprachlichen Verhältnisse', wie ihn vor allem Utz Maas (2008) im Zusammenhang mit seiner Theorie des sprachlichen Ausbaus verwendet, entwickele ich einen theoretischen Rahmen für die Beschreibung, was sprachliche Ressourcen und sprachliche Praxis für die Positionierung einzelner Personen im Rahmen gesellschaftlicher Verhältnisse bedeuten. Ich bemühe mich dabei zunächst um eine systematische Rekonstruktion dessen, wie Utz Maas selbst den Begriff bislang verwendet hat und benenne Desiderata für eine Weiterentwicklung einer solchen Theorie, die auch in dieser Arbeit nicht behoben werden können. Die materialistische Perspektive auf sprachliche Verhältnisse verortet diese historisch und lokal auf der Ebene der modernen Nationalstaaten, im Rahmen derer die literaten Strukturen einer offiziell benannten Geschäftssprache zu einem entscheidenden Ausschlusskriterium werden. Die Beschreibung der sprachlichen Verhältnisse muss aber darüber hinaus die Heterogenität der sprachlichen Praxis und die Funktion verschiedener Sprachen und Varietäten in einer Gesellschaft in den Blick nehmen und diskutieren, wie sie mit gesellschaftlichen Kräfteverhältnissen zusammenhängen. Insofern soziale Ungleichheiten auch sprachlich sind, haben die Reichweite der Ressourcen, über die Sprecher*innen verfügen, sowie die Erreichbarkeit von Ressourcen mit hoher Reichweite in sprachlichen Aneignungsprozessen einen entscheidenden Einfluss auf ihre soziale Positionierung. Im zweiten Teil der theoretischen Überlegungen beschreibe ich ‚Erreichbarkeit' und ‚Reichweite' aus einer funktionellen Perspektive auf sprachliche Ressourcen als ihrem praktischen Wert einerseits und ihre Erlernbarkeit unter bestimmten sprachlichen Verhältnissen andererseits. Ich setze sie in Bezug zu Blommaerts Soziolinguistik der Mobilität (Blommaert 2010), die wichtige Perspektiven für die Betrachtung individueller Restrukturierungsprozesse eröffnet, wenn man sich verdeutlicht, dass ein zentraler Faktor hiervon die Mobilität und damit die Konfrontation mit neuen sprachlichen Verhältnissen ist. Ich stelle dabei sieben Thesen zu Dimensionen von Reichweite und Faktoren von Erreichbarkeit vor, die ich im Rahmen der Schlussbetrachtungen vor dem Hintergrund der empirischen Auseinandersetzung rekapituliere.

Anknüpfend an die Frage der Mobilität zeichne ich im dritten Teil des zweiten Kapitels die Debatte um sprachliche Repertoires, ihre Restrukturierung und Formen des Lernens aus einer gebrauchsbasierten Perspektive auf Sprachlernprozesse nach, die ich auch hinsichtlich ihrer Kompatibilität mit Utz Maas' Theorie des Sprachausbaus diskutiere. Schließlich leite ich hieraus die methodische Relevanz der Rekonstruktion von sprachlichen Biographien und sprachlichen Repräsentationen ab.

In Kapitel 3 entwickele ich vor diesem Hintergrund eine Methode zur Interpretation von biographischen Interviewdaten als Text und Interaktion und skizziere das Konzept der ‚Sprechweise' für die exemplarische Betrachtung eines begrenzten Umfangs an Daten der gesprochenen Sprache aus einer bestimmten Interaktionssituation.

Kapitel 4 enthält eine Skizze der sprachlichen Verhältnisse in der Republik Moldova in der Gegenwart und einen Überblick über den Stand der empirischen Forschung zu Sprachpraxis und Sprachpolitik in Moldova. Ich konzentriere mich dabei auf eine Darstellung von Status und Funktionen der in Moldova praktizierten Sprachen, den Prozess des heterozentrierten Ausbaus und der Normalisierung des Rumänischen und stelle die Situation des Ukrainischen als Sprache einer „historischen Minderheit" und des Italienischen als „Sprache der Migration" dar. Am Ende dieses Kapitels wird eine Übersicht über rekurrente epilinguistische Diskurse nach Bochmann (2007) reproduziert und erweitert, da diese teilweise in den Interviews meiner Forschung bedient wurden. Die Schwerpunktsetzung in diesem Kapitel orientiert sich an den Kriterien für die Darstellung sprachlicher Verhältnisse, die ich in Kapitel 2.1.2 entworfen habe.

Die beiden Fallstudien sind parallel in jeweils fünf Teilen aufgebaut. Das erste Unterkapitel stellt auf Basis von Interviewausschnitten, Dokumenten und Literaturrecherche die örtliche Artikulation der sprachlichen Verhältnisse in der Dorfschule (5.1) bzw. im Call-Center (6.1) dar. Durch die Beschreibung von Status, Funktion und Bewertung der jeweils lokal verfügbaren sprachlichen Ressourcen wird der Rahmen umrissen, vor dessen Hintergrund Erreichbarkeit und Reichweite sprachlicher Ressourcen in den jeweiligen Arbeitskontexten verstanden werden können. Die beiden Kapitel unterscheiden sich darin, dass ich die Charakteristika des Call-Centers als Arbeitsplatz auch vor dem Hintergrund der soziolinguistischen Literatur zu anderen Call-Centern herausgearbeitet habe, im Falle der Dorfschule den umfangreichen Forschungsstand zu Schulmodellen in Minderheitenkontexten weitestgehend außer acht gelassen habe, da das Forschungsinteresse hierbei in der Regel nicht beim Lehrer*innenberuf liegt. Es folgen dann jeweils drei Einzelporträts, bei denen pro Kapitel eine Person mit ihrer Sprachbiographie, den sprachlichen Repräsentationen und ihrer Sprechweise im Vordergrund steht. Mit Anastasia Dimitrovna (5.2), die im Dorf U. mit der ukrainischen Vernakulärsprache als Familiensprache und Russisch als formellem Register aufgewachsen ist und nur über geringe Rumänischressourcen verfügt, und Natalia (6.3), die in einem rumänischsprachigen Dorf aufgewachsen ist und Italienisch im Zusammenhang mit Arbeitsmigration gelernt hat, gibt es in beiden Fallstudien jeweils ein Porträt einer für den Kontext prototypischen Biographie.

Daneben werden jeweils zwei Personen mit „untypischen" Biographien vorgestellt. Im Lyzeum U. sind das die mehrsprachige Englischlehrerin Iolanda (5.3) und die Rumänischlehrerin Polina (5.4), die beide nicht in U. geboren wurden, die dortige Ukrainischvarietät zu einem späteren Zeitpunkt in ihrem Leben erlernt haben und über ausgebaute Rumänischressourcen verfügen. Oksana (6.2) und Eugen (6.4) haben Italienisch beide nicht durch Migration nach Italien, sondern autodidaktisch in Moldova bzw. in einem Studium in Rumänien erlernt. Oksana verkörpert einen Fall überraschender Kommodifizierbarkeit von aus Privatinteresse angeeigneten und nicht weit ausgebauten Italienischressourcen, während Eugen den seltenen Fall darstellt, wo die ausgebauten Italienischressourcen entscheidende Qualifikation für eine Karriere in Moldova sind. In den Fazits zu den beiden Fallstudien (5.5 und 6.5) fasse ich die wichtigsten Punkte zusammen, die sich aus der Diskussion der im Methodenkapitel (3.3) formulierten Leitfragen hinsichtlich der Restrukturierung sprachlicher Repertoires und deren Repräsentation und der Sprechweise ergeben. Sie sind also auf einer ethnographischen Ebene situiert.

Im Kontrast dazu findet im Gesamtfazit (7) eine theoretische Abstraktion statt, die vor dem Hintergrund der Erkenntnisse aus den Fallstudien Schlussfolgerungen für die Theoretisierung der Konzepte Erreichbarkeit und Reichweite im Rahmen einer Theorie der sprachlichen Verhältnisse und der Restrukturierung sprachlicher Repertoires darstellt. Im Zentrum der Schlussfolgerungen (7.3) stehen sieben Thesen zu ‚Erreichbarkeit' und ‚Reichweite', die ich im theoretischen Kapitel 2.2.3 entwickelt habe und die abschließend vor dem Hintergrund der beiden Fallstudien auf ihren Erkenntniswert hin diskutiert werden. Zusätzlich zu dieser metasprachlichen Ebene wird aber auch die Relevanz der Konzepte für die epilinguistischen Diskurse der Sprecher*innen selbst diskutiert. Abschließend zeige ich die Grenzen meines Vorgehens auf und entwickele in einem Ausblick Anknüpfungspunkte für eine zukünftige Weiterentwicklung einer Theorie der Restrukturierung sprachlicher Repertoires mit Hilfe der Konzepte ‚Erreichbarkeit' und ‚Reichweite'.

2. Zu ‚Erreichbarkeit' und ‚Reichweite' sprachlicher Repertoires in ‚sprachlichen Verhältnissen' (theoretische Überlegungen)

In diesem zentralen theoretischen Kapitel wird ein Bogen von den ‚sprachlichen Verhältnissen' über ‚Erreichbarkeit' und ‚Reichweite' zur Restrukturierung sprachlicher Repertoires geschlagen. Die Lohnarbeit, auf die sich die Forschungsfrage dieser Arbeit richtet, begleitet diese theoretischen Überlegungen, insofern sie das strukturierende Element kapitalistischer gesellschaftlicher Verhältnisse und gleichzeitig ein zentraler Faktor für die Restrukturierung individueller sprachlicher Repertoires ist und damit auch ein wichtiges Kriterium der Reichweite sprachlicher Ressourcen darstellt.

Der Begriff der ‚sprachlichen Verhältnisse' (wie er in erster Linie von Utz Maas verwendet wird) ist der Alltagssprache entnommen. Dadurch liegt in ihm ein Potential für eine zugängliche, weil verständliche Diskussion. Gleichzeitig birgt diese scheinbare Transparenz aber die Gefahr unhinterfragter Vorannahmen. Ich rekonstruiere deswegen zunächst, wie Maas – und in Anlehnung an ihn auch Romanisten wie Klaus Bochmann und Jürgen Erfurt – den Begriff verwenden. Dies verfolgt den praktischen Zweck, den Rahmen für die Schilderung der moldauischen Verhältnisse (in Kapitel 4) abzustecken, indem geklärt wird, welchen sprachlichen und sprachpolitischen Aspekten eine Darstellung sprachlicher Praxis auf gesellschaftlicher Ebene Rechnung tragen muss. Gleichzeitig wird damit theoretisch und politisch die programmatische Richtung für eine kritische Theorie der Restrukturierung sprachlicher Repertoires vorgegeben, bei der deutlich gemacht wird, welche Privilegien und Ausschlussmechanismen beim sprachlichen Ausbau auf dem Spiel stehen. Genau hierin liegt eine der wichtigsten Stärken von Maas' Theorie des Sprachausbaus: dass sie den individuellen Ausbau auf den gesellschaftlichen bezieht und als Fluchtpunkt der Betrachtungen und als politisch einzuforderndes Ziel die Schaffung der sprachlichen Bedingungen für die gesellschaftliche Partizipation setzt. Eine kritische Perspektive müsste jedoch genauer fragen, was mit Partizipation gemeint ist – und ob sie überhaupt das richtige Kriterium ist. Mit dem Begriff der ‚Reichweite' wird diese Perspektive eröffnet; er ermöglicht es, je individuelle Lebensentwürfe mit ihren gesellschaftlichen Bedingungen zu verknüpfen. Gleichzeitig wird damit auch die Möglichkeit einer intersektionellen Perspektive angelegt, die thematisiert, dass auch strukturell ähnliche sprachliche Ressourcen nicht für alle Sprecher*innen die gleiche Reichweite haben; ebenso wie diese Ressourcen unter vergleichbaren Bedingungen nicht für alle Sprecher*innen gleich gut erreichbar sind. An vielen entscheidenden Stellen können in diesem Kapitel die Richtungen, in die theoretisch weitergedacht werden müsste, nur angedeutet werden. Das betrifft insbesondere die intersektionelle Dimension von Sprachausbau und eine bei der materialistischen Staatstheorie informierte soziolinguistische Theorie.

Die gesellschaftstheoretisch programmatische Ebene fehlt den jüngeren Überlegungen zum ‚sprachlichen Repertoire' als indexikalische Sprachbiographie, wie sie v.a. von Jan Blommaert, Ad Backus und Brigitta Busch formuliert wurde. Gesellschaftliche Machtverhältnisse werden hier poststrukturalistisch als in den Körper und die Biographie der Sprecher*innen eingeschrieben thematisiert (Busch 2012b; 2015) und sprachwissenschaftlich im gebrauchsbasierten Ansatz berücksichtigt, der sprachliche Repertoires als unmittelbares Ergebnis von sprachlichen Erfahrungen sieht, die ihrerseits von gesellschaftlichen Machtverhältnissen geprägt sind (Blommaert/Backus 2011; 2013; Bochmann 2014).

Die Verknüpfung einer Theorie der sprachlichen Verhältnisse mit einer sprachbiographischen Perspektive auf Ausbauprozesse durch die Konzepte ‚Erreichbarkeit' und ‚Reichweite' ermöglicht es demgegenüber, zu verstehen, wie Sprecher*innen individuell mit den sprachlichen Verhältnissen umgehen, die umkämpft und historisch gewachsen sind. Sie gibt mit dem Fokus auf *Voice*[6] und Partizipation eine Folie vor, an der Sprach- und Bildungspolitik sowie die sprachliche Praxis zu messen sind, aber gleichzeitig erlaubt sie es, jeweils individuelle Strategien und Positionen zu würdigen.

Da die Autor*innen, die ich mit Utz Maas auf der einen und Jan Blommaert, Ad Backus, Brigitta Busch auf der anderen Seite in diesem Kapitel zusammenbringe, sich nicht aufeinander berufen, räume ich der Klärung der jeweiligen Prämissen und theoretischen Bezugspunkte im dritten Abschnitt des Kapitels Raum ein, um Widersprüche und unterschiedliche Forschungsperspektiven deutlich zu machen. Während die Prämissen zur primären Sprachentwicklung im Großen und Ganzen geteilt werden, treten bei der Forschung zu Mehrsprachigkeit im Erwachsenenalter, die auch in dieser Arbeit im Zentrum des Interesses steht, deutliche Divergenzen auf. Dies hängt vor allem mit dem (impliziten) Schwerpunkt der gebrauchsbasierten Ansätze auf der gesprochenen Sprache und

---

6   Ich verwende den Begriff *voice* im Sinne von „eine Stimme haben", „gehört werden" und Handlungsmacht haben, wie in 2.3.4.1 dargelegt. Die grundlegenden Debatten um *voice* im Rahmen postkolonialer Kritik (Dhawan 2007, Spivak 1988) habe ich an dieser Stelle nicht systematisch auf sprachliche Formen und sprachliche Verhältnisse bezogen.

dem expliziten Interesse am schriftsprachlichen Ausbau bei Maas zusammen, bei dem gebrauchsbasierte Ansätze an ihre Grenzen stoßen (würden). Die Theorie des Sprachausbaus wiederum setzt längerfristige Prozesse voraus, die bei sehr mobilen Individuen (wie es viele Moldauer*innen sind) in diesem Ausmaße in den neuen Sprachen gar nicht stattfinden können.

2.1 Sprachliche Verhältnisse

Wenige deutschsprachige Sprachwissenschaftler*innen arbeiten mit dem Begriff der ‚sprachlichen Verhältnisse'. Sie haben den Anspruch, eine politische Sprachwissenschaft zu betreiben (Maas 1989b), die sprachliche Verhältnisse als historische, also gesellschaftlich gemachte und deswegen politische betrachtet und in Konsequenz daraus auch die eigene Teilhabe an der Produktion dieser Verhältnisse erkennt (Januschek 1986:132). Geprägt wurde diese Verwendung des Begriffs durch Utz Maas, auf den sich bei der Verwendung auch andere Autoren wie Klaus Bochmann (2007, 2012), Jürgen Erfurt (2012, mit Weirich 2013) oder Franz Januschek (1986) berufen, weshalb im ersten Unterkapitel eine Auseinandersetzung mit dessen theoretischen Prämissen erfolgt. Erwähnungen lassen sich aber auch bei anderen Autor*innen bereits zu Beginn des 20. Jahrhunderts finden.[7] Dies hat sicherlich auch damit zu tun, dass „Verhältnisse" eine alltagssprachliche Konstruktion ist, die scheinbar transparent und ad hoc verständlich ist. Hierin liegt gleichermaßen ein Risiko bei der Verwendung als theoretisches Konzept, das nicht immer als solches erkannt wird.

In 2.1.1 schildere ich den epistemologischen Zweck des Begriffes bei Maas (die politökonomische Verankerung von sprachwissenschaftlichen Betrachtungen). Vor diesem Hintergrund werden Konstellationen sprachlicher Heterogenität diskutiert und sprachpolitischer Entscheidungen sowie ihre Veränderung in gesellschaftlichen Bruchphasen. In 2.1.2 gebe ich einen zweifellos unvollständigen Überblick über Aspekte, die die Darstellung sprachlicher Verhältnisse in einem nationalstaatlich definierten Raum berücksichtigen sollte.

---

7 Rutkowski (1991:78, 174) zitiert aus dem Protokoll (Nr. 17) der Verständigungskonferenz vom 19.3.1900 über die Beilegung der politischen und nationalen Streitigkeiten in Böhmen, in dem auf die „sprachlichen Verhältnisse" referiert wird. Niendorf (2006) verwendet den Begriff im Rahmen der Beschreibung der Nationbildung im Großfürstentum Litauen analog zu „konfessionellen Verhältnissen", Haarmann (2010:335) analog zu „demographischen Verhältnissen".

2.1.1 Theoretische Prämissen zu ‚sprachlichen Verhältnissen' bei Utz Maas

Verhältnisse sind Beziehungen oder Relationen zwischen zwei oder mehr Personen und Dingen, in Bezug auf ein bestimmtes Kriterium. Sprachliche Verhältnisse bestehen zwischen sprachlichen Formen, Varietäten und Registern (s.u.). In einem Verhältnis zueinander stehen diese auf Grund von Funktionsverteilung und Normen, insbesondere das „Verhältnis spontaner (gesprochener) Sprache und ihrer Idiomatisierung zum schriftkulturellen Ausbau" (Maas 2008b:261). Der Fluchtpunkt für die Beschreibung sprachlicher Verhältnisse ist also bei Maas die Verteilung schriftkultureller Praxen sowie ihre Situierung und Einbettung in andere Praxen (ebd. 390). Der Registerbegriff ist bei Maas orthogonal zu den Varietäten angelegt, die per definitionem immer funktionale Äquivalente zueinander sind, während die Register eine funktionelle (also arbeitsteilige) Differenzierung darstellen. Ein zentrales Problem für die Erreichbarkeit der förmlichen Register liegt in der „Überdachung sprachlicher Verhältnisse", wo im Zusammenhang mit Sprachausbau im formellen Register Entsprechungen zu den informellen Formen gefunden werden (ebd. 49f). Hierbei unterscheidet Maas das republikanische oder nationalsprachliche Modell von diglossischen Verhältnissen[8]:

> „Das republikanische Sprachmodell ist definiert durch die prinzipielle Durchlässigkeit der Register. Das formelle Register (also die Basis der Schriftsprache) ist die ausgebaute Form des informellen Registers und insofern prinzipiell für alle erreichbar." (ebd. 401)

Die „prinzipielle Erreichbarkeit" des formellen Registers im republikanischen Modell bezieht sich auf eine dialektale Variation im informellen Register, auf Basis derer die formellen Register abduzierbar sind. Unter mehrsprachigen Verhältnissen, wo die intimen Register in Varietäten unterschiedlicher Sprachen und Sprachfamilien artikuliert werden, ist diese „prinzipielle" Erreichbarkeit nicht für alle Lernenden auch real gegeben.

Utz Maas benutzt in seinen Schriften den Begriff der ‚sprachlichen Verhältnisse' regelmäßig, ohne ihn jedoch explizit einzuführen, nicht nur, aber in erster Linie in sprachhistorischen Betrachtungen[9], um gesellschaftlichen Diskursen

---

8 Für letztere würden in der Regel die „arabischen Verhältnisse" als prototypisch betrachtet, weil zwar die Schriftsprache mit den Varietäten der intimen Register dialektal eng verwandt sei, aber im institutionalisierten Bildungssystem als „das ganz Andere" behandelt würde (Maas 2008b:51f; siehe hierzu auch Laroussi 1993).

9 Maas (2012b) zur Diskussion, was heute unter „Deutsch" verstanden wird und (1985) zu den Verhältnissen in Norddeutschland, in Osnabrück (1989) etc.

über Einzelsprachen entgegenzutreten und zu verdeutlichen, dass neben dem, was als Hochsprache häufig essentialisiert wird, immer noch zahlreiche andere Sprachen, Varietäten und deren Sprecher*innen existieren.[10] Hinter Form, Bedeutung und Rolle sprachlicher Äußerungen stehen sprachliche, politische und gesellschaftliche Konstellationen und Interessenkonflikte. Auf ähnliche Verklärungen weist Koch (2010:159)[11] hin, wenn er sagt, dass Sprachgeschichten sinnvoll nur als Geschichten ganzer Varietätenräume oder Kommunikationsräume zu konzipieren sind, oder Bourdieu (1982), wenn er vom sprachlichen Markt spricht.[12] Diese Ansätze haben auch gemein, dass sie nach Funktionen verschiedener Sprachformen und nach Bewertungen fragen (Koch (2010) und Koch/Oesterreicher (1990) über Nähe- und Distanzsprache, Bourdieu (1982) über den Distinktionswert sprachlicher Produkte).

Die Verwendung des Begriffs ‚Verhältnisse' verweist auf einer allgemeinen Ebene darauf, dass Sprachliches nur unter Berücksichtigung der gesellschaftlichen Entwicklung zu verstehen ist, weil es gesellschaftlich, also in der politischen Ökonomie „verankert" ist (Maas 2012b:13; 1989b:17).[13] Maas' Überlegungen fundieren in der marxistischen Theorie, wenn es um die Entwicklung des bürgerlichen Staates geht, in Abhängigkeit von der die sprachlichen Verhältnisse ausgeformt werden.[14]

Wenn Maas von sprachlichen Verhältnissen spricht, geht es um längerfristige Prozesse gesellschaftlicher Veränderung, insbesondere (aber nicht ausschließlich)

---

10 Programmatisch in diesem Sinn ist die „Anamnese" der sprachlichen Verhältnisse in der heutigen BRD (Maas 2012b).
11 Maas (2016) kritisiert z.B. am Ansatz Koch/Oesterreichers das Fehlen gesellschaftlicher Widersprüche im theoretischen Fundament und hybrider Formen als Teil des Forschungsgegenstands.
12 In einem gemeinsamen Aufsatz mit Boltanski (1975), der die 1982 im Kapitel „Produktion und Reproduktion der legitimen Sprache" des bekannten Werks „Ce que parler veut dire" formulierten Gedanken vorwegnimmt, sprechen die Autoren noch von Sprachfetischismus, um eine Kritik an den sprachwissenschaftlichen Prämissen von Saussure und Chomsky zu üben, die wenn sie über „Sprache" sprechen, in Wirklichkeit von der „legitimen Sprache" bzw. derjenigen der herrschenden Klasse sprechen, ohne deren soziale Bedingungen zu reflektieren.
13 Dies entspricht auch den Prämissen der sowjetischen Soziolinguistik, die darum bemüht war, sprachwissenschaftliche Forschung in der marxistischen Lehre zu verankern (Girke/Jachnow 1974:9).
14 Es ist an dieser Stelle nicht möglich, die Marx-Exegese bei Maas zu rekonstruieren. Einige Details zu Maas' Staatsverständnis und der Rolle von Sprache darin finden sich in Weirich (2016b:18-25).

solche, die er unter der Herausbildung „moderner", also bürgerlicher, Nationalstaaten in einem Weltsystem versteht (Maas 2008b:130). Die bürgerliche Gesellschaft ist anders als ihre Vorgängerinnen urban, heterogen und hat mit der Nationalsprache ein integrierendes Projekt (Maas 2012b:24). Letzteres ist die Basis von Herrschaftslegitimation, die in einem auf Partizipation beruhenden Staat die „subjektive Identifikation der Subjekte" mit den Verhältnissen erfordert (Erfurt 1994:29; Maas 1989b:23f). Voraussetzung für das Funktionieren solcher Staaten ist deswegen die ‚Demotisierung'[15] (Verfügbarmachung bzw. gesellschaftliche Verallgemeinerung, Maas 1985a:57) von Schrift. Von der Demotisierung der Schriftlichkeit hängt auch deren pragmatische Erreichbarkeit für Sprecher*innen ab (Maas 2005:111) und in ihr liegt ein „emanzipatorisches Potential" (Maas 2008a:12).

Für Maas' Verständnis der sprachlichen Verhältnisse im bürgerlichen Staat ist kennzeichnend, dass er diesen als gleichzeitig demokratisch[16] und meritokratisch versteht. Dabei misst Maas den Staat an seinen eigenen deklarierten Zwecken, um diese dort einzufordern, wo der Staat hinter den eigenen Ansprüchen zurückbleibt, etwa bei der Vermittlung von sprachlichen Ressourcen[17], die Partizipation dann auch tatsächlich ermöglichen (Maas 2016).

---

15 Erfurt (1994:40, 44–46) grenzt Demotisierung von Grammokratie und Literachie als Gesellschaftsformen ab, wo nur ein geringer Bevölkerungsanteil Zugang zur Schriftkultur hat. ‚Demotisierung' steht historisch betrachtet im Gegensatz zur vorherigen Professionalisierung von Schreiben bis ins hohe Mittelalter. Zum Bildungskanon gehörte dabei zwar das Lesen, weniger aber Schreiben, das als technische Ausbildung galt. Demotisierung ist jedoch ein Idealtypus, der nirgends völlig erreicht wird (Maas 1985:56f)

16 Dies hängt mit seiner staatstypologisch historischen Perspektive und der Abgrenzung zu Vorläufermodellen zusammen. Ich werde im Weiteren jedoch distanzierter von „demokratischer Legitimierung" sprechen, da diese Form der Demokratie auf sehr begrenzten Mitwirkungsrechten beruht (Hirsch (J.) 2005:35, 75-81). Hinsichtlich des Staatsverständnisses teile ich die Prämisse der materialistischen Sprachwissenschaft, dass es sich bei Staaten um „materielle Verdichtungen von Kräfteverhältnissen" (Poulantzas 2002:159) handelt.

17 Die Verwendung des Ressourcen-Begriffs im Zusammenhang mit Sprache impliziert, dass Sprache für die und in der Praxis besteht, dabei aber kein einheitliches Instrument ist, sondern unterschiedliche Formen hat, die Funktionen unterschiedlich erfolgreich erledigen. Er kann sich sowohl auf die strukturelle Ebene der gesellschaftlich verfügbaren Ressourcen (im Sinne von Sprachausbau 3 bei Maas 2008a:6) beziehen, im Sinne von formalen, grammatischen oder orthographischen Ressourcen (Maas 2016), aber auch auf die individuell verfügbaren Ressourcen.

Formell ist der bürgerliche Staat als republikanisches Projekt und damit durch die Partizipationsrechte[18] definiert, die er zu garantieren beansprucht. Hiermit ist eine erste grundsätzliche Ebene sozialer Ungleichheit dadurch angelegt, dass (in der BRD) nicht allen Menschen die Einbürgerung rechtlich möglich ist (Hirsch (J.) 2005:72f; Januschek 2016:11; Maas 2012b:45). Funktional beruht der bürgerliche Staat auf Individualisierung und Spezialisierung, wobei den einzelnen Mitgliedern ihre Rolle nicht qua Stand, Klasse o.ä. zugewiesen wird, sondern prinzipiell allen die „größtmöglichen Verwirklichungschancen" (Maas 2008b:132) eröffnet werden sollen. In diesem Sinne ist Sprache (in einem abstrakten Sinne, nicht als konkrete Sprachform oder Einzelsprache) ein Medium sozialer Praxis und für die Partizipationsmöglichkeiten zentral. Die konkrete sprachliche Form sei dabei sekundär und werde nicht notwendig fokussiert: dass dies aber häufig geschehe, liege daran, dass die sprachliche Form die Sprecher*innen konnotiere und insofern ethnisch aufgeladen werden könne (Maas 2008b:134).

Zentraler Gegenstand von Sprachpolitik ist also die Bestimmung einer „Geschäftssprache"[19], die in den alltäglichen Diskursen meist als Nationalsprache verstanden wird – sie funktioniert auf Grund einer „Imago"[20], die „die gesellschaftlichen Strukturen eponymisch[21] auf eine einheitsstiftende Genealogie bezieht und dabei die Nationalsprache zu einer überzeitlichen Größe hypostasiert." (Maas 2008b:127)

> „Die funktional erforderlichen neuen Legitimationsformen müssen das unmittelbare Verhältnis der einzelnen Individuen zum Staat, zur bürgerlichen Gesellschaft ausdrücken: Entsprechend der Herrschaft via Partizipation muß die Anerkennung der Verhältnisse über die subjektive Identifikation der Subjekte mit ihnen laufen, also über die Kontrolle ihrer inneren Natur, die die Subjekte selbst staatsförmig zurichtet." (Maas 1989:23f)

---

18 An anderer Stelle auch als „Menschenrechte" bezeichnet (Maas 2012b:43). Diese sind jedoch „soweit überhaupt – faktisch immer nur als Staatsbürgerrechte wirksam." (Hirsch (J.) 2005:72)

19 Die Reproduktion der Geschäftssprache durch sich selbst wird hier deutlich: denn die Politik, die sie in Kraft setzt, ist ja in ihr selbst verfasst, wenn es sich nicht um reine Deklarationen handelt (wie im Falle des Moldauischen und Ukrainischen in Transnistrien).

20 Eine Imago ist eine „Vorstellung von den sprachlichen Verhältnissen, die mit der Einsozialisierung in diese fest geworden ist." (Maas 2012b:26)

21 Unter Eponymen werden in erster Linie Gattungsbegriffe oder Verben verstanden, die sich aus Personennamen herleiten. In Bezug auf Sprachen und Nationalismus ist gemeint, dass der Name einer Sprache gleichzeitig eine ethnisierte Gruppe bezeichnet. Manifest wird dies in den ehemaligen Sowjetrepubliken, deren Bezeichnungen sich von einer „Titularnation" herleiten.

Zu dieser Zurichtung gehört dann auch sprachliche Praxis, wobei die Frage, wie das Staatsgebilde sprachlich integriert werden soll, in unterschiedlichen Staaten und zu unterschiedlichen Zeiten auch auf verschiedene Art und Weise beantwortet werden kann. Epilinguistische Diskurse vermitteln das Verhältnis von Individuum und Staat. Diese „alltäglichen Äußerungen der Sprecher über Sprache, Sprachverhalten, Norm(en), Stil, Register, Mehrsprachigkeit etc." (Erfurt 2012:619f) drücken die „Wertungen und Positionierungen der Sprecher bzw. sozialen Akteure in Bezug auf sprachliche Sachverhalte" (ebd.) aus und sind entscheidend für das Funktionieren von Sprachpolitik in der Praxis.[22]

Maas' Ansinnen bei der Beschreibung der sprachlichen Verhältnisse liegt auch in einer Problematisierung der Effizienz der ‚Geschäftssprache', die einerseits von der Wahl der sprachlichen Form, andererseits von der Verfügbarkeit der entsprechenden Ressourcen bei den Bürger*innen abhängt. Dass historisch gesehen die allgemeine Schulbildung mit der Gründung bürgerlicher Staaten zusammenfällt, hat also mit der Notwendigkeit der Kommunikation (auch auf schriftlichem Kanal) in einer überregionalen Ausgleichssprache zu tun. Indem Maas zwischen ‚Verkehrssprache' und ‚Geschäftssprache' unterscheidet, verweist er aber sehr wohl auch darauf, dass der bürgerliche Staat nicht ohne die Frage von Machtverteilung zu verstehen ist: wesentlich für die Verhältnisse seien „Partizipationsmöglichkeiten bzw. Ausschluss" (Maas 2008b:127). Dies ergibt sich daraus, dass die Geschäftssprache und insbesondere die formellen Register zwar wichtige Funktionen haben (und dadurch eine hohe Reichweite), gleichzeitig aber nicht für alle Bürger*innen (geschweige denn für die auf dem entsprechenden Territorium lebenden Leute, die diesen Status nicht haben) gleichermaßen erreichbar ist, und deswegen eine Dimension von Exklusion ist.

Die Verkehrssprache(n) ist/sind also die Sprache(n) der allgemeinen Meinungsbildung und Interaktion im Register der „informellen Öffentlichkeit". Da sie praktischen Zwecken dien(en/t), muss/müssen sie für die Mehrheit der Bevölkerung erreichbar sein. Die Geschäftssprache ist demgegenüber die Sprache der Macht und der politischen Kontrolle. Als Beispiel vormoderner Verhältnisse für eine bilinguale Konstellation solcher Verhältnisse nennt Maas Latein-Deutsch, wo „eine heteroglossische Schriftsprache im formalen Register als Sparringpartner dient" (Maas 2008b:14) und den Ausbau der Familiensprache blockiert (Maas 2016).

---

22 Erfurt bezieht sich dabei auf Bourdieus (1982:59ff) Konzept des ‚sprachlichen Marktes', der sich in der Trias aus ‚legitimer Sprache',‚symbolischer Macht' und epilinguistischen Diskursen ausdrückt.

Beide sind nicht notwendig identisch, sondern haben einen mehr oder weniger großen Abstand zueinander. Eine (oder mehrere) Geschäftssprache(n) hat jeder moderne Staat[23]: hinsichtlich ihrer Erreichbarkeit stellt sich u.a. die Frage, wie nah sie an der Verkehrssprache und den Familiensprachen der Bürger*innen ist. In einem Staat, der sich demokratisch legitimiert, sollte also die Geschäftssprache so gewählt werden, dass sie möglichst stark in der Verkehrssprache fundiert, und es müssen Bedingungen für ihre Demotisierung geschaffen werden, insbesondere in Form des Zugangs zur Schriftkultur, die immer „Resultat einer Bildungsanstrengung ist" (Maas 2016) und sich nicht spontan durch Partizipation an kommunikativer Interaktion einstellt.

Aus Maas' Prämisse eines demokratisch legitimierten und auf Partizipation beruhenden Staats bei gleichzeitiger Ungleichverteilung sprachlicher Ressourcen ergibt sich eine Dimension von Erreichbarkeit und Reichweite bei der Betrachtung sozialer Ungleichheit. An der politischen Macht können nur diejenigen wirksam teilhaben, die über die hierfür nötigen sprachlichen Ressourcen verfügen. Deren Erreichbarkeit ist aber notwendige, nicht hinreichende Bedingung. Hier zeigt sich auch ein „blinder Fleck" der intersektionell schlecht informierten Sprachwissenschaft, die selten berücksichtigt, dass vergleichbare sprachliche Repertoires bei unterschiedlichen Sprecher*innen in ein und derselben Situation auf Grund von Mehrfach-Diskriminierungen unterschiedliche Reichweite haben können (siehe Kapitel 2.2.3, These 5).[24]

Als Forderung an das Bildungssystem (nicht als Faktum) leitet Maas daraus die Verantwortung ab, den Schüler*innen den sprachlichen Ausbau zu erleichtern, der ihnen Partizipationschancen eröffnet (Maas 2008b:184; 2012b:51): dies sei die vorrangige Aufgabe des staatlichen Bildungssystems, der der Ausbau anderer Sprachen unterzuordnen ist – bzw. ist letzterer in den Dienst von ersterem zu stellen.

Für die Forschungsperspektive ergibt sich daraus eine Privilegierung der Frage nach dem Zugang zur Schriftkultur und den ungleichen Chancen dabei (Maas 2008b:186). Forschungssubjekte müssen dann Personen sein, die diesen

---

23 Der Status allein entscheidet nicht darüber, welche sprachlichen Formen die Funktion der Geschäftssprache übernehmen (s. 2.1.3 Abschnitt „Status und Funktion verschiedener Sprachen"). So sind etwa in der moldauischen transnistrischen Republik neben Russisch auch Ukrainisch und Moldauisch offizielle Sprachen, spielen faktisch als formelle Register jedoch keine Rolle.

24 Die an Genderlekten als Varietäten interessierte Soziolinguistik legt häufig binäre und essentialisierende und deswegen wenig nützliche Genderkategorien an (Cameron 1990; 2010).

sprachlichen Verhältnissen langfristig ausgesetzt sind. Sprich: An sehr mobilen Personen, die in ihren Wohn- und Arbeitsort häufig wechseln, wie es bei vielen Moldauer*innen der Fall ist, gehen diese Überlegungen vorbei.

Aus der Perspektive des sprachlichen Ausbaus stellt sich für Maas die Frage der „Leistungsfähigkeit der ausgebauten (literaten) Schriftsprache" (Maas 2012b:29). Durch den Fokus auf Funktionen dieser sprachlichen Praxen grenzt sich Maas vom üblichen normativen Blick einer Fehlerperspektive ab: „Während die normative Grammatik sie als abweichend, ggf. auch als reduziert oder fehlerhaft behandelt, kommen sie so in ihrer funktionalen Besonderheit in den Blick." (Maas 2012b:29; siehe auch Maas 1989b:34-38) Gleichzeitig können auch die normative Grammatik und normative Diskurse selbst auf ihre Funktion hin überprüft werden, z.B. als Privilegien reproduzierend.

Als Kriterium für die Funktionalität der sprachlichen Praxis, inklusive der „normativ ausgezeichneten" hinsichtlich „ihrer Leistungsfähigkeit für die Praxis", scheint Maas (2012b:29, 2008a:3-4) vor allem die folgenden Dinge im Auge zu haben

- Das sprachliche Inventar: Sprachausbau (3, siehe Tabelle unten) der „gesellschaftliche[n] sprachliche[n] Infrastruktur" (Maas 2016). Entscheidend ist die Frage: „Erlaubt die Sprachstruktur die Möglichkeiten des Symbolfeldes maximal zu nutzen?" (Maas 2008a:3) Unterstellt wird dabei, dass Sprachstrukturen einen „virtuellen Raum einer damit ermöglichten Sprachpraxis" (Maas 2010:66) projizieren, der mehr umfasst, als die tatsächlichen Äußerungen der Sprecher*innen.[25]
- Erreichbarkeit: Welchen Abstand haben die sprachlichen Register voneinander? Fundiert die literate Schriftsprache in den gesprochenen Registern? Der theoretische Fluchtpunkt ist damit die gesellschaftliche Partizipation einer möglichst großen Anzahl von Personen, also sprachstrukturelle Aspekte der Chancen auf Ausbau (2). „Der Ort der Hochsprache ist die Bemühung um eine in der gesprochenen Sprache zu fundierenden, in ihr aber nicht abzubildenden" (Maas 2010:14).

---

25 Dieser Aspekt enthält eine Kritik an Ansätzen struktureller Sprachwissenschaft, die erstens ihre Daten primär aus der Sprachaneignung von Kindern generieren und zweitens auf die mündliche Kommunikation fokussieren, die empraktisch gebunden ist. Für Darstellungsaufgaben, die diese Bindung überwinden, sind aber andere strukturelle Ressourcen erforderlich, die eben nicht spontan erworben werden.

Tabelle: „Horizonte" der Grundkategorie Sprachausbau bei Maas (2008a)

Sprachausbau 1: bezieht sich in grundsätzlicher (nicht sprach- oder Sprecher*innenspezifischer) Weise auf die Registerdifferenzierung als Unterscheidung struktureller Ressourcen für die sprachliche Artikulation auf verschiedenen Registerebenen (ebd.:6). Informelle Register sind solche, die empraktisch als „Bestandteil einer nicht-sprachlichen Praxis" (ebd.) vorkommen und formelle solche, die alles, was in einer sozialen Situation Geltung hat, einführen müssen.
Sprachausbau 2: bezieht sich auf den individuellen Sprachausbau, „das Erschließen der ausgebauten Ressourcen in der ontogenetischen Sprachentwicklung" (ebd.:6). Dies ist vor allem die Sprachaneignung bei Kindern, die in der Form der Registerdifferenzierung von intimen zu öffentlichen Registern und als Aneignung der Sprache der Anderen erfolgt (ebd. 39f).
Sprachausbau 3: betrifft die in einer konkreten Sprachgemeinschaft verfügbaren Strukturen (ebd.:22); „die Sedimentierung eines solchen Ausbaus" (ebd.:3) in gesellschaftlich etablierten Sprachstrukturen, wobei historisch die kritische Schwelle darin besteht, dass in einer Gesellschaft Texte in einer sprachlichen Struktur zu verfassen waren, die bislang nur im informellen Register praktiziert wurden. Das Inventar einer Sprache wächst mit den funktionellen Herausforderungen, die mit ihr zu erledigen sind.

Fragen des Sprachausbaus und der Erreichbarkeit stellen sich in historischer Perspektive insbesondere in Bruchphasen, wo die Geschäftssprache zur Disposition steht, wie in Moldova durch Ernennung des Rumänischen zur Staatssprache und Ablösung von der Sowjetunion. Eine Neuordnung der sprachlichen Verhältnisse, wie sie durch Ernennen einer neuen Staatssprache und Einschränkung der Funktionsweise anderer Sprachen eingeleitet wird, setzt in der Regel umfangreiche Prozesse des „glottopolitisch initiierten Sprachwandels" (Erfurt 1994) in Gang, wie z.B. den intensiven und extensiven Ausbau (Koch 2010:166) der neuen Staatssprache, also ihre Anpassung an die neuen Anforderungen: die Sprachform wächst „in immer mehr Diskurstraditionen der Distanz hinein, bis sie schließlich alle für die Gesellschaft relevanten Traditionen abdeckt" (extensiver Ausbau, bzw. Sprachausbau 3, s.o.) und löst dabei häufig eine andere akkulturierende Sprachform ab. Im Rahmen des intensiven Ausbaus (Sprachkorpusplanung) werden die Ausdrucksmittel, also die „sprachliche Infrastruktur" an die neuen Bedürfnisse und Funktionen angepasst. Die frühere Geschäftssprache ist weiterhin ausgebaut und bietet die sprachlichen Möglichkeiten, sowohl die Anforderungen formeller als auch intimer Kommunikation zu erfüllen. Sie verliert diese Möglichkeiten nicht unmittelbar mit dem Statusverlust, langfristig findet aber ein Rückbau statt (Maas 2016).

Hinsichtlich des Abstandes der Geschäftssprache vom intimen Register ist ein autozentrierter Ausbau gegenüber dem heterozentrierten Ausbau in diglossischen

Gesellschaften zu befürworten, der laut Maas (2010:65) weltweit und historisch gesehen der häufigere Fall ist[26]:

> „Grundsätzlich stellt sich hier die Frage nach einem ‚guten' vs. ‚schlechten' Sprachausbau: [...] als *autozentrierte* Entwicklung, die die Ressourcen einer gegebenen (informell praktizierten) Sprache ausbaut, vs. einer *heterozentrierten*, die diesen fremde Strukturen überstülpt, und damit die Partizipation großer Teile der Menschen an diesem Ausbauprozeß abblockt [...] Schließlich ist hier auch die Frage der *Erreichbarkeit* der strukturellen Ressourcen aufzunehmen, die unten in (I.5.) als Differenzierung des Lesehorizonts expliziert wird. In schriftkulturelle Verhältnisse ist immer auch die gesellschaftliche Organisation mit ihren Ausschließungsmechanismen eingeschrieben." (Maas 2010:67)

Auch für die Sprecher*innen, die als intimes Register eine Varietät der neuen Geschäftssprache sprechen, ist die neue Norm- und Standardsprache etwas per se zu Lernendes, das nicht für alle erreichbar ist, obwohl das nationale Projekt bedingt, dass jedes Subjekt sich der Staatssprache zurechnen muss (Erfurt 2008b; Maas 1989b:34-38). In mehrsprachigen (also faktisch allen) Gesellschaften bedeutet die Privilegierung bestimmter Varietäten gegenüber anderen zusätzliche Faktoren der Ungleichverteilung von Partizipationsmöglichkeiten und Privilegien.[27]

Aus individueller Perspektive als „Brüche" bezeichnet Bochmann (2007:32) sprachbiographische Momente, „die den idealiter linearen Lebenslauf stören bzw. in andere Bahnen zwingen" – das sind neben biographisch bedingten Wendepunkten, wie Schul- oder Berufseintritt in Moldova v.a. „die durch historisch-politische Zäsuren bedingten sprachpolitischen Wendepunkte" (2007:32), die eine Neuordnung der sprachlichen Verhältnisse einleiten (siehe auch 3.4.2.2, Schritt 2). Peter Koch bezeichnet diese Momente bei der Betrachtung des Verhältnisses von Mündlichkeit und Schriftlichkeit als „Scharniere" (Koch 2010:165): entweder behaupten sich die Ausgangsverhältnisse, oder

---

26 Erfurt (1994:36-38) unterscheidet zudem einen ‚dezentrierten' Sprachwandel: autozentriert ist der Ausbau auf Basis der eigenen Ressourcen mit Hilfe institutioneller Stützung durch Normierung, Kodifizierung, Standardisierung, Sprachkultur, Purismus, Blockade oder Maßnahmen zu ihrer Förderung. Heterozentrierter Wandel erfolgt durch den Zugriff auf andere Sprachen zur Kompensation von Defiziten, insbesondere, wenn in der eigenen Sprache keine Schriftsprache ausgebaut ist. Dezentriert ist eine „sprachkonfliktive Praxis in mehrsprachigen Gesellschaften [...], wobei sich die Sprachen in einem Verhältnis von dominanter und dominierter Sprache befinden" und führt zu rezessiver Entwicklung bei der dominierten Sprache. Gründe können in ausschließlicher Schulbildung in der dominanten Sprache liegen, Verboten, aber auch ‚sprachlicher Abstention' (auto-odi).

27 Für die moldauische Gesellschaft siehe Weirich (2017b).

„es [kommt], angeregt durch die kulturell jeweils höher stehende Sprachform w (und ihre Schrift), zu einer medialen und sprachlichen Akkulturation: x wird ins graphische Medium hineingetragen (‚Verschriftung'), und gleichzeitig oder mit Verzögerung dehnt sich der Funktionsbereich von x, über die elaborierte Mündlichkeit hinausgehend, weiter in die Distanz aus (‚Verschriftlichung')."

In gesellschaftlichen Bruchphasen kann sich nicht nur die sprachliche Geschäftsordnung verändern, sondern auch neue Kommunikations- und Textformen entstehen. Für die individuellen Sprecher*innen erzeugt die „Neuordnung der sprachlichen Verhältnisse" (Erfurt/Weirich 2013:312) einen Druck der Restrukturierung ihrer sprachlichen Repertoires. Aus Sicht des Staates oder der Gesellschaft ist der kollektive Sprachausbau (3) gleichzeitig die Voraussetzung dafür, dass die ‚Normalisierung' funktioniert. Dies ist keineswegs selbstverständlich (Erfurt 1994:32f):

„Damit glottopolitisch intierter Sprachwandel überhaupt einsetzen kann, müssen die vorgeschlagenen Veränderungen rezipiert werden können. […] ohne soziale Verbreitung dieser Formen kann allerdings keine Rede von Sprachwandel sein. Faktoren wie das allgemeine Bildungsniveau, das Vorhandensein einer sozialen Gruppe, die ein wie auch immer geartetes Interesse an der Verbreitung der sprachlichen Veränderungen haben muß, die Existenz von (Massen-)Medien und vor allem ein natürlich gewachsenes oder auch suggeriertes Bedürfnis der Sprecher, die vorgeschlagenen Veränderungen rezipieren zu müssen, sind nicht mit einem auf technisches Operieren an Sprache fixierten Verständnis von Korpusplanung zu erfassen."

2.1.2 Empirische Darstellung ‚Sprachlicher Verhältnisse'

Als zu operationalisierende Arbeitsdefinition schlage ich vor (siehe auch Weirich 2015a):

Sprachliche Verhältnisse bestehen zwischen der Gesamtheit der in einem Nationalstaat praktizierten Sprachen, Varietäten und Register und ihren Sprecher*innen, im Hinblick auf die Verteilung der jeweiligen Funktionen, Bewertungen und ihrer Rolle bei der Regulierung des Zugangs zu Möglichkeiten der Partizipation an politischer und ökonomischer Macht sowie ihrer jeweiligen Erreichbarkeit. Die sprachlichen Verhältnisse befinden sich immer in einem dynamischen Prozess, dessen Richtung sich insbesondere in Bruchphasen grundsätzlich verändern kann. Hiermit geht eine Veränderung der gesellschaftlichen Kräfteverhältnisse einher.

Für die Beschreibung ‚sprachlicher Verhältnisse' in einem nationalstaatlich verfassten Kommunikationsraum ergeben sich daraus die folgenden Aspekte, die auch Kriterien für meine Beschreibung der sprachlichen Verhältnisse in Moldova (Kapitel 4) bilden.

2.1.2.1 Die Bandbreite der Heterogenität sprachlicher Praxis in einer Gesellschaft

Dies betrifft Sprachen, Varietäten, Register (als orthogonal zu Varietäten), Normen und deren Bindung an unterschiedliche Praxisfelder und kommt einer Bestandsaufnahme der sprachlichen Ressourcen einer Gesellschaft gleich (z.B. der moldauischen, Erfurt/Weirich 2013:308) gleich. Im utopischen Fall einer vollständigen Beschreibung würde ein Raum als Referenzpunkt gesetzt und alle sprachlichen Ressourcen der Sprecher*innen in diesem Raum addiert und nach Verteilung und Funktion gruppiert. Dies würde die herkömmlichen Betrachtungen insofern verändern, als bei der Darstellung mehrsprachiger Gesellschaften häufig nur die Erstsprachen der Sprecher*innen (die zudem manchmal mit der zugeschriebenen Ethnizität verwechselt werden (Weirich 2014)) und diejenigen Sprachen mit offiziellem Status berücksichtigt werden, nicht aber die zahlreichen anderen Ressourcen mehrsprachiger Personen. Zudem ist aus der Perspektive ‚sprachlicher Repertoires' und der Registerdifferenzierung zu berücksichtigen, dass auch Sprecher*innen der gleichen Sprache nicht über dieselben Ressourcen (in dieser geschweige denn anderen Sprachen) verfügen. Es verzerrt einerseits die demographisch-sprachlichen Verhältnisse und übersieht ggf. Sprachen der (Trans-/Re-)Migration, wie Italienischressourcen in Moldova (siehe 4.3.6.2).

2.1.2.2 Abstand zwischen Varietäten und Sprachen

Auf Ebene der sprachlichen Formen ist der Abstand intimer Register von den formellen für die Erreichbarkeit wesentlich. Wenn wir z.B. behaupten, dass eine Sprachform x (z.B. Rumänisch) in ihrem gesamten geographischen Bereich (z.B. Republik Moldova ohne Transnistrien) „das gesamte konzeptionell-mediale Feld" (Koch 2010:192) abdeckt, kann es trotzdem sein, dass „im Zuge von Standardisierung und Ausbau gewisse Differenzen zwischen der ursprünglichen Sprachform x und dem x-basierten Distanzexponenten entstehen." Je weiter die alltäglichen intimen Register von den formellen entfernt sind, desto schwieriger ist es, letztere von ersteren aus zu erreichen. Dies betrifft aber nicht nur verwandte Varietäten, sondern auch sprachliche Ressourcen, die unterschiedlichen (nicht-verwandten) Sprachen zugerechnet werden; es ist dann deutlich schwieriger, sich die entsprechenden Register anzueignen:

> „Aus Perspektive der Familiensprache ist die Registerdifferenzierung eine Komplikation, die ontogenetisch mit den sich ausweitenden Horizonten der Sprachpraxis bewältigt wird – mit der arbeitsteiligen Mehrsprachigkeit in den verschiedenen Registern als graduelle Komplikation." (Maas 2008b:51)

Wenn das intime Register in einer anderen Sprache formuliert wird, als das formelle, greift der besondere kompensatorische Bildungsauftrag der Schule, dem diese aber häufig nicht gerecht wird. Für die deutschen Verhältnisse konstatiert Maas deswegen, dass zwar die Schriftsprache in der gesprochenen fundiere und deswegen für alle erreichbar sei, aber nicht erreicht werde (Maas 2012b:13).

2.1.2.3 Status und Funktionen verschiedener Sprachen

Offizieller Status und kommunikative Funktion von Sprachen und Registern bestimmen deren ‚Reichweite', soweit sie in den gesellschaftlichen Verhältnissen ihre Ursache hat. Dies impliziert unter arbeitsteiligen und auf sozialen Ungleichheiten beruhenden gesellschaftlichen Verhältnissen auch die „kommunikative Rollenverteilung" (Bochmann 1993:6; Guespin/Marcellesi 1986:15) sowie deren Modus (komplementär, konkurentiell, hierachisiert oder äquivalent). Status und kommunikative Funktionen müssen vom Kritierium der Offizialität unterschieden werden, das wenig über die tatsächliche Verbreitung einer Sprache aussagt (Erfurt 2005:34).[28] Dies ist eine Dimension der „objektiven Möglichkeiten von Sprachpolitik, die ihre Grenzen in den Produktionsverhältnissen" (Maas 1989b:19) finden.

Gleichzeitig kann eine Sprache in einem Raum viele kommunikative Funktionen haben, die nicht durch ihren offiziellen Status festgeschrieben sind (Erfurt 2005:34) und die auch innerhalb einer Gesellschaft je nach sozialem Raum variieren können (siehe Castellotti 2013:75f; Vigouroux 2005): so war etwa das Russische in Moldova noch viele Jahre nach den Sprachgesetzen von 1989 die Sprache der Filme und des Taxiwesens. Vergleichbar wäre die Rolle des Englischen als Wissenschaftssprache in Deutschland, wo in manchen Fachbereichen fast ausschließlich auf Englisch publiziert (und teilweise auch mündlich kommuniziert wird), was aber nicht gesetzlich geregelt ist.

Um der Klarheit willen beschränke ich deswegen den Gebrauch des Begriffs „Status" wie Kremnitz (2002:122) auf den offiziellen Status und unterscheide ihn von (gesellschaftlichen) Funktionen.[29] Kremnitz selbst (2002) differenziert zwischen Status und kommunikativem Wert bzw. Gebrauchswert (Bein 2001). Letzteres erscheint mir für die individuelle Perspektive auf „Reichweite" sehr nützlich. Ein Gebrauchswert versteht sich im Zusammenhang mit einem konkreten Ziel, das von konkreten Personen verfolgt wird. Solche Ziele sind von gesellschaftlichen Funktionen abhängig, mit ihnen aber nicht identisch. Hierfür

---

28 Für eine Übersicht unterschiedlicher Formen von Status s. Erfurt (1994:31f).
29 Bei Erfurt (1994:49) ist Status gleichbedeutend mit Funktion (eines ganzen Sprachsystems).

reserviere ich wiederum den Begriff der Kommodifizierbarkeit. Es geht also beim Gebrauchswert um die Frage, wie häufig und in welchen Situationen Sprecher*innen im Alltag bestimmten Sprachen begegnen, welche Redeanlässe es gibt oder gäbe (wenn sie bestimmte Ressourcen hätten). Funktion und Gebrauchswert variieren über Zeit und Raum (Kremnitz 2002:127), wie es auch die sprachlichen Verhältnisse und ihre Artikulation tun. Die gesellschaftlichen Partizipationsmöglichkeiten einer Person mit einem bestimmten sprachlichen Repertoire sind relativ zum offiziellen Status sprachlicher Formen, der kommunikative oder Gebrauchswert relativ zu gesellschaftlichen Funktionen und die Kommodifizierbarkeit von sprachlichen Ressourcen als Teil der Ware Arbeitskraft ist relativ zum ökonomischen Wert.

Der Gebrauchswert ist eine relative Größe, weshalb es gerade vor dem Hintergrund unterschiedlicher mehrsprachiger Repertoires methodisch sinnvoll ist, zu fragen, welchen Unterschied das Verfügen über andere Ressourcen machen würde. Kremnitz (2002) führt das Beispiel an, dass das Slowenische, Tschechische und Ungarische in der österreichischen Schule kaum gelehrt würde, obwohl es sich um die Staatssprachen in Nachbarstaaten handele und zwischen den Bürger*innen starker Kontakt bestünde. Ein fiktiver Kärtener, der in der Schule Deutsch und Englisch ausgebaut hat und in seinem Alltag häufig Slowen*innen trifft, könnte mit diesen Slowen*innen Slowenisch sprechen, wenn er die entsprechenden Ressourcen hätte. Das Slowenische hätte für ihn einen kommunikativen Wert, vorausgesetzt er hat Grund und Interesse, mit Slowen*innen zu kommunizieren. Ferner ist der kommunikative Wert relativ zu den Alternativen, die scheinbar den gleichen Zweck verfolgen: Es ist nicht unwahrscheinlich, dass die Slowen*innen, denen der Kärtener begegnet, Deutsch/Österreichisch oder Englisch können (zum Fremdspracherwerb in Moldova siehe Weirich 2016a).

Hieran zeigt sich auch, wie kommunikativer Wert nicht nur über Zeit und Raum variiert, sondern auch von Sprecherin zu Sprecher und u.a. mit Dominanzverhältnissen zu tun hat. In Situationen der sprachlichen Normalisierung etwa steigt der kommunikative Wert einer zuvor minorisierten Sprache, weil Ausweichsprachen in ihrer Funktion beschnitten werden. Dies sieht man z.B. daran, dass es für viele russischsprachige Moldauer*innen lange nur bedingt attraktiv war, Rumänisch zu lernen, da die durchaus angestrebte Normalisierungspolitik nicht sehr erfolgreich war und „ein Leben in Russisch" weiter möglich war. D.h. nicht, dass das Rumänische gar keinen kommunikativen Wert für einsprachig russische Moldauer*innen hatte, viele haben es ja trotzdem gelernt. Man sieht hier aber, dass für russischsprachige Personen der kommunikative Wert rumänischer

Ressourcen antiproportional zu russischen steigt, also im Verhältnis dazu, wie die Funktionen des Russischen eingeschränkt werden und an Reichweite verlieren.

2.1.2.4 Zugang zu Bildung

Wichtigen Anteil an der Umsetzung des „kompensatorischen Bildungsauftrags" (Maas 2012b:51) hat die kurrikulare Ausgestaltung und insbesondere die Frage nach der ‚kategorialen Haltung'[30] zur Schriftsprache, aber auch sprachideologische Fragen des Umgangs mit sprachlicher Heterogenität und der Bewertung der Ressourcen der Schüler*innen. Dies ist in der Mehrsprachigkeitsforschung ein etablierter Forschungsbereich, der sich aber in erster Linie auf die Effizienz bestimmter Schulmodelle und Maßstäbe zur Messung der Kompetenz von Schüler*innen konzentriert (Martin-Jones 2007:163).[31]

Das Hauptinteresse gilt dem staatlichen Bildungssystem und den Ausschlüssen, die es produziert. Entscheidend kann dabei die Schulform sein: integrierte Schulsysteme, wie in der Republik Moldova, wo bis mindestens zur neunten Klasse alle Schüler*innen gemeinsam unterrichtet werden oder früh differenzierende wie das Deutsche. Weiterhin sind die Kosten ein zentraler Gesichtspunkt des Zugangs zu Bildung und damit verbunden die Frage, ob es konkurrierend zum staatlichen Bildungssystem ein ggf. materiell besser ausgestattetes privates Bildungssystem gibt.

Gerade bei der Neuordnung sprachlicher Verhältnisse kommt auch Fort- und Weiterbildungsangeboten im Bereich der Erwachsenenbildung die wichtige Rolle zu, eine Aneignung sprachlicher Ressourcen unabhängig vom Schulbesuch und damit vom Alter zu ermöglichen. Insbesondere im Bereich der „Fremdsprachen" treten private Akteur*innen auf den Plan, die ökonomischen (ggf. auch politischen Interessen) und damit anderen Maximen folgen als die „allgemeinbildenden Institutionen". Den gewinnorientiert handelnden Bildungsinstituten

---

30 Die kategoriale Haltung zur Schrift impliziere das Bewusstsein, für Leser*innen zu schreiben, die sich einen Reim auf das Geschriebene machen sollen. Wenn die Kinder in einer entsprechend schriftkulturell geprägten Umgebung aufwachsen würden, könnten sie sich auch die schriftliche Artikulation relativ problemlos aneignen, da das aber nicht bei allen der Fall sei, liege eine Schwäche des Schulunterrichts darin, dass das häufig vorausgesetzt würde (Maas 2008b:128-30).
31 Martin-Jones (2007:164) sieht hierin das Problem begründet, dass bestimmte „Modelle" häufig als fixe und stabile Entitäten verstanden werden, die von einem Kontext in den nächsten übertragen können werden und dort vergleichbare Resultate erzielen würden, was insbesondere auf das als erfolgreich geltende kanadische Immersionsmodell zutreffen würde.

spricht Bein (2001:86) Relevanz beim Extrapolieren des ökonomischen Werts von Sprachen zu, da sich die Nachfrage auf Sprachen mit hohem (imaginierten) Wert konzentrieren würde.

2.1.2.5 Normen, Wertungsgefälle und Repräsentationen

„Zu den sprachlichen Verhältnissen gehört ein Wertungsgefälle," (Maas 2012b:28) das in Zusammenhang mit Funktionen und Status steht, insofern sich hieraus einerseits Prestige ableiten kann, aber auch insofern sprachliche Ideologien in der Sprachpolitik handlungsleitend sind und sich deswegen z.B. auf die Statusplanung oder die Bildungspolitik auswirken. So führt Kremnitz (2002) die Tatsache an, dass Englisch in Schulen häufig gegenüber Sprachen mit unmittelbarerem Gebrauchswert bevorzugt wird, auf dessen ‚Prestige' (im Unterschied zum Status) zurück, als dem gesellschaftlichen Ansehen, das eine Sprache genießt. Er unterscheidet dabei in internes vs. externes Prestige. Beim internen Prestige, also dem Ansehen, das eine sprachliche Form bei ihren Sprecher*innen selbst hat, geht es auch um sprachliche (Un-)Sicherheit (Francard 1997), die sich natürlich aus einer schlechten Außenwahrnehmung speisen können. Die im Zusammenhang üblicher sprach-demographischer Beschreibungen erwähnte Verwechslung von Sprache und Ethnizität findet sich auch bei den Bewertungen wieder: so sind die Gründe für Prestige einer Sprache in der Regel sprachextern (und meist nicht rational begründbar) und nicht selten überträgt sich das Ansehen von Gruppen auf das Ansehen ihrer sprachlichen Praxis (Kremnitz 2002).

Sprachliche Ideologien haben praktische Auswirkungen (Boyer 2001:41-42; Lafontaine 1986:15). Puristische Ideologien und präskriptive Normen können in der Korpusplanung mitverantwortlich für den Abstand zwischen gesprochener und Standardsprache sein und Barrieren für die Aneignung dieser Ressourcen im Bildungskontext darstellen.

Bei der Wirkung von Bewertungen im Alltag und den hieraus hervorgehenden sozialen Ungleichheiten setzt das in der Soziolinguistik populäre Marktmodell Bourdieus an. Es beschreibt, wie auf einem gegebenen Sprachenmarkt (mehrheitlich ebenfalls von einem nationalen Raum begrenzt) alle sprachlichen Produkte an der legitimen (normierten) Sprache gemessen werden und sich dadurch für die legitimen Sprecher*innen ein Distinktionsprofit ergibt, sei es in der Schule, auf dem Arbeitsmarkt, in der Politik oder in Alltagssituationen (Bourdieu 1982).[32]

---

32 Auch wenn in diesem Werk, das die Herausbildung der sprachlichen Verhältnisse im modernen Frankreich in den Blick nimmt, etwa die Abwertung des Okzitanischen

Dort, wo eine Gesellschaft sich selbst als mehrsprachig wahrnimmt, sind auch komplexe Mechanismen der Majorisierung sprachlicher Repertoires, also der Erwartung, über welche sprachlichen Ressourcen Menschen üblicherweise verfügen, am Werke (Weirich 2014), die ihrerseits Auswirkungen sowohl auf politische Entscheidungen, als auch auf Sprachbiographien, soziale Anerkennung und beruflichen Erfolg haben.

An dieser Stelle muss bei einer ganzheitlichen Betrachtung die Frage gestellt werden, wie bestimmte Bewertungen in sprachliche Ideologien und gesellschaftliche Diskurse über Sprache eingebettet werden, die als Handlungsdispositive (Jäger 2009:22f) im Alltag wirken. Sprachliche Ideologien können sich mit den Verhältnissen ändern und je nach politökonomischer Konjunktur stärker oder schwächer ausgeprägt sein (Bein 2001:89). Eine Betrachtung der sprachlichen Verhältnisse muss deswegen auch fragen, welche Gruppen von bestimmten Diskursen profitieren (Erfurt 2001:196; Erfurt 2003b:12; Heller/Duchêne 2007:11). Benennungen und Kategorien sind im Rahmen von Wissenssystemen die Grundlage von Bewertungen.

2.1.2.6 Kommodifizierbarkeit sprachlicher Ressourcen

Neben der symbolischen Bewertung der sprachlichen Ressourcen behandele ich die ökonomische Bewertung (bzw. ihren ‚Tauschwert') hier separat mit der Bezeichnung ‚Kommodifizierbarkeit'[33]. Häufig erklärt sich das Prestige von Sprachen mit dem ökonomischen Erfolg von Regionen, in denen diese Sprachen verbreitet sind (Blommaert 2005:201f; Tan 2008:3). Ökonomische Perspektiven auf Sprache haben versucht zu zeigen, wie eine erfolgreiche Sprachpolitik sich aber auch auf Preise und Einkommen auswirken kann (Grin 1990:155).

Darüber hinaus ist es für die Betrachtung sozioökonomischer Ungleichheiten und deren Zusammenhang mit den sprachlichen Verhältnissen relevant, zu fragen, welche sprachlichen Ressourcen auf dem Arbeitsmarkt gefragt sind. Dabei ist zu unterscheiden, welche sprachlichen Qualifikationen (neben anderen) als Einstellungsvoraussetzung gelten und in welchen Bereichen und welche sprachlichen

---

einen zentralen Platz hat, orientiert sich das Modell am Varietätenspektrum und nicht an einer mehrsprachigen Gesellschaft.

33 Für das Konzept der Kommodifizierung siehe 2.2.3. Während die Kommodifizierung das Zur-Waren-Machen einer Sache (hier von Sprache) ist (also konkrete je individuelle Prozesse bezeichnet), geht es bei der Kommodifizierbarkeit um die Möglichkeit des Zur-Ware-Machens im Rahmen gesellschaftlicher Verhältnisse, also um den Tauschwert (zur Unterscheidung von Gebrauchswert und Tauschwert von Sprachen siehe Coulmas 1992:81-83).

Ressourcen selbst vermarktet werden (etwa im Kommunikations- oder Übersetzungssektor), d.h. die erforderliche Haupt- (oder alleinige) Qualifikation von Angestellten ist und wie gut diese Ressourcen als Qualifikation entlohnt werden.[34]

Im Bereich der Qualifikationen als Einstellungsvoraussetzungen ist die Ebene der Repräsentationen von derjenigen der konkreten sprachlichen Anforderungen in einem Job zu unterscheiden, die sich natürlich teilweise auch in der Personalpolitik von Unternehmen niederschlägt. Es liegt auf der Hand, dass solche Prozesse sich wiederum als Argumentation mit Verwertungslogiken auf den Sprachunterricht auswirken können.

2.2 Erreichbarkeit und Reichweite sprachlicher Ressourcen

Ich reserviere den Begriff „sprachliche Verhältnisse" in meinen Beschreibungen für diejenigen sprachlichen Aspekte von Gesellschaft, die den Status von sozialen Strukturen haben, also einen gewissen „Objektivitätsüberhang" (Görg 1995:628)[35] besitzen: Verhältnisse, die „in die routinisierte Praxis der Akteure eingewandert sind" (ebd. 1995:638f) und an denen sich jede sprachliche Praxis irgendwie ausrichten muss, sei es in affirmierender und reproduzierender, in verändernder oder widerständiger Art und Weise. Greifbar wird dies aus der Perspektive der Sprecher*innen, weshalb als methodischer Zugriff Gespräche mit anderen „kommunizierenden Subjekten" privilegiert werden (Bochmann 1993:6).

Die Beschreibung der sprachlichen Verhältnisse in der Republik Moldova (in Kapitel 4) bezieht sich also darauf, wie zu einem bestimmten Zeitpunkt (demjenigen meiner Beobachtungen und Aufzeichnungen) in einem bestimmten (nationalstaatlichen) Raum die sprachlichen Verhältnisse beschaffen sind. Ich reserviere den Begriff für die nationalstaatliche Ebene (bzw. *scale*, siehe Kapitel 2.2.2.1) und für ein relativ hohes Abstraktions- und Verallgemeinerungsniveau, da glottopolitisch die nationalstaatliche Ebene der wichtigste Bezugspunkt ist (Blommaert 2010:178). Bei der Situierung der Fallstudien im Call-Center und in der Dorfschule als sprachlich unterschiedlich konstituierte Räume spreche ich von der „Artikulation der sprachlichen Verhältnisse", um zu verdeutlichen, dass sie von den

---

34 Roberto Bein (2001:88) verweist darauf, dass Englisch zwar für viele Jobs in Buenos Aires ein Einstellungskriterium sei, dass das aber noch lange nicht bedeute, dass Englisch (allein) ein Garant für einen Job sei.

35 Görg bezieht sich mit diesem Aufsatz auf eine Diskussion um ein Handlungsdefizit der aus der politisch-ökonomischen Regulationstheorie hervorgegangenen Staats- und Gesellschaftstheorie, die sich als Versuch versteht „einen Zusammenhang herzustellen, in den einzelne Entwicklungen eingelassen sind" (1995:637).

gesamtgesellschaftlichen verschieden, aber nicht unabhängig sind.[36] Teil dieser Artikulation sind lokale Regelwerke und Curricula, aber auch Interaktionen und ihre Routinen. Die interne Sprachpolitik der Institutionen ist der Versuch, in die lokalen Artikulationen der Verhältnisse regelnd einzugreifen und sie mitzugestalten. Die kommunizierenden Subjekte entwickeln Strategien des Umgangs damit. Wie diese Strategien aussehen, hängt von einer Vielzahl von subjektiven biographischen, aber auch sozialen Faktoren ab. Letztere lassen sich als „Erreichbarkeit und Reichweite" konzipieren und stellen die Relation zwischen individueller Praxis, sprachlichen Repertoires und den sprachlichen Verhältnissen her.

Abbildung: Reichweite und Erreichbarkeit

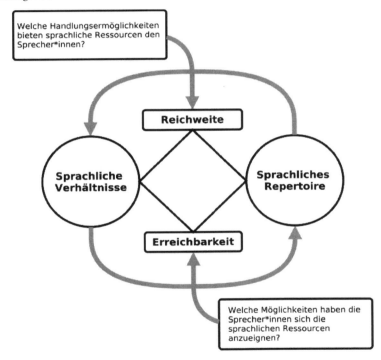

---

36 Maas (2011:18) verwendet den Begriff der Artikulation im Zusammenhang mit Gestalteigenschaften: „Gestalten [in meiner Verwendung: die sprachlichen Verhältnisse] sind Ganzheiten, die sich durchgliedern lassen [z.B. in die Artikulation der sprachlichen Verhältnisse in bestimmten Räumen] – aber nicht umgekehrt, [sic!] aus ihren Teilen additiv zusammengesetzt sind."

Die Begriffe ‚Erreichbarkeit' und ‚Reichweite' habe ich im Verlaufe des Abschnitts 2.1 zu den ‚Sprachlichen Verhältnissen' immer wieder verwendet, ohne sie bislang als Konzepte einzuführen. Das Begriffspaar beschreibt das Verhältnis der Sprecher*innen zu ihren sprachlichen Ressourcen als aktuelle (verfügbare) und potentielle (anzueignende), d.h. die eigenen sprachlichen Ressourcen in Relation zu denen der sprachlichen Umgebung. Sie verlängern damit die durch den Begriff des ‚sprachlichen Repertoires' eingeschlagene Richtung von sprachlichem Wissen (s. 2.3) zu den sozialen Bedingungen seiner Aneignung (‚Erreichbarkeit') und seinem Gebrauchswert (‚Reichweite').

Mit der Bestimmung der Reichweite sprachlicher Ressourcen soll eine gesellschaftstheoretisch fundierte Antwort auf die Frage gegeben werden können, welche Handlungsmöglichkeiten bestimmte sprachliche Ressourcen bestimmten Sprecher*innen unter bestimmten sprachlichen Verhältnissen ermöglichen. Sprachliche Ressourcen sind die materielle Basis für Strategien des Umgangs mit sprachlichen Verhältnissen und für Subjektposition innerhalb der Verhältnisse. An dieser Stelle wird die zeitliche und örtliche Gebundenheit der Reichweite und Erreichbarkeit sprachlicher Ressourcen deutlich: sie verändert sich mit den sprachlichen Verhältnissen (s. 2.1.1). Insbesondere gesellschaftliche Brüche und drastische Einschnitte wie die grundlegende Neuordnung sprachlicher Verhältnisse lassen die veränderte Reichweite der sprachlichen Ressourcen für die Sprecher*innen selbst erfahrbar werden. Reichweite und Erreichbarkeit sprachlicher Ressourcen verändern sich auch, wenn die Verhältnisse relativ stabil bleiben, Sprecher*innen sich aber in andere Verhältnisse bewegen (also auf Grund von Mobilität). Deren zunächst auf bestimmte sprachliche Verhältnisse ausgerichtete sprachliche Praxis und Aneignungsstrategien werden dabei mit neuen Verhältnissen konfrontiert, unter denen sich die „symbolische Mobilität" (Blommaert 2010:3) der sprachlichen Ressourcen beweisen muss.

Im Weiteren ist dieser Abschnitt so strukturiert, dass ich die zentralen Ideen meiner Konzepte von ‚Erreichbarkeit' und ‚Reichweite' skizziere (2.2.1), um mich dann mit anknüpfungsfähigen Ansätzen kritisch auseinanderzusetzen (isb. dem *Scale*-Begriff bei Blommaert und der Registerdifferenzierung bei Maas) und schließlich in sieben Thesen zu formulieren, welche Rolle ‚Erreichbarkeit' und ‚Reichweite' für die Restrukturierung sprachlicher Repertoires und ihre Erforschung spielen (2.2.3).

2.2.1 Vorüberlegungen zu ‚Reichweite' und ‚Erreichbarkeit'

Mit der **Reichweite** wird eine individuelle praktische Perspektive auf sprachliche Ressourcen und ihre Bedeutung für soziale Positionen geworfen. Sie umfasst in diesem Sinne bereits für die Ebene der Verhältnisse genannte Aspekte, wie den kommunikativen Gebrauchswert (Kremnitz 2002), die Kommodifizierbarkeit (s. 2.1.3), die Partizipationsmöglichkeiten im demokratisch legitimierten Staat (2.1.1), muss aber auch Aspekte wie das ‚symbolische Kapital' und Privilegien fassen, die mit *Voice* und Anerkennung verwoben sind.

Insofern ‚Reichweite' als Konzept auch eine räumliche Metapher ist, geht es auch um sprachlich definierte soziale Räume und den Zugang zu diesen. Zugrunde liegt dem die Prämisse, dass Sprachaneignung einen „Gewinn an Autonomie" (Maas 2010:55; 2012b:516, siehe 2.3.4.1) bedeutet. Was im Einzelfall Autonomie bedeutet und woran sich die Reichweite eines Repertoires messen lassen muss, ist relational zu den Lebensentwürfen der Sprecher*innen. Durch diese personenzentrierte Argumentation soll nicht der Blick darauf verstellt werden, dass auch die Formulierung solcher Ziele selbst von gesellschaftlichen Strukturen abhängt. Individuen stecken den Horizont ihrer Möglichkeiten in Abhängigkeit von ihrer sozialen Positionierung ab. Spürbar wird die Reichweite des Repertoires in den meisten Fällen als ihre Grenze (gerade dort, wo die Reichweite gegeben ist, werden diese Ressourcen normalisiert und eben nicht als Privilegien wahrgenommen): d.h. in der Form, dass bestimmte Räume verschlossen bleiben (siehe auch Kremnitz 1995:36).

Dass die sprachliche Dimension von Ein- und Ausschlussprozessen hier im Fokus steht, heißt nicht, dass dies (immer) die wichtigste Dimension ist. Vielmehr muss im Rahmen einer Relevanzprüfung der eigenen Fragestellungen auch das Gewicht sprachlicher Komponenten für soziale Ungleichheiten von Fall zu Fall überprüft werden (siehe auch 3.1). Über das soziolinguistische Interesse für Armut schrieb Piller (2012:286f):

> „[…] for the linguist the central issue of concern is language survival, and poverty is one of the variables that affect language survival. Even though language is obviously at the core of linguistic enquiry, I feel a moral duty to take a perspective that puts poverty alleviation – more broadly, social inclusion – first and then ask how language issues, including language survival, contribute to social inclusion."

Mechanismen des sprachlichen Ein- und Ausschlusses artikulieren sich mit anderen Dimensionen gesellschaftlicher Ungleichheit. Die Intersektionalitätsforschung hat einen wesentlichen Beitrag dazu geleistet, verschränkte Dimensionen von Identitäten (isb. *gender, ethnicity/race, class* und „citizenship status", Piller 2012:281), sozialer Positionierung und materiellem Wohlstand aufzuzeigen, dabei aber wenig Augenmerk auf sprachliche Identitäten und Ressourcen gelegt (ebd.). Während die Soziolinguistik zwar den Einfluss sozialer Variablen wie Geschlecht oder Schicht auf die Sprachpraxis untersucht hat, hat die Frage welche unterschiedliche Reichweite ähnliche sprachliche Ressourcen auf Grund anderer Differenzierungskriterien haben kann, bislang wenig Beachtung gefunden (Cameron 1990, 2010).[37] Auch die Erreichbarkeit sprachlicher Ressourcen wird von (Vielfach)diskriminierungen berührt und kann sich u.a. in sprachlicher Unsicherheit oder *anxiety* äußern, die ein wesentliches Hindernis von *voice* ist (Pavlenko 2005:218; siehe auch 2.3.4.1).

Die Erreichbarkeit der sprachlichen Ressourcen besteht in den Möglichkeiten für unterschiedliche Sprecher*innen, sich bestimmte sprachliche Ressourcen anzueignen. Erreichbarkeit ist Reichweite in einer instrumentellen Perspektive nachgängig, da die Frage nach ihrer Erreichbarkeit sich erst dann stellt, wenn bestimmte sprachliche Ressourcen einen bestimmten Gebrauchswert, also eine bestimmte Reichweite haben, oder zu haben scheinen, weil die aktuell verfügbaren Ressourcen an Grenzen stoßen.[38] Die Erreichbarkeit der sprachlichen Ressourcen (z.B. durch das Bildungssystem, insbesondere wenn es um schriftkulturelle Anforderungen geht, siehe 2.1) ist also ein wichtiger Faktor von sozialen Ein- und Ausschlussprozessen. Sprachliche Ressourcen mit einer hohen Reichweite (wie etwa die Geschäftssprache eines Staates) stehen zur Nutzung als kulturelles Kapital nicht allen Sprecher*innen im gleichen Maße zur Verfügung, weil sie nicht für alle gleich erreichbar sind.

Sofern es für die Erreichbarkeit strukturelle politökonomische Gründe gibt, diskutiere ich diese als Teil der sprachlichen Verhältnisse. Den Begriff der Erreichbarkeit reserviere ich für die individuelle Perspektive. Im Anschluss an die Erreichbarkeit ist dann eine weitere Frage, wie die Individuen sich die (erreichbaren) Ressourcen aneignen, d.h. welche Strategien des Ausbaus und der Restrukturierung sie wählen (2.3.4.4 und 2.3.4.5).

Reichweite und Erreichbarkeit stellen zusammen genommen die Gründe für sprachlichen Ausbau und die sozialen Konsequenzen aus diesem Ausbau dar. Sie müssen insofern zusammengedacht werden, sind aber im zeitlichen Verlauf einer Sprachbiographie ungleichzeitig: bevor die Ressourcen irgendwohin reichen, müssen sie erreicht werden. Reichweite ist eine Eigenschaft von sprachlichen

---

37 Die wenigen Äußerungen Maas' zu feministischer Sprachpraxis (2012b:90) legen die Schlussfolgerung nahe, dass ihm eine gewisse Sensibilität für Mehrfachdiskriminierungen fehlt. Vor allem die strikte Trennung von semantischen und grammatischen Kategorien steht der Möglichkeit im Wege, die wirklichkeitskonstituierende Dimension von Begriffen und Kategorien zu erfassen.

38 Einen ähnlichen Gedanken formuliert Maas (2008b:266) in ontogenetischer Perspektive, wenn er sagt, dass Sprachentwicklung eine Reaktion auf die Erweiterung des Horizonts ist.

Ressourcen oder einem sprachlichen Repertoire als Ganzem (als Handlungsmöglichkeiten oder Profitpotentialen) und die Erreichbarkeit ist eine Eigenschaft von anzueignenden zu lernenden Ressourcen (und die Chance auf Verbesserung von Handlungsmöglichkeiten oder Profitpotentialen) (siehe These 2).

2.2.2 Theoretische Anknüpfungspunkte

‚Erreichbarkeit' und mehr noch Reichweite sind räumliche Metaphern. In beiden steckt das Verb ‚reichen' in der Bedeutung „sich bis zu einem Punkt erstrecken." Dahinter liegt eine lineare Raumvorstellung: x reicht bis zum Punkt y und deckt dabei alle Punkte auf der Strecke ab. Die Reichweite ist die maximale Entfernung, in der etwas (oder jemand) *noch* erreicht werden kann (Duden 1). Die Operationalisierung des Begriffes müsste also die Verortung des Punktes y und der Sprecher*innen im Raum ermöglichen. Als Synonyme werden im Online-Duden (Duden 2) u.a. „Aktionsradius" und „Einflussbereich" vorgeschlagen, also mindestens zweidimensionale Größen (Räume). „Erreichen" bedeutet „zu etwas hinkommen", „gelangen" (Duden 3). Erreichbarkeit ist also eine (passive) Eigenschaft, synonym zu Erreichbar**sein** (Duden 4), der Möglichkeit, dass zu einer Sache gelangt wird.

Die Erreichbarkeit bezieht sich auf irgendwie gegebene sprachliche Ressourcen (die Sprache der Anderen, die in irgendeinem kommunikativen Zusammenhang von Interesse ist) und die Frage, wie ich als Sprecher*in an diese Ressourcen herankomme. Dies kann eine räumliche Dimension haben – z.B. dass die Ressourcen, die ich mir aneignen will, in Räumen gesprochen werden, zu denen ich keinen Zugang habe. So kann Partizipation und Teilhabe als Zugang zu bestimmten Räumen gedacht und mit sozialer Mobilität von Sprecher*innen in Verbindung gebracht werden (Busch 2013:127).

Die theoretische Arbeit mit Raumkonzepten in der jüngeren Soziolinguistik stellt eine sprecher*innenzentrierte Alternative dar zu den in der kritischen Soziolinguistik populären ökonomischen Metaphern (Bourdieu 1982; Lafont 1978; Rossi-Landi 1975) für die Bewertung sprachlicher Ressourcen (ihren Preis als sprachliche Produkte) und die hieraus resultierenden sprachlichen und sozialen Ungleichheiten. Die Konzepte Erreichbarkeit und Reichweite rücken demgegenüber stärker das handelnde und sich mit den Verhältnissen auseinandersetzende Individuum in den Fokus und arbeiten in letzter Instanz auf die Formulierung einer Theorie sprachlicher Dynamik hin, die gleichzeitig die Veränderung sprachlicher Verhältnisse in Interdependenz mit den Sprecher*innen und der Restrukturierung ihrer sprachlichen Repertoires sieht (siehe 2.3.5).

Das Konzept Raum ist in der Sprachwissenschaft (schon wegen diatopischer Variation, Dialektforschung, Areallinguistik) traditionell wichtig, allerdings wurde Raum dabei auch als etwas Gegebenes betrachtet und selbst nicht hinterfragt. Hierauf zielt auch teilweise die bereits erwähnte Kritik an der Fetischisierung von Sprache (Bourdieu/Boltanski 1975; Bourdieu 2002) ab, wenn es um die Bedeutung des Nationalstaats für sprachliche Verhältnisse geht. Auch die Idee des ‚sprachlichen Marktes' bezieht sich in erster Linie auf die nationalstaatliche Ebene, wird aber mitsamt all ihren Ausschlussmechanismen als sozial produziert präsentiert.[39]

Blommaert (2010:4f) entwickelt aus seiner Kritik an den oberflächlichen und starren Konzepte von Zeit und Raum der „sociolinguistics of distribution", die seiner Meinung nach von einem „Überleben Saussure'scher Synchronie" in der modernen Soziolinguistik zeugten, die Idee einer Soziolinguistik der Mobilität („sociolinguistics of mobility"):

> „[it] focuses not on language-in-place but on langauge-in-motion, with various spatiotemporal frames interacting with one another."

Diese „spatiotemporal frames" orientieren sich am *scale*-Konzept, wodurch angenommen wird, dass sprachliche Muster (language patterns) auf unterschiedlichen vertikalen Ebenen organisiert sind.

> „Access to and control over scales is unevenly distributed, it is a matter of power and inequality, as becomes clear when we consider typical resources for access to higher (i.e. non-local and non-situationally specific) scales such as a sophisticated standard language variety or advanced multimodal and multilingual literacy skills." (ebd.)

2.2.2.1 Der scale-Begriff in der Soziolinguistik der Mobilität

Der *scale*-Begriff, so Herod (2011:xi) sei für die Geographie in unterschiedlichen Bedeutungen (Maßstab, Areal oder geographisches Ausmaß eines Prozesses/ Phänomens) seit Anbeginn prägend gewesen, habe aber durch die Diskussionen um „Globalisierung"[40] neue Bedeutung erhalten. Eine von drei bei ihm genannten

---

39 Damit ist der Nationalstaat nicht mehr a priori die wichtigste Analyseebene, sondern der „methodologische Nationalismus" kann als *scalar reductionism* (Jessop 2009) kritisiert werden. Raum (und damit auch die nationalstaatliche *scale*) ist eine Bezugsgröße auch für politisches Handeln, die wesentlich durch Praxen mit hervorgebracht wird (Massey 2005; Vigouroux 2005). Eine kritische Perspektive auf Sprache und Raum müsste folglich die im Alltagsverständnis enge Beziehung zwischen Raum und Sprache aufbrechen (Collins/Slembrouck 2005:189)

40 In der Tat argumentieren viele der an Raum und Mobilität interessierten soziolinguistischen Studien mit Prozessen der „Globalisierung", häufig jedoch ohne eine konkrete

Bedeutungen lautet „the extent of a process's or a phenomenon's geographical reach", also die geographische Reichweite eines Prozesses oder Phänomens.

Die Debatte der *radical geography* in den 80er Jahren galt in erster Linie dem ontologischen Status und der Materialität von *scales*, um dadurch Machtverhältnisse (die „räumlich-maßstäbliche Ebene sozialer Konflikte", Wissen 2008:5) sichtbar zu machen und die symbolische Repräsentation von Raum zu hinterfragen sowie die Produktion von Raum entlang bestimmter Ökonomien.[41] Die wachsende ökonomische Bedeutung der wissensbasierten Wirtschaft und insbesondere der New Economy macht Sprache zu einem wichtigen Gegenstand bei der Untersuchung dieser Prozesse (Fairclough 2002:165; Jessop/Oosterlynck 2008).

Zu einem ‚*spatial turn*' in den Geisteswissenschaften wurde das Interesse in den Nachbardisziplinen erklärt (für die Romanistik siehe Dolle/Helfrich 2009).[42] Das soziolinguistische Interesse an diesem *spatial turn* erklärt sich aus der Beschäftigung mit globalen oder transnationalen Entwicklungen, die sich u.a. als Veränderung räumlicher Beziehungen (*re-scaling*) darstellen (Blommaert 2005, 2010, Collins/Slembrouck 2005, Vigouroux 2005, 2009). Zentrale Themenkomplexe sind dabei die transnationale Migration und die Vermarktung von Sprache (häufig als *commodification* gelabelt, zu diesem Konzept siehe 2.1.3.5 und 2.2.3). Dabei wird v.a. der Nationalstaat als selbstverständlich gesetzter Bezugsrahmen in Frage gestellt und sowohl transnationale als auch lokale Praxen stärker in den Blick genommen (letzteres v.a. in der *sociolinguistique urbaine* und

---

Beschreibung dessen zu liefern, was sie darunter verstehen (siehe Bishop/Coupland/Garrett 2005:344; Bruthiaux 2008). Für eine politökonomische Kritik des Globalisierungsbegriffs sind die Arbeiten von Bob Jessop einschlägig (z.B. 2003 zu Globalisierung als zu erklärendes, nicht als erklärende Variable).

41 Jessop (2009), der in seinem „strategic-relational approach" selbst Zeit- und Raum-Strategien untersucht, warnt vor einer Verabsolutierung des Bezugs auf scale: „The second step is to examine scale as a socially produced dimension of spatiality that is one among several dimensions. More precisely, scale is an emergent, divergent spatio-temporal process that is a relatum of existing or emerging ensembles of social phenomena. As such it involves many kinds of scalar phenomena that may be convergent-divergent, compossible or mutually exclusive, complementary-contradictory, etc. [...] A strategic-relational approach could be useful here on at least three grounds. It avoids the view that scale is an external material constraint and/or an a priori mental category; it interprets scale as an emergent constraint that results from social action and recognizes the variability of spatial horizons of action; and it allows for scalar selectivity and scalar-selective activities."

42 Während die Fokussierung auf *scale* in der Staatstheorie als *scalar turn* bereits wieder in seiner methodischen Beschränktheit kritisiert wurde (Jessop/Brenner/Jones 2008).

ethnographisch ausgerichteten Studien), z.B. auf den Fokus auf Individuen und Dingen und ihren Wegen durch Raum und Zeit, wie es die *multi-sited ethnography* einfordert (Collins/Slembrouck 2005:190; Heller 2010:726; Marcus 1995).

Sprache wird von Territorium entkoppelt. Der Raum, der durch Praxen hervorgebracht wird, ist nicht in erster Linie horizontal strukturiert (wie traditionell unterstellt), sondern vertikal, d.h. vermachtet (Blommaert 2010:34; Busch 2013:127f). Die Ebenen sind, ähnlich wie offizielle und periphere Märkte bei Bourdieu, interdependent (Weirich 2016c).

Alle Menschen sind innerhalb und zwischen diesen Räumen (mehr oder weniger) mobil und sprachliche Ressourcen werden im Zusammenhang mit dieser Mobilität eingesetzt und bewertet. In der Interaktion werden *scales* als diskursive Bezugsebenen behandelt, zwischen denen gesprungen werden kann, z.B. um eine hierarchische Beziehung herzustellen und Autorität zu beanspruchen (Blommaert 2010:35f; Busch 2013:131; Uitermark 2002). Register sind deswegen Handlungsressourcen, die ungleich verteilt sind und die sich mit anderen die Rollenidentität beeinflussenden Faktoren kreuzen.[43] *Scale-Jumping* kann unterschiedliche und unterschiedlich komplexe Transformationen implizieren, die sich auch „zwischen dem kontextualisierten Spezifischen und dem dekontextualisierten Allgemeinen" (Busch 2013:131) bewegen und damit in eine ähnliche Richtung weisen, wie die Registerdifferenzierung (intim vs. öffentlich; informell vs. formell; kommunikativ vs. darstellend; interaktiv vs. dezentriert) bei Maas.

Die folgende Tabelle konstrastiert das *scale*-Konzept bei Blommaert, den Register-Begriff von Maas und denjenigen der Reichweite, wie ich ihn hier entwickele.[44] Die drei sind kompatibel und ergänzen sich, fokussieren aber unterschiedliche Aspekte. Der Register-Begriff bei Maas ist auf strukturelle Aspekte sprachlicher Formen und ihrer Funktion gerichtet und dies auf Ebene der Infrastruktur, d.h. der gesellschaftlichen Ebene. Als theoretisches Konzept

---

43 So ist im folgenden von Busch (2013:131) herangezogenen Beispiel auch Gender relevant: „Solche ‚Register' zu verwenden bedeutet, als ‚jemand' zu sprechen – als Mann oder Arzt beispielsweise – und zu erwarten, auch als solcher wahrgenommen zu werden.

44 Die kanonische Differenzierung in Nähe und Distanz (Koch/Oesterreicher 1990) habe ich dabei nicht berücksichtigt, weil ihr die Ressourcen-Dimension fehlt und damit auch derjenige der „sozialen Wertung" (Maas 2017). Die Konzeption sprachlicher Äußerungen wird hier als vierte Dimension eines Varietätenspektrums betrachtet, die kontextabhängig, aber funktional äquivalent ist. So dient auch die Normendiskussion in diesem Beitrag der Untersuchung einer Varietätendimension und nicht derjenigen der Erreichbarkeit von Ressourcen.

stellt dies die Basis für die Betrachtung sprachlicher Strukturen und dem sprachlichen Ausbau dar, wobei die Überlegungen für eine didaktische Perspektive in den Dienst genommen werden. Das *Scale*-Konzept schildert demgegenüber die sozialen Kontexte, in denen verschiedene sprachliche Register erforderlich sind. Register sind für diese Überlegungen wichtig, die empirischen Untersuchungen richten sich aber nicht wie bei Maas auf dessen strukturelle Eigenschaften, sondern auf ihre Funktionen und dies aus einer individuellen Perspektive, für die Mobilität zentral ist.

Für ‚Reichweite' gilt dies auch, sie betrachtet aber *scales*, ihre Relevanz und die daraus resultierenden Ausschlussmechanismen und Privilegien aus der Perspektive konkreter sprachlicher Repertoires und der Räume, in denen sich Sprecher*innen bewegen. Die Registerdimension sollte im Sinne einer sprachwissenschaftlich fundierten Betrachtung zentraler Bestandteil hiervon sein, sie wird jedoch in Verhältnis zum individuellen Erleben der Funktionalität sprachlicher Ressourcen gesetzt.

Tabelle: Reichweite, scale und Register

Autor*in	Bezugsebene	Skala	
Blommaert (2010:35)	Interaktion, Sprachpraxis, indexikalische Ordnungen	**lower scale** momentan lokal, situiert persönlich, individuell kontextualisiert subjektiv spezifisch token individuell Diversität, Variation	**higher scale** zeitlos translokal, verbreitet unpersönlich, kollektiv dekontextualisiert objektiv generell, kategoriell type Rolle Uniformität, Homogenität
Maas (2008b:51)	sprachliche Formen, ihre Leistungsfähigkeit und soziale Bewertung; Aneignungsbedingungen	**intimes Register** Familie, enge Freunde kommunikativ interaktiv	**formelles Register** institutionell reguliert, Schriftsprache darstellend dezentriert
Weirich (siehe 2.2.3)	soziale Funktionen und Bewertungen; sprachliche Formen als Ressource	**geringe Reichweite** Ausschluss Diskriminierung professionelles Hindernis Immobilität	**hohe Reichweite** Partizipation, voice Privilegien Kommodifizierbarkeit Mobilität

Um ein adäquates Bild zu liefern, muss Reichweite als graduell verstanden werden. Die Zuordnung von sprachlicher Praxis zu *Scales* soll bei Blommaert nicht in sich eine Bewertung dieser Praxen darstellen, sondern die hier vorherrschenden „indexikalischen Ordnungen" (Blommaert 2010:6) liefern den Bezugsrahmen für die jeweiligen Bewertungen und damit die normativen Dimensionen von situiertem Sprachgebrauch.

2.2.2.2 Erreichbarkeit

Ähnlich wie ‚sprachliche Verhältnisse' verwendet Maas auch den Begriff der ‚Erreichbarkeit' wiederholt, ohne ihn systematisch einzuführen, und zwar vor allem im Zusammenhang mit dem Sprachausbau.[45] Aus den Verwendungszusammenhängen ergibt sich, dass es in erster Linie um die sprachlichen Formen, ihren Abstand voneinander und die Komplexität der Strukturen geht, die er als Faktor gesellschaftlicher Ausschlussprozesse sieht:

> „Schließlich ist hier auch die Frage der Erreichbarkeit der strukturellen Ressourcen aufzunehmen, die [...] als Differenzierung des Lesehorizonts expliziert wird. In schriftkulturelle Verhältnisse ist immer auch die gesellschaftliche Organisation mit ihren Ausschließungsmechanismen eingeschrieben." (Maas 2010:67)

Die Erreichbarkeit als Eigenschaft sprachlicher Formen ist dabei relativ zu den Personen selbst, z.B. ihrer kognitiven Entwicklung, da Maas sich in erster Linie für den Ausbau literater Strukturen bei Kindern interessiert, die auch für das Beherrschen der Geschäftssprache und den damit verbundenen Partizipationsmöglichkeiten entscheidend sind (also für eine bedeutende Dimension der Reichweite des sprachlichen Repertoires):

> „Geht man von einem idealtypischen Begriff des Literaten aus, wird der maximale Lesemodus unterstellt. [...] Bei empirischen Analysen wird eine literate Struktur immer auf den erreichbaren Lesehorizont kalibriert werden müssen: bei einem Grundschüler sind literate Strukturen anders als bei kompetenten Erwachsenen – und auch bei diesen wird man literate Strukturen nicht ohne weiteres mit dem Periodenbau der ‚Kritik der reinen Vernunft' gleichsetzen können." (Maas 2010:62)

Diese relative Sichtweise auf die Erreichbarkeit sprachlicher Strukturen prägt auch Maas' Überlegungen zur Sprachentwicklung als dynamischem Prozess, „der auf einer Verschränkung von Strukturierungen im Horizont von jeweils

---

45 ‚Reichweite' wurde in der Arbeit am DFG-Projekt „Sprachliche Dynamik im multiethnischen Nationalstaat: Fallstudie Moldova" als Pendant hierzu entwickelt, bei Maas selbst findet er keine Erwähnung.

erreichbaren Zonen (‚Zonen der nächsten Entwicklung') beruht, die von dem jeweils schon Beherrschten gewissermaßen projiziert werden." (Maas 2008b:292). Die (prinzipielle) Erreichbarkeit ist damit für Maas in den sprachlichen Verhältnissen angelegt und bildet Chancen (ontogenetischen) Ausbaus ab, die sich aus den sprachlichen Formen ergeben, wenig aus der Konstellation von individuellem sprachlichen Repertoire zur Artikulation der sprachlichen Verhältnisse in der sprachlichen Umgebung.

Faktor von Erreichbarkeit ist für Maas (2008b:139), ob die formellen Register in den intimen „fundieren"[46] und von hier aus ausgebaut werden können, bzw. wie groß die relative Autonomie zwischen geschriebener und gesprochener Sprache ist (Maas 2005:111). In mehrsprachigen Gesellschaften mit nur einer Geschäftssprache kann diese offensichtlich nicht in der Familiensprache aller fundieren, worin eine in den sprachlichen Verhältnissen begründete Dimension der Ungleichheit von Erreichbarkeit liegt (siehe 2.1.1). Ein weiterer struktureller, die gesamte Gesellschaft betreffender Aspekt ist die schriftkulturelle Durchdringung der Gesellschaft: Maas kontrastiert traditionale und moderne Gesellschaften im Hinblick darauf, wie stark Schriftkultur vergesellschaftet (,demotisiert') ist und macht hiervon die „pragmatische Erreichbarkeit" abhängig, die über die Möglichkeiten einzelner, sich die Praxis anzueignen, entscheidet (Maas 2005:111).

Mir sind außer argumentieren Maas keine deutschschreibenden Autor*innen bekannt, die mit ‚Erreichbarkeit' argumentieren. Das englische Pendant „accessibility" wird in der Sprachwissenschaft im Zusammenhang mit „Spracherwerb" verwendet, so z.B. von Blommaert (2006:4) mit Referenz auf Hymes oder Matthew Ciscel (2002) in seinen Forschungen zum Fremdsprachenerwerb in der Republik Moldova. Erreichbarkeit ist hier ein Faktor bei als rational beschriebenen Entscheidungen, eine Fremdsprache zu lernen: „English is learned for facilitative reasons when it is accessible." (Ciscel 2002:403) bzw. „English also appeared in Moldova during Soviet times, as an important foreign language that was, however, fully accessible only to a small elite." (ebd.:408). Ciscel differenziert seine Vorstellung von Erreichbarkeit aber nicht. Für Norton (2000:47) ist „access to the social networks of target language speakers" Voraussetzung für die Aneignung von Sprache und somit gleichzeitig Faktor von Ausschluss, insbesondere im Zusammenhang mit Migration, wo andere soziale Ausschlussmechanismen die entsprechenden Möglichkeiten der Sprachpraxis verhindern. Sie unterscheid *access*

---

46 Der Begriff der „Fundierung" will sich von der Abbildtheorie abgrenzen und stattdessen das Verhältnis gesprochener und geschriebener Sprache in struktureller Hinsicht klarmachen.

to practice von *exposure*, wie sie auch das Fernsehen ermöglicht (2000:135). Auch im Französischen wird auf *accès* in einem alltagssprachlichen Sinne rekurriert, wie etwa bei Chaudenson (1995:95) im Zusammenhang mit dem Kreolischen auf Mauritius bzw. der Erreichbarkeit des Französischen.[47]

Mit *accessibility* wird auch in der *Attrition*-Forschung (siehe auch 2.3.5) argumentiert, die davon ausgeht, dass sprachliches Wissen nicht vollständig verloren geht, aber auf Grund fehlender Praxis schwieriger zugänglich und anwendbar werden kann: „Recency and frequency of use (…) are crucial to maintaining a low activation threshold level and processing accessibility." (Schmid/Mehotcheva 2012:115)

2.2.2.3 Reichweite

In der deutschen Dialektologie verwendet König (2010) den Begriff der „kommunikativen Reichweiten" (im Plural) und bezieht sich dabei auf Löffler (1974, 2003) und mit ihm wiederum auf Bausinger (1972) und Ammon (1972).[48] Löffler formuliert in seiner Definition von Dialekt das Kriterium der (geringen) kommunikativen Reichweite und unterscheidet dabei in rezeptive Reichweite „des Hörens und Verstehenkönnens" und produktive Reichweite „des Sprechens und Verstandenwerdens" (Löffler 1974:8 und 2003:7). Letzteres ist insofern unglücklich, als dies das Kriterium für Reichweite zu den Hörer*innen (und deren Verstehen) verlagert, obwohl im Zentrum der Definition die Sprecher*innen selbst stehen. An anderer Stelle wird jedoch deutlich, dass die Reichweite als eine Eigenschaft einer Sprache oder Varietät gesehen wird, nicht von Sprecher*innen oder Repertoires, wenn es heißt: „Je grunddialektaler eine Sprachform ist, desto weniger weit wird sie verstanden, desto weniger weit ist ihre Reichweite. Je mehr sich eine Sprachform dem Standard nähert, desto größer ist ihre Reichweite." (König 2010:4)

Neben rezeptiver und produktiver Reichweite unterscheidet Löffler in geographische und soziale Aspekte. Die geringste geographische Reichweite hat der Basisdialekt, der nur von in ihm sozialisierten Sprecher*innen verstanden würde[49];

---

47 Nicht zu verwechseln ist dies mit *access* als Dimension von Reichweite (siehe 2.2.2.2), z.B. Zugang zu Jobs oder öffentlichen und privaten Dienstleistungen (Duchêne u.a. 2013:1).

48 Lüdi (1996:238) führt „kommunikative Reichweite" von minorisierten Sprachen an, wenn er über deren Vitalität oder Bedrohung spricht. In ähnlicher Weise verwendet Riehl (2009:63) „Kommunikationsradius".

49 Dabei ist die Möglichkeit ausgeschlossen, dass Zugezogene sich den Dialekt aneignen, wie es im Dorf U. durchaus der Fall ist.

wie weit genau er reiche, hänge von der dialektalen Gliederung der Region und von demolinguistischen Aspekten ab (König 2010:2). Das öffentliche (oder mit Koch das „externe") Prestige z.B. von Stadtdialekten könne ebenfalls zu einer höheren Reichweite beitragen. Während die Hochsprachen die größte Reichweite hätten und „in allen sozialen Schichten und in allen Regionen verstanden und gebraucht" (König 2010:3) werden, sind die regionalen Umgangssprachen diejenigen, die am häufigsten verwendet würden (je weiter man sich von ihrem Zentrum entferne, würden sie aber trotzdem als Dialekt wahrgenommen).

Im Englischen sind mir als verwandte Synonyme *scope, range* und *mobility potential* begegnet (Blommaert 2010:12). Le Page (1968) beschreibt ein Modell aus individuellem Akteur und „scope of a language's function" bei der gleichzeitigen Annahme, dass Leute die Sprache einer Gruppe lernen würden, mit der sie sich identifizieren; eine Bedingung dafür ist die Erreichbarkeit (Le Page 1968:405)

Im Französischen spricht Kremnitz (2013:103f) von „Rayons [dt. Radien] de communication", die sowohl eine Eigenschaft von Sprachen und Varietäten sein können (die durch die Verschiebung politischer Grenzen Fragmentierung erfahren können und deren Kommunikationsradius sich dadurch verringert) als auch von individuellen Repertoires (da durch politische Veränderungen die Ressourcen der Sprecher*innen neubewertet werden und ggf. seltener Anwendung in der Kommunikation finden). Im Deutschen ist damit meist die Anzahl der Sprecher*innen gemeint – so verwendet Coulmas (1992:85) ihn für Sprachen und ihren ökonomischen Wert in Abhängigkeit von der Anzahl der Sprecher*innen, Riehl (2009:67) als Faktor der auf ‚Sprachinseln' den Sprachkontakt fördere.

2.2.3 Fragen und Thesen

Aus dem bisher Gesagten lassen sich die folgenden Thesen zu Erreichbarkeit und Reichweite von sprachlichen Ressourcen für soziale Akteure ableiten, die anhand der beiden Fallstudien im Verlauf der Arbeit diskutiert werden:

These 1: Die Reichweite sprachlicher Ressourcen ist relativ.

Sie manifestiert sich in Relation zu den persönlichen Lebensentwürfen. Die Reichweite von „Sprachen" mit hohem Prestige oder ökonomischem Wert wird häufig verabsolutiert, kann aber in Relation zu konkreten Lebensentwürfen irrelevant sein.[50] In einem Job im internationalen Bankenwesen oder in der Wissenschaft sind Englischressourcen unerlässlich. Für eine Person, die ihre Zukunft in

---

50 Hierauf zielte die Kritik von Kremnitz (2002), siehe 2.1.3.2.

der Landwirtschaft sieht, und die ihre Produkte auf dem regionalen Markt anbietet, ist die Reichweite im internationalen Finanzwesen irrelevant. D.h. Reichweite hängt in diesem Sinn vom Gebrauchswert der Ressourcen für bestimmte Personen ab. Zwecks Anschaulichkeit führe ich im Folgenden jedoch eine Reihe von Domänen an, in die ein sprachliches Repertoire reichen kann.

a) *Scale-Jumping* & indexikalische Ordnungen: Wie der Tabelle in 2.2.2.1 zu entnehmen ist, legen sowohl Maas als auch Blommaert/Backus ein vertikales Bild von *scales* an, wo höhere *scales* Fluchtpunkt für die Reichweite (Partizipation, formelle Register) sind, die in einer hierarchisch geordneten und auf Konkurrenz basierenden Gesellschaft mit Macht zu tun haben. In der Idee des *scale-jumpings* sind die ausgebauten Register einer Person mit funktionell differenzierten Ressourcen angedeutet: die *scale* zu wechseln, kann nicht nur bedeuten, sich in andere soziale Räume zu bewegen, sondern innerhalb einer Interaktion die Bezugsebene (indexikalische Ordnung) zum eigenen Vorteil wechseln zu können. Aus dem hierfür von Busch (2013:131) genannten Beispiel des Sprechens als Arzt zeigt sich, dass die Zugänglichkeit von *scales* abhängig von nicht-sprachlichen Faktoren sozialer Positionierung, wie z.B. Geschlecht ist.

b) *Voice* & Politik: Während es aus Sicht einer kritischen Gesellschaftstheorie naheliegt, Möglichkeiten des sozialen Widerstands und die Potentiale gesellschaftlichen Wandels als Maßstäbe zu setzen (und darüber nachzudenken, welche sprachlichen Barrieren hierfür zu beseitigen sind), ist es längst nicht der Wunsch eines jeden Individuums, die „Stimme" zu erheben und sich aktiv in die gesellschaftlichen Verhältnisse einzumischen. Aber wir können voraussetzen, dass es für jedes Individuum einen Autonomiegewinn darstellt, die eigenen Interessen zu formulieren und damit gehört zu werden. Dabei muss es nicht um (trans-)nationale Politik gehen, sondern es können auch lokale Ressourcen- oder Interessenskonflikte am Arbeitsplatz oder in der Nachbarschaft sein. Das (politische) Interesse an Widerständigkeit liegt bei der Forscherin und bedingt den Forschungsgegenstand.

c) Alltagskommunikation & soziale Anerkennung: Als Grundbedürfnis und Grundvoraussetzung für das individuelle Wohlbefinden von Personen kann eine erfolgreiche Alltagskommunikation gesetzt werden. Hierbei werden im Sinne von Maas' Registerdifferenzierung in erster Linie die intimen und elaborierten Register der informellen Öffentlichkeit benötigt, die jedoch in einer Vielzahl von Variationen gegeben sind. Im Alltag anerkannt zu werden und eine Stimme zu haben, setzt häufig voraus, dass bestimmte mit symbolischer Bedeutung aufgeladene Varietäten beherrscht werden; die Effektivität der Stimme ist in solchen Zusammenhängen in intimen oder elaborierten Registern häufig höher als in formellen. Das sprachbiographische Modell von Maas setzt voraus, dass diese intimen/informellen und häufig mehrsprachigen Register, die der Gestaltung sozialer Beziehungen dienen, im familiären Kontext im Normalfall spontan angeeignet werden (Maas 2016). Insbesondere mobile Sprecher*innen sind aber immer wieder damit konfrontiert, sich auch Ressourcen intimer Register aneignen zu müssen.

d) Bürger*innenrechte und staatliche Behörden: An dieser Stelle greift die Erreichbarkeit der Geschäftssprache, die in der Regel eine (explizite oder implizite) Voraussetzung ist, um den eigenen Rechten Geltung verleihen zu können. Dies gilt auch für Bereiche, in denen qua gesetzlicher Regelung Dolmetscher*innen zur Verfügung gestellt werden müssen, wie bei der Anhörung im deutschen Asylverfahren (Walthert 2016). Es betrifft auch den Zugang zu gesundheitlichen Dienstleistungen (Moyer 2013:213).[51]

e) Zugang zu Bildung und Information: Hängt häufig ebenfalls von der Geschäftssprache ab. Durch Rechte für Sprachminderheiten oder internationale (meist Privat-)Schulen haben mitunter auch andere Ressourcen als diejenige der Geschäftssprache eine Reichweite im Bildungsbereich. Diese hat eine Schwellenfunktion für die Erreichbarkeit anderer sprachlicher Ressourcen, insbesondere der formellen Register, die in erster Linie in der Schule angeeignet werden und die Aneignung symbolischen Kapitals (Bourdieu), darüber wiederum auch für die Kommodifizierung sprachlicher Ressourcen (s. F).

f) Kommodifizierbarkeit der Arbeitskraft & Sprache als Produktionsmittel: Die Reichweite der sprachlichen Ressourcen in der ökonomischen Verwertung. Hierbei ist zu unterscheiden, welche Ressourcen Zugangsvoraussetzung zu bestimmten Formen kapitalistischer Ausbeutung (Lohnarbeit) sind oder ob bestimmte sprachliche Ressourcen die zentrale geforderte Qualifikation sind. Sofern sprachliche Qualifikationen Voraussetzung für eine erfolgreiche Bewerbung sind, ist zu differenzieren, wie der entsprechende Beleg erbracht werden muss: geht es um den Nachweis praktischer Fähigkeiten oder um den standardisierten Beleg durch Institutionen, also in Form von Zertifikaten oder Zeugnissen (was in den Bereich des symbolischen Kapitals fällt). Auch in Ansätzen von „Sprache als Humankapital" (Grin 1990:155f) werden

---

51 Diesem Bereich näherte sich eine Fallstudie des DFG-Projekts „Sprachliche Dynamik im multiethnischen Nationalstaat: Fallstudie Moldova", die im Gesundheitssektor Gagauziens situiert war (Dumbrava 2012).

direkte Korrelationen zwischen den sprachlichen Repertoires von Arbeitskräften und ihrem Einkommen hergestellt.[52] ‚Kommodifizierung' (engl. *commodification*) ist ein im Zusammenhang mit Sprache v.a. von Monica Heller und Alexandre Duchêne (Heller 2010; Duchêne 2011; Heller/Duchêne 2012) geprägtes Schlagwort in der Soziolinguistik geworden, das häufig verwendet wird, um Formen der Verwertung von Sprache zu untersuchen, die mit „Globalisierung" oder „Neoliberalismus" (siehe Holborow 2015) in Zusammenhang gebracht werden.[53] In der Regel werden dabei entweder Akkumulationsformen im Bereich der Telekommunikation beschrieben (siehe Kapitel 6) oder der mit „Authentizitätsprodukten" (Budach/Roy/Heller 2003; Heller 2003; Heller/Pujolar/Duchêne 2014; für eine Kritik hieran siehe Bishop/Coupland/Garrett 2005) geschöpfte Mehrwert. Wie auch in Coulmas' Überlegungen zu „Sprache als Ware" (1992:108ff) liegt hierin die Gefahr der Verdinglichung von Sprache (siehe auch Kritik bei Holborow 2015:31). Ich spreche deswegen nur von der Kommodifizierung von Sprache als Teil von Arbeitskraft, um deutlich zu machen, dass Sprache in erster Linie eine an ihre Sprecher*innen gebundene Praxis ist, die auch von anderen Aspekten der Arbeitskraft nicht trennbar ist, aber in unterschiedlich starkem Maße Hauptaspekt der Ausbeutung dieser Ware ist. Hiermit hängt auch die Bezahlung zusammen – sprachliche Qualifikationen sind häufig schlecht bezahlt und werden als kostenloses Attribut der Arbeitskraft betrachtet (Duchêne 2011). Die Reichweite von sprachlichen Ressourcen hinsichtlich ihrer Kommodifizierbarkeit hängt, wie am moldauischen Beispiel deutlich wird, in starkem Maße von den ökonomischen Verhältnissen in der jeweiligen Gesellschaft ab. So ist die Reichweite selbst prestigereicher „Sprachen" in Moldova gering

---

52 Die Theorie des „Humankapitals" ist ein Hauptpfeiler neoliberalen Denkens. Menschliches Wissen und Fähigkeiten werden hierbei selbstverständlich kommodifiziert und wissenschaftlich gemessen, um das ökonomische Potential zu bemessen (siehe Kritik bei Holborow 2015:15f).

53 Unter Kommodifizierung (wörtl. Zur-Ware-Werden) wird dabei verstanden, das sein spezifisches Objekt oder Prozess für den Warentausch auf einem Markt verfügbar gemacht wird. Das Konzept ist untrennbar mit dem Marx'schen Konzept der Ware und ihrem Doppelcharakter (Gebrauchswert und Tauschwert) verbunden, sowie der Vorstellung, dass der Tauschwert in der Menge verausgabter abstrakter menschlicher Arbeit besteht, durch die auch Mehrwert zustande kommt. Der Begriff ‚Commodification' datiert allerdings aus den 1970er Jahren und entstand zur Beschreibung der Ausbreitung der Warenförmigkeit in Lebensbereiche, die hiervon zuvor ausgenommen waren oder zu sein schienen (Heller/Pujolar/Duchêne 2014:546).

relativ zu etwa der Reichweite in Deutschland wegen des niedrigen Lohnniveaus.
g) Mobilität & Migration: Blommaert (2010:3) fragt danach, ob sprachliche Ressourcen Mobilität erlauben, oder nicht. Hiermit ist in erster Linie wohl eine vertikale Mobilität im Sinne des Erreichens von höheren *scales* gemeint („semiotic mobility"). Gerade für viele Moldauer*innen bemisst sich die Reichweite der sprachlichen Repertoires aber auch als Faktor des Verkaufs der Arbeitskraft in einem anderssprachigen Umfeld, oder, wie im Beispiel derjenigen, die nach Québec emigrieren, als Faktor des Zugangs (Visum). Sie haben auch einen (im Vergleich zu ökonomischen Fragen vermutlich eher geringen) Anteil an der möglichen Form der Mobilität – von allgemein anerkannten und wertgeschätzten Formen der „Elitenmigration" zwecks Studium bis hin zu prekarisierten und illegalisierten, mit vielen Risiken und Unsicherheiten verbundenen und gesellschaftlich abschätzig behandelten Formen (bei denen die sprachliche Aneignung häufig erst submersiv vor Ort stattfindet) (Leroy/Weirich 2014; Weirich 2016c).

These 2: Es kann nur über die Reichweite sprachlicher Repertoires sinnvoll gesprochen werden, nicht über diejenige einzelner sprachlicher Ressourcen.

Die Reichweite stellt sich als diejenige eines sprachlichen Repertoires dar, da sie sich in der Praxis zeigt, etwa wenn Personen versuchen, Zugang zu bestimmten Räumen zu erlangen. Hierbei können bestimmte Konstruktionen oder Ressourcen einer bestimmten Sprache oder eines bestimmten Registers erforderlich sein, häufig können aber auch alternative Formen herangezogen werden, um fehlende Ressourcen zu kompensieren, je nachdem ob die Ressourcen funktional äquivalent oder komplementär sind (siehe Amelina 2008 zur „exit-option" Englisch). In mehrsprachigen Gesellschaften werden unter Umständen mehrsprachige Repertoires als selbstverständlich vorausgesetzt und können Zugangsvoraussetzung zu Arbeitsplätzen oder Studiengängen sein (siehe Weirich 2014 zur Majorisierung sprachlicher Repertoires)

These 3: Die ökonomische Reichweite von Ressourcen (Kommodifizierbarkeit) variiert im biographischen Verlauf.

Aneignungsprozesse mit dem Ziel der Kommodifikation sind deswegen bis zu einem gewissen Grade spekulativ. Aus der Perspektive der Sprecher*innen selbst kann die aktuelle oder potentielle Reichweite von Ressourcen ein Anreiz für den Ausbau des sprachlichen Repertoires sein; sie kann auch ein Grund für die

Restrukturierung von sprachlichen Repertoires derart sein, dass sie in der Praxis die Sprachwahl beeinflusst und dadurch zur Entpriorisierung von sprachlichen Ressourcen führt (Grin 1990:155). Im konkreten Fall bei der Rekonstruktion der Sprachbiographien muss jedoch differenziert werden, ob den jeweiligen Lernprozessen eine solch instrumentelle Haltung zu Grunde lag, oder ob Sprachenlernen seitens der Sprecher*innen zunächst einmal als Selbstzweck, als Bildungsideal oder als Hobby verstanden wurde. Das Beispiel einer Englisch- und Französischlehrer*innen an der moldauschen Militärakademie (Weirich 2014) zeigt, dass das Englischstudium bei Lehrer*innen die vor ca. 20 Jahren studiert haben, häufig der institutionellen Anforderung einer zweiten Fremdsprache neben dem Französischen geschuldet war, nunmehr aber zum wichtigsten Gegenstand von Kommodifizierung geworden ist.

Insbesondere in Institutionen und bei Diskursen in der Bildungspolitik ist zu untersuchen, mit welchen Argumenten das institutionelle Lernen bestimmter Sprachen gefördert wird und welche Rolle Reichweite als Argument dabei spielt. Insofern lernen häufig intentional auf die Zukunft gerichtetes ist, enthalten diese Ideologien Repräsentationen vom potentiellen Zweck und dem möglichen Nutzen sprachlicher Ressourcen.

These 4: Die Reichweite sprachlicher Repertoires kann ein kollektives Gut sein

Wo das Angewiesensein auf sprachliche Hilfe ein Zeichen von Abhängigkeit (fehlender Autonomie) sein kann, können unter anderen Bedingungen sprachliche Repertoires auch als solidarische Ressource funktionieren. Maas (2008b:393) thematisiert in diesem Zusammenhang die Schriftpraxis, derer nicht jede*r Einzelne in einer sozialen Einheit mächtig sein muss: „Selbst da, wo schriftkulturelle Verhältnisse überwiegend mit einem gewissen Zwangscharakter etabliert sind, folgt daraus nicht, dass jeder Einzelne über direkten (persönlichen) Zugang verfügen muss." Blommaert (2010:9) weitet dies auch auf „collaborative work" in Situationen der Mündlichkeit aus. Für diejenigen, die die benötigten Ressourcen besitzen, stellt die „Mittlerfunktion in arbeitsteiligen Prozessen" eine Machtposition dar (Erfurt/Amelina 2008:32), die jedoch auch mit Verantwortung und sozialem Druck einhergeht.

Eine begrenzte Reichweite eines einzelnen Repertoires kann also kompensierbar sein, eine hohe Reichweite teilbar. Eine Überschneidung zur Kommodifizierung ergibt sich dort, wo diese Kompensation nur käuflich zu erwerben ist.

These 5: Reichweite und Erreichbarkeit sind interdependent
mit Bewertungen und Einschätzungen der Person

Insbesondere Diskriminierungen und Privilegien auf Grund nicht-sprachlicher Aspekte beeinflussen Erreichbarkeit und Reichweite sprachlicher Ressourcen. Dies betrifft nicht nur die Aneignung von Ressourcen, die mitunter Mut und Selbstvertrauen erfordert, sprachliche Räume zu betreten, in denen die Verhältnisse sich anders artikulieren, wie z.B. sich den Herausforderungen eines Studiums zu stellen. Der erfolgreiche Abschluss von Lernprozessen in formellen Lernumgebungen ist fast überall an Bewertungen geknüpft, die durch zahlreiche Faktoren beeinflusst werden, so auch Diskriminierungen und Privilegien. Ebenso hängt hiervon ab, welche Stimmen Gehör haben.

Sprachliche Sicherheit hat Einfluss nicht nur auf die Neuaneignung von Ressourcen, sondern auch den Zugriff auf diejenigen, die schon vorhanden sind. Wenn Busch (2012:31) von „Verfügbarkeit und Einsatz sprachlicher Realisierungsmittel" spricht, geht es um psychologische Faktoren, die sich auf die Erreichbarkeit der Ressourcen im eigenen Repertoire auswirken können: es geht um einen „Raum der Potentialität (…), der von sedimentierten leiblich-emotionalen Erleben sowohl aufgespannt als auch eingeschränkt wird." (Busch 2012a:31) Dass diese sprachliche Sicherheit auch mit Bewertungen zu tun hat, die das eigene Tun erfährt, liegt auf der Hand. Die Wahrnehmung der eigenen Sprachlichkeit ist von Kategorien geprägt (Busch 2012a; siehe auch 2.3.6)

These 6: Erreichbarkeit und Reichweite sind veränderlich

Erreichbarkeit und Reichweite können sich verändern, weil sie abhängig sind von Zeit und Raum, von den sprachlichen Verhältnissen, von der individuellen Sprachbiographie und Projekten und Zielen der Sprecher*innen. Das Repertoire und seine Reichweite verändern sich durch Ausbau (im Idealfall erweitern sie sich), aber es kann sich auch die Funktion und der Gebrauchswert von sprachlichen Ressourcen im Repertoire von Personen verändern, wenn sich die sprachlichen Verhältnisse verändern, oder wenn die Person mit anderen sprachlichen Räumen oder grundsätzlich anderen sprachlichen Verhältnissen zu tun hat (etwa in der Folge von Migration).

Erreichbarkeit und Reichweite (von häufig als „Sprachen" reifizierten Ressourcen) sind als Gegenstand von Sprachpolitik und Interessenpolitik dem Versuch des Eingriffs und der gezielten Veränderung unterworfen, z.B. durch Statusänderung, die die Reichweite konkurrierender „Sprachen" regulieren soll, oder durch Standardisierungs- oder Normalisierungsprozesse. Die Erreichbarkeit wird insbesondere über Schulunterricht fokussiert.

These 7: Auch unter ähnlicher Artikulation von Verhältnissen variiert die Erreichbarkeit von sprachlichen Ressourcen

Dies hat mit den in These 5 formulierten Aspekten zu tun, liegt aber darüber hinaus auch

A) am bereits vorhandenen sprachlichen Repertoire und seiner Ausbaubarkeit, inklusive metasprachlichem Wissen.
B) am Sprachgebrauch in der Familie, im Alltag, dem Kontakt zu Sprecher*innen der Zielsprache (Norton 2000) sind entscheidend für den Gebrauch und damit Ausbaumöglichkeiten. Medien inklusive Internet[54] ermöglichen *exposure* oder nicht.
C) an materiellen Ressourcen (u.a. des Umfelds), den Ausbau zu unterstützen, etwa durch Besuch von Sprachkursen, Nachhilfeunterricht, Auslandsreisen etc.

2.3 Restrukturierung sprachlicher Repertoires

Ich habe in den vorherigen Abschnitten argumentiert, dass die Konzepte ‚Erreichbarkeit' und ‚Reichweite' als theoretisches Scharnier zwischen den ‚sprachlichen Verhältnissen', wie sie in 2.1 ausführlich konzeptualisiert wurden, und den ‚sprachlichen Repertoires' fungieren. Bisher habe ich diesen Begriff für die „Gesamtheit sprachlicher Ressourcen, die Personen zur Verfügung stehen" benutzt, ohne die ihm zu Grunde liegenden theoretischen Prämissen einzuführen. Dies werde ich im Folgenden tun, indem ich im begriffsgeschichtlich orientierten Abschnitt 2.3.1 darlege, wie der Repertoire-Begriff mit Blommaerts Soziolinguistik der Mobilität zusammenhängt, von der schon in 2.2.2 die Rede war. In 2.3.2 und 2.3.3 erkläre ich die sprachstrukturellen Grundlagen des Repertoire-Begriffs, die in konstruktionsgrammatischen und anderen gebrauchsbasierten Ansätzen bestehen. Auch wenn letztere sich für die sprachwissenschaftliche Beschäftigung mit Sprecher*innen in sprachlichen Verhältnissen besonders gut zu eigenen scheinen, da sie sprachliches Wissen als unmittelbar erfahrungsbasiert betrachten, hat diese Perspektive Grenzen, wenn es um das Verstehen komplexer Sprachausbauprozesse geht. An dieser Stelle setzt auch die Kritik von Utz Maas an, dessen Perspektive auf sprachliches Lernen ich im Abschnitt „Sprachausbau" unter 2.3.4 erläutere. In diesem Unterkapitel geht es außerdem darum, Formen

---

54 Dies betrifft in starkem Maße nicht nur den anfänglichen Zugang zu einer sprachlichen Praxis, sondern auch den fortgesetzten Kontakt, der sicherstellt, dass Ressourcen nicht im Zuge der Restrukturierung sprachlicher Repertoires in Vergessenheit geraten.

und Konsequenzen sprachlicher Heterogenität näher zu beleuchten, insofern sie in unterschiedlichen Formen des Lernens bestehen und die Rolle von *voice* bzw. Autonomie, als Antriebsfeder des Lernens und wichtigste soziale Konsequenz des Sprachausbaus werden skizziert. 2.3.5 entwickelt mit der ‚Restrukturierung sprachlicher Repertoires' ein Konzept, mit dem die jeweils individuelle Veränderung sprachlichen Wissens unter den Bedingungen von Erreichbarkeit und Reichweite sprachlicher Ressourcen modelliert werden können. Nach diesen sprachstrukturellen Überlegungen schlägt 2.3.6 den Bogen zurück zur sprachlichen Biographie, die in das Repertoire eingeschrieben ist. Dies ist letztlich der Ansatzpunkt, sprachliche Erfahrung und sprachliche Repertoires nicht als reinen Reflex von *frequency* und *exposure* zu sehen, sondern als eng verwoben mit der Subjektposition in einer Gesellschaft. Hieran knüpfen dann auch die theoretischen Erwägungen in Kapitel 3 an.

2.3.1 Von der Sprachgemeinschaft zur Superdiversität

‚Sprachliches Repertoire' ist ein zentrales Konzept in der Soziolinguistik, das in den letzten Jahren v.a. durch Blommaert/Backus (2011, 2013)[55], Lüdi/Py (2009), Lüdi (2014) eine Aktualisierung erfahren hat, die durch die zunehmende Heterogenität und Diversität von Gesellschaften durch vielfältige Formen der Migration für nötig erachtet wird. Zentral für die Überlegungen von Blommaert/Backus (2011, 2013), Blommaert (2010) ist Steven Vertovec's Konzept der „Superdiversity" (Vertovec 2006/2007[56]), das zu einer Art eingängigen, aber theoretisch nur bedingt nützlichen Slogan der jüngsten Soziolinguistik geworden ist (Pavlenko 2017). Ursprünglich wird das Konzept des Repertoiers mit Gumperz (1964) und Hymes (1972, 1974, 1996b:30-34) verbunden, die es mit dem Begriff der ‚Sprachgemeinschaft' zusammendachten, die als relativ stabil (aber nicht essentialistisch) gedacht wurde. Der Wechsel von Sprecher*innen von einer Sprachgemeinschaft in eine andere wurde dabei jedoch als Sonderfall betrachtet (Busch 2012a:15). So besteht das sprachliche Repertoire in diesen Überlegungen in den in einer Sprachgemeinschaft verfügbaren sprachlichen Mitteln, inklusive

---

55 Blommaert/Backus (2011) ist als Working Paper in Urban Languages and Literacies 67 des King's College in London zunächst als eine Art Vorentwurf veröffentlicht worden und stimmt in weiten (aber nicht allen) Teilen mit dem Aufsatz von 2013 überein.
56 Der gleiche Text wurde zunächst 2006 als *Working Paper* des *Centre on Migration, Policy and Society* veröffentlicht und dann 2007 in der Zeitschrift *Ethnic and Racial Studies*. Im Weiteren beziehe ich mich auf die Version in letzterer.

Varietäten, Dialekten und Sprechstilen.[57] Auch wenn diese Gruppen als relativ stabil betrachtet wurden – Kloss (1977:228) schlug deswegen den Begriff der „Repertoiregemeinschaft" vor – ist hierbei also „Sprache in Wechselwirkung mit einer heterogen strukturierten Gesellschaft" (Pütz 2004:227) gesehen worden. Eine Stärke dieser Perspektive war, dass dadurch in den Blick kam, dass die Wahl der sprachlichen Mittel durch das Individuum sozialen Zwängen unterworfen ist, das Wissen um diese „Etikette" gelernt werden muss und als Teil des Repertoires verstanden wird.[58] Über ‚sprachliche Repertoires' verfügten auch individuelle Sprecher*innen, aber in erster Linie wurden sie von einer Sprachgemeinschaft geteilt und garantieren reibungslose Kommunikation (Blommaert/Backus 2013:12).[59]

Was für Blommaert/Backus (2011:3; 2013:14) die Überarbeitung des Konzepts nötig macht, ist einerseits die Tatsache, dass es unter den Bedingungen von Superdiversität immer weniger Sinn mache, von (für methodische Zwecke) isolierbaren Sprachgemeinschaften zu sprechen[60], andererseits, dass sich die Überlegungen dazu, was „sprachliches Wissen" ist, entscheidend verändert haben (hierzu Punkte 2 bis 3). Mit Superdiversität (Vertovec 2007) ist v.a. die enorme Diversifizierung von Migration gemeint und gleichzeitig die steigende Vernetzung über neue Kommunikationswege, v.a. das Internet.[61] Auch wenn der Schlüsselartikel sich mit Diversität in Großbritannien befasst, ist doch der Hauptreferenzpunkt London und verallgemeinert damit in erster Linie ein Phänomen urbaner Räume, die starke Zuwanderung erfahren. Die Migrationslinguistik reagiere nur schleppend auf diese „diversifiaction of diversity" (Blommaert 2010:7; Vertovec 2007:1025) und hinge einer traditionellen

---

57 In Maas' Überlegungen ist der Begriff als Bezugsgröße für den Sprachausbau (3) wichtig, der sich an den kulturellen Anforderungen der Sprachgemeinschaft orientiert. Sprache ist dann das „Gesamtinventar aller in einer Sprachgemeinschaft nutzbaren Ressourcen." (Maas 2016)

58 Kritisiert wurde hieran u.a. die instrumentelle Sichtweise (Busch 2012b).

59 Backus (2014:94) bezieht das ‚sprachliche Repertoire' auch gegenwärtig auf Individuen und Gemeinschaften. Zur Diskussion über den Terminus ‚Sprachgemeinschaft' in der Soziolinguistik siehe Calvet (2003).

60 Das soll keineswegs die ‚Demarkations-' oder Identifikationsfunktion von Sprache leugnen (siehe hierzu u.a. Kremnitz 2005:13; Lüdi 2014:59).

61 Pavlenko (im Druck) erarbeitet heraus, dass dies eine stark (west-)eurozentristische Perspektive ist, da im globalen Vergleich die Migration nur in die reichsten Länder stark zugenommen hat, die aber z.B. sprachlich weiterhin deutlich weniger divers sind, als andere z.B. afrikanische Länder.

Sichtweise nach, wo im Rahmen von Migration Personen „ihr Land" verlassen und sich in einem anderen dauerhaft niederlassen und unter Umständen relativ isoliert von der Mehrheitsgesellschaft (in „ihren Sprachgemeinschaften"), aber auch von ihrem „Herkunftsland" lebten. In sprachlich diversen urbanen Räumen wie den von Vertovec (2007) beschriebenen, spielen demgegenüber eine Vielzahl von sprachlichen Ressourcen eine Rolle, die sich ihre Bewohner*innen für die alltägliche Praxis aneignen. Viele Formen der Migration sind freiwillig oder unfreiwillig nicht auf Dauer ausgelegt und dank Telefon und vor allem Internet bestehen oft enge Verbindungen zu Freund*innen und Familien an den „Herkunftsorten" oder anderen Orten der Welt (siehe auch Duchêne u.a. 2013:2). Im Zugang zu und Umgang mit den technischen Mitteln moderner Kommunikation entstehen neue Ungleichheiten.

Das Plädoyer für eine Soziolinguistik der Mobilität (siehe 2.2.2.1) legt als Methode eine „multi-sited ethnography" nahe, die auch Formen der ,Transmigration' (Gogolin/Pries 2004; Schiller/Basch/Szanton-Blanc 1995) Rechnung trägt, bei denen der Wechsel zwischen verschiedenen Lebensorten ein Normalzustand wird. Auf der überindividuellen Ebene betrifft die Diversifizierung sprachlicher Repertoires auch die Artikulation sprachlicher Verhältnisse in einer v.a. von Abwanderung und (geringerem, aber bedeutendem Maße auch) Remigration geprägten Gesellschaft inklusive ländlicher Gebiete (wie das Dorf U. in Moldova). Nicht nur Räume sind durch die sprachlichen Repertoires der Sprecher*innen heterogen, sondern in den sprachlichen Repertoires spiegelt sich die Polyzentrizität der Lernumgebungen, in denen sich die Sprecher*innen bewegen (Blommaert/Backus 2011:15).

2.3.2 Das ,sprachliche Repertoire' als *structured inventory of units*

Ein ,sprachliches Repertoire' besteht in der „Gesamtheit der sprachlichen Möglichkeiten, die einem Sprecher in spezifischen Situationskontexten zur Verfügung stehen" (Pütz 2004:227), inklusive dem Wissen über die Regeln ihrer Anwendung (d.h. auch Norm- und Bewertungswissen). Es können auch nonverbale Aspekte der Kommunikation im Sinne eines ,kommunikativen Repertoires' berücksichtigt werden (Poyatos 1983), inklusive Diskursmustern oder Mustern kulturellen Verhaltens (Blommaert/Backus 2011:7; Lüdi/Py 2003:62-69: „biculturalisme et distance culturelle"; Castellotti/Moore 2011).

Das Repertoire stellt ein durch Erfahrung strukturiertes Inventar an Einheiten bzw. sprachlichen ,Ressourcen' dar (Blommaert/Backus 2011:6f). Die Rede von 'Ressourcen' oder 'sprachlichen Mitteln' entspricht der Praxisbezogenheit von Sprachaneignungs- und Verwendungsprozessen:

> „Language, in this tradition, is defined as a resource to be used, deployed and exploited by human beings in social life and hence socially consequential for humans." (Blommaert 2006:4).[62]

Eine der wichtigsten Prämissen dieses Ansatzes ist, für Individuen Einsprachigkeit und Mehrsprachigkeit nicht kategorial zu unterscheiden und damit einhergehende Konnotationen wie die Abgegrenztheit von Sprachen als System zu vermeiden (Blommaert 2010:180f; Blommaert/Backus 2013:29; Busch 2016b; Lüdi 2014:67; Otheguy/García/Reid 2015)[63]: insofern jede Person sich in sprachlich unterschiedlich konstituierten Räumen (oder Lebenswelten[64]) bewegt und unterschiedliche Register und Varietäten bedienen kann, sind alle sprachlichen Repertoires heterogen und polyzentrisch. Sprachentrennung, d.h. die Zuordnung sprachlicher Ressourcen zu unterschiedlichen Sprachen, gehört zum sprachlichen Metawissen (Lüdi 2014:64f; Maas 2008b:449). Mit dem gebrauchsbasierten Ansatz (siehe 2.3.3) einer geht die Annahmne, dass jedes der Elemente im Repertoire eigene Funktion und Reichweite (*range*) hat (Blommaert/Backus 2011:19):

> „all the elements that together compose the repertoire are functionally organized, and no two resources will have the same range and potential. A repertoire is composed of a myriad of different communicative tools, with different degrees of functional specialization. No single resource is a communicative panacea; none is useless."

---

62 Bei Lüdi (2014:74) und Lüdi/Py (2009:157) sind Ressourcen als „microsystèmes plurilingues émergentes" definiert, die sedimentierte Schemata darstellen, die stets in Bewegung und Gegenstand von Verhandlungen sind und auch wieder aufgegeben (hierfür benutzt Lüdi das französische Verb abandonner) werden. Erfurt/Budach/Hofmann (2003) betonen die metaphorische Dimension des Begriffs im Rahmen der Bourdieu'schen Theorie des sprachlichen Marktes.

63 Pavlenko (im Druck) kritisiert, dass Blommaert/Backus diesem Anspruch nicht gerecht werden würden.

64 Den Begriff der „Lebenswelt", zu dem es eine umfangreiche philosophische Debatte gibt, die ich an dieser Stelle nicht rezipiere, verwende ich nach Busch (2015:1) als den Raum, der durch die Sprachpraxis einer Person abgedeckt wirrd: „Relocating the center of one's life, either within a country or from one country or continent to another, always means a change, both in the life world (Lebenswelt) which provides an inter-subjective pool of perceiving, and in the linguistic environment where practices, discourses and rules are familiar."

Die Einheiten, die dieses Inventar bilden, sind Form-Bedeutungs-Paare[65], oder Konstruktionen. Diejenigen Ansätze, die mit dem Begriff des 'sprachlichen Repertoires' arbeiten, lassen sich also der „Familie von Theorien" (Fischer/Stefanowitsch 2007:3) der Konstruktionsgrammatik zuordnen, die von einem Lexikon-Syntax-Kontinuum ausgehen, in dem auch abstrakte grammatische (bzw. grammatikalisierte) Strukturen sprachliche Zeichen sind, die als solche über Form und Bedeutung verfügen.[66] Allgemeine Kategorien oder grammatische Regeln sind nicht die Grundlage für die Anwendung von Sprachwissen, sondern sind umgekehrt Abstraktionen (Imo 2007:26f). Bybee (2006) arbeitet mit dem Konstruktionsbegriff von Goldberg (1995; 2003), um die mentale Repräsentation von Sprachwissen zu fassen:[67]

> „Cognitive representations of grammar are organized into constructions which are partially schematic, conventionalized sequences of morphemes with a direct semantic representation" (Bybee 2006:716)

Diese Konstruktion enthalten häufig feste morphologische oder lexikalische Einheiten, können unterschiedlichen Abstraktionsgrad haben und „zueinander in systematisch beschreibbaren Verhältnissen" stehen (Fischer/Stefanowitsch 2007:3), das Gesamtrepertoire ist jedoch mehr als eine Lexikon-/Begriffs-Liste.[68] Es umfasst sowohl Regeln, als auch instantiierte Ausdrücke (Langacker 2000:2). Reseda Streb (2015, 2016) hat in ihrer Dissertation auf Basis von Langzeitbeobachtungen in einer bilingualen Grundschule den theoretischen Versuch unternommen, ein Modell des Zusammenhangs unterschiedlicher Form-Inhalts-Paare

---

65 Streb (2015, 2016) spricht im Zusammenhang mit mehrsprachigem Wissen von „Form-Inhalts-Paaren" (kurz: FIP).
66 Viele konstruktionsgrammatische Ansätze gehen außerdem von der Bedingung aus, dass Konstruktionen nicht-kompositionell sind, das heißt, dass ihre Bedeutung nicht aus einzelnen Komponenten abgeleitet werden kann.
67 Auf Bybees Arbeiten beziehen sich auch Blommaert/Backus (2011, 2013) in ihren gemeinsamen Arbeiten sowie Backus in seiner Arbeit zum Sprachwandel (2014). Blommaerts Schwerpunkt liegt jedoch eindeutig in der Soziolinguistik, nicht in der Grammatiktheorie.
68 Konstruktionsgrammatische Ansätze, die mehrheitlich mit der Beschreibung von Einzelsprachen beschäftigt sind, gehen dennoch davon aus, dass „die Struktur einer Sprache [...] erschöpfend in Form von sprachlichen Zeichen beschrieben werden" (Fischer/Stefanowitsch 2007:5) kann, die allerdings unterschiedliche Abstraktionsgrade haben. Dieses Unterfangen wird in der wissenschaftlichen Praxis jedoch als hypothetisch betrachtet, ansonsten stieße es auf die Schwierigkeiten Sprachgrenzen formulieren zu müssen.

im (mehrsprachigen) Repertoire von Schulkindern zu entwerfen, bei dem „das sprachübergreifende Wissen, das Registerwissen und abstraktes Konstruktionswissen" (Streb 2016:532) entscheidend sind. Anhand des theoretischen Beispiels „Kuh" zeigt Streb, dass ein fiktives einsprachiges „Form-Inhalts-Paar" (FIP) „auch auf der Form-Ebene vielfach erweitert werden [kann], sowohl um Laut-Formen aus diatopischer Variation als auch aus anderen Sprachen."

Für die Begründung der Konstruktionsgrammatik entscheidend war die Beobachtung, dass fest zusammengehörige, formelhafte Symbole in der Sprache sehr viel vebreiteter sind, als es in den gängigen Grammatiktheorien angenommen wurde (Fillmore/Kay/O'Connor 1988; Fillmore 1988).

Mit ihrem gebrauchsbasierten Ansatz von Sprachlernen (s. 2.3.3) gehen Blommaert/Backus (2011:8) davon aus, dass das sprachlich-kommunikative Wissen einer Person das direkte Abbild ihrer sprachlich-kommunikativen Erfahrungen ist (2011:8), jedoch nicht in dem Sinne, dass sprachliches Wissen rein kumulativ wäre.[69] Hieraus folgt, dass (insbesondere im Zusammenhang mit Migration) „Sprachen" nicht vollständig gelernt werden, sondern nur diejenigen Konstruktionen, die im alltäglichen Gebrauch erreichbar sind und die im alltäglichen Leben auch eine kommunikative Reichweite haben. Sprachliches Wissen kann also sowohl permanent und von Dauer als auch temporär und dynamisch sein, in jedem Fall aber steigt es nicht linear und kontinuierlich an (Blommaert/Backus 2011:4). Die Unterscheidung in *truncated vs generative* verweist zwar darauf, dass sprachliches Wissen heterogen und dennoch funktional ist, schafft es aber nicht, die unerwünschte einzelsprachliche Perspektive gänzlich aufzugeben, weil die Messlatte eine maximale Kompetenz ist. Sie differenziert in sprachliches Wissen, dass sehr spezifisch und auf ganz bestimmte Lebensbereiche beschränkt ist (Blommaert/Backus 2011:19) in „generative" Ressourcen, die die Produktion gänzlich neuer Formen erlauben („creation d'énoncés inédits", Lüdi 2014:67).

Der Normalfall mehrsprachiger Kompetenz sei aber ‚*truncated multilingualism*', wo das Repertoire aus spezialisierten, aber partiellen und ungleich verteilten Ressourcen besteht. Hieraus ergibt sich die methodische Frage, wie ein solches Wissen beschrieben oder überhaupt in Form von Daten zugänglich gemacht werden kann. Für das Vorhandensein einer Konstruktion als sprachliches Wissen in einem sprachlichen Repertoire gilt das Kriterium *entrenchment*, also die kognitive Verwurzlung (Kemmer/Barlow 2000:ix), die sich jedoch im

---

[69] Siehe hierzu auch die Diskussion zu Attrition (2.3.5).

Verlaufe einer Sprachbiographie verändern kann, da sie von konstanter Bestärkung durch den Gebrauch abhängt (Bybee 2006; Backus 2014).[70]

2.3.3 Usage-based approaches

Der gebrauchsbasierte Ansatz, der diesem Verständnis von Lernen zugrundliegt, geht davon aus, dass sprachliche Ressourcen gelernt werden und nicht angeboren sind (Fischer/Stefanowitsch 2007:7). Bevor wir ein sprachliches Repertoire ‚haben', oder einzelne Konstruktionen in ihm ‚verwurzelt' sind, muss das entsprechende Wissen gelernt (und dafür erreicht) werden: so unterschiedlich wie die Lernformen und Lernwege sind, sind auch die sprachlichen Repertoires (Blommaert/Backus 2011:4).[71]

Gebrauchsbasierte Ansätze wurden v.a. im Zusammenhang mit (Erst)Sprachaneignung von Kindern entwickelt.[72] Tomasello (2003), auf den ich mich hier exemplarisch beziehe[73], grenzt sich mit seinen Vorstellungen von der formalen oder universellen Grammatik Chomskys ab.[74] Sprachlernprozesse sind mit anderen sozialen und kognitiven Fähigkeiten integriert, v.a. „intention-reading",

---

70 Als methodische Zugänge hierzu dienen die Häufigkeit in Korpora, weil unterstellt wird, dass Leute das abspeichern, was sie als normales Muster erkennen. *Salience* (deutsch: Hervorstechen) wird z.B. an kommunikativer Brauchbarkeit, den Ansprüchen der kommunikativen Umgebung oder ggf. auch gerade der Besonderheit/Seltenheit festgemacht und in psycholinguistischen Experimenten an schnellen Reaktionszeiten und geringen neurolinguistischen Aktivitäten quantifiziert.
71 Zur Verwendung des Begriffs ‚lernen' s. 2.3.4.
72 Die Prägung des Begriffs „usage-based model" wird Langacker (1988) zugeschrieben (siehe Langacker 2000:1, Kemmer/Barlow 2000:vii). Die Prinzipien dieses Ansatzes sind antagonistisch zu generativen Ansätzen „maximalist, non-reductive, bottom-up" (Langacker 2000:1).
73 Blommaert/Backus beziehen sich vornehmlich auf Bybee (2006, 2010), die in ihren eigenen Forschungen einen Schwerpunkt auf Phonologie hat.
74 Dessen Annahme einer angeborenen universellen Grammatik mit abstrakten Regeln, die den Erwerbsprozess anleiten, geht auf seine Auseinandersetzung mit Skinner zurück. Dieser ging davon aus, dass Sprachenlernen auf den gleichen Lernprinzipien wie andere Verhaltensweisen (auch bei Tieren) beruhe: instrumentelle Konditionierung und Stimulusgeneralisierung. Chomsky demgegenüber meinte, manche grammatischen Prinzipien seien so arbiträr und abstrakt, dass sie durch einfache Assoziation und Induktion nicht erfasst werden könnten, zumal Spracherfahrung aus einer Serie individueller Äußerungen bestehe („poverty of the stimulus"); es müsse folglich eine angeborene universelle Grammatik geben, die einige abstrakte Regeln enthalte und somit den Erwerbsprozess anleite (Tomasello 2003:2).

z.B. einen gemeinsamen Aufmerksamkeitsfokus teilen, oder das Fokussieren auf Objekte außerhalb der unmittelbaren Reichweite und Musterfinden. Sprachgebrauch ist jedoch nicht nur für Sprachaneignung, sondern auch für Sprachwandel ausschlaggebend (Backus 2014; Bybee 2015), bei dessen Beschreibung in gebrauchsbasierten Ansätzen das Konzept der ‚Grammatikalisierung' zentral ist:

> „Usage-based theories hold that the essence of language is its symbolic dimension, with grammar being derivative. The ability to communicate with conspecifics symbolically (conventionally, intersubjectively) is a species-specific biological adaptation. But, in contrast to generative grammar and other formal approaches, in usage-based approaches the grammatical dimension of language is a product of a set of historical and ontogenetic processes referred to collectively as grammaticalization." (Tomasello 2003:5)[75]

Sprache(n) habe(n) nicht a priori eine Struktur, sondern die augenscheinliche Struktur (*apparent structure*) entsteht aus der Wiederholung vieler lokaler (Sprech)Ereignisse (Bybee 2006:714; Kemmer/Barlow 2000:viii) und ähnelt einem komplexen dynamischen System. Grammatik ist nicht von vornherein verfügbar, sondern hat die Form emergenter Strukturen, die sich im Gebrauch neu bilden; auch die Fähigkeit, noch nie verwendete Formulierungen neu zu erschaffen, stützt sich aber auf konkrete gespeicherte Konstruktionen (Bybee 2006:714). Dies ist auch die Hauptquelle von Sprachwandel (Backus 2014; Bybee 2015:9; Kemmer/Barlow 2000:ix). Gleichwohl treten sprachliche Strukturen im Aneignungsprozess den Lerner*innen zunächst als die „Sprache der Anderen" (Maas 2008b:277) gegenüber.[76] Sprachbeherrschung bedeutet dann sowohl hoch abstrakte syntaktische Konstruktionen zu kennen, als auch hoch idiosynkratische (die in der formalen Grammatik als „Peripherie" gelten, s.o.).

Es ergeben sich aus dieser Perspektive Annahmen über sprachliches Wissen und die Art, wie es abgespeichert wird, deren Erforschung in den Bereich der Neurolinguistik fällt: Bybee (2006:712) geht davon aus, dass sprachliche Erfahrung exemplarisch in einem organisatorischen Netzwerk gespeichert wird und jede neue Erfahrung einen Effekt auf die Repräsentation hat:

> „a token of linguistic experience that is identical to an existing exemplar is mapped onto that exemplar, strengthening it. Tokens that are similar but not identical (differing in

---

75 Dem liegt die auch in den marxistischen Ansätzen zentrale Ansicht zugrunde, dass Sprache eine evolutionäre Anpassung an kommunikative Bedürfnisse darstellt und somit ihre „design features" widerspiegeln, wofür sie gebraucht wird (Blommaert/Backus 2011:5). Dies schlägt sich aber nicht in einer genetischen Veranlagung grammatischer Prinzipien nieder.
76 Siehe dazu auch Castellotti (2013) und Abschnitt „Sprachausbau" in 2.3.4.

slight ways in meaning, phonetic shape, pragmatics) to existing exemplars are represented as exemplars themselves and are stored near similar exemplars to constitute clusters or categories. Thus the phonetic shape of a word might consist of a set of phonetic exemplars that are very similar to one another."

Häufigkeit (*frequency*)[77] ist deswegen ein entscheidender Faktor für die Strukturierung sprachlichen Wissens: die Häufigkeit des Kontakts mit einer sprachlichen Konstruktion in „language events" oder „usage events" (Bybee 2006:711) beeinflusst, ob diese Konstruktion überhaupt abgespeichert wird und wie ‚erreichbar' das abgespeicherte Wissen dann in der Interaktion ist. Als ein weiterer wichtiger und zu *frequency* antagonistischer Faktor wird *salience* benannt, also „das Hervorstechen". Konstruktionen entstehen dadurch, dass ähnliche Wörter und Phrasen nah beieinander gespeichert werden und im Sprachgebrauch lexikalisch partikular auftreten, d.h. dass Lexeme in manchen Konstruktionen häufiger verwendet werden, als in anderen, obwohl sie theoretisch grammatisch und semantisch auch in andere passen würden:

„For example, an exemplar representation of a partially filled construction would have experienced tokens mapping onto the constant parts of the construction exactly, strengthening these parts, while the open slots would not match exactly." (Bybee 2006:718)

In anderen Grammatiktheorien als „peripher" klassifizierte und folglich aus den Betrachtungen ausgeklammerte[78] konventionalisierte (bzw. idiomatisierte) Mehrwort-Konstruktionen (*idioms*) und Kollokationen (*prefabs* oder *ready-mades*)[79]

---

77 Wie Langacker setzen auch Ziem/Lasch (2013:103) beim Gebrauch des Begriffs *frequency* Sprachgemeinschaften voraus. Auch Tomasello (2003:321) erklärt „entrenchment and competition" im Zusammenhang mit Sprachgemeinschaften.
78 Die übliche Annahme, dass die lexikalische Bedeutung solcher Ausdrücke separat abgespeichert werden muss, weil sie metaphorisch und deswegen „unvorhersehbar" seien, wird in gebrauchsbasierten Ansätzen durch die Erkenntnis angefochten, dass sie nicht gänzlich unabhängig von anderem lexikalischen Wissen sind, weil sie sich auf andere Konstruktionen stützen (Bybee 2006:714; s.a. Tomasello 2003:5; Ziem/Lasch 2013:104). Dies besagt auch das von Ziem/Lasch (2013:79) formulierte Prinzip der „Konventionalität und Nicht-Kompositionalität". Ein bei Ziem/Lasch (2013:104) genanntes Beispiel für eine idiomatische Konstruktion ist „Daumen drücken" bzw. genauer: [[NPNOM] [drücken][NPDAT][die Daumen]].
79 Der häufig anzutreffende Begriff ‚ready mades' wird vor allem in der theoretischen Linguistik generativer Provenienz verwendet und ist eine Übersetzung des Saussure'schen Ausdruck ‚locutions toutes faites' (Lyons 1968:177). Idiomatische Ausdrücke werden dabei als Sätze im uneigentlichen Sinne behandelt, da sie nicht nach den zugrunde gelegten grammatischen Regeln generiert werden, sondern als „unanalysable wholes" gelernt. In konstruktionsgrammatischen Ansätzen wird ‚formulaic chunks' bzw.

spielen im Sprachgebrauch eine wichtige Rolle und sind für gebrauchsbasierte Ansätze besonders interessant. Auch für Sprachbewertungen sind sie ausschlaggebend, da sie als die „normale" bzw. „konventionelle" Art gelten, Dinge auszudrücken. Hierzu zählen als mehrsprachig wahrgenommene Äußerungen wie das Code-Switching nicht, die dementsprechend auch in Bybees (2006, 2010) Überlegungen keine Rolle spielen. Es ist jedoch möglich, mit diesem Ansatz auch im intimen Register konventionalisierte, aber in sprachpuristischen Diskursen als „Sprachmischung" diffamierte Formen, zu erklären: Insofern bestimmte lexikalische Elemente in größeren Einheiten abgespeichert werden, ist es unangemessen, bei rumänisch-russischen Kombinationen im Moldauischen von Interferenzen zu reden. Es handelt sich um Beispiele emergenter Grammatik, die sich Resssourcen bedienen, die aus normativer Perspektive verschiedenen Sprachen zugeordnet werden (Lüdi 2014). Die intimen Register der Moldauer*innen bieten eine Fülle von Beispielen für *translanguaging*, sind jedoch aus konstruktionsgrammatischer Sicht gänzlich unerforscht.[80]

Lernprozesse bauen folglich auf Gebrauch auf, den Blommaert/Backus (2011:5) etwas schematisch in: „active usage" und „passive exposure" unterteilen. Abgesehen von etwaigen neurolinguistischen Unterschieden, die ich vernachlässige, unterscheiden sich beide bei der praktischen Anwendung in ihrer Abrufbarkeit. Auch an anderen Stellen wirken die Überlegungen von Blommaert und Backus noch schematisch und ausbaufähig (s. 2.3.4, Lernumgebungen); das große Verdienst ist jedoch, diese bisher meist auf ‚einsprachige' Lernprozesse bezogenen Ansätze mit Mehrsprachigkeit und Mobilität zu verknüpfen.

Maas (2011:55 und 88) kritisiert den *Frequency*-Ansatz als reduktionistisch, da er blind sei für den Sprachausbau, der auf einen virtuellen Horizont der (kontextfreien) Interpretation abzielt und damit über die konkrete Erfahrung

---

‚prefab' (kurz für ‚prefabricated unit') favorisiert (Beckner 2013:1; Bybee 2006). Die hiermit einhergehende Annahme ist, dass solche Einheiten ganzheitlich gespeichert und abgerufen werden und dass Sprachpraxis insgesamt zu großen Teilen auf solche sprachlichen Formen zurückgreift, diese also keineswegs Ausnahmen darstellen. Dies hängt wiederum mit der Annahme zusammen, dass Häufigkeit zentral für Grammatikalisierungsprozesse ist (Beckner 2013:1).

80 Beispiele etwa für die Flexion russischer Konstruktionen mit den grammatischen Ressourcen des Rumänischen sind jedoch reichlich in den Publikationen der moldauischen Soziolinguistin Irina Condrea (2007 (2000), 2007 (2001), 2007 (2007)) dokumentiert, die diese jedoch normativ betrachtet. So z.B. das Substantiv *liţoul* mit agglutiniertem maskulinem bestimmten Artikel von лицо (Gesicht) oder die erste Person Singular *peredaiesc* vom Verb передать (dt. übertragen), Condrea (2007(2001):29).

hinausgeht und sich an idealen Strukturen orientiert. Diese Annahme beruht auf dem Prinzip der Gestaltschließung im Sinne von Bühlers Sprachtheorie (Bühler 1999(1934)): Gestalten und Symbole haben auf einem Feld Bedeutung und fragmentarische Figuren werden auf vollständige projiziert (so auch auf vollständig dezentrierte literate Strukturen).

Blommaert/Backus sehen sprachliche Repertoires als je individuell. Wie ein Fingerabdruck sind keine zwei sprachlichen Repertoires exakt identisch. Da durch unterschiedliche sprachliche Erfahrungen (und deren Häufigkeit) je unterschiedliche Konstruktionen gespeichert werden, selbst bei Personen mit ähnlichen Biographien und Sozialisationen. Wie ausgeprägt die Heterogenität sprachlicher Repertoires etwa in einer Stadt ist, hängt dann davon ab, wie heterogen die sprachlichen Erfahrungen der Menschen sind, die hier leben.

Für die theoretische Weiterentwicklung eines Ansatzes zur Verknüpfung sprachlicher Verhältnisse mit den individuellen sprachlichen Repertoires über Erreichbarkeit und Reichweite sprachlicher Ressourcen lässt sich als Konsequenz aus den hier dargestellten Prämissen gebrauchsbasierter Ansätze Häufigkeit des Sprachkontakts als ein wichtiger Faktor von Erreichbarkeit festhalten. „Frequency of use" ist nicht nur ein entscheidender Faktor beim Lernen, sondern auch bei „bestimmten Arten von Wandel" (Bybee 2006:714), also bei der Restrukturierung sprachlicher Repertoires (s. Abschnitt Restrukturierung). Eine wichtige Perspektive ergibt sich hierdurch auf dasjenige sprachliche Wissen, dass mangels Gebrauch abhandenkommt, oder schwerer abrufbar ist.

2.3.4 Formen des Lernens aus Gebrauchsperspektive

Für die Beschreibung des Hinzugewinns von sprachlichem Wissen verwende ich das Verb ‚lernen' (v.a. wenn es um konkrete sprachliche Formen geht), den Begriff der Aneignung (wenn es um Lernprozesse in einem größeren Zusammenhang geht) und des Ausbaus (im Sinne von Maas), wenn es um die spezifischen Prozesse des Aneignens komplexer Strukturen des formellen Registers zum dezentrierten Ausdruck in Darstellungsfunktion geht.

Blommaert/Backus (2011, 2013:14) bevorzugen explizit das Verb „learning" im Vergleich zum Substantiv „acquisition", das suggeriere, dass es sich um einen irgendwann abgeschlossenen Prozess handele, bei dem die einmal „erworbenen" Ressourcen den Sprecher*innen zur Verfügung stehen und mit Ausnahme von pathologischen Fällen auch nicht mehr verloren gehen, während ‚gelernte'

Fähigkeiten auch wieder verlernt oder vergessen werden können (S. 2.3.5).[81] Ich schließe mich diesem Sprachgebrauch an, verwende aber darüber hinaus ‚Aneignung' (in Anlehnung an Castellottis *appropriation*[82]), wenn es um Auseinandersetzungsprozesse und Autonomiegewinn im Sinne des Hinzugewinns von Handlungsmöglichkeiten (Ehlich 2012) geht.

Hierin liegt auch eine kritische Perspektive auf gängige Sprachtestmethoden, die von linearen und uniformen Lernprozessen ausgehen, derer die prominenteste der „Gemeinsame europäische Referenzrahmen für Sprachen" sei (Blommaert/Backus 2011:4). Sprachliches Lernen ist auch nicht additiv, sondern neue sprachliche Erfahrungen und neues sprachliches Wissen verändern – restrukturieren – das bereits vorhandene:

> „learning language as a linguistic and a sociolinguistic system is not a cumulative process; it is rather a process of growth, of sequential learning of certain registers, styles, genres and linguistic varieties while shedding or altering previously existing ones."
> (Blommaert/Backus 2011:9)

In Auseinandersetzung mit gängigen Blicken auf Mehrsprachigkeit ist ein zentrales Ansinnen dieser Perspektiven, Vorstellungen vom „Durchlaufen bestimmter Stufen" sowie idealisierten Vorstellungen von Mehrsprachigkeit, die dann zur Messlatte werden, entgegenzutreten.

2.3.4.1 Voice *und Autonomie*

Gebrauchsbasierten Ansätzen gemein ist die Annahme, dass der Bezugspunkt für sprachliches Lernen der Hinzugewinn von Autonomie (Maas 2008b:272, 2010:55, 2012b:516; Castellotti/Moore 2011) bzw. *Voice* (Blommaert 2010:180f; Blommaert/Backus 2013:29f, Busch 2016a) ist; dies gilt sowohl in ontogenetischer Perspektive für individuelle Lernziele, als auch für die kritische soziolinguistische Bewertung von Lernprozessen im sozialen Raum, im Hinblick auf die Frage, ob und in welcher Form sie in letzter Instanz die gesellschaftliche

---

81 Auch Lüdi (2014:71f) hält den Begriff für problematisch, da er verschleiere, dass Lernprozesse nie abgeschlossen seien. Maas (2008b:277) demgegenüber verwendet für den ontogenetischen Prozess durchaus das Substantiv ‚Erwerb' für die ‚Sprache der Anderen'.

82 ‚Appropriation' hat bei Castellotti (2013:73) zwei Implikationen: einen Prozess der Bezwingung eines neuen sprachlich-kulturellen Universums und die Wichtigkeit des Subjekts in diesem Prozess des „faire sien". Auch wenn sie hierbei von den Modi der Aneignung abstrahiert, kritisiert sie die Illusion des Nativen, die von einer vollständigen Aneignung von Sprache ausgeht.

Partizipation ermöglichen. Der Bezugspunkt ist die Fähigkeit, unter den jeweiligen Verhältnissen eine Stimme (*voice*) zu haben bzw. gesellschaftlich partizipieren zu können: „capacity to be a full social being in the communities in which one spends his/her life; the capacity for 'voice'." (Blommaert/Backus 2011:12)[83]

Voice ist in den Überlegungen von Blommaert/Backus (2011:23, 2013:29) aber nicht nur die soziale und politische Messlatte für (Erreichbarkeit und Reichweite) sprachliche(r) Repertoires, sondern in der Ontogenese, ähnlich wie der „Gewinn relativer Autonomie" bei Maas (2008b:272), die treibende Kraft für das Lernen. In der Struktur der sprachlichen Repertoires schlagen sich also Machtverhältnisse nieder, da es für den Autonomiegewinn entscheidend ist, die Ressourcen zu lernen, die der eigenen Stimme erlauben, machtvoll und effektiv zu sprechen, d.h. diejenigen, die entsprechende Reichweite haben.

> "The structures and patterns are dynamic and adaptable, while they are driven by shared motives and intentions: to make sense, to have voice wherever we are. [...] Voice, as we know, is subject to normative judgement – one has voice when someone else ratifies it as such. In that sense, our subject's repertoire is a *complex of traces of power*: a collection of resources our subject *had* to accumulate and learn in order to make sense to others, that is, in order to operate within the norms and expectations that govern social life in the many niches in which he dwelled and through which he passed. The elements of the repertoire are resources he needed to deploy, practices he had to perform, in order to be 'normal' in the polycentric and dynamic world in which he lived. We have here a very Foucaultion view of the subject: the subject as an outcome of power, as a complex of features of self-discipline, as a subject perpetually subjected to regimes of normality." (Blommaert/Backus 2011:23)

Die machtkritische Perspektive dieses Ansatzes geht nicht weit genug, weil ihr die gesellschaftstheoretische Fundierung fehlt. Ohne zu thematisieren, dass die gesellschaftliche Reproduktion in ihrem Wesen auf sozialen Unterschieden aufbaut und von dieser Erkenntnis aus zu fragen, welche Formen diese Unterschiede haben, kann *voice* nicht kritisch diskutiert werden.

Dass ‚Erreichbarkeit' und ‚Reichweite' sprachlicher Ressourcen sich für Subjekte in unterschiedlichen sozialen Positionen unterschiedlich darstellen, deutet sich bei Blommaert/Backus (2013:30) nur am Rande als Variable der Ausformung sprachlicher Repertoires an:

> „Repertoires enable us to document in great detail the trajectories followed by people throughout their lives: the opportunities, constraints and inequalities they were facing,

---

83 Die eher oberflächliche gesellschaftstheoretische Fundierung dieser Überlegung bringt es mit sich, dass sich kaum Hinweise darauf finden lassen, was es denn bedeutet, ein vollständiges Mitglied von sozialen Gemeinschaften zu sein.

the learning environments they had access to (and those they did not have access to), their movement across physical and social space, their potential for voice in particular social arenas."

Pavlenko (2005:35) richtet demgegenüber den Blick auf Diskriminierungen und Angst (*anxiety*): *voice* bedeutet sprachliche Ressourcen zu haben, mit denen man Bedrohungen entgegen treten kann. *Anxiety* Sprache zu lernen und zu sprechen, wird aber gerade auch durch strukturelle Diskriminierungen hervorgerufen, so dass für diejenigen, die die sprachlichen Ressourcen der Selbstverteidigung am dringendsten brauchen, diese am schwierigsten zu erreichen sind.[84] Die gebrauchten Ressourcen variieren aber auch nach Positionierung; sprachliche Mittel stehen nicht für alle Leute unabhängig von ihrer Subjektposition gleichermaßen zur Verfügung (Hymes 1996a:70; Pavlenko 2005:218f; Siegal 1996).

Hymes' (1996a:64) Konzept von *voice* startet vom Blickpunkt ihrer Verweigerung und versteht sie als die Freiheit gehört zu werden (siehe auch Busch 2016a). In diesem Sinne verstehe ich *voice* als ein Privileg, welches häufig unsichtbar ist, weil diejenigen, die es besitzen, es als selbstverständlich wahrnehmen (Amesberger/Halbmayr 2008).

Autonomiezuwachs bei Maas (2008b:283) setzt voraus, dass Sprachaneignung immer die Aneignung einer Sprache der Anderen ist:

„Das kritische Moment ist aber nicht die soziale Konstellation […] sondern ihre Deutung, gebunden an ihre Repräsentation mit einem dazu gelernten Symbolsystem […] Sprache ist die Voraussetzung für die symbolische Bearbeitung konflikthaltiger Konstellationen, als Möglichkeit ihrer Repräsentation in Formen, die mit Anderen geteilt werden."

Die Möglichkeit der symbolischen Repräsentation und damit des Verfügbarmachens der Verhältnisse für die Bearbeitung ermöglicht relative Autonomie (Maas 2008b:272). Dass die Bewältigung von Konflikten die Handlungspotentiale erweitert, aber zunächst mal eine Zumutung ist und deswegen auch scheitern kann (Maas 2008b:284f), gilt für den Erstspracherwerb, wie auch für Zweitspracherwerb. Gleichwohl stehen für einen späteren Lernprozess andere Erfahrungen

---

84 Polanyi (1995) schildert die unterschiedlichen Erfahrungen von englischsprachigen männlichen und weiblichen Studierenden während eines Studienaufenthaltes in Russland und deren Auswirkungen auf die Spracherwerbsprozesse im Zusammenhang damit, dass Interaktionen häufig (hetero)sexualisiert waren und von den Frauen sehr viel häufiger als unangenehm empfunden wurden. Talburt/ Stewart (1999) thematisieren Intersektionen von *gender* und *race* in den je nach Privilegien stark divergierenden Erfahrungen US-amerikanischer Studierender bei einem Sprachkurs in Spanien.

im Umgang mit Sprache als symbolischem System zur Verfügung, inklusive dem Wissen um unterschiedliche Register und Domänen. Insbesondere im Bereich der Mehrschriftigkeit konstatiert Maas auch ein erhebliches Transferpotential (siehe 2.3.4.5).

Der Repertoire-Ansatz nimmt eine Diversität betonende Perspektive auf die Einzigartigkeit sprachlichen Wissens ein, aus denen sich auch der biographische Ansatz ergibt, der methodisch auch dieser Arbeit zugrunde liegt (siehe 2.3.4.6 und 2.3.6). Dies sollte aber nicht darüber hinwegtäuschen, dass bestimmte sprachliche Lernprozesse, zumal unter sozial vergleichbaren Bedingungen, auch ähnlich verlaufen. Die Differenzierung der Lernprozesse bei Blommaert/Backus (2011, 2013) ist noch sehr skizzenhaft und bezieht sich einerseits auf die Lernumgebungen (hierbei werden formelle und informelle unterschieden), andererseits auf die Charakterisierung der Kompetenzen im Rahmen eines „learning by degree".

2.3.4.2 *Lernumgebungen*

Formelle und informelle Lernumgebungen unterscheiden sich in den Formen des Lernens und erzeugen hierdurch auch sehr unterschiedliches sprachliches Wissen. Formelle Lernumgebungen, wozu Schulen und Hochschulen, Fortbildungen, Abendkurse und selbst sich an einem bestimmten Kurrikulum orientierende autodidaktische Praxen zählen würden, sind die sichtbarsten Formen des Lernens. Als charakteristisch wird ausgemacht, dass die gelernten Formen bei den Lerner*innen des gleichen formellen Lernumfeldes sich ähneln, dass dies reglementiert und normativ ausgearbeitet sei, wodurch einerseits ein relativ hohes metalinguistisches Bewusstsein erzeugt werden könne, das gleichzeitig stark an der Produktion von Wissen über Wissen beteiligt ist, d.h. an einem normativen Bewusstsein, dass es sich hierbei um ein (bewertbares) sprachliches Wissen handelt (Blommaert/Backus 2011:10). Zu ergänzen wären hier im Zusammenhang von Lohnarbeit und Ausbildung auch formelle, aber implizite, weil nicht als Sprachlernprozesse konzipierte Formen des Lernens, wo die für Arbeit relevante Fachsprache angeeignet wird, wie der Italienischkurs im Call-Center in Fallstudie 2 dieser Arbeit (6.1).[85]

Unbenannt bleiben dabei die Faktoren, die zu unterschiedlichen Lernprozessen in uniformen Lernumgebungen führen: eine Möglichkeit wäre, in diesem

---

85 In einem Schema ontogenetischer Entwicklung erwähnt auch Maas (2008b:415) dies als Schritt, der typischerweise (aber nicht notwendig) auf die Schulbildung folgt. Er arbeitet die für dieses Lernumfeld typischen Ausbauprozesse aber nicht aus.

Sinne die Unterscheidung zwischen „passive exposure" und „active usage" weiter auszuarbeiten. Während alle Lerner*innen in einer solchen Umgebung ähnliche Formen hören und lesen, in etwas geringerem Maße auch die gleichen „sprachpraktischen Übungen" absolvieren, unterscheiden sich doch die Lernstrategien und auch die vorhandenen Ressourcen, auf die im Lernprozess zurückgegriffen werden kann. Diese Faktoren sind wesentlich, um auch den enorm unterschiedlichen Schulerfolg von Schüler*innen zu verstehen.[86] Auf diese Aspekte richten sich auch die Forschungen von Maas zum Ausbau literater Strukturen, bei dem die Sozialisation mit Schriftkultur eine entscheidende Voraussetzung dafür ist, wie erfolgreich sich Menschen die komplexen Strukturen der förmlichen Register aneignen können.[87]

Unterschiedliche Lernumgebungen sind nicht äquivalent, sie zielen auf unterschiedliche sprachliche Formen ab, die für unterschiedliche Formen der Praxis geeignet sind. Pavlenko (2005:7) unterscheidet nach Cook (1999) in L2 learners („studying a particular language but do not use it outside of the learning context") und L2 users („people who use a language learned later in life for real-life purposes"). Es ist eine logische Konsequenz hieraus, dass für eine umfassende Sprachaneignung der verschiedenen Register eine Kombination von Lernformen notwendig ist. Maas (2008b:443) unterscheidet z.B. für das Zweitsprachenlernen Fremdsprachunterricht und Verwendung in bestimmten Kontexten und „alltäglich unvermeidliche mehrsprachige Praxis." Der erstmalige Ausbau literater Strukturen ist ohne formelle Lernumgebung kaum zu bewerkstelligen; aber Formen, die nur in der Schule oder der Universität angeeignet, aber nie praktiziert werden, verankern sich nur vereinzelt im sprachlichen Repertoire und können ihre Reichweite nicht entfalten. Das klassische Beispiel hierfür ist wohl der „Fremdsprachenunterricht" in Sprachen, die in der Praxis der Sprecher*innen dann nicht zur Anwendung kommen. Diese Ressourcen sind dann, wenn sie nach Jahren nochmal gebraucht würden, nur schwer aktiviertbar (siehe

---

86 Zur Auswirkung von Zweitsprachlernprozessen und deren Einfluss auf Subjektivität und Persönlichkeit von Erwachsenen siehe Kramsch (2009).
87 Blommaert/Backus (2011:10) berufen sich auf Studien, die zeigen, dass formelle Lernumgebungen das lexikalische Lernen begünstigen würden, während das Lernen abstrakterer Konstruktionen in informellen Umgebungen leichter erfolgen würde („where frequency-based entrenchment can do its work unchecked. Focusing explicit attention on it may be relatively unnatural. For sure, formal learning is more effective if it is accompanied by informal learning."). Aus der Perspektive des sprachlichen Ausbaus ist das nicht überzeugend, da es sich nur auf die Mündlichkeit bezieht,

die Überlegungen zur *foreign language attrition* bei Weltens 1988 und Schmid/Mehotcheva 2012 und Weirich 2016a zum Französischen in Moldova).

Formelle und informelle Lernumgebungen unterscheiden sich auch darin, wie stark sie auf eine unmittelbare praktische Anwendung ausgerichtet sind. Abstrakter Bildungsanspruch und das In-den-Dienst-Nehmen des Sprachunterrichts für politische Fragen produzieren teils praxisferne Lernanstrengungen (in Gagauzien z.B. das standardisierte Gagauzisch, das im Alltag im formellen Register keine Anwendung findet). Wenn förmliche Register oder „Fremdsprachen" nie gebraucht werden, verwurzeln sie auch nicht.

Nicht-institutionalisiertes Lernen sowie das Verfügbarhalten der hier gelernten Formen ist aber kein Automatismus, sondern besteht auch aus individuellen Strategien (von Nachahmung, Abstraktion und Regellernen), die auch darin bestehen können, sich „Input" zu verschaffen und Gebrauchsanlässe zu schaffen (Schmid/Mehotcheva 2012:115).

2.3.4.3 Sprachliche Kompetenzen

Blommaert/Backus Versuch der Differenzierung sprachlichen Wissens nach einem „learning by degree" dient dem Unterfangen, der Annahme uniformer Lernniveaus, die per se an einer idealisierten „muttersprachlichen" Kompetenz orientiert sind, ein realistischeres und heterogene Formen sprachlichen Wissens wertschätzendes Bild entgegenzusetzen (siehe auch Lüdi/Py 2003:8). Auch Maas' Ausbauperspektive (siehe 2.3.4.5) unterstellt, dass es bei der Sprachentwicklung nicht um das Durchlaufen von Entwicklungsstadien geht, sondern um die „Entfaltung der Potentiale eines jeden Stadiums" (Maas 2008b:266), die im Sozialisationsprozess durch den Umgang mit den Erwartungen gesteuert wird, die an das Individuum gestellt werden. Maas (2010:62) setzt die vorhandenen Ressourcen auch in Relation zu den „erreichbaren literaten Ressourcen", wobei er an den altersspezifischen Horizont und die ausbaufähigen Ressourcen denkt. Anders als die Registerperspektive gehen Blommaert/Backus (2011/2013) mit ihren Kategorien („comprehensive" und „'specialized' language learning" sowie „'encounters' with language" und „'embedded' language learning"[88]) aber nicht von strukturellen und funktionalen Aspekten aus, sondern entwickeln eine Mischung aus Niveau-Einschätzung und zugrunde liegender Lernform.

Umfassendes (*comprehensive*) und spezialisiertes (*specialized*) Lernen stellen die umfangreichsten und dauerhaftesten Formen dar. Die Beschreibung des

---

88 Die Anführungszeichen im Original zeugen von eigenen Vorbehalten der Autoren gegenüber diesen noch skizzenhaften Vorschlägen.

umfassenden Lernens erscheint utopisch, spannt gerade dadurch jedoch das Feld möglicher sozialer Ungleichheiten auf, die mit sprachlichen Repertoires unter bestimmten sprachlichen Verhältnissen einhergehen können:

> „full socialization across a lifetime in a language, including having access to any formal learning environments for such language skills and resources, as well as to a wide range of informal learning environments, will lead to a 'maximal' set of resources: different language varieties, different genres, styles and registers, distributed over oral as well as, where it applies, literate modes of production and reception, and dynamic in the sense that one is capable to rapidly learn new forms and patterns – the gradual expansion and overhaul of one's repertoire."[89]

Das Steigerungsadjektiv „maximal" darf hier nicht an der Gesamtheit praktizierter Konstruktionen gemessen werden, die zu einer Sprache gezählt werden, sondern an den im Lebensverlauf überhaupt erreichbaren sprachlichen Ressourcen und eben an *voice* und erfolgreicher gesellschaftlicher Partizipation. Hierdurch würde dann auch das logische Problem behoben, dass literate Produktionsmodi notwendiger Teil maximalen sprachlichen Wissens „in einer Sprache" sind (Blommaert/Backus 2013:17), was bedeuten würde, dass Sprecher*innen in nicht-ausgebauten Sprachen keine umfassenden Fähigkeiten haben könnten. Es müsste also entweder präzisiert werden, dass sich diese Überlegungen auf bestimmte schriftkulturelle Verhältnisse beziehen, oder sinnvoller noch, dass die Einschätzung der jeweiligen Ressourcen nicht sprachspezifisch erfolgt, sondern an den Erfordernissen und sprachlichen Verhältnissen der Lebenswelt(en) der Sprecher*innen gemessen wird, und damit auch mehrsprachigen Verhältnissen Rechnung tragen würde, wo das formelle Register in einer anderen sprachlichen Form artikuliert wird, als das informelle oder intime. Es würde dadurch das sprachliche Wissen zu seiner Reichweite unter bestimmten Verhältnissen in Beziehung gesetzt. Zu einer mehrsprachigen Kompetenz gehört aber das Management konkurrierender Ressourcen in der Praxis, und nicht zuletzt Kompetenzen im *parler bilingue* (Lüdi/Py 2003:9) als zusätzlicher Registeroption in einer kommunikativen Praxis (Maas 2008b:477) und metasprachliches Wissen.

Die beiden Kategorien der „minimal modes of learning" sind diejenigen Kategorien, die Diversifizierung und Mobilität Rechnung tragen sollen, da insbesondere bei hoher Mobilität und nicht auf Dauer gerichteten Aufenthalten

---

[89] Spezialisiertes Sprachenlernen bezieht sich demgegenüber auf spezielle Domänen (Barton): die mit hohem sozialen Prestige ausgestattete Beispieldomäne, die im Text genannt wird, ist die Universität, mit den jeweiligen technischen Spezialregistern und Textgenres, die jedoch außerhalb des jeweiligen Universitätskontexts keinen Praxisbezug haben.

in bestimmten sprachlichen Räumen selektiv Konstruktionen gelernt werden, die an konkrete Verwendungskontexte gebunden sind und hier durchaus funktional sein können. Sie werden üblicherweise in informellen Lernumgebungen angeeignet. Die Reichweite dieser Ressourcen erstreckt sich nicht auf formelle Situationen. Häufig sind solche Ressourcen temporär, d.h. sie werden wieder vergessen.[90] Die Liste dieser minimalen Formen des Lernens ist nicht extensiv und für den moldauischen Kontext fehlt das rezeptive Lernen, das über das Erkennen von Sprachen („recognizing language", Blommaert/Backus 2011:13) deutlich hinaus geht: Personen fühlen sich nicht in der Lage, eine bestimmte Sprache zu sprechen, verstehen aber, wenn ihr Gegenüber sie spricht, wodurch in mehrsprachigen Gesellschaften u.U. die Praxis der ‚rezeptiven Mehrsprachigkeit' (siehe Zeevaert/Thije 2007 und Kapitel 4.3.4) in der Interaktion möglich wird.

2.3.4.4 Primäre und sekundäre Mehrsprachigkeit

Maas unterscheidet die Sprachentwicklung von weitestgehend einsprachig aufwachsenden Personen (einer statistisch relativen Minderheit) und mehrsprachigen.[91] Differenzen in den Sprachbiographien der zweiten Gruppe sind der Frage geschuldet, ob Menschen von Beginn an mehrsprachig aufwachsen (was auch häufig bilingualer Erstspracherwerb genannt wird), also „Mehrsprachigkeit als formale Artikulation der primären Entwicklungsverläufe" (Maas 2008b:439) auftritt und Kinder sprachliche Formen von Beginn an als „alternative Artikulationsmöglichkeiten" (ebd.:127) erleben, oder als „sekundäre Entwicklung, der eine (relativ) abgeschlossene Entwicklung zugrunde liegt" (ebd.). Während die vorpubertäre Sprachentwicklung bei verschiedenen Menschen vergleichsweise ähnlich verlaufe (von Familie, über Peers, die Schule hin zu einem weiteren gesellschaftlichen Horizont, ebd.:415), zeige sich bei späteren Lernprozessen eine deutlich größere interindividuelle Variation (ebd.:440), was einerseits an den bereits verfügbaren Ressourcen liege, von denen aus andere gebootet werden können, andererseits daran, dass Erwachsene dazu neigen würden, strategische Lösungen des minimalen Aufwands auch für sprachliche Probleme zu finden (ebd.:457).

Neue Sprachen können in jeder Lebensphase hinzutreten und das Lernen einer zweiten Sprache unterscheidet sich nicht grundsätzlich von dem einer ersten: Sie werden zuerst „von der Stange" gelernt, später „strukturell modelliert",

---

90 Blommaert/ Backus (2011, 2013) erwähnen dies, beschäftigen sich aber nicht im Detail mit Attrition.
91 So auch Lüdi (1996:235) mit dem Kriterium „Zeitpunkt" des Erwerbs.

verbunden mit Reduktionen und Übergeneralisierungen (ebd.:446). Das „Feld der Optionen" für unterschiedliche Formen des sprachlichen Lernens erstrecke sich zwischen den Grenzfällen einer „nebensprachlichen Mehrsprachigkeit, bei der nur in einem bestimmten Register und für bestimmte situative Kontexte eng umschriebene sprachliche Praktiken der Kompetenz in der Erstsprache gewissermaßen aufgepfropft werden" (ebd.:439) und dem Erschließen einer zweiten Sprache als vollständig äquivalent, inklusive Idiomatisierung und ggf Naturalisierung. In der Folge ist dann zu unterscheiden zwischen „arbeitsteilig ausbalancierte[n] Varietäten nach dem Modell der Registervariation, die zugleich ihre Integration in eine einheitliche Sprachkompetenz implizieren, gegenüber dem Umgang mit konkurrierenden Varietäten, deren Nutzung einem strategischen Management unterliegt" (ebd.:438). ‚Variation' impliziert dabei Registerspezifik, wie sie auch jede einsprachige Person kennt, Mehrsprachigkeit bedeutet außerdem verschiedene Sprachformen, die im Hinblick auf eine bestimmte Domäne äquivalent sind (ebd.:54, 442).

2.3.4.5 *Sprachlicher Ausbau (als eine besondere Perspektive von Lernen)*

Utz Maas arbeitet nicht mit dem Begriff ‚sprachliches Repertoire', was damit zusammenhängen kann, dass er sich für eine spezielle Form des sprachlichen Lernens interessiert: demjenigen des Ausbaus literater Strukturen (die bei Blommaert/Backus als Aspekt der umfassenden Lernformen nur angedeutet werden).

Sprachausbau in diesem Sinne bezieht sich in erster Linie auf den Prozess der ontogenetischen Sprachentwicklung (Sprachausbau 2, siehe Übersicht in 2.1.1) und die Aneignung komplexer kognitiver Strukturen und symbolischer Repräsentationsformen in Auseinandersetzung mit einem sich erweiternden Horizont (Maas 2008b:266). Im alltagssprachlich verständlichen Begriff Ausbau ist enthalten, dass bereits etwas vorhanden ist, aber für die gegebenen Anforderungen nicht ausreicht und deswegen vergrößert wird (Maas 2011:8).

Für das Verständnis grundlegend ist dabei einerseits die Registerdifferenzierung (in zwei Dimensionen graduell auf einer Achse zwischen intim und öffentlich, auf einer zweiten Achse zwischen informell und formell bestimmt, Maas 2008a:41), andererseits die sprachstrukturelle Unterscheidung in orat und literat. Unter per se heterogenen sprachlichen Verhältnissen ist die „Registerstufung orthogonal zur räumlichen Gliederung" (ebd. 48), die z.B. in der Germanistik traditionell als Hauptachse der sprachlichen Variation betrachtet werde (und Mehrschriftigkeit ist ihrerseits orthogonal zur Mehrsprachigkeit). Diese horizontale Differenzierung würde aber v.a. im Bereich des intimen Registers und ggf. dem der informellen Öffentlichkeit praktiziert, während im formellen Register entweder eine überdachende Form (unter ‚modernen' gesellschaftlichen Verhältnissen) oder eine strukturell verschieden sprachliche Form praktiziert würde. Die unterschiedlichen Register werden funktional verstanden und sind an bestimmte Domänen gebunden – sie stellen eine Zuordnung von Formeigenschaften zu sprachexternen Indikatoren dar, die bestimmte Muster zeigen.[92] Dementsprechend besitzen sie einen bestimmten Grad der Formalität, welcher sich wiederum an den angesprochenen Anderen bemisst (so richtet sich das förmliche Register an „einen generalisierten Anderen", Maas 2010:31). Für unterschiedliche Register herrschen unterschiedliche Normen.

Die Begriffe ‚orat' und ‚literat' verwendet Maas in der Absicht auf Ebene der sprachlichen Formen begrifflich zwischen Strukturen und dem Medium (mündlich oder schriftlich), in dem sie realisiert werden, zu unterscheiden. Literate Strukturen korrespondieren mit starker Tendenz mit den förmlichen Registern und orientieren sich an der geschriebenen Sprache, sind mit ihr aber nicht gleichzusetzen, da literate Strukturen durchaus auch mündlich vorgetragen werden können und orate auch im schriftlichen Medium verwendet werden können („relative Autonomie" der Artikulationsformen gegenüber Domänen, Maas 2008a:48). Die zwei funktionalen Pole der Verwendung orater bzw. literater Strukturen sind Interaktion und Darstellung (Maas 2011:72). Orate Strukturen dienen der Interaktion, sind empraktisch gebunden, literate erfüllen Darstellungsfunktion (sind „expositorisch") (Maas 2010:45).

> „Literat ist mit der Anspielung auf Schriftliches nicht nur eine Metapher für den Sprachausbau. Als Maximierung der Nutzung der strukturellen Ressourcen wird eine literate Praxis nicht nur faktisch (in der Regel) mit der Schrift gelernt (in der Schule), sondern wie gerade auch der typologische Vergleich, soweit er sensibilisiert für diese Probleme ist […], zeigt, daß da, wo keine Schriftkultur etabliert ist, also kein Bedarf an solcher Strukturmaximierung besteht, entsprechend literat ausgebaute Sprachstrukturen auch nicht entwickelt (grammatisiert) werden […]." (Maas 2010:70)

Die angesprochene Maximierung der Symbolisierungsfunktion von Sprache drückt sich strukturell in der Satzförmigkeit aus (im Zusammenhang mit oraten Strukturen spricht Maas von Propositionen, die prosodisch artikuliert sind) (Maas 2010:39). Die Verdichtung durch die syntaktische Integration vielfacher Prädikationen in einem Satz (Nexus) ist nicht nur eine quantitative Frage, sondern stellt auch konzeptuelle Zusammenhänge her und leistet damit einen

---

92 Konkurrierende Konzepte abstrahieren von sprachexternen Zuordnungen, wobei ‚Genre' auf die Konventionalisierung der Strukturen zielt, während ‚Stil' individuelle Optionen bei ansonsten äquivalenten sprachlichen Mustern identifiziert (Maas 2011:9).

Beitrag zur kognitiven Bearbeitung des so Artikulierten. Die literate Strukturierung schlägt sich also auch in einer Verdichtung von Aussagen nieder, die sowohl in der Produktion anspruchsvoll sind, als auch für die „Sprachverarbeitung"[93] der Rezipient*innen eine Belastung darstellen (Maas 2011:25f).

Aus der Perspektive des Lernens steht bei Maas also der Ausbau literater Strukturen im Vordergrund, deren Erlernen in einem Prozess der Entwicklung komplexer literater Strukturen aus den einfacheren oraten heraus erfolgt.[94] An dieser Stelle stoßen dann auch auf *frequency* fokussierte Ansätze an ihre Grenzen (s. 2.3.3). Voraussetzung für den „Ausbau schriftkultureller Praxis" (Maas 2008b:312) ist der „in der sozialen Interaktion angelegte Umgang mit sprachlicher Variation", den Kinder als Registervariation schon in der Familie lernen.

> „Hier werden die Voraussetzungen für die Dezentrierung des Sprachsystems gelegt, für dessen symbolische Optimierung, auf der später die kategoriale Haltung zur Schrift mit der Entwicklung literater Konzeptualisierungen aufbaut."

Diese Prozesse sind den Lerner*innen als solche selten bewusst und auch den Pädagog*innen in der Schule nicht unbedingt (Maas' Engagement zielt zu einem großen Teil auf einen Bewusstseinswandel in der germanistischen Lehrer*innenausbildung) ab. Nach ihrer Mehrschriftigkeit gefragt, antworteten meine Gesprächspartner*innen auch im Lyzeum meist mit Verweis auf Orthographie oder Schriftsysteme.[95] Gerade der Zweitsprachunterricht in formellen Lernumgebungen fokussiert bisweilen stärker auf literate Strukturen und spricht dabei also unmittelbar auf ein Transferpotential an, ohne diese Strukturen von interaktiven (oraten) Ressourcen aus zu bearbeiten. In diesem Sinne beklagten meine Gesprächspartner*innen am Lyzeum teilweise, dass das Kurrikulum sehr praxisfern sei (Weirich 2016a).

Unterschiedliche Ausgangsvoraussetzungen für den Ausbau literater Strukturen macht Maas an der Unterscheidung zwischen primärer und sekundärer Mehrsprachigkeit fest. Auch wenn diese Prozesse in jeder Lebensphase eine Zumutung darstellen (und deswegen auch scheitern können), stehen für einen späteren Lernprozess andere Erfahrungen im Umgang mit Sprache als

---

93 Die „Sprachverarbeitung" steht im Zentrum der psycholinguistischen Forschung, aus der auch das Konzept des „chunking" stammt (Miller 1956).
94 Auch mit dem informatischen Begriff „booten" umschrieben, um deutlich zu machen, dass diese Prozesse sich auf die vorhandenen Ressourcen stützen, aber mit Hilfe der Gestaltschließungsfunktion eine Struktur aufspannen, die vorher nicht da war (Maas 2008b:125f).
95 Böhm/Gessinger (2003:12) unterscheiden dabei in Bigraphie und Biliterazität.

symbolischem System zur Verfügung, inklusive dem Wissen um unterschiedliche Register und Domänen, sodass insbesondere im Bereich der Mehrschriftigkeit erhebliches Transferpotential vorhanden ist (Maas 2008b:284f). Die „relative Autonomie" der Artikulationsformen liegt auch in ihrem Potential der Übertragung auf andere Varietäten bzw. Sprachen (Maas 2008a:46).

Wie in (Abschnitt 3) erläutert, kritisiert Maas die ‚usage-based approaches' dafür, dass Häufigkeit des Kontakts allein den sprachlichen Ausbau nicht erklären kann, sondern dass auch eine kategoriale Haltung zu idealen Strukturen notwendig ist. Nichtsdestoweniger hängt der Grad der Idiomatisierung auch vom Umfang der alltäglichen Anwendung dieser Register ab (Maas 2008b:261). Und neben dem grundsätzlichen Verständnis dafür, worauf es bei der Darstellung von Sachverhalten ankommt, funktioniert auch die Aneignung des Schriftlichen über feste reproduzierte Formen.

2.3.4.6 Methodische Konsequenzen

Zur vollständigen Darstellung eines individuellen sprachlichen Repertoires müsste jede einzelne Konstruktion aufgeführt werden, inklusive ihrem Grad des *entrenchment* und ihrer Abrufbarkeit. In der Praxis stellt sich dabei das Problem des Aufwands für die Informantin, wie auch für die Forscherin: es ist nicht möglich, alle der Person bekannten Konstruktionen zu erfassen. Außerdem ist der Grad der Verankerung schwerlich messbar. Mit welchen Parametern etwa könnte man messen, welche Konstruktionen der Person auch in Stresssituationen zur Verfügung stehen, welche nur unter speziellen Bedingungen; welche werden verstanden, aber nicht selbst produziert. Die vollständige Darstellung eines Repertoires als hypothetisches Unterfangen dient vor allem dazu, Bildern von idealisierter Mehrsprachigkeit oder „Muttersprachlichkeit" mit einem komplexen Bild funktional differenzierter Ressourcen entgegenzuwirken. Maas' Registerperspektive fragt nicht in erster Linie nach einzelnen Konstruktionen, sondern eben nach Registern. Anknüpfend daran können Lernstrategien beobachtet werden und im Besonderen bei Erwachsenen nach der Dynamik der Repertoires gefragt werden. Arrangieren Erwachsene sich mit den zur Verfügung stehenden Ressourcen oder werden diese weiter ausgebaut?

Der interessante Aspekt an der Beobachtung der sprachlichen Praxis von Personen ist also nicht das Sammeln verwendeter Konstruktionen, sondern die auf dieser Basis möglichen Rückschlüsse auf das sprachliche Repertoire, das für den Ausbau wichtig ist. Ähnliches gilt für die Beobachtung von Lernprozessen, die eher etwas darüber aussagen, welches Wissen schon vorhanden ist, worauf die Sprecher*innen zurückgreifen, als die Feststellung, ob eine bestimmte neugelernte Ressource auf Grund des Lernens nun im Repertoire verankert ist, oder nicht (zu dieser Problematik Weirich 2013).

Selten können ‚Lernereignisse' direkt beobachtet werden, die ich angelehnt an den Begriff der ‚*literacy events*' in einem Aufsatz (Weirich 2013) etwas unvorsichtig „Ausbauereignisse" genannt habe (obwohl das Lernen einzelner Konstruktionen mit ‚Ausbau' unzutreffend charakterisiert ist). So wie in „*literacy events*" zentral ist, dass über Geschriebenes gesprochen wird, findet bei Lernereignissen durch ein alltägliches Gespräch über sprachliche Formen ein Reflexionsprozess statt, der die *salience* dieser Konstruktion(en) erhöht und damit eher erinnert und eventuell durch Wiederholung in der Praxis verankert wird. Insofern sprachliche Praxis im Alltag hochgradig routinisiert ist, sind Situationen, wo diese Routinen unterbrochen werden und die Sprecher*innen seltener gebrauchte Konstruktionen aktivieren oder neue Konstruktionen aufnehmen und sofort in Praxis umsetzen, von besonderer Bedeutung, um sowohl die Grenzen der Repertoires zu erkennen, als auch Strategien des Umgangs und Lern- und Ausbauprozesse. Für ethnographische Forschung, die sich nicht auf die Diskussion der Repräsentation und Narration sprachlicher Biographien und Repertoires beschränken will, sondern auch auf die sprachlichen Formen und die Strukturen der sprachlichen Repertoires selbst schauen will, sind diese Situationen von besonderer Bedeutung, da sie in Interviewsituationen immer wieder entstehen.

Ein solches Lernereignis allein reicht aber nicht unbedingt für die Verankerung aus. Dass hierfür auch Wiederholung nötig ist, zeigte das Lernereignis aus meinem Gespräch mit Tamara (siehe 3.4.1.3), die mich korrigierte, *snimat'* sei nicht das passende Verb für Audioaufzeichnungen, sondern *zapysivat'*. Seit diesem „Lernereignis" weiß ich, dass *snimat'* nicht idiomatisch ist, erinnerte mich aber nicht mehr, welches die bessere Variante ist, bevor ich nicht das entsprechende Transkript erneut gelesen hatte.

Für Lernprozesse im mehrsprachigen Unterricht entwickelte Streb (2016:477) das Konzept des ‚Ausbauangebots', welches z.B. seitens einer Lehrperson gemacht wird, auf das aber Lerner*innen mit unterschiedlichen Strategien reagieren, die dann möglicherweise zu einem konkreten Ausbau, der Teil des Ausbauprozesses wird, führt. Die Stärke dieser Perspektive ist, dass sie sowohl die Rolle der Schule und der Didaktik einbezieht (insbesondere für die ohne institutionalisiertes Lernen nur schwer erreichbaren literaten Strukturen), als auch den individuellen Umgang damit, der neben der Vielzahl der biographischen Verläufe ein zentraler Grund für die Unterschiedlichkeit sprachlicher Repertoires auch bei ähnlichen biographischen Umständen ist.

Erreichbarkeit und Reichweite als Bezugspunkte rücken demgegenüber die Auseinandersetzung eines sprechenden Individuums mit den sprachlichen Verhältnissen in den Vordergrund, die sich abhängig von (sprach)politischen Umbrüchen und Mobilität verändern können. Im Vordergrund steht dann die sprachliche Praxis und die Frage, inwiefern sie geeignet ist, den Anforderungen gerecht zu werden, wie sie von Lüdi/Py (2003:9) als „pratiques langagières, besoins personnels et sociaux" angesprochen werden.

2.3.5 Restrukturierung sprachlicher Repertoires

In den vorherigen Abschnitten habe ich immer wieder die Dynamik sprachlicher Repertoires betont, die sich aus sprachlichen Erfahrungen, Sprachgebrauch und Aneignungsstrategien ergibt. Das sprachliche Repertoire ist permanent in Veränderung, in manchen Lebensphasen mehr, in manchen weniger: neue Konstruktionen und Register werden gelernt, Formen verfestigen sich, die Routinisierung anderer nimmt ab, wenn sie seltener gebraucht werden. Ich nenne diese Veränderungsprozesse ‚Restrukturierung[96] des sprachlichen Repertoires', wie es erstmalig Grosjean/Py (1991) taten. Die Studie zu den sprachlichen Repertoires von erwachsenen spanischsprachigen Migrant*innen in Neuchâtel betrat Neuland, indem sie die Veränderung des sprachlichen Wissens in der L1 behandelte[97], wogegen die Migrationslinguistik bis dato sich v.a. für die Aneignung der L2, also der ‚Geschäftssprache' des neuen Wohnortes der Personen befasste. Dieser Befund hinsichtlich des Forschungsstands ist bis heute mehr oder weniger gültig, auch wenn im Bereich mehrsprachiger Schulprojekte inzwischen auch die Ausbauprozesse von Kindern in einer anderen L1 als der Geschäftssprache betrachtet werden (z.B. Streb 2016 für den Ausbau des Italienischen in einer deutsch-italienischen Grundschule).

---

96 Lüdi (1996:236) übersetzt den französischen Begriff *restructuration* mit ‚Umstrukturierung'. So wird er auch von Erfurt/Amelina (2008:33) bzw. Erfurt/Weirich (2013:307) verwendet.

97 Informant*innen waren 15 Personen, die im Erwachsenenalter in die Schweiz gekommen waren und täglich Französisch und Spanisch sprachen. Methodisch bediente sich die Studie einem Ansatz subjektiver Evaluation: in früheren Studien als „variantes neuchâteloises" charakterisierte Formen wurden auf ihre Akzeptanz bei den Informant*innen hin überprüft. Für die Frage, ob diese sprachlichen Phänomene als geteilte Sprachformen einer variante neuchâtelois oder idiosynkratische Formen eingeschätzt wurden, unternahmen die Forscher einen Erklärungsversuch mithilfe der Frage, ob es sich um zentrale oder eher periphere Teile der jeweiligen Sprachsysteme handelte.

Restrukturierung des sprachlichen Repertoires wurde hierbei als eine Folge des Sprachkontakts beim Individuum behandelt sowie als Wandel des Gebrauchs der Erstsprache (durch Verringerung von deren Reichweite). Als Zeichen davon gilt z.B. die mehr oder weniger vollständige Übernahme von Regeln, die Transformation, Beschränkung oder der Verlust von Regeln; die Aufhebung von Beschränkungen, so dass kontextuell gebundene Formen zu freien Formen werden, die Erweiterung oder Einschränkung von „niveaux de style" oder die Transformation der Lexik (neue Entlehnungen oder Verlust von Lexemen). Anders als bei konstruktionsgrammatischen Ansätzen sind hier also Grammatik und Lexik zwei verschiedene Domänen. Art und Umfang (Anzahl, Allgemeinheit, Eindeutigkeit, Rolle für das Gesamtsystem) der grammatischen Regeln, die einer bestimmten sprachlichen Form zugrunde liegen, dienten dann auch als Erklärungsansatz dafür, welche Formen eher restrukturierungsanfällig sind, als andere. Bybee (2006:715) geht davon aus, dass fest verankerte Konstruktionen weniger restrukturiert, seltenere demgegenüber regularisiert würden. In der L1-Attrition-Forschung ist eine gängige Annahme, dass es einen gravierenden Unterschied macht, ob Personen vor oder nach der Pubertät migriert sind und dadurch einem neuen sprachlichen Umfeld ausgesetzt waren (siehe u.a. Schmid/Köpke/de Bot 2013:674).

Strukturelle Veränderungen des Repertoires können auf den folgenden drei Ebenen festgemacht werden:

1. im Blick auf das Gesamtrepertoire: welche Sprachen, Register, Varietäten sind in welcher Ausformung Teil des Repertoires? Wie häufig und in welchen Domänen werden sie gebraucht (dies ist die Ebene, die für die Sprecher*innen selbst wohl am ehesten zugänglich ist und folglich auch Gegenstand von Interviews sein kann)? Neben Sprachausbauprozessen kommen hierbei auch Prozesse des Vergessens in den Blick. Um der psychologischen Erkenntnis Rechnung zu tragen, dass diese Ressourcen nicht vollständig vergessen werden, sondern „temporally inaccessible" (Weltens 1988:17) sind, wird für diesen Prozess der Begriff *attrition* (dt. Abreibung, Abnahme) bevorzugt (etwa gegenüber *loss*).[98] In der Regel handelt es sich eher um das Vergessen einzelner Aspekte einer ausgebauten Sprache und macht sich deswegen auch nur im ‚monolingualen Modus' (Grosjean 2008) bemerkbar, weil es in der Kommunikation ansonsten durch Rückgriff auf die „anderssprachigen"

---

98 Für einen Überblick über die Nuancen und sich verändernden Bedeutungszusammenhänge von *loss, regression* und *attrition* seit den 90ern siehe Schmid/Mehotcheva (2012:102f).

Ressourcen ausgeglichen werden könne. Einen Unterschied macht auch, ob die Ressourcen völlig vergessen oder eher temporär nicht abrufbar sind („schlafend" bei Green 1998), bei erneuter *exposure* und Sprachpraxis in einem entsprechenden sprachlichen Umfeld aber wieder aktiviert werden könnten (Erfurt/Amelina 2008:33; Riehl 2009:87).[99]

2. bei den sprachlichen Formen selbst: die Struktur der repräsentierten Konstruktionen verändert sich, indem eine verankerte Konstruktion durch eine andere ergänzt und dadurch möglicherweise selbst weniger verwendet wird – es erscheint dann, als habe die eine Form die andere ersetzt. Ein Beispiel hierfür könnte die im Rumänischen inzwischen gängige Konstruktion *la Italia* sein (Cohal 2010, siehe auch 4.3.8.2). Sofern dadurch die Sprachpraxis von der Norm abweicht, kann dies Ziel von negativen Bewertungen und Polemiken um Sprachverfall sein, obwohl den Lernprozessen durchaus bewusste Strategien zugrunde liegen können. Die Konstruktionen selbst sind veränderlich und erweiterbar. Streb (2016:520) hat gezeigt, „dass das Form-Inhalts-Paar aus unterschiedlichen Arten von Sprachwissen bestehen kann, die je nach Ausbaunotwendigkeit und Ressourcengrundlage in das Repertoire aufgenommen werden."

Maas (2010:48) erklärt diese Prozesse auch mit der unterschiedlichen Robustheit von Sprachstrukturen:

> „Die im Folgenden (II.2) explizierten Strukturen des Satzes und seiner Ausbauformen sind, wie es der Dynamik einer ‚lebendigen' Sprache entspricht, unterschiedlich robust. Ihre Festigkeit ist eine Funktion des Sprachwandel – insofern gibt es hier auch das, was in der Gestalttheorie als unterschiedlich robuste (bzw. ‚flaue') Strukturen bezeichnet wird: Strukturierungsmuster können sich widersprechen und zu verschiedenen Deutungen führen."

Die erwähnten Untersuchungen von Grosjean/Py (1991) untersuchen Restrukturierungen auf der Ebene der Formen bei Kastilisch-Sprecher*innen in einer französischsprachigen Umgebung, ebenso wie Cohal (2014) für Rumänischsprachige in Lazio.[100]

---

99 Einen Überblick über die Forschung zu L2 bzw. *foreign language attrition* in den 80ern bieten Weltens (1988:1-20), den aktuellen Stand fassen Schmid/Mehotcheva (2012) zusammen. Siehe Schmid/Köpke/de Bot (2013) für die jüngere Forschung zu L1-attrition aus der Perspektive der *Dynamics Systems Theory*.

100 Cohal arbeitet dabei mit einem Migrationsmodell, dass die Untersuchung der L1 von Personen, die dauerhaft umgezogen sind, auf einer Achse zwischen Spracherhalt und *Attrition* (It.: *mantenimento e ligorio*) behandelt, obwohl er an einer Stelle bemerkt,

3. in den sprachlichen Verhältnissen und der Lebenswelt: wenn diese sich verändern, werden einerseits bestimmte Ressourcen nicht mehr gebraucht (dies kann mit Mobilität, aber auch mit altersspezifischen Varietäten zu tun haben, wie Blommaert/Backus (2013:15) am Beispiel der Jugendsprache erklären); aber auch die Gebrauchsregeln können sich verändern, so dass die Ressourcen nicht mehr funktionieren.

Gerade in diesem letzten Punkt klingt auch an, dass die Restrukturierung des sprachlichen Repertoires nicht einfach geschieht, sondern eine aktive Anpassungsleistung an sich wandelnde Verhältnisse, alltägliche Kommunikationserfordernisse, aber vielleicht auch persönliche Zielsetzungen ist, so wie Sprecher*innen in der Sprachpraxis ständig Entscheidungsprozessen ausgesetzt sind (Pütz 2004:227). Dies bedeutet eine Repriorisierung (Weirich 2013) von sprachlichen Konstruktionen und deren Abrufbarkeit.

2.3.6 Das ‚sprachliche Repertoire' und *indexical biographies*

Im strikt gebrauchs- und erfahrungszentrierten Ansatz bei Blommaert/Backus ist das ‚sprachliche Repertoire' ein direktes Abbild der sprachlichen Erfahrung einer Person, also eine „indexikalische Biographie" (2013:26). Sie können synchron und diachron betrachtet werden. In der synchronen Perspektive verweisen sie auf die sprachlichen Anforderungen, die die aktuelle Lebenswelt an die Sprecher*innen stellt, also auf die funktionelle Dimension von Sprachen, Varietäten und Registern in Relation zu den Domänen, in denen die Personen sich bewegen. Sie reflektieren ein Potential, bestimmte soziale Rollen zu performen (Blommaert/Backus 2013:28). Diachron reflektieren sie nicht nur die

---

dass die als innovativ markierten Formen in einigen Varietäten gesprochenen Rumänischs durchaus vorkommen und durch den Kontakt mit dem Italienischen nur aktiviert würden (Cohal 2014:265f). Das würde bedeuten, dass nicht vorrangig die Konstruktionen selbst umstrukturiert werden, sondern dass die Häufigkeit der Praxis bestimmter Varietäten sich verändert. Wie Grosjean/Py (1991) untersucht auch er sprachliche Phänomene, die in der Praxis beobachtet wurden und unterzieht sie einem „native speaker test" hinsichtlich Akzeptabilität. Auch einige der beobachteten Phänomene ähneln sich, obgleich es um unterschiedliche L1 und L2 geht (die aber alle vier romanischen Ursprungs sind): Lokale Präpositionen in Konstruktionen mit räumlichen Verben sind von Restrukturierungen betroffen (bei Grosjean/Py *estar de vacaciones* + präpositionale Erweiterung mit *a* oder *en*; bei Cohal (2010) *in Italia* vs. *la Italia*), präpositionale Markierung eines Akkusativobjekts mit *a* im Kastilischen und *pe* im Rumänischen, Infinitiverweiterungen mit oder ohne *de* im Spanischen und ein präpositionaler Infinitiv mit *a* im Rumänischen.

sprachlichen Erfahrungen, die eine Person bereits gemacht hat, sondern auch Ziele und Projekte der Menschen. Gleichzeitig ist diese Perspektive auf sprachliche Dynamik eng mit neurolinguistischen Vorstellungen verbunden, dass sich sprachliche Erfahrungen unmittelbar auf die Strukturierung des sprachlichen Wissens auswirken (siehe 2.3.3). Durch Lebensphasen mit veränderten sprachlichen Anforderungen wird die Restrukturierung des sprachlichen Repertoires beschleunigt. Bei Schuleintritt setzt der Ausbau literater Strukturen und der Umgang mit ‚Bildungssprache' ein, beim ersten Eintritt in den Arbeitsmarkt sind Fachsprachen gefragt (Blommaert/Backus 2013:16; Busch 2013:138). Sprachpolitische Veränderungen und insbesondere Regimewechsel, oder ein Wechsel des Wohnortes können die Aneignung einer neuen Geschäftssprache erforderlich machen. Sprecher*innen bedienen sich sprachlicher Ressourcen, die unter bestimmten Bedingungen sinnvoll sind, aber mit sich verändernden sozialen Bedingungen verändern sich deren Bewertungen (Heller 2007:2) und Menschen machen die plötzliche Erfahrung, dass das Repertoire nicht mehr die gleichen Funktionen erfüllen kann wie bisher (Busch 2015:4). Im Rahmen sprachbiographischer Methoden sind deswegen sogenannte „turning points" wichtig (siehe auch 3.4.2.2), an denen sich die Lebenswelt drastisch verändert und dadurch auch neue sprachliche Praxis wichtig wird:

Sprachbiographische Ansätze gehen jedoch deutlich über *exposure* hinaus, indem sie auch den Teil der Spracherfahrung berücksichtigen können, die mit verschiedenartigen Aneignungsstrategien zu tun haben, auf die wiederum emotionale Faktoren und Privilegien oder Diskriminierung Auswirkungen haben (Busch 2016a, c zu Trauma; Kramsch 2009; Pavlenko 2005:35). Bei fehlenden Möglichkeiten der Sprachpraxis werden individuelle Kompensationsstrategien umso wichtiger.

In einem sprachbiographischen Ansatz kann den Bewertungen Rechnung getragen werden, die sowohl die Aneignungsstrategien, als auch die Sprachpraxis prägen. Hierbei geht es einerseits um Sprachideologien und sprachliche Repräsentationen, die auf einer gesellschaftlichen Ebene den Status und das Prestige einer Sprache bestimmen, die Sprachwahl auch im Sinne von Sprachlernentscheidungen anleiten (*langue de culture de prestige international, langue à portée communicative nationale, régionale, dialecte, apparentés avec d'autres langues du repertoire ou non,* siehe Lüdi/Py 2003:3 und 2.1.3.2) oder zur Majorisierung sprachlicher Repertoires beitragen (Weirich 2014). Neben der Frage, welchen funktionellen Wert Sprachen unter bestimmten Verhältnissen haben, geht es auch darum, welches Prestige ihre Beherrschung unter bestimmten Verhältnissen für unterschiedliche Personen hat, wovon wiederum *Voice*, das

Gehörtwerden, abhängt (siehe 2.3.4.1).[101] Die Erreichbarkeit sprachlicher Ressourcen hat aber offensichtlich in hohem Maße auch mit Selbstbewusstsein und anderen emotionalen Faktoren zu tun.[102] Pavlenko (2005:32f) hebt die Rolle von *anxiety* im Lernprozess hervor, die mit wahrgenommener Bedrohung des Selbstbewusstseins, Versagensängsten oder Angst vor negativer Bewertung zu tun habe: viele Beispiele aus meinen beiden Fallstudien in Moldova zeigen, wie trotz der Alltäglichkeit von Mehrsprachigkeit die zirkulierenden Ressourcen auf Grund von Barrieren und Hemmungen nicht erreichbar sind (siehe auch 2.2.1 und 2.3.4.1). Die Vorstellung von legitimen Sprecher*innen auch im Rahmen der „autochtonen" Sprachenvielfalt in Kombination mit weit verbreiteten puristischen Ideologien schüchtert Sprecher*innen ein und hindert sie, wie z.B. Tamara im Dorf U., sich die Staatssprache Moldauisch anzueignen, die die Erstsprache ihres Ehemannes ist.[103]

Als relevanter Faktor begegnete mir immer wieder die Sprachwahl, die im Rahmen wiederkehrender Konstellationen der Interaktion häufig im Sinne einer „Gewohnheitssprache" (siehe 3.4.2.2) geregelt wird. Diese kann Sicherheit in der Interaktion erzeugen, aber auch Hemmungen, in derselben Konstellation eine andere Sprache zu sprechen, wodurch die Erreichbarkeit dieser Ressourcen deutlich beschnitten wird. Das Phänomen der „sprachlichen Unsicherheit" (Francard 1993a,b, 1997) ist jedoch im starken Maße vergeschlechtlicht.[104]

Bei Maas, der gegenüber dem Ansatz von Blommaert/Backus vermutlich Vorbehalte hat, da er Prozesse des sprachlichen Ausbaus in ihrer besonderen Qualität nicht erfassen kann, ist die Sprachbiographie in erster Linie mit der ontogenetischen Entwicklung bei Kindern verbunden. Vom intimen familiären

---

101 Zur unterschiedlichen Bewertung von Rumänischressourcen in Frankfurt s. Weirich (24.12.2015).
102 Brigitta Busch arbeitet deswegen mit dem Konzept des „Spracherlebens", das sowohl die emotionale als auch die körperliche Ebene der Selbst- und Fremdwahrnehmung als Sprecher*innen umfasst (Busch 2016a:4).
103 Siehe Busch (2016a:11f): „A feeling often mentioned in biographies in connection with multilingualism ist hat of shame, arising because one has used a ‚wrong' word, a ‚wrong' tone, or is speaking with a ‚wrong', out-of-place accent. This is often described as feeling as though everyone is looking at you, or wishing the earth would swallow you up. It results in a kind of paralysis, an abrupt suspension of the capacity to act. The feeling of shame comes suddenly and is experienced bodily in all its intensity."
104 Forschungen zur sprachlichen Unsicherheit haben belegt, dass Frauen eher dazu neigen würden als Männer, sich prestigereicherer Formen zu bedienen (etwa Signy 2004). Hierbei wird jedoch ein essentialistisches Bild von Geschlecht angelegt (siehe Kritik bei Cameron 2010).

Umfeld und den hier funktionalen Registern werden dabei der Horizont und damit die notwendigen sprachlichen Mittel sukzessive auf die Kommunikation unter Peers und schließlich den Ausbau literater Strukturen im schulischen Umfeld ausgeweitet. Individuelle Unterschiede („sprachlicher Habitualisierungen", Maas 2005:94) sind dabei zunächst familiär bedingt und wirken sich insbesondere im Bereich des schriftkulturellen Ausbaus aus, der im Gegensatz zu den interaktiven Ressourcen weniger spontan und automatisch erfolgt. Sprachbiographien diversifizieren sich zunehmend durch Mehrsprachigkeit im Erwachsenenalter. Der methodische Platz von Sprachbiographien bei Maas ist derjenige eines Faktors in den Strategien literaten Ausbaus, von dem per se angenommen wird, dass er zentraler Aspekt für die gesellschaftliche Partizipation unter modernen gesellschaftlichen Verhältnisse ist. Damit richtet sich das Interesse notwendig auf diejenigen Mehrsprachigen, die längerfristig den sprachlichen Verhältnisse in einer Gesellschaft ausgesetzt sind. Die z.B. für die moldauische Migration in andere europäische Länder charakteristische zirkuläre Migration mit partieller Aneignung v.a. orater Strukturen wird damit nicht erfasst, genausowenig wie all diejenigen, denen auf Grund Ausschluss produzierender Gesetzgebung und Rassismus diese Partizipationsmöglichkeiten von vornherein verwehrt werden (Busch 2016a:2).

Das wissenschaftliche Interesse sprachbiographischer Ansätze liegt gerade darin, Menschen selbst zur Sprache kommen zu lassen, über die ansonsten in der dritten Person geschrieben wird (was zumindest in den wissenschaftlichen Textprodukten, die sich mit den Sprachbiographien auseinandersetzen, immer noch der Fall ist). Jenseits eines Interesses an Mustern und verallgemeinerbaren Erklärungen zur Sprachaneignung wird das je Individuelle herausgearbeitet: „to give recognition to the heterogenieity and singularity expressed in individual stories." (Busch 2016a:2)

Diesem Ansatz folge ich methodisch, indem ich sechs ausgewählte Personen im Rahmen von zwei Fallstudien in das Zentrum dieser Arbeit rücke und ihre Sprachbiographien rekonstruiere. Dabei fokussiere ich die Frage, welche Rolle die Erreichbarkeit und die Reichweite sprachlicher Ressourcen in der Haltung der Personen zu ihrem eigenen Repertoire spielen. In der verstehenden Rekonstruktion lege ich einen Schwerpunkt auf die Reichweite von sprachlichen Ressourcen im Zusammenhang mit Lohnarbeit und deren Beitrag zur Erreichbarkeit. Leitinteresse ist, was die sprachlichen Verhältnisse für die Leute bedeuten. Dies hat u.a. die Form der Repräsentation von Gebrauchswert und Kommodifizierbarkeit sprachlicher Ressourcen zu verschiedenen biographischen Zeitpunkten und verweist als Valorisierung von Ressourcen auf dem Arbeitsmarkt in einigen Fällen auf Kontraste in der Selbst- und Außenwahrnehmung.

Selbst wenn es methodisch möglich wäre, erlaubt es die Datenbasis nicht, eine reale Bestandsaufnahme des Repertoires der Sprecher*innen zu machen. Die Betrachtungen stützen sich einerseits auf die Repräsentationen[105] der Sprecher*innen, andererseits können auf Grund ihrer biographischen Narration Rückschlüsse gemacht werden, welche Art von Ressourcen Eingang in das Repertoire gefunden haben. Die Beschreibung der ‚Sprechweise‘ anhand einiger einzelner Beispiele erlaubt einen punktuellen Einblick in die strukturelle Ebene dieser Repertoires (siehe 3.4).

---

105 Zum Konzept der Repräsentationen siehe 3.4.2.2, Schritt 2.

3. Methoden der Datenerhebung und Interpretation

Die Datenerhebung für diese Arbeit erfolgte im Rahmen des DFG-geförderten Projekts „Sprachliche Dynamik im multiethnischen Nationalstaat: Fallstudie Moldova", das von Prof. Dr. Jürgen Erfurt geleitet wurde, der auch diese Dissertationsschrift betreut und in dem weitere MitarbeiterInnen mitgewirkt haben. Ich schildere deswegen zunächst knapp den Projektverlauf, die Formulierung und kontinuierliche Reformulierung von Forschungsfragen und -methoden (3.1) und lege jeweils im Anschluss mein Vorgehen im Rahmen der beiden Fallstudien Schule im Dorf U. und Call-Center Univerconnect dar (3.2). Dabei diskutiere ich ethische und politische Aspekte insbesondere der ethnographischen Forschung (3.2.2). Ich lege meine Einstellungen zu den Beziehungen im Forschungsprozess dar und versuche aufzuzeigen, wie diese zur Konstruktion der Daten beigetragen haben, umreiße politische Ziele der Arbeit und entwickele Prinzipien des Schreibens, die sich hieraus ergeben.

3.1 Forschungsfragen

Fragestellungen verändern sich über die Zeit: ihr Fokus wird verschoben, weil neue Erkenntnisse und Interessen hinzukommen oder neue Möglichkeiten für Gespräche und Beobachtungen sich ergeben (Hymes 1996:7; Rampton 1992). In meinem Fall präzisierten sie sich vom anfänglichen Interesse für Ein- und Mehrsprachigkeit in der Republik Moldova hin zu Erreichbarkeit und Reichweite sprachlicher Ressourcen im Kontext der Lohnarbeit in einem einzelnen Call-Center und in einer ukrainischen Dorfschule. Gleichzeitig veränderte sich mein Blick mit wachsender Erfahrung und weil ich Konzepte und Kategorien in Frage stellte (wie diejenige der „sprachlichen Minderheiten", siehe 4.3.4 und Weirich 2014), die im gemeinsamen Projektkontext als methodische Brille dienten.[106]

Ausgangsinteresse des DGF-Projekts waren die Bedeutung von Einsprachigkeit und Mehrsprachigkeit im Spannungsfeld von Renationalisierung und Transnationalisierung und dabei insbesondere die Verwertung sprachlicher Ressourcen, sprachliche Ein- und Ausschlussprozesse und die Verhandlung von

---

106 Für eine gelungene Übersicht zur Bedeutung von sprachlichen Benennungen für die Aushandlung von Identitäten und damit Reproduktion von Machtverhältnissen siehe Hornscheidt (2005).

Sprachgrenzen im sozialen Raum. Während mit der Frage nach der Einsprachigkeit vor allem ein Interesse für staatliche Institutionen (Fallstudie zum Militär, vgl. auch Weirich 2014) einherging, ging es bei Mehrsprachigkeit um Vertreter*innen „sprachlicher Minderheiten" und Mikroprozesse des sprachlichen Ausbaus der Erst-, Zweit- und Drittsprachen, der Valorisierung/Devalorisierung von Sprachen und der Nutzung sprachlicher Ressourcen sowie die damit verbundenen sozialen Positionierungen. Gedacht wurde hierbei v.a. auch an Vereine und Nicht-Regierungsorganisationen, die sich mit Minderheitenfragen befassen sowie die transnationalen Beziehungen zu den „Kin-States"[107] Ukraine, Bulgarien und Türkei (Erfurt/Weirich 2013).

Als junge Doktorandin mit einem Abschluss in Politikwissenschaften und ohne Erfahrung in empirischer Forschung hatte ich zunächst mit der thematischen Breite und Offenheit dieser Ausgangsfragen zu kämpfen. In konzeptueller und politischer Hinsicht machte mir der methodische „Gruppismus" (Brubaker 1996b:56; 2004) zu schaffen.[108] Für die Nicht-Thematisierung von Genderfragen und die politische Dimension des Verhältnisses zwischen privilgierten westeuropäischen Forscher*innen und moldauischen Gesprächspartner*innen und Mitarbeiter*innen musste ich einen eigenen Umgang finden (Leroy/Weirich 2014).

Meine Auseinandersetzung mit meinen eigenen Forschungsinteressen und denen der Projektgruppe wurde folglich von zwei großen Fragekomplexen angeleitet:

- **Themenrelevanz:** Welche Relevanz haben diese Fragestellungen, sowohl für meine moldauischen Gesprächspartner*innen, als auch für mich selbst und die möglichen Rezipient*innen meiner Arbeit? Und für wen schreibe ich eigentlich (s. 3.2.2.3)?
- **Meine Rolle als Forscherin:** Welches ist meine Rolle als Forscherin in diesem Zusammenhang?[109] Angenommen, eine soziolinguistische Arbeit will

---

107 Der Begriff „kin-state" findet in der Forschung zu transnationalen sich als Ethnien institutionalisierenden Gruppen Verwendung, um das Verhältnis einer Minderheit (als „Diaspora") im Verhältnis zu einem anderen Staat, dem „kin-state" oder „external national homeland" zu beschreiben, dessen Mehrheitsgesellschaft als zur gleichen Ethnie gehörig betrachtet wird (also z.B. das Verhältnis der „Ukrainer*innen" in Moldova zur Ukraine) (siehe Brubaker 1996d; King 2010:198f).

108 Brubaker (1996d:15) vertritt die Position, dass „Ethnien" und „Nationen" praktische Kategorien (categories of practice) sind, jedoch häufig fälschlicher Weise als Analysekategorien verwendet und reifiziert werden.

109 Für frühere Auseinandersetzungen mit dieser Frage siehe Leroy/ Weirich (2014); Weirich (2013).

sich nicht darauf beschränken, spannende Geschichten zu erzählen, sondern auch eine Form von Kritik üben und Handlungspotentiale aufzeigen, wie kann ich das aus meiner Position als privilegierte ortsfremde Outsiderin[110] überhaupt tun? Und in welchem Verhältnisse stehen meine Interessen zu denen der beforschten Subjekte?

Schon in den ersten Gesprächen wurde klar: über Sprache haben alle etwas zu sagen und in Alltagsdiskurse werden wiederkehrende Fragmente der durchweg polemisch geführten metasprachlichen Mediendiskurse integriert (Weirich 2015). Was die Menschen aber tatsächlich umtrieb, war die Existenzsicherung mit all ihren Konsequenzen (geringe Löhne, Migration, Familientrennung) und deren Vereinbarkeit mit dem eigenen Glück und vor allem dem der Familie. Während diese Tatsache für sprachbiographische Interviews z.B. von Bochmann (2007a:12) als hinderlich angesehen wird, weil es den Gesprächspartner*innen möglicher Weise schwer fällt, ihre Lebensgeschichte in erster Linie unter dem sprachlichen Aspekt zu erzählen, habe ich mich gefragt, wie sprachliche Fragen mit den Sorgen und Interessen meiner Gesprächspartner*innen zusammenhängen (siehe 2.2.1). Während ich zu Beginn versuchte, die Relevanz von Fragen ausschließlich an wissenschaftlichen Kriterien festzumachen, wurden die Befragten selbst für mich zunehmend ausschlaggebend für die Frage, was eigentlich relevant ist, um somit eine Sensibilität für „vernachlässigte Themen" zu entwickeln: „Subjects have their own agendas and research should try to address them." (Cameron u.a. 1992:23; siehe auch Hill Collins 1991:16)

Mein spezifisches Interesse an der Verwobenheit von Sprach- und Berufsbiographien hat also damit zu tun, dass ich das soziolinguistische Interesse mit der Frage der materiellen Existenz und der Frage nach dem individuellen Glück verknüpfen wollte. Tatsächlich stand zu Beginn meiner Datenerhebung die Frage der Ökonomie noch deutlicher im Vordergrund. Bei einem Vortrag auf dem *Sociolinguistics Symposium* in Berlin 2012 ermahnte mich Susan Gal eindringlich, es würde bei Spracherwerb und Migration nicht nur um die Ökonomie gehen: „it changes people's life".[111] Ich stimmte ihr zu und gleichzeitig rebellierte der

---

110 Harvey (1992:83) verwendet den Begriff „powerful outsider" um ihre eigene Forschung zu Mehrsprachigkeit in den südperuanischen Anden zu beschreiben. Dies ist wohl ein impliziter Verweis auf das bekannte Konzept der ‚outsider within', das Patricia Hill-Collins (1986) als marginalisierte Perspektive Schwarzer Frauen entwickelt, die im Rahmen von ‚standpoint epistemology' und ‚black feminist' thought an Bedeutung gewinnen sollte.
111 Prominent wird diese Kritik auch von Kramsch (2009) formuliert.

Gedanke in mir, dass die Ökonomie häufig ausgeklammert wird, dass wir nicht unter einer materialistischen Soziolinguistik leiden, sondern unter deren Fehlen! Diese Irritation löst sich mit der Erkenntnis, dass die Ökonomie im Denken und Forschen über gesellschaftliche Verhältnisse Vorrang haben sollte, aber nicht als Selbstzweck, sondern in ihrem Zusammenhang mit Glück, Anerkennung und der Verwirklichung von Lebensentwürfen. Kritische Wissenschaft hat nach Potentialen der Veränderung zum Besseren zu suchen: die „Erfassung systemsprengender Bewusstseinselemente" (Berger 1974:11) und gesellschaftlicher Handlungs- und Veränderungspotentiale, anknüpfungsfähige Praxen des Empowerments und erfolgreiche Strategien des Gehörtwerdens (*voice*).

Dazu, meine Gesprächspartner*innen und die beforschten Institutionen ernst zu nehmen, gehört auch mich zu fragen, warum sie überhaupt an diesem Forschungsprojekt mitwirken sollten, zumal von einer direkte Ablehnungen aus Gründen der Höflichkeit meist abgesehen wurde. Zwar habe ich versucht, die Kandidat*innen über mein Vorhaben detailliert aufzuklären, ihnen Projektbeschreibungen ausgehändigt, versichert, dass sie das Recht an den Daten behalten und ihnen meine Kontaktdaten hinterlassen, jedoch war es selten so, dass ich hierzu eingehender befragt wurde.[112] Bisweilen beschlich mich das Gefühl, dass es meinen Gesprächspartner*innen bequemer erschien, mit mir ein Gespräch zu führen, als dies abzulehnen, häufig war Neugier und Interesse an meiner Person ein Motiv, oder die Menschen wollten mir einen Gefallen tun, nicht zuletzt aus Mitleid mit einer Studentin aus dem Ausland. Ich habe mich also letztlich darauf beschränkt, den Personen die Möglichkeit zu geben, zu erfahren, was sie wissen möchten und nicht in erster Linie die Forschung so ausgerichtet, dass dies zu einem direkten Gewinn für die Beforschten führt. Ohne dass dies eine bewusste Entscheidung gewesen wäre, ging ich vor allem im Call-Center faktisch auch davon aus, dass ich mit niemandem, außer denjenigen Leuten, mit denen ich mich während des Forschungsprozesses angefreundet habe, wieder Kontakt haben würde und dementsprechend auch meine Ergebnisse nicht an sie zurückkommunizieren würde. Mobilität ist für beide Fallstudien ein zentraler Aspekt, die Arbeit beachtet aber nur die Mobilität der Menschen bis zum Zeitpunkt der Arbeit, danach werden sie an der Stelle immobil, wo wir auseinandergegangen sind.[113] Nur vereinzelt hörte ich danach noch, wie Wege weiter verlaufen sind

---

112   Eine Ausnahme stellte z.B. Rumänischlehrerin Polina (S2-4) dar, oder eine emeritierte Sportprofessorin, die als Operatorin im Call-Center arbeitete, deren Biographie aber nicht zu den sechs in dieser Arbeit porträtierten gehört.
113   Für eine Auseinandersetzung mit der asymmetrischen Konzeption von Mobilität und Immobilität von Mitgliedern der beforschten Gruppen und den Forscher*innen

und nur in einem einzelnen Fall führte dieser Weg in meine unmittelbare Umgebung, nach Wiesbaden.

Die Frage nach dem Interesse an der Mitarbeit betrifft in vermachteten Institutionen die nötige Zustimmung der Führungsebenen als Zugangsvoraussetzung (Mayring 1999:62).[114] Beim Call-Center war ich wirklich überrascht, dass ich (zwar nur von einem einzigen, aber dort prompt und fast bedingungslos) die Zustimmung zu meiner Forschung bekam. Besonderes Interesse an den Ergebnissen hätte man aber nicht, signalisierte mir Direktorin Kira gleich zu Beginn. Bei den Telefonoperator*innen war die (häufig schwierig zu gewinnende) Kooperation vor allem durch Neugier motiviert, oder durch eine Möglichkeit der Abwechslung im langweiligen Telefonalltag. In der Schule konterkarieren die Grundsätze der Forschungsethik (insbesondere das Gebot der Anonymisierung) das Hauptinteresse, das die Schule an meiner Forschung haben könnte: Publicity, die dem Ruf der Schule gut tun könnte und vielleicht sogar in Zeiten drohender Kürzungen (*Optimizacija*) eine interessante Referenz werden könnte. Dadurch, dass ich den Namen des Dorfes in meinen Publikationen nicht nenne, werden sie im bildungspolitischen Zusammenhang weniger überzeugend.

---

selbst ist Appadurais Kritik am Verständnis westlicher Anthropologen von „natives" erhellend: „Probably the simplest aspect of the common sense of anthropology to which this image corresponds is the sense of physical immobility. Natives are in one place, a place to which explorers, administrators, missionaries, and eventually anthropologists, come. These outsiders, these observers, are regarded as quintessentially mobile; they are the movers, the seers, the knowers. The natives are immobilized by their belonging to a place." (Appadurai 1988b:37) Kilomba (2005:85f) bezieht den Zusammenhang von race und place auf die Universitäten als Ort der legitimen Wissensproduktion: „Within this cartography whiteness signifies mobility, while Blackness incarceration. Here, whiteness has the ability [sic!] to move, and this ability to move results in the unmarking of the white body. […] This injurious constellation between race and place, naturally, leads to the frightening but realistic question: which bodies can ideed [sic!] enter the university? Furthermore, if race and place are so interlocked and define who can enter the academic rooms, then we also have to ask: who has indeed the permission to produce knowledge?"

114 Dies sollte aber nur die Zugangsvoraussetzung sein, während im Anschluss jede*r einzelne Interviewpartner*in noch die Möglichkeit hat, sich für oder gegen ein Gespräch zu entscheiden. In Institutionen mit Befehlsstrukturen, wie dem Militär, ist Freiwilligkeit bei den Gesprächspartner*innen relativ. Als wir in der Militärakademie erklärt hatten, wir würden gerne mit ca. 20 allophonen Studierenden sprechen, warteten die am nächsten Tag in zwei Reihen strammstehend auf uns. Von Freiwilligkeit kann dann wohl nicht mehr die Rede sein. Dies stellt die Forschung in solchen Institutionen grundsätzlich in Frage.

3.2 Datenerhebung[115]

Das gemeinsame Forschungsprojekt verortet sich grundsätzlich im Bereich der qualitativen, vorrangig induktiven[116] und datenorientierten Methoden (für eine Übersicht über die Prinzipien, die eine solche Forschung anleiten, s. Blanchet 2012:34f), die mit Hilfe von Fallstudien arbeiten.

3.2.1 Ablauf der Datenerhebung

In einer ersten Phase hat die Projektgruppe drei ethnographisch motivierte explorative Reisen in die autonome Region Gagauzien im Süden Moldovas sowie in die angrenzenden Gebiete unternommen und später eine in den Norden Moldovas, bei denen es darum ging, Kontakte zu Akteur*innen und Institutionen im Minderheitenkontext zu knüpfen. Hierbei führten wir Gespräche mit Vertreter*innen der Lokalpolitik, des Gesundheitswesens und verschiedener Schulen. Im Zusammenhang mit dieser Reise entstand auch der Kontakt zur Schule in U., in der sich nunmehr eine meiner beiden Fallstudien ansiedelt.

In der zweiten Projektphase führte ich vorwiegend im ersten Halbjahr 2012 ethnographische, soziolinguistische und sprachbiographische Fallstudien in einer Schule in einem ukrainischsprachigen Dorf nahe einer Grenze zur Ukraine sowie in einem Call-Center in Chișinău durch. Letztere verließ den ursprünglich angedachten Horizont der „Minderheitenforschung" und befasste sich statt dessen mit der Herausbildung eines Arbeitsmarktes in der Sprache eines prominenten Ziellands von Migration aus Moldova (Italienisch) – und somit mit der konkreten Manifestation von Transnationalisierungsprozessen und dem Wandels des sprachlichen Marktes im Zuge von Remigration und von Kommodifikation sprachlicher Ressourcen. Umfang und Form der im Call-Center erhobenen Daten erstrecken sich auf

a) den betriebsinternen Italienischkurs in Form von zehn Tagen teilnehmender Beobachtung, Audiomitschnitten, schriftlichen Aufzeichnungen und Dokumentationen sowie zwei Einzel- und einem Doppelinterview,
b) die Beobachtung des betriebsinternen Training inklusive Audiomitschnitten von Trainingseinheiten an vier Tagen sowie Interviews,

---

115 Die Datenerhebung wird in der Dissertationsschrift selbst deutlich detaillierter diskutiert (Weirich 2016b:88-110).
116 Blanchet (2012:36) bemerkt zurecht, dass eine vollständig induktive Methode illusorisch ist, da die Forschenden die Schlussfolgerungen, die sie aus der Betrachtung eines Falles zielen, notwendig als Hypothesen auf andere Fälle beziehen würden.

c) sechs Interviews mit Angehörigen der Führungsebene des Unternehmens sowie
d) teilnehmende Beobachtung bei der Arbeit von sechs TelefonistInnen über vier Monate hinweg mehrmals wöchentlich sowie
e) auf weitere neun Interviews mit Angestellten.

Im Rahmen der Schul-Fallstudie erfolgte die Beobachtung im April und Mai 2012 täglich über zwei Wochen hinweg; es wurden insgesamt 14 Interviews mit Schlüsselpersonen in der Schule und mit Sprach-Lehrer*innen geführt und Aufzeichnung von Schulstunden in unterschiedlichen Klassen zum Ukrainischen, Rumänischen, Russischen, Französischen und Englischen angefertigt. Zu den Daten gehörten weiterhin zehn Fragebögen zum Tagesablauf von Lehrer*innen sowie umfangreiche schriftliche Materialien. Im Abstand von jeweils einem halben Jahr kehrte ich zweimal zu informellen Gesprächen und Beobachtungen in das Dorf zurück.

3.2.2 Zu den Methoden der Datenerhebung

Im Sinne des Forschungsprojekts sollte die Datenerhebung im Rahmen von ethnographischer Feldforschung stattfinden, bei der die „teilnehmende Beobachtung" den ersten Zugang zum Forschungsfeld insgesamt und zur Sprachpraxis der Forschungspartner*innen im Einzelnen darstellt.

Die Wiederaufnahme des Kontakts zur Schule Anfang 2012 erfolgte spontan und unkompliziert: Nach meiner Ankunft in Moldova im März vereinbarte ich mit der neuen Interimsdirektorin (die ich vom ersten Besuch noch nicht kannte) einen Termin für eine Vorbesprechung. Zwei Wochen später begann mein zweiwöchiger Aufenthalt in U. Auf meinen Wunsch hin, im Dorf untergebracht zu werden, hatte das Kollegium mich an die Schulbibliothekarin Tatjana Borisovna vermittelt, die zu diesem Zeitpunkt alleine lebte. Von ihr wurde ich über die Maßen herzlich aufgenommen und wir haben uns rasch angefreundet, so dass meine Perspektive auf das Dorfleben und die Verhältnisse in der Schule stark durch meine Gespräche mit Tanja geprägt sind. Als wir einander von der Vizerektorin vorgestellt wurden, bekam Tanja den Auftrag, mir nicht von der Seite zu weichen. Sie half mir bei allen organisatorischen Dingen, was die Verabredung von Interviews, von Unterrichtsbesuchen, Terminen beim Bürgermeister, im Kindergarten usw. anging. Bei vielen Spaziergängen von einem Dorfende zum anderen konnte ich Tanja zuhören und Fragen stellen, die eine talentierte und begeisterte Erzählerin ist, viel über das Dorf zu berichten weiß und dabei außergewöhnlich direkt war. Wann immer ich auf der Veranda saß und versuchte, das Erlebte zu rekonstruieren und in meinen grünen Schulheften zu notieren, konnte ich Tanja nach Informationen und Details fragen, die mir wieder entfallen waren, oder die ich nicht gut verstanden hatte.

Für eine ausführliche Ethnographie sind zwei Wochen zu kurz (u.a. konnte ich in diesem Zeitraum nicht die Vernakulärsprache lernen). Dies ist einer der Gründe, warum ich selbst den Begriff vermeide und von meinen „Besuchen" und meinen „Beobachtungen" und „Gesprächen" spreche.

Kompromisse erforderte die Zeitplanung. Während ich mich einerseits darauf einstellen musste, Verabredungen nicht lange im Vorhinein, sondern eher kurzfristig zu planen, hatten außerdem meine Gesprächspartner*innen wenig Zeit. Die meisten Gespräche waren von vorn herein durch einen nächsten Termin zeitlich begrenzt – sei es, dass die Arbeit los- oder weiterging, oder dass andere Verpflichtungen warteten. Diesem Umstand ist auch geschuldet, dass viele Gespräche direkt am Arbeitsplatz oder im Umfeld des Arbeitsplatzes stattfinden, um Wege zu verkürzen und keine zusätzlichen Umstände zu bereiten. Vertrauensstiftende Vorgespräche, die als unerlässliche Etappe des biographischen Forschens gelten, gab es aus dem gleichen Grund in den allerwenigsten Fällen.

Meine Beobachtungen im Call-Center erstreckten sich über einen längeren Zeitraum und umfassten in den wenigsten Fällen das Privatleben der Gesprächspartner*innen. Die Beobachtungen gliederten sich in mehrere Phasen. Zunächst nahm ich regelmäßig an einem Italienischkurs teil, der jeden Nachmittag stattfand. Eine Woche im Mai bestand daraus, dass ich am Training für die neuen Mitarbeiter*innen teilgenommen habe. Später gab es eine Phase, in der ich regelmäßig im Telefonsaal saß und verschiedenen Personen bei der Arbeit zusah. Im Call-Center hatte ich eine recht große Freiheit, da mir die Direktor*innen freie Hand ließen und eine Chipkarte mit Zugang zu allen relevanten Räumen aushändigten. Gleichzeitig hatte ich hier über den ganzen Zeitraum hinweg mit Unsicherheiten zu kämpfen, wie sehr meine Anwesenheit als störend empfunden wurde. Meine Aufzeichnungen aus allen Beobachtungsphasen sind hingegen deutlich detaillierter als aus dem Dorf, da ich sehr viel saß, meist einen Tisch vor mir hatte und während des Geschehens gleich mitschreiben konnte. Ich verweise deswegen auch bei der Interviewanalyse immer wieder auf Tagebuchnotizen, die ich teilweise wörtlich zitierte (siehe 3.2.2.3 und 3.4).

3.2.2.1 Politische Aspekte von Ethnographie und Ethnomethodologie

Wenn ich es an dieser Stelle für geboten halte, mich mit der ethnographischen Dimension der Forschung auseinanderzusetzen, verstehe ich Ethnographie in einem eher vagen Sinne als ein Bündel von Forschungsansätzen, bei denen die

Beobachtung von Alltagspraxen im Vordergrund steht.[117] Für meine persönliche Auseinandersetzung war vor allem der Aspekt der Reflexivität als sorgfältige Beobachtung meiner eigenen Rolle im Forschungs- und Interpretationsprozess wichtig und die damit verbundene (v.a. postkoloniale) Kritik an ethnographischer Forschung, insbesondere an der Beforschung „anderer" durch westliche weiße Forscher(*innen).[118] Die Herausforderung dabei ist, Ungleichheiten und Machtverhältnisse im Forschungsprozess aufzuzeigen und daraus Wege des Schreibens und Interpretierens zu entwickeln: die Begrenztheit der Einsichten aufzudecken, ohne die Daten und die Arbeit aufzugeben.

Einen nützlichen Katalog grundlegender Regeln ethnographischer Forschung hat meiner Auffassung nach Brewer (1994:235f) aufgestellt: Für ihn besteht Reflexivität darin, dass die Forscher*innen ihre eigene Integrität herstellen und ihre Daten kritisch überprüfen. Im Einzelnen bedeutet das,

- die Relevanz von Thema und Forschungsgegenstand sowie Art und Möglichkeit von Generalisierungen zu explizieren,
- Grenzen der Forschung und Entscheidungen im Forschungsprozess sowie ihre Erfahrungen in allen Stadien der Forschung zu benennen,
- die Prämissen, Überzeugungen und das Hintergrundwissen, welches sie bei ihrer Arbeit mitbringen (oder nicht), zu diskutieren,
- Probleme im Forschungsprozess und Entstehung des Kategoriensystems transparent zu machen
- alternative Interpretationsmöglichkeiten und Machtbeziehungen im Forschungsprozess zu diskutieren.

---

117 Dem Forschungsprogramm der „Ethnomethodologie" geht es v.a. darum, zu verstehen, auf welche Art und Weise „Gesellschaftsmitglieder Wirklichkeit erzeugen und füreinander als geordnet, erklärbar, regelhaft darstellen." (Streeck 2005:1417) Methodisch ist sie dabei stark von der phänomenologischen Sozialphilosophie im Sinne Alfred Schütz' geprägt, der davon ausgeht, dass im Alltagshandeln die Wirklichkeit und dementsprechend „die sinnhaften Bezüge alltagsweltlichen Handelns als fraglos gegeben hingenommen werden" (ebd.). Ein zentrales Interesse der Ethnomethodologie ist deswegen die Untersuchung dieser Alltagsrationalität und der Regeln und Normalitätsvorstellungen, die sie konstituieren. Interaktions- und Konversationsanalyse sind dabei prominente Zugänge, um (sprachliche) Praxen und deren Interpretation durch die Agierenden zu rekonstruieren.

118 Ich setze hier die weibliche Endung absichtlich in Klammern, da auch in der Ethnologie, wie in anderen Forschungsdisziplinen eine männliche Dominanz historisch belegt ist.

- Komplexität und Widersprüche in den Daten und ihren Interpretationen aufzuzeigen.

„Ethnographische Feldforschung" zu betreiben impliziert eine bestimmte Haltung zum Forschungsgegenstand und dazu, wie wir zu relevanten Einsichten kommen. Sie bedeutet aber auch ein bestimmtes Selbstverständnis der Forschenden, die bei der Datenerhebung nicht einfach Sammler*innen sind, sondern zu Beobachter*innen werden, die eine bestimmte Beziehung zur Alltagswelt und den hier agierenden Menschen entwickeln und damit selbst Teil des „Forschungsfeldes" werden (Blanchet 2012:34; Halbmayer/Salat 2011).

Charakteristisch für ethnologische Methoden ist erstens die Priorität des „Alltagslebens" und alltäglicher Sprechsituationen („natural setting") in Abgrenzung zu Schreibtisch- und Laborsituationen (Blanchet 2012:95; Lüdtke 2008:1034; Franceschini 2002:26) und der holistische, prinzipiell alle fassbaren und möglicher Weise relevanten Faktoren einbeziehende Ansatz (Heeschen 2005:871), durch den der Interdependenz der verschiedenen Aspekte menschlichen Daseins Rechnung getragen werden soll. Die zentrale Methode der Erkenntnisgewinnung ist die sog. „teilnehmende Beobachtung". Die Beschreibung von Alltag bedeutet eine Rekonstruktion von Wissen, bzw. dem, was in einem bestimmten Kontext als Wissen gilt. Dieses Wissen ist häufig nicht explizit, etwa weil es für völlig selbstverständlich betrachtet wird (Hymes 1996:9). Ein Teil meiner Aufgabe oder meines Projekts ist es also dieses Wissen zu explizieren, sofern es mir durch Beobachtung und Interpretation zugänglich ist.

Das ethnographische Ziel einer möglichst genauen Beschreibung der Rolle von Sprache in einer Gesellschaft, bzw. in einem bestimmten sozialen Raum, gerät dabei fast zwangsläufig in Konflikt mit der Überforderung von Forscher*in und Leser*innen, wie auch am großen Umfang (bei gleichzeitiger inhaltlicher Lückenhaftigkeit) zu erkennen ist. Es ergibt sich daraus die Herausforderung, etwas über konkrete Fälle als konkrete Fälle zu sagen und gleichzeitig einen Beitrag zum Verständnis der allgemeineren Verhältnisse zu leisten. Das Verstehen von Normen und Regeln, die der Sprachpraxis zugrunde liegen, sind dafür zentral. Im Sinne eines holistischen und intersektionellen Ansatzes müssen dabei die sozialen Gesamtumstände und andere soziale Regeln aufgedeckt und zueinander in Beziehung gesetzt werden, was hier mit Hilfe der Konzepte ‚Erreichbarkeit' und ‚Reichweite' geleistet werden soll. Die Frage nach Erreichbarkeit und Reichweite erlaubt aus individueller Perspektive die Frage zu stellen, welche Formen sozialer Ungleichheiten sich in Anbetracht dieser Normen für Menschen mit unterschiedlichen sprachlichen Repertoires ergeben und sollte deswegen machtkritisch verstanden werden.

3.2.2.2 „Teilnehmen" und die Reflexivität der Beobachtung

"There are two questions that need to be asked about knowledge. Who is it made by and who is it made for?" (Cameron 1992:117)

Den von der Ethnographie privilegierten Zugang der Beobachtung verwende ich in der Auseinandersetzung mit meiner eigenen Forschungsmethodik ohne das Attribut „teilnehmend", um einen Unterschied zwischen Dabeisein, Beobachten und Teilnahme zu machen. Wenn ich Tanja in die Schulbibliothek begleitete, war ich dabei, aber ich war deswegen nicht selbst die Bibliothekarin. Schramm (2005:462) kritisiert die Idee der „Teilnehmenden Beobachtung" als die Illusion („synechdochische Herangehensweise"), die darin besteht, ich könnte die Perspektive der lokalen Bevölkerung einnehmen („Natives' Point of View") und andererseits dabei auch noch Neutralität/Objektivität wahren.[119] Ich bleibe immer eine Forscherin, die irgendwie dabei ist, beobachtet und aus ihrer eigenen Perspektive interpretiert. An dieser Positioniertheit und der dazugehörigen Subjektivität kann ich auch nicht viel ändern, deswegen muss ich sie reflektieren: „si bias il y a, c'est dans l'absence de prise en compte, de reconnaissance et d'équilibrage de l'intersubjectivité interprétative" (Blanchet 2012:56).

Diesen expliziten Reflexionsprozess ordne ich in meiner Darstellung hier in fünf Dimensionen:

a) Positioniertheit und selektive Wahrnehmung
b) Beziehungen im Forschungsprozess
c) Ziele der Forschung, ungeplante und erhoffte Nebeneffekte
d) Schreiben über „andere"

Positioniertheit und selektive Wahrnehmung (a)

„We all write and speak from a particular place and time, from a history and a culture which is specific: what we say is always ‚in context', *positioned*." (Hall 1990, S. 222f)

Die Anerkennung der Subjektivität und Partialität[120] von Wissen bricht mit dem Anspruch, eine Gesellschaft in ihrer Gesamtheit zu verstehen und ist ein Plädoyer gegen verallgemeinerte Objektivitätsansprüche (Appadurai 1988b:47; Hill Collins 1991:205). Mein Versuch, sprachliche Verhältnisse zu beschreiben

---

119 Eine ähnliche Kritik äußert auch Appadurai (1988b), auf den sich auch Schramm (2005) in ihrem Aufsatz mehrfach beruft.
120 Unter Partialität verstehe ich in diesem Zusammenhang wie (Lidchi 1997:200) zwei Dinge: dass Ethnographie einerseits immer nur einen Teil des Ganzen erfassen kann, zweitens, dass sie immer subjektiv ist.

(vgl. 2.1), steht zu dieser Subjektivität in einem gewissen Widerspruch. Dieser Rahmen soll jedoch keine Wahrheit über die gesellschaftlichen Verhältnisse insgesamt formulieren, sondern den Kontext darstellen, der notwendig ist, um die Fallstudien verstehen und gleichzeitig meinen politischen und theoretischen Standpunkt deutlich machen: die Position, aus der ich spreche.

Aus postkolonialer Perspektive kann hieraus eine grundsätzliche Kritik an Forschungsreisen „westlicher" Forscher*innen in ihnen fremden Gesellschaften kritisiert werden, mit denen auch eine westliche Deutungshoheit reproduziert wird. Just die „gewaltvolle Repräsentation der Anderen als unverrückbar different" ist notwendiger Bestandteil der „Konstruktion eines souveränen, überlegenen europäischen Selbst" (Castro Varela/Dhawan 2005:16).[121]

Der Vergleich postkolonialer und postsowjetischer Gesellschaften an sich ist begründungsbedürftig[122], doch die oben genannte postkoloniale Kritik betrifft mein Forschen im postsowjetischen Raum genauso. Ich reise als westeuropäische, (weiße) deutsche Forscherin mit einem komfortablen Gehalt und Forschungsbudget in ein kleines Land am westlichen Rand der ehemaligen Sowjetunion, das aus den deutschen Medien vor allem als „das ärmste Land Europas" bekannt ist, beobachte und notiere eine Zeit lang Interessantes und reise dann zurück, die Beforschten hinter mir lassend. Gleichzeitig haben viele meiner Gesprächspartner*innen ein sehr konkretes Interesse, in die Europäische Union zu reisen, werden aber durch die Europäische Außengrenze daran gehindert.[123]

---

121 Für eine einführende Kritik der Ethnologie aus der Perspektive kritischer Weißseinsforschung empfehle ich Schramm (2005). Ein pointierter Aufsatz zur epistemischen Gewalt durch weiße Dominanz in der Wissenschaft ist Kilomba (2005).

122 Zu unterscheiden sind dabei zwei Dinge: die Beschreibung von historischen Abhängigkeits- und Ausbeutungsverhältnissen, die bis in die Gegenwart fortwirken (hierbei würde es nicht nur, aber in erster Linie um die Beziehungen innerhalb der Sowjetunion gehen), andererseits um eine wissenschaftliche Perspektive, die westliche Dominanz in Frage stellt und neu entstehende Machtverhältnisse und Differenzen hinterfragt. Für eine eingehende Diskussion über die Anwendbarkeit postkolonialer Theorie auf den postsowjetischen Raum siehe Chari/Verdery (2009), Hladik (2013), Moore (2001).

123 Zum Zeitpunkt meiner Forschung 2012 brauchten Moldauische Staatsbürger*innen noch ein Schengen-Visum für die meisten Länder in der EU. Im Zusammenhang mit dem Krieg in der Ukraine wurden seitens der EU bereits lange versprochene Konzessionen gemacht und seit dem 14. April 2014 brauchen zumindest Inhaber*innen eines biometrischen Passes kein Visum mehr für Aufenthalte bis zu 90 Tagen (Regulation (EU) No 259/2014 of the European Parliament and the of the Council of 3 April 2014).

Dieses Machtgefälle an Reisefreiheit, ökonomischer Sicherheit und der Asymmetrie von Interessen erlegt mir eine Verantwortung auf, die in erster Linie darin bestehen kann, den eben zitierten Diskursen ein differenzierteres Bild entgegen zu halten (siehe unten, c).

Der Effekt dieser Machtkonstellation ist einerseits eine gewisse Deutungshoheit oder die Dominanz in Diskursen, andererseits die Aufrechterhaltung einer privilegierten weißen Subjektposition durch Dethematisierung der westlichen weißen Dominanz (Appadurai 1988a:16, Schramm 2005:460). Den wünschenswerten wissenschaftlichen Dialog erschwert die Unterschiedlichkeit von ‚Wissenschaftskulturen' (insofern Kultur als Produktion und Austausch von Bedeutung gilt, Hall 1997:2). Meine Konzepte und Methoden sind in der moldauischen Soziolinguistik unüblich, wo, wenn empirisch, dann eher quantitativ gearbeitet wird und die Suche nach der „historischen oder wissenschaftlichen Wahrheit" als akademisches Ziel gilt, das in den Sprachwissenschaften häufig mit einem Interesse an Sprachpflege beschäftigt ist (siehe Kapitel 4.1 und 4.4). Insbesondere sprachwissenschaftliche und historische Arbeiten in Moldova kommen fast nicht umhin sich politisch zu positionieren (Weirich 2016c). Meine Herkunft aus der BRD erzeugt in vielerlei Hinsicht ein Ungleichverhältnis an Macht und Ressourcen und damit verbundenen Erwartungen, die ich in den meisten Fällen nur enttäuschen konnte. Eine gescheiterte Fallstudie im moldauischen Militär war Ausdruck davon, dass eine Zusammenarbeit mit „deutschen Wissenschaftler*innen" per se als etwas Vorteilbringendes angesehen wurde. Dementsprechend führte die Erkenntnis, dass die deutschen „Partner" keine Möglichkeiten (und oft auch nicht den Willen) hatten, Ressourcen für andere als die im Forschungsprojekt eng definierten Posten zu mobilisieren und sich darüber hinaus auch nicht verpflichtet sahen, durch die Forschung das Image der kooperierenden Institutionen aufzuwerten, zu Enttäuschungen und im Extremfall Abbruch der Kooperation. Ich habe durch diese Erfahrung v.a. verstanden, dass der engstirnige Fokus auf den „Zugang" zu Institutionen für die empirische Forschung nicht genügt, sondern dass es aus praktischen wie auch ethischen Gründen geboten ist, sich im Vorhinein zu überlegen, ob und unter welchen Bedingungen eine reziproke Kooperation mit Institutionen möglich ist.

Auf der Ebene der Erkenntnisse ist eine Schwäche solcher Forschungsprojekte, dass ich über eine Gesellschaft schreibe, die ich zu Beginn der Forschung kaum kannte, in der ich wenig eigene lebensweltliche Erfahrungen habe, die allesamt im Zusammenhang mit Forschungsreisen gewonnen wurden. Die Frage, WAS ich aus meiner Position heraus überhaupt sehen kann, hängt damit zusammen, was mir erzählt wird, wie mit mir nicht zuletzt auf Grund meiner Positionierung gesprochen wird (Frazer 2002:94). Eine Vermeidung des sog. „Beobachter-Paradoxes" (vgl. z.B. Blanchet 2012:47) halte ich also für nicht möglich.

Beziehungen im Forschungsprozess (b)
Dass die Beziehungen im Forschungsprozess asymmetrisch sind, aber in jedem Fall wechselseitig, muss sich auch in der Benennung der Rollen wiederspiegeln: ich spreche deswegen meistens von „Gesprächspartner*innen", um die gängigen Begriffe „Informant*in" oder „Proband*in" zu vermeiden, die die Beteiligten auf die Rolle reduzieren, dass sie bestimmte Daten für die Forschung liefern (Blanchet 2012:45f).

Die Art meiner „machtvollen" oder privilegierten Position ist diejenige der Repräsentantin eines Raums („Europäische Union"/ „Deutschland"), der vor allem als wohlhabend, gut funktionierend („ordentlich", „rechtsstaatlich") und fortschrittlich wahrgenommen wird (siehe Polina/S16). Das Machtgefälle zwischen mir und den Gesprächspartner*innen war vor allem ökonomisch und durch die unterschiedliche Mobilität bedingt (Leroy/Weirich 2014). Die Republik Moldova als nationalstaatlicher Raum und die Moldauer*innen als Subjekte im Raum, sind auf vielfältige Weise mit westeuropäischen Ländern verbunden. Ein Hauptaspekt ist das Wohlstandsgefälle und Arbeitsmigration und *Care Chains*.[124] Viele meiner Gesprächspartner*innen hatten Migrationserfahrung oder Migrationspläne, die in erster Linie aus ökonomischen Erwägungen heraus erfolgten, in der Praxis aber durch politische Hürden erschwert und prekarisiert wurden, während ich für eine bürokratisch vergleichsweise unkomplizierte Reise und eine akademische Tätigkeit einen komfortablen deutschen Tariflohn erhielt. Dies schlug sich in der mehrfach gehörten ironischen Bemerkung „Die Moldauer verlassen alle das Land und Sie kommen aus Deutschland hierher?" nieder, die den Hauptunterschied verschwieg: dass ich eben mit einer sozialen und finanziellen Absicherung aus der BRD sowie mit Rückkehrgarantie reise, und keineswegs den prekären Bedingungen des moldauischen Arbeitsmarktes ausgeliefert war.

Aus der Machtasymmetrie dieser Räume ergibt sich die Konstruktion eines epistemisches Gefälles: Hierzu gehört etwa, dass ich als (weiße) deutsche Wissenschaftlerin häufig als Expertin angesprochen wurde, dazu aufgefordert Ratschläge zu geben (insbesondere zu Methoden der Sprachaneignung und Sprachdidaktik) oder gar Urteile zu fällen, auch in Bereichen, in denen ich überhaupt nicht kompetent bin, oder ohne vorherige Abklärung ebendessen. In vielen

---

124 Eine umfassendere Forschung zum über Diskurse konstruierten Europabild in Moldova ist mir bisher nicht bekannt. Sie würde eine wichtige Lücke schließen.

Situationen insbesondere im Schulkontext provozierte meine Anwesenheit das Bestreben, einen guten Eindruck vom Schulleben oder vom eigenen Unterricht bei mir zu hinterlassen. Es passierte aber auch, dass ich als (ortsfremde, unverheiratete, unpromovierte und häufig radebrechende) und als Frau eingeordnete Person als unwissende und hilfsbedürftige Studentin behandelt wurde. So gerieten Tanja und ihr Bekanntenkreis in Aufruhr, als ich alleine in eine (ca. 70km entfernte) ukrainische Großstadt fahren wollte und versuchten mich so lange davon abzubringen, bis sie (als Kompromiss) jemanden gefunden hatten, der mich zumindest bis zur Grenze begleitete.

Dass ich als (weiße) CIS[125]-Frau die Interviews führte, merkte ich deutlich daran, wie, wann und wo sich Vertrauensbeziehungen herstellten. Auf Grund der Vergeschlechtlichung des Arbeitsmarkts waren eine deutlich größere Anzahl meiner Gesprächspartner*innen Frauen. Manche Gespräche waren knapp und distanziert, andere aber sehr persönlich und enthielten viele intime Details. So etwas kam in meinen Gesprächen mit Männern kaum vor, selbst nicht dort, wo (wie bei einigen Call-Center-Mitarbeiter*innen) sich bereits Freundschaften entwickelt hatten. Gleichzeitig beeinflusste die Tatsache, dass ich (obwohl zum Zeitpunkt der Forschung „bereits" 29) nicht verheiratet war und auch keine Kinder hatte, die Art und Weise, wie über Familie geredet wurde. Der Umgang meiner Gesprächspartner*innen damit variierte zwischen Ignorieren, Verurteilung, Unverständnis, Mitleid und guten Wünschen und Ratschlägen. Im Dorf U. ging spätestens der Dritte (der obligatorischen) Toasts beim Wein- oder Schnapstrinken darauf, dass Tanja und ich doch noch einen Mann finden würden (Tanja ist, im Gegensatz zu mir, inzwischen verheiratet). Insofern dies auch Teil der in der (Interview-)Interaktion geleisteten Kontextualisierung ist, die sich auf das Gesagte auswirkt, diskutiere ich Rollen und Interessen im Kapitel „Interpretation der Interviews" (insbesondere 3.4.1.3).

Ziele der Forschung, ungeplante und erhoffte Nebeneffekte (c)

In einem globaleren Sinne stellt Forschung immer eine mehr oder minder effektive, mehr oder minder gewollte Intervention dar. Ihr kritisches und emanzipatorisches Potential besteht darin, Autoreflexion zu erleichtern und vor diesem

---

125 Als cisgender werden Personen bezeichnet, die sich mit dem ihnen bei ihrer Geburt zugewiesenen Geschlecht identifizieren. Die Verwendung dieses Begriffs soll vor allem den Effekt haben, das Zusammentreffen von zugewiesenem Geschlecht und Geschlechtsidentität nicht als Normalfall zu reifizieren. Siehe hierzu AG feministisch Sprachhandeln 2014/15:39; hornscheidt 2012:113-130.

Hintergrund Praxis zu verändern (Blanchet 2012:109). Darüber hinaus ist ein Anspruch in die oben beschriebenen vermachteten Diskurse zu intervenieren und den vorgefundenen „regimes of truth"[126] ein differenziertes Bild entgegenzusetzen, bei dem auch gängige Kategorien in Frage gestellt werden (Cameron u.a. 1992:13).

Es geht hier auch darum, was in der BRD, wo nach wie vor mitsamt bedeutender Teile der Sprachwissenschaft und Sprachpädagogik auf den monolingualen Habitus eingeschworenes sind (Erfurt 2002:6), von einer Gesellschaft, in der Mehrsprachigkeit gelebt wird, lernen kann (ohne die Verhältnisse zu idealisieren)? Mehrsprachigkeit ist eben nicht nur eine Eigenschaft „der anderen" (v.a. Migrant*innen) und auch nicht gleich „ethnischem Konflikt", sondern oft ein Sekundärsymbol in anderen Konflikten (Darquennes 2004:12) und dies auch in der BRD.

Unintendierte Konsequenzen können sich auch daraus ergeben, dass Leute die Geschichten lesen, die als Leser*innen nicht mitgedacht wurden (Cameron 1992:117). Besonders sorgfältig musste ich abwägen, wie Reaktionen auf das Geschriebene bei den Betroffenen und ihrem Umfeld sein könnten. Da viele meiner Gesprächspartner*innen erstaunlich frei (und nicht immer positiv) über Kolleg*innen sprachen oder familiäre Probleme schilderten, habe ich beschlossen, diese Sequenzen bei der Detailanalyse auszusparen, da trotz Anonymisierung die Möglichkeit der Wiedererkennung unter denjenigen, die mit den jeweiligen Biographien vertraut sind, hoch ist.

Schreiben über Andere (d)

Das Schreiben über andere ist eine Form der Repräsentation durch Sprache, die Bedeutung produziert: „In part, we give things meaning by how we represent them – the words we use about them, the stories we tell about them, the images of them we produce, the emotions we associate with them." (Hall 1997:3) Diese Bedeutungen sind immer politisch, denn sie beeinflussen Handlungen, konstruieren Identitäten und Subjektivitäten und alternative Diskurse darum haben unterschiedliche Macht (Lidchi 1997). Symbolische Macht wird durch Repräsentation ausgeübt (Hall 1997b:259).

---

126 Hall (1997:49) und andere beziehen sich auf dieses Konzept von Foucault, um Wahrheit als nicht absolut, sondern eine diskursive Formation zu betrachten, die ihre Wirkmächtigkeit daraus bezieht, dass dasjenige, was als wahr gilt, eben für wahr gehalten wird.

Mein Anliegen in dieser Arbeit ist es nicht, speziell „Moldauisches" herauszuarbeiten, sondern Prozesse der Restrukturierung sprachlicher Repertoires zu verstehen „that can fruitfully be pursued in any place" (Appadurai 1988b:47) und hier unter spezifischen sprachlichen Verhältnissen stattfinden. Obwohl dem Unterfangen keine originäre „fascination of otherness" (Hall 1997b:225) zugrunde liegt, ist in westlichen Diskursen ein stereotypes Bild vorgezeichnet, mit dem meine Darstellung notwendig dialogisch verbunden ist, in reproduzierender oder rekonstruierender Art und Weise. Der Bezugspunkt für stereotype Darstellungen im ‚Westen' ist dabei weniger Moldova selbst (das kaum jemandem ein Begriff ist, der oder die sich nicht explizit damit befasst), als vage Vorstellungen von ‚Osteuropa' oder der ehemaligen Sowjetunion, bzw. möglicher Weise ein spezifisches Bild von den westlichen Ländern der Sowjetunion, die als unlösbar ‚zerrissen' zwischen Russland und dem Westen dargestellt werden (Weirich 2017a). Durch den Krieg in der Ukraine und die offensichtlich betroffenen Interessen der Europäischen Union ist dieses Bild besonders stark. Dadurch, dass ich relativ lange Interviewausschnitte präsentiere, versuche ich, die Interviewten für sich selbst sprechen zu lassen und den Leser*innen die Möglichkeit zu geben, sich ein möglichst unmittelbares eigenes Bild zu machen. Auswahl der Personen, Transkription, Übersetzung und Auswahl der Ausschnitte sind jedoch selektiv und interpretativ – und zumindest in diesem Text behalte ich das letzte Wort bei der Interpretation des Gesagten. Ich habe mich bemüht, verständlich zu schreiben, um nicht nur für einen kleinen Kreis akademischer, soziolinguistisch informierter Leser*innen zugänglich zu sein.

Die Frage nach Machtverhältnissen zwischen mir und den Beforschten stellt sich auch aus der Perspektive von Autorin und Leser*innenschaft. Wie würden meine Gesprächspartner*innen auf diesen Text reagieren? Da ich weder im Call-Center, noch im Dorf einem expliziten Interesse an den Resultaten der Forschung begegnet bin, habe ich mich gegen eine gemeinsame Diskussion meiner vorläufigen Ergebnisse entschieden, die in das Endresultat hätte einfließen können.[127] Als ich Tanja einmal erzählte, ich hätte meinen ersten Artikel geschrieben und darin würde es um sie gehen, antwortete sie: „Ich hoffe, du hast nur Gutes geschrieben!" Meine Macht als Forscherin besteht v.a. darin, wie ich schreibe, weil ich bei der Darstellung der Verhältnisse und bei der Interpretation der Biographien vorerst das letzte Wort habe. Beim Schreiben hat mich deswegen die Vorstellung

---

127 Wissen auch den Beforschten zugänglich zu machen, ist sinnvoll; das kann und sollte aber nicht heißen, dass von denen Interesse erwartet wird (Harvey 1992:88).

begleitet, meine Gesprächspartner*innen würden tatsächlich mitlesen. Um Kritik an den Resultaten zu ermöglichen, ist es nötig, die Ergebnisse auch in Rumänisch und/oder Russisch sowie populären Nebensprachen wie Französisch oder Englisch zu veröffentlichen.

Es ergeben sich für mich hieraus eine Reihe von Prinzipien für den Schreibprozess, die ich im Folgenden eingehender erläutere:

1. Ich schreibe in der ersten Person.
2. Ich bemühe mich um Verständlichkeit.
3. Die Daten stehen im Vordergrund.
4. Über Vergangenes schreibe ich in der Vergangenheit.

3.2.2.3 Konsequenzen für das Schreiben

Im Rahmen meiner Methode der Interviewinterpretation gehe ich von drei Textebenen aus (siehe 3.4). Obwohl handelndes Subjekt der Erzählung die Gesprächspartner*innen und ihre Biographie sind, nimmt mein Anteil als Autorin von Ebene I bis III zu. Die realen Subjekte verbleiben auf der Textebene eins und werden auf Textebene zwei bereits durch Pseudonyme und ihre Handlungen durch Transkriptionen abgelöst. Hier steigen die Leser*innen erst ein, die die realen Subjekte nie treffen (sollen). Eine Ausnahme bilde dabei aber ich selbst, die ich als einziges beteiligtes Subjekt auf allen drei Ebenen identifizierbar bleibe. Dies ist durch den Versuch begründet, meiner Verantwortung als Autorin gegenüber den Beforschten aber auch den Leser*innen gerecht zu werden, hat aber den egozentrischen Effekt der häufigen Nennung der ersten Person. Hierdurch will ich den subjektiven Charakter einer jeden Forschung und insbesondere denjenigen einer ethnographischen betonen, anstatt ihn zu verschleiern (Cameron 1985:Viii; Hill Collins 1991:205; Wolfsberger 2007:117).

Nicht nur in den eigentlichen Interpretationskapiteln, sondern auch denjenigen zur ‚Artikulation sprachlicher Verhältnisse' im Dorf U. und im Call-Center Univerconnect lasse ich, soweit es geht, die Daten selbst sprechen. Das heißt, dass ich mich v.a. auf Texte wie Zeitungsartikel, Wochendokumentation und Transkripte stütze. Wenn ich meine Forschungsnotizen heranziehe, zitiere ich diese explizit: Sie sind Produkt einer bestimmten Forschungssituation und können im Nachhinein vielfältig interpretiert werden. Durch die direkten Zitate will ich die Filter und Selektivitäten andeuten, die hier eingebaut sind: meine selektive und positionierte Wahrnehmung, mein selektives und positioniertes Gedächtnis und schließlich eine konkrete Wortwahl beim Schreiben, die die Konstruktion von Sinn und Erinnerung in eine bestimmte Richtung lenkt und nun meine Erinnerung und das, was ich für meine Beobachtung halte, beeinflusst. Bisweilen habe ich aber auch aus meinem eigenen (undokumentierten) Erfahrungsschatz geschöpft, also den Eindrücken, wie sie sich bis zum Zeitpunkt des Schreibens eingeprägt, bewahrt, aber möglicher Weise auch verändert und verzerrt haben.

Wenn ich Interviewsequenzen zitiert und interpretiert habe, habe ich versucht, sie sehr genau zu situieren, da sie nur durch den Kontext der Interaktion wirklich verständlich werden, gleichzeitig gebe ich dadurch in starkem Maße vor, wie eine Situation zu interpretieren ist.[128] Die Verwendung von Vergangenheitsformen, wenn ich Interviews indirekt zitiere ist eine Strategie, die Partialität der Betrachtungen nicht zu verschleiern: es handelte sich um jeweils einmalige Gesprächssituationen in der Vergangenheit, die nie wieder genauso ablaufen werden (siehe auch 3.4.2.1). Um auf Selektivitäten zu verweisen, thematisiere ich dabei auch immer wieder das „nicht Gesagte" sowohl in den Erzählungen meiner Gesprächspartner*innen, als auch bei meinen Fragen.

Ich verstehe binäre Genderkategorien als Konstrukt und als Zuschreibung und benutze, wann immer ich von abstrakten Menschengruppen spreche, generische Double-Gender-Formen (Abbou 2012), um vom Geschlecht zu abstrahieren. Typographisch bilde ich diese mit Hilfe des statischen Sternchens, das zwischen der konventionalisiert männlichen und der konventionalisiert weiblichen Form eingefügt wird (hornscheidt 2012:309). Dies ist für mich im Rahmen einer Dissertation die sinnvollste Kompromissvariante zwischen einerseits standardnormativ anerkannten Formen, wie dem „androgendernden Maskulinum" (hornscheidt 2012:211)[129] und dem „Binnen-I". Beide will ich vermeiden, da ersteres auf der psychologischen Ebene der Assoziationen und „mental spaces" (Fauconnier 1994) erwiesener Maßen Zweigenderung (Genderismus) und Dominanz von Männlichkeit (Sexismus) reproduziert[130] und zweiteres, welches Frauen neben Männern mitgemeint wissen will, trotzdem die normative CIS-Zweigenderung reproduziert.

Ich benutze, wenn ich von konkreten Einzelpersonen spreche, von denen ich (zu glauben) weiß, dass sie sich einem männlichen oder weiblichen Geschlecht

---

128 Siehe hierzu u.a. Denzin (1997:39).
129 Das androgendernde Maskulinum (kurz für „androgendernd verwendete maskuline grammatische form [sic!]" (hornscheidt 2012:212) ist bekannter als „generisches Maskulinum", welches jedoch eine irreführende Bezeichnung ist, der nicht entnehmbar ist, ob es dabei um den konventionalisierten Sprachgebrauch geht, oder ob dem Maskulinum tatsächlich generische (also vom sozialen Geschlecht abstrahierende) Eigenschaften zugesprochen werden.
130 Siehe z.B. Kusterle (2011).

zuordnen, die entsprechende grammatische Form. Ich sehe diese Genderidentität aber nicht als natürliche und unveränderliche Eigenschaft, sondern als eine im Moment der Forschung aktuelle Subjektivität. In direkte Zitate (und auch wörtliche Übersetzungen) greife ich nicht ein, sondern übernehme androgendernde Formen. Wenn ich aber indirekt zitiere oder paraphrasiere, verwende ich in den oben genannten generischen Fällen ebenfalls die Sternchen-Form und bei konkreten Personen mit einer männlichen oder weiblichen Genderidentität die entsprechende grammatische Form.

3.2.3 Interviews

Wissend um den Einfluss von Kontext, dem Verhältnis zwischen Forschenden und Befragten, der Art der Gesprächsführung sowie der Anwesenheit anderer Personen auf den Gesprächsverlauf, führten wir in der Projektgruppe, soweit es ging, Gespräche gemeinsam oder in Anwesenheit von moldauischen Mitarbeiter*innen, die auch als legitime Sprecher*innen und In-Group-Akteur*innen eine wichtige Rolle spielten.

Neben dem Genderaspekt beeinflussten auch die sprachliche Diversität und die unterschiedliche Vertrautheit mit den örtlichen Gegebenheiten die Kokonstruktion der Interviews. Ohne dass dies in der Forschungsplanung vorgesehen war, unterstützte mich im Dorf U. Tanja bei vielen Gesprächen und lockerte häufig gerade durch ihre spontanen Interventionen die Atmosphäre auf oder provozierte spannende Äußerungen (Weirich 2013). Im Call-Center, wo ich die Gespräche zum größten Teil alleine geführt habe, passierte es jedoch ebenfalls immer wieder, dass zu Gesprächsterminen auch andere Personen anwesend waren oder während des Gesprächs dazu stießen.

3.2.3.1 Interviewführung

In den meisten Fällen meiner Interviews hatten Leute mich vorher schon gesehen, oder wussten, dass ich eine gewisse Zeit lang in der Schule bzw. im Call-Center zu Besuch war. Ich hatte jedoch in den wenigsten Fällen die Möglichkeit, die Leute erst einmal kennenzulernen und eine Art Vertrauensbeziehung zu bilden. Dies lag vor allem an Zeitdruck: dadurch, dass fast alle Gesprächspartner*innen sehr beschäftigt waren und andere alltägliche Prioritäten hatten, als mir ein Interview zu geben, war meist klar, dass es nicht noch ein weiteres Gespräch geben würde.

Ich habe mich bemüht, die autobiographischen Interviews möglichst offen zu gestalten, so dass sie den Gesprächspartner*innen eigenbestimmte Thematisierungslinien ermöglichten (Treichel 2004:38; Demazière 2007:86). Die narrative Komponente der Interviewführung besteht darin, dass eine Priorität auf offenen, zum Erzählen auffordernden Fragen lag, wie es für rekonstruktive Verfahren und einen verstehenden Zugang üblich ist (Bochmann 2007a:11; Franceschini 2002:20; Treichel 2004:74). Insbesondere den biographischen Teil habe ich möglichst offen gestaltet, woraus in den allermeisten Fällen kürzere Erzählungen und narrative Sequenzen resultierten. Mein Eindruck war, dass ich in den meisten Fällen die Menschen nicht gut genug kannte und mein Interesse zu unklar war, als dass die Gesprächspartnerinnen einen längeren Monolog entfaltet hätten. Vor allem von Polina und Natalia wurde auch immer wieder direkt und indirekt aufgefordert, Fragen zu stellen, die mich interessieren (also an meine Verantwortung für die Gesprächsführung erinnert). In der Regel bestand also der weitaus größere Teil des Interviews darin, dass ich konkrete Fragen zu bestimmten Sachverhalten oder Lebensabschnitten gestellt habe, die dann häufig in weiteren längeren Erzählabschnitten resultierten. Die dialogsteuernde Funktion meiner Nachfragen (Barth 2000:60, Schiffrin 1994) kam unterschiedlich stark zum Einsatz. Immer wieder führten die Gesprächspartner*innen auch zu einem späteren Zeitpunkt nochmal selbst neue Themen ein. Ich berücksichtige sowohl in der Sequenzübersicht, als auch bei der Detailinterpretation deswegen die Frage, wie wir auf das Thema gekommen sind (siehe 3.4.2.2).

„Reziprozitätsherstellung" (Spranz-Fogasy 2003) ist jedoch auch bei längeren Erzählsequenzen zentral, da die Erzählenden auf Rückmeldungen hinsichtlich Verständnis, Interesse und Zustimmung warten. Diese interaktiven Elemente der Narration bestehen aus Interjektionen, Diskursmarkern und das Verstehen signalisierende weitergehende Nachfragen, die eine spezifische Form der ‚Reparatur' (z.B. Elaborierung, Detaillierung oder Reformulierung), also Herstellung von Intersubjektivität im zweiten Anlauf darstellen (Auer 1999:143). Die für Alltagskonversationen typische „Sinn-Kontrolle in der Folgeäußerung" (Auer 1999:130-38) funktioniert aber nicht immer. Stattdessen verließ ich mich auf das auch in Alltagssituationen praktizierte „wait and see"-Prinzip der „prospektiv-retrospektiven Sinnzuschreibung" (Heinemann/Heinemann 2002:54) und hoffte, dass sich für mich ad hoc nicht verständliche Dinge im weiteren Verlaufe des Gesprächs erklären würden, oder dass ich mir spätestens beim Anhören der Audioaufnahme und dem Lesen des Transkripts den Sinn würde nachträglich erschließen können (was nicht immer der Fall war).

3.2.3.2 Leitfragen und Semistruktur

Für alle Gespräche hatte ich einen an die Gesprächspartner*innen angepassten Fragenkatalog dabei, der sowohl sprach- und berufsbiographische Fragen, Fragen über die Sprachpraxis und das sprachliche Repertoire enthielt sowie einen

Anteil, der den institutionellen Kontext betraf (also Fragen zu Arbeitsabläufen, Einstellungsprozessen etc.), die ich jedoch nicht in einer bestimmten Reihenfolge abarbeitete.

Manche dieser Fragen waren sehr offen (z.B. „Könnten Sie etwas über Ihre Sprach- und berufliche Biographie erzählen?") oder etwas offen (z.B. „Welche Kompetenzen muss Ihrer Meinung nach ein guter Telefon-Operator mitbringen?"). Manche waren aber auch sehr konkret („In welcher Sprache haben Sie denn mit Ihren Eltern gesprochen?"), insbesondere Ad-hoc-Fragen (Mayring 1999:52), also Präzisierungsfragen oder Fragen, die auf bestimmte kontextrelevante Fakten abzielten („Seit wann arbeiten Sie schon an der Schule?", „Wie viele Telefonoperator*innen hat das Call-Center gegenwärtig?").[131] Die Interviews waren (fast) nie ausschließlich sprachbiographisch, aber sie enthielten immer biographische Fragen, die ich, wenn es das Setting erlaubte, als Auftaktfrage stellte. V.a. in den Interviews mit Führungspersonen habe ich aber die biographischen Fragen nicht an den Beginn gerückt, sondern zunächst Fragen zum Arbeitskontext gestellt, die ohnehin wichtig waren und die außerdem als Eisbrecher funktionieren konnten. So wichtig der Leitfaden war, brachte jede Art der Interaktion interessante Aspekte zum Vorschein und manchmal war das Unerwartete aufschlussreicher, als die Dinge, die ich bewusst angestoßen habe (Weirich 2013).

Die Mehrpersonen-Interviews waren nicht das Resultat der gezielter Planung, sondern kamen zustande, wenn es z.B. Zeitprobleme gab, oder wenn die Beteiligten von jemand anderem zum Interview begleitet wurden. Auch wenn das Zustandekommen dieser Situationen meist Zufallsprodukt war, habe ich nach den ersten Erfahrungen dieser Art die spontane Teilnahme weiterer Personen am Gespräch unterstützt, weil diese Gespräche insgesamt angeregter verliefen. Häufig stellte die Anwesenheit weiterer Personen für mich auch eine Entlastung dar, weil ich mich während kleinerer Interaktionen zwischen den anderen Beteiligten auf meine Fragen besinnen oder über das bereits gehörte nachdenken und Rückfragen stellen konnte. Oft brachten die unterschiedlichen Beteiligten ihre eigenen Fragen und Perspektiven ein und manchmal kam es sogar zu Kontroversen.[132]

---

131 Zur Rolle offener und geschlossener Fragen in narrativen biographischen Interviews siehe Rosenthal-Fischer/Rosenthal (1997).

132 Nicht umsonst sind Gruppendiskussionen als Methode v.a. für die „Erhebung kollektiver Einstellungen, Ideologien und Vorurteile" (Mayring 1999, 60) bekannt und empfohlen.

3.2.4 Weitere Daten

Als weiteres Format der Datenerhebung habe ich in der Schule des ukrainischsprachigen Dorfes Fragebögen eingesetzt, die dazu konzipiert waren, den Lebensalltag der Lehrer*innen inklusive der Sprachpraxis zu dokumentieren. Für das Call-Center sind deswegen die einzigen schriftlichen Daten die Mitschriften der Teilnehmer*innen am Italienischkurs. Bei den Fragebögen, die ich im Dorf U. verteilt habe, lag der Rücklauf bei neun Fragebögen. Die mir zurückgegebenen Bögen waren jedoch teilweise nicht für die ganze Woche, sondern nur für einige Tage ausgefüllt. Da ich die meisten dieser Bögen erst kurz vor meiner Abreise zurückbekommen habe, konnte ich sie auch nicht mit den Autor*innen besprechen oder zum Gegenstand das Interviews machen.

Rahmend zu diesen ethnographischen und sprachbiographischen Methoden habe ich Dokumente gesammelt, um eine Dokumentation zu den Institutionen aufzubauen, in denen wir die Feldforschungen durchgeführt haben: Grundsatzpapiere zur Funktionsweise, Statuten, Organigramme, Arbeitsberichte, Pressemeldungen.

3.3 Datenverarbeitung

Blanchet (2012:56) beschreibt Korpora auf einem Kontinuum zwischen „statut primordial", wo die Daten ein Auszug aus der Realität sind, die für sich interpretiert werden können, wenn sie als Korpus in zugänglicher Form präsentiert werden, und zwischen einem „statut secondaire", wo der Korpus beispielhaft Beobachtbares zusammenstellt, das aber bei der Interpretation rekontextualisiert werden muss (*corpus restituif*), wie es bei meinem der Fall ist. Ich bezeichne diese Etappen als drei Textebenen (siehe 3.4). Unter Textebene I verstehe ich hier das „Rohdatenmaterial", also die Interviews und Audiomitschnitte. Das Rohdatenmaterial stellt die Basis für eine Kette von Verarbeitungsstufen dar. Für die Interpretation werden diese zu Forschungsdaten aufbereitet (Textebene II). Das Korpus, der in dieser Arbeit zur Interpretation herangezogen wird, ist im Vergleich zu den erhobenen Daten begrenzt (siehe 3.2.1 für den Umfang der Datenerhebung).

3.3.1 Transkription

Ein erstes Grobtranskript wurde in allen Fällen durch moldauische Mitarbeiterinnen erstellt. Diese Transkripte sollten der GAT-Basistranskription entsprechen (Selting u.a. 2009), fielen aber insgesamt weniger detailliert aus, weil die technische Ausrüstung der Mitarbeiterinnen dafür teilweise nicht geeignet war und weil es an Zeit, Ausrüstung und Bezahlung für intensivere (Nach-)Schulungen mangelte. Die Mitarbeiterinnen wurden außerdem gebeten, „sprachliche Besonderheiten", die ihnen auffielen, anzumerken und ihren Gesamteindruck vom Interview als Kommentar festzuhalten. Diese bezogen sich faktisch ausschließlich auf Nichtstandardformen. Einerseits war dies für mich eine wichtige Unterstützung bei der Einschätzung von Registern und der Identifikation einzelner Konstruktionen und ihrer Gebrauchsregeln, andererseits erleichterte es auch den Mitarbeiterinnen das Transkribieren gesprochener Sprache ohne zu sehr korrigierend einzugreifen, da die (erwünschte) „Korrektur" somit in eine Fußnote verlegt wurde.

Neben dem gesprochenen Text im Wortlaut, inklusive nicht verbal artikulierten kommunikativen Gesten wie aha (Maas 2011:33), erfassen diese Transkriptionen Pausen (unterschiedlicher Länge), Nebengeräusche (Lachen, Räuspern, Seufzen) sowie Turnwechsel und Überlappungen. Betonungen und Lautstärke habe ich an einigen Stellen bei der Überarbeitung des Transkripts markiert, sie sind aber nicht systematisch erfasst. Die für jede medial mündliche interaktive Äußerung übliche Varianz von Tonhöhe und Intensität, wie sie etwa bei der Darstellung mit einem Sonogramm deutlich würde (Maas 2011), bleibt hier komplett unberücksichtigt, ebenso wie Tonhöhen, „Zeitsteuerung"/„Zeitverbrauch" (Schnelligkeit einer Äußerung) (Maas 2011) und Mimik und Gestik.

Eine Korrektur dieser Grobtranskripte mit Hilfe der Audiodateien habe ich für diejenigen Interviews selbst vorgenommen, die ich für die Detailanalyse ausgewählt habe.[133] Bei Interviewausschnitten, die ich ausschließlich für den inhaltlichen Beleg oder zur Illustration der Beschreibung der Verhältnisse (etwa im Dorf U.) herangezogen habe, habe ich auf eine Korrektur der Grobtranskripte verzichtet.

Transkriptionsregeln

Die Transkriptionsregeln nach den Konventionen des Gesprächsanalytischen Transkriptionstranskripts für ein Basistranskript (Selting u.a. 2009):

. kurze Pause
- Pause bis 2 S.
(3) 3 Sekunden Pause
Großbuchstaben: starke Betonung
= unmittelbarer Anschluss eines Turns
: Dehnung einer Silbe (auch: Markierung der Sprecherrolle, wie A:)

---

133 Zur Arbeit mit Transkript und Audioaufnahme siehe Deppermann (2008:51).

[überlappende Turns
[A: blabla] Reziprozitätsherstellung ohne Turnwechsel

In runden Klammern stehen außerdem anonymisierte Passagen, Nebenhandlungen wie (lacht), (hustet) und (unverständlich), wenn kürzere Passagen nicht entschlüsselt werden konnten.

3.3.2 Anonymisierung

Alle Personen- und Untenehmensnamen in den Transkripten sind durch Pseudonyme anonymisiert, Ortsnamen von Dörfern mit einem Majuskel.[134] Bei Dritten, auf die ich an keiner anderen Stelle referiere habe ich die Platzhalter (Name, anonym.) gesetzt, ebenso bei den Bezeichnungen der Angebote im Call-Center. Dies hat den Nachteil, dass ich auf die existierenden Originalquellen, wie Publikationen des Lehrpersonals, des ehemaligen Schuldirektors oder Zeitungsartikel nicht direkt verweisen kann, sondern diese Dokumente ebenfalls anonymisieren muss. Insbesondere in einem so kleinen Land wie Moldova ist es jedoch keineswegs ausgeschlossen, dass Kenner*innen der jeweiligen Örtlichkeiten und Räume vermutlich keine Schwierigkeiten haben zu rekonstruieren, um welches Call-Center, oder um welches Dorf es sich handelt oder auch die einzelnen Leute zu identifizieren. Ich habe mich dennoch entschlossen auf die Schilderung einiger örtlichen Begebenheiten nicht zu verzichten, weil diese für die Schilderung der örtlichen Verhältnisse wichtig sind.

Die Anonymisierung hat jedoch auch den Nachteil, dass damit eine Möglichkeit der beforschten Institutionen, insbesondere der Schule im Dorf U., von der Forschung durch „Publicity" zu profitieren, eingeschränkt wird (siehe 3.2.2.2). Der Verweis auf die Forschung zur Untermauerung z.B. des internationalen akademischen Interesses an der Schule (als ukrainisches Lyzeum) ist weniger unmittelbar und deswegen vielleicht auch weniger überzeugend, als wenn der Name der Schule hier eindeutig erwähnt würde.

Ich habe für jede Person als Vornamen ein anderes Pseudonym gewählt, um möglichst große Klarheit bei der Bezugnahme innerhalb der Arbeit zu ermöglichen. Für die Lehrerinnen in der Fallstudie im Dorf U. habe ich außerdem Vatersnamen gewählt, da es hier in der Anredeform einen erheblichen Unterschied macht, ob Leute nur mit Vornamen oder mit Vor- und Vatersnamen angesprochen werden. Ich habe mich der Einfachheit halber entschlossen, hierfür

---

134 Eine differenzierte Diskussion der Möglichkeiten, Vor- und Nachteile von Anonymisierung führt Clark (2006).

(da die Personen ohnehin an Hand ihrer Vornamen unterscheidbar sind) vier Vatersnamen auszuwählen und die gleichmäßig an alle erwähnten Personen zu verteilen: Alexandrovna, Ivanovna, Dimitrovna und Borisovna.

3.4 Interpretation der Interviews (Aufbau, Methodik, Leitfragen)

Die Interviews sind die wichtigsten Daten für meine Interpretation, weil sie (im Vergleich zu Beobachtungsnotizen) am detailliertesten untersucht werden können und auch im Nachhinein noch neue Beobachtungen zulassen (siehe 3.4.1). Mit sprachbiographischen Interviews zu arbeiten, bedeutet, sich im Bereich des intersubjektiven Wissens zu bewegen (Denzin 1989:28). Erfahrungen werden im Erzählen nachvollziehbar und temporär als geteilte Wirklichkeit verstehbar gemacht: „They offer insights into people's private worlds, inaccessible to experimental methododologies, and thus provide the insider's view of the processes of language learning, attrition and use." (Pavlenko 2007:165; siehe auch Rosenthal/Fischer-Rosenthal 2008:457)

In diesem Kapitel setze ich mich zunächst mit der Beschaffenheit der Interviewdaten auseinander, um dann die Leitfragen für die Interpretation zu explizieren und auf die Mittel und methodischen Referenzen der Interpretation einzugehen. Im ersten Abschnitt diskutiere ich den epistemologischen Status der Interviewdaten. Dabei geht es zunächst um das Verhältnis von konkreten Interaktionssituationen (den Interviews) zu den sprachlichen Verhältnissen und gesellschaftlichen Diskursen sowie Besonderheiten von sprachbiographischen Interviews in „exolingualen" Konstellationen, also einer Kommunikation zwischen Personen „mit asymmetrischen Kompetenzen" (Lüdi 1996:241). Es schließt sich eine Erläuterung des Umgangs mit den Gesprächen als Interviews und als Texte an (3.4.1). Daraus entwickle ich einen Interpretationsrahmen, der sich bei Methoden der Sprachbiographieforschung, der Gesprächsanalyse und der Textinterpretation bedient. Während Gesprächsdaten interaktiv erhoben sind und diese Interaktion zentral für die Konstruktion der Daten ist und deswegen auch als Interaktion besonderen Typs interpretiert werden müssen, ist die Form, in der die Daten schließlich zur Interpretation vorliegen, diejenige eines Textes, bzw. vieler Texte oder Textausschnitte.

Ich schlage vor, das Interview-Gespräch, das interpretierbare Transkript sowie den schließlich von mir produzierten Interpretationstext als drei voneinander abhängige Textprodukte zu verstehen. Sie gehen aus jeweils einem der drei „Grundtypen von kognitiven Ablaufschemata in der verbalen Interaktion" hervor, die Heinemann/Heinemann (2002:22) „in Abhängigkeit von allgemeinen

Zielkonstellationen und situativen Bedingungen" als abstrakte Modelle beschreiben.[135] Im Einzelnen handelt es sich um:

1. „das *spontane* wechselseitige Agieren und Reagieren von Partnern in der face-to-face-Kommunikation" (ebd.), welches dadurch geprägt ist, das beide Gesprächspartner*innen gleichzeitig Textproduzent*innen und –rezipient*innen sind. Auch das Rezipieren ist ein aktiver Prozess aller Beteiligten, die ihr Wissen mobiliseren, um die kommunikative Intention zu erschließen (Schippel 2002:39). Die (im Rahmen der Interaktion abgesteckten) Rollen der Beteiligten sind für den Text prägend: dies nenne ich Textebene 1.[136]

2. „das *geplante* Handeln und Generieren von Texten zur Erreichung mittelfristiger Ziele"[137] besteht hier in der Transkriptionsanfertigung mit dem mittelfristigen Ziel, diese der Interpretation zugänglich zu machen. Es handelt sich um die graphische Repräsentation einer mündlichen Praxis, die strukturell orat bleibt (Maas 2010:24; 2011:11), dabei aber wesentlichen Merkmalen der gesprochenen Sprache keine oder nur begrenzt Rechnung trägt (allen voran der Prosodie).

3. „das *strategische* Handeln der Partner und das sukzessive Produzieren und Verarbeiten von miteinander korrespondierenden komplexen Texten/Diskursen zur Erreichung langfristiger und/oder grundlegender Ziele" (Heinemann/Heinemann

---

135 In diesem Ansatz einer funktional-pragmatischen Textlinguistik ist Text ein Instrument kommunikativen Handelns (Heinemann/Heinemann 2002:2). Der für Produktion und Wirkung gesellschaftlicher Diskurse konstitutive Aspekt der Macht, wie ihn die kritische Diskursanalyse diskutiert (siehe Jäger 1999:120-157), findet dabei keine Berücksichtigung.

136 Auch wenn ich zwischen Text und Interaktion unterscheide, um unterschiedliche Interpretationsmöglichkeiten in der Interaktionssituation und im Nachhinein zu verdeutlichen, ist die Interaktion in diesem Sinne eine spezielle Art von Text (siehe auch Schippel 2002:37). Es handelt sich also um unterschiedliche Abstraktionsniveaus. ‚Text' ist Hyperonym zu ‚Interaktion'. Dies impliziert gleichermaßen, dass ich nicht davon ausgehe, dass die Grundeinheiten eines Textes Sätze sind. Als Satz verstehe ich mit Maas (2011:24f) „eine festgelegte (validierte) Proposition". Für einen verständlichen Überblick über die gängigen Debatten über den Textbegriff siehe Heinemann/Heinemann (2002:95-112) und Trabant (1998:53-64).

137 Das entscheidende Merkmal dieses Idealtyps ist für Heinemann/Heinemann (2002:23), dass sie auf Grund von (mittelfristiger) Planung entstehen. Die „Instrumentalisierung von sprachlich geformten Wissen" (ebd. 24) ist im Falle der Interviewtranskripte, die zweifellos einen sehr besonderen Fall dieser Textsorte darstellen, ein eher technisches Wissen, mit dem ohne eigene Formulierungsarbeit das Gehörte verschriftet wird. Abwägen und Entscheidungen über den Aufbau des Textes oder konkrete Formulierungen sind hier also kaum nötig, dennoch erfordert das Transkribieren Entscheidungen und stellt bereits einen wichtigen Interpretationsschritt dar (siehe 3.4.1.5).

2002:22). Dies ist der von mir verfasste Interpretationstext, der seinerseits Bestandteil der Doktorarbeit ist.

Im Anschluss (3.4.2) erläutere ich die konkreten Schritte der Auswahl von Sequenzen und ihrer Interpretation hinsichtlich meiner Leitfragen, zunächst bezüglich der Rekonstruktion von Sprachbiographien, dann hinsichtlich der Repräsentation von sprachlichen Repertoires. Abschließend geht es um die Frage, wie die Interviews als sprachliche Daten analysiert werden können. Dazu führe ich das Konzept der ‚Sprechweise' ein, mit Hilfe dessen die Sprachpraxis im Interview als ein Ausschnitt des sprachlichen Repertoires betrachtet werden kann (in 3.4.2.2 Schritt 3).

3.4.1 Textebene 2: Das Interviewtranskript

Wie für qualitative Ansätze mehrheitlich üblich, sehe auch ich die Daten und das in den Interviews produzierte Wissen aus einer konstruktivistischen Perspektive. Ziel der Interpretation ist also nicht, die Sprachbiographien in einem objektiven Verlauf nachzuzeichnen, sondern „das subjektive Erleben zur Sinngebung gegenüber dem Interviewpartner in Beziehung zu setzen" (Franceschini 2002:26), d.h. ausgehend von der Art und Weise wie über Erlebtes in einem Gespräch mit mir berichtet wird, Prozesse der Bedeutungskonstruktion zu begreifen.

Wissen wird in Konversationen nicht mitgeteilt, sondern hergestellt (King/ Horrocks 2010:11). Ich generiere Daten, um sie dann zu analysieren. In einem strengen Sinne sind Datenerhebung und –analyse also selbstreferentiell. Aussagekräftig sind die Daten aber dennoch, denn sie entstehen ja im sozialen Raum. Eine Sprachbiographie ist immer „ein gesellschaftlich möglicher Fall" (Fix 2000:22) und gibt Aufschluss über die sprachlichen Verhältnisse.

Das Gesagte kann bei aller individuellen Kreativität nur in einem bestimmten Raum des Sagbaren, des intersubjektiv Kommunizierbaren, stattfinden (Jäger 1999:130). Dieser Rahmen des Sagbaren wird genau deswegen im Rahmen der Interpretation in Form gesellschaftlicher Diskurse greifbar. In biographischen Interviews geht es dabei häufig auch um rekurrente Strukturen des Erzählens, die nicht in jeder Gesprächssituation neu erfunden werden (Lüdi 2005:147). Dies hängt mit Traditionen und mit in bestimmten sozialen und kulturellen Kontexten gängigen Anforderungen an das Erzählen (z.B. Kohärenz, Plausibilität etc.) zusammen. (Auto-)Biographien sind also auch Geschichten, die Bilder von Individuen in bestimmten historischen Momenten entwerfen (Denzin 1989:34). Mein Zugang sind singuläre Gespräche, die in einer konkreten Interaktionssituation unter bestimmten Rahmenbedingungen entstanden sind. Gleichzeitig weiß ich, dass sie in einem sozialen Raum stattfinden und sie als sinnvolle

Kommunikation deswegen funktionieren, weil eine bestimmte Form des geltenden Wissens vorausgesetzt wird.

Eine Besonderheit der Gespräche entsteht durch meine Outsider-Position (siehe 3.1), die bedeutet, dass für mich nicht unbedingt die gleichen Diskursstränge geläufig sind wie für meine Gesprächspartner*innen. Das verursachte manchmal Verständnisprobleme, es führte aber auch dazu, dass meine Gesprächspartner*innen ihre Darstellungsformen auf mich ausrichteten: die Dinge wurden mir spürbar anders erklärt, als es der Fall gewesen wäre, wenn ich ebenfalls in Moldova aufgewachsen wäre. Es wird weniger mit Anspielungen oder „Kollektivsymbolik" (Jäger 1999:181) gearbeitet, die einen gemeinsamen Wissenshorizont voraussetzen würden und manche Dinge, die für „Insider" selbstverständlich sind, wurden mir sehr explizit erklärt. Polina realisierte das über Exkurse (siehe 5.4.1, Weirich 2016b:380-383), in denen sie Zusammenhänge explizierte, deren Kenntnis ihr für das Verständnis ihrer Erzählung wichtig erschienen, Oksana vergewisserte sich mehrfach durch explizite Rückfragen, ob ich sie verstehe (siehe 6.3.1).

(Ko-)konstruiert ist die Sprachbiographie auch insofern, als dass die sie hervorbringenden Gespräche nicht einfach schon Gewusstes und schon Gedachtes an einem bestimmten Interaktionsrahmen ausgerichtet reproduzieren, sondern auch bestimmte Reflexionen durch diese biographische Arbeit überhaupt erst angestoßen werden (Treichel 2004:38). So verabschiedete sich Iolanda (S29) mit den Worten von mir „мне самой интересно спросили биографию я никогда не думала о своей биографии (lacht) а сейчас что-то задумалась как и почему я тут"[138]. Durch diese Reflexion werden auch manchmal im Verlauf eines Gesprächs Diskurse teilweise dekonstruiert, oder sie geraten in Widerspruch zueinander.[139]

3.4.1.1 Sprachautobiographien

In sprachbiographisch orientierten Interviews nehmen die Akteur*innen eine Perspektive der gelebten Erfahrung ein. Während es dabei traditionell um unterschiedliche Erwerbsprozesse geht (Lüdi 2005:144; Franceschini 2002:19),

---

138 dt. „für mich war das Interessanteste, dass Sie nach meiner Biographie gefragt haben. Ich habe noch nie über meine Biographie nachgedacht (lacht). Und jetzt habe ich angefangen nachzudenken wie und warum ich hier bin."
139 Polinas Darstellung ihrer eigenen Sprachpraxis und ihres sprachlichen Repertoires bediente sich sowohl des puristischen Diskurses als auch desjenigen der „gelebten Mehrsprachigkeit" (siehe 5.4.3.5 und 5.5).

erweitert mein Ansatz der „Restrukturierung sprachlicher Repertoires" diese Perspektive deutlich und versucht verstärkt die alltägliche Sprachpraxis zu fokussieren.

Dem Erzählen als Alltagspraxis wird für die Interpretation Bedeutung beigemessen, weil es als Organisationsprinzip funktioniert, das dem menschlichen Handeln Struktur verleiht und Ordnung in das alltägliche Chaos von Ereignissen bringt, um den Preis, dass Stringenzen und Linearitäten entstehen, die auch anders hätten konstruiert werden können (King/Horrocks 2010:214f). Umso wichtiger ist es deswegen, das Gesagte an gesellschaftliche Diskurse rückzukoppeln, aus denen sich Begriffe und Erklärungsmuster speisen (ebd. 2010:215). Dies ist, im Rahmen des Möglichen, die Aufgabe der Soziolinguistin. Ich diskutiere deswegen an vielen Stellen alltagssprachlich geläufige und unhinterfragte epilinguistische[140] Begriffe im Detail, deren Scheintransparenz ihre Bedeutung und Funktion verschleiert (das betrifft z.B. „Nationalität", „Muttersprache", „Literatursprache").

Im Erzählen wird eine temporäre narrative Identität geschaffen (King/Horrocks 2010:219), der Modus der ‚Erzählung' ist jedoch nur eine Möglichkeit der Textentfaltung – andere sind stärker argumentativ oder interaktiv (S. 3.4.1.5). Den interaktiven Elementen räume ich bei der Interpretation einen privilegierten Platz ein, weil sie ausschlaggebend für Erzähldynamik und Argumentation sind. Letztere rücke ich bei der Interpretation in den Fokus, weil sie die Basis der Erzähldynamik bildet. Insbesondere denke ich dabei an:

- Kontext und Rahmenbedingungen der Gespräche
- die Formulierung von Fragen und Erzählaufforderungen
- Rollenerwartungen und Interessen
- inkongruente sprachliche Repertoires und Missverständnisse.

3.4.1.2 Die Interviews als Interaktionen

Die Frage, wie die Sprachbiographie im Interview (ko-)konstruiert wird, hängt von der Interaktion im Interview ab (Cameron u.a. 1992:5): Entscheidende Elemente sind das Setting, der Grad der Vertrautheit zwischen den Gesprächspartner*innen, deren sprachliche Repertoires, (Gegen)Übertragungen und der sequentielle Aufbau von Gesprächen (Schegloff 2010). Gerade Missverständnisse, Rückfragen oder auch Unterbrechungen schaffen häufig Situationen, die

---

140 Zur Unterscheidung von epilinguistischen und metalinguistischen Aussagen siehe 3.4.2.2, Schritt 2.

interpretierenswert sind (Weirich 2013). Ich beziehe diese Faktoren deswegen in die Interpretation mit ein und betrachte die Interviewdaten als Transkripte einer Gesprächsinteraktion unter bestimmten Vorzeichen. Die Interaktion verstehe ich dabei als soziales, d.h. wechselseitig aufeinander bezogenes Handeln der Personen, das irgendwie zielgerichtet ist (Heinemann/Heinemann 2002:2). Gegenstand der Interpretation kann deswegen nicht ausschließlich sein, WAS gesagt wird, sondern auch WIE es gesagt wird (Schegloff 2010) und warum es in dieser Situation genau so gesagt wird.

Dies korrespondiert nicht notwendig mit den methodischen Prämissen der Interaktionsanalyse. Lorenza Mondada (2006:8) grenzt die rekonstruktive Beschreibung von Interviews explizit von der Konversationsanalyse ab, da sie keine Alltagssituationen darstellen (Lakoff 1990:43; Techtmeier 2002:107). Und während sie durchaus eine typische sprachliche Praxis für meinen Berufsalltag als Wissenschaftlerin sind, stellen sie in demjenigen meiner Gegenüber eine Ausnahmesituation dar. Außerdem ist das Gespräch nicht (ausschließlich) spontan, sondern zumindest teilweise geplant und die längeren Erzählpassagen sind für Interaktionen, die üblicherweise den Gegenstand von Konversationsanalyse bilden, eher untypisch. Während in der Konversationsanalyse die Verhandlung von Turnwechseln unter dem Aspekt betrachtet wird, wie beitragsschließende Formen erkannt werden, die einen Sprecher*innenwechsel ermöglichen, ist das Ziel der Interviewerin gerade nicht, selbst zu Wort zu kommen (Techtmeier 2002:107). Hinsichtlich der aktivierten sprachlichen Ressourcen bedeutet dies, dass meine Gesprächspartner*innen häufig darstellende Strukturen verwendeten. Dies wirkt sich auch auf die sprachlichen Mittel aus. Bei Maas sind Interaktion und Darstellung zwei funktionale Pole, die jeweils die Verwendung orater bzw. literater Strukturen nahelegen (Maas 2011:72). Sequenz-Organisation und „Turn Constructional Units" (Schegloff 2010) sind jedoch auch für den Aufbau der Interviewtexte ausschlaggebend.

Für Alltagskonversationen wurden „Paarsequenzen" festgestellt, die aus zwei „thematischen Teileinheiten eines Gesamttextes bestehen", deren Elemente kohäsiv aufeinander bezogen sind (Heinemann/ Heinemann 2002:55), d.h. mit dem einen Äußerungskomplex wird der andere schon vorstrukturiert. Die Formulierung von Fragen mit Hilfe bestimmter Begriffe und Kategorien, oder die Projektion grammatischer Strukturen werden von Gesprächspartner*innen aufgegriffen und interpretiert (Deppermann 2008:50). Jede Äußerung setzt für ihre Interpretation etwas voraus, das kommentiert wird (bei Maas Äußerungsgegenstand oder Skopus, 2011:21). Aufgabe meiner Rekonstruktion der Gespräche ist es deswegen, herauszulesen, wie diese Interpretation in die Formulierung von Argumenten und Erzählungen einfließt.

3.4.1.3 Rollen und Interessen der Beteiligten

Ein strukturierendes Element der Interaktion war meine Verantwortung für die Dialogsteuerung durch Fragen und Nachfragen (Hermanns 2008:361; siehe auch 3.2.3.1). Ich habe bei der Beschreibung der Datenerhebung bereits darauf hingewiesen, dass diese Rolle in Konflikt zum Reziprozitätsanspruch stehen kann. „Fragende" und „Antwortende" sind also zwei typische Rollen im Interview, die jeweils ausgehandelt wurden. So ist im Gespräch mit Polina (S7) erkennbar, dass sie nach einigen Minuten unsicher wird, wie sie ihre Stehgreiferzählung fortsetzen sollte. Sie verschob das Gespräch deswegen auf eine Metaebene, indem sie ihre allgemeine Lebenszufriedenheit kommentierte, was gleichzeitig eine erzählungsschließende Funktion hatte und appellierte dann an meine Rolle als Interviewerin, ihr weitere Fragen zu stellen.[141] Im späteren Verlauf des Gesprächs übernahm sie aber auch selbst die dialogsteuernde Funktion, führte neue Themen ein oder stellte mir Fragen, teils durch Rückgriff auf explizite metakommunikative Strategien (Techtmeier 2002:116).[142] Viele meiner Gesprächspartner*innen übernahmen für die Herstellung von Intersubjektivität ein hohes Maß an Verantwortung, etwa durch Ergänzung oder Paraphrasierung meiner Fragen (Techtmeier 2002:114).[143]

Neben diesen in der Struktur oder im Genre Interview angelegten Rollen beeinflussen andere Rollenzuschreibungen und Variablen sozialer Ungleichheit die

---

141 Siehe auch Natalia T61+69.

142 Ein Beispiel hierfür findet sich bei Polina/S40/T218, wo sie meine Frage nach dem Lehramtstudium knapp beantwortete, dann aber mittels Fokuswechseloperator und Metakommentar („dar știți ce am vrut eu să mă întorc la (.) ceea ce ați spus că: (.) [da (.)] elevii noștri foști adică absolvenții noștri dacă pleacă în rusia iată (.) absolvenții noștri mult mai mult pleacă în ucraina [...]", dt. „aber wissen sie ich wollte noch zurückkommen auf das was Sie gesagt haben dass (.) [ja (.)] unsere ehemaligen Schüler also unsere Absolventen wenn sie nach Russland gehen also (.) unsere Absolventen gehen viel viel mehr in die Ukraine") zu einem bereits zuvor thematisierten Gegenstand zurückkehrte.

143 Ein Beispiel hierfür ist die Projektion des Verbs in Iolanda/S11//T63–64: „A: а то есть э вы (.) с него на: (.) украинском на вашем не (.), I: не разговариваем" (dt. „A: das heißt äh Sie (.) mit ihm auf Ukrainisch auf ihrer nicht (.), I: reden wir nicht"). Eine Übersetzung mit der gleichen Wortstellung ist im Deutschen schwierig, da das von Iolanda ergänzte Prädikat hier unmittelbar nach dem Subjekt erwartet würde, auf Russisch in finaler Position aber syntaktisch akzeptabel ist.

Interaktion (Lüdi 2005:149; Mondada 2011:115). Wie bereits im Methodenkapitel (im Zusammenhang mit den Beziehungen im Forschungsprozess, 3.2.2.2) beschrieben, wurde mir von meinen Gesprächspartner*innen häufig eine Expert*innenrolle zugeschrieben, häufig aber auch diejenige einer ortsfremden Studentin, der die Verhältnisse vor Ort grundsätzlich erläutert werden müssten (siehe z.B. Eugen/S10 über die Ursachen von Mehrsprachigkeit in Moldova). Tamara geriet in einen Rollenkonflikt zwischen Russischexpertin einerseits und Interviewpartnerin andererseits, als ich das „Aufnehmen" des Gesprächs wiederholt unidiomatisch ausdrückte. Sie löste den, indem sie mich korrigierte, aber auch erklärte, dass ihr das unangenehm sei:

A: [...] у нас очень серьезные правила для исследований и это значит если я говорю с вами тем более когда я снимаю э
T: записываете -- это вы записываете
A: а запис
T: записываете
A: и снимать это квартиру
T: снимать это вы можете фотографировать снимаете а это записывать
A: а:
T: (lacht) -- я извиняюсь . я просто раньше хотела сказать
A: а да нет хорошо
T: я думаю мне неудобно но
A: нет это важно потому что я это постоянно говорю (lacht)
T: другой раз скажете что записываете[144]

---

144 Dt.: „A: [...] wir haben ziemlich strenge Regeln für die Forschung und das heißt wenn ich mit ihnen rede vor allem wenn ich das aufnehme äh
T: aufzeichnen (--) also sie zeichnen auf
A: ah aufz
T: aufzeichnen
A: und snimat' mache ich mit einer Wohnung
T: snimat' also das können sie beim fotografieren das ist snimat' aber das hier ist zapysivat'
A: ah
T: (lacht) (-) entschuldigung (.) ich wollte das schon vorher sagen
A: achja nein ist gut
T: ich dachte es ist unangenehm aber
A: nein das ist wichtig weil ich das die ganze zeit sage (lacht)
T: beim nächsten Mal sagen sie zapysivat'"

Meine Fragen formulierte ich, so gut es ging, offen und gab mich bisweilen naiv (Hermann 2008:364), sofern ich es nicht ohnehin war.[145] Bisweilen erzeugte dies Erstaunen, zumal in Kombination mit sprachlichen Missverständnissen. Polina (S21) war sichtlich überrascht darüber, dass ich sie nach den dialektalen Unterschieden des Ukrainischen fragte, weil sie (zurecht) davon ausging, dass ich schon einiges über die Vernakulärvarietät im Dorf U. wissen würde.[146] Mit konkreteren Fragen hätte ich vielleicht durchaus in eine tiefere Detaildiskussion einsteigen können, auch auf die Gefahr hin, dass ich Formulierungen und Thesen vorgegeben hätte, die dann aufgegriffen worden wären. In der besagten Szene z.B. wollte ich eigentlich wissen, was für eine Varietät des Ukrainischen denn Polinas Mutter sprach, die in einem anderen Dorf wohnte. Ich hatte aber Schwierigkeiten, die Frage zu formulieren, da ich den Begriff „Dialekt" vermeiden wollte, um Polina kein Label für diese Varietät vorzugeben.

Insbesondere in den Gesprächen mit den Lehrer*innen, aber auch bei den Führungspersönlichkeiten im Call-Center spielte die Selbstdarstellung eine große Rolle. Genres der Selbstdarstellung sind im Arbeitsalltag der Lehrer*innen von Bedeutung (und dies in Moldova in stärkerem Maße, als etwa in der BRD, da Aufführungen und Wettbewerbe aller Art fester Bestandteil des Kurrikulums sind, siehe 5.1.4.5). Hierdurch stehen den Lehrer*innen auch in anderen Interaktionssituationen Sprech- und Verhaltensweisen zur Disposition. Bemerkenswert war jedoch, dass diese nicht von Beginn an aktiviert wurden, sondern erst nachdem bereits einige Sequenzen vergangen waren, also mutmaßlich, wenn eine anfängliche Unsicherheit sich reduziert hatte (z.B. Polina). Die Lehrerinnen schienen davon auszugehen, dass ich ihren Unterricht, das Niveau ihrer Schüler*innen oder ihr eigenes Repertoire beurteilen wollen würde (s. 3.2.2.2.b).

Aus dem Vergleich der Gesprächsverläufe mit den beiden Direktor*innen des Call-Centers Univerconnect (die mich zu diesem Zeitpunkt beide schon seit einer Weile kannten) zeigt den unterschiedlichen Umgang mit der Interviewsituation. Kira äußerte sich anfangs knapp, nüchtern und informativ, legte aber im Verlauf des Gesprächs offensichtlich ihre Skepsis ab, reichterte die Erzählungen

---

145 Das ist ethisch nicht unproblematisch. Cameron u.a. (1992:24) vertreten z.B. den Standpunkt: Wenn Wissen es wert ist, angeeignet zu werden, dann ist es auch wert geteilt zu werden und zwar mit den Subjekten, mit denen wir in der Forschung interagieren. Frazer (1992) bot ihren Gesprächspartner*innen explizit alternative Interpretationsmöglichkeiten an, um vor diesem Hintergrund Wissen selbst zu reevaluieren. Ich habe das, außer wenn ich direkt nach meiner Meinung gefragt wurde, nicht getan.
146 Siehe auch 5.4.2.1, Ukrainischausbau.

mit mehr persönlichen und emotionalen Details an und kam dabei auch prosodisch hörbar in Schwung. Eugen hingegen, der gerne und viel erzählte, tat dies auch in unserem Gespräch von Beginn an und orientierte sich stärker an einem „verallgemeinerten anderen" (Treichel 2004:80). Hierdurch wie durch die langen narrativen Passagen ist dieses Interview auf einer Achse zwischen Kommunikation und Narration stärker am narrativen Pol zu verorten.

3.4.1.4 Interaktion und Syntax gesprochener Sprache

Für die Interviewtranskripte (Textebene II), sind Überlegungen zur Syntax gesprochener Sprache erhellend, weil die Entschlüsselung von Satzstrukturen hilft, zu verstehen, wie in der Interaktion ein bestimmter Sinn entsteht. So zeigt Auer (2005:1f), dass „eine modalitätsangemessene Syntaxbeschreibung" (auch „online-Grammatik") inkrementell (d.h. die Echtzeit der Syntaxproduktion berücksichtigend) und dialogisch sein muss und dabei die häufig „unter hohem Zeit- und Handlungsdruck" produzierten Formen auch als Rückgriff auf musterhaft gespeicherte Konstruktionen verstanden werden müssen (auch wenn wir als Leser*innen dieser zu Text II verarbeiteten Formen aus einer anderen Perspektive auf die schriftlich vorliegenden Strukturen blicken).

Gerade die von mir, einer Rumänisch- und Russisch-L2-Sprecherin mit begrenzten Ressourcen, produzierten Strukturen waren für Dialogpartner*innen schwieriger einem Schema zuzuordnen und folglich in ihrem weiteren Verlauf vorherzusehen (Auer 2005:16). Die Kooperativität der Gesprächspartner*innen, die antizipierten, worauf ich hinaus wollte und meine Fragen aufgriffen, führten manchmal dazu, dass die Interpretation in stärkerem Maße der Gesprächspartner*in überlassen wurde, als dies auch bei synchronisierten Repertoires ohnehin schon der Fall ist (Auer 2005:12, Szczepek 2000). Es entstehen „kollaborative Satzkonstruktionen" (Auer 2000:46; auch Maas 2008a:19), die auf „syntaktischen Projektionen" und dem „gestaltpsychologischen Prinzip der ‚guten Fortsetzung' durch die Produktion einer mehr oder weniger präzise vorhersagbaren Abschlussstruktur" (Auer 2005:3) beruhen.[147] So reden wir bei nicht-satzförmigen Propositionen im Mündlichen eher davon, dass zuvor produzierte syntaktische Strukturen „für eine gewisse Zeit verfügbar" bleiben und (sowohl innerhalb eines Turns als auch für die/den nächste*n Sprecher*in) ein Angebot bereithalten, das in Nachfolgeäußerungen genutzt werden kann. Besondere Aufmerksamkeit bei der Analyse gilt deswegen auch Elementen, die den Diskurs strukturieren und

---

147 Siehe das Beispiel Iolanda/S11/T63 aus 3.4.1.3, Anastasia I/S4/T18-21 oder Polina/S14/T99-100, S21/T32-33/II-III.

Gegensätze aufmachen, mittels Subjunktionen/Konjunktionen, parallelen Satzkonstruktionen, Vor- und Rückverweisen oder Deixis (siehe 3.4.2.2 Schritt 1).

3.4.1.5 Die Interviewtranskripte als Text(e)

Die Daten sind aus der Interaktion, also Text auf Ebene 1, hervorgegangen, liegen als interpretierbares Material aber in Form von Text 2, als Gesprächstranskripte bzw. Ausschnitte davon vor. Es hat also ein „medialer Übergang von der Mündlichkeit zur Schriftlichkeit" (Deppermann 2008:39) stattgefunden, der für die Daten und die Interpretation Konsequenzen hat. Die Interaktionssituation liegt in einer transkribierten Form vor und stellt so einen Text dar, der sich materiell bzw. medial (Buchstaben, Symbole) von der Interaktion selbst (Töne, Bilder, Gesten, Mimik) unterscheidet, wie auch dadurch, dass eine Reihe von Informationen in dieser Transkription nicht auftauchen (Kontext, Mimik, Gestik, physische Präsenz der Interagierenden). Das Interviewtranskript als Text unterscheidet sich auch von der Interaktion durch seine Grenzen (die mit Beginn und Ende der Aufnahme zusammenfallen und nicht unbedingt mit der Interaktion).

Insbesondere durch die (größtenteils) fehlende Repräsentation der prosodischen Gliederung entgehen mir im Nachhinein also entscheidende Merkmale der Interaktion (auch wenn die Audiodatei während der Lektüre zusätzlich herangezogen werden konnte). Gleichzeitig kann die Interaktion in ihrer textuellen Form des Transkripts sehr viel weitgehender interpretiert werden, als es in der unmittelbaren Interaktionssituation geschehen kann, die mit den begrenzten kognitiven Ressourcen arbeiten muss, die für orate Sprachformen kennzeichnend sind. Bei der nachträglichen Interpretation befinde ich mich selbst nicht mehr in der Interaktionssituation und bin damit vom „unmittelbaren Handlungsdruck der sich zeitlich entfaltenden Erzählsituation befreit" (Treichel 2004:89). Das Zurateziehen von Wörterbüchern und der Meinung Dritter erlaubte mir außerdem ein besseres sprachliches Verständnis als es manchmal in der unmittelbaren Gesprächssituation möglich war. Die Interpretation muss deswegen insbesondere beim Vergleich von im Gesprächsverlauf weit auseinanderliegender Sequenzen berücksichtigen, ob diese im Sinne von Textkohärenz von den Interagierenden intentional in einen Zusammenhang gebracht wurden. Bei Maas (20011/12:74) ist die Kohärenz als „Moment der sprachlichen Gestaltschließung" tendenziell am literaten Pol verortet, aber keineswegs darauf beschränkt; Gespräche erlauben aber ein höheres Maß an Inkohärenz als literate Strukturen.[148]

---

148 Grundsätzlich ist eines der Definitionskriterien für einen Text Kohärenz, d.h. der semantische Zusammenhang (Schippel 2002:47)

In Abhängigkeit vom Interaktionsverlauf, den jeweiligen Themen und den Rollen und Interessen der Gesprächspartner*innen werden verschiedene Modi der Themenentfaltung eingesetzt. Hierzu zählt die in der Biographieforschung häufig als zentral erachtete Form der Erzählung, aber auch die argumentative oder explikative Themenentfaltung (Brinker 2010:65-77), wenn die Gesprächspartner*innen mich von einer bestimmten Perspektive überzeugen wollten (vgl. auch Franceschini 2002:25). Die Argumentationsweise hängt in starkem Maße davon ab, welcher Standpunkt mir unterstellt wurde, d.h. wovon ich (vermeintlich) überzeugt werden musste.

3.4.2 Leitfragen für die Interpretation

Eine reflexive Betrachtung dieser Daten erfordert nicht nur die Integration der Rolle der Forscherin bei der Datenproduktion in die Analyse, sondern auch einen reflexiven Umgang mit der Tatsache, dass die Analyse (Text III) selbst erneut eine Geschichte ist, die auch auf andere Weisen hätte erzählt werden können und die selbst zur Reproduktion von Diskursen und gesellschaftlichem Wissen beitragen (Franceschini 2002:26). Ich muss versuchen, zu verstehen, warum die Geschichte unter den gegebenen Umständen genau so erzählt wurde. Bei aller Faszination von Lebensgeschichten bleibt die schwierige Frage zu beantworten, wie sie einer wissenschaftlichen Analyse zugänglich gemacht werden kann (Pavlenko 2007). Das Leitinteresse meiner Interpretation sind sprachliche Biographien und die Restrukturierung sprachlicher Repertoires der Gesprächspartner*innen mit besonderem Augenmerk auf dem Zusammenhang mit beruflichen Biographien. Dementsprechend besteht im Rahmen der beiden Fallstudien das jeweils zentrale Unterkapitel in der Beschreibung und Analyse dreier ausgewählter Biographien. Hauptquelle sind die aufgezeichneten Gespräche, die für drei analytische Zugänge dienen:

1. die Rekonstruktion von Sprach- und beruflichen Biographien und deren Verquickung,
2. die Repräsentation der sprachlichen Repertoires der Gesprächspartner*innen durch die Personen selbst,
3. die Sprechweise: die aufgezeichneten Gespräche sind sprachliche Daten, die in begrenztem Maße Hinweise und Aufschluss über die sprachlichen Repertoires geben können.

3.4.2.1 Versprachlichung der Interpretation (Textebene 3)

Wie in 3.2.2.3 bereits angedeutet, wirkt sich der Doppelstatus der Interviewtranskripte als Dokumentation einer Interaktion und als eigener Text auf meine Interpretation sprachlich so aus, dass ich, wann immer ich den Gesprächsverlauf schildere, auf bestimmte Turns oder andere interaktive Elemente hinweise, in der Vergangenheit schreibe. Dadurch wird dieser Text als eine temporäre, vergängliche Situation deutlich markiert, die ein einziges Mal so stattgefunden hat und sich kein zweites Mal durchleben lässt (Denzin 1992:44).

Wenn ich mich hingegen textimmanent auf die Interviews beziehe, Vor- und Rückverweise kenntlich mache, Widersprüche aufzeige (die mir in der Interaktionssituation selbst eventuell noch gar nicht aufgefallen sind), habe ich im Präsens geschrieben, da das Transkript als Text, zu jedem Zeitpunkt der Lektüre genauso vorliegt. Wenn ich, zur Kontextualisierung oder Einschätzung des Geschilderten auf zeitgeschichtliche Ereignisse verwiesen habe, habe ich dafür ebenfalls die Vergangenheit gewählt. Längere Gesprächsauszüge werden im Rahmen der Detailanalyse in einer Tabelle (s.u. 3.4.2.2) wiedergegeben; wenn sie, wie in den Kapiteln (5.1 und 6.1) der Illustration von Artikulationen sprachlicher Verhältnisse dienen, werden sie ohne Tabelle eingerückt präsentiert – die approximative deutsche Übersetzung findet sich dann in einer Fußnote. Kürzere, in den Text integrierte Datenbeispiele sind immer in Anführungszeichen, wie auch die Übersetzungen ins Deutsche (die meist in Klammern dahinter stehen).[149]

3.4.2.2 Struktur der Analyse

Zu Beginn jedes personenbezogenen Unterkapitels steht jeweils eine knappe Zusammenfassung der Alleinstellungsmerkmale der folgenden Biographie (genannt: „zur Orientierung"). In den dort hervorgehobenen Aspekten liegt gleichermaßen die Auswahl der Personen für die eingehendere Auseinandersetzung aus der Gesamtheit der in Frage kommenden Interviews begründet. Der Analyse geht jeweils eine Situierung der Gespräche voraus, in der ich unter Rückgriff auf meine Erinnerungen und meine Forschungsnotizen beschreibe, welches die Rahmenbedingungen der Interviews waren.

Als ersten Schritt der Grobinterpretation habe ich die „Textoberfläche" (Jäger 1999:178) des gesamten Transkripts hinsichtlich des Gesprächsverlaufs in „makroskopische Interaktionssequenzen" (Deppermann 2008:52) gegliedert. Die

---

149   Hierbei habe ich häufig Hörer*innensignale eliminiert.

Übersicht zeigt das jeweilige Hauptthema der Sequenz sowie weitere Neben- oder Unterthemen. Sie fasst zusammen, wie die Interaktion den Themenverlauf beeinflusst hat und gibt die Funktion der jeweiligen Sequenz für den Interaktions- bzw. Argumentationsverlauf an.

Tabelle: Untergliederung der Texte nach makroskopischen Interaktionssequenzen

Nr.	**Turns**	Thema/ Haupterzähllinie (Treichel 2004) bzw. (Hauptgedanke (Heinemann/ Heinemann 2002:79)	Unterthemen (Bonsack 2014:137)	Thematisierungsanlass	Rolle für die „Komposition des Textes" (Jäger 1999:179)

Die erste Spalte listet die vergebene „Sequenznummer" auf, auf die ich auch bei der detaillierten Interpretation Bezug nehme. In der zweiten Spalte finden sich die Turnnummerierungen (anstelle einer Zeilennummerierung). Die Idee hierbei ist, eine grobe Vorstellung davon zu geben, wie viel Raum im Verhältnis zueinander die einzelnen Passagen einnehmen. Ideal wäre hierfür die Angabe von Minuten und Sekunden, auf die ich aber aus arbeitsökonomischen Erwägungen verzichtet habe. Aus den Angaben der ersten beiden Spalten ergibt sich auch die Zitierweise für bestimmte Abschnitte oder Sequenzen der Interviews (z.B. Iolanda/S7/T33-39).

In der Spalte „Rolle für die Komposition des Texts" findet sich ein Label, das die Rolle der Sequenz für den Verlauf des Gesprächs charakterisiert, d.h. für die Interaktion als Gesamttext. Dies ist auch der Versuch, die Rollen nachzuvollziehen, die die Gesprächspartner*innen einnehmen und wie sich diese im Verlauf der Interaktion wandeln.

In der Detailanalyse ausgewählter Sequenzen wird die Rolle einzelner Elemente der Sequenz für die Argumentation und die Erzählung im Einzelnen diskutiert (siehe unten Abschnitt „Auswahl und Aufbereitung der Sequenzen"). Daran, dass Sequenzen relativ häufig aus zwei Turns bestehen, ist die strukturierende Funktion meiner eigenen (Nach-)Fragen zu erkennen (Barth 2000:60). Häufig wurden diese Themenwechsel durch eine Frage von mir als „Auslösehandlung" (Spranz-Fogasy 2003:32) eingeleitet. Die Unterteilung in Sequenzen ging in den meisten Fällen mit einer Änderung des Hauptthemas einher, d.h. bei einer „Quaestioverschiebung" (Deppermann 2003:14) habe ich eine neue Sequenz markiert.

Der Verlauf und der Typ der Funktionen, um die es hier geht, hängen mit dem jeweiligen Modus der Interaktion, der Art der Themenentfaltung (eher narrativ, explikativ oder argumentativ) und den (jeweils unterstellten) Rollen ab. Verstehenssignalisierende und interessensbekundende Hörer*innensignale meinerseits wie „aha" oder „jaja" habe ich dabei aber in der Regel nicht als Turn aufgefasst und dementsprechend bei der Transkription in eckigen Klammern in den fortlaufenden Turn der Gesprächspartnerin integriert.[150] Diese tabellarische Darstellung bietet eine Übersicht über die angeschnittenen Themen (auch diejenigen, die in der näheren Interpretation nicht vorkommen) und erlaubt es, den Gesprächsverlauf nachzuvollziehen und einen Eindruck von der „inneren Logik" (Franceschini 2002:26) des Gesamttextes zu bekommen. Ich gehe hierauf jeweils bei der Beschreibung der Rahmenbedingungen der Gespräche zu Beginn der Einzelinterpretationen ein. Die thematische Verlaufsgliederung ermöglicht somit die Situierung der für die Detailinterpretation ausgewählten Sequenzen, die, wenn auch für mein Leitinteresse ausschlaggebend, nicht notwendig der Gewichtung der Interviewpartner*innen entsprechen.

Für die Detailinterpretation habe ich diejenigen Sequenzen ausgewählt, die für die Rekonstruktion der Sprach- und Berufsbiographie, d.h. für den Beginn und den Verlauf von Lern-, Ausbau- und Vergessensprozessen aufschlussreich sind sowie für Ausbildungs- und Berufsentscheidungen und die berufliche Praxis. Meine Interpretation dieser Sequenzen arbeitet die Rolle von sprachlichen Ressourcen als Voraussetzung für diese Berufsfelder und die Aneignung neuer sprachlicher Ressourcen im Kontext von Lohnarbeit heraus. Zusätzlich habe ich Sequenzen ausgewählt, die für die Repräsentation der jeweiligen sprachlichen Repertoires und insbesondere für deren Reichweite und Erreichbarkeit wichtig sind. Dabei geht es häufig auch um die Schilderung von sprachlicher Praxis und der Bewertung der sprachlichen Verhältnisse in unterschiedlichen Räumen.

Die ausgewählten Sequenzen wurden tabellarisch hinsichtlich ihres Textaufbaus strukturiert (dies stellt also eine feinere Ebene der Interaktionsinterpretation dar als die makroskopischen Interaktionssequenzen) und mit römischen Ziffern nummeriert. Diese Mikrobestandteile des größeren Argumentationsverlaufs bestehen aus Elementen, wie „Einschränkung/ Restriktion des vorher gesagten", Einführung neuer Informationen, Detaillierung, Vorwegnahme eines

---

150 Hiervon gibt es zahlreiche Ausnahmen, insbesondere bei den Transkriptionen von den Mitschnitten der Arbeit im Call-Center.

Gegenarguments, Hintergrundkonstruktion[151], Rechtfertigung, Offenlegung/ Erklärung etc. (Diese Figuren entspringen der Lektüre von Barth-Weingarten 2003; Bonsack 2014; Brinker 2010; Deppermann 2003; Deppermann/Lucius-Hoene 2003; Fix 2000:9; Heinemann/Heinemann 2002; Techtmeier 2002; Treichel 2004). Häufig haben sie den Status von „Beitragskonstruktionseinheiten" (TCU für Englisch *Turn Construction Unit*), d.h. „kleinsten Einheiten, nach denen ein Sprecherwechsel möglich wäre" (Deppermann 2008:58). Die Einteilung in Mikrobestandteile ist unterschiedlich detailliert, je nachdem, ob ich die Sequenz eher narrativ, argumentativ und/ oder interaktiv eingeschätzt habe. Während aus Sicht der Interaktion Faktoren wie z.B. Retraktion, Interjektionen und Pausen das Entscheidende sein können, kann z.B. bei der Argumentationsanalyse das übergeordnet formulierte Argument wichtiger sein.

Diese Übersichten enthalten außerdem eine Übersetzung der Interviewsequenzen ins Deutsche, die notwendig approximativ ist und selbst ein hohes Maß an Interpretation aufweist, weshalb ich im Text und bei der Interpretation vorwiegend mit den Originalformulierungen gearbeitet habe. Zur besseren Lesbarkeit habe ich hier Majuskeln entsprechend der orthographischen Konventionen des Deutschen eingesetzt, Interpunktion aber nicht. Pausen habe ich, wo möglich, versucht analog zum Original zu markieren. Die „Translatfunktion" (Schippel 2008:107) besteht in erster Linie darin, den Leser*innen, die die Originale nicht oder nur teilweise verstehen, einen inhaltlichen Zugang zu den Daten zu ermöglichen.[152]

---

151 Dabei geht es um die Erklärung, Explizierung von Elementen des Hauptpferdstrangs, die in diesen eingebettet werden, um seine Fortführung zu ermöglichen.

152 Am besten hätte dies sicherlich eine Kombination aus Interlinearübersetzung und inhaltsorientierter Übersetzung bewerkstelligt. Dies wäre insofern unökonomisch gewesen, als die Interpretation überwiegend inhaltlich ist und nicht sprachliche Details fokussiert. Die Übersetzung bemüht sich deswegen um einen Kompromiss aus inhaltlicher Verständlichkeit (die Priorität hat) und einer approximativen (nicht äquivalenten) Widergabe der Strukturen gesprochener Sprache. Wie am in 3.4.1.3 zitierten Beispiel Iolanda/S11/XIII erklärt, fehlt für eine idiomatische Übersetzung ins Deutsche insbesondere in anakoluthischen Propositionen auf Grund der freien Verbstellung im Russischen und Rumänischen das Prädikat. Eine inhaltliche Übersetzung ergibt sich durch die Bedeutungsnuancen, die sich im Russischen durch den Verbaspekt ergeben. Auf Grund der thematischen Schwerpunktsetzung werden z.B. Formen des Verbs „lernen" häufig verwendet. Während die Verbform выучить im Russischen bedeutet, dass etwas „zu Ende gelernt" wurde, wäre eine solche Übersetzung ins Deutsche ebenfalls unidiomatisch, „lernen" trifft die Bedeutung aber

Schritt 1: Rekonstruktion von Sprach- und beruflichen Biographien
Zu Beginn der personenzentrierten Kapitel präsentiere ich einen kurzen Überblick über die Sprach- und Berufsbiographie der Gesprächspartner*innen nach meinem Kenntnisstand.

Auf Basis der ausgewählten Gespräche habe ich dann Ausschnitte aus der Lebensgeschichte der Gesprächspartner*innen anhand der hierfür relevanten Sequenzen rekonstruiert. Leitfrage für die Interpretation ist dabei, welche biographischen Ereignisse und Entscheidungen Anlass für das Lernen neuer Sprachen, sprachlicher Register und Ausbauprozesse waren und in welchem Zusammenhang dies jeweils mit professionellen Karrieren und den sprachlichen Anforderungen von Lohnarbeit stand. Hintergrundgedanke dabei ist, dass Lohnarbeit und Beruf quantitativ wie existentiell wichtige Felder sprachlicher Praxis und sprachlichen Lernens sind. Da die meisten beruflichen Tätigkeiten in der sprachlichen Praxis eine eigene Fachsprache und besondere Register verlangen, sind gerade Phasen des Berufseintritts oder Wechsels einer Arbeitsstelle häufig auch in sprachlicher Hinsicht lernintensive Phasen, in denen Repertoires restrukturiert werden (Blommaert/Backus 2011:10, 2013:16). Insofern es um die Restrukturierung sprachlicher Repertoires geht, werden aber auch Sequenzen untersucht, in denen es um vergessene und nicht mehr praktizierte sprachliche Ressourcen geht.

Der Ausbau und die Restrukturierung sprachlicher Repertoires verläuft in der Regel nicht linear, sondern in manchen Lebensphasen explosiv, in anderen eher stagnierend, deswegen geht es auch darum Lebensphasen zu identifizieren, in denen Restrukturierungen des Repertoires besonders wichtig waren. Welche Aneignungsstrategien wählen Menschen in diesen „wichtigen Lernmomenten" (Franceschini 2002:26)?

Gleichzeitig geht es darum, zu verstehen, inwiefern sprachliche Kompetenzen ein Faktor sind, der berufliche Entscheidungen und „Karrieremöglichkeiten" bedingt. Welche Möglichkeiten für bestimmte Formen der individuellen Reproduktion ergeben sich durch sprachliche Ressourcen und welche Wege bleiben verschlossen, weil die Ressourcen als nicht ausreichend betrachtet werden (ökonomische Reichweite sprachlicher Ressourcen)?

Im Hinblick auf die Kommodifizierbarkit der Arbeitskraft als Teil von Sprachbiographien stelle ich die Frage, welche Funktion und Bedeutung die in der Lohnarbeitsbiographie gefragten sprachlichen Ressourcen auch jenseits des

---

nicht vollständig. Für eine breite Diskussion von Fragen von Translationsqualität, funktionaler Translation und Skopus siehe die Beiträge in Schippel (2006).

Arbeitsmarkts haben. Hierbei geht es um die Situierung der Kommodifizierung, die nicht verdinglicht werden soll (siehe 2.2.3).

Dieser erste Teil der Interpretation ist der Versuch der Annäherung an die sprachlichen Repertoires als „indexikalische Biographien" durch das Herausarbeiten von Hinweisen, wie das sprachliche Repertoire auf Grund biographischer Verläufe aussehen könnte, wissend, dass ich höchstens punktuell die Möglichkeit habe, diese interaktiv konstruierten Biographien mit anderen Daten zu triangulieren.

Methodisch geht es also darum, „turning points" (Denzin 1989:22) bzw. „biographische Brüche" (Erfurt/Amelina 2008:35; Treichel 2004:133) und signifikante Ereignisse herauszuarbeiten, um die sich (sprach)biographisches Erzählen häufig dreht (Bonsack 2014:113). Diese Ereignisse sind mögliche Anlässe für Restrukturierung sprachlicher Repertoires. Wie wurde die Veränderung sprachlicher Verhältnisse erlebt (Fix 2000:7; Bochmann 2007:25)? Und wie verändert sich dadurch die Erreichbarkeit und Reichweite von sprachlichen Ressourcen?

Erreichbarkeit und Reichweite stellen zentrale Kategorien dar, die ich jedoch deduktiv expliziere – sie speisen sich aus meinen theoretischen Überlegungen. An die Interpretation der Interviews richte ich die Frage, ob in den Auseinandersetzungen meiner Gesprächspartner*innen diese Aspekte eine Rolle spielen.

Bei der Rekonstruktion lege ich stets Wert darauf, transparent zu machen, wie die Gesprächspartner*innen „darauf gekommen sind", d.h. die einzelnen Gesprächspassagen im Interviewverlauf zu situieren und zu verdeutlichen, welche Assoziationsketten oder (manchmal auch missverständliche) Fragen von mir dazu geführt haben, dass bestimmte Aspekte überhaupt thematisiert werden. Hiermit ist gleichzeitig angedeutet, dass die biographische Erzählung auch ganz anders hätte verlaufen können. Um dies deutlich zu machen, expliziere ich an einigen Stellen auch, was NICHT gesagt wurde, bzw. mache darauf aufmerksam, was ich nicht weiß oder was ich nachträglich fragen würde, wenn ich die Gelegenheit dazu hätte.[153]

Bei der sprachlichen Inszenierung der biographischen Erzählung arbeite ich heraus, wie die Erzählenden selbst den Verlauf ihrer Biographie bewerten, auch im Vergleich zu anderen und zu dem, was als Normalbiographie verstanden wird, d.h. wie sich Subjekte im Rahmen der Verhältnisse verorten.

Die Darstellungen unterscheiden sich in hohem Maße je nach Bereitschaft und Art der Reflexion:

---

153 Zur Rolle des Nicht-Gesagten vgl. Pavlenko (2007:166).

„Das Sprechen über Sprache" empirisch zu fassen, gilt als schwierig (Treichel 2004:111), weil es sich hierbei um einen Metadiskurs handelt, der im Alltag üblicherweise nicht fokussiert wird und deswegen der Kognition schwer zugänglich ist. Es entstehen bei dieser Art der „introspektiven Daten" (Franceschini 2002:22) häufig nachträgliche Rationalisierungen, weil diese Prozesse sonst quasi-automatisch ablaufen und von den Sprecher*Innen selbst nur selten reflexiv betrachtet werden. Dies trifft sicherlich auch auf meine Gesprächspartner*innen zu, allerdings haben sie sich alle auf ihre je eigene Art und Weise intensiv mit Sprache und Sprachaneignungsprozessen befasst, denn sie stellen die zentralen Ressourcen ihrer gegenwärtigen Lohnarbeit dar (und sowohl die drei Lehrerinnen als auch der Direktor im Call-Center Eugen selbst haben Sprachen studiert). Hinzu kommt, dass in politischen Alltagsdiskursen das Reden über Sprache in Moldova weit verbreitet ist. Auf diese Diskurse und Alltagstheorien wird zwecks Rationalisierung der gesellschaftlichen Verhältnisse, persönlicher biographischer Ereignisse und Restrukturierung des eigenen Repertoires zurückgegriffen (Lüdi 2005:147; Miecznikowski 2004:206). Als nützlich erwies sich bei der Identifikation dieser argumentativen Muster die Bestandsaufnahme von Bochmann (2007b:33-35, siehe auch 4.4), von mir ergänzt um den „Leistungs-", „Ordnungs-" und den folkloristischen Diskurs.

Um mich diesen sprachlichen Konstruktionen interpretativ zu nähern, habe ich keinen Methoden- oder Kriterienkatalog entwickelt, auf den hin ich die einzelnen Sequenzen überprüft hätte, sondern aus der Lektüre heraus versucht herzuleiten, wie interaktiv Bedeutung geschaffen wird. Ich nenne im Folgenden eine Reihe von wiederkehrenden Aspekten der Bedeutungskonstruktion. Bei der Betrachtung der 'Sprechweise', kamen sie teilweise ebenfalls zur Anwendung.

Hierzu gehören

- der Aufbau von Argumenten und Erzählungen
- „Kontextanalyse" (Deppermann 2008:66) von Erklärungen: welches Alltagswissen setzen diese voraus?
- Vor- und Rückverweise, Projektionen, Retraktionen zur Herstellung von Kohäsion (Schippel 2002:48)
- „consequences of the irreversibility of speech": Formulierungsprobleme: Zögern, Reparaturen, Neubeginn (Auer 2009:3), Anakoluth (Hoffmann 1991) können Aufschluss darüber geben, wo bei den Sprecher*innen Unsicherheit herrscht, wo von heiklen Themen die Rede ist, wo routiniert berichtet werden kann, weil es um rekurrente Erzählungen geht.
- evaluative Adjektive (Deppermann 2003:14), die Aufschluss über Bewertungen geben (s. auch Schritt 2)

- Pronomenanalyse (Fix 2000:23), insbesondere „wir" und „sie" (Jäger 1999:183) geben wichtige Hinweise auf Kategorisierungen, Identifikation und Demarkation (siehe auch Weirich 2013)
- im Zusammenhang mit Pronomina (grammatische Substitution) auch Isotopie (Heinemann/Heinemann 2002:69), wozu aber ebenso Lexemrepetitionen, Synonyme, Hyperonyme, Antonyme, Paraphrasen und grammatische Substitution zählen[154]
- weitere „Vertextungsmittel" (Heinemann/Heinemann 2002:67) wie Konjunktionen, Pro(nominal)adverbien, Artikel, Gliederungssignale, Frage- und Antwort-Partikel, Deiktika.
- adversative Ausdrücke und Gegensätze (Jäger 1999:182f).

Schritt 2: Repräsentation der sprachlichen Repertoires der Gesprächspartner*innen durch die Personen selbst

Im jeweils zweiten Teil der sechs Interviewinterpretationen diskutiere ich diejenigen Interviewsequenzen, in denen die Sprecher*innen Einschätzungen ihrer sprachlichen Ressourcen vornehmen. Dabei arbeite ich mit dem Begriff der (Auto-)Repräsentationen (Lafontaine 1987:15).[155] Alltagssprachlich formuliert sind diese Vorstellungen, die Sprecher*innen von ihrem eigenen sprachlichen Wissen haben. In den einschlägigen Definitionen soziolinguistischer Repräsentationen (z.B. Boyer 2001:41-42; Gueunier 1997) sind dies kollektive, also soziale geteilte Repräsentationen, die eine Bewertung beinhalten und eine praktische Wirkung haben.[156] Sie sind eng verbunden mit Diskursfragmenten, die in der

---

154 Isotopie ist ein semantischer Zugriff auf Text. Analog zum Pronominalisierungsansatz wird gefragt, wie über bestimmte Lexeme „die über einen Text verteilt und durch Identitäts- oder Similaritätsbeziehungen miteinander vernetzt sind" (Heinemann/Heinemann 2002:72) Textkohärenz hergestellt wird. Zur Herstellung von Kohärenz und Kohäsion siehe auch Deppermann (2002:47f) und für das gesprochene Rumänisch Schippel (2002:47f).
155 Ich befasse mich an dieser Stelle nicht mit theoretischen Details und Unterschieden zwischen Repräsentationen und „imaginaire linguistique" (Houdebine 1997), sprachlichen Identifikationsprozessen bzw. sprachlicher Individuation (Bochmann 2007), Sprachbewusstheit (Fix 2000:7), Spracheinstellungen bzw. Attitüden (Erfurt/Amelina 2008:34; Lafontaine 1986; Lüdi/Py 2002:88f).
156 Ursprünglich entstammt der Begriff der Soziologie bzw. Sozialpsychologie (vgl. Boyer 2001:41; Lüdi/Py 2002:85). Das sprachwissenschaftliche Interesse hieran rührte aus dem Einfluss von Repräsentationen auf die Sprachwahl. Sie spielen in der Kommunikation dabei diejenige Rolle, dass sich ein*e Sprecher*in der Anwesenheit einer dritten Person bewusst ist und sich deren Reaktion oder Einstellung vorstellt

entsprechenden Gesellschaft zirkulieren (Lüdi/Py 2002:98) und dementsprechend häufig von Einsprachigkeitsideologie geprägt (Lüdi 2014). Für die Repräsentation des eigenen sprachlichen Repertoires sind solche soziolinguistischen Repräsentationen Referenzpunkte, aber sie sind nicht identisch. In einer Untersuchung von Interviews mit Angehörigen der moldauischen Militärakademie im Hinblick auf die Repräsentationen des eigenen sprachlichen Repertoires und der sprachlichen Repertoires anderer (Weirich 2014), ging es darum Prozesse der Majorisierung und Minorisierung zu erkennen. Ich bin dabei davon ausgegangen, dass neben Praxen und Institutionalisierungsprozessen sprachliche Repräsentationen zentral für die Frage sind, welche sprachlichen Repertoires in einer Gesellschaft dominieren.[157] Im Fokus der Analyse der Auto-Repräsentationen ihrer sprachlichen Repertoires steht nun wiederum, wie sich die einzelnen Akteur*innen in diesem Gefüge selbst verorten.

Als Majorisierung habe ich diejenigen Prozesse beschrieben, in denen sprachliche Praktiken und soziolinguistische Repräsentationen zu Bewertungskriterien in der Interaktion werden (Weirich 2014:151), die aber häufig unsichtbar sind und als selbstverständlich gelten, wie es bei Privilegien häufig der Fall ist. Aus Sicht derjenigen, die wiederum versucht, die Lebenswelt[158] der Lehrer*innen an einer Dorfschule oder den Angestellten eines Call-Centers zu verstehen, sind die Benennungen Kategorien der Erschließung der Welt, die sich im Rahmen desjenigen, was als legitimes Wissen gilt, wiederholen und somit eine „Achse der Differenzierung" (Gal 2012) bilden. Diese Benennungen sind aber gleichzeitig auch Gegenstand und Form von Auseinandersetzung um gesellschaftliche Hegemonie, Interessenkonflikte, Unterdrückung und Emanzipation und somit ideologische Momente (Metscher 2010:204f).

Der Interpretation im engeren Sinne unterliegen epilinguistische Kommentare (s.u.) in den Gesprächen, aus denen ich als Forscherin die Repräsentationen konstruiere (Biloa/Fonkoua 2011:310). Methodologisch sind diese Kommentare individuell, sie bedienen sich aber sozialer Kategorien und bewegen sich im Rahmen dessen, was als gesellschaftliches Wissen gilt und sagbar ist (Jäger 2009:130;

(repräsentiert) und diese bei der Sprachwahl berücksichtigt (Lüdi/Py 2002:86f). Sie können außerdem eine zentrale Rolle spielen, wenn es darum geht, Diskriminierungen und rassistische Einstellungen zu betrachten (Lüdi/Py 2002:95).

157 Dabei stütze ich mich auf den Begriff der soziolinguistischen Repräsentation bei Blanchet (2005), der diese gemeinsam mit Institutionalisierungsprozessen und sozialen Praktiken in einer Helix verortet, die das komplexe System „Sprache" bestimmt und was als Sprache, Varietät, Dialekt o.ä. funktioniert.

158 Zum Begriff ‚Lebenswelt' siehe 2.3.2

Butler 1997:32; Busch 2012:7). Die Überschreitung der Grenzen des Sagbaren verursacht Irritation, Skandale oder Widerstand, aber innerhalb der Grenzen des Sagbaren sind konkurrierende oder widersprüchliche Repräsentationen möglich (Alber 1989:39f; Weirich 2014:159). Epilinguistische Diskurse über das eigene sprachliche Wissen arbeiten notwendig mit Vergleichen – zu anderen sprachlichen Repertoires und dem, was als normal betrachtet wird, sie bedienen sich also sozial etablierter Bewertungskriterien und Normal(itäts)vorstellungen.

Blanchet (2005:32) spricht von einem Kontinuum von epilinguistischen („qui rend compte implicitement, dans les attitudes langagières mises en oeuvre, des conceptions sur les langues et leurs usages") und metalinguistischen Diskursen („qui expose explicitement un regard empirique ou réflexion distanciée sur les langues et leurs usages"). Im Falle meiner Daten ist diese Unterscheidung erhellend, da einige meiner Gesprächspartner*innen Sprachen studiert haben und dabei als Sprecher*innen bzw. Sprachexpert*innen beide Positionen einnehmen.[159]

Auf der beschreibenden Ebene erfolgt eine Bestandsaufnahme der sprachlichen Ressourcen, die im Gespräch thematisiert werden: Welche Sprachen, Varietäten und Register zählen die Gesprächspartner*innen zu ihrem sprachlichen Repertoire? Wie bewerten sie ihr sprachliches Wissen? Wie beschreiben sie ihre sprachliche Praxis? In welchen Situationen werden welche Ressourcen gewählt? Wie kompetent fühlen die SprecherInnen sich in diesen Situationen? Was für Formen sprachlicher Unsicherheit werden artikuliert, wer fühlt sich wann als legitime*r Sprecher*in?

Wie schätzen die Sprecher*innen Reichweite und Erreichbarkeit verschiedener sprachlicher Ressourcen ein? Wie erklären sie sie? Und welche Kriterien legen sie an, um sie zu bemessen?

Diese sprachtheoretischen Begriffe werden von den Sprecher*innen als solche (zumal auf Deutsch) nicht explizit verwendet. Eine Stärke dieser Elemente einer Theorie sprachlicher Verhältnisse ist aber, dass sie sehr nah am Alltagsverständnis sprachlicher Praxis sind und mit Argumenten, Konzepten, Metaphern und sprachlichen Ideologien in den Interviewtexten oft erstaunlich direkt zusammenzubringen sind. Häufig geschieht dies über räumliche Metaphern (z.B. Iolandas Aussage „mit diesem Dialekt kommt man nirgendswohin", siehe 5.5), über Bilder der Mobilität.

---

159 Auch Lüdi/Py (2003:102) unterscheiden zwischen elaborierteren und weniger elaborierten Repräsentationen, wobei das wichtigste Unterscheidungskriterium Grad und Art der Argumentation sind, weshalb als Methode semi-direktive Interviews und Gruppendiskussionen bevorzugt werden.

Gleichzeitig frage ich, mit welchen geographischen und sozialen Räumen die sprachlichen Ressourcen assoziiert werden (Dorf, Chișinău, Italien…) und welche Bedeutung diesen Räumen jeweils beigemessen wird (Berufsleben, Familie, Bildung…). Da ein Interesse dieser Arbeit darin besteht, zu einer Theoretisierung dieser Begriffe im Rahmen einer Theorie sprachlicher Verhältnisse beizutragen, habe ich in den Texten deduktiv nach den Dimensionen gesucht, die Erreichbarkeit und Reichweite sprachlicher Ressourcen aus Sicht der Sprecher*innen selbst hat, welche Rolle sie in den Repräsentationen der Sprecher*innen spielen.

Methodisch bedeutet dies auch eine Interpretation der sprachlichen Mittel, mit Hilfe derer die Sprecher*innen sich und ihre Repertoires positionieren. Die Verwendung bestimmter Begriffe verweist auf bestimmte sprachliche Ideologien und Diskurse, wie etwa die häufige Verwendung des Adverbs чисто (dt. „sauber) durch die Lehrer*innen Anastasia und Iolanda bzw. des Adverbs *corect* durch Polina in Bezug zum Korrektheitsdiskurs zu sehen sind. Die Beschreibung der sprachlichen Ideologien und Repräsentationen erfolgt vor allem über die Benennung sprachlicher Formen (etwa als Standard-/Literatursprache, Dialekt, als Mutter- oder Fremdsprache), aber auch über Kategorien der Zugehörigkeit (Nationalitäten, Ethnien, Dorfgemeinschaften etc.), die Zuschreibung zu denen häufig über Sprache oder Sprachliche Repertoires erfolgt. Ziel dessen ist es, zu verstehen, wie die Gesprächspartner*innen die lokalen sprachlichen Verhältnisse begreifen, wie sie diese im überregionalen und transnationalen Zusammenhang verorten und wie sie ihre eigene Position erklären. Dabei geht es auch um den Zusammenhang, den die Menschen zwischen ihren sprachlichen Repertoires und ihrer sozialen und beruflichen Position herstellen.

All diese Fragen spielen natürlich auch bei der Rekonstruktion der sprachlichen Biographien eine wichtige Rolle und werden hier immer wieder thematisiert, so dass die Argumentation in beiden Abschnitten jeweils eng aufeinander Bezug nimmt.

Schritt 3: Analyse der sprachlichen Formen

Eine noch auszuarbeitende Methode der Erforschung sprachlicher Repertoires müsste sowohl sprachbiographische Daten berücksichtigen als auch die sprachlichen Ressourcen selbst erfassen. Die Datengrundlage dieser Arbeit erlaubt Zweites nur in begrenztem Umfang. Der dritte Teil der Analyse versteht sich deswegen als exemplarischer Zugang zu sprachlichen Daten, die einen kleinen Ausschnitt der Repertoires darstellen. Die Interviews sind für mich also nicht nur eine interpretierbare (auto-)biographische Narration, die zudem Repräsentationen der sprachlichen Repertoires enthalten, sondern sind auch selbst sprachliche

Praxis, die als sprachliche Daten im Hinblick auf die Repertoires der Personen punktuell analysiert werden können (Denzin 1994:44).

Um einen notwendig kleinen Ausschnitt des Repertoires handelt es sich dabei in fast allen Fällen, weil meist je Person nur ein einzelnes Interview vorliegt, das wiederum meist im monolingualen Modus (Grosjean 2012, s.u.) gehalten ist. Abhängig von der jeweiligen Interpretation der Kommunikationssituation Interview sowie der Rollenaushandlung mit mir als Gesprächspartnerin und meinem sprachlichen Repertoire wird ein bestimmter Teil des sprachlichen Repertoires aktiviert, der für situationsadäquat gehalten wird. Die Beschreibung der in einer Interviewsituation gewählten sprachlichen Formen zeigt mir nicht, wie die Personen sprachlich mit anderen Situationen umgehen, zumal wenn hier andere Register gefordert sind.[160] Erschwerend kommt hinzu, dass ich prosodische Aspekte, die in der gesprochenen Sprache ein unerlässliches Gliederungselement sind (Maas 2011:53), in der Transkription weitestgehend unberücksichtigt lasse. Am ehesten verweisen die darstellenden Passagen auf Strategien, die möglicherweise auch in anderen Situationen zur Anwendung kommen, wo mündlich Darstellungsaufgaben vergleichbarer Komplexität in der gleichen Sprache zu bewerkstelligen sind.

Sprechweise

Charakteristisch ist also in erster Linie das Register, dem die praktizierten sprachlichen Formen zuzuordnen sind. Diese sind an prosodischen, syntaktischen, aber auch lexikalischen Merkmalen zu erkennen. Wenn ich den Register-Begriff im Sinne von Utz Maas als deskriptives Konzept zur Beschreibung von Sprachpraxis verstehe, bei dem sowohl sprachstrukturelle Eigenschaften der Äußerung als auch die sprachexterne Domäne oder das Praxisfeld in Relation zueinander berücksichtigt werden (Maas 2011:8f), stehen konzeptuelle Mündlichkeit und Schriftlichkeit im Vordergrund. Es geht um eine Relation zwischen sprachlichen Strukturen, deren Funktion (auf einer „Literalitäts-Skala" zwischen interaktiv und darstellend, siehe Maas 2011:73) sowie den Konnotationen und Bewertungen in bestimmten Praxisfeldern. Damit bewege ich mich auf einer Ebene der Betrachtung, wo individuelle Sprachpraxis mit gesellschaftlichen Konventionen des Sprechens und

---

160 So verweist Maas (2011:52) darauf, dass es widersinnig ist, medial mündliche Äußerungen an der Komplexität literater Strukturen zu messen, weil die Funktion interaktiv konzipierter Strukturen die „Minimierung des artikulatorischen Aufwands" ist, nicht deren syntaktische Überfrachtung. Eine Steigerung des Aufwandes stellt nicht per se eine Verbesserung dar. Ziel ist die „Optimierung des Umgangs mit sprachlichen Ressourcen" (und das wird als literater Ausbau verstanden) (Maas 2011:73).

Schreibens kontrastiert werden.[161] Ein wesentlicher Zweck dieser Differenzierung ist der Hinweis auf die Schwelle, die das formelle Register darstellt, welches nicht ohne weiteres für alle erreichbar ist. Entscheidender für Maas ist deswegen, ob die Sprachpraxis den formellen Anforderungen an das jeweilige Register genügt und nicht so sehr die individuelle Variation bei der Nutzung unterschiedlicher Register (z.B. ob ich im Rumänischen häufiger die kausale Konjugation *fiindca* oder *deoarece* benutze, oder mich bemühe zu variieren).

Bis auf weiteres nenne ich das in dieser Arbeit die „individuelle Sprechweise". Den Begriff „Sprechweise" verwende ich als Kurzform von „sprachlicher Verhaltensweise" (Oksaar 2000) in einer konkreten Situation und meine damit die individuell und situationsbedingt spezifische Realisierung des sprachlichen Repertoires.[162] Mit dem Begriff wird deduktiv die Sprachpraxis in einer singulären Situation zu beschreiben versucht. Neben dem Einblick in das Sprachliche Repertoire der Sprecher*innen leistet dieser Teil der Interpretation aber auch einen Beitrag zur Beschreibung der in Moldova gesprochenen Varietäten des Rumänischen, die bisher wenig systematisch erforscht wurden.[163]

Die im Folgenden aufgezählten Aspekte von „Sprechweise" ergeben sich aus der Betrachtung der sprachlichen Formen. Bei deren Einordnung als mehr oder weniger charakteristisch für Mündlichkeit im Allgemeinen und das in der Republik Moldova gesprochene Rumänisch habe ich mich an den Beschreibungen von Merlan (2002a, b), Turculeț (2002) und Verebceanu (2002) orientiert. Als Referenz-Wörterbuch für die Standardsprache diente das Dicționarul Explcativ (DEX 1984)[164] der rumänischen Akademie der Wissenschaften.

---

161 Der Registerbegriff nach Maas (der seinerseits Bühlers Sprachtheorie (1934) als Ausgangspunkt nimmt) differenziert nach unterschiedlichen Teilinventaren einer „Sprache als Gesamtinventar aller in einer Sprachgemeinschaft nutzbaren strukturellen Ressourcen" (2015:8), ist also eindeutig überindividuell angelegt. Hinter der Verwendung steht also ein typologisches Interesse, das sich dafür interessiert, in welchen Registern grammatische Ressourcen rekrutiert werden (Maas 2011:65f).

162 Für eine detaillierte Auseinandersetznug mit dem Konzept ‚Sprechweise' sowohl in seiner bisherigen Verwendung in der Sprachwissenschaft als auch in Abgrenzung zu ‚Idiolekt' oder ‚Stil' siehe Weirich 2016b:137-140.

163 Einen wichtigen Beitrag leisteten die Beiträge in Bochmann/Dumbrava (2002), die auch für mich als Referenz bei der Einordnung von Konstruktionen zentral sind, bei denen aber die Text- bzw. Dialogform „Sprachbiographisches Interview" mit seinen Spezifika nicht vorkommt.

164 Dies ist nicht die neueste Auflage. Es sind aber die Einträge aller Auflagen im Internet verfügbar (https://dexonline.ro/), mit denen ich in allen Fällen einen Abgleich gemacht habe.

- **syntaktische** Aspekte fragen nach Komplexität der Strukturen, der „Verdichtung propositionaler Strukturen, also ihre Bündelung zu komplexen Sätzen mit Mitteln der Hypotaxe und vor allem auch Nominalisierung (dem Ausbau von nominalen Gruppen durch sekundäre Prädikationen) u. dgl." (Maas 2016). Auch in der gesprochenen Sprache werden Hypotaxen gebildet, wenn sie rechts-expandierend gebildet werden können, weil alles andere für das „real-time" Gedächtnis schwierig ist (Auer 2009:2, siehe auch 2.3.4.5). Der „syntaktische Ausbau" bedient sich bevorzugt des Nexus (der hierarchischen Integration, bei der jedes Element eine andere Funktion hat) im Unterschied zur Junktion (deskriptive Anreicherung mit funktional parallelen Elementen, Maas 2011:50). Komplexität in oraten Strukturen der Interaktion kann über „vorfabrizierte Äußerungsfragmente" (Maas 2011:53), die „von der Stange abgerufen werden" (Maas 2008a:21) bzw. ‚prefabs' (siehe 2.3.3) hergestellt werden, die prosodisch trotz ihrer Komplexität relativ leicht in orate Strukturen zu integrieren sind.
- **lexikalisch:** Häufig auftauchende Einwortkonstruktionen und Kollokationen („Lieblingskonstruktionen" der Sprecher*innen) verweisen im Sinne der gebrauchsbasierten Ansätze unter Umständen auf intensive Aneignungsprozesse (*frequency*), in jedem Fall aber auf die aktuelle Abrufbarkeit bestimmter Konstruktionen (*entrenchment*): „Dabei sind gerade auch in die lexikalische Artikulation (und weitergehend: in die phonologische) die sprachbiographisch partikulären Horizonte eingeschrieben, die in einer Spannung zu dem prinzipiell universalen Horizont des Literaten stehen." (Maas 2011:60)
- **Prosodie** ist das wichtigste Gliederungselement im mündlichen Medium und wäre für die Beschreibung der Sprechweise ein zentrales Merkmal, Akzentuierung, Rhythmus, Prosodie habe ich in den Transkripten kaum erfasst. Pausen hingegen sind in der Regel markiert und Tempoveränderungen habe ich erwähnt, wo sie auffällig sind.[165] In der Call-Center-Studie erwähne ich bei der Sprechweise jedoch vereinzelt prosodische Aspekte, da die Call-Center-Mitarbeiter*innen teils in auffälliger Weise prosodische Elemente des Italienischen ins Rumänische übertragen.

---

165 Z.B. bei Call-Center-Direktorin Kira. Zu den Einschränkungen, die eine orthographische Transkription bedeutet, siehe (Deppermann 2008:39-48; Turculeț 2002:159).

Monolingualer Modus und Gewohnheitsmodus

Das Verstehen der Sprachwahl ist Voraussetzung für die Beschreibung der Sprechweise. Sie wird von den individuellen sprachlichen Repertoires ebenso bestimmt, wie von der Interaktion (Mondada 2011:116). In den hier interpretierten Gesprächen dominierte der monolinguale Modus trotz der mehrsprachigen Repertoires aller Beteiligten. Die Idee eines „monolingualen Modus", wie ihn auch Streb (2016) für die Beschreibung von Unterrichtssituationen in einer bilingualen Klasse verwendet, ist deswegen nützlich, weil er einsprachige Kommunikation als einen (eher seltenen) Extremfall in einem Kontinuum darstellt, der neben den verfügbaren Ressourcen außerdem von bewussten Entscheidungen der Sprecher*innen abhängt und hochgradig situationsabhängig ist. Hierdurch lässt sich auch vermeiden, von einer „Basis"- oder „Matrixsprache" auszugehen.[166] Grosjean (2008; 2012) geht vom „Modus" als fundamentaler Kategorie für die Betrachtung von Sprachtransfer als Kontaktphänomenen bei Bilingualen aus. Mit dem Begriff „bilingual" ist dabei nicht Zweisprachigkeit in einem strengen Sinne gemeint; ich ziehe es um der Klarheit willen trotzdem vor, am Ende der einen Achse vom „mehrsprachigen Modus" statt vom „bilingualen Modus" zu sprechen, um den vielfältigen und heterogenen Repertoires Rechnung zu tragen:

> „Bilinguals in their everyday lives find themselves in various language modes that correspond to points on a monolingual-bilingual mode continuum. At one end of the continuum, bilinguals find themselves in a bilingual language mode in that they are communicating with (or listening to) bilinguals who share two (or more) languages and with whom code-switching and borrowing may take place. At the other end of the continuum, bilinguals are in a monolingual language mode in that they are interacting only with (or listening only to) monolinguals of one – or the other – of the languages they know." (Grosjean 2012:12).

Für Grosjean ist in der hier zitierten Passage die/der Gesprächspartner*in mit ihren/seinen sprachlichen Ressourcen für die Wahl des Modus zentral. Ob in einem bestimmten Kontext mehrsprachig markierte Strategien als effiziente sprachliche Praxis funktionieren, hängt wiederum wesentlich mit der Definition der Sprechsituation und der im jeweiligen sozialen Raum herrschenden sprachlichen Normen und Ideologien ab (García 2009:141).[167]

---

166 Für eine Kritik an dieser Perspektive vgl. Auer (2000).
167 Streb (2016:469f) beschreibt dies für die Unterrichtssituation in einer bilingualen deutsch-italienischen Grundschule, wo der bilinguale Modus nur als Behelf fungieren kann, weil didaktisch eine separate Zweisprachigkeit intendiert ist.

García (2011:1) unterscheidet *Translanguaging* gezielt von *Codeswitching* auf Grund des unterschiedlichen Sprachverständnisses, das den beiden Konzepten zu Grunde liegt. Während CS von zwei (oder mehr) getrennten Sprachsystemen ausgeht, versteht sie die sprachlichen Ressourcen als ein sprachliches Repertoire, aus dem unterschiedliche Elemente strategisch kombiniert werden. Dem stimme ich zu, jedoch sind der monolinguale Modus, bzw. die Sprachtrennung normativ (zumindest in der BRD und der Republik Moldova) so tief verankert, dass es selbstverständlich Sprachpraxen gibt, die als Codewechsel intendiert und interpretiert werden.[168]

Der mehrsprachige Modus ist im Hinblick auf die sprachlichen Repertoires besonders aussagekräftig (Lüdi 2004:341), da das *translanguaging* eine kompetente orate Strategie (Maas 2016) mehrsprachiger Personen in mehrsprachigen Gesellschaften ist, der ggf. langwierige Ausbauprozesse zugrunde liegen und die einsprachigen Personen nicht zur Verfügung stehen (Auer 1995:115f). Einsprachig konnotierte Diskurse mehrsprachiger Personen können dann als eine Form von „Selbstzensur" (Thompson 2005:22) verstanden werden, die bestimmte sprachliche Ressourcen explizit aus der Kommunikation ausklammern (so wie in bestimmten Kontexten bestimmte Register tabuisiert sind), da auf Grund des Wissens um situationsadäquate Anwendung sprachlicher Konstruktionen Ressourcen verschiedenen Sprachen zugeordnet werden (García 2009:149, siehe auch 2.3.2).

In der moldauischen Umgangssprache werden eine große Anzahl von Konstruktionen praktiziert, die Elemente vereinen, die unterschiedlichen Sprachen oder Registern zugeordnet werden und dadurch v.a. im mehrsprachigen Modus angewendet werden können.[169] Während jedoch Grosjean (2012:13f) nach Bedingungen fragt, unter denen die Partizipant*innen seiner Forschung den monolingualen Modus bedienen, um besser zwischen Transfer/Interferenz und Code-Switching unterscheiden zu können, war meine Beobachtung, dass

---

168 Dies hängt auch mit den in Schritt 2 (s.o.) erwähnten Repräsentationen bzw. Imagines (Maas 2010:48, 2012:26) zusammen, wo Sprecher*innen ihre Praxis auf eine einsprachige Norm projizieren (siehe auch 2.1.1).

169 Jürgen Erfurt (2003a) nannte diese v.a. dem Bereich der konzeptionellen Mündlichkeit entstammenden Phänomene „Multisprech". Hier, wie in den meisten anderen Publikationen werden diese Dinge mit Migration in Verbindung gebracht und insbesondere mit urbanen Räumen. In Moldova speist sich aber der größte Teil der als Sprachmischungsprozesse wahrgenommenen und häufig als Barbarismen verurteilten Praxen aus den lokalen Verhältnissen, die bereits selbst mehrsprachig sind.

die meisten Interviewpartner*innen von sich aus im monolingualen Modus verblieben, obwohl ich immer wieder versuchte, Code-Wechsel anzustoßen. Dies gilt besonders für den Schulkontext, wo die Ideologie des monolingualen Modus zumindest für den Schulkontext tonangebend ist. Im Gespräch mit der Englischlehrerin Iolanda, das im russischen Modus stattfand, versuchte ich, englische Ressourcen hinzuzuschalten (Iolanda/S5/T24-27). Iolanda trug diesem „sequential environment" (Auer 1995:166, s.u.) mit einer knappen Antwort auf Englisch Rechnung, um anschließend sofort in den russischen Modus zurückzukehren.

Ausgehend davon, dass Codewechsel vor allem dann stattfinden, wenn beide Gesprächspartner*innen sie verstehen können (Calvet 2011:23; Lüdi/Py 2003:134; Oksaar 2000:39), hätten z.B. Natalia und Eugen die Möglichkeit gehabt, auch Russisch oder Italienisch mit mir zu sprechen, bzw. solche Elemente in einen mehrsprachigen Modus zu integrieren. Sie entscheiden sich aber dafür, fast ausschließlich Rumänisch/Moldauisch zu sprechen. Dies hat sicherlich in erster Linie damit zu tun, dass wir uns in einer exolingualen Situation befanden und ich nicht als Angehörige der gleichen mehrsprachigen Gruppe wahrgenommen wurde (siehe auch Maas 2015:9f). Die Gruppen, mit denen ich es in den beiden Fallstudien zu tun hatte, waren zwar mehrsprachig, dies aber auf eine recht homogene Art und Weise. Im Falle des Dorfes kommt hinzu, dass die Artikulation der sprachlichen Verhältnisse und die Gruppenzusammensetzung relativ stabil waren. Gesprächssituationen der Gruppenmitglieder untereinander können also trotz Mehrsprachigkeit als endolingual betrachtet werden (Lüdi/Py 2003), während die Interaktion mit mir Interview eine Veränderung darstellt (exolingual ist), in der auf andere „soziale Konventionen" rekurriert wird (Auer 1995:117; Lüdi/Py 2003; Oksaar 2000:39).

Beides muss im Hinblick auf die Funktion[170] für die Konstruktion von Bedeutung in der Interaktion und für die Definition der Situation betrachtet werden. Laut Lüdi/Py (2003:133) sind für die Wahl der Sprache bzw. des Modus vier Faktoren entscheidend, neben den sozialen Konventionen und den sprachlichen Repertoires auch „*comportements habituels*" bzw. „*précodés*", gegenüber solchen, die neu ausgehandelt werden müssen. Mit dem Konzept der „Gewohnheitssprache" vertrete ich jedoch die These, dass auch eine neukodierte Sprachwahl die Tendenz hat, sich schnell zu einer Gewohnheit zu etablieren und dass es für die Beteiligten dann oft unangenehm ist, die Sprache zu wechseln, selbst wenn die

---

170 Für eine Übersicht über verschiedene Funktionen vgl. Lüdi/Py (2003:152-54); Oksaar (2000:39f).

Ressourcen es erlauben würden. Das trifft auf viele familiäre Konstellationen zu, von denen mir berichtet wurde und die oft dem je individuellen Aneignungsprozess im Wege stehen, ich sehe es aber auch als eine mögliche Erklärung für die Sprachwahl meiner Interviewpartner*innen. Dies soll die gängige These, dass die Sprachwahl ständig ausgehandelt werden muss (Auer 2000), nicht grundsätzlich in Frage stellen, aber relativieren.

Im Einzelfall ist es manchmal schwer einzuschätzen, ob der Modus an eine soziale Rolle oder eine spontan etablierte Gewohnheit geknüpft ist: Dass Iolanda auf meinen Versuch, englische Ressourcen für das Interview mit zu Hilfe zu ziehen, kaum einging, kann daran liegen, dass die Verwendung des Englischen für sie auf den Unterricht beschränkt ist und damit mit sozialen Konventionen erklärt werden. Es ist aber auch möglich, dass es hier unangenehm war, die einmal etablierte Gewohnheitssprache Russisch zu wechseln. Wenn ich in diesem Sinne von „Gewohnheitssprache" spreche, meine ich weniger die sozialen Normen und Konventionen, die einen bestimmten Sprachgebrauch vorschreiben, als eine Frage etablierter Gewohnheiten, die eine gewisse Sicherheit in Situationen sprachlicher Unsicherheit geben.

Form, Funktion und Struktur des mehrsprachigen Modus können durch folgende Aspekte weiter differenziert werden, die auch in meinen Gesprächen eine Rolle spielten:

a) Im Rahmen der Interaktionsanalyse das *„sequential environment"* (Auer 1995:116), insbesondere der unmittelbar vorhergehende Turn als kontextueller Rahmen, der durch die folgende mehrsprachig konnotierte Äußerung bearbeitet wird (wie im oben geschilderten Beispiel von Iolanda).
b) Indexikalische Funktion: Verweis auf unterschiedliche kulturelle Kontexte (Lüdi 2004:341) oder sozialen Stil (Kallmeyer/Keim 2002).
c) „Externe Kodewechsel" (Oksaar 2000, 39f) und „participation framework" (Mondada/Nussbaum 2012:7), die einer Veränderung in der Konstellation der Interagierenden geschuldet ist, im Interview als etwa das Hinzukommen Dritter (also einer Unterbrechung des eigentlichen Interviews). Diese Nebenhandlungen begleiten jedoch in mehr oder minder starkem Maße alle Interviews, die stets in das Arbeitsgeschehen und andere alltägliche Kommunikation eingebettet sind (im Call-Center z.B. Telefonanrufe) und können sehr aufschlussreich sein (Weirich 2013).

Grenzen sind dieser Analyse durch mein eigenes Repertoire gesetzt. Während ich, wie einigen Interviews anzumerken ist, teilweise bei der Produktion selbst erhebliche Probleme habe, fehlt mir insbesondere im Russischen selbst eine auch passive Varietätenkompetenz. Nur vereinzelt fallen mir sprachliche Formen als besonders auf, zu denen ich dann gezielt recherchieren oder sprachlich kompetentere Leute befragen kann. Erschwerend kommt hierbei hinzu, dass ich das Ukrainische, weder in seiner Standardvarietät, noch den regionalen Dialekt, so gut wie gar nicht beherrsche und mich allenfalls qua Hörverstehen in manchen Alltagssituationen orientieren kann. Über die Registerzugehörigkeit einzelner Ausdrücke und Formulierungen kann ich jedoch nicht urteilen.

4. Die sprachlichen Verhältnisse in der Republik Moldova

Anknüpfend an die vorausgegangenen Überlegungen dazu, welche Aspekte für die Beschreibung der ‚sprachlichen Verhältnisse' in einer nationalstaatlich verfassten Gesellschaft relevant sind, umreißt das folgende Kapitel knapp, wie jene sprachlichen Verhältnisse in der Republik Moldova beschaffen sind. Hierdurch wird der für die Situierung der Fallstudien notwendige Hintergrund skizziert und gleichzeitig ein Überblick über den recht übersichtlichen ‚Forschungsstand' gegeben. Obgleich (mit Ausnahme von Bochmann 2007b, 2012 und Erfurt 2002) keine der mir bekannten Studien mit dem Begriff ‚sprachliche Verhältnisse' arbeitet, habe ich die Literatur hier aus dieser Perspektive heraus gesichtet und zeige dadurch auch Forschungslücken auf.

Die Republik Moldau liegt am äußersten Rand der Ostromania zwischen den Staaten Rumänien und der Ukraine und seit 2007 auch an einer EU-Außengrenze.[171] In ihren heutigen Grenzen ist sie (mit Ausnahme einiger weniger Monate von Dezember 1917 bis März 1918) faktisch zum ersten Mal seit 1991 ein unabhängiger Staat (siehe u.a. Chinn/Kaiser 1996:163). Die international nicht anerkannten „Gebiete links des Dnjestr" (*Unitățile Administrativ-Teritoriale din Stînga Nistrului (UTS)*, bzw. in der offiziellen Eigenbezeichnung *Pridnestrovskaja Moldavskaja Respublika (PMR)*), die sich in einer militärischen Auseinandersetzung mit Unterstützung der russischen Armee 1992 von der Republik Moldova trennten, müssen als De-facto-Staat betrachtet werden und bleiben in den Überlegungen zu den sprachlichen Verhältnissen ebenso außen vor wie diejenige im *Gagauz Yeri*, welches über einen offiziellen Autonomiestatus

---

171 Moldauische Staatsbürger*innen bekommen dies unter anderem durch die erneut erschwerten Reisemöglichkeiten nach Rumänien zu spüren. War die Grenze zwischen Sowjetunion und Rumänien faktisch geschlossen gewesen, konnten ab 1991 die Bürger*innen beider Staaten die Grenze mit einem einfachen Personalausweis passieren. Als im Zusammenhang mit den EU-Beitrittsverhandlungen 2002 die Schengen-Visumspflicht für Rumän*innen in der EU abgeschafft wurde, brauchten im Gegenzug Moldauer*innen für die Reise nach Rumänien einen Reisepass und seit 2007 ein Visum (Michalon 2010:116f). Recht ausführlich wurden die Folgen dessen für den Grenzhandel diskutiert (Michalon 2007, 2010; Niemczik-Arambaşa 2010; siehe auch Danero Iglesias/Stănculescu 2013). Zu Produktion von Raum und Grenzen an der östlichen EU-Außengrenze siehe auch Belina/Miggelbrink (2010) und Bruns et al. (2010).

verfügt. Die Verhältnisse unterscheiden sich sowohl im Hinblick auf Status und Funktion von Sprachen in diesen Gesellschaften, als auch auf die sprachlichen Repertoires der Bevölkerung.[172]

Die Mehrsprachigkeit der Region hat eine mehrere Jahrhunderte lange Geschichte. Neben den Sprachen Russisch und Rumänisch/Moldauisch, die seit über 200 Jahren in wechselnden Konstellationen auch die Geschäftssprache der jeweiligen Staatengebilde sind, gibt es weitere demographisch bedeutende Sprachen wie das Ukrainische, Bulgarische und Gagauzische[173], die gegenwärtig als Sprachen von „nationalen Minderheiten" verstanden werden.[174] In den individuellen sprachlichen Repertoires vieler Moldauer*innen nehmen durch

---

172 Offizielle Sprachen sind im multiethnisch konzipierten Staatsgebilde der PMR Russisch, Ukrainisch und Moldauisch (in kyrillischer Graphie) und Russisch, Gagauzisch und Moldauisch (in lateinischer Graphie) in Gagauzien, faktisch ist aber vor allem in der PMR die einzig relevante Amts-, Bildungs- und Verkehrssprache Russisch (für einen Überblick über die Sprachpolitik in der PMR siehe Арефьев 2012:76-78; Степанов 2010:211-224). Während die PMR von der moldauischen Regierung (und international) nicht anerkannt ist, ist Gagauzien offiziell Bestandteil des moldauischen Staates und hat im Rahmen eines Autonomieabkommens Sonderrechte. Diese werden durch ein Gesetz (Nr. 344-XIII) über den besonderen Rechtsstatus Gagauziens vom 23. Dezember 1994 verbrieft. 1998 wurde im Gagauz Yeri sein eigenes Gesetzbuch verabschiedet (Mletschko 2007) und bereits 1995 ein eigenes Gesetz zur Funktion der Sprachen in Gagauzien. Für einen Überblick über die Streikbewegung seit 1989 und den Kurzkrieg 1992 sowie die politische und wirtschaftliche Situation in der PMR siehe Zofka (2012a, 2016), für eine ausführliche Darstellung der Unabhängigkeitsbewegung im Vergleich zu derjenigen auf der Krim Zofka (2015). Einige Studien befassen sich mit der Situation an den rumänischsprachigen Schulen in der PMR (Ciscel 2010b; OSCE/CEPD 2009; Dembinska/Danero Iglesias 2013). Für einen Überblick über die Situation in Gagauzien siehe Ihrig (2012a).

173 Gagauzisch ist eine oghusische (südwestliche) Turksprache, die (abgesehen von der nicht unbedeutenden Verbreitung durch gagauzische Arbeitsmigrant*innen) nur in Südmoldova und im angrenzenden (ukrainischen) Bugeac gesprochen wird. Zwar hat sie in den gagauzischen Autonomiegebieten offiziellen Status, faktisch ist der Gebrauch aber auf den Bereich der gesprochenen Sprache begrenzt (für einen Überblick über die Charakteristika des Gagauzischen siehe Schulze 2002; eine Beschreibung der Syntax des Gagauzischen leistet Menz 1999; darin findet sich auch ein Überblick über den Forschungsstand zum Gagauzischen, ebd. 3f; zur Geschichte der Offizialisierung des Gagauzischen siehe Bancova 2008; Cimpoieş 2008).

174 Hierzu zählen noch einige mehr, die aber wegen der geringen Zahl von Sprecher*innen für größeren sprachlichen Verhältnisse eine geringe Rolle spielen.

Arbeitsmigration erlernte Sprachen in einem Ausmaß an Bedeutung zu, das sich auch auf die sprachlichen Verhältnisse und auf den Arbeitsmarkt in Moldova auswirkt.

Die gegenwärtige Dynamik der sprachlichen Verhältnisse entwickelt sich in Abhängigkeit von den Kräfteverhältnissen, die sich durch die Bruchphase, die mit dem Ende der Sowjetunion und der Unabhängigkeit der Republik Moldova einherging, deutlich verändert haben. Sprachpolitische Forderungen waren für die Unabhängigkeitsbewegung von Beginn an zentral und Sprachpolitik ist eng verbunden mit der moldauischen Nationalstaatlichkeit und dementsprechend umkämpft. Der Versuch der politischen Neuordnung der sprachlichen Verhältnisse (bzw. des ‚sprachlichen Marktes', Erfurt 2012; Erfurt/Weirich 2013) wurde mit den von rumänischsprachigen Geisteswissenschaftler*innen und Schriftsteller*innen im Rahmen der Perestroika seit Ende der 80er gestellten Forderungen eingeleitet und mündete in den Sprachgesetzen vom 31. August 1989 sowie schließlich der Unabhängigkeit der Republik Moldova von der Sowjetunion am 27. August 1991. Damit einher ging ein nationalisierendes Staatskonzept, in dessen Zentrum eine Titularnation steht (Brubaker 1996b:57, Erfurt 2012:617, Ihrig 2012).[175] Eine Besonderheit der moldauischen Verhältnisse ist der Streit darum, ob diese Moldauer*innen oder Rumän*innen sein soll(t)en.

Die Verfassung der Moldauischen Sowjetrepublik wurde im August 1989 um den Artikel 70-1 erweitert, der das Moldauische zur alleinigen Staatssprache erklärte und die lateinische Graphie für selbige wieder einführte (zum dritten Mal im 20. Jh. nach 1924-29 und 33–37, siehe Erfurt 2012:621; Haarmann 1978:259; Haarmann 1997:1938). Alleinige „Staatssprache" ist seitdem das Moldauische (so die Bezeichnung in der Verfassung von 1994) bzw. das Rumänische (so die Bezeichnung in der Unabhängigkeitserklärung von 1991), dessen Referenznorm für die formellen Register mit der rumänischen Standardsprache identisch ist. Diese Standardvarietät überdacht eine Reihe größtenteils interkomprehensibler Varietäten, die regional markiert sind. Das Russische hat daneben eingeschränkte Funktion als Amtssprache in vielen Bereichen und somit eine gegenüber den anderen „Minderheitensprachen" privilegierte Funktion, die mit dem aus der sowjetischen Sprachpolitik geerbten Status als „Sprache der interethnischen Kommunikation" zusammenhängt.

---

175 Ein ‚*nationalizing state*' ist bei Brubaker (1996b:57) ein ethnisch heterogener Staat, der als Nationalstaat konzipiert wird und in dem politisch dominante Eliten Sprache, Kultur und die demographische, ökonomische und politischer Position einer Titularnation fördern.

Während das Moldauische/Rumänische als offizielle Sprache inzwischen etabliert ist, sind viele Aspekte der Sprachpolitik Gegenstand politischer Debatten und Alltagsdiskurse. Das betrifft insbesondere den Status des Russischen, aber auch die Reglementierung seiner Funktion im Bildungswesen, in Medien und in den Domänen der „informellen Öffentlichkeit" (siehe Weirich 2015). Daneben erregen die von der Standardvarietät weit entfernten sprachlichen Alltagsdiskurse die Gemüter der Purist*innen genauso wie mehrsprachige Praxen und die Unkenntnis der Staatssprache bei Vertreter*innen der Minderheiten.

Für die Mehrheit der Sprecher*innen der minorisierten Sprachen ist das Russische auf Grund seiner größeren Reichweite die Sprache des förmlichen Registers und der Schriftsprache, obwohl die in Moldova verbreiteten „Minderheitensprachen" allesamt ausgebaut (im Sinne von Maas' Sprachausbau 1, aber nicht 3) sind. Diese Normen orientieren sich mit Ausnahme des Gagauzischen an den Standardsprachen, die in benachbarten Ländern (Bulgarien, Russland, Ukraine) auch Status als offizielle Sprache haben. Da diese Sprachen aber lange fast ausschließlich mündlich praktiziert wurden und der Ausbau (2 und 3) erst seit der Unabhängigkeit der Republik Moldova stattfindet (und dies auf Grund der relativ geringen Reichweite der Sprachen auch nur in beschränktem Umfang), entwickelten sich die gesprochenen Varietäten weitestgehend unabhängig von den Standardsprachen in den Nachbarrepubliken und sind in hohem Maße durch den Sprachkontakt mit dem Moldauischen und dem Russischen geprägt.

Diese sprachliche Heterogenität bedingt, dass fast alle Moldauer*innen mehrsprachig aufwachsen: diejenigen, die Moldauisch/Rumänisch als erste Sprache haben, lernen in der Regel durch Schule, Alltag und Medien außerdem Russisch (auch wenn ein deutlicher Rückgang zu beobachten ist). Die russischsprachige Bevölkerung, die in öffentlichen Diskursen häufig als monolingual betrachtet wird, eignet sich zunehmend die Staatssprache Rumänisch an und diejenigen, die etwa Ukrainisch oder Bulgarisch als erste Sprache haben, eignen sich außerdem Ressourcen des Russischen und/oder des Moldauischen/Rumänischen an. In der Schule lernen mit wenigen Ausnahmen alle eine Fremdsprache (ca. die Hälfte der Schüler*innen Englisch und die Hälfte Französisch, siehe Weirich 2016a) und hinzu kommen Ressourcen der Mobilität (außer Russisch zum Beispiel Italienisch, Portugiesisch, Griechisch, Französisch u.a.), die sich die Menschen bei der Arbeitsmigration aneignen.

In Anlehnung an Maas (2012b:55) sei hier als Ausgangspunkt der Beschreibung der sprachlichen Verhältnisse die Registerdifferenzierung skizziert.

Tabelle: Registerdifferenzierung unter gegenwärtigen Verhältnissen in MD

Register	sprachliche Formen (abstrakt)	Eigenschaften der sprachlichen Formen	in der Republik Moldova praktizierte Formen
I förmliches Register	Hochsprache/ Schriftsprache (einheitlich, normiert)	Universale Form im nationalen Horizont	rumänische Standardsprache (im gesprochenen Medium teilweise phonetisch regional markiert); mit eingeschränkter Reichweite: russische Standardsprache (im gesprochenen Medium teilweise regional oder durch minorisierte Erstsprache markiert)
II informelles Register	Umgangssprache	Spezifisch eingeschränkte Formen, die die regionale Herkunft konnotieren	regional markiertes Rumänisch/Moldauisch und Russisch; in bestimmten Regionen und Räumen lokale Varietäten der offiziell anerkannten Minderheitensprachen Sprachen Ukainisch, Gagauzisch, Bulgarisch
III intimes Register	Nur gesprochen, regional differenziert		gesprochene Varietäten des Rumänischen/ Moldauischen, Russischen, der minorisierten Sprachen Ukainisch, Gagauzisch, Bulgarisch, Romanès, Iwrit usw.; „Argot" und Sprachen der Migration wie Italienisch

Eine Medienkampagne der Demokratischen Partei Moldovas (PDM) des damaligen Interimspräsidenten Marian Lupu anlässlich der 20-Jahr-Feier der Unabhängigkeit am 27. August 2011 ist Ausdruck davon, dass die Reproduktion der moldauischen Gesellschaft ausgesprochen prekär ist: *„Suntem o țară. Avem un viitor."* (dt. „Wir sind ein Land. Wir haben eine Zukunft."). Arbeitsplätze sind zwar vorhanden, aber sehr schlecht bezahlt[176] bei einem gleichzeitigen hohen Preisniveau. Aus staatsökonomischer Perspektive bedeutet das vor allem, dass das Budget für Investitionen in Bildung beschränkt ist. Aus individueller Sicht ist hierin begründet, dass viele Moldauer*innen sich entscheiden, dauerhaft oder vorübergehend im Ausland zu arbeiten – auf Grund der restriktiven Visa- und Migrationspolitik der entsprechenden Länder (Russland, Italien und andere EU-Länder) findet diese Arbeitsmigration häufig unter Bedingungen der Illegalität statt.[177]

Für die Beschreibung sprachlicher Repertoires bedeutet das, dass neben den Verhältnissen in der Republik auch andere Räume wichtige Bezugspunkte sind, in denen andere Sprachen als die in Moldova erreichbaren angeeignet oder praktiziert werden müssen.

Die folgende Beschreibung der Verhältnisse beginnt mit einem kurzen Überblick über die sprachlichen Verhältnisse in Moldova zur Zeit der Sowjetunion, die Bezugspunkt für die sprachlichen Auseinandersetzungen seit 1989 sind. Vor diesem Hintergrund schildere ich die einleitend bereits angedeuteten sprachlichen Verhältnisse detaillierter. Entsprechend der verfügbaren Literatur liegt ein Schwerpunkt beim (offiziellen) Status von Sprachen in der Republik Moldova (4.3.1). Ein Unterkapitel behandelt die Frage der Normalisierung und des Ausbaus inklusive der Umstellung des Alphabets (4.3.2) und eines die sprachliche Heterogenität, also Mehsprachigkeit und Varietätenfragen. Ein eigenes Unterkapitel ist dem schulischen Sprachausbau gewidmet. Entsprechend der beiden Fallstudien im empirischen Teil werden Minorisierungsprozesse sowie die Situation der ukrainischsprachigen Bevölkerung (4.3.3.3) und die Migration am Beispiel Italiens (4.3.6) eingehender dargestellt.

---

176 Der Durchschnittslohn 2014/15 betrug 4172 Lei, was beim Währungskurs von Ende Dezember 2015 ca. 192,30 Euro waren. Der moldauische Lei verliert gegenüber dem Euro jedoch seitdem kontinuierlich an Wert.

177 Westeuropäische Politikwissenschaftlicher*innen haben sich deswegen mit dem „schwachen Staat" Moldova befasst (Heintz 2008; Parmentier 2008; Prina 2015; Schwartz 2007; Way 2002). Für eine differenzierte Auseinandersetzung mit der Frage der Staatsloyalität der minorisierten Bevölkerung siehe Dom (2017).

4.1 Überblick über Forschungsstand

Verglichen mit anderen Gesellschaften und ‚sprachlichen Märkten' liegen zu den Verhältnissen in der Republik Moldova wenige empirische Untersuchungen vor. Eine gewisse sprachwissenschaftliche Popularität hatten die sowjetische Sprachpolitik im Hinblick auf den Ausbau des „Moldauischen" als vom Rumänischen verschiedene Sprache, sowohl zu Zeiten der Sowjetunion (Bruchis 1984, 1982; Haarmann 1978; Heitmann 1987, 1989a und b; Kramer 1980) als auch bis in die Gegenwart (Bochmann 2012, 2015; Ciscel 2012; Dyer 1999; Haarmann 2013; Negru 2000). Negru (2000:4) merkt an, dass es in der Sowjetunion nicht möglich war, kritische Arbeiten zu dem Thema zu verfassen. Auf ähnliche Problemlagen weist auch Erfurt (1991:19) für die DDR und für die Sowjetunion hin (ebd. 30).

Mit Auflösung der Sowjetunion wurde auch in der Sprachwissenschaft die Neuordnung der sprachlichen Verhältnisse in den ehemaligen Staaten der Sowjetunion diskutiert (zum Beispiel von Арефьев 2012; Kreindler 1997; Pavlenko 2006, 2008; Хруслов 2006). Das Interesse gilt dabei in der Regel der Frage, wie sich der Statuswandel auf die Zukunft des Russischen auswirken würde (zum moldauischen Bildungssystem siehe Млечко 1999).[178]

Die Wissenschaftskulturen unterscheiden sich spürbar zwischen Disziplinen und gesellschaftlichen Entstehungskontexten der Forschung. Provisorisch unterscheide ich Beiträge, die innerhalb der moldauischen Forschungslandschaft entstehen und in deren Diskurse intervenieren, von solchen, die außerhalb Moldovas entstehen und sich in erster Linie an ein westeuropäisches oder nordamerikanisches Publikum richten. Hinsichtlich der Ziele der moldauischen Forschung und der Konzepte, mit denen hier gearbeitet wird, wäre eine Differenzierung in die Disziplin der rumänischen Sprachwissenschaft, der Forschung an den Fremdsprachenfakultäten und derjenigen der slavonischen und der anthropologischen Universitäten zu unterscheiden. Trotz der übersichtlichen Forschungslandschaft zu soziolinguistischen Themen in Moldova nehmen die Autor*innen der hier skizzierten Richtungen nicht gegenseitig aufeinander Bezug – so bleibt die zentrale Monographie Tatiana Petrovna Mlečkos zum Status des Russischen im moldauischen Bildungssystem (Млечко 1999) im kanonischen Werk Moldovanus (2007) zur moldauischen Sprachpolitik unerwähnt und umgekehrt enthält ihre Dissertation zur „russischen sprachlichen Persönlichkeit" in Moldova (Млечко 2014) keinen Hinweis auf die Monographie Moldovanus. Diese

---

178 Einen detaillierteren Überblick auch über die nachbarwissenschaftliche Forschung bieten Weirich (2016b:149.153) und Dom (2017:166-171) für die Aktivitäten der „Minderheitenintellektuellen".

Dynamiken innerhalb der sprachwissenschaftlichen Diskurse in Moldova wären bereits für sich ein spannendes Forschungsfeld, aber mir sind bislang keine Arbeiten bekannt, die dies systematisch bearbeiten würden.

Wichtige Themen sind dabei auch 25 Jahre nach der Unabhängigkeit puristische Diskussionen um die Qualität des gesprochenen Rumänisch, die Rumänischpraxis der Minderheitenangehörigen und die Frage nach dem Glottonym (siehe Weirich 2015). Als Referenzpunkte dient die „wissenschaftliche Wahrheit" (des eigenen Standpunkts). Nicht selten lassen sich Autor*innen und ihre Publikationen unmittelbar einem der Lager zuordnen, zumal Akademiker*innen im Allgemeinen und rumänische Sprachwissenschaftler*innen im Speziellen zentral für sprachpolitische Forderungen seit der Perestroika waren und es teils bis heute sind (siehe Bochmann 1997, 2012; Weirich 2015). Darüber hinaus sind Methoden der qualitativen empirischen Sozialforschung bislang wenig verbreitet und die vorhandenen umfangreicheren Forschungsergebnisse sind in erster Linie quantitativer Art.

In der Soziolinguistik, die institutionell in der Russischen Föderation und in Rumänien angesiedelt ist, gibt es keine Nennenswerten Forschungen zu den sprachlichen Verhältnissen in Moldova. Млечко (2014:7) stellt in ihrer Zusammenfassung des Forschungsstands fest, dass das Russische in den ehemaligen Sowjetrepubliken insgesamt kaum erforscht sei; das Interesse der russischen Soziolinguistik habe sich bisher in erster Linie auf die durch Migration entstandene „Diaspora", z.B. in Kanada konzentriert.[179]

Empirische Befunde liegen zu Spracheinstellungen (Ciscel 2007), zur gesprochenen Sprache in Moldova (Bochmann/Dumbrava 2002) und zur Sprachpraxis in „gemischtethnischen" Familien (Dumbrava 2004b, Istrati 2011) vor, darüber hinaus zur „sprachlichen Individuation" (Bochmann/Dumbrava 2007, Şarov 2008) als „Prozesshaftigkeit des sich Innewerdens über die teils selbst zugeschriebene, teils von anderen suggerierte sprachliche Identität" (Bochmann 2007a:8). Gegenstand von empirischer Forschung war auch das Rumänischen/Moldauischen in der Ukraine (Bochmann 2004, Heitmann 1997), antisexistische Sprachpraxen (Frunza 2013, 2014; Linguri 2015; Weirich 2016c), die Sprachpraxis in einem großen internationalen Betrieb (Chamberlain-Creangă 2011) und der sprachlichen Landschaft in Chişinău (Muth 2014). Млечко (2012, 2013 als Untersuchung russischsprachiger Literatur, 2014) und Млечко/Паря (2012)

---

179 Für eine Zusammenfassung des Forschungsstands zum Russischen der Emigrant*innen in Nordamerika und Westeuropa siehe Млечко (2014:176-187).

haben zur *языковая личность*, der „sprachlichen Persönlichkeiten" Russischsprachiger in der Republik Moldova gearbeitet (siehe 4.3.3.2).

Kaum erforscht sind die Sprachpraxen anderer Minderheiten als der russischen als „neuer Diaspora" (siehe dazu auch Kreindler 1997:93f). Kürzere Beiträge zum Gagauzischen und Bulgarischen sind im Rahmen des DFG-Projekts „Sprachliche Dynamik im multiethnischen Nationalstaat" entstanden (Dumbrava 2012; Duminca 2013), ebenso wie zwei Abschlussarbeiten zum Fremdsprachenlernen in Chișinău (Budeanu 2013, Zaharova 2013). Soltan (2014) hat eine umfangreiche quantitiave Studie zur Zufriedenheit mit dem Sprachunterricht im moldauischen Bildungssystem angefertigt.

Überblicksarbeiten zur Sprachpolitik in der Republik haben Oteanu (2003; 2005-06) und Moldovanu (2007) verfasst, wobei die Perspektive explizit auf Status und Funktion des Rumänischen gerichtet ist. Russisch wird als imperialistische bzw. koloniale Sprache bezeichnet und als Aufgabe der Sprachpolitik folglich definiert, ein nationales Bewusstsein, nicht Mehrsprachigkeit zu fördern:

> „Republica Moldova promovează o politică lingvistică care continuă să rămână, mai degrabă, un instrument aservit limbii coloniale decât culturii și ființei naționale"[180] (Moldovanu 2007:207)

Die Forschung zu den „nationalen Minderheiten" in Moldova ist in erster Linie mit der Frage der Identität und ihrer Bewahrung befasst.[181] Forschungseinrichtungen für Minderheitenfragen gibt es sowohl an der Akademie der Wissenschaften, als auch der slavonischen Universität in Chișinău, der Universität in Bălți, der gagauzischen Universität in Comrat und der bulgarischen Universität in Taraclia. Für das Ukrainische, das in dieser Arbeit im Vordergrund steht, sind die Arbeiten von Stepanov und Kožuhar maßgeblich (siehe z.B. Stepanov 2008; Степанов; 2009, 2010; Кожухар 2008, 2012).

Dass so wenig empirisch zu den sprachlichen Verhältnissen in Moldova geforscht wird, obwohl sprachpolitische Themen in der moldauischen Gesellschaft omnipräsent sind, versucht Erfurt (2012:618f) mit der „schwierigen infrastrukturellen und personellen Situation der sprachwissenschaftlichen und soziologischen Forschung und den begrenzten Ressourcen für empirische Forschungen" zu erklären. Auch Степанов (2009:259, 267) moniert wiederholt die schlechte finanzielle Ausstattung wissenschaftlicher Forschungsinstitute.

---

180 Dt.„Die Republik Moldau befördert eine Sprachpolitik die weiterhin eher ein Instrument ist, dass der Kolonialsprache dient als Nationalkultur und Nationalstolz."
181 Einen Forschungsüberblick bietet Stepanov (2008:29-34).

4.2 Sowjetische Sprachpolitk und sprachliche Verhältnisse in der MSSR

Seit dem 18. Jahrhundert, als das Fürstentum Moldova noch Gebiete links und rechts des Pruths umfassste, ist das Gebiet Gegenstand von geopolitischen Auseinandersetzungen zwischen Österreich-Ungarn/Habsburg, Ottomanen/Türkei und dem russischem Zarenreich, später auch zwischen Rumänien und Russland und dann der Sowjetunion. Dies setzt sich bis in die Gegenwart in Form von Konflikten zwischen der Russischen Föderation und EU und NATO fort.

Die Entwicklung der sprachlichen Verhältnisse im ehemaligen Fürstentum Moldova östlich des Pruths, das 1859 Gemeinsam mit dem Fürstentum Walachei den ersten rumänischen Nationalstaat formte, entkoppelte sich bereits 1812 von der Entwicklung westlich des Pruths, als die östlichen Teile als Gouvernement Bessarabien (Бессарабская губерния) Teil des russischen Zarenreichs wurde und das bis dahin geopolitisch bedeutungslose (und größtenteils russischsprachige) Chișinău dessen Hauptstadt wurde. Der rumänische Nationalismus und die damit einhergehenden Standardisierungsprozesse wurden in Moldova nicht politisch implementiert (Erfurt 2002:16-18), sondern das Russische offizialisiert.[182] Von 1918 an gehörten größere oder kleinere Teile des heutigen Staatsterritoriums der Republik Moldova zu Großrumänien, zur Ukrainischen Sowjetrepublik bzw. zur Moldauischen Autonomen Sozialistischen Sowjetrepublik (MASSR). Eine durchgreifende Modernisierung des Bildungswesens inklusive einem allgemeinen Zugang zu Bildung inklusive Demotisierung von Schriftkultur und Normierung der Sprachpraxis setzte erst nach dem zweiten Weltkrieg ein (Erfurt 2012:621).

Im Weiteren beschränke ich mich bei der Schilderung der historischen Entwicklungen auf die Zeit der Sowjetunion, die für das Verständnis der Bruchphase seit Ende der 80er entscheidend ist. Für eine Übersicht über die sprachlichen und gesellschaftlichen Verhältnisse vor 1944 bzw. vor 1914 siehe die entsprechenden

---

182 Moldovanu (2007:173), einer der wichtigsten Vertreter der rumänischen Sprachwissenschaft und Autor des kanonischen Werks zur moldauischen Sprachpolitik, sieht die zaristische und sowjetische Sprachpolitik in Moldova als direktes Instrument zur Rechtfertigung der Annexion Bessarabiens. Dementsprechend schildert er auch die zaristische Politik als eine der „Russifizierung", durch die sukzessive das Bildungssystem auf Russisch umgestellt wurde, ebenso wie die Kommunikation mit Behörden (ebd. 174f). Auch Fruntașu (2002:52). Erfurt (2012:620) schreibt demgegenüber, dass das Rumänische im Bildungssystem durchaus weiterhin eine Rolle gespielt habe, der Zugang zu Bildung insgesamt jedoch nicht hoch war.

Abschnitte bei Colesnic-Codreanca (2003), Sinaeva-Pankowska (2010), Fruntașu (2002), Hegarty (2001:124-131), King (1999), Erfurt (2002), Bochmann 1989, Moldovanu (2007:173).[183]

Von 1944 bis 1991 gehörte das Gebiet der heutigen Republica Moldova als Moldauische Sozialistische Sowjetrepublik (MSSR) zur Sowjetunion. Die Versuche der Neuordnung der sprachlichen Verhältnisse seit Ende der 80er sind die Versuche einiger Angehöriger einer unter sowjetischen Verhältnissen quantitativ mehrheitlichen, jedoch qualitativ minorisierten Sprecher*innengruppe, die Verhältnisse zu ihren Gunsten zu verändern. Hierbei stellt Moldova unter den Sowjetrepubliken keinen Einzelfall dar.[184] Sowohl die politischen Umbrüche als auch die gegenwärtigen Konflikte um Sprachpolitik und nationalistische Projekte müssen als Auseinandersetzung mit den sprachlichen Verhältnissen in der Sowjetunion verstanden werden.

Bei meiner Skizze der sowjetischen Verhältnisse orientiere ich mich in erster Linie an Brubaker (Hg.) (1996), Hirsch (F., 2005), King (1999), Slezkine (1994) und Zofka (2014), die eine konstruktivistische Perspektive auf Nationalität und Ethnizität haben und diese nicht, wie andere Autor*innen als Analysekategorie verwenden. Für Brubaker etwa (1996d:17f) ist die Bedeutung von Nationalität oder Ethnizität als Denkkategorie ein Produkt der sowjetischen Nationalitätenpolitik, die erstens die Republiken ethnisch/national konstruierte, zweitens allen Bürger*innen der Sowjetunion obligatorisch eine Nationalität zuschrieb und drittens in die sprachlichen Verhältnisse durch Förderung bestimmter Sprachen oder die Bevorzugung bestimmter Gruppen, eingriff.

4.2.1 Sowjetische Sprach- und Nationalitätenpolitik

Sprach- und Nationalpolitik in der Sowjetunion unterlagen in der mehr als 70jährigen Geschichte Veränderungen und Neuausrichtungen. Das politische Ziel der Schaffung eines sowjetischen Volkes mit dem Russischen als gemeinsamer

---

183 Die englischsprachigen Beiträge zur historischen Entwicklung der sprachlichen Verhältnisse beziehen sich übrigens in der Regel vor allem auf King (1999), gegebenenfalls Livezeanu (1981a,b) für die Zwischenkriegszeit und für das sowjetische Moldova. So etwa Chamberlain-Creangă (2011), Ciscel (2007, 2012), Hegarty (2001).

184 Vor Moldova waren schon in den baltischen Republiken und Tadschikistan Sprachgesetze verabschiedet worden, noch Ende 1989 folgten die anderen zentralasiatischen Staaten und die Ukraine, Anfang 1990 Belarus. Armenien, Aserbaidschan und Georgien hatten schon Ende der 70er die Titularsprachen konstitutionalisiert (Oteanu 2003:13).

einigender Sprache und der Annäherung und Verschmelzung des Proletariats verschiedener Nationalitäten, die häufig verkürzt hervorgehoben werden (z.B. bei Dumbrava 2004b:11, Schorkowitz 2008:163), wurde zwar seit 1917 diskutiert, wichtiger war in den Anfangsjahren der Sowjetunion jedoch die ideologische Entscheidung für das Recht aller Nationen auf Selbstbestimmung und schließlich die Gründung einer Föderation (vgl. Smith 1996:5, Carr 1963).[185] Wenn man Nationalitäten und Nationalismen nicht als naturgegeben ansieht, erscheint als Konstante jedoch die ideologische Betonung „ethnischer Partikularismen" (Slezkine 1994) und deren Niederschlag in politischen und wissenschaftlichen Programmen.

> „'The world's first state of workers and peasants' was the world's first state to institutionalize ethnoterritorial federalism, classify all citizens according to their biological nationalities and formally prescribe preferential treatment of certain ethnically defined populations." (Slezkine 1994:415)

Mit der Annahme, dass Nationalitäten eine Realität sind, ging der politische Einsatz für nationale Rechte einher, die per definitionem Gruppenrechte und nicht Individualrechte sind (Slezkine 1994:416).[186] Als territoriale und politische Entitäten waren diese Nationalitäten bis dato aber nicht institutionalisiert, weshalb sowjetische Sprach- und Nationalitätenplaner in den nächsten Jahren damit beschäftigt waren, nationale Territorien zu schaffen und Sprachen auszubauen (Caşu 2001:59; Pavlenko 2013:658), wobei auch politische Kräfteverhältnisse neu ausgehandelt wurden (Smith 1996:4).[187] Hieraus begründete sich auch die

---

185 Dies war ein zentraler Streitpunkt zwischen Lenin und Stalin, wobei Lenin der Verfechter stärkerer Rechte für nationale Gruppen war, während Stalin sich für eine Zentralisierung von Politik und Verwaltung aussprach. Dementsprechend änderte sich die Politik nach Lenins Tod und mit dem Machtantritt Stalins (Smith 1996:5f). Umstritten war in den ersten Jahrzehnten der Sowjetunion auch das anzuwendende Gruppenkonzept: neben „национальность", welches sich ab 1959 durchsetzte, wurde auch immer wieder auf „народность" refiert (J.A.N. 1960:449).

186 Es wurde jedoch durchaus zwischen proletarischer Formen der Nationalität und zu bekämpfenden bourgeoisen Formen der Nationalkultur (wie sie in Rumänien praktiziert würde) unterschieden.

187 In Lenins Visionen eines sozialistischen Staates sollten alle Minderheiten, egal wie klein, gleiche Rechte bekommen. Diese wurden (mangels konsensueller Nationalitätendefinition) als „Sprachgemeinschaften" gedacht, die von einer gemeinsamen Geschichte zusammengehalten werden (Slezkine 1994:416, 427). Dies bedeutet nicht, dass Sprachpraxis oder sprachliche Repertoires ein notwendiges Kriterium für Nationalitätenzugehörigkeit waren – sie wurden vielmehr normativ gesetzt. Der Zensus von 1926 förderte zu Tage, dass Nationalität (festgemacht an Traditionen und

Förderung insbesondere der Sprachen dieser Nationalitäten (die „Muttersprachen", Slezkine 1994:422) in den 20er Jahren, deren Gebrauch als Grundbedürfnis angesehen wurde, durch dessen Förderung folglich Vertrauen für die Sache des Sozialismus gewonnen werden würde (für Moldova vgl. King 1999). Grad des sprachlichen Ausbaus und die Schriftkultur galten als zu berücksichtigende Faktoren (Slezkine 1994:422) in diesem Prozess, der mit Maas auch als „Demotisierung der Schriftkultur" verstanden werden kann und der darauf abzielte die jeweiligen Geschäftssprachen erreichbar zu machen. Im konkreten Fall einiger Sowjetrepubliken, die auch schon zuvor Teil des russischen Imperiums gewesen waren, bedeutete dies zunächst einen verhältnismäßigen Rückgang des Russischen als Bildungssprache (Арефьев 2012:33).

Bei dieser Nationalitätenpolitik lag zunächst vergleichsweise wenig Augenmerk auf dem Russischen, da die russische Nation, als (im Hinblick auf das Zarenreich) ehemaliger Unterdrücker nicht speziell gefördert werden sollte (Slezkine 1994:434). Die auf nationalen Territorien lebende minorisierte Bevölkerung (und deren Benachteiligung durch die teils chauvinistischen partikular-Nationalismen) blieben bei dieser Nationalitätenpolitik jedoch ebenfalls außen vor, u.a. weil sie nicht als Gefahr für das sowjetische Projekt angesehen wurden (Slezkine 1994:426).[188] Zur sprachlichen Praxis der minorisierten Bevölkerung in den Unionsrepubliken sowie den Funktionen dieser Sprachen scheint es kaum Veröffentlichungen zu geben. Lipset (1967:185) bemerkt, dass sich z.B. der Platz dieser ‚doppelt minorisierten' Sprachen im Schulwesen an Hand der sowjetischen Statistiken kaum ermitteln ließ.[189]

Gebräuchen) und Sprache keineswegs deckungsgleich waren; in der Folge wurden z.B. ukrainischsprachige Moldauer*innen genötigt, ihre „Muttersprache" zu erlernen (Slezkine 1994:428; vgl. auch Carmichael 2000:270).

188 In den 20ern wurde noch davon ausgegangen, dass alle Sprachen, auch diejenigen der Minderheiten (also auch der ‚doppelt minorisierten' Bevölkerung in den Unionsrepubliken), offiziell werden würden; und z.B. Schulunterricht in all diesen Sprachen wurde gefördert (Slezkine 1994:430). Ihre Offizialisierung setzte „Modernisierung" voraus, wodurch sich die umfassenden sprachpflegerischen Aktivitäten begründeten. Umgekehrt bedeutet dies, dass das Fehlen einer Schriftkultur mit Rückständigkeit gleichgesetzt wurde (King 1999:124; Slezkine 1994:431).

189 Soweit es die in der Zeitschrift „Narodnoe khozyaistvo Moldavskoi SSR v 1962 godu" veröffentlichten Statistiken für das Jahr 1962 hergeben, gab es in Moldova neben moldauischen und russischen Schulen auch ukrainische. Moldova war damit die einzige Unionsrepublik, in der auch Unterricht in einer „doppelt minorisierten Sprache" angeboten wurde (Lipset 1967:186).

Im Rahmen der stalinistischen Zentralisierungspolitik seit den 30ern[190] wurde die Rolle des Russischen als Sprache des Sozialismus stärker betont. Folglich sollte es auch in den Republiken gefördert werden. Russisch wurde obligatorische zweite Sprache in „nationalen Schulen" und Ende der 50er war eine quasivollständige Alphabetisierung und universelle Schulbildung von sieben Jahren erreicht (Haarmann 1978:258; Pavlenko 2013:659).

Pavlenko (2013:664) sieht durch das sowjetische Sprachmanagement eine vierstufige Hierarchie entstehen, der sie Erklärungskraft für den Rückgang der Minderheitensprachen zumisst: 1. Russisch als de-facto-Staatssprache[191], 2. Titularsprachen, die offiziell und bisweilen faktisch als Staatssprachen funktionierten und in Bildung und Medien gebraucht wurden, 3. Sprachen der autonomen Republiken und Regionen und 4. Sprachen ohne territoriale Rechte.

1958 wurde ein Bildungsgesetz erlassen, dass das oben genannte von 1938 ablöste und die Schul- und Sprachwahl liberalisierte. Dieses Gesetz wird häufig als ein Instrument der „Russifizierung"[192] betrachtet, da Eltern nun die Möglichkeit hatten, ihre Kinder in russischsprachige Schulen zu schicken. Pavlenko (2013:659) konstatiert, dass Minderheitensprachen als Unterrichtssprachen hiernach weiter zurückgingen, aber das Angebot an (anderen) Sprachen (als Russisch) als Fächern zunahm. Nach Stalins Tod 1953 und insbesondere ab 1961 wurden die nationalen Rechte wieder stärker betont, gleichzeitig förderten die Bildungsreformen aber das Russische stärker als zuvor (s.u.).

Die letzte Dekade der sowjetischen Sprachpolitik war von Sorgen über das geringe Niveau der Russischkompetenzen von Unionsbürger*innen geprägt, die in einer Reihe von Maßnahmen zu deren Stärkung mündeten. Diese wiederum

---

190 Pavlenko (2013:658) benennt 1938 als Beginn der zweiten Phase, da in diesem Jahr ein Erlass den Russischunterricht obligatorisch machte und die Bedeutung einer gemeinsamen Sprache (die das Russische sein sollte) hervorhob. Siehe auch Caşu (2001:59), der außerdem beschreibt, dass der zweite Weltkrieg diese Entwicklungen verstärkt hätte und zunehmend die Rolle des russischen Volkes für den Sieg über den Faschismus hervorgehoben wurde.

191 Sinnvoller wäre hier von Geschäftssprache zu sprechen.

192 V.a. in westlichen zeitgenössischen (Bilinsky 1962:152; Lipset 1967:185; Silver 1974, 1975) und rezenten Publikationen (Tontsch 2004:14), wie auch in denen von Forscher*innen aus den ehemals sowjetischen Republiken (Gasimov 2012; Oteanu 2003:7) wird der Begriff der „Russifizierung" häufig verwendet, analog im Zusammenhang mit dem Rückgang des Russischen im moldauischen Bildungswesen auch „Derussifizierung" (дерусификация, Арефьев 2012:67) gesprochen. Der Begriff hat jedoch eine geringe wissenschaftliche Erklärungskraft. Siehe Pavlenko (2011:38f) für eine differenzierte Auseinandersetzung in welchen Bedeutungszusammenhängen der Begriff verwendet wird.

riefen Widerstände hervor, die teilweise in genau denjenigen Protesten mündeten, die wichtigen Anteil am Zerfall der Sowjetunion hatten.

4.2.2 Die sprachlichen Verhältnisse in der MSSR

Auch wenn die Moldauische SSR als Teil der Sowjetunion erst 1940 entstand, war die leninistische erste Phase wichtig, weil in sie die Gründung der Vorgängerrepublik MASSR links des Dnjestr mit deklarierter Hauptstadt Chișinău und faktischer Hauptstadt Balta 1924 fiel.[193] In dieser Zeit begannen auch die Aktivitäten der sowjetischen Sprachwissenschaftler um Gabriel Buciuscanu, Pavel Chior, Leonid Andrei Madan und Maksim Sergijewski, das Moldauische zu einem vom Rumänischen verschiedene Sprache auszubauen und mit sprachhistorischen und lexikologischen Arbeiten zu begleiten (siehe hierzu Bochmann 2015; Bruchis 1982, 1984; Kramer 1980; King 1999). In der westlichen und postsowjetischen Literatur wird dies in der Regel als ein Prozess der Denationalisierung und Entfernung von Rumänien dargestellt, bei dem es letztlich um Gebietsansprüche ging (vgl. u.a. Erfurt 2012:620f; Oteanu 2003:5). Charles King (1999) versucht ein komplexeres Bild der Verhältnisse zu entwerfen, in dem er auch die wissenschaftlichen und persönlichen Interessen von Sprach- und anderen Wissenschaftler*innen berücksichtigt und den Glauben an ein revolutionäres Projekt, in dem die Demotisierung von *Literacy* eine zentrale Rolle spielte:

> „While the republic's strategic position gave a certain gravity to the question of the Moldovan language and cultural identity, language policy and linguistics were never mere by-products of Soviet foreign policy. The prevailing linguistic theories and methodologies; the professional interests of linguists from MASSR and from outside the republic; the genuine belief in the power of language in forging a new, socialist community; the absolute confidence in the ability of science and scientist to reshape human society; and, most important, what Pavel Chior called ‚a natural revolutionary feeling' were all powerful forces in the attempt to construct a distinct Moldovan language and identity in the early years of the Soviet state." (King 1999:141)

Die beiden sowjetischen moldauischen Verfassungen (von 1941 und 1978) enthielten keine Regelung über die offizielle Sprache. Tontsch (2004:11) leitet über die Gerichtssprache die Gleichberechtigung *de jure* der beiden Sprachen ab. Die Verfassungen ähnelten in den zentralen Bereichen den Verfassungen anderer Republiken und orientierten sich jeweils am Muster der RSFSR-Verfassung. Es

---

193 Einen Überblick über die Sprach- und Nationalitätenpolitik in der MSSR findet man u.a. bei Deletant (1989), Fruntașu (2002:126-233), Gabinschi (1997), Negru (2000), Oteanu (2003).

wurden den Werktätigen aller Nationalitäten gleiche Rechte gewährt, inklusive demjenigen auf Unterricht in der Muttersprache (Art. 43) und die Verwendung der Muttersprache vor Gericht (Art. 158). Die ausschließliche Zuständigkeit für die Verwaltung des Unterrichts fiel jedoch an die Union. Das moldauische Unterrichtsgesetz von 1975 wiederholte das Recht auf Unterricht in der Muttersprache (oder einer anderen Sprache), machte dies aber (in Art. 78) von organisatorischen und materiellen Fragen abhängig (es müssten Gebäude, Materialien und Personen zur Verfügung stehen).

Hinsichtlich der sprachlichen Verhältnisse sind drei Aspekte von Bedeutung, auf die ich mich in diesem kurzen Abriss konzentrieren will:

- Der Ausbau des Moldauischen/Rumänischen und die Frage des Abstands der gesprochenen Varietäten vom Standard.
- Die Funktionen unterschiedlicher Sprachen in der moldauischen Gesellschaft der Sowjetunion, insbesondere des Russischen.
- Die Rolle der Minderheitensprachen.

Seit den 50ern richtete sich die Sprachpflege in der Republik Moldova faktisch wieder am rumänischen Standard aus (Bochmann 2015; Cașu 2001:60; Ciscel 2012:315; Heitmann 1987:61; King 2000:107; Kramer 1980:144).[194] Was vom Projekt Moldauisch übrig blieb, war die Schreibung mit kyrillischen Buchstaben, eine Präferenz für slawische Entlehnungen bei Wortneuschöpfungen, das Glottonym und die diskursive Betonung der Unterschiede zwischen Rumänisch und Moldauisch zu diplomatischen Zwecken. Die Glottonymfrage wurde im Kontext der zunehmenden Spannung zwischen Sowjetunion und Rumänien in den 60ern wieder relevanter (King 2000:104f; Negru 2000:123; Solomon 2004:136).[195] Dass

---

194 In Folge des Molotow-Ribbentrop-Paktes forderte die sowjetische Regierung von Rumänien am 26. Juni 1940 die Überlassung Bessarabiens und der Nordbukowina. In diesem Ultimatum war jedoch weder von der moldauischen Nation, noch von rumänischer Unterdrückung die Rede, sondern es wurde mit dem großen Teil ukrainischer Bevölkerung und deren Verbindung zur Sowjetunion argumentiert (King 2000:92). Die formell am 2. August 1940 (aus Teilen Bessarabiens und Teilen der MASSR) gegründete MSSR war in den Folgejahren Schauplatz von Exekutionen (sowohl durch sowjetische als auch rumänische Truppen), Rückeroberung und Vernichtungspolitik (King 2000:93f; Jägendorf 2009). Nach Kriegsende und dem rumänisch-sowjetischen Friedensvertrag von 1947 stand der Umgang mit Kollektivierung, Hunger und politischer Verfolgung im Vordergrund (King 2000:96).

195 Berühmt ist die kuriose Anekdote, dass der Sekretär des Zentralkomitees der Kommunistischen Partei Moldovas 1976 zu einem Besuch in Rumänien einen Rumänisch-Moldauisch-Übersetzer in seine Delegation aufnahm (Solomon 2004:136).

sich westliche Sprachwissenschaftler an der moldauischen Sprachenfrage abarbeiteten, soll ein wesentlicher Anlass gewesen sein, dass sowjetische Linguisten und Historiker sich unter Druck sahen, durch weitere wissenschaftliche Aktivitäten die moldauisch-rumänische Unterschiedlichkeit zu betonen (King 2000:113).

Dies bedeutet einerseits, dass der Versuch der Ermächtigung der unterprivilegierten Bevölkerung qua Ausbau der Vernakulärsprache ad acta gelegt wurde, was möglicher Weise gewisse Hürden bei der Erreichbarkeit der literaten Strukturen bedeutete. Gleichzeitig stand aber als formelles Register in einer diglossischen Situation auch das Russische zur Verfügung, welches insbesondere in Politik, Verwaltung und Technik die dominante Sprache war, so dass mangels Reichweite der entsprechenden Register des Rumänischen diese bei der Mehrheit der Bevölkerung nicht ausgebaut wurden. In der Umgangssprache halfen bei den entsprechenden Fragen Entlehnungen. Diese Praxis wiederum fokussierten die Sorgen der rumänistischen Bewegung Ende der 80er (Erfurt 1991).

Insofern auf politischer wie persönlicher Ebene wenig Kontakt zu Rumänien herrschte, war auch die sprachliche Dynamik in diesen Jahren weitestgehend voneinander entkoppelt (Erfurt 2002:25). Dies führte einerseits dazu, dass viele sprachliche Neuerungen und Entwicklungen, die in Rumänien stattfanden, in die Praxis östlich des Pruths nicht Eingang fand. Andererseits prägte in der MSSR der Sprachkontakt mit dem dominanten Russisch die alltägliche Praxis (Bruchis 1982:295). Der hieraus resultierende Abstand zwischen alltäglicher Praxis und Standardsprache hatte für die Erreichbarkeit der Standardsprache auch nach 1989 Konsequenzen.

Die Funktionen des Russischen weiteten sich derweil kontinuierlich aus. Dass auch die Anzahl der Sprecher*innen deutlich zunahm[196], hat einerseits mit der Zuzug russischsprachiger Bevölkerung zu tun (King 2000:100f), spricht aber andererseits auch für Erreichbarkeit und Reichweite des Russischen. Seit der Schulreform 1958/59[197] konnte zwischen „muttersprachlichen" und „russischen"

---

196 Zu den Schwierigkeiten, hierzu verlässliche Zahlen aus den sowjetischen Statistiken zu gewinnen vgl. Silver (1975). Seit dem Zensus 1970 wurden die Personen auch dazu befragt, welches ihre „Muttersprache" sei und in welcher weiteren Sprache sie flüssig kommunizieren könnten. Die Präsentation der Daten fokussiert sich aber auf die einzelnen Sprachen und den Prozentsatz von Sprecher*innen unter der Gesamtbevölkerung und nicht auf den individuellen Kombinationen von sprachlichen Ressourcen (Silver 1975:576).

197 Die Schulreform wurde am 24.12.1958 vom Höchsten Sowjet der UdSSR beschlossen und im Frühjahr des nächsten Jahres von den Republiken übernommen (Bilinsky 1962:138).

Schulen gewählt werden (Bilinsky 1962:139; Slezkine 1994:449). Als offizielle Begründung hierfür galt, dass das obligatorische Lernen von drei bis vier Sprachen (Russisch, Moldauisch, eine Fremdsprache und eventuell einer Minderheitensprache) für die Schüler*innen eine große Belastung darstellte und deswegen Wahlfreiheit zwischen russischen und „nationalen" Schulen geschaffen werden sollte. Der gleichzeitig diskutierte Vorstoß, zusätzlich zum Russischen auch das Moldauische für alle Schüler*innen obligatorisch zu machen, setzte sich nicht durch. Viele rumänisch-/moldauischsprachige Familien nutzten diese Gelegenheit, um ihre Kinder auf russischsprachige Schulen zu schicken.[198] Ein anderer Faktor der Erreichbarkeit des Russischen war für die männliche Bevölkerung der Militärdienst (Haarmann 1996:1893; Verebceanu 2007, Weirich 2014).

Das entsprach auch der veränderten politischen Maßgabe seit den 70ern, dass Russisch nicht mehr nur die „Sprache der Freundschaft und Verständigung und Kooperation zwischen den Völkern der UdSSR"[199], sondern im Rahmen der „nationalrussischen Zweisprachigkeit" eine „zweite Muttersprache" sein sollte, die alle beherrschen (Solchanyk 1982).[200] Für viele junge Moldauer*innen wie auch anderen „nicht-russischen" Sowjetbürger*innen wurde das Russische zur ersten Sprache, insbesondere unter denjenigen, die qua Nationalität einer Minderheit in der Republik angehörten (Bruchis 1982:314; Gasimov 2012:9; King 2000:115; Tontsch 2004:14).[201] Auch wenn die „Nationalsprachen" weiter gelernt, gesprochen und gepflegt werden konnten, galt doch keine ähnliche politische oder praktische Notwendigkeit für die russischsprachige Bevölkerung, das Moldauische zu lernen, auch wenn es eine offizielle Empfehlung des Zentralkomitees der KP der MSSR an alle Mitglieder der Staats- und Parteiorgane gab, Moldauisch zu lernen (Șarov 2007:209).

---

198 Zur Diskussion des Rückgangs von Schulunterricht in den Erstsprachen in den unterschiedlichen Sowjetrepubliken vgl. Silver (1974).

199 So lautete der Titel einer Allunions-Konferenz, der vom 22. bis 24. Mai 1979 in Taschkent stattfand und auf der die entscheidenden Empfehlungen für eine stärkere Förderung des Russischunterrichts formuliert wurden („Русский язык – язык дружбы и сотрудничества народов СССР").

200 Diese Forderung geht auf Fedot Petrovič Filin, dem Direktor des Instituts für Russische Sprache der Akademie der Wissenschaften, zurück, der diese Position seit 1975 auf den jährlichen Konferenzen in Taschkent vertrat. Seine Forderungen umfassten alle Ebenen des Bildungssystems und zielten sowohl auf neue Programme, die Verstärkung von bestehenden Institutionen als auch die Steigerung der Zahl der Russischstudierenden (Solchanyk 1982:28f).

201 Beispiel hierfür sind Kira, die Direktorin des Call-Centers oder die Eltern der Englischlehrerin Iolanda (siehe Kapitel 5.3).

Auf Grund der Konstellation sprachlicher Repertoires, die in Moldova in Kontakt traten, sprechen einige Autor*innen von einem „asymmetrische[n] Bilinguismus" (Büscher 2008) oder „bilinguismul unilateral" (Oteanu 2003:11). Wenig Erwähnung finden in den Publikationen zu den sprachlichen Verhältnissen im sowjetischen Moldova Personen, deren Nationalität weder Moldauisch noch Russisch war. In Radio, Fernsehen und moldauischen Druckerzeugnissen waren die minorisierten Nationalitätensprachen praktisch nicht existent (Fischer-Galati 1975:423f; Haarmann 1978:306; J.A.N. 1960:450).[202] Naheliegender Weise war für sie überwiegend das Russische Verkehrssprache und Sprache der Bildung. Skvortsova (2002:171) konstatiert, dass zwar die meisten Angehörigen minorisierter Nationalitäten die Nationalitätensprache auch als ihre Erstsprache bezeichneten, diese jedoch nicht ausbauen konnten.

Die Auflösung der Sowjetunion wird von einigen Autor*innen als „Chance ethnisch-kultureller Wiederbelebung" (Lazarenko 2012:198, siehe auch Степанов 2010:317) inklusive schulischem Ausbau der Vernakulärsprachen gesehen. Dies bedeutet aber nicht, dass die minorisierte Bevölkerung zu Alliierten des Nationalisierungsprojekts wurden, das für sie eine doppelte Minorisierung, sowohl ihrer Vernakulärsprache, als auch der Vehikularsprache Russisch, bedeutete.

4.2.3 Skizze der Konfliktlinien seit 1988

Die Heftigkeit vieler sprachlicher Konflikte wird in der Kontaktlinguistik damit erklärt, dass dahinter in der Regel andere Konfliktursachen stehen, für die Sprache ein wesentliches Sekundarsymbol ist (Darquennes 2004:12):

> „So können beispielsweise soziale und/oder wirtschaftliche Brüche in einem mehrsprachigen Umfeld dazu führen, daß infolge von Politisierung und Ideologisierung des Faktors Sprache Konflikte hinter der Maske der Sprache hochstilisiert werden."

Im Zusammenhang mit der Unabhängigkeitsbewegung wurde in Moldova, wie in vielen anderen Unionsrepubliken, der Weg der Nationalisierung im Rahmen eines nationalstaatlichen Modells eingeschlagen, in dessen Dienst die Sprachpolitik stehen soll (Moldovanu 2007:210f; Brubaker 1996a). Der erste Schritt zur moldauischen Unabhängigkeit waren dementsprechend die Sprachengesetze

---

202 Fischer-Galati (1975:424) verzeichnet 1959 zwei Zeitungen in einer (nicht spezifizierten) Minderheitensprache, 1971 aber keine einzige mehr, genausowenig wie Zeitschriften. 1971 sind fünf Bücher in einer anderen Sprache als Russisch (1192) und Moldauisch (613) erschienen. Im Jahr 1973 waren es laut Haarmann (1978:306) drei.

vom 31. August 1989, deren hohe Symbolik sich auch darin wiederspiegelt, dass dies nunmehr das Datum des Nationalfeiertags ist.

Durch die „Etablierung eines politisch-juristischen Rahmens für nationale Aspirationen" (Erfurt 2003b:11) von Ende der 80er bis Anfang der 90er Jahre wollten rumänischsprachige Akteur*innen mit der Dominanz der russischsprachigen Eliten brechen:

> „Ihre Forderungen legitimierten sie einerseits durch die in der Geschichte erfahrene Minorisierung und Marginalisierung durch die wirtschaftlich und politisch dominante Gemeinschaft der russischsprachigen Bevölkerung und andererseits durch eine Ideologie kollektiver Inferiorität und sprachlicher und sozialer Homogenität" (ebd.)

Wichtig waren dabei von Beginn an auch puristische Argumente (siehe 4.4 zum „puristischen Diskurs"), wie eine „degradeare porgresivă a limbilor indigene" (Oteanu 2003:12; siehe auch Tontsch 2004:10). Getragen wurde die Bewegung von rumänischsprachigen Intellektuellen, allen voran der Literatenkreis A. Mateevici und die „demokratische Bewegung zur Unterstützung der Perestrioka" (Caşu 2012:111-113; Dumbrava 2002; 2004:30; Erfurt/Dumbrava 2003:94; King 1999:128; Solomon 2001:75; Way 2002). Für diese entstand hier die historische Möglichkeit einer Ressourcenumverteilung zu ihren Gunsten (Dom 2017:212; King 2000:131-4; Tishkov 1997:98) durch die Schaffung eines Marktes für Posten und Maßnahmen rund um den Ausbau und die Normierung des Rumänischen als Standardvarietät und Nationalsprache für die Republik Moldova.[203] Erfurt (2012:617) identifiziert drei sprachpolitische Hauptkonfliktlinien, die die Auseinandersetzungen bestimmten:

Erstens den Glottonymstreit (also der Streit um die Sprachbezeichnung *limba română* vs. *limba moldovenească*) als „Kampf um die Deutungshoheit über die gesellschaftspolitische Orientierung" (ebd. 618). Diese scheinbar banale, aber ideologisch auf Grund der sowjetischen Vergangenheit hoch aufgeladene Frage ist für die moldauische Identitätspolitik von zentraler Bedeutung. So sieht z.B. Moldovanu (2007:298) hierin ein ungelöstes „Schlüsselproblem" (siehe auch Condrea 2007(2002)). Die Frage hat auch international Sprachwissenschaftler*innen beschäftigt (Bochmann 2012, 2015) und in Moldova unzählige publizistische Beiträge in den Massenmedien und wissenschaftlichen Zeitschriften

---

[203] So beklagt der Ukrainist Степанов (2010:258), dass es nach der Unabhängigkeit kaum noch Posten für russischsprachige Wissenschaftler gab.

hervorgebracht. Ein vorläufiges Ende der Debatte stellt das Gerichtsurteil aus dem Jahr 2013 dar (siehe hierzu Weirich 2015).[204]

Zweitens die ‚Normalisierung' des Rumänischen, also die Aneignung und Verbreitung des Rumänischen/Moldauischen, die den Angehörigen der rumänischsprachigen Bevölkerungsmehrheit ein Leben und Arbeiten in ihrer Sprache zu ermöglichen soll. In diesem langfristigen Prozess spielt die Bildungspolitik eine zentrale Rolle.

Drittens ein Varietätenkonflikt, bei dem die rumänischsprachigen *Language Bosses* (Lakoff 1990:283-302) im Zuge von sprachpflegerischen Aktivitäten das gesprochene Rumänisch der Moldauer*innen als ‚verschmutzt', ‚unrein', ‚rückständig' und „auf jeden Fall schlechter als das Rumänische in Rumänien" (Erfurt 2012:617) abwerten.

Hierzu ist viertens der Konflikt von offizieller Einsprachigkeit vs. Mehrsprachigkeit zu nennen, bei dem einerseits vereinzelt russischsprachige Akteur*innen immer wieder eine Kooffizialität des Russischen fordern (Dom 2017:155, 178; Dumbrava 2004b:68) und gleichzeitig einige rumänischsprachige Autor*innen die bestehenden Regelungen, die dem Russischen als „Sprache der interethnischen Kommunikation" einen Mittelstatus zwischen offizieller Sprache und Minderheitensprache zugestehen, als zu weitgehend kritisieren. Russisch sollte ihrer Meinung nach den Status einer Minderheiten- und/oder Fremdsprache (also internationaler Verkehrssprache) haben und in der Schule nur noch auf freiwiliger Basis gelernt werden (Moldovanu 2007:289). Die aktuellen Regelungen produzierten einen „schädlichen" Bilinguismus (Moldovanu 2007:211), der dazu führe, dass es erstens weiterhin nicht für alle Bürger*innen notwendig sei, Rumänisch zu lernen und zweitens mehrsprachige Praxen und Sprachmischungen begünstige. Wenn es darum geht, den offiziellen Status des Russischen als nicht gerechtfertigt darzustellen, wird von dieser Seite auch mit den Minderheitenrechten argumentiert; der privilegierte Status des Russischen gegenüber den anderen Minderheitensprachen führe zu einer Diskriminierung der Minderheitenangehörigen (Moldovanu 2007:216), was paradox ist, da diese größtenteils einen (ko-)offiziellen Status des Russischen befürworten. Die Förderung des Russischen sei durch den Hinweis in Art. 13/3 der Konstitution ausreichend

---

204   Die Dualität des Namens der Sprache ist so alt wie die rumänische Schriftkultur. Schon in rumänischen Texten aus dem 16. Jahrhundert ist in synonymer Verwendung sowohl von der rumänischen als auch der moldauischen Sprache die Rede, was auch die Begründung einer besonderen moldauischen Sprache mit der vormodernen Geschichte wenig überzeugend erscheinen lässt (Bochmann 2015:54f).

geregelt, dass der Staat das Studium von internationalen Verkehrssprachen erleichtern würde.[205]

Mit der oppositionellen Bewegung und den Sprachgesetzen von 1989 setzte eine politische Auseinandersetzung ein, die sich an der Oberfläche und in den sichtbaren Diskursen rasch in zwei Lager teilte, die um die politische Vorherrschaft rangen und dieses Ringen mit sprachpolitischen Fragen und der Formulierung antagonistischer Nationalismus-Konzeptionen verbanden (Danero Iglesias 2013a und b, 2014, 2015).

Die Redefinition der „nationalen Identität" war eine der Prioritäten der intellektuellen Elite zwischen 1987 und 1991 (Solomon 2001:75), die als Teil des Projekt eines „nationalisierenden Staates" (Brubaker 1996b:57) zu betrachten ist. Die offizielle Stellungnahme zur nationalen Identität der Republik geht aus dem entsprechenden Gesetz von 2003 hervor (*Lege Nr. 546 din 19.12.2003 privind aprobarea Concepției politicii naționale a Republicii Moldova*): Moldova ist dementsprechend ein multiethnischer und mehrsprachiger Staat; die Moldauer haben als Gründungsnation einen Sonderstatus. Das rumänische und das „moldauische Volk" benutzen eine gemeinsame literatursprachliche Sprachform und einen gemeinsamen Basiswortschatz, bewahren aber auf Grund verschiedener Entwicklungen unterschiedliche Bezeichnungen für die Sprache. Zwei (oder mehr) konkurrierenden Identitätsmodelle wurden vor allem in den ersten Jahren nach den Sprachgesetzten und der Unabhängigkeitserklärung diskutiert.[206] In der Regel wird dabei das rumänische oder pan-rumänische Lager dem moldovenistischen gegenübergestellt (z.B. Anderson Worden 2011, Dom 2017:212; Ihrig 2009, 2012).[207] Der „(Pan-)Rumänismus" wird in seiner stärksten Position gegenwärtig von der liberalen Partei und den oben zitierten Personen aus dem Umfeld bestimmter Fakultäten der staatlichen und der freien Universität und der Akademie der Wissenschaften vertreten (Iglesias 2013:781, King

---

205   Für eine Übersicht über verwandte Konfliktfelder siehe Weirich (2015; 2016b:164f).
206   Ausgetragen wurde die Debatte um Moldovenismus oder Rumänismus in diesen Jahren zwischen den beiden Parteien *Partidul Democrat Agrar* und *Frontul Popular Creștin Democrat* ausgetragen (Solomon 2001:77).
207   Andere AutorInnen unterscheiden beide zusätzlich von einem pan-slawischen/-sowjetischen (Sinaeva-Pankwoska 2010), pro-russischen (bei Bochmann 1997, Dumbrava 1998, King 1994) oder tiraspoler (van Meurs 2003:33), das jedoch in der Glottonymfrage dem moldovenistischen nahesteht. All diese Bezeichnungen sind Fremdbezeichnungen: d.h. Akteur*nnen bedienen bestimmte Diskurse, bezeichnen sich aber in der Regel nicht selbst als „Rumänist" oder „Moldovenistin" (Anderson-Worden 2011).

2000:65) sowie einigen, größtenteils jüngeren sozialen Bewegungen (s.u.). Auch die *Mitropolia Basarabiei*, die der rumänischen unterstellte orthodoxe Kirche in Moldova, ist ein wichtiger Akteur (Dom 2017:212f; Zabarah 2011). Neben dem Namen der Sprache sind auch Fragen der Normalisierung v.a. im rumänistischen Diskurs und (in Opposition dazu) auch für die anderen hochgradig symbolisch (King 1994:349, Sinaeva-Pankowska 2010:271). Dom (2017:213) identifiziert drei Schlüsselthemen im panrumänistischen Diskurs über Minderheiten: „Alleinvertretungsanspruch, Marginalisierung durch die Minderheiten, russische Minderheit als Repräsentant der zarischen, sowjetischen und russländischen Macht."

In den frühen 90er Jahren wurde die rumänistische Position laut artikuliert, was zu heftigen Spannungen führte, die in gewälttätigen Auseinandersetzungen mündete. Trifon (2010a:182f) spricht von gewalttätigen Reaktionen Russophoner, Kaufman (1996:124) erwähnt, dass in einer Phase der nationalistischen Gewalt 1990 ein russischsprachiger Student ermordet wurde. Nach Meinung von Historikern gelten die moldauischen Sprachengesetze als ein wesentlicher Auslöser sowohl für die Streiks und die sich anschließende Unabhängigkeitserklärung Transnistriens, wie auch für die Autonomiebestrebungen Gagauziens, somit letztendlich für den gewalttätigen Kampf um den Status quo, d.h. für die Bewahrung der mit Sprache verknüpften Ressourcen (Tishkov 1997:99; King 2010:108-110; Zofka 2015:105).

Ziel der nationalistischen Propaganda wurden im Februar 1992 auch „gemischtethnische Ehen", also Ehen zwischen Partner*innen unterschiedlicher Nationalitäten im sowjetischen Sinne, die in der Sowjetunion explizit begrüßt wurden (Dumbrava 2004b:38) und in der MRRS besonders weit verbreitet waren (im Jahr 1979 waren das 21% aller Ehen, siehe Cașu 2001:61; Dumbrava 2004b:137). In den „10 Geboten eines bessarabischen Rumänisch" der Volksfront in der rechten Zeitung *Țara* im Februar 1992 publiziert, einen Monat vor Beginn des Krieges in Transnistrien, wurde die rumänischsprachige Bevölkerung aufgerufen, keine anderssprachigen Personen zu heiraten (Kolstø/Edemsky 1995:153).[208] Russischsprachige Personen verließen Moldova in großer Zahl (Савоскул 1994; Субботина 2004).

---

208 Die gleiche Bewegung forderte ein Denkmal für Marschall Antonescu, den faschistischen Führer Rumäniens und Alliierten des Drittens Reichs im zweiten Weltkrieg (IUMA Moldova 2002). Rassistische Äußerungen über multiethnische Familien gab es aber auch später noch. Dom (2017:215) zitiert einen Artikel Nicolae Dabijas von 2004, in dem Kindern aus solchen Ehen ein statistisch belegter Hang zu psychischen Erkrankungen und Kriminalität unterstellt wird.

Ab 1993 fand ein „Meinungsumschwung hin zur Betonung der politischen und sprachlich-kulturellen Eigenständigkeit des Landes" (Pfeil 2006:308, siehe auch Gabanyi 1995:96; Pfeil 2012:268; Tontsch 2004:14f) statt, der nicht zuletzt auf den Krieg in Transnistrien zurückzuführen war und im symbolträchtigen Kongress „Casa noastră – Republica Moldova" im Februar 1994 manifestiert wurde (Solomon 2001:77, Hegarty 2001:149). Nur wenige Akteur*nnen forderten in den 1990er und 2000er Jahren offen den Anschluss an Rumänien, aber in den letzten Monaten bzw. Jahren haben solche Positionen wieder Auftrieb gehabt und sind öffentlich deutlicher vertreten worden.[209]

4.3 Die moldauische Gesellschaft und ihre sprachlichen Ressourcen

Autor*innen, die sich zur Verbreitung von Sprachen in der Republik Moldova äußern, rekurrieren dabei auf die sowjetische Sprachstatistik (z.B. Haarmann 1978, 1997, Skvorstsova 2002:163), die Angaben des Zensus 2004 und die Resultate des *Etnobarometru* (EB) von 2004.[210] Ein weiterer Zensus wurde im Mai 2014 durchgeführt. Diesen Quellen zu entnehmen ist einerseits die deklarierte „Nationalität"[211] der Befragten, Kenntnisse in der als zugehörig betrachteten Sprache sowie der von den Befragten üblicher Weise gesprochenen Sprache.

---

209 Zu den Entwicklungen in den 90er Jahren bis in die Gegenwart siehe King (1999); Weirich (2015; 2016b:162-168).

210 Diese Umfrage bestand aus einem qualitativen Teil (Delphi-Studie) mit strukturierten Interviews und einem quantitativen, als repräsentativ konzipierten Umfrageteil auf Basis von Fragebögen. Die Studie wurde vom Institutul de Politici Publice (IPP) in Kooperation mit der Soroş-Stiftung und IMASinc durchgeführt. Das Hauptinteresse dieser Umfrage galt den interethnischen Beziehungen, der Selbst- und Fremdwahrnehmung von ethnischen Gruppen, aber auch der Wahrnehmung der öffentlichen Politik und des Sozialkapitals. Der Fragebogen enthielt sieben Fragen zur Sprachpraxis (Q60 und Q61 mit mehreren Antwortmöglichkeiten zur Muttersprache und zur zu Hause gesprochenen Sprache, Q62 zur Sprachwahl mit unterschiedlichen Familienmitgliedern, Q 63 zur Einschätzung der eigenen Sprachkompetenz in Moldauisch, Rumänisch, Russisch, Ukrainisch, Gagauzisch und Bulgarisch und Q65 zur offiziellen Sprache). Die Ergebnisse sind online einsehbar (IPP 2005).

211 Diese Vorgehensweise bei der Erhebung trägt insofern zur Reifizierung der Kategorie „Nationalität" bzw. „Ethnizität" bei, da vorausgesetzt wird, dass sich Personen einer (und nur einer) Nationalität zuordnen. Um diesen Effekt zu reduzieren haben Kolstø/Melberg (2002) in ihrer Befragung von 1200 Moldauer*innen im Jahr 1998 auch Mehrfachnennungen erlaubt, von der jedoch nur ca. 6% der Befragten Gebrauch machten (ebd. 37). Dazu befragt, welche Bedeutung die Kategorie „Ethnizität" für

Tabelle: Moldauische Bevölkerung nach „Nationalität" 1989 und 2004

Nationalität	1989[212]		2004[213]		2014[214]	
	Anzahl	%	Anzahl	%	Anzahl	%
Gesamtbevölkerung	4.335.400	100	3.383.332	100	2.804.801	100
Moldauisch + Rumänisch	2.794.700 + 2.477 (2.513.400	64,5 + 0,06 (69,9)	2.564.849 + 73.276	78,0 (75,8 + 2,2)	2.068.058 +192.800	80,6 (73,7+6,9)
Ukrainisch	600.400 (405.200)	13,8 (11,3)	282.406	8,4	181.035	6,5
Russisch	562.100 (350.900)	13,0 (9,7)	201.218	5,9	111.726	4,0
Gagauzisch	153.500	3,5	147.500	4,4	126.010	4,5
Bulgarisch	88.400	2,0	65.662	1,9	51.867	1,8

Im Zensus 2004 wurden Rumänisch und Moldauisch als getrennte Kategorien aufgeführt, was in der öffentlichen Debatte skandalisiert wurde. Es sind keine Rückschlüsse darauf möglich, welche Varietäten die Personen praktizieren und inwiefern sie mit der rumänischen Standardvarietät vertraut sind, oder nicht.

Die beiden folgenden Tabellen lenken den Blick von Nationalitäten auf die Sprachpraxis und sollen dafür sensibilisieren, dass Sprachpraxis nicht mit Ethnie oder Nationalität gleichzusetzen ist. Oft wird sie aber umgekehrt dazu instrumentalisiert, zu monieren, dass die Minderheitenangehörigen „ihre" Sprache nicht sprechen würden (etwa Moldovanu (2007:290) über die Gagauz*innen).

---

    sie habe, antwortete ca. die Hälfte der Befragten, dass sie ihnen wichtig oder sehr wichtig sei (ebd. 38).

212 Auf 100 gerundete Zahlen nach Tontsch (2004:17f), auf den sich auch Erfurt (2012:621f) bezieht. Die Angaben bei Moldovanu (2007:190) und Kahl u.a. (2010:19) entsprechen dem. In Klammern stehen die Angaben von Арефьев (2012:63), die von denen Tontschs abweichen, weil er die transnistrische Bevölkerung abgezogen hat.

213 Zahlen nach Biroul Național de Statistică (2004).

214 Zahlen nach Biroul Național de Statistică (2017) (BNS 10).

Tabelle: Sprachkenntnisse Erstsprache nach „Nationalität"

Nationalität	1989[215] Prozent der Personen, deren Erstsprache mit der Nationalität konform ist	2004[216] (EB)	Erstsprache 2004 laut Zensus[217]				
			Moldauisch + Rumänisch	Russisch	Ukrainisch	Gagauzisch	Bulgarisch
Gesamtbevölkerung	88,9		2.029.847+ 558.508	380.796	186.394	137.774	5.4401
Moldauisch	95,4	98%	2.011.403+ 481.593[218]	63.290	3.606	402	493
Ukrainisch	61,6	82%	8.189+2.358	89.853	180.981	402	149
Russisch	99,1	94%	3.279+1.341	195.573	586	180	163
Gagauzisch	91,2	97%	1.274+338	8.618	616	338	318
Bulgarisch	78,7	92%	2.084+682	9.134	110	395	53.178

Tabelle: Üblicherweise gesprochene Sprache nach „Nationalität" (Zahlen nach Zensus 2004 und Prozentangaben nach Etnobarometru 2004/05)

Quelle	Zensus 2004[215]	in %[220] nach EB	Zensus 2004	E B	Zensus 2004	E B	Zensus 2004	E B	Zensus 2004	E B
Nationalität	Moldauisch + Rumänisch		Russisch		Ukrainisch		Gagauzisch		Bulgarisch	
Gesamtbevölkerung	1.988.540+ 554.814		540.990		130.114		104.890		38.565	

---

215 Zahlen nach Tontsch (2004:17f), auf den sich auch Erfurt (2012:621f) bezieht. Die Zahlen stimmen mit denjenigen Moldovanus überein. Leicht abweichende Angaben finden sich bei Арефьев (2012:63).
216 Petruți (2006:29).
217 BNS (9).
218 Moldovanu (2007:192) verzeichnet dabei einen Anstieg von 1,3% im Jahr 1959 auf 4,3% im Jahr 1989.
219 BNS (9). Siehe auch Kahl u.a. (2010:20).
220 Es waren mehrere Antworten möglich. Die Prozentzahl bezieht sich auf den Anteil der Personen an den Gesamtbefragten, die angaben, die jeweilige Sprache zu Hause zu sprechen.

Quelle	Zensus 2004[219]	in %[220] nach EB	Zensus 2004	E B	Zensus 2004	E B	Zensus 2004	E B	Zensus 2004	E B
Moldauisch	1.949.318+ 475.126	85+17	128.372	2	9.170	0	799	0	1.113	0
Ukrainisch	17.491+ 4.158		141.206	43	118.699	66	427	0	294	0
Russisch	8.852+2.805	12+6	187.526	93	1224	4	329	1	344	0
Gagauzisch	2.756+609	1+1	40.445	44	413	0	10.2395	83	821	0
Bulgarisch	4.652+1.046	13+1	23.259	47	188	2	673	8	35.808	71

Die Aussagekraft dieser Zahlen ist insgesamt begrenzt, weil sie Auskunft über die in der alltäglichen Sprachpraxis dominante Sprache geben, aber weder etwas darüber verraten, wie ausgebaut die Kenntnisse sind, noch wie das sprachliche Repertoire insgesamt zusammengesetzt ist.

Weitere quantitative Erhebungen zu Sprachkenntnissen haben Moldovanu (2007) und Степанов (2010) durchgeführt. Bei ersterem drehen sich die Fragen um politisch kontroverse Fragen wie das Glottonym (bzw. die „denumirea corectă a limbii şi identităţii baştinaşe"), die Haltung zum Russischen als kooffizieller Sprache, aber auch die Zweisprachigkeit. Befragt wurden 1046 befragte Personen, die die erwachsene Bevölkerung Moldovas repräsentieren sollen. Eine große Mehrheit ist für eine einzige offizielle Sprache, aber die minorisierten Sprecher*innen wünschen sich ebenfalls mit (nicht ganz so) großer Mehrheit offizielle Zweisprachigkeit (Moldovanu 2007:259f), was eine deutliche Veränderung im Vergleich zu einer vorherigen Studie des IPP aus dem Jahr 2002 darstellt, derzufolge sich 50% für Zweisprachigkeit aussprachen (IPP 2002).

Ingesamt meinen 88,1% sie könnten jederzeit an jeder Konversation in Rumänisch teilnehmen, nur 5,3% sagen, dass sie gar nicht Rumänisch sprechen können.[221] Es gibt eine leichte Differenzierung zwischen rezeptiven Kompetenzen, die als grundsätzlich besser eingeschätzt werden, als die produktiven. Interessanterweise sind die Einschätzungen für das schriftliche Medium kaum geringer. Vermutlich ist das ein statistischer Effekt, weil in dieser Statistik alle Sprecher*innen gemeinsam aufgeführt werden und diejenigen mit Rumänisch als erster Sprache das größte Gewicht haben. Nur 6% der Ukrainer*innen sagten, sie verstünden gar nichts, aber für „nicht sprechen" (21%), „nicht lesen" (24%) und „nicht schreiben" (34%) sind die Angaben deutlich höher (Moldovanu

---

221 Diese Zahlen entsprechen auch in etwa den Erhebungen von Kolstø/Melberg (2002:62).

2007:265). 91% der Ukrainer geben an, ohne Probleme Russisch zu verstehen und 88% lesen und schreiben (Moldovanu 2007:266): In der moldo-rumänischen Bevölkerung sagen 82,3%, sie würden in Russisch alles verstehen und 68,5% sie könnten klare und detaillierte Texte verfassen.

4.3.1 Status & Funktion

> „das Dilemma der Sprachgesetzgebung in einem mehrsprachigen und multiethnischen Staat besteht [...] darin, dass Sprachen in sozialen Systemen niemals gleich sind, ihre Gleichbehandlung aber die Ungleichheit der Sprachgemeinschaften reproduziert, während eine ungleiche Behandlung wiederum gegen das vielerorts praktizierte Gleichheitsgebot verstößt." (Erfurt 2012:624)

Staatssprache ist seit 1989 das Moldauische bzw. Rumänische.[222] Im Zuge der Offizialisierung wurde dem Russischen der – im Vergleich zu anderen Minderheitensprachen – immer noch privilegierte Status einer Sprache der „interethnischen Kommunikation" mit bestimmten Sonderrechten zugewiesen (ebenfalls im bereits erwähnten Artikel 70/1, der die sowjetische moldauische Verfassung erweiterte, außerdem Artikel 1 und 3 des Sprachengesetztes (SprG), s. u.). Spezifiziert wurden entsprechende Maßnahmen in Artikel 158 (z.B. dass bei juristischen Prozeduren das Russische verwendet werden könne). Einen offiziellen Status innerhalb der Klassifikation der Sprachen in drei Kategorien („trihotomia", Moldovanu 2007:230) als „Minderheitensprachen" haben Ukrainisch, Bulgarisch und Gagauzisch, Iwrit, Jiddisch, Romanés und andere, nicht spezifizierte (Art. 4 SprG).[223] Die wichtigsten gesetzlichen Regelungen enthält das Sprachengesetz von 1989 (*Lege Nr. 3465-XI din 01.09. 1989 cu privire la uncționarea limbilor vorbite pe teritoriul RSS Moldovenești*), welches mit wenigen Modifikationen bis heute gilt (Mletschko 2007:50).[224]

Im Folgenden gebe ich einen Überblick über die gesetzlichen Regelungen zum Verhältnis von Rumänisch/Moldauisch und Russisch. Zu den Minderheitenrechten siehe 4.3.4.1.

---

222 Überblicke über die moldauische Sprachpolitik seit der Unabhängigkeit finden sich bei Млечко 1999, Mletschko 2007; Moldovanu 2007; Oteanu 2003 (einschließlich Sowjetunion); Степанов 2009; Tontsch 2004.

223 Die gleiche Hierarchisierung findet sich in § 13 und §7, Teil VII der Verfassung von 1994, wo Moldauisch als Staatssprache festgelegt ist und die Bewahrung und Entwicklung von Russisch und anderen Sprachen garantiert ist.

224 Es handelt sich hierbei um ein anderes Gesetz als dasjenige vom 31. August 1989 (nr. 3464), über die Staatssprache.

Das Sprachengesetz ernannte nicht nur das Moldauische zur einzigen Staatssprache (Art. 1) und das Russische zu einer Amtssprache (Art. 2) und Sprache der interthnische Kommunikation (Art. 3), sondern verpflichtete sich auch auf die Sicherstellung einer „realen Zweisprachigkeit"[225] und auf die Sicherung der Bedingungen für Verwendung und Entwicklung der russischen Sprache und anderer in Molddova lebender Nationalitäten (Präambel, siehe auch Mletschko 2007:46, Oteanu 2003:18ff; Tontsch 2004:32). Was der Status „Sprache der interthenischen Kommunikation" bedeutet, wird nicht explizit ausbuchstabiert (Catană 2006:139; Moldovanu 2007:216).

Kapitel II (SprG) umfasst „Rechte und Garantien auf freie Sprachwahl", die den Bürger*innen im Kontakt mit den Behörden sowohl im Mündlichen als auch im Schriftlichen vorbehalten ist (Mletschko 2007:46). Dieses Personalitätsprinzip auf Ebene des Nationalstaats bezieht sich faktisch auf die Wahl zwischen dem Rumänischen und dem Russischen. Durch Elemente des Territorialrechts wird außerdem das Recht auf den Gebrauch des Gagauzischen in Gagauzien gewährt und in Gebieten mit mehrheitlicher ukrainischer, russischer, bulgarischer oder anderer Bevölkerung „wird in diesen Beziehungen die Muttersprache oder eine andere zugängliche Sprache gebraucht" (Art. 6; Mletschko 2007: 56f). Russisch ist hier nicht genannt, aber gemeint. Staatsbedienstete, die Kund*innenverkehr haben, müssen folglich Moldauisch/Rumänisch und Russisch können (Art. 7). In Kapitel III wird formuliert, dass die staatlichen und gesellschaftlichen Organe schrittweise den Gebrauch der Staatssprache einführen sollen, es aber ein Recht auf Übersetzung ins Russische als Behördensprache gibt (Art. 11). Moldovanu (2007:215) sieht in der Sonderstellung des Russischen eine Diskriminierung der nationalen Minderheiten, die es ihnen aber faktisch gestatten würde, weiter auf Russisch zu kommunizieren.

Art. 18 betrifft die Bildung, die generell einsprachig in Moldauisch oder Russisch stattfinden soll. Da, wo das nicht möglich sei, sollen parallele Klassen geführt werden. Mehrsprachige Schulmodelle, wo in ein und derselben Klasse in unterschiedlichen Sprachen unterrichtet wird, sind dadurch ausgeschlossen. Das Gesetz über Bildung (547-XIII vom 21. Juni 1995) hält außerdem das Recht auf freie Wahl der Bildungs- und Erziehungssprache auf allen Bildungsstufen fest und ein staatsbürgerliches Recht auf Bildung in der Muttersprache, das durch

---

225 Dadurch unterscheidet sich die Gesetzgebung von anderen ehemaligen Sowjetrepubiken wie z.B. die in den baltischen Republiken, wo Zweisprachigkeit eine Übergangslösung war (Oteanu 2003:18ff).

Einrichtung der entsprechenden Bildungseinrichtungen und Gruppen gewährleistet werden soll (siehe 4.3.3.3 und 4.3.5.1).

Das Justizwesen (Art. 15 SprG) soll in der Staatssssprache oder einer „der Mehrheit der Beteiligten zugänglichen Sprache" (Mletschko 2007:47) funktioneren, es gibt aber ein Aussagerecht in Muttersprache und das Recht auf Dolmetscher, welches Kritiker*innen zufolge in der Praxis häufig nicht gewehrt werde (Interethnic Relations in Moldova 2011). Art. 24 und 25 regeln, dass öffentliche Bekanntmachungen und Informationen (inklusive Werbung) in Staatssprache zu halten und gegebenenfalls mit russischer Übersetzung zu versehen sind, die Beschilderung von staatlichen Einrichtungen, Unternehmen und Organisationen aber in Moldauisch/Rumänisch und Russisch zu erfolgen hat.

Erwähnenswert sind in diesem Zusammenhang die Regelungen für die Staatsbürgerschaft, die nicht von Kenntnissen der Staatssprache abhängig gemacht wurde (*Legea Republicii Moldova cu privire la cetățenia Republicii Moldova nr. 596-XII din 5 iunie 1991* (Art. 2) und Konstitution). Hiermit unterscheidet die Republik Moldova sich von anderen postsowjetischen Staaten, wie Lettland und Estland, die die Staatsbürgerschaft von Nationalität und Sprachkenntnissen in der Titularsprache abhängig machten (und damit ca. einem Drittel der Bevölkerung die Staatsbürgerschaft verweigerten). In Moldova und der Ukraine hatten mit gewissen Einschränkungen alle, die zum Zeitpunkt der Unabhängigkeit auf dem Staatsgebiet wohnhaft waren, Anrecht auf die Staatsbürgerschaft (Gabanyi 1995:86; Kreuzer 1998:93; Stepanov 2008:20; Zofka 2014; für eine ausführliche Diskussion siehe Dom 2017:221-243). Im Gesetz über die Staatsbürgerschaft von 2000 (Nr. 1029-XIV, Art. 17/1f und 18[226]) werden jedoch Kenntnisse in der Staatssprache vorausgesetzt, um die Integration in das gesellschaftliche Leben zu sichern. Sie werden gemeinsam mit Kenntnissen der Geschichte und der Gesetzgebung in einem Einbürgerungstest abgefragt.[227]

Brisanz hat die Frage der Möglichkeit der doppelten Staatsbürgerschaft sowohl im Zusammenhang mit den Beziehungen zu den „external national ‚homelands'"

---

226 Art. 18 benennt die erforderlichen Kenntnisse („Nivelul cunoașterii limbii de stat : (1) Se consideră că persoana cunoaște limba de stat, dacă: a) înțelege suficient limba uzuală, informațiile cu caracter oficial; b) discută și răspunde la întrebări despre viața cotidiană; c) poate citi și înțelege suficient orice text cu caracter social, orice lege sau alt act normativ; d) poate scrie o expunere la o temă despre viața cotidiană.")

227 Medienaufmerksamkeit erhielt der Fall von John Onoje, geflüchtet aus Sierra Leone, der mit Unterstützung von Menschenrechtsaktivist*innen nach 11 Jahren in Moldova sein Recht auf die Staatsbürgerschaft gegen Widerstände erstritten hat und der später Präsidentschaftskandidat werden wollte (Budeanu 2011; Unimedia 2011).

(Brubaker 1996b:57) bzw. „kin-states" (King 1998:1f) der nationalen Minderheiten (vor allem der Russischen Föderation) gewonnen, aber vor allem auch wegen der großen Nachfrage nach der rumänischen Staatsbürgerschaft (siehe dazu 4.3.7). Im Staatsbürgerschaftsgesetz von 1991 war die doppelte Staatsbürgerschaft als Ausnahme gedacht, ist aber seit einer Gesetzsänderung 2000 bzw. 2003 möglich ist (Suveica 2013).

Die Gesamtbeurteilungen der sprachlichen Situation fallen entsprechend der disparaten sprachpolitischen Haltung uneinheitlich aus. Relative Einigkeit besteht darüber, dass die Rumänischkenntnisse der Bevölkerung zunehmen, wie auch dass die russischsprachigen Räume weniger werden, insbesondere im Bereich der höheren Bildung (siehe 4.3.5). Gleichzeitig wird der Sonderstatus des Russischen als Amtssprache von rumänischsprachigen Intellektuellen weiterhin kritisch beurteilt, weil sie einerseits Monolinguismus bei der russischsprachigen Bevölkerung begünstige und aus einer puristischen Perspektive andererseits, weil Mehrsprachigkeit als schädlich für das allgemeine Sprachniveau postuliert wird (Condrea 2009:175).

Trifon (2010a:179) sieht seit 1989 eine „diglossie enchâssée" innerhalb der rumänischsprachigen Mehrheitsbevölkerung: einerseits zwischen Rumänisch und Russisch, andererseits zwischen Rumänisch und Moldauisch, während für die Allophonen die Aufwertung des Moldauischen teilweise eine Situation der Bi- und Triglossie erzeugt hätte :

> „Les non-Moldaves n'étaient guère préparés à cette situation: non seulement la plupart d'entre eux ne parlaient pas le roumain (qu'il n'avaient pas appris à l'école, et dont la maîtrise n'était pas indispensable) mais il avaient souvent tendance à éprouver un certain mépris pour cette langue en raison de son status sociopolitique jugé inférieur." (Trifon 2010a:270f)

4.3.2 Ausbau und Normalisierung

Auf die „Etablierung eines politisch-juristischen Rahmens für nationale Aspirationen" (Erfurt 2003b:11) musste in einem zweiten Schritt ein Prozess des sprachlichen Ausbaus und der sprachlichen „Normalisierung"[228] im gesellschaftlichen Raum eingeleitet werden:

> „Zu diesem Zweck werden Terminologiekommissionen eingeführt; die öffentliche Sprachkritik in den Medien nimmt einen wichtigen Platz ein; Rumänien schickt anfänglich

---

228 Der Begriff der „sprachlichen Normalisierung" entstammt der katalanischen Soziolinguistik und deckt „den ganzen Komplex von Status- und Korpusplanung" ab (Bochmann 2005:18).

umfangreiche Sendungen mit Lehrbüchern für Schule und Universität. Hierbei können sich einzelne soziale Gruppen und inbesondere ein Teil der Intellektuellen ihrer sprachlichen Ressourcen prestigeträchtig bedienen und fungieren als Sprecher und als Referenzinstanz für sprachliche Normen und öffentliche Rede." (ebd.)

Dieser Prozess umfasst zwei Dimensionen des sprachlichen Ausbaus (Sprachausbau 2 und 3 nach Maas):

Erstens denjenigen der sprachlichen Formen, die von nun an neue kommunikative Funktionen im öffentlichen Register übernehmen sollten. Es stellte sich zum Zeitpunkt der Offizialisierung des Moldauischen die Frage seiner Reichweite, da es auf Grund der jahrelang vernachlässigten Sprachpflege und des individuellen Ausbaus zu diesem Zeitpunkt bei Weitem nicht alle kommunikativen Aufgaben erfüllen konnte (Condrea 2009:176; Erfurt 1991:21; Beispiele aus dem Bereich der Wissenschaft und der Automobiltechnik finden sich bei Șarov 2008:168).

Zweitens den Ausbau der sprachlichen Repertoires der Sprecher*innen (egal welcher Erstsprache), damit diese in der Praxis im öffentlichen Register auch die Formen des Rumänischen/Moldauischen verwenden (können). Dafür müssen sie einerseits über die entsprechenden Ressourcen verfügen und andererseits in konkreten Situationen der Sprachwahl auch für sie optieren (und nicht gewohnheitsmäßig und/oder bequemlichkeitshalber für das Russische).

Kennzeichen der sprachlichen Minorisierung der Angehörigen der Titularnation wie auch der nichtrussischen Minderheiten war deren Mehrsprachigkeit, welche im Aufeinandertreffen mit der überwiegend einsprachigen russophonen Bevölkerung dazu führte, dass das Moldauische/Rumänische trotz rechtlich privilegierten Status nicht als Verkehrssprache funktionierte (Șarov 2008:215). Diese mehrere Jahrzehnte wirksamen Dominanzverhältnisse lassen sich nicht von jetzt auf gleich umkehren, sondern sind langwierige Prozesse, die auch von Kräfteverhältnissen abhängen. Die sprachliche ‚Normalisierung' hat mindestens zwei Dimensionen: einerseits die Bewertung und Auswahl sprachlicher Formen, die zu unterschiedlichen Normensystemen gehören, andererseits die Praxis der Sprecher*innen (Erfurt 2008:23).

In Analogie zur Politik der *francisation* in Québec bezeichnet Erfurt (2012:617) diesen Prozess in Moldova als „Rumänisierungspolitik". Im Unterschied etwa zur Situation in Katalonien oder Québec erschwert die ökonomisch schlechte Situation umfassende Maßnahmen zur Stützung des Moldauischen/Rumänischen. Hieraus leitet Erfurt den Anspruch ab, dass bei der Diskussion von Sprachausbauprozessen „die Zusammenhänge von sprachlicher Varietät und Territorium einerseits und von sprachlichen Eliten und Markt bzw. ökonomisch-sozialen Verhältnissen im Prozess des Sprachausbaus andererseits" (Erfurt 2003b:8, siehe auch Erfurt 2002:22) akzentuiert werden müssen. „Standardisierung" ist ein historischer Prozess und das Resultat von metalinguistischen Aktivitäten der Kodifizierung und der Auswahl und bedeutet einen Wandel im Varietätensystem (Erfurt 2008a:21). Eine Schlüsselrolle in diesem Prozess spielt die Schule, nicht nur bei der Aneignung der sprachlichen Formen, sondern auch bei der Verinnerlichung normativer Haltungen.

4.3.2.1 Auto- vs. Heterozentrierter Ausbau

In 2.1.1 hatte ich aus einer theoretischen Perspektive die Rolle des Abstandes der Geschäftssprache vom intimen Register als autozentrierten oder heterozentrierten Ausbau diskutiert, wobei Erfurt (1994:36-38) und Maas (2010:67) davon ausgehen, dass bei autozentriertem Ausbau Strukturen besser zu erreichen sind. Damit einher geht die Entstehung plurizentrischer Sprachen mit mehreren Standardvarietäten (Erfurt 2008:27; Clyne 1992). Analog unterscheidet Bochmann (2005:18) zwischen „endoglossischem" (aus eigenen Mitteln) und „exoglossischem" (im Rückgriff auf Fremdwörter) Sprachausbau. Die meisten minorisierten Sprachen seien durch Einflüsse aus der Staatssprache geprägt (wie das Moldauische zum Zeitpunkt der Unabhängigkeit durch russische Begriffe), die im Zuge der Normalisierung häufig eliminiert werden sollen.

Der konkrete Prozess der sprachlichen Normalisierung in Moldova ist wissenschaftlich bisher kaum beschrieben. Ciscel (2012) widmet jedoch einen Großteil seiner Überlegungen den sowjetischen Standardisierungsmaßnahmen und der Beitrag von Erfurt (2003b) entstand zu einem Zeitpunkt, als die Frage nach einem hetero- oder autozentrierten Ausbau noch offen war und mit dem Regierungsantritt der kommunistischen Partei im Jahre 2001 gerade eine moldovenistische Position wieder stärker wurde. Den meisten wissenschaftlichen Einschätzungen zufolge orientierte sich schon in der MSSR die Norm der geschriebenen Sprache am rumänischen Standard (Ciscel 2012:320; Erfurt 2002:29; Haarmann 2007:1937; Heitmann 1989:508). In der Auseinandersetzung um die Standardisierung verläuft eine „Konfliktlinie entlang der sprachlichen Varietäten und deren sozialer Bewertung" (Erfurt 2003b:8), wobei Prestigevarietät diejenige ist, die außerhalb des eigenen Territoriums verbreitet ist:

> „Hierbei können sich einzelne soziale Gruppen und insbesondere ein Teil der Intellektuellen ihrer sprachlichen Ressourcen prestigeträchtig bedienen und fungieren als Sprecher und als Referenzinstanz für sprachliche Normen und öffentliche Rede. Neben dem Mythos von der Homogenität der Gemeinschaft tritt nun – unter Rekurs auf die sprachlich-kulturellen Ressourcen – der Prozess der sozialen Distinktion innerhalb der

Sprachgemeinschaft. Neben die Ideologie der Homogenität tritt die Erfahrung der sozialen Diversität." (Erfurt 2001:196)

Diese Entscheidung birgt also Risiken, nicht nur, weil der Standard tendenziell schwieriger zu erreichen wird, sondern die Entwertung der Sprachpraxis durch die Sprachkritik (genannt Kultivierung), die von *degradare, mancurtizare* und *limba de macaroane* spricht, verunsichert Sprecher*innen (Schippel 2001:256).

Was die zweite Dimension der Normalisierung angeht, also die Aneignung der Standardvarietät durch die Mitglieder der Gesellschaft, liefern die Publikationen zur moldauischen Sprachpolitik abgesehen von Statistiken zur Selbsteinschätzung der Sprecher*innen nur Hinweise auf gesetzliche Maßnahmen, vor allem deren Wirksamkeit und Umsetzung ist aber nicht erforscht. Mletschko (2007:49) und Moldovanu (2007:212f) erwähnen eine Reihe von parlamentarischen und präsidialen Erlassen die Umsetzung der Sprachgesetze und Normalisierung der Titularsprache betreffend, die zwischen 1989 und 1994 erlassen wurden. Dazu zählen auch Festlegungen zur Testierung von Sprachkenntnissen verschiedener Personalgruppen, wie der „Präsidialerlass zur Organisation und Durchführung von Sprachtest zur Beherrschung der Staatssprache" (Nr. 805 vom 28. Dezember 1993) oder einen Beschluss des Parlaments zur Bildung einer parlamentarischen Kommission zur Klärung der Gründe für die Verzögerung der Überprüfung von Kenntnissen der Staatssprache (Nr. 26-XIII vom 1. April 1994). Die Testierung sollte im Frühling 1994 erfolgen, wurde aber auf 1997 verschoben und anschließend ganz aufgegeben (King 1999:169; Mletschko 2007:49; Tontsch 2004:32f).

Zwischen 1989 und 1994 überprüfte eine neugegründete Behörde die Anstrengungen im öffentlichen Bereich, die ab 1995 in der Bedeutungslosigkeit versank:

> "The newly created State Department of Languages carried out surprise inspections of state institutions – more than 300 by the end of 1992 – to make sure that the Moldovan language in the Latin script was being used in offcial forms and that employees were attending required Moldovan-language classes." (King 1999:168)

2001 wurde für die kommenden vier Jahre ein Programm „zur Verbesserung des Erwerbs der Staatssprache durch die erwachsene Bevölkerung der Republik Moldova" (Regierungsverordnung 167 vom 26. Februar 2001) verabschiedet und 2002 gab es ein Verfassungsgerichtsurteil, das besagte, dass die moldauisch-russische Doppelbeschilderung von Ortschaften etc. nicht verfassungskonform sei; in der Folge wurde ein Programm zur Verbesserung des Moldauisch-Unterrichts beschlossen, insbesondere für die Minderheiten.

Es gab und gibt durchaus Rumänischangebote für die allophone Bevölkerung, z.B. durch ANTEM, oder die *Casa Limbii Române* in Chișinău, wo Ärzt*innen

Rumänisch lernen, die hierzu verpflichtet sind und es freiwillige Angebote für arbeitslose Personen gibt.[229]

4.3.2.2 Änderung des Alphabets

Zu den drei Sprachgesetzen (*Legea cu privire la revenirea limbii moldoveneşti la grafia latină, Legea cu privire la statutul limbii de stat a RSS Moldoveneşti, Legea cu privire la funcţionarea limbilor vorbite pe teritoriul RSS Moldoveneşti*) zählte auch das nur drei Artikel enthaltende Gesetz über (Wieder-)Einführung des lateinischen Alphabets. Es enthält keine Regelung der Orthographie, sondern listet die zugelassenen Buchstaben und ihre Artikulation bei der Buchstabierung auf. In der Einleitung hieß es, das lateinische Alphabet sei phonetisch und grammatisch adäquater für eine Sprache romanischer Struktur und solle zur Beseitigung von Deformationen in der Sprache wie zu ihrer besseren Entwicklung beitragen:

> „Trecerea limbii moldoveneşti, idiom de origine şi structură romanică la grafia latină se bazează pe caracterul mai adecvat, recunoscut de ştiinţă al alfabetului latin pentru fonetica şi gramatica acestui idiom, pe propunerile cetăţenilor republicii şi are menirea de a contribui la lichidarea deformărilor ce s-au produs în limbă în virtutea unui şir de cauze obiective şi subiective, la ridicarea nivelului de cultură lingvistică al poporului moldovenesc, a rolului factorilor de ordin ştiinţific, etico-moral, cultural, psihologo-didactic şi social în dezvoltarea limbii moldoveneşti."

Die Parlamentsentscheidung zur Umsetzung dieses Gesetzes (*Nr. 3463 din 31.08.1989 despre modul de punere în aplicare a Legii RSS Moldoveneşti „Cu privire la revenirea limbii moldoveneşti la grafia latină"*) sah die Umstellung in zwei Etappen vor. In den Jahren 1989-1993 sollte der Übergang des politischen, ökonomischen, sozialen und kulturellen Lebens der Republik zum lateinischen Alphabet bewerkstelligt werden. Zu Beginn sollte die technisch-materielle Basis im Druckwesen geschaffen werden, anschließend das Bildungswesen umgestellt werden, um dann schließlich Dokumente und didaktische Materialien zu verfassen. Für die Jahre 1994 bis 1995 war die Vollendung der Umstellung auch im Justiz- und Telekommunikationswesen vorgesehen und neue Personalausweise sollten ausgestellt sein (Heitmann 1998 (1991):119f).

Schon 1989 veröffentlichten Vangeli-Pavlicenco/Pohilă das Werk „Сэ читим, сэ скрием ку литере латине", in dem die Rechtschreibung des Moldauischen/Rumänischen mit dem lateinischen Alphabet erklärt wurde (Вангели-Павличенко/

---

[229] Anfang 2012 wurde die *Comisia Naţională pentru Funcţionarea Limbilor* gegründet, die als Aufgabe die Überprüfung der Rumänischkenntnisse der Bevölkerung haben sollte. Sie entfaltete jedoch keine nennenswerten Aktivitäten (Coica 2012).

Похилэ 1989). Als Schwierigkeiten hervorgehoben wurde die Schreibung der velaren Okklusive [k] und [g] sowie der Affrikat [tʃ] und der Frikativ [ʒ], die im kyrillischen Alphabet mit vier verschiedenen Konsonanten dargestellt werden, im lateinischen aber durch Buchstabenkombinationen (Вангели-Павличенко/ Похилэ 1989:9), genauso wie Diphtonge (ebd. 10). Während dieses Werk eine unmittelbare Handreichung für das Schreiben darstellte, umfasste das ein Jahr später (in lateinischen Buchstaben) publizierte Werk (Pohilă 1990) auch historische Überlegungen. Implizit als selbstverständlich unterstellt ist in diesen Regelungen, dass die Normen des rumänischen Orthographiesystems übernommen wurden.[230]

Die Umstellung des Alphabets in einer modernen Gesellschaft ist von herausragender symbolischer Bedeutung, gleichzeitig aber ein langwieriges und kostspieliges Unterfangen: alle aktuellen Schulbücher mussten neu geschrieben und gedruckt werden, ebenso wie offizielle Dokumente; die öffentliche Beschilderung muss ausgetauscht werden, Produktbezeichnungen verändert werden etc. Die Veränderung der Schrift im öffentlichen Raum ist jedoch nur ein (wichtiger) Bestandteil dieses Prozesses, der von einer Umstellung individueller Praxen begleitet werden muss, der eine Generationenfrage ist. Bereits alphabetisierte Schreiber*innen haben sich bereits eine „Schreibweise" (analog gebildet zu „Sprechweise", siehe 3.4.2.2/Schritt 3) angeeignet. Eine Umstellung erfordert sowohl die entsprechenden Ressourcen (d.h. Kenntnisse des lateinischen Alphabets und eine Übung seiner Anwendung), als auch Motive, diese Anstrengung auf sich zu nehmen. Es ist also zunächst einmal die Generation der Schüler*innen, die nach 1989 eingeschult wurden und ihre Aneignung der Schriftpraxis im Rumänischen von Beginn an mit Hilfe der lateinischen Schrift vollzogen haben, wie auch diejenigen, die zu diesem Zeitpunkt noch die Schule oder Universität besucht haben und deswegen die Umstellung in einem institutionalisierten Rahmen vollziehen konnten (wie die Rumänischlehrerin Polina im Rahmen ihres Studiums in Bălți, siehe 5.4.2.1). Die reine Kenntnis des Alphabets ist dabei relativ unproblematisch, außerdem, so wurde sowohl von meinen Gesprächspartner*innen als auch in der Literatur argumentiert, war dieses Alphabet den meisten Leuten aus dem Französischunterricht bekannt (siehe 4.3.6.2).

---

230 Nicht übernommen wurden allerdings die 1991, also nur kurze Zeit später in Rumänien verabschiedeten Orthographiereformen (Butuc 2012; Moldovanu 2007:213), die in der Folge Stein des Anstoßes von Auseinandersetzungen um î und â waren.

Insbesondere in der nicht-normierten Schriftpraxis verwenden aber Moldauer*innen der älteren Generation auch beim Schreiben in Rumänisch/Moldauisch noch das kyrillische Alphabet. Das kyrillische Alphabet zur Schreibung des Rumänischen ist also weiterhin funktional; nicht nur weil es eine Ressource im Repertoire der Schreiber*innen darstellt, sondern auch, weil die Mehrheit der Moldauer*innen beide Alphabete lesen kann und sie im Alltag teilweise parallel verwendet.

4.3.3 Sprachliche Heterogenität: Varietäten des Rumänischen und Russischen

Als Standardvarietät und Referenznorm im förmlichen Register, d.h. vornehmlich in der geschriebenen Sprache, gilt also die rumänische Standardsprache, die in diatopischer Persektive in Bukarest oder Transsylvanien verortet wird (Ciscel 2012:313). Gesprochenes moldauisches Rumänisch gilt als Dialekt des Dako-Rumänischen, der auch im Norden und Osten Rumäniens (also über die rumänische Region Moldova hinaus) und von der rumänischsprachigen Bevölkerung in der Ukraine gesprochen wird (Bochmann 2015:55). Unterschieden werden in Teilen der Dialektologie außerdem Subdialekte oder *graiuri* auf Basis vorwiegend phonetischer Kriterien (Heitmann 1989:510[231]):

- die zentralen *Graiuri* werden auf dem Territorium der Republik Moldova ohne den südlichsten und nördlichten Teil und ohne die Gebiete links des Dnjestr gesprochen;
- eine Gruppe wird im Süd-Westen um Vulcănești und bis in die Ukraine um Ismail und die Region Odessa situiert (eine Übergangszone zwischen Gruppe eins und zwei ist um Ceadir-Lunga und Leova); in dieser Region wurde die Call-Center-Operatorin Natalia sozialisiert (siehe 6.2);
- eine dritte Gruppe im Nordosten um die heute in der PMR liegenden Städte Camenca und Rîbnița bis in die Ukraine (für die phonetischen Merkmale dieser *Graiuri* siehe Spînu 2010), wo die russischsprachige Operatorin Oksana aufgewachsen ist (siehe 6.3);
- eine Gruppe im Nordwesten in den moldauischen Raionen Briceni, Edineț und um die ukrainische Stadt Cernăuți, wo die Rumänischlehrerin Polina aufgewachsen ist
- sowie mit 5 bis 7 weitere drei Gruppen, die alle außerhalb der Republik Moldova liegen.

---

[231] Für eine generative Perspektive hierauf siehe auch Ionescu-Ruxăndoiu (1996).

Im Gegensatz zu anderen Varietätenfragen schätzen Bochmann (2002:9) und Erfurt (2002:20) die diatopische Variation als gut erforscht ein (für einen Überblick über den Forschungsstand zum gesprochenen Rumänisch siehe Schippel 1998a). Diese hat jedoch vorwiegend im ländlichen Raum Relevanz, während die Artikulation der sprachlichen Verhältnisse in den Großstädten deutlich andere Konstellationen und auch Varietäten umfasst. Einen Beitrag zur Untersuchung phonetischer Variation in den Städten Chișinău und Bălți im Vergleich zur nordost-rumänischen Stadt Iași leistet Verebceanu (2002), der hier nur geringe Unterschiede wahrnimmt:

> „Influența rusească în sensul accentuării unor deprinderei de pronunțare ale vorbirii moldovonești, prin identificarea unor variante facultative ale fonemelor românești cu variante corespunzătoare din rusă: vocalele diftongate au fost identificate cu realizările neomogene (începînd cu un timbru mai închis) ale vocalelor rusești, variantele consonantice cu o palatalizare mai accentuată înainte de vocale anterioare diftongate cu consoanele ‚moi' rusești, varianta ușor velarizată a lui l în vecinătatea vocalelor posterioare și în poziție finală cu ł rusesc. Specificul fonetic al vorbirii din Republica Molova, ‚accentul basarabean' este dat în special de diftongarea frecventă și pronunțată a vocalelor în cuvinte vechi și în neologosime, de palatalizarea mai puternică a consoanelor urmate de (semi)vocale anterioare, de rostirea cu l velar (de ultima particularitate vorbitorii sînt mai puțin conștienți); la aceste trăsături mai generale, se adăugă accentuarea sau (și forma fonetică deosebită a unor cuvinte [...] care dovedesc originea rusească a acestor cuvinte." (Verebceanu 2002:182f)

Einen Grund dafür, dass zur Varietäten- und Registerfrage kaum empirische Forschung vorliegt, sehen Bochmann (2002:9) und Schippel (1998a, 2009) darin, dass die rumänische Stilistik die gesprochene Sprache in der Regel schlicht als defizitär wahrnimmt und nicht beachtet wird, dass es sich hierbei um grundsätzlich verschiedene Modalitäten handelt. Gerade im Bereich des wenig erforschten Bereichs der informellen Register unterscheiden sich die Verhältnisse in Rumänien und in der Republik Moldova, weil durch die jahrzehntelange getrennte Entwicklung der Abstand der gesprochenen Sprache zur Standardsprache östlich des Pruths deutlich größer ist (Erfurt 2002:26; Erfurt 2003b:9).

In der Praxis ist zu beobachten, dass auch in formellen Situationen regional markierte Formen verwendet werden. Das Sprechen in rumänisch-standardsprachlicher Intonation ist außer bei der Bildungselite als fremd konnotiert (Trifon 2010a:191). Im Sinne der „Überdachung" (u.a. Maas 2012:58) der regionalen Formen durch die Hochsprache funktioniert aber auch das Standardrumänische, welches für Sprecher*innen regionaler moldauischer Formen verständlich ist. Schwieriger ist dies bisweilen für diejenigen, für die eine moldauische Varietät des Rumänischen Zweitsprache ist und die immer wieder auch Probleme bei der Interkomprehension mit dem rumänischen Standard formulieren.[232]

Wenn Nachrichtensprecher*innen als „modellbildend" gesehen werden (Maas 2012:77), kann für die moldauischen Medien festgehalten werden, dass hier formelle Register praktiziert werden, die sich an der mit Rumänien gemeinsamen Norm orientieren, trotzdem ist die Sprechweise phonetisch häufig regional markiert. In der Regel wird eine Rumänin die normkonform sprechende moldauische Nachrichtensprecherin als Moldauerin identifizieren können (siehe auch Gabinskij 2002:135). Gegenstand von Kritik ist in normativen Diskursen auch die Standardferne der Sprechweise von Politiker*innen (Şarov 2008:162f).

Unterschiede zwischen der rumänischen Region Moldova und der Republik Moldova bestehen v.a. in der „markosoziolinguistischen" Situation (Bochmann 2002b:10), bzw. in den sprachlichen Verhältnissen.

Bochmann plädiert dafür von einem regionalen Rumänisch analog zu den *français regionaux* zu sprechen bzw. von einem Substandard (Bochmann 2002b:11 und 2002a:197), der im gesprochenen Medium auch für formelle Situationen akzeptiert ist, wie z.B. für die oben erwähnten Nachrichtensprecher*innen. Basis dieser *limba română regională de factură moldovenească* sind die erwähnten Subdialekte oder *Graiuri* (aber nicht damit identisch):

> „întrucît este vorba de folosirea orală specific moldovenească a limbii standard, într-un cadru regional dat, condiționată fiind numai de prezența graiului, dar și de limbile de contact de pe teritoriul respectiv, variind după tipul de text, context situațional precum și după cultura generală a vorbitorilor." (Bochmann 2002a:197)

Eine gründliche Beschreibung von Formen der Mündlichkeit auf Basis empirischer Daten aus dem historischen Moldova (also die heutige Republik Moldova ohne Transnistrien und die rumänische Region Moldova) bieten Botoşineanu/Hobjilă (2002), Merlan (2002a, b) und Verebceanu (2002), auf die ich mich auch bei der Beschreibung der ‚Sprechweise' in den Fallstudien stütze.

Die in 4.3.2.1 erwähnte Orientierung am Ideal der Literatursprache auch im Bereich der Mündlichkeit spiegelt sich auch in den soziolinguistischen Arbeiten der rumänischen Sprachwissenschaft in Moldova.

---

232 Die in 4.3.3.3 tabellarisch abgebildeten Resultate des Etnobarometru für die ukrainische Bevölkerung zeigen allerdings nur relativ geringe Unterschiede zwischen den Einschätzungen der Kenntnisse in „Moldauisch" und „Rumänisch".

Condrea (2009:175) differenziert aus einer puristischen Perspektive die moldauischen Varietäten zwischen *limba literară standard* und *forma populară* (bzw. *familiara*) und *limba literară* vs. *argou/jargon*. Auf Ebene der Lexik sieht Condrea (2009:178) in der „varianta basarabeană" (d.h. *populară*): Regionalismen, semantische Archaismen, Entlehnungen aus dem Russischen (siehe hierzu auch Botoșineanu/Hobjilă 2002:149; Bruchis 1984:108; Condrea 2007(2001):24; Condrea 2009:175; Heitmann 1989:139f;), Lehnbedeutungen (*calchierile*, die aus normativer Sicht als „Interferenzen" gewertet werden, u.a. um abzustreiten, dass hieraus eine moldauische Besonderheit des Rumänischen abzuleiten wäre wie bei Trifon 2010a:189) und auf phonetischer Ebene „forme de pronunție moldovenească" und „fonestisme arhaice". Der Jargon oder Argot, die am entschiedensten abgewertete Varietät (Berejan 1998; Condrea 2007(2001):24; siehe auch Bochmann 1997:84), bestünde zum großen Teil aus russischem Argot:

> „Acestea sunt, de regulă, barbarisme-rusisme, adaptate la sistemul gramatical al limbii române, care nu pot fi înțelese de un simplu vorbitor de română, dacă acesta nu cunoaște limba rusă, și în special jargonul contemporan, foarte răspândit astăzi la ruși." (Condrea 2009:179, siehe auch Condrea 2007(2007)).

Der „argoul basarabean" (Condrea 2007(2007):128; 2007(2001):24) wird fast ausschließlich von bestimmten Gruppen von jungen Männern gesprochen und hat für Frauen eine geringere Reichweite, da die Akzeptanz dieser Varietät mit Geschlecht der Sprecher*innen korreliert.

An anderer Stelle (Weirich 2016c) habe ich argumentiert, diesen „kommunikativ-sozialen Stil" (Kallmeyer/Keim 2002) als konstitutiv für einen peripheren sprachlichen Markt zu verstehen, der in manchen Sprecher*innengruppen einen symbolischen Wert hat, über eigene Normen verfügt und die Normen des Standardrumänischen in Frage stellt (Weirich 2015:120f). Die normative Abwertung dieses Stils steht aber seiner systematischen Erforschung im Wege. Die wissenschaftlichen Darstellungen dazu erschöpfen sich in Auflistung von Beispielen und letztlich deren Verurteilung.[233]

Die bereits eingangs präsentierte Übersicht nach Maas (2012:55) reduziert auf die Formen des Rumänischen, die in der Republik Moldova praktiziert werden:

---

[233] In der russischsprachigen Linguistik ist dies ebenfalls verbreitet (z.B. Тудосе 2006), es gibt aber auch wohlwollendere Beiträge, die sich z.B. mit den spielerischen Aspekten dieses Stils befassen (wie Ионова 2007).

Tabelle: Ressourcen des Rumänischen in Moldova in der Registerdifferenzierung

Register	sprachliche Formen (abstrakt)	Eigenschaften der sprachlichen Formen	in der Republik Moldova praktizierte Formen
I förmliches Register	Hochsprache/ Schriftsprache Einheitlich, normiert	Universale Form im nationalen Horizont	rumänische Standardsprache (im gesprochenen Medium teilweise phonetisch regional markiert);
II informelles Register	Umgangssprache	Spezifisch eingeschränkte Formen, die die regionale Herkunft konnotieren	regionales Rumänisch/ Moldauisch
III intimes Register	Nur gesprochen, regional differenziert		gesprochene Varietäten des Rumänischen/ Moldauischen: *forma populara, graiuri, argot*

Ebenfalls relevant, aber noch weniger untersucht, ist die Frage nach Varietätenunterschieden des in Moldova praktizierten Russischen (auf diese Lücke weist z.B. Тудосе 2003:81 hin). Mlečko vetritt dabei die These, dass es nicht sinnvoll sei, von einer moldauischen Varietät des Russischen zu sprechen, da in der Praxis die Orientierung an einer monozentrischen Norm deutlich sei und die „anderssprachigen" Elemente, sowohl hinsichtlich ihres Anteils am sprachlichen Inventar, als auch hinsichtlich der Häufigkeit ihrer Verwendung relativ gering seien (Млечко 2014:1998f). Dies führt sie auf die weit verbreiteten Russischkenntnisse und -praxis zurück: „здесь сохранена русская среда"[234]. Stattdessen arbeitet sie mit dem Begriff der „sprachlichen Persönlichkeit" (*языковая личность*), der sich sowohl auf allgemeine Charkterisitika einer Sprachpraxis (und deren Veränderung) beziehen kann, als auch auf einzelne mehrsprachige Sprecher*innen. Ihr geht es jedoch darum, einen Typus sprachlicher Persönlichkeit

---

[234] Zum in der russischsprachigen Linguistik gängigen Begriff der языковая среда (dt. „sprachliche Umgebung") und dem synonym verwendeten Konzept сфера общения, siehe Млечко (2014:123) und Kapitel 5.1.4.4.

russischsprachiger in einer „fremdkulturellen" Gesellschaft („в инокультурном социуме") herauszuarbeiten.[235]

> „По нашему мнению, это дает все основания говорить не о варианте языка, а о варианте его функционирования и употребления в других условиях другой РЯЛ, то есть об отдельном типе языковой личности, что и является основным утверждением данного исследования." (Млечко 2014:184)

Als Beispiele nennt sie die Onomastik (in offiziellen Dokumenten werden die Vatersnamen von Personen nicht angegeben und nur die männliche Form des Nachnamens) (Млечко 2014:150), den Wegfall der Deklination von Ortsnamen (ebd. 155) und lexikalische Elemente aus dem öffentlichen Leben (ebd. 158), wie z.B. *примэрия* für „Rathaus" (russisch „ратуша"), das in den Beispielen aus Dorf U. (Kapitel 6.1) häufig genannt wird. Außerdem nennt sie Redewendungen (die als *Prefabs* verwendet werden, um Rumänisch-Kenntnisse zur Schau zu stellen) (ebd. 159), höfliche Anreden (ebd. 159f) sowie диаспоральные концепты (ebd. 166), also Konzepte, die in der Kultur der russischsprachigen außerhalb Moldovas nicht existieren (siehe hierzu auch Gabinskij 2002:138; Тудосе 2007).

Wie im moldauischen Rumänisch ist auch im moldauischen Russisch die Varietätenfrage kaum untersucht, was wohl ebenfalls an der geringen Wertschätzung der umgangssprachlichen Varietäten wie *Prostorečie*, *Jargon* oder *Mat'* liegt, die wie der moldauische Jargon mit geringer Bildung assoziiert werden (Warditz 2013:83).[236] Eine illustrative Beschreibung von spielerischen Formen der Mehrsprachigkeit bei den russsischsprachigen Moldauer*innen mit typischen Beispielen (jedoch ohne Korpus und Datenanalyse) liefert Ионова (2007). Aus dialektologischer Perspektive wurde das gesprochene Russisch in einzelnen Dörfern beschrieben (Антипова 2007; Тудосе 2003). Die Veröffentlichungen

---

235 Sie legt die folgende Arbeitsdefinition zugrunde: „типовой представитель данной языковой общности, совокупной или усредненный носитель данного языка" (Млечко 2014:42).

236 In ihrer stilistischen Arbeit unterscheidet Warditz (2013:45) vom Standard (bzw. der Literatursprache, *literaturny jazik*) die territorialen Dialekte, *Prostorečie* (1 und 2), professionelle und soziale Jargons, Slang und schließlich Argot bzw. Gaunersprache (inklusive *блатной язык* und *воровской язык*). Prostorečie 1 habe dialektale Wurzeln und 2 viele Elemente aus dem Jargon (Militär und Kriminalität). Die Mehrheit der russischen Entlehnungen im moldauischen „Jargon" entstammen wohl der Prostorečie 2, wie z.B. das unter Wortbilungsmechanismen erwähnte Beispiel *по-любому* (als alternative Adverbialform für *в любом случае*, Warditz 2013:91), das im Moldauischen als Alternative zu *oricum* gängig ist. Siehe auch Garza (2008), Yastrebova (2008).

der slavonischen Hochschule in Chișinău befassen sich regelmäßig mit Sprachpflege des Russischen und Fragen der Didaktik des Russischen in Moldova (siehe Аникьева et al. 2007 und die Ausgaben der *Славянские чтения*).[237] Auch in den Veröffentlichungen zum Russischen in Moldova und seiner Didaktik ist Fehlerschelte ein gängiges Thema.

4.3.4 „Minderheitensprachen" und Konzepte von Ethnizität in Moldova

> „Minderheiten sind (…) relationale Größen, die sich nicht notwendiger Weise durch zahlenmäßige Unterlegenheit, wohl aber durch die Kategorien der Differenz und Ungleichheit auszeichnen." (Rindler Schjerve 2004:480f)

Wenn man (wie an Hand der Tabellen in 4.3 illustriert) das problematische Kriterium „Nationalität" zugrunde legt, gehören etwas weniger als 20% der moldauischen Bevölkerung einer „nationalen Minderheit" an, derer die größte die ukrainische mit 6,5% der Bevölkerung (nach Stand des Zensus von 2014) ist. Mit Hilfe der Tabellen zur Korrelation von Nationalität mit Erstsprache bzw. üblicher Weise gesprochener Sprache habe ich illustriert, dass das ethnische Kriterium nicht mit der Sprachpraxis gleichgesetzt werden sollte, was jedoch in der Literatur wie auch in den gesellschaftlichen Diskursen häufig passiert.

So sind auch scheinbar paradoxe Äußerungen dazu einzuordnen, dass die Minderheitenangehörigen ihre eigenen Sprachen nicht beherrschen würden (siehe hierzu auch Kapitel 5.1.4.4 für die Repräsentationen des Zwecks von Ukrainischunterricht im Dorf U. und Anastasia/I2/S14/T110). Gleichzeitig gibt es auch die Tendenz, alle Sprecher*innen einer minorisierten Sprache als Russophone zu bezeichnen (Catană 2006:144; Condrea 2009:176, Erfurt 2005:13; Млечко 2014:250). Dies ist wiederum mit der sprachpolitischen Hauptkonfliktlinie zwischen Funktion des Rumänischen/Moldauischen und des Russischen zu erklären, verschleiert jedoch die Prozesse der doppelten Minorisierung mit denen z.B. Sprecher*innen des Ukrainischen konfrontiert sind. Ihr sprachliches Repertoire ist nicht nur auf Grund ihrer Erstsprache quantitativ und funktionell minorisiert, sondern auch durch das Russische, welches in der Regel als Bildungs- und Verkehrssprache für das halböffentliche und formelle Register gegenüber der Staatssprache eine deutlich geringere Reichweite in Moldova hat (Dom 2012:232f; Weirich im Druck).

---

237 Eine Bibliographie der Publikationen der Forschungsgruppe «Функционирование русского языка в Молдове» findet sich auf der Homepage der slavonischen Universität (СУРМ 1).

Aus Sicht der sprachlichen Minderheiten bedeutet die Neuordnung der sprachlichen Verhältnisse zunächst die Notwendigkeit des Erwerbs von Kenntnissen der Staatssprache, da ein „Leben in Russisch" schwieriger wird und fehlende Kenntnisse der Staatssprache insbesondere der sozialen Mobilität im Wege stehen (Tishkov 1997:99). Die Ausgangssituationen der hiervon betroffenen Menschen variieren dabei erheblich, u.a nach lokaler Artikulation der sprachlichen Verhältnisse, auch wenn in allen Schulen Rumänisch in einem großen Stundenumfang unterrichtet wird.

Ein demolinguistisch-geographischer Blick auf die Bevölkerungszahlen[238] lässt erkennen, dass Angehörige aller Minderheiten in relativ großer Zahl in der Hauptstadt Chişinău leben, die als politisches, ökonomisches und kulturelles Zentrum von besonderer Attraktivität ist. Russ*innen leben fast ausschließlich in Städten (Арефьев 2012:63), d.h. neben Chişinău vor allem in Bălți und Cahul.[239] Ukrainer*innen sind ebenfalls überproportional in den urbanen Räumen angesiedelt, daneben gibt es aber auch eine bedeutende ländliche Bevölkerung und einige dominant ukrainische Dörfer, insbesondere im Norden Moldovas, in Grenznähe zur Ukraine, aber auch im Süden und Osten (siehe auch Moldovanu 2007:238).[240] Gagauz*innen und Bulgar*innen leben hingegen abgesehen von Chişinău konzentriert und in großer räumlicher Nähe zueinander im Süden des Staates.[241]

Für die Erreichbarkeit sprachlicher Ressourcen insbesondere in der Geschäftssprache ist die lokale Artikulation der sprachlichen Verhältnisse von entscheidender Bedeutung. In einsprachigen Dörfern, wie dem ukrainischen Dorf U. (siehe Kapitel 5.1) erschwert die einsprachige Kommunikationsumgebung die Erreichbarkeit der Staatssprache. In mehrsprachigen Dörfern ist diese eher gegeben, hängt jedoch davon ab, wie sich die Beziehungen innerhalb des Dorfes

---

238 Eine hilfreiche erste Referenz hierfür sind Eremia/Răileanu (2009).
239 Dass es auch Dörfer mit hohem Anteil russischsprachiger Bevölkerung gibt, belegen die dialektologischen Studien von Антипова (2007) und Тудосе (2003).
240 Dies hat vorwiegend historische Gründe. Die ukrainische Landbevölkerung besteht in erster Linie aus Nachkommen derjenigen UkrainerInnen, die schon im 19. Jahrhundert im Rahmen der zaristischen Siedlungspolitik nach Moldova gezogen sind, während die zu Sowjetzeiten zugezogenen UkrainerInnen sich überwiegend in den industrialisierten Zentren angesiedelt haben (Chinn/Kaiser 1996:166).
241 Für Überblicke zur Minderheiten- und Ethnopolitik aus nicht-sprachwissenschaftlicher Sicht siehe Fruntaşu (2002), King (2002), Negru (2000), Tontsch (2004).

gestalten, da durchaus auch Fälle „geteilter" Dörfer mit relativ wenig Sprachkontakt zwischen Sprecher*innen mit unterschiedlicher Erstsprache besteht.[242]

Vor der Unabhängigkeit waren die minorisierten Sprecher*innen weitestgehend zweisprachig mit Russisch als formellem Register aufgewachsen (Haarmann 1996:1892), das nun an Reichweite verliert. Die moldauische Unabhängigkeit ermöglichte jedoch auch den Ausbau der Minderheitensprachen im Schulunterricht, was in den entsprechenden Diskursen vorrangig unter dem Aspekt der Identität diskutiert wird, nicht der Funktionalität (Dyer 2015:107). Im Alltag werden vernakuläre Varietäten praktiziert, die diatopisch stark variieren und kaum schriftlich praktiziert werden.

Parallel zum Ausbau der Staatssprache (siehe 4.3.2) stellt sich also die Frage des Ausbaus der minorisierten Sprachen, wobei im Schulkurrikulum für einen heterozentrierten Ausbau mit Orientierung an der Standardsprache des ukrainischen „Kin-States" oder „Homelands" (Brubaker 1996b:57f; King 1998:1f; Wilson 1998:107). Aus Sicht des individuellen Sprachausbaus hat die minorisierte Bevölkerung es also mit dem Ausbau der Vernakulärsprache zur Hochsprache von einem Staat B zu tun, wie auch mit dem Ausbau ihrer Hauptverkehrssprache Russisch und der Geschäftssprache Rumänisch mit einem heterozentrierten Standard. Die auszubauende Geschäftssprache von Staat A demgegenüber fundiert nicht in der Familiensprache. Die Verhältnisse in Moldova stellen sich demgegenüber so dar, dass häufig statt Ausbau der Erstsprache der Ausbau in Russisch erfolgt, welche eine Art Ausweichfunktion hat und eine gesellschaftliche Partizipation mit gegenüber dem Rumänischen/Moldauischen eingeschränkten Möglichkeiten gewährleistet. Die Erreichbarkeit des Russischen ist dabei häufig größer als diejenige der Staatssprache: einerseits durch Räume öffentlichen Lebens, die in starkem Maß durch die Praxis des Russischen als Verkehrssprache geprägt sind, andererseits im Falle der „Bulgar*innen" und „Ukrainer_innen" durch die sprachliche Erreichbarkeit wegen des Transferpotentials zwischen verwandten Sprachen. Während in der von Maas dargestellten Konstellation also die Aufgabe von Minderheitenpolitik vor allem Bewahrung und Ausbau der Minderheitensprache sind, besteht durch die doppelte Minorisierung für die Minderheitenpolitik in Moldova eine doppelte Herausforderung, die dadurch erschwert wird, dass der Status und Ausbau des Russischen umstritten ist.

---

242 Unterschieden wird in kompakt, halbkompakt (in gemischten Ortschaften) und vertreut (in den Großstädten lebenden) Ukrainer*innen (z.B. Lazarenko 2012:196; Кожухар 2008:90).

4.3.4.1 Rechtliche Situation

„Minderheit" ist zuallererst ein rechtlicher Begriff, bei dem es um die Anerkennung im politischen Raum und kompensatorische Maßnahmen gegen Marginalisierung geht (Brubaker 1996b:60; Maas 2012:67; Rindler-Schjerve 2004:481). Zu überprüfen ist, wie wie jeweils ihre Definition erfolgt und welchen Stellenwert Sprache dabei hat. Zu trennen, so Maas (2008:152), sei davon der Kampf um Partizipation von den Interessen intellektueller Gruppierungen, die sich über einen geschützten Minderheitenraum Privilegien gegenüber der nationalen Konkurrenz erhoffen, die sowohl auf der materiellen, wie auch auf der symbolischen Ebene situiert sein können. Dies ist insbesondere im Kontext Moldovas zu berücksichtigen, wo die zu verteilenden Ressourcen denkbar knapp sind, was auch für den Minderheitenschutz und hierfür relevante Gesellschaftsbereiche wie Bildung und Kultur gilt.

Brubaker (1993:5) fordert ein, nationale Minderheiten nicht als feste Entitäten, sondern ständig umkämpfte politische Felder zu betrachten. Minderheitendiskurse in Moldova nehmen auch im Bereich des Rechts Bezug auf eine ganze Reihe verwandter, aber unterschiedlicher Begriffe, wie „Ethnie", „Nationalität", „ethnische" oder „nationale Minderheiten", „Volkszugehörige" (siehe Moldovanu 2007:221; Tontsch 2004:21). Diese Unterschiede können auf Grund ihrer Bedeutungsnuancen folgenschwer sein (Dom 2017:221). Art.1 des Gesetzes über die nationalen Minderheiten definiert Angehörige nationaler Minderheiten als die, die ihren Wohnsitz in der Republik Moldova haben und ethnische, religiöse oder sprachliche Besonderheiten aufweisen, durch die sie sich von der Mehrheitsbevölkerung unterscheiden und sich selbst als Angehörige einer anderen Ethnie betrachten (Pfeil 2012:268f; Tontsch 2004:20).[243]

Tontsch (2004:22) nennt den moldauischen Minderheitenschutz „zweigleisig", weil es einerseits ein Minderheitengesetz gibt, darüber hinaus aber Minderheitenrechte auch in anderen Gesetzen erwähnt werden, die sowohl nach dem Personalitäts- als auch dem Territorialprinzip funktionieren. Die europäische Charta der Minderheiten- und Regionalsprachen wurde am 11.07. 2002 unterschrieben, aber bis zum gegenwärtigen Zeitpunkt nicht ratifiziert (Europarat 1; siehe hierzu auch den Sammelband von Stoianova/Stoianova 2008).[244]

---

243 Anders als in anderen Ländern ist die moldauische Staatsbürgerschaft keine Voraussetzung dafür, dass Menschen sich auf Minderheitenrechte berufen können.
244 Für eine Übericht über die Minderheitengesetzgebung in Moldova siehe Interethnic Relations in Moldova (2011); Mletschko (2007); Pfeil (2012); Pivovar (2008);

Die Minderheitenpolitik ist von Ambivalenzen der internationalen Politik Moldovas geprägt, da der Minderheitenschutz zu einem nicht unbeträchtlichen Anteil aus Zugeständnissen an europäische Akteure resultiert, von denen sich eine verstärkte Einbindung bzw. langfristig vielleicht eine EU-Beitrittsperspektive erhofft wird. So wurde etwa das Gesetz über nationale Minderheiten (382-XV vom 19. Juli 2001) laut Tontsch (2004:17) durch die Aussicht auf eine Mitgliedschaft im Europarat angestoßen.[245] Besonders deutliche Konflikte traten im Zusammenhang mit einem von der Europäischen Kommission geforderten Antidiskriminierungsgesetz zutage, das seit Anfang 2011 in der Debatte war, jedoch nicht in erster Linie wegen der Sprachrechte für die minorisierte Bevölkerung, sondern wegen dem Schutz vor Diskriminierung von Homosexuellen inbesondere von der Kirche skandalisiert wurde.[246]

Wie in 4.3.1 dargestellt, haben laut Sprachgesetz von 1989 im Kontakt mit staatlichen Behörden die Bürger*innen ein Recht auf Verwendung sowohl von Rumänisch/Moldauisch als auch Russisch. Für Ukrainisch und Bulgarisch gilt dies nur bei lokalen Behörden und zwar dort, wo die entsprechende Sprache die Erstsprache einer Mehrheit der Bevölkerung ist (wie im Dorf U., siehe 5.1.2.2). Dies steht auch im Gesetz über nationale Minderheiten von 2001 (Art. 8), in dem außerdem festgehalten ist, dass die Minderheitensprachen nur in mündlicher Form verwendet werden können. Laut Pivovar (2009:3) liegen die Quoten jedoch zu hoch, als dass dieses Recht in der Praxis umgesetzt werden könnte, außerdem müsse die Regelung abgeschafft werden, dass insbesondere Ukrainisch und Bulgarisch gegenüber lokalen Behörden nur in mündlicher Form verwendet werden können.

Die Verfassung von 1994 garantiert das Recht aller Bürger*innen auf Beibehaltung und Pflege der ethnischen, sprachlichen, religiösen und kulturellen Identität (Art. 10/2), den Schutz der auf dem Staatsgebiet gesprochenen Sprachen (Art. 12), das Recht auf Wahl der Unterrichtssprache (Art. 35) sowie das Recht auf Gründung von Minderheitenorganisationen (Art 41) sowie die Möglichkeit auf Autonomie innerhalb eines ansonsten einheitlichen Staates (Art. 111), was die Grundlage für das gagauzische Autonomiegesetz darstellt.

Tontsch (2004); Никитченко (2009); Степанов (2010:157-211) mit Fokus auf Ukrainer*innen).
245   Die Republik Moldau trat dem Europarat am 13. Juli 1995 als 36. Staat bei.
246   Es wurde schließlich im August 2012 ohne umfassenden Schutz von LGBT-Rechten verabschiedet (siehe Amnesty International 2012).

Das Gesetz über nationale Minderheiten (382-XV vom 19. Juli 2001) regelt die politische Vertretung von Minderheiten und gesteht dabei den Minderheitenorganisationen mehr oder weniger einen Alleinvertretungsanspruch zu (Art 20 u. 22).[247] Der Staat ist auch verpflichtet, Voraussetzungen für die Beibehaltung und Entwicklung der Kultur zu schaffen (Art. 5), z.B. durch die Gründung von kulturellen Vereinigungen oder das Aufstellen von Denkmälern. Hierzu eingerichtet wurde auch das Haus der Nationalitäten (Art. 25/3), das in der Folge ebenso wie andere Institutionen häufig umbenannt und in seinen Funktionen beschnitten wurde (Dom 2017:230f; Pfeil 2012:269; Степанов 2010:271-292). In der Praxis ist die Effektivität dieser Rechte durch die geringen finanziellen Mittel, die zur Verfügung gestellt werden sowie eine fehlende rechtliche Regelung, nach welchen Prinzipien dies erfolgen soll, begrenzt (Interethnic Relations in Moldova 2011).

Das Gesetz enthält ein Verbot von Diskriminierung auf Grund von Rasse, Nationalität, Ethnie oder Sprache (Art. 4; ebenso Art.16/2 der Verfassung). In Art. 24 wird als Wunsch die Beteiligung der Minderheitenangehörigen in verschiedenen gesellschaftlichen Sphären (wie Verwaltung, Justiz, Armee, Sicherheit) formuliert, es werden aber keine Instrumente dafür geschaffen (Tontsch 2004:24). Die Verfassung (Art. 35/2) garantiert das Recht auf Wahl der Unterrichtssprache, im Sprachgesetz (Art. 18) gilt diese Gewährleistung aber explizit nur für Rumänisch und Russisch. Unterricht in der Minderheitensprache (als Fach, nicht als Unterrichtssprache) gibt es faktisch nur an Schulen mit Unterrichtssprache Russisch (Pfeil 2012:271).

4.3.4.2 *Ukrainisch in Molodva*

Die Ukrainer stellten bereits in der MSSR mit ca. 600.000 Personen die größte minorisierte „Nationalität" dar. Ein Großteil davon lebte jedoch auf der linken Dnjstr-Seite, d.h. aktuell in Transnistrien, wo die Zahlen auch anders als auf der rechten Seite stabil sind (Lazarenko 2012:193). Englischsprachige Wissenschaftler, die sich mit dem Konfliktpotential der interethnischen Beziehungen in Moldova befasst haben, sehen jedoch ein geringes politisches Mobilisierungspotential:

> „In sheer numbers, Ukrainians – that is, those who identified their nationality as such in the 1989 Soviet census – in Soviet states other than Ukraine are, at more than 6 million, more numerous than any of the other minority groups except Russians. But the 'groupness' suggested by this statistical existence is, from a sociological point of view, largely

---

247 Für eine Übersicht über die Aktivitäten der ukrainischen Minderheitenorganisationen siehe Степанов (2010:317-354).

illusory. Both in the Russian Federation, where over 4 million self-identified Ukrainians lived in 1989, and in other successor states, Ukrainians have tended to assimilate linguistically to, and intermarry with, Russians. Although some political entrepreneurs have tried to mobilize Ukrainians as national minority distinct from Russians, this 'group-making' project is unlikely to succeed." (Brubaker 1996b:56, siehe auch King 1999:170)

Das Forschungsinteresse der moldauischen Ukrainistik ist dennoch vorrangig auf Identitätsfragen und das Verhältnis der „Ukrainer" zu ukrainischer Ethnie, Folkore, Kultur und als Teil dessen auch Sprache gerichtet (Блажко 2009; Кауненко 2009; Кожухарь 2012; Степанов 2010).[248] Zum sprachlichen Ausbau oder den Funktionen des Ukrainischen in Moldova liegen mir keine Untersuchungen vor. Außer den Resultaten des „Ethnobarometers" von 2005 gibt es vereinzelte Studien wie diejenigen von CReDo (2008) oder ProDidactica (2009).

Die Sprachwissenschaftlerinnen Ala Sainenco und Tatiana Popțîng (2009) von der Universität in Bălți haben eine ethnographische Studie zu den interethnischen Beziehungen in „gemischten" Gemeinden mit einer geographischen Grenze zwischen Moldauer*innen und „Russ*innen" (im allgemeinen Verständnis als Russischsprachige) am Beispiel des Heiratsmarkts durchgeführt. Sie vertreten dabei einerseits die These, dass gerade die ethnische Koexistenz zu einer verstärkten Wahrnehmung von Unterschieden und Traditionsbewusstsein führe, während der orthodoxe Glaube als einigendes Moment fungiere. In gemischten Ehen finde aber ein Assimilationsprozess statt:

> „în plan lingvistic, prin promovarea unui bilingvism fals; în plan social, prin acceptarea fără dificultate a căsătoriilor între reprezentanții diferitelor etnii, care ulterior devin ‚ruși'; în plan etnografic prin renunțarea la obieceiurile românești și acceptarea unor conglomerate etnografice."

Die Erhebungen des „Ethnobarometers" (2005) ergab die folgende Selbsteinschätzung von Sprachkenntnissen bei 413 Personen, die sich selbst als Ukrainer*innen einordneten[249]:

---

248 Dom (2017:170) urteilt in ihrer eingehenden Auseinandersetzung mit den Aktivitäten russisch- und ukrainischsprachiger Intellektueller, dass deren gesellschaftliche und wissenschaftliche Betätigung eng verknüpft ist und z.B. im Falle Stepanovs der Beförderung von Lokalpatriotismus diene.

249 Die Eingangsfrage im Fragebogen lautete: „Oamenii consideră că în RM trăiesc mai multe grupuri etnice (moldoevni, ruși, ucraineni, găgăuzi, bulgari etc.) Dvs. cum vă considerați?" Wenn die Respondent*innen hierzu keine Angaben machen konnten oder wollten, sollte das Interview sofort abgebrochen werden. Mehrfachangaben waren nicht möglich, was hier eine vermeintliche Klarheit schafft, die in der Realität nicht gegeben ist. In Q16 wurde jedoch die Frage gestellt, was die wichtigsten

Tabelle: *Selbsteinschätzung von Sprachkenntnissen und familiärer Sprachpraxis bei der ukrainischen Bevölkerung (in %)*

	Moldauisch	Rumänisch	Russisch	Ukrainisch	Gagauzisch	Bulgarisch
Ich spreche perfekt	11	7	80	89	0	0
ich spreche sehr gut, aber ich habe einen Akzent	19	15	14	5	0	0
ich kann mich in der Mehrheit der Situationen verständlich machen	26	20	4	4	0	0
ich kann mich manchmal verständlich machen, aber mit Schwierigkeiten	20	17	1	1	0	1
ich kann nur ein paar Worte	18	15	0	1	7	7
ich kann kein einziges Wort	4	15	0	0	78	77
spreche ich meistens mit Mutter/Vater	2/1	1/1	19/18	58/59	0	0
spreche ich meistens mit den Kindern	5	2	41	48	0	0

Die Antwortmöglichkeiten lassen viel Interpretationsspielraum zu und enthalten auch die idealistische Kategorie „perfekt", die aber die allergrößte Mehrheit der Befragten nicht abgeschreckt hat, eine solche maximale Kompetenz

---

Aspekte dafür seien, dass jemand als Ukrainer*in betrachtet würde, wobei aus elf Punkten maximal drei ausgewählt werden konnten. Die am häufigsten gewählten Aspekt waren, dass die Eltern Ukrainer*innen sind (48%), dass die Muttersprache Ukrainisch sei (40%), dass man sich ukrainisch fühle (37%), dass man Ukrainisch in der Familie spräche (29%), dass man die ukrainischen Bräuche praktiziere (29%) und dass man fühle, dass die ukrainische Kultur die eigene sei (25%).

im gesprochenen Ukrainisch anzugeben, ebenso wie im Russischen. Die große Anzahl von Personen, die sich selbst sehr gute Ukrainischkenntnisse attestieren, kontrastiert mit der verbreiteten Einschätzung einer hohen sprachlichen Assimilation der Ukrainer*innen an das Russische (Brubaker 1996b:56; CReDO 2008:4; Gasimov 2012:16; J.A.N. 1960:450; King 1999:172; Lazarenko 2012:198; Mletschko 2007:345).

Bei der Betrachtung der letzten beiden Zeilen, die die familiäre Sprachpraxis spiegelt, ist jedoch auffällig, dass Ukrainisch in der Interaktion mit den eigenen Kindern deutlich seltener ist als in derjenigen mit den Eltern und dafür eher Russisch gesprochen wird. Die Studie von CReDO (2008:13f) kam zu dem Schluss, dass in etwa der Hälfte der Familien eine Mischung aus Ukrainisch und Russisch gesprochen wird (siehe auch Gasimov 2012:16) und trotz des Ukrainischausbaus seit Beginn der 90er Jahre sieht die Studie eine rückläufige Tendenz der Ukrainischkenntnisse bei Jugendlichen (CReDO 2008:36). Der Großteil der Eltern würde eine künftig stärkere Rolle der Staatssprache in der Schule befürworten (ebd.).

Eine große Mehrheit erwartet vom Staat, dass er Bildung in Ukrainischer Sprache garantiere (85%, Frage Q32), was nicht heißt, dass man dieses Bildungsangebot auch wahrnehmen würde (75% stimmen zu, dass Kinder die Minderheitensprachen lernen sollten, Q41) und hohe Erwartungen an Unterstützung des ukrainischen Staats im Bereich Bildung, Wirtschaft und Kultur (Frage Q34)

Moldovanu (2007:270) schließt aus seinen Erhebungen, dass Minderheitensprachen am ehesten in der Familie verwendet werden, Russisch beim Einkaufen, im Gespräch mit Unbekannten, im öffentlichen Nahverkehr, Gesundheitswesen und anderen Dienstleistungen:

„Limba ucraineană este folosită, cu mici excepții, de ucraineni, frecvența ei la nivel național fiind nesemnificativă. Cu toate acestea, 51% dintre ucraineni utilizază întotdeauna limba maternă în comunicare cu părinții și buneii, 24% recurg la limba ucraineană deseori în această situație, pe când 18% nu folosesc niciodată limba maternă în acest scop. De asemenea, în comunicarea cu prietenii și rudele, doar 21% dintre ucrainenii folosesc întotdeauna limba lor maternă, 27% dintre ei recurg deseori la această limbă, pe când 18% nu folosesc limba în chestiune niciodată. Cât privește comunicarea cu copiii, doar 27,2% dintre ucraineni utilizază întotdeauna limba maternă în acest scop, 21,2% o folosesc în mod sporadic, iar 36,5% dintre ei nu folosesc limba maternă niciodată în situații similare." (Moldovanu 2007:272)

Die Umfrage spiegelt auch, dass sowohl im Bereich Bildung als auch Beruf Ukrainisch und andere minorisierte Sprachen so gut wie nie verwendet werden, sondern nur Rumänisch und Russisch (ebd. 272; siehe auch CReDO 2008:22).[250]

Noch vor der Unabhängigkeitserklärung schaffte die moldauische Regierung die rechtliche Basis für Kooperationsverträge mit dem Ukrainischen Staat im Bereich der Kulturpolitik. Hierin ging es vor allem um die Schaffung der notwendigen Bedingungen, um Unterricht in ukrainischer Sprache zu ermöglichen (Lazarenko 2012:198). Dem folgte 1992 ein Vertrag zwischen der Republik Moldova und der Ukraine über kulturelle Entwicklung (wie mit den anderen Staaten auch). Der Einschätzung von King (1999:171; 2010:143f) und Dom (2017:32) zufolge zeigte sich die Regierung in Kiew aber insgesamt nicht sehr interessiert an der Unterstützung der ukrainischen Minderheit in Moldova. Die Überblicke über die Moldauisch-Ukrainischen Beziehungen von Boian (2012) und Korobov/Byanov (2012) berichten von Grenzstreitigkeiten und Energielieferungen, Involviertheit der Ukraine in Transnistrien (siehe auch Popescu 2008:68f), wo sehr viele Personen mit ukrainischer „Nationalität" leben, erwähnt aber keine Bildungsabkommen.

4.3.5 Sprachpraxis und rezeptive Mehrsprachigkeit

In der Republik Moldova treffen vor allem in den Städten Personen mit asymmetrischen Ressourcen im Rumänischen und Russischen aufeinander, die aber fast alle zumindest über rezeptive Kompetenzen verfügen. Diese Konstellation begünstigt die rezeptive Mehrsprachigkeit sowohl in der alltäglichen Praxis, als auch als Form des sprachlichen Wissens, die ihrerseits die Erreichbarkeit sprachlicher Ressourcen verbessern kann (Braunmüller 2007:39).

---

250 Umfragen hat auch Степанов (2009; 2010) als Mitarbeiter der Abteilung für interethnische Beziehungen in der Republik Moldova in den Jahren 2001 bis 2003 und später selbstständig durchgeführt. Sie gilt als Pilotstudie, die nicht repräsentativ ist (aber trotzdem statistisch ausgewertet wird). Befragt wurden 650 (arbeitende) Ukrainer*innen an unterschiedlichen Orten in Moldova sowie gesondert 52 Personen, die in Bălți Ukrainische und Rumänische Sprache und Literatur studierten (Степанов 2010:456). In den Jahren 2008-2009 wurde die Umfrage wiederholt. In erster Linie ging es um Identitätsfragen, u.a. welche Sprache sie als Muttersprache betrachten (bei ca. 60% Ukrainisch, Степанов 2010:457). Im Anhang findet sich aber auch eine Tabelle mit Antworten auf die Frage, was überhaupt unter родной zu verstehen sei (ebd. 595).

„Receptive multilingualism refers to the language constellation in which interlocutors use their respective mother tongue while speaking to each other." (Zeevaert/ten Thije 2007:1)

Rezeptive Mehrsprachigkeit gilt bislang nicht als etabliertes Forschungsfeld. Für die moldauischen Verhältnisse liegt hierzu bislang keine Studie vor, die Soziolinguistin Tatjana Mletschko erwähnt aber „рецептивный билингвизм" als geringste Form von Kenntnissen der Staatssprache bei der russophonen Bevölkerung (Млечко 2014:245).[251] Dieses Phänomen sei in Moldova verbreitet, wo viele Russophone Moldauisch verstehen, es aber nicht sprechen würden. In der Regel sei das städtische Bevölkerung aus russischsprachigen Familien, die auf der Arbeit Russisch sprächen. Umgekehrt finden sich in Beschreibungen der sprachlichen Situation in Moldova Sprachbeispiele, die faktisch Formen der rezeptiven Mehrsprachigkeit sind, so aber nicht benannt werden, insbesondere dann, wenn sie aus einer puristischen Haltung heraus entwertet werden, wie bei Condrea (2009:182). Für Sainenco/Popting (2009) ist diese Art der Kommuniktion in gemischten Gemeinden auf der Ebene der Symbolik anzusiedeln, die der Anerkennung des Gegenübers diene, aber nur bedingt Kommunikation ermögliche. Ein Beispiel aus meinen Daten ist die Konversation zwischen Ivan und Mişa, das ich zu Beginn der Einleitung präsentiert habe. Ihre Umschreibung der Praxis (siehe 6.1.4.2) enthält Elemente rezeptiver Mehrsprachigkeit und des *Translanuaging*.

Die bisherige Forschung zu rezeptiver Mehrsprachigkeit räumt Konstellationen mit verwandten Sprachen Priorität ein, wie in Skandinavien, wo sie auch ein Argument in den politischen Forderungen der Pan-Skandinavischen Bewegung von Anfang des 19. Jahrhunderts war (Zeevaert/ten Thije 2007:3), oder im Deutsch-Niederländischen Sprachkontakt (Ribbert/ten Thije 2007). Sie wird aber auch als signifikante demokratische Option für mehrsprachige

---

251 Mlečko unterscheidet sechs Stufen. Neben dem rezeptiven Bilinguismus als erster Stufe nennt sie „цитатный билингвизм", bei dem im russischen Modus einzelne moldauische *Prefabs* aus dem Bereich der Verwaltung und der Höflichkeitsformen wiedergegeben werden, häufig mit einer Ankündigung (z.B. как говорят молдовани) eingeleitet. Drittens nennt sie einen „reduzierten Bilinguismus" von ungebildeten Sprecher*innen, den sie auch als Form der Pidginisierung bezeichnet, viertens einen „узкоспециальный билингвизм" von Personen, die die Staatssprache nur im Beruf verwenden sowie fünftens einen symmetrischen bzw. ausbalancierten Bilinguismus. Dieser komme in ihrer Referenzgruppe, der ca. 40jährigen, praktisch nur in mehrsprachigen („gemischten") Familien vor. Eine rein theoretische Gruppe ist für sie mit der sechsten diejenige der Russophonen, die gänzlich zum Moldauischen übergegangen sind. Hierfür kennt sie aber keine Beispiele.

Gesellschaften gesehen und als solche im schweizerischen Schulsystem bewusst gefördert (Werlen 2007:141). Die bisherigen Forschungsansätze betonen jedoch, dass es für eine erfolgreiche Kommunikation in diesem Modus deutlich mehr als „passive" Kompetenzen oder „minimalist knowledge" (Zeevaert/ten Thije 2007:4) braucht, sondern auch metalinguistischen Wissen, interkulturelles und institutionelles Wissen (Braunmüller 2007 über die sprachlichen Verhältnisse im Mittelalter und Rindler-Schjerve/Vetter 2007 über Habsburg). In der Praxis der rezeptiven Mehrsprachigkeit muss auch das Kommunikationsverhalten neu ausgehandelt werden, da die Beteiligten einen Umgang mit der Tatsache lernen müssen, dass sie Elemente der Gesprächsbeiträge ihres Gegenübers nicht ad hoc verstehen, z.B. mit Hilfe der „let it pass"-Strategie (Braunmüller 2007:30f; Zeevaert/ten Thije 2007:4), bzw. dem „wait-and-see-Prinzip" (Heinemann/ Heinemann 2002:54f), das auch im einsprachigen Modus wegen nicht geteiltem Hintergrundwissen zur Anwendung kommt (siehe auch 3.2.3.1).

Unter den moldauischen sprachlichen Verhältnisse sind die sprachlichen Formen sich zwar nicht ähnlich, sie sind jedoch auf Grund der kommunikativen Umgebung, wo vielorts beide Codes regelmäßig praktiziert werden, verhältnismäßig gut erreichbar und haben für die Sprecher*innen deswegen eine gewisse Vertrautheit. Das kulturelle Wissen in der mehrsprachigen Gesellschaft ist geteilt. Als Bedingungen für das Gelingen von Kommunikation im Modus der rezeptiven Zweisprachigkeit nennt Braunmüller (2007:30f), dass es sich um eine *face-to-face*-Situation mit einem klar definierten Setting handelt, wo die Kommunikation zielorientiert ist. Alles dies ist im fiktiven Beispiel von Condrea (2009:182) gegeben, das eine Einkaufssituation in einem Geschäft darstellt.

Rezeptive Mehrsprachigkeit kann nicht nur eine Option für die Kommunikation in mehrsprachigen Gesellschaften sein, sondern kann auch zur Erreichbarkeit von sprachlichen Ressourcen einen Beitrag leisten (siehe Duminica 2013:72). Dem stehen jedoch Einsprachigkeitsideologie und Purismus in Moldova im Wege (wie die Beurteilung durch Condrea 2009:182 zeigt). Zu erforschen wäre außerdem, unter welchen Bedingungen die Interagierenden in der Aushandlung der Sprachwahl zum Modus der rezeptiven Zweisprachigkeit kommen, anstatt sich auf einen mehr oder weniger einsprachigen Modus zu einigen.

4.3.6 Sprachpraxis in der Wirtschaft

Insofern die beiden Fallstudien im empirischen Teil dieser Arbeit als Arbeitsplätze ausgewählt wurden und die Verwobenheit von Sprach- und Berufsbiographien untersucht wird, dürfen im Kapitel über die sprachlichen Verhältnisse einige Bemerkungen zu den sprachlichen Anforderungen auf dem Arbeitsmarkt nicht fehlen. Es ist hier jedoch besonders schwierig, allgemeine Aussagen zu tätigen, da sich die sprachliche Praxis in unterschiedlichen Unternehmen und Wirtschaftszweigen unterscheiden und nur wenige Untersuchungen hierzu vorliegen. Dazu zählen die Doktorarbeit von Chamberlain-Creangă (2011) zur Sprachpraxis in einer Zementfabrink in der nord-ost-moldauischen Stadt Rezina und die Untersuchung von Tofan (2007)[252] zur Sprachpraxis im Einzelhandel.

Einige rechtliche Bestimmungen im Sprachengesetz beziehen sich nicht nur auf öffentliche Institutionen, sondern auch auf Unternehmen, wo den Kund*innen ein Recht auf Kommunikation in Rumänisch oder Russisch eingeräumt wird:

> „În relațiile cu organele puterii de stat, administrației de stat și organizațiilor obștești, precum și cu întreprinderile, instituțiile și organizațiile situate pe teritoriul RSS Moldovenești limba de comunicare orală sau scrisă – moldovenească sau rusă – o alege cetățeanul." (Art. 6 SprG)

Das Konsumgesetz von 2003 sieht vor, dass alle Informationen über Produkte und Dienstleistungen auf Moldauisch oder in einer anderen internationalen Kommunikationssprache präsentiert werden müssen, womit Russisch als obligatorische zweite Sprache ausgeschlossen wurde (Interethnic Relations in Moldova 2011; Pivovar 2009:8). Mir sind keine Studien bekannt, die sich mit der Umsetzung dieser Bestimmungen befassen würden. Muth (2014) kommt in seiner Untersuchung zum ‚linguistic landscaping' in Chișinău zum Schluss, dass ca. 70% aller von ihm dokumentierten informellen (im Sinne von nicht-staatlichen oder -kommunalen) Beispiele von Schriftlichkeit (dies umfasst auch Graffitis und andere nicht-kommerzielle schriftliche Praxen) in Rumänisch verfasst sind.

Ebensowenig gibt es sprachwissenschaftliche oder soziologische Studien, die sich mit der Kommodifizierbarkeit sprachlicher Ressourcen auf dem moldauischen Arbeitsmarkt befassen würden. Die üblichen Einschätzungen, dass Russisch im Bereich der Wirtschaft nach wie große Bedeutung hat (Ciscel 2007:29f; Dabija 2010) können deswegen nicht auf Basis von Studien belegt werden. So lautete auch die Einschätzung einer Führungsperson des Arbeitsamtes von Chișinău:

> „și acuma foarte mulți patroni au cerințe cunoașterii ambilor limbi [îhî] deci mai ales acolo unde sunt prestarea serviciilor [îhî] – eu știu instituțiile publice de stat deci cerințe

---

252 Zum Thema „Mehrsprachigkeit im großstädtischen Handel in der Republik Moldova aus autobiographischer Perspektive. Subjektive Theorien über soziolinguistische Individuation" hat Tofan (2011) auch eine Dissertation verfasst, die bisher aber nicht erschienen ist.

obligatorie deci cunoașterea limbelor [îhî] deci iată chiar la noi în instituție . noi sîntem obligați trebuie să cunoaștem ambele limbi pentru că cînd vine clientul trebuie să vorbim în limba clientului […] deci o perioada de timp limba rusă chiar primeam și un supliment la salariu pentru cunoașterea limbei ruse [îhî] deci în ultimul timp probabil în două mii opt legislația a fost modificată deci – un funcționar care lucrează într-o instituție publică practic primea un supliment dacă cunoaște limba de circulație europeană [a:] spre exemplu engleza germană franceză"[253]

Die vorhandenen Publikationen beziehen sich auf die subjektiven Einschätzungen (nicht unbedingt Erfahrungen) von Moldauer*innen und fallen dementsprechend heterogen aus.[254]

Chamberlain-Creangă (2011) hat die Rolle sprachliche Praxen für wirtschaftliche Transformationsprozesse auf verschiedenen Ebenen einer Zementfabrik in Rezina untersucht. In der Wirtschaftsstrategie des großen Privatunternehmens hat Sprachpraxis und deklarierte Einsprachigkeit in Rumänisch einen zentralen Platz (ebd. 32f) und soll für einen kosmopolitischen, markt- und konsumorientierten Lebensstil stehen (ebd. S. 35).

In der Praxis der Mitarbeiter*innen wird dies in Abhängigkeit von ihrer Position im Unternehmen durchaus in Frage gestellt. Während die Führungsebene auch auf Ebene des sprachlichen Stils (z.B. mittels Code-Switching zwischen Rumänisch und Russisch) das kapitalistische Ideal übernimmt, greifen diejenigen der mittleren und unteren Ebene, für die hohe Jobunsicherheit besteht, auf traditionelle Modelle der Sprachwahl zurück, die stärker lokal gebunden sind.

---

253 Dt. „und inzwischen haben sehr viele Arbeitgeber die Anforderung der Kenntnis beider Sprachen [əhə (.)] also erst recht da wo das Dienstleistungen sind [əhə (.)] wasweißich öffentliche staatliche Institutionen als obligatorische Anforderung also beider Sprachen [əhə (.)] also auch in unserer Institution (.) wird sind verpflichtet beide Sprachen zu können denn wenn ein Kunde kommt müssen wir in der Sprache des Klienten sprechen […] eine zeitlang Russisch wir bekamen sogar eine Zusatzzahlung zum Gehalt wenn wir Russisch können [əhə (.)] also zuletzt vermutlich 2008 wurde die Gesetzgebung verändert also (-) ein Funktionär der in einer öffentlichen Institution arbeitet bekam eine Zusatzzahlung wenn er eine europäische Verkehrssprache kennt [a:] zum Beispiel Englisch Deutsch Französisch".
254 Z.B. haben Kolstø/Melberg (2002:40) in ihren Umfragen von 1998 festgestellt, dass Rumänisch (insbesondere von der minorisierten Bevölkerung) als wichtiger für den Arbeitsmarkt eingeschätzt wird, als Russisch, oder Șarov (2008:162), die eine Grundschullehrerin zitiert, die allen Sprachen angesichts der Jobsituation in Moldova ökonomische Reichweite abspricht, und einen drastischen Rückgang des Interesses an Rumänisch konstatiert.

4.3.7 Schule und Sprachaneignung

„Die Schule ist ohne Zweifel eine der wichtigsten sprachpolitischen Institutionen nicht nur für die Verbreitung des Rumänischen, sondern auch für den Erhalt der Sprachen der Minderheiten." (Erfurt 2012:623)

Die Schule ist im Rahmen eines nationalstaatlichen Projekts für die „Einsozialisierung in die Sprachform" (Maas 2012:25) und als „Eingangsstufe für eine qualifizierte Ausbildung" die wichtigste Institution. Der sprachliche ‚Normalisierungsprozess' ist deswegen auch eine Generationenfrage und stellt sich für Personen, die ihre Schulbildung nach der moldauischen Unabhängigkeit erfahren (haben), deutlich anders dar, als für die älteren Personen, die ihre Adaption an die veränderten sprachlichen Verhältnisse ohne institutionelle Unterstützung bewältigen müssen.

Im integrierten moldauischen Schulsystem lernen Schüler*innen von der ersten bis zur neunten, gegebenenfalls auch zwölften, Klasse gemeinsam. Der Abschluss mit der zwölften Klasse bedeutet Hochschulreife, mit einem Abschluss nach der neunten Klasse können Berufskollegs besucht werden. Die Vorschulbildung ist sehr weit ausgebaut und die Statistiken des Bildungsministeriums zeigen anders als im Primar- und Sekundarbereich hier sogar eine Zunahme der Anzahl der Einrichtungen. Die große Anzahl von Schulen und die Tatsache, dass fast jedes Dorf zumindest ein Gymnasium (also eine neunjährige Schule) hat, ist ein Erbe aus der Sowjetunion, das allerdings im Zusammenhang mit der drastisch sinkenden Schüler*innenzahl sukzessive beschnitten wird (siehe 5.1.4.1).

Die folgenden beiden Tabellen bieten eine Übersicht über das Schulsystem in der Republik Moldova und die Entwicklung der Schüler*innenzahlen seit dem Jahr 2000. Letztere zeigt, dass in den letzten zehn Jahren die Schüler*innenzahlen um 190.000 zurückgegangen sind, was einen Rückgang von ca. 35% darstellt. Im gleichen Zeitraum wurden 225 Primar- und Sekundarschulen geschlossen (also ca. 15%).

Tabelle: Schulsystem Republik Moldova

învățămîntul primar (clasele I-IV)	
învățămîntul gimnazial (clasele V-IX)	
învățămîntul secundar, general și profesional	liceal, clasele X-XII
	învățămîntul liceal din instituții de învățămînt profesional ethnic postsecundar
	învățămîntul profesional tehnic secundar (pentru absolvenții gimnazilor)

învățămîntul profesional tehnic secundar (pentru absolvenții școlilor medii de cultură general și liceelor)	
învățămîntul profesional tehnic postsecundar învățămîntul superior	
Docturantura Postdocturantura	

Tabelle: Entwicklung Anzahl der Schulen und Schüler*innen[255]

	2000/01	2005/06	2014/15	2015/2016
instituții de învățămînt preșcolar (und Anzahl der Schüler*innen)				1.461
instituții de învățămînt primar și secundar general (und Anzahl der Schüler*innen)		1.558 (519.027)	(477.824)	1.323 (334.509)
profesional tehnic secundar (und Anzahl der Schüler*innen)		(25.005)		45 (16.098)
instituții de învățămînt superior (und Anzahl der Schüler*innen)		35 (126.132)		31 (81.669)
Anzahl Schüler*innen gesamt	753.000	697.224	478.000	462.704
Anteil an der Bevölkerung (Anzahl Schüler*innen pro 10.000 Einwohner*innen)	2.072	1.942	1.344	1.302

Bei der Unterrichtssprache tritt die gesetzliche Garantie auf Bildung in Russisch auf allen Ebenen des Bildungssystems in Konkurrenz zum Projekt der sprachlichen Normalisierung, weil sie einsprachige Räume schafft, in denen ein „Leben auf Russisch" weiterhin möglich ist. Eine konsequente Normalisierungspolitik müsste diese Räume jedoch beschneiden (was vor allem im Bereich der höheren Bildung auch passiert), wodurch jedoch die gesetzliche Garantie in Frage gestellt wird.

Gegenwärtig wird der allophonen Bevölkerung im Bereich der Primar- und Sekundarschulen die Entscheidung zwischen den Optionen eines konsequenten Ausbaus der Staatssprache und der Schaffung, Frequentierung und Verteidigung einsprachiger Räume selbst überlassen. Schulpolitisch spielen dabei nicht nur der „kompensatorische Bildungsauftrag" (Maas 2012:51) für die Erreichbarkeit der Geschäftssprache eine Rolle, sondern auch die sprachlichen Ressourcen des Lehrpersonals sowie damit verknüpft Besitzstands- und Statuswahrung. Die

---

255 Quelle: Biroul Național de Statistică (2016). Für eine Übersicht über die Entwicklung der Zahlen bis zum Jahr 2000 siehe Erfurt (2012:623); Oteanu (2003:27).

Umstellung der Unterrichtssprache würde in den meisten Fällen personelle Änderungen erfordern, die insbesondere in den Dörfern auf Widerstände stößt, wo erstens das Schulpersonal eng mit der Dorfgesellschaft verbunden ist und es zweitens kaum andere Stellen für Akademiker*innen gibt. Umso mehr erfordert der Ausbau der Geschäftssprache bei der minorisierten Bevölkerung (und hier in der Regel der Eltern für ihre Kinder) individuelle Entscheidungen und Strategien. Oksanas und Iolandas Eltern haben ihren russischsprachigen Töchtern aus diesem Motiv den Besuch einer rumänischsprachigen Schule zugemutet, in einem Fall mit Erfolg, im anderen letztlich auf Kosten einer erfolgreichen Schulkarriere.

Die Zahlen in den folgenden Tabellen zeigen erneut den drastische Rückgang der Schüler*innen- und Studierendenzahlen auf allen Ebenen, aber zweitens die prozentuale Zunahme des Anteils rumänischsprachiger Bildungsinstitutionen, der auch in diversen Studien belegt ist (OSCE/Centrul Educational Pro Didactica 2009:8f; Арефьев 2012:75; für die Entwicklungen in den 90er Jahren siehe Млечко 1999).

Tabelle : Unterrichtssprachen auf den unterschiedlichen Ebenen des Bildungssystems[256]

	2005/06	2014/15	2015/2016
Anzahl der Vorschulinstitutionen nach Unterrichtssprache (und Prozentsatz der Schüler*innen)			
Rumänisch	939 (77,6%)	1.120 (81,9%)	1.126 (82,2%)
Russisch	214 (22,2%)	210 (18,0%)	210 (17,7%)
Ukrainisch	1	2	2
mehrsprachig	138	119	122
Anzahl der Schüler*innen in Primar- und Sekundarschulen nach Unterrichtssprache (und Prozentsatz von der Gesamtzahl)			
Rumänisch	410.897 (79,5%)	273.744 (80,5%)	268.762 (80,6%)
Russisch	105.251 (20,3%)	65.409 (19,2%)	63.923 (19,2%)
andere	881	783	745

---

256 Biroul Național de Statistică (2016:65, 95).

	2005/06	2014/15	2015/2016
Anzahl der Schüler*innen technisch-berufliche Sekundarbildung (und Prozentsatz von der Gesamtzahl)	25.005	17.508	16.098
Rumänisch	20.985 (83,9%)	15.107 (86,3%)	14.162 (88%)
Russisch	4020 (16,1%)	2.401 (13,7%)	1936 (12%)
Anzahl der Student*innen in Institutionen höherer Bildung (und Prozentsatz von der Gesamtzahl)[257]	126.132 (100%)	89.529 (100%)	81.669 (100%)
Rumänisch	84.132 (66,7%)	75.065 (83,8%)	69.181 (84,7%)
Russisch	37.554 (29,8%)	12.554 (14%)	10.429 (12,8%)
Englisch	2.584 (2,%)	1.103 (1,2%)	1.400 (1,7%)
Französisch	1.490 (1,2%)	603 (0,7%)	512 (0,2%)

Für den sprachlichen Ausbau ist nicht allein die Unterrichtssprache ausschlaggebend, sondern auch wie und in welchem Umfang Sprachen im Fachunterricht gelehrt werden. Das aktuelle Bildungsgesetz (*Codul Educației al Republicii Moldova*, Nr. 152 din 17.07.2014) erklärt (allein) Rumänisch zur Unterrichtssprache und „internationale Kommunikationssprachen" oder die Minderheitensprachen damit zu Ausnahmen (Art. 10):

> „Limba de predare. (1) În sistemul educațional, procesul de învățămînt se desfășoară în limba română și, în limita posibilităților sistemului educațional, în una din limbile de circulație internațională sau, în condițiile alin. (2), în limbile minorităților naționale."

Vor dem sprachpolitischen Hintergrund in der Republik Moldova kann dies sowohl als Versuch der „staatlichen Vorsorge" (Maas 2008:176) verstanden werden, um möglichst allen die „Partizipation am schriftkulturell geprägten Schriftverkehr" (ebd.) (in Rumänisch) zu ermöglichen, als auch als sukzessive „sprachliche Normalisierung" und Verpflichtung der minorisierten Bevölkerung auf das nationalstaatliche Projekt. Die in Art. 10/2 genannten Bedingungen für eine andere Unterrichtssprache als das Rumänische lauten, dass es um Gebiete geht, in denen traditionell oder in großer Anzahl Angehörige nationaler Minderheiten leben

---

257 Zur höheren Bildung in Russisch siehe auch Млечко (2009).

und dass es eine ausreichende Nachfrage gibt. Rumänischunterricht ist in allen Bildungseinrichtungen obligatorisch (Art. 10/3) und zum Zwecke des besseren Rumänischerwerbs sollen auch in Schulen mit anderer Unterrichtssprache mehr Fächer auf Rumänisch unterrichtet werden (Art. 10/5).

Das Russische kommt nicht explizit vor, jedoch garantiert der Staat laut Art. 9/8 in allen Bildungseinrichtungen die Bedingungen zur Entwicklung kommunikativer Kompetenzen in Englisch, Französisch und Russisch (was nicht heißt, dass das auch getan werden muss). Dies heißt gleichermaßen, dass Russisch qua *Codul Educației* nicht obligatorisch ist.

Im aktuellen Bildungsrahmenplan wird Russisch (an Schulen mit Unterrichtssprache Rumänisch)[258] jedoch (nur) in den Gymnasialklassen (V-IX) mit jeweils zwei Stunden pro Woche unterrichtet, nicht jedoch in den Grundschul- und Oberstufenklassen (Ministerul Educației al Republicii Moldova 2014:11, 14). Im geisteswissenschaftlichen Profil der Oberstufe sind neben Rumänisch zwei Fremdsprachen vorgesehen. Diese Situation wirkt sich nach Einschätzung von Condrea auf die Russischkenntnisse der Schüler*innen aus:

> „Limba rusă pierde terenul și în școli – acuma se învața doar în clasele gimnaziale, are un număr mic de ore și un randament scăzut. Tinerii absolvenți de liceu nu mai vorbesc rusește (cândva în școlile de elită din Chișinău, din centrele raionale era o modă ca elevii să vorbească între ei, la pauze și în afara școlii, în limba rusă): Aceștia înțeleg rusa, în special datorită mediului informațional rusofon, dar nu o folosesc efectiv în comunicare." (Condrea 2009:181)

Russischunterricht in solch geringem Umfang erschwert offensichtlich den Ausbau der formellen Register. Zwecks Beurteilung, auf welche sprachlichen Formen und kommunikativen Funktionen der Russischunterricht unter diesen Bedingungen abzielt, wäre einerseits eine eingehende Prüfung des Kurrikulums nötig, zweitens umfassende empirische Bildungsforschung.

Die sprachpolitische Ausrichtung kann im Rahmen der sprachlichen Verhältnisse nicht unabhängig von den „objektiven Möglichkeiten von Sprachpolitik" (Maas 1989b:19) betrachtet werden, zu denen auch die Mittel gehören, die auf Grund der sozioökonomischen Verhältnisse zur Verfügung stehen und effektiv in Bildung investiert sind.

Prozentual gemessen am staatlichen Gesamtbudget und dem Bruttoinlandsprodukt liegen die moldauischen Ausgaben im europäischen Durchschnitt. In der EU lag der 2015 bei 8,8% des Bruttoinlandsprodukts (BIP). Die BRD

---

258 Für Schulen mit Unterrichtssprache Russisch siehe die Tabellen in 5.1.4.4.

investierte 2010 18% des Gesamthaushalts in Bildung. Im Vergleich signifikant niedriger sind die Ausgaben pro Schüler*in.

Tabelle: *Ausgaben für Bildung in der Republik Moldova*[259]

	2005	2012	2015
Ausgaben in Millionen Lei	2.696,3	7.397	8.462,1
% vom Gesamtbudget	19,4	20,9	18,2
% des BIP	7,3	8,4	6,9

Tabelle: *Durchschnittlicher Monatslohn*

	2005	2012	2015
Gesamtdurchschnittslohn in Lei	1318,7	3477,7	4610,9
Durchschnittslohn im Bildungssektor in Lei	881,8	3024,9	3813,6
% des Gesamtdurchschnittslohns	66,9	87%	82,7

4.3.7.1 Minderheitensituation und Schule

Wie bereits in Kapitel 4.3.1 dargestellt, verpflichtet sich der moldauische Staat qua Gesetz darauf, die Bedingungen für die Pflege der minorisierten Sprachen und Unterricht in diesen Sprachen zu schaffen. Diese Regelungen sind im Gesetz über nationale Minderheiten (*Lege Nr. 382 din 19.07.2001 cu privire la drepturile persoanelor aparținînd minorităților naționale și la statutul juridic al organizațiilor lor*) in Art. 6/1 festgehalten, ebenso wie in Art. 6/3 das Recht auf Bildung in „patria lor istorică și în alte țări în baza tratatelor și acordurilor internaționale", was jedoch keine automatische Anerkennung der dortigen Studienabschlüsse bedeutet.

Tontsch (2004:29) konstatiert, dass zwischen diesen rechtlichen Vorgaben und der realen Lage eine große Lücke klaffe, „deren sachlicher Grund nicht fehlender politischer Wille, als vielmehr fehlende materielle und personelle Ressourcen sind."

Das moldauische Bildungssystem sieht nur monolinguale Schulen vor. Die Sprachen der nationalen Minderheiten werden nur an Schulen mit Unterrichtssprache Russisch unterrichtet (zwei bis drei Stunden wöchentlich Sprachunterricht und gegebenenfalls Geschichte, siehe CEPD 2009:6; CReDO 2008:19f; Interethnic Relations 2011). Diese Situation trägt zur Reproduktion der ‚doppelten

---

[259] Quelle: Biroul Național de Statistică (2016:36).

Minorisierung' bei, da für viele Schüler*innen die Staatssprache trotz entsprechenden Unterricht nur mühsam erreichbar ist. Aus der Tabelle in 4.3.5 (auf Basis von BNS 2016:43) geht hervor, dass es gegenwärtig zwei Vorschulinstitutionen mit „Unterrichtssprache" Ukrainisch gibt, im Primar- und Sekundarbereich keine. Über Ukrainisch als Schulfach gibt diese Statistik keine Auskunft.

Laut Angaben der Internetseite „Interethnic Relations" von 2011 gibt es 55 Schulen, in denen Ukrainisch unterricht wurde, obwohl es fast doppelt so viele Gemeinden gibt, in denen die Mehrheit der Bevölkerung ukrainischsprachig ist. Einer Pressemitteilung des Bildungsministeriums von Mai 2012 zufolge gab es 49 Schulen mit Ukrainischunterricht, die von etwa 6000 Schüler*innen besucht wurden (Ministerul Educației 2012). Lazarenko (2012:200) verzeichnete zwischen 2004 und 2010 eine Zunahme der Zahlen der Schüler*innen, die Ukrainisch lernten.

Eine Studie des Centrul Educațional Pro Didactica (2009:17) konstatiert mehrheitlich großes oder sehr großes Interesse der sprachlich minorisierten Schüler*innen am Rumänischen: 44,4% sehen es als eine Notwendigkeit, 27,1% als eine Chance für die Zukunft und 20% als eine Bürger*innenpflicht. Bei denjenigen, die geringes Interesse bekunden, wird das mit fehlenden Anwendungsmöglichkeiten begründet, insbesondere, weil ein Studium in Rumänisch nicht in Frage komme (ebd. 18). Überraschend ist, dass für das Ukrainische in dieser Studie die Zukunftschancen mit 60% das stärkste pro-Argument sind (gefolgt von Notwendigkeit mit 25% und Pflicht mit 6,4%) (ebd. 33). Insgesamt deutet dies darauf hin, dass die Antworten stark von den Antwortmöglichkeiten des strukturierten Fragebogens geprägt sind (die jedoch der Studie nicht beigefügt sind). Einleitend wird als axiomatisch postuliert, dass die Muttersprache wichtig für Identität sei und die Staatssprache für die Integration (ebd. 6).

4.3.7.2 Fremdsprachen

Wenn „Fremdprachen" unter bestimmten sprachlichen Verhältnissen zunehmend auch Funktionen im formellen Register übernehmen und nicht nur das informelle Register erweitern, spricht Maas (2012:75) wie im Falle des Englischen in der BRD von Nebensprachen. In der Domäne der internationalen Organisationen ist das auch in Chișinău der Fall. In Einzelfällen wird auch in der „interethnischen Kommunikation" auf das Englische zurückgegriffen, um die mit asymmetrischen Kompetenzen in Rumänisch und Russisch verbundenen Konflikte zu umgehen (Ciscel 2002:409). Die wachsende Bedeutung von Englisch auch auf dem Arbeitsmarkt schlägt sich auch in einer enormen Anzahl von Sprachschulen vor allem in Chișinău nieder (siehe dazu Zaharova 2013).

Im sowjetischen Moldova war Französisch die Fremdsprache (Erfurt 2013:49; Guțu 2006:37; Parmentier 2010, 2011:72f, Turcan 2013:163-165), die in der Schule gelernt wurde und Englisch wurde nur von einer kleinen Gruppe gesprochen. Nach der Unabhängigkeit habe es ein großes Englischangebot v.a. seitens von Freiwilligenbataillonen (Peace Corps, British Council, Soros Foundation) gegeben (Ciscel 2002:409). Auch der schulische Englischunterricht nimmt stetig zu, während der Französischunterricht zurückgeht. Seit 2011 ist die Anzahl der Schüler*innen, die Englischunterricht haben, größer als die derjenigen, die Französischunterricht haben (Turcan 2014:71), wie die folgenden Tabellen zeigen (siehe auch Weirich 2016a).

Tabelle: *Fremdsprachenunterricht in Primar- und Sekundarschulen*[260]

	2000/01	2010/11	2014/15	2015/16
(Anzahl) und Prozenzsatz von Primar- und Sekundarschulen mit Fermdsprachenunterricht	(1.512) 96,6%	(1.450) 97,7%	(1.324) 98,4%	(1.304) 98,7%
Englisch	39,6%	(802) 54%	(800) 59,5%	(822) 62,2%
Französisch	80,8%	(1156) 77,9%	(1014) 75,4%	(987) 74,7%
Deutsch	8,1%	(105) 7,1%	(80) 5,9%	(76) 5,8%
Spanisch	2,3%	(22) 1,5%	(17) 1,3%	(13) 1,0%

Tabelle: *Prozentuale Verteilung von Schüler*innen auf Fremdsprachen*[261]

	2000/01	2010/11	2014/15	2015/16
(Anzahl) und Prozenzsatz von Schüler*innen, die in der Schule Englisch oder Französisch lernen	(573.544) 91,1%	(357.230) 90,4%	(306.406) 90,1%	(299.921) 90%
anglais	31,8%	(197.349) 50,0%	(195.214) 57,4%	(198.541) 59,6%
français	54,6%	(190316) 48,2%	(136.896) 40,3%	(127.823) 38,3%

Der große Unterschied zwischen Schulen, die Französisch unterrichten (74,7%) und der Anzahl von Schüler*innen, die Französisch lernen (38,3%) erklärt sich dadurch, dass das Französische eher auf dem Land gelernt wird, wo es viele, aber

---

260 Quelle: Biroul național de statistică (2015:53 ; 2016:53).
261 Quelle: Biroul național de statistică (2015:54 ; 2016:54).

kleine Schulen gibt, da fast jedes Dorf über eine verfügt. An denjenigen Schulen, wo die Schüler*innen zwischen Englisch und Französisch wählen können, wählen mehr Schüler*innen Englisch. Soltan (2014:82) kritisiert veraltete Inhalte des Unterrichts sowie eine Inhalts- statt Kompetenzorientierung:

> „The cultural aspects that students can remember from foreign langauge classes are mainly linked to the traditions, cuisine, history and monuments. Some of these contents are probably already forgotten by the native speakers, but are still taught by the Moldovan public education system."

Eine nicht-repräsentative Umfrage unter Historiker*innen weist außerdem darauf hin, dass das Französische im universitären Bereich weitestgehend entwertet ist und als Ferndsprache alleine dem Englischen Relevanz zugesprochen wird (Erfurt 2013:50).

4.3.8 Migration

Die sozio- und politökonomischen Verhältnisse in Moldova bedingen eine temporäre oder dauerhafte Arbeitsmigration drastischen gesellschaftlichen Ausmaßes. Die offiziellen Angaben über die sich im Ausland befindenden Moldauer*innen variieren und liegen vermutlich deutlich unter den realen Zahlen: Aus der Arbeitskräftestatistik des moldauischen Statistikbüros (BNS) geht ein Anstieg von 138.000 auf 325.000 abwesenden Moldauer*innen im arbeitsfähigen Alter zwischen 2000 und 2015 hervor. Laut bislang inoffiziellen Zahlen des Zensus von 2014 (Călugăreanu 2015[262]) sind es 329.108 oder 11,3% der Gesamtbevölkerung. Die *International Organisation for Migration* (IOM) geht davon aus, dass bis zu 16% der Bevölkerung im arbeitsfähigen Alter jenseits der moldauischen Staatsgrenzen arbeiten und über eine halbe Million Menschen im arbeitsfähigen Alter Erfahrungen mit Arbeitsmigration haben (Lücke et al. 2009:5).

Je nach Quelle variieren die Zahlen stark. Das hängt z.B. davon ab, ob offizielle Zahlen herangezogen werden (die nur die Migration auf legalem Weg erfasst) oder Schätzungen getätigt werden und welcher Berechnungszeitraum zugrunde gelegt wird (Cebotari et al. 2012:128). Für die Migration nach Europa ist außerdem zu beachten, dass viele Moldauer*innen über rumänische (und bulgarische) Pässe verfügen und deswegen in etwaige Statistiken nicht als Moldauer*innen eingehen. Diese Tatsache ist keineswegs zu unterschätzen: laut (möglicher Wei-

---

262 Der Autor hält diese Zahl jedoch für unrealistisch und geht von etwa einer Million im Ausland lebender Moldauer*innen aus.

se übertriebenen[263]) Angaben des rumänischen Präsidenten Băsescu lagen den rumänischen Behörden im Januar 2007 bereits 800.000 Anträge auf rumänische Staatsbürgerschaft vor (Vietti 2012:96f). Bei einer Bevölkerung von 3,5 Millionen wäre das knapp ein Viertel der moldauischen Bevölkerung (zur Frage der doppelten Staatsbürgerschaft siehe auch Dungaciu 2009:153-157; Suveica 2013; Panainte et al. 2013).

Die größte Anteil der Arbeitsmigration richtet sich nach Russland und hier fast ausschließlich in die großen Städte Moskau und St. Petersburg.[264] An zweiter Stelle steht (Nord-)Italien mit geschätzten 200.000 Personen (Moșneaga 2012:1). Frankreich rangiert mit ca. 25.000 bis 60.000 Moldauer*innen nicht unter den wichtigsten Zielländern, nimmt aber an Bedeutung zu.[265] Im Vergleich zu Russland und Italien gibt es hier mit ca. 25% einen relativ hohen Anteil an Studierenden (25%)[266], aber Arbeiten im Bausektor bzw. im Pflegewesen sind dennoch die wichtigsten Beschäftigungsbereiche (Cheianu-Andrei 2013:14).

Erkennbare Differenzen resultieren aus den Faktoren Herkunftsort und Geschlecht der Migrierenden, welche mit unterschiedlichen Zielorten sowie Art der dort verrichteten Arbeit korrelieren. Ein großer Teil der moldauischen Migrant*innen in Russland ist männlich (laut Zahlen des Statistikbüros liegt der Männer-Anteil kontinuierlich bei ca. 75%), vom Land und arbeitet in den

---

263 Арефьев (2012:61) nennt eine Zahl von 900.000 Moldauer*innen, die bereits bis 2010 die rumänische Staatsbürgerschaft erhalten hätten. Suveica (2013:278) bezieht sich auf Zahlen der Soros-Stiftung, die von 226.507 Moldauer*innen mit rumänischer Staatsbürgerschaft bis 2011 ausgehen. Panainte et al. (2013) zählen in der besagten Soros-Studie insgesamt 400.000 vom rumänischen Staat bewilligte Staatsbürgerschaften.

264 Cepoi (2014:5) schätzt 400.000 Personen und rechnet dabei mit den offiziellen Zahlen der moldauischen und russischen Statistik. Ohne Personen aus Transnistrien zählt die moldauische Statistik 300.000 Moldauer*innen in der Russischen Föderation und 500.000 inklusive Personen aus Transnistrien. Siehe auch Mukomel/Cheianu-Andrei (2013a,b:14f) für eine Zusammenfassung der verfügbaren Zahlen und ihrer Zuverlässigkeit.

265 Laut Moșneagă (2007:5), der sich dabei auf Zahlen der IOM von 2004 stützt, ist Frankreich auf Platz 12 der am meisten frequentierten Migrationszielländers. Laut Zensus 2004 ist Frankreich mit 3504 Personen auf Platz 9.

266 Gemeint sind Studierende, die ihr gesamtes Studium in Frankreich absolvieren. Für moldauische Studierende gibt es darüber hinaus seit Oktober 2007 die Möglichkeit, über das Programm Erasmus Mundus für einen begrenzten Zeitraum im Ausland zu studieren. Für einen Überblick über Schwierigkeiten bei der Umsetzung dieses Programmes siehe Zichner (2013).

Großstädten Russland im Bausektor.[267] In süd- und westeuropäische Länder migrieren typischer Weise moldauische Stadtbewohnerinnen, die im Haus- und Pflegebereich beschäftigt werden (Cebotari et al. 2012:129; Heintz 2013; Panitru et al. 2007:10; Vietti 2012).

Auf Grund der schlechten Bezahlung in Moldova emigrieren Beschäftigte aus dem Bildungs- und Gesundheitsbereich überdurchschnittlich häufig:

> „wages in the education and healthcare sectors, where highly skilled staff are of crucial importance, are significantly lower than the national average wage. The increasing numbers of school teachers and health personnel migrating abroad for unskilled work in recent years are a direct result of the poorly financed education and health systems and low budget revenues that cannot provide high wages in the budgetary sector." (Lupu o.J.:22)[268]

Auch Michalon (2007) unterstreicht, dass migrierende Personen meist zuvor eine Arbeitsstelle in Moldova hatten. Von zunehmender Bedeutung war in der ersten Dekade der 2000er Jahre die Migration nach Kanada und hier insbesondere nach Québec (Cebotari et al. 2012:127; Filip 2015, Palardy 2015), die auf Grund der Einreisebestimmung vor allem für junge Hochqualifizierte eine Option für eine längerfristige Lebensplanung darstellt.[269]

4.3.8.1 Sprachliche Aspekte der Migration

In der deutschen und westeuropäischen sprachwissenschaftlichen Literatur zu Migration und Mehrsprachigkeit geht es in der Regel um „allochtone Minoritätensprachen" (Maas 2012:76), d.h. die Sprachen, die die sprachlichen Verhältnisse einer nationalstaatlich gedachten Gesellschaft durch Zuwanderung prägen (Brubaker 2004:152; Ehlich 1996:180-2; Rassool 2007:112). Es wird also aus der Sicht der (meist einsprachig gedachten) Mehrheitsgesellschaft die migrations-

---

267 Vor Beginn des Krieges in der Ukraine waren auch die ukrainischen Städte dafür eine Destination. Die offiziellen Zahlen von Moldauer*innen in der Ukraine sind von 8.300 (im Jahr 2006) auf 4.600 im Jahr 2015 gesunken (BNS 6).
268 Zur schlechten Bezahlung von Lehrer*innen siehe auch Ciscel (2008:379).
269 Zwischen 2010 und 2014 immigrierten insgesamt 5263 (davon 4980 als qualifizierte Arbeiter*innen eingestufte) Moldauer*innen nach Kanada, wobei die jährlichen Zahlen rückläufig sind (von 1523 im Jahre 2010 auf 654 im Jahre 2014, Filip 2015:31f), womit die Republik Moldau in der Rangfolge der wichtigsten Herkunftsländer von Immigrant*innen in Québec auf Platz 13 steht (Filip 2015:25), bzw. für Hochqualifizierte auf Platz 10 (ebd. 32). Mehr als 80 Prozent der rumänischen und moldauischen Immigrant*innen leben im Großraum Montréal.

bedingte Mehrsprachigkeit der Anderen betrachtet (Brubaker 2004:152; Leroy/ Weirich 2014).

Das Ausmaß der Immigration in die Republik Moldova ist gering: Es erstreckt sich auf „Transmigrant*innen" (Gogolin/Pries 2004), die für ausländische Organisationen und Staaten tätig sind (im Bereich der Diplomatie, Entwicklungszusammenarbeit, Sprach- und Kulturmittlung), um wenige geflüchtete Personen, die mehr oder weniger unfreiwillig auf dem Weg nach Westeuropa vor der EU-Grenze in Moldova geblieben sind (siehe Bruns/Zichner 2011) sowie jüngst mehrere tausend Personen, die vor dem Krieg in der Ostukraine geflüchtet sind (siehe Unimedia 2014). Der weitaus relevantere Faktor ist die oben beschriebene Emigration. Diese hat jedoch häufig die Form von Trans- und Remigration, so dass vor allem in Chișinău viele Menschen leben, die in ihrem sprachlichen Repertoire über umfangreiche Ressourcen in Französisch, Itaileinisch o.ä. verfügen.

Diese Sprachen spielen im intimen Register einiger Moldauer*innen auch nach der Rückkehr nach Moldova eine wichtige Rolle, insbesondere für jüngere Leute, die im Schulalter mit ihren Eltern nach Italien gegangen sind und hier für einen längeren Zeitraum gelebt haben. So berichtete der 21 Jahre alte russischsprachige Operator Ivan, dass er acht Jahre in Italien gelebt habe und nach einer gewissen Zeit zunehmend auch in der Familie Italienisch gesprochen habe. Er fühlte sich im Italienischen teilweise sicherer als im Russischen, auch nachdem er bereits zwei Jahre wieder zurück in Moldova war.

Außerdem ist die Veränderung der sprachlichen Verhältnisse an wirtschaftlichen Investitionen erkennbar. Von einigen westeuropäischen Unternehmen ist die moldauische Mehrsprachigkeit (inklusive verbreiteter Kenntnisse europäischer Sprachen) als „Standortvorteil" entdeckt worden, der durch das *Outsourcing* von Kommunikationsdienstleistungen genutzt werden kann.[270] Dies manifestiert sich z.B. in der Eröffnung französisch- und italienischsprachiger Call-Center in Chișinău, die von der Kombination aus niedrigen Löhnen und sprachlichen Ressourcen (als mehr oder weniger einzigem Einstellungskriterium) profitieren. Sprachwissenschaftliche Untersuchungen zu diesem Aspekt der moldauischen Mehrsprachigkeit gibt es meiner Kenntnis nach ebensowenig wie solche, die sich mit den sprachlichen Restrukturierungsprozessen bei den migrierten Moldauer*innen unter exogenen sprachlichen Verhältnissen befassen. Die soziologischen und statistischen Studien zur Migration in verschiedene

---

[270] Gespräch mit der Vizedirektorin des Arbeitsamtes der Stadt Chișinău (*Agenția pentru ocuparea forței de muncă a municipiului Chișinău*) am 08.09.2010. Siehe auch Erfurt (2013:52).

Länder berücksichtigen jedoch teilweise sprachliche Aspekte. Sprachkenntnisse werden dabei in erster Linie als Einflussfaktor für Migrationsentscheidungen gesehen, insofern sie die spontane Adaption an und die Orientierung in neuen sprachlichen und gesellschaftlichen Verhältnissen erlauben. Es ergibt sich hieraus die Präferenz für Arbeitsmigration nach Russland, in romanischsprachige Länder und bei der gagauzischen Bevölkerung teilweise in die Türkei (Cheianu-Andrei 2013; Panitru et al. 2007:10; Demidirek 2007; Pavlenko 2013:699). Die Reichweite des Russischen für diese Art der Mobilität liegt jedoch nicht nur darin begründet, dass es die Geschäftssprache in der Russischen Föderation ist, sondern es kann auch in den europäischen Ländern eine wichtige Ressource als Verkehrssprache, wie auch für die Kommodifizierbarkeit der Arbeitskraft darstellen (Pavlenko 2017 und Ayvazyan 2016).

Ein Beispiel hierfür ist Dorin, ehemaliger Operator bei Univerconnect, der inzwischen (ohne vorherige Deutschkenntnisse) eine Anstellung in einem Resturant in einer deutschen Stadt gefunden hat, in der ausschließlich Mitarbeiter*innen aus verschiedenen ehemaligen Sowjetrepubliken (vor allem Lettland) arbeiten und die Kommunikation über Russisch funktionierte. Er selbst ist in einer rumänischsprachigen Familie zunächst in Chișinău aufgewachsen und dann viele Jahre in Italien, wo er auch seinen Schulabschluss gemacht hat. Obwohl Russisch in seiner Sprachbiographie eine untergeordnete Rolle spielte, wird es also durch den Umzug nach Deutschland zu einer entscheidenden Ressource. Noch deutlicher ist dies im Fall seiner ebenfalls rumänischsprachigen Ehefrau, die beim Umzug über keinerlei Deutschkenntnisse verfügte und eine Anstellung in einem russischsprachigen Supermarkt gefunden hat. Darüber hinaus funktioniert der Zugang zu Dienstleistungen und Infrastruktur auf Russisch, etwa beim Besuch russischer Ärzte (siehe auch Amelina 2008).

Die soziologischen Studien zur moldauischen Migration nach Italien belegen, dass nur wenige der Migrant*innen vor der Abreise Italienischkenntnisse hatten. Aber nur die Hälfte gibt an, vor Ort sprachliche Probleme gehabt zu haben (Cheianu-Andrei 2013:27 et 34; Moșneaga 2011:32-34), während 20% der Moldauer*innen in Frankreich im Vorhinein Kenntnisse hatten, aber trotzdem drei Viertel von sprachlichen Anpassungsproblemen berichten (Cheianu-Andrei 2013:34).

Von weitaus größerer Bedeutung für die Migrationsentscheidung sind jedoch persönliche Netzwerke(Cheianu-Andrei 2013:26).

4.3.8.2 Die moldauische Migration nach Italien

Italien ist nicht nur quantitativ das zweitbeliebteste Ziel, sondern steht auch symbolisch für (idealisierte) Auswanderungsträume und den Wunsch nach einem besseren (europäischen) Lebensstandard (Vietti 2009b; Moşneaga 2012:1). Laut Einschätzung von Moşneaga et al. (2011:7) ist Italien eine Art „Traumland" für diejenigen Moldauer*innen, die sich entschlossen hätten im Ausland zu arbeiten:

> „Italia reprezintă o țara deosebit de atractivă pentru migranții din Moldova. Într-un fel, i-ar putea fi atribuit chiar calificativul de « țarea de vis » pentru moldovenii care și-au configurat intenția de a pleca la muncă peste hotare."

Als Gründe hierfür gelten, dass Italien Teil der EU ist, wo die Erwartungen an Lebensstandard und Lohnhöhe groß seien sowie das Verhandensein von Arbeit überhaupt. Durch die sprachliche Verwandtschaft gilt Italienisch als relativ leicht zu lernen:

> „Moldovenii, spre deosebire de Ucrainieni si Rușii, însușesc limba țărilor respective aproape ‚din mers', fără a frecventa cursuri lingvistice speciale." (Moşneagă et al. 2011:7)

Die oben erwähnten Schwierigkeiten bei der Benennung konkreter Zahlen bestehen auch für die genaue Einschätzung der moldauischen Migration nach Italien, die in den 90er Jahren begonnen und sich vor allem seit 2003 gesteigert hat (Moşneagă 2012:8). Die nicht-repräsentative Studie von Cheianu-Andrei (2013:41) nimmt seit dem einen leichten Rückgang an neueintreffenden Personen wahr. Die Wohnortwahl in Italien konzentriert sich weniger stark auf einzelne Städte als in Frankreich oder Russland, jedoch mit deutlicher Tendenz auf den Norden, insbesondere den Nordosten (ca. 51,5%), den Nordwesten (23,6%) und Mittelitalien (21%), davon die Hälfte in Lazio. Die Rede ist von ca. 150.000 registrierten Moldauer*innen bzw. insgesamt 200.000 (Moşneaga 2012:1), von denen ca. ein Viertel die rumänische Staatsbürgerschaft hat.[271] Der weitaus größere Teil dieser Personen sind Frauen, auch wenn Moşneagă et al. (2011:8) einen antiproportional zur wachsenden Gesamtzahl geringfügig sinkenden Frauenanteil wahrnimmt, der 2009 bei 68,2% lag. Ein Großteil der Beschäftigungsverhältnisse ist illegal (oder treffender: illegalisiert) und stellt niedrige Qualifikationsansprüche als Einstellungsvoraussetzung, auch wenn die Arbeit selbst anspruchsvoll ist. Auf Grund der Vergeschlechtlichung der Arbeitsteilung wird *Care-Work* häufig

---

271 Laut EUROSTAT waren am 1. Januar 2014 1,081 Millionen Personen mit rumänischer Staatsbürgerschaft registriert, von denen 67.000 nicht in Rumänien geboren wurden, am 1. Januar 2015 1,1319, von denen 114.200 nicht in Rumänien geboren wurden (Eurostat 2015, 2016).

als natürliche Fähigkeit von Frauen betrachtet und nicht als Qualifikation (Vietti 2012:178). Legalität ist nach dem italienischen Aufenthaltsrecht strikt an ein reguläres Beschäftigungsverhältnis geknüpft und kann somit unvorhergesehen verlöschen, etwa durch Ableben eines zu Pflegenden oder makroökonomische Krisen (ebd.:267).

Mit Hinblick auf die Unverzichtbarkeit der ausländischen Pfleger*innen fanden in Italien 2002 und 2009 zwei große Legalisierungswellen statt (Vietti 2012:45): die *legge Bossi-Fini sull'immigrazione* und *l'annesso decreto legge 1995/2002 di „legalizzazione del lavoro irregolare di extracommunitari"*. Im Jahre 2002 gingen 700.000 Legalisierungsanträge von Personen unterschiedlicher Nationalitäten ein, davon 350.000 im Zusammenhang mit *Care-Work*, 23.000 kamen von moldauischen Staatsbürger*innen (Vietti 2012:47).

Während erste ethnographische (Vietti 2009a, 2009b, 2012) und interviewbasierte (Moşneaga et al. 2011) Studien zum Thema (Trans-)migration nach Italien die statistisch orientierten offiziellen Berichte ergänzen[272], ist der Themenkomplex aus sprachwissenschaftlicher Sicht noch gänzlich unerforscht. Durch den Sprachkontakt mit dem Italienischen initiierte Veränderungen der Sprachpraxis haben jedoch bereits in das Genre der Fehlerschelte Eingang gefunden (Puiu 2011; Condrea 2011; zu den Schwierigkeiten von moldauischen Schüler*innen in italienischen Schulen Arpenti 2014). Prominentester Stein des Anstoßes ist dabei die Konstruktion „la Italia" (statt dem standardkonformen *in italia*), bei Angabe von Ort und Bewegungsrichtung, wie sie auch von Cohal (2010) bei Rumän*innen in Italien festgestellt und untersucht wurde. Dessen Arbeiten zum gesprochenen Rumänisch der Rumän*innen in Italien (Cohal 2010; 2014) richten den Blick auf die Erstsprache und nicht, wie in der Migrationslinguistik üblich, auf den Ausbau der Geschäftssprache des Ziellandes, also in diesem Fall des Italienischen.

Jenseits von Fragen nach sprachlichen Restrukturierungsprozessen ist Viettis Arbeit insofern eine Bereicherung für die Forschung, als er im Rahmen seiner „multi-sited ethnography" die sozialen Räume in Italien und Moldova, sowie ihre Verknüpfung durch Migrationswege beschreibt und eine Utopie der politische Kämpfe von und in Solidarität mit den „badante" entwirft. In Ermangelung komplexerer Studien ist das Bild von Moldova und insbesondere der moldauischen Frauen stark von Menschenhandel (Andrijasevic 2005) und „Children Left Behind" (Diefenbach 2012; Heintz 2013; Salah 2008; Yanovich 2015) geprägt. Vor dem Hintergrund sehr ambivalenter Diskurse über Migration

---

272 Für Moldauer*innen in der schweizer Landwirtschaft siehe auch Bopp (2013).

in der moldauischen Gesellschaft ist dieses durchweg negative diskursive Bild auf seinen Effekt auf die moldauischen Verhältnisse hin zu überprüfen (Danero Iglesias/Stănculescu 2015). Exemplarisch habe ich dies für die Diskurse im Dorf U. dargestellt (siehe Kapitel 5.1.3.2 und Weirich 2016c).

4.4 Epilinguistische Diskurse

Gesellschaftliche Diskursstränge prägen das Feld des Sagbaren und im Rahmen dieser Diskurse spielen bestimmte Begriffe eine Schlüsselrolle, deren Verwendung wiederum diese Diskurse indizieren. Es liegen keine umfangreichen diskursanalytischen Studien zum Feld der epilinguistischen Äußerungen vor. Klaus Bochmann (2007b:33-35) identifizierte jedoch in den sprachbiographischen Interviews im Rahmen des Individuations-Projekts sieben Diskurstypen. Diese stellen eine nützliche Ausgangsbasis dar, um das diskursive Feld in Moldova darzustellen (vgl. auch Erfurt 2012), welches die politische Debatte mitbestimmt und als Handlungsdispositiv in der alltäglichen Praxis fungiert (siehe Jäger 2009:22f und Kapitel 2.1.3.5):

a) Der „puristische Diskurs" bemängelt die Qualität der rumänischen Sprache in Moldova, häufig mit „naturalistisch-biologistischen, physiologischen und moralischen Konnotationen" (Bochmann 2007b:33; siehe hierzu auch Erfurt 1998, 2001, 2012:626). Diese Haltung bringt Bochmann in Zusammenhang mit ‚sprachlicher Unsicherheit', Selbsthass („auto-odi", siehe Erfurt/Dumbrava 2003:95), oder „ethnischer Entfremdung" (Lafont 1973/1982). Im Rahmen meiner Untersuchungen zum Potential antisexistischer sprachlicher Praxen im moldauischen Rumänisch habe ich argumentiert, dass puristische Diskursen die Praxis und Akzeptanz sprachlicher Innovationen behindern (Weirich 2016c). Es zeigt sich in der vorliegenden Arbeit, dass der puristische Diskurs sich nicht nur auf die Abwertung moldauischer Varietäten bezieht. Er wird auch umgekehrt als eine Betonung sprachlicher Korrektheit als normative Haltung der „language bosses" (Lakoff 1990:283-296) vor allem von den universitären Romanist*innen und von Lehrer*innen vertreten, die hieraus einen „symbolischen Profit" (Bourdieu 1982:60; 2005:73) beziehen. Dieser Diskurs hat einerseits eine affirmative Dimension, in der bestimmte sprachliche Praxen normativ als Maßstab konstruiert werden. Schlüsselbegriff dabei ist das Adverb bzw. Adjektiv *corect(ă)*, welches mehrfach in den Autorepräsentationen der sprachlichen Repertoires verwendet wurde, um zu betonen, dass man die Standardvarietät spräche.²⁷³ Andererseits nimmt der puristische Diskurs sowohl in den Äußerungen von Sprecher*innen, als auch in den Massenmedien die Form der Entwertung der sprachlichen Praxis an. Hierzu gehören Publikationen, Kolumnen und Fernsehsendungen zu gängigen „Fehlern" in der gesprochenen Sprache. Die Akzeptanz gegenüber mehrsprachigen Äußerungen ist hierbei sehr gering, auch im Vergleich zu dialektalen Formen. Allgemeinere Äußerungen zur „doppelten Halbsprachigkeit" der Moldauer*innen, die weder Rumänisch noch Russisch „richtig" beherrschen würden, zählen ebenso zur Entwertung der Sprachpraxis im Rahmen eines puristischen Diskurses. Innerhalb von diesem wird letztlich nicht nur für eine konsequente Trennung von Sprachsystemen in der Praxis sowie die Verwendung einer bestimmten sprachlichen Norm plädiert, sondern auch für Einsprachigkeit, da gesellschaftliche Mehrsprachigkeit als schädlich angesehen wird (Erfurt/Dumbrava 2003:95; Beispiele hierfür finden sich bei Condrea 2009, Moldovanu 2009).²⁷⁴

Solcherlei Sprachschelte ist auch im sprachlichen Zentrum in Rumänien zu hören (Bochmann/Stiehler 2010:38; Ciscel 2007:31; Discher 2015:97).²⁷⁵ Der puristische Diskurs gerät nicht selten in Widerspruch zum „Opferdiskurs" (s.u.), in dem die jahrzehntelange Degradierung und Abwertung des Moldauischen als „Bauernsprache" (Șarov 2008:172; Tofan 2007:249) und unmenschlich in der MSSR beklagt wird. Eine ähnliche Abwertung in anderer Form wird nun von den rumänischsprachigen „Eliten" selbst praktiziert. Hervorzuheben ist auch, dass es hierbei in der Regel um die Praxen der anderen geht (siehe auch Șarov 2008:172). Dass Korrektheit und Sauberkeit in epilinguistischen Diskursen ein hohes Gut sind, zeigt sich auch, wenn es um andere Sprachen geht: so sind das rumänische Adjektiv/Adverb *curat*²⁷⁶ und das russische Adjektiv чистый/-ая bzw. das Adverb читсо ein rekurrentes Qualifikativ für Russischkenntnisse oder die Benennung

---

273 Siehe Polina/S23/T144-45 (und Kapitel 5.4.2), Polina/S32/T181-182 (und Kapitel 5.4.3.5).
274 Die Studie von Friedman (2009) über korrektives Feedback von Lehrer*innen in ukrainischen Schulen kommt zu ähnlichen Befunden.
275 Die moldauischen Varietäten des Rumänischen haben auch aus rumänischer Sicht geringes Prestige. In Bezug auf meine eigene Sprechweise habe ich von Rumän*innen mehrfach Bedenken gehört, wie sich die zahlreichen Aufenthalte in Moldova auf mein Rumänisch auswirken würden, oder Glückwünsche dazu, dass man mir gar nicht anhöre, dass ich mir einen Großteil meiner Ressourcen dort angeeignet habe.
276 So auch in den Interviews von Tofan (2007:218).

der Standardsprache und deren „Reinhaltung" ein didaktisches Ziel (siehe z.B. Бабенко 2012:9).

b) „der staatsbürgerliche Diskurs" wird v.a. durch diejenigen Teile der minorisierten Bevölkerung vertreten, die sich um eine „aktive Respektierung der Staatssprache" (durch Erlernen derselben) bemühen. Bochmann (2007b:34) rechnet hierzu auch diejenigen, die das moldauische Rumänisch weitestgehend wertfrei als die praktizierte Varietät ansehen. Ein Beispiel könnte die pragmatische Haltung einer Rumänischlehrerin im ukrainischen Dorf U. sein, die sagte, ob man das Land jetzt nun liebe oder nicht, die offizielle Sprache müsse man sprechen und respektieren (S10/T72/XI: „şi dacă iubeşti . sau nu iubeşti această ţara tu trebuie s-o stimezi să stimezi limba să stimezi stema steagul şi aşa mai departe [A: îhî .] deoarece eşti eşti în ţara unde trăieşti"). In ähnlicher Funktion wurde die Konstruktion *vrei nu vrei* (dt. „ob du willst oder nicht") verwendet. Der Diskurs wird aber manchmal auch von der majorisierten Bevölkerung vertreten und kann mit dem puristischen Diskurs verknüpft werden, indem „(Einsprachigkeit in) Rumänisch als staatsbürgerliche Pflicht und als Voraussetzung für nationale Einheit" (Erfurt/Dumbrava 2003:95) reklamiert werden.

c) Ähnlich argumentiert der „Modernisierungsdiskurs", „der die praktische Notwendigkeit bzw. den Nutzen der Kenntnis der vorhandenen Sprachen" (Bochmann 2007b:34) anerkennt. Bochmann benennt dabei an erster Stelle das Rumänische, das „als entwickelte, moderne, europäische Sprache angesehen wird" (ebd.) und nicht mit einem Bekenntnis zur moldauischen (oder rumänischen) Nation verknüpft sein muss. Meinen Eindrücken zufolge betrifft dieser Diskurs aber vor allem das Russische und die sogenannten „europäischen Fremdsprachen", sei es als Unterrichtsfächer oder als Sprachen der Migration. Er kann sich auch auf einer allgemeinen Ebene auf Sprachkenntnisse beziehen, wie die Metakommentare der Call-Center-Operatorin Natalia zeigen (Natalia/S23/T117/XXI: „e bine să ştii ceva în plus"; Natalia/S15/T73/XXI: „cînd să fie o limbă în plus asta e: . un plus . serveşte").

d) Als „humanistisch-universalistischen" Diskurs betrachtet Bochmann (2007b:34) denjenigen des generellen Respekts aller Menschen und ihrer Sprachen, ungeachtet ethnischer Zugehörigkeiten. Ein Spezialfall dessen sei die gelebte Vielsprachigkeit in manchen Dörfern. In dieser pragmatischen Form ist der Diskurs auch mir begegnet, den ich bei der Interpretation deswegen „Diskurs der gelebten Mehrsprachigkeit" genannt habe. Hierzu gehört auch die Bejahung der Verwendung sprachlicher Ressourcen über die konstruierten Sprach- oder Codegrenzen hinweg, wie bei der Rumänischlehrerin Polina. Auch die mehrsprachige moldauische Kulturproduktion (Henry 2012) könnte dazugezählt werden. Sie hat allerdings häufig eine satirische Note, die auch als Abwertung verstanden werden kann (siehe 4.3.3.1).

e) Der „ästhetische Diskurs" äußere sich in der Bewertung einer Sprache als „schön", was häufig mit puristischen oder nationalistischen Äußerungen einhergehe (Bochmann 2007b:35). Solch ein ästhetisches Urteil kann sich auch auf die individuelle Sprechweise beziehen und den paternalistischen Gestus derjenigen haben, die sich als legitime Sprecher*innen der Sprache sehen (so im Lob „frumos vorbiți!", welches rumänischsprechende Ausländer*innen in Moldova wie ich immer wieder ernten). Nicht gänzlich zu trennen ist dies von der Funktion ästhetischer Urteile in anderen Lebensbereichen, insbesondere die Hervorhebung von Schönheit und Ordnung bzw. Sauberkeit von Dörfern, Städten oder Ländern (Polina/S37/T200/IX: „şi ea îmi spunea că este un sat curat e un sat foarte bun . un director foarte . disciplinat"; Polina/S8/T56/VIII: „şi ştii trebuie să te îmbraci frumos trebuie să arăţi frumos trebuie să vorbeşti frumos . să-ţi faci un machiaj frumos"). Insbesondere im Dorf U. war das Urteil, es sei hier schön und sauber, offenbar zentral für die Selbstwahrnehmung bzw. Selbstdarstellung gegenüber einer ausländischen Forscherin (siehe hierzu 5.4.4.1). Es wurde aber auch im Zusammenhang mit Aufenthalten in Italien geäußert (Italien als schönes Land) und mit Mutmaßungen über Deutschland (sauber und ordentlich).

f) Der „Opferdiskurs" moniert die Dominanz des Russischen zu Zeiten der Sowjetunion und die fortgesetzte Präsenz und Bedeutung im moldauischen Alltag. Auf die Vergangeheit bezogen geht es auch um Repressionen und Beeinträchtigungen im sozialen Aufstieg. In der Gegenwart kann er die Form der „Klage über selbstherrliches Auftreten russischsprachiger Personen (Kunden in Geschäften, Passigere in öffentlichen Verkehrsmitteln, Vorgesetzter in Unternehmen, Politiker in der Öffentlichkeit)" (Bochmann 2007b:35) annehmen. Wiederkehrende Elemente dieses Diskurses sind Phrasen, die sich rumänischsprachige Personen in der Vergangenheit von russischsprachigen Personen anhören mussten, wie *Говорите по-человеческий* bzw. *говорите на номальном языке*. Einer revanchistischen Position wird in diesem Zusammenhang manchmal durch unkooperatives Sprachverhalten vertreten, wo trotz Vorhandensein von Russischkenntnissen nicht Russisch gesprochen wird, auch wenn das Gegenüber kein Rumänisch beherrscht (Dom 2017:215; Gorban 2011:136).

Einen etwas anders gearteten Opferdiskurs gibt es auch unter Russischsprachigen, die sich seit der Unabhängigkeit Diskriminierungen und teils gewälttätigen Anfeindungen ausgesetzt sehen. Ein hierbei häufig zitierter Slogan ist „чемодан, вокьзал, россия", der auch in den Konflikten auf der Krim und in der Ostukraine zum Einsatz kommt.

g) Der „traditionalistische Diskurs, der ethnischen Affirmation mit patriotischen bis nationalistischen Nuancen und der sprachlichen Loyalität" (Bochmann 2007b:35.) umfasst den panrumänischen Diskurs mit seiner Berufung auf „wissenschaftliche Wahrheit", aber auch den moldovenistischen, der hiermit „Eigenständigkeit der Sprache, der Nation und des Staates" rechtfertigen will.

Hinzuzufügen wären außerdem

h) Der „folkoristische" Diskurs, der Sprachenfragen im Zusammenhang mit Authentizität, Tradition oder lokalen Identitäten verhandelt, aber nicht auf nationalistische Vorstellungen Bezug nehmen muss. In ihrer anthropologischen Dissertation zur *mişcarea folcloristică* ist Jennifer Cash (2011) zur Schlussfolgerung gekommen, dass Traditionen und Identitäten hierbei in erster Linie auf Ebene der Dörfer verankert werden. Ethnische Motive werden hierin teilweise verarbeitet, sind aber dem Bezugspunkt des Dorfes untergeordnet. Dabei wird implizit kulturelle Diversität inszeniert, indem (wie im Dorf U.) auch folkorische Elemente anderer Dörfer und „Ethnien" inszeniert werden. Jedoch unterscheidet sich dies in den meisten Fällen entschieden von der staatlichen und sowjetisch geprägten Vision des multiethnischen Moldovas (Cash 2011:72f). Im Dorf U. wird jedoch unterstrichen, dass auch Feiertage, Liedgut und Tänze „anderer Nationalitäten" zelibriert würden, wodurch Staatstreue belegt werden soll. Schwierigkeiten bei der Sprachaneignung werden damit erklärt, dass die Tänze der anderen ethnischen Gruppe einem einfach nicht im Blut lägen (siehe 5.1.2.1, Vizedirektorin Auszug 1). Dieser Diskurs ist in Form einer Vielzahl von Folklore-Ensembles, Feiertagen, Festivals und Wettbewerben institutionalisiert. Diese hatten ihren Ursprung bereits in der Sowjetunion, wo diese Form der Inszenierung von Kultur gefördert wurde (Cash 2011:56f). Das Argument der Pflege von Authentizität, Traditionen und lokaler Identität spielt für den institutionalisierten Ausbau der minorisierten Sprachen (insbesondere Ukrainisch, Bulgarisch und Gagauzisch) eine wichtige Rolle und ist Gegenstand vieler wissenschaftlicher Veröffentlichungen.

i) Vielleicht weniger ein Diskurs, als ein Argumentationsmotiv, das sich durch viele meiner Gespräche zog, war das „probleme nu avem"-Argument. Es bezog sich auf die eigenen Institutionen oder die eigene Biographie und wurde meist bedient, wenn ich nach Schwierigkeiten bei Sprachumstellungen oder bei Sprachausbau fragte. Dies wurde dann durch allgemeine Aussagen der Sorte „Schwierigkeiten gibt es bei uns nicht" abgewiegelt (siehe auch Cash 2011:144). In Interviews, insbesondere in denen mit den Sprachlehrer*innen, kam häufig das positive Pendant dazu vor: „das ist mir leicht gefallen" oder „das ist mir nicht schwer gefallen".

5. Fallstudie 1: Das theoretische Lyzeum im Dorf U

Im August 2011 führten explorative Reisen unsere Projektgruppe in ein Raion[277], in dem das Ukrainische vebreitet ist. Die Tatsache, dass wir auf das Dorf U. aufmerksam wurden, ist seiner besonderen Rolle für die Vertretung der Interessen der „Ukrainer*innen" geschuldet: Beim Gespräch mit einem Vertreter der regionalen Schulbehörde fragten wir nach Repräsentant*innen der Ukrainer*innen in der Gegend und wurden an den damaligen Direktor des Lyzeums in U. verwiesen, der gleichzeitig Vorsitzender der ukrainischen Gemeinschaft (*Украинская община в Молдове*) auf Raionsebene war.

Die Fallstudie wirft einen Blick darauf, wie sich die sprachlichen Verhältnisse in Moldova für die sprachlich minorisierte Bevölkerung darstellen. Die Überlegungen beziehen sich auf den Lehrer*innenberuf und damit qualifizierte Arbeitsplätze, die ausgebaute sprachliche Ressourcen in den unterrichteten Sprachen und der Unterrichtssprache erfordern. Dabei zu bedenken ist der ländliche Kontext, der eine besondere Struktur des Arbeitsmarkts mit sich bringt. Im ersten Teil des Kapitels (5.1) schildere ich deswegen ausführlich die Artikulation der sprachlichen Verhältnisse im Dorf und die Struktur der Lohnarbeitsverhältnisse sowie die sprachliche Praxis dabei. In den Kapitel 5.2 bis 5.4 rekonstruiere ich die sprachlichen Biographien von drei Lehrer*innen: Von der Ukrainischlehrerin Anastasia Dimitrovna, der Engischlehrerin Iolanda Ivanovna und der Rumänischlehrerin Polina Alexandrovna.

5.1 Artikulation der sprachlichen Verhältnisse im Dorf U

Zwecks Annäherung an die Artikulation der sprachlichen Verhältnisse im Lyzeum im Dorf U. erkläre ich zunächst räumliche Aspekte der Einbindung des Dorfes U. in ein selektives Netz an auch sprachlich konstituierten Räumen (5.1.1)

---

[277] Die Republik Moldova ist administrativ in 32 Raione gegliedert, welche der sowjetischen Organisationsstruktur entsprechen. Der Versuch von 1998, die Verwaltung auf größere „Județe" (ein Begriff aus der rumänischen Verwaltung) umzustellen, wurde 2003 aufgegeben und zurückgekehrt zur Raion-Struktur, die auf lokaler Ebene die nationalen Institutionen reproduziert – so entspricht etwa dem nationalen Bildungsministerium auf Raion-Ebene die Bildungs-Direktion. Cash (2011:62f) merkt an, dass die Direktionen in starkem Maße von den politischen Konjunkturen auf nationaler Ebene abhängen.

sowie die alltägliche Sprachpraxis im Dorf (5.1.2.2). Reichweite und Erreichbarkeit sprachlicher Ressourcen diskutiere ich in Hinisch auf den Arbeitsmarkt und die Dimension der Kommodifizierbarkeit der Arbeitskraft (5.1.2.3-5.1.2.5). Die Schule wird als zentraler Arbeitsplatz für Akademiker*innen zu den politökonomischen Verhältnissen in Beziehung gesetzt (5.1.3) und in ihrer Bedeutung für das kulturelle Selbstverständnis des Dorfes als einerseits ukrainisch und andererseits als lebenswerter Ort diskutiert. In 5.1.4 beschreibe ich die Schule als Arbeitsplatz vor dem Hintergrund der Personalstruktur (5.1.4.2) und ihrer Geschichte (5.1.4.3). Unter der Überschrift „interne Sprachpolitik" geht es um Sprachunterricht und Sprachpraxis in der Schule vor dem Hintergrund der Erreichbarkeit und Reichweite von sprachlichen Ressourcen. Dieses Kapitel arbeitet mit Forschungsnotizen, Interviewsequenzen (die hier jedoch anders als in den personenzentrierten Kapiteln keine Detailinterpretation erfahren), Zeitungsartikeln sowie weniger zu den Verhältnissen im Dorf vorliegender Publikationen.[278]

Mit knapp über 2500 Einwohner*innen ist U. ein verhältnismäßig großes Dorf. Es liegt in einem mehrheitlich moldauischsprachigen Raion, das einen großen Anteil urkainisch- bzw. russischsprachige Bevölkerung hat.[279] In Bezug auf das Kriterium der Erstsprache ist U. fast einsprachig (ukrainisch).

Tabelle: Dorf U. – Bevölkerung nach Zensus 2004[280]

Einwohner*innen isg.: 2776 (davon 1333 Männer und 1443 Frauen)		
Nationalität	**Anzahl der Personen**	**% der Gesamtbevölkerung**
Moldauer*innen/Rumän*innen	215	7,74
Ukrainer*innen	2525	90,96
Russ*innen	27	0,97
Gagauz*innen	4	0,14
Bulgar*innen	1	0,04
andere	4	0,14

---

278 Es handelt sich in erster Linie um einen Bericht des moldauischen Helsinki-Komittees von 2003 und diverse Veröffentlichungen des ehemaligen Schuldirektors. Um die Anonymität zu gewährleisten, kann ich die Quellen nicht nennen und gebe Zitate in anonymisierter Form wieder.

279 Laut einem 2009 veröffentlichten Porträt des Raions sind 70% der Bewohner moldauischer Nationalität.

280 Tabelle erstellt auf Grund der Angaben von http://www.localitati.casata.md/, Stand 24.11.2014.

Die verfügbaren statistischen Angaben beziehen sich auf das Kriterium „Nationalität".[281] Laut Zensus 2004 war mit ca. 90% fast die gesamte Bevölkerung ukrainisch (laut einer Untersuchung des Moldauischen Helsinki-Komitees (2003) waren 1989 98,4% der Bewohner*innen ukrainischer Nationalität). Gleich südlich angrenzend gibt es zwei kleinere Dörfer, für die das ebenfalls gilt.[282] Die anderen umliegenden Dörfer sind aber mehrheitlich rumänischsprachig, vor allem das nördliche Nachbardorf M. und das am östlichen Ortsausgang gelegene C., zu dem eine deutlich spürbare Konkurrenz besteht, gerade auch auf Ebene der Schulen.

5.1.1 Räumliche Beziehungen – U. in der Region

U. liegt nur etwa 30 Kilometer vom nächste Grenzübergang zu Rumänien entfernt, aber in meinen Gesprächen wurde immer wieder betont, dass es keine besondere Veranlassung gäbe, dorthin zu fahren. 2011 und 2012, als ich die Gespräche geführt habe, brauchten moldauische Staatsbürger*innen für eine Reise nach Rumänien noch ein EU-Visum, erst seit den durch die Ukraine-Krise motivierten Konzessionen der EU an Moldova ist das seit dem 28. April 2014 nicht mehr nötig.[283]

Von größerem Interesse waren die Grenze zur Ukraine und vor allem eine im Rahmen eines Tagesausflugs gut erreichbare Großstadt in der Ukraine, die zahlreiche Einkaufsmöglichkeiten bietet. Das Preisniveau galt hier als geringer, so dass viele Menschen insbesondere Kleidung in den grenznahen ukrainischen Großstädten einkauften, um sie dann auf moldauischen Märkten weiterzuverkaufen. Es war 2012 ohne Visum zu erreichen (für maximal 90 Tage innerhalb von sechs Monaten, wie auch die Russische Föderation und andere GUS-Staaten).

In der Raion-Hauptstadt leben ebenfalls viele Ukrainischsprecher*innen und es gab auch dort ein ukrainisches Lyzeum (mit Russisch als Unterrichtssprache). Eine der dortigen Lehrer*innen stellt auch seit Mai 2012 die Präsidentin

---

281 Zu diesem Kriterium siehe 4.3.4.1
282 Eines hatte laut Zensus 2004 560 Einwohner*innen, davon 77,68% Ukrainer*innen, das andere 509, davon 80.75% Ukrainer*innen. Wie im Dorf U. ist fast der komplette Rest „Moldauisch".
283 Für den sogenannten „kleinen Grenzhandel" gab es auch damals Visa, die es Bewohner*innen von Grenzregionen erlaubten, bis 25 km hinter die Grenze nach Rumänien zu fahren und dort Handel zu betreiben (Michalon 2010:128). Von den Bewohner*innen von U. wurde das aber nicht genutzt, weil es auf der anderen Seite in der 25km-Zone keine interessanten Destinationen gebe, erklärten die Lehrerinnen beim ersten Gespräch 2011 („Там некакие городов интересные. Нет резона.").

der ukrainischen Gemeinschaft im Raion, also die Nachfolge des verstorbenen Lyzeums-Direktors aus U.. Dem Raionshauptstadt-Lyzeum wurde im nationalen und internationalen Kontext deutlich mehr Aufmerksamkeit zuteil und die Schüler*innenzahlen waren stabiler. Mit einer gewissen Bewunderung wurde auch zur Kenntnis genommen, dass dieses Lyzeum für einige Fächer Unterricht in rumänischer Sprache eingeführt hat, während in den 2000er Jahren noch U. durch das Ukrainisch-Pilotprojekt Vorreiterrolle gehabt hatte. Ein Gegengewicht als heimliche Hauptstadt der Ukrainer*innen im Raion hatte U. wohl vor allem wegen des sehr aktiven Direktors, der auch Leiter der *Obščina* war.

In meinem Forschungstagebuch (FTB II:2, 26.4.2012) habe ich notiert, dass das Raionszentrum von den Lehrer*innen in U. „als die ‚Stadt' wahrgenommen" wird und auch die infrastrukturell besseren Verhältnisse im Lyzeum damit erklärt wurden. Auf Grund des allgemeinen Schüler*innenmangels wurde diese Schule allerdings im Jahr 2015 mit dem anderen russischen Lyzeum der Stadt fusioniert und unterrichtete fortan auch kein Ukrainisch mehr. Für die Schule in U. illustriert dies einerseits auch hier drohende Kürzungen, andererseits wurde es mit einem gewissen Wohlwollen als Bestätigung der eigenen Arbeit gesehen, dass das lange als besser ausgestattet und erfolgreicher wahrgenommene Lyzeum letztlich weniger Bestand hatte. Auf symbolischer Ebene wird solche Art Konkurrenz v.a. in schulischen Wettkämpfen, Olympiaden und Kulturaufführungen inszeniert (siehe 5.1.4.5).

Inwieweit das Raionszentrum für das alltägliche Leben als Bezugspunkt eine Rolle spielt, hängt von den jeweiligen Aufgaben und Tätigkeiten der einzelnen Personen ab. Deutlich erkennbar ist, dass die meisten Reisen einer Notwendigkeit folgen und auf Grund des durch die Landwirtschaft bestimmten betriebsamen und anstrengenden Arbeitsalltags, wie auch der ökonomischen Situation primär der Freizeit geschuldete Ausflüge und Reisen selten vorkommen (siehe die Bemerkungen von Tatjana Borisovna in Anastasia Dimitrovna I2/S22/207-09, Polina S39/T210). Dies ist deswegen für die Familien eine wichtige Funktion, die die Schule übernimmt und als Bildungsauftrag versteht, wie exemplarisch im Transkript des Interviews mit der Ukrainischlehrerin Anastasia Dimitrovna zu lesen ist (Anastasia Dimitrovna I2/S22-23 und 5.2.2.4).[284] Im kleinen Maßstab hat

---

[284] In einem Zeitungsartikel der lokalen Presse voni Juni 2008 berichteten Schüler*innen der 12. Klasse von einer „unvergesslichen Reise" nach Kiew: „Многие из нас впервые в жизни оказались в метро и были в восторге от возможности исколесить весь огромный город под землей." (dt. „Viele von uns waren zum ersten in ihrem Leben in der Metro und waren entzückt von der Möglichkeit die ganze riesige Stadt unter der Erde zu durchfahren.")

U. die Funktion eines lokalen Zentrums (für die umliegenden ukrainischsprachigen Dörfer): dies betrifft nicht nur das Lyzeum bzw. die Oberstufe[285], sondern auch z.B. das Gesundheitszentrum, welches zuständig für die umliegenden Dörfer ist.

Der Kontakt und die persönlichen Beziehungen in die Nachbardörfer sind individuell sehr verschieden ausgeprägt. Manche Bewohner*innen haben beruflich dort zu tun, weil sie für einen der dortigen Großbauern (*Lider*) in der Landwirtschaft arbeiten, wie es die Schulbibliothekarin Tanja aushilfsweise tat (*zarabatka*) oder sind dort fest angestellt, wie ihr Ehemann. Umgekehrt pendeln drei der vier Rumänischlehrerinnen aus dem moldauischen Nachbardorf M. nach U. Einzelne Schüler*innen sind mit Gleichaltrigen aus den Nachbardörfern befreundet. Dass private Kontakte unter Erwachsenen selten sind, hat wohl in erster Linie damit zu tun, dass kaum jemand neben dem anstrengenden Dorfalltag und der eigenen Familie Zeit hat, Privatbesuche zu unternehmen. Die Englischlehrerin Iolanda (S18/T102), die im Dorf M. zur Schule gegangen ist, erzählte, dass sie nun eigentlich keinerlei Kontakt mehr dahin habe, allenfalls mal beim Durchfahren, wenn sie ein bekanntes Gesicht sähe, anhalten würde. Die Formulierung „у них уже как-то своя жизнь" (dt. „die haben irgendwie ihr eigenes Leben") illustriert die getrennten Sphären des Alltagslebens.

5.1.2 Sprachen, Varietäten, Register und Funktionsverteilung

Auch wenn im Raion relativ viele Ukrainisch-Sprecher*innen leben, ist U. mit Ukrainisch als dominanter Sprache in der mündlichen Kommunikation eine sprachliche Insel, da die umliegenden Dörfer und Orte mit Ausnahme der zwei kleineren Dörfer in der südlichen Nachbarschaft allesamt mehrheitlich moldauischsprachig sind. Es besteht jedoch insofern eine Diglossiesituation, als die formelle schriftliche Kommunikation (und z.B. der Schulunterricht) auf Russisch stattfinden.

In der alltäglichen Kommunikation praktizieren fast alle Dorfbewohner*innen eine Varietät des Ukrainischen, die sich relativ deutlich von der ukrainischen Standardvarietät unterscheidet, welche bis zur moldauischen Unabhängigkeit in der alltäglichen Praxis der Bewohner*innen fast keine Rolle gespielt hat. Diese lokale Einsprachigkeit in einer minorisierten Sprache ist kein Einzelfall, im vielsprachigen Moldova jedoch eher eine Seltenheit.[286] So schlussfolgerte das

---

285   Ein Gimnaziu, d.h. eine neunjährige Schule, haben auch Dörfer mit unter 500 Einwohner*innen.
286   Das Centrul Educţional Pro Didactica (2009:78) argumentiert, dass sprachlich minorisierte Schüler*innen in ihrer Freizeit hauptsächlich Russisch sprechen würden.

Helsinkikomittee bei seinem Besuch, dass das Dorf U. ein Beispiel sehr ausgeprägten ukrainischen Selbstverständnisses sei, wo das Ukrainische auch in inoffiziellen Situationen mehrheitlich verwendet werde:

> „Село [U., anonym.] представляет собой тот случай, когда украинское самосознание в людях очень сильно, и они хотят использовать и используют украинский язык в большинстве случаев неофициальной обстановке."[287] (Moldauisches Helsinkikomittee 2003, Auszug 1)

Während also die intimen und die halböffentlichen Register durch lokale Ressourcen des Ukrainischen gestellt werden, findet schriftliche Kommunikation im russischen Standard statt, da die Mehrheit der Dorfbevölkerung nicht über formelle Register des Ukrainischen verfügt. Gleichwohl variiert der Umfang der Schriftpraxis zwischen den Bewohner*innen erheblich und nicht alle kommunizieren regelmäßig im formellen Register – hier stellen die Lehrer*innen einen Sonderfall dar.

5.1.2.1 Die ukrainische Varietät U.-ski

Das ukrainische Varietätenkontinuum wird in der Regel in drei größere Dialekträume unterteilt: das Nordukrainische, das (insbesondere im Karpatenraum) am stärksten differenzierte Südwestukrainische und das Südostukrainische (das größte Gebiet). Die in Nord-Moldova gesprochenen ukrainischen Varietäten gelten als „Fortsetzung jener der Areale jener Dialekte in benachbarten Regionen auf ukrainischem Staatsgebiet" (Кожухар 2008:91[288]). Obwohl es bis ins 19. Jahrhundert auch Varianten einer westukrainischen Literatursprache gab, gelten seit etwa den 1860er Jahren die „Dialekte der mittleren Dnipro-Region als Basis der ukrainischen Literatursprache" (Bieder 2009:1919). Einheitlich normiert wurde diese in verstärktem Maße in den Jahren nach der Gründung der Sowjetunion, da hier durch Einführung des Ukrainischen ins Schulsystem ein verstärkter Bedarf an Schulbüchern entstand (ebd. 1920), wobei sich der Ausbau und die Normierung in starkem Maße am Russischen orientierten (Gutschmidt 2004:1861).

Die Studie hatte 684 Schüler*innen mit bulgarisch, gagauzisch und ukrainisch (47) als vermeintlicher Erstsprache zum Sprachunterricht befragt, ebenso wie 66 Lehrer*innnen (mehrheitlich für Rumänisch).

287 Dt. „Das Dorf U. stellt den Fall dar, wo das ukrainische Bewusstsein bei den Leuten sehr stark ist, und sie wollen verwenden und verwenden die ukrainische Sprache in der Mehrheit der Fälle nichtoffizieller Umstände."

288 Zitiert in der unveröffentlichten Übersetzung von Jan-Peter Abraham.

Die moldauischen Varietäten des Ukrainischen waren an diesen Ausbauprozessen jedoch kaum beteiligt, da es in Moldova keinen schulischen Ukrainischunterricht gab (Кожухар 2008:92). Als Konsequenz hieraus sind die moldauischen Varietäten des Ukrainischen sehr heterogen[289] und konservativ, insofern sie lexikalische, phonetische, morphologische und syntaktische Strukturen aufweisen, die im Vergleich zur Standardsprache als Archaismen gelten (ebd.), andererseits aber auch viele russische und moldauische Wörter, die im ukrainischen Standard nicht gebräuchlich sind (wie etwa *spasiba* für danke, statt *djakuju*). Die systematische wissenschaftliche Beschreibung der moldauischen Varietäten ist bislang nicht weit fortgeschritten. Phonetische Besonderheiten der im Dorf U. gesprochenen Varietät im Bereich des Vokalismus sind[290]:

- Tendenz zur Zentralisierung bzw. Schließung /ja/ → /je/, unbetontes /a/ in Zahlwörtern → /i/
- ethymologisches /o/ anstelle von /a/ und ethymologisches /e/ statt /a/ nach Zischlauten.
- besonders charakteristisch sind das gespannte /e/ anstelle von /i/ und der „eigentümlich weiche und gedehnte Affrikat /ш"ш"/" [ʃːʃː]

Als ich die Bibliothekarin Tanja (Auszug 1) nach Beispielen fragte, nannte sie *džunžuresta* für einen frisch gepflanzten Setzling:

„одно интересное слово сейчас джунжуреста [A: ага] вот могут это сказать на посаженное растение вот рассаду когда садят только посадили рассаду [A: ага] это слово больше мне кажется нигде не употребляется а у нас говорят вот какая джунжуреста"[291]

Als Bezeichnung der in U. gesprochenen Varietät wählten die meisten meiner Gesprächspartner*innen das Wort „Dialekt" und zumindest im schulischen

---

289 Dies wird außerdem mit demolinguistischen und historischen Faktoren erklärt: im heutigen Moldova hätten spätestens seit dem 8. Jahrhundert „autochtone" rusinische Ukrainer*innen gelebt, zwischem dem 14. und dem 18. Jahrhundert seien aber außerdem Menschen aus Galizien, der Bukowina, Podolien und den zentralen und südlichen Gouvernements des russischen Zarenreichs hinzugezogen, die unterschiedliche Varietäten sprachen (Kozuchar 2008:90f).
290 Aus Gründen der Anonymisierung verzichte ich hier auf Nennung der Quelle.
291 Dt. „ein interessantes Wort ist heutzutage *džunžuresta* [A: aha] also das können sie sagen zu einer gepflanzten Pflanze also einem Setzling wenn sie säen gerade einen Setzling gepflanzt haben [A: aha] dieses Wort scheint mir wird nirgends verwendet aber bei uns sagt man was eine *džunžuresta*" (Anm: in diesem Transkript wurden keinerlei Pausen berücksichtigt).

Kontext, in dem ich mich am meisten bewegt habe, war das Pendant dazu die Literatursprache, *literaturnyj jazik*, eine im Russischen gebräuchliche Bezeichnung für Standard- bzw. Hochsprache.

Eine scherzhafte Bezeichnung, die sich in den Gesprächen während meines Aufenthalts etablierte, ist auch das Glottonym „(po)-u.-ski(j)", das sich aus dem Dorfnamen U. plus Adjektivierungs-Suffix -sk- zusammensetzt.[292] Die Standardsprache, die nur wenige Dorfbewohner*innen beherrschen und die für den Dorfalltag kaum eine Rolle spielte, wurde häufig (wie im ‚puristischen' Diskurs gängig[293]) als „sauberes Ukrainisch" bezeichnet und die lokale Varietät in Abgrenzung dazu als „nicht sauberes", wie im folgenden Zitat der Russisch-Grundschullehrerin Tamara (Auszug 1):

„у нас смесь вы заметили что говорят у нас не на чисто украинском […] так и у нас не такой уж чистый наш украинский но – мы изучаем его потому что мы должны знать"[294]

Als nicht begründungsbedürftig wird das Desiderat formuliert, die Standardsprache zu erlernen, die die Dorfbevölkerung beherrschen „sollte". Implizit wird dies auf ideologischer Ebene über Vorstellungen von nationaler Identität begründet und nicht über praktische Funktionen (siehe auch 5.1.4.4, Ukrainischunterricht).

Aus dem Bericht des Helsinkikomitteses (2003, Auszug 2) ist herauszulesen, wie die Einführung des Schulunterrichts in (Standard-)Ukrainisch eine neue Vergleichsfolie eingeführt hat, vor dem Hintergrund derer die Dialekt u.a. als defektiv wahrgenommen wird. Dies wiederum führt in der Gleichsetzung von Sprache und Nationalität auch dazu, dass die Einwohner*innen sich nicht als „richtige" Ukrainer*innen fühlten:

---

292 Das Suffix –ск- dient der Adjektivierung von Substantiven (meist maskulinen Genus') (Tauscher/Kirschbaum 1972:184f). Im Falle der Glottonyme können diese Adjektive aber die Funktion von Substantiven haben. Adverbien werden hieraus durch das Präfix po- gebildet (und Resuffigierung mit –i), „wobei sie zumeist die Bedeutungsnuance eines Vergleichs, einer gewisse normative Bedeutung annehmen" (ebd. 375) der Art ‚wie es sich für xy gehört'. Die Bildung des Adverbs po-u.ski erfolgt analog zu по-русски: Русь > Русский > по-русски/ У. > У.ский > по-у.ски.

293 Auch in Gesprächen anderer Forscher*innen ist diese Form dokumentiert, z.B. seitens der ukrainischsprachigen Valeria bei Dom (2017:101).

294 Dt. „wir haben eine Mischung Sie haben gemerkt dass man bei uns kein sauberes Ukrainisch spricht […] so ist auch unser Ukrainsch nicht so ein sauberes aber (-) wir lernen es denn wir sollten es kennen"

„Так же, как и жители других сёл, в которых мы побывали, они сожелают об этом и, конечно же, желают «очистить» свой украиский язык. Особенно они хотели бы, чтоб их дети улучили своё знание украинского языка."[295]

Ein Abstand (der die Interkomprehension nicht einschränkt) wird auch zu den ukrainischen Dialekten der Nachbardörfer wahrgenommen, wie der folgende Auszug (1) aus meinem Gespräch mit der Vizedirektorin zeigt:

„потому что здесь вообще у нас компактно проживают украинцы [A: ыхы .] по-национальности у нас украинское село в основном хотя окружают вот рядышком (Name eines Dorfes, anonym.) большое богатое молдавское село рядышком (Dorf M., anonym) молдавское а через сюда три села [A: ыхы .] украинских маленьких три села (Namen der Dörfer, anonym.) там тоже украинское село но у них совершенно другой диалект [A: а да .] совершенно другой диалект -- у нас свой диалект у них свой . [A: ыхы .] представляете каких-то пять километров нас отделяют -- тут как-то компактно проживают украинцы поэтому это нам ближе [A: ыхы .] вот нам ближе этот язык он нам понятнее -- он . молдавский язык наши дети учат как иностранный [A: да:] как иностранный нам очень сложно потому что мы славянская группа [A: да] а там романская группа языков и нам намного проще украинский язык детям и -- культура и танцы . вот вы посмотрите вот те танцы -- украинский ну кипит все а молдавские я так мучаюсь с ними пока выдавлю с них этот жар молдавский . не идет понимаете [A: да] не идет . кровь . все равно"[296]

---

295 Dt. „So wie auch die Bewohner anderer Dörfer, wo wir waren, bedauern sie das und wünschen sich natürlich ihre ukainische Sprache zu ‚säubern'. Vor allem wünschen sie sich, dass ihre Kinder ihr Wissen der ukrainischen Sprache verbessern."

296 Dt. „Denn bei uns leben die Ukrainer kompakt [A: əhə (.)] von der Nationalität her haben wir ein ukrainisches Dorf im Grunde obwohl wir umgeben sind hier in der Nähe (Name eines Dorfes, aonym.) ein großes reiches moldauisches Dorf gleich daneben (Dorf M, anonym.) moldauisch und hier entlang drei Dörfer [A: əhə (.)] kleine ukrainische (Name der Dörfer, anonym.) da ist auch ein ukrainisches Dorf aber die haben einen ganz anderen Dialekt [A: ah ja] ganz anderer Dialekt (--) wir haben unseren Dialekt sie haben ihren (.) [A: əhə (.)] stellen Sie sich vor gerade mal so fünf Kilometer trennen uns (--) hier leben die Ukrainer kompakt deswegen ist uns das näher [A: əhə (.)] diese Sprache ist uns näher sie ist uns verständlicher (--) sie (.) die moldauische Sprache lernen unsere Kinder als Fremdsprache [A: ja] als Fremdsprache das ist für uns sehr schwer weil wir zur slawischen Gruppe gehören [A: ja] und das ist die romanische Sprachgruppe und das Ukrainische ist uns viel näher den Kinder und (--) die Kultur und die Tänze (.) also Sie schauen diese Tänze ukrainischen an (--) naja das kocht aber die moldauischen da mühe ich mich so ab ich drücke mich bei denen diese moldauische Leidenschaft (.) geht nicht verstehen Sie [A: ja] läuft nicht (.) Blut (.) soundso"

Während der Abstand zwischen den Dialekten von der Vizedirektorin wegen der geringen räumlichen Distanz als Kuriosum präsentiert wird („können Sie sich das vorstellen!"), schafft die als gemeinsam konstruierte ukrainische Identität doch ein Gefühl der Nähe, welches insbesondere im Vergleich zur Mehrheitssprache „Moldauisch" deutlich wird, welches die Kinder als „Fremdsprache" (*иностранный*) lernen würden. Der Abstand zwischen diesen Sprachen wird zuerst mit der Zugehörigkeit zu zwei unterschiedlichen Sprachgruppen (slawische und romanische) begründet, in zweiter Instanz jedoch unter Rückgriff auf den „folkoristischen Diskurs" (siehe Kapitel 4.4): den Kindern seien die ukrainischen Tänze näher, mit den moldauischen würde man sich quälen. Auffällig ist auch die Konstruktion von Unterschieden zwischen verschiedenen Nationalitäten, die mit Sprache und Folklore in Verbindung gebracht und letztlich aufs Blut zurückgeführt werden.[297] Als bedeutend wird auch hervorgehoben, dass die ukrainische Bevölkerung hier „kompakt" lebt, was so viel bedeutet wie, dass eine lokale Einsprachigkeit konstruiert wird (siehe auch 4.3.4).

5.1.2.2 Alltäglicher Sprachgebrauch

U-ski überwiegt im alltäglichen Sprachgebrauch im Dorf, auf den Straßen, in den Läden, auf dem Feld und in den meisten Familien. Auch in der Schule, wo die offizielle Verkehrssprache Russisch ist, sprechen viele Lehrer*innen untereinander und bisweilen auch mit den Schüler*innen eher die lokale ukrainische Varietät als Russisch, geschweige den Standard-Ukrainisch, d.h. es ist sowohl im intimen Register als auch demjenigen einer informellen Öffentlichkeit dominant.

Die folgenden Beobachtungen des Helsinkikomittees über die Ukrainischressourcen des (ehemaligen) qua Nationalität moldauischen Bürgermeisters zeugen vermutlich in erster Linie von sprachlicher Symbolpolitik, deuten aber die Bedeutung an, die das Ukrainische auch für zugezogene Personen mit anderer Erstsprache hat.

> „Местные жители разговаривали между собой в большей степени на украинском языке, примар будучи по национальности молдованином – тоже немного говорил по-украински. Учащиеся местной школы говорили по-украински особенно хорошо, т.к. на протяжении нескольких последних лет в школе преподаётся украинский язык."[298] (Helsinkikomittee 2003, Auszug 3)

---

297 Siehe hierzu auch Polina S5/T34-36 und die Diskussion dieser Sequenz in 5.4.3.1
298 Dt. „Die lokalen Bewohner sprachen unter sich weitestgehend auf Ukrainisch, der zukünftige Bürgermeister moldauischer Nationalität – sprach auch ein bisschen

Ukrainisch (alltagstauglich) zu sprechen ist auch für Menschen erstrebenswert, die dies selbst nicht in ihren Familien gelernt haben. Gleichzeitig ist es wegen intensivem Sprachkontakt im Dorf und sprachstruktureller Nähe (z.B. durch Transfer vom Russischen), gut erreichbar. So berichteten mir zugezogene Menschen (wie Polina und Iolanda), oder solche, die aus persönlichen und beruflichen Gründen häufiger in U. zu tun haben (wie die moldauischen Lehrer*innen aus dem Nachbardorf), dass sie sich schnell ein gewisses Repertoire an Ukrainisch angeeignet haben, welches zumindest für die alltägliche Kommunikation im Dorf taugt, obwohl hierbei in den meisten Fällen auch auf die übliche Verkehrssprache Russisch zurückgegriffen werden könnte, wie ich es z.B. auch getan habe.

Die Russischgrundschullehrerin Tamara (Auszug 2), selbst im Dorf U. geboren, ist mit einem Moldauer verheiratet, mit dem sie zu Hause die ukrainische Dorf-Varietät spricht:

> T: он плохо знал и приехал сюда и перешел на украинский язык да [A: аха а] говорит на украинском – так мы знаете . ну есть слова что вот в доме я чуть могу по-русски потому что где-то где-то какое-то слово он может не понять [A: ыхы .] а так говорит и он на украинском
> A: ахA: (lacht) интересно
> T: интересно да молдаванин и на украинском и на русском[299]

Mit mir wurde in den meisten Situationen Russisch gesprochen, aber sobald mehrere Leute anwesend waren, wurde meist U-ski gesprochen. Die „Regeln", nach denen das geschah, variierten aber stark. Der Aspekt der „Gewohnheitssprache" schien hierbei eine große Rolle zu spielen. Viele Beispiele hierfür enthält das Interview Anastasia Dimitrovna II, das auf der Terasse der Bibliothekarin Tatjana Borisovna stattfand, die immer wieder hinzukam und Aspekte des Gesprächs kommentierte oder Bemerkungen zu anderen Themen machte.[300]

Ukrainisch. Die Schüler der lokalen Schule sprachen besonders gut Ukrainisch, da im Zeitraum der letzten Jahre in der Schule Ukrainisch unterrichtet wird."

299 Dt. „T: er konnte es schlecht und kam hierher und ging zum Ukrainischen über ja [A: aha a] er spricht Ukrainisch (-) also wir wissen Sie (.) es gibt Wörter wo ich ein bisschen auf Russisch sprechen mag weil irgendwas irgendwas irgendein Wort versteht er mal nicht aber sprechen tut auch er auf Ukrainisch.
A: ahA: (lacht) interessant
T: interessant ja Moldauer und spricht Ukrainisch und Russisch"

300 Insbesondere Anastasia Dimitrovna II/S7, S16, S18, S20, S24, S32 und S36.

Auf den ersten Blick entsprach die alltägliche Sprachpraxis der Dorfbewohner*innen dem gängigen Bild über die Sprachpraxis der „Minderheitenangehörigen" in Moldova. Die Mehrheit der Dorfbewohner*innen verfügte über Ressourcen des Russischen und verwendete diese im formellen Register und der interethnischen Kommunikation. Tatsächlich hat diese ukrainische Vernakulärsprache aber auch im halböffentlichen Register einen Bedeutungszuwachs erfahren. Während in sowjetischen Zeiten Russisch relativ konsequent in formalen Situationen verwendet worden sei, wie es auch heute offiziell noch in der Schule der Fall ist, wird heute im Rathaus oder auf der Post Ukrainisch gesprochen:

> „ну я скажу что у нас сейчас в государственных учреждениях часто разговаривают на украинском языке [...] раньше вот мне кажется что нельзя было я не знаю как бы вот при советской власти вот так вот но разговаривали при советской власти на русском [...] а сейчас часто разговаривают на украинском [...] в примэрии так есть прихожу так на поште [...] в больнице [...] да но бывает и часто вот всё равно и русская речь используется даже вот если в поле где-то тоже иногда говорят на русском потому что уже у нас появляется [...] много выходцев из сёл молдавских сёл вот и уже если общаются на русском но постепенно постепенно переходят обратно на (U., anonym.)-ский"[301] (Tanja, Auszug 2)

Es kann also ein „extensiver Ausbau" (Koch 2010:166) in Bereiche der eher formellen Kommunikation festgestellt werden. Dies scheint jedoch nicht mit „intensivem Ausbau" in bedeutendem Maße einherzugehen, da im Zweifelsfall das entsprechende Vokabular aus dem Russischen oder Rumänischen entlehnt wird. Insofern diese Praxis zwar üblich, aber nicht offiziell sanktioniert ist, können wir hier wohl auch nicht von einem Ausbau qua Entlehnung sprechen, sondern haben es mit einem Behelf, d.h. der Kombination intimer Register des Ukrainischen mit dem zum formellen Register gehörigen Vokabular aus dem Russischen zu tun.

---

301 Dt. „Naja ich sage dass bei uns jetzt auf den staatlichen Ämtern häufig Ukrainisch geredet wird [...] früher scheint mir durfte man das nicht ich weiß nicht also unter dem sowjetischen Regime eben aber man redete unter dem sowjetischen Regime Russisch [...] aber jetzt wird häufig Ukrainisch geredet [...] im Rathaus wenn ich auf die Post komme [...] im Krankenhaus [...] aber es kommt auch häufig vor dass das Russische genommen wird sogar wenn man irgendwo auf dem Feld manchmal redet man Russisch weil es bei uns viele Leute gibt die aus moldauischen Dörfern kommen aber wenn man auf Russisch spricht geht es allmählich allmählich wieder zurück auf U.-ski" (Anm.: In diesem Transkript fehlt die Pausenmarkierung.)

Zwar lernten alle Schüler*innen Russisch, aber diejenigen, die wenig außerhalb des Dorfes zu tun hatten, hatten wenige Redeanlässe und sprachliche Erfahrung, und so war auch in den Gesprächen mit mir deutliche Unterschiede darin zu merken, wie leicht verschiedenen Menschen das Code-Switching ins Russische fiel. Dem Schulpersonal, welches zumindest offiziell den Unterricht auf Russisch abhielt und somit in ständigem Kontakt mit dem Russischen stand, hatte dabei erwartungsgemäß wenige Schwierigkeiten.

Eine entscheidende Rolle spielt in den diglossischen Situationen das Russische für die schriftliche Kommunikation. Während skribale Praxen für die eigenen Zwecke sich sowohl der Ressourcen des Ukrainischen als auch der des Russischen bedienen (was im Detail nicht immer unterscheidbar ist), war in der formellen schriftlichen Kommunikation z.B. mit der Dorfverwaltung eher Russisch die Sprache der Wahl, da Leute unter 30 Jahren kaum über ausgebaute literate Strukturen des Ukrainischen verfügten, da der schulisch angeleitete Ukrainischunterricht erst seit 1990 (freiwillig) bzw. 1991 (als Pflichtfach) stattgefunden hat, aber natürlich auch damit, dass die Reichweite des Standardukrainischen auf raionaler und nationaler Ebene gering ist. D.h. die persönlichen und individuellen Ressourcen für den sprachlichen Ausbau fließen in das Russische, das hinsichtlich der Quantität von schriftlichen Kommunikationssituationen die höchste Reichweite hat, auch weil alle offiziellen Dokumente in Rumänisch oder Russisch sind.

Dafür, dass diese Diglossie-Situation die Erreichbarkeit literater Strukturen für Personen mit weniger ausgebauten Registern erschwert, ist eine Forschungsnotiz illustrativ: Bei einem gemeinsamen Ausflug in die Raionhauptstadt zur Wahl des neuen Oberhaupts der regionalen ukrainischen Gemeinschaft hatte Tanja für eine Freundin Medikamente gekauft, weil sie dort günstiger sind. Nach der Rückkehr saßen wir in U. gemeinsam in deren Garten, wo sie das Medikament auspackte, die Verpackungen begutachtete und sich verwundert zeigte, dass die Packungsbeilage nur auf Russisch verfasst sei (und nicht auf Ukrainisch), was ihr offensichtlich das Verständnis erschwerte (FTB II:1, 26.04.2012), obwohl sie selbst in der Schule nicht Ukrainisch lesen und schreiben gelernt hat.[302] Iolanda hingegen berichtete, dass sie insgesamt seltener um eine Übersetzung gebeten würde, als früher, da Packungsbeilagen auf Russisch häufiger geworden seien (siehe Iolanda/S16/T90 und 5.3.2.2).

---

302 Diese Situation kann auch Ausdruck eines geringen Registerbewusstseins sein. Möglicher Weise wäre es ihr ebenfalls schwer gefallen, die pharmazeutischen Angaben in Ukrainisch zu lesen.

Das Helsinkikomittee stellte bereits knapp zehn Jahre vor meinem Forschungsbesuch, als die literate Strukturen im Standardukrainischen noch deutlich weniger verbreitet waren, fest, dass ein beträchtlicher Anteil der Bevölkerung sich wünschen würde, formale Kommunikation z.B. mit den Behörden auf Ukrainisch zu erledigen, aber praktisch niemand in der Staatssprache. Auch dies weist darauf hin, dass das Russische als Kompromissvariante für formelle Register funktioniert. Das Rumänische hätte zwar auf nationaler *scale* eine hohe Reichweite, ist aber kaum zu erreichen. Ukrainisch wäre leichter erreichbar, hat aber im moldauischen Kontext eine geringe Reichweite.

Kirche und Medien

Die orthodoxe Kirche funktionierte 2003 auf Russisch, teilweise auf Ukrainisch. In den Gesprächen wurde die Dorfkirche als Institution kaum erwähnt. Bezüge auf Glauben oder Religion machten meine Gesprächspartner*innen nur vereinzelt (so schlussfolgerte z.B. Polina bei der Beschreibung ihrer Berufswahl, dass ihre Berufung zur Lehrerin ein Geschenk Gottes sei). Als Institution scheint die Kirche anders als in anderen Dörfern eine eher geringe Rolle zu spielen.

Zur Rolle von Medien stellte das Helsinkikomittee fest, dass kaum jemand ukrainische Presse lesen würde, dass aber fast alle im Dorf ukrainisches Fernsehen schauen würden. Dass kaum ukrainsche Presse gelesen wird, kann nicht ohne weiteres als Indikator für Lesekompetenzen im Ukrainischen gesehen werden, denn ich habe keinerlei Informationen darüber, ob überhaupt Zeitungen gelesen werden.[303] Ukrainische Programme sind (u.a. auf Grund der großen räumlichen Nähe) sehr gut zu empfangen und allseits beliebt. Die Ukrainischlehrerin Anastasia Dimitrovna (I1/S5/T29) erwähnte dies (ebenso wie Iolanda/S14/T74, siehe 5.3.2.1) auch explizit als „Kommunikatinossphäre" für Standardukrainisch:

„мы ловим украинские каналы вот один там где идёт именно государственный канал . потом интер один плюс один там многие (A: аха) передачи ведутся на украинском языке . многие фильмы идёт э идут в украинском переводе . и поэтому у нас ещё дополнительная сфера общения есть .".[304]

---

303 Das persönliche Zeitungsarchiv der Schulbibliothekarin Tanja umfasste v.a. russischsprachige Beiträge in der Lokalzeitung der Raionshauptstadt, die Schulbezug hatten. Ob die regelmäßig irgendwo ausliegt, oder nur zu bestimmten Anlässen (z.B. wenn man weiß, dass etwas über die Schule drinstehen wird) gekauft wurde, weiß ich nicht.

304 Dt. „wir empfangen ukrainische Kanäle also einer da wo genau der staatliche Kanal läuft (.) dann inter eins plus eins da gibt es viele [A: aha] Sendungen in ukrainischer Sprache (.) viele Filme läuft äh laufen mit ukrainischer Übersetzung (.) und deswegen

Diese positive Wahrnehmung der Rolle des Fernsehens steht auch im Gegensatz zu den andernorts artikulierten Sorgen über das niedrige sprachliche Niveau von Fernsehsendungen, die sich negativ auf die Ressourcen der Bevölkerung auswirken würden (z.B. Грек 2007).

Rumänischsprachige Programme (aus Moldova oder Rumänien) konnten mit einer Satellitenschüssel (über die fast alle verfügen) ebenfalls empfangen werden, wurden aber insgesamt wenig geschaut, was einerseits mit der sprachlichen Barriere zu tun haben kann, mehr noch aber damit, dass das ukrainische und russische Unterhaltungsfernsehen für spannender gehalten wird. Russisches Fernsehen und Kino sind auch unter rumänischsprachigen Moldauer*innen nachweislich beliebt und Grund für die gute Erreichbarkeit von Russischressourcen.

5.1.2.3 Reichweite des Ukrainischen und Perspektiven eines Ukrainischstudium

Mein Ausgangsinteresse für die Schule in U. als Arbeitsplatz begründete sich darin, dass ich nach beruflichen Perspektiven suchte, die sich in Moldova durch ausgebaute Ukrainischkenntnisse bzw. ein Ukrainischstudium ergeben. Im Kontext der Kommodifizierung von Arbeitskraft ist also die Reichweite des Ukrainischen auf dem Bildungs- und Arbeitsmarkt von besonderem Interesse.

Meine Gesprächspartner*innen setzten die Tatsache als selbstverständlich voraus, dass die Reichweite des Ukrainischen auf dem moldauischen Bildungsmarkt gering ist. Studium und Ausbildung in ukrainischer Sprache in Moldova sind nicht möglich; hierfür wird Russisch, oder besser noch Rumänisch gebraucht. Schüler*innen entschieden sich immer wieder für ein Studium oder eine Ausbildung in der Ukraine, jedoch wurde dies nur unter Vorbehalt als attraktive Option eingeschätzt. Die Bedenken im Jahr 2012 rührten (wie schon im Vorbereitungsegspräch 2011) in erster Linie daher, dass nach einem Studium in der Ukraine auch die weitere berufliche und persönliche Zukunft dort geplant werden müsse, da es nicht möglich sei, mit einem ukrainischen Diplom in Moldova Arbeit zu finden (z.B. Polina S40/218). Die Vizedirektorin (Auszug 2)

---

haben wir noch eine zusätzliche Kommunikationssphäre (.)" Hierdurch unterscheidet sich das Medienverhalten in U. von anderen minorisierten Sprecher*innen: das *Centrul Educaţional Pro Didactica* (2009:78) etwa kommt zum Schluss, dass die Schüler*innen nationaler Minderheiten kaum Fernsehprogramme in ihrer (vermeintlichen) Erstsprache konsumieren würden.

bestätigte diese Tatache ebenfalls, indem sie das als Zeichen der hohen Qualifikation ihrer Schüler*innen darstellte:

> „если они хорошие специалисты то естественно украина их не отпустит у нас только одно плохо что допустим украинский диплом . у нас не ценится [A: да . ыhə] понимаете он не ценится тут у нас поэтому если ребёнок идёт туда учиться он идёт с целью что он там планирует остаться"[305]

Gleichwohl werden diese Entscheidungen als kollektiver Erfolg der Schule oder des Dorfes gewertet, was sich in der possessiv gemeinten Formulierung *у нас* ausdrückt, die in allen Propositionen vorkommt, und dadurch eine Verbindung zwischen den Studierenden und der Schule herstellt (über die Schulzeit hinaus sind das immernoch „unsere Kinder", die in der Ukraine studieren). Eine extensive Einzelaufzählung der in der Ukraine studierenden Exschüler*innen schloss sie mit der Schlussfolgerung ab: wir haben Student*innen, auf die wir stolz sind (Vizedirektorin Auszug 3):

> „так что есть у нас студенты которыми мы гордимся . стали уже и врачи и учители у нас уже есть на украине и священники есть наши на украине [A: ыhə .] и . педагоги есть и экономисты и международные отношения и банкира . есть наши дети которые зная язык раскрыта им дорога"[306]

Es ist in all diesen Fällen aber nicht das Ukrainische selbst, was als entscheidende Qualifikation zum Karrierekriterium wird, sondern es ist das Medium, welches den Zugang zu Bildung ermöglicht.

Die Reichweite des Ukrainischen als Studienfach ist auch hinsichtlich der sich in Moldova ergebenden Berufsperspektiven gering, da es im Prinzip nur zum Lehrer*innen-Beruf führen könne. Der Bedarf an Ukrainischlehrer*innen ist jedoch in Anbetracht der recht geringen Zahl an Schulen, die Ukrainisch unterrichten, nicht sehr groß. Außerdem ist der Lehrer*innenberuf ökonomisch nicht

---

305 Dt. „Wenn sie gute Spezialisten sind lässt die Ukraine sie in der Tat nicht mehr zurück bei uns gibt es nur eine schlechte Sache dass sagen wir das ukrainische Diplom (.) bei uns nicht geschätzt wird [A: ja (.) əhə] verstehen Sie es wird hier nicht anerkannt deswegen wenn das Kind dahin geht um zu studieren geht es ganz dann plant es dazubleiben." Ich habe nicht überprüft, wie die Anerkennungspraxis aussieht.

306 Dt. „also wir haben Studenten auf die wir stolz sind. Sie sind schön Ärzte geworden und Lehrer haben wir in der Ukraine und Priester haben wir in der Ukraine [A: əhə (.)] und (.) Pädagogen gibt es und Ökonomen und internationale Beziehungen und Bankenwesen (.) es gibt Kinder von uns denen sich Wege eröffnet haben weil sie die Sprache können."

sehr attraktiv. Hiermit wurde mir auch immer wieder die Vergeschlechtlichung des Berufsstandes eklärt (ein Mann müsse die Familie ernähren und das gehe mit dem Job nicht).[307]

Die Anzahl der Schulen geht in Folge der sinkenden Schüler*innenzahlen und der damit verbundenen Kürzungen deutlich zurück: entsprechend der Studie des *Centrul Educaţional Pro Didactica* (2009:8f), die sich auf Zahlen der nationalen Statistikbehörde bezieht[308], gab es in den Jahren 2007/08 (von 1534 bzw. 1541 Schulen in der Republik Moldova insgesamt) eine einzige, die Ukrainisch als Unterrichtssprache hatte. In 50 der 284 Schulen mit Russisch als Unterrichtssprache wurde Ukrainisch als Fach unterrichtet. Zahlen aus dem Jahr 2012 bzw. 2015 liegen mir für Schulen mit Unterrichtsfach Ukrainisch nicht vor. Die Gesamtzahl der Schulen ist jedoch auf 1347 zurückgegangen.

*Tabelle: Entwicklung der Schüler*innenzahlen und Schulrückgang 2000–2015*[309]

Jahr	Anzahl der Institutionen	Gesamtzahl Schüler*innen
2000/01	1573	631.263
2002/03	1587	605.179
2005/06	1558	519.027
2007/08	1541	462.783
2009/10	1512	415.462
2011/12	1460	381.418
2014/15	1347	340.997

Genaue Zahlen, wie viele Stellen für Ukrainischlehrer*innen es in Moldova gibt, sind mir nicht bekannt. Laut *Centrul de Educaţie Pro Didactica* (2009:12) wurden in den Jahren 1993 bis 2008 insgesamt 154 Lehrpersonen für Ukrainisch ausgebildet.[310]

---

307 Laut Angaben des BNS lag im Schuljahr 2011 der Anteil der Frauen unter den Lehrer*innen im Bereich der Primar- und Sekundarstufe bei 84,3%. Dieser Anteil ist zwischen 2008 und 2015 kontinuierlich von 82% auf 85,2% gestiegen (BNS 3).
308 Ich selbst habe hier mit 1.541 anstelle von 1.534 Schulen für das Jahr 2007/08 leicht abweichende Zahlen gefunden (siehe Tabelle).
309 Quelle: BNS (4).
310 Dies sind deutlich weniger als für Bulgarisch und Gagauzisch, obwohl der Bevölkerungsanteil der Ukrainer*innen qua Nationalität weit größer ist.

Ein Ukrainisch-Studium in Moldova ist nur an der staatlichen Universität in Bălți möglich, der „nördlichen Hauptstadt" Moldovas, für den Bereich der Grundschulbildung gibt es Berufsschulen in einer nahelegenen Kreisstadt. Die slawische Uni in Chișinău bietet offiziell das Ukrainisch-Studium an, in der Praxis ist das Studium aber mangels Nachfrage nicht möglich. Ein Grund, der hierfür in Gesprächen angeführt wurde, war, dass sich aus den ukrainischsprachigen Dörfern ohnehin kaum jemand ein Studium in der Hauptstadt leisten könne.

Bei einem Gespräch mit dem Direktor der Uni in Bălți (selbst Philologe) und an den Lehrstühlen für romanische und slawische Philologie wurde mir berichtet, dass der Studiengang ernsthaft und dauerhaft bedroht sei, weil die Mindestanzahl Studierender (25) pro Jahr nicht erreicht wird. Im Jahr meines Besuchs gab es ganze sieben Anmeldungen. Den Darstellungen des Unidirektors Gheorghe Popa und der Mitglieder des Lehrstuhls zufolge ist es vor allem auf deren persönliches Engagement zurückzuführen, dass es den Studiengang immer noch gibt. Die Zusammenlegung der Studiengänge Russisch und Ukrainisch trotz damit einhergehender Konflikte am Lehrstuhl Slawistik ist eine Konsequenz hieraus. Die Unterstützung seitens ukrainischer Institutionen schien sich auf der Ebene der Symbolpolitik zu bewegen.[311]

Der Ausbau des Ukrainischen ist also in vielerlei Hinsicht mit einem Fragezeichen versehen. Der extensive Ausbau stößt an die Grenzen der Notwendigkeit, die Geschäftssprache(n) auszubauen, der intensive Ausbau vollzieht sich entsprechend langsam (und eher im Bereich der Kultur, nicht in der Administration, der Politik oder anderen Fachsprachen) und schließlich ist auch letzterer möglicher Weise perspektivisch gefährdet, wenn es mangels Ausbildungsmöglichkeiten eines Tages keine Ukrainischlehrer*innen mehr geben sollte. Der insgesamt geringe Bedarf an studierten Ukrainist*innen auf dem Arbeitsmarkt führt aber zu einer Unterbelegung des einzigen Studiengangs, der in Folge dessen wiederum gestrichen werden könnte.

5.1.2.4 Erreichbarkeit vs. Reichweite der Staatssprache

Rumänisch/Moldauisch spielt, wie es sich auch in den Einschätzungen des Helsinkikomittees (2003, Auszug 3) andeutet, in der Alltagspraxis kaum eine Rolle.

---

311 Der Unirektor berichtete von einem Besuch des ukrainischen Konsuls in Bălți, der sich ebenfalls für den Erhalt des Ukrainischen als Studienfach ausgesprochen hätte.

Dies ist gleichzeitig Ursache dafür und Konsequenz daraus, dass nur wenige Bewohner*innen über kommunikationstaugliche Ressourcen in der Staatssprache verfügen. Dies sind Personen aus der Generation, die in der Zwischenkriegszeit unter rumänischer Herrschaft die Schule besucht haben und diejenigen, die individuelle Interessen oder Gründe dafür haben, sich die Sprache anzueignen, wie es in den wenigen mehrsprachigen Familien der Fall ist, oder bei Jugendlichen, die Beziehungen und Freundschaften in Nachbardörfer pflegen. Eine Schülerin erzählte mir, dass sie bewusst einen Freund aus dem rumänischen Nachbardorf gesucht habe, um diese Ressourcen auszubauen. Auch die Ukrainischlehrerin Anastasia Dimitrovna berichtete von einer Schülerin, die mit einem Mädchen aus dem Nachbardorf befreundet sei und so ihr Rumänisch praktizieren könne (II/S30/275). Die Art und Weise der Erzählung zeigt aber, dass es sich dabei um Einzelfälle handelt.

Das Rumänische in U. zu lernen und zu praktizieren, erfordert besondere Strategien und Kreativität. Die Insellage bzw. die alltagssprachliche Einsprachigkeit im Dorf bedingen die schwere Erreichbarkeit des Rumänischen, wofür bei den Sprecher*innen ein sehr hohes Bewusstsein herrschte. Der Begriff der „среда общения" (dt. „kommunikative Umgebung") ist fester Bestandteil der Diskurse über die sprachlichen Verhältnisse in der Schule (siehe 5.1.4.4, Rumänischunterricht). Beispielhaft dafür kann der Auszug aus einem Artikel des ehemaligen Schuldirektors (2007, Auszug 1) zitiert werden:

> „Но существует ещё и множество проблем. При изучении государственного и иностранных языков не хватает практикии, среды общения нет вообще, не хватает элементарных словарей, не говоря уже о более современных технических средствах обучения и мечте любого языковеда – лингофонного кабинета."[312]

Insbesondere die Ukrainischlehrerin Anastasia Dimitrovna verwendete dieses Konzept in unseren Gesprächen immer wieder um Erreichbarkeit und Reichweite von sprachlichen Ressourcen zu charakterisieren (siehe 5.2.3.2).

Psychologische Barrieren ergeben sich auch in familiären Konstellationen, wie von der Russisch-Grundschullehrerin Tamara (Auszug 3)[313] beschrieben:

---

312 Dt. „Aber es gibt auch noch eine Menge Probleme. Beim Lernen der Staatssprache und der Fremdsprachen fehlt es an Praxis, es gibt überhaupt keine Kommunikationssphäre, es fehlt an Basiswörterbüchern, um nicht von moderneren technischen Lehrmittel zu sprechen und den Traum eines jeden beliebigen Linguisten – ein Sprachlabor."

313 Dieser Ausschnitt knüpft an Tamara Auszug 2 an, der in Kapitel „Die ukrainische Varietät U.ski" zitiert wurde.

„A: а молдавский сама знаете
T: понимаю разговаривать пробовала разговаривать начал муж смеяться и я забросила [A: ой] он начал переводить то что я говорю […] родители его говорят со мной на русском
A: (fragend) а да
T: да потому что я не чувствую что знаете как есть что-то такое [A: да:] не говорят они ничего вот за молдавский они только говорят что вот надо детей чтоб они знали молдавский
A: да: а они с детьми на молдавском
T: эй на русском (lacht) […] понимаете говорят иногда на молдавском с ними но они же не понимают ну – как то что учат в школе но всё равно как я говорю то что учат в школе [A: ыхы .] то тяжело и вот они хотят быстро да чтобы они поняли чтобы им ответили и начинают когда не понимают всё бах перешли на русский – и на русском – а так ничего потихоньку даст бог"[314]

Obwohl allen Beteiligten bewusst zu sein schien, dass es sowohl für Tamara als auch für ihre Kinder ein Vorteil sein könnte, mit dem Ehemann bzw. Vater und den Schwieger- bzw. Großeltern Rumänisch/Moldauisch zu reden, um ein kommunikatives Umfeld zu schaffen, das Ausbau ermöglicht, stehen dem eine Mischung aus Hemmungen, Abwertung und (gottergebener) Bequemlichkeit entgegen.[315] Dies könnte ein Beispiel für die Wirkmacht der „Gewohnheitssprache"[316] sein.

Auch wenn die Praxismöglichkeiten für das Moldauische im Dorf gering sind, ist die Staatssprache diejenige Ressource, der die größte Reichweite für eine

---

314 Dt. „A: und Moldauisch können Sie selbst
T: ich verstehe sprechen ich habe versucht zu sprechen hat mein Ehemann angefangen zu lachen und ich habe es wieder gelassen [A: ui] er fing an das zu übersetzen was ich sage […] seine Eltern reden mit mir Russisch
A: (fragend) ah ja
T: ja, weil ich nicht fühle dass wissen Sie wie es gibt sowas [A. jaaa] sie reden nichts also auch auf Moldauisch sie reden nur was die Kinder brauchen damit sie Moldauisch können
A: jaa und mit den Kinden reden sie Moldauisch
T: mit denen auf Russisch (lacht) […] verstehen Sie manchmal reden sie Moldauisch mit ihnen aber sie verstehen das nicht naja (-) irgendwie lernen sie schon was in der Schule aber trotzdem wie ich sage das was sie in der Schule lernen [A: əhə (.)] das ist schwer und sie wollen es schnell ja damit sie verstehen damit sie antworten und anfangen wenn sie nicht alles verstehen wechseln sie schon ins Russische (-) und auf Russisch (-) und so nicht schlimm so Gott will klappt es schon"
315 Die Beobachtung, dass das Rumänische als Sprache eines der Elternteile in mehrsprachigen Familien häufig nicht weitergegeben wird, macht auch Tofan (2007:223).
316 Siehe 3.4.2.2/Monolingualer Modus und Gewohnheitsmodus.

Normalbiographie unterstellt wird. In der Wortwahl der Vizedirektorin (Auszug 4, s.u.) spiegelt sich die auch im Begriff „Reichweite" angedeutete Bewegung ganz deutlich in der Formulierung „без молдавского языка без родного языка это никуда": nirgendswohin (kommst du ohne Moldauisch). Dieses Statement über die Staatssprache Moldovas wird mit einer Allgemeingültigkeit beanspruchenden These erklärt: „ohne Muttersprache" komme mensch nirgendwo hin. Es überrascht hier „без **родного** языка" (als nachgestellte Apposition zu „moldauische Sprache") zu lesen, weil damit in der Mehrheit der Zusammenhänge das Ukrainische gemeint war, aber in der Gesprächssituation war klar, dass es sich um eine synonyme Propositionsstruktur handelt und dass die Staatssprache gemeint ist. Die Wortwahl hat möglicher Weise mit dem ausgeprägten ethnisch konnotierten Nationsbezug zu tun: die Identität der Dorfbewohner*innen wird als Ukrainisch und Moldauisch konstruiert und wenn Sprache für Ethnizität zentral ist, müssen sie folglich auch Moldauisch können.

> A: а если большинство учится в молдове то есть они чаще всего на молдавском да
> B: есть русские группы есть русские группы но к большому сожалению они сокращаются [A: ыхы .] сокращаются быстрыми темпами если там есть допустим есть факультеты где вообще нет русских групп [A: ыхы .] допустим полицейская академия военная академия вообще нет русских групп [A: да] но наши ребята тянут они учатся на молдавском языке [A: ыхы .] учатся допустим если в медицинском сейчас говорили что очень много преподавания ведётся на молдавском языке и дети усваивают [A: ыхы] дети идут [A: ыхы .] способные они способные знают изучают общаются с этим проблем нет
> A: ыхы . значит наверное знание языков в селе сильно изменяются если например они сейчас более тоже знают молдавский язык потому что им надо
> B: они знают что сегодня без молдавского языка без родного языка это никуда [A: ыхы] потому что сегодня не знаешь языка для тебя закрыты многие дороги [A: да] многие дороги потому что если тут ещё в нашей среде в нашем селе ты можешь жить без молдавского языка то когда выходишь за пределы – а если ещё где-то устроиться на работу [A: ыхы .] то знание молдавского языка на се сегодня очень важно очень важно [A: да] поэтому у нас молдавский язык изучают в программе практически каждый день . язык литература язык литература каждый день . то есть у них есть возможности знать язык только ну моё это такое мнение если бы вот не было так сложно программа [A: ыхы] чтобы она была попроще для для обучения потому что они читают и переводят очень сложные тексты [A:a:] а если бы на уроках они учились элементарному общению[317]

---

317 Dt. „A: Und wenn die Mehrheit in Moldova studiert dann ist das meistens auf Moldauisch ja
B: es gibt russische Gruppen es gibt russische Gruppen aber zum großen Bedauern werden sie gekürzt [A: əhə (.)] werden sehr schnell gekürzt wenn da es gibt

In den Formulierungen der Interimsdirektorin werden sprachliche Ressourcen mit ihrer Reichweite in bestimmten Räumen bewertet: in der Proposition „в нашей среде в нашем селе ты можешь жить без молдавского языка то когда выходишь за пределы" stellt das Dorf eine Grenze dar, die ohne Staatssprache schwer zu überschreiten ist. Deutlich wird auch, dass die Lohnarbeit dafür letztlich das entscheidende Kriterium ist: um Arbeit zu finden, müsse Moldauisch sein. Dies wird sprachlich als die Steigerung des Nur-Verlassens-des-Dorfes gewertet „а если ещё".

Wichtigster Faktor sind dabei die weniger werdenden russischen Gruppen an den Universitäten. Russisch und Moldauisch werden in diesem Zuammenhang als bessere und schlechtere Alternative für ähnliche Funktionen konstruiert. Wie sich die Reichweite bestimmter sprachlicher Ressourcen darstellt, hängt von individuellen Lebensverläufen ab, die nur bedingt vorhersehbar sind. Für Ausbildungen in der Polizei, dem Militär oder der Medizin ist Rumänisch/Moldauisch unerlässlich. In anderen Bereichen kann auch auf Russisch studiert werden. Deutlich wird hier auch, dass die unterstellte Normalbiographie akademisch ist und in Moldova stattfindet. Im Falle der Migration kann die Reichweite des Russischen deutlich höher sein, als die des Rumänischen.

Fakultäten wo überhaupt keine russischen Gruppen sind [A: əhə (.)] z.B. die Polizeiakademie die Militärakademie da gibt's gar keine russischen Gruppen [A: ja] aber unsere Kinder machen sich sie studieren auf Moldauisch [A: əhə (.)] sie studieren z.B. Medizin eben haben wir gesagt dass da sehr viel Unterricht auf Moldauisch ist und die Kinder schaffen das [A: əhə (.)] die Kinder gehen hin [A: əhə (.)] sind fähig sie sind fähig sie wissen sie lernen kommunizieren damit gibt es kein Problem
A: əhə (.) das heißt wahrscheinlich dass die Sprachkenntnisse im Dorf sich stark verändern wenn sie z.B. jetzt auch viel Moldauisch können weil sie das brauchen
B: sie wissen dass man heute ohne Moldauisch ohne Muttersprache nirgendswohin [A: əhə (.)] weil heute wenn du die Sprache nicht kannst dir viele Wege verschlossen sind [A: ja] viele Wege weil wenn du hier in unserem Umfeld in unserem Dorf noch ohne Moldauisch kannst dann wenn du aus den Grenzen des Dorfs rausgehst (-) und wenn du noch irgendwo bei einer Arbeit unterkommen willst [A: əhə (.)] dann sind Kenntnisse des Moldauischen heute sehr wichtig sehr wichtig [A: ja] deswegen Moldauisch lernen sie bei uns im Programm praktisch jeden Tag (.) Sprache Literatur Sprache Literatur jeden Tag (.) das heißt sie haben die Möglichkeit die Sprache zu können nur meine das ist eine Meinung wenn nicht das Programm so schwer wäre [A: əhə (.)] dass es leichter zu zu lernen wäre dass sie so schwere Texte lesen und übersetzen [A: ah] und wenn sie in den Unterrichtsstunden elementare Kommunikation lernen würden."

5.1.2.5 Reichweite des Russischen

Die Funktion des Russischen als Sprache der interethnischen Kommunikation ist in der alltäglichen Praxis fest etabliert und übernahm im Kontakt mit mir auch die Funktion der Sprache der internationalen bzw. exolingualen Kommunikation. In der Mehrheit der Fälle wurde ich auf Russisch adressiert. Alle Menschen, mit denen ich Kontakt hatte, gingen mit Selbstverständlichkeit davon aus, dass ich kein Ukrainisch konnte. Englisch, Französisch oder Rumänisch/Moldauisch waren im ersten Kontakt ebenfalls keine Option und meine Gesprächspartner*innen waren insbesondere überrascht zu erfahren, dass ich letzteres konnte. Dafür wurden mir qua Herkunft sehr gute Englischkenntnisse unterstellt (siehe Iolanda/S25/T143 und 5.3.3.2).

Wenn ich in den Gesprächen die Lehrer*innen fragte, welche Funktion das Russische für sie habe, wurde häufig mit den Zukunftsperspektiven der Schüler*innen argumentiert. Für die Schüler*innen sei es das sprachliche Medium, in dem sie ihr Abitur erreichen könnten, da es formal eben diese Möglichkeit in Moldova gebe und die formellen Register, die dafür nötig seien, im Russischen deutlich leichter zu erreichen wären als im Rumänischen. Es wurde dann auch auf die russischen Gruppen an den Unis verwiesen (vgl. Vizedirektorin Auszug 4, s.o.). Gleichzeitig schien bei allen das Bewusstsein sehr stark ausgeprägt, dass die Bildungsmöglichkeiten auf Russisch abnehmen. Diesen Aspekt thematisiere ich im Abschnitt „Unterrichtssprache Russisch" (in 5.1.4.3) ausführlicher.

Da die meisten Einwohner*innen von U. kein Rumänisch sprachen, diente Russisch auch als Sprache der interethnischen Kommunikation in der Begegnung mit Moldauer*innen (z.B. bei Einkäufen in Geschäften in der Raionhauptstadt). Bisweilen geschah dies auch in Form der „rezeptiven Zweisprachigkeit" (siehe 4.3.5). Mit der Schulbibliothekarin Tanja fuhr ich an einem Tag mit dem Auto in die Raionhauptstadt, um die neuen Schulbücher bei der hierfür zuständigen „Methodistin" abzuholen, die dabei Rumänisch/Moldauisch sprach und Tanja Russisch. In dieser interaktiven Situation hatten beide Gesprächspartner*innen ein großes Wissen über den Kontext und die kommunikativ zu bewerkstelligende Handlung, die sie regelmäßig vollzogen und die außerdem durch Gestik und Bewegung (z.B. indem die Buch-Ausgeberin zum Schuppen, wo die Bücher lagerten, vorging und wir folgten) kommunikativ unterstützt wurden, funktionierte diese mehrsprachige Praxis einwandfrei. Tanja wäre zu diesem Zeitpunkt sicherlich überfordert gewesen, selbst Rumänisch/Moldauisch zu sprechen. Über das sprachliche Repertoire und die Sprachwahl-Motive der Methodistin war Tanja nicht im Bilde. Ihre Praxis bricht jedenfalls mit der ungeschriebenen Regel, dass bei unterschiedlichen Repertoires eher Russisch gesprochen wird. Tanja (Auszug 3) selbst erwähnte bei der Schilderung ihrer Interaktion mit der Methodistin den Vorteil der rezeptiven Zweisprachigkeit als Form von *exposure* für die Erreichbarkeit des Rumänischen/Moldauischen[318]:

> „у меня методист со мной с РОНО и она русский не знает или я не знаю но в общем мы с ней общаемся и она говорит мне на румынском я её переспрашиваю на русском и мы друг друга понимаем [A: ыхы .] но это тоже хорошо потому что я так больше смогу выучить быстрее смогу выучить молдавский язык"[319]

Das Gefühl, dass die Reichweite des Russischen in den letzten Jahren deutlich abgenommen hatte, war bei den Bewohner*innen von U. weit verbreitet. Besonders deutlich wird das, wenn es um die Studienmöglichkeiten der Kinder geht. Doch auch die Veränderungen der Beziehungen zur Russischen Föderation wurden als Grund für die Veränderung von Anwendungsbereichen im internationalen Kontext gesehen (siehe Polina/39/T210-212).

5.1.3 Das Lyzeum auf dem Arbeitsmarkt in U

Das Lyzeum von U. ist der sprachpolitische und kulturelle Mittelpunkt des Dorfes und als solcher für die Beschreibung der Artikulation der sprachlichen Verhältnisse in U. und die Kontextualisierung der Sprachbiographien zentral. Beispielhaft für letzteres steht der Kommentar Iolandas, der Englisch- und Französischlehrerin, als ich sie fragte, ob das Lyzeum ihr erster Arbeitsplatz gewesen sei: „куда ещё пойти в селе работать?" (Iolanda/S21/T112; dt. „wohin denn sonst im Dorf arbeiten?") Viele andere Akademiker*innenjobs gibt es im Dorf nicht.

Der Großteil der Bevölkerung von U. arbeitet in der Landwirtschaft, je nach Einkommen entweder als „Lider", d.h. als Großbauer*innen, die rund ums Jahr eine

---

318 Ein weiteres Beispiel dafür, dass rezeptive Mehrsprachigkeit zum Ausbau der Repertoires beitragen kann, ist die Sprachpraxis in Polinas Familie (siehe 5.4.3.3 und Polina/S14/T96-104).

319 Dt. „Meine Methodistin mit mir vom RONO (rajonnyj otdel narodnogo obrazovanija = Raions-Dezernat für Volksbildung) und sie kann kein Russisch oder ich weiß nicht aber im Allgemeinen reden wir und sie spricht mit mir Rumänisch und ich frage sie auf Russisch und wir verstehen uns gegenseitig [A: əhə (.)] und das ist auch gut weil ich so mehr lernen kann ich kann schneller Moldauisch lernen."

Brigade von festangestellten Lohnarbeiter*innen aus der Region beschäftigen[320] plus Saisonarbeiter*innen aus der gesamten Republik, oder auf dem eigenen Land, gegebenenfalls mit Hilfe von Saisonarbeiter*innen, oder selbst als Angestellte in einer Brigade. Fast alle Dorfbewohner*innen hatten zumindest ein kleines Stück eigenes Land[321], das für die Selbstversorgung diente, auch wenn sie noch anderen Lohnarbeitsjobs nachging. Bei der Arbeit auf dem Feld ist Ukrainisch die Umgangssprache, in mehrsprachigen Situationen (mit Saisonarbeiter*innen aus anderen Regionen oder beim Handel) diente Russisch als Verkehrssprache.

Für alle diejenigen Leute, die außerdem einer (anderen) Lohnarbeit nachgehen, stellt die Landwirtschaft eine Doppelbelastung dar. Doch auch für die Lehrerinnen ist die parallele Landarbeit unerlässlich, weil der geringe Lohn alleine die Familie nicht versorgen kann, wie auch das Helsinkikomitee bemerkte (siehe auch Iolanda/T90). Rumänischlehrerin Polina (deren Familie kein eigenes Land bestellte) sah darin, dass auch die Kinder in der Erntezeit selbstverständlich auf dem Land mithelfen müssen, einen wesentlichen Grund, dass es auf dem Land eine größere Herausforderung ist, schulische Erfolge zu erzielen (siehe 5.4.3.3 und Polina/S11/T76/XXII-IX).

Produzierende Betriebe außerhalb der Landwirtschaft gab es im Ort nicht. Die Arbeitsstellen im Dorf, die nicht mit Feldarbeit zusammenhängen, lassen sich aufzählen: in der Mühle, in der Post, in zwei bis drei Lebensmittelläden, einer Bar, an der Tankstelle, bei der Straßenmeisterei, als administrative Angestellte oder Wachpersonal im Rathaus und als Bibliothekarin oder Hausmeister im Kulturhaus.

---

320 Iolanda berichtete im Interview, dass ihr Mann und sie sich von einem Großteil des Landes, das sie früher von anderen zur Bestellung gepachtet haben, getrennt haben, weil sich das dauerhafte Anstellen von Personal erst bei landwirtschaftlicher Fläche ab 500 Hektar lohnen würde.

321 In wirtschaftswissenschaftlichen Publikationen wird dies v.a. als „Fragmentierung" der Landwirtschaft problematisiert (Gorton/White 2003; Cimpoieș/Lerman/Racul 2009). Die Privatisierung des Landes erfolgte grötenteils im umstrittenen Nationalen Landprogramm (Programul Național „Pamînt") der Jahre 1998–2000 unter einer Mitte-Rechts-Regierung (Präsidentschaft Lucinschi). Das neoliberal orientierte Programm wurde mit wesentlicher Unterstützung der Weltbank und der US-Entwicklungsorganisation USAID verfasst (Gorton/White 2003:308). Die ersten legislativen Schritte waren jedoch bereits 1992 erfolgt, so dass privater Grundbesitz seitdem möglich war. Die Umsetzung war jedoch „chaotisch" (Muravschi 2002) und erfolgt nicht flächendeckend. Bei der Auflösung der Sovchosen und Kolchosen wurden die kollektiven Ländereien privatisiert und jede Person, die zu dem Zeitpunkt in der Kolchose des Dorfes U. beschäftigt war, erhielt 40 Ar (russisch: соток).

Das Pendeln in umliegende (größere) Ortschaften ist nur für wenige Dorfbewohner*innen eine Option, da die Jobsituation hier nicht viel anders aussieht. Eine Ausnahme stellte der Ehemann der Rumänischlehrerin Polina dar, der als Arzt beim Rettungsdient arbeitete, der in einer der nächstgrößeren Orte angesiedelt ist. Perspektiven in der Region bieten der Militärdienst im „Grenzschutz" wegen der nahegelegenen Staatsgrenzen und der Zoll. Wegen der schlechten öffentlichen Verkehrsanbindung ist tägliches Pendeln aber fast nur im eigenen Auto möglich. Dies ist auch ein verstärkender Faktor der vergeschlechtlichten Arbeitsteilung, da Autos nur selten von Frauen gefahren wurden.

5.1.3.1 *Das Lyzeum als Arbeitsplatz*

Höherqualifizierte Jobs bietet im Dorf U. die Poliklinik, der Kindergarten und eben das Lyzeum. Trotz der schlechten, aber immerhin regelmäßigen[322], Bezahlung (die als Hauptgrund für die weibliche Genderung dieses Berufsfeldes genannt wurde), gelten jene (zumindest für Frauen) als vergleichsweise attraktiv. Der Einschätzung der Rumänischlehrerin Polina (S40/212) zufolge sind die Staatsangestellten die einzigen, die noch im Dorf (und nicht emigriert) sind.

---

[322] Dies war keineswegs immer so. Insbesondere in den ersten Jahren nach der Unabhängigkeit, in den schwierigen 90er Jahren, wurden Gehälter häufig nicht gezahlt. Dies benannte etwa Tamara (Auszug 5) als Grund dafür, dass sie mit ihrem Ehemann nach Frankreich gegangen ist: „ […] зарплаты у нас маленькие были (-) а потом уже начали зарплату не зарплату давать а давать так (-) я знаю (-) месяц зарплату а потом давали нам продукцию (-) тяжело стало и я взяла (-) нам разрешается (--) взяла отпуск [A: ыхы (.)] за свой счет и мы уехали во францию там у него брат (-) у мужа работал [A: a:] и он нашел работу и мы поехали туда [A: ыхы (.)] и вот заработали ещё денег так чтобы нам (-) как говорят (-) дом закончить хотя бы и на чуть-чуть и приехали и тут уже начиналось стабильное время (--) уже знаете уже [A: ыхы (.)] зарплату нам ежемесячно давали без задержек [A: ыхы (.)]" (dt. „unsere Gehälter waren klein (-) und danach fingen sie sogar an das Gehalt das Gehalt nicht zu zahlen (-) ich weiß nicht (-) einen Monat Gehalt und danach gaben sie uns Naturalien (-) es war schwer und ich nahm (-) das ist uns erlaubt (---) ich nahm Urlaub [A: əhə (.)] unbezahlten und wir gingen nach Frankreich da hat er seinen Bruder (-) vom Ehemann gearbeitet [A: a:] und er fand Arbeit und wir gingen dahin [A: əhə (.)] und so verdienten wir noch Geld um (-) wie man sagt (-) das Haus fertigzubauen und um ein bisschen und wir kamen hierher und es begann eine stabile Zeit (--) schon wissen sie (-) [A: əhə (.)] das Gehalt wurde dann gezahlt monatlich ohne Verzögerung.")

Diese Jobs sind von der reinen Anzahl her begrenzt; so schilderte etwa die Schulbibliothekarin das Dilemma, dass sie zwar unbedingt als Bibliothekarin arbeiten wollte, es aber nur zwei (besetzte) Posten als Bibliothekarin im Dorf gab.

Es gab 2011/12 39 Lehrer*innen an der Schule, die auch alle *Spezialisti* sind, d.h. ihr Fach studiert haben. Anders als etwa in der BRD studieren und unterrichten Lehrer*innen in Moldova in der Regel nur ein Fach (eine Ausnahme bilden die Fremdsprachen). Gerade im Bereich der Sprachen gibt es aber jeweils mehrere Lehrerinnen pro Fach, ebenso wie für einige andere viel unterrichtete Fächer (z.B. Biologie). Für das Personalmanagement problematisch sind die Fächer Musik und Kunst, weil der Gesamtbedarf hier bei nur jeweils fünf Unterrichtsstunden pro Woche liegt, weshalb es schwierig ist, hierfür extra jemanden einzustellen. Aus dieser Not wurde seit dem Schuljahr 2014/15 eine Tugend gemacht, indem der Musikunterricht von einer der musikalisch ausgebildeten Rumänischlehrerin in rumänischer/moldauischer Sprache durchgeführt wurde, wodurch sich zudem Erfolge beim Ausbau der Staatssprache erhofft wurde. Das Durchschnittsalter der Lehrer*innen lag im Schuljahr 2011/12 bei relativ jungen 38 Jahren. Die Belegschaft war konstant, was von der Interimsdirektorin damit begründet wurde, dass fast alle im Dorf wohnten (ergo wenig andere Möglichkeiten hatten).

Die Attraktivität des Lehrer*innenjobs trotz geringer Bezahlung ergab sich jedoch keineswegs ausschließlich aus Alternativlosigkeit. Lehrer*in ist in U. ein sehr respektierter Beruf, erklärte mir die Ukrainischlehrerin Anastasia Dimitrovna (I2/S39/471-473), als sie über die Motive einiger weniger männlicher Lehrer sprach, auch über die Pension hinaus in der Schule zu arbeiten.

Zur Illustration beschrieb sie zunächst den Abschlussball der Schulabgänger*innen als Schlüsselsituation, in der den Lehrer*innen besondere Aufmerksamkeit zu Teil wird („du gehst raus, du bist ja Lehrerin, alle schauen dich an"). Ein ähnliches Bild beschrieb auch die Rumänischlehrerin Polina (S8/T56) in Bezug auf den 1. September, den ersten Schultag nach den Ferien.

Als Indikator für Respekt führte Anastasia Dimitrovna außerdem zweitens die Tatsache an, dass die Lehrer*innen als einzige im Dorf mit Vor- und Vatersnamen angesprochen werden (ich habe deswegen als Synonyme ebenfalls Vor- und Vatersname gewählt). Diese Anrede ist eine im Russischen „normneutrale höfliche Anredeform" (Zakharine 2005:619), die auch zu sowjetischen Zeiten praktiziert wurde. In der Ukraine bzw. im Ukrainischen gibt es diese Praxis[323], sie ist aber nicht die Norm. Anastasia Dimitrovna (II/S39/483) erwähnt die Form

---

323 Siehe Government of the United Kingdom (2006:29).

„Pani" als höfliche Anrede im Kontakt mit Ukrainer*innen: „если приезжают у нас делегации с . с украины то они пани вот пани (Anastasia, anonym.) там пани (Tatiana, anonym.) вот . это вот тоже знак уважения."[324]

Die Frage nach den beruflichen Möglichkeiten im Dorf ist nicht trivial, da bei sehr vielen meiner Gesprächspartnerinnen die Bindung an das Dorf und der Wunsch hierzubleiben, zu leben und folglich nach Möglichkeit auch in der Nähe zu arbeiten, sehr groß ist. So erzählte die Ukrainischlehrerin Anastasia Dimitrovna, dass sie nach ihrem Studium in der Ukraine unbedingt wieder nach U. wollte: „я просто люблю свою школу и своё село" (I2/S11/T101, dt. „Ich liebe einfach meine Schule und mein Dorf."). Auf meine Frage, ob viele der Schüler*innen nach dem Studium zurück ins Dorf kämen, sagte die Interimsdirektorin (Auszug 1), dass das eigentlich nur diejenigen täten, die dann an der Schule arbeiten würden.

> „ну возвращаются в основном те кто учится на учителей те в школу возвращаются а те остальные стараются найти себе работу по профессии но конечно в село не очень-то возвращаются потому что хочется немножко другой жизни немножко городской жизни поэтому возвращаются один два может [A: ыхы .] а так в основном все остаются либо в городах ну некоторые выехали за рубеж во францию [A: ыхы .] в италию – ну вот такая ситуация что допустим работы по специальности нет поэтому они выехали за рубеж [A: ыхы .] там поработать в париже в италии там их привлекает крупные города привлекают их . вот такая ситуация"[325]

Die Bindung vieler Bewohner*innen an das Dorf inklusive dem Wunsch, etwas zu seiner Prosperität beizusteuern, kontrastiert mit den sich hier bietenden beruflichen Perspektiven. Die Hürden, die mit einem Studium in einer anderen Stadt und einer anderen Sprache verbunden sind, wirken exklusiv.

---

324 Dt. „Wenn zu uns eine Delegation aus der Ukraine kommt dann nennen sie uns Pani (Anastasia, anonym.) oder Pani (Tatiana, anonym.) so (.) das ist auch ein Zeichen des Respekts."

325 Dt. „naja es kommen vor allem die zurück die Lehramt studieren die die in die Schule kommen zurück aber die anderen bemühen sich eine Arbeit entsprechend ihrem Studium zu finden aber natürlich kommen sie nicht unbedingt ins Dorf zurück weil man ein bisschen anderes Leben führen will ein bisschen Stadtleben deswegen kommen vielleicht ein zwei zurück [A: əhə (.)] aber sonst im Grunde bleiben alle entweder in den Städten naja manche sind ins Ausland gegangen nach Frankreich [A: əhə (.)] nach Italien (-) naja so ist die Situation dass sagen wir qualifizierte Arbeit gibt es nicht deswegen sind sie ins Ausland gegangen [A: əhə (.)] um da zu arbeiten in Paris in Italien da locken die großen Städte sie (.) so ist die Situation."

5.1.3.2 Migration

Trotz einer starken Identifikation der Lehrer*innen mit dem Dorf, ist hier, wie auch in anderen Orten Moldovas Migration eine Option, mit der jede*r sich zumindest auseinandersetzt. Eigene Arbeitserfahrungen und -pläne im Ausland oder die Verbindungen zu Familienmitgliedern, die dort arbeiten, wurden in fast allen Interviews thematisiert, obwohl nur zwei meiner Gesprächspartner*innen (die Russisch-Grundschullehrerin Tamara und die Sekretärin Elena Ivanovna) selbst zum Arbeiten in Frankreich gewesen waren.

Für Schulabgänger*innen geht es dabei zunächst (auch) um die interne Migration – für eine Ausbildung oder ein Studium müssen ohnehin praktisch alle zumindest vorübergehend das Dorf verlassen und an eines der Berufskolleg in den umliegenden Kleinstädten oder an die Universitäten nach Bălți oder Chișinău, zur Polizei- oder Militärakademie nach Chișinău oder an eine russische oder ukrainische Universität. Unabhängig vom Grad der Ausbildung stellt sich für die allermeisten Dorfbewohner*innen auf Grund der ökonomisch schwierigen Situation die Frage, ob sie in einem anderen Land, *за рубежом*, Möglichkeiten des Geldverdienens finden. Dies sind dann entweder die großen russischen Metropolen Moskau und St. Petersburg, während die westeuropäische Hauptdestination Paris ist (siehe 4.3.6). Letzteres zeigt auch, dass sprachliche Voraussetzung nur eine von sehr vielen Überlegungen ist, die bei einer solchen Entscheidung eine Rolle spielen: vom Ukrainischen und Russischen aus ist das Französische nicht leicht zu erreichen, vorherige Kenntnisse sind bei den wenigsten vorhanden, die sich entschließen, nach Paris zu ziehen. Der vorrangige Beschäftigungssektor hier ist (vor allem für Frauen) Care-Work. So fragte ich einmal abends beim Besuch einer Freundin Tanjas aus Paris, als sie von der Arbeit berichtete, was denn genau ihr Job sei und sie antwortete mir: „Naja, ich mache das, was alle tun (und, nach einer kurzen Pause) – ich arbeite im Haushalt, räume auf, putze, passe auf Kinder auf." Die Französischlehrerin Elizaveta Alexandrovna beschrieb die Arbeitsfelder so: „а тут ухаживают за стариками за детьми на строительных работах во франции."[326]

Da die Migrationsentscheidung meistens mit persönlichen Verbindungen zu tun hat, gibt es die deutlich Tendenz der Bewohner*innen eines Dorfes in der gleichen Stadt einen Job zu suchen (im Falles U.s ist das Paris):

„вот у нас в (Dorf M./Lokativ, anonym.) тоже очень многие во францию едут [A: а: а] у нас же как вот (Dorf M., anonym.)(Dorf U., anonym.)(Name des großen mld. Nachbardorfs im Osten, anonym.) все на францию [A: ыхы .] а потом дальше

---

326 Dt. „Da pflegen sie Alte und Kinder und bei Bauarbeiten in Frankreich."

чуть села у нас там (Name zweier Nachbardörfer im Süden, anonym.) там больше на италию [A: aha] жить да да да в палермо в россию уезжают"³²⁷ (Tamara, Auzug 8)

Nur wenige Leute aus U. würden auch nach Italien gehen, obwohl das als finanziell einträglicher gilt, da hier die Moldauer*innen oft in den Familien leben würden, in denen sie auch arbeiten, während in Paris auch noch eine Wohnung finanziert werden müsste. Die Entwicklung des Migrationstrends wurde so beschrieben, dass die Bewohner*innen von U. seit zehn bis 15 Jahren weggehen würden, während insbesondere im großen moldauischen Nachbardorf östlich von U. dieser Trend früher eingesetzt hätte. Kenntnisse in den für diese Arbeit und den Alltag notwendigen Sprachen haben die wenigsten im Vorhinein, sondern eignen sich diese so gut es geht in der Submersion an.

Dem Französischunterricht in der Schule wurde trotz dieser engen Verflechtungen der Familien und ihrer Berufsbiographien mit Paris keine größere Bedeutung beigemessen (siehe Weirich 2016a). Die um Zukunftsperspektiven der Kinder bemühte Schule klammerte die Arbeitsmigration aber als vorbereitenswert systematisch aus, da sie nicht als wünschenswerte Perspektive galt. Die Schule wird als ein Ort der Erreichbarkeit von Englischressourcen genutzt, welche mit der Hoffnung konnotiert sind, sich insgesamt bessere Karriereaussichten im Inland zu erarbeiten (siehe 5.1.4.4). Dies lässt sich bei Betrachtung der ambivalenten Diskurse über Migration besser verstehen. Ausschlaggebend für die Entscheidung ist eine ökonomische Notwendigkeit. Häufig geht es dabei um die Frage, wo bzw. wie den eigenen Kindern die bessere Zukunft ermöglicht werden könne. Einen wichtigen Platz hatte in den Diskursen aber auch das Motiv der Reiselust und der Neugier auf andere Orte (zumal gerade die norditalienischen Städte und Paris als touristische „Traum"-Ziele konnotiert sind). Diese Aspekte haben für die Betroffenen selbst eine wichtige Funktion, um einer Situation, die mit vielen Entbehrungen und Zumutungen einhergeht, auch Positives abzugewinnen. Gleichzeitig ist die so gewonnene Weltläufigkeit auch ein Quell von Anerkennung seitens der „in U. gebliebenen".

Über die Migrierten wird häufig mit Respekt und Bewunderung gesprochen. Wenn Leute es geschafft haben, im Ausland einen ertragreichen Job zu finden und sich dies z.B. durch Investitionen in U. sichtbar materialisiert, wird dies

---

327 Dt. „also bei uns in (Dorf M., anonym.) gehen auch sehr viele nach Frankreich [A: a:] bei uns ist das so (Dorf M., anonym.) (Dorf U., anonym.) (Dorf C., anonym.) alle nach Frankreich [A: əhə (.)] und dann ein bisschen weiter sind die Dörfer (Namen, anonym.) da gehen sie eher nach Italien [A: aha] zum leben ja ja ja nach Palermo nach Russland gehen sie"

als individueller Erfolg thematisiert. Gleichzeitig ist hinter vorgehaltener Hand häufig Unmut über diejenigen zu hören, die sich nun „für etwas Besseres hielten" und mit materiellen Gütern oder Weltläufigkeit protzen oder sich gegenüber den „Zurückgebliebenen" herablassend verhalten. Rekurrent ist auch ein wertender Diskurs, wo individuelle Migrationsentscheidungen anderer kritisiert oder sogar verurteilt werden: als verantwortungslos den Hinterbliebenen gegenüber, als gierig oder als treulos gegenüber dem Dorf. Letzteres hängt wiederum damit zusammen, dass in der Gesamtheit eine große Zahl von Emigrierenden als schlechtes Zeichen für den Zustand des Dorfes und der dortigen Lebensqualität gesehen wird (siehe Weirich 2016a:254).

Ein Beispiel dafür ist die lokale Presseberichterstattung über den Wahlkampf 2008, in dem sich die kommunistische Partei zum Thema Migration positionierte. Aus Sicht der Partei wird im Zeitungsartikel die Migration als Schande für das Land (das nicht in der Lage ist, seien eigenen Leuten vernünftige Lebensverhältnisse zu bieten) dargestellt. Folglch sei es Aufgabe, vor Ort solche Lebensbedingungen zu schaffen, dass die Leute nicht mehr emigrieren müssen:

> „главным является создание в селе нормальных условий для жизни и работы сельчан, чтобы люди не искали счастья в дальних краях, а хорошо жили у себя на родине."[328]

Wiederum im Zusammenhang hiermit steht der Rechtfertigungsdiskurs derjenigen, die dennoch migrieren. Dieser ist auch wichtig im Zusammenhang mit Demütigung und Stigmatisierung, die moldauische Arbeitsmigrant*innen in Moldova, v.a. aber auch an den Orten der Migration erfahren. Im Gespräch mit der Rumänischlehrerin Polina (S40/T222) ist erkennbar, dass die Migration und die Arbeitsverhältnisse, in denen sich die allermeisten wiederfinden, als unwürdig empfunden werden. Die Darstellung dessen als Ungerechtigkeit, deren Ursache in Wahrheit die Tugend der Moldauer (ihr Fleiß) bzw. die Untugend der Russ*innen (deren Faulheit) sei, ist eine Variante des Umgangs damit. Sie stellt gleichzeitig die Umkehr des russischen Diskurses dar, der sich u.a. in Witzen über die Moldauer mockiert, als deren einzige Eigenschaften Dummheit und das Handwerk als obligatorischer Beruf konstruiert werden.

---

328 Dt. „das wichtigste ist, im Dorf ausreichende Lebens- und Arbeitsbedingungen für die Bevölkerung zu schaffen, damit die Leute ihr Glück nicht in der Ferne suchen, sondern in ihrer Heimat gut leben.

„îs foarte mulți plecați la muncă . și ei acolo lucrează . cu jumătate de preț . ceea ce lucrează rușii . fiind că rușii sînt . ăm . oameni foarte leneși . [A: îhî .] vă spun cinstit că iată toată munca cea . cea mai grea o îndeplinesc moldovenii noștri"[329]

Zur Frage, wie sich diese Migrationsbewegungen auf die sprachlichen Verhältnisse und sprachlichen Biographien auswirken gibt es bisher so gut wie keine sprachwissenschaftliche Forschung. Welche Sprachpraxen und Ausbaustrategien im Zusammenhang mit der Migration von Bedeutung sind, wäre zunächst aus Sicht der jeweils einzelnen Sprachbiographien und sprachlichen Repertoires zu klären. So berichtete eine ehemalige Grundschullehrerin und Freundin von Tanja, die in Paris lebte, aber gerade in U. zu Besuch war, dass sie in Paris zu vielen Leuten aus U. Kontakt habe und deswegen auch regelmäßig in der ukrainischen Varietät des Dorfes U. sprechen würde.[330] Darüber hinaus entstehen aber in Paris auf engem Ort auch Verbindungen zu anderen Moldauer*innen, die nicht aus U. sind und hierdurch sind andere sprachliche Ressourcen gefragt. Durch die Rückkehr von Transmigrant*innen und ihrer restrukturierten sprachlichen Repertoies nach U. verändern sich aber auch die dortigen sprachlichen Verhältnisse.

5.1.4 Das Lyzuem als sprachpolitischer Akteur

Unterrichtssprache und unterrichtete Sprachen spiegeln die doppelte sprachliche Minorisierung der Dorfbevölkerung wider und reproduzieren sie: die Schüler*innen werden hier weder in der Staatssprache unterrichtet, noch in ihrer Erstsprache, der minorisierten Sprache Ukrainisch, sondern in einer dritten Sprache, dem Russischen, welches als Sprache der interethnischen Kommunikation und damit im moldauischen Kontext aus Sicht der Lehrer*innen als zweitbeste Alternative funktioniert. Die Haltung zu den unterschiedlichen Sprachen

---

329 Dt. „sehr viele sind zum arbeiten gegangen (.) und sie arbeiten da (.) für die Hälfte des Preises (.) für den die Russen arbeiten (.) denn die Russen sind (.) äm (.) sehr faule Leute (.) [A: əhə (.)] sage ich ihnen ganz ehrlich dass all diese Arbeit die (.) die allerschwerste erledigen unsere Moldauer"

330 FTB II:3 (26.04.2012): "Bei Rückkehr [Name der ehemaligen Lehrerin, anonym.] auf der Terrasse mit [Tanja, anonym.]- die hatte auch zuvor schonmal geklopft, als [Tanja] noch bei ihrer Schwester Kartoffelnsähen war; die wohnt seit zweieinhalb Jahren mit der ganzen Familie in Paris – nur Mutter und Freunde noch in [U., anonym.]; aber ihr Bruder ist auch in Paris und viele Leute aus [U., anonym], mit denen sie dort auch im [U., anonym.]-Dialekt redet; war selber 16 Jahre lang Lehrerin für Начальники; versteht und schreibt Mld, hat in Chișinău gelebt, wo ihre Söhne auch zur Schule gegangen sind"

kontrastiert eine „instrumentelle" (Wee 2008:32) Bedeutung im Falle des Russischen mit einer kulturell-identitären im Falle des Ukrainischen, während die Notwendigkeit des Rumänischen/Moldauischen durch den Staatsbürgerschafts-Diskurs als Selbstverständlichkeit behandelt wird, auch wenn es an der Erreichbarkeit hapert. Hinsichtlich des Ukrainischen ist bemerkenswert, dass die Schule zur Verbreitung einer Norm beiträgt, die außerhalb der Schule im Dorf kaum eine Rolle spielt und dadurch auch zur Veränderung der sprachlichen Verhältnisse beiträgt.

5.1.4.1 Demographischer Wandel und Optimisazija

Ein Dauerthema am Lyzeum ist die „Optimisazija" genannte Plan des Bildungsministeriums von Juli 2011[331], die zur Schließung und Zusammenlegung von Schulen in der ganzen Republik führte, wenn eine Schüler*innenzahl von 25 pro Klasse unterschritten wird (und für ein Lyzeum wird Zweizügigkeit erwartet, die in U. seit mehreren Jahren nicht mehr gegeben war (siehe hierzu auch Anastasia Dimitrovna I1/S2). Seit unserem ersten Besuch im Jahre 2011 war die Sorge groß, dass die Oberstufe (Klasse 10–12) geschlossen und das Lyzeum in ein Gymnasium (9 Jahre) umgewandelt würde. Für die Schüler*innen würde dadurch das Erreichen des Abiturs erschwert, weil in der Oberstufe dann ein Schulwechsel nötig würde, der notwendig mit einem Weg ins Nachbardorf verbunden wäre; mehr noch aber, weil diese Oberstufen alle rumänischsprachig sind. Das nächstgelegene russischsprachige Lyzeum ist in der Raionshauptstadt. Nicht thematisiert wurde, dass das zumindest in Einzelfällen auch eine Chance auf Aneignung des Rumänischen darstellen könnte. Bislang betrafen die Kürzungen aber nur die Garderobe und die Stelle der Schulbibliothekarin, die auf eine halbe reduziert wurde.

Das Bevölkerungswachstum geht v.a. wegen der Emigration langsam, aber stetig zurück. Das Helsinkikomittee (2003) dokumentierte für die Jahre 2001 und 2002 einen Rückgang um jeweils 24 bzw. 20 Personen (bei einer Gesamtbevölkerung von knapp 2900), bei ca. 40 Geburten (was ca. zwei Klassen entspricht) und 60-70 Todesfällen.

---

331 Laut Арфьев (2012:67) war vorgesehen, bis 2013 über 1000 Klassen und fast 400 Schulen zu schließen. In den russischsprachigen Medienbeiträgen zur Verabschiedung dieses Plans wurde befürchtet, dass dies inbesondere die russischsprachigen Schulen treffen würde. Dazu, wie weit der Plan umgesetzt wurde, liegen mir keine Informationen vor.

Tabelle: Entwicklung Schüler*innenzahlen in U.

Jahr	Zahl	Quelle
2003	468 (davon 452 ukrainisch)	Helsinkikomittee (2003)
2011/12	345 (davon 20 aus Nachbardörfern)	Interimsdirektorin im April 2012
2015	258	Internetquelle

In Klassen mit 25 oder mehr Schüler*innen werden im Sprachunterricht (Ukrainisch, Rumänisch, Französisch und Englisch) die Klassen in zwei Gruppen geteilt. Durch die geringere Klassenstärke der letzten Jahre mit jeweils knapp 20 Schüler*innen kann dieses Prinzip der Teilung der Gruppen im Sprachunterricht nicht mehr überall aufrecht erhalten werden, wodurch diese Gruppen deutlich größer sind und außerdem Unterrichtsstunden (und dadurch letztlich Arbeitsplätze) reduziert werden.[332] Die Englisch- und Französischlehrerin Iolanda (S1/T8), die selbst u.a. aus diesem Grund nur noch Englisch unterrichtete, berichtete, dass sich dies in Kombination mit dem anspruchsvollen Kurrikulum spürbar negativ auf die Praxismöglichkeit jeder/-s Schülers/-in auswirke. So wie es für Iolanda schwieriger wird, im Unterricht alle Kinder zu erreichen, erschwert sich die Erreichbarkeit der Ressourcen für die Kinder.

5.1.4.2 Sprachpolitische Akteur*innen & Personalstruktur

Das *Licuel Teoretic* ist für das Dorfleben, wie auch für die sprachlichen Verhältnisse im Dorf, in vielerlei Hinsicht prägend. Vorführungen aller Art spielen im Schulleben eine große Rolle. Gleichzeitig ist die Schule für die Organisation der wichtigsten kulturellen Ereignisse im Dorf zuständig. An denjenigen, die vom Bürgermeister bzw. der Dorfverwaltung organisiert werden, wie der Tag des/der Schutzheiligen (Xram) oder am 9. Mai, dem Tag des Sieges, beteiligt sich die Schule durch die wichtigsten Programmbeiträge. Im Kurrikulum sind diese Aktivitäten als „внеклассная работа" (dt. „außerkurrikulare Aktivitäten") fest vorgesehen (siehe 5.1.4.5). Hierdurch ist die Schule gleichzeitig der wichtigste kulturpolitische Akteur im Dorf und die jeweils spezielle Inszenierung von lokaler Identität und Diskursen über Ethnie, Nationalität und Sprache sind für Diskurse und Repräsentationen hiervon im Dorf prägend.

---

332 Vgl. Centrul Educațional Pro Didactica (2009:25): durch die strenge Handhabung der 25-Personen-Regelung gebe es häufig Gruppen mit 23 bis 24 Personen.

So hob auch das Helsinki-Komitee (Auszug 4) die Bedeutung der Schule für die ukrainische Kultur hervor:

> „Сельская школа является центром украинской культуры и местные жители, поддерживаеме примаром и местными властями, стремятся к осуществлении последующих шагов в развитии украинского самосознания, более широкому использовании украинского языка и внедрению элементов национальной культуры в повседневную жизнь."[333]

In diesem Sinne sei die Schule nicht nur für das Dorf, sondern auch das Raion insgesamt wichtig. Die *внеклассная работа* umfasst auch die Teilnahme an Olympiaden und zahlreichen Wettbewerben, die auf regionalem oder sogar nationalem Niveau ausgetragen werden. Die Außenauftritte haben also real wie in der Konzeption einen großen Publikumsradius, was die Lehrer*innen zu bedeutenden sprach- und kulturpolitischen Akteur*innen macht. In der sprachlichen Inszenierung der schulischen Aktivitäten entstehen hieraus bisweilen Dilemmata: Pflege einer ukrainischen Kultur einerseits, Interkomprehension qua Russisch als Verkehrssprache und schließlich der Anspruch auf Teilhabe an einer moldauischen Nation (Staatsbürger*innendiskurs) andererseits.

Charakteristisch für dieses Dorflyzeum ist auch die personell enge Verbindung zwischen Schule und Dorf. Außer den wenigen „Zugezogenen" (wie Polina) haben ausnahmslos alle Dorfbewohner*innen, inklusive der Lehrer*nnen selbst, diese Schule besucht. Diese enge Verbindung führte zu einer sehr großen Vertrautheit, aber auch sozialer Kontrolle: alle Schüler*innen und ihre Familien kennen die Familiengeschichten der Lehrer*innen; manche Lehrer*innen (wie Polina) unterrichteten ihre eigenen Kinder und umgekehrt kannte das Schulpersonal fast alle Personen im Dorf. Das gute Verhältnis im Kollegium und die gute Arbeitsatmosphäre betonten die Lehrer*innen immer wieder: „Это у нас своя школьная дружная семья"[334], fasste das die Vizedirektorin beim Vorgespräch 2011 zusammen.

---

333 Dt. „Die Dorfschule ist das Zentrum der ukrainischen Kultur und die örtlichen Bewohner, unterstützt vom Bürgermeister und der örtlichen Führung, bemühen sich um die Verwirklichung der nachfolgenden Schritte zur Entwicklung des ukrainischen Selbstverständnisses, einem breiteren Gebrauch der ukrainischen Sprache und die Einführung von Elementen der nationalen Kultur ins alltägliche Leben."

334 Dt. „Das ist unsere freundschaftliche Schulfamilie"

5.1.4.3 Geschichte des Lyzeums und politische Veränderungen[335]

Die Entscheidung über die Gründung einer laizistischen Schule fiel bei einer Dorfversammlung im Jahre 1898, woraufhin innerhalb von drei Jahren eine Volksschule für einen einjährigen Schulbesuch gegründet wurde, die ab 1902 in Betrieb war. Ab 1916 (laut Helsinkikomittee 2003) bzw. 1919 (laut Schuldirektor 2007) wurde das Programm auf drei Schuljahre erweitert und ab 1920 hatte sie den Status einer *şcoala primară/начальная школа*. Die Dynamik der sprachlichen Verhältnisse wirkte sich auf die Unterrichtssprachen aus, da Sprach- und Bildungspolitik immer ein wichtiges Machtinstrument waren. Bis 1918 war die Unterrichtssprache Russisch, dann bis 1940 Rumänisch, zwischendurch ein Jahr lang Ukrainisch, anschließend jedoch bis zur sowjetischen Eroberung wieder Rumänisch, ab 1944 dann wieder Russisch; in den Kriegsjahren war der Schulbetrieb zeitweise eingestellt. 1976 zog die Schule in das bis heute benutzte zweistöckige Gebäude um und der Kindergarten bezog das ehemalige Schulgebäude. Im Jahre 1990 wurde in einem Pilotprojekt freiwilliger Ukrainischunterricht eingeführt. Ab 2001 bzw. 2002 hatte die Schule ein Oberstufe (und damit die Berechtigung Hochschulzugangsberechtigungen zu vergeben) und 2005 wurde die Schule erstmalig Lyzeum (*liceu teoretic cu limba rusă de predare şi cu studierea limbii materne ucrainene*). Anfang der 2000er gab es auf Wunsch der Eltern einige Grundschuljahrgänge, in denen auf Moldauisch/Rumänisch unterrichtet wurde. Dieses Projekt wurde wegen des großen Arbeitsaufwandes für die Lehrerin aber wieder eingestellt. Von 2006 bis 2010 wurde gemeinsam mit dem Kindergarten ein Pilotprojekt durchgeführt, bei dem einige Fächer, wie Musik und Zeichnen auf Ukrainisch unterrichtet wurden.[336] Seit 2014 ist der Musikunterricht auf Rumänisch.

---

335 Diese Informationen speisen sich teilweise aus den Interviews, v.a. aber aus dem mehr als 350 Seiten starken Raionporträt (2009), in dem alle Städte und Dörfer vorgestellt werden, wie auch aus dem Bericht des Zentrums für Menschenrechte (2003) und einem Artikel des Schuldirektors (2007).

336 Anastasia Dimitrovna II/S3/38, 43-44 nannte als Grund dafür, dass dieses Projekt wieder eingestellt wurde, den demographischen Wandel und die hieraus resultierenden Unterrichtsumverteilungen (die Lehrkräfte mit ausreichend ausgebauten Ukrainischkenntnissen haben danach nicht mehr Kunst und Musik unterrichtet).

Tabelle: Überblick Geschichte des Lyzeums in U.

Jahre	Schulform	Unterrichtssprache	Unterrichtete Sprachen
1902–1916	einjährige Volksschule (*Одноклассное народное училище*)	Russisch	k.A.
1916–1918	dreijährige Volksschule (*Трехклассное народное училище*)		
1918–1920		Rumänisch	
1920–1940	Grund-/Volksschule (*Начальная школа*)		
1940–41		Ukrainisch	
1941–1944		Rumänisch	
1944–1953	siebenjährige Mittelschule (*средная школа, семилеткая*)	Russisch	
1953–1993	Mittelschule (*Средная школа*; 1953–1963 *școală generală*, ab 1963 *școală medie*)		
1990			Ukrainisch freiwillig
1991			Ukrainisch 5.–11. Klasse
1993–1998		Russisch und Rumänisch	Ukrainisch für alle
1998–1999		Russisch	
1999–	Mittelschule mit Oberstufenklassen (*Средная школа + лицейские классы*, „primele clase liceale cu profil umanitar și real")	[ca 2002 „Experiment": Rumänisch als Unterrichtssprache ab 1. Klasse; ab 5. Klasse teils in Rum., teils in Russisch]	
2001			Einführung Fach „Geschichte, Kultur und Traditionen des ukrainischen Volks"
2001	Lyzeum		
2005	theoretisches Lyzeum mit Russisch als Unterrichtssprache und Unterricht in der ukrainischen Muttersprache (*liceu teoretic cu limba rusă de predare și cu studierea limbii materne ucrainene*)		Ukrainisch als Muttersprache
2006–2010		Russisch und Ukrainisch (Zeichnen, Musik)	Pilotprojekt (zusammen mit Kindergarten)
Seit 2010		Russisch	
Seit 2014		Musikunterricht auf Rumänisch	

Die relativ häufigen Wechsel der Schulform und auch der Unterrichtssprachen ließen die Erreichbarkeit von Schulabschlüssen zwischen wenigen Generationen bzw. Jahrgängen stark variieren. Mit welchen institutionellen und individuellen Strategien diese Umbrüche in den sprachlichen Verhältnissen jeweils bewerkstelligt wurden, ist kaum dokumentiert.

Die Umstellung auf das lateinische Alphabet wurde von den Rumänischlehrer*innen der Schule mit freiwilligen Kursen für die anderen Lehrer*innen wie auch für die Dorfbewohner*innen begleitet, die ca. ein halbes Jahr dauerten (Anastasia Dimitrovna/I2/S26/T242). In Anbetracht der Tatsache, dass aber die Rumänischressourcen vieler dieser Personen nur gering ausgebaut waren, ging es hierbei wohl v.a. um das Alphabet als solches und um orthographisches Wissen. Anzunehmen ist auch, dass viele der Teilnehmer*innen während dieser (eigentlich auf das Schreiben ausgerichteten) Kurse ihr Rumänisch-Repertoire in irgendeiner Weise veränderten. Im Jahr 2015 fand erneut Nachmittagsunterricht in Rumänisch statt, den abermals die Rumänischlehrerinnen organisierten.

5.1.4.4 Interne Sprachpolitik

> „Язык общения в селе – украинский, в школе обучение производится на русском, живём в государстве Молдова, где необходимо знать молдавский язык. Как быть?"[337]
> (Schuldirektor 2008, Auszug 2)

Die Anzahl der unterrichteten Stunden pro Fach wird vom Bildungsministerium in Chișinău festgelegt und richtet sich nach den Vorgaben des Rahmenplans (Ministerul Educației al Republicii Moldova 2014, 2015). Die Unterrichtssprache Russisch wird ab der ersten Klasse auch als Fach unterrichtet und hat in der Phase der Alphabetisierung eine besonders hohe Wochenstundenzahl (acht), die in den höheren Klassen langsam abnimmt. Ukrainisch wird in jeder Jahrgangsstufe kontinuierlich drei Stunden pro Woche unterrichtet und nur im geisteswissenschaftlichen Profil der Oberstufe um eine Stunde erhöht, genauso wie die Fremdsprache (Englisch oder Französisch nach Wahl). Rumänisch wird ab

---

337 Dt. „Die Verkehrssprache im Dorf – Ukrainisch, in der Schule findet der Unterricht auf Russisch statt, wir leben im Staat Moldova, wo es unerlässlich ist, Moldauisch zu können. Was tun? (wörtl. Was sein?)"

der ersten Klasse unterrichtet und nach der Alphabetisierungsanfangsphase um eine Stunde auf vier erhöht. Im Vergleich zu anderen Schulformen ist das eine deutlich höhere Anzahl sowohl von Sprachunterricht als auch von wöchentlichen Schulstunden insgesamt, was in erster Linie daran liegt, dass der Unterricht in der Staatssprache in allophonen Schulen deutlich umfangreicher ist, als der Russischunterricht in rumänischen Schulen.[338]

Tabelle: Anzahl der Sprach-Unterrichtsstunden 1. bis 9. Klasse in Schulen mit Russisch als Unterrichtssprache und Ukrainisch im Fachunterricht[339]

	Klassen	Russische Sprache und Literatur	Rumänische Sprache und Literatur	Ukrainische Sprache und Literatur	Fremdsprache 1	Minimal/ maximal erlaubte Stundenzahl
Grundschulbildung	I	8	3	3	-	25/26
	II	7	3	3	2	27/28
	III	7	4	3	2	28/29
	IV	7	4	3	2	29/30
Gymnasiale Bildung (Klassen 5-9)	V	6	4	3	2	30/31
	VI	6	4	3	2	31/32
	VII	5	4	3	2	34/35
	VIII	5	4	3	2	34/35
	IX	5	4	3	2	33/34

---

338 Die Höhe der Sprachunterrichtsstunden in der Unterrichtssprache (Russisch, Rumänisch oder Ukrainisch) ist immer gleich, aber in Schulen mit Rumänisch als Unterrichtssprache findet Russischunterricht erst ab der dritten Klasse und nur zwei Stunden pro Woche statt (die Stunden an Ukrainisch- und Fremdsprachenunterricht sind gleich). Dadurch ist der Stundenumfang für Sprachunterricht in Schulen mit Ukrainisch als Unterrichtssprache oder Russisch als Unterrichtssprache ohne Ukrainischunterricht insgesamt um zwei bis drei Stunden geringer (Ministerul Educației al Republicii Moldova 2015:38 und 40). In Schulen mit Rumänisch als Unterrichtssprache ohne Unterricht einer Minderheitensprache wird Russisch zweistündig ab der fünften Klasse unterrichtet. Der wöchentliche Gesamtstundenumfang wie auch derjenige im Sprachenunterricht liegt dadurch um sechs bis sieben Stunden niedriger (Ministerul Educației al Republicii Moldova 2015:13).

339 Quelle: Ministerul Educației al Republicii Moldova (2015:42). Diese Angaben unterscheiden sich im Vergleich zum Vorjahr (Ministerul Educației al Republicii Moldova 2014) und zu denen von 2008/09 (Pro Didactica 2009:10) nicht.

Tabelle: Anzahl der Sprach-Unterrichtsstunden 10.-12. Klasse

Klassen & Profil[340]	Russische Sprache und Literatur[341]	Rumänische Sprache und Literatur	Ukrainische Sprache und Literatur[342]	Fremdsprache 1	Minimal/maximal erlaubte Stundenzahl
X geisteswissenschaftlich	5	4	4	3	33/35
X naturwissenschaftlich	4	4	3	3	36/37
XI g	5	4	4	3	33/35
XI n	4	4	3	3	34/36
XII g	5	4	4	3	32/34
XII n	4	4	3	2	36/37

Diese kurrikulare Mehrsprachigkeit wird, wie das Zitat aus einem Aufsatz des Schuldirektors im Jahre 2008 zeigt, als alternativlos, aber auch große Herausforderung wahrgenommen, v.a. auch für die Schüler*innen und ihr Lernpensum, das als starke Belastung (нагрузка) gesehen wird.

Gleichzeitig wird sie positiv inszeniert, wie die beiden folgenden Abbildungen zeigen.

---

340 In der Oberstufe können sich die Schüler*innen für ein geistes- oder naturwissenschaftliches Profil entscheiden. Hiermit in Zusammenhang steht auch die politische Forderung, dass Lyzeen mindestens zweizügig sein müssen.

341 In der Oberstufe liegt im Russischen ein deutlicher Schwerpunkt auf Literatur (Ministerul Educației al Republicii Moldova 2010a).

342 Jeweils eine Stunde des Ukrainischunterrichts ist in der Oberstufe dem Sprachunterricht gewidmet, die anderen zwei oder drei sind Literaturunterricht (Ministerul Educației al Republicii Moldova 2010b:40).

Abbildung: Dreisprachige Schulbeschilderung

Abbildung: Hymnen der Republik Moldova und der Ukraine im Schulflur

In der Zielformulierung zur Sprachausbildung des ehemaligen Schuldirektors (2008, Auszug 3) steckt eine Funktionsverteilung der Sprachen:

> „Каждый, кто закончил лицей, с гордостью может сказать, что он украинец, так как знает язык и историю своего народа, свободно говорит на государственном языке и может немного общаться на инностанном языке.»[343]

Während das Ukrainische affektive und identitäre Bedeutung hat, haben Staats- und Fremdsprachen instrumentelle Bedeutung.[344] Die implizite Definition von „Ukrainisch" bzw. Ukrainer stützt sich auf die Kriterien Kenntnis der Sprache und Geschichte. Das Konzept von Sprache wird nicht expliziert, es kann im offiziellen schulischen Kontext aber davon ausgegangen werden, dass die Standardsprache gemeint ist. Aus dem größeren Kontext entnommen scheint das Nationalitäten- oder Ethnienkonzept, das dem zu Grunde liegt, jedoch sehr inklusiv zu sein, da auch Schüler*innen mit z.B. Moldauisch als Erstsprache, ihm durch Schulbesuch entsprechen können. Die Schule ist also eine Art Garant des individuellen „Ukrainisch-Seins" und dadurch auf der Ebene der Gemeinschaft auch der zentrale Akteur der Produktion einer „ukrainischen Identität" des Dorfes, genauer eines ukrainischen Dorfes in Moldova. Die Bedeutung der Staatssprache wird in all diesen öffentlichen Verlautbarungen unter Bezug auf den staatsbürgerlichen Diskurs ebenfalls hervorgehoben.

Die Rumänischlehrerin Polina betonte in diesem Sinne, dass der ukrainische Nationalismus mit der Haltung der Ukrainer*innen in Moldova nicht

---

343 Dt. „Jeder, der das Lyzeum abgeschlossen hat, kann mit stolz sagen, dass er Ukrainer ist, denn er kennt Sprache und Geschichte seines Volkes, spricht flüssig die Staatssprache und kann sich ein wenig in einer Fremdsprache unterhalten."

344 Die Studie des *Centrul Educațional Pro Didactica* (2009:17) argumentiert mit ähnlichen Kategorien, um das mehrheitlich große oder sehr große Interesse der sprachlich minorisierten Schüler*innen am Rumänischen zu begründen: 44,4% sehen es als eine Notwendigkeit, 27,1% als eine Chance für die Zukunft und 20% als eine Bürger*innenpflicht. Bei denjenigen, die geringes Interesse bekunden, wird das mit fehlenden Anwendungsmöglichkeiten begründet, insbesondere, weil ein Studium in Rumänisch nicht in Frage komme (ebd. 18). Überraschend ist, dass für das Ukrainische in dieser Studie die Zukunftschancen mit 60% das stärkste pro-Argument sind (gefolgt von Notwendigkeit mit 25% und Pflicht mit 6,4%) (ebd. 33). Insgesamt deutet dies darauf hin, dass die Antworten stark von den Antwortmöglichkeiten des strukturierten Fragebogens geprägt sind (die jedoch der Studie nicht beigefügt sind). Einleitend wird als axiomatisch postuliert, dass die Muttersprache wichtig für Identität sei und die Staatssprache für die Integration (ebd. S.6). Diese Antwortkategorien sind wiederum ein Indikator dafür, dass der staatsbürgerliche Diskurs, wie auch ein Diskurs um Zukunftsperspektiven die moldauische Sprachdidaktik prägen.

vergleichbar sei, weil hier das Zusammenleben mehrerer Nationalitäten Alltag sei und weil für die moldauischen Ukrainer*innen sowohl Moldova als auch die Ukraine „Heimat" seien (Polina/S15). Von separatistischen Bestrebungen oder einem Anschluss an die Ukraine war nie die Rede.

Das gleiche Prinzip der Mehrsprachigkeit wie im Lyzeum wird schon im Kindergarten verfolgt, wo die offizielle Sprache ebenfalls Russisch ist, es aber außerdem Unterricht in Ukrainisch und Rumänisch gibt, der anscheinend von den gleichen Lehrerinnen erteilt wird, die auch in den Grundschulklassen des Lyzeums unterrichten.

Das Helsinkikomittee (2003, Auszug 5) attestiert den Pädagog*innen ein hohes Bewusstsein für die Schwierigkeiten des Übergangs von der ukrainischen Umgangssprache zur Russischen Verkehrssprache im Kindergarten:

> „Дети в дошкольном возрасте, по словам воспитателей, общаются исключительно на родном языке, но с приходом в детский сад их навыки и умения по родному языку, полученные в семье и в результате повседневного общения, не получают необходимого дальнейшего развития. Воспитатели проводят занятия на русском языке, что вызывает психологическое напряжение и торможение в интеллектуальном развитии детей, не владеющих русским языком.
> Переход на русский язык обучения без предварительного обучения этому языку, как второму, (…) нелегко и воспитателям, и детям. Воспитатели признают, что на практике приходится работать на двух языках: сначала объясняют на родном языке, потом же самое на русском, а вне занятий они, как правило, общаются с детьми на родном языке. Воспитатели (…), что на родном языке ребята гораздо активнее общаются, быстрее усваивают учебняю информацию и проявляют гораздо больше творчества при выполнении учебных задач."[345]

---

345 Dt. „Laut den Erzieherinnen unterhalten die Kinder im Vorschulalter sich ausschließlich in der Muttersprache, aber beim Übergang in den Kindergarten erhält die Übung und das Können in der Muttersprache, das sie in der Familie und in der alltäglichen Kommunikation erhalten haben, nicht die nötige Entwicklung. Die Erzieher führen den Unterricht auf Russisch durch, was psychische Spannung herbeiführt und die intellektuelle Entwicklung der Kinder bremst, die kein Russisch sprechen. Der Übergang zum Unterricht auf Russisch ohne vorheriges Lernen dieser Sprache als Zweitsprache (…) ist weder für die Erzieher, noch für die Kinder leicht. Die Erzieher merken an, dass in der Praxis auf zwei Sprachen gearbeitet werden muss: zuerst erklären sie in der Muttersprache, dann das gleiche auf Russisch und außerhalb des Unterrichts sprechen sie in der Regel mit den Kindern in der Muttersprache. Die Erzieher (sagen) (…), dass die Kinder in der Muttersprache sehr viel aktiver kommunizieren, schneller die Lehrinhalte aufnehmen und sehr viel mehr Können beim Erfüllen der Lehraufgaben zeigen."

Unterrichtssprache Russisch

Sprachpolitisch auf die moldauischen Verhältnisse bezogen wird durch Russisch als Unterrichtssprache dessen Status als Sprache der interethnischen Kommunikation als legitim reproduziert (umgekehrt trägt jede Schule, die verstärkt auf Rumänisch setzt, dazu bei, dass das Russische auch für alle anderen an Reichweite verliert). In der alltäglichen Sprachpraxis im Unterricht und in der Bibliothek, aber auch zwischen den Lehrer*innen und erst recht zwischen den Schüler*innen, wird diese offizielle Politik flexibel gehandhabt. Vor allem für den Unterricht ist das Prinzip der Kooperativität wichtiger, da bei Problemen auf die Ressourcen der Nähesprache, des ukrainischen Dialekts, zurückgegriffen wird: „Хотя язык обучения русский, языком общения учащихся во внеурочное время остается украинский язык."[346] (Helsinkikomittee 2003, Auszug 6)

In den Lehrerinnen-Interviews ergab sich für mich der Eindruck, dass alle versuchten, soweit möglich, auf die jeweils anderen Sprachen zurückzugreifen und in Zweifelfällen, insbesondere zur Wiederholung von Erklärungen in den jüngeren Klassen, auf die ukrainische Vernakulärsprache zurückzugreifen. Im Unterricht wurde also keine dogmatische Position des einsprachigen Modus vertreten, wohl aber Sprachwechsel deutlich als solche markiert.

Dass Russisch Unterrichtssprache sein und bleiben sollte, schien Konsens im Kollegium zu sein (schon im Sondierungsinterview 2011 sagte die Vizedirektorin: „отказаться от русского это грех"[347]), die Argumentationen hierfür unterschieden sich jedoch. Am häufigsten wurde die Zukunft der Schüler*innen und insbesondere deren Studienmöglichkeiten angeführt. Überlegungen, den Unterricht auf Ukrainisch abzuhalten, weil den Kindern das Lernen in der Erstsprache leichter fallen würde, wurden dementsprechend rasch wieder ad acta gelegt. Von den Argumentationen für Ukrainisch als Unterrichtssprache distanzierte sich die Ukrainischlehrerin Anastasia Dimitrovna (I2/S30/T276-78) deutlich. Gleichzeitig brachte sie ihr ausgeprägtes Bewusstsein für die Rolle der Schule als dem zentralen Ort für die Vermittlung formeller Register und die berufliche Zukunft der Kinder zum Ausdruck. Auf Grund pragmatischer Gründe muss das Prinzip des Unterrichts in der Erstsprache, welches grundsätzlich für (möglicherweise) sinnvoll gehalten wird, für den eigenen Fall als unbrauchbar erachtet werden. Obwohl Migration eine omnipräsente Realität (und eine immer unterschwellig vorhandene, zu treffende Entscheidung) ist, wird hier die Rolle der Schule

---

346 Dt. „Obwohl die Unterrichtssprache Russisch ist, bleibt die Sprache der Schüler in der Zeit jenseits des Unterrichts das Ukrainische."
347 Dt. „dem Russischen zu entsagen ist eine Sünde"

eindeutig in der Ausbildung für den nationalen Markt oder die Vorbereitung auf den nationalen Studien- und Arbeitsmarkt gesehen (Weirich 2016a und 5.1.3.2).

Russisch taugt hierzu jedoch auch nur begrenzt („если ещё русские они ещё кое-где в э: . вузах в ээ . колледжах они есть"; dt. „wenn es russische Gruppen noch irgendwo gibt in äh . den Universitäten in äh . den Kollegs gibt es"). Die Formulierung mit dem Adverb *ещё* (dt. „noch") drückt einerseits eine gewisse Knappheit russischer Gruppen aus, verweist aber gleichzeitig auch in einer zeitlichen Dimension darauf, dass die Schule wie die sprachlichen Verhältnisse in Moldova sich in einer Umbruchphase befinden, in der Prozesse ablaufen, die die Reichweite des Russischen beschneiden. Die Reichweite des Ukrainischen ist demgegenüber jedoch von vorn herein unidirektional: sie ist auf den nationalen/geographischen Raum der Ukraine beschränkt („на украинском у них один путь на украине", dt. „auf Ukainisch gibt es für sie einen Weg. In die Ukraine"). In eine vergleichbare Richtung weist die Reichweite des Russischen auch: es ermöglicht gegebenenfalls ein Studium in Russland, diese Funktion hat das Russische aber zusätzlich zu seiner Reichweite innerhalb der Republik Moldau.

Während es bislang noch die Möglichkeit gebe, in Moldova auf Russisch zu studieren, gebe es diese Möglichkeit auf Ukrainisch nicht. Diese Argumentation hat verschiedene Implikationen: erstens ist sie der deutliche Hinweis darauf, dass Ziel oder Perspektive für die Schüler*innen sein soll, dass sie höhere Bildung bekommen. Zweitens zeigt es, wie relevant die Option ist, ins Ausland zu gehen, fürs Studium oder auch auf Dauer. Die Formulierung „если дети хотят остаться в молдове" (dt. „wenn die Kinder in Moldova bleiben wollen") legt durch die konditionale Formulierung als Maßstab oder Vergleichsfolie das Weggehen an: „bleiben" ist der Gegenspieler zu weggehen. Drittens impliziert die Formulierung, dass eine enge Kontinuität zwischen Unterrichtssprache und Uni- bzw. Ausbildungssprache besteht. Wenn die Kinder Schulunterricht auf Russisch haben, würden sie danach auf Russisch studieren. Um dies auch in der Ukraine oder auf Ukrainisch zu tun, dafür wird das Unterrichtsfach Ukrainisch als ausreichend angesehen, umgekehrt scheint dies aber für das Russische nicht zu gelten. Sie ergänzte, dass Russisch die Sprache der *межнационального общения* sei, womit sie sich auf den offiziellen Status in Moldova berief, der nahelege, dass man Russisch können solle. Sie ergänzte aber auch, dass der Unterricht auf Russisch für die Kinder auch die Möglichkeiten verbessere, in Russland zu studieren, auch wenn das leider dazu führe, dass viele dort blieben. In Anbetracht der Einschränkungen, die Anastasia hier auch macht, scheint ihre Einschätzung, die optimale Variante sei Unterrichtssprache Russisch mit Unterricht in der Muttersprache Ausdruck von Zweckoptimismus mangels Alternativen zu sein.

Als Pilotprojekt hatte es Fachunterricht auf Ukrainisch allerdings von ca. 2006 bis 2010 tatsächlich mal gegeben: dies betraf allerdings nur ausgewählte Fächer, wie Musik oder Sport, also solche, die z.B. in Deutschland nicht als „Kernfächer" bezeichnet würden. Unterrichtet wurden sie von von den Fachlehrer*innen, insofern sie Ukrainisch konnten. Außer dem Lyzeum nahmen daran auch der Kindergarten in U. und sechs Institutionen in anderen Städten teil.[348]

Unterrichtssprachen im Studium betreffen einen Großteil der Schulabgänger*innen, die mehrheitlich ein Studium aufnehmen.[349] Die Übersicht über die Studienwahl der Schulabgänger*innen aus U. im Jahre 2011 zeigt, dass mindestens zwölf in einem rumänischsprachigen Studien- oder Ausbildungsgang sind (und 17 in einem Russischen). Das Russische wird als die Sprache des Zugangs zum Studium betrachtet, folglich ist es für die Schüler*innen wichtig, im Verlaufe der Schulzeit die notwendigen Register des Russischen zu erlernen, um Zugang zum Studium zu bekommen und Anschluss an die hier stattfindenden sprachlichen Ausbauprozesse zu halten.

Tabelle: *Studien- und Ausbildungswahl der Schulabgänger*innen 2011*

Frauen (ges. 18)	Männer (ges. 13)	Institution/Studienfach	Sprache
4		Pädagogische Hochschule Ion Creangă, Chișinău, Fremdsprachenfakultät (Deutsch und Englisch)	Rumänisch (offiziell); Russisch als Sprache der interethnischen Kommunikation (inoffiziell)
	3	Polizeiakademie, Chișinău	Rumänisch
1		Polizei-Kolleg[350]	Rumänisch
7		medizinisches College, Bălți	Russisch
1		medizinisches College, Chișinău (Hebamme)	Rumänisch

---

348 Im Rahmen des Projekts fanden Konferenzen, Seminare zwecks Austausch u.a. mit Vertreter*innen aus den Niederlanden und Ungarn, aber auch Vertreter*innen der Botschaften Russlands, der Ukraine und Bulgarien statt; außerdem wurde Material finanziert (methodische Literatur, Computer, Internetzugang etc.).

349 Eine der Französischlehrerin ist zuständig für die Berufsberatung der Schulabgänger*innen. Sie berichtete im Interview, dass vom letzten Jahrgang nur sechs Schüler nicht in die höhere Bildung gegangen seien (von denen wiederum der größte Teil zur Armee gegangen ist).

350 Die Stadt wurde im Gespräch nicht genannt. Es gibt ein Polizei-Kolleg in Chișinău, aber auch das Kolleg der Grenzpolizei in Ungheni.

Frauen (ges. 18)	Männer (ges. 13)	Institution/Studienfach	Sprache
	4	Agrar-Universität Chişinău, Agronomie	Russische Gruppen
	2	Sport und Massage, Chişinău	Russisch
	3	Armee, Ungheni	Rumänisch
1		Staatliche Universität Chişinău, Journalistik	?
2		Staatliche Universität Chişinău, Medizinische Fakultät, Pharmazeutik	Russisch
2		Pädagogisches Institut Bălţi, Fernstudium Kindergartenpädagogik	Russische Gruppen
	1	arbeitet in der Landwirtschaft in U.	

Schätzungen der Französischlehrerin zu Folge kehren 50% der Schüler*innen nach ihrer Ausbildung ins Dorf U. zurück.

Rumänischunterricht

Die Sorge von Lehrer*innen und Eltern um die Erreichbarkeit des Rumänischen und die davon ggf. abhängenden individuellen Zukunftsaussichten ihrer Kinder wird in den offiziellen Verlautbarungen in den „staatsbürgerlichen Diskurs" gekleidet:

> „Componenţa naţională aproape uniformă a locuitorilor lui se explică prin faptul, că el este amplasat foarte aproape de Ucraina. Această circumstanţă ne ajută să păstrăm puritatea limbii materne"[351], dar ne creează şi probleme la studierea limbii de stat. Nu este de mirare că locuitorii satului [U., anonym.] sînt îngrijoraţi de viitorul copiilor lor. Vor fi ei în stare să devină membri adevăraţi ai societăţii în care urmează să activeze? Din fericire această problemă se pune nu doar în faţa părinţilor, ci şi în faţa întregului sistem de educaţie din republică."[352] (ehem. Schuldirektor 2008, Auszug 4)

---

351 Die Zielperspektive des Erhalts der „Reinheit" der „Muttersprache" erscheint paradox, da der ukrainische Standard, der als Zielmarke des schulischen Ukrainischausbaus funktioniert, in U. erst seit wenigen Jahren überhaupt praktiziert und deswegen nicht in erster Linie erhalten, sondern gerade erst eingeführt und ausgebaut wird. Es ist davon auszugehen, dass diese Argumentation im Zusammenhang der Rechtfertigung des Minderheitenstatus relevant ist. Auf diesen Aspekt gehe ich im Unterkapitel „Ukrainischunterricht" näher ein.

352 Dt. „Die fast einheitliche Zusammensetzung der Bewohner erklärt sich durch die Tatsache, dass es sehr nah an der Ukraine gelegen ist. Dieser Umstand hilft uns, dass wir die Reinheit unserer Muttersprache bewahren, aber verursacht uns auch Probleme beim Lernen der Staatssprache. Es ist nicht verwunderlich, dass die Bewohner des Dorfes (U., anonym.) sich Sorgen machen über die Zukunft ihrer Kinder. Werden

Das Bewusstsein für die Notwendigkeit von Rumänischressourcen, ebenso wie die der Praxis für die Erreichbarkeit (*среда общения*, *mediul de comunicare*[353]) ist stark ausgeprägt. In diesem Zusammenhang wird nicht nur die Alltagspraxis, sondern auch die Ausstattung der Schule genannt (siehe Schuldirektor, Auszug 1, 5.1).

Die Ukrainischlehrerin Anastasia Dimitrovna nahm mehrfach auf das Konzept „kommunikative Umgebung" (*среда общения*, bzw. an anderer Stelle *сфера общения*) Bezug, um auszudrücken, dass es den Schüler*innen an Praxis in der Staatssprache mangele, und sie dem durch individuelle Kompensationsstrategien begegnen würden (siehe in Anastasia Dimitrovna I2/S30/T275-277). Die Notwendigkeit des Lernens der Staatssprache wird hier konditional mit einer Zukunftsperspektive in Moldova verknüpft (zuerst „кто хочет остаться"/dt. „wer bleiben will" und dann nocheinmal verschärft „кто действительно собирается остаться в молдове/dt. „wer wirklich beabsichtigt in Moldova zu bleiben"). Im zweiten Abschnitt führt sie außerdem die zahlreichen regionalen und nationalen Wettbewerbe als Kommunikationsanlässe an. Gleichzeitig ist das auch ein Beispiel für den nicht-instrumentellen Wert von sprachlichen Ressourcen, bei dessen Nutzung das Inkontakttreten mit Gleichaltrigen aus anderen Dörfern und Städten im Vordergrund steht.

Die Schule ist für die Erreichbarkeit des Rumänischen ein entscheidender Ort, nicht nur, weil hier formelle Register vermittelt werden, sondern auch als Sphäre der Praxis, und nicht nur für die Schüler*innen, sondern auch für diejenigen Lehrer*innen, die Anstrengungen unternehmen, ihr Rumänisch auszubauen

---

sie in der Lage sein, richtige Mitglieder der Gesellschaft zu werden, in der sie aktiv sein werden? Zum Glück stellt sich dieses Problem nicht nur für die Eltern, sondern auch für das gesamte Bildungssystem der Republik."

353 In russischsprachigen sprachwissenschaftlichen Veröffentlichungen ist das Synonym языковая среда (dt. „sprachliche Umgebung") gängig. Sie gilt als entscheidender Faktor der Aneignung von Sprache und der Formung der „sprachlichen Persönlichkeit" (*языковая личность*) (Млечко 2014:106). Вei Млечко (2014:123) deutet die Verwendung darauf hin, dass als einsprachige Umgebung innerhalb einer mehrsprachigen Gesellschaft gedacht wird. Zur языковая среда gehört ein kultureller und informativer Raum sowie Bildung in der Erstsprache. Auch in der Sprachdidaktik handelt es sich um eine zentrale Kategorie als Voraussetzung für die (Fremd-)Sprachaneignung (Centrul Educațional Pro Didactica 2009). In der Didaktik wird auch über das Internet und seine Kommunikationsmöglichkeiten als *расширенная среда общения* (Носуленко 2010) „erweiterte kommunikative Umgebung" oder *виртуальная языковая среда* (Гончаренко 2012) „virtuelle sprachliche Umgebung" gesprochen. Das im Dorf U. synonym verwendete Konzept *сфера общения* ist Teil des Begriffsapparats der russischsprachigen Soziolinguistik (siehe z.B. Беликов/Крысин 2001, bei denen hingegen der Begriff *среда* gar nicht vorkommt).

und zu praktizieren. Einige von ihnen suchen hierzu den Kontakt zu den (ohnehin sehr beliebten) Rumänischlehrerinnen, um mit ihnen Rumänisch zu sprechen. Auf der sprachlichen Insel U. werden einzelne Personen zu entscheidenden Faktoren der Erreichbarkeit sprachlicher Ressourcen, gleichzeitig stellen sie auch die Reichweite ihrer eigenen Ressourcen zur Verfügung, die bis zu einem bestimmten Grade kollektives Gut werden (siehe nächster Abschnitt „Rumänisch in der Kommunikation mit den Behörden").

Gegen eine Umstellung auf Rumänisch als Unterrichtssprache wird entweder mit Machbarkeit argumentiert (die Mehrheit der Lehrer*innen sähe sich nicht dazu in der Lage, den Unterricht auf Moldauisch/Rumänisch abzuhalten) oder mit der Überforderung der Kinder. Letzteres kam auch zur Anwendung, wenn es um die „Optimisierung" und die drohende Streichung der Oberstufe in U. ging, die die Schüler*innen vor das Problem stellen würde, für eine Hochschulzugangsberechtigung eine rumänisch-/moldauischsprachige Schule besuchen zu müssen. Ein Beispiel für das Personal-Argument ist der folgende Auszug aus meinem Gespräch mit Polina (S36/T191-192). Diese Verknüpfung der Unterrichtssprache mit der Personalfrage berührt, ohne dass dies explizit würde, einen wunden Punkt der Personalpolitik: eine Umstellung der Unterrichtssprache würde eine tiefgreifende Umstrukturierung der Belegschaft notwendig machen, im Zweifelsfall das Ersetzen von zweisprachig ukrainisch-russischsprachigen Lehrer*innen durch solche, die ausreichende Rumänischkenntnisse vorweisen können. Das würde als mögliche und wahrscheinliche Konsequenz haben, dass die Lehrer*innen nicht ausnahmslos im Dorf selbst zu rekrutieren wären, wie es bisher (mit Ausnahme der Rumänischlehrer*innen!) der Fall ist. Dies würde eine enorme Umstrukturierung des lokalen Arbeitsmarktes bedeuten.

Tatsächlich gab es auf Initiative von Eltern hin einmal ein Projekt, eine Klasse in den Grundschuljahren auf Rumänisch zu unterrichten (die „clasă moldovenească"). Erst ab dem fünften Schuljahr fand in dieser Klasse der Unterricht auf Russisch statt. Zumindest mir gegenüber wurde das Projekt nur auf Nachfrage hin erwähnt, aber es scheint allen bekannt zu sein, insbesondere die unorthodoxe Maßnahme der verantwortlichen Lehrerin, die Schüler*innen auf Sprachurlaub ins Nachbardorf (ihrem eigenen Wohnort) zu holen, ist in Erinnerung geblieben (Polina S36/T192).

Rumänisch in der Kommunikation mit den Behörden

In der Kommunikation mit den Behörden in der Raionhauptstadt, speziell im Schriftverkehr, manifestiert sich die Notwendigkeit des Rumänischen für die Lehrer*innen bzw. die Schulverwaltung, die sich als geringe Reichweite des Russischen darstellt.

In der mündlichen Kommunikation scheint dabei, wie schon am Beispiel der Schulbibliothekarin und ihrer Lehrmittelbeauftragten (*Metodist*) in 5.1.2 geschildert, das Mittel der „rezeptiven Zweisprachigkeit" (siehe 5.1.2.5) zur Anwendung zu kommen. In diesem Fall heißt das, die Vertreter*innen der Behörden sprechen Rumänisch (aus politischen Gründen ggf. auch dann, wenn Rumänisch/Moldauisch nicht ihre erste Sprache ist)[354] und die Gesprächspartner*innen in U. antworten auf Russisch. Auf beiden Seiten reichen die sprachlichen Ressourcen aus, um das zu verstehen, was gesagt wurde, aber mindestens auf Seiten der Schulvertreter*innen aus U. nicht, um auch selbst Rumänisch zu produzieren. Häufig führt dies sicherlich dazu, dass, wie von der Vizedirektorin (in Auszug 6, s.u.) geschildert, die Behördenseite auf Russisch umschaltet.

Insbesondere in der schriftlichen Kommunikation stößt dieses Prinzip aber an seine Grenzen und veranlasst die Vizedirektorin (Auszug 6, s.u.) zur klaren Aussage, dass das Moldauische fehle, da die komplette Dokumentation (also alle offiziellen Dokumente im Schriftverkehr mit den Raion-Behörden) auf Moldauisch zugestellt würde. Zwar sei auch hier die (schriftliche) Antwort auf Russisch möglich, aber bereits das Verstehen schwierig. Die Lösung liegt in der Übersetzung durch eine der (rumänischsprachigen) Kolleginnen, deren Kenntnisse des Rumänischen eine rare und nachgefragte Ressource sind, deren Inanspruchnahme jedoch nicht monetär honoriert (siehe 5.3.2.2/Sprachmediation und 5.4.3.4), sondern als kollgial-freundschaftlicher Dienst verstanden wird. Den wenigen[355] Rumänischsprecherinnen (die Vizerektorin spricht im folgenden Interviewabschnitt von *девочками*, den „Mädels") kommt somit die Rolle von „Sprachmediator*innen" zu. Diesen Begriff sowie den der „community interpretators" verwende ich anknüpfend an denjenigen der *familiy intepretators*, wenn ich auf die Rolle der Übersetzungsarbeit für die Dorfgemeinschaft abhebe.[356] Die

---

354 Bei der Wahl der neuen Vorsitzenden der Ukrainischen Gemeinschaft im Raion sprach auch eine Vertreterin der regionalen Schulbehörde ein Grußwort auf Rumänisch/Moldauisch, obwohl sie selbst in Gagauzien aufgewachsen war, wo das Russische sehr viel weiter verbreitet ist und die Zuhörer*innen mehrheitlich „Ukrainer*innen" waren.

355 An der Schule sind das ca. fünf bis sieben (vier Rumänischlehrerinnen, und drei Lehrerinnen, die auf Grund ihrer Sprachbiographie über gewisse Rumänischkenntnisse verfügen: die Ukrainischgrundschullehrerin, die Englischlehrerin Iolanda und eine der Geschichtslehrerinnen).

356 Von *family interpreters, language brokers* und *literacy mediators* ist in der Migrationssoziologie und seltener in der Soziolinguistik und Literacy-Forschung die Rede, wenn es um nicht-professionelle Übersetzungsarbeit sowie deren Bedeutung für Individuen und soziale Gruppen geht. Seit Harris/Sherwood (1978) wurde dieses

soziologische Forschung zu *familiy interpreters* beschäftigte sich mit Migrationssituationen, in denen Familienmitglieder für andere Familienmitglieder leisteten (Faulstich Orellana u.a. 2006:508). Häufig haben Kinder diese Rolle der „Language Brokers" (Tse 1996, Weisskirch/Alva 2002) und übernehmen damit im Vergleich zu Altersgenoss*innen aus Familien mit symmetrischeren sprachlichen Repertoires eine große Verantwortung für vitale Lebensbereiche.[357]

In den *New Literacy Studies* wurde der Begriff auch dahingehend weitergedacht, welche Rolle die Übersetzer*innen für die Schriftpraxis spielen (Papen 2010:63). Diese Studien zu *Literacy Mediators* (die für andere Leute lesen oder schreiben, aber auch beim Lesen- und Schreibenlernen unterstützen) interessierten sich v.a. für Kontexte, wo *literacy* wenig verbreitet ist. Das Beispiel U. zeigt aber, dass Lesen und Schreiben für andere auch in mehrsprachigen Gesellschaften mit hohen Alphabetisierungsquoten eine alltägliche Praxis ist, zum Beispiel, wenn es um spezialisierte Texte und Register geht. Das Phänomen der Sprachmediation ist also nicht nur in Immigrationssituationen zu beobachten. Aus Sicht der Dorf-Gemeinschaft besteht (negativ formuliert) eine Abhängigkeit von einzelnen Personen mit einem bestimmten sprachlichen Wissen (v.a. hinsichtlich des Rumänischen) für den Zugang zu bestimmten Ressourcen (und die Verbindung zu anderen *scales*). Positiv formuliert hat eine große Personengruppe/Gemeinschaft über diese einzelnen Personen Zugang zu bestimmten Institutionen und Ressourcen (ebd. 79).

„не хватает того что мы не знаем язык потому что всю документацию мы получаем на румынском языке [A: ага] всю документацию [A: ага] отвечаем

Phänomen zunächst als „natural translation" bezeichnet, wobei die Übersetzungs-Tätigkeit selbst im Vordergrund stand, während die Forschung der letzten 20 Jahren sich vor allem auch für die Beziehungen zwischen den Übersetzer*innen und denen, für die sie lesen, zuhören, schreiben und sprechen, interessierten. Der Begriff „language brokers" wurde (wie auch die Alternative „language advocates") u.a. von Faulstich Orellana dafür kritisiert, dass sie die Gefahr bergen, Machtverhältnisse zu verschleiern – die jugendlichen Übersetzer sind nicht neutral (wie es etwa eine bezahlte Anwältin sein sollte), sie haben aber trotz ihrer großen Verantwortung tendenziell wenig soziale Macht. Als adäquatere Alternativen wurden *mediators, facilitators, translators* und *para-phrasers* vorgeschlagen, wobei die letztgenannte Alternative von den Autor*innen präferiert wird (Faulstich Orellana et al. 2006:507).

357 Diese Verantwortung besteht v.a. in der Notwendigkeit, richtig zu übersetzen (Faulstich Orellana u.a. 2006:519), aber auch darin, dass Nuancen der Interpretation und Projektion innerhalb der Interaktion bei den Mediator*innen konzentriert werden und in geringerem Maße von den anderen Interaktionspartner*innen selbst übernommen werden können.

мы на русском вот я допустим письмо я подготовила в прокуратуру но письмо пришло на молдавском языке и я уже там допустим с девочками мы переводим . и я уже даю ответ на русском языке . то есть они принимают от нас ещё пока принимают документы [Unterbrechung …] из [Name der Raionhauptstadt, anonym.] из министерства вся документация на румынском [A: аха] русского языка нету […] а дальше уже как мы разбираемся это уже наши проблемы но мы должны работать . вот они высылают план вот они выслали план вот это вот все ерунда там в целом но все на латинице все на румынском языке

A: да . но когда вы отвечаете на русском языке [Vizedirektorin: да] они не против
Vizedirektorin: не против нет . если они знают там допустим что я там говорю отвечаю на русском они ведут со мной диалог дальше на русском"[358] (Vizedirektorin, Auszug 6)

Das Adverb „noch" verwendet auch die Vizedirektorin, wenn es um die Reichweite des Russischen geht (in der unterbrochenen Proposition „они принимают от нас ещё пока принимают документы"), wie die Ukrainischlehrerin Anastasia Dimitrovna. Das entstehende Bild ist dasjenige einer größer werdenden Notwendigkeit von Rumänisch/Moldauischressourcen, die antiproportional zur abnehmenden Reichweite des Russischen steigen.

Ukrainischunterricht

Im offiziellen Schuldiskurs wurde ein positives Verhältnis zur Vernakulärsprache reproduziert und gleichzeitig die Bedeutung des ukrainischen Standards für die Produktion einer ukrainischen Identität betont. Die Diskurse müssen einerseits der externen Legtimierung dienen (um sich gegen Kürzungen und Einsparungen

---

358 Dt. „es reicht das nicht dass wir die Sprache nicht können weil wir die ganze Dokumentation auf Rumänisch erhalten [A: aha] die ganze Dokumentation [A: aha] wir antworten auf Russisch also ich zum Beispiel habe einen Brief vorbereitet an die Prokuratur aber der Brief kam auf Moldauisch und dann ich da sagen wir mit den Mädchen übersetzen wir das (.) und ich gebe die Antwort auf Russisch (.) das heißt sie nehmen von uns noch bisher die Dokumente nehmen sie an […] aus [Name der Raionshauptstadt, anonym.] vom Ministerium die ganze Dokumentation ist auf Rumänisch [A: aha] Russisch gibt es da nicht […] und wie wir weiter damit klarkommen das sind dann unsere Probleme aber wir müssen arbeiten (.) so sie schicken einen Plan dann haben sie einen Plan abgeschickt das sind halt alles so Kleinigkeit insgesamt aber alles in lateinischer Schrift alles auf Rumänisch
A: aber (.) wenn Sie auf Russisch antworten [Vizedorektorin: ja] da haben die nichts gegen
Vizedirektorin: nichts dagegen nein (.) wenn sie wissen dass ich zum Beispiel dass ich da auf Russisch rede antworte dann führen Sie den Dialog mit mir auf Russisch weiter"

zu wehren), andererseits auch den Eltern gegenüber, da der umfangreiche Sprachunterricht für die Kinder ein beachtliches Pensum darstellt (Anastasia Dimitrovna II/S14/110). Als Begründung für die Wichtigkeit des Ukrainischunterrichts wird in begrenztem Maße der praktische Nutzen (v.a. der Möglichkeit, in der Ukrainie zu studieren o.ä.) evoziert, auf der anderen Seite die „nationale Identität" angeführt. Dieses identitäre Argument ist zirkulär: wir sind Ukrainer*innen, also müssen wir auch „unsere Sprache" können (Anastasia Dimitrovna II/S14/110: „что за человек если он не знает своего родного языка"; dt. „was ist das für ein Mensch wenn er seine Muttersprache nicht kann"). Die „eigene Sprache" ist dann nicht diejenige, die man eben spricht (die Vernakulärsprache), sondern die Standardsprache, auf die sich der Ausbau kalibriert (vgl. Ehem. Schuldirektor 2008, Auszug 4 „să păstrăm puritatea limbii materne", siehe Unterkapitel „Rumänischunterricht"). Es scheint, dass hierbei die Rechtfertigung der Sonderrolle und der Minderheitenrechte eine besondere Rolle spielt, die über die Kultivierung der Minderheitenkultur Legitimation erhält. Die Begründung der (unterschiedlichen!) Rollen und Funktionen der in der Schule gelernten Sprachen ist keinesfalls unproblematisch.

Illustrativ dafür sind die Bezeichnungen, die für die vernakuläre Varietät gewählt werden und die sprachliche Ideologien, die dem zu Grunde liegen. Die häufigsten von meinen Gesprächspartner*innen gewählten Bezeichnungen waren *диалект* (Dialekt), *родной язык* oder als Adverb, analog zu (ich spreche Ukrainisch) *по-нашему* bzw. *po-U.*[Dorfname]*ski* (siehe z.B. 5.3.3.2). Die Ukrainischlehrerin Anastasia wählte immer wieder „Nähe" als Begründung dafür, warum Ukrainischunterricht gut ankomme und den Kindern leicht falle: „работают неплохо мне нравится . украинский язык им ближе ." (I1/S5/T35; dt. „sie arbeiten nicht schlecht mir gefällt das . Ukrainisch ist ihnen näher")

Das Bestreben scheint zu sein, ein positives Verhältnis zur lokalen Varietät und den Ausbau der Standardsprache zu vereinen und nicht zueinander in Konkurrenz zu bringen (wie es im dominanten Diskurs zum Rumänischen/Moldauischen der Fall ist). In den meisten Gesprächen mit mir wurde die lokale Varietät als etwas Positives, Schönes, Pflegens- und Erhaltenswertes dargestellt und auch in offizielleren Darstellungen und Pubikationen, wie es die Formulierung „Muttersprache rein zu halten" („сохранить в чистоте родной язык") des ehemaligen Schuldirektors in einem Text über die Situation des Dorfes zeigt. Die Beschreibung der Standardsprache (als schöner oder korrekter) widersprach in ihren Bedeutungsnuancen jedoch teilweise der positiven Bescheibung der intimen Register (siehe Anastasia/I2/S17/T140/XIV, Polina/S20/T129-131 und S32/T181-182). Solche Äußerungen müssen im Zusammenhang mit einer Ideologie „sprachlicher Reinheit" verstanden werden, die einerseits in Moldova verbreitet ist (siehe 4.4), andererseits auch in der Ukraine seit der Unabhängigkeit von der Sowjetunion von Bedeutung ist (Friedman 2009:347).

Als ich Anastasia Dimitrovna, die Ukrainischlehrerin danach fragte, wie sie mit den unterschiedlichen Varietäten im Unterricht umgehe, sagte sie, „Dialekt ist gut" (I1/S4/T25), das werde auch den Kindern gesagt; die Standardsprache werde demgegenber mit Schule und Bildung assoziiert. Dies ist einerseits Ausdruck einer kategoriale Haltung zu literaten Strukturen (die durch die Standardsprache zur Verfügung gestellt werden) im Maas'schen Verständnis. Andererseits wird sie somit auch als kulturelles Kapital produziert, das einen Distinktionsprofit erlaubt. Wenn die Kinder Standard-Ukrainisch beherrschen sollen, um sich als gebildete Leute zu positionieren, bedeutet das gleichzeitig die Konstruktion einer Gruppe von Ungebildeten, die die Sprache nicht können.

> „мы стараемся перевести . у нас дети особенно мла более младших классов они . э больше используют диалект [A: эхэм .] а уже постарше они используют литературный язык поэтому на уроках обязАтельно исправление ошибок . [A: аха] речевых ошибок . ни в коем случае мы не акцентируем внимание на тО . что диалект это плОхо . (imitiert Stimme, als ob sie mit Kindern spräche) нет диалект это хорошO . он нужен но мы в шкОле мы же свами люди грАмотные . мы должны говорить на литератУрном языке [A: да] и вот эм . исправляем стараемся исправ . исправлять все речевые и стилистические ошибки."[359]

Ich hatte Anastasia Dimitrovna an dieser Stelle des Gesprächs eigentlich fragen wollen, ob die lokale Ukrainisch-Varietät auch im Unterricht verwendet würde. Als Bezeichnung für die lokale Varietät schlug sie selbst energisch „Dialekt" vor. Dieser Begriff wurde selbstbewusst verwendet und scheint nicht stigmatisiert zu sein. Vor allem die kleineren Kinder würden durchaus auch in der Schule Dialekt sprechen. Es sei Aufgabe der Ukrainischlehrerinnen den Kindern mit fortschreitendem Alter eine praktische Register- und Varietätenkompetenz beizubringen, in dem die Schule klar als Ort markiert wird, an dem Standard gesprochen werde. In der Folge sei „übersetzen" nötig (was die Assoziation verschiedener Sprachen

---

359 Dt. „wir bemühen uns zu übersetzen (.) bei uns die Kinder inbesondere die jung die jüngeren Klassen sie (.) ə: benutzen mehr den Dialekt [A: əhəm (.)] aber die Älteren verwenden schon die Literatursprache deswegen ist es unerlässlich in den Unterrichtsstunden Fehler zu berichtigen (.) [A: aha] Fehler im Gesprochenen (.) auf gar keinen Fall legen wir Aufmerksamkeit darauf (.) dass Dialekt schlecht ist (.) (imitiert Stimme, als ob sie mit Kindern spräche) nein Dialekt ist gUt (.) er wird gebraucht aber wir sind in der Schule wir sind doch alle gebildete Leute (.) wir sollten Literatursprache sprechen [A: ja] und eben (.) wir bessern aus wir bemühen uns auszu auszubessern alle sprachlichen und stilistischen Fehler"

hervorruft) und „Verbesserung von Fehlern", was eine deutlich negative Konnotation hat. Auch auf die Frage nach den Zielen des Ukrainischunterrichts wird angegeben, dass die Kinder „richtig und schön ihre Gedanken in der Literatursprache ausdrücken" (I1/S3/T11) können sollten. Gleichzeitig zeigt dieser Interviewausschnitt auch, dass die vorhandene Mehrsprachigkeit im Unterricht durchaus zwecks Optimierung herangezogen wird, u.a durch den Vergleich zum Russischen, das wegen der höheren Stundenanzahl bei den Schüler*innen teilweise weiter ausgebaut sei.

Umfragen des Helsinkikomittees (2003, Auszug 7) zufolge ist die Haltung der Eltern zum Ukrainischunterricht sehr positiv, der praktische Nutzen des Russischen sei aber deutlich größer (was ein implizites Plädoyer für die Beibehaltung des Russischen als Unterrichtssprache ist):

> „Родители поддерживают изучение родного языка и украинской истории и культуры в школе, причем более 50% опрошенных считают, что недостаточно изучать родной язык только в качестве учебного предмета. Однако родители подчеркивают, что в республике существует больше возможностей для получения дальнейшего образования и профессиональной реализации на русском языке."[360]

In der Wahrnehmung einiger meiner Gesprächspartner*innen wirkt sich der Ausbau der Ukrainisch-Repertoires seit 1990 auf die Sprachpraxis aus, so dass sich möglicher Weise langfristig ein Sprachwandel vollzieht, der auf den systematischen schulischen Ausbau der formalen Register zurückzuführen ist.

Der folgende Auszug aus dem Gespräch mit Polina ist stark durch die normative Perspektive geprägt, dass Dialekt eigentlich keine „korrekte" Sprachpraxis sei, nichtsdestotrotz wird hier die Rückwirkung der Norm, die nun gelernt wird, der Sprachausbau in ontogenetischer (Sprachausbau 2, siehe 2.1.1) Sicht und die gleichzeitige Verbreitung dieser Ressourcen innerhalb der Dorfgemeinschaft (Ausbau 3) auf den Sprachgebrauch deutlich, auch wenn die zeitliche Perspektive dieses Sprachwandels mit „decît cîndva" sehr unbestimmt ist. Die Rede ist hier von einer zunehmend „elaborierten Mündlichkeit" (Koch 2010:166).

> „vedeți elevii vorbesc deacuma . elevii și foștii elevi care au învățat limba ucraineană deoarece pînă în ă: . pînă prin anii nouăzeci . nu s-a studiat [A: da] limba ucraineană aici în sat . la școală . dar de atunci stdiind studiindu-se limba ucraineană . ăm deacuma

---

360 „Die Eltern befürworten das Lernen der Muttersprache und ukrainischer Geschichte und Kultur in der Schule, weshalb mehr als 50% der Befragten antworten, dass es nicht genug ist, die Muttersprache nur als Fach zu lernen. Gleichwohl betonen die Eltern, dass es in der Republik mehr Möglichkeiten gibt, höhere Bildung und beruflichen Erfolg auf Russisch zu erhalten."

acei foști elevi care au crescut și au copiii lor . au început să vorbească mult mai corect [A: a da] ucraineană da . deoarece au învățat au studiat-o la școală . și deacuma este un plus . [A: îhî .] și mi se pare că un în ultimul timp în mult mai bine se vorbește limba ucraineană decît cîndvA . [A: ahA .] decît cîndva cu dialectele lor"[361] (Polina/S21/T135)

Anastasia Dimitrovna (I2/S17/T122) berichtete von einem Wandel der rezeptiven Kompetenzen im Standardukrainischen:

> „молодёжь уже говорит более менее . ближе к литературному= [A: да] языку да чём особенно в таких сферах общения где они могут пообщаться . то: . действительно ощущается это и ещё мне нравится это что родители приходят и говорят смотрим украинский канал . мы многих слов не знаем а дети нам переводят . [A: аха (lächelt)] так что уже ставят их в известность . они уже знают действительно . словарные слова такие которые не всегда употребляются . и они могут поучить своих родителей"[362]

Transnationale Kooperationsbeziehungen mit ukrainischen Insitutionen

Die Pflege der Beziehungen zu ukrainischen Instiutionen ist in erster Linie für die Legitimation des Lyzeums als ukrainisches Lyzeum wichtig. In der Praxis vergrößert sie kaum die Erreichbarkeit des Ukrainischen oder dessen Reichweite (über Ausweitung der Praxismöglichkeiten), da sie sich hauptsächlich auf Ebene des symbolischen Austauschs abspielt.

Die Ukrainischlehrerin Anastasia Dimitrovna begründete die Schüler*innenaustausche etc. v.a. damit dass sie den Kindern Spaß machen würden, also zur Attraktivität und Unterhaltsamkeit des schulischen Angebots beitragen würden. Einen Beitrag zur Erreichbarkeit eines kulturellen Wissens (wenn auch nicht

---

361 Dt. „schauen Sie die Schüler sprechen inzwischen (.) die Schüler ehemalige Schüler die Ukrainisch gelernt haben denn bis in (.) bis in die 90er Jahre (.) wurde Ukrainisch hier im Dorf nicht gelernt (.) in der Schule (.) aber seit dem lernen lernen sie Ukrainisch (.) ə:m jetzt haben diese ehemaligen Schüler die auch Kinder bekommen haben (.) sie haben angefangen sehr viel korrekter Ukrainisch zu sprechen [A: a ja] ja (.) denn sie haben es in der Schule gelernt (.) und jetzt ist es ein Plus (.) [A: əhə (.)] und es scheint mir dass in letzter Zeit sehr viel besser Ukrainisch gelernt wird als früher (.) [A: ahA] als irgendwann mit ihren Dialekten"

362 Dt. „die Jugend spricht mehr oder weniger (.) nah an der Literatursprache= [A: ja] als üblich in diesen Kommunikationssphären wo sie sich unterhalten können (.) also (.) es macht sich wirklich bemerkbar und was mir noch gefällt ist das die Eltern kommen und sagen wir schauen einen ukrainischen Kanal (.) wir kennen viele Wörter nicht und die Kinder übersetzen uns (.) [A: aha (lächelt)] das heißt sie setzen sie in Kenntnis (.) sie kennen schon wirklich (.) lexikalische Wörter solche die man nicht immer gebraucht (.) und sie können ihren Eltern etwas beibringen"

direkt sprachlicher Ressourcen) leisten die Ausflüge, die die Klassen (etwa in die Ukraine) unternehmen, da Reisen für den größten Teil der Bevölkerung keine Selbstverständlichkeit ist (Anastasia Dimitrovna II/S22-23). Hierbei spielt, wie bei der Erreichbarkeit sprachlicher Ressourcen, das Fernsehen eine große Rolle, um das Gesehene, auch in seinem kulturellen Distinktionspotential, zu verorten: die Kinder sähen dort die Sehenswürdigkeiten wieder, die sie selbst live gesehen haben, was nachträglich den Wert des Ausflugs steigern würde.

Materielle Unterstützung von ukrainischen Institutionen war vor allem in der Anfangsphase wichtig, als es für den Ukrainischunterricht noch kein didaktisches Material gab, welches mittlerweile in Chișinău zentral hergestellt wird, ist aber seit dem gering.[363]

„Fremdsprachenunterricht"

In der 2. Klasse müssen die Schüler*innen sich für Englisch oder Französisch als Fremdsprache entscheiden.[364] Auf Grund der geringen Schüler*innenzahl und daraus resultierenden Einzügigkeit der Klassen legt die Wahl der Mehrheit die Fremdsprache für alle Schüler*innen fest (Weirich 2016c). Beide Sprachen zu lernen, ist ausschließlich im geisteswissenschaftlichen Profil der Oberstufe möglich, wie an russischsprachigen Lyzeen ohne Ukrainischunterricht (Ministerul Educației al Republici Moldova 2015:44). Nicht in jedem Jahrgang aber gibt es ein geisteswissenschaftliches Profil. Die Mehrheit der Schüler*innen in U. entscheidet sich in der zweiten Klasse für Englisch. Dies ist einerseits Ausdruck

---

363 In der Republik Moldova wurden seit 1996 mit Unterstützung der Weltbank Bücher ausgearbeitet (Никитченко 2008:68). In einem Zeitungsartikel von Januar 2008 wurde im Zusammenhang mit dem Besuch des ukrainischen Botschafters über die ukrainische Unterstützung für die Schulen berichtet. „По инициативе президента В. Ющенко в Украине принята программа поддержки зарубежных украинцев в области образования и культуры, в рамках которой оказывается материальная помощь многим учебным заведениям компьютерной техникой, дидактическими материалами и другими." (dt. „Auf Initiative des Präsidenten V. Juščenko in der Ukraine wurde das Programm zur Unterstützung der Auslandsukrainer im Bereich Bildung und Kultur gestartet, im Rahmen dessen materielle Hilfe in Form der Einrichtung von Computertechnik, didaktischem Material und anderem gegeben wird.")

364 Diese Wahl besteht nicht an allen Schulen: an manchen Schulen isb. auf dem Land, wird nur eine Fremdsprache angeboten (und dies ist häufig Französisch), auch wenn gesetzlich festgelegt ist, dass Eltern die Einführung einer anderen Sprache fordern können, sofern es die materiellen und personellen Kapazitäten der Schule erlauben (Turcan 2013:169).

davon, dass die Rolle der Schule als Vorbereiterin auf die sprachlichen Verhältnisse in Moldova (und nicht etwa auf die Migration, die für viele eine Realität ist oder werden wird, siehe 5.1.3.2) und den dortigen Bildungs- und Arbeitsmarkt nicht nur von der Schulpolitik selbst so gesehen und betrieben wird, sondern auch von den Eltern und Schüler*innen (siehe Weirich 2016a).

Die Englisch- und Französischlehrerin Iolanda (T17) erklärte diese Wahl mit der schwierigeren Erreichbarkeit des Englischen im Vergleich zum Französischen, das mit dem Rumänischen verwandt und darüber erreichbar sei.[365] Diese sprachliche Nähe zwischen Französisch und Rumänisch stellt sich jedoch nur für die wenigen als Vorteil dar, die tatsächlich über anknüpfungsfähige Rumänischressourcen verfügen. In der Schilderung der Französischlehrerin Elizaveta Alexandrovna sind das v.a. die Schüler*innen mit mindestens einem moldauischen Elternteil. Beispiele für Erfolge in und Interesse am Französischen gibt es, sie scheinen aber eher eine Frage individueller Interessen und Möglichkeiten. So hatte die Tochter eines der Lider ein ausgeprägtes Interesse am Französischen (und die notwendigen materiellen Möglichkeiten) und strebte ein Übersetzer*innenstudium in Paris an. Das Französische in Moldova ist damit gleichzeitig Beispiel für prestigereiche als auch migrationsbedingte Mehrsprachigkeit.

Diese geringe Nachfrage nach Französischunterricht wirkt sich direkt auf die Kommodifizierbarkeit von Französischkenntnissen im Rahmen des Lehrer*innenberufs in U. aus. Hierzu äußerte sich die Englisch- und Französischlehrerin Iolanda, für die auf Grund der personellen Ausstattung der Schule 2012 keinerlei Französischstunden mehr blieben, so dass sie ausschließlich Englisch unterrichtete. Umgekehrt ist es so, dass die Tatsache, dass an den Unis nicht Französisch allein, sondern im Rahmen eines allgemeinen Fremdsprachenunterrichts z.B. in Kombination mit Englisch studiert werden muss, sich nachträglich beruflich als Glücksfall erweisen kann, da dieses Zweitfach auf dem Arbeitsmarkt für Fremdsprachenlehrer*innen sehr viel besser kommodifizierbar ist.[366]

5.1.4.5 Die Schule als kulturpolitischer Akteur

Im Abschnitt „Sprachpolitische Akteur*innen und Personalstruktur" habe ich bereits auf die herausragende kulturelle Bedeutung des Lyzeums hingewiesen. Die

---

365 Dies gilt auch als Erklärung dafür, dass das Moldova im intersowjetischen Vergleich ein Zentrum des Französisch-Lernens und Lehrens ist (Turcan 2013:164).
366 Vgl. auch das Beispiel einer der Englischlehrerinnen an der Militärakademie (Weirich 2014).

„außerschulischen Aktivitäten" (rum. *activități extrașcolare*, russ. *внеклассная работа*) sind offizieller Teil des Kurrikulums.[367] Die Wettbewerbsdimension dieser kulturellen Aktivitäten und Aufführung nachzuvollziehen, ist sowohl wichtig, um das moldauische Schulsystem zu begreifen, als auch individuelle Biographien und Erfolgsgeschichten. Schulolympiaden und andere Formen des interschulischen Vergleichs spielten in den Interviews (auch im Call-Center) immer wieder eine Rolle. Aus Sicht der Schule geht es dabei einerseits um die individuelle Förderung von Kindern, andererseits aber auch um die Außendarstellung der Schule. Dies ist sicherlich kein Alleinstellungsmerkmal des Lyzeums im Dorf U., sondern tief in der moldauischen Bildungs- und Schulkultur verankert und so ähnlich auch in anderen Schulen des postsowjetischen Raums zu beobachten.[368]

Die Olympiaden, die auf verschiedenen politisch-administrativen Ebenen (im Raion, auf nationaler Ebene) abgehalten werden, werden in Presseberichten, im Bericht des moldauischen Helsinkikomittees, aber auch in den Interviews breit rezipiert und dienen als Beweis für den Erfolg der Schüler*innen und darüber auch der Qualität der Schule. Im folgenden Artikel des ehemaligen Schuldirektors werden diese Erfolge herangezogen, um die Belastung der Schüler*innen durch die zahlreichen unterrichteten Sprachen zu rechtfertigen (die als Herausforderung, aber auch als Notwendigkeit angesehen werden):

> „Данная нагрузка хорошо воспринята и учащимися и их родителями. Ее жизнеспособность доказывают и достигнутые успехию. Так на районных олимпиадах по языкам наши учащиеся практически ежегодно занимают призовые места или получают благодарности."[369] (ehenmaliger Schuldirektor, 2007, Auszug 5)

Im Bericht des Helsinkikomittees (2003, Auszug 8) werden sie als Zeichen für die Motivation der Schüler*innen gewertet, die „Muttersprache" zu lernen:

> „Учащиеся среднего и старшего звена осознанно и мотивированно изучают родной язык. Стало хорошей традицией представление старшеклассниками

---

367 Es sind acht Stunden pro Woche und Jahrgangstufe I-IX, bzw. vier in X-XII vorgesehen. Zur nicht extensiven Liste der Aktivitäten zählen Tanz, Orchester, Chor, angewandte Dekorationskunst, Design, Blumenarrangements, Handwerk, Malerei, Grafik, Forschung (Minsterul a Educației 2015:8, 32).
368 Anastasia Dimitrovna (I2/S29/T266/XXI) berichtete das auch über ihre eigene Schulzeit bzw. sich selbst als Schülerin (siehe 5.2.2.1).
369 Dt. „Diese Belastung wird sowohl von den Schülern als auch den Eltern gut aufgenommen. Ihre Vitalität zeigt auch die erreichten Erfolge. So belegen praktisch jährlich unsere Schüler bei den Raions-Olympiaden in Sprachen vorderen (Preis-) Plätze oder erhalten Auszeichnungen."

[Hauptstadt des Raions, anonym.]ского района, и в частности, учащимися [U. Anonym.]ской средней школы, собственных произведений на родном языке на Республиканской олимпиаде по украинскому языку и литературе. Ежегодно воспитанники школы становятся призерами Республиканской олимпиады по украинскому языку и литературе."[370]

Im Schulvergleich wird nicht nur das Abschneiden einzelner Schüler*innen betrachtet, sondern dasjenige der Schule. Im Raionporträt (2007:356) wird erwähnt, dass die Schule im Gesamtvergleich immer einen vorderen Platz bei den Olympiaden einnimmt:

> „Școala […] nu a coborît niciodată in acest răstimp mai jos de locul trei în topul instituțiilor de profil din raion. Anul acesta ocupat locul III general la olimpiada raională pe obiecte și locul III în republică în privința calității cunoștințelor demonstrate la examenele de bacalaureat."[371]

In meinem Vorbereitungsgespräch mit der Direktorin verwies sie auf die „guten Resultate", die die Schule vorweisen würde und zog als Beleg den vierten Platz beim Abschneiden der Schüler*innen bei den Raion-Olympiaden im Schulvergleich heran: „ну и результаты хорошие . допустим наш лицей в этом году занял четвертое место в районе по результатам олимпиады среди школьников."

Die Ukrainischlehrerin Anastasia Dimitrovna (I1/S33/336) erklärte mir die Bedeutung dieser Wettbewerbe mit dem Prestige der Schule, aber darüber hinaus auch mit dem Nutzen für die Kinder, die dabei ihre praktischen Fähigkeiten, den freien Umgang mit sprachlichen Ressourcen schulen würden und das teiweise mehr, als es im reinen Unterricht möglich sei. Im Zusammenhang mit dem Rumänischunterricht in der Schule führte sie auch die regionalen und nationalen Schulwettbewerbe als Sprechanlass und Kommunikationssphäre für das Rumänische/Moldauische an (I2/S30/277).

---

370 Dt. „Die Schüler der mittleren und älteren Gruppen lernen bewusst und motiviert die Muttersprache. Es ist zu einer guten Tradition geworden, dass die älteren Klassen des [Raions, anonym.], darunter auch diejenigen aus [U., anonym.] ihre eigenen Stücke in der Muttersprache bei der republikanischen Olympiade in ukrainischer Sprache und Literatur vortragen. Jedes Jahr gewinnen die Schüler Preise bei der republikanischen Olympiade in ukrainischer Sprache und Literatur."

371 Dt. „Die Schule […] ist in dieser Zeit niemals tiefer als auf Platz drei in der Rangliste der Institutionen mit Profil abgestiegen. Dieses Jahr hat die Schule Platz drei insgesamt bei der Raions-Olympiade nach Fächern belegt und Platz drei in der Republik hinsichtlich der Kenntnisse, die bei den Abiturprüfungen gezeigt wurden."

Als konkrete Auszeichnung für großen Erfolg bei den Olympiaden werden z.B. Studienplätze vergeben (Polina/S39/T212). Diese Preise gewinnen jedoch nur die Sieger*innen. Diese Art von Leistungsvergleich gehört selbstverständlich zum moldauischen Schulleben dazu. Zweifellos ist das ständige Üben und Proben mit einem großen Leistungsdruck verbunden, auch wenn die schulische Atmosphäre bestärkend und unterstützend ist. Polina (S11/76/XXXI-XXXIII) sprach zwar über schwierige Lernbedingungen auf dem Land, verknüpfte dies aber mit dem Leistungsdiskurs, indem sie bescheinigte, dass leistungswillige Schüler*innen auch unter diesen Bedingungen Erfolge zeigen könnten und erhebt diese damit implizit zum Ideal.

Neben den Olympiaden, bei denen es um Leistungen in den etablierten Schulfächern geht, gibt es noch eine große Anzahl bereits erwähnter weiterer außerschulischer Aktivitäten, vom Theater- bis hin zum Schönheitswettbewerb (Anastasia Dimitrovna/S32/T297), so dass ständig irgendeine Aufführung in Vorbereitung ist (in den zwei Wochen, die ich in U. verbrachte, lief z.B. außer dem Theaterkontest noch die Vorbereitung für das *festivalul raional al copiilor*, an denen auch die Rumänischlehrerin Polina beteiligt war). Institutionell und räumlich findet das auch darin Ausdruck, dass die Schule einen großen Theatersaal hat und eine spezielle Beauftragte, die für die *внеклассная работа* zuständig ist (die Vizedirektorin).

5.2 Ukrainischlehrerin Anastasia Dimitrovna

Zur Orientierung: Anastasia Dimitrovna ist als Ukrainischlehrerin die legitime Sprecherin des Ukrainischen im Dorf U. par excellence und auf Grund ihrer Position als angesehener Lehrerin eine entscheidende Instanz für die (Re)Produktion der sprachlichen Verhältnisse und ihrer Repräsentation im Dorf. Sie praktiziert die intimen Register der lokalen Varietät des Ukrainischen, hat aber auf Grund einerseits eines Studiums in der Ukraine und andererseits der ukrainischen Philologie als Fach ausgebaute Ukrainischregister. Gleichzeitig verfügt sie durch familiär bedingte Mehrsprachigkeit, ihr Studium und die regelmäßige Praxis im Arbeitsalltag über ausgebaute Ressourcen des Russischen, welches ihr auch als Vehikularsprache in halböffentlichen und öffentlichen Situationen außerhalb des Dorfes dient. Die auch für ihren Arbeitsalltag immer wieder notwendigen Ressourcen in der Staatssprache fehlen ihr jedoch. In Bezug auf die letzten beiden Aspekte ist ihr sprachliches Repertoire typisch für dasjenige einer Akademikerin der Generation über 40 im Dorf U., deren Schulbesuch in die Zeit der Sowjetunion fiel. Ihre sprachliche Berufsbiographie wurde entscheidend von den politischen Umbrüchen Anfang der 90er Jahre beeinflusst, da sie ihr den Weg an eine moldauische Universität versperrten und sie statt dessen veranlassten, in der Ukraine zu studieren. Damit ist sie gleichzeitig eine von aktuell nur drei Personen im Dorf, die ihren Lebensunterhalt wesentlich durch die Kommodifizierung ihrer Ukrainischressourcen verdienen.

5.2.1 Situierung des Interviews und Übersicht über den Gesprächsverlauf

Mit Anastasia Dimitrovna, der Ukrainischlehrerin für die älteren Klassen, habe ich zwei aufgezeichnete Gespräche geführt. Das erste fand im Anschluss an ihren Unterricht in der Schulbibliothek statt und dauerte nur ca. 15 Minuten. Im Rahmen dieses Gesprächs verabredeten wir uns auch für ein längeres Interview außerhalb der Schule (I1/S9), welches schließlich eine Woche später, an einem sonnigen 1. Mai, bei der Bibliothekarin Tanja zu Hause auf der Terrasse stattfand.

Das erste Interview fand unter Zeitdruck und mit unterschiedlichen Erwartungen bei den beiden Gesprächspartnerinnen statt. Meine eigene Unsicherheit zu Beginn des Forschungsaufenthaltes beeinflusste das Gespräch u.a. in sprachlicher Hinsicht. Wenn ich Probleme hatte, Fragen zu formulieren, war Anastasia Dimitrovna sehr kooperativ und begegnete mir in ihrer professionellen Rolle als Lehrerin, indem sie mir bisweilen beim Formulieren der Fragen half und sehr deutlich sprach. An einigen Stellen schaltete sich auch Tanja ein, die zeitweise anwesend war. Das Gespräch fand in einer quasi-öffentlichen Situation statt, da die Bibliothek jederzeit von Schüler*innen betreten werden konnte.

Der thematische Verlauf des ca. 15 Minuten langen Gesprächs war wie folgt: zunächst schilderte die Ziele des Ukrainischunterrichts in den von ihr unterrichteten Klassen (I1/S3). Im Anschluss ging es um Transfer und Vergleich zwischen Russisch, Ukrainisch und Dialekt (I1/S4), danach sprachen wir über die Praxis des Standardukrainischen (I1/S5) und insbesondere das Fernsehen, schließlich über die persönlichen und institutionellen Beziehungen in die Ukraine (I1/S7). Das Gespräch schloss mit unserer Verabredung für einen späteren Zeitpunkt zu einem ausführlicheren Gespräch.

Die Rahmenbedingungen des zweiten Gespräches unterschieden sich davon deutlich, da die örtlichen Gegebenheiten zur Entstehung einer informelleren Situation beitrugen und wir deutlich mehr Zeit hatten. Das Gespräch fand am schulfreien 1. Mai statt, Anastasia Dimitrovna kam trotzdem aus der Schule, weil dort die Gymnasial- und Lyzeums-Abschlussklassen fotografiert worden waren (I2S1), in der auch sie unterrichtete. Sie traf deswegen ein wenig gehetzt ein und gegen Ende des Gesprächs mahnte Tanja zum Aufbruch (I2S40), da wir zu den 1.Mai-Feierlichkeiten der Feldbrigade eingeladen war, in der Tanja zwecks Hinzuverdienst manchmal aushalf. Anastasia Dimitrovna hatte eine bessere Vorstellung als beim ersten Gespräch, wie das Gespräch ablaufen würde. Ich selbst war inzwischen deutlich sicherer, kannte nach einer Woche die Situation in Schule und Dorf schon etwas besser, hatte mich eingehört und kommunizierte flüssiger.

Anastasia Dimitrovna regte eigene Thematisierungslinien an, z.B. indem sie einen Sammelband über Ukrainer*innen in Moldova mitbrachte, in dem sie auch selbst einen Artikel veröffentlicht hatte (S2, S18, S20). Im Anschluss an diese Thematisierungslinie sprach sie über das Politprojekt, gewisse Fächer in Ukrainisch zu unterrichten (S3 und 5). Hiernach befragte ich sie zu unterschiedlichen Aspekten ihrer Sprachbiographie und ihres Studiums (S6–S12, S19). In S13–17 (sowie S30) sprachen wir über die Rolle des Ukrainischunterrichts und den Ausbau der Ukrainischressourcen im Dorf. Nach einem Fokuswechsel durch Tanja lenkte ich das Gespräch zu Anastasia Dimitrovnas Sprachbiographie zurück und wir unterhielten uns über ihre Rumänischressourcen und deren Relevanz im Alltag (S26 und 27) und ihre Russischressourcen. Ab S18 beteiligte sich Tanja in verstärktem Maße am Gespräch und thematisierte ihren Eindruck von Anastasia Dimitrovnas Sozialkompetenz als Lehrerin (S21), die Erinnerung an die eigene Schulzeit im Zusammenhang mit der Rolle von Ausflügen (S23) und Schulaufführungen und die außerschulischen Aktivitäten (S31–36).

In beiden Gesprächen fällt der Aspekt der Sprachwahl auf: während wir das Hauptgespräch auf Russisch führten, wurde recht schnell zu Ukrainisch gewechselt, sobald sich Tanja einschaltete und an Anastasia Dimitrovna wendete, was sie in beiden Gesprächen immer wieder tat (I1/S8, I2/S2, I2/S4, I2/S16, I2/S32, I2/S36, I2/S37)). Tanjas Interventionen sind aber auch aufschlussreich im Hinblick auf die Haltung Anastasia Dimitrovnas zum Gespräch: zwar beantwortete sie alle meine Fragen ausführlich und auch recht direkt, es war aber auch eine freundliche formelle Distanz spürbar und sie war auf eine realistische, aber positive Darstellung der Schule und ihrer Aktivitäten gegenüber einer fremden Wissenschaftlerin bedacht. Dies fällt insbesondere im Vergleich zu Tanja auf, die immer wieder scheinbar recht unzensiert ihre Meinung zu bestimmten Themen kundtat und damit Anastasia Dimitrovna in die Bredouille brachte.

5.2.2 Rekonstruktion der Sprach- und Berufsbiographie

Anastasia Dimitrovna wurde Mitte der 70er Jahre im Dorf U. geboren, wo auch ihr Vater aufgewachsen war. Ihre Mutter ist qua Nationalität Russin und in einem anderen Ort geboren, aber in den Jahren 1974/75 in relativ jungem Alter aus einem Ort im Nordosten Moldovas ins Dorf U. gekommen. Anastasia Dimitrovna hat 1991 in U. die neunjährige Mittel-Schule („Средняя школа") abgeschlossen, in der zu diesem Zeitpunkt die Unterrichtssprache Russisch war und Ukrainisch als Fach gerade eingeführt worden war (siehe Übersicht in Kapitel 5.1.4.3 „Geschichte des Lyzeums und politische Veränderungen") und ist zum Studium bzw. zur Ausbildung als Grundschullehrerin an eine pädagogische Hochschule nach

Berdjansk in der Ukraine gegangen. Auf Grund ihres ersten Abschlusses war sie „allgemeine Grundschullehrerin", aber Teil der Ausbildung waren die Spezialisierungen „Unterricht in Ukrainischen Schulen" und „Ukrainischunterricht in russischen Schulen". Nach dieser Ausbildung ging sie nach U. zurück und begann dort an der Schule als Grundschullehrerin zu arbeiten und in den Grundschulklassen (I–IV) Ukrainisch zu unterrichten. Nach verschiedenen Weiterbildungen in Odessa wurde sie auch in den höheren Klassen eingesetzt (zum Zeitpunkt des Interviews unterrichtete sie in den Klassen 7, 9, 10, 11 und 12). Dies war für sie zunächst Herausforderung und Umstellung (I2/S11/101„перекинули на пятый шестой класс"/dt. „ich wurde in die fünfte und sechste Klasse geschmissen"), sie fand dann aber Gefallen daran. Durch die Bedarfslage an der Schule und ihre eigenen sich wandelnden Interessen hat sie dann parallel zu ihrer Arbeit ab 2004 noch ein Fernstudium in ukrainischer Philologie in Bălți, der „nördlichen Hauptstadt" Moldovas absolviert, so dass sie nun zwei pädagogische Hochschulabschlüsse hat (I2/S6/64) und unterrichtete nun ausschließlich die höheren Klassen in Ukrainisch. Anastasia Dimitrovna inszenierte sich als passionierte Lehrerin aus Überzeugung, die in ihrer Arbeit aufging und wurde im Kollegium als ebensolche Lehrerin wahrgenommen, die außerdem eine außergewöhnliche Verbindung zu den Kindern und Jugendlichen hatte (I2/S21).

5.2.2.1 Familiäre Mehrsprachigkeit

Dass sie selbst familiär zweisprachig (mit Russisch und Ukrainisch) aufgewachsen war, stellte Anastasia Dimitrovna als ungewöhnlich dar. Die ausgebauten Russischressourcen waren für sie vor allem in der Schule ein Vorteil, wo dies die offizielle Unterrichtssprache war, mit der viele ihrer Mitschüler*innen in solchem Umfang erst in der Schule konfrontiert waren. Für Anastasia Dimitrovna bedeuteten aber keineswegs die Russischressourcen alleine eine überdurchschnittliche Reichweite ihres Repertoires, sondern eben die Mehrsprachigkeit, denn „Dialekt" zu sprechen, war für sie und ihre soziale Position in der Klasse und im Dorf unerlässlich. Der folgende Interviewausschnitt (I2/S28-29/T259-270) dokumentiert ihre Schilderung dessen, was es für sie in ihrer Schulzeit bedeutete, ausgebaute Russischkenntnisse zu haben.

Tabelle: Anastasia I2/S28–29/T259–270

I	Frage	A: да . а вы сама в семье говорили на украинском	A: ja . und Sie haben selbst in der Familie Ukrainisch gesprochen
II	Begründung der Frage/Bezug auf zuvor Gesagtes	поскольку вы сказали что мама не отсюда .	insofern sie sagten, dass die Mutter nicht von hier ist .
III	(vorangestellte Begründung der Antwort VI)	B: э: . фактически моя мама русская по национальности	B: äh . faktisch ist meine Mama Russisch von der Nationalität her
IV	Einschränkung	но: - она с семьдесят четвёртого с семьдесят пятого года она здесь	aber - sie ist seit dem Jahr 74/75 hier
V	Argument	и поэтому уже перешла на этот язык	und deswegen ist sie schon zu dieser Sprache übergegangen
VI	Antwort auf Frage (I)	но в семье у нас говорили и на диалекте и на чисто русском языке	aber in der Familie bei uns sprachen wir sowohl auf Dialekt als auch in sauberer russischer Sprache
VII	Nachfrage	A: ахA . ыхы . и это было что-то особенно или это так многие	A: ahA . əhə . und das war etwas Besonderes oder war das so bei vielen
VIII	Verneinung (Anakoluth)	B: ну фактически к рус . э: . говорить на русском языке это было нечто особенное [A: аха]	B: naja faktisch beim russ . ə: . in russischer Sprache sprechen das war nichts Besonderes [A: aha]
IX	Präzisierung/ Einwand	хотя в школе это требовали	obwohl das in der Schule gefordert wurde
X	Präzisierung/ Gegenthese	но тем не менее чисто русским языком владели очень . очень очень мало народу	aber trotzdem sauber auf Russisch haben sehr wenige gesprochen . sehr sehr wenige Leute
XI	Rückmeldung/ Bestätigung	A: аха . хорошо .	A: aha . verstehe .
XII	Präzisierung der Gegenthese, Beispiel	B: э: на уроках ещё старались более менее этим владеть	B: ə: im Unterricht haben sie sich noch mehr oder weniger bemüht

XIII	Gegenbeispiele	но на переменах мы общались исключительно на диалекте	aber in den Pausen haben wir ausschließlich im Dialekt geredet
XIV	Formulierungs-schwierigkeiten	A: (lacht) да . и эм . а с эм . а это эм э - ой эм это есть	A: (lächelt) ja . und əm . und mit əm . und das əm ə: - ui əm das ist
XV	Umschreibung mit Hilfe eines Beispiels (und Bezug auf S27/256)	это бывало как сегодня вы например что-то спро спросить люди которые . эм . хорошо владеют румынский язык что вы в детстве ка .	das kam vor wie heute Sie zum Beispiel Leute[372] etwas gefra gefragt haben, die . əm . gut Rumänisch sprechen, dass sie in der Kindheit
XVI	(suggestive) Frage	ка кто-то вам что-то спросил потому что вы хорошо знали русский язык что у вас была . такая специальная - позиция говори . э:	jemand sie etwas gefragt hat, weil sie gut Russisch konnten, dass Sie so eine . spezielle . Position hatten, weil sie sprachen . ə:
XVII	Resümee	B: ну фактически я общалась на русском языке там где это было надо [A: ыхы]	B: also faktisch unterhielt ich mich da auf Russisch wo es sein musste [A: əhə]
XVIII	nachgestellte Apposition	на уроках .	im Unterricht .
XIX	Einschränkung (Konsekutivsatz Anakoluth)	а так чтобы[373] . все знали что я знаю его	aber so dass . alle wussten, dass ich es kann
XX	(Anakoluth) Beispiel	потому что действительно когда . вот приходили гости в школу всё	weil in der Tat wenn . also Gäste in die Schule kamen

---

372 Im Russischen haben ich hier irreführender Weise den Nominativ („люди") benutzt, an Stelle des Dativs („людям").

373 Der Konsekutivsatz wurde hier unterbrochen und bezieht sich nicht auf das Ziel, dass alle wissen sollten, dass sie Russisch kann. Dies wird nach Abbruch des Konsekutivsatzes als Tatsache eingeführt.

XXI	abgemilderte Zustimmung zur Frage	я тоже была такой активисткой выступала и как . ученица и как это то знали что я знаю	ich war so eine Aktive trat auf auch als . Schülerin und so wussten sie auch dass ich das kann
XXII	Gegensatz	но . в общении со своими одноклассниками со своими друзьями я не козыряла этим [A: аха]	aber . in der Unterhaltung mit meinen Klassenkameraden mit meinen Freunden habe ich mich damit nicht gebrüstet [A: aha]
XXIII	Resümee und Aktualisierung Argument	B: то есть надо я говорю на: . на русском [A: аха] э: можно говорить на на своём диалекте значит говорю на своём диалекте	B: das heißt wenn es sein muss spreche ich auf . auf Russisch [A: aha] ə: wenn ich in in meinem Dialekt sprechen kann heißt das ich spreche auf meinem Dialekt
XXIV	suggestive Frage nach Gründen	A: ыхы . это вам было удобнее да	A: əhə . das war für Sie bequemer ja
XXV	Bejahung	B: да . [A: (lacht) да]	B: ja . [A: (lacht) ja]
XXVI	Begründung	B: э: стараюсь говорить с людьми так чтобы они меня понимали (lächelt)	B: ə: ich bemühe mich mit den Leuten so zu sprechen, dass sie mich verstehen (lächelt)

Diese Sequenz ist einerseits aufschlussreich für die familiäre Sprachpraxis, bzw. deren Repräsentation, andererseits hinsichtlich der Überlegungen Anastasia Dimitrovnas zum Distinktionswert von Russischkenntnissen in ihrer Schulzeit, bzw. deren sozialer Reichweite (wenn es um Anerkennung geht).

Den Sequenzbeginn markiert meine suggestive Frage, ob in ihrer Familie Ukrainisch gesprochen worden wäre, wo doch ihre Mutter nicht aus dem Dorf gewesen sei.[374] Implizit verbarg sich dahinter die Vermutung, dass die Mutter möglicher Weise kein oder anderes Ukrainisch gesprochen hätte als die im Dorf verbreitete Varietät. Die Frage wird mit der Kontrastierung von „Dialekt" und „sauberem Russisch" als Familiensprachen beantwortet. Als dieser Antwort

---

374 Der Vater der Mutter habe sechs Sprachen gesprochen, lobte Anastasia Dimitrovna ihn im Kontext der Beschreibung der Lehrer*innen-„Dynastie" in der Familie (S22/200/II), erklärte aber weder, welche, noch ob diese in der familiären Alltagskommunikation eine Rolle gespielt haben (siehe 5.2.2.4).

vorangestellte Erklärung dienen die Aussagen, dass die Mutter erstens schon Mitte der 70er (also ungefähr in der Zeit, als Anastasia Dimitrovna geboren wurde) nach U. gekommen sei, zweitens, dass sie den lokalen Dialekt durchaus gesprochen habe. Ihre exakte Formulierung lautet hier „перешла на этот язык" (dt. „sie ging zu dieser Sprache über"), was sich ein wenig so anhört, als habe die Mutter die Sprache gänzlich gewechselt (und das Russische aufgegeben). Wäre dies der Fall gewesen, würde sich aber ja hierdurch die zweisprachige Praxis in der Familie nicht begründen lassen. Dieser Gegensatz wird durch die konzessive Konjunktion „но" (dt. aber/jedoch) markiert. Es ist aus dieser Sequenz nicht erkennbar, welchen Prinzipien die familiäre Zweisprachigkeit folgte, sondern nur, dass Anastasia Dimitrovna zu Hause sowohl die lokale ukrainische Varietät als auch das Russische erlernte. Mit „reinem Russisch" sind möglicher Weise im Kontrast zur ukrainischen Nähesprache formelle Register gemeint. Möglicher Weise handelt es sich aber auch um intime aber nicht regional markierte Register und eine Idealisierung der Russischpraxis in diesem Gespräch.

Auf meine Rückfrage, ob diese Russischressourcen denn etwas Außergewöhnliches gewesen seien, nahm sie (in VIII) zunächst meine Formulierung mit „особенное" auf (korrigierend, da ich nicht das Adjektiv im Neutrum verwendet hatte, sondern das Adverb) und antworte, dass es faktisch nichts Besonderes gewesen sei, Russisch zu sprechen. Sie differenzierte die Aussage aber anschließend (x), bzw. korrigierte sich, dass zwar in der Schule alle Russisch gebraucht hätten, aber nichts desto trotz („тем не менее") „sauber auf Russisch" („чисто русским языком") nur sehr wenige Leute gesprochen hätten, wobei die Mengenangabe „sehr wenig" durch die dreifache Wiederholung von очень (dt. „sehr") stark betont ist.

Ihre Beschreibung der Sprachpraxis im Schulalltag zeigt die Funktion des Russischen als Unterrichtssprache und formelles Register (XII/XIII), während in informellen Situationen, wie Privatgesprächen in den Pausen zwischen den Unterrichtsstunden, alle ausschließlich Dialekt gesprochen hätten. Die Formulierung in XII und insbesondere die Verbform „старались" (dt. „sie bemühten sich") deutet darauf hin, dass Russischsprechen eine Anstrengung bedeutete und die Praxis hinter den Ansprüchen zurückblieb. Es ist hieraus zu schließen, dass auf Grund der Russischpraxis in der Familie für Anastasia Dimitrovna die formellen Russischregister leichter erreichbar waren, als für viele ihrer Klassenkamerad*innen, doch Sprache der Nähe war es nicht. D.h. die für die Schülerin nicht minder wichtige soziale Funktion der Inklusion und der Interaktion übernahm das Ukrainische. Diese Haltung kommt auch im übernächsten Turn zum Ausdruck, wo Anastasia Dimitrovna wiederholt, dass sie Russisch immer dann gesprochen hätte, wenn es nötig gewesen sei, aber im Prinzip nicht freiwillig. Nachdem sie ihre Rolle als Schülerin mit ausgebauten Russischkenntnissen auf meine Rückfrage hin umschrieben hatte, aktuaklisierte sie die Aussage schlussfolgernd („то есть") noch einmal für die Gegenwart im Präsens: „то есть надо я говорю на: . на русском [..] э: можно говорить на на своём диалекте значит говорю на своём диалекте." (XXIII)

Das Russische ist hier als Distinktionsmerkmal eine Ressource, welche von ihr als Schülerin u.a. bei Aufführungen und schulischen Sonderereignissen (hier: wenn Gäste kommen) nachgefragt wurde; um hierfür tatsächlich Anerkennung zu bekommen, sind gleichzeitig die intimen Register des Dialekts nötig. An die knappe Erklärung ihrer Rolle als Ausnahmeschülerin fügte sie unmittelbar die Bescheidenheit suggerierende Einschränkung ein, dass sie sich damit nie gebrüstet habe („со своими одноклассниками со своими друзьями я не козыряла этим", XII).[375] Dies impliziert aber, dass ausgebaute Russischkenntnisse durchaus einen Distinktionswert hatten. Anastasia Dimitrovna betont hier (XXII) also ihre eigene Bescheidenheit. Dies legt die Vermutung nahe, dass Distinktionsgewinne im Dorf durch formelle Register die in-group-Position gefährden würden.

Als entscheidendes Motiv für die Sprachwahl nannte sie zur Abrundung der Sequenz die Interkomprehension, was ein Hinweis darauf sein könnte, dass Russischkenntnisse im Dorf und in der Schule nicht so verbreitet sind, dass hierdurch problemlose Kommunikation möglich wäre, sondern Ukrainisch die kommunikativen Zwecke besser erfüllt. Wie weit ausgebaut die Russischkenntnisse ihrer Interaktionspartner*innen tatsächlich waren und sind, ist nicht zu verifizieren. Die Sprachwahl hängt in erster Linie von der Situationsadäquatheit ab. Selbst wenn sie auch in Russisch verstanden würde, wäre das den Interaktionen außerhalb des Unterrichts nicht angemessen. Ihre positive Einstellung zu „ihrem Dialekt" ist sicherlich mit ihrer Rolle als Ukrainischlehrerin verbunden, in der sie entscheidenden Einfluss darauf hat, wie das Ukrainische und der Dorfdialekt von den Schüler*innen wahrgenommen werden.

5.2.2.2 Rumänisch-Aneignung

Anastasia Dimitrovna konstatierte eine Notwendigkeit des Rumänischen, die sie aber mit seiner schlechten Erreichbarkeit kontrastierte. Dieser Gegensatz war in den Jahren der Umgestaltung des sprachlichen Marktes durch neue Sprachgesetze besonders groß, weil hierbei in einigen Bereichen das Rumänische

---

375 „Козырь" bedeutet „Trumpf", so dass „я не козыряла этим" wohl am ehesten mit „ich habe damit nicht aufgetrumpft" (freier: „geprahlt") übersetzt werden kann.

unmittelbar verpflichtend wurde, während das Erreichen einer Sprache und insbesondere der formellen Register Zeit in Anspruch nimmt. Diese Konstellation beeinflusste die beruflichen Entscheidungen Anastasia Dimitrovnas nachhaltig, da sie zur Umgehung der obligatorischen Eingangsexamen in Rumänisch in Moldova ein Studium in der Ukraine aufnahm.

Tabelle: Anastasia I2/S6/58–64

I	Bejahung[376]	B: нужно .	B: braucht man .
II	Betonung der Bejahung	конечно нужно .	natürlich braucht mans
III	Betonung und Präzisierung der Bejahung	везде	überall
IV	Präzisierung	и нам нужно его знать в совершенстве .	und wir müssen es richtig können .
V	Beispiel	я например тоже понимать понимаю а говорить - чисто (lächelt) только такие бытовые фразы	ich zum Beispiel verstehen versteh ich auch - aber reden - sauber (lächelt) nur so alltägliche Sätze
VI	Nachfrage	A: да а вы . не . а вы изучили в школе или .	A: ja und Sie . haben nicht . sie haben nicht in der Schule gelernt oder .
VII	Antwort (mit sprachlicher Korrektur der Frage)	B: да учила в школе - [A: ыхы .]	B: ja in der Schule gelernt *prefabs* [A: әhә .]
VIII	Wiederholung der Antwort	учила в школе	ich habe in der Schule gelernt
IX	Einschränkung	но как раз в том году когда я закончила школу . начали вводить собеседование на румынском языке .	aber genau in dem Jahr als ich die Schule beendet habe . haben sie angefangen das Eingangsgespräch (sobesedovanie) auf Rumänisch zu machen
X	Verständnisfrage	A: (fragend) собеседование	A: (fragend) sobesedovanie

---

376 Meine Frage hatte gelautet, ob die Schüler*innen die Staatssprache denn brauchen würden, nachdem sie selbst zuvor gesagt hatte, dass sie in der Regel bedauerlicher Weise deutlich besser Ukrainisch könnten (I2/S5/56).

XI	Erklärung	B: собеседование . вот . э: при поступлении в высшее и среднее заведение средне специальные учебные заведения . надо было проходить собеседование на государственном языке [A: аха .	B: sobesedovanie . also . э: beim Eintritt in höhere und mittlere Anstalten mittlere Anstalten spezialisierter Ausbildung . musste man ein Eingangsgespräch in der Staatssprache durchlaufen [A: aha .]
XII	Fortführung der Einschränkung (IX)/ Argument	и вот для того чтобы не проходить собеседование	und um also dieses Eingangsgespräch nicht durchlaufen zu müssen
XIII	Parenthese/Erklärung (Anakoluth)	потому что я не была уверена в своих знаниях [A: да (lächelt)] хотя . я	weil ich meiner Kenntnisse nicht sicher war [A: da (lächelt] obwohl . ich
XIV	Fortführung des Arguments (XII)	и поступила на украине .	und ich habe mich in der Ukraine beworben

Anastasia Dimitrovna hat in der Schule Rumänisch gelernt, fühlte sich aber zum Zeitpunkt, als sie die Schule beendete, darin nicht sicher genug, um die Zugangsprüfung (bzw. das Eingangsgespräch zur Zugangsprüfung) zur Ausbildung auf Rumänisch zu machen und beschloss deswegen, in die Ukraine zu gehen. Diesen Erzählstrang leitete sie selbst ein, als sie auf die Frage nach dem eigenen Rumänisch-Schulunterricht geantwortet hatte (VII/VIII).

Der Glaube an die eigenen sprachlichen Ressourcen, der bei Iolanda das Fremdsprachenstudium ermöglichte (siehe 5.3.2.1), hinderte Anastasia Dimitrovna an einem Studium in Moldova. Der Blick auf das Nichtgesagte verdeutlicht an dieser Stelle, dass Anastasia Dimitrovna bejaht, Rumänisch gelernt zu haben und dies auch nicht hinsichtlich der Unterrichtsqualität oder ihrem eigenen Abschneiden einschränkt. Sie konstruierte aber (mit Hilfe der adversativen Konjunktion *но*) einen Gegensatz zwischen dieser Tatsache und derjenigen, dass ausgerechnet in dem Jahr, als sie die Schule abschloss, die Zulassungsprüfungen (welches Fach in Moldova zu studieren sie interessiert hätte, sagte sie nicht) auf Rumänisch umgestellt wurden. Der Hauptfokus ihres Arguments liegt auf diesem unglücklichen historischen Zufall, wie an der Wortwahl „но как раз в том году" (dt. ausgerechnet in diesem Jahr) erkennbar ist. Sie stellt hier also in einer biographischen „Erleidenskurve" (Schütze 1980, 1981, siehe 3.4.2.2/Schritt 1) die politische Umbruchsituation so dar, dass sie gewichtige biographische Entscheidungen mit beeinflusst hat und verleiht diesem Argument mehr Gewicht, als ihren eigenen sprachlichen Ressourcen.

Nicht-Gefragtes und Nicht-Gesagtes treten hier im Nachhinein deutlich zu Tage: wir erfahren nicht, wovor genau sie Angst hatte und was für Konsequenzen es gehabt hätte, wenn sie z.B. an der Prüfung teilgenommen, sie aber nicht bestanden hätte. Möglicher Weise spielen hierbei puristische Normen eine Rolle, da sie (in V) nur wenige alltägliche Phrasen[377] „sauber" beherrsche. Das Adverb „чисто" verwendete sie im Zusammenhang mit Sprachpraxis in beiden Gesprächen immer wieder (siehe 5.2.3.2). Ihre eigene Messlatte für die Rumänischpraxis ist in diesem Moment nicht, sich irgendwie verständlich zu machen, sondern „sauber" zu reden, was in diesem Zusammenhang am ehesten wohl mit „korrekt" synonym zu setzen ist. Die Formulierung „(нам нужно его знать) в совершенстве" (IV) deutet ebenfalls den Wunsch nach Korrektheit der Praxis an und darüber hinaus vielleicht auch Vollständigkeit als Maßstab. So scheint es, dass der Anlass für die Bewerbung in der Ukraine eher ihre Unsicherheit, als die Rumänischressourcen selbst war. Im folgenden Abschnitt (VI) vermutet sie jedenfalls Ähnliches auch für die Schüler*innen, die in der Ukraine oder in Russland studieren.

Im Hinblick auf ihr persönliches Repertoire ist die Fehler-Angst im Vergleich mit der Einschätzung ihrer Ukrainisch-Kenntnisse bemerkenswert: sie sprach ja vor Beginn des Studiums hauptsächlich ukrainischen Dialekt und ihr formelles Register im Standardukrainisch war zu diesem Zeitpunkt kaum ausgebaut (sie hatte ein Jahr lang Ukrainischunterricht gehabt; siehe II/S13 und 5.2.3.2). Obwohl diese, so war zu erwarten, an der Hochschule in Berdjansk gebraucht werden würden, schreckte sie dies ihrem Argument zufolge deutlich weniger ab als nicht ausgebaute Rumänischressourcen. Das bedeutet, dass die ukrainische Standardsprache ihr deutlich erreichbarer erschien als ausreichende produktive Rumänischkenntnisse.[378] Im Hinblick auf die sprachlichen Verhältnisse sieht man hieran außerdem, wie bürokratische sprachliche Hürden die Erreichbarkeit des Rumänischen reduzieren, da potentiellen Bewerber*innen wie Anastasia Dimitrovna so die Chance genommen wird, ihre Rumänischressourcen während des Studiums und durch das Studium auszubauen (siehe Weirich 2014).

---

377 Dies kann ein Hinweis auf *prefabs* sein (siehe hierzu 5.2.3.2).

378 Es erscheint auf Grund der 1991/92 unter anderem im Transnistrien-Krieg eskalierenden Lage in Moldova die Sorge vor sprachlichen Schwierigkeiten und ethnisierten Diskriminierungen (v.a. in der Hauptstadt) wahrscheinlich (siehe auch Eugen/S10/T48). Dies erwähnte Anastasia Dimitrovna aber mit keinem Wort.

Anastasia Dimitrovna erklärte (die für sie zu spät kommende) baldige Wiederabschaffung der Eingangsprüfungen damit, dass der Staat eingesehen habe, dass diese für ihn nicht opportun gewesen seien, da viele Menschen (wie sie) aus Angst vor den Prüfungen im Ausland studiert hätten (IV).[379] Sie konstruiert hier also ihre eigene Strategie als typisch für die Zeit (und letztlich staatliches Verschulden).

Tabelle: Anastasia I2/S9/T91–93

I	Antwort (Bejahung)[380], Erzählung	B: […] . в девяносто первом году когда я закончила нашу школу . э: при поступлении в вузы . было необходимо обязательно сдавать собеседование на украинск на румынском языке -	B: ja . im Jahr 91 als ich unsere Schule abschloss . ə: beim Eintritt in die Unis . war es unerlässlich obgliatorisch ein Eingangsgespräch auf Ukr auf Rumänisch zu machen -
II	Umschreibung	то есть показать как ты владеешь государственным языком […] чтобы чтобы поступить дальше	das heißt zeigen dass du die Staatssprache beherrschst […] um um dich einschreiben zu können
III	Einschränkung	[…] но потом через несколько лет это с: э - скосовали это	[…] aber dann nach ein paar Jahren wurde das ə: - abgeschafft
IV	These	они поняли что идёт наверное утечка . или на россию . или на украину= [A: аха] потому что боятся данного собеседования	sie haben verstanden dass ein Wegstrom stattfindet . entweder nach Russland . oder in die Ukraine= [A: aha] weil die Leute sich vor diesem Gespräch fürchten
V	Abschluss Erzählung	и это сократили уже много лет этого нет	und sie haben damit aufgehört es wurde schon vor vielen Jahren abgeschafft

---

379 Wir kamen auf diesen Aspekt ihrer sprachlichen Biographie noch einmal zu sprechen, da ich wegen Verständnisschwierigkeiten geben hatte, die Rumänischeingangsprüfung noch einmal zu erklären.
380 Hiermit bestätigte sie, dass sie meine Frage verstanden hatte.

5.2.2.3 Ausbau des Ukrainischen

Zu den umgangssprachlichen und intimen Registern im Dorfdialekt, die Anastasia Dimitrovna von klein auf in ihrer Familie erwarb, kam in ihrem letzten Schuljahr der Ausbau formeller Register hinzu, da 1990 in der Schule Ukrainischunterricht auf freiwilliger Basis eingeführt wurde. Dies bedeutet, dass sie nicht erst in Berdjansk mit der ukrainischen Standardsprache in Berührung gekommen ist, aber es kann davon ausgegangen werden, dass ihr formelles Register im Standardukrainischen zu dieser Zeit noch nicht sehr weit ausgebaut war.

Für die Gegenwart gilt das Fernsehen als wichtige „Kommunikationssphäre", es ist aber anzunehmen, dass Fernseher im Allgemeinen und ukrainisches Fernsehprogramm im Speziellen in Anastasia Dimitrovnas Jugend weniger ausgeprägt waren.[381] Im bereits erwähnten Abschnitt (I2/S13) beschreibt sie den Beginn des Ausbaus ihrer Ukrainischressourcen:

Tabelle: Anastasia I2/S13

I	geschlossene Frage	A: ыхы . и эм . это был . вы э . там изучали ну этот литературный язык как скажем или вы . уже до этого	A: əhə . und əm . das war . Sie ə . da haben sie diese Literatursprache gelernt sagen wir oder haben Sie . schon davor
II	Erzählstrang/Hintergrundinformation	B: э: как раз в девяностом году . у нас в школе началось [A: ыхы .] изучение факультативное украинского языка .	B: ə: genau im Jahre 90 . hat bei uns in der Schule [A: əhə .] das fakultative Lernen der ukrainischen Sprache angefangen
III	Folgerung/Hintergrundinformation	поэтому когда я была в одиннадцатом классе я последний год училась в школе [A: ыхы .]	deswegen als ich in der elften Klasse war ich lernte das letzte Jahr in der Schule [A: əhə .]
IV	Folgerung und Antwort auf Frage	то я уже получила азы . [A: ыхы =] украинского языка	da habe ich schon eine Basis erhalten . [A: əhə=] der ukrainischen Sprache

---

381   Seit den 50er Jahren begann in der Ukraine ein flächendeckendes Fernsehprogramm, das neben dem Empfang der (bis zu fünf) sowjetischen Sender mit teilweise regional gefüllten Slots auch ukrainische Sender umfasste. Inwieweit diese aber auch in Moldova empfangen werden konnten (und inwieweit sie in ukrainischer, nicht russischer Sprache waren), ist mir nicht bekannt.

V	Folgerung und Präzisierung	поэтому там я уже знала я уже знала читать и более менее я уже владела языком	deswegen wusste ich da schon ich konnte schon lesen mehr oder weniger und ich beherrschte die Sprache schon
VI	Beginn des Haupt-erzählstrangs	мы начали .	wir haben angefangen
VII	Parenthese/Erklärung	э: вот (Name des ehemaligen Direktors, anonym.) когда добивался этого	ə: also (Name des ehemaligen Direktors, anonym.) hat darauf hingearbeitet
VIII	Folgerung/Haupt-erzählstrang	то мы начали сразу во всех классах изучение [A: ыхы .] учителя приспосабливались о . с азов . э: начинали то с алфавита всё	so haben wir gleichzeitig in allen Klassen mit dem Lernen begonnen [A: əhə .] die Lehrer haben sich angepasst an . von Grund auf . ə: haben angefangen mit dem Alphabet alles
IX	Kommentar	и практически . сразу вся школа была задействована [A: ыхы =]	und praktisch . sofort war die ganze Schule aktiviert [A: əhə=]
X	Beantwortung der Frage (I)	поэтому я когда пошла учиться на украину уже один год язык я изучала . [A: axA . axa] то есть начальные самые такие . э знания я получила всё-таки у нас в школе .	deswegen als ich studieren gegangen bin in der Ukraine hatte ich schon ein Jahr die Sprache gelernt . [A: ahA . aha] das heißt das ganz grundsätzliche Anfangswissen hatte ich eh schon aus der Schule .

Dass sie in der Schule überhaupt Ukrainischunterricht hatte, ist der Tatsache geschuldet, dass er erstens unmittelbar nach Beginn des Unabhängigkeitsprozesses eingeführt wurde und zweitens, anders als in anderen Dörfern, in allen Klassen gleichzeitig. Die Formulierungen „я уже получила азы" (IV) und „начальные самые такие . э знания" (x) sind allerdings sehr bescheiden: aus der Schule hat sie eine Basis mitgebracht, die sie im Rahmen des Studiums zu literaten Ressourcen ausbauen konnte (V).

Tabelle: Anastasia I2/S12

I	Einleitung der Frage	A: а как э . э учили эм . учитель . начальных классов	A: und wie ə: . ə haben sie gelernt əm . Grundschullehrerin
II	Frage	это был на . на украинском или на русском языке	das war auf . auf Ukrainisch oder in russischer Sprache
III	Antwort	B: два . у нас сразу два профиля шло . [A: ахА .]	B: zwei . wir hatten gleich zwei Profile . [A: ahA .]
IV	Präzisierung	нам преподавали предметы и преподавание . украинского языка в украинской школе . [A: ыхы]	die haben uns die Fächer und das Lehren der ukrainischen Sprache in einer ukrainischen Schule . gelehrt [A: əhə]
V	Ergänzung	введение предметов на украинском языке и в русском .	die Einführung in die Fächer war in ukrainischer Sprache und auf Russisch .
VI	Begründung	потому что бердянск город тоже наполовину русский наполовину украинский . [A: аха ахА]	weil die Stadt Berdjansk auch halb russisch und halb ukrainisch ist . [A: aha aHA]
VII	Schlussfolgerung	так что там это – нормально на на хорошем уровне шло	so dass das – normal auf auf gutem Niveau ablief
VIII	Nachfrage	A: ахА . окей и учёба сама по себе была на украинском	A: ahA . okay und das Studium selbst war auf Ukrainisch
IX	Antwort	B: э . часть предметов была на украинском а часть ещё была на русском в то время . [A: ахА .]	B: ə: . ein Teil der Fächer war auf Ukrainisch und ein anderer Teil noch auf Russisch in dieser Zeit . [A: ahA .]
X	Detaillierung (Beispiele)	педагогика психология . это было на русском . языке потому что специалисты были ещё [A: ыхы .] такие более советских времён . э [A: (lacht)] на . на русском языке	Pädagogik Psychologie . das war in russischer . Sprache weil die Spezialisten noch solche [A: əhe .] eher aus sowjetischen Zeiten waren . ə [A: (lacht)] auf . auf Russisch
XI	Detaillierung (Gegenbeispiele)	а уже более молодые специалисты . которые преподавали там методику . математики методику . э рисования там всё они уже вели больше на украинском языке . [A: ыхы]	und die schon eher jüngeren Spezialisten . die gelehrt haben die Methodik . Mathematik Methodik . ə Malen sowas die haben schon auf Ukrainisch gelehrt . [A: əhə]
XII	Zusammenfassung	поэтому были . и такие и такие предметы	deswegen gab es solche und solche Fächer

Die Entscheidung für die pädagogische Hochschule in Berdjansk erklärte Anastasia Dimitrovna mit praktischen Erwägungen: das Institut nahm sie auch mit ihrer moldauischen Staatsbürger*innenschaft auf und sie hatte Verwandte/Bekannte dort in der Nähe. Im Nachhinein schätzte sie Berdjansk als gute Wahl ein, u.a. wegen der geographischen Attraktivität (Lage am Azowschen Meer). Dass der Unterricht in Berdjansk teils auf Ukrainisch, teils auf Russisch war (und dies auf „gutem Niveau", VII), begründete sie damit, dass es ja auch eine zweisprachig Stadt sei. Sie fügte dann hinzu, dass die Sprachwahl mit den Vorlieben der Lehrer*innen korrelierte. Die älteren, sowjetisch geprägten hätten auf Russisch unterrichtet und die jüngeren auf Ukrainisch (es entsteht hier der Eindruck, dass die Sprachwahl den Dozent*innen selbst oblag). Die politischen Umbrüche auch in der Ukraine können aus dieser Schilderung erahnt werden.[382]

Für die Restrukturierung von Anastasia Dimitrovnas Repertoire bedeutet das, dass sie sowohl ihre ukrainischen als auch ihre russischen Repertoireanteile ausbauen konnte. Im Russischen wird dies in erster Linie die Fachterminologie und das akademische Schreiben betroffen haben, im Ukrainischen außerdem formelle Register, sicherlich aber auch neue intime Register, da diese in Berdjansk mit anderen sprachlichen Mitteln bedient wurden als in U.

Nach diesem Studium ging Anastasia Dimitrovna als Grundschullehrerin zurück in ihr Heimatdorf U., auch wenn sie in Berdjansk oder anderen ukrainischen Orten auf Stellensuche hätte gehen können. Dass sie dann anfing Ukrainisch zu unterrichten und schließlich sogar noch ein Zweitstudium als Ukrainisch-Philologin aufnahm, hing neben ihren sprachlichen Ressourcen und persönlichen Präferenzen erneut mit sprachpolitischen Konstellationen und dem sich transformierenden Arbeitsmarkt zusammen. Sie selbst charakterisiert dies als Zufälle („украинский язык получилось случайно", I2). Hierin tritt ein gewisses Understatement zu Tage, das auch zur Folge hat, dass sie ihre Ukrainischkenntnisse nicht als Ressource mit einer bestimmten Reichweite auf dem Arbeitsmarkt darstellte.[383]

---

382   Die Homepage des staatlichen Pädagogikinstituts von Berdjansk ist heute ausschließlich auf Ukrainisch verfasst (http://www.bdpu.org/index.html, [12.07.2016]).

383   Die deutsche Geschlechterforschung hat schon seit den 80er Jahren die Tatsache untersucht, dass Frauen dazu neigen, ihren beruflichen Erfolg als Glück oder Zufall zu beschreiben und dabei die These vertreten, dass das mit Rollenkonflikten und mit „Karriere" inkompatiblen Weiblichkeitsbildern zu tun hat (Macha 2000:115). Entsprechende Studien aus dem moldauischen oder postsowjetischen Kontext sind mir nicht bekannt, auch wenn es zumindest letzterer sicherlich gibt. Ein weiterer Faktor, der für Anstasia Dimitrovnas Bescheidenheit eine Rolle spielen könnte, ist die Tatsache, dass Sprache insgesamt tendenziell nicht als ökonomische Ressource betrachtet wird.

Tabelle: Anastasia I2/S11

I	Rückmeldung und offene Frage	A: хорошо a: . а почему вы именно решили . эм учить украинский язык .	A: verstehe a: . und warum haben Sie entschieden ausgerechnet . əm Ukrainisch zu unterrichten .
II	Behauptung	B: украинский язык получилось случайно	B: Ukrainisch hat sich zufällig ergeben
III	Begründung	я . поступала на начальные классы [A: аха]	ich . habe mich für Grundschulklassen eingeschrieben [A: aha]
IV	Präzisierung	учитель начальных классов .	Grundschullehrerin
V	Haupterzählung	когда я приехала уже домой	als ich schon nach Hause fuhr
VI	Parenthese	потому что я сто процентов должна была вернуться домой	denn es musste 100%ig so sein dass ich zurück nach Hause kommen würde
VII	Erklärung	я вот так меня . ну . я просто люблю свою школу и своё село (lächelt) и: . у меня мама не отсюда [A: a:] тоже приезжая .	ich also mir ist so . naja . ich liebe einfach meine Schule und mein Dorf (lächelt) und . meine Mama ist nicht von hier [A: a:] auch zugezogen
VIII	Folgerung	и мне просто было жаль . что . она будет одна [A: аха .]	und mir tat es einfach leid . wenn . sie alleine wäre [A: aha .]
IX	Einschränkung	у меня младший брат но брат это брат [A: (lacht)]	ich habe einen jüngeren Bruder aber ein Bruder ist ein Bruder [A: (lacht)]
X	Folgerung aus der Erklärung	и поэтому я вернулась к родителям .	und deswegen bin ich zu den Eltern zurückgekehrt .
XI	Fortsetzung Haupterzählung	когда приехала была возможность преподавать украинский язык в начальной школе [A: ыхы]	als ich ankam gab es die Möglichkeit Ukrainisch in der Grundschule zu unterrichten
XII	Schlussstatement	и я взялась и мне понравилось .	das habe ich angenommen und es hat mir gefallen

Oberste Priorität nach Abschluss ihres Studiums hatte für sie die Rückkehr ins Dorf U., was sie einerseits mit Verbundenheit zur Schule erklärt (was den Wunsch impliziert, auch hier zu arbeiten) und zweitens ihre Verantwortung als

Tochter (explizit nicht als Kind: der Bruder scheidet als Gesellschaft und Unterstützung qua Geschlecht aus[384]) für die Mutter (also Familienverbundenheit).

Die Frage nach der Reichweite ihrer sprachlichen Ressourcen und ihrer Ausbildung auf dem Arbeitsmarkt richtet sich also explizit auf denjenigen in U. Wie gut ihre Chancen auf eine Anstellung lagen, als sie ihr Studium beendete, wird nicht expliziert. In jedem Fall wurde ihr dann eine Stelle als Ukrainischgrundschullehrerin angeboten (XI). In Anbetracht ihrer Prioritäten (und der geringen Anzahl von Stellen für Grundschullehrer*innen in U.) muss diese Stelle für sie ein Glücksfall gewesen sein. Ihre lapidare, aber zufriedene Beschreibung „я взялась и мне понравилось" (XII) zeigt, dass es für sie nicht ausschlaggebend war, als Ukrainischlehrerin zu arbeiten. Dies ist relevant, weil die Geschichte auch als lineare Geschichte hätte erzählt werden können, wie ihr Studium und ihre Ressourcen zu dem Beruf geführt haben, den sie haben wollte.

5.2.2.4 *Berufsentscheidung und Kommodifizierung des Ukrainischen*

Im Hinblick auf die Frage von Reichweite und Kommodifizierbarkeit der Ukrainisch-Ressourcen ist also an Anastasia Dimitrovnas Sprach- und beruflicher Biographie charakteristisch, dass die Ukrainisch-Ressourcen zweimal ausschlaggebend für karrierebestimmende Optionen waren: einmal die Möglichkeit des Studiums in Berdjansk, nachdem ihr der Weg an einer moldauische Universität versperrt zu sein schien und einmal in Form einer Arbeit als Ukrainischlehrerin an der Schule in ihrem Heimatdorf, wo sie „100%ig" (I2/S6/VI, Unterkapitel 5.2.3) hin zurückwollte. Letztlich ergaben sich dann auch hieraus die weiteren beruflichen Fortbildungen in Odessa und das Zweitstudium der Philologie in Bălți.

Aussagen wie diejenige, sie liebe ihre Schule und ihr Dorf, waren keine Seltenheit in unserem Gespräch (s.o. in 5.2.2.3 I2/S11/VII) und ähnliche Äußerungen kamen in unserem Gespräch immer wieder vor, d.h. dass Anastasia Dimitrovna

---

384 Die lapidare tautologische Erklärung „брат это брат" (der Bruder ist der Bruder) ist eine idiomatische Wendung, die mir v.a. in Gesprächen mit Frauen über Ehemänner begegnet ist („муж это муж") und gerade durch die Tautologie das geteilte Wissen unter Frauen ausdrückt, dass Männer zwar unerlässlich (I1/Sb. zum Kinderkriegen), aber in bestimmten Lebenssituationen nicht zu gebrauchen seien. So schreibt Sveta Gontscharova in ihrem Ratgeber für starke Mütter: „Муж не должен восполнять ВСЕ ваши эмоциональние нужды, да и не может. Муж это муж. Он ваш спутник, партнер, любовник, отец ваших детей… но он не ВСЕ для вас." (Гончарова 2016, o.S.) (dt. Der Ehemann soll nicht ALLE ihre emotionalen Bedürfnisse erfüllen, ja und er kann es auch nicht. Der Ehemann ist der Ehemann. Er ist ihr Gefährte, Partner, Liebhaber, der Vater ihrer Kinder… aber er ist nicht ALLES für Sie.")

stark daran gelegen war, mir den Eindruck einer sehr engagierten Lehrerin aus Überzeugung zu vermitteln. Sie hatte dieses Thema hier aber nicht selbst angeschnitten, sondern vorausgegangen war dem ein regelrechtes Loblied seitens Tanja, auf Anastasia Dimitrovnas soziale Kompetenzen und ihren guten Draht zu den Schüler*innen. Der Lehrer*innenberuf, gerade auch in Kombination mit einem deutlichen Engagement über den direkten Unterricht hinaus, wird von ihr in Anastasia I2/S22 als Familientradition vorgestellt, da auch ihr Großvater mütterlicherseits in einem anderen Raion in einer Dorfschule ein sehr engagierter Pädagoge gewesen sei – so engagiert sogar, dass ihre Mutter ihr dringend davon abgeraten hat, selbst Lehrerin zu werden.

5.2.3 Repräsentation des sprachlichen Repertoires und der alltäglichen Sprachpraxis

Wie bereits in 5.1.4.4 geschildert, wurde von Anastasia, wie von ihren Kolleg*innen, die Funktion der Unterrichtssprache im Hinblick auf ihre Funktion für die Zukunftsperspektiven der Schüler*innen diskutiert. Hierin begründete sich ihr überzeugtes Plädoyer für Russisch als Unterrichtssprache (I2/S30/274), während sie das Ukrainische aus dieser instrumentellen Perspektive mit einer geringen Reichweite konnotierte, weil die Zukunft der Schüler*innen zunächst einmal in Moldova gesehen wird (und nicht in der Ukraine oder andernorts). Die Bedeutung des Ukrainisch liegt v.a. in der Nähekommunikation und der Anerkennung als In-Group-Person. Gleichzeitig übernahm sie die Argumente des ehemaligen Schuldirektors, dass zum Erhalt der ukrainischen Dorfidentität der Ausbau der „Literatursprache" notwendig ist. Widersprüchlich ist jedoch ihre Haltung zu den unterschiedlichen Varietäten und der Frage nach ihrem Abstand, andererseits wegen deren Bewertung: zum Dialekt und seiner Verwendung im Alltag hat sie ein überaus positives Verhältnis, welches sie auch an die Kinder weitergeben will. Trotzdem wird er implizit gleichzeitig als sprachlich weniger korrekt als der Standard angesehen. Das sich auf die Literatursprache beziehende Postulat, man müsse schließlich die „Muttersprache" kennen, wirft auch die Frage nach dem Eigentlichen oder Vorgängigen auf.[385]

---

385 Der Begriff der „Muttersprache" scheint jedoch in der Verwendungsweise im Dorf U. eine große Extension zu haben und nicht an die Familiensprache geknüpft: die Interimsdirektorin verwendete den Ausdruck, um auf die Staatssprache zu referieren. Semantisch scheint es also um eine Sprache zu gehen, mit der die Sprecher*innen qua Geburt aus politischen oder ethnisierten familiären Gründen in einem Verhältnis

Im Gespräch mit Anastasia Dimitrovna überwiegen die Sequenzen, in denen wir über den Unterrichtet und die Reichweite und Erreichbarkeit sprachlicher Ressourcen in einem allgemeineren Sinn gesprochen haben, gegenüber denjenigen, wo es um ihr eigenes sprachliches Repertoire ging. Implizit lassen sich jedoch die geschilderten Strategien und Hindernisse insbesondere beim Ausbau des Rumänischen/Moldauischen auch auf ihr eigenes Repertoire beziehen. Jenem attestiert sie nicht nur eine hohe Reichweite, sondern sogar Notwendigkeit bzw. Unerlässlichkeit, moniert aber die schwierige Erreichbarkeit wegen der fehlenden kommunikativen Umgebung. Gleichzeitig zeigt sie die individuellen Strategien auf, mit denen Schüler*innen diese fehlende kommunikative Umgebung kompensieren (I2/S30/276-278). Selbst scheint sie auf solche eigenen Initiativen zum Ausbau der Staatssprache aber nicht zurückzugreifen. Während sie etwa für die Erreichbarkeit der ukrainischen Literatursprache das ukrainische Fernsehen als „zusätzliche kommunikative Umgebung" explizit hervorhebt, wird diese Funktion für das Rumänische/Moldauische ausgespart.

5.2.3.1 Legitime Ukrainischsprecher*in und Dialekt

Anastasia Dimitrovna sah sich auf Grund ihrer ausgebauten Ukrainischressourcen als legitime Sprecherin. Für einen Sammelband über die Ukrainer*innen Moldovas hat sie einen Artikel über das Lyzeum in U. geschrieben, den sie mir zum Interview mitbrachte und der als Beleg für ihre formellen Register im Ukrainischen gewertet werden kann (S2). Wir haben nicht über ihre alltägliche Schriftpraxis gesprochen. Ihrer Kolleg*innen, die größtenteils nicht über ausgebaute literate Strukturen oder Orthographiewissen des Ukrainischen verfügen, schreiben im alltäglichen Gebrauch eher auf Russisch, oder praktizieren Mischformen.

Die von ihr im Alltag gesprochene Varietät des Ukrainischen bezeichnete sie als „Dialekt" und formulierte immer wieder ein positives Verhältnis dazu.[386] Dieses sprachliche Selbstbewusstsein ist insofern bemerkenswert, als es im Gegensatz zum unter moldauischen Philolog*innen weit verbreiteten Purismus zu stehen scheint. So erzeugte sie in ihrer Darstellung immer wieder einen Kontrast zwischen positiver Bewertung von Dialekt und einem Sauberkeits- und Korrektheitsdiskurs.[387] Auf meine Frage, ob die Menschen in Berdjansk sie denn an Hand

---

stehen, das eine Verpflichtung dieser Sprache gegenüber beinhaltet, die aber mitnichten zu einem automatischen Beherrschen der Sprache führt.
386 Siehe Anastasia/I1/S4/T25 und Kapitel 5.1.4.4/Ukrainischunterricht.
387 Dies ist auch in puristischen Diskursen durchaus nicht ungewöhnlich, siehe die Argumentation bei Condrea (2011).

ihrer Sprechweise als Moldauerin hätten identifizieren können, sagte sie, dass sie für eine Westukrainerin gehalten worden sei. Sie nimmt also nicht für sich in Anspruch, akzentfreies Standardukrainisch zu sprechen. Dies könnte Ausdruck nicht nur eines Varietätenbewusstseins sein, sondern auch der Haltung, dass formelle Register nicht akzentfrei sein müssen, sondern phonetisch variabel sind.

Tabelle: Anastasia I2/S19/152–153

I	geschlossene Frage	A: а э:м в украине э . люди слышали что вы от . из . из молдовы	A: und in der Ukraine э . haben die Leute gehört dass Sie von . aus . aus Moldova sind
II	Bejahung	B: да .	B: ja
III	Einschränkung	но . я когда начала говорить вот после первого курса я уже говорила практически так как требовало это вот .	aber . wenn ich zu sprechen begann also nach dem ersten Jahr da sprach ich schon praktisch so wie es sich gehörte also so .
IV	Begründung	то они сказали что у меня . акцент западной украины [A: аха .]	dass sie sagten dass ich . einen westukrainischen Akzent habe [A: aha .]
V	Detaillierung	вот эти западенцы где вы были в черновцах там каменецподольск у них своё вот именно такое . там львов там . вот такие националисты немножко даже украинцы [A: да]	als diese Westler wo Sie waren in Černivci da in Kamenez-Podolsk[388] denen ihrs also genau das . da in Lviv dort . also diese Nationalisten sogar ein bisschen die Ukrainer[A: ja]
VI	Wiederholung der Begründung	и вот они сказали что у нас такой акцент [A: ахA]	und sie haben also gesagt, dass wir so einen Akzent haben [A: ahA]
VII	Schlussfolgerung	то есть мы начали сразу изучать правильно . на основе нашего диалекта	das heißt wir haben sofort angefangen richtig zu lernen . auf Basis unseres Dialekts
VIII	These	и вот мы ближе к этому . западенскому диалекту	und wir sind also näher an diesem . westlichen Dialekt

---

388 Anastasia verwendete die russische Bezeichnung für die Stadt, nicht die ukrainische Кам'янець-Подільський.

„После первого курса", also nach dem ersten Unijahr, habe sie bereits so gesprochen, „wie es sich gehörte". Ein westukrainischer Akzent fiel also in das Spektrum dessen, was als Register in der Domäne Uni für angemessen gehalten wurde. Dass sie für eine Westukrainerin gehalten wurde, erklärte sie damit, dass sie „richtig" gelernt hätte zu sprechen, auf der Basis ihres Dialekts, der dem Westukrainischen[389] ähnlich sei. Dies entspricht der Feststellung der moldauischen Ukrainologin Kateryna Kožuchar (2008:91), dass die in grenznahen Gebieten Moldovas gesprochenen Dialekte eine „Fortsetzung der Areale jener Dialekte in benachbarten Regionen auf ukrainischem Staatsgebiet"[390] seien. Das Bild, dass sie so von ihren ukrainischen Ressourcen entwirft, ist, dass sie den Standard beherrscht, dabei aber mit einem Akzent spricht, der auch in manchen Teilen der Ukraine verbreitet ist. Sie sieht dies auch als Beleg dafür, dass deren „Dialekt" ihrem ähneln würde. Sie betrachtet sich also selbst als legitime Sprecherin, trotzdem kontrastiert sie die Konzepte „наш диалект" (dt. „unser Dialekt") und „правильно" (dt. „richtig") als zwei unterschiedliche Dinge (VII). Die Formulierung „wir haben richtig gelernt auf Basis unseres Dialekts" entwirft ein Bild des sprachlichen Ausbaus, wo von den intimen Registern aus die literaten Strukturen „gebootet" (Maas 2008:263) werden. Ich würde dies am ehesten so deuten, dass das Feld des über Sprache Sagbaren (Jäger 2009:130) in der moldauischen Gesellschaft so konstituiert ist, dass ein Bezug auf die Norm unumgänglich ist.

Anastasia Dimitrovna verfügt über ein Repertoire im Ukrainischen, das sie deutlich von demjenigen der anderen Sprecher*innen im Dorf abhebt, wie Tanjas Einschätzung des Repertoires der Ukrainischlehrerin zeigt (FTB, Sonntag, 29.04.2012):

---

389 Obwohl es bis ins 19. Jahrhundert auch Varianten einer westukrainischen Literatursprache gab, gelten laut Bieder (2009:1919) seit etwa den 1860er Jahren die „Dialekte der mittleren Dnipro-Region als Basis der ukrainischen Literatursprache." Einheitlich normiert wurde diese in verstärktem Maße nach der Revolution 1905 und insbesondere in der sowjetischen Zwischenkriegszeit, da hier durch Einführung des Ukrainischen ins Schulsystem ein verstärkter Bedarf an Schulbüchern entstand (ebd. 1920), wobei sich der Ausbau und die Normierung in starkem Maße am Russischen orientierten (Gutschmidt 2004:1861). Hinsichtlich seiner diatopischen Varietäten wird das Ukrainische in der Regel in drei größere Dialektgruppen unterteilt: das Nordukrainische, das (insbesondere im Karpatenraum) am stärksten differenzierte Südwestukrainische und das (größte Gebiet des) Südostukrainische (siehe auch 5.1.2.1).

390 Zitat aus einer unveröffentlichten Übersetzung von Jan-Peter Abraham.

„aber[391] über (Anastasia Dimitrovna, anonym.) meinte (Tanja, anonym.), dass mensch ihr anhören würde, dass sie Ukr. studiert hätte und v.a. in der Ukranie […]; sie würde manchmal Wörter benutzen, die in ihrem Dialekt nicht vorkämen."

Als ich Anastasia Dimitrovna als Lehrerin nach der Wahrnehmung des Standardukrainischen durch die Eltern fragte (die das selbst nicht gelernt haben), unterstrich sie erneut die Nützlichkeit der ukrainischen Standardsprache und sagte, mit dem Dialekt komme man ja nirgendwo hin („никуда не могут пойти ни поступить ни на общаться"). Sie konstatiert hier also erstens eine praktische Bedeutung des Standardukrainischen für die Schulabgänger*innen, anders als in anderen Sequenzen, wo die Funktionsverteilung sprachlicher Ressourcen dem Ukrainischen identitäre Bedeutung zuweist. „пойти" verweist auf Mobilität, sowohl im räumlichen Sinn als auch im Sinne eines professionellen Aufstiegs, „поступить", welches sich meist auf einen akademischen Kontext bezieht („einschreiben") konkretisiert die Art dieses Fortkommens, während „общаться" die deutlich allgemeinere Funktion der Kommunikation bezeichnet. Gemeint muss dabei die Kommunikation außerhalb des Dorfes sein, denn im Dorf ist hierfür der Dialekt natürlich sehr viel nützlicher als das Standardukrainische. Anastasia Dimitrovnas Argument ist hier also die größere Reichweite der Standardsprache als diejenige des Dialekts. Wenn „Reichweite" als räumliche Metapher verstanden wird, bedeutet dies, dass mit der Standardsprache ein weit entferntes Ziel erreicht werden kann, aber nicht, dass auch alle (näher gelegenen) Ziele erreicht werden können.

Tabelle: Anastasia I2/S17/T132–140

I	Antwort	B: они нормально это воспринимают [A: аха]	B: das wird gut aufgenommen [A: aha]
II	Ergänzung	и считают что это красивее .	und sie denken, dass es schöner ist .
III	Erstaunensrückmeldung	A: (fragend) да	A: (fragend) ja
IV	Bestätigung der Antwort	B: да	B: ja
V	Bestätigungsrückmeldung	A: да аха окей=	A: ja aha okay=

---

391 Der Vergleich bezieht sich auf die Rumänischlehrerin Polina, nach deren Ukrainisch ich Tanja befragt hatte.

VI	Wiederholung der Ergänzung	B: да что это красивее и это .	B: ja dass es schöner und das
VII	Ergänzung indirekte Rede	это действительно они знают шо с нашим диалектом они никуда не могут пойти ни поступить ни на общаться да [A: ыхы]	das ist wirklich so sie wissen dass man mit unserem Dialekt nirgendwohin kommt nicht an der Uni bewerben nicht kommunizieren ja [əhə.]
VIII	Einschränkung	но при поступлении при . таком более общении на . на чуть выше уровне он уже не пройдёт .	aber bei der Unibewerbung bei . bei solcher Kommunikation auf mehr . auf einem etwas höheren Niveau geht der nicht mehr durch .
IX	Folgerung	а то что дети знают литературный язык это хорошо .	also dass die Kinder die Standardsprache können das ist gut .
X	suggestive Rückfrage	A: аха хорошо . ыхы . окей . что то есть они не-нет эм-нет людей которые думают что это что-то элитное или	A: aha gut . əhə . okay . was das heißt sie əm-es gibt keine Leute, die denken dass das etwas elitäres ist oder
XI	Verneinung, Präzisierung der Antwort	B: э: . нет они считают просто что э:-диалект знают те которые не учили в школе [A: аха] украинский язык . а дети уже должны знать лучше	B: ə: . nein sie denken nur dass ə: -Dialekt können die die in der nicht Schule Ukrainisch gelernt haben [A: aha] aber die Kinder sollten es schon besser wissen
XII	Verstehens-rückmeldung	A: аха хорошо да .	A: aha gut ja .
XIII	Ergänzung der Verneinung	B: так что . ну фактически у нас не существует такого что элитные язык и . более [A: ыгы] у нас таких понятий нету [A: ыгы]	B: so dass . naja faktisch gibt es sowas bei uns nicht elitäre Sprache und . eher [A: əhə .] bei uns gibt es so ein Verständnis nicht [A: əhə .]
XIV	Einschränkung	может быть в городе идёт такое расслоение где-то да а мы в селе . кто как умеет тот так и говорит если он говорит красивее . то это уже хорошо (lächelt)	vielleicht gibt es in der Stadt solche Aufspaltungen irgendwo ja aber wir im Dorf . wer was kann und wer wie spricht wenn er schöner spricht . ist das schon gut (lächelt)

Ihr Verweis auf die Reichweite des Standardukrainischen ist Teil des Arguments, welches davon ausgeht, dass die Eltern gegen etwas Nützliches ja nichts haben könnten. Dass jemand das Standardukrainisch als etwas Fremdes oder Elitäres empfinden könnte, streitet sie hier ab. Sie schildert zwar eine klare Funktionsverteilung von Dialekt und Standardsprache, die sich nach informellen und formellen Situationen gliedert, will dies aber wertfrei verstanden wissen, möglicher Weise, weil meine Formulierung „элитное" für sie sehr negativ klang. Das Lexikon, dessen sie sich hierfür bedient, hat diese Konnotation der Auf- und Abwertung (im wörtlichen Sinne) jedoch trotzdem: so sagt sie, dass die Standardsprache bei Unterhaltungen auf einem „etwas höheren Niveau" nötig sei. Selbst bringt sie die verschiedenen Varietäten mit unterschiedlichem Grad an Bildung in Verbindung: die Leute würden das Beherrschen der Standardsprache als Ausdruck von Schulbildung sehen: Dialekt sprächen die, die die nicht zur Schule gegangen seien (XI). Deswegen müssten die Kinder es schon „besser" wissen. Die Steigerungsform des Adverbs gut („лучше") impliziert aber einen Vergleich und eine Bewertung. Dies steht in einem gewissen Widerspruch zu der vorherigen Versicherung, Dialekt sei gut und auch der Schilderung ihrer eigenen Praxis, dass sie, wann immer möglich, Dialekt sprechen würde. Aus dem Zusammenhang war aber eigentlich recht eindeutig zu verstehen, dass sie deutlich machen wollte, dass die alltägliche Praxis des Dialekts nicht zur Disposition steht und auch nicht negativ bewertet wird, dass aber Schulbildung als etwas Positives gesehen und das Beherrschen der Standardsprache als Ausdruck hiervon gesehen wird.[392] Es lässt jedoch möglicher Weise Rückschlüsse auf gängige Diskurse zu, dass ihr in dieser Situation ausgerechnet diese Formulierungen in den Sinn kommen. Die Register-Funktionsverteilung kann nicht wertfrei formuliert werden. Es erscheint mir naheliegend, dass dies Argumente und Erklärungsmuster sind, die sie vor allem den Schüler*innen gegenüber zwecks Motivation o.ä. vorträgt, so wie sie auch in I1/S4 ihre Argumente den Kindern gegenüber reproduziert hatte.

Ihr diese Sequenz abschließendes Argument, so etwas gebe es vielleicht in der Stadt, aber nicht bei ihnen, wo es als schön empfunden werde, wenn sich jemand gut ausdrücken könne (sprich, wo dies Anerkennung findet), wirft ein implizites Licht auf das Bild der Dorfgesellschaft, die hier als solidarisch bzw. wohlwollend verstanden werden soll.

---

392 Diese Einschätzung unterscheidet sich von derjenigen Iolandas, dass Standardukrainisch als Vehikularsprache im Dorf nicht akzeptiert sei (siehe Iolanda/S11/T61 und 5.3.2.1 und 5.3.3.2).

5.2.3.2 Reichweite der Rumänisch-Ressourcen

Im Unterkapitel 5.2.2 („Rumänisch-Aneignung") habe ich bereits die Sequenz zitiert, in der Anastasia Dimitrovna etwas beschämt eingestand (V), dass sie nur einige alltägliche Phrasen Rumänisch könne, auch wenn sie durchaus verstehe. Dies weist auf *prefabs* in ihrem Repertoire hin(siehe 2.3.3). Diese spielen in Anbetracht der puristischen Norm eine wichtige Rolle, da sie als Einheit reproduziert werden und somit (außer bei fehlerhaftem Memorisieren) eine geringeres Risiko von Normabweichungen bergen, als ad hoc formulierte Propositionen. Die gleichzeitige Betonung der rezeptiven Kompetenzen deutet die Möglichkeit der „rezeptiven Mehrsprachigkeit" (siehe 4.3.5) in der Praxis an, die sie auch als eine Strategie des Umgangs mit rumänischsprachigen Kontexten benennt. Das Adverb „чисто" verwendete sie im Zusammenhang mit Sprachpraxis (im Zusammenhang mit allen Sprachen) in beiden Gesprächen immer wieder. Ihre eigene Messlatte für die Rumänischpraxis ist in diesem Moment nicht, sich irgendwie verständlich zu machen, sondern „sauber" zu reden, was in diesem Verwendungszusammenhang am ehesten mit „korrekt" synonym zu setzen ist. Die Formulierung „нам нужно его знать в совершенстве" deutet ebenfalls den Wunsch nach Korrektheit der Praxis an und darüber hinaus Vollständigkeit als Maßstab vorhandener Sprachkenntnisse. Ihre eigene Messlatte hängt somit (unerreichbar) hoch und konstruiert eine „fantastische Norm" (Moreau 1997:222f), insofern für Kommunikation diese Art von Perfektion nicht nötig ist (und auch die legitimen Sprecher*innen ihr nicht gerecht werden).

Die Umstellung der Schrift ab dem Jahr 1989 sah sie für sich selbst nicht als Herausforderungen, da sie die noch in der Schule erlebt und somit Unterricht darin bekommen hätte. Diese Aussage beschränkt sich wohl auf orthographische Aspekte. Rumänische Schriftpraxis kommt in ihrem Alltag nicht vor und anders als für das Ukrainische, welches sie selbst unterrichtet, formuliert sie auch kein Problembewusstsein für Registerfragen.

Ich fragte sie etwas später im Verlaufe des Gesprächs, ob es Situationen in ihrem alltäglichen Leben gebe, wo sie Rumänisch bzw. Moldauisch brauche, was sie ganz entschieden bejaht.

Tabelle: Anastasia I2/S27/T249–252

I	geschlossene Frage	A: ыхы . ыхы . и эм с . сегодня . или в настоящем времени э есть у вас ситуации-эм в бытовой жизни [когда нужно румынский или молдавский язык]	A: əhə . əhə . und əm h . heute . oder gegenwärtig ə gibt es bei Ihnen Situationen-əm im alltäglichen Leben [wo Rumänisch oder Moldauisch nötig ist]
II	Bejahung	B: [да-да] очень нужно особенно когда едем на со на . на какие-то совещания на метод объединения всё [A: аха]	B: ja-ja . sehr nötig besonders wenn wir fahren nach mit nach . zu irgendwelchen methodischen Fortbildungen Treffen alles [A: aha]
III	These	это обязательно надо знать язык .	da muss man unbedingt die Sprache können
IV	Begründung	потому что большинство-э:м и инспекторов и учителей выступают именно на румынском языке . [A: ыхы]	weil die Mehrheit-sowohl der Inspektoren als auch Lehrer eben auf Rumänisch vortragen . [A: əhə .]
V	Einschränkung	мне как предметнику вот когда я еду . непосредственно на свой предмет на украинский язык там нам проще [A: аха .]	mir als Fachlehrerin also wenn ich . unmittelbar zu meinem Fach fahre ukrainische Sprache da ist es uns näher [A: aha .]
VI	Begründung (des Eingeschränkten)	потому что мы общаемся на украинском языке [A: да]	weil wir auf Ukrainisch kommunizieren
VII	Adversativ/ Rückkehr zum Hauptargument	но если едем вот я еду как классный руководитель могу поехать [A: ыхы]	aber wenn wir fahren also ich fahre als Klassenlehrerin fahre kann ich losfahren [A: əhə .]
VIII	Parenthese	могу поехать как э: -э: руководитель кружка .	es kommt vor, dass ich ə: -ə: als Leiterin des Kreises fahre
IX	Bestätigung der These	как это там уже необходимо сто процентов [A: ыхы] знать румынский язык	so dass das da bereits unerlässlich ist hundert Prozent [A: əhə] Rumänisch zu können
X	Präzisierung/ Einschränkung	хотя бы . самое минимальное чтобы понять о чём говорят [A: ыхы .]	zumindest . das allergeringste um zu verstehen worüber sie reden [A: əhə .]
XI	Resumée	вот там это надо обязательно	also dort braucht man es unbedingt

XII	Begründung der These	и: . на данный момент даже если в город куда-то выезжаешь можешь попасть на человека	u:nd . gegenwärtig kann es sogar passieren wenn du irgendwohin in die Stadt fährst dass du an jemanden gerätst
XIII	Parenthese/ Beispiel	если надо спросить там куда-то пройти куда	wenn du nach dem weg fragen musst wohin
XIV	Wiederaufnahme der Begründung der These (XII)	можешь даже попасть на человека который не знает русского языка [A: ыхы]	kannst du an eine Person geraten die kein Russisch kann [A: əhə]
XV	Einschränkung	или знает . настолько его плохо что не может тебе объяснить что тебе надо [A: ыхы]	oder sie kann es . so schlecht dass sie dir nicht erklären kann was du wissen willst [A: əhə]
XVI	Verallgemeinerung	поэтому язык в стране где живёшь язык государственный знать надо обязательно	deswegen die Sprache in dem Land wo du wohnst die Staatssprache zu können muss man unbedingt

Meine geschlossene Frage, ob es Situationen gebe, wo sie Rumänisch bzw. Moldauisch brauche, bejahte Anastasia Dimitrovna mit Nachdruck, in dem sie das in meiner Frage vorgeschlagene „нужно" aufgriff und durch den Quantifier „sehr" verstärkte. Zudem konkretisierte bzw. illustrierte sie diesen Bedarf sogleich mit einem Beispiel aus dem Arbeitskontext, wo die Dringlichkeit ihrer Ansicht nach besonders deutlich wird: auf methodischen Konferenzen würde die Mehrheit der Kolleg*innen Rumänisch sprechen. Gelegenheiten und erst recht die Notwendigkeit, Rumänisch zu sprechen, sind im mehrheitlich einsprachigen Dorf U. sehr gering. Als Lehrerin gehört sie aber wegen des ausgeprägten Fortbildungssystems in Moldova zu denjenigen Dorfbewohner*innen, die beruflich regelmäßig außerhalb des Dorfes zu tun haben (s. auch Kapitel 5.1.1).

Dies wird in ihrer Antwort durch das Verb fahren („когда **едем** на со на . на какие-то совещания на метод", II) verstärkt, dass hier die räumlichen Beziehungen und die Frage von Mobilität ausdrückt. U. stellt mit seiner überwiegenden Einsprachigkeit einen ‚peripheren sprachlichen Markt'[393] dar, der aber mit dem offiziellen Markt bzw. mit verschiedenen offiziellen Märkten untrennbar

---

393 Henri Boyer (2001, 2006) prägte den Begriff des „marché périphérique" als Alternative zu „marché franc" (Bourdieu 1983). Während Bourdieu diese sprachlichen Märkte, die sich an anderen Normen und Gesetzen orientieren als der offizielle Markt und dadurch eine größere sprachliche Freiheit gewähren. Durch den Begriff „marché périphérique" wollte Boyer betonen, dass diese Märkte dennoch mit dem dominanten

verbunden ist, so dass die eigenen Marktgesetze geographisch begrenzte Wirkung haben.

Auch das zweite erwähnte Beispiel zeigt die begrenzte Reichweite des Russischen, auf das auch als Sprache der ‚interethnischen Kommunikation' nicht in allen alltäglichen Situationen Verlass ist. Wenn sie in die Stadt führe (in dieser Formulierung, wo keine konkrete Stadt benannt wird, sondern dies als abstraktes Konzept funktioniert, steckt auch erneut ein impliziter Stadt-Land-Gegensatz) können es sein, dass sie an jemanden gerät, der Russisch nicht verstehe oder so schlecht, dass es nicht ausreiche, um sich verständlich zu machen. Gerade der Vergleich dieser beiden Situationen lässt ein Bild entstehen, wo in alltäglichen Situationen außerhalb des Dorfes U. Russisch als Sprache der interethnischen Kommunikation selbstverständlich gewählt wird (dies erschien Anastasia Dimitrovna mir gegenüber nicht erklärungsbedürftig), gleichzeitig aber spürbar an Reichweite verliert. Dies betrifft umso mehr die Situationen, in denen die Sprachwahl nicht ad hoc ausgehandelt wird, sondern durch einen staatlichen institutionellen Rahmen vorgegeben ist, d.h. wo sich die sprachlichen Verhältnisse besonders bemerkbar machen.

In diesem Sinne könnte Anastasia Dimitrovnas (durch die zweite Person Singular verallgemeinernde) Schlussfolgerung verstanden werden, dass es eben unerlässlich sei, die Staatssprache desjenigen Landes zu kennen, in dem man lebt (XVI). Das Verständnis, dass sie hierbei zugrunde legt, ist aber dasjenige von einem Nationalstaat der per definitionem einsprachig ist.

In den sich unmittelbar anschließenden Turns (siehe Tabelle unten) zeigte sich, dass sie auch ihre rezeptiven Ressourcen als für die Fachdiskussionen unzureichend einstufte. Ihre Argumentation schränkt die dargestellte Reichweite dieser Ressourcen immer weiter ein: zunächst sprach sie von einzelnen Wörtern und Sätzen, die sie nicht verstehe (I2), dann umgekehrt davon, dass sie einige Wörter verstehe, es ihr aber schwerfalle, diese zu einem Gesamtverständnis zu verbinden. Als Beispiel für solche Situationen schilderte sie, dass sie zwei Kolleginnen, die Ukrainisch und Moldauisch sprechen würden, um Übersetzung bitten würde. Bemerkenswert ist, dass trotz ihrer ausgebauten Russischkenntnisse eine Übersetzung ins Ukrainische naheliegender zu sein scheint. Dies könnte sprachliche Gründe haben, aber auch solche der Solidarität oder Nähe, die möglicher Weise größer ist, wenn es sich um Ukrainischsprecherinnen handelt. An dieser Schilderung fällt zudem auf, dass sie einige Worte darauf verwendet,

---

Markt in Verbindung stehen und mindestens teilweise von den hier herrschenden Normen abhängig ist, siehe Weirich (2016c).

sprachbiographische Daten der beiden Bekannten zu schildern (IX) und damit deren gleichzeitige Ukrainisch- und Moldauischressourcen als etwas Außergewöhnliches hervorzuheben (in diesem Zusammenhang findet auch der Begriff der „сфера общения" erneut Verwendung). Das ‚majorisierte sprachliche Repertoire' (Weirich 2014) im Dorf U. umfasst also keine Rumänisch-Ressourcen. Diese Erklärungen könnten auch als Rechtfertigung ihrer eigenen unzureichenden Rumänischressourcen verstanden werden (sie hatte die entsprechende kommunikative Umgebung nicht). Während wir es im Falle der beiden anderen hier näher vorgestellten Lehrerinnen Polina und Iolanda es mit Personen zu tun haben, die auf Grund ihres sprachlichen Repertoires selbst die Funktion von „language brokers" übernehmen, ist Anastasia Dimitrovna eine der Personen, die sich hier Unterstützung holt, um die begrenzte Reichweite ihrer eigenen Ressourcen zu kompensieren. Auch dies erfordert jedoch Strategien und kommunikative Kompetenzen, wie sie selbst abschließend erklärt (XII), da sie aktiv auf Leute zugehen muss, um sich diese Unterstützung zu holen.

Die privaten Amateurübersetzer*innen erfüllen hier aber auch eine Funktion, die man als staatliche Aufgabe bzw. Staatsversagen interpretieren könnte. Gerade im Zusammenhang mit staatlich organisierten (Pflicht-)Konferenzen in einem mehrsprachigen Staat wäre unter anderen sprachlichen Verhältnissen (in denen der Staat nicht versuchen würde, die Staatsbürger*innen auf eine einzige Staatssprache zu verpflichten) vorstellbar, dass systematisch professionelle Dolmetscher*innen zur Verfügung gestellt würden.

Tabelle: Anastasia I2/S27/T252–257

I	geschlossene Frage	A: ыхы . и для того что вам . нуж нужно вы-э: достаточно понимаете и говорите или есть такие=	A: эhэ . und für das was Sie . brau brauchen э: verstehen Sie genug und sprechen oder gibt es solche=
II	bedingte Antwort	B: ну нет есть слова которые слова предложения которые не понимаю [A: ыхы]	B: nun nein es gibt Wörter die Wörter Sätze die ich nicht verstehe [A: эhэ .]
III	Präzisierung	вот пару слов поняла а уже связать не могу ой . и так чисто только образно ну . сложности есть	also einige Wörter habe ich verstanden aber die Verbindung kann ich nicht herstellen oh . und so richtig nur beispielhaft nunja . es gibt Schwierigkeiten
IV	Nachfrage	A: ыхы и как э: что вы обычно сделаете если . если такая ситуация вы помните как . пример	A: эhэ . und wie э: was machen Sie normalerweise wenn . wenn eine solche Situation erinnern Sie sich an . ein Beispiel

V	Bejahung	B: э: -помню	B: ə: -ich erinnere mich
VI	Hauptzäh-lung	у меня подруга она преподаёт э: . с другой школы она преподаёт и румынский и украинский [A: ыхы]	ich habe eine Freundin sie unterrichtet ə: . aus einer anderen Schule sie unterrichtet sowohl Rumänisch als auch Ukrainisch [A: əhə .]
VII	Präzisierung	то есть она заканчивала румынско-украинский факультет .	das heißt sie hat die Rumänisch-Ukrainische Fakultät abgeschlossen
VIII	Fortsetzung der Haupt-erzählung	так она мне переводит [A: ыхы] и (Name der Ukrainischgrundschul-lehrerin) которая [A: ыхы=] в начальной школе ведёт	so übersetzt sie mir [A: əhə .] und (Name der Ukrainisch-grundschullehrerin) die [A: əhə .] in der Grundschule unterrichtet
IX	Präzisierung	она тоже знает [A: да .] и румынский и украинский потому что у неё мама молдаванка [A: ыхы .] и-ээ большую часть своего детства она проводила у бабушки в молдавском селе [A: ыхы .] и: . была: . сфера общения и она знает румынский [A: ыхы .] достаточно хорошо [A: ыхы .]	sie kann auch [A: ja .] sowohl Rumänisch als auch Ukrainisch weil sie ihre Mama ist Moldauerin [A: əhə .] und – ə: einen großen Teil ihrer Kindheit hat sie bei den Großeltern in einem moldauischen Dorf verbracht [A: əhə .] u:nd . sie hatte . die Kommunikationssphäre und sie kann Rumänisch [A: əhə .] ausreichend gut [A: əhə .]
X	Antwort	так что подсаживаюсь когда на совещании подсаживаюсь возле того кто знает и кто может перевести	so dass ich mich danebensetze wenn wir auf einer Besprechung sind setze ich mich neben denjenigen der versteht und der übersetzen kann
XI	Verständnis-rückmeldung	A: аха да да да да	A: aha ja ja ja ja
XII	These	B: (lächelt) уже здесь уже зависит . от коммуникабельности так чтобы . попросить чтобы перевели чтобы [A: да] хотя бы иметь понятие о чём говорится	B: (lächelt) hier hängt es dann schon . von der Kommunikativität ab so dass . man bittet zu übersetzen so dass [A: ja] um wenigstens zu verstehen worum es geht

5.2.4 Sprechweise

Wegen der häufigen Interventionen von Tanja in den beiden Gesprächen ist der Aspekt der Sprachwahl besonders augenfällig. In allen Situationen, in denen Tanja Anastasia Dimitrovna direkt und allein ansprach, wählte sie die dafür die ukrainische Varietät U.ski (z.B. I2/S2). Wenn sie uns beide gleichzeitig ansprach, tat sie das in der Regel auf Russisch (S4), bisweilen wechselte sie aber danach schnell ins Ukrainische (z.B. S36). In diesen Situationen fokussierte Tanja als angesprochene Person Anastasia Dimitrovna, nachdem sie aus Höflichkeit mir gegenüber oder in Beibehaltung der zuvor gesprochenen Sprache zunächst in einer uns gemeinsamen lingua franca gesprochen hatte. Anastasia Dimitrovna initiierte selbst keinen Wechsel vom Russischen ins Ukrainische antwortete aber in einigen Situationen auf Ukrainisch, wenn Tanja sie so ansprach. Wenn Anastasia Dimitrovna sich auf Ukrainisch an Tanja wendete, senkte sie gleichzeitig die Stimme, was meinen Eindruck verstärkte, dass es dabei auch darum ging, mir gegenüber Diskretion zu wahren (S7, S20, S32).

An ihrer Sprechweise fällt auf, dass sie extrem deutlich und betont und mit Pathos sprach, sowohl wenn sie mich unmittelbar ansprach, als auch in Fällen der Wiedergabe direkter Rede (zwecks Illustration, wie sie mit Schüler*innen sprach). Dies hat offensichtlich mit ihrer Lehrer*innenrolle zu tun und darin, dass sie geübt ist, vor Menschen zu sprechen und eine bestimmte Message verständlich herüberzubringen. Das Sprechen vor Publikum hat sie aber seit ihrer Jugend geübt, wo sie u.a. auf Grund ihrer ausgebauten Russischressourcen eine Vorzeigeschülerin bei Aufführungen war.

Phonetisch übernimmt Anastasia Dimitrovna soweit meiner Beobachtung zugänglich einige Merkmale des U.-skij auch wenn sie Russisch spricht; dies betrifft insbesondere den palatalen Affrikat /ч/, der im Russischen wie auch im Ukrainischen als hartes stimmloses [tʃ] gesprochen wird, im U.-skij aber als „eigentümlich weiche und gedehnte Affrikate /ш"ш"/"[394], wie z.B. im häufig verwendeten что (gesprochen [ʃːʃːo]). Auf Grund der phonetisch unpräzisen Transkription ist dies allerdings nicht in allen Beispielen erfasst (wohl aber in: II/S6/64, II/S9/93, II/S11/101, II/S14/111, II/S15/113, II/S16/117, II/S17/136, II/S18/144).

---

394 Кожухар (2008:103), zitiert in der unveröffentlichten Übersetzung von Jan-Peter Abraham. /'/ markiert in der Schreibweise Kožuchars Weichheit.

5.3 Englischlehrerin Iolanda

Zur Orientierung: Iolanda repräsentiert den Fall einer Fremdsprachenlehrerin, die kaum Gelegenheit für die Praxis dieser Sprachen hatte. Sie symbolisiert damit das scheinbar paradoxe Auseinanderklaffen von schulischem Fremdsprachunterricht und Praxis (d.h. vor allem der weit verbreiteten Arbeitsmigration): während viele Dorfbewohner*innen dauerhaft oder vorübergehend in Paris leben, war sie als Französischlehrerin noch nie in ihrem Leben dort oder an einem anderen Englisch- oder Französischsprachigen Ort. Mit einem (gescheiterten) Auswanderungsversuch nach Québec verweist ihre Biographie auch auf die Differenzierung der Migration nach Ort und Status (die legale Migration nach Québec ist eine Elitenmigration, da Bildungsabschlüsse und Sprachkenntnisse hierfür eine Voraussetzung sind). Ihre berufliche Karriere steht außerdem für diejenigen Fälle, wo das Englische, welches eigentlich ihr Neben- oder Zweitfach war, im Zusammenhang mit dem demographischen und gesellschaftlichen Wandel zur Hauptquelle der Existenzsicherung wird. Gleichzeitig war sie eine der wenigen Dorfbewohner*innen, die im Russischen, Ukrainischen und Rumänischen sehr weit ausgebaute Register hatte und diese aktiv pflegte. Sie thematisierte immer wieder den praktischen Nutzen von sprachlichen Ressourcen. Damit ging aber auch ein großer Leistungsdruck einher, von dem ihre eigene Biographie von klein auf geprägt war. Ihre eigenen Eltern redeten mit ihr aus strategischen Gründen Russisch und im Zuge der Unabhängigkeit schickten sie Iolanda auf eine rumänischsprachige Schule im Nachbardorf. Sie war sprachlich sicher und betonte, sowohl den russischen als auch den rumänischen und den ukrainischen Standard zu beherrschen.

5.3.1 Situierung des Interviews und Übersicht über den Gesprächsverlauf

Das Gespräch mit Iolanda fand am Donnerstag, den 3. Mai 2012, in der 7. Stunde in der Schulbibliothek statt, am gleichen Tag wie mein Besuch in Iolandas Englischunterricht in der 5. Klasse.[395] Mein Tag war hinsichtlich der Datenerhebung ungewöhnlich dicht, weil ich an drei Unterrichtsstunden teilnahm und danach jeweils noch mit den Lehrerinnen sprach.

Mein besonderes Interesse an Iolanda rührte v.a. aus ihrer besonders ausgeprägten Mehrsprachigkeit. Über unsere erste Begegnung hatte ich in meinen Notizen zu Freitag, dem 27. April 2012, das Kennenlernen mit Iolanda festgehalten (FTB II:7): „morgens in der Schule ca. um 9.00 Uhr; ich würde der Englisch-Frz-Lehrerin vorgestellt [Iolanda Ivanovna] die aber nur Englisch unterrichtet, weil es so wenige Frz-Stunden gibt; u.d. Frz-Lehrerin [Elizaveta Alexandrovna];

---

395 Das Thema der Stunde war gewesen „Moldova my love", auf Basis eines gleichlautenden Kapitels im Schulbuch, bei dem es darum ging, die Vorzüge des Landes zu schildern.

Kam nach der ersten Stunde im перемень[396] in die Bibliothek und wir haben uns kurz unterhalten (interessante Frau: kann auch Rumänisch, wie wir feststellten, als die Rum-Lehrerin kam)." Zweifellos hatte mein Interesse aber auch damit zu tun, dass mir die junge, freundliche Frau mit ihrer ruhigen Art gleich sympathisch gewesen war.

Das Gespräch dauerte ca. 45 Minuten und fand teilweise unter Anwesenheit von Schulbibliothekarin Tanja statt, die aber zwischendurch die Bibliothek verließ und dann wiederkam. Mehrfach kamen Schüler*innen herein, die Tanja oder ein Buch suchten (S12). Ich war, obwohl mir dieses Gespräch besonders wichtig war, in der Situation nicht bei höchster Konzentration, so dass mir zahlreiche Rückfragen, die zu stellen sinnvoll gewesen wären, in der Interviewsituation nicht einfielen (insbesondere Details zu ihrer Familie und zur Sprachpraxis mit anderen Familienmitgliedern, aber auch zu Berufs- und Studienentscheidungen).

Den Gesprächseinstieg machte ich über eine Frage zum Unterricht, der ja gerade vorher stattgefunden hatte. Hierüber haben wir auch eine ganze Weile gesprochen (S1–6), bevor wir in S7 zu den biographischen Fragen kamen. Mein Eindruck war, dass Iolanda von mir eine Art didaktisches Fachgespräch zu erwarten schien und anfangs auch meine Fragen in diesem Rahmen interpretierte.[397] Bestärkt wurde ihr Eindruck sicherlich dadurch, dass ich ihren Unterricht besucht hatte und dass ich auch mit hierauf Bezug nehmenden Fragen in das Gespräch einstieg. Sie leitete dementsprechend immer wieder zu diesen Themen zurück (erkennbar ist dies z.B. in S4, als ich danach fragte, wie groß denn das Interesse am Englischen sei und sie nach einer relativ knappen Antwort hierauf erneut auf die ihrer Ansicht nach unglückliche Konzeption von Abituraufgaben zu sprechen kam). Anscheinend hatte sie aber auch auf fachlichen Austausch oder gar ein Feedback von mir zu ihrem Unterricht gehofft, denn als aus meiner Sicht das eigentliche Gespräch (d.h. mein Frageteil) fast beendet war, richtete Iolanda noch einmal die Frage an mich (S23), wie ich das Sprachniveau ihrer fünften Klasse einschätzen würde.

Ein weiterer Themenkomplex neben (ihrer Ansicht nach wenig zielführendem) Kurrikulum mitsamt dazugehörigen Schulbüchern (S1–5), der Iolanda offensichtlich sehr am Herzen lag, war die Arbeitsbelastung und die vielen Aufgaben, die neben der regulären Lohnarbeit noch zu erledigen waren, wie auch

---

396 Dt. Pause
397 Sie hatte nach meinem Unterrichtsbesuch selbst sehr großes Interesse an einem Gespräch geäußert („я очень хочу беседовать") und extra auf mich (die ich noch zwei Besuche im Anschluss geplant hatte) gewartet, obwohl sie selbst nach dieser Stunde frei hatte.

den Dingen, die sie eigentlich gerne gemacht hätte, d.h. ihre Hobbys wie z.B. Sticken (S16, 17 und 20).

Das Interview fand durchgehend auf Russisch statt. Dieser monolinguale Modus wurde nur einmal von mir unterbrochen, als ich versuchte, das Englische zur Hilfe zu nehmen.

5.3.2 Rekonstruktion von Iolandas Sprach- und Berufsbiographie

Iolanda wurde 1981 in der südwestukrainischen Kleinstadt Mukačevo als Tochter eines Soldaten geboren, der selbst im Dorf U. aufgewachsen war, aber wegen seiner Arbeit bei der sowjetischen Armee häufig versetzt wurde. Ihre beiden älteren Geschwister wurden dementsprechend an anderen, weit entfernten Orten in der DDR und im russischen Fernen Osten geboren. Die erste Klasse besuchte sie in Mukačevo in einer russischen Schule, dann kam ihr Vater ins Pensionsalter, woraufhin die ganze Familie nach U. zog, wo Iolandas Eltern beide aufgewachsen waren. Hier setzte sie den Schulbesuch am heutigen Lyzeum fort, wo sie zum Gesprächszeitpunkt selbst als Englisch- und Französischlehrerin angestellt war.

Als sie in der vierten Klasse war, erklärte sich die Republik Moldova unabhängig von der Sowjetunion (Iolanda: „es begann der Zerfall der Sowjetunion"), weshalb ihre Mutter sie ins moldauische Nachbardorf auf die Schule schickte, um Rumänisch zu lernen (siehe 5.3.2.1 Interpretation von S8/T47-49), die sie (nur) bis zur neunten Klasse besuchte, da die Schule keine Oberstufe hatte. Hierfür kehrte sie zurück ans Lyzeum in U., wo ihr in Folge des Schulbesuchs im Nachbarort das Lernen sehr leicht fiel. Dies benannte sie als Grund für ihr Fremdsprachenstudium. Die Studienort-Wahl fiel auf Tiraspol, die dominant russophone Hauptstadt der separatistischen transnistrischen Republik, weil sie hier Verwandte hatte, bei denen sie wohnen konnte, was z.B. in Chişinău nicht der Fall gewesen wäre. Nach dem Französisch- und Englischstudium wurde sie an eine Schule in Bendery eingeteilt, heiratete aber stattdessen und ging zurück nach U., um hier gemeinsam mit ihrem Mann, einem Traktoristen, eine Zukunft aufzubauen. Zu dieser Zeit hat das Paar aber, auf ihre Initiative hin, auch darüber nachgedacht, nach Québec auszuwandern, war dabei mit ihrem Antrag aber im ersten Versuch am Punktesystem der dortigen Einwanderungsbehörde gescheitert. Während sie selbst über ein ausgebautes mehrsprachiges Repertoire verfügte, war der notwendige Französischtest zu Iolandas großem Bedauern für ihren Ehemann eine zu große Hürde.

Nach der Anerkennung ihres transnistrischen Diploms durch die moldauischen Behörden begann sie 2003 am Lyzeum in U. zu arbeiten, wo sie zum Zeitpunkt des Interviews bereits seit neun Jahren abzüglich zwei Jahre „dekretny otpusk" (in Elternzeit) Französisch und Englisch unterrichtete. Der Bedarf an Englischunterricht war deutlich höher als derjenige für Französisch. Einerseits erklärt sich dies aus der Personalsituation (es gab an der Schule mit Elizaveta Alexandrovna eine weitere Französischlehrerin, andererseits aber auch aus dem demographischen Wandel und dem damit verbundenen Rückgang der Schüler*innenzahlen (S7) und aus den Präferenzen von Schüler*innen und ihren Eltern für das Englische (siehe 5.1.4.4, Fremdsprachenunterricht und Weirich 2016a). Im Schuljahr 2011/12 unterrichtete Iolanda nur Englisch, im Jahr zuvor hatte sie aber auch noch Französischklassen gehabt.

In der Vergangenheit hatte Iolanda außerdem privaten Nachhilfeunterricht in Englisch gegeben, wofür sie aber inzwischen keine Zeit mehr hatte. Für den Aspekt der Kommodifizierung ihres sprachlichen Repertoires wäre dies als Verdienstmöglichkeit sehr relevant, er wurde jedoch in S3/T15 nur kurz erwähnt und später nicht wieder aufgegriffen.[398]

5.3.2.1 *Sprachausbau und Sprachpraxis in Kindheit und Jugend*

Iolanda berichtete, dass sie bis zu Beginn des zweiten Schuljahrs quasi ausschließlich mit Russisch aufgewachsen sei. In ihrer Familie sei, obwohl die Eltern beide aus dem Dorf U. stammen, nur Russisch gesprochen worden. Verkehrssprache im Kindergarten und Unterrichtssprache im ersten Grundschuljahr waren ebenfalls Russisch, auch mit ihrer Schwester in Černivci redete sie bis in die Gegenwart Russisch.

Dass allophone (wie auch moldauische[399]) Sprecher*innen in der Sowjetunion wie Iolandas Eltern einen Sprachwechsel vollzogen und sich für das Russische auch im intimen Register entschieden, war keine Seltenheit (siehe 4.2.2). Ähnliches berichtet z.B. Kira, die Direktorin des Call-Centers Univerconnect von sich selbst (die, es mag Zufall sein, ebenfalls mit einem Offizier der Sowjetarmee verheiratet war, mit dem zusammen sie nach Vladivostok zog und dort bis zur

---

398 Sie thematisierte in dieser Sequenz eigentlich die Qualität der Lehrbücher und ihre Meinung, dass die russischen sehr viel realitätsnäher und praxisorientierter seien als die rumänischen. Da das Kurikulum aber nun einmal auf letzteren aufbaute, nutzte sie die russischen in ihrem Individualunterricht (siehe auch 5.3.3.2).

399 Siehe z.B. Condrea (2007:58). Kira, die Direktorin des Call-Centers Univerconnect und Tochter zweier rumänisch-/moldauischsprachiger Eltern, machte schon in ihrer Jugend das Russische auf Grund persönlicher Präferenzen zu ihrer Hauptkommunikationssprache. Es mag Zufall sein, dass Kira ebenfalls mit einem Offizier der Sowjetarmee verheiratet wer, mit dem zusammen sie nach Vladivostok zog und dort bis zur Scheidung lebte.

Scheidung lebte). Bei Iolandas Eltern hing diese Entscheidung wohl mit dem Prestige der Sprache zusammen und mit den besseren Zukunftsaussichten für die Kinder, die sich davon erhofft wurden.

Klar ist, dass das sowjetische Militär (neben Schule und Medien) eine der wichtigsten Instanzen dessen war, was (in den entsprechenden Diskursen meist abwertend konnotiert) als „Russifizierung"[400] bezeichnet wurde: d.h. der Verbreitung von Russischressourcen in der (männlichen) Bevölkerung (Gasimov 2012:23; Verebceanu 2007:313; Weirich 2014:161; Gabinschi 1997:198). In manchen Sprach- und Berufsbiographien führte das zu einer funktionalen Verteilung der Erstsprache und des Russischen zwischen intimen und formellen Registern, in anderen Fällen zu einer Dominanz des Russischen in der Sprachpraxis und im eigenen Repertoire, auch wenn die ursprüngliche Familiensprache eine andere gewesen war.

Schulbesuch im Nachbardorf M. und Rumänischausbau

S8 ist ein Kernteil der autobiographischen Stegreiferzählung, die Iolanda auf meine offene Frage „dürfte ich noch etwas mehr über ihre Biographie erfahren" hin formulierte. Im Verlauf der Turns 47–48 beschrieb sie zuerst die Gründe für ihren Wechsel auf die Schule im moldauisch-/rumänischsprachigen Nachbardorf im zweiten Schuljahr und anschließend ging sie auf ihre persönlichen Erfahrungen und ihre Gefühle in Bezug auf diese Zeit ein. Sie schloss daran die Schilderung an, wie positiv sich trotz Anfangsschwierigkeiten der Schulbesuch im Nachbardorf auf ihre schulischen Leistungen langfristig ausgewirkt hatte und wie sich aus dieser „fremdsprachlichen" Erfahrung der Wunsch nach dem Fremdsprachenstudium entwickelt habe.

---

400 Ich verwende diesen Begriff in Anführungszeichen, weil er als politischer Kampfbegriff funktioniert (Gasimov 2012:10). Als Definition schlägt Gasimov (ebd.) vor: „Unter Russifizierung ist die Verbreitung der russischen Sprache und Kultur im vorwiegend nicht russischen Umfeld zu Lasten der lokalen Sprache bzw. Sprachen und Kulturen zu verstehen." Sie sei nicht nur durch die zaristischen und sowjetischen Behörden, sondern auch durch lokale Mittler wie die Kirche betrieben worden. Brubaker (1996c:48f) und Zofka (2012:109f) halten dem entgegen, dass in allererster Linie „Russianness" (frei übersetzbar mit „Russischsein") als eine unsichtbare Norm funktioniert habe, während v.a. die „anderen" ethnisiert wurden.

Tabelle: Iolanda/S8/T47–49

I	Haupterzähl-strang	I: и я ходила в эту школу-и: . потом . начался как раз распад советского союза . и: . эм . ввели . латиницу [A: ыхы .]	Und ich ging in diese Schule . und . danach . begann gerade der Zerfall der Sowjetunion . und . ähm . sie führten . die lateinische Schrift ein [A: aha .]
II	Präzisierung (Parenthese) zu I	был молдавский язык . и придали название языку румынский уже [A: ыхы .] как раз в это время когда я пошла – в четвертый класс шла .	es war die moldauische Sprache . und sie gaben der Sprache schon die Bezeichnung Rumänisch [A: aha .] genau in der Zeit als ich kam – als ich in die vierte Klasse kam
III	Haupterzähl-strang	и очень остро . встала проблема знания языка- [A: ыхы .] и вот моя мама так . прозорливо[401] так на будущее глядя . глядя в будущее решила что надо дать меня в школу в (село R.) . [A: ахA: .] в четвертом классе-и я каждый день на велосипеде туда . ездила .	. und sehr scharf . stellte sich das Problem, die Sprache zu können- [A: ыхы .] und eben meine Mutter so hellseherisch so vorausschauend . in die Zukunft blickend entschied dass man mich in die Schule in [Dorf R.] [A: ahA .] geben muss in der vierten Klasse bin ich jeden Tag auf dem Fahrrad dahin . gefahren .
IV	Präzisierungs-frage (zu III)	A: именно чтобы узнать=	A: extra um zu lernen=
V	Kommentar (zu III)	I: чтобы да-и я училась было трудно пол . первые полгода	I: um ja-und ich habe gelernt es war schwer ein halbes . im ersten halben Jahr
VI	Haupterzähl-strang	меня не трогали учителя я просто так наблюдала сидела за . на уроке а вторая половина уже начали спрашивать как положено	haben die Lehrer mich in Ruhe gelassen ich habe beobachtet saß hinter . im Unterricht und im zweiten Halbjahr fingen sie schon an mich zu fragen wie es sein soll
VII	Präzisierung (Parenthese) (zu VI)	- я там до девятого класса училась . [A: ыхы .]	- ich habe dort bis zur neunten Klasse gelernt . [A: aha .]

---

401 Der Begriff gilt als ein wenig antiquiert. In der Alltagssprache gängiger wäre z.B. eine Konstruktion mit предвидеть.

VIII	Metakom-mentar (zu VI)	и в: коллективе это все легко изучается .	und in der Gruppe lernt sich das alles leicht .
IX	Haupterzähl-strang	там румынский хорошо выучила . потом пришла сюда обратно потому что-там только до девяти [A: ыхы .]	dort habe ich Rumänisch gut gelernt[402] . danach kam ich hierher zurück weil-dort gings nur bis zur neunten [A: aha .]
X	Argument (zu XII)	здесь мне было уже легко . и:-на фоне других детей . э:м румынский мне уже легко было [A: ыхы .]	hier fiel es mir dann schon leicht . und . im Vergleich zu den anderen Kindern . ähm war Rumänisch für mich leicht [A: aha .]
XI	Begründung a (zu X)	тут всё преподавание на родном-мне было очень легко по сравнению как я там училa-как мне трудно там пришлось это всё . историю географию и математику [A: ыхы ыхы . ыхы .] всё на иностранном языке то здесь мне уже было просто [A: ыхы.] нечего делать в этой школе .	hier war der ganze Unterricht in Muttersprache-für mich war das sehr leicht im Vergleich wie ich dort gelernt habe-wie schwer mir das da alles fiel . Geschichte, Geographie und Mathematik [A: aha aha . aha .] alles in einer Fremdsprache deswegen war es für mich hier leicht [A: aha .] nichts zu machen in dieser Schule .[403]
XII	Haupterzähl-strang	и благодаря этому я пошла на . на иностранные языки потому что я не была уверена что я знаю французский язык хорошо-	und dank dessen habe ich mich für . für Fremdsprachen eingeschrieben weil ich nicht sicher war dass ich Französisch gut kann-

---

402 Durch die Aspektdifferenzierung im Russischen ist die deutsche Übersetzung mit „lernen" nicht ganz treffend, da das Verb выучить im Russischen einen abgeschlossenen Prozess bezeichnet, eine deutsche Übersetzung mit „gut zu Ende gelernt" wäre aber nicht idiomatisch.

403 „Diese Schule" scheint sich auf das Dorf U. zu beziehen und die Einschätzung, dass ihr die Lerninhalte hier nur so zuflogen und sie sich nicht gesondert anstrengen musste.

XIII	Begründung b (zu x)	там мне было трудно . по-французскому-когда я пришла сюда-э: . то зная французский и румынский они похожи и я [A: ыхы] увидела что на фоне э: . других учеников . я оказывается знаю французский [A: ыхы . ыхы .] (lacht) вот эта уверенность в себе . и подтолкнула меня-нет пойду я на иностранные языки-	dort fiel es mir schwer . Französisch-als ich hierher kam . äh: da ich Französisch und Rumänisch konnte die sind sich ähnlich und ich [A: aha] sah dass im Vergleich . zu den anderen Schülern zeigte sich dass ich Französisch kann [A: aha . aha .] (lacht) genau diese Selbstsicherheit und gab mir einen Ruck-nein ich studiere Fremdsprachen-
XIV	Haupterzählstrang	поступила в тирасполь [A: ахA .] в приднестровье [A: ыхы . ыхы .] вот и-после после этого на пятом курсе вышла замуж и уже здесь осталась [A: ыхы .]	ich habe mich in Tiraspol [A: ahA .] in Transnistrien beworben [A: aha . aha .] so und-danach nach dem fünften Jahr habe ich geheiratet und so bin hier geblieben [A: aha .]
XV	Präzisierung (zu XIV)	из села . парень из села .	aus dem Dorf . mein Freund war aus dem Dorf

Die Sequenz ist aufschlussreich hinsichtlich Iolandas Haltung zu den politischen Umbrüchen von 1989 und den Sprachgesetzen („Zerfall der Sowjetunion"[404] (I), die Sprache war Moldauisch und bekam dann den Namen Rumänisch (II) als willkürliche Veränderung eines objektiven Zustands), wie auch räumliche Mobilität, hier v.a. die ihre Rückkehr ins Dorf U. (welche sie lapidar damit erklärte, dass der Partner eben von dort gewesen sei (XV)). Ich konzentriere mich bei der Detailinterpretation jedoch auf die Darstellung des zweimaligen Schulwechsels, den damit einhergehenden Ausbau ihres sprachlichen Repertoires (isb. Rumänisch und Französisch) sowie die Studienentscheidung.

Erster Schulwechsel (U.–> M.)

An den Beginn ihrer biographischen Stegreiferzählung hatte Iolanda die Information gestellt, dass sie in der Ukraine geboren und dort in die erste Klasse gegangen sei bis ihr Vater das Pensionsalter erreichte, welches die Familie veranlasste, zu

---

[404] Die Nominalkonstruktion „распад советского союза" ist ein stehender Begriff. Gleichwohl drückt sich hierin eine bestimmte Perspektive aus: Es geht um das Ende der (zerfallenden) Sowjetunion. Eine andere mögliche Konstruktion und damit Perspektive wäre in dieser Situation gewesen „die Unabhängigkeit Moldovas" (o.ä.), die die Sprachgesetze gewissermaßen einleiteten.

den eigenen Eltern (ihren Urgroßeltern) nach U. zurückzukehren. Dies stellt die Situierung für ihre dann einsetzende Erzählung dar, was die Wiederholung der adverbialen Bestimmung „как раз" markiert. Beim ersten Mal (I) dient dies der Schilderung der Abfolge von Ereignissen in ihrer Erzählung und verweist auf die während Iolandas Schulbesuch plötzlich einsetzenden dramatischen zeitgeschichtlichen Veränderungen. Beim zweiten Mal (II) dient die Wendung zur dramatischen Abtönung der folgenden Zeitangabe, die ihre persönliche Biographie (Besuch der vierten Klasse) zum Zeitgeschehen (Zerfall der Sowjetunion, Einführung der lateinischen Schrift, Umbenennung der Sprache) in Verbindung setzt. Sie konstruierte also „diese Zeit" als einen Wendepunkt in ihrem Leben und dezentrierte dabei den Schulwechsel als eine Folge der objektiven Umstände weg von einer Entscheidung ihrer Mutter, deren Handeln in der Fortsetzung der Haupterzählung 1b (III) als eine umsichtige, gar hellseherische Reaktion ihrer Mutter auf die historische Situation gezeichnet wurde. Durch diese Darstellung des Reagierens der Mutter übernahm Iolanda gleichzeitig retrospektiv deren Rationalität und legitimierte dadurch die Entscheidung im Nachhinein. Ihre Inszenierung der „Schärfe", mit der sich das Problem Rumänisch zu lernen in dieser historischen Situation gestellt hätte, widerspricht den Tatsachen insofern, als sie anscheinend die einzige war, die deswegen einen Schulwechsel vornehmen musste. Vielmehr hatte die Mutter die Ungleichzeitigkeit von Erreichbarkeit und Reichweite sprachlicher Ressourcen erkannt in der historischen Möglichkeit ihre Tochter rechtzeitig die möglicher Weise eines Tages über die Mobilität entscheidende Geschäftssprache lernen zu lassen.

Der zweite Haupterzählstrang (VI und VIII) wurde durch meine nicht abgeschlossene Frage „именно чтобы узнать=" eingeleitet, deren Funktion in dieser Interaktion war, Erstaunen darüber zum Ausdruck zu bringen, dass sie extra zum Rumänischlernen die Schule gewechselt hat, was die implizite Aufforderung beinhaltet, darüber mehr zu sagen.[405] Bereits bevor ich dies formulieren konnte, hatte Iolanda bereits bejaht und griff dann auch die final-Subjunktion in Kombination mit Bejahung auf, beließ selbst den (beiden Interaktionspartnerinnen bekannten) Zweck ebenfalls implizit. Was in der nur angedeuteten Frage aber auch mitschwang, war die Frage, ob es sich bei dem Schulwechsel nicht auch um eine Zumutung für ein achtjähriges Mädchen gehandelt habe. Das kontextualisierte Iolanda vermutlich ebenfalls so, da meine Frage an ihre Vorlage anschloss, sie sei jeden Tag mit dem Fahrrad dorthin gefahren (III), was so viel heißt wie:

---

405 Das im gesprochenen Russisch sehr frequente Adverb именно („genau", „ausgerechnet", hier, gerade in Verbindung mit der final-Subjunktion чтобы/umzu) machte deutlich, dass der Gegenstand meines Interesses der Zweck des Schulwechsels war.

auch bei Wind und Wetter (abgesehen davon, dass dazwischen noch ein Tal liegt und die zu befahrende Straße also eine deutliche Steigung hat).

Dass sie „gut" Rumänisch gelernt hat (VIII) erschließt sich ihr vor allem aus dem Vergleich mit den Kindern im Dorf U. nach ihrer Rückkehr an das dortige Lyzeum zwecks Oberstufenbesuch („на фоне" bedeutet Wörtlich übersetzt: „vor dem Hintergrund", ist aber als vergleichend zu verstehen). Der gesamte Erzählstrang enthält eine Reihe von Vergleichen, die meist durch Gegensätze ausgedrückt werden. Insgesamt sechsmal verweist sie mit „там" (dt. dort) auf das Nachbardorf, bzw. die dortige Schule; fünfmal mit „тут" bzw. „здесь" (dt. hier) und der richtungsanzeigenden Präposition сюда auf das Dorf U. und das Lyzeum, außerdem verwendet sie das Gegensatzpaar „легко" (dt. leicht) und „трудно" (dt. schwer). Sie erzählte hier die Erfolgsgeschichte, dass sie erstens gut Rumänisch gelernt habe und zweitens deswegen ein Fremdsprachenstudium begonnen habe und eingeleitet wird die Geschichte auch von einem optimistischen Metakommentar (VIII). Der Hauptaspekt dessen, was „dort" schwierig (einmal sogar mit dem emphatischen „как мне трудно там пришлось это всё") und „hier" leicht war, war die Unterrichtssprache (X): einerseits hier „все преподавание на родном", andererseits „это всё . историю географию и математику [A: ыхы ыхы . ыхы .] всё на иностранном языке". Hierbei sind die beiden ebenfalls als Gegensatzpaar inszenierten Sprachbenennungen auffällig: Während sie einerseits implizit das Russische als *родной* bezeichnete (denn dies ist ja die Unterrichtssprache in U.), nennt sie die Unterrichtssprache in R., das Rumänische, „Fremdsprache" (siehe auch 5.3.3.2).

An diese Argumentation knüpfte sie den dritten Teil des Hauptzerzählstrangs in dieser Sequenz, in dem es darum ging, warum sie sich für ein Fremdsprachenstudium entschieden hat. Die kausale Verkettung, die sie dabei mit „благодаря этому" vornimmt (das sich wohl darauf bezieht, dass ihr im Vergleich zu R. in U. dann alles leicht gefallen sei, also die schulwechselbedingten Erfahrung, dass ihr Wissen Bildungserfolge bringt), stellt jedoch einen logischen Bruch dar, weil sich das Objekt ihres Wissens ändert (wo es zuvor um das Rumänische gegangen war, ging es jetzt um das Französische), den sie durch eine Reformulierung der Erfahrung zu reparieren sucht: Die entscheidende Änderung, die die Rückkehr an das Lyzeum in U. bringt, ist der Gewinn von Selbstbewusstsein. Am Gymnasium in M. hatte sie nicht an sich geglaubt und daran, dass sie Französisch kann. Als Begründung für die Entscheidung reformulierte sie also ihr Argument für das Französische – während ihr das in M. schwer gefallen war, merkte sie in U. im Vergleich mit den anderen plötzlich, dass sie das ganz gut konnte, was (im Gegensatz zum Vergleich der Rumänischkenntnisse der Kinder hier und dort) bedeutete, dass das Sprachniveau sehr unterschiedlich war. Die Parenthese, die

die vorausgegangene Proposition unterbrach, war „sie (d.h. Französisch und Rumänisch) sind sich ähnlich". Der Zusammenhang schien für sie selbst klar zu sein. Und er ist für sie positiv: das Signalwort, dass eine positive Bewertung der Kausalitätenkette (ob logisch oder nicht) markiert, ist „благодаря этому", welches in etwa dem Kausaladverb „deswegen" entspricht, allerdings mit einer ausschließlich positiven Konnotation (wörtlich eher: „dank dem"). Aber auch der Verweis auf Selbstbewusstsein, oder die Formulierung „ich gab mir einen Ruck" sind deutliche Indikatoren dafür, dass dies für sie eine positive Entwicklung der Dinge, eine Erfolgsgeschichte war. Die Rumänischkenntnisse werden indirekt für ihre Berufslaufbahn entscheidend, da sie eine andere Ressource zugänglich gemacht haben, die sie nun in Bildungskapital umsetzen kann: das Französische.

Ausbau des Ukrainischen

Mit der ukrainischen Standardsprache kam sie erst beim Wechsel aus dem Nachbardorf zurück ans örtliche Lyzeum in Berührung. In S13 unterstrich sie, dass sie beim Lernen keinerlei Probleme hatte, u.a. weil das Ukrainische auch über audiovisuelle Medien erreichbar gewesen sei.

Tabelle: Iolanda/S13/T69–74

I	Paraphrasierung/ Rückversicherung/(gescheiterte) Erzählaufforderung	A: [ыхы-ыхы . и эм. то есть вы сказали этот ну . литературный стандартный украинский язык . изучали в школе	A: əhə . əhə . und em . das heißt Sie haben gesagt dass Sie diese naja . Literatursprache die ukrainische Standardsprache . in der Schule gelernt haben
II	Bejahung (von I)	I: в школе да-	I: in der Schule ja-
III	Rückfrage 2 (zu I und II)	A: а когда э: . приехала сюда в лицейской . классе или .	A: und als ə: . du[406] herkamst in die Oberstufen.klasse oder .
IV	Hintergrundkonstruktion (statt Verneinung zu III) zu VI	I: когда я приехала из закарпатья из украины. [A: ыхы .] тут ещё украинский не был так внедрен э [A: ыхы .] только русский был. математика и румынский. был как молдавский. э раз в неделю [A: ыхы .]	I: als ich herkam aus den Transkarpaten aus der Ukraine. [A: əhə .] war das Ukrainische hier nicht noch nicht so eingeführt ə [A: əhə .] nur Russisch gabs . Mathematik und Rumänisch . das war als Moldauisch . einmal pro Woche [A: əhə .]

---

406 Ich habe in meiner Frage kein Personalpronomen verwendet, die weibliche Vergangenheitsform *приехала* markiert allerdings die Duzform, in der höflichen Anrede wird die Pluralform *приехали* verwendet, deswegen habe ich sie hier unabsichtlich geduzt.

V	Hintergrund-konstruktion zu IV	тогда ещё было (в)[407] союзе но [A: ыхы .]	damals war noch die (Sowjet) Union aber [A: əhə .]
VI	Haupterzähl-strang	и потом когда я уже . перешла в [село M., anonym.] . и вернулась обратно	und danach als ich schon . ins Dorf M. gewechselt war . und zurückgekommen war
VII	Parenthese	вот тогда уже школа . взяла статус как э: . вот. как украинский уже статус украинского языка.	also als schon die Schule . den Status als ə: . also . als ukrainisch schon der Status der ukrainischen Sprache
VIII	Haupterzählung	и вот эти . десятый и одиннадцатый класс два года-[A: ыхы .]	und diese . zehnte und elfte Klasse zwei Jahre-[A: əhə .]
IX	Kommentar zu VI	ну легко и мне легко .	naja einfach für mich war das einfach
X	Begründung (des Kommentars VIII)	и тем более что . программы . телевизионные многие ловят на украинском языке [A: ы] здесь и фильмы (и) сериалы новости мы все смотрим на у . на чисто украинском [A: ыхы .] и оно не замечаешь как-то начинаешь говорить и понимать – [A: ыхы .]	zumal . Programme . im Fernsehen werden viele auf Ukrainisch empfangen [A: ə] hier und Filme und Serien Nachrichten schauen wir alle auf . auf sauberem Ukrainisch [A: əhə .] und das du merkst es gar nicht und fängst irgendwie an zu reden und zu verstehen – [A: əhə .]
XI	Detaillierung (der Begründung IX)	когда еду в черновцы . там надо вообще там у меня сестра живёт [A: A: ыхы.] вот . там надо общаться на чисто украинском перехожу свободно на чисто украинский язык .	wenn ich nach Černivci fahre . da brauche ich überhaupt meine Schwester wohnt da [A: A: əhə .] also . da muss man sich auf sauberem Ukrainisch unterhalten ich wechsele und rede frei in sauberem Ukrainisch

Sie begründete ihren persönlichen Ukrainischausbau mit der kurrikularen Verankerung: Als sie 1987 nach U. kam, spielte das Ukrainische an der Schule noch keine Rolle, erst als sie zurückkam, habe die Schule den Status einer ukrainischen gehabt.

---

407 Iolanda sprach teilweise sehr leise und artikulierte einzelne Silben und Lexeme nicht. An dieser Stelle deutet sich die Präposition в nur an.

Sie konstruierte die Erzählung, dass das Ukrainische für sie nur als Schulfach eine Rolle gespielt habe und sie privat anders gesprochen hat. Eine Ausnahme von ihren schulischen Erfolgen stellt das Ukrainisch aber trotzdem nicht dar (der Bezug zu S8 wird auch wegen der analogen Verwendung des Adjektivs *легко* deutlich). Als Beleg führte sie an, dass sie in Černivci Standardukrainisch sprechen müsse, weil dort in der Westukraine die Leute nicht so gerne Russisch hören würden und ihr das auch problemlos gelinge.[408]

Aneignung intimer Register (des Ukrainischen)

Die Frage danach, wann sie die ukrainische Standardsprache gelernt habe (S13) ergab sich aus der im folgenden diskutierten Sequenz (S11), in der sie schilderte, dass sie zuerst über die formellen Register des Ukrainischen verfügt habe und sich dann die intimen Register des Dorfdialekts angeeignet habe, um situationsadäquat mit den anderen Dorfmitbewohner*innen kommunizieren zu können.

Tabelle: Iolanda/S11/T60

I	Erzähllaufforderung (Suggestivfrage)	A: то есть вы укра.инский [I: да] язык э: . наверное . ну говорите по-другому чем люди отсюда	A: das heißt sie ähm reden ukra.inisch [I: ja] äh wahrscheinlich anders als die Leute von hier
II	Verneinung und Begründung	I: нет - не потому что там[409] э: . по-русски папа говорил со мной и мама и в садик русский военный ходила садик - специально для военных (A: ахA) и там все русские .	I: nein - nee weil dort äh . mein Vater sprach Russisch mit mir und meine Mutter und im Kindergarten Russisch ich ging in einen russischen Militärkindergarten - speziell für Soldaten (A: ahA) und dort waren alle Russisch .
III	Einräumung	хотя там укр	obwohl dort Ukr

---

408 Spannend ist dieser Abschnitt hinsichtlich der Sprachbenennungen – um auf das Standardukrainische bzw. die formellen Register zu verweisen, sagt sie „чисто украинский язык", was für sie der stehende Begriff für Standardukrainisch zu sein scheint. Siehe dazu 5.3.31.

409 Das Adverb *там* bezieht sich nicht auf eine in den vorausgegangenen Turns genannte Ortsangabe, den folgenden Propositionen ist zu entnehmen, dass es um Mukačevo geht.

IV	Autokorrektur & Hiuntergrundkonstruktion	и тАм в закарпатье и то не такой украинский . настоящий - там тоже со своими диалектами закарпатский такой язык [A: ыхы . ыхы . ыхы -]	und das waren die Transkarpaten und deswegen nicht so ein richtiges . Ukrainisch - dort hat die Sprache auch ihre Dialekte diese transkarpatische Sprache [A: aha . aha . aha -]
V	Begründung (zu I und II)	и: я ходила не в украинскую школу в русскую дома всё на русском . сюда пришла . учила украинский в школе как все -	und ich ging nicht in eine ukrainische Schule in eine russische zu hause alles auf Russisch . ich kam hierher . lernte ich Ukrainisch in der Schule wie alle -
VI	Kernargument 1[410]	я понимаю - могу говорить на чистом украинском языке	ich verstehe - kann reden in sauberer ukrainischer Sprache
VII	Einräumung (zu VII)	но - в селе ни с кем не разговариваю	aber - im Dorf rede ich mit niemandem
VIII	Begründung (von VII)	потому что начнешь говорить на чистом языке сразу все так э: [A: ыхы . ыхы .] э: воспринимают что это - что-то вот режет сразу слух их что я не на их	denn wenn du anfängst in sauberer Sprache zu sprechen nehmen das sofort alle äh [A: aha . aha .] so auf dass das - etwas also das ist für sie nicht anzuhören dass ich nicht auf ihrer
IX	Kernargument 2	и я уже перешла - перехожу подстраиваюсь . [A: ыхы .] подстраиваюсь как люди говорят так и я с ними общаюсь чтобы ни . не осложнять им не напрягать их . [A: ыхы .]	und ich bin schon übergegangen ich gehe über adaptiere mich . [: aha .] ich adaptiere mich wie die Leute reden so also unterhalte auch ich mich mit ihnen um sie nicht zu belasten um ihnen nicht auf die Nerven zu gehen . [A: aha .]

Meine diese Sequenz einleitende suggestive Frage[411], ob sie anders Ukrainisch spreche, als die Leute aus U., verneinte Iolanda vehement. Im Verlaufe der

---

410 Der Tempuswechsel von der Vergangenheitsform im Erzählmodus zum Präsens markiert den Wechsel in einen argumentativen Modus.
411 то есть bezieht sich hier nicht auf das unmittelbar zuvor Gesagte (in S10 berichtete Iolanda von ihrem nicht anerkannten Diplom aus Tiraspol), sondern leitet einen Themenwechsel ein.

Argumentation stellt sie dann zwei unterschiedliche Thesen (VI + IX) auf. Zuerst betonte sie, dass sie die Standardsprache beherrsche (VI), räumte dann aber ein, dass sie tatsächlich versuche, sich dem Dorfdialekt anzupassen (IX) und selten Gelegenheit habe, Standardsprache zu sprechen (VII).

Die Begründung von These 1 zeigt, dass sie vor allem gegen die Annahme argumentierte, sie könne einen westukrainischen Dialekt haben. Dieser Referenzrahmen wird auch durch das dreimalig verwendete deiktische Lokaladverb *там* (II, III und IV) hergestellt, welches sich anaphorisch auf Mukačevo bezieht, dessen letzte Nennung im Text aber weit zurück liegt (S8). Gegen diese (implizit mir unterstellte) These hat sie zwei Einwände: erstens hätten ihre Eltern mit ihr nur Russisch gesprochen, zweitens sei sie in einen Kindergarten speziell für Soldaten gegangen, in dem ebenfalls nur Russisch gesprochen wurde (bzw. der nur von Russ*innen besucht wurde[412]). Sie habe also „wie alle" Ukrainisch in der Schule gelernt, als sie nach U. kam (V). Hierbei wird sehr deutlich, dass ihr Bezugsrahmen das Standardukrainische ist, denn die anderen Schüler*innen, die in U. aufgewachsen sind, sprachen zumindest im informellen Register mehrheitlich Ukrainisch und konnten das formelle von hier aus „booten" (Maas 2008:263). Dies widerspricht nicht notwendig der Aussage (aus S13), dass ihr das leicht gefallen ist, gewisse Differenzerfahrungen wird sie aber sicherlich gemacht haben. Sie räumte dann ein (III und IV) (hierauf bezieht sich das dritte „там"), dass dort kein richtiges Ukrainisch gesprochen worden sei, sondern bestimmte Dialekte, bzw. „eine transkarpatische Sprache".[413]

Die zweite These entsteht aus einer Einräumung zur ersten These – durch *но* markiert – dass sie zwar Standardukrainisch beherrsche, aber es mit niemandem sprechen könne, da diese Varietät von den Dorfbewohner*innen als fremd wahrgenommen werde (VIII). Dabei vermied sie die explizite Benennung der

---

[412] Sie scheint hier die Sprachpraxis synonym mit einer kollektiven Zugehörigkeitskategorie, wie Nationalität, gleichgesetzt zu haben, da sie sagte *там все русские*, „dort waren alle Russen". Zu den Bedeutungsnuancen von Bezeichnungen wie *русские*, *россияне*, *русскоязычные* siehe Brubaker (1996a:142-144). Русские hat eine ethnokulturelle Bedeutung, scheint hier von Iolanda aber eher als „russischsprachig" verwendet zu werden.

[413] Gemeint ist damit wohl das Rusinische (auch „Ruthenisch"), welches möglicherweise ca. die Hälfte der Bevölkerung der Region Transkarpatien spricht (Stegherr 2001 geht von 650.000 Sprecher*innen aus, was ca. die Hälfte der Bevölkerung wäre). Außer dem Rusinischen wird in der Region noch Ungarisch gesprochen. Ob Iolanda dies so allgemein bezeichnet, um für mich verständlich zu sein, oder selbst kein differenzierteres Wissen über das Rusinische hat, konnte ich aus der Sequenz nicht erschließen.

im Dorf praktizierten Varietät (und als Konsequenz auch die Nominalphrase, die hierauf gefolgt wäre), die einfach „их" (ihr, ihre) lautet, wobei das Possissivadjektiv metonymisch für die Sprache steht.[414] Dieses „я не на их" erweckt den Eindruck einer Distanzierung, wo durch Sprachpraxis Zugehörigkeit markiert und dabei die anderen Dorfbewohner*innen als eine andere Gruppe konstruiert werden (siehe auch 5.3.3.2).

Im letzten Abschnitt (IX) umschrieb sie das mit „wie die Leute zu reden" (bemüht sie sich ebenfalls zu reden). Ein wichtiger Aspekt, der in dieser Passage allenfalls implizit durchklang, ist die Frage des hierfür notwendigen Repertoires: Denn mehr als nur eine Anpassungsleistung (artikuliert durch Wiederholung von „подстра́ивать") verlangt das, dass sie die entsprechenden Register erlernt. Die Funktion dieses Abschnitts war vor allem, sich selbst dennoch als legitime Sprecherin zu inszenieren, die auf Grund ihres umfangreichen Repertoires die Möglichkeit hat, nach dem Kooperativitätsprinzip zu handeln und durch Anpassung an eine lokale Varietät, an der ihr selbst (laut Darstellung) nicht viel liegt, den anderen Menschen die Kommunikation zu erleichtern.

Dieser Abschnitt zeigt insgesamt, dass Iolanda normativ dachte; so erkläre ich mir, dass sie die Varietätenfrage zunächst ablehnte und dies mit der Standardsprache als Referenzpunkt begründet. Vielleicht spricht hieraus auch Sorge, dass ich in Frage stellen wollte, dass sie eine legitime Sprecherin ist. Diese Normativität klingt auch in den Sprachbenennungen an, wie „не такой украинский . настоящий – там тоже со своими диалектами", womit sie „richtiges Ukrainisch" und Dialekte kontrastierte (IV).

5.3.2.2 Aktuelle Praxis

In Iolandas für drei Tage ausgefüllter Wochenübersicht, welche die Sprachen Ukrainisch und Russisch (jeweils fünfmal), das Rumänische (zweimal) und das Englische (einmal) erwähnt, waren zwei der drei von ihr dokumentierten Tage Feiertage, ansonsten würde Englisch sicherlich häufiger vorkommen. Erkennbar ist, dass Ukrainisch gesprochen wurde, sobald der Ehemann anwesend war, was vor allem während der Mahlzeiten der Fall war sowie als andere Verwandte zu Besuch kamen. Wenn sie (allein) mit ihrem Sohn sprach, tat sie dies hauptsächlich in Russisch. Deutlich ist auch, dass die Schule der Ort von Mehrsprachigkeit

---

414 In S11/T61 verwendete sie einmal zur Bezeichnung des Dialekts *по-нашему*, kehrte aber in den folgenden Turns zu einer distanzierten Bezeichnung mit Demonstrativartikel zurück (*вот с этим диалектом*).

ist, wo alle ihre sprachlichen Ressourcen zum Einsatz kommen und manche, wie Englisch oder Rumänisch, sogar ausschließlich hier.

Ukrainisch

Diese Übersicht korrespondiert mit dem Bild, dass sich aus den oben bereits detaillierter interpretierten Sequenzen ergibt, dem zufolge Iolanda über ein breites Repertoire verfügt, welches es ihr erlaubt sich auf unterschiedliche Sprechsituationen adäquat einzustellen. Zu kurz kommen dabei jedoch auf Grund des sprachlichen Umfelds ihre eigenen Kommunikationsbedürfnisse. Ihre dominante Vernakulärsprache für den alltäglichen Umgang mit ihrer Familie und den anderen Dorfbewohnern ist der Dorfdialekt, den sie, anders als z.B. Anastasia Dimitrovna, mehr als eine faktische Notwendigkeit oder gar ein notwendiges Übel darstellt, denn als Nähesprache, oder etwas, womit sie sich identifizieren würde (auch wenn die Benennungen ambivalent sind).

Sie formulierte mit einem gewissen Bedauern, dass es wenig Gelegenheit gebe, Standardukrainisch zu sprechen, weil dieses Register in der alltäglichen Dorfkommunikation als nicht adäquat wahrgenommen wurde, maß dem aber auch insgesamt keine große Bedeutung (Reichweite) bei. Sie selbst gab an, sich dieser Ressourcen ausschließlich bei Besuchen in Černivci zu bedienen. Kontakt, so hatte sie im Kontext ihres eigenen Ukrainischausbaus berichtet, hatte sie außerdem über das Fernsehen – auch dies beschreibt sie in gewisser Weise als zweite Wahl, da ihre Familie es kategorisch ablehne, rumänische Sender zu schauen (was sie gerne täte).

Innerhalb der engsten Familie (also im Kontakt mit Mann und Sohn) ergeben sich durch ihr ausgebautes Repertoire, aber auch durch ihre Kommunikationsbedürfnisse und ihre sprachlichen Repräsentationen Konflikte. Indikatoren hierfür waren die Art und Weise, wie sie von den Auswanderungsplänen (S15) berichtete oder die Wahl von Fernsehsendern (S14/T78). In der folgenden Teilsequenz, wo es um die Erziehung ihres Sohnes geht, wird deutlich, dass sie auch innerhalb der Familie die Lehrer*innenrolle nicht ablegte, aber das Gefühl hatte, damit zu scheitern.

Als Lehrerin ist sie qua Amt „language Boss" (Lakoff 1990:284), also eine normative Instanz. Im privaten Umfeld wird sie aber in dieser Rolle nur teilweise akzeptiert (z.B. vom Sohn hinsichtlich des Englischen), was möglicher Weise für eine geringe sprachliche Unsicherheit bei allen Beteiligten spricht.

Der folgende Auszug von S11/T61-65 schließt unmittelbar an die oben interpretierte Passage an, wo es um ihren Ukrainischausbau geht. Nachdem sie ihre Sprachpraxis mit anderen Dorfbewohner*innen beschrieben hatte, konstruierte sie die Erzählung weiter, indem sie auf die familiäre Sprachpraxis zu sprechen kam.

Tabelle: Iolanda/S11/T61–65

I	Haupterzählstrang	[…] и с мужем я по-. украински	und mit meinem Mann rede ich auf Ukrainisch
II	Detaillierung	по-нашему . вот с этим диалектом [A: ыхы]	auf unserem . also mit diesem Dialekt [A: aha]
III	Haupterzählstrang	а с ребёнком стараюсь по-русски вот	und mit dem Kind bemühe ich mich auf Russisch so
IV	Detaillierung	иногда даже на румынский перехожу но не отвечает мне на румынском .	also manchmal schalte ich sogar auf Rumänisch um aber er[415] antwortet mir nicht auf Rumänisch .
V	Einschränkung	понимает [A: ыхы] но не может отвечать не любит этот язык . [A: axA .] не нравится	er versteht [A: aha] aber er kann nicht antworten er mag diese Sprache nicht . [A: ahA .] sie gefällt ihm nicht
VI	Beispielerzählung/ Belegfunktion	когда был маленький закрывал уши и говорит не разговаривай со мной на этом языке -	als er klein war hielt er sich die Ohren zu und sagt red mit mir nicht auf dieser Sprache –
VII	Haupterzählstrang (kontrastierend)	английский хочет - хочет	- Englisch will er - will
VIII	Detaillierung/ Beispiele	э: смотрит мультики на английском мама как это слово как это слово потому что . любит компьютеры и там . английский в компьютере [A: ыхы . ыхы . ыхы .]	er äh: er schaut Trickfilme auf Englisch Mama wie ist dieses Wort wie ist jenes Wort weil . er Computer liebt und da . am Computer ist Englisch [A: aha . aha . aha .]
IX	Fazit	хочет не может дождаться уже когда начнется . э: английский уже учить (beide lachen)	will er er kann nicht abwarten wann es endlich losgeht . ähm mit dem Englisch-lernen (beide lachen)
X	Präzisierungsfrage Interviewerin (geschlossen)	A: а сколько ему лет -	A: und wie alt ist er -
XI	Antwort	I: семь лет . восемь уже будет первого [сентября	I: sieben Jahre . acht wird er schon am ersten [September

---

415 Das Personalpronomen in der Übersetzung bezieht sich auf ihren Sohn („mit dem Kind"). Im russischen Original steht nur das konjugierte Verb, das nicht geschlechtsspezifizierend ist.

XII	Präzisierungs-frage (offen)	A: [первым аха окей ыхы . и ахА . а то есть э вы . с него на: . украинском на вашем не	A: [am ersten aha okay aha . und ahA . das heißt äh sie . reden mit ihm[416] nicht auf . ukrainisch auf ihrem
XIII	Antwort	I: не разговариваем	I: rede ich mit ihm nicht
XIV	Begründung	потому что я ему объяснила что этот язык . за пределами нашего села . [A: ыхы .] нигде не используется . [A: ыхы .]	weil ich ihm erkläre dass diese Sprache . jenseits der Grenzen des Dorfes . [A: aha .] nirgends genutzt wird . [A: aha .]
XV	Haupterzähl-strang/Kontrast	но он с э: . ребятами разговаривает даже тут в школе и в садике . и со мной переходит	aber er mit äh . den Kindern redet er sogar hier in der Schule im Kindergarten . und mit mir schaltet er um .
XVI	Kommentar	я его . ругаю за это [A: ыхы.] чтоб он по-русски –	ich schimpfe mit ihm deswegen [A: aha .] damit er Russisch
XVII	Begründung	потому что литература . потом не может пересказать тексты [A: ыхы .] не может по литературе выразить мысли грамотно на русском языке –	weil Literatur . außerdem kann er nicht Texte nacherzählen [A: aha .] er kann nicht seine Gedanken über Literatur fehlerfrei ausdrücken auf Russisch –
XVIII	Haupterzählung	он переходит на вот этот язык который . на нигде (Tür geht auf)	er schaltet auf diese Sprache hier um die . für nirgends (Tür geht auf)

Mit ihrem Sohn würde sie versuchen, nur Russisch zu sprechen und manchmal sogar Rumänisch (IV), was aber einseitig bliebe, da der Sohn nicht auf Rumänisch antworte (V). In der folgenden Einschränkung, die gleichzeitig das sprachliche Verhalten des Sohnes erklären bzw. begründen soll, benannte sie zunächst fehlende produktive Sprachkompetenzen (er verstehe, antworte aber nicht), um dann erklärend hinzuzufügen, dass er die Sprache nicht möge (was das fehlende Können relativiert). Wichtig an dieser Perspektivänderung, dass es nicht an den Fähigkeiten, sondern am Willen oder an Neigung scheitere, ist ihre, zweifellos durch die eigene Sprachbiographie geprägte Perspektive auf Sprache als etwas grundsätzliches Lernbares, etwas grundsätzlich Erreichbares (was sie z.B. von

---

416 Im russischen Original entspricht meine Konstruktion с него nicht dem Standard. Korrekt wäre с ним.

anderen Akteur*innen unterscheidet, die häufig fehlende Sphären der Praxis monieren). Was in dieser Erzählung zunächst ebenfalls implizit blieb, war die Präzisierung, ob denn ihre Versuche, mit dem Sohn Russisch zu sprechen, erfolgreich seien (dass dies ein Versuch war, hatte sie ja klar, durch das Verb старáться markiert). Die Erwähnung des Interesses ihres Sohnes für das Englische diente augenscheinlich auch dazu, der Erzählung eine positivere Wendung zu geben.

Darüber, dass sie die familiäre Kommunikation, zumindest diejenige ihres Sohnes, der sprachlichen Erziehung unterzuordnen schien, veranlasste mich zu der Nachfrage, ob sie mit ihrem Sohn denn kein Ukrainisch rede (XII). In ihrer Antwort (XIII) nahm sie meine unabgeschlossene Suggestivfrage auf und vervollständigte sie mit einem entschiedenen „не разговариваем" (Projektion des Verbs, Auer 2005:3; Deppermann 2008:50, siehe auch 3.4.1.2–3). Sie verstand die syntaktisch geschlossene Frage jedoch als Erzähl- bzw. Detaillierungsaufforderung und begründete, sie würde ihrem Sohn immer sagen, dass er mit dem Dorfukrainisch nirgendwo hinkomme jenseits des Dorfes. Die Reichweite (semantisch durch die Ortsangabe „за пределами нашего села […] нигде (не используется)" (XIV) symbolisiert), also der Nutzen, dient hier als Begründung für die Sprachwahl. Das Nutzen- bzw. Zukunftsdenken ergänzte sie auch darum, dass sie die häusliche Praxis mit der schulischen Leistung des Sohnes in Zusammenhang brachte. Die diagnostizierten Schwierigkeiten, Texte auf Russisch nachzuerzählen oder seine Gedanken über Literatur auszudrücken, wurden so mit der inkonsequenten häuslichen sprachlichen Praxis begründet. Mehr als von zwei unterschiedlichen Sprachen redet sie hier über zwei unterschiedliche Register, ohne jedoch deren jeweilige Funktion zu reflektieren – sie dehnt die Funktion des formellen Registers normativ in den Bereich der Nähe aus. Ihre eigene (in S11 thematisierte) Erfahrung, dass sie im Dorf den ukrainischen Dialekt benötigt, weil andere sprachliche Formen in der alltäglichen Kommunikation Irritationen erzeugen, führte nicht zu der Schlussfolgerung, dass dieser für ihren Sohn eine wichtige Funktion haben könnte.

Eine solche Szene, die möglicherweise ihr Erzählen in unserem Gespräch entscheidend beeinflusst, taucht auch in ihrer Wochendokumentation auf. Für Montag, den 30. April, einem Feiertag, notierte sie: „Вечером общаюсь ~~только~~ больше с рёбенком на русском языке, временами перехожу на румынский. Супруг приезжает когда мы спим." („Abends spreche ich nur mehr mit dem Kind auf Russisch, zeitweise wechsele ich ins Rumänische. Ehemann kommt, als wir schlafen.")

Abbildung: Auszug aus Iolandas Wochendokumentation

Ins Auge fällt in diesem Ausschnitt die skribale Retraktion (Anakoluth), also der Rückschritt von einer bereits getätigten Äußerung „только больше" und dies in mehrerlei Hinsicht:

Die erste spontane Formulierung mit „nur" deutet auf die Formulierung eines Prinzips hin – dass sie aus bestimmten pädagogischen oder idealistischen Erwägungen mit dem Sohn ausschließlich auf Russisch redet (der Ausschluss scheint sich auf das Ukrainische zu beziehen). Möglich ist, dass dies auch mit Projektionen meiner Erwartungshaltung zu tun hat (z.B. einer konsequent bildungsorientierten familiären Sprachpolitik).

Auslandsaufenthalte

Iolanda hat zu Schulzeiten wie in der Sowjetunion üblich Französisch gelernt (Weirich 2016a, siehe auch 4.3.5.2). Der Ausbau ist ihr (wie im Zusammenhang mit S8 beschrieben) wegen dem Besuch der moldauischen Schule relativ leicht gefallen, weil das für sie eine Art Härtetest war – hinzu kam, dass die sprachliche Verwandtschaft zwischen Rumänisch und Französisch ihr Transfer erlaubte. Aus all diesen Erfahrungen heraus hat sie (wie ebenfalls extensiv interpretiert) beschlossen, ein Fremdsprachenstudium aufzunehmen. Eine moldauische (und transnistrische) Besonderheit ist, dass das Sprachenstudium (auch für Lehramtskandidat*innen) mehrere Sprachen umfasste und sie deswegen zusätzlich zum ihr bereits vertrauten Französisch, zwei Jahre Englisch an der Uni studierte, das ihr die Lehrbefähigung einbrachte. Tatsächlich unterrichtete sie aber inzwischen sehr viel mehr Englisch als Französisch (im Schuljahr 2011/2012 sogar ausschließlich Englisch), was wohl an demographischen Trends und einem größeren Interesse der Schüler*innen (oder deren Eltern) an Englisch lag und sich in absehbarer Zeit zukünftig auch nicht ändern würde.

So ist in ihrer Sprach- und Berufsbiographie eine letztlich sekundär (als Nebenprodukt) angeeignete Ressource zum ausschlaggebenden Faktor für ihre Existenzsicherung geworden. Für die Fächerkombination Französisch-Englisch ist mir dieses Phänomen auch in anderen Kontexten begegnet, wie z.B. bei einer Englischlehrerin an der Militärakademie in Chișinău (Weirich 2014).

Auf der einen Seite stehen schulisch und – im Falle Iolandas – an der Universität angeeignete sprachliche Ressourcen, für die es im Alltag kaum eine Anwendungsmöglichkeit gibt (S14/T78: „целый год я с некем не говорила на французском", dt. „das ganze Jahr habe ich mit niemandem Französisch geredet"). Der praktische Nutzen von Iolandas Französischressourcen bestand also darin, sie weiterzuvermitteln und dadurch ihren Lebensunterhalt zu verdienen. Sie haben einen didaktischen und einen ökonomischen, aber keinen kommunikativen Nutzen. Die Hürden der Mobilität erzeugen den paradoxen Effekt, dass Paris und seine Sehenswürdigkeiten fast unerreichbar wirken, obwohl viele (ehemalige) Dorfbewohner*innen dort ihren Alltag verbringen. Die universitär angeeigneten Französischressourcen sind dadurch von ihrem praktischen Nutzen entkoppelt.

Iolanda hatte noch nie die Gelegenheit, in englisch- oder französischsprachige Regionen zu reisen. Die Québec-Pläne schienen endgültig ad acta zu liegen und die aktuelle Hoffnung stützte sich auf eine Fortbildungsreise nach Frankreich, die von der regionalen Schulbehörde organisiert werden sollte (und seit Jahren versprochen und immer wieder aufgeschoben wurde), wovon sie in S28 sehr zurückhaltend berichtet.[417]

Ihr Argument (VIII) „мы говорим о достопримечательностях не видели . которые мы никогда не видели -" deutet an, dass sie selbst zwischen Lernen, Lehren und Praxis eine Kluft wahrnahm. Dass ausgerechnet die Sehenswürdigkeiten ein Argument sind, deutet auf eine gewisse Anwendungsferne des Unterrichts hin[418], wie sie sich in der Kritik von Soltan (2014:82) am Sprachunterricht in Moldova widerspiegelt:

---

[417] Detaillierter wird dies in meiner Dissertationsschrift diskutiert (Weirich 2016b: 318–320).

[418] Dass Sehenswürdigkeiten in den Kurrikula des Fachunterrichts offenbar einen festen Platz haben, wurde ja auch in der Englischstunde deutlich, in der ich bei Iolanda hospitierte: Hier ging es allerdings um die Sehenswürdigkeiten Moldovas (sogar die Vokabel „attractions") kam vor.

> „The cultural aspects that students can remember from foreign langauge classes are mainly linked to the traditions, cuisine, history and monuments. Some of these contents are probably already forgotten by the native speakers, but are still taught by the Moldovan public education system."

Iolanda selbst legte, ihre didaktischen Prinzipien schildernd (wie Soltan 2014), sehr viel Wert darauf, zu betonen, dass die Schüler*innen reden lernen sollen (S23/T122, S25, S27) und beschwerte sich darüber, dass viele (kurrikular vorgegebenen) Unterrichtsinhalte sehr abgehoben und gänzlich realitätsfern seien (S1). Wichtig ist, dass ihr die Kluft zwischen Ausbau und Praxis sehr bewusst ist.

Gegenwärtige Rumänischpraxis

Das kleine schulinterne ethnologische Museum (der „Volkskultur") in Parterre des Schulgebäudes wurde von den Rumänischlehrerinnen aus dem Nachbardorf M. betreut. Hier trafen sich morgens vor Unterrichtsbeginn alle, die Rumänisch sprechen wollen bzw. können, so auch Iolanda. Die Sprachpraxis muss hierfür nicht bei allen der Hauptgrund sein – die Gesellschaft der drei sympathischen und unterhaltsamen Damen suchen wohl die meisten Kolleg*innen gern (siehe auch 5.1.4.4).

Ich selbst war an meinem letzten Tag in U. zum ersten Mal Teil dieser Runde, weil ich an allen anderen Tagen gemeinsam mit Tanja in die Schule gegangen bin und wir dann üblicher Weise erstmal in die Bibliothek gingen. Tanja und auch die Rumänischlehrerinnen selbst hatten mir aber bereits berichtet, dass letztere sich morgens stets im Museum treffen würden; es ist also ein explizites Ritual. In mein Notizheft habe ich dazu notiert

> „ich bin allein in die Schule losgestiefelt, um in der ersten Stunde [Name einer Rumänischlehrerin, anonym.] im Unterricht zu besuchen – da [Tanja] ja noch nicht mit unterwegs war, wurde ich ins Traditionen-Museum geschickt, wo sich morgens die Rumänischlehrerinnen träfen;
>
> Die waren auch tatsächlich alle da, wie auch [Name] (Grundschullehrerin), der mir bis dahin unbekannte Physiklehrer, [Name] – später stieß auch [Iolanda] dazu etc. auch die Geschichtslehrerin, die Bulgarisch kann – es wurde in Erwägung gezogen, sich von nun an jeden Morgen in einer anderen Sprache zu begrüßen – es wurde gefragt, was Guten Tag auf Bulgarisch heiße und in Richtung [Iolanda], dass es dann an einigen Tagen Englisch sei." (FTB IV:5, Freitag, 4. Mai)

Diese Szene zeigt einerseits, wie Einzelpersonen mit bestimmten Sprachen assoziiert werden, bzw. bestimmte Sprachen indizieren. Mir war zu diesem Zeitpunkt Iolanda als Englischlehrerin bekannt, obwohl für sie persönlich das Französische eine mindestens genauso große Rolle spielte. Die Geschichtslehrerin, war mit dem Label „kann Bulgarisch" versehen und die Rumänischlehrerinnen indizierten das Rumänische, obwohl selbstverständlich alle diese Personen auch Russisch und Ukrainisch beherrschten. Gleichzeitig zeigt sich in dieser Szene die Wertschätzung von Mehrsprachigkeit und eine gewisse Neugier auf andere Sprachen, die mir in an dieser Schule immer wieder begegnete, die aber gleichzeitig hier in einem abgetrennten Raum kultiviert wurde. Schließlich deutet dieser Tagebucheintrag auch auf meine Rolle als Forscherin für die metasprachliche Reflexion hin: Es war in diesen zwei Wochen spürbar, wie Sprache (im Gespräch mit mir, aber möglicher Weise auch darüber hinaus) plötzlich zu einem expliziten Thema wurde (siehe auch Weirich 2013).

In S14 thematisierte Iolanda nicht die morgendlichen Treffen im Museum selbst, wohl aber die wichtige Rolle der Rumänischlehrerinnen für ihre Rumänischpraxis. Dieses Thema schien ihr sehr am Herzen zu liegen, wie sich in S11 bereits andeutete, wo es um die Sprachpraxis in der Familie ging. So kam sie darauf auch selbst zu sprechen, ausgelöst durch meine Frage, ob sie denn noch Freund*innen in der Ukraine hätte, mit denen sie Ukrainisch reden würde. Dies hat aber ja für sie, wie ich (im Gespräch selbst noch nicht begriffen, nun aber) oben dargelegt habe, keine große Bedeutung, so dass sie auch diese Frage mit einer knappen und klaren Dreifachverneinung beantwortete, um dann ihrerseits auf das Rumänische und ihre Angst vor Attrition zu sprechen zu kommen.

Tabelle: Iolanda/S14/T78

I	Antwort	у меня у нас друзья - на украине - с чисто таким украинским языком - ыы - нет нет --	ich habe wir haben keine Freunde - in der Ukraine - mit sauberer ukrainischer Sprache - ǝ ǝ - nein --
II	Hauptargument	ну - вот . румынский я только в школе имею возможность с нашими учителями - чтоб не забыть я стараюсь с ними на румынском говорить [A: ыхы .]	naja - also . Rumänisch habe ich nur in der Schule die Möglichkeit zu sprechen mit unseren Lehrern - um es nicht zu vergessen bemühe ich mich mit ihnen Rumänisch zu sprechen [A: ǝhǝ .]
III	Begründung	потому что очень забывается язык . [A: ыхы .]	weil man die Sprache sehr vergisst [A: ǝhǝ .]
IV	Detaillierung	про . про телевизионные передачи мы на румынском не смотрим . [A: ыхы .] никто не хочет у меня в семье слушать . и смотреть [A: lacht] и это напрягает их всех -	über . über Fernsehprogramme die schauen wir auf Rumänisch nicht . [A: ǝhǝ .] niemand will bei mir in der Familie das hören und sehen [A: lacht] das strengt sie alle an -

V	Einwand	хотя я понимаю что мне это надо я забываю язык - язык не говорится он забывается сразу . [A: ыхы .]	obwohl ich verstehe dass ich das brauche ich vergesse die Sprache - wenn man eine Sprache nicht spricht vergisst man sie sofort . [A: əhə .]
VI	Detaillierung	не сразу но . со временем -	nicht sofort aber . mit der Zeit -
VII	Haupterzählung	и я стараюсь с нашими учителями румынского [A: ыхы .] как могу .	ich bemühe mich mit unseren Rumänischlehrern [A: əhə .] wie ich kann .
VIII	Detaillierung	и там какое-то слово забыла - прихожу как это слово и: . [A: ыхы .] вот . чтоб не забыть. [A: ыхы .]	und wenn ich da irgendein Wort vergessen habe . gehe ich hin wie ist dieses Wort und . [A: əhə .] so . um nicht zu vergessen . [A: əhə .]

Die Angst vor dem Vergessen scheint bei ihr relativ ausgeprägt zu sein, wie z.B. durch die sechsmalige Verwendung unterschiedlicher Formen des Verbs „vergessen"/ забыть deutlich wird Als Praxismöglickeit gibt es für sie zwei Alternativen, von denen aber eine, der Medienkonsum, wegen familiärer Konflikte ausfällt, so dass nur die Gespräche mit den Rumänischlehrerinnen bleiben (II):

Zunächst spricht sie von den Möglichkeiten und benennt die Schule als (ausschließlichen) Ort (stark markiert durch das direkt hinter dem Subjektpronomen folgende Adverb только), der dann mit der nachgestellten Apposition „с нашими учителями" präzisiert wird. Die Schule als ganze steht hier also erstmal symbolisch für die Möglichkeit, Rumänisch zu reden. Im Prädikat я стараюсь deuten sich Schwierigkeiten mit dieser Praxis an, die vielfältiger Natur sein können, aber hier nicht extra genannt werden.

Sprachmediation

In den folgenden beiden Sequenzen geht es ebenfalls um Iolandas Rumänischpraxis, die Reichweite und die Funktionen des Rumänischen im Schul- (S18) und Dorfkontext (S16). In beiden Fällen geht es auch um die Rolle, die Iolanda und ihr sprachliches Repertoire für Bekannte und Kolleg*innen spielt, insofern sie die Rolle einer „Sprachmediatorin" übernahm (siehe hierzu 5.1.4.4). Für die Schule und Personen in ihrem Umfeld hatte sie dadurch eine wichtige kommunikative Funktion inbesondere im Bereich der formellen schriftlichen Kommunikation. Für sie als Einzelperson stellte das gleichzeitig eine besondere Verantwortung und auch eine höhere Belastung durch sprachliche Arbeit dar, in gewisser Weise natürlich aber auch eine Machtposition (dadurch, dass Ressourcen vorenthalten werden können oder nicht).

Tabelle: Iolanda/S16/T89–90

I	Frage der Interviewerin	A: а да - это если - у вас э . ну в селе есть эм . может быть специальный роль --	A: ah ja - das wenn - sie haben äh . ähm im Dorf . vielleicht eine spezielle Rolle -
II	Erläuterung der Frage	потому что вы . знаете так много языков то есть бывает эм . эм что люди к вам э . прийдут и спрашивают что-то э . знай и	weil Sie so viele Sprachen können ich meine kommt es vor ähm . ähm dass zu ihnen Leute äh . kommen und etwas fragen . weil äh wiss
III	Antwort (Bejahung) + Beispiele	I: да какие-то документы перевести какую-то инструкцию по какому-то там купили по какому-то товару	I: ja irgendwelche Papiere übersetzen irgendeine Betriebsanleitung von irgendeiner irgendeine haben irgendeine Ware gekauft
IV	Bekräftigung der Bejahung	да . приходят - приходят и -	ja . dann kommen sie - kommen und -
V	Beispiele	то шампунь то крем то . вот какой-то электроприбор чтобы я перевела инструкцию то телефон мобильный то --	hier ein Shampoo da Crème da . irgendein Elektrogerät damit ich die Anleitung übersetze hier ein Mobiltelefon da -
VI	Bekräftigung der Bejahrung + Präzisierung	да переводила - сейчас в последнее время - меньше	ja ich habe übersetzt jetzt in der letzten Zeit - weniger
VII	Erklärung	потому что видимо есть инструкции на русском уже [A: ахА] дубликаты такие -	weil man merkt dass die Anleitungen inzwischen auf Russisch sind [A: ahA] solche Duplikate -
VIII	Wiederholung der Bejahung	а раньше - приходили -	aber früher - kamen sie -
IX	Kommentar	опять же это время забирает и я не очень --	aber auch das kostet Zeit und ich bin nicht sehr --
X	Erklärung	я соглашаюсь потому что мы все в селе мы все друг друга знаем [A: (lacht)]	ich willige ein weil wir sind alle im Dorf wir kennen uns alle gegenseitig [A: lacht]
XI	Kommentar/ Coda	но это нагрузка для .	aber das ist eine Belastung für

Ich konzentriere mich bei der Interpretation dieser Sequenz auf die Frage, in welchen Domänen die Sprachmediation angesiedelt war (Faulstich Orellana u.a. 2006:511) und wie Iolanda ihre Rolle dabei einschätzte: Sie nahm meine angefangene Suggestivfrage auf, bejahte sie und spezifizierte das unbestimmte Akkusativobjekt meiner Proposition (что-то), indem sie daran als Infinitiverweiterung anknüpfte und eine immer genauere spezifizierende Aufzählung anfügte (III-V). Während ich recht allgemein gefragt hatte, ob die Leute kommen würden und sie etwas „fragen", benannte sie selbst ihre Praxis als „übersetzen" (перевести, VA), griff aber bejahend das von mir eingebrachte Verb „kommen" (прийдут, 3. Pers. Pl. Präs. VA) immer wieder auf, allerdings in der grammatisch für sich wiederholende Tätigkeiten adäquateren Formen *приходят* (3. Pers. Pl. Präs. VA) und *приходили* (3. Pers. Pl. Verg. VA) vom Verb *приходить* (IV, VIII).

Die konkreten Beispiele sind „Dokumente" (*документы* in III als Universalbegriff für alles Offizielle), *инструкцию* (ebenfalls III), also Bedienungsanweisungen und Packungsbeilagen (von Crèmes, Shampoo, Elektrogeräten und Mobiltelefonen). Sie fügte diesen Überlegungen einen Kommentar hinzu (IX–XI), indem sie zunächst zu bedenken geben wolle, dass das viel Zeit in Anspruch nehme, sie aber eine (mutmaßliche) Missfallensäußerung unterbrach, die, bereits angedeutet, dadurch korrigiert wurde, dass sie sagte, sie würde es machen, weil man sich eben im Dorf gegenseitig kenne (und, so die implizite Konsequenz, das deswegen niemandem ausschlagen könne). Sie schloss den Gedanken dann aber doch damit ab, dass das eine Belastung sei. Im Anschluss daran folgte in T90 eine Schilderung der allgemeinen Arbeitsbelastung im Dorf und der fehlenden Freizeit.

Tabelle: Iolanda/S18/T99–100

I	Paraphrase	A: да - эм: а: . эм: посколько вы сказали что: . э: - в принципе единственная возможность чтобы говорить на румынском - это . [I: тут .] с э: преподавателями [I: румынского=] румынского языка то есть э: э: . другая общен э: - [I: нет .]	A: ja - əhm . a: . əhm insofern Sie gesagt haben dass . ə: - im Prinzip die einzige Möglichkeit um Rumänisch zu sprechen - das ist . [I: hier .] mit ə: den Lehrern [I: des Rumänischen=] der rumänischen Sprache also ə: ə: . eine andere Kommunikation ə: - [I: gibt es nicht .]
II	Implizite Frage	в принципе . можно так сказать что для ваш:ей бытовой . жизни вам ни - вам не надо . была это . тоже просто [I: да .] ваша инициатива [I: да .] что .	im Prinzip . kann man also sagen dass Sie in ihrem täglichen . Leben nicht - brauchen Sie das nicht . das war . auch einfach [I: ja] ihre Initiative [I: ja .] dass .
III	Antwort, Bejahung	I: да румынский мне для моей жизни не нужен	I: ja Rumänisch für mein Leben brauche ich das nicht
IV	Einwand/ Argument	но . для школьной -	aber . für die Schule -

V	Erläuterung	все документы приказы приходят на румынском языке [A: ыхы.] в школу э:м ка куррикулум . программы . приходят на румынском языке в школу . [A: ыхы.]	alle Dokumente Anordnungen kommen in rumänischer Sprache [A: aha.] in der Schule an ähm Curricula . Programme kommen auf Rumänisch in die Schule . [A: aha.]
VI	Kommentar	и мне удобно [A: ыхы.] мне легко	und für mich ist es angenehm [A: aha.] für mich ist es leicht
VII	Beispiele	иду на методобъединение какие-то . новые . новшества . э нам сообщают все на румынском языке [A: ыхы.]	ich gehe zu irgendwelchen Fachkonferenzen . irgendwelche . Neuigkeiten . ähm sie berichten uns alles auf Rumänisch [A: aha.]
VIII	Kommentar	и я - мне легко я . ориентируюсь . [A: ыхы.]	und ich - für mich ist das leicht ich . komme zurecht . [A: aha.]
IX	Beispiel	даже вот приказ меня ищут если не находят меня [A: lacht]	sogar also bei einer Anordnung sie suchen mich wenn sie mich finden [A: lacht]
X	Bedingung	если нет учителей румынского языка как раз или они ушли [A: ыхы.] меня ищут переведи . [A: ыхы.]	wenn die Rumänischlehrerinnen nicht da sind oder wenn sie gerade rausgegangen sind [A: aha.] suchen sie mich übersetz . [A: aha.]
XI	Kommentar	это легко это - я не жалею . [A: ым]	das ist leicht das . tut mir nicht leid . [A: hm]
XII	Beispiel	потому что как вы видели в [б.]⁴¹⁹ - даже русский лицей на румын -	weil wie Sie in B. - gesehen haben sogar das russische Lyzeum auf Rum -
XIII	Argument	и я провожу . им часто параллель .	und ich führe . ähm häufig Parallelen an .
XIV	Einschränkung	хотя . вот английский это же не романская группа языков - но столько слов с румынским [A: ыхы.] похожие -	obwohl . also Englisch gehört ja gar nicht zur Gruppe der romanischen Sprachen - aber so viele Wörter sind mit dem Rumänischen ähnlich [A: aha.]
XV	Fortführung Argument	и я им часто . на уроках вот вспомните слово с румынского языка [A: ыхы.] и провожу межпредметную такую связь [A: ыхы.] очень часто [A: ыхы.] вот (---)	und ich sage ihnen oft . im Unterricht erinnert ihr euch an das Wort aus dem Rumänischen [A: aha.] und ich stelle eine fächerübergreifende Verbindung her [A: aha.] sehr oft [A: aha.] also (---)

In S18 kam Iolanda selbst noch einmal auf Tätigkeiten als Sprachmediatorin zu sprechen, diesmal aber, um zu belegen, wie wichtig das Rumänische für sie sei. Meine Frage, die S18 einleitete, stand nicht nur in einem gewissen Gegensatz zu S16, sondern stellte vor allem eine Provokation dar, da wir ja recht ausgiebig darüber gesprochen hatten, wie wichtig ihr das Rumänischsprechen war und wie wenig sie sich darin von ihrer Familie unterstützt fühlte. Sie war gleichzeitig eine Paraphrase ihrer Aussage, es gebe kaum Möglichkeiten, Rumänisch zu sprechen, mit anderer Schlussfolgerung (dann scheint es ja im Alltag auch nicht so wichtig zu sein). Ein Hintergrund meiner Frage war auch derjenige zu erfahren, warum sie nun eigentlich so viel Wert auf das Rumänische legte.

Der genannte Grund ist die Schule, welche dadurch gewisser Weise von „ihrem (alltäglichen) Leben" abgegrenzt wird. Die Erläuterung der „Rumänischsituationen" geht vom unmittelbaren Schulkontext (Dokumente, Anordnungen, Kurrikula) (V) zu schulexternen, aber schulbezogenen Aktivitäten wie Fortbildungen (VII), die sie jeweils kommentiert damit, dass ihr das leicht falle, was wohl insgesamt dazu dienen soll zu zeigen, wie nützlich ihr das Rumänische ist. Gerade im Vergleich zu den folgenden Argumentationsschritten, oder auch zum Gespräch mit Anastasia Dimitrovna, wird deutlich, dass sich aus diesen Umständen nicht unbedingt eine *Notwendigkeit* ergibt – da die Kolleg*innen, die kein Rumänisch können, ja mit den gleichen Situationen konfrontiert sind. Der Vorteil, den sie im Vergleich dazu hat, ist der Autonomiegewinn, sie „orientiert sich" (selbst) (VIII). Zum weiteren Beleg dieser Vorteilhaftigkeit zog sie dann (ab IX) die Tatsache heran, dass sie auch in der Schule als Sprachmediatorin gesucht würde (wenn z.B. eine Anordnung käme). Dies kommentiert mit „это легко это – я не жалею ." (XI), was in einigermaßen auffälligem Kontrast zu S16/XI (*но это нагрузка*) steht. Während sie also die schulbezogene Übersetzungsarbeit als etwas erfreuliches, hilfreichendes, vielleicht sogar Bereicherndes sieht („это легко" taucht jeweils in Kombination mit einem anderen Prädikat in dieser Sequenz dreimal auf), stellen die nicht-arbeitsbezogenen Mediationsarbeiten eine Belastung dar. Als drittes Argument führt sie noch ihren Englischunterricht und die fächerübergreifenden Verbindungen (*межпредметную такую связь*) an (XIII–XV), die sie in Form von sprachlichen Parallelen zum Rumänischen v.a. auf lexikalischer Ebene herstellen könne.[419] Diese Sequenz zeigt also, dass die Reichweite des Rumänischen im Schulkontext relativ groß ist und im Gegensatz

---

419 Möglicher Weise hielt sie dies für ein Argument, dass mich von der Bedeutung des Rumänischen überzeugen könnte, da ich in S6 gefragt hatte, ob sie die mehrsprachigen Ressourcen der Kinder in den Unterricht einbeziehen würde.

zum Russischen (ganz zu Schweigen dem Ukrainischen) Zugang zu den höheren administrativen Ebenen des moldauischen Bildungssystems erlaubt. Gleichzeitig wird deutlich, dass von denjenigen wie Iolanda, die über diese seltenen Rumänisch-Ressourcen verfügen, die große Reichweite ihres Repertoires auch dem Kollegium zur Verfügung stellt. Sie ist dabei jedoch nicht die erste Ansprechpartnerin, da zuerst die Rumänischlehrerinnen aus M. (deren erste Sprache Rumänisch/Moldauisch ist und die dies auch studiert haben) gefragt werden, wenn sie verfügbar sind. Diese Sprachmediation werden im Schulkontext unentgeltlich erledigt.[420]

Durch ihr ausgebautes Repertoire hatte Iolanda also Zugang zu einer Reihe von Domänen, die anderen Leuten ohne ihre oder andere „fremde" Hilfe verschlossen blieb. Auf Grundlage dieses Interviews kann ich aber nur spekulieren, wie das ihre Position in Dorf und Schule beeinflusst. Zumindest die Übersetzungen im Arbeitskontext scheint sie als Quell von Anerkennung wahrzunehmen, andere Übersetzungen auch als Last. In der Schule hat sie dadurch in jedem Fall eine Verantwortung für Dinge, die andernfalls außerhalb ihres Aufgabenbereiches liegen würden.

5.3.3 Repräsentation ihres Sprachlichen Repertoires

Iolanda präsentiert sich selbst als kompetente mehrsprachige Sprecher*in, deren Erstsprache Russisch ist, die (dafür, dass es ihre Zweitsprache ist) gut Rumänisch kann und sie sieht sich als legitime Sprecherin des Ukrainischen, in dem sie die Standardsprache wie auch situationsadäquat die intimen Register der lokalen Vernakulärsprache bedienen kann, auch wenn sie das ungern tut. Ihre Perspektive war stark zweckorientiert und darin hatte der Dialekt kaum Reichweite (jenseits der Grenzen des Dorfes). Sprachbiographisch präsentierte sie sich außerdem als fleißige Lernerin, die sowohl im schulischen Lernumfeld als auch

---

420 Ich habe im Rahmen dieser Gespräche nicht erfahren, ob es für die alltägliche Übersetzungsarbeit für die Bekannten und Nachbar*innen Gegenleistungen gibt, sei es im direkten Austausch oder bei anderer Gelegenheit. Materieller Tausch insbesondere von Lebensmitteln ist im Dorf etwas Alltägliches. Tanja brachte einer Freundin Eier vorbei, weil sie viele Hühner hatte und bekam dafür von einer anderen, die Anteile an einer Kuh hatte, Kefir. Auch körperliche Arbeit wurde mitunter ganz oder teilweise durch Lebensmittel beglichen. Beispielsweise bauten einige Männer aus Tanjas Bekanntenkreis ihr einen Unterstand für die Ernte und sie bekochte sie im Gegenzug und schenkte selbstgebrannten Wodka aus. Bei einer eingehenderen Untersuchung der Übersetzungsarbeit wäre zu beobachten, inwieweit diese ebenfalls als vergütenswert behandelt und in den allgemeinen Tauschkreislauf mit einbezogen wird.

in ihrer gegenwärtigen Sprachpraxis vielen Hindernissen begegnete, diese aber durch Ehrgeiz und persönliche Strategien zu begegnen versuchte.

5.3.3.1 Schriftpraxis

Iolandas bevorzugtes formelles Register ist offensichtlich das Russische, denn als sie mir die ausgefüllte Wochendokumentation gibt und ich sie fragte, ob sie das auf Russisch ausgefüllt habe, antwortete sie „да . потому что мне легче на русском" (Iolanda S29/T175-176). Die Schriftpraxis war ansonsten nicht Thema des Gesprächs.

5.3.3.2 Sprachliche Benennungen

Russisch als rodnoj jazik

Russisch bezeichnete Iolanda als *родной*, insbesondere wenn sie über sich selbst sprach, aber auch, wenn es um die Schüler*innen ging.[421] Sie selbst ist überwiegend mit Russisch aufgewachsen, das Familiensprache war und in den ersten Bildungsinstitutionen gesprochen wurde (Unterricht im Russischen beschrieb sie als *на родном*, S8/T49/XI).

Als sie über sprachlichen Transfer vom Russischen im Englischunterricht sprach, meinte sie ebenfalls, man müsste sich hierbei auf den *родной язык* stützen (S6/T31: „особенно если речь идёт о грамматике обязательно надо . отталкиваться от . грамматики родной […] чтобы они поняли и интерес вызвать какой-то как-то да"; dt. „besonders wenn von Grammatik die Rede ist muss man unbedingt von der Grammatik der Muttersprache ausgehen […] damit sie verstehen und um irgendein Interesse zu wecken"; S23/T122: „как-то пытаться . строить что-ли предложения […] с русского отталкиваясь от […] родного языка"; dt. „irgendwie versuchen . einen Satz zu bauen […] vom Russischen ausgehend von . der Grammatik der Muttersprache").[422]

Dies ist zunächst einmal ein Hinweis auf die Bedeutung des Russischen in U. und den selbstverständlichen Platz, den es in den Repertoires der Bewohner*innen

---

[421] Mehrheitlich wurde von meinen Gesprächspartnerinnen am Lyzeum *родной* für das Ukrainische verwendet (siehe auch 5.1.4.4), in Einzelfällen jedoch auch für das Moldauische/Rumänische (5.1.2.4, Vizedirektorin Auszug 4), er scheint also eine flexible Bedeutung zu haben.

[422] In der Praxis sah das (in der von mir beobachteten Stunde) so aus, dass sie Erklärungen und Arbeitsaufträge in der Regel selbst konsekutiv übersetzte, manchmal auch im Sandwichprinzip zuerst auf Englisch, dann auf Russisch übersetzt und dann noch einmal auf Englisch.

hat. Da es im Schulunterricht und den beiden genannten Beispielen in erster Linie um das formelle Register geht, könnte das auch ein Hinweis darauf sein, dass das intime Register des Ukrainischen und das förmliche Register des Russischen als eng zusammengehörig wahrgenommen werden, da das förmliche Register des Ukrainischen nur im Ukrainischunterricht praktiziert wird, im alltäglichen Leben aber kaum Funktionen erfüllt. Der Begriff der Muttersprache bezieht sich hier also nicht auf eine Einzelsprache oder Einsprachigkeit, sondern auf ein majorisiertes Repertoire (Weirich 2014). Das Russische kommt dabei aber nur in Form der Standardvarietät und des formellen Registers vor. Über Registerunterschiede und Varietäten wird nicht gesprochen, obwohl z.B. in exolingualen Situationen (der „interethnischen Kommunikation") durchaus intime Register verwendet werden.

Čisto ukrainskij jazik

Wie auch Anastasia Dimitrovna verwendete Iolanda das Attribut чисто (dt. sauber) mehrfach (insgesamt sechs tokens im Interviewtranskript, 2x in S11/T61, 3x in S14/T74 und einmal in S14/T78). In allen Beispielen bezeichnet es die ukrainische Norm, bzw. Standardsprache. Einmal geht es um (das Nichtvorhandensein von) Bekannte(n) in der Ukraine, mit denen sie „sauberes" Ukrainisch sprechen würde (mit ihrer Schwester, die in Černivci wohnte, sprach sie Russisch). Noch deutlichere Beispiele für die pauschale Assoziation von „sauberem Ukrainisch" mit der Sprechweise von Ukrainer*innen in der Ukraine enthält S14/T74. Erstens wird dort das ukrainische Fernsehen pauschal als Medium beschrieben, wo „sauberes Ukrainisch" zu hören sei („телевизионные многие ловят на украинском языке [A: ы] здесь и фильмы сериалы новости мы все смотрим на у. на чисто украинском"), zweitens Černivci als Ort, wo „sauberes Ukrainisch" gesprochen wird („там надо общаться на чисто украинском перехожу свободно на чисто украинский язык", S14/T74/XI in 5.3.2.1). Dafür, dass in Transkarpatien z.B. regionale Varietäten und Sprachen gesprochen werden, hatte Iolanda aber Bewusstsein, wie sie in an anderer Stelle zeigte (siehe S11/T63/III-IV in 5.3.2.1).

Die anderen Beispiele zeigen jedoch, dass Iolanda einen Gegensatz zwischen „sauber" und dem Dorfdialekt konstruiert. In S11/T61 wird das in der Schule gelernte „saubere" Ukrainisch implizit mit der Vernakulärsprache kontrastiert, als Iolanda die negativen Reaktionen der Dorfbewohner*innen auf ihre Versuche, Standardukrainisch zu sprechen, thematisierte (siehe auch 5.3.2.1). In der Formulierung „режет сразу слух их что я не на их" wird das Standardukrainische in Abgrenzung zur eigenen Sprache als etwas Fremdes konstruiert (s.u.).

Po-našemu vs. na ich

In 5.3.2.1/Aneignung intimer Register habe ich ausführlich S11/T61 diskutiert, in denen sie sich auf die ukrainische Vernakulärsprache sowohl als *по-нашему* („auf unserem" oder „auf unsere Weise") als auch distanzierend als *на их* („auf ihrem") bezog. Ich bin dabei davon ausgegangen, dass Iolanda sich in einem Konflikt befand. Einerseits will sie ihre Kenntnisse der Standardsprache und ihren Willen, diese auch zu sprechen, betonen, andererseits sich nicht gänzlich außerhalb der Gruppe der Sprecher*innen der Vernakulärsprache positionieren, zumal dies auch ihre eigene Familiensprache war.

Die distanzierende Form, durch die sie sich außerhalb der Gruppe von Sprecher*innen positioniert, denen der ukrainische Dialekt gehört, verwendet sie im Rahmen einer Übernahme der Perspektive der anderen Dorfbewohner*innen: Diese würden die Standardsprache als nicht das Ihrige sehen. Gleichzeitig markierte sie dies auch als ein Defizit, insofern sie nicht vestanden würde, wenn sie Standardsprache spräche und folglich dem Kooperationsprinzip zuwider laufe. Die sich im gleichen Turn anschließende Formulierung mit dem sie selbst als Teil der Sprachgemeinschaft einschließenden *po-našemu* hat eine einschränkende Konnotation und wird durch die erklärende Apposition *вот с этим диалектом* ergänzt (nachdem *по-нашему* selbst schon die Präzisierung zu *по-украински* war). Durch das Demonstrativpronomen wird dabei aber erneut eine Distanzierung deutlich.

Ihre Behauptung, dass der Gebrauch der Standardsprache Irritation verursacht, steht im deutlichen Gegensatz zu derjenigen Anastasia Dimitrovnas, dass dies Anerkennung hervorrufen und mit Bildung assoziiert werden würde (siehe Anastasia/I2/S17 und 5.2.3.1).

Rumänisch

S14/T74 läuft vielleicht Gefahr überinterpretiert zu werden, wenn man in der Formulierung „румынский . был как молдавский" als eine Positionierung im Sprachenstreit versteht, da hiermit eine historische Veränderung der Fächerbezeichnung beschrieben wird. Verwunderlicher ist ihre Einschätzung der in U. gebräuchlichen Englischbücher als наши румынские (dt. „unsere Rumänischen"[423]), da die moldauischen Schulbücher an das moldauische Kurrikulum angepasst in Chişinău produziert werden (wie Iolanda selbst in S2/T13 hervorgehoben hatte). Es ist auch unwahrscheinlich, dass sie sich dabei auf die Sprache

---

[423] Sie konstrastierte diese Bücher mit denjenigen der russischen Autoren Верищагина und Притыкина, die die in der Russischen Föderation verwendeten Englischbücher verfasst haben (erschienen im Verlag Просвещение).

bezieht, in der die Schulbücher verfasst sind, da für die allophonen Schulen andere Ausgaben produziert werden.

Praktischer Nutzen sprachlicher Ressourcen und Empowerment im Unterricht
Iolanda legt eine normative Haltung zur Sprachpraxis an den Tag, z.B. indem sie grundsätzlich die Standardsprache gegenüber Dialekten zu bevorzugen scheint oder die familiäre Sprachpraxis gerne dem Ausbau der Geschäftssprache Rumänisch widmen würde. Was ihren Unterricht angeht, war sie aber eine klare Verfechterin der Anwendungsbezogenheit von Fremdsprachenunterricht. Exemplarisch dafür steht die Fähigkeit, nach dem Weg zu fragen („выйдя на дорогу . на улицу они не могут спросить"). In dieser Hinsicht kritisierte sie das Kurrikulum und die vorhanden Lehrmaterialien als unüberdacht und zu komplex sowie „непостижимое вот . философское такое вот" (dt. „unbegreiflich und philosophisch", S1/T9).

Ihre Aufgabe, den Schüler*innen etwas beizubringen, nahm Iolanda sehr ernst, weshalb sie sich auch Sorgen nicht nur wegen der Unangemessenheit der Lehrmaterialien, sondern auch wegen der Gruppengröße oder dem konkreten Abschneiden der Schüler*innen machte.

Als Ziele und Strategien formuliert sie dabei Ermutigung:

> „ученик начинает читать - и н:е понимает э: как он так уже научился - он уже видит я говорю ты видишь ты уже читаешь . свободно уже читаешь он аж сам удивляется"[424]

Diese Formen der Ermutigung gehen aber Hand in Hand mit einer Fokussierung auf Fehler. Dies illustriert S27/T153:

> „пусть там он говорит с ошибками говор . я говорю смотри ты разговариваешь я их часто хвалю так . и они - особенно вот четвертый класс м: - я когда в этом году начала давать упор на чтение и когда более слабый ученик . допускает ошибку . весь класс хором его исправляет . [A: ыхы . A:] хором настолько их (лächelt) режет слух (---) я их так хвалю видите какие вы молодцы . вы даже . с даже кто-то один не следит . ту смотрит по сторонам и он сразу его исправляет хором [A: ыхы .] мне это так нравится"[425]

---

424 dt. „der Schüler fängt an zu lesen (-) und versteht nicht wie er das überhaupt gelernt hat (-) er sieht das schon und ich sage ihm siehst du du liest schon (.) flüssig liest du schon er oh wundert sich selbst" (S2/T15)

425 Dt. „obgleich er da mit Fehlern spricht sag (.) sage ich schau du sprichst ich lobe sie oft so (.) und sie (-) insbesondere in der vierten Klasse m: (-) als ich dieses Jahr angefangen habe einen Schwerpunkt auf das Lesen zu legen und als ein schwächerer Schüler einen Fehler zuließ (.) hat die ganze Klasse ihn im Chor berichtigt (.) [A:

Als Zeichen ihres pädagogischen Erfolgs wertete sie, dass die Mitschüler*innen Fehler im Chor berichtigen würden, was bedeutet, dass diese die Fehlerperspektive verinnerlicht haben. In der einzigen Unterrichtsstunde, die ich beobachtet habe, formulierte sie die Fehlerkorretur sehr sanft und freundlich. Als Beispiel hierfür kann die folgende Szene dienen:

> Schülerin: Moldova is small and country.
> Iolanda: Ты щас сказала молдова маленькая и страна. Что дальше? It's small but beautiful.[426]

Sie war überzeugt, dass Sprachen wichtig sind. So wie sie Energie investierte, um ihre eigenen Ressourcen zu pflegen, wollte sie diese Überzeugung auch in der Erziehung ihres Sohnes verwirklichen und sie vertrat sie in ihrer pädagogischen Praxis. Ihre Ansprüche an sich selbst als Lehrerin, Mutter und Sprecherin verursachten Stress oder Sorge, dass ihre Bemühungen nicht ausreichend erfolgreich sein könnten. In ihrem Verhältnis zu mir zeigte sich auch, dass in ihrer Vorstellung vom deutschen Bildungssystem die Schüler*innen mit einem hohen Englischniveau die Schule abschließen (S25/T143):

> I: а были такие ученики которые вот прочитав весь курс английского языка . практически: . не могли . поддержать разговор не могли беседу поддержать на английском языке
> A: да я думаю [I: есть да] да есть да (lacht) безусловно .
> I: (lacht) я думала что это только у нас такие есть
> A: нет нет нет нет нет - [есть
> I: [ду думала что может быть поставлен на уровне английский э - может акцентируется внимание на изучение английского языка у вас . и статус такой . важный придается английскому - нет .[427]

   əhə (.)] im Chor so sehr (lächelt) stört sie das (---) ich lobe sie so sehr schaut wie toll ihr seid (.) ihr könnt sogar (.) sogar wenn jemand einer nicht folgt (.) schaut er zur Seite und sofort berichtigen sie ihn im Chor [A: əhə (.)] das gefällt mir so"

426 Dt. „Schülerin (englisch): Moldova ist klein und Land.
Iolanda (russisch): Du hast jetzt gesagt Modova ist klein und Land. Was noch? (englisch) Es ist klein und schön."

427 Dt. „I: und hab es solche Schüler die nachdem sie den ganzen Englischkurs absolviert haben (.) praktisch (.) keine (.) Konversation führen konnten kein Gespräch führen konnten auf Englisch
A: ja ich glaube [I: gibt es ja] ja gibt es ja (lacht) auf jeden Fall (.)
I: (lacht) ich dachte das gibt es nur bei uns
A: nein nein nein nein nein (-) [gibt es

Aus der Perspektive einer Theorie, die die Reichweite sprachlicher Ressourcen vor dem Hintergrund sozialer Ungleichheiten diskutieren will, ist diese Sequenz ein Indikator dafür, wie unterschiedlich sprachliche Ressourcen ungeachtet ihrer konkreten Formen auf Grund von Staatsbürgerschaft bewertet werden.[428]

5.3.4 Sprechweise

Iolanda war eine sehr kooperative Gesprächspartnerin, die mir immer wieder bei der Formulierung von Fragen half, wodurch das Gespräch eine Reihe von kooperativen Satzstrukturen enthält.[429] Ihr Register ist der interaktiven Situation angemessen, jedoch gewählt und viele Propositionen sind satzförmig artikuliert. Häufige Verwendung finden die Abtönung mit Hilfe des Adverbs *уже* (48 tokens im Gespräch) und das deiktische Demonstrativpronomen *там* (37 tokens im Gespräch), seltener *тут* (11mal). Beide haben dabei unterschiedliche Funktionen, die ich an dieser Stelle nicht im Detail diskutiere.

Iolanda bediente streng einen monolingual (russischen) Modus. Im gesamten Gespräch gab es einen einzigen kurzen Wechsel ins Englische, der von mir initiiert wurde (S5/T24-27), um die Frage deutlicher zu formulieren, wie streng sie sich ans Kurrikulum halten musste. Um diesem Sprachwechsel Rechnung zu tragen, antwortete Iolanda knapp auf Englisch, übersetzte aber den zweiten Teil ihrer Antwort wörtlich ins Russische und setzte den Turn dann auch auf Russisch fort („we can use any example . any text . we have this liberty . [A: ыхы .] у нас есть эта свобода в принципе дают они эту свободу н:о опять же не выходить как бы за рамки (…)").

Iolandas offensichtliches Unbehagen, Englisch zu reden, kann mit dem Phänomen der Gewohnheitssprache zu tun haben, da sich durch den institutionellen Rahmen und den Beginn der Interaktion bereits Russisch als Sprache der

---

I: [ich dachte dass vielleicht das Englische auf einem Niveau aufgestellt ist (-) vielleicht wird besondere Aufmerksamkeit auf das Englischlernen gerichtet bei Ihnen (.) und der Status ist so (.) wichtig der dem Englischen gegeben wird

428 Einen konkreten Einfluss auf die Kommodifizierbarkeit sprachlicher Ressourcen hatte diese Art der Einschätzung während meines Aufenthaltes in Voronež (Russische Föderation) 2010, als mich verschiedene Sprachschulen als Englischlehrerin beschäftigen wollten, ohne meine Sprachkenntnisse überprüft zu haben oder Nachweise darüber sehen zu wollen, allein auf Grund der Tatsache, dass ich deutsche Staatsbürgerin und weiß bin. Eine kenianische Bekannte, deren Englischkenntnisse (nachweislich) besser als meine waren, fand bei den gleichen Sprachschulen keine Anstellung.

429 Zwei Beispiele hierfür sind S11/T64-65/XII-XIII (siehe 5.3.2.2, Ukrainisch) und S16/T89-90/II-III (siehe 5.3.2.2, Sprachmediation).

Interaktion etabliert hatte. Vor dem Hintergrund der oben zitierten S25/T143 könnte auch eine Rolle spielen, dass sie sich mir gegenüber als Sprecherin des Englischen nicht sicher fühlte, weil sie vermutete, dass ich als Deutsche sehr gutes Englisch sprechen müsste.

Bemerkenswert ist außerdem, dass während des ganzen Gesprächs trotz Anwesenheit und Intervention von Tanja kein Wechsel ins Ukrainische stattfand. Gegen Ende des Gesprächs (S28) schaltete sich Tanja auf Russisch ein, während sie hierfür in meinen Gesprächen z.B. mit Anastasia Dimitrovna das Ukrainische wählte. Das war mir gegenüber, die das nicht oder nur bedingt verstand, zweifellos unkooperativ, ich vermute aber, dass das in diesem Sinne kooperativere Verhalten während meines Gesprächs mit Iolanda nicht damit zu erklären ist. Es mag einerseits auf den institutionellen Kontext Schule zurückzuführen sein, möglicher Weise aber auch damit, dass Tanja bereits die Erfahrung gemacht hat, dass Iolanda ungern die ukrainische Vernakulärvarietät sprach und sich deswegen konsequent an die von anderen flexible gehandhabte Regel hielt, dass Russisch die Schulsprache war.

5.4 Rumänischlehrerin Polina

> **Zur Orientierung**: Polina ist mehrsprachig aufgewachsen, gilt aber als aus einem moldauischen Dorf Zugezogene und auf Grund ihres Rumänischstudiums als legitime Sprecherin des Rumänischen. Auch Polinas gegenwärtiger Familienalltag ist von Mehrsprachigkeit geprägt, wobei unter anderem Formen der rezeptiven Mehrsprachigkeit zum Tragen kommen. Für die Erreichbarkeit der Staatssprache im Dorf ist sie als Rumänischlehrerin eine Schlüsselfigur. Auf sprachideologischer Ebene reproduziert sie sowohl den Diskurs der „gelebten Mehrsprachigkeit", als auch den „puristischen" und den „Staatsbürger*innendiskurs". Sie ist in einem Dorf des Nachbarraions aufgewachsen und aus beruflichen Gründen nach U. gezogen. Zu diesem Zeitpunkt sprach sie Ukrainisch, allerdings eine andere Varietät. Die lokale Varietät aus U. hat sie sich angeeignet, die Standardsprache allerdings nur in sehr begrenztem Umfang. Obwohl sie bereits seit 18 Jahren in U. lebte, nahm sie auf die sprachlichen Verhältnisse eine Außenperspektive ein und positionierte sich abwechselnd als Teil des Dorf-Wirs und außerhalb dessen.

5.4.1 Situierung des Interviews und Übersicht über den Gesprächsverlauf

Das Interview fand am 29.4. bei Polina zu Hause statt, als ich seit ca. einer Woche in U. war. Als ich Polina zum Interview traf, sahen wir uns zum ersten Mal. Den Kontakt hatte Polinas Schwägerin, die Grundschul- und Russischlehrerin Tamara hergestellt. Im Gegensatz zu den meisten anderen Menschen, denen ich begegnet war, hatte sie nur einen kleinen Garten und ansonsten kein Land, weil sich die Landwirtschaft für sie nicht lohnen würde, sagte sie. Sie hatte eine Tochter im Schulalter (die sie selbst unterrichtete) und bemühte sich, diese mehrsprachig aufzuziehen. Polina war kürzlich zur beliebtesten Lehrerin der Schule gewählt worden.[430]

Ich traf mich mit ihr am *Dom Kultury*, wo sie gerade eine Theaterprobe mit ihrer Klasse hatte und wir gingen von dort aus zusammen zu ihr nach Hause, wo wir uns in ihr Wohnzimmer setzten und uns ca. eineinhalb Stunden unterhielten. Dem Gesprächsbeginn ist zu entnehmen, dass sie bereits auf dem Weg, ohne zu wissen, was mein genaues Anliegen war, einige Dinge aus ihrer Familiengeschichte und ihrer Biographie erzählt hatte, die ich sie dann bat, noch einmal zu wiederholen, damit ich sie aufzeichnen konnte. Das Aufnahmegerät verursachte anfangs Skepsis bei ihr. Als ich sagte, sie müsse natürlich über nichts sprechen, worüber sie nicht sprechen wolle, entgegnet sie „secrete nu avem"[431], was in diesem Zusammenhang so wirkt, als wollte sie vermeiden, dass ihre Skepsis falsch verstanden wird. Die Entgegnung spiegelte, dass wir uns hier, wenn auch in ihrem Wohnzimmer, in einer zumindest teilweise offiziellen Situation befanden und war Ausdruck der Erwartung, dass von solch heikleren oder privaten Themen keines angesprochen werden würde.

Polina arbeitete bemerkenswert aktiv und kooperativ am Gespräch mit, z.B. indem sie mir häufig bei der Formulierung von Fragen half, sei es ergänzend (S14/T99-100, S21/T32-33/II-III) oder paraphrasierend. Sie erzählte ausführlich, so dass der Text viele darstellende Passagen hat und sie stellte immer wieder Bezüge zu bereits Gesagtem her (S24/T145)[432]. Sie setzte auch immer wieder eigene thematische Schwerpunkte und entwarf Thematisierungslinien, die über die Ausgangsfrage weit hinausgingen.[433] Die narrativen Passagen wurden häufig

---

430 Ein Unterrichtsbesuch bei ihr fiel Terminchaos meinerseits zum Opfer.
431 Dies war in Gesprächen auch eine gängige Antwort, wenn ich versicherte, dass die Interviews anonymisiert würden. Sie hat in diesen Fällen, inbesondere auch in Gesprächen mit Personen in offiziellen Funktionen (als Militärs mit einem bestimmten Rang in der Militärakademie, oder eben als Lehrer*innen), die Funktion, eine gleichzeitig rechtschaffene und ihrer Position gegenüber loyale Haltung einzunehmen.
432 Sie griff hier ein Beispiel für einen Begriff aus dem Dorfdialekt wieder auf, den sie erst nach ihrem Zuzug gelernt hat. „eu vă v-am spus cazul cu drabănă (.) dar dacă nu nu o să știu ce aceasta cum am să vorbesc eu (.) cum am să înțeleg"
433 Ein Beispiel hierfür ist S9/T62, wo sie meine Frage, in welchen Klassen sie unterrichtete, knapp und informativ beantwortete, und dann einige Überlegungen zu ihren didaktischen Präferenzen anschloss und erzählte, dass sie lieber in den größeren Klassen unterrichtete. In S40/T218 wollte sie nach Beantwortung einer neuen Frage,

375

durch indirekte Rede lebendig gestaltet (S8/T52; S20/T129). Ihre Sprechweise war sehr zugewandt. Dieser Eindruck entstand v.a. dadurch, dass sie mich regelmäßig durch direkte Adressierungen als Hörerin explizit in ihre Darstellung einbezog (z.B. mit Hilfe der Konstruktionen *știți* oder *vedeți*)[434], durch erklärende Exkurse für sie selbstverständliche Kontextualisierungshinweise gab (S8/T52 über ihr Interesse an Geographie oder S10/T66 über die Glottonymfrage) und gegen Ende des Gesprächs durch Fragen an mich Reziprozität herzustellen versuchte. Anders als z.B. Iolanda adressierte sie mich nicht direkt als Expertin. Sie stellte mir einige persönliche Fragen, holte aber keinen Rat bei mir ein. Ich hatte zu Beginn des Gesprächs einigermaßen ausführlich dargelegt, was meine Interessen und Intentionen waren. Dennoch hatte ich den Eindruck, dass sie davon ausging, dass ich sprachliche Niveaus abfragen wollte und aus einer normativen Perspektive beurteilen würde (S15/T108). Das Gespräch war ausführlich und wurde kaum unterbrochen (einige Male klingelte das Telefon, Polinas Tochter (S6) und ein Nachbar kamen kurz herein (S18, S28)). Es klang aus, als mir für den Augenblick keine Fragen mehr einfielen und Polina kochte einen Tee, bei dem wir das Gespräch ohne Aufnahmegerät fortsetzten.

5.4.2 Rekonstruktion von Polinas Sprach- und Berufsbiographie

Polina wurde etwa 1970 in einem Dorf circa 16 km Fahrtweg von U. entfernt in eine mehrsprachige Familie mit vier Kindern geboren. In dem überwiegend moldauischen Dorf hat sie eine rumänischsprachige Schule besucht. Ihre Eltern lebten immer noch in dort, während alle vier Kinder weggegangen waren. Sie war dabei diejenige Tochter, die in relativer Nähe geblieben war, aber ihre Geschwister waren alle zum Arbeiten ins Ausland gegangen: zwei Brüder lebten seit acht Jahren mit ihren Familien in Paris und der dritte Bruder in Odessa. Sie selbst hat die Pädagogische Uni in Bălți besucht und dort Rumänischlehrerin für allophone Schulen studiert und ist dann aus familiären Gründen am Lyzeum in U. gelandet, wo sie auch ihren zukünftigen Ehemann kennenlernte, der Mediziner ist und mit dem sie eine Tochhter hat.

---

kehrte sie, dies mit einem Meta-Kommentar („dar știți ce am vrut eu să mă întorc la (.) ceea") einleitend, zu einem vorherigen Thema zurück.

434 Eine ausführliche Darstellung dessen erfolgt in Weirich (2016b:375-77).

5.4.2.1 Sprachbiographie, Ausbau des Repertoires

Zu Beginn des Gesprächs hatte Polina betont, dass ihre Familie multinational sei (siehe 5.4.3.1), allerdings erzählte sie nicht, in welchen Sprachen oder Varietäten sie mit ihren Eltern und Geschwistern sprach (S5).[435] In S20/T129/XVI (s.u.) bezeichnete sie im Kontrast zu Russisch und Ukrainisch Rumänisch als ihre „Muttersprache". Im Dorf ihrer Eltern, wie auch an der Schule, die sie dort besucht hat, wurde hauptsächlich Rumänisch/Moldauisch gesprochen. Hier angegeeignete formale Register inklusive schriftsprachlicher Kompetenzen baute sie in der Oberstufe in privaten Zusatzstunden bei einer Universitätsdozentin in der Raionhauptstadt[436] weiter aus, um die Eingangsprüfung an der Universität besser zu bestehen. Mit Russisch als vom Ukrainischen distinkter Sprache sei sie erstmalig bewusst in der Schule in Berührung gekommen, während sie in ihrer Kindheit sehr viel Ukrainisch geredet habe, vor allem mit ihrer Oma, die in der West-Ukraine gewohnt habe (in Ivano-Francivsc[437]).

Russischaneignung und -ausbau

In S20 schilderte Polina, wie sie mit Russisch in der Schule in Berührung kam. Vorausgegangen war dem meine Frage nach der Unterrichtssprache in ihrer Schule und der familiären Sprachpraxis. Letztere interpretierte sie zunächst anders als von mir intendiert. Sie versicherte mir, dass sie sowohl Rumänisch als auch Ukrainisch spreche. Sie schien, wie z.B. auch Iolanda, davon auszugehen, dass ich Sprachniveaus überprüfen will. Auf meine präzisierte Frage, wie sie denn mit ihren Eltern gesprochen habe, antwortete sie dann, sie habe zuerst Ukrainisch gesprochen. Dies korrigierte sie aber anschließend dahingehend, dass sie Ukrainisch eher mit ihrer Großmutter gesprochen habe, bei der sie regelmäßig die dreimonatigen Sommerferien verbracht habe, als mit ihren Eltern. Die Frage nach der Sprachpraxis im elterlichen Haus im Dorf P. blieb letztlich halb offen, weil Polina stattdessen auf den Aspekt des Russischunterrichts einging.

---

435 In einer andere Passage spricht sie über die Sprachpraxis ihrer Tochter und dass die Oma, ihre eigene Mutter, mit ihrer Tochter Ukrainisch reden würde und deren Opa, ihr Vater, moldauisch/rumänisch. Aus der Wochendokumentation geht hervor, dass sie mit ihrem Vater Rumänisch und ihrer Mutter Ukrainisch spricht.
436 Das Dorf P. liegt trotz der geringen Distanz zu Dorf U. in einem anderen Raion.
437 Polina verwendete hierfür die russische Bezeichnung Ivano-Francovsc.

Tabelle: Polina/S20/T129-131

I	Ratifizierung der (reparierten) Frage	B: da . în copilărie am vorbit ă: . mai întîi limba ucraineană . [A: îhî .]	B: ja . in meiner Kindheit habe ich äh . zuerst Ukrainisch gesprochen . [A: əhə .]
II	Einschränkung/ Präzisierung	ă nu atît cu părinţii cît cu bunica . la ucraina	äh nicht so sehr mit meinen Eltern wie mit der Oma . in der Ukraine
III	Sprachliche Verbesserung/ Reparatur	în ucraina [A: îhî]	in der Ukraine [A: əhə]
IV	Erzählung	cînd plecam vara în vacanţa câte trei luni de zile . [A: îhî .] eu stăteam la bunica în . ivanofrancovsc . . şi de mic copil am învăţat limba ucraineană	wenn wir im Sommer in den Urlaub fuhren so drei Monate lang . [A: əhə] war ich bei der Oma in . Ivanofrancovsc . und von klein auf habe ich Ukrainisch gelernt
V	Argument	mai bine cunoşteam limba ucraineană decît limba rusă (Telefon klingelt erneut) [A: îhî .] şi ăm -	ich konnte besser Ukrainisch als Russisch (Telefon klingelt erneut) [A: əhə .] und ähm -
VI	Entschuldigung für Unterbrechung	o clipă (spricht am Telefon)	einen Moment (spricht am Telefon)
VII	Wiederaufnahme der Erzählung (Anakoluth)	şi ăm - venind la şcoală cunoşteam	und ähm - als ich in die Schule kam konnte ich
VIII	Reformulierung	am început să vorbesc la lecţii ruse limba ucraineană . [A: îhî .]	ich habe angefangen im Russischunterricht Ukrainisch zu reden . [A: əhə .]
IX	Anekdote/ Illustrierung	şi ăm învăţătoare întotdeauna spunea (polea, anonym.) tu vorbeşti limba ucraineană tu vorbeşti în limba rusă nu în ucraineană .	und ähm die Lehrerin sagte immer Polea du sprichst Ukrainisch sprich Russisch nicht Ukrainisch .
X	Haupterzählung	dar cu timpul am studiat . limba rusă	aber mit der Zeit habe ich . Russisch gelernt
XI	Metakommentar	şi . nu erau probleme . [A: îhî .]	und . es gab keine Probleme . [A: əhə .]

---

438 Im rumänischen Original steht „nici o barieră între limba", was auf den ersten Blick für die Übersetzung: „absolut keine Barriere zwischen der Sprache" zu sprechen

XII	Behauptung	puteam să vorbesc şi limba romînă corect . şi limba ucraineană corect şi limba rusă corect . [A: îhî .]	ich konnte sowohl korrekt Rumänisch sprechen als auch korrektes Ukrainisch als auch korrektes Russisch . [A: əhə .]
XIII	reformulierende Affirmation der Behauptung	nu aveam Absolut nici o barieră între limba . între aceste trei limbi . [A: îhî]	ich habe absolut keine Barriere zwischen[439] . zwischen diesen drei Sprachen
XIV	Beleg der Behauptung	şi . mi se pare . că aş putea spune că aceste trei limbe cunosc încă de cînd eram de vreo . patru anişori [A: îhî]	und . ich denke . ich könnte sagen dass ich diese drei Sprachen schon kann seit ich ungefähr . vier Jahre alt war [A: əhə]
XV	Affirmation der Behauptung	pentru mine nu este nici o problemă de . de a trece de la o limbă la alta [A: da da] şi cîteodată stau şi .	für mich gibt es absolut kein Problem . von der einen Sprache zu anderen zu wechseln [A: ja ja] und manchmal steh ich da und .
XVI	Illustration der Behauptung	ştiţi ăm . iată cînd vreau să mă gîndesc ceva . apăi mă gîndesc . că în limba rusă [A: îhî] cîteodată gîndurile vin nu în limba mea maternă (lächelt) . dar în limba rusă în limba ucraineană poate să îmi vină cîte o frază ceva .	wissen Sie əm . also wenn ich über etwas nachdenken will . und dann denke ich . dass manchmal kommen die Gedanken auf Russisch [A: əhə] und nicht in meiner Muttersprache (lächelt) . sondern auf Russisch oder manchmal ein Satz auf Ukrainisch
XVII	Einschränkung	dar cîteodată nu ştiu cum se traduce în limba ucraineană şi în limba rusă ceva vreo . vreo expresie şi o spun în limba romînă . [A: îhî .]	aber manchmal weiß ich nicht, wie sich etwas auf Ukrainisch übersetzen lässt und ins Russische irgendeine . ein Ausdruck und ich sag es auf Rumänisch . [A: əhə .]
XVIII	Metakommentar	cînd şi cum . cum cum îmi . îmi vine mai uşor	manchmal so manchmal so . so wie es mir leichter fällt
XIX	Bestätigung	A: mda (lächelt) .	A: mja (lächelt) .

scheint. Ich verstehe dies als Anakoluth, dem die Präzisierung, welche Sprache, zum Opfer gefallen ist. Im Rumänischen wird eine Sprache meißt durch eine Nominalgruppe, bestehend aus dem bestimmten Substantiv limba + Sprachadjektiv (z.B. ucraineană) gebildet.

XX	Präzisierung der Behauptung	B: să mă explic [A: da] aşa că cunosc şi . toate trei limbi [A: îhî .]	B: mich zu erklären [A: ja] also ich . kann alle drei Sprachen [A: ǝhǝ .]
XXI	Wiederholung der Behauptung	nu am nici o . un o barieră între aceste trei limbi [A: îhî .]	ich habe absolut keine . Barriere zwischen diesen drei Sprachen [A: ǝhǝ .]
XXII	Illustration	pot să trec să încep în limba romînă şi să termin cu limba ucraineană (lacht) . [A: lacht da .]	ich kann mit Rumänisch anfangen und mit Ukrainisch aufhören (lacht) . [A: (lacht) ja .]

In dieser Sequenz werden zwei konkurrierende Diskurse bedient (siehe Skizze in 4.4): einerseits ein puristischer, der Kenntnisse oder Kompetenzen in einer Sprache (nur) dann anerkennt, wenn „korrekt" gesprochen wird (XII). Andererseits aber auch die Wertschätzung einer mehrsprachigen Kompetenz und des virtuosen Umgangs mit der Mehrsprachigkeit, der hier sprachlich negativ, als Abwesenheit von Barrieren (XIII, XXI) bzw. Problemen des Umschaltens (XV) formuliert wird. Gleichzeitig bemerkte Polina den Widerspruch zwischen beiden Diskursen: Die Vorstellung von „korrektem" Sprechen scheint diejenige der Sprachmischung auszuschließen. So kündigte Polina, offenbar zur Vermeidung von Missinterpretationen, eine weitere Erklärung des zuvor Gesagten an (XX), welche zusammenfassenden Charakter hat, diesmal aber die Sprachmischungsprozesse auslässt und noch einmal klarzustellen versuchte, dass sie alle drei Sprachen auf hohem Niveau beherrsche (XXI) und leicht umschalten könne (XXII). Die fünfmalige Betonung der Abwesenheit von Problemen scheint darauf hinzuweisen, dass sie mir diesbezüglich Zweifel unterstellte.[439] Es wird aber auch deutlich, dass diese Sequenz stark reflexiv ist und sie über ihren Russischausbau in dieser Form selbst vielleicht zum ersten Mal nachdachte.

Im ersten Teil der Sequenz ging es aber zunächst um Polinas Russischausbau in der Schule. Sie beschrieb hier alltagssprachlich anschaulich, wie sie als Kind im Russischunterricht Ukrainisch sprach, dessen Ähnlichkeit mit dem Unterrichtsgegenstand ihr wohl auffiel. Insofern kann diese Praxis als Ausdruck einer mehrsprachigen Kompetenz verstanden werden. Sie versuchte, das Russische

---

439 Diese Äußerung kann aber auch vor dem Hintergrund des „probleme-nu-avem"-Diskurses verstanden werden, siehe Kapitel 4.4.

vom Ukrainischen aus zu „booten" (Maas 2008b:263) und sprach nicht etwa Rumänisch, wie es in allen anderen Unterrichtsfächern üblich war. Sie erlernte hier eine Sprachgrenze (bzw. verschiedene monolinguale Modi), wo sie zuvor vielleicht verschiedene Varietäten eines einzigen Systems wahrgenommen hatte. Insofern davon auszugehen ist, dass sie eine Differenz zwischen ihrem Sprachgebrauch und demjenigen der Russischlehrerin wahrnahm, ist das eine mehr oder weniger bewusste Optimierungsstrategie, bei der ihr großes Ukrainischrepertoire als Brücke zu einer noch zu erschließenden Zielmarke diente. An einer späteren Stelle im Gespräch sagte sie, dass der Russischunterricht für diejenigen aus moldauischen Familien, die nicht wie sie von zu Hause Ukrainisch konnten, deutlich schwieriger gewesen sei. Das Russische war für sie auf Grund ihrer Ukrainischressourcen erreichbar. Sie betonte, dass es außerhalb der Schule zahlreiche Praxmöglichkeiten für das Russische (also eine ausbauförderliche kommunikative Umgebung) gegeben habe, schilderte diese aber nicht im Detail (S26/T155).

Von den Gedanken zum Russischunterricht leitete sie zur Beschreibung ihres aktuellen Repertoires über. In ihrer eigenen Wahrnehmung war sie von klein auf (ca. seit dem Alter von vier) dreisprachig und könne auch heute ohne Probleme zwischen den Sprachen Rumänisch, Russisch und Ukrainisch wechseln. Die Verkleinerungsform für das Substantiv „Jahre" (XIV, „patru anişori") legt den Eindruck nahe, dass sie das selbst für ein (ungewöhnlich) junges Alter für Dreisprachigkeit hielt.

Ukrainischausbau

Eine Besonderheit ihrer Sprachbiographie ist (wie bei Iolanda) der Verlauf ihrer Aneignung des Ukrainischen, da die Varietät des Dorfs U. nicht die erste war, die sie lernte, sondern sie sich diese später angeeignet hat, als sie bereits über umfangreiche ukrainische Ressourcen verfügte. Welche regionalen Varietäten genau diese Ressourcen prägten, weiß ich allerdings nicht; möglicher Weise spielte über die Großmutter einer der süd-westlichen ukrainischen Dialekte, denen aus diatopischer Perspektive Ivano-Frankivsk zugeordnet wird, eine Rolle, und auch die moldauischen ukrainischen Dialekte. In jedem Fall machte Polina mit ihren Ukrainischressourcen im Dorf U. erneut Differenzerfahrungen und verstand nicht alles, obwohl sie von sich selbst meinte, dass sie Ukrainisch korrekt beherrsche. Auf diese Varietäten kamen wir im Interview zweimal explizit zu sprechen.

In S21 bejahte sie vehement, dass das Ukrainische im Dorf U. sich ja vermutlich von dem unterschieden habe, welches sie mit ihrer Mutter gesprochen hat. Dies schloss sich fast unmittelbar an die zuvor besprochene Sequenz (S20) über ihren Russischunterricht und ihre Mehrsprachigkeit an. Mit meiner Suggestivfrage (I), zielte ich eigentlich auf die familiäre Sprachpraxis und wollte etwas darüber erfahren, welche Varietät ihre Mutter sprach. Stattdessen entwickelte Polina jedoch eine Argumentation über die lokale Varietät in U.[440]

Diese Sequenz unterscheidet sich in ihrer Kohärenz vom Rest des Gesprächs, in dem Polina klar argumentierte, in dem sie Informationen reihte, fast immer in syntaktisch vollständigen Sätzen und immer wieder gezielt Exkurse einbaute, die mir das Verständnis erleichtern sollten. Der durch die Subjunktion „dar" (V) angekündigte Kontrast bleibt aus und wird (in VI) nur implizit durch die Verallgemeinerung geschlossen. Der zweimalige Formulierungsversuch in VII wird durch einen Metakommentar zur eigenen Expertise unterbrochen.

Tabelle: Polina/S21/T132–135

I	Einführung des Gegenstands der folgenden Suggestivfrage	A: m . dar probabil ă: . limba ucraineană cum . ăm . l-ați vorbit cu: ă ăm . cu m:mama [B: cu mamă]	A: m . aber wahrscheinlich əh: . das Ukrainische wie . əh . sie das mit əh . mit ihrer Mutter gesprochen haben [B: mit der Mutter]
II	Suggestivfrage	ă: . a fost diferită de: . care [să vorbesc da	əh: . das war anders als . was gesprochen wird
III	Vervollständigung der Frage	B: [de acei care se vorbește aicia .	B: als das, was hier gesprochen wird .
IV	Bejahung	desI:gur .	natÜ:rlich
V	Erklärung	vedeți aici în sat se vorbește limba ucraineană dar	schauen Sie, hier im Dorf wird Ukrainisch gesprochen
VI	Verallgemeinerung/Argument	ca în orice țA:ră mi se pare că fiecare țara are dialecte . [îhî da .]	aber in jedem Land scheint mir werden verschiedene Dialekte gesprochen . [A: əhə ja .]
VII	Rückschluss auf den Gegenstand	și iată chiar în ucraina ucrainenii . ăm .	und so auch in der Ukraine bei den Ukrainern . əhm .

---

440 Meine Frage wurde dadurch nur implizit beantwortet, indem Polina noch einmal auf gewisse lexikalische Schwierigkeiten verwies, die sie anfänglich im Dorf U. hatte.

VIII	Metakommentar/ Unterstreichung des Wissens durch Erfahrungs- kompetenz	fiind că ei cunosc foarte bine că avem rude în diferite regiuni [A: îhî .]	ich weiß das weil wir in verschiedenen Regionen verwandet haben
IX	Verallgemei- nerung/ Argument	în fiecare regiune se vorbește limba ucraineană în felul său . [A: lacht îhî .]	in jeder Region wird Ukrainisch auf seine Weise gesprochen [A: lacht əhə .]
X	Schlussfolgerung	deaceea și aici în satul acesta se vorbește limba ucraineană tot diferit -	also wird auch hier im Dorf Ukrainisch auch anders gesprochen
XI	Einschränkung	cu toate că la școală . se studiază limba literAră . [A: îhî .]	auch wenn in der Schule . die Standardsprache gelernt wird
XII	Wiederholung der Schlussfolgerung	dar în sat sînt ă foarte multe - dialecte . care provin din limba romînă [A: îhî .] și limba rusă [A: îhî .]	aber im Dorf gibt es viele - Dialekte . die aus dem Rumänischen kommen [A: əhə .] und dem Russischen [A: əhə .]
XIII	Kommentar	și este foarte interesant	Und das ist sehr interessant
XIV	Beispiel/ Minierzählung		
XIVa	Einleitung/ temporale Situierung	cînd ă . iată am venit aici prima dată în satul acesta .	als əh: . ich zum ersten Mal hierher in dieses Dorf gekommen bin .
XIVb	Haupthandlung	și mi se a spus că . dute și adă drabăna .	und mir gesagt wurde . geh und hol die drabăna
XIVc	Problemstellung/ Spannungsbogen	și eu am stat și mă gîndeam măi . dar ce este aceasta drabăna eu nu știu ce este [A: lacht .]	und ich stand da und frage mich . aber was ist denn diese drabăna ich weiß nicht, was das ist [A: lacht .]
XIVd	Begründung	deoarece nu este cuvîntul ucraineAn . dar este dialEct [A: îhî .]	weil es kein ukrainisches Wort ist . sondern Dialekt
XIVe	Erklärung/ Auflösung	dar aceasta este scAră de lemn . [A: aha .] dute și adă scară	und das heißt Holzleiter . [A: aha .] geh und bring die Leiter

XIVf	Lösung	și eu am spus dar putea să-mi spună scară sau lestnița cum în limba rusă dar drabăna eu așa ceva nu știu (lacht) . [A: (lacht)]	und ich habe gesagt könnt ihr nicht Leiter sagen oder Lestnica wie im Russischen aber drabăna sowas kenne ich nicht (lacht) . [A: (lacht)][442]
XV	These	B: dar cu timpul am am: . învățat toate dialectele le știu din sat . [A: îhî .] absolut […][443]	B: aber mit der Zeit habe habe ich . gelernt ich kenne alle Dialekte im Dorf . [A: əhə .] alle

In der Proposition (X), es würde in diesem Dorf (U.) das Ukranische ganz anders gesprochen werden, fehlt ein unmittelbares Vergleichsobjekt, auf das sich das Attribut „diferit" beziehen würde. Dies wird durch die konzessive Proposition XI als Literatursprache expliziert. In der Beispielerzählung für ein ‚Ausbauereignis' (Weirich 2013), wie sie das von ihr als dialektal markierte Wort *drabăna* für „Leiter" gelernt hat, ist die Erklärung für ihr Nicht-Verstehen (XIVd), dass das Wort nicht Ukrainisch (hier synonym zu Standardsprache), sondern Dialekt sei.[443] Im Kontrast zu ihrer sonstigen Klarheit in der Argumentation entsteht hier der Eindruck, dass sie verunsichert war. In der Tat zählt das Lexem драбина durchaus zur Literatursprache.[444] Somit ist die Sequenz eher ein Beispiel dafür, dass ihre rezeptiven Kompetenzen in der Standardsprache nicht so weit ausgebaut sind, dass sie zu verlässlichen Urteilen über Varietäten käme.

Interessant ist hierbei außerdem, dass sie von „sehr vielen Dialekten" (Plural) im Dorf sprach, sowohl bei ihrer Bestandsbeschreibung, als auch, als sie betonte, dass sie das alles gelernt habe (S21/T133/XII und XV). In einer späteren Passage

---

441 Die Übersetzung wird hier dadurch erschwert, dass die Erzählung in der Erzählsprache Rumänisch gehalten ist, dabei aber bereits übersetzte Elemente der indirekten Rede enthält. „putea să-mi spună scară" ist indirekte Rede und wurde von Polina für unsere Interaktion aus dem Ukrainischen übertragen, weshalb ich „scară" hier ebenfalls ins Deutsche übertragen habe und nicht, wie „lestnica" oder „drabăna", die ebenfalls als Vokabeln thematisiert werden, im Original belassen.

442 Dieser Turn setzte sich fort, indem Polina erklärte, dass die jüngere Generation, die Ukrainisch nunmehr in der Schule lerne, deutlich „korrekter" und „besser" („mult mai bine") spreche, als die Generationen davor. Sie grenzte hierbei „korrekt" explizit von „Dialekt" ab.

443 In S23 nimmt sie auf dieses Beispiel noch einmal Bezug.

444 Vgl. die Wörterbücher Kuzela/Rudnyckyi (1987:199) und Müller (2007:411, (приставна) драбина einziger Vorschlag für dt. „Leiter").

(S23/T145/VII) wiederholte sie dies auch, obwohl ich meine Frage im Singular gestellt hatte (V). Ich vermute, dass sie damit auf die Vielzahl der Elemente und dialektalen Phänomene Bezug nahm, aber es wäre auch möglich, dass sie von unterschiedlichen Idiolekten etwa in verschiedenen Familien ausging.

In die Schlussfolgerung baute sie als Parenthese konzessiv die vermeintliche Selbstverständlichkeit ein, dass in der Schule Standardsprache gelernt würde (XI). Auch zum Abschluss der folgenden Sequenz 23, in der sie als Motiv für das Erlernen des Dialekts die Kommunikationsnotwendigkeit hervorhob, unterstrich sie, dass sie dennoch auch „korrekt" Ukrainisch sprechen könne.[445] Es kommen in diesem Teil direkte Negativbewertungen des ukrainischen Dialekts vor, aber sie verknüpfte ihre Schilderung der Ukrainischkenntnisse stets mit der Betonung, dass sie auch Standardsprache sprach. Dass sie in der folgenden Sequenz von „Anpassung" und „Notwendigkeit" spricht, hat möglicher Weise damit zu tun, dass sie die Formulierung mit dem Verb „a adapta" aus meiner Frage wieder aufgriff.

Tabelle: Polina/S23/T144–145

I	Einleitung der Frage	A: și asta -	A: und das –
II	Formulierungsschwierigkeit	ă ăm: cum cum s . se zice ăm	əh əh: wie wie . sagt man das əhm
III	Geschlossene Frage	este și . casul ă vostru	Das ist . auch bei Ihnen der Fall
IV	Alternativantwort (geschlossene Frage zwei)	sau ați adaptat ăm . la dialectul aceasta sau	Oder haben Sie sich əhm . an diesen Dialekt angepasst oder
V	Antwort (doppelt)	B: eu m-am adaptat la dialectul acesta . (lacht) [A: da] îl cunosc da	B: ich habe mich an diesen Dialekt angepasst . (lacht) [A: ja] ich kenne ihn ja
VI	Rhetorische Frage	păi ce să facem dacă trăiești aici	na was soll man machen, wenn man hier wohnt
VII	Antwort auf die rhet. Frage	trebuie să . să studiezi . dialectele toate din sat ca să poți comunica cu ceilalți . [A: da]	man muss alle Dialekte des Dorfs lernen, damit man mit den anderen kommunizieren kann . [A: ja]

---

445 Als ich Tanja um eine Einschätzung von Polinas Sprechweise im Ukrainischen bat, ging sie nicht auf unterschiedliche regionale Varietäten ein, sondern verglich sie mit Anastasia Dimitrovna, die häufiger Begriffe aus der Literatursprache verwenden würde (siehe 5.2.3.1).

VIII	Erinnerung an Beispiel (Rückverweis)	eu vă v-am spus cazul cu drabănă . [A: da]	ich habe Ihnen von dem Beispiel drabănă erzählt . [A: ja]
IX	Rhetorische Fragen	dar dacă nu nu o să știu ce aceasta cum am să vorbesc eu . [A: lacht da] cum am să înțeleg [A: da]	aber wenn ich nicht nicht weiß, was das ist, wie soll ich reden . [A: lacht da] wie soll ich verstehen [A: da]
X	Präzisierung der Antwort (V)	că de vorbit eu pot vorbesc . și: și ucrainești corect .	was soll ich reden ich kann auch korrektes Ukrainisch .
XI	Schluss	dar – dar așa e limba . [A: îhî]	aber – aber so die Sprache . [A: əhə]

Rumänischausbau und die Umstellung des Alphabets

Den Rumänischausbau setzte Polina an der Universität im Rahmen des Philologiestudiums fort. Mit dem Beginn ihres Studiums 1989 fielen die Sprachgesetze (also die Erklärung von Rumänisch zur Staatssprache) zusammen. Der erste Aspekt, den sie in diesem Zusammenhang erwähnte, war derjenige der Umstellung auf das lateinische Alphabet. Polina hatte zuvor ihren eigenen Russischunterricht mit der heutigen Russischaneignung der Schüler*innen verglichen und ihre Schul-Abschlussnote fünf (beste Note im sowjetischen System) erwähnt. Ich knüpfte hieran an, in dem ich sie fragte, wann das eigentlich gewesen sei und so kamen wir auf die Umbrüche des Jahres 1989 zu sprechen.

Tabelle: Polina/S27/T158–163

I	Geschlossene Frage	A: și ăm asta a fost în în . ce ce an .	A: und əhm das war in in . welchem Jahr .
II	Präzisierung der Frage (des Subjekts in der Frage)	cînd ați terminat școala	dass Sie die Schule beendet haben
III	Antwort	B: În anul optze o mie optzeci și nouă .	B: im Jahr neunun neunzehnhundertneunundachtzig .
IV	Wiederholung	A: optzeci și nouă .	A: neunundachtzig .
V	Präzisieren/ Redeaufforderung	exact cînd tot [A: da] s-a schimbat în perioada asta	genau als das alles [A: ja] sich geändert hat in dieser Zeit
VI	Bejahung	B: da în nouăzeci a început să se schimbe	B : ja neunzig hat es angefangen sich zu ändern

VII	Haupterzählung	şi iată am absolvit ă: . şcoala medie . ăm scriind în limba . în grafia chirilica [A: da] la universitate	und deswegen habe ich əh: . die Schule absolviert in lateinischer Schrift . und in kyrillischer [A: ja] auf der Universität
VIII	Detaillierung	primul an . în chirilică . şi al doilea an în limba latină .	im ersten Jahr . auf Kyrillisch . und im zweiten Jahr auf Lateinisch
IX	Detaillierung	tot [A: aha] în grafia latină . şi limba romînă şi .	alles [A: aha] in lateinischer Schrift . sowohl Rumänisch als auch .
X	Kommentar	mi-a fost mai uşor	für mich war das einfacher
XI	Begründung	deoarece a fost între anii . în anul întîi şi doi a universităţii .	denn es war zwischen den Jahren . im ersten Jahr an der Universität .
XII	Kommentar	şi: . nu mi-a fost greu să trec de la o grafie la alta .	u:nd . es war für mich nicht schwierig von einer Schrift zur anderen überzugehen .
XIII	Einschränkung (Anakoluth)	cu toate că .	obwohl .
XIV	Allgemeine These	ştiţi . ceea ce e depus de la din clasa întîia de la fundament este mult mai uşor .	wissen sie . das, was von der ersten Klassen an verankert wird als Fundament ist sehr viel einfacher .
XV	Beleg durch persönliche Erfahrug	căci eu am observat iată prin scriire .	das habe ich gesehen an der Schrift .
XVI	Persönliche Erfahrung (Schilderung)	ă . cum scriam eu în grafia chirilică [A: îhî] şi cum scriu în limb ă în grafia latină . [A: îhî] este mare diferenţă .	əh . wie ich in kyrillischer Schrift geschrieben habe [A: əhə] und wie ich in mit lateinischer Schrift schreibe . [A: əhə] ist ein großer Unterschied .
XVII	Argument	mult mai frumos scriu în grafia chirilică .	ich schreibe auf Kyrillisch sehr viel schöner .
XVIII	Rückfrage (Zweifel)	A: (fragend) da (lacht) .	A: (fragend) ja (lacht) .
XIX	Bestätigung	B: da .	B: ja .
XX	Erklärung	deoarece din clasa de a întîia . cum m-a învăţat învăţătoarea atunci să scriu frumos .	denn von der ersten Klasse an . wie mir die Lehrerin schönschreiben beibegebracht hat damals

XXI	These	mi se pare că scrisul cela este mult mai frumos decît . cînd am început să scriu în clasa în anul doi la universitate [lacht]	erscheint es mir dass die Schrift viel schöner ist als . als ich angefangen habe in der Klasse im zweiten Jahr der Universität [A: lacht]
XXII	Kommentar	dar . mă străduiesc să: . să-mi se primească bine .	aber . ich bemühe mich . dass es mir gut gelingt

Polina hat die Schule 1989 abgeschlossen, also hat sie im September 1989 angefangen zu studieren – einen Tag nach Erlass der Sprachgesetze (vom 31. August 1989). Dafür, dass sich die Verhältnisse nicht von einen Tag auf den nächsten neuordnen lassen und dass auch Gesetze nur Wirkung entfalten, wenn sie umgesetzt werden, ist Polinas Erzählung ein Beleg. Die Umstellung des Alphabets in der Universität, im Rumänischstudium (also dort, wo ich die zügigste Umsetzung der Sprachgesetze erwarten würde, zumal viele Rumänist*innen zu den Protagonist*innen des prorumänischen Nationalismus gehörten) erfolgte erst ein Jahr später.[446]

Im weiteren Verlauf des Gesprächs schilderte sie, dass sie vor allem in dafür eingerichteten Intensivkursen über Diktate geübt hätten und Schwierigkeiten vor allem in der Phonem-Graphem Zuordnung bestanden. Als Beispiel fungiert die Unterscheidung stimmhafter palataler Frikative von stimmhaften velaren Okklusiven, beide realisiert durch den Konsonanten „g", in Abhängigkeit vom folgenden Phonem mit oder ohne *h*, *ge* vs. *ghe*, die auf Kyrillisch durch zwei verschiedene Konsonanten, *ze* vs. *же*, realisiert werden.

In S27 bediente Polina auch erneut den „probleme-nu-avem"-Diskurs (XII) und den puristischen Diskurs (XVII–XXII). Auch wenn Polina darauf bestand, dass ihr die Umstellung leicht gefallen sei, zumal sie zu Beginn ihres Studiums stattgefunden hat, macht sich diese Umstellung bis heute für sie bemerkbar, da sie der Ansicht ist, ihre Handschrift sei im Rumänischen nicht so „schön" (hier greift der „ästhetische Diskurs", siehe 4.4). Sie konstruierte also ein Konzept der „Erstschrift", die (zumindest in ihrem Fall, dank der Akzentsetzung ihrer eigenen Lehrerin hierauf) schöner ist, als die zweite. Das Verhältnis zur eigenen Handschrift kann je nachdem, in welchem Medium beziehungsweise mit welchen Instrumenten hauptsächlich geschrieben wird, die Affinität zum Schreiben im Allgemeinen beeinflussen. Bei der Betrachtung der Gesamtsequenz wird jedoch deutlich, dass diese Selbstkritik ihr Argument, dass ihr die Umstellung

---

446 Dies entsprach den offiziellen Vorgaben für die Umsetzung des Gesetzes über die Einführung der lateinischen Schrift, siehe Kapitel 4.3.2.2.

leichtgefallen sei, stärkt. Die konzessive Subjunktion „cu toate că" (obwohl) (XIII) kann so gelesen werden, als sei ihr die Umstellung leichtgefallen, obwohl sie erst relativ spät in ihrer sprachlichen Biographie kam und sie deswegen nicht die einfachsten Ausgangsbedingungen hatte.

5.4.2.2 Berufswahl

Zur Frage, was im Leben wesentlich ist, entfalteten meine Gesprächspartnerinnen immer wieder eigene Thematisierungslinien. Mir scheint, dass das auch daran liegt, dass das Thema Migration so präsent war. Alle meine Gesprächspartner*innen hatten Freund*innen, Familie, Nachbar*innen, die in Russland oder Frankreich arbeiteten. Einige hatten das selbst schon einmal gemacht, andere dachten darüber nach, es zu tun und die, die es nicht taten, schienen erklären zu wollen, warum. Die Frage, ob es nicht besser wäre, es ebenfalls im Ausland zu versuchen, schwang häufig im Gespräch mit (siehe 5.1.3.2).

Als Polinas Tochter während unseres Gesprächs kurz ins Wohnzimmer schaute, um sich von ihrer Mutter zu verabschieden, erzählte Polina mir von ihrer Familie und ihrem Lebensentwurf. Sie habe nur eine Tochter und ihr Mann arbeite als Arzt beim Rettungsdienst in einer der nächsten größeren Ortschaften. „Das ist meine Familie, das ist mein Haus, meine Arbeit – das ist der größte Reichtum." Sie empfinde sich selbst als glücklich und erfüllt (S6/T41-44).

Nachdem sie eingangs gesagt hatte, dass die für sie wichtigsten Dinge ihre Familie, ihr Haus und die Arbeit seien, schilderte sie ihre Zufriedenheit mit der Situation an der Schule: Das Kollegium sei sehr stark (das ist wohl als stark im Beruf, also kompetent zu verstehen) und freundlich. Sie habe großes Glück gehabt, in dieser Schule zu landen und deswegen habe sie auch in 18 Jahren kein einziges Mal daran gedacht, den Arbeitsplatz zu wechseln. Dass sie wie eine Familie seien, wird auch dem ehemaligen Direktor zugeschrieben, der wesentlich für dieses Gemeinschaftsgefühl verantwortlich gewesen sei. Dieses gute Verhältnis der Lehrer*innen untereinander ist hier das Hauptargument dafür, dass sie sich an der Schule wohlfühle und muss sicherlich im Zusammenhang mit dem allgemeinen Diskurs der Zufriedenheit und des positiven Verhältnisses zum Dorf und zur Schule gesehen wreden, wie es z.B. auch im Gespräch mit Anastasia Dimitrovna sehr stark zum Ausdruck kam (siehe auch 5.1.3.1).

Entscheidung für das Studium Rumänisch als Zweitsprache
Ihrer Berufswahl ging die Entscheidung für ein bestimmtes Studium voraus, welche sich bei ihr in mehreren Etappen vollzog. Ihr sei recht früh klar gewesen, dass sie mit Kindern arbeiten wollte, da sie aus einem sehr kinderreichen Dorf

komme und sie dort schon immer den Jüngeren Dinge beigebracht habe. Als Fächer seien aber verschiedene Spezialisierungen in Frage gekommen, vor allem für Geographie habe sie sich interessiert. Letztlich sei ihre Mutter im Gespräch mit einer Bekannten, deren Tochter Rumänisch studieren wollte, darauf gekommen, dass das auch etwas für sie sein könne. Als Vorbereitung auf die Einstiegsprüfungen hatte sie dann, wie bereits im Abschnitt über den Rumänischausbau erwähnt, ein Jahr lang jeden Samstag Zusatzunterricht in der Raionhauptstadt, d.h. die Berufswahl bzw. der Studienbeginn wurde von Anfang an sowohl ihrerseits als auch seitens der Mutter sehr ernst genommen.

Die narrative Sequenz 37 spiegelt ihre Außenperspektive auf das Dorf, welches sie zuvor nur vom Hören kannte (obwohl es Luftlinie nur sieben Kilometer entfernt von Polinas Heimatdorf liegt) und die Schule: Zunächst nannte sie die Argumente ihrer Bekannten für das Dorf, welches „schön" sei, „sauber" und „gut" (V), danach folgten die Argumente für die Schule „ein disziplinierter Direktor", „junge Lehrer*innen" (IX). Diese Attribute gelten als wünschenswerte Eigenschaften eines Arbeitsplatzes, die auch im Vergleich zu ökonomischen Erwägungen ein starkes Gewicht haben. Wichtig für das Verständnis der Verhältnisse in U., weil wiederkehrend, ist auch ihre Erklärung dafür, warum es ihr im Dorf gefällt (XVII): Das gemeinsame Begehen der Feiertage, was möglicher Weise den „flokloristischen Diskurs" andeutet, der auch in S5 bei der Stegreif-Erzählung ihrer Familiengeschichte eine Rolle spielte, in der das Heimatdorf (ausschließlich) dadurch charakterisiert wurde, dass es „moldauische Traditionen" habe.

Dass sie schließlich Lehrerin geworden sei, bereue sie nicht, es halte sie jung. Die folgende S8 schloss sich an ihre oben reproduzierten Überlegungen an, wie sie sich für das Rumänischstudium entschlossen und wie sie sich darauf vorbereitet hatte.

Tabelle: Polina/S8/T56–58

I	Resümee	B: şi . iată aşa am devenit profesoara de limba romînă nu de geografie	B : und . tja so bin ich Rumänischlehrerin geworden und nicht Erdkunde
II	Einschränkung (konzessiv)	cu toate că de multe ori stau şi mă gîndesc . dar să fi fost la geografie poati . poate mai mult știam (lacht) [A: lacht]	auch wenn ich häufig da steh und mich frage Frage . aber wenn ich in Geographie gewesen wäre vielleicht . vielleicht wüsste ich dann mehr (lacht) [A: lacht]

III	These/ Widerlegung der Einschränkung (Anakoluth)	dar nu regret . esti o profesie .	aber ich bereue es nicht . das ist ein Beruf .
IV	Argument	știți ăm . ă profesorul este veșnic tînăr . [A: îhî]	wissen Sie əhm . ein Lehrer ist ewig jung . [A: əhə]
V	Begründung	deoarece este mereu între copii [A: da da da] și te simți mereu . ăm tînără știi că .	denn er ist immer unter Kindern [A: ja ja ja] und du fühlst dich immer . jung und weißt dass .
VI	Illustration	dacă vii la întîi septembrie . ești – cum se spune la ruși подтянутая . [A : îhî .]	wenn du am ersten September kommst . bist du . wie sagt man bei den Russen stramm . [A: əhə .]
VII	Begründung (Anakoluth)	iată așa știți ca ca copiii [A: îhî îhî]	so dass wissen Sie, dass dass die Kinder [A: əhə . əhə]
VIII	Begründung	și știi trebuie să te îmbraci frumos trebuie să arăți frumos trebuie să vorbești frumos . să-ți faci un machiiaj frumos	und du weißt, dass du dich schön anziehen musst, dass du schön aussehen musst, dass du schön reden musst . dass du dir ein schönes Make-Up machst
IX	Folgerung	că aici copii observă tot absolut .	Denn die Kinder hier beobachten absolu talles .
X	Bestätigung	A: da da da	A: ja ja ja
XI	Detaillierung	ei așa de bine observă da de ce astăzi ați venit așa . da de ce astăzi nu se a dat farda da de ce [A : da da da] astăzi nu ați îmbrăcat . altceva [A : îhî]	sie beobachten so gut aber warum Sind sie heute soundso gekommen . aber warum hat sie sich heute nicht geschminkt aber warum [A: da da da] haben Sie heute nicht etwas anderes angezogen [A: əhə .]
XII	Zusammen-fassung	știți ei fac observații singuri .	die beobachten selbst
XIII	Bestätigung	A: da .	A: ja .
XIV	Resümee	B: deci ei observă foarte bine . și ei sînt foarte sensibili [A: da .]	B: also sie beobachten sehr gut . sie sind sehr sensibel [A: ja .]
XV	Wiederholung/ Paraphrasierung der These	și iată aceasta poate și mi se pare că în suflet eu-s încă eu îs tînără (lacht)	und deswegen erscheint es mir vielleicht dass ich im Herzen noch jung bin (lacht)

In der Formulierung von Zweifeln, ob sie nicht heute klüger wäre, wenn sie Geographie studiert hätte, steckt implizit eine negative Bewertung des Rumänischstudiums oder des Wissens einer Rumänischlehrerin als Nicht-Wissen im Gegensatz zum eventuell größeren Faktenwissen einer Erdkundelehrerin. Dies könnte auch auf die Außenwahrnehmung bzw. auf Prestigefälle innerhalb des Lehrer*innenkollegiums hindeuten. Die unterbrochene Charakterisierung des Berufs (III) folgt an Stelle des fehlenden Prädikatsnomens eine metaphorische Beschreibung des Lehrerin-Seins in seinen Konsequenzen für die eigene Person, die sie jedoch auf den gesamten Berufsstand Lehrer (in der generisch verwendeten männlichen Form) ausweitet: „ein Lehrer ist ewig jung."[447] Als Beispiel für einen solchen Moment der Aufmerksamkeit, der ein tadelloses Auftreten verlangt, nannte sie den 1. September, also den ersten Schultag nach den Sommerferien, der in Moldova (wie auch in anderen Staaten der ehemaligen Sowjetunion) in den Schulen festlich zelebriert wird.

Diese ganze Sequenz gibt Aufschluss über die kollektive Konstruktion der Bedeutung der Schule für das Dorf, wo die Zelebrierung von Festlichkeiten durch hoch angesetzte implizite Dresscodes zur Selbtwahrnehmung und zur Pflege des Images als „schönes", „ordentliches" Dorf mit einer guten Schule beitragen.

5.4.3 Repräsentation des sprachlichen Repertoires und Sprachpraxis

Polinas biographische Narration begann mit der Familiengeschichte (S5/T34-36). Ihre jüdische Urgroßmutter konnte mit ihrem Bruder durch den Wechsel des Familiennamens als einzige Mitglieder der Familie die Shoa in Moldova überleben. Gemeinsam mit ihrem moldauischen Ehemann bekam diese Urgroßmutter acht Kinder, darunter den Vater Polinas, der eine ukrainische Frau (Polinas Mutter) heiratete, die selbst eine polnische Ugroßmutter hatte.

Nachdem Polina sich rückversichert hatte, ob sie ihre Erzählung mit der eigenen Biographie beginnen solle, leitete sie diese damit ein, dass sie aus einem moldauischen Dorf und einer multinationalen Familie komme. Als erstes

---

447 Hinsichtlich der Verwendung von androgenderndem Maskulinum und Textkohäsions und -kohärenz fällt bei Hinzuzug des „Weltwissens" (vgl. Heinemann/Heinemann 2002:94f) auf, dass (in IV) das wohl generisch verstandene Maskulinum verwendet wird, wodurch der Satz „profesorul este veșnic tînăr" den autosemantischen (Heinemann/Heinemann 2002:54) Charakter einer Alltagsweisheit haben, während sie ihre Begründung (V) noch einmal mit der gleichen Aussage formuliert, aber in der zweiten Person mit femininem Prädikatsnomen („te simți (…) tînără"). Die maskuline Form steht aber im Gegensatz dazu, dass die folgenden lebensweltlichen Begründungen klar weiblich konnotiert sind.

Charakteristikum ihres moldauischen Herkunftsortes nannte sie die „moldauischen Traditionen" (IV). Aufbauend auf die einleitende Einordnung des Dorfes in die Kategorie Nationalität, schilderte sie die Familienkonstellation seit der Generation der Ugroßeltern ebenfalls unter dem Hauptgesichtspunkt Nationalität.

Die Kategorie Nationalität funktioniert in dieser Erzählung als etwas, das man qua Geburt ist (und nicht etwa eine Zuschreibung). So rekurriert sie in ihrer Erzählung auf „Blut" (VIII, X), in dem die Nationalitäten flössen und ihren Vater, der eine jüdische Großmutter und einen moldauischen Großvater hatte und deswegen eine „Art Mischling" (VII) sei. Die Idee, dass sich Nationalitäten mischen, verurteilte sie deswegen aber nicht, sondern schloss die Beschreibung mit der These, dass Leute mit verschiedenen Nationalitäten im Blut klüger seien (X–XII), was bedeuten würde, dass auch ihr Intelligenzbegriff auf Vererbung rekurriert. Interessanter Weise erwähnt sie nicht, welcher Nationalität sie selbst ist (in ihrem sowjetischen Inlandspass muss das vermerkt gewesen sein[448]), oder sich zuordnen würde, und ich habe sie auch nicht danach gefragt.

Von Nationalismus distanziert sie sich in S25 als wir über die sprachlichen Verhältnisse in Černivci sprachen. Die Westukraine charakterisierte sie als von starkem Nationalismus geprägt (der sich übrigens in genau den Dingen ausdrücke, die unter „Folklorenationalismus" zusammengefasst werden könnte (Kostüme, Feiertage…). Hiervon distanzierte sie sich, in dem sie den multiethnischen Patriotismus der Moldauer*innen hervorhob, gleichzeitig aber fand, dass man beides vereinen müsse (und zwar durch Begehen moldauischer UND ukrainischer Feiertage).

5.4.3.1 Selbstverortung im Dorf

Ihr Nationalitätenbegriff prägt offensichtlich auch ihre Selbstverortung im Dorf. Obwohl Polina zum Zeitpunkt des Gespächs seit 18 Jahren in U. unterrichtete und schon fast genauso lange dort lebte, grenzte sie sich in ihrer Argumentation mehrfach von der Dorfbevölkerung ab, möglicher Weise, weil sie der Herkunftsidee und damit dem moldauischen Dorf, in dem sie aufgewachsen ist, Vorrang einräumt. In der folgenden Sequenz, in der sie über die sprachlichen Verhältnisse in der Region sprach, distanzierte sie sich durch die Pronomenwahl von der ukrainischen Dorfbevölkerung:

---

448 Dieser Eintrag ist auch als „fünfter Punkt" bekannt (пятая графа, пятый пункт). Im Alter von 16 Jahren konnten Kinder, deren Eltern unterschiedlichen Nationalitäten angehörten, sich für eine entscheiden. Eine Möglichkeit zur Änderung gab es dann nicht mehr (Armborst-Weihs 2001:19; Zofka 2012:108).

Tabelle: Polina/S21/T139–141

I	These	[...] dar aici sat s-a: s-a prefăcut invers și este limba ucraineană dar limba de stat este romînă . [A: îhî .]	aber hier hat es sich sich umgekehrt gewandelt und es gibt die ukrainische Sprache aber die Staatssprache ist Rumänisch . [A: əhə .]
II	Kommentar	și: . eu cred că este interesant să trăiești într-un așa sat . [A: da .]	u:nd . ich glaube dass das interessant ist in so einem Drof zu leben . [A: ja .]
III	Präzisierung	unde se studiază mai multe limbi . [A: da .]	wo mehrere Sprachen gelernt werden . [A: ja .]
IV	Argument	și vedeți . satul acesta de ucrainieni este înconjurat de sate moldovenești [A: da-]	und sehen sie . dieses ukrainische Dorf ist umgeben von moldauischen Dörfern [A: ja]
V	Frage	și venind din iată satul acesta de multe ori puneau întrebare dar de unde au căzut ei - [A: (смеётся)] din nori (lächelt)	und ausgerechnet aus diesem Dorf kommen haben sie sich oft gefragt aber woher kommen die - [A: (lacht)] sind sie vom Himmel gefallen (lacht)
VI	Detaillierung	un sat înconjurat cu moldoveni . sat ucrainean și nu înțeleagă limba romînă .	ein Dorf umgeben von Moldauern . ein ukrainisches Dorf und sie verstehen kein Rumänisch .
VII	Kommentar (Verwunderung/ Illustration)	oameni buni . [A: lacht .] cum așa se poate .	meine Güte . [A: lacht .] wie kann das sein .
VIII	Kommentar (abschließend)	dar iată . așa-s ei	aber so ist es . so sind sie

Die (in V) aufgeworfene Frage, woher „die" (Ukrainer) gekommen seien, wo sonst überall nur Moldauer wohnen, macht durch das Personalpronomen in der 3. Person Plural deutlich, dass sie sich dazu nicht zugehörig fühlt, sondern von einer anderen Gruppe von Personen die Rede ist. Mit dem zweiten Teil der Frage, ob sie vom Himmel gefallen seien, werden sie gleichsam als ein Kuriosum dargestellt und der Ausruf „oameni buni" (VII) bekräftigt diese Verwunderung. Durch die Einleitung, in der sie ja betont hatte, dass sie das durchaus spannend findet sowie durch ihr begleitendes Lächeln und Lachen und das abschließende wohlwollende „so sind sie eben" wird aber deutlich, dass diese Distanz nicht mit Ablehnung, sondern mit Sympathie einhergeht. Durch ihr Argument (IV) wird auch deutlich, dass sie, zumindest in dieser Sequenz, die Attribute moldauisch und ukrainisch mit der Sprachpraxis gleichsetzt. Die Tatsache, dass sie selbst Rumänisch, die Staatssprache (I) spricht, ist also im Kontext des Dorfes U. ein Alleinstellungsmerkmal. Trotzdem sind die anderen das Kuriosum, nicht sie selbst.

In dieser Argumentation schlagen sich möglicher Weise auch die Dominanzverhältnisse und Majorisierungsprozesse in Moldova (Weirich 2014) wieder, die es ihr ermöglichen, sich als Rumänischsprecherin auch in einem ukrainischen Dorf als der Normalfall zu fühlen. Ein Indikator dafür ist auch die Art und Weise, wie sie über ihr Studium bzw. ihr Studienfach sprach.

Tabelle: Polina/S7/T47–48

I	Einleitung der Frage/ Interessensbekundung	A: da dar asta e foarte interesat că ați studiat ă:m ă: - ă: limba romînă pentru școli alolingvi	A: ja aber das ist sehr interessant dass Sie ähm äh Rumänisch für allophone Schulen studiert haben
II	Frage	asta mai există=	gibt es das noch=
III	These	B: nu este mare diferență . între limba romînă pentru alolingvi și limba romînă pentru naționali .	B: es gibt keinen großen Unterschied . zwischen Rumänisch für Allophone und Rumänisch für Nationale
IV	Einschränkung/ Präzisierung	d puțin este metodica este diferită [A: îhî.]	ein bisschen ist die Methodik unterschiedlich [A: əhə .]
V	Detaillierung der These	dar ă:m . obiectele de studii sînt aceleași . [A: îhî]	aber die Studiengegenstände sind die gleichen . [A: əhə]
VI	Beleg der These	deoarece noi am făcut ore la universitate cu naționali . [A: îhî aa aha]	deswegen haben wir Stunden an der Uni mit den Nationalen gehabt [A: əhə a: aha]
VII	Wiederholung der These/ Zusammenfassung	nu fost diferența între naționali și alolingvi . pur simplu ă: puțin . este metodica este diferită . diferă [A: îhî] de la naționali . [A: îhî]	es gab keinen Unterschied zwischen Nationalen und Allophonen . nur äh ein bisschen . die Methodik ist ein bisschen unterschiedlich . sie ist bei den Nationalen anders . [A: əhə]
VIII	Persönliche Schlussfolgerung	dar . nu știu eu m-am obișnuit înte atît . cu școala ucraineană că mi se pare că în școala națională n-aș putea să lucrez .	aber . ich weiß nicht ich hab mich inzwischen so sehr an die ukrainische Schule gewöhnt dass es mir scheint dass ich in einer nationalen Schule gar nicht arbeiten könnte

Auf meine Frage, ob es den Studiengang „Rumänisch für Allophone" noch gebe, antwortete sie, indem sie die Unterschiede zwischen diesem und dem Rumänischstudium für die rumänischsprachigen Schulen als vernachlässigenswert darstellte. Hinsichtlich der Kategorisierungen ist dieser Abschnitt aber spannend, weil sie die „alolingvi" mit „naționali" kontrastierte, womit sie zunächst einmal ganz einfach die Terminologie der entsprechenden Studiengänge und staatlichen Curricula verwendete. Hinsichtlich der Majorisierungsprozesse ist aber erwähnenswert, dass „alolingvi" der markierte Terminus ist und der explizite Gegensatz „naționali" in der Regel nicht genannt, sondern als implizite Normalität begriffen wird.[449] In dieser Sequenz taucht aber der Begriff „naționali" einmal häufiger auf als „alolingvi". Während aus den oben interpretierten Sequenzen deutlich hervorgeht, dass sie sich auf Grund ihrer Herkunft aus einem anderen Dorf und ihrer Sprachkenntnisse als von den Ukrainern unterschiedlich wahrnimmt, wird in dieser vom Fachjargon geprägten Diskussion keine Identifiaktion oder Nähe zu den „naționali" deutlich. Im Interviewverlauf thematisiert sie „die Ukrainer" oder Dorfbewohner mehrfach in der dritten Person, aber es gab auch mehrere Momente, in denen sie sich mit ihnen identifizierte („noi ucrainieni" S39/210) oder „fără română nu putem face nimic" (S35/190).

---

449 Auf der Homepage der pädagogischen Uni Ion Creangă in Chișinău ist, anders als das klassische Rumänisch-Studium, das Studium des Rumänischen zum Unterrichten von Allophonen nur als Doppelstudiengang in Kombination mit Englisch möglich (siehe UPSC/Facultatea de Filologie [26.11.2015]). In den Zulassungsergebnissen der Staatlichen Uni Bălți findet sich die Bezeichnung „Didactica limbii române în școală alolingvă" (USARB 2014:2). Auch auf der Internetseite Pro didactica wird unterschieden zwischen „Rumänisch für Muttersprachler" und für „Allophone" („Limba romana ca limba materna si limba romana pentru alolingvi", Centrul Educațional Pro Didactica [26.11.2015]). Die offizielle Bezeichnung für die Schulen ist „cu predare în limba rusă" (Vgl. Ministerul Educației al Republicii Moldova 2014, 2015). Irina Condrea (2007a) schildert, dass der Begriff „Muttersprache" häufig eine Vermeidungsstrategie ist, um nicht den umstrittenen Begriff „Rumänisch" zu verwenden: „Für die Schulen, Lehrbücher und Lehrprogramme mit anderer Unterrichtssprache als Rumänisch (bzw. der Staatssprache) wird in der Republik Moldova auch der Terminus anderssprachig (alolingv) gebraucht – anderssprachige Schulen, Rumänischlehrbücher für Anderssprachige, anderssprachige Gruppen usw."

Als Lehrerin hätte sie sich im Gegenteil schon derartig an das Unterrichten in der ukrainischen Schule gewöhnt, dass sie es sich nicht mehr vorstellen könne, in einer rumänischen Schule zu arbeiten.[450] Zu erklären, warum sie sich nicht vorstellen könne, in einer Schule für „naționali" zu unterrichten, fiel ihr schwer; sie unterrichte nun seit 18 Jahren allophone Schüler*innen und bräuchte erst einmal Weiterbildung, um in Klassen zu arbeiten, wo es um ganz andere Fragen des Sprachausbaus geht, als dort, wo die grundsätzlich Aneignung der Sprache als quasi-Fremdsprache im Vordergrund steht. Dies kann Anzeichen dafür sein, dass sich ihre Rumänischressourcen durch das Leben in U. restrukturiert haben und auch ein Anzeichen „sprachlicher Unsicherheit" sein.

5.4.3.2 Sprachgebrauch innerhalb der Familie

Das Thema der Sprachenwahl bei alltäglichen Gesprächen innerhalb der Familie wurde von meiner Frage eingeleitet, ob ich richtig verstanden hätte, dass sie mit ihrer Tochter Rumänisch reden würde. Nachdem Polina dies knapp bejaht hatte, stellte ich die Frage, wie sie mit ihrem Mann spräche. Zunächst beschrieb sie die Sprachwahl zwischen ihrem Ehemann und sich, um dann die sprachlichen Repertoires zu vergleichen. Hierbei fiel ihr auf, dass sich die innerfamiliäre Kommunikationssprache über die Jahre hinweg durchaus verändert habe (ab XVII), in Abhängigkeit von der hierfür geschaffenen kommunikativen Umgebung und den sprachlichen Ressourcen.

Tabelle: Polina/S14/T96–104

I	Argument	B: și soțul înțelege romînă (lacht) [A: aha]	B: und mein Ehemann versteht Rumänisch (lacht) [A: aha]
II	Konstatierung des Faktischen (adversativ)	dar el ne răspunde în limba ucraineană . [A: aha .]	aber er antwortet auf Ukrainisch . [A: aha .]

---

450 Über offizielle Regelungen und Einstellungsvoraussetzungen bin ich nicht informiert. Die Spezialisierung auf Rumänisch für Allophone scheint jedoch nicht notwendige Voraussetzung dafür zu sein, als Rumänischlehrerin an einer allophonen Schule zu arbeiten, da z.B. die Rumänischlehrerinnen aus dem moldauischen Nachbardorf diesen Abschluss meines Wissens nicht hatten.

III	Beleg	ă: la: . la muncă la lucru ei ă . toate anchetele toată documentația aceasta [A: aha] care o fac el o scrie în limba romînă . [A: aha] o îndeplenește în limba romînă .	əh: auf . der Arbeit beim Job äh sie . alle Fragebögen diese ganze Dokumentation [A: aha] die sie machen schreiben sie auf Rumänisch . [A: aha] füllt er auf Rumänisch aus .
IV	Kommentar (zu den Fähigkeiten des Ehemanns)	dar ăm . oral [A: îhî] este mai ușor în limba ucraineană	aber əhm . mündlich [A: əhə .] ist es für ihn leichter auf Ukrainisch
V	Präzisierung des Arguments I	[A: da] sau în limba rusă să ne răspundă	[A: ja] oder auf Russisch wenn er antwortet
VI	Bekräftigung des Arguments	de înțeles înțelege absolut totul . [A : aha .]	verstehen er versteht absolut alles . [A: aha .]
VII	Detaillierung	și scrie în grafia latină și scrie în limba romînă .	und er schreibt mit lateinischen Buchstaben auf Rumänisch .
VIII	Vorausschub einer Begründung	fiinnd că medicina știți . îs termeni cam cam greoi [A: îhî da da] de a studia . deoarece limba latină mai mult .	weil Medizin wissen sie . da gibt es ganz schön schwierige Begriffe [A: əhə . jaja] zu lernen denn das ist eher Latein
IX	Bekräftigung Argument	dar . el mai mult ă: în ceea ce se referă la medicină el mai bine știe limba romînă decît mine	aber . er ist mehr əh: was die Medizin angeht kann er besser Rumänisch als ich
X	Verstehens- bekundung	A: a da da da=	A: aj ja ja ja=
XI	Präzisierung	B: eu nu înțeleg acolo nimic [A: bineînțeles] terminologia [A: da (lacht)] pentru mine este limba chitaiană (lacht) [A: da da] chineză [A: da da da lächelt –]	B: ich verstehe da gar nichts [A: natürlich] die Begrifflichkeiten [A: ja (lacht)] für mich ist das Chinesisch (lacht) [A: jaja] Chinesisch [A: ja ja ja (lacht)]
XII	Kommentar	și iată limba noastră .	und das ist unsere Sprache
XIII	Verstehendes Paraphrasieren als geschlossene Frage	A: adică dacă sunteți . numai dumneavoastră și . soțul vostru prezenți dumneavoastră vorbiți în romînă și el răspunde în	A: das heißt wenn sie . nur sie und ihr Ehemann anwesend sind sprechen Sie Rumänisch und er antwortet auf

XIV	Kooperatives Vervollständigen der Frage und Bejahung	B: el răspunde în ucraineană	B: er antwortet auf Ukrainisch
XV	Kommentar (Anakoluth)	A: da asta-i (lächelt)	A: ja das ist (lächelt)
XVI	Bestätigung und Vervollständigung des Kommentars	B: da este interesant .	B: ja das ist interessant .
XVII	Begründung/ Haupterzählung	știți . la început cînd ne-am căsătorit eu vorbeam mai mult în limba – rusă . [A : îhî .]	wissen Sie . am Anfang als wir geheiratet haben sprach ich eher Russisch – [A: əhə .]
XVIII	Hintergrunderzählung	fiind că fiica era mică . ea nu nu vorbea încă	weil meine Tochter klein war . sie sprach noch nicht
XIX	Haupterzählung	și: . vorbeam noi rusă	und . wir sprachen Russisch
XX	Kommentar	deoarece eu și el . cum să vorbesc în limba romînă .	denn ich und er . wie hätte ich Rumänisch sprechen sollen .
XXI	Wendepunkt Erzählung	dar cînd a început fiica să să crească și eu încep am început să vorbesc cu ea . limba romînă	aber als die Tochter angefangen hat zu zu wachsen und ich hab ange angefangen mit ihr . Rumänisch zu sprechen
XXII	Haupterzählung	cu toate că ea la început tot îmi răspundea la limba rusă . [A: îhî .]	auch wenn sie mir am Anfang auch immer auf Russisch geantwortet hat
XXIII	Illustration/ Dialog	și îi spuneam (Name der Tochter, anonym.) dar de ce nu mi-ai răspuns în limba romînă dar în limba rusă . dar ea îmi spunea că eu înțeleg totul dar nu vreau să-ți răspund în limba romînă . [A: îhî .]	und əh: ich sagte (Name der Tochter, anonym.) aber warum hast du mir nicht auf Rumänisch geantwortet, sondern auf Russisch . aber sie sagte mir ich verstehe alles aber ich will dir nicht auf Rumänisch antworten . [A: əhə .]
XXIV	Kommentar	și atunci mi-a pus întrebarea cred că este o greșeală undeva . am scăpat eu din vedere ceva .	und dann habe ich mich gefragt, ob das irgendwie ein fehler war . ich habe sie etwas aus den augen verloren

XXV	Haupterzählung	și am trimis la bunica la mama la părinți [A: lächelt] și după aceea poate ea nu știu de ce dar a început să vorbească limba romînă [A: da da] și apoi cînd învățam am început eu s-o învăț pe ea . din clasa a cincea – deacuma ea a început să vorbească romînă . cu mine . [A: ahA] fără ca să se simțească [A: îhî] fără ca să fie rușine . [A: îhî îhî .] și atunci a intrat și soțul în . în colea[452] noastră și a început și el [A: aha] și noi . eu vorbeam mai mult în limba romînă	und ich habe sie zur oma zur mama zu meinen Eltern geschickt [A: lacht] und danach vielleiht hat sie ich weiß es nicht aber sie hat angefangen Rumänisch zu reden [A: jaja] und dann als wir gelernt haben ich habe angefangen sie zu unterrichten . in der fünften Klasse – von da an hat sie angefangen mit mir Rumänisch zu sprechen . mit mir .[A: ahA] ohne dass sie sich fühlte [A: əhə .] ohne dss es ihr perinlich gewesen wäre ([A: əhə əhə .] und ist uns auch mein Ehemann . entgegengekommen und auch er hat angefangen [A: aha] und wir . ich habe mehr Rumänisch gesprochen
XXVI	Kommentar (zum Erzählten)	atunci cînd . trebuia să spun ceva repede și (lacht)	dann wenn . ich schnell etwas sagen musste (lacht)
XXVII	Verstehens-signal	A: da (lacht)	A: ja (lacht)
XXVIII	Konsequenz	B: și trebuia să mă gîndesc în ucrainenană cam cum asta ar suna .	B: und ich musste auf Ukrainisch denken wie würde sich das anhören .
XXIX	Resümee	și am început să vorbesc în limba romînă și . văd că merge bine . [A: îhî .]	und ich habe angefangen Rumänisch zu reden . und gesehen dass es gut geht . [A: əhə .]
XXX	Belegerzählung	și îmi este foarte greu știți dacă avem vacanța . [A: îhî] iată acuma vara . [A : îhî]	und für mich ist das sehr schwer wissen Sie wenn wir Ferien haben . [A: əhə .] also jetzt im Sommer . [A: əhə .]
XXXI	Hintergrund-erklärung	acasă vorbim mai mult romînă	zu Hause reden wir mehr Rumänisch

---

451 Die russischsprachige Transkriptorin hatte colea als Entlehnung aus dem Russischen interpretiert, wo колея Spur oder Rinne bedeutet. In der rumänischen Umgangssprache ist *colea* als lokales Adverb für hier oder in der Nähe dokumentiert (Dex 1984:170).

XXXII	Belegerzählung	şi cînd trebuie să ies la lucru .	und wenn ich zur Arbeit muss
XXXIII	Hintergrund-erklärung	şi în colectiv trebuie să vorbesc în limba rusă . [A: îhî.] sau ucraineană .	und im Kollegium müssen wir Russisch sprechen . [A: әhә .] oder Ukrainisch .
XXXIV	Belegerzählung	eu trebuie să stau să mai gîndesc cam cum ar aş vorbi . în limba rusă deacuma [A: aha da]	muss ich innehalten und nachdenken wie könnte ich das wohl sagen . jetzt auf Russisch [A: aha ja]
XXXV	Kommentar	ştiţi este cam cam o barieră de a trece de la limba romînă la limba rusă . şi . pe urmă încetul cu încetul . se stabileşte totul la locul lui	wissen Sie da ist etwas wie eine Barriere von einer Sprache zur anderen zu wechseln von Rumänisch zu Russisch . und dann Schritt für Schritt spielt sich alles wieder ein

In dieser langen narrativen Sequenz geht es sowohl um die Restrukturierung der sprachlichen Repertoires der Familienmitglieder durch die familiäre Interaktion, als auch um psychologische Barrieren bei der Sprachwahl in dieser Interaktion. Im Zusammenhang mit dem Rollenwechsel von Mutter-Tochter zu Lehrerin-Schülerin tritt auch der Aspekt des Leistungsdrucks als sowohl hemmender wie auch stimulierender Komponente hervor. Außerdem geht es um Registerwissen.

Die Sprachpraxis in der Familie auf Basis von drei sprachlichen Repertoires hat sich von Russisch als Lingua Franca zwischen den Eheleuten (XVII) zur rezeptiven Zweisprachigkeit Rumänisch-Ukrainisch (I–II, XIII–XIV) entwickelt, während die Gespräche zwischen Mutter und Tochter sich von rezeptiver Zweisprachigkeit Rumänisch-Russisch zu einsprachig Rumänisch verändert haben (S6).[452]

---

452 Wie die Kommunikation zwischen Polinas Tochter und dem Ehemann und Vater verlief, habe ich nicht gefragt, aber zumindest im Beisein Polinas schien es so zu sein, dass auch ihr Ehemann mit der Tochter manchmal Rumänisch sprach.

Abbilung: Repräsentation der Entwicklung der familiären Kommunikation[453]

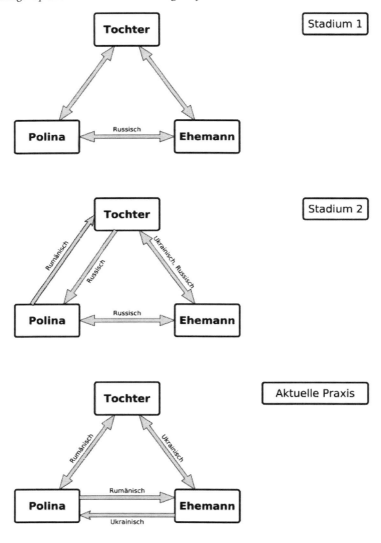

---

453   Vielleicht wird auch zwischen Tochter und Ehemann teilweise Rumänisch verwendet. In S14/T96/II sagte Polina „soțul ne răspunde în ucrainiana", die erste Person Plural kann sich jedoch auch ausschließlich auf sie selbst beziehen.

Das Rumänische ist durch den Ausbau des entsprechenden Repertoires bei Ehemann und Tochter und die Überwindung psychologischer Hürden in der familiären Kommunikation präsenter geworden. Sprachgebrauch und kommunikative Umgebung sind interdependent mit der Erreichbarkeit und auch der Restrukturierung sprachlicher Repertoires.

Da er als Notfallarzt arbeitete, musste der Ehemann sämtliche Dokumentation in Rumänisch ausfüllen (III), brauchte also für seinen Arbeitsalltag bestimmte Rumänischressourcen, vor allem medizinische Fachterminologie, u.a. lateinische Fremdwörter. Polina setzte das zu ihren eigenen Rumänischressourcen in Relation und sagte, dass ihr Mann die Medizin betreffend deutlich besser Rumänisch könne als sie selbst (IX). Dies ist einerseits Ausdruck von Registersensibilität, wie sie auch einem gebrauchsbasierten Repertoire-Begriff zugrunde liegt. Gleichzeitig scheint durch die Formulierung die Vorstellung eines idealisierten (muttersprachlichen) Sprechers durch, der eine Sprache „perfekt" beherrscht. Denn der springende Punkt bei diesem unterschiedlichen Registerinventar ist ja nicht, dass Polinas Mann die medizinische Terminologie „besser" beherrsche (und auch nicht so sehr, dass das „schwierige" Begriffe sind (VIII)), sondern vielmehr, dass Polina mit Medizin nicht viel zu tun hat.

Bis XII enthält dieser Ausschnitt viele adversative Elemente, da Polina einerseits ein differenziertes Bild der sprachlichen Ressourcen ihres Ehemannes zu geben bemüht war, andererseits sich anscheinend sorgt, dass ich seine mündliche Präferenz für das Ukrainische und Russische dann doch als mangelnde Rumänischressourcen (falsch) interpretieren könnte.

Auf Grund ihrer Repertoire-Konstellation hätten die Eheleute vor der Geburt ihrer Tochter eher Russisch gesprochen. Erst mit deren Heranwachsen und ihrer aktiven Teilnahme an Gesprächen, habe sie angefangen, mit ihr Rumänsch zu sprechen (XXI) und erst als Konsequenz daraus dann schließlich auch mit ihrem Ehemann. Möglicher Weise ist diese frühkindliche Prägung ein Grund für die Gewohnheitssprache zwischen Mutter und Tochter inklusive daraus entstehender psychologischer Barrieren. Zwei Schlüsselereignisse formten insgesamt einen „Bruch" nicht nur in der Sprachbiographie der Tochter, sondern auch Polinas selbst. Das eine war ein ausgedehnter Urlaub der Tochter bei ihrer moldauischen Großmutter (XXV) im Grundschulalter[454], nach dem sie es nicht mehr wie zuvor ablehnte, Rumänisch zu sprechen. Das zweite war die Tatsache, dass in der

---

454 Polina erwähnte nicht, wann genau dieser Besuch war, aber daraus, dass der Besuch der fünften Klasse zeitlich danach (*apoi*) verortet wird, kann geschlossen werden, dass das in der Grundschulzeit war.

fünften Klasse in der Schule Polina die Rumänischlehrerin ihrer eigenen Tochter wurde (und das bis zum Zeitpunkt des Interviews auch weiterhin war).

Aus der Erzählung lässt sich schließen, dass im Alltag ihre Tochter zunächst die einzige war, mit der Polina Rumänisch sprach. Diese Alleinstellung war möglicher Weise ein Element des Unbehagens der Tochter, welches sich durch den Kontakt zu anderen rumänischsprachigen Personen und mutmaßlich positiv besetzten Ferienerlebnissen verständlicher Weise verändern würde. Dass Polina weiter erklärte „și am început să vorbesc în limba romînă și . văd că merge bine" (XXIX) zeigt, wie oben schon vermutet, dass sie scheinbar auch selbst Hemmungen hatte, Rumänisch zu sprechen, die sie erst langsam überwand.

Das Rumänischsprechen in der Familie führe bei ihr selbst dazu, dass sie insbesondere nach den Ferien, wenn sie viel zu Hause war, manchmal Schwierigkeiten habe, auf Ukrainisch oder Russisch umzuschalten, wenn sie wieder in die Schule komme. Dies steht eindeutig im Gegensatz zu ihrer in der chronologisch betrachtet nächsten Sequenz getätigten Behauptung, dass sie keinerlei Barriere zwischen diesen Sprachen habe (S15/XIII und XXI) und sie alle „korrekt" spreche.

Iolanda befand sich mit ihrem Wunsch nach mehrsprachiger Kommunikation in der Familie in einer ähnlichen Situation wie Polina, die dabei aber deutlich erfolgreicher war. Das Alter der Kinder ist recht unterschiedlich (Polinas ist Tochter ca. 10 Jahre älter als Iolandas Sohn), aber in beiden Fällen spielten die Großmütter eine Rolle (in Iolandas Fall fördert die aber die Praxis des ukrainischen Dialekts) und die Ehemänner. Während Iolandas Mann das Rumänische rundweg abzulehnen schien, unterstützte Polina die Rumänischpraxis (XXV). Die möglicher Weise entscheidenste Rolle spielte aber das Doppelverhältnis Mutter-Tochter, Lehrerin-Schülerin, welches es der Tochter verunmöglichte das Rumänischsprechen im Beisein der Mutter zu verweigern.

Polina eröffnet durch ihre Anwesenheit und ihr sprachliches Repertoire den mit ihr gemeinsam lebenden Familienmitgliedern einen Weg, Rumänisch zu erreichen, der von diesen (anders als von Iolandas Familie) auch genutzt wird. Anderen Dorfbewohner*innen, wie der Russisch- und Grundschullehrerin Tamara (Schwägerin von Polina) scheint diese Möglichkeit versperrt zu sein, obwohl Familienmitglieder ebenfalls über ein solches Repertoire verfügen. Gründe sind dabei emotionale oder psychologische Barrieren, die es in der Interaktion zwischen Polina und ihrer Familie in der Form nicht zu geben scheint.

5.4.3.3 *Auswertung der Wochendokumentation*

Die auf Rumänisch ausgefüllte Wochendokumentation von Polina liegt für fünf Tage vor, die für ihren Alltag eher untypisch sind. Da es sich um die Wochentage Freitag bis Dienstag handelte und Montag und Dienstag Feiertage waren (30. April und 1. Mai) kommt in dieser Dokumentation nur ein Arbeitstag vor. Die erwähnten Räume und Netzwerke können unterteilt werden in Familie (engere Familie: Sohn und Tochter; ihre Eltern und Geschwister; Familie des Mannes), unterwegs im Dorf (im Geschäft, auf dem Markt und Treffen mit Nachbar*innen), Schule und Medienkonsum.

Ihre Dokumentation der Kommunikation mit Sohn und Tochter entspricht in etwa ihren Beschreibungen in S14: Zweimal hat sie allein mit ihrer Tochter gefrühstückt und dabei Rumänisch gesprochen, einmal hat die Familie zu dritt gefrühstückt und dabei personenabhängig sowohl Ukrainisch als auch Rumänisch gesprochen („în română cu fiica si ucraineană cu soțul"). Bei einem gemeinsamen Familienausflug ist aber „mehrheitlich" Ukrainisch gesprochen worden.

Im Verlaufe der dokumentierten fünf Tage hat Polina einmal mit den Brüdern in Paris (auf Rumänisch) per Skype kommuniziert und zweimal mit ihren Eltern, davon einmal nur auf Rumänisch und einmal mit der Mutter Ukrainisch und mit dem Vater Rumänisch. Hierdurch ist also die mehrsprachige familiäre Kommunikation sowohl in ihrer Kindheit als auch in ihrem eigenen Haushalt dokumentiert.

Bei Begegnungen mit der Familie des Ehemanns wurde eher Ukrainisch geredet (z.B. beim Geburtstag der Schwiegermutter oder bei einem Besuch bei der Tante). Mit ihrer Schwägerin jedoch, die Russischlehrerin ist, gibt Polina an, Russisch zu sprechen.[455] Bei Unternehmungen im Dorf, wie Einkäufen auf dem Markt oder im Geschäft ist Ukrainisch die Umgangssprache, ebenso wie bei zwei erwähnten Treffen mit Nachbar*innen. Ein zufälliges Treffen mit Freund*innen auf dem Markt wurde aber als mehrsprachig beschrieben: „am discutat atît în ucraineană, cît și în rusă, română."

Polina liest in ihrer Freizeit gerne und ist medienaffin. Da die dokumentierten Tage mehrheitlich freie Tage waren, taucht hier sowohl Zeitunglesen (einmal „am

---

455 Grund hierfür könnte ebenfalls die Gewohnheitssprache sein, möglicher Weise funktioniert hier Russisch auch als Sprache der interethnischen Kommunikation, weil Tamaras Ehemann Moldauer ist, oder die Treffen mit Tamara sind ein willkommener Sprechanlass für das Russische. Ein Grund könnte aber auch sein, dass Polinas Ressourcen im Russischen deutlich weiter ausgebaut sind.

citit un articol din ziarul raional" und einmal in der „Комсомольская правда", beide auf Russisch) auf, als auch ein (nicht näher spezifiziertes) russisches Buch. Im Internet hat sie im sozialen Netzwerk „Odnoklasniki"auf Rumänisch und Russisch gelesen und geschrieben und einige Artikel auf Rumänisch gelesen. Fernsehen erwähnt der Fragebogen einmal: einen ukrainischen Film und einige Sendungen „niște emisiuni" auf Rumänisch.

Im Bereich Schule dominiert bei unterrichtsbezogenen Tätigkeiten das Rumänische, in Kommunikation mit den Kolleg*innen das Russische. Nur mit den Rumänisch-Kolleg*innen sprach sie Rumänisch. Interessant ist, dass sie auch privat mit (ehemaligen) Russischlehrer*innen Russisch zu sprechen scheint und nicht die Dorfumgangssprache Ukrainisch, wie schon im Falle ihrer Schwägerin auffiel. Die Tatsache, dass die Gesprächspartnerin (hier eine Nachbarin) einmal Russischlehrerin war, reichte Polina offensichtlich als Begründung für diese Sprachwahl: „Seara am fost la vecină în ospeție. Am comunicat în limba rusă, deoarece e fosta profesoară de l. și lit-ra rusă."

Erwähnenswert ist schließlich auch die Umgangssprache mit den Schüler*innen bei außerkurrikularen Aktivitäten, wie den Proben für das Festival der Kinder im Raion, bei denen Russisch gesprochen wurde und einer zweiten Probe mit einer sechsten Klasse, wo Russisch und Ukrainisch gesprochen wurde. Möglicher Weise kann dies so interpretiert werden, dass sie versucht, so weit es geht der Vorgabe gerecht zu werden, dass Russisch die Verkehrssprache in der Schule ist, im Falle der relativ jungen sechsten Klasse aber bisweilen auf das Ukrainische zurückgreift (im ersten Fall hat sie das Alter der Jugendlichen nicht erwähnt). Rumänisch kommt dafür nicht in Frage.

5.4.3.4 Repräsentationen von Rolle und Erreichbarkeit des Rumänischen

Zur Akzeptanz des Rumänischen als Schulfach sagte Polina, dass am Anfang das Verständnis für die Vorteile des Rumänischlernens gering gewesen sei, die spürbar zurückgehende Reichweite des Russischen dies aber verändert habe (auch XIX). Sie schätzt dies als „Mentalitätswechsel" ein (S10/66).[456]

---

456 Auch in anderen Zusmmenhängen erklärt Polina soziale Praxen mit einem Mentalitätswechsel, z.B. die Haltung zum Namen der Staatssprache (ebenf. S10/66).

Tabelle: Polina/S10/T72

I	Einleitung des Arguments	B: [...] și iată problema noastră	B: [...] und das ist unser Problem
II	Argument I	problema noastră este aceea de . de a avea un stimul oarecare pentru a studia o limbă trebuie să ai un stimul [A: da da .]	unser Problem ist das . irgendeinen Anreiz zu haben um eine Sprache zu lernen braucht man einen Anreiz [A: ja ja .]
III	Reformulierung des Arguments	așa nu ai un stimul nu poți să studiezi .	so wenn du keinen Anreiz hast, kannst du nicht lernen .
IV	Präsisierung des Arguments (Anakoluth)	pentru a deveni un profesor în școală .	um Lehrer in einer Schule zu werden .
V	Präsisierung der Bedingung	și mai ales dacă știi că pleci într-o școală romînă	und erst recht wenn du in eine rumänische Schule willst
VI	Präsisierung des Arguments (Fortsetzung)	trebuie să studiezi limba romînă deoarece trebuie să vorbești . [A: îhî]	musst du Rumänisch lernen denn du musst sprechen . [A: əhə .]
VII	Argument II	și în prezent ca să lucrezi profesorul întradevăr trebuie să cunoști limba de stat . [A: îhî .]	und im Moment wenn du als Lehrer arbeitst musst du wirklich die Staatssprache können . [A: əhə .]
VIII	Beleg	deoarece . se vede și lumea recunoaște lucrul acesta că . timp ce trece trebuie să cunoască mai bine limba romînă . [A: îhî .]	denn . das sieht man und auch die Leute erkennen das an . während die Zeit vergeht muss man immer besser Rumänisch können . [A: əhə .]
IX	Allgemeine These	deoarece fără limba romînă noi nu putem face nimic	denn ohne Rumänisch können wir nichts machen
X	Begründug	deoarece așa este aceasta este limba de stat	denn das ist die Staatssprache
XI	Präsisierung der Begründung	și dacă iubești . sau nu iubești această țara tu trebuie s-o stimezi să stimezi limba să stimezi stema steagul și așa mai departe [A: îhî .] deoarece ești ești în țara unde trăiești [A: da .] și .	und ob du liebst . oder ob du dieses Land nicht liebst musst du es repektieren und du musst die Sprache respektieren und die Fahne und soweiter [A: əhə .] denn du bist bist in dem Land wo du lebst [A: ja .] und
XII	Suggestivfrage	A: și asta probabil explicați și elevilor care (unverständlich)=	A: und das erklären Sie wahrscheinlich auch den Schülern die (unverständlich)=
XIII	Bejahung	B: desigur= [A: da (lächelt)]	B: natürlich= [A: ja (lächelt)]

XIV	Bekräftigung	desigur (lächelt) . nu singură dată le explicăm elevilor [A: lacht]	natürlich (lächelt) . nicht nur einmal haben wir das den Schülern erklärt [A: lacht]
XV	Relativierung (adversativ)	știți acuma nu mai avem problema de a explica ei [A: da] lor fiind că ei înțeleg singuri . [A: da .] lucrul acesta	wissen Sie inzwischen haben wir das Problem nicht mehr so dass denen zu erklären [A: ja] weil sie das von selbst verstehen . [A: ja .] diese Sache
XVI	Präzisierung (Rückblick)	mai timpurile trecute trebuia să le explicăm deoarece nu fiecare înțelegea .	früher mussten wir das noch eklären denn nicht jeder verstand das .
XVII	Präzisierung	și numai elevilor și părinților. [A: da .]	und nicht nur den Schülern, sondern auch den Eltern . [A: ja .]
XVIII	Präzisierung	și aceasta le explicăm și părinților nu o singură dată	und das erklären wir den Eltern nicht nur einmal
XIX	Beispielerzählung	și părinții cîteodată vin singuri . și ne spun că noi avem nevoie ca să ei să înțeleagă limba noi nu-i putem o învăța deoarece noi nu cunoaștem limba [A: îhî] romînă . dar eu aș vrea că fiul meu sau fiica să cunoască limba romînă - [A: îhî]	und manchmal kommen die Eltern von selbst . und sagen für uns ist es nötig dass sie die Sprachen verstehen wir können es ihnen nicht beibringen weil wir kein Rumänisch können . aber ich hätte gerne dass mein Sohn Rumänisch kann – [A: əhə .]
XX	Folgerung	și noi ne străduim	und wir bemühen uns

Der „Staatsbürgerdiskurs" liefert Polina hier die Begründung der Notwendigkeit, Rumänisch zu lernen (das ist staatsbürgerliche Pflicht). Die sukzessive Präzisierung dieser Gründe wird mit der Wiederholung der Konjunktion *deoarece* in einer „Progression mit abgeleitetem Thema"[457] (Heinemann/Heinemann 2002:71) gegliedert (IX). Im Verlaufe dessen vollzog Polina gleichzeitig einen Rollen- oder Perspektivwechsel: Nachdem sie zunächst aus der Sicht der Berufsgruppe „Lehrer" argumentiert hatte (im Sinne von Handlungsfähigkeit: „ohne Rumänisch können wir nichts machen"), wechselte sie zur Argumentationsweise derjenigen, die zur majorisierten Bevölkerung derjenigen gehört, die umfangsreiche

---

457 Dabei werden durch eigentlich kausale Konjunktionen scheinbar Kausalitäten behauptet, die Propositionen leiten sich aber inhaltlich-logisch nicht aus dem zuvor gesagten ab.

Ressourcen in der Staatssprache besitzen und begründet mit abstrakten politischen Argumenten (Staatsbügerpflichten), dass auch die anderen sich diese Ressourcen aneignen müssten.

Sie unterschied aber explizit zwischen einem nicht genau spezifizierten früheren Zeitpunkt („timpurile trecute") und der Gegenwart („acuma"), in der es nicht mehr notwendig sei, den Schüler*innen oder ihren Eltern zu erklären, wofür sie Rumänisch bräuchten, weil diese das selbst wüssten, und mehr noch, auf sie zukämen, um sich Rat zu holen, wie sie dazu beitragen könnten, dass ihr Kind besser Rumänisch lerne. Dies erweckt den Eindruck, dass sie ihre Schüler*innen bzw. die Elternschaft in Schutz nimmt: Meine suggestive Frage (XII), dass sie diese Dinge (asta bezog sich auf den vorausgegangenen Staatsbürger*innendiskurs) vermutlich auch den Schüler*innen erklären würde, bejahte sie zunächst vehement, vermutlich um sich gegen die mögliche Unterstellung zu verwehren, dass es bei ihr in dieser Hinsicht Versäumnisse geben könnte. Sie relativierte dies dann aber, um zu zeigen, dass dies eher der Vergangenheit angehöre, weil es gegenwärtig dank des großen Bewusstseins für diese Fragen gar nicht mehr so nötig sei.

Polina rundete auch diesmal den Abschnitt mit „Image-Work" ab, indem sie auf diejenigen Beispiele verwies, die sich aus Interesse am Lernen trotzdem bemühen würde, den Anforderungen gerecht zu werden. Sie formulierte dies aber als allgemeine These mit dem bestimmten Substantiv „elevul", der stellvertretend für alle steht (die wollen), nicht als Beschreibung konkreter Fälle. Damit bedient sie den meritokratischen Diskurs.

Aus ihrer eigenen Perspektive diskutiert sie die Reichweite der sprachlichen Ressourcen kaum, sondern vornehmlich aus der Perspektive der Schüler*innen. Ähnlich wie Iolanda weiß sie von Aktivitäten als Community Interpreter zu berichten (S32/182). Das quantitative Attribut „foarte des" taucht in diesem Turn häufig auf. Gleichzeitig begleitete sie die Berichte von Übersetzungsaufgaben in der Schule, Nachhilfeunterricht für Schüler*innen und eine Dorfbewohnerin, die den rumänischen Pass beantragen wollte mit einem Lächeln. Sie inszenierte dies also eher als anekdotisch und weder als Belastung, noch als Quelle von Anerkennung oder Einkommen. Gerade im Vergleich mit Iolanda scheint hier vielleicht auch die Selbstverständlichkeit derjenigen, die mit der Sprache aufgewachsen ist, durch.

5.4.3.5 Repräsentation ihres sprachlichen Repertoires

Eine zentrale Sequenz für die Autorepräsentation von Polinas sprachlichem Repertoire ist diejenige, in der sie betonte, Rumänisch, Russisch wie auch Ukrainisch „korrekt" zu sprechen und keinerlei Schwierigkeiten zu haben, die Sprache zu wechseln. In der folgenden S32(XIII) erklärte sie auch, sie könne Ukrainisch „la perfecție" (wenn es ums Verstehen geht).[458] Sie inszenierte sich also trotz der am Beispiel *драбина* (S21, S. 5.4.2.2) deutlich gewordenen Missverständnisse bei der Beurteilung von Ukrainisch-Varietäten als rezeptiv sichere Sprecherin aller drei Sprachen. Ihre aktiven Fähigkeiten beschrieb sie demgegenüber schlicht mit „ich kann antworten". In S14 hatte sie aber erwähnt, dass ihr Russisch über die Ferien manchmal etwas einrosten würde. Sie berichtete außerdem von Sprachmischungen (ohne diese zu verurteilen) und streute auch im Gespräch selbst in geringem Umfang russische Begriffe ein. Da sie Russisch ausschließlich in der Schule und bei privaten Treffen mit den (ehemaligen) Russischlehrerinnen zu sprechen schien, praktizierte sie dabei vermutlich eher standardsprachliche Register, anders als im Rumänischen und Ukrainischen, wo auch lokale Varietäten in ihrer alltäglichen Kommunikation eine große Rolle spielten.

Im Rumänischen verfügte sie über ausgebaute formelle Register und praktizierte diese als Rumänischlehrerin auch regelmäßig. Allerdings war die Breite der verwendeten Konstruktionen hier wahrscheinlich durch die sprachlichen Ressourcen der Schüler*innen eingeschränkt. Auch wenn sie Rumänisch „korrekt" spreche, gebe es Domänen, in denen sich andere Menschen auch sprachlich deutlich besser auskennen würden (so z.B. bei medizinischem Fachvokabular). Hier konkurriert eine Repräsentation sprachlicher Repertoires als gebrauchsbasiert mit Bildern des „idealen Sprechers", zum Beispiel wenn sie als Ziel sprachlichen Ausbaus formulierte „la perfecție" zu sprechen (auch in S12/82).

Über fremdsprachliche Ressourcen haben wir uns kaum unterhalten, sie erwähnt aber auf Nachfrage, in der Schule Französisch gelernt zu haben (S30), was für sie ein Grund dafür ist, dass sie mit der Umstellung auf das lateinische Alphabet wenig Schwierigkeiten gehabt hätte. Auch Polinas alltägliche Schriftpraxis war nicht Gegenstand unseres Gesprächs.[459] Über das Ukrainische sagte

---

458 Wenig später, in S34/T186 sagte sie über die Rumänischkenntnisse der Schüler*innen „deorece la perfecție nu nu o cunosc nimeni". Dies könnte auch als grundsätzlich Relativierung des Perfektheitsanspruchs von sprachlichem Wissen interpretiert werden, mir scheint aber, dass es unmittelbar auf die Aussage in diesem Turn bezogen ist, zumal sie in der folgenden Sequenz (35) erneut „la perfecție" als Maßstab für Sprachkenntnisse nimmt.

459 In der Wochenübersicht ist hauptsächlich Schriftpraxis in Rumänisch erwähnt (einmal in Zusammenhang mit einem Chat mit ihrem Bruder in Paris, Kommunikation auf der Internetplattform odnoklassniki, zweimal Unterrichtsvorbereitung, einmal im Unterricht selbst) einmal auch Russisch (Kommunikation mit Freund*innen über die Internetplattform odnoklassniki).

sie (in der folgenden Sequenz), dass sie noch nie versucht hätte, es zu schreiben, weil das nie nötig gewesen sei. Anders formuliert bedeutet dies: Formelle Register des Ukrainisch haben für sie faktisch keine Reichweite und dadurch auch keine Erreichbarkeit.

Tabelle: Polina/S32/T181–182

I	Geschlossene Frage	A: ăm . şi . ă ucraineana poţi să scrieţi sau ă .	A: əh: . und . ə können Sie Ukrainisch schreiben oder ə .
II	Verneinung	B: nu să scriu nu pot . (lacht)	B: schreiben kann ich nicht . (lacht)
III	Erklärung (Beschreibung der Bedingungen)	ştiţi la ucraineană este difer literele i şi î [A : îhî .]	Wissen Sie im Ukrainischen sind die Buchstaben i und î unterschiedlich [A: əhə .]
IV	Präzisierung	iată litera и rusă . [A: îhî] la ucraineni se citeşte î .	also der russische Buchstabe i[461] . [A: əhə] wird bei den Ukrainern î gelesen .
V	Relativierung	de citit citesc . perfect . [A: îhî]	Lesen lese ich perfekt . [A: əhə .]
VI	Paraphrasierung der Verneinung	dar de scris . trebuie să mai . să mă mai gîndesc cam cum s-ar scri trebuie să aud pronunţia ca să pot să scriu corect . [A: îhî .]	Aber schreiben . da muss ich noch . noch nachdenken also wie könnte das geschrieben werden ich muss die Aussprache hören damit ich korrekt schreiben kann . [A: əhə .]
VII	Erklärung (Beschreibung der Bedingungen)	şi acolo este încă litera i ca litera i romînească . şi este litera i cu două puncte . [A: îhî .] sus ceea ce ar însemna - ă: - ji -	Und da ist noch ein Buchstabe i wie der rumänische Buchstabe i . und es gibt den Buchstaben i mit zwei Punkten . [A: əhə .] obendrauf der bedeuten würde - ə: . ii -
VIII	Kommentar	nu ştiu cum se . se spune în limba rusă (lacht) [A: lächelt] i cu două puncte .	Ich weiß nicht wie . wie man das auf Russisch nennt (lacht) [A: lächelt] i mit zwei Punkten .
IX	Umschreibung	ceva mai mai . ă . mai moale . se citeşte [A: îhî .]	Etwas mehr mehr . ə . weicher . liest man das [A: əhə .]
X	Erklärung	iul acesta . le cunosc semnificaţie dar să le scriu nu ştiu [A: îhî .]	Dieses i . ich kenne dessen Bedeutung aber ich weiß nicht wie man schreibt [A: əhə .]

---

460   Gemeint ist и.

XI	Relativierung (hypothetisch)	dacă aș munci macar vreo vreo cîteva luni aș scri și [A: îhî .] în	Wenn ich daran irgendwie mindestens ein paar Monate arbeiten würde würde ich schreiben [A: əhə .] in
XII	Begründung	pur și simplu n-am avut . nu posibilitatea dar n-am n-am avut nevoie . [A: da .] de a scri limba ucraineană .	Aber ich hatte schlicht und einfach . nich die Möglichkeit aber ich brauchte . das auch nicht [A: ja .] Ukrainisch schreiben .
XIII	Relativierung	pentru mine este că o cunosc la perfecție și o înțeleg . și: . pot să răspund în limba ucraineană [A: îhî]	Für mich heißt das ich kann Ukrainisch perfekt und ich verstehe es . u:nd . ich kann auf Ukrainisch antworten
XIV	These (hypothetisch)	dar . voi știu . dar poate aș putea și scriu sub sub la o dictare da .	Aber . wasweißich . aber vielleicht könnte ich auch schreiben bei einem Diktat aber .
XV	Beschreibung (adversativ)	dar să scriu eu din inițiativa mea . [îhî] nu știu n-am încercat . de așa ceva	Aber dass ich von mir aus etwas schreibe . [A: əhə .] sowas habe ich nicht versucht

In dieser explikativ entfalteten Sequenz legte Polina mir die Schwierigkeiten beim Schreiben des Ukrainischen dar. Die von ihr zur Erklärung getätigten Aussagen beziehen sich ausschließlich auf das Alphabet, bzw. auf die unterschiedlichen „i"-Buchstaben im Rumänischen, Russischen und Ukrainischen. Während sie angibt, diese lesend problemlos (richtig) zu unterscheiden, müsse sie wohl, wenn sie schreiben wollen würde, über den Umweg der Aussprache gehen (gemeint ist hier wohl: laut oder im Geiste vorsprechen). Es handelt sich also um Orthographie-Probleme, wie auch die Hypothese (XIV), dass sie vielleicht in der Lage wäre, bei einem Diktat zu bestehen, zeigt. Eine Register-Problematik scheint Polina nicht zu sehen (auch wenn der folgende Kontrast des Diktats mit einem eigeninitiierten Schreiben dies andeuten könnte). Sie stellte sich aber auch in der Praxis nicht. Auch in dieser Sequenz legt sie ihre Gedanken, wie in anderen argumentativen und explikativen Sequenzen, durch ein Wechselspiel zwischen These (hier: sie kann Ukainisch lesen) und einer adversativen Relativierung dieser These (hier: aber sie kann Ukrainisch nicht scheiben) dar.

Abschließend formulierte sie eine im Wahrscheinlichkeitsgrad durch den Modaloperator „poate" abgeschwächte These, dass schriftliche Register des Ukrainischen für sie erreichbar wären, dass sie aber (im Kontrast zu dieser hypothetischen Möglichkeit) dies in der Realität selbst noch nie ausprobiert hätte.

5.4.4 Sprechweise

Trotz Polinas Aussage, dass sie häufig in mehreren Sprachen neben- oder durcheinander denke und spreche, war das Gespräch recht konsequent im monolingualen Modus Rumänisch gehalten. Ausnahmen, in denen eine sprachliche Bewegung Richtung mehrsprachigem Modus erkennbar ist, werden unten thematisiert (s.u. „Elemente eines mehrsprachigen Modus").

Polinas monolingual rumänische Sprechweise ist wie die aller meiner rumänischsprachigen Gesprächspartner*innen von zahlreichen regional markierten und umgangssprachlichen Elementen geprägt. Die primär russischsprachige Transkriptorin, die die Grobverschriftlichung angefertigt hat, kommentierte den Sprachstil folgendermaßen:

> «она имеет специфический украинский акцент. Несмотря на это, (Polina) очень красиво и грамотно говорит на румынском языке. Тем не менее в её речи присутствуют и разговорные народные молдавские выражения"[461]

Die von der Transkriptorin als umgangssprachliche moldauische Ausdrücke kommentierten Phänomene sind an der Grenze zwischen Phonetik und Morphologie anzusiedeln und korrespondieren soweit hier erfasst mit solchen, die auch bei Eugens Sprechweise diskutiert werden (siehe 6.4.4). Ein für das moldauische Rumänisch (bzw. die „pronunție moldovenească", Condrea 2009:178) charakteristisches Phänomene ist die Aussprache și anstelle von standardsprachlichem ce (z.B. in S1/12). Die Schließung des vorderen Vokals e ist im moldauischen Rumänisch (v.a. in unbetonter, seltener, wie hier, aber auch betonter Position) verbreitet (siehe u.a. Bochmann 2002a:197; Condrea 2009:178; Turculeți 2002:178; Verebceanu 2002:187 und 6.5.4) und zeigt sich in der gleichen Proposition auch in der Konstruktion *nu-i*. Die Diphtongisierung von [e] wie in *ievreica* (S5/T34/V) oder *ielevii* (S10/T66) ist in allen Interviews dokumentiert. Als ebenfalls typisch für das moldauische Rumänisch gilt die Form *dzîc* mit stimmhaftem alveolaren Affrikat statt *zic* mit stimmhaftem Frikativ (vgl. Marin 1995; Bochmann 2002a:197; Turculeți 2002:180[462]), wie in der Antwort auf die soeben betrachtete Proposition *nu prinde acolo dzîc* (S1/T13, siehe 5.4.4.1).

---

461 An welchen Merkmalen sie den „ukrainischen Akzent" festmachte, hat die Transkriptorin nicht erläutert.
462 Hier wird diese Aussprache auf Grund des den Betrachtungen als Basis dienenden Corpus als charakteristisch für weniger gebildete Sprecher*innen gesehen („Africata dentală sonoră dz se menține mai ales unii vorbitori mai puțin instruiți"). Polina stellt hierzu ein eindeutiges Gegenbeispiel dar. Dies sollte Anlass sein, vereinfachte

Hoch frequent ist die Verbform *îs* als 1. Pers. Sg. oder 3. Pers. Pl. von *a fi* (dt. „sein", standardsprachlich *sunt* bzw. *sînt*). Während die Form *îs* bzw. *s* mit oder ohne prothetischem *î* im Gespräch 31 Mal vorkommt, verwendete Polina auch 100 Mal die Form *sînt*.[463] Diese kann zwar als zur standardsprachlichen Norm konform gezählt werden, ist aber ebenfalls regional markiert (Verebceanu 2002:184), da im rumänischen Standard die neuere Form *sunt* empfohlen wird. Von der Tendenz her verwendet Polina in betonter Position *sînt*, in unbetonter *îs*. Beispiele dafür sind:

în prezent îs plecați toți peste hotare toți doi frați în franța (S5/T36)

și ei sînt foarte sensibili [A: da .] și iată aceasta poate și mi se pare că în suflet eu-s încă eu îs tînără (lacht) (S8/T58)

Die im informellen Register häufige Apokope von Konsonanten (Merlan 2002:145; Turculeț 2002:169f) spiegelt sich in der besonders häufig verwendeten adversativen Konjunktion *da(r)*.[464]

Häufig sind auch verschiedene Kurzformen der Demonstrativpronomen, wie zum Beispiel chiar aeste in S31/T178, die sich von von den auch schriftlich akzeptierten Kurzformen, wie im Maskulinum Plural *aceștia* vs. *acești* unterscheiden und laut Turculeț (2002:160) dialektal markiert sind.

Auffällig ist die hohe Frequenz von Abtönungspartikel (bzw. „Pseudoadverbien, Merlan 2002:142), wie *cam* und *eu știu* in ihrer Funktion als Heckenausdrücke.

5.4.4.1 Elemente eines mehrsprachigen Modus

Obwohl Polina mir gegenüber konsequent einen einsprachig rumänischen Modus bediente, enthielt das Gespräch einige Elemente eines mehrsprachigen Modus.

Zu funktionalen Registern, wo ihr bestimmte rumänische Ressourcen für einen einsprachig rumänischen Modus fehlen, weil sie in ihrem alltäglichen Sprachgebrauch eher auf Ukrainisch oder Russisch vorkommen, gehört z.B. die genaue Berufsbezeichnung ihres Ehemanns (soțul ă: lucrează la centrul . sal . de salvare [A: aha] . medic in S6/T42) oder die Bezeichnung meines Wohnortes als *Frankfurt-na-maine* (S45/T245).

Rückschlüsse von Varietäten auf soziale Stratifizierung zu vermeiden und sprachliche Formen auf ihre Funktion und Reichweite hin zu untersuchen.

463 Siehe auch Eugen 6.4.4.
464 Im Dex (1984:228) werden *da* und *dara* als Varianten von *dar* geführt, über die Zugehörigkeit zu Registern aber nichts gesagt.

Das gesprochene Rumänisch in der Interaktion mit ihrer Tochter bediente sich umgangssprachlicher Elemente, die dem Russischen entstammen und im intimen Register üblich sind (z.B. *davai* als Rückmeldesignal auf eine Frage oder Aussage, die keines inhaltlichen Kommentars bedarf in S6/T42). Im Gespräch über eine defekte Steckdose (S1/T13–15) ist der mehrsprachige Modus sowohl an der sprachlichen Konnotation der Konstruktionen (im Beispiel unten in kyrillischen Buchstaben) als auch an Lehnbedeutungen (im Rumänischen aus dem Russischen) zu erkennen:

Tabelle: Polina/S1/T13–15

13	Tochter: nu prinde acolo dzîc	C : ich sagte hier kommt nichts
14	Polina: lumina – da da de la ploaie	B : Strom – von von vom Regen
15	Tochter: da наврядли о să prindă ceva	C : ja es wird kaum etwas kommen

Lumina (dt. Licht) ist insofern eine Lehnbedeutung, als es um fehlenden Strom, nicht Licht geht. Das russische *свет* kann sowohl Licht als auch Strom bedeuten, im Standardrumänischen gilt das aber nicht für *lumina*; „Strom" ist hier eher *curent*. Im letzten Turn wird mit *наврядли* (dt. „kaum", „schwerlich") eine russsiche Adverbkonstruktion verwendet.

Mit einem der Nachbarn, die zu Besuch kamen, sprach sie Ukrainisch (S18/121–123). Als das Telefon klingelte und sie sich entschied, nicht zu antworten, sagte sie das laut auf Russisch (S6). In S17/T118 (*ай потом . este o singură elevă care: . a plecat în franța în vacanța de vară*) richtet sie einmal direkt das Wort an mich auf Russisch, wechselte aber sofort wieder ins Rumänische.

Eine im gesprochenen Moldauisch häufige Entlehnung aus dem Russischen ist *a se primi*, entliehen vom russischen *получиться*, als unpersönliche Form in der dritten Singular (*se primește așa că străbunica a fost ă: . de familie . evreică*, in S5/34).

Die Verwendung von *undeva* als Adverb, das eine Mengenangabe einschränkt, scheint eine Lehnbedeutung vom Russischen *где-то* zu sein und würde im Standardrumänischen eher mit *in jurul* ausgedrückt (Beispiel: *undeva șaptezeci optzeci de procente*, S10/66).

An einigen Stellen setzte Polina zum Zwecke der Illustration explizit russische Begriffe ein (z.B. *dacă vii la întîi septembrie . ești – cum se spune la ruși подтянутая*, in S8/T56), in anderen Fällen korrigierte sie sich:

dar ne stăruim[455] *ne străduim să-i sunăm să-i vedem* (S5/38, s.o.)
punem avem o cartă o hartă mare (S8/T52)
pentru mine este limba chitaiană (lacht) [A: da da] chineză (S14/T98)

Sie vermied den synthetischen Genitiv: In T118 und T120 verwendet sie ihn in der Konstruktion *de la cunoaștere limbii franceze*, mit einer phonetischen Realisierung die näher an *limbei franceze* war. In dieser Proposition gibt es gleichzeitig ein Beispiel für einen analytischen Genitiv mit *de la*, welches sie als Präposition in unterschiedlichen Zusammenhängen verwendete (insgesamt 30 tokens).

Vor der Hintergrund der puristischen Diskussion um die lokale Präposition la in Kombination mit Italia bei Richtungsangaben ist ihre Äußerung in S20/T129/II erwähnenswert, wo sie zuerst *la ucraina* sagte, sich dann aber selbst verbesserte und für *în ucraina* entschied. In allen anderen Fällen verwendet sie konsequent *în (franța, italia)*.[466] Vorstellbar ist, dass es sich hierbei um ein Kontaktphänomen aus dem Russischen handelt, wo im Lokativ die Konstruktion *на украине* üblich ist anstelle einer Konstrution mit der Präposition *в*, wie für andere Länder.

5.4.4.2 Geschriebene Sprache

Die Wochendokumentation ist auf Rumänisch ausgefüllt. Es ist auffällig, dass Polina hier immer in ganzen Sätzen geschrieben hat, einerseits syntaktisch, andererseits aber auch durch Orthographie (Großschreibung zu Beginn des Satzes) und Interpunktion (Punkt am Ende) markiert. Hierdurch ergibt sich die Wiederholung einer Mehrheit der Satzanfänge mit „Am" der konjugierten Form des Hilfsverbs *a avea* in Perfektkonstruktionen. Gleichzeitig fällt auf, dass Polina eine Reihe verschiedener Verben für „sprechen" verwendet hat, deren Bedeutungsunterschiede teils marginal zu sein scheinen (Am discutat […], Am vorbit […], Am citit […], Am comunicat […], Am dialogat […]). Insbesondere durch das meinem Gefühl nach selten verwendete Verb „a dialoga" entsteht hier der Eindruck, dass Polina bewusst versucht hat, Verben zu variieren und dadurch den Text spannender zu gestalten oder auch einfach ein breites Repertoire demonstrieren zu wollen.

---

465 *A se stărui* wird von Condrea (2009:178) als Lehnübersetzung (*calchiere*) aus dem Russischen bezeichnet.
466 Siehe hierzu Cohal (2010) und Kapitel 4.3.6.2.

5.5 Fazit zur Fallstudie zum Lyzeum in U

In diesem Zwischenfazit werden die wichtigsten Schlussfolgerungen zur ersten Fallstudie in Bezug auf die in 3.3 formulierten Leitfragen für die Interpretation zusammengestellt. Welche Erkenntnisse ergeben sich aus der Betrachtung der Sprachbiographien, der sprachlichen Repräsentationen und der Sprechweise dreier Lehrer*innen am Lyzeum in U. für die Erreichbarkeit und Reichweite sprachlicher Ressourcen auf dem moldauischen Arbeitsmarkt?

Mit Anastasia Dimitrovna, Iolanda Ivanovna und Polina Alexandrovna wurden in dieser Fallstudie drei Lehrerinnen mit sehr unterschiedlichen sprachlichen Biographien und sprachlichen Repertoires porträtiert. Was ihnen gemeinsam ist und sie von den allermeisten Dorfbewohner*innen unterscheidet, ist der sprachliche Ausbau im Rahmen eines philologischen Studiums. Die Ukrainischlehrerin Anastasia Dimitrovna repräsentiert im Hinblick auf ihre Sprachbiographie bis zum Schulabschluss eine typische Bewohnerin des Dorfs U. der Generation, die die Schule noch in der moldauischen Sowjetrepublik besucht hat und deren erste Sprache die ukrainische Vernakulärsprache war, während Bildungssprache und formelles Register Russisch waren. Der Bruch der sprachlichen Verhältnisse auf der nationalen *scale* veranlasste sie, das Ukrainische in einem Studium in der Ukraine auszubauen. Das Ukrainische hatte dank seiner Reichweite im Bildungssystem der benachbarten Ukraine deswegen anfangs eine Ausweichfunktion (da das Rumänische unerreichbar schien) und wurde dann zu derjenigen Ressource, die Anastasia Dimitrovna den Verkauf ihrer Arbeitskraft im Dorf U., dem Wohnort ihrer Wahl, ermöglichte. Polina Alexandrovna, die der gleichen Generation angehört, stellt den seltenen Fall einer Zugezogenen dar. Anders als Anastasia Dimitrovna hätte sie sich durchaus eine größere interne Mobilität (in die Hauptstadt) im Zusammenhang mit dem Berufseintritt vorstellen können, hat sich aber auf Grund eines familiären Kompromisses für U. entschieden. Ihre rumänische Erstsprache und das Studium ermöglichten ihr hier Arbeit zu finden. Sie war eine der wenigen Dorfbewohner*innen mit ausgebauten Rumänischressourcen und hatte dadurch eine Schlüsselfunktion als Sprachmediatorin. Diese Eigenschaft teilte sie mit der Englisch- und Französischlehrerin Iolanda Ivanovna, deren Repertoire umfangreiche und ausgebaute Ressourcen in fünf verschiedenen Sprachen umfasste. Während Anastasia Dimitrovna in den Ausnahmefällen von Fortbildungen und Reisen innerhalb Moldovas durch die fehlenden Rumänischressourcen die Erfahrung einer begrenzten Reichweite ihres Repertoires machte, war die sprachlich ehrgeizige Iolanda auf der Sprachinsel U. mit der gegenteiligen Schwierigkeit konfrontiert, dass ihr Praxismöglichkeiten für das Rumänische, Englische, Französische und Standardukrainische fehlten.

Für sie, die ca. zehn Jahre jünger war als Anastasia Dimitrovna und Polina, war der Bruch der sprachlichen Verhältnisse Anlass für eine einschneidende Umstrukturierung ihres sprachlichen Repertoires gewesen. Ihre Eltern schickten sie auf eine Schule im Nachbardorf, um dort die neue Staatssprache bei Zeiten zu lernen, die im Dorf U. nur schwer erreichbar war. In allen drei Biographien spielte Mobilität innerhalb Moldovas und die benachbarte Ukraine im Rahmen des Studiums eine Rolle, aber keine der drei hat eigene Erfahrungen mit Arbeitsmigration, auch wenn zumindest Iolanda und Polina Verwandte in Paris und an anderen Orten außerhalb Moldovas hatten.

Was die Ebene der Repräsentationen angeht, ist erstens festzustellen, dass alle drei normative und teils idealisierte Vorstellungen von Korrektheit hatten, was sowohl die Bewertung der eigenen Praxis, als auch die der Schüler*innen angeht. Diese gerieten in der Argumentation in Konflikt mit einer positiven Haltung zur Vernakulärsprache (bei Anastasia Dimitrovna), zu Orientierung auf den praktischen Nutzen sprachlicher Ressourcen (bei Iolanda) und zu mehrsprachiger Praxis und einem Diskurs der „gelebten Mehrsprachigkeit" (bei Polina).

Die sprachliche Insellage des Ortes sensibilisierte meine Gesprächspartnerinnen für praktische Fragen der Erreichbarkeit sprachlicher Ressourcen, welche sich begrifflich als *sreda obšenija* (Kommunikationssphäre, kommunikative Umgebung) niederschlug. Diese symbolisiert das Bewusstsein für die Notwendigkeit von Praxis für Aneignung und Erhalt sprachlicher Ressourcen. Die Rede hiervon war vor allem, wenn es um die Erreichbarkeit der Staatssprache ging. Durch die russisch-ukrainische Diglossiesituation im Dorf waren in Alltagssituationen Rumänischressourcen nicht notwendig, im Umkehrschluss aber auch schwer erreichbar. Um das Rumänische erreichbar zu machen, bedurfte es besonderer Strategien, bei denen fast immer Mobilität eine Rolle spielte. In Iolandas eigener Sprachbiographie war das der Besuch einer Schule im nur fünf Kilometer entfernten Nachbardorf. Die Mobilität der drei anderen Rumänischlehrer*innen neben Polina, die alle drei aus einem moldauischen Dorf zur Arbeit nach U. pendelten, ermöglichte eine Form des sprachlichen Kontakts mit dem Rumänischen auch in U., den vor allem Iolanda aktiv zu nutzen bemüht war. Der Kontakt mit anderen kommunikativen Umgebungen wurde durch die Notwendigkeit von Mobilität aber auch erschwert: dazu trugen die schlechten infrastrukturellen Bedingungen (z.B. bei der Anbindung mit öffentlichenVerkehrsmitteln), aber auch die Arbeitsbelastung durch die Landwirtschaft und die fehlenden finanziellen Mittel für Freizeitreisen bei. Studientscheidungen wurden in Abhängigkeit davon getroffen, wo Verwandte wohnten, bei denen man für die Zeit der Ausbildung unterkommen konnte (so auch in Anastasias und Iolandas eigener Biographie).

Die Schule selbst bemühte sich im Rahmen ihrer Kapazitäten um Maßnahmen wie z.B. das Unterrichten einzelner Fächer oder (Grundschul-)Klassen auf Rumänisch. Die Wirksamkeit einer *sreda obšenija* für die Erreichbarkeit informeller Register zeigte sich auch umgekehrt darin, dass Zugezogene und Pendler*innen den ukrainischen Dorfdialekt rasch lernten, selbst wenn sie, wie Iolanda, dafür kein ausgeprägtes Interesse hatten und trotz seiner geringen Reichweite.

Eine positive Bewertung als *sreda obšenija* erfuhren in diesem Zusammenhang die Medien, namentlich ukainische Fernsehsender. Formen rezeptiver Mehrsprachigkeit (meist Russisch-Rumänisch, aber innerhalb des Dorfes auch Ukrainisch-Rumänisch) entpuppen sich unter diesen Umständen als wichtige Form von *exposure* und erhöhen die Erreichbarkeit sprachlicher Ressourcen. Entscheidend ist der unterschiedliche Umgang hiermit im familiären Kontext. Polina berichtete von einem entspannten Verhältnis zur Mehrsprachigkeit in ihrer Familie, zu dem auch rumänisch-ukrainische rezeptive Zweisprachigkeit zwischen ihr und ihrem Ehemann zählte, während Ioland die familiäre Einsprachigkeit in Ukrainisch mit Sorge betrachtete und sich nicht in der Lage sah, hier die gewünschte Praxis des Russischen geschweige denn Rumänischen/ Moldauischen zu etablieren. Eine entscheidende Herausforderung sind Bewertungen und psychologische Barrieren in den engsten Beziehungen, wie auch am Beispiel der Russischlehrerin Tamara deutlich wurde, für die Rumänisch-/ Moldauischressourcen unerreichbar waren, obwohl sie in der eigenen Familie praktiziert wurden. Hierbei spielen sprachliche Bewertungen insofern eine Rolle, als Haltungen, die Fehler anstelle kommunikativer Funktionen fokussieren, demotivierend wirken.

Das formelle Register des Ukrainischen wurde im Dorfalltag nicht praktiziert, hatte darüber hinaus aber, anders als das Rumänische, auch im gesamtgesellschaftlichen Zusammenhang kaum Reichweite. Bei der Beschreibung der Funktionen sprachlicher Ressourcen spielten räumliche Argumente, die unmittelbar auf Reichweite verweisen, eine große Rolle.

Die Reichweite sprachlicher Ressourcen wurde immer wieder negativ formuliert, entweder als geringe Reichweite einer Sprache oder Varietät, oder als geringe Reichweite eines Gesamtrepertoires mangels bestimmter Ressourcen. Die Beispiele beziehen sich auf die geringe Reichweite des Dialekts außerhalb des Dorfes (*за пределами нашего села нигде не используется, то когда выходишь за пределы* und *язык который . на нигде*), oder in Bezug auf das Gesamtrepertoire einer Person und die Abwesenheit bestimmter Ressourcen darin, dass man ohne Moldauisch nirgendswohin komme (*без молдавского языка без родного языка это никуда*). Die Repräsentation der Reichweite von Ressourcen hat auch die Form von Bildern eines Weges (*на украинском у них один путь на украине* und *зная язык раскрыта им дорога*). Wege symbolisierten hier Lebensperspektiven, die als mehr oder weniger wünschenswert hierarchisiert wurden. Studium und Arbeit in der Ukraine galten als nicht sehr attraktiv, Migration als nicht wünschenswert. Entsprechend dem Wunsch einer Perspektive für die Kinder in Moldova galt das Hauptaugenmerk auch dem Ausbau von Russisch und Rumänisch/Moldauisch. Wenn es um die Erreichbarkeit des Ukrainischen ging, wurde mit Nähe argumentiert (*украинский язык им ближе, нам намного проще украинский язык*), die es leicht ausbaubar mache.

Als Gesamtbild der Erreichbarkeit und Reichweite sprachlicher Ressourcen in einem einsprachig ukrainischen Dorf in Moldova ergibt sich das in der folgenden Tabelle festgehaltene Bild, dass Russisch auf Grund seiner relativ guten Erreichbarkeit und seiner mittleren Reichweite im formellen Register und insbesondere als Bildungssprache eine Ausweichfunktion zur schwer erreichbaren Staatssprache hat.[467]

Tabelle: Erreichbarkeit und Reichweite von „Sprachen" in U.

	Rumänisch/Moldauisch	Russisch	Ukrainisch	Englisch	Französisch
Reichweite	hoch	mittel	gering	hoch	gering
Erreichbarkeit	gering	mittel	hoch	mittel	hoch

Trotz der häufigen Arbeitsmigration ist der Bezugsrahmen für diese Überlegungen in den Interviews immer die Republik Moldova und der dortige Bildungs- und Arbeitsmarkt gewesen. Rumänisch/Moldauisch wird für die Kinder als notwendige Ressource für eine berufliche Zukunft in Moldova gesehen, gleichzeitig schwankten die Einschätzungen der Erreichbarkeit stark. Manchmal wurde das Russische als Voraussetzung für Zugang zu Studienplätzen konstruiert, manchmal wurde betont, dass die Schüler*innen nach verlassen der Schule durchaus eine ausreichende Basis hätten, um sich in rumänischsprachigen Studiengängen einzuschreiben. Die Fremdsprachen in dieses Schema einzuordnen,

---

467 Dies entspricht den Einschätzungen von CReDo (2008:22), dass die meisten Ukrainer*innen Russisch für das materielle Wohlbefinden und professionelle Vorankommen am wichtigsten halten, dann das Moldauische und am geringsten das Ukrainische.

ist nur im Vergleich der beiden untereinander sinnvoll (siehe Weirich 2016a). Dem Englischen wurde auf dem Arbeitsmarkt wegen seiner Rolle als Sprache der internationalen Kommunikation eine größere Bedeutung zugesprochen als dem Französischen, obwohl fast alle Einwohner*innen Verwandte und Bekannte in Paris hatten. Das Englisch verkörpert eine „imaginierte Reichweite", die zu seiner deutlichen Präferenz als Fremdsprache führt, obwohl sie im Alltag der meisten Dorfbewohner*innen kaum eine Funktion haben. Dem Französischen wird gleichzeitig eine geringe Reichweite zugesprochen, obwohl sehr viele Dorfbewohner*innen in Frankreich leben und arbeiten und sowohl Iolanda als auch Polina dort Verwandte haben. Obgleich weniger attraktiv, ist Französisch durch diesen praktischen Bezug aber leichter erreichbar. Diejenigen, die im sowjetischen System aufgewachsen sind, haben außerdem Französisch in der Schule gelernt und deswegen anknüpfungsfähiges Wissen. Ein wesentlicher Unterschied in den Repräsentationen zu den „Fremdsprachen" im Vergleich zu den drei anderen Sprachen ist, dass ihre Erreichbarkeit in U. nicht kategorisch schwieriger ist als in anderen moldauischen Schulen.

Die sprachlichen Verhältnisse wurden außerdem als im Wandel begriffen, wobei angenommen oder befürchtet wurde, dass die Reichweite des Russischen weiter abnehmen würde. Hierzu passte auch das Bild des Russischen als einer Sprache der internationalen Kommunikation einer älteren Generation. Der Ausbau des Ukrainischen und damit auch die Kommodifizierbarkeit von Ukrainischressourcen auf dem Arbeitsmarkt waren auch auf Grund des demographischen Wandels und geringer Studierendenzahlen gefährdet. Der Fortbestand des Ukrainischunterrichts im Dorf U. hing perspektivisch auch von den Schüler*innenzahlen ab, deren Rückgang die Oberstufe gefährdete. Gleichermaßen bedrohte die mangelnde Nachfrage den Studiengang Ukrainisch.

Anknüpfend hieran wäre die Dimension Geschlecht zu untersuchen, zumal das gesamte Lehrpersonal für Sprachen aus Frauen besteht. Dies steht in unmittelbarem Zusammenhang mit der schlechten Bezahlung. Gleichzeitig deutet sich an, dass die Rollenerwartung für Frauen ist, dass sie in der Nähe der Familien bleiben, bzw. nach dem Studium hierhin zurückkommen und in diesem Zusammenhang spielt der Lehrer*innenberuf und dadurch auch ausgebaute sprachliche Ressourcen für die weibliche Bevölkerung als berufliche Perspektive eine große Rolle.

6. Fallstudie 2: ein italienischsprachiges Call-Center in Chișinău

> „Cea mai mare problema a call centrelor este personal"[469] (Kira)

Mein Zugang zu Univerconnect entstand über eine leitende Mitarbeiterin des Arbeitsamtes von Chișinău, die moldauische Call-Center als neue Arbeitsplätze hervorgehoben hatte, wo Mehrsprachigkeit gefragt ist. Sie stellte dann auch den Kontakt zu einem Mitarbeiter eines US-finanzierten Entwicklungsprogramms her, der mit einigen Call-Centern im Rahmen eines Entwicklungsprogramms zusammengearbeitet hatte. Diesem Programm lag die Annahme zu Grunde, dass der Call-Center-Sektor ein Wirtschaftssektor mit erheblichem Wachstumspotential sein könnte, vorausgesetzt Anzahl und Qualität der verfügbaren Arbeitskräfte könnten vergrößert werden. Eine ähnliche Politik verfolgte unternehmensintern auch das Call-Center Univerconnect durch die Einrichtung von Italienischkursen. Dass beide Projekte aufgegeben wurden, zeigt, dass im gegebenen Kontext die Ausbildung sprachlicher Ressourcen zum reinen Zweck ihrer Kommodifizierung nicht funktioniert hat. Der von der Personalabteilung unterstellte Anreiz für Operator*innen, dass Italienischkenntnisse auch jenseits dieser Tätigkeit im Call-Center ein Gewinn sein könnten, war zu vage. Das Italienische bleibt ursächlich eine Ressource, die zu anderen Zwecken als dem Verkauf der Arbeitskraft angeeignet wurde (mehrheitlich im Rahmen der Arbeitsmigration).

Im Gegensatz zu anderen Call-Centern insbesondere in Westeuropa, die mehrsprachige Dienste anbieten und wo die Belegschaft sprachlich heterogen ist (Duchêne/Moyer/Roberts 2013:1; Woydack 2013), ist die Gruppe der Angstellten bei Univerconnect homogen: alle sind in Moldova geboren und Italienisch ist für sie eine Zweitsprache, auch wenn bei der genauen Betrachtung ihrer Sprachbiographien erhebliche Unterschiede zu Tage treten (siehe 6.1.4.3).

Die Fallstudie steht also für die vielfachen transnationalen Verbindungen und Abhängigkeiten, insbesondere im Zusammenhang mit transnationaler und ethnisierter Arbeitsteilung, die die Biographien der Operator*innen, ihre sprachlichen Repertoires und deren Arbeit selbst dort prägt. Die ökonomischen Ungleichheiten beeinflussen nicht nur die Richtung von Migrations-, sondern auch von Finanzströmen (als Remittances einerseits, Investitionen und Profiten andererseits). Damit berührt diese Fallstudie auch das für die soziolinguistische

---

[469] Dt. „Das größte Problem von Call-Centern ist das Personal."

Forschung zu Call-Centern wichtige Feld der ‚Kommodifizierung' (Heller 2010; Heller/Pujolar/Duchêne 2014; Tan/Rubdy 2008) und ‚marketization of language' (Holborow 2015:1), die sich mit den Effekten „neoliberaler" Wirtschaftsformen seit der Wirtschaftskrise 2008 auf sprachliche Ressourcen befasst (Holborow 2015:7f; Urla 2012:75). Auch die Gründung von Univerconnect zwecks Verlagerung von Telekommunikationsdienstleistungen fand in diesem Zeitraum statt und wurde vom Direktor in einen ursächlichen Zusammenhang mit der Wirtschaftskrise gebracht.

Durch den Fokus auf die Restrukturierung sprachlicher Repertoires nehme ich jedoch eine grundsätzlich andere Perspektive als diese Studien ein. Vermieden werden soll dadurch diejenige Fetischisierung von Sprache, die den Verwertungsprinzipien sprachlicher Arbeit selbst zu Grunde liegt (und die es zu kritisieren gilt). Die Kommodifizierbarkeit der Arbeitskraft wird vielmehr als eine Dimension der Reichweite sprachlicher Repertoires betrachtet. Die sprachlichen Ressourcen werden dabei in ihrer aktuellen Rolle für die Existenzsicherung betrachtet, aber nicht auf sie reduziert, da sie im biographischen Verlauf betrachtet werden, wo sie für die Mehrzahl der Operator*innen temporär und akzidentiell kommodifizierbar werden.

Im ersten Unterkapitel der Fallstudie schildere ich den institutionellen Rahmen, den das Call-Center Univerconnect als sprachlichen Raum und als Arbeitsplatz darstellt. In diesem Rahmen situiert sich die in den Kapiteln 6.1.2 bis 6.1.4 anknüpfende Rekonstruktion der Sprachbiographien und der sprachlichern Restrukturierungsprozesse zweier Call-Center-Operatorinnen (Natalia und Oksana) und eines Call-Center-Direktors (Eugen).

6.1 Artikulation der sprachlichen Verhältnisse bei Univerconnect

Ich gehe hier der Frage nach, wie sich die sprachlichen Verhältnisse in der moldauischen Hauptstadt in einem Unternehmen artikulieren, das offiziell (in einigen Bereichen) einsprachig Italienisch ist. Zu diesem Zwecke lege ich zunächst knapp die Geschichte des Unternehmens und die Arbeitsbedingungen dar, wie sie sich mir dargestellt haben (6.1.1). Danach ordne ich das Unternehmen innerhalb der sprachlichen Verhältnisse der Hauptstadt ein und spitze diese Darstellung auf die Rolle von Sprachen im Arbeitssektor bzw. die Relevanz und Attraktivität von Call-Center-Jobs für die Angestellten zu (6.1.2). Anschließend verorte ich Univerconnect als Call-Center im Rahmen der bisherigen soziolinguistischen Forschung zu Call-Centern.

Hierauf aufbauend komme ich zum unternehmensinternen sprachlichen Regime. Dabei geht es zunächst um die Einstellungskriterien und Anforderungen an das Personal (6.1.4.1), dann implizite und explizite Regeln der Sprachpraxis im Unternehmen und während der Verkaufsgespräche (6.4.1.2) sowie Mechanismen der Institutionalisierung von Konkurrenz unter den Operator*innen (6.4.1.3). Schließlich charakterisiere ich die sprachlichen Repertoires der Operator*innen mit Hilfe einer sprachbiographischen Typologie von vier verschiedenen Repertoires. Die Auswahl der drei Personen für die detaillierte Rekonstruktion der Sprachbiographien in 6.2 bis 6.4 orientiert sich daran, dass die Personen drei unterschiedlichen Typen zuzuordnen sind.

Datengrundlage für die Schilderungen in diesem Kapitel (6.1) sind neben meinen eigenen Beobachtungen und Notizen vor allem Interviews mit den beiden Direktor*innen Kira und Eugen (dessen sprachliche Biographie auch in 6.4 ausführlich interpretiert wird) sowie mit Koordinator Leandru, Team-Leader Anatol, einigen Operator*innen, einer Mitarbeiterin des Arbeitsamtes von Chişinău und dem bereits erwähnten Vertreter einer Organisation für wirtschaftliche Entwicklung.

6.1.1 Univerconnect als Arbeitsplatz

Univerconnect war seit dem 1. August 2011 im Marketing von Handyverträgen für einen italienischen Handyunternehmer tätig.[470] Es ist Teil eines Firmennetzwerks, das in erster Linie aus italienischen Unternehmen besteht, die seit 2004 Investititionen in Osteuropa, v.a. in Rumänien getätigt haben. In diesem Firmennetzwerk sind auch andere Unternehmen der Dienstleistungsbranche, nicht nur Call-Center organisiert. Einer der Kunden dieses Firmennetzwerks im Bereich Call-Center war ein italienischer Handyunternehmer, der aus ökonomischen Gründen Dienstleistungen outgesourct hat (Eugen/S8/T10: „îi normal îşi relocă: . îşi relocă:: activitatea: pentru simplu fapt căi mai ieftin .", dt. „es ist normal dass sie ihre Aktivitäten relokalisieren ganz einfach aus dem Grund dass es billiger ist .").

Die Call-Center-Branche ist nur ein Teil des Netzwerks, der in Folge der Krise in Rumänien und von Streiks nach Moldova ausgelagert wurde, wo die sprachlichen Verhältnisse aus Sicht des Unternehmens ähnlich sind (verbreitete

---

470 Zur geographischen Verortung der Besitzverhältnisse gab es widersprüchliche Angaben. Einerseits wurde immer wieder von „den Italienern" als Besitzern und obersten Chefs gesprochen, andererseits sagte Eugen, dass die Firma vor allem mit moldauischem Kapital gegründet worden sei (Eugen/S1/T4).

Rumänisch- und Italienischkenntnisse) und Löhne noch niedriger, gleichzeitig die Arbeiter*innen aber weniger organisiert sind (siehe Eugen S3 und 6.4.1). Univerconnect erledigte hier zunächst ausschließlich einen einzigen Auftrag für einen einzigen Kunden. Direktor Eugen bestätigte, dass es sehr im Interesse von Univerconnect wäre, auch andere Aufträge zu bekommen und auszuführen.[471] Bislang blieb es aber bei einer einzigen Promotionsaktion. Hieraus ergab sich auch die für Call-Center im Gesamtvergleich eher unübliche Spezialisierung auf eine einzige Sprache, das Italienische.

Innerhalb des Firmennetzwerks war Univerconnect eine besondere Rolle im unteren Kundensegment zugeteilt. Der italienische Handyanbieter hat seine Kund*innen nach einem Sternesystem kategorisiert. Die „besten" (5-Sterne-Kund*innen) wurden nur von unternehmensinternen Call-Centern und „muttersprachlichen" Operator*innen bedient, sogenannte 4-Sterne Kund*innen von in Italien outgesourcten Centern und 2- oder 3-Sterne-Kund*innen von Call-Centern in anderen Ländern, wie Univerconnect (Eugen/S8/T40-42)[472]:

> „ei au o anume strategie . ă clienții și-au împărțit în stele două stele trei stele patru stele cinci stele . și:: . au decis ca clienții cinci stele adică cei mai: . așa sîi țină săi gestioneze doar call senterurile interne (Handyanbieter, anonym.) – […] ale lor […] clienții patru stele sînt gestionate di call center outsourcer cum suntem și noi outsourceri adică externi . îi altă societate . dar î condiția e să fie din Italia . să fie call centeruri Italiene să fie madre lingua . […] să fie madre lingua e condiția esențială . î un client patr stele tot e un client valoros doar și nu poți să-l dai la:: . să gestioneze fiindcă acest lucru fiindcă accentu vrei nu vrei se simte – […] și după asta mai au doua stele trei stele care le gestionează autsurseri localizați in:: ă:: alti: . în alte țări ."[473]

---

471 Von bestimmten Versuchen, entweder auch andere Angebote des gleichen Handyanbieters zu vertreiben, oder für andere Kunden Aufträge auszuführen, wurde immer wieder berichtet (Oksana/S12).

472 Diese Darstellung ist insofern widersprüchlich, als die Operator*innen ihre Gesprächspartner*innen am Telefon als 4-Sterne-Kund*innen adressierten. Möglicher Weise zählte Univerconnect in Eugens Logik zu den in Italien outgesourcten Call-Centern, da die Operator*innen ja zumindest vorgeben mussten, dort zu sitzen.

473 Dt „sie haben eine bestimmte Strategie (.) die Kunden werden nach Sternen unterteilt zwei Sterne drei Sterne vier Sterne fünf Sterne (.) u:nd (.) sie haben beschlossen dass die Kunden mit fünf Sternen also die (.) so dass sich daran gehalten wird dass die nur von internen Call-Centern der (Handyanbieter, anonym.) bedient werden (–) die Vier-Sterne-Kunden werden von Outsourcer Call-Centern bedient wie wir eins sind Outsourcer also externe (.) und in einer anderen Gesellschaft (.) aber es ist die Bedingung [für die 5-Sterne-Kund*innen] dass sie aus Italien sind (.) dass es

Der Auftrag der Operator*innen bestand darin, die Kund*innen des Handyanbieters anzurufen und zu versuchen, ihnen im Rahmen einer Promotionsaktion zusätzlich zu ihrem Handyvertrag eine Prepaid-Karte zu verkaufen, die 24 Monate lang jeweils mit mindestens 10 Euro aufgeladen werden muss. Als wichtigstes Lockmittel dabei diente ein kostenloses Handy, das gemeinsam mit der Prepaid-Karte verschickt wurde.[474] Es standen in der Regel mehrere Smart-Phones zur Auswahl. Die Typen variierten jedoch, so dass die Operator*innen sich immer wieder mit den Eigenschaften neuer Handymodelle auseinandersetzen mussten. Die Anrufe wurden den Operator*innen dann zufällig zugeteilt. An ihrem Arbeitsplatz stand ein Computer, auf dem sie die Kund*innendaten sahen. Diese konnten sie sich einerseits zunutze machen, um die Kund*innen vom Angebot zu überzeugen, aber auch um sich als Vertreter*innen des Unternehmens auszuweisen (z.B. indem sie zeigten, dass sie die Verbindungsdaten einsehen können). Außerdem griffen sie im Falle eines Vertragsabschlusses auf diese Daten zurück. Sie hatten Zugriff aufs Internet, um ggf. mit den Kund*innen gemeinsam die Handymodelle auf der Internetseite des Handyanbieters betrachten zu können und um deren Adressen bei Google Maps zu überprüfen, nutzten dies in Leerlaufphasen zwischen Telefonaten aber auch zur Distraktion (siehe Oksana Arbeit/T167-183).

Im Vergleich zu anderen Call-Centern (die etwa Operator*innen ohne Vertrag beschäftigen, um Sozialabgaben einzusparen) schätzte der Vertreter der Entwicklungsorganisation die Arbeitsbedingungen gut ein.[475]

„eu cred că ei au şanse să dezvoltă pentru că mai mulţi mai puţin plătesc salarii mai corecte [A: îhi] investesc în instruirea personalului şi – poate că ei şi sînt de la început de care şi vor să . îşi atragă să mărească . să imagină în orice caz."[476]

---

italienische Call-Center sind dass es die Muttersprache ist (.) […] dass es Muttersprache ist ist essentielle Bedingung (.) ein Vier-Sterne-Kunde ist auch ein wertvoller Kunde aber und du kannst ihn nicht geben an (.) dass er bedient wird denn den Akzent hört man ob man will oder nicht (–) und dann gibt es noch zwei Sterne drei Sterne die sind in anderen Ländern (.)"

474 Mehr zur Art des Angebots in 6.1.4.2.
475 Dies stelle ich in Weirich 2016b:394f und 421–424 ausführlicher dar.
476 Dt. „ich denke dass sie Chancen haben sich in der Zukunft zu entwickeln denn es gibt mehr nur wenige die korrekte Löhne zahlen [A: əhə] sie investieren in das Training des Personals und (–) vielleicht da sie auch noch am Anfang sind (.) werden sie noch anziehen sich vergrößern (.) es ist zumindest vorstellbar."

Bei Univerconnect gab es legale Arbeitsverträge inklusive Sozialpaket[477] und leicht überdurchschnittliche Löhne (siehe auch Interviewausschnitt von Team-Leader Anatol in 6.1.4.1).[478] Zusätzlich zum regulären Lohn gab es erfolgsbasierte Prämienzahlungen, für die das Kriterium die Anzahl der abgeschlossenen Verträge war. Bei den Lohnzahlungen kam es jedoch immer wieder zu Verzögerungen wie auch zu Streitigkeiten über die Höhe von Boni.

Die vorgesehenen Arbeitszeiten waren in zwei Schichten von jeweils sechs bis sieben Stunden (Vollzeit) oder drei bis vier (Teilzeit) auf die Uhrzeit von 11 bis 21.30 Uhr verteilt sowie samstags von 11 bis 17 Uhr (in einer Schicht). Dazwischen waren Pausen von 5, 10 oder 15 Minuten vorgesehen, die im Wesentlichen für Kaffee oder Zigaretten gedacht waren.

Die erste Schicht arbeitete von 11 bis 17 Uhr und die zweite von 15.30 bis 21.30 Uhr, so dass zwischen 15.30 und 17 Uhr alle Operator*innen anwesend waren. Im Juni wurde dem Wunsch eines Teils der Operator*innen nach einer längern Pause stattgegeben, so dass die Spätschicht nunmehr bereits um 15 Uhr begann (siehe Natalia/S24).

6.1.2 Univerconnect auf dem sprachlichen Markt in Chişinău

Allgemeinere Aussagen zum Phänomen Call-Center in Moldova können jedoch kaum getroffen werden, da mir keinerlei Studien zur politischen Ökonomie dieses Marktsegments bekannt sind. Auch im Zusammenhang mit soziolinguistischen oder soziologischen Studien zur Migration wird das Thema nicht diskutiert. Während die „nationalen Minderheiten" als nicht zuletzt rechtlich relevante Gruppen eine politische Bedeutung haben, ebenso wie die Rechte und Beziehungen zur „Diaspora" diskutiert werden, gehen die Remigrant*innen in der öffentlichen Debatte wie auch der Forschung eher unter.

Laut der Entwicklungsorganisation existierten 2012 ca. 30 offiziell registrierte Call-Center mit 2000–3000 Angestellten, inoffiziell aber bis zu 100 Call-Center.

---

477 Hiermit wurde auch in einer online-Stellenanzeige geworben: „Angajarea imediata cu intregul pachet social."

478 Im Training, an dem ich im Mai teinahm, wurden die Arbeitsbedingungen den neuen Operator*innen folgendermaßen geschildert: es werden Verträge über sieben Monate gemacht, die ersten 30 Tage sind Probezeit. Es kann zwischen Teilzeit (4 Stunden täglich und 2000 Lei monatlich) und Vollzeit (6 Stunden täglich und 3000 Lei monatlich) gewählt werden) (FTB III, 16, 14.05.2012). Für gute Ergebnisse gab es Boni von 300 bis 500 Lei (FTB III, 19, 14.05.2012).

„Moldova has clear competitive advantages in that its population speaks many regional languages. The most commonly spoken are French, Italian, Spanish, German, English, but also Greek and Portuguese. Comparatively speaking, the Moldovan labor force is also relatively inexpensive, yet productivity is high as compared to its competitors. [...]"
(Zitat aus einer unveröffentlichten Präsentation)

Mangels stichhaltiger ökonomischer Analysen kann ich an dieser Stelle nichts weiter über die Relevanz der Call-Center auf dem moldauischen Arbeitsmarkt sagen. Ökonomische Analysen, auch diejenigen des US-Entwicklungsprogramms, fassen dieses Segment zusammen im ICT-Sektor (Information and Communication Technology), wo der weitaus größte Teil der Arbeitsplätze und Umsätze auf den IT-Bereich entfällt.[479]

Die Arbeitsamt-Mitarbeiterin sprach von einer großen Anzahl von Call-Centern, die seit ca. 2007 oder 2008 in Chișinău eröffnet haben, für den westeuropäischen Markt arbeiten und für bestimmte Dienstleistungen und auch soziologische Umfragen zuständig sind (Beratung, Marktforschung, Verkauf (Wein), Terminvereinbarungen im medizinischen Sektor). Sie setzte dies in Bezug zu den Italienischressourcen der Mitarbeiter*innen, als Quelle derer sie einerseits gezielten Italienischunterricht, andererseits die Generation der Kinder von Personen, die nach Italien migriert sind, anführte:

> „de ce că la noi forța de muncă este ieftină [A: îhî] foarte multe call centre care vorbesc italiana [A: italiana] lucrează pentru piața din italia [A: îhî] franceză engleză germană suedeză [A: aha] deci avem un call centru – care lucrează fiind în moldova deservește piața din suedia sau cetățenii [A: îhî] sau eu nu știu angajatorii din suedia [A: îhî] deci pentru că la noi forța de muncă este ieftină vine un spunem așa un profesor – învața bine limba cu persoanele care o să lucreze – și ei iată lucrează pentru piața asta [A: îhî] este foarte interesant limba italiană au venit foarte multe call centre de ce pentru că avem multă populație [A: îhî] care a lucrat în italia [A: a] copiii lor știu italiana [A: îhî] și pot lucra deci le trebuie vorbele fluentă din italia [A: îhî] de atîta se dezvoltă tipul ăsta de servicii din cauza că . populația deci a migrat cunoaște italiana franceza spaniola [A: da] ei pot lucra în aceste call centre"[480]

---

479 Dieser Sektor machte 2008 etwa 9,5% des Bruttoinlandsprodukts aus und beschäftigte 20.000 Personen. Gleichzeitig galt es als der Sektor mit den höchsten Löhnen.
480 Dt. „Warum bei uns ist Arbeitskraft billig [A: əhə (.)] sehr viele Call-Center sprechen Italienisch [A: italienisch] arbeiten für den italienischen Markt [A: əhə (.)] Französisch Englisch Deutsch Schwedisch [A: aha] also wir haben ein Call-Center (–) das von Moldova aus den schwedischen Markt bedient oder die Bürger [A: əhə (.)] oder ich weiß nicht die Angestellten aus Schweden [A: əhə (.)] also weil bei uns die Arbeitskraft billig ist kommt sagen wir ein Lehrer (–) lernt gut die Sprache mit den Personen damit sie arbeiten (–) und so arbeiten sie für diesen Markt [A: əhə (.)] die

Aus beiden Zitaten geht hervor, dass italienische Investitionen in Moldova einerseits mit den Sprachkenntnissen, andererseits den niedrigen Löhnen, aber auch vorhandenem Kapitel für Investitionen zu tun haben. Dies wird im Vergleich zum russischen Arbeitsmarkt deutlich: Obwohl in der moldauischen Gesellschaft Russischressourcen reichlich vorhanden sind, schienen russischsprachige Call-Center eine geringere Rolle zu spielen. Der Verteter der Entwicklungsorganisation schilderte mir dies als relativ neues Phänomen, über das noch nicht viel bekannt sei. Bei den ihm bekannten Fällen gehe es um Arbeit von zu Hause aus, bei der er es sich um die *back-office*-Bearbeitung von Dokumenten für Firmen in Moskau handele:

> „acuma este un trend – în . au început să apară pe limba rusă […] şi interesant (lächelt) că m-am am uzit pe o recent că . nu-s n-au nu au un birou dar toată lucru pe activitate se face de la – de la casă […] deci ei au de obicei se proceseze anumite tipuri de acte [A: îhi] şi ei au chesti de asta online - cînd se face loghinul începe să calculează timpul de lucru [A: îhi] şi in dependenţă de . cînd ei face logoutul se calculează [A: îhi] deci au un sistem foarte interesant (räuspert sich) ei procesează diferite tipuri de documente back office operation [A: îhi] pentru companii din moscova . şi am înţeles că au succes pentru că practic limba rusă practic o vorbesc toţi"[481]

Verbreitete Russischkenntnisse und niedrige Löhne gibt es jedoch auch an zahlreichen anderen Orten in der ehemaligen Sowjetunion, weshalb Chişinău für solche Investitionen eine geringe Attraktivität hat als für solche aus Westeuropa. Für italienische und französische Unternehmen ist die Kombination aus Sprachkompetenzen und Lohndifferenzen hier signifikanter. Für italienische

---

italienische Sprache ist sehr interessant es sind sehr viele Call-Center gekommen weil wir viel Bevölkerung haben [A: əhə (.)] die in Italien gearbeitet hat [A: a] ihre Kinder können Italienisch [A: əhə (.)] und können arbeiten also sie müssen eine flüssige Sprache haben im Ita [A: əhə] und so entwickelt sich diese Art von Dienstleistungen weil (.) die Bevölkerung migriert ist und Italienisch kann Französisch Spanisch [A: ja] sie können in diesen Call-Centern arbeiten."

481 Dt. „es gibt jetzt einen Trend (–) in (.) es hat jetzt angefangen dass welche in russischer Sprache auftauchen und interessant (lächelt) dass ich erst kürzlich davon erfahern habe (.) sie sind nicht sie haben kein Büro sondern die ganze Arbeit bei diesen Tätigkeiten wird von zu Hause aus (–) gemacht […] also sie haben normalerweise verarbeiten sie bestimmte Dokumente [A: əhə (.)] und sie haben diese Sachen online (–) wenn sie sich einloggen geht's los dass die Arbeitszeit kalkuliert wird und abhhängig davon (.) wann sie das logout machen wird berechnet [A: əhə (.)] also sie haben ein sehr interessantes System (räuspert sich) sie bearbeiten verschiedene Dokumententypen back office Aufgaben [A: əhə (.)] für Unternehmen aus Moskau (.) und so wie ich verstanden habe haben sie Erfolg denn fast alle sprechen Russisch."

Unternehmen ist Moldova trotz seines vergleichsweise kleinen Marktes an Arbeitskräften attraktiv, weil nur in wenigen Staaten außerhalb Italiens prozentual so viele Italienischressourcen vorhanden sind.[482]

Direktorin Kira schätzte jedoch die Karrieremöglichkeiten in diesem Segment des Arbeitsmarktes gering ein. Es käme zwar vor, dass die Operator*innen den Arbeitsplatz wechseln und in einem anderen Call-Center arbeiten, oder von dort zu Univerconnect wechseln, dies stelle aber in der Regel eher eine Veränderung und keine Verbesserung dar.

> „de obicei persoanele care . e: . lucrează în domeniul call centrelor ei să învărtesc – în același . e: cum să-ţi spun e:: – în același cerc de call centre [A: îhi] adică se duc de la unu ca să nimerească la altu că crezînd că acolo mai bine . pe urmă își dau seama că acolo nu-i mult mai bine decît a fost (lăchelt) da mă rog înapoi deamu nu pot să mă întorc [A: îhi] vreo două trei la noi s-au întors pe urmă (lacht) că s-au dus la vecini aicea la (Name eines Call-Centers, anonym.)"[483]

Auch der Vertreter der Entwicklungsorganisation schätzte die Call-Center-Jobs auf Grund der geringen Gehälter als nur temporär ein:

> „da și salariile întradevăr în multe cazuri sînt plătite – prea mici [A: îhi] deci sînt atractive doar pentru un început da pe viitor ca să faci o carieră nu este . o idée" (dt. „und die gezahlten Gehälter sind in der Tat in vielen Fällen – zu klein [A: əhə .] also sind sie nur am Anfang attraktiv aber für die Zukunft dass du Karriere machst ist es keine . Idee").

Der Versuch, Univerconnect zu verstehen, muss bei den sozioökonomischen Lebensverhältnissen derjenigen beginnen, die hier arbeiten. Das tun sie in den allermeisten Fällen vorübergehend – während des Studiums, oder um eine Übergangsphase finanziell zu überbrücken, wie z.B. eine Phase der Reorientierung oder Reintegration kurz nach der Rückkehr nach Moldova, wie von Kira im folgenden Interviewauszug geschildert, oder während der Suche nach einem anderen Job, wie der Operator Catrinel, der gerade aus Italien zurückgekommen war und eigentlich eine Stelle in seinem Ausbildungsberuf als Informatiker suchte.

---

482 Der Vertreter der Entwicklungsorganisation sagte, dass dies nur in Albanien, Rumänien und Moldova so sei. Es ist davon auszugehen, dass sich das im Zusammenhang mit den verstärkten Migrationsbewegungen über das Mittelmeer verändert.

483 Dt. „die Leute die im Bereich der Call-Center arbeiten drehen sich normalerweise im selben (–) wie soll ich es dir sagen (–) im gleichen Kreis von Call-Centern [A: əhə (.)] das heißt sie gehen von einem weg treffen auf ein anderes glaubend dass es da besser ist (.) danach wird ihnen klar dass es da nicht viel besser ist als es vorher war (lächelt) aber bitte zurück kann ich jetzt auch nicht [A: əhə (.)] und etwa zwei oder drei sind von uns zurück (lacht) sind zu unseren Nachbarn hier gegangen bei (Name eines Call-Centers, anonym.)"

„tendința tineretu sigur că tendința tineretu . tendința mai mult persoanele care au venit din Italia [A: îhî: .] care au lucrat acolo și s-au întors [A: îhî .] și nu se găsesc . aicea nu se găsesc . și de aceea::: spoate de spus așa că lucrul acesta pentru dînșii este un . punte [A: îhm .] de transfer intre italia și moldova definitiv . [A: îhm .] că mă rog inca nu te-ai rupt de acolo și inca nu::: nu te-ai pus pe picioare aicea [A: îhm .] in orice caz acest lucru este un lucru . temporar . [A: îhm .] nu-i c-am frumos de spus chestia asta dar . îm așa e . [A: îhm .] așa e . și pentru studenți [A: îhm .] și pentru foarte puține persoane care fac carieră . [A: îhm .] deaceea că . callcentru e tipic îi să fie . î azi vine măine se duce . azi vine măine se duce iata așa în toate callcentrele este acest acest lucru adică persoanele vin și se duc în fiecare zi diferite în fiecare zi . persoane noi în fiecare zi îi cineva vrea să se ducă cineva vrea să vină ."[484]

Die persönliche ökonomische und professionelle Situation der meisten Operator*innen, mit denen ich gesprochen habe, war ein stets prekäres und immer additives. So erzählten Gesprächspartner*innen in Interviews häufig, es sei keineswegs schwierig in Chișinău einen Job zu finden, wohl aber einen, bei dem das Gehalt die Existenz sichern kann und erst recht einen, der dann auch noch etwas mit den eigenen Fähigkeiten oder gar Interessen zu tun hat. Es steht dem entgegen, dass viele Jobs, die eine hohe Qualifikation verlangen und auch ein gewisses Prestige bringen, sehr schlecht entlohnt sind (z.B. Mediziner*innen, Lehrer*innen). Bei denjenigen, die zum Arbeiten in Italien waren, kommt hinzu, dass ihre Ausbildungen und Studien lange zurückliegen und ihnen in diesen Bereichen Praxis fehlt, da sie dort meist in anderen (niedrigqualifizierten) Bereichen gearbeitet haben (siehe Natalia 6.2.2).

Trotz gemessen an Gehalt, Sozialversicherung und Arbeitszeiten (wie in 6.1.1 geschildert) verhältnismäßig attraktiver Arbeitsbedingungen bei Univerconnect, sind vor allem die monotone und anstrengende Arbeit und das Gefühl, wenig

---

484 Dt. „Tendenz Jugend natürlich als Tendenz Jugend (.) Tendenz eher Personen die aus Italien gekommen sind [A: əhə (.)] die da gearbeitet haben und zurückgekomemn sind [A: əhə (.)] und sich nicht finden (.) sie finden sich hier nicht zurecht (.) und deswegen kann man sagen dass diese Arbeit für sie ein (.) eine Brücke ist [A: əhə (.)] des Transfers zwischen Italien und Moldova definitiv (.) [A: əhə (.)] denn naja du hast dich noch nicht richtig von dort gelöst und noch nicht hast dich hier noch nicht richtig aufgestellt [A: əhm (.)] in jedem Fal ist diese Arbeit eine temporäre Arbeit [A: əhm (.)] es ist nicht so schön das zu sagen aber (.) əm so ist es (.) [A: əhə (.)] so ist es auch für die Studenten [A: əhə (.)] und für sehr wenige Leute machen Karriere (.) [A: əhə (.)] deshalb weil (.) im Call-Center ist es typisch dass (.) heute kommt man morgen geht man (.) heute kommt man morgen geht er so ist es in allen Call-Centern gibt es diese diese Sache also Personen die kommen und gehen jeden Tag neue jeden Tag (.) neue Personen jeden Tag (.) jemand will gehen jemand will kommen"

Entwicklung zu sehen, Gründe dafür, dass manche Operator*innen sich nach relativ kurzen Zeiträumen neue Arbeitsstellen suchten.

Aus Unternehmenssicht war deswegen die Hauptherausforderung die ständige Rekrutierung von qualifiziertem Personal. Da niedrige Personalkosten entscheidendes Kriterium für die Existenz des Unternehmens sind, werden Mittel für Training und Ausbildung begrenzt, d.h. es ist von zentraler Bedeutung, dass Jobbewerber*innen die sprachlichen Minimalqualifikationen in der Regel bereits mitbringen. Phasenweise wurden jedoch Sprachtrainings für Einsteiger*innen angeboten (siehe 6.1.4.1). Gleichzeitig basierte die Personalpolitik aber auch auf dem Prinzip relativ geringer Eingangsvoraussetzungen und der Erwartung, dass die Operator*innen während der Arbeit rasch hinzulernen. Eigeninitiative und der Antrieb hinzuzulernen sind z.B. Forderungen an das Personal, die Direktor Eugen (S24) im Interview immer wieder betont. Dass der Personalbedarf so hoch ist, liegt nicht nur an den sprachlichen Anforderungen (die doch recht viele Leute in Chişinău zu erfüllen scheinen), sondern vor allem auch an dem hohen „Turn Over" (bei der Entwicklungsorganisation sprach man von 40% pro Jahr), d.h. dass fast niemand diesen Job auf Dauer macht.

Die sprachlichen Verhältnisse in Chişinău sind einerseits davon bestimmt, dass es als ökonomisches und kulturelles Zentrum die Stadt mit der größten sozialen, kulturellen und sprachlichen Vielfalt der Bewohner*innen Moldovas ist. Zahlreiche soziale Räume mit eigenen Normen und Codes entstehen als ‚periphere sprachliche Märkte', auf denen spezifische sprachliche Gesetze und Legitimitäten gelten (siehe Weirich 2016c). Dies ist auch im einsprachig italienisch gedachten Unternehmen Univerconnect der Fall. Chişinău ist aber als Hauptstadt und kulturelles Zentrum auch der Ort, an dem sich sprachpolitische Konflikte kristallisieren, und wo die symbolisch relevanten und umkämpften Räume angesiedelt sind. Sprachideologische Diskurse rückten bei Univerconnect weitestgehend hinter praktische Erwägungen in den Hintergrund, waren aber stets abrufbar und konnten in Konflikten als symbolische Ressouren herangezogen werden.[485]

Während in etwa im moldauischen Einzelhandel und oder auf dem Markt das Prinzip der Kund*innenorientierung, Mehrsprachigkeit und Code-Switching

---

485 Dies ist eine Beobachtung, die auch Chamberlain-Creangă (2011) in ihrer Untersuchung der sprachlichen Akkomodations- und Widerstandsstrategien der Angestellten einer Zementfabrik in der nordostmoldauischen Grenzstadt Rezina in Anbetracht von wirtschaftlichen Restrukturierungsprozessen gemacht hat. Statusdifferenzen und ökonomische Unsicherheit interagierten hier mit sprachlicher Fragmentierung.

bei Bedarf praktiziert werden (Tofan 2007), sind die sprachideologischen Polarisierungen abrufbar, wenn sie opportun erscheinen. Das Prinzip der Kund*innenorientierung, welches auch bei Univerconnect als Marketing- und Service-Unternehmen von zentraler Bedeutung war, wendete sich hier auf eine grundlegend andere Klientel an, nämlich den italienischen Markt, bzw. den Raum, in dem ein bestimmter italienischer Handyanbieter seine Dienste anbietet. Das erforderte von Operator*innen Vertrautheit mit italienischen Diskursen und deren Berücksichtigung (siehe Weirich 2016b:425f). Das unternehmensinterne Gebot der italienischen Einsprachigkeit (siehe 6.1.2.1) war diesem Prinzip geschuldet, ignorierte aber die faktische Mehrsprachigkeit der Kund*innen. Wenn es um die Anforderungen an die Operator*innen ging, kamen meine Gesprächspartner*innen häufig auf die Varietätenfrage und Dialektvielfalt zu sprechen, aber nie auf die Mehrsprachigkeit und dass Italienisch möglicher Weise gar nicht die erste oder stärkste Sprache der Kund*innen war (sondern in einigen Fällen vielleicht sogar Rumänisch oder Russisch). Auf Nachfrage wurde aber von Einzelfällen berichtet, in denen Verkaufsgespräche auch in diesen Sprachen geführt wurden.

6.1.3 Verortung von Univerconnect innerhalb der Call-Center Forschung

Als neues Phänomen in der Unternehmens- und Arbeitsorganisation entstanden Call-Center seit den 90er Jahren im engen Zusammenhang mit der Entwicklung von Telekommunikation und Netzwerken. So unterscheiden sich laut Arnold/Platzeck (2003:43–45) Call-Center von Hotlines durch integrierte Systeme von Computer, Datenbanksystem und Telefonen inklusive automatischer Anrufverteilung. Politökonomisch werden sie als Resultat von internationaler Arbeitsteilung, Massenkonsum und Sättigung von Märkten interpretiert (Broose 2000:9) und als typisches Phänomen der *New Economy* (Huebner 2005). Aus Sicht der Unternehmer*innen brachten sie vor allem den Vorteil der effizienteren und kostengünstigeren Kommunikation mit Kund*innen. Aus Sicht der Arbeitnehmer*innen wurden Call-Center vor allem für stressige Arbeitsbedingungen und geringe persönliche Entfaltungs- und Entwicklungsmöglichkeiten kritisiert (Golpelwar 2012). Aus soziolinguistischer Sicht gibt es ein großes Interesse vor allem an Call-Centern mit mehrsprachigem Personal. Die deutliche Mehrheit der Studien befasst sich dabei mit solchen, die ihre Dienstleistungen auf Englisch anbieten. Schwerpunkt der Analyse sind häufig die interne Sprachpolitik und im Speziellen die Regimentierung von sprachlicher Praxis (Cameron 2000,

Duchêne 2009, Roy 2005), weniger die Praxen und Strategien der Arbeitskräfte (Woydack 2013) oder deren Sprachbiographien.

Univerconnect erledigte für einen einzigen Kunden, einen italienischen Handyanbieter, *Outbound*-Anrufe in italienischer Sprache.[486] Ziel dieser Anrufe ist es, einem bestimmten Kund*innensegment des Handyanbieters durch ein Sonderangebot ein zusätzliches Produkt zu verkaufen (sog. *Upselling*). Zum Zeitpunkt der Forschung im Frühjahr und Sommer 2012 waren beim Call-Center ca. 60 Telefonist*innen eingestellt (zur Personalstruktur siehe 6.1.4.1).

Aus Sicht des italienischen Handyanbieters wird also Chișinău zu einem interessanten Standort, weil die Löhne günstig sind, für lokale Verhältnisse aber ausreichend attraktiv, um Arbeitskräfte zu werben und für einen gewissen Zeitraum zu halten. Chișinău ist in diesem Sinne die einzige Stadt in Moldova, in dem der hohe Bedarf an italienischsprachigen Arbeitskräften gedeckt werden kann, dank der permanenten vor allem temporären Arbeitsmigration nach Italien, aber auch, weil die Hauptstadt Binnenmigration anzieht. Außerdem sind hier die Universitäten mit ihren Fremdsprachenfakultäten[487] und eine italienischsprachige Schule.[488] Gleichwohl entsprechen diese Arbeitskräfte und ihre sprachlichen Ressourcen nur den Anforderungen eines bestimmten Kund*innen-Segment des Markte. Die Ersteklasekund*innen des Handyanbieters werden in Italien von italienischerstsprachigen Telefonist*innen betreut, obwohl der Handyanbieter insgesamt in Italien tendenziell das billig-Massensegment abdeckt (siehe Eugen S8/T40–42 und 6.1.1).

---

[486] Die Unterscheidung *inbound* vs. *outbound* „geht von der Richtung der Kommunikationsaufnahme aus." (Arnold/Ptaszek 2003:42) In der Regel sind Inbound-Anrufe eher Service-orientiert (wie Eugens erster Job bei der Pannenhilfe, siehe Eugen/S6), *outbound* verkaufsorientiert (McPhail 2002:14). Von Outbound-Anrufen wird angenommen, dass sie eine besonderes Maß an Flexibilität, Intuition und Empathie velangen, aber trotzdem häufig am schlechtesten bezahlt sind und den größten Turnover an Personal haben (siehe Alarcon/Mc C. Heyman (2013:14) für Call-Center an der US-amerikanisch-mexikanischen Grenze).

[487] Mit der Staatlichen Universität (USM), der freien Universität (ULIM) und der Pädagogischen Universität Ion Creangă bieten alle drei großen Universitäten Italienisch-Studiengänge an.

[488] Das moldauisch-italienische Lyzeum Dante Alighieri im Chișinăuer Stadtteil Buiucani wurde 1990 gegründet und befindet sich in unmittelbarer örtlicher Nähe zur Pädagogischen Universität Ion Creangă. Mit über 1000 Schüler*innen und mehr als 50 Lehrer*inne ist dies eine durchaus große Schule (die Zahlen beziehen sich auf das Schuljahr 2010/11 und entstammen einem Internetblog, der die Geschichte der Schule darstellt: Liceul Teoretic „Dante Alighieri" din Chișinău (2012)).

Für die soziolinguistische und politökonomische Einordnung von Call-Centern als Arbeitsplätzen, bei denen Sprache die zentrale Ressource für Profit ist, kann nach den folgenden Kriterien unterschieden werden, die sich auf verschiedene Ebenen des Verhältnisses zwischen Operator*innen und Kund*innen beziehen (Vgl. u.a. Sonntag 2009):

- Wo befinden sich Call-Center und Operator*innen räumlich im Verhältnis zu Auftraggeber/Kund*innen (*Onshore*, *Offshore/Near-Shore* oder *Far-Shore*)?
- Über welche sprachlichen Ressourcen müssen die Operator*innen verfügen und wie haben sie sie sich angeeignet?
- Von welchen sprachlichen Ressourcen und sprachlichen Bewertungen der Kund*innen geht die Unternehmenspolitik aus?
- Welche Sprachpolitik zum Management dieser Faktoren verfolgt das Call-Center?

Als wesentliche Entscheidungsfaktoren für Investitionen in Call-Center benennen Alarcon/Mc C. Heyman (2013:9) die Kombination aus verfügbaren Sprachkompetenzen und Lohnniveau:

„Because of inexpensive communication technology, call centers are relatively free to locate around the world except for some legal restrictions (e.g. insurance firms we studied) and security risks that limit off-shoring. However, workforce language and interactional skills are important considerations in locational decisions, along with management comfort, labor costs, and workforce flexibility."

Welche sprachlichen Ressourcen benötigt werden, hängt wiederum von Kund*innen bzw. dem zu bedienenden Markt ab. Bei „Onshore"-/„Heartland"-Call-Centern ist eine große räumliche Nähe zwischen Kund*innen und Operator*innen (bzw. zwischen Kund*innen und Produkt, wie in der schweizerischen Touristikbranche bei Duchêne 2009) gegeben. In sprachlicher Hinsicht wird seitens der Unternehmen darauf gebaut, dass die Operator*innen ähnliche sprachliche Ressourcen abdecken, wie die sie umgebende Bevölkerung. Entscheidend hierbei ist, ob die Kundschaft einsprachig gedacht wird (bzw. einsprachig bedient werden soll) oder ob Aufgabe des Call-Centers und der Operator*innen explizit ist, auf unterschiedliche sprachliche Präferenzen eingehen zu können (Duchêne 2009, Alarcon/Mc C. Heyman 2013). Letztere sind deutlich seltener Gegenstand von sprachwissenschaftlichen Untersuchungen gewesen (kritisiert Woydack 2013). Demgegenüber werden im *Offshore*-Call-Center Dienstleistungen ausgelagert und die Operator*innen befinden sich in großer räumlicher Distanz zu den Kund*innen. *Near-Shoring* (dt. Nahverlagerung) gilt als Sonderform des *Offshoring* in geographisch nahegelegene Räume zwischen denen ein großes Lohngefälle besteht (aus mittel- und südeuropäischer Sicht ist dies Osteuropa, von USA aus Mexiko; *Far-Shoring* verlagert Dienstleistungen z.B. aus den USA oder Mitteleuropa nach Asien).

Im Hinblick auf die sprachlichen Repertoires und Sprachbiographien der Operator*innen sollte unterschieden werden, ob sie wegen einer bestimmten Sprache oder wegen ihrer Mehrsprachigkeit eingestellt werden und auf Grund welcher Lernmodialitäten. Die Ressourcen können auf Grund von Migration in den betreffenden Markt angeeignet worden sein; sie können auch auf Grund des eigenen familiären Hintergrundes (Alarcon/Mc C. Heyman 2013) oder einer bestimmten Sprach- und Bildungspolitik erreichbar sein, wie es vor allem in den englischsprachigen Call-Centern auf den Philippinen, in Malaysia und Indien der Fall ist. Hier wird auf gut ausgebaute Englischkenntnisse in den jeweiligen Bevölkerungen gezählt, die auf Grund historischer und sprach- und bildungspolitischer Entscheidungen vorhanden sind und teilweise auch als Standortfaktor explizit gefördert werden (Friginal 2007).

Die Investititionsidee, v.a. im *Nearshore-* und *Onshore-*Bereich Dienstleistungen in den Erstsprachen der Kund*innen durch Operator*innen mit ähnlichen sprachlichen Repertoires (u.a. auch Migrationserfahrungen) zu ermöglichen, erkennt die Mehrsprachigkeit der Kund*innen an und greift auf lokal verfügbare mehrsprachige Arbeitskräfte zurück. Univerconnect verkörpert den Sonderfall, dass das *Outsourcing* der Remigration Anderssprachiger folgt. Ein italienischer Handyanbieter sourct die Dienstleistung der 2.Klasse-Massenkundschaft nach Rumänien und Moldova aus, wo italienischsprachige Arbeitskräfte zur Verfügung stehen, weil sie selbst zuvor in Italien gearbeitet haben und von dort – mit neuen sprachlichen Ressourcen – zurück nach Moldova gegangen sind. Vergleichbar ist dies mit der großen Zahl deutschsprachiger Call-Center in Istanbul, deren Angestellte zuvor viele Jahre in Deutschland gelebt und hier auch die Schule besucht haben.[489] Deren sprachliche Ressourcen sind jedoch so ausgebaut, dass sie problemlos als Deutsch-Erstsprachler*innen durchgehen, während die Operator*innen bei Univerconnect oft auch für einen kürzeren Zeitraum und erstmalig im Erwachsenenalter in Italien waren, hier häufig niedrig qualifizierter Lohnarbeit nachgegangen sind und nur selten die Schule besucht haben, welche für den Ausbau formeller Register wichtig ist. Dies liegt natürlich auch daran, dass die Geschichte der moldauischen Migration nach Italien noch deutlich jünger ist als diejenige türkischer Migration nach Deutschland.

---

489 Splitt (2013), Hoyer (2007), Karasu (2012) für die soziologische und journalistische Sicht auf deutschsprachige Call-Center in Istanbul und der Dokumentarfilm „Wir sitzen im Süden" von Martina Priessner (ZDF 2010). Sprachwissenschaftliche Untersuchungen hierzu sind mir nicht bekannt.

Die sprachwissenschaftlich am meisten untersuchten Aspekte betreffen die unternehmensinterne Sprachpolitik und Standardisierung sprachlicher Praxis (Belt/Richardson/Webster 2002:28; Cameron 2000; siehe auch Übersicht Woydack 2013), also Phänomene wie „accent management", „national identity management" (Poster 2007) etc. Diese Aspekte sind auch für die Arbeitsbedingungen relevant, da sie als wesentlicher Stressfaktor gelten (Cameron 2000:93; Ritzer 1998:82–4). Univerconnect unterscheidet sich in dieser Hinsicht deutlich von den prominent untersuchten *Offshore*-Call-Centern, da die Operator*innen nicht als Erstprachler*innen durchgehen müssen (das wäre wohl auch bei den wenigsten der Fall). Sie sind einzig und allein verpflichtet, den Schein zu wahren, dass das Call-Center seinen Sitz in Italien hat, d.h. sie sollen im Zweifelsfall vorgeben, als moldauische Arbeitsmigrant*innen in Italien zu arbeiten. Die Tatsache, dass die von den Operator*innen gewählten Pseudonyme ausschließlich typisch italienische Vornamen sind, spricht allerdings eine deutliche Sprache: die Verkaufsgespräche laufen besser, wenn die Operator*innen es schaffen, möglichst wenig „ausländisch" zu wirken.[490] Ihre Mehrsprachigkeit wird seitens des Unternehmens nicht als Extra-Ressource gesehen, was deswegen vorstellbar wäre, weil viele der Kund*innen des Handyanbieters in Italien rumänisch- oder russischsprachig sind und theoretisch auch in diesen Sprachen bedient werden könnten, bzw. hieraus seitens des Unternehmens Profit geschlagen werden könnte. Es ist jedoch den Operator*innen offengestellt, ob sie das tun und die meisten machen es auf Grund der asymmetrischen Funktionsverteilung in ihren sprachlichen Repertoires nicht. Obgleich viele auf Rumänisch oder Russisch flüssiger und flexibler kommunizieren können, sehen sie sich nicht notwendig in der Lage, die im Rahmen der Call-Center-Arbeit täglich auf Italienisch geführten Verkaufsgespräche auch in jenen Sprachen zu führen (siehe Oksana/S30/T253–255 und 6.3.4.2).

Seitens des Unternehmens scheint es sich im Hinblick auf die in den meisten Fällen deutlich als moldauisch (bzw. russisch/osteuropäisch, siehe das Zitat von Operatorin Viorela in 6.1.4.2) markierten Sprechweisen um eine Inkaufnahme im Rahmen einer Kosten-Nutzen-Kalkulation zu handeln (Eugen/S21/T141). Wie in anderen Studien belegt (etwa Cameron 2005), sind auch die Operator*innen bei Univerconnect Beleidigungen etc. ausgesetzt, die nicht selten auf Sprache referieren.[491] Im Gegensatz in etwa zu den Philippinen (Fraginal 2007) ist in der

---

490 Ausführlicher äußere ich mich zu diesen ‚locational masking' in Weirich 2016b:417f.
491 Der Koordinator Leandru berichtet auch, dass dies einen Beitrag dazu leistet, dass die Kund*innen misstrauisch sind, und das Sonderangebot für eine Finte halten. Vertrauensbildung soll dann aber dadurch geschaffen werden, dass die Operator*innen

Republik Moldova das ökonomische Potential der Mehrsprachigkeit nicht Gegenstand gezielter Arbeitsmarktpolitik.

6.1.4 Sprachliche Verhältnisse bei Univerconnect

Univerconnect wird in den Darstellungen der Führungsangestellten mir gegenüber als einsprachiger Raum konstruiert. Dies betrifft in erster Linie die unternehmensinterne Kommunikation. Auch wenn es den Operator*innen gestattet war, Verkaufsgespräche auch in anderen Sprachen zu führen, war das Training ausschließlich auf Gespräche in Italienisch ausgerichtet und Telefonate in anderen Sprachen stellten tatsächlich die Ausnahme dar. Dies führte zu solch absurden Situationen, wie derjenigen, dass die russischsprachige Operatorin Oksana das Gespräch mit einem Kunden abbrach, weil dieser kein Italienisch, sondern nur Russisch verstand (Oksana Arbeit/T183, siehe auch 6.3.4).

Einsprachigkeit in Kombination mit gleich bleibenden Abläufe ermöglicht es auch Leuten, die zuvor nie im Call-Center gearbeitet hatten oder deren Italienisch relativ schwach war, sich einzuarbeiten und das Nötige bei der Arbeit hinzuzulernen. Aufgaben und Tätigkeiten der meisten Angestellten ähneln sich also stark und Karrieremöglichkeiten gibt es kaum. Es gibt insgesamt fünf Posten mit Führungsaufgaben.

6.1.4.1 Personal und Rekrutierungsprozesse

Das Personal bei Univerconnect bestand zum größten Teil aus Operator*innen, die alle der gleichen Aufgabe im Telefonsaal nachgehen (in der Formulierung von Direktorin Kira: „cei care lucreaza la operativ"). Zu Beginn meiner Forschung bei Univerconnect waren das ca. 60 Personen.[492]

Die Führungsschicht bestand aus zwei Direktor*innen, Kira und Eugen, den zwei Team-Leadern Anatol und Arcadi und einem Koordinator (bzw. Projektleiter), Leandru, der die Hauptverantwortung im Telefonsaal hatte.[493] Außerdem gab es zwei Angestellte, die ebenfalls im Telefonsaal saßen und für die Weiterverarbeitung der Kund*innendaten im Falle abgeschlossener Verträge zuständig waren. Angestellte ohne Italienischkenntnisse waren zwei Personen in der Verwaltung, die sich mit Kira das Büro teilten sowie Reinigungspersonal.

---

sich der Daten aus der Datenbank bedienen und ein möglichst detailliertes Wissen über die Kund*innengeschichte an den Tag legen (siehe 6.1.1).
492 Die Angaben variierten: Direktorin Kria sprach von 63, Team-Leader Leandru von 56. Dies ist vermutlich auch mit dem hohen Turn-Over zu erklären.
493 Zu den Biographien dieser Führungspersonen siehe Weirich (2016b:406–408).

Die beiden Team-Leader waren einerseits für das Training mit den neuen Operator*innen zuständig, andererseits dafür, den Operator*innen bei Schwierigkeiten zur Seite zu stehen (jeweils ein Team-Leader sollte für 15 Operator*innen zuständig sein, in der Praxis waren es aber deutlich mehr, da die beiden sich abwechselten und nicht immer beide anwesend waren).

Personalrekrutierung und Einstellungsprozess

Univerconnect hatte einen sehr hohen Personalbedarf, der immer höher lag als die Anzahl der Bewerber*innen. Es standen weit mehr Arbeitsplätze und Kapazitäten zur Verfügung, als Operator*innen eingestellt waren und die Fluktuation der Beschäftigten war wie in vielen Call-Centern hoch.[494] Eugen machte den ständigen Personalmangel daran fest, dass es schwierig sei, Leute mit ausreichenden Sprachkenntnissen zu finden (Eugen S9/T44).

In einer Online-Stellenanzeige von Univerconnect wurden als Kriterien genannt: „Cunosterea limbei (sic!) italiene; abilitati de comunicare; seriozitate; experienta nu este obligatorie, dar constituie un plus." (dt. „Kenntnis der italienischen Sprache; Kommunikative Fähigkeiten; Seriosität; Erfahrung ist nicht notwendig, stellt aber einen Vorteil dar.") In der Praxis war das einzige Einstellungskriterium das Italienische, wie die folgende Aussage der Direktorin Kira bestätigte: „noi angajam de orice varsta femeie barbat nu are importanta studi nur are importanta standard are importanța numai nivelul limbii" (dt. „wir engagieren jedes Alter. Frau Mann ist nicht wichtig. Studium ist nicht wichtig. Wichtig ist das Sprachniveau.") Eugen sagte mit einem gewissen Bedauern: „și din păcate unicu criteriu o: rămas ă: limba italiană" (dt. „leider ist als einziges Kriterium das Italienische übriggeblieben").

Dies wurde zunächst in einem schriftlichen Test und dann in einem mündlichen Gespräch mit der Direktorin abgefragt.[495] Auf der Basis dessen wurde entschieden, ob Leute in einen Italienischkurs eingruppiert wurden oder nicht. Die Italienischkurse gab es jedoch nicht zu jedem Zeitpunkt und sie waren umstritten (siehe 6.1.3). Dieses Prozedere kann insgesamt als eher informell eingeschätzt werden und war kein Mittel einer rigiden Selektion, was laut Robert (2013:81) in westlichen Ländern Charekteristikum eines Jobs im unteren Segment ist.

---

494 Leandru sprach davon, dass sie Kapazitäten für 150 bis 200 Operator*innen hätten und deswegen auch versuchen würden, zu expandieren. Direktorin Kira sprach von 130 verfügbaren Plätzen, d.h. bei Teilzeitarbeit Platz für bis zu 300 Beschäftigten.
495 Bei meinem zweiten Gespräch mit Direktorin Kira erschien auch eine solche Kandidatin. Sie erhielt einen Lebenslauf-Vordruck und einen Lücken-Test und sollte beides im Nebenraum ausfüllen. Das Gespräch selbst fand aber auf Rumänisch statt.

In der Gründungsphase des Unternehmens waren alle Bewerber*innen gemäß ihrer Sprachkenntnisse unterteilt worden und es hatte sowohl einen für Anfänger*innen[496], als auch einen Fortgeschrittenen-Kurs gegeben. Hieraus hatte sich die Idee ergeben, erneut einen Kurs für Sprachanfänger*innen anzubieten. Als Lehrerin wurde eine Italienisch-Dozentin der pädagogischen Universität gewonnen. Das Konzept von Anfänger*innensprachkursen sahen beide Direktor*innen aber als gescheitert an und wollten künftig davon absehen, da kaum jemand der Interessierten die drei Monate durchgehalten hat (von 15 Personen am Anfang blieben am Ende 4, die zum Vorstellungsgespräch kamen) und die Italienischkenntnisse derjenigen, die den Kurs bis zu Ende gemacht haben, nicht den Erwartungen entsprachen. Bei den Direktor*innen löste das neben Konsternierung auch Verwunderung aus, weil sie das Angebot eines kostenlosen dreimonatigen Intensivkurses mit anschließender Jobgarantie (zumindest für die Dauer der Probezeit) für eine attraktive Offerte hielten. Der Misserfolg dieses Italienischkurses ist aber auch im Zusammenhang mit der persönlichen Situation der potentiellen Arbeitnehmer*innen zu verstehen und in Relation zur Attraktivität der Arbeit im Call-Center zu sehen. Zwar waren alle Teilnehmer*innen des Italienischkurses auf Jobsuche, das Call-Center ist jedoch Kandidat für eine temporäre Arbeit. Und dafür wiederum ist eine dreimonatige tägliche Vorbereitung, während der dennoch auch die Existenz gesichert werden muss, eine relativ lange Zeit. Viele hielten das Arbeitspensum nicht durch, andere orientierten sich in dieser Zeit anders und fanden einen anderen Nebenjob oder gingen ins Ausland.

Die Einschätzungskriterien für die sprachlichen Kompetenzen waren vage. Kira umschrieb in unserem ersten Vorgespräch das erwartete Italienischniveau als „nivel bun" (dt. „gutes Niveau") bzw. „un nivel mediualt" (dt. „ein mittleres bis hohes Niveau"). Eugen rekurrierte auf Noten von eins bis zehn (S21/T141). Im Interview führte Kira dies noch weiter aus und wies auch auf die Varietätenproblematik hin, mit der die Operator*innen zurechtkommen müssen:

> „aș spun așa – un nivel – mediu dacă noi aș împărți nivelurile [A: îhi] în – bas . mediu și avansat [A: îhi] . un nivel mediu bas . de e:: – gramatică [A: îhi] . ar fi să spunem așa destul [A: îhi] . destul dar nu-i de dorit [A: îhica] . un nivel mediu . nu luăm mediul alt [A: îhi] nivel mediu măcar . de e:: – oral . ar fi destul [A: îhi] . cu tot că . totuși nivelul oral . el trebuie să fie mai [A: îhi] . mare depinde încă pentru ce activitatea anume inbound sau outound . [A: aha îhi] inbound tu deja cunoști un pic terminologia [A: îhi da] inbound cînd in [da] sună clienții sună la noi [A: îhi] . outbound cînd sunăm noi la clienți – mă rog cînd sună clienții la tine . au nevoie de tu poți – da cînd tu trebuie să suni [A: îhi] . și

---

496 Dies ist derjenige Kurs, an dem auch Oksana teilgenommen hat (Oksana/S10/T51 und 6.3.2.3).

tu trebuie să vinzi [A: îhi] tu ai nevoie de limba s-o cunoşti bine tu trebuie . deja limba ta este greu [A: îhi] să convingi pe cineva [A: îhi] să cumpere ceva [A: îhi] mai ales pe telefon . [A: îhi] da încă într-o limbă străină trebuie să cunoşti limba bine [A: îhi] trebuie s-o cunoşti bine s-o vorbeşti bine . da trebuie s-o cunoşti bine şi s-o să înţelegi bine [A: îhi îhi] că în italia mulţi vorbesc în dialecte . [A: A: îhi] şi dacă tu nu cunoşti nu numai italiana . e literară dar şi un pic de dialecte nu le înţelegi . mă rog poţi să nu le vorbeşti dar să le înţelegi [A: îhi] este nevoie . că italienii îndeobşti la şaptezeci de procente vorbesc dialectul [A: îhi] . restul . vorbesc italiana da incorect [A: (lächelt) –] deaceea oral este nevoie – ar fi destul . mediul dar totuşi de dorit un minimum de mediu alt"[497]

Die Operator*innen mussten also nicht vorgeben, das Italienisch ihre erste Sprache ist. Ein Akzent sei zulässig, sagte Kira und und auch kleinere sprachliche Fehler, weil in Italien viele Leute aus dem Ausland arbeiten würden (Eugen sagte über sich selbst, dass man bei ihm den Akzent deutlich höre):

„da accentul este posibil . în orice caz . [A: aha .] şi nu-l deranjeaza deloc . [A: aha .] şi este posibil să fie şi persoana străina . [A: aha da .] că în italia sunt foarte multe . persoane straine care lucrează . care nu sunt care nu sunt italiene dar lucrează acolo şi de aceea nu nu este o problemă asta şi accentul şi mă rog . careva greşeli tot nu este nevoie să problemă (3)"[498]

---

[497] „Ich würde so sagen (–) ein mittleres Niveau (–) wenn wir die Niveaus [A: əhə (.)] in (–) niedrig (.) mittel und fortgeschritten [A: əhə (.)] ein mittleres oder niedriges Niveau an (–) Grammatik [A: əhə (.)] wäre sagen wir genug [A: əhə (.)] genaug aber nicht wünschenswert [A: əhə (.)] ein mittleres Niveau (.) sagen wir nicht ein hohes Niveau [A: əhə (.)] nur ein mittleres Niveau (.) von ə: (–) im Mündlichen (.) wäre genug [A: əhə (.)] auch wenn (.) immerhin das mündliche Niveau (.) das muss höher sein [A: əhə (.)] es hängt auch von der Aktivität ab ob inbound oder outbound (.) [A: aha əhə (.)] inbound du kennst die Terminologie ja schon ein bisschen [A: əhə ja (.)] inbound wenn die [A: ja] Kunden bei uns anruefn [A: əhə (.)] outbound wenn wir bei den Kunden anrufen (–) naja wenn die Kunden bei dir anrufen (.) etwas brauchen kannst du (–) aber wenn du anrufen musst [A: əhə (.)] und wenn du etwas verkaufen musst [A: əhə (.)] musst du die Sprache gut können (.) das ist schon in deiner eigenen Sprache schwierig [A: əhə (.)] jemanden zu überzeugen [A: əhə (.)] dass er etwas kauft [A: əhə (.)] erst recht am Telefon (.)[A: əhə (.)] aber dann noch in einer Fremdsprache da musst du die Sprache gut kennen [A: əhə (.)] du musst sie gut können sie gut sprechen (.) aber du musst sie gut können dass du sie gut verstehst [A: əhə (.)] ist nötig [A: əhə əhə (.)] denn in Italien sprechen viele auf Dialekt (.) [A: əhə (.)] und wenn du nur Italienisch kannst (.) Standard und ein bisschen die Dialekte dann verstehst du nicht (.) meine Güte du musst sie nicht sprechen aber verstehen [A: əhə (.)] musst du (.) denn die Italiener sprechen zu siebzig Prozent Dialekt [A: əhə (.)] der Rest redet Italienisch aber inkorrekt [A: lacht (–)] deswegen ist mündlich (–) medium würde reichen (.) aber wünschenswert ist medium-hoch."
[498] „Ja, ein Akzent ist möglich (.) in jedem Fall (.) [A: aha (.)] und stört gar nicht (.) [A: aha (.)] es ist auch möglich dass es eine ausländische Person ist (.) [A: aha ja (.)]

Wegen des ständigen Bedarfs an Operator*innen wurde dies aber durchaus flexibel interpretiert und die allermeisten Bewerber*innen, die es sich selbst zutrauten, bekamen zumindest die Chance eines Probemonats. Dies war auch in einem Glauben an die Lernfähigkeit begründet und in der Überzeugung, dass es im Vorhinein schwierig ist, abzuschätzen, wie gut die Operator*innen mit der Aufgabe zurechtkommen werden (Eugen/S21/T141).

Im Training wurde jedoch deutlich, dass es über dieses Kriterium hinaus stillschweigende Annahmen gibt, welche Voraussetzungen die Kandidat*innen mitbringen müssen. Beim von mir beobachteten Training wurde dies augenfällig, da zwei der drei Trainees ausgesprochen unerfahren im Umgang mit dem Computer waren und z.B. grundlegende Funktionen wie Copy & Paste nicht kannten. Trainer Arcadi, der mit dieser Tatsache offensichtlich überfordert war, warf ihnen vor, falsche Angaben zu ihren Computerkenntnissen im Lebenslauf gemacht zu haben (die aber zumindest in der mir bekannten Stellenanzeige nicht als Voraussetzung genannt wurden): „jetzt holt (Arcadi, anonym.) die Stellenbeschreibung bzw. ihren Lebenslauf (von Corina, anonym.) und überprüft, dass sie dort hin geschrieben hätte, sie könne m.d. Computer umgehen – Training sei nicht dafür da, sich mit diesen Dingen zu beschäftigen – damit würden sie Zeit verlieren; jetzt sollen sie zu Hause ctrl C+V üben… sie weiß nicht, wo auf der Tastatur ctrl ist" (FTB V:17, 17.Mai 2012).

Training

Waren auf diese Art und Weise über einige Tage und Wochen hinweg ausreichend Kandidat*innen rekrutiert worden, wurde ein einwöchiges Training für diese Gruppe organisiert; danach hospitierten die Teilnehmer*innen eine Wochen bei erfahrenen Operator*innen und fingen danach an zu arbeiten, zunächst für einen Probemonat.

Im Training wurde vor allem die Promotionsaktion vermittelt, die die Operator*innen am Telefon verkaufen sollten. Darüber hinaus ging es um die technischen Details der Computer- und Softwarebedienung und des Vertragsabschlusses sowie Verkaufsstrategien. Bereits im Training wurde jedoch betont, dass es keine allgemein passende Lösung gebe, sondern jede*r seinen/ihren eigenen Stil finden müsse. Sprachliche Aspekte wurden im konkreten Bezugskontext der Simulation von Verkaufsgesprächen thematisiert. Der Trainer gab hier

---

denn in Italien sind sehr viele (.) ausländische Personen die da arbeiten (.) die nicht die nicht italienisch sind aber die da arbeiten und deswegen ist es kein Problem und so ein Akzent naja (.) ein paar Probleme sind auch nicht nötig dass Problem (3)."

Hilfestellungen, wie bestimmte Aspekte überzeugender, eleganter oder auch unkomplizierter (und deswegen weniger fehleranfällig) formuliert werden können. Ein Beispiel dafür ist die folgende Szene, die ich am zweiten Trainingstag notiert habe: Ein Trainee formulierte: „il telefono rimane alla sua disposizione" und Arcardi empfahl als Alternative „il telefono rimane il suo" (FTB IV:11, 15.05.2012). Das Training verlief meist ähnlich, wurde aber im Ablauf flexibel gehandhabt und nicht durch didaktische oder Informationsmaterialien ergänzt.[499] Die Trainees mussten sich alles Wichtige selbstständig notieren.[500]

6.1.4.2 Implizite und explizite Regeln des sprachlichen Marktes Univerconnect

Seit Bestehen des Unternehmens arbeitete Univerconnect ausschließlich mit einem einzigen Kunden (einem italienischen Handyanbieter) zusammen und erledigte für diesen einen einzigen Auftrag. Einzige Ausnahme war ein kurzer Versuch mit Handyabonnements gewesen, der aber seitens der Auftraggeber rasch wieder eingestellt wurde (siehe Eugen/S6/T24).

Dies bedeutete für die Operator*innen, dass sie sich voll und ganz auf die Promotionsaktion konzentrieren konnten, rasch sprachliche Routinen entwickelten und mit wiederkehrenden Konstruktionen arbeiteten. Gleichzeitig bedeutete das, vor allem für die erfahreneren Operator*innen, dass die Arbeitstage sehr monoton sein konnten.

Verkaufsgespräche

Für den Zweck des Trainings und als Orientierung für Anfänger*innen gab es einen Gesprächsleitfaden, es wurde jedoch erwartet, dass die Operator*innen eigene Strategien entwickelten und gemäß den jeweilgen Erfordernissen einer Situation improvisierten. Der einzige streng standardisierte Teil des Gesprächs war der sogenannte *vocal order*, also der mündliche Vertragsabschluss, der vorgelesen und aufgenommen wurde.[501] Solange sie effizient waren, wurde den

---

499 Ich habe an nur einem Training teilgenommen: demjenigen, das auch Natalia (6.2) besucht hat.
500 Dies machte sich in der Trainingssituation, die ich in 6.2.4.2 ausführlicher interpretiere, deutlich bemerkbar, da die Trainees bei den Verkaufssimulationen hier nur auf ihre eigenen (unvollständigen) Notizen zurückgreifen konnten.
501 Die/der Operator*in versetzte den/die Kund*in kurz in den Wartemodus, rief dann eine bestimmte Nummer an und gab einen Code ein, wodurch veranlasst wurde, dass dieser Teil des Gesprächs aufgenommen wurde. Dann wurde der Vertrag vorgelesen und die/der Kund*in musste zweimal seine/ihre Zustimmung geben. Für die

Möglichkeiten der Gesprächsführung höchstens durch die persönliche Kreativität Grenzen gesetzt. So bestand z.B. die Strategie von Denis darin, die Kund*innen erst einmal in ein Gespräch zu verwickeln, was er bewerkstelligte, indem er sich nach ihrer Zufriedenheit mit dem Handy und ihrem bestehenden Vertrag erkundigte, obwohl er für die Behebung solcher Schwierigkeiten überhaupt nicht zuständig war. Andere Operator*innen wie Oksana präsentierten das Angebot geradeheraus und wendeten keine besonderen Überzeugungsstrategien an (siehe auch Oskana/S32).

Koordinator Leandru beschrieb den Grad an (Nicht-)Standardisierung folgendermaßen:

> „bine începutul prezentării ofertei este cam cam este tot același [A: îhi] adică bine fiecare operatorul în modul său [A: îhi] dar există un așa un început care ori vrai nu vrai trebuie să-l începi vorba [A: îhi] că n-ai să spui buna ziua ce mai faci (lacht) [A: da] buna ziua sunt de la (Handyanbieter, anonym.) [da] în rest deja prezentarea ofertei și face fiecare individual sigur le dăm anumit un anumit ghid [A: îhi] pentru a putea începe cu ceva [A: îhi] dar pe parcurs . eu insist ca fiecare să-și facă modul său [A: îhi] de a prezenta ceva [A: îhi] pentru că nu e neapărat ceea ce scrie pe foaie este cel mai bun [A: îhi] model"[502]

Im Training wurde immer wieder betont, dass der Anfang des Gesprächs ausschlaggebend sei, um Aufmerksamkeit zu erregen und die Leute überhaupt für das Angebot zu interessieren:

> „[Arcadi] erklärt nochmal, dass der Anfang wichtig ist – früher hätten sie alle mit Script gearbeitet, aber das funktioniere nicht; ‚fiecare are tecnica sau' Leute sollen ihre Technik entwickeln" (FTB V, 1; auch FTB III, 22, 14.05.2012).

Operator*innen war dieser Teil des Gesprächs kritisch, weil bei Fehlern oder Unterbrechungen die Aufnahme wiederholt werden musste. Die Kund*innen erhielten den Vertrag danach jedoch noch schriftlich nach Hause und mussten ihn unterschreiben, konnten ihn aber auch innerhalb von zehn Arbeitstagen annullieren.

502 Dt. „gut der Beginn des Gesprächs ist ungefähr ungefähr der gleiche [A: əhə (.)] das heißt klar jeder Operator auf seine Art [A: əhə (.)] aber es gibt so einen Anfang den ob du willst oder nicht du musst das Gespräch beginnen [A: əhə (.)] du kannst nicht sagen hallo wie geht's (lacht) [A: ja] guten Tag ich bin von (Handyanbieter, anonym.) [A: ja] ansonsten noch die Präsentation des Angebots und das macht jeder individuell alleine klar geben wir einen bestimmten Leitfaden [A: əhə (.)] damit sie mit etwas anfangen können [A: əhə (.)] aber im Verlauf (.) bestehe ich darauf dass sich jeder seine Art macht [A: əhə (.)] etwas zu präsentieren [A: əhə (.)] denn das was da geschrieben steht ist nicht unbedingt das Beste [A: əhə (.)] Modell."

Außerdem betonte Trainer Arcadi, dass die Operator*innen selbst begreifen müssten, dass es sich um ein vorteilhaftes Angebot handele, um das dann auch überzeugend zu vermitteln (FTB III, 24, 14.05.2012).

Das Promotionsangebot bestand darin, den Kund*innen eine zusätzliche Prepaid-Karte anzubieten (die selbst nichts kostete, aber zwei Jahre lang verbindlich mit je 10 Euro pro Monat aufgeladen werden musste). Zusätzlich dazu sollte es ein kostenloses Smart-Phone geben, welches auch das entscheidende Argument in den Überzeugungsstrategien war. Weitere Argumente waren, dass der Handytarif zu diesem Zeitpunkt der günstigste Prepaid-Tarif auf dem Italienischen Handymarkt war und dass es weitere auf die speziellen Telefoniergewohnheiten der Kund*innen abgestimmte Angebote gab. Während die meisten Operator*innen, bei deren Arbeit ich hospitiert habe, den Gesprächseinstieg und die Präsentation des Angebots immer ähnlich oder identisch machten, variierte der weitere Verlauf des Gesprächs je nach Reaktion der Kund*innen (siehe Natalia 6.2.4.3 und Oksana 6.3.4.3). In diesem Teil der Gespräche waren dann auch besondere Überzeugungsstrategien gefragt. Der Dauer des Gesprächs war seitens der Arbeitsabläufe keine Grenze gesetzt. Leandru erklärte, dass ein erfolgreiches Gespräch (allein wegen des formellen Vertragsabschlusses) mindestens zehn Minuten dauerte, aber auch sehr viel länger sein könne. Ein Blick in die Tagesstatistik zeigte ihm, dass das längste Gespräch an diesem Tag bisher 34 Minuten gedauert hatte.

Was die Anzahl der Verträge betraf, die pro Operator*in an einem Tag abgeschlossen wurden, ging der Koordinator Leandru von ca. ein bis drei Verträgen pro Tag (bei Vollzeit und durchschnittlichem Engagement) aus. Die aktuelle Statistik am Tag unseres Gesprächs besagte, dass 11% der Leute, mit denen ein Gespräch zustande kam, das Angebot annahmen. Die rein statistische Anzahl von Anrufen pro Operator*in hing davon ab, ob überhaupt jemand ans Telefon ging und wie weit die Gespräche geführt wurden.

Schriftlichkeit

Wenn Kund*innen das Angebot ablehnten, mussten die Operator*innen Gründe dafür in die Datenbank eingeben. Hierbei wählten sie aus einer Liste aus (FTB IV:21, 16.05.2012). Außerdem war zu notieren, wenn ein Anrufbeantworter ran ging, die Kund*innen zu einem späteren Zeitpunkt zurückgerufen werden sollten o.ä. Diese Gesprächsnotizen sind die einzige Form des Schreibens, die unmittelbar mit dem Arbeitsprozess zusammenhängt (siehe Oksana/S12/T70-75 und 6.3.4.1).

Diese Notizen mussten für die Kolleg*innen verständlich sein, Stichwörter waren jedoch in den meisten Fällen ausreichend. In den Italienischkursen wurde dennoch auf Orthographie und Schriftlichkeit Wert gelegt und auch der Eingangstest vor einem Vorstellungsgespräch war schriftlich. Ich führe das auf ein wenig differenziertes Verständnis sprachlicher Kompetenzen zurück, wo Schriftlichkeit integraler Bestandteil „guter" Italienischkenntnisse ist und auch Schriftlichkeit und Grammatik weitestgehend gleich gesetzt werden. Ich habe die Direktorin Kira, die für die Personalrekrutierung zuständig war, dazu jedoch nicht befragt.

Einsprachigkeit Italienisch vs. mehrsprachige Praxis

Univerconnect wird als Raum einsprachig Italienisch gedacht, wodurch ein peripherer Markt entsteht, auf dem Italienisch die einzige uneingeschränkt legitime Sprache ist. Dadurch, dass Italienisch die einzige explizit formulierte Zugangsvoraussetzung zum Call-Center für alle Angestellten (mit Ausnahme von ein bis zwei Personen in der Verwaltung) ist, steht es auch allen Menschen in diesem Raum als Verkehrssprache zur Verfügung. Das unterscheidet Univerconnect deutlich vom alltäglichen Leben außerhalb (in Chișinău), das in soziolinguistischer Hinsicht durch den ständigen Aushandlungsprozess der Sprachwahl Rumänisch oder Russisch geprägt ist.

Italienisch steht aber als Verkehrssprache nicht nur zur Verfügung, sondern es herrscht die offizielle Maßgabe, dass im Telefonraum, dem Herzen des Call-Centers, nur Italienisch gesprochen werden soll. Hieran wird sich in der Praxis nicht gehalten (siehe 6.3.4.2), aber insbesondere im Falle von Konflikten zwischen anderen Sprachen kann sich darauf berufen werden.

Als Begründung der italienischen Einsprachigkeit benannte Leandru ethische, praktische wie auch pädagogische Aspekte.

„operatorii se adresează de tine în italiana este mai ușor pentru că vorbiți despre lucrurile pe care ei după asta și vorbesc în italiana . este - este și mai ușor pentru că . sunt termine italiane [A: aha] cînd voi folosiți dar la mine este interzis să vorbești o alta limbă decît italiana aici [A: A:] da . pentru că nu ar fi corect fața de clienți . [A: aha] adică dacă spre exemplu eu stau anume cu clientul și colegul de alăturia vorbește în alta limbă [A: ahA] nu ar fi corect pentru clenți să . sa audă o alta limbă […] se aude cînd mai vorbește cineva de alături . [A: A:] oricum se aude [A: da da da da] oricum se aude [A: da] plus la asta vorbind exclusiv în italiană ecscizerezi mai repede limba [A: da] da . chiar dacă ai făcut o greșeală - mai auzi pe cineva de alăturia că a folosit cuvîntul într-un alt mod mai întai . cineva îți mai face o observație uite aici ai greșit aici e chip ai putut să spui așa [A: îhi] și să (înțelegi) mai repede limba [A: ihi] respectiv și capacitățile [A: îhi] tale profesionale"[503]

Wenn er sagt, es sei den Kunden gegenüber „nicht korrekt", wenn sie am Telefon (im Hintergrund) noch etwas anderes hören würden, als Italienisch, geht es wohl in Wirklichkeit darum, den wahren Standort von Univerconnect geheimzuhalten, also um eine abgemilderte Variante des „locational masking" (Sonntag 2009:9). Darüber hinaus sagt er aber auch, dass es einfacher sei, während der Arbeit ausschließlich Italienisch zu reden, um nicht umschalten zu müssen, zumal wenn es um die gleichen Dinge gehe. Dies kann auch ein Hinweis auf die funktionelle Verteilung sprachlicher Ressourcen in den Repertoires sein: Viele der Operator*innen verfügen nicht unbedingt über das spezifische Vokabular zum Thema Handys, Handyverträge, Prepaidkarten oder sogar Bankverbindungen und Kreditkarten in ihrer Erstsprache. Dies wurde im Training deutlich, dass der Idee nach ebenfalls auf Italienisch ablaufen sollte. In der Tat wurde aber das auf Italienisch gesagte meist noch einmal erklärend auf Rumänisch paraphrasiert.[504]

---

503 Dt. „die Operatoren sprechen dich auf Italienisch an das ist leichter weil ihr über Sachen redet über die sie danach auf Italienisch reden (.) es ist (-) es ist leichter weil es italienische Begriffe sind [A: aha] wenn ihr die verwendet aber bei mir ist es verboten dass du eine andere Sprache als Italienisch hier sprichst [A: a:] ja weil es gegenüber den Kunden nicht korrekt wäre [A: aha] das heißt wenn zum Beispiel ich mit einem Kunden spreche und der Kollege neben mir spricht in einer anderen Sprache [A: aha] wäre es nicht in Ordnung wenn der Kunde eine andere Sprache hören würde (…) man hört das wenn noch jemand daneben spricht [A: a:] hört man sowieso [A: ja ja ja ja] das hört man sowieso [A: ja] und außerdem wenn man ausschließlich Italienisch spricht übst du schneller die Sprache [A: ja] ja (.) und selbst wenn du einen Fehler gemacht hast (-) hörst du noch jemanden in der Umgebung der das Wort zuerst auf eine andere Weise verwendet hat (.) jemand weist dich auf etwas hin schau hier hast du einen Fehler gemacht hier ist ein Sache du hättest es auch so sagen können [A: əhə (.)] und so übst du schneller die Sprache [A: əhə (.)] und dementsprechend auch deine beruflichen Fähigkeiten."

504 Die Trainingsgruppe, in der ich hospitierte, hatte besondere Schwierigkeiten, weil sie weder Erfahrung im Telemarketing, nochh mit Handy-Telekommunikation oder im Umgang mit dem Computer hatten. In einem Gespräch nach dem ersten Trainingstag nahm Trainer Arcadi eigeninitiativ dazu Stellung: „er fragte mich, ob ich Italienisch könne (hatte offens. Sorgen gehabt, dass ich das nicht verstünde – möglicher Weise gar deswegen relativ viel Rumänisch gesprochen?) – dann rechtfertigte er die Tatsache, dass er viel Rumänisch gesprochen habe, damit dass es ja anders keinen Zweck hätte, wenn die Leute das nicht verstünden; ansonsten meinte er, dass es am Anfang schwierig sei,wegen der ganzen techn. Termini, aber damit kämen sie dann schon klar;" (FTB IV:8, 14.05.2012).

Leandru hat aber auch die realen und erwünschten Ausbauprozesse im Blick – da die kommunikativen Kompetenzen sowie Verkaufsstrategien u.a. in sprachlicher Hinsicht bei den meisten Operator*innen deutlich ausbaufähig sind (und auch ein autonomes Lernen erwartet wird), haben sie umso mehr Gelegenheit, voneinander zu lernen und zu praktizieren, desto mehr sie Italienisch sprechen. Neben den Kund*innen am Telefon hören die Operator*innen (und erst recht die Team-Leader und der Koordinator, die weniger bzw. gar keine Verkaufstelefonate führen) sich vor allem gegenseitig Italienisch reden. Es wäre spannend zu sehen, ob sich durch diesen relativ abgeschlossenen Kreislauf sprachlichen Inputs und sprachlicher Praxis ein Art Univerconnect-spezifischer Slang herausbildet. Am deutlichsten bemerkbar ist ein eigener Stil im mehrsprachigen Modus, über den einsprachig italienischen Modus kann ich auf Grund meiner Datenbasis aber keine Aussage treffen.

Auf der Ebene der Prosodie wirkt sich der Sprachkontakt auch auf die Sprechweise v.a. der routinierten Sprecher*innen im Rumänischen aus. Die Feststellung eines italienischen „Akzents" im rumänischen Modus war zunächst eine spontane Sprachbewertung meinerseits und auch der russischsprachigen Transkriptorin.[505] In einer weiten Definition transkodischer Markierungen bei Lüdi/Py (2003:142) gehen auch prosodische Elemente auf, die als solche nur Bedeutung haben, wenn sie vom Gegenüber in der Interaktion zur Kenntnis genommen werden. Bei näherer Betrachtung ist festzustellen, dass diese Bewertung auf Grund der Intonation, also Tonhöhe, entsteht. Cohal (2014:230), der dieses Phänomen bei Rumän*innen in Italien wahrnimmt, spricht von einem „calco prosodico" bzw. einer „intonazione italianeggiante". Hierdurch entsteht der Eindruck einer größeren Melodiosität der Äußerungen. Sowohl bei Anatol als auch bei Leandru besteht das am deutlichsten hörbare Phänomen darin, dass auf dem Wortakzent die Tonhöhe verändert (erhöht) wird. Am Wortende wird dies mit einer quantitativen Verlängerung des Vokals kombiniert[506], der unter Umständen eine (Denk-)Pause innerhalb eines Turns ersetzt.

Leandru fügte auch an einigen Stellen Vokale an, wo Lexeme auf einen Konsonanten enden, insbesondere wenn eine Pause folgt und nicht unmittelbar ein weiteres Wort, das gegebenenfalls mit Vokal beginnt (ein Beispiel hierfür war: „mi-am descărcat de pe internet=ă:").

---

505 In den Anmerkungen zum Transkript hieß es: „в речи преобладает итальянский акцент" (dt. „in der Rede herrscht ein italienischer Akzent vor").

506 Dies ist hier durchaus im Sinne einer kategorischen Unterscheidung von distinktiver und kombinatorischer Vokallänge zu verstehen (Stammerjohann 1988:6).

Die Operator*innen umgehen das Italienisch-Gebot regelmäßig, sprechen untereinander Rumänisch/Moldauisch und/oder Russisch, teilweise auch in Interaktionen mit den Team-Leadern und dem Koordinator (siehe Oksana/Arbeit/ T123-126 und 6.3.4.2). Ich habe keine Situation beobachtet, wo die Operator*innen deswegen ermahnt worden wären. Die Team-Leader und der Koordinator stehen aber selbst unter einem größeren Druck, den offiziellen Maßgaben zu folgen und auch in solchen Situationen auf Italienisch zu antworten.[507]

Rolle des Rumänischen und Russischen

Die große Mehrheit der Operator*innen hat Rumänisch/Moldauisch als erste Sprache, es gibt aber auch eine Reihe von Russophonen (außer Oksana z.B. Ivan) oder zweisprachig aufgewachsenen Angestellten.

Die Hauptkommunikationssprache für informelle Gespräche ist deswegen Rumänisch, trotz des offiziellen Gebots der italienischen Einsprachigkeit. Vor allem in Pausensituationen etc., wo die Italienisch hatte als Vehikularsprache auch dort in Privatgesprächen eine Funktion, wo rumänisch- und russischsprachige Operator*innen sich unterhielten, die jeweils nur geringe produktive Kompetenzen in der anderen Sprache hatten, wie z.B. beim russophonen Ivan und seinem rumänischsprachigen Freund und Kollegen Mișa. Die beiden griffen jedoch (z.B. im gemeinsamen Interview mit mir) auch auf das Prinzip der ‚passiven Zweisprachigkeit' zurück, welches sie mir gegenüber folgendermaßen schilderten:

Anna: да – а ну посколько я видела ну как вы . обычно общаетесь на на румынском или на итальянском
Mișa: нет . я плохо раговариваю на русском – поэтому нам легче на итальянском
Anna: аха окей
Ivan: да ну если на румынском мы пытаемся там
Mișa: он не разговаривает на румынском а я на русском не разговариваю
Anna: аха аха
Ivan: вот нашлись . s soluzione
Anna: да -
Ivan: да третий вариант да – [Mișa lacht]
Anna: это окей то есть чаще на итальянском или чаще на румынском э: или на русском.

---

507 Während meines ersten Gesprächs mit Leandru, das wir im Telefonsaal an seinem Arbeitsplatz führten (trotz des Italienisch-Gebots auf Rumänisch), wendete sich eine Operatorin auf Rumänisch an ihn und behielt diesen Modus auch in allen Turns bei. Leandru gab kurze Antworten auf Italienisch, ermahnte sie aber nicht, ebenfalls Italienisch zu sprechen.

Mişa: не: . va be c'è io come lui cap cappiamo communque tutto . [A: ыхы .] come lamentiamo (ivan, anonym.) -
Ivan: ну когда как получается.
Anna: (lacht) окей
Mişa: да
Ivan: без замечаний да на трем языку - да одно слово так одно слово так одно так.
Anna: ыхы.
Ivan: в одной фразе три языка нормально [A: lacht] интернациональные пацаны=
Mişa: cel mai mult el vorbeşte: . oricum madrelingua [A: ыхы . ыхы .] cînd vre să exprime ceva . să mă să zicem şai . şaptezeci de procente vorbeşte italiana [A: ыхы .] rest rusă [A: ыхы . ok] la fel şi eu [ыхы .] italiana şi romînă [ыхы .] oricum înţelegem [A: ыхы .] poligloţi[508]

---

508 Dt. „Anna (auf Russisch): ja (-) aber also insofern ich gesehen habe als wie ihr (.) euch normalerweise unterhaltet auf auf Rumänisch oder auf Italienisch
Mişa (auf Russisch): nein (.) ich spreche schlecht Russisch (-) deswegen ist es für uns leicht auf Italienisch
Anna: aha okay
Ivan (auf Russisch): ja aber wenn auf Rumänisch geben wir uns da auch Mühe
Mişa (auf Russisch): er spricht nicht Rumänisch und ich spreche kein Russisch
Anna: aha aha
Ivan (auf Russisch und Italienisch): also wir haben für uns eine Lösung gefunden
Anna: ja (-)
Ivan (auf Russisch): eine dritte Alternative ja (-) [C lacht] [Anm. es gibt auch ein Buch und einen Film mit dem Titel третий вариант, möglicherweise handelt es sich hier um einen stehenden Begriff]
Anna (auf Russisch): das ist (.) okay also häufiger auf Italienisch oder häufiger auf Rumänisch äh oder auf Russisch
Mişa (auf Italienisch): nee (.) also gut es ist so dass ich wie er fast alles ver verstehe (.) [A: əhə (.)] wie wir uns beschwert haben Ivan (–) [Anm. die Verwendung des Verbs *lamentare* ist hier möglicher Weise vom moldauischen Rumänisch geprägt, wo *a lamenta* auch für „erklären" verwendet wird]
Ivan (auf Russisch): naja wenn wie es sich ergibt (.)
Anna: (lacht) okay
Mişa: ja
Ivan: ohne Kommentar ja auf drei Sprachen (-) ja ein Wort so ein Wort so eins so (.)
Anna: əhə (.)
Ivan (auf Russisch): in einem Satz drei Sprachen normal [lacht] internationale Typen
Mişa (auf Rumänisch/Moldauisch): am meisten spricht er (.) sowieso in der Muttersprache [A: əhə (.) əhə (.)] wenn er etwas ausdrücken will (.) dass ich mich sagen wir mal sech (.) siebzig Prozent spricht er Italienisch [A: əhə (.)] Rest Russisch [A: əhə (.) okay] und das

Dass Rumänisch unausgesprochen Vorrang vor dem Russischen hatte, zeigte sich z.B. an der Interaktion der beiden Direktor*innen. Kira bevorzugte eigentlich Russisch, Eugen berichtete, sein irgendwann mal ausgebautes Russisch mangels Praxis vergessen zu haben. Mehr noch fanden die beiden erst durch mein „Vorstellungsgespräch" zufällig heraus, dass sie beide Russisch studiert hatten, was Kira sehr überraschte, die Eugen offensichtlich noch nie mit Russisch in Verbindung gebracht hatte, was in Anbetracht seiner bisweilen deutlich rumänistischen Positionen kein Wunder ist. Diese faktische Rumänischdominanz führte dazu, dass einige (russischsprachige) Operator*innen nicht nur deutliche Ausbauprozesse im Italienischen, sondern auch im Rumänischen verzeichneten (siehe Oksana S20/T174).

Vereinzelt wurden auch in Interviews mit rumänischsprachigen Mitarbeiter*innen, darunter auch Direktor Eugen, gängige anti-russische Diskurse mobilisiert (Ressentiments gegen die russischsprachige Bevölkerung, die sich weigere, Rumänisch zu sprechen). So berichtete Eugen (S10/T48), dass ihn die interethnischen Konflikte Anfang der 90er wegen ihrer Brutalität schockiert hätten, er aber grundsätzlich mit der Gewalt gegen Russophone einverstanden gewesen sei:

> „la chişinău efectiv aici în chişinău unde acuma vorbește auzi rusă peste tot . cine era auzit î vorbind în rusă mînca bătaie . [A: îhi] era bătut . eu am asistat personal . am rămas î . aşa un pic marcat . dar marcat î: . poate un pic de duritatea cu care îi aşa dar î: . am considerat eu căi prea mult . şi aveam î: . ci aveam acolo eu vreo noi ani . î şi am văzut că băteu aşa şi mi so părut căi . prea mult . dar eram convins că trebuia să ia bătaie . [A: (lacht)] căi rus . căi rusofon [A: (lacht)] da la nouă ani eram convins că trebu dar mi so părut prea dur . prea multă bătaie ."[509]

Auch der Name der Sprache war Auslöser für epilinguistische Äußerungen, die sich innerhalb der sprachpolitischen Polaritäten der moldauischen Gesellschaft verorteten. Koordinator Leandru griff diese Ideologie in unserem zweiten

---

Gleiche auch ich [A: əhə (.)] Italienisch und Rumänisch [A: əhə (.)] verstehen wir eh [əhə (.)] Polyglotte."

509 Dt. „In Chişinău hier in der Tat in Chişinău wo du jetzt überall Russisch hörst (.) wer hier Russisch reden gehört wurde bekam aufs Maul (.) [A: əhə (.)] wurde geschlagen (.) ich hab das persönlich erlebt (.) mich hat das ein bisschen (.) geprägt (.) aber geprägt ə (.) vielleicht ein bisschen Strenge mit den die so aber ə: (.) ich war der Ansicht dass das zu viel war (.) und ich war eh war da so etwa neun Jahre (.) ə: und ich habe gesehen dass sie so geschlagen haben so fand ich dass es zu viel ist (.) aber ich war überzeugt dass Schläge sein mussten (.) [A: (lacht)] weil er Russe ist (.) weil er russophon ist [A: lacht] aber mit neun Jahren war ich überzeugt dass das sein muss aber mir erschien das hart (.) zu viel Prügel (.)."

Gespräch von sich aus auf, als ich fragte, ob die Hauptmotivation für ihn, sich dem anstrengenden Prozedere der Beantragung der rumänischen Staatsbürgerschaft zu unterwerfen, darin bestünde, seine in der Europäischen Union lebenden Familienmitglieder auf unproblematischerem Wege besuchen zu können.

> „bine mai este și o cheste că - întradevăr consider că vorbesc limba romînă . [A: îhi .] pentru că propaganda sovietică ne-au învățat că noi vorbim . moldovenească de fapt nu există o limba [A: îhi=] ca moldovenească . multă lumea se mai încăpățînează și în ziua de azi spunînd că suntem moldoveni [A: îhi .] și vorbim moldovenească . cheste care eu nu . eu nu înțeleg . adică - pentru mine e un non sens"[510]

Leandru bediente den rumänistischen Diskurs, indem er im Glottonym-Streit auf die Bezeichnung *limba romînă* insistierte. Gleichzeitig konstruierte er diese sprachliche Identität als Grund oder Basis für die rumänische Staatsbürgerschaft, was strenggenommen ein unionistisches Argument ist. Möglicherweise war dies nicht intendiert, sondern hatte viel mit meiner Rolle als Außenstehender zu tun, der er die moldauischen Verhältnisse erklären wollte, zumal der Hauptgrund für sein Interesse am rumänischen Pass wie bei den meisten Moldauer*innen die Reisefreiheit war. In jedem Fall zeigen diese Sequenzen, dass die gesellschaftlichen Diskurse auch hier mobilisierbar waren. Ihre Relevanz veränderte sich aber durch das Italienische als gemeinsame Verkehrssprache und geteilte Ressource.

6.1.4.3 *Sprachliche Repertoires der Operator*innen*

Ausgehend von ihren Italienischressourcen können sprachbiographisch vier Prototypen an Operator*innen ausgemacht werden. Unterscheidungskriterien dabei sind: geographischer bzw. sozialer Kontext (Siegel 2003) der Italienischaneignung (vornehmlich Italien oder Moldova) und Umstände der Aneignung (formell, d.h. in einem institutionalisierten sprachdidaktischen Kontext, oder informell, d.h. weitestgehend autodidaktisch). Diese Unterscheidung hat auch heuristischen Wert für die Restrukturierungsprozesse im Arbeitsprozess, der Erreichbarkeit und der Reichweite der Italienischressourcen. Dies betrifft die Herausforderungen, vor die die Operator*innen durch ihre Arbeit bei Univerconnect gestellt waren und die Perspektiven, die die Lernprozesse auch für die

---

510 Dt. „gut es gibt noch eine Sache dass (-) ich in der Tat der Ansicht bin dass ich Rumänisch rede (.) [A: əhə (.)] denn die sowjetische Propaganda hat uns beigebracht dass wir (.) Moldauisch sprechen in Wirklichkeit gibt es so eine Sprache [A: əhə=] wie Moldauisch nicht (.) viele Leute eifern sich auch heute noch indem sie sagen wir sind Moldauer [A: əhə (.)] und reden Moldauisch (.) eine Sache die ich (.) ich nicht verstehe (.) das heißt (-) für mich ist das Unsinn."

zukünftige Reichweite von sprachlichen Ressourcen im beruflichen Kontext bedeuteten.

Ausgang nahm diese Typologie bei der Unterscheidung der Direktorin Kira, dass die Angestellten im Hinblick auf ihre Italienischressourcen in zwei Gruppen unterschieden werden könnten: diejenigen, die Italienisch in Moldova studiert haben und diejenigen, die in Italien gelebt und gearbeitet haben.[511] Bei näherer Betrachtung ergab sich aber, dass die erste Gruppe differenziert werden muss (in die Generation der Arbeitsmigrant*innen selbst und deren Kinder) und eine weitere hinzugenommen (diejenige der Autodidakt*innen, die noch nie in Italien waren).

> „noi avem două categorii de persoane . în baza studierii . persoanele care au studiat . aicea (klopft auf Tisch) . la şcoală la universitate . italiana . şi persoanele care au învăţat italiana lucrînd în Italia . [A: mh .] ei se diferă unul de la altul de ce . cei care au studiat aicea . au foarte bună bază de gramatică . [A: îhm .] dar nu . ştiu . destul de bine să vorbească [A: mh .] nu au experienţă de vorbă . şi invers . persoanele care au lucrat în italia şi s-au întors . ei au nvăţat . limba italiană vorbindo . şi deaceea vorbesc foarte bine dar nu au . nu ştiu cum să scrie ceea ce vorbesc adică nu au bază gramatică ."[512]

Kira benannte das Vorhandensein eines Studiums als Kriterium, das für eine gute grammatische Basis und Schriftlichkeit sorgen würde. Personen, die in Chişinău, an der Universität oder in der Schule Italienisch gelernt haben, hätten dafür aber keine Erfahrung in der mündlichen Kommunikation.

---

511 Direktor Eugen sah diese Unterscheidung nicht so deutlich: „(E., anonym.) meinte, dass 99% ihrer Operatori in Italien arbeiten gewesen seien (anders als das, was letztens (Kira, anonym.) erzählt hatte." (FTB I, 4)

512 Deutsch: „wir haben zwei Kategorien von Personen (.) auf Basis des Studierens (.) Personen die studiert haben (.) hier (klopft auf den Tisch) (.) in der Schule auf der Universität (.) Italienisch (.) und Personen die Italienisch gelernt haben während sie in Italien gearbeitet haben (.) [A: mh (.)] sie unterscheiden sich einer vom anderen warum (.) die die hier studiert haben (.) haben eine sehr gute Basis an Grammatik (.) [A: îhm] aber sie (.) können nicht (.) gut genug reden [A: mh (.)] sie haben keine Erfahrung mit dem Sprechen (.) und umgekehrt (.) die Personen die in Italien gearbeitet haben und zurückgekommen sind (.) sie haben Italienisch gelernt (.) durchs Sprechen (.) und deswegen sprechen sie sehr gut aber sie haben keine (.) sie wissen nicht wie man schreibt was sie sprechen das heißt sie haben keine grammatische Basis (.)"

Tabelle: *Beschäftigte nach Italienischressourcen (Aneignungsformen und -bedingungen)*

	Autodidaktisch	Institutionell
Italien (*dominant L2*)	(Typ 1) Arbeitsmigration (informelle Lernumgebung[513])	(Typ 2) 2. Generation – Kinder von Arbeitsmigrant*innen, die die Schule besuchen (Submersion[514])
Moldova (*external L2*) (Italienisch als Fremdsprache)	(Typ 4) private Gründe bzw. autodidaktisches Lernen in MD (zu prof. Zwecken)	(Typ 3) Studierende/ Schüler*innen, die in MD (bzw. einem nicht-italienischsprachigen Land) Italienisch studiert haben

Die Unterscheidung zwischen *dominant* und *external L2* beruht auf den Unterscheidungskriterien des sozialen Kontextes von Zweitsprachaneignung bei Siegel (2003:179), die nach Sprecher*innen, deren Lebensmittelpunkt und dem sozialen Status der L2 fragen.[515] Mit *dominant L2* ist dann gemeint, dass die Lerner*innen sich in einer Lernumgebung aufhalten, wo die gelernte Sprache (für sie die L2) Mehrheitssprache ist und in allen Domänen des alltäglichen Lebens gesprochen wird. Eine *external L2* wird (gar) nicht für alltägliche kommunikative Funktionen in diesem sozialen Kontext verwendet.

Direktorin Kira (u.a.) unterschied zwischen 1 und 3, wobei sie Typ 4 schlichtweg übersah und 1 und 2 vermutlich zusammenfasste.[516] Für das sprachliche Repertoire macht es jedoch einen großen Unterschied, weil diejenigen, die über einen längeren Zeitraum eine Schule in Italien besucht haben, tendenziell über ausgebaute, d.h. literate Ressourcen verfügen, die für Typ 1 eher schwer erreichbar sind. Gleichzeitig ist das für die Arbeit als Operator im Call-Center mehr oder weniger irrelevant, weil hier so gut wie nichts geschrieben werden muss. Ein

---

513 Die Lernprozesse unter diesen Bedingungen nennen Moşneagă et al. (2011:7) „din mers".
514 Die Schüler*innen besuchen einsprachig italienischsprachige Schulen, in denen es keine gesonderten Förderprogramme für Kinder gibt, deren L1 nicht Italienisch ist (Siegel 2003:193). Die Begriffe Immersion (für eine majorisierte Sprecher*innengruppe) und Submersion (für eine minorisierte) beziehen sich auf den schulischen Kontext (ebd.; García u.a. 2006:15).
515 Außerdem unterscheidet er noch zwischen coexisting L2, institutional L2 und minority L2.
516 Die Mitarbeiterin des Arbeitsamtes erwähnte jedoch diesen Typ 2 (nicht jedoch Typ 1) neben Typ 3.

weiterer wichtiger Aspekt der Generationenfrage sind jedoch altersspezifische Register, die unter Umständen eine größere Vertrautheit mit dem sprachlichen Feld der Handys und Handyverträge mit sich bringen.

Die Prototypen-Unterscheidung deutet also zunächst erwartbare Unterschiede in der Struktur der sprachlichen Repertoires an. Dies wiederum hat Auswirkungen darauf, wie sie sich an die kommunikativen Erfordernisse des Jobs anpassen, welche Lernstrategien erforderlich sind und welche Formen der Restrukturierung sprachlicher Repertoires daraus resultieren. Es lassen sich Tendenzen erkennen, für wen die Arbeit bei Univerconnect einen Zugewinn an Kompetenzen bedeutete, die auch jenseits der Arbeit in diesem Call-Center von Bedeutung sein konnten.

Im Einzelfall bei der Rekonstruktion sprachlicher Biographien ist es jedoch gleichzeitig wichtig, wie unterschiedlich auch bei der Erfüllung ähnlicher Kriterien individuelle Verläufe sind.

Typ 1: Personen, die im Erwachsenenalter aus größtenteils ökonomischen Gründen, zum Geldverdienen nach Italien migriert und von dort nach einer bestimmten Zeit zurück nach Moldova gekehrt sind. Sie hatten in den meisten Fällen keine vorherigen Kenntnisse des Italienischen und haben es sich vor Ort, in der Regel ohne Besuch von Sprachkursen oder Bildungsinstitutionen, angeeignet. Zeiträume, Art der getätigten Lohnarbeit und vorherige Qualifizierung sorgen hier für eine große Bandbreite von Persönlichkeiten und Biographien.

Nicht selten haben die Repräsentant*innen dieses Typs höhere Bildung, arbeiten aber in Italien nicht entsprechend ihrer Qualifikation in Familien, im Baugewerbe oder der Gastronomie. Die Ausbildung oder ein Studium verlieren aber durch längere Abwesenheit und fehlende Praxis in dem entsprechend Bereich an Attraktivität für Arbeitgeber*innen (dies berichteten Kira und Natalia). Die vorherige Bildung und der Ausbau der sprachlichen Repertoires sind für die Ausbauprozesse auch im Italienischen relevant. So erleichtert das Vorhandensein literater Ressourcen in einer Sprache den Ausbau in einer anderen.

Die soziale Einbindung in Italien kann großen Einfluss darauf haben, inwieweit das Italienische auch im Bereich der Freizeit eingesetzt wird, was sich wiederum auf das Repertoire auswirkt. Ein weiterer Faktor sind Kinder, die die Schule besuchen, worüber Kontakt zu Bildungsinstitutionen entstehen kann und eventuell synchron zu den Kindern Inhalte und sprachliche Ressourcen gelernt werden.

Die Bedeutung von Gender wird in allen Dimensionen deutlich: Einerseits arbeiteten alle Frauen zumindest am Anfang ihrer Zeit in Italien in Haushalten, während Männer von Arbeiten im Bereich der Gastronomie, der Industrie und des Baugewerbes berichteten. Mit wenigen Ausnahmen hatten die Frauen aus dieser Gruppe Kinder, die teilweise mit nach Italien genommen wurden bzw. hierhin nachzogen, teilweise aber auch in Moldova zurückblieben. In jedem Fall spielten diese Kinder für die Entscheidung nach Moldova zurückzukehren eine Rolle.

Für die Männer bei Univerconnect gilt grundsätzlich, dass sie größtenteils in ihren Zwanzigern sind, wenige gehen auf die vierzig zu und nur einer meiner Gesprächspartner dieses Typs hatte bereits eigene Kinder, erzog diese aber nicht selbst. Kiras Einschätzung zufolge hat die Arbeit bei Univerconnect für diese Personen die Funktion, einen gewissen Zeitraum der Reaklimatisierung in Moldova unmittelbar nach der Rückkehr aus Italien zu überbrücken (siehe Zitat in 6.1.2).

Typ 2: Kinder von Personen, die zum Arbeiten nach Italien gegangen sind, die aber mit oder ohne Eltern, in der Regel nach Abschluss von Schule und/oder Ausbildung zurück nach Moldova gekommen sind, haben mehrere Jahre lang eine italienische Schule besucht und verfügen über ausgebaute Ressourcen des Italienischen inklusive schriftsprachlicher Kompetenzen (diese fehlen dafür unter Umständen in der Erstsprache). Durch den täglichen Kontakt mit Gleichaltrigen verfügen sie zusätzlich über gute kommunikative Fähigkeiten und sind eher mit den technischen Aspekten inklusive spezifischen Registern aus der Domäne der Handykommunikation vertraut.

Operatoren dieses Typs, mit denen ich Interviews geführt habe, sind Dorin und Ivan. Beide waren Anfang 20 und zählten zu den erfolgreichsten Operator*innen bei Univerconnect, sie lernten bei der Arbeit sprachlich vergleichsweise wenig hinzu. Durch ihre umfangreichen sprachlichen Ressourcen konnten sie jedoch im Bereich der Verkaufsstrategien kreative Strategien entwickeln und Erfahrungen gewinnen.

Typ 3: Studierende des Italienischen, die bei Univerconnect einen Teilzeit-Studierenden-Job hatten, waren in der Regel noch nie in Italien. Auf Grund ihres Studiums verfügten sie im besten Falle über solide grammatische Kenntnisse und einen durchaus umfangreichen Wortschatz, der jedoch andere Domänen abdeckte, als diejenigen, die bei Univerconnect gefragt waren. Sie hatten vor Jobbeginn wenig Erfahrungen in der spontanen Kommunikation mit Italiener*innen und mussten mitunter große Hemmungen überwinden. Sie konnten aber gerade im Bereich der mündlichen Kommunikation viel hinzulernen, was ihnen auch im Studium von Nutzen sein konnte. Hieran schließt sich jedoch hinsichtlich der Kommodifizierbarkeit von sprachlichen Ressourcen die Frage an, welche Jobperspektiven der moldauische Arbeitsmarkt für Italienisch-Absolvent*innen bietet.

Direktor Eugen ist ein Beispiel dafür, wie das abgeschlossene Italienischstudium zu einer Arbeitsstelle im Call-Center führt, die auch ohne abgeschlossenes Studium bekleidet werden konnte. Möglicherweise gehen einige dieser Absolvent*innen nach dem Studium nach Italien, von solchen Fällen wurde mir jedoch nicht berichtet.[517] Zu bedenken ist hierbei: Die Typologie betrifft die Belegschaft von Univerconnect, d.h. den biographischen Verlauf bis zur Arbeit im Call-Center, nicht denjenigen danach. Ebenfalls zu diesem Typ zählen ältere Schüler*innen oder Absolventinnen des italienischen Lyzeums (Dante Aligheri) in Chișinău.

Typ 4: Personen, die sich aus unterschiedlichen privaten Motiven autodidaktisch Italienisch beibegracht haben, haben keinen didaktisch angeleiteten Italienischunterricht in einer Institution erfahren. Sie waren teilweise noch nie in Italien (wie Oksana und eine weitere Operatorin, mit der ich ein Gespräch führen konnte), oder nur für kürzere Besuche (wie Projektleiter Leandru, der hier in den Ferien seine Mutter besuchte und bei diesen Gelegenheiten auch temporär in der italienischen Landwirtschaft arbeitete).

Die Eintrittsbarrieren zum Call-Center für diese Personen waren am höchsten, da sie weder auf systematisch ausgebaute Ressourcen vertrauen konnten, noch auf umfangreiche Erfahrungen in der kommunikativen Praxis oder kulturellen Wissen. Für sie waren die temporär eingerichteten Italienischkurse eine entscheidende Voraussetzung zur Vorbereitung auf die Arbeitstätigkeit. Sie erweiterten jedoch während der Arbeit ihre kommunikativen Kapazitäten erheblich, wie auch den Umfang der Konstruktionen in ihrem Repertoire.

Für die Betrachtung der sprachlichen Verhältnisse in Moldova ist diese Gruppe zahlenmäßig weniger relevant als die anderen Gruppen, gleichzeitig ist sie der deutliche Ausdruck davon, dass die Verhältnisse sich so verändert haben, dass Italienisch auf dem sprachlichen Markt Moldovas erreichbar wird.

Die Biographien der einzelnen Vertreter*innen dieser Prototypen unterscheiden sich teils erheblich auch im Hinblick auf Ausbauanlässe und auf Lernstrategien. Was ihnen gemeinsam ist, sind ähnliche Grundbedingungen für den Italienischerwerb. Die Unterscheidung nach Erstsprache verläuft quer zu dieser Typologie – die wenigen dominant russischsprachigen Beschäftigten fanden sich sowohl in Gruppe 1 (Direktorin Kira und eine weitere Person, mit der ich ein

---

517 Es könnte hier eine ähnliche Tendenz bestehen, wie bei den Französisch-Ressourcen im Dorf U. (Weirich 2016a), wo Studium und ausgebaute Französischressourcen und Migrationserfahrung völlig entkoppelt sind.

Gespräch geführt habe), in Gruppe 2 (Ivan), als auch 4 (Oksana und eine weitere Person).

Diese Betrachtung der sprachlichen Repertoires aus Perspektive des Italienischen ist der Tatsache geschuldet, dass Univerconnect als einsprachiger Raum konzipiert wurde und dass das Italienische hier die kommodifizierte Ressource und das einzige Einstellungskriterium war.

Dies ist aber gleichzeitig ein Beitrag zur Relativierung der Perspektive auf Mehrsprachigkeit und die überwiegende Perspektive auf die Erstsprache (unter häufig ethnisierten Kriterien). Dies bedeutet, nicht nur die Restrukturierung der Repertoires zu untersuchen, sondern von vorn herein von sich ständig restrukturierenden Repertoires auszugehen und nicht trotz aller Restrukturierungen einen hypothetischen Normalzustand anzunehmen, wo fiktiven Ressourcen Priorität eingeräumt wird.

Obwohl diese Protoytpen sich in erster Linie auf die Operator*innen beziehen, reproduzierten sie sich exakt auf der Führungsebene: von drei der vier Typen gab es auf der Führungsebene eine Person, Typ 1 und 3 gab es je zweimal. Direktorin Kira, die (gemeinsam mit Kind) viele Jahre in Italien gearbeitet hat, passt prototypisch in Gruppe 1, genauso wie Team-Leader Anatol (der als recht junger und alleinstehender Mann auf der Suche nach Geld und Abwechslung nach Italien gegangen ist). Direktor Eugen und Team-Leader Arcadi sind Typ 3 (haben Italienisch studiert und haben nie in Italien gearbeitet) und mit Koordinator Leandru findet sich selbst ein Typ 4 unter den Führungskräften. Dass ausgerechnet aus Gruppe 2 (der die potentiell am weitesten ausgebauten Italienischkenntnisse zugeschrieben werden) niemand zur Führungsschicht gehörte, lag wohl daran, dass diese Gruppe noch zu jung ist (vgl. 6.1.4.1).

6.2 Natalia (Operatorin, Typ 1)

> **Zur Orientierung:** Natalia stellt den prototypischen Fall einer Univerconnect-Angestellten von Typ 1 dar, die Im Rahmen der Arbeitsmigration nach Italien in einem L2-dominanten sozialen Kontext ausschließlich in informellen Lernumgebungen Italienisch gelernt hat. Nach vielen Jahren ist sie nach Moldova zurückgekehrt und ist auf das Call-Center gestoßen, das italienischsprachige Operator*innen suchte. Sie gehörte zur ersten Generation von moldauischen Migrant*innen in Italien, blieb für einen relativ langen Zeitraum dort und hatte in Erwägung gezogen, auf Dauer dazubleiben. Wie die meisten moldauischen Frauen in Italien lebte und arbeitete sie zunächst für und im Haushalt von Familien mit Kindern, fand dann aber mit Aufenthalts- und Arbeitsgenehmigung ein Arbeitsverhältnis mit regelmäßigeren Arbeitsbedingungen, wo sie am Telefon Kund*innengespräche führte. Zu ihrer transnationalen Migrationserfahrung kommt diejenige der Binnenmigration aus einem Dorf in Südmoldova nach Chişinău, die über die Arbeitsmigration nach Italien finanziell erst möglich wurde. Sie hat ausgebaute Rumänisch- und Russischkenntnisse, nimmt sich selbst als koordiniert zweisprachig wahr und hat eine positive Einstellung gegenüber Mehrsprachigkeit inklusive dem Russsischen. Ihr Italienisch ist nach zehn Jahren Leben und Arbeit in Italien auch im formellen Register flüssig, sie verfügt aber mangels Gebrauch kaum über Erfahrung mit Schriftpraxis.
>
> Die vorliegenden Daten zu ihrer Person geben Aufschluss über die Phase des Trainings und der Einarbeitung im Call-Center und zeigen Schwierigkeiten und Lernprozesse im Bereich der spezifischen Register der Werbesprache, der Handys und der Handyverträge. Sie geben damit auch Aufschluss über die unterkomplexen Maßstäbe der Einstellungsvoraussetzungen bei Univerconnect, die Natalia uneingeschränkt erfüllt.

6.2.1 Situierung des Interviews und Übersicht über den Gesprächsverlauf

Natalia begann Mitte Mai 2012 ihr Training bei Univerconnect, das ich während der gesamten vier Tage beobachten konnte (Ausschnitte dieser Aufzeichnungen werden im Unterkapitel 6.2.4.2 diskutiert). Deswegen kannten wir uns zum Zeitpunkt des Interviews schon vom Sehen und hatten eine gewisse Vertrautheit, als ich zwei Wochen nach Arbeitsbeginn mit Natalia ein einstündiges Interview führte und sie im Anschluss daran noch bei der Arbeit beobachtete.

Natalia hatte eine ausgesprochen ruhige, freundliche und kooperative Art. Während des Trainings versuchte sie immer wieder Corina zur Seite zu springen, die noch massivere Probleme mit der ihnen beiden gänzlich unvertrauten Welt der Smart Phones und Handytarife hatte und beruhigte sie, dass sie mit der Zeit damit schon klarkommen würde. Sie war sehr bemüht, ihren Beitrag zum Interview so zu leisten, dass das Resultat meinen Bedürfnissen und Interessen Rechnung tragen würde. So erkundigte sie sich in T35 sie nach Abschluss des Gesprächs, ob ich mit dem Interview zufrieden sei. Sie sorgte sich während meiner Beobachtungen im Telefonsaal darum, ob ich mich nicht langweilen würde und versicherte mir, dass es für sie angenehm sei, jemanden neben sich zu haben.[518] Während sie erzählte, stellte sie immer wieder explizit eine Verbindung her, indem sie mich direkt adressierte, häufig mit „Doamna Anna" oder mit „știți (de ce)" (dt. „wissen Sie (warum)").[519] Es fällt insgesamt auf, dass sie bei allen ökonomischen und privaten Schwierigkeiten eine überaus positive Einstellung hat, sowohl zu ihrem Leben in Italien, als auch zu ihrem neuen Job bei Univerconnect (S5/T29).

Sie hatte außerdem ein erstaunliches Gedächtnis für ihre eigenen biographischen Daten, wie auch diejenigen anderer (z.B. ihrer Schwester). So benannte sie immer wieder Jahreszahlen und sie stellte biographische Ereignisse in einem größeren Zusammenhang dar. Das Gespräch mit Natalia war vermutlich dasjenige, das von allen Gesprächen, die ich geführt habe, dem Idealtypus eines narrativen biographischen Interview am nächsten kam: im ersten Viertel des Gesprächs entwickelte Natalia ihre Biographie von der Geburt an bis zu ihrem Vorstellungsgespräch im Call-Center Univerconnect chronologisch entlang ihrer eigenen Thematisierungslinie. Nur ein einziges Mal (am Ende von T19) fragte sie nach, ob ich mich auch für ihre Zeit in Italien interessieren würde, von der sie offenbar am liebsten sprechen wollte, da sie sie als die „schönsten Jahre ihres Lebens" in Erinnerung hatte. In T29 schließt diese Erzählung mit einer Art (positivem) abschließendem Urteil zu ihren ersten Eindrücken von der Arbeit im Call-Center ab. Im Anschluss (T37) daran forderte Natalia mich explizit auf, ihr Fragen zu stellen, wie sie es auch im weiteren Verlauf immer wieder tat (T61, 65). Zudem signalisierte sie auch nach längeren Turns durch Formeln wie „și iată așa" (S4/I, S13/VII, S15/IV + XXII, S22/V, T73, 75)[520] immer wieder eine implizite

---

518   Auch zu den anderen Telefonist*innen versuchte sie eine respektvolle und kooperative Beziehung herzustellen, indem sie etwa eine freundliche Bemerkung über die Verkaufserfolge einer Kollegin machte, die diese jedoch abschätzig abtat (Natalia/Arbeit/T134).
519   Laut Merlan (2002a:98; 2002b:137) ist die Funktion dieser rhetorischen Frage auf der Ebene der Beziehung zwischen den Gesprächspartner*innen anzusiedeln: es geht um das Beibehalten oder Verstärken des Kontakts (möglicher Weise gerade in längeren Passagen), womit gleichzeitig Zeit für die Planung der Fortführung des Gesagten gewonnen wird.
520   Je nach Zusammenhang habe ich dies mit „so ist/war das/es" oder „das wars" übersetzt, da die Konstruktion sowohl eine Erzählung oder ein Argument als erschöpfend beschreibend kommentieren kann, als auch eher diskursmarkierende Funktion

Aufforderung, dass ich weitere Thematisierungslinien vorgeben sollte, was wohl zuallererst als kooperatives Verhalten verstanden werden kann, mit dem sie zum Gelingen des Interviews beitragen wollte. Ich erkundigte mich im Weiteren nach den genauen Wohnorten und ihren sozialen Netzwerken in Italien (S8 und 10), nach dem Sprachausbau im Rumänischen und Russisch in Kindheit und Jugend (S11-13, 15) und der Nützlichkeit des Russischen im gegenwärtigen Alltag (S14). Ab S17 (und nochmal in S20) sprachen wir über ihre Italienischaneignung, wobei Natalia immer wieder viel über ihre unterschiedlichen Arbeitsplätze und die dortige Artikulation der sprachlichen Verhältnisse sprach. In den letzten Sequenzen (S22 und 23) kamen wir noch auf Natalias autodidaktische Aneignungsstrategien schriftsprachlicher Kompetenzen im Italienischen zu sprechen. Das Interview kam dann zu einem relativ abrupten Ende wegen eines Missverständnisses: da sich jüngst die Arbeitszeiten verschoben hatten, musste Natalia bereits eine halbe Stunde früher zur Arbeit, als ich erwartet hatte, wodurch wir vor allem ihre Erfahrungen und Lernprozesse in den ersten Wochen im Call-Center nicht mehr diskutieren konnten.[521]

6.2.2 Rekonstruktion der Sprach- und Berufsbiographie

Natalia wurde 1969 in einem rumänischsprachigen Dorf im ansonsten sprachlich sehr heterogenen Raion Basarabeasca im Süden Moldovas geboren. Sie wuchs in einer rumänischsprachigen Familie als eins von sechs Kindern auf und heiratete später einen rumänischsprachigen Mann, mit dem sie, wie mit ihrer eigenen Tochter, ebenfalls Rumänisch sprach. Sie besuchte eine rumänischsprachige Schule[522], wo sie zehn Schuljahre absolvierte. Dann bewarb sie sich in Tiraspol am (russischsprachigen) pädagogischen Institut, bestand aber den Konkurs um die Studienplätze nicht, weshalb sie vorerst im Dorf blieb und dort ein Jahr in einer auf Mikroschweißarbeiten spezialisierten moldauisch-russischen

---

haben kann, indem hiermit der Turn als beendet erklärt und ein Turnwechsel eingefordert wird.

521 Mein Eintrag dazu im Forschungstagebuch lautete: „beim Interview mit (Natalia, anonym.) hatte ich mich vertan – ich dachte, sie finge um halb vier an zu arbeiten, in Wirklichkeit aber um drei – deswegen hat jetzt das Interview einen starken Fokus auf der Biographie und (UC, anonym.) kommt zu kurz."

522 Dies sagte sie nicht explizit, ich schließe es aus der Art wie sie auf meine entsprechende Frage antwortete, dass die Berufsschule Russisch gewesen sei (die ich als Einschränkung verstehe).

Firma zu arbeitete. Währenddessen beschloss sie, Telekommunikation an einem Berufskolleg (mit Russisch als Unterrichtssprache) in der Hauptstadt zu studieren (was sie von 1987 bis 1990 tat), weil sie gerne in der Post oder als Telegraphin arbeiten wollte. Während dieser Ausbildung lernte sie auch ihren künftigen Ehemann kennen. 1990, ein Jahr nach der Hochzeit wurde ihre Tochter geboren und Natalia machte nach ihrer Ausbildung zunächst drei Jahre Mutterschaftsurlaub. Als Regelung im sowjetischen Moldova mit einschneidender Wirkung für ihr Leben schilderte Natalia die Notwendigkeit einen Wohnsitz in der Stadt zu haben, in der man einen Job antrat, wodurch ihr der Zugang zu einem Arbeitsplatz im Telegraphiewesen in Chișinău verwehrt blieb.[523] Zusätzlich erschwert wurde dies durch die gleichzeitig stattfindenden gesellschaftlichen Umbrüche, weshalb sie sich eine Weile im Grenzhandel betätigte und moldauische Produkte in Rumänien verkaufte.[524] 1997 eröffnete die Familie ihres Mannes in Chișinău ein Geschäft für Sonnenblumenöl, in dem sie als Verkäuferin arbeitete. Seit dem lebte sie in der Hauptstadt. Um das Jahr 2000 herum begannen Frauen aus ihrem Umfeld zum Arbeiten nach Italien zu gehen, genau zu dem Zeitpunkt, als Natalia sich von ihrem Ehemann scheiden ließ; auf Initiative ihrer älteren Schwester, die schon vorher nach Italien gegangen war, folgte sie wenig später und lebte von da an für zehn Jahre in Norditalien. Die ersten vier Jahre arbeitete sie in einer Familie und passte auf deren Kinder auf. Nachdem sie mit Hilfe ihrer Arbeitgeber*innen eine Aufenthaltsgenehmigung erhalten hatte, vermittelten die ihr schließlich auch einen Job als Telefonistin in einer Marmorfirma, wo sie einen geregelten Arbeitstag, Wochenende und Urlaub hatte. Ihre Rückkehr nach Moldova im Jahr 2010 erklärte sie mit finanziellen und persönlichen Gründen und nach zehn

---

523 Die Rede ist hier von der notorischen Propiska, der Eintragung des Wohnsitzes im sowjetischen Inlandspass. Das System wurde 1932 unter Stalin (wieder-)eingeführt und diente gemeinsam mit der Wohnungspolitik der Regulierung von Migration und der Eindämmung von Migration in die zentralen Großstädte. Die Propiska war Voraussetzung für Zugang zu Jobs, Wohnungen, Bildungen und sozialstaatlichen Leistungen (siehe Höjdestrand 2003, Matthews 1993; für Moldova Munteanu 2002:205).

524 Über Details dieser Handelstätigkeit haben wir nicht gesprochen. Sie muss aber mit einem erheblichen logistischen Aufwand verbunden gewesen sein, da Basarabeasca im Südosten Moldovas, unmittelbar an der ukrainischen Grenze liegt und der nächste Grenzübergang nach Rumänien bei Cahul, also über 100 km Wegstrecke entfernt liegt. Zum moldauisch-rumänischen Grenzhandel siehe Michalon (2007, 2010), Niemczik-Arambaşa (2010).

Jahren in Italien fiel ihr die Wiederanpassung an das moldauische Leben nicht leicht. Ein Jahr nach der Rückkehr begab sie sich auf Jobsuche und fand zufällig die Annonce von Univerconnect, wo sie kurze Zeit später probeweise angestellt wurde und das Training durchlief, bei dem ich sie kennenlernte.

6.2.2.1 Ausbildung und Ausbau formeller Register in Rumänisch und Russisch

In Natalias Beschreibung ihrer Schulzeit (S13) deutet sich die funktionelle Spezifizierung der Sprachen und Register an, da sie die Schulbezeichnung und die ehemalige Adresse auf Russisch nannte (III+IV); die rumänischen Pendants schienen ihr auch nicht verfügbar zu sein. Die Sequenz deutet auf eine pragmatische Haltung zum Russisch hin. Sie verweist auf kommunikative Aspekte und Notwendigkeiten (XX), die sich aus der Artikulation der sprachlichen Verhältnisse in Basarabeasca ergaben (XI, XIV).

Tabelle: Natalia/S13

I	geschlossene Frage	A: îhî . ă:m . şi şcoala aţi făcut tot în romînă moldovenească	A: əhə . ă:m . und die Schule haben Sie auch in Rumänisch Moldauisch gemacht
II	Verneinung (Anakoluth)	B: nu şcoala .	B : nein die Schule.
III	Präzisierung	colegiul în chişinău am studiat în limba rusă [A: a: îhî .] da[525] în limba rusă am studiat fiindcă .	die Berufsschule in Chişinău da habe ich auf Russisch gelernt [A: a: əhə .] auf Russisch habe ich gelernt denn
IV	Einschub	şi acuma diploma e scris în limba rusă [A: îhî .] diploma care am avut-o cînd cînd am primit cînd am terminat техникум .	und jetzt ist mein Diplom in Russisch verfasst [A: əhə .] das Diplom das ich bekommen habe als als erhalten habe als ich das Technikum abgeschlossen habe .

---

525 *Da* ist hier die Kurzform von *dar* (dt. aber) in der gesprochenen Sprache, nicht zu verwechseln mit dem Antwortpartikel „ja".

V	Erläuterung	adică cole acuma se numeşte colegiul da cîndva limba rusă . se numea техникум [A: îhî .] техникум electro . электросвязи [A: îhî .] era	das heißt das Kolle jetzt nennt es sich College aber damals auf Russisch . hieß es Technikum elektro . elektrosvjazi[526] [A: əhə .] war das
VI	Ergänzung	acuma s-o schimbat locul era pe улица новосибирская - da acuma s-a schimbat în altă parte [A: îhî .] sediul nu . nu se mai află acolo [A: îhî .] s-a schimbat în altă parte.	jetzt hat sich der Ort verändert es war auf der uliza novosibirskaja - aber jetzt ist es irgenwo anders [A: əhə .] der Sitz befindet sich nicht nicht mehr dort [A: əhə .] es ist jetzt woanders
VII	Turnabschluss-Signal	şi iată aşa [A: îhî .] în linii generale . [nu ştiu	das wars [A: əhə .] in groben Zügen . [ich weiß nicht
VIII	Nachfrage	A: [şi . ă:m . dar asta a fost ă: greu . pentru dumneavoastră ca să studiaţi în limba rusă .	A: [und ä:m . aber das war ä: schwierig . für Sie auf Russisch zu studieren .
IX	Verneinung	B: nu doamna anna .	B: nein Frau Anna.
X	Spannungsaufbau	ştiţi de ce	wissen Sie warum
XI	Begründung	fiind că la noi . paralel de mici am crescut ă: .	denn bei uns . parallel bin ich von klein auf aufgewachsen ä :.
XII	Beispielerzählung	de exemplu . te duceai în basarabeasca auzeai . paralel cu limba romînă şi limba rusă [A: îhî .]	zum Beispiel . bist du nach Basarabeasca gefahren hast du parallel Rumänisch und Russisch gehört [A: əhə .]
XIII	Wiederholung der Begründung (X)	şi noi am crescut . învăţind paralel la limba romînă şi limba rusă [A: îhî . îhî .]	und wir sind aufgewachsen . indem wir parallel Rumänisch und Russisch gelernt haben [A: əhə . əhə .]
XIV	Folgerung	aşa că nu ne a fost greu	so dass uns das nicht schwer gefallen ist

---

526 Dem russischen Wort электросвязь entspricht im Deutschen „Telekommunikation" oder „Fernmeldwesen". Ich habe hier in der Übersetzung das russische Original belassen, da es sich auch in Natalias überwiegend monolingual rumänischen Diskurs als Fremdwort markiert ist, das ins Rumänische zu übersetzen sie Schwierigkeiten hat.

XV	weitere Begründung	mai ales că a fost la noi cîndva . o fost tare accentuată să înveți în limba rusă . [A: îhî .] să fie studiat foarte bine limba rusă în școală . [A: îhî .]	umso mehr als bei uns damals . sehr stark betont wurde, dass du Russisch lernst .[A: əhə .] dass gut Russisch gelernt wird in der Schule
XVI	Begründung (Anakoluth)/ Beispiel	fiindcă: - acuma de exemplu se accentuează engleza . [A: îhî .] fiind că e greu de găsit de lucru dacă nu știi engleza pentru tineri . [A: îhî .]	denn - heute zum Beispiel wird das Englische betont . [A: əhə .] weil es ist schwer Arbeit zu finden wenn du kein Englisch kannst für die Jugendlichen
XVII	Einschränkung	deamu[527] pentru mai în vîrstă așa și așa .	jetzt für die Älteren naja.
XVIII	Fortsetzung der Begründung	da tineri de douăzeci treizeci de ani numaidecît trebuie să știe engleza [A: îhî .] ca să poată să găsească un loc de lucru foarte . cum . bine plătit și să-l aranjeze ca persoană . loc de lucru mai avantajos[528] [A: îhî .]	aber die Jungen im Alter von 20 oder 30 müssen unbedingt Englisch können [A: əhə .] um einen Arbeitsplatz zu finden sehr . wie . gut bezahlt so dass er zu ihnen als Person passt . einen vorteilhaften Arbeitsplatz [A: əhə .]
XIX	Präzisierung	am în vedere să nu lucrezi la construcție undeva da totuși undeva la: . la un: la o interpri:ndere: . se facă un lucru bine plătit și care îi place [A: îhî .]	ich meine dass du nicht auf dem Bau arbeitest irgendwo sondern irgendwo in . in einer in einem Unternehmen . dass du einen gut bezahlten Job machst und der dir auch gefällt [A: əhə .]
XX	Wiederholung Begründung (X)	și la noi cîndva era accentuată limba rusă așa că noi am învățat paralel . [A: îhî .] vorbind limba romînă învățam și limba rusă . [A: îhî .] vrei nu vrei . [A: îhî .]	und bei uns war irgendwann die russische Sprache wichtig so dass wir parallel gelernet haben . [A: əhə .] wir sprachen Rumänisch und lernten gleichzeitig Russisch [A: əhə .] ob du willst oder nicht . [A: əhə .]

---

527 Anm. deamu ist eine Kurzform für *de acuma* (dt. aktuell, gegenwärtig) in der gesprochenen Sprache.

528 Ich hatte bei dieser Konstruktion den Eindruck, dass sie die vielleicht aus dem Training übernommen hat.

XXI	Beispiel	de exemplu te duceai la magazin și începeai vorbi moldovenește și ei se vorbeau pe rusește și trebuia să-i spun pe rusește [A: îhî .] că altfel ei nu înțelegeau [A: îhî .]	beispielsweise gingst du ins Geschäft und fingst an Moldauisch zu reden und die haben miteinander Russisch geredet, dann musstest du es ihnen auf Russisch sagen [A: əhə.] denn anders haben sie es nicht verstanden
XXII	Wiederholung der Folgerung (XIII)	așa că: . nu ne a fost greu în limba rusă . [A: îhî .]	so dass es . für uns nicht schwierig war auf Russisch [A: əhə.]
XXIII	Einschränkung	desigur că sînt au fost mulți tERmini . în anumite de exemplu noi am studiat iată economia . în colegiul . acolo erau de exemplu: . anumiți termini care greu de trecut de la limba romînă la limba rusă . [A: îhî .]	sicher gibt es gab es viele Begriffe . in einigen zum Beispiel haben wir Wirtschaft gelernt . in der Berufsschule . da gab es zum Beispiel . einige Begriffe wo es schwer war vom Rumänischen ins Russisch zu schalten [A: əhə.]
XXIV	Einschränkung der Einschränkung	da am trei ani de zile ne-am deprins [A: da] așa că: – […]	aber in Laufe von drei Jahren habe ich mich dran gewöhnt [A: ja] so dass – […]

Dass die russische Fachsprache an der Berufsschule für sie relativ unproblematisch gewesen sei (als Ausnahmen benennt sie Begriffe aus der Wirtschafslehre, XXIII), erklärte sie damit, dass sie parallel mit Russisch und Rumänisch aufgewachsen sei (XI, XIII) und zwar sowohl in formellen als auch informellen Lernumgebungen. Einerseits sei in der Schule viel Wert darauf gelegt worden, dass die Russischkenntnisse gründlich ausgebaut wurden, andererseits habe sie auch im Alltag immer wieder mit russischsprachigen Personen zu tun gehabt, die sie anders nicht verstanden hätten.

Implizit ist dies auch ein Verweis auf die Einsprachigkeit der russischsprachigen Bevölkerung, die Natalia aber nicht ankreidet, sondern als Fakt erwähnt, der eben erfordere, Russisch zu sprechen, um mit diesen Personen kommunizieren zu können, was etwa beim Enkaufen unerlässlich war. Implizit verweist sie damit auf die begrenzte Reichweite des Rumänischen in bestimmten Alltagssituationen. In XVI bis XIX vergleicht sie das mit der heutigen Notwendigkeit Englisch zu lernen, wenn man einen guten Job finden will; d.h. es gibt keinen Zwang und keine existentielle Notwendigkeit, aber für den sozialen Aufstieg ist es notwendig. Ausdruck dieser Notwendigkeit ist auch die idiomatische Wendung „vrei nu vrei", die mir in den Interviews insgesamt häufig begegnet ist. Die Formulierung

„că a fost la noi cîndva . o fost tare accentuată să înveți în limba rusă . [A: îhî .] să fie studiat foarte bine limba rusă în școală ." in XV deutet darauf hin, dass sie in der Schule eine solide Basis bekommen hat.

6.2.2.2 Migration nach Italien

In den 90er Jahren wurde die Kopplung der Jobsuche an das Wohnsitzprinzip aufgegeben, ein Umzug nach Chișinău war aber weiterhin schwierig, nunmehr vor allem aus finanziellen Gründen und wegen der Frage des Wohnraums. In späteren Jahren kaufte Natalia eine Wohnung im Stadtteil Botanica, für die sie Geld in Italien gespart hatte. Wohnungen zu mieten ist in Moldova jedoch relativ unüblich und vor allem sehr teuer. Im Alter von 28 begann Natalia im Unternehmen eines Verwandten ihres Ehemannes in Chișinău zu arbeiten. Gleichzeitig kriselte ihre Ehe (S2/XIX). Genau in dieser Zeit begannen moldauische Frauen verstärkt nach Italien zu ziehen („s-au începuse de a pleca: . doamnele noastre în italia . [A: îhî .] femeiele", S2/I) und Natalias ältere Schwester machte als erste den mutigen Schritt, ohne Bekannte und Verwandte nach Italien zu gehen (S19/T91).[529] Natalia folgte ihr im Jahre 2000 nach Brescia, wo sie zunächst für zwei Monate einen Job in einer Familie fand. Nach Beendigung dieses Arbeitsverhältnisses, das zeitlich an den Krankenhausaufenthalt der Mutter der Familie gebunden war, arbeitete sie für vier Jahre in einer anderen Familie, bevor sie schließlich eine Aufenthaltserlaubnis bekam und einen Bürojob in einer Marmorfabrik antrat.

Ihre Erzählung ist prototypisch für die frühe Migration nach Italien und ähnelt dementsprechend auch den Biographien von anderen Mitarbeiterinnen bei Univerconnect (wie Direktorin Kira oder Operatorin Viorela). Typisch ist die Bedeutung der Netzwerke für die Migrationsentscheidung und die Ankunft vor Ort sowie die Unterstützung in der Anfangsphase. Dass auch sei selbst ihre ersten Arbeitsverhältnisse als „Badante"[530] als typisch einschätzte zeigt ihre Umschreibung („cum de obicei se aranjează femeiele noastre", X). Der zunächst illegalisierte Aufenthalt hatte auch zur Konsequenz, dass sie nicht nach Moldova reisen konnte, um ihre Familie und vor allem ihre Tochter zu sehen, die in dieser Zeit bei Natalias Schwester lebte. Nicht untypisch ist auch, dass sie nach einem relativ langen Aufenthalt in Italien letztlich zurückgekehrt ist, weil sie erkannte, dass das Provisorium sich auch nach zehn Jahren nicht in eine echte Zukunftsperspektive verwandelt hat, insbesondere

---

529 Siehe auch Moșneagă (2012:8) und Kapitel 4.3.6.2. Direktorin Kira berichtete, dass sie 1999 nach Italien gegangen ist.
530 Der Begriff bezeichnet Hausangestellte, die Arbeiten im Haushalt und insbesondere Pflegetätigkeiten leisten und wird teilweise als abwertend betrachtet (Vietti 2012:6f).

nicht hinsichtlich ihres Familien- und Privatlebens (S2/XXI–XXIII und XXIX–XXI).[531] Gleichzeitig blickte Natalia mit Wehmut auf die Zeit in Italien zurück (S2/III, XXIV, XXVIII). In S2/XXVII und XXVIII deutet Natalia an, dass ihr erst, als sie wieder in Moldova war, wirklich klar wurde, wie gut es ihr in Italien gefallen hatte, bzw. wie sehr sie sich nach zehn Jahren an das Leben dort gewöhnt hatte.

Tabelle: Natalia/S2–S4

| I | Rahmenerzählung (gesellschaftliche Situation) | B: […] pin două mii pin o mie nouă sute nouăzeci nouă . s-au începuse de a pleca: . doamnele noastre în italia . [A: îhî .] femeiele [A: îhî .] că apăruse se auzi de una alta . că: a apărut de lucru în italia . [A: îhî .] puteam să angajăm în italia la lucru . | B : […] so um 2000 um 1999 . fingen unsere Damen an nach Italien zu gehen . [A: əhə .] die Frauen [A: əhə .] es fing an dass du von der einen von der anderen hörtest . dass Arbeit in Italien aufgetaucht ist . [A: əhə .] dass wir in Italien einen Job bekommen konnten |
| II | Haupterzählung (eigene Geschichte) | prima o plecat sora mea mai mare . [A: îhî .] în o mie nouă sute nouăzeci și nouă . și mi-a spus (Natalia, anonym.) dacă eu mă aranjez numaidecît ai să vii și tu te aranja și tu [A: îhî .] și vom lucra împreuna vom cîștiga oleacă de bani [A: îhî .] fiind că la noi perioada [A: îhî .] era grea nu era de lucru . ă: . eu s-o primit că m-am am plecat în două mii . [A: îhî .] în două mii am plecat în italia . deodată m-am aranjat la o families | zuerst ist meine größere Schwester gegangen .[A: əhə .] 1999 . und sie hat mir gesagt (Natalia, anonym.) wenn ich was finde kommst du unbedingt auch auch du wirst was finden [A: əhə .] und wir werden zusammen arbeiten werden ein bisschen Geld verdienen [A: əhə .] denn bei uns war das eine schwierige Phase [A: əhə .] es gab keine Arbeit . ä :h ich . es hat sich ergeben dass ich 2000 gegangen bin [A: əhə .] 2000 bin ich nach Italien gegangen . und plötzlich wurde ich bei einer Familie genommen |

---

531 Diese Argumentation wiederholt sich in S8/T49 noch einmal. Hier erwähnt sie auch explizit die Wirtschafskrise, die sich negativ auf die Verdienstmöglichkeiten in Italien ausgewirkt habe. Konstruktionen mit dem Verb *a aranja* sind bei Natalia hoch frequent (31 tokens) und insbesondere im Zusammenhang mit Berufs- und Privatleben wichtig. Zu den unterschiedlichen Formen und Bedeutungen, die teilweise als Kontaktphänomene betrachtet werden können, siehe Weirich 2016b:456-458.

III	Rückfrage/ Kontaktbeibehaltungssignal	să vă interesează [A: da] despre italia [A: da da da da] să povestesc fiind că au fost anii cei mai frumoşi [A: aha] din viaţa mea.	interessiert sie das [A: ja] soll ich über Italien erzählen [A: ja ja ja ja] denn das waren für mich die schönsten Jahre [A: aha] meines Lebens.
IV	Bejahung	A: da (lächelt)	A: ja (lächelt)
V		B: da în două mii m-am aranjat am ajuns .	B: ja in 2000 bin ich untergekommen angekommen.
VI	Präzisierung + Metakommentar	ă: pe şaptesprezece iiulie cum şi acuma mă . amintesc bine	äh: am 17. Juli wie ich noch heute . sehr genau weiß
VII	Haupterzählung (Job 1)	şî zece zile am stat la sora mea că sora mea a lucrat la bătrînica în brescia [A: îhî .] oraşul brescia . şi: mi spunea (Natalia, anonym.) învaţă limba italiană dacă vrei să găseşti de lucru (lacht) [A: îhî . îhî .] după zece zile m-am găsit de lucru la o familie cu doi copii . [A: îhî .] am lucrat acolo două luni fiind că ei aveau nevoie numai pe vară . [A: a:] pentru că ficsa⁵³² . pentru că aeşte⁵³³ erau bunei . cu nepoţii . ficsa era bolnavă [A: îhî .] şi lucram ă: . am lucrat fiind că ficsa nu putea nu era în stare trebuia să fie în spital . [A: îhî .] şi ţineam copiii aeşte două luni de zile .	und zehn Tage bin ich bei meiner Schwester geblieben also meine Schwester hat bei einer alten Dame in Brescia gearbeitet [A: əhə .] in der Stadt Brescia . u:nd sie sagte mir (Natalia, anonym.) lern Italienisch wenn du Arbeit finden willst (lacht) [A: əhə . əhə .] nach zehn Tagen habe ich Arbeit in einer Familie mit zwei Kindern gefunden . [A: əhə .] dort habe ich zwei Monate gearbeitet denn sie brauchten nur für den Sommer jemanden . [A: a:] weil die Tochter . weil das waren die Großeltern . mit ihren Enkeln . die Tochter war krank [A: əhə .] und ich habe gearbeitet ä: . ich habe gearbeitet weil die Tochter das nicht konnte sie war nicht in dem Zustand sie musste ins Krankenhaus . [A: əhə .] und ich passte in diesen zwei Monaten auf die Kinder auf

---

532 Anm. *ficsa* ist eine Kurzform von *fiica sa* (dt. seine/ihre Tochter) in der gesprochenen Sprache.
533 Anm. *aeşte* ist eine Kurzform von *aceşte* (dt. diese) in der gesprochenen Sprache.

VIII	Haupterzäh-lung (Job 2)	pe urmă m-am aranjat la o familie de medici . [A: îhî .] aveau o fetiță de un an . [A: îhî .] și am lucrat și acolo am lucrat acolo: . patru ani de zile . [A: îhî .] foartie . familie foarte bună m-a m-a ajutat să fac ă: permisul de: soggiorno [A: îhî .] pentru a soggiorna în italia . mi-au făcut documientele . m-a (păcam) ca cu niște: . frați și surori . fiind că eram . diferența de ani doi trei ani era . [A: îhî .]	danach bin ich bei einer Ärztefamilie untergekommen . [A: əhə .] die hatten eine Tochter von einem Jahr . [A: əhə .] und ich habe gearbeitet und ich habe da . vier Jahre gearbeitet .[A: əhə .] die Familie war sehr sehr gut sie haben mir geholfen dass ich die Aufenthaltsgenehmigung mache [A: əhə .] für den Aufenthalt in Italien . sie haben mir Dokumente gemacht . sie haben mich (unverständlich) wie Brüder und Schwestern . denn wir hatten nur . der Altersunterschied war nur zwei oder drei Jahre [A: əhə .]
IX	Haupt-erzählung (Wendung) (Anakoluth)	pe urmă da era: . că făceam lucru zi și noapti eram .	später war es . da ich Tag und Nacht arbeitete war ich .
X	Metakom-mentar/ Vergleich	cum cum de obicei se aranjează femeiele noastre cum se aranjeau la timpul cela pe urmă deamu a apărut că mai găsim lucru la ore și seara erau [A: îhî .] libere .	wie wie üblich wie unsere Frauen unterkommen wie sie zu dieser Zeit unterkamen später ging es auch los dass wir Arbeit nach Stunden fanden und abends frei [A: əhə .] waren
XI	Haupterzäh-lung (Gegen-satz)	da eu lucram zi și noapte adică la dînșii lucram ziua. și la dînșii dormeam noaptea . [A: îhî .]	aber ich habe Tag und Nacht bei denen gearbeitet ich habe tagsüber gearbeitet . und bei ihnen auch nachts geschlafen [A: əhə .]
XII[534]	Metakom-mentar	și cam . e cam greu de suportat [A: da] . acest ă:m - regim [A: îhî .] fiind că trebuie să fie . douş[535] patru douş patru la: [A: îhî .] ă: . la la lor să le fie . în ă: ochii lor și nu e așa de ușor e [A: îhî .] e oleacă greu [A: îhî .] psihic de suportat [A: îhî .]	und das ist schon . ist schon schwer auszuhalten [A: ja] so eine - Arbeitszeit [A: əhə .] denn du musst 24 Stunden 24 Stunden bei [A: əhə .] ä: . bei bei ihnen sein . unter ihren Augen und das ist nicht so leicht ist [A: əhə .] ist ein bisschen schwer [A: əhə .] psychisch auszuhalten [A: əhə .]

---

534 In S9/T51 schildert Natalia noch einmal die Belastung, welche dieses Wohn- und Arbeitsverhältnis darstellte.
535 *douş* Kurzform von *douăzeci* (dt. zwanzig).

XIII	Einschränkung des Metakommentars	cu tăt[536] că . mă tratau foarte bine . [A: îhî .] era o familie foarte bună .	auch wenn . die mich sehr gut behandelt haben [A: əhə .] das war eine gute Familie
XIV	Haupterzählung (Job 3)	pe urmă ne-am găsit de lucru: . făceam ă: . am lucrat ă: la: . la o: . agenție . de . construțione marmo care vindeau m . marmură	danach habe ich Arbeit gefunden . ich machte ä: . ich habe gearbeitet bei Ä : . bei einem Unternehmen . für Marmorbauarbeiten die M . Marmor verkauften
XV	Verständnisfrage	A: A: marmură	A: Marmor
XVI	Erklärung	B: marmură . granite marme .	B: marmor . Granit Marmor.
XVII	Fortsetzung der Haupterzählung (Job 3)	și lucram acolo că primim telefonatele . [A: ahă] atuncea compă . compără . computatorul era pur simplu[537] era o: . o fe o . o: domnișoara care lucra la computator care făcea toate facturile . [A: îhî .] dare eu primeam telefonate [A: îhî .] fiind că era o agenție foarte mare . și aveau foarte mulți clijenți [A: îhî .] și trebuia cineva să stăie la telefon să [A: îhî .] le raspundă să ieie . aceste . note pentru a desfășura [A: îhî .] lucru mai departe [A: îhî .] .	und da habe ich gearbeit habe Telefonate entgegengenommen . [A: əhə .] damals comp . comp . der Computer war nur es gab eine . eine Fr[538] ein . ein Fräulein die am Computer gearbeitet hat die alle Rechnungen machte . [A: əhə .] aber ä: ich nahme die Telefonate entgegen [A: əhə .] denn es war ein sehr großer Betrieb . und der hatte viele Kunden [A: əhə .] und es musste jemand am Telefon sein und [A: əhə .] Notizen machen . damit die [A: əhə .] Arbeit weitergehen konnte [A: əhə .]
XVIII	Fortsetzung der Haupterzählung	și am lucrat acolo . din ă: nouă două mii cinci . pînă: . pînă cînd m-am întors aca . m-am întors acasă în două mii zece . [A: îhî .]	und ich habe da gearbeitet . seit ä: neun 2005 . bis . bis ich zurückgekommen sind . ich bin nach Hause gekommen 2010 . [A: əhə .]

---

536 *tăt* ist eine umgangssprachliche Form von *tot*.
537 *pur simplu* ist die gängige Kurzform von *pur și simplu*.
538 Ich vermute, dass die Silbe *fe* im Original die erste Silbe von *femeie* (dt. Frau) ist, Natalia sich hier aber korrigierte, weil ihr *domnișoară* angemessener erschien.

XIX	Begründung	da m-am întors de aceea că: . fiica mea zece ani de zile a fost anna fără de mine.	aber ich bin deswegen zurückgekommen weil . meine Tochter war zehn Jahre Anna ohne mich.
XX	Bestätigung	A: da.	A: ja.
XXI	Präzisierung der Begründung (XIX)	B: venim acasă pe o lună . stăteam cu dînsa o lună numa . fiind că avea şi . aveam aşa concediu numai [A: îhî .] avem posibilitate [A: îhî .] să stau mai mult .	B: ich kam nach Hause . ich blieb nur einen Monat bei ihr . weil ich auch . nur so Urlaub hatte [A: əhə .] ich hatte nicht die Möglichkeit [A: əhə .] länger zu bleiben.
XXII	weitere Begründung	ă: şi - ultimul timp ă: cheltuiam de exemplu patru sute cinci zeci de euro [A: =əhî .] pe gazdă . pe mîncare şi mai nimic nu rămînea [A: da] ca să pun deoparte . da ce stai în străinătate dacă nu poţi să strîngi un ban [A: da]	Ä: und - in letzter Zeit habe ich verdient zum Beispiel 450 Euro [A: =əhə .] für die Miete . für essen und es blieb nichts mehr [A: ja] das ich beiseite legen kann . aber dass du im Ausland bleibst wenn du kein Geld sparen kannst
XXIII	Folgerung	ca pentru asta m-am dus [A: da] şi m-am întors înapoi.	und deswegen bin ich gegangen [A: ja] und bin zurückgekommen.
XXIV	Metakommentar	de fapt amuia[539] îmi pare rău.	aber tatsächlich bereue ich das.
XXV	Begründung	fiind că: . totuşi oleacă doi două trei suti: . tot să pu de pus deoparte şi tot e înainte [A: îhî .] fiindcă la noi: . leafa asta e greu s-o cîştigi [A: da da] nu-i de lucru [A: da da .]	denn . immerhin ein bisschen zwei zwei drei hundert . konnte man schon beiseite legen und wie es eben früher war [A: əhə .] denn bei uns . ist es schwer den Lohn zu verdienen [A: ja ja] es gibt keine Arbeit [A: ja ja .]
XXVI	Folgerung und weitere Begründung	şi iată de asta îmi pare rău că m-am întors înapoi m-am întors în două mii zece . [A: îhî .] practic am stas . am stat în italia zece ani de zile . [A: da] şi m-am deprins.	und so deswegen tut es mir leid dass ich zurückgekommen bin 2010 . [A: əhə .] praktisch bin ich zehn Jahre geblieben . [A: ja] und habe mich gewöhnt.
XXVII	These/ Anakoluth	numai cînd m-am întors în moldova parcă îmi părea că	erst als ich zurück in Moldova war scheint mir dass

---

539 *amuia* ist eine umgangssprachliche Form von acuma (dt. jetzt).

XXVIII	Begründung	fiindcă . italia știți și singură e o țara foarte frumoasă [A: da] vierde . și apoi am avut posibilitate să vizitez orașele veneția san remo . verona ă: . padova . oleacă am văzut italia [A: îhî .] am fost la mare în leguria spre franța încolo . și ne-a părut ă: . vroiam cumva să-m aranjez viața încolo fiindcă eu am devorțat de soțul meu [A: a: .]	denn . Italien das wisssen Sie ja auch ist ein sehr schönes Land [A: ja] grün . und dann hatte ich die Möglichkeit dass ich verschiedene Städte besichtige Venedig San Remo . Verona ä: . Padua . ich habe ein bisschen Italien gesehen ich war am Meer in Ligurien bei Frankreich . und es schien mir ä: . ich wollte mir mein Leben dort einrichten denn ich hatte mich von meinem Ehemann geschieden [A: a: .]
XXIX	Hintergrund-information	și încă înainte de a pleca în italia în o mie nouă sute nouăzeci nouă am devorțat fiindcă: . s-a nimerit el încă nu prea vroia să lucreze . [A: îhî .] aista[49] care se stăie acasă cineva să-i aducă bănișorii de gata [A: îhî . îhî .]	noch bevor ich nach Italien gekommen war 1999 habe ich mich geschieden . es hat sich herausgestellt dass er noch nicht so richtig arbeiten wollte . [A: əhə .] so einer der zu Hause bleibt und irgendwer ihm das Geld bringen soll und fertig [A: əhə . əhə .]
XXX	Einwand/Ein-schränkung	da: nu s-a primit să mi aranjez viața personală așa că m-am întors înapoi din motive: - financiare că nu putem să grămădesc ceea ce putem să grămădesc deodată . [A: îhî .]	aber : es hat sich nicht so ergeben mit dem Privatleben so dass ich zurückgekommen bin aus finanziellen Gründen weil ich nicht mehr verdienen konnte was ich zuvor verdient hatte . [A: əhə .]
XXXI	Präzisierung	fiindcă eu în italia am putut să grămădesc să cumpăr un apartament în chișinău . [A: a:] dacă nu plecam anna în italia [A: da] nu mai aveam . [A: da] fiica și amu spune mama dacă nu plecai în italia nu mai trăiam noi în chișinău [A: da] și nu mai: . puteai să găsești în chișinău încă mai poți să găsești de lucru da la țară e greu [A: da] în sate e greu de lucru	denn in Italien konnte ich sparen dass ich eine Wohnung in Chișinău kaufe . [A: a:] wenn ich nicht nach Italien gegangen wäre Anna [A: a:] hätten wir das nicht . [A: ja] auch meine Tochter sagt Mama wenn du nicht nach Italien gegangen wärest, würden wir nicht in Chișinău leben [A: ja] und ich könnte nicht finden in Chișinău kannst du noch einen Job finden auf dem Land ist es schwer [A: ja] in den Dörfern ist es schwer mit der Arbeit

---

540 *aista* ist eine gesprochene Form des Demonstrativpronomens *acesta*.

In ihrer Freizeit in Italien hatte Natalia viel Kontakt mit anderen Moldauer*innen und mit Italiener*innen, sowohl ihre rumänischen als auch ihre italienischen Ressourcen hat sie also auch im informellen Kontext weiterhin gebraucht. Die drei unterschiedlichen Jobs, denen sie in Italien nachgegangen ist, verlangten von ihr mündliche Kommunikation im Italienischen, wobei es in den ersten vier Jahren hauptsächlich um familiäre und den Haushalt betreffende Dinge ging. Bei ihrer Arbeit in der Entgegennahme von Kundenaufträgen am Telefon waren aber zweifellos förmliche Register der mündlichen Interaktion gefragt.

6.2.2.3 Aneignung von Italienischkenntnissen

Vor ihrer Entscheidung nach Italien zu gehen sprach Natalia noch kein Italienisch. Auf meine Frage danach antwortete sie spontan, sie habe es dort gelernt, korrigiert sich aber (S17/III): als Vorbereitung auf die Reise habe sie sich einen Sprachführer besorgt und sich damit für den Fall der Fälle einige elementare alltägliche Phrasen angeeignet.

Einschränkend fügte sie dann aber hinzu, dass „korrekt" zu sprechen man nur in Italien lerne; dies ist in der Organisation des Diskruses wohl auch als Erklärung zu verstehen, warum die bereits in Moldova gelernten Ausdrücke für sie nicht für die Bejahung meiner Frage genügten. Inwiefern diese Phrasen als ‚ready mades' für sie in ihren ersten Tagen oder Wochen in Italien tatsächlich im Gebrauch eine Rolle spielten, geht aus dem Gespräch nicht hervor. Den Korrektheitsdiskurs bezieht Natalia auf „Aussprache" und Prosodie, die einem Sprachführer nicht ausreichend zu entnehmen sei, weil man dafür hören müsse, wie die Leute sprechen. Dies hat bei ihr die Form einer allgemeinen Regel, die besagt, dass man nur in Italien richtig Italienisch lernen könne: „da cînd înveți aici în moldova nu e așa: – în italia se învață limba corect." (V) Gleichzeitig ist diese Äußerung auch ein Hinweis auf Schwierigkeiten mit der Phonem-Graphem-Relation.[541]

Meine Nachfrage, ob sie sich noch erinnere, wie sie gelernt habe, löste zunächst Zögern und Nachdenken aus, wie am Beginn von (S17/VIII) zu sehen ist. Es fällt auch auf, dass ihre Antwort nicht wie andere Erläuterungen von einer direkten Adressierung meiner Person begleitet wird.

Sie habe Italienisch vor allem in der ersten Familie gelernt, in der sie zwei Monate eingestellt war; die beiden kleinen Jungen wohnten den Sommer über bei

---

541 Diese könnte einem guten Sprachführer zu entnehmen sein.

der Großmutter, die mal Grundschullehrerin gewesen war. Diese Dame und ihre Gabe („și avea . darul ista de a de a . explica", XIV) klar und einfach zu erklären macht Natalia zur Hauptbegründung für ihre gelungene Aneignung des Italienischen. Die Erklärungen bestanden gemäß ihrer exemplarischen Erläuterung v.a. in einem Zeigespiel (XI und XIII), bzw. „hinweisenden Erklären". Diese Art des Lernens hat offensichtlich dort Grenzen, wo es um komplexe Bedeutungen und Konstruktionen geht, die erkannt und den bereits vorhandenen Ressourcen zugeordnet werden müssen.[542] Einen Sprachkurs hat Natalia nach eigenen Aussagen aber nie besucht. Ihre Aneignung des Italienischen fand also nur in informellen Lernumgebungen statt.

Tabelle: Natalia/S17

I	suggestive Frage	A: și: ăM . dar cînd ați ajuns în italia încă n-ați știut [B : nu] italiană.	A: u:nd əhm . aber als ihr in Italien angekommen seid konnten Sie noch kein [B: nein] Italienisch.
II	Verneinung	B: nu am învățat-o acolo .	B: nein das habe ich dort gelernt.
III	Einschränkung	am învățat puțin ne cumpărase un ă: . un mic . o mică carte [A: îhî .] de moldo-italiană . [A: îhî .] unde erau cele mai necesare fraze [A: îhî .] și le-am învățat așa pentru: . orice eventualitate [A: îhî .]	ich habe ein bisschen gelernt ich hatte mir ein əh: . ein kleines . ein kleines Buch [A: əhə .] moldauisch-italienisch gekauft . [A: əhə .] in dem die wichtigsten Sätze waren [A: əhə .] und die habe ich gelernt so für . den Fall der Fälle [A: əhə .]
IV	Erläuterung	adică e ajuns acolo îți trebuiește: . în cel mai rău caz să întrebi măcar unde se află casa asta adresa asta să știi . cel mai necesar [A: îhî .] am învățat de cînd acasă	also wenn du da ankommst brauchst du . dass du im schlimmsten Fall wenigstens fragen kannst wo sich dieses Haus befindet oder jene Adresse dass Sie . das wichtigste wissen [A: əhə .] das habe ich noch zu Hause gelernt

---

542 Einschlägig ist die Kritik Wittgensteins in den Philosophischen Untersuchungen (PU) an Augustinus, dessen Vorstellung von sprachlicher Bedeutung als Stehen-für-einen-Gegenstand als „primitive Vorstellung" der Funktionsweise von Sprache gesehen wird (Wittgenstein 237, PU §1), die aber im Bereich des kindlichen Lernens und auch der ersten Annäherung an eine Fremdsprache durchaus seinen Ort habe (PU §7, S. 281 und PU §32, S. 255). Für fast alle Wörter müsse aber im weiteren Verlauf des Lernens vor allem die Regeln des Gebrauchs angeeignet werden (PU §9, S.242). Bzgl. Des kindlichen Sprachlernens siehe auch Tomasello (2003:173f).

V	Einschränkung	da cînd înveți aicea nu știi cum să pui corect accentul . [A: îhî .] e una cînd auzi cum vorbesc alții înveți limba corect . [A: îhî . îhî .] da cînd înveți aici în moldova nu e așa: – în italia se învață limba corect . [A: îhî . îhî .] și te auzi cum se pronunță cum se pune accentul dacă nu înveți singur – tu vezi ă: citești ce e scris acolo [A: îhî .] da nu știi cum se pronunță drept . [A: îhî .] fiind că n-ai auzit cum să vorbește în limba italiană . [A: îhî .]	aber wenn du hier lernst weißt du nicht wie man richtig den Akzent setzt .[A: əhə .] es ist eins wenn du hörst wie andere die sprache richtig sprechen . [A: əhə . əhə .] aber wenn du hier in Moldova lernst ist das nicht so – in Italien lernt man die Sprache korrekt [A: əhə . əhə .] und du hörst wie man ausspricht wie man den Akzent setzt wenn du nicht alleine lernst – du siehst ə: liest wie es da steht [A: əhə .] aber du weißt nicht wie man das richtig ausspricht . [A: əhə .] denn du hast nicht gehört wie man Italienisch spricht . [A: əhə .]
VI	Bekräftigung der Antwort	așa că practic ă: . eu am învățat limba italiană în italia –	so dass praktisch ə: . habe ich Italienisch in Italien gelernt –
VII	Detaillierungsbitte	A: îhî . și ă: . cum cum ați ați făcut vă amintiți –	A: əhə . und ə: . wie wie haben haben Sie das gemacht erinnern Sie sich –
VIII	Antwort	B: ă: – am învățat-o de la: . stăpînii mei unde am lucrat eu la lucru [A: îhî .]	B: ə: – ich habe gelernt von meinen Chefs[543] wo ich gearbeitet hab auf der Arbeit [A: əhə .]
IX	Erinnerung an Details	v-am spus că primii stăpîni unde m-am aranjat eu la lucru erau doi ă: . doi băieței [A: îhî .] doi băieței de: . unu avea cinci ani și unu avea trei ani și ei erau la bunici . [A: îhî .] da mama la băieții aceștea era în spital [A: îhî .] era bolnavă și trebuia să îngrijesc de dînșii . asta pe vară . pe două luni m-au luat asta primul locul meu a meu loc de lucru	ich habe ihnen gesagt dass die ersten Leute wo ich untergekommen bin zum arbeiten zwei ə: . zwei Jungen waren [A: əhə .] zwei Jungen von . einer war fünf Jahre und einer war drei Jahre und die waren bei den Großeltern . [A: əhə .] und die Mutter von diesen Jungen war im Krankenhaus [A: əhə .] sie war krank und kümmerte sich um die . das war im Sommer . zwei Monate haben die mich genommen das war meine erste Stelle meine erste Arbeitsstelle

---

543 Anmerkung zur Übersetzung: rum. *stăpîn* ist im eigentlichen Sinne der „Besitzer" auch „Herr(chen)" im Verhältnis zu seinen Tieren oder Leibeigenen. Es kann jedoch auch einen Vermieter bezeichnen. In jedem Fall drückt es ein Abhängigkeitsverhältnis aus, das jedoch mit der unkommentierten Übersetzung als „Herr" im Deutschen nicht treffend erfasst wäre.

X	Hauptzählung	și doamna aceasta care era bunica la a copiilor cîndva a fost învățătoare de clasele primare de limba italiană [A: ahA .] și ea lîmuri destul de clar .	und die Frau die die Oma war von den Kindern war früher Grundschullehrerin gewesen für Italienisch [A: ahA .] und sie erklärte ziemlich klar.
XI	Beispielerzählung	(Langform ihres Vornames, anonym.) că așa îmi spunea atuncea (Langform ihres Vornames, anonym.) . questo è tavolo . questa è la sedia . [A: aha] și lămurea ca la . mură-n gură cum se spune la noi [A: aha] îmi lămurea: . foarte: – sau foarte simplu	(Langform ihres Vornames, anonym.) denn so nannten sie mich damals (Langform ihres Vornames, anonym.) . das ist ein Tisch . das ist ein Stuhl . [A : aha] und erklärte das er . mură-n gură[544] wie man bei uns sagt [A: aha] sie erklärte mir . sehr . oder sehr einfach
XII	Folgerung	așa că eu după trei luni de zile deam cînd mă aranjease la familia aeșta de medici . eu vorbeam deacuma bine italiana . [A: aha]	so dass ich nach drei Monaten schon als ich bei dieser Ärztefamilie unterkahm . sprach ich schon gut Italienisch . [A: aha]
XIII	Wiederholung der Erklärung	am învățat-o . [A: asta=] fiindcă ea îmi lămurea la fiecare pas . iată asta se numește așa și în italiană se spunea așa . fiecare lucru ea spunea cum se numește [A: îhî .] și m-am învățat	ich habe das gelernt . [A : das=] denn sie erklärte mir bei jedem Schritt . und das heißt so und auf Italienisch heißt das so . über jedes Ding sagte sie wie es heißt [A: əhə .] und so habe ich mich gewöhnt[545]
XIV	Begründung	avea răbdare fiind că ea a făcut lucrul aista a fost învățătoare [A: îhî .] de clasele primare [A: îhî . îhî .] și avea . darul ista de a de a . explica [A: îhî . îhî .] […]	sie hatte Geduld denn sie hatte diese Arbeit als Lehrerin gemacht [A : îhî .] in den Grundschulklassen [A: əhə . əhə .]

---

544 Die Bedeutung dieser Redewendung ist laut dex.ro (die Angabe bezieht sich auf das Argot- Wörterbuch von Volceanov 2007) eine vorgefertigte Lösung für ein Problem zu bekommen.

545 Annmerkung zur Übersetzung: Natalia verwendete das Verb *a învața* (lernen) immer wieder reflexiv (m-am învățat, 1. Pers. Sg. von a se învața). In dieser Form hat es im Standardrumänischen am ehesten die Bedeutung „sich gewöhnen". Möglicherweise verwendet Natalia es aber trotzdem synonym zu lernen. Dies könnte auch eine lokal

Schreiberfahrung und Orthographiekenntnisse im Italienischen
Bei dieser Art des rein informellen Lernens fand zunächst kein systematischer Ausbau schriftsprachlicher Kompetenzen statt.[546] Der folgte erst ca. vier Jahre später, erneut mit Unterstützung einer anderen Frau (ihrer Schwester) mit akademischen Hintergrund, aber in erster Linie aus Interesse und weniger aus Notwendigkeit (S22/XIX-XX). Sie begründete dies mit einem allgemeinen Interesse daran, neue Dinge zu lernen. Ähnlich hatte sie auch in S15/XXI (s.u.) argumentiert, wo sie ebenfalls sagte, es sei immer gut, mehr zu wissen, bzw. konkret mehrere Sprachen zu sprechen.

Natalia stellte ihre Arbeit sowohl in der Familie als auch im Marmorbetrieb als ausschließlich mündlich dar (S23/XVII). Zumindest bei der Arbeit der telefonischen Auftragsannahme wird sie sich sicherlich Notizen gemacht haben. Dies benannte sie aber nicht zur Beantwortung meiner Frage. Das kann damit zu tun haben, dass sie an Schriftprodukte mit Funktion für Adressat*innen außer sie selbst zu tun hat. Die Annäherung an die italienische Schriftsprache erfolgte über einfach geschriebene Literatur, die die Schwester aus der Bibliothek ihres italienischen Ehemannes auswählte. Diese Empfehlungen vereinfachten ihr den Zugang zu Literatur, da sie selbst nicht hätte einschätzen können, welche Bücher für sie verständlich sind und welche nicht. Ihre Beschreibung dessen, welche Art der literarischen Register für sie erreichbar sind, stützte sich ausschließlich auf das Attribut „kompliziert" (S22/VIII): komplizert geschrieben, bzw. „mit komplizierten Wörtern." Konkrete Schwierigkeiten mit diesen Registern werden nicht spezifischer auf einer metasprachlichen Ebene benannt. Allerdings erwähnte sie die sprachliche Verwandtschaft zwischen Rumänisch und Italienisch und schloss hieraus auch, dass sie es vergleichsweise einfacher habe, Italienisch zu lernen als die Russophonen, die der Gruppe der slawischen Sprachen angehören (S22/X). Dies ist in der ersten Person Plural formuliert und referiert dabei auf ethnische Kategorien („nouă ne vine mai ușor decît la ruși"), auch wenn diese im gegebenen Zusammenhang synonym mit der Erstsprache sind.

---

markierte Form sein, die aus dem Sprachkontakt mit dem Russischen resultiert: eine Lehnübersetzung des Verbs *учи́ть (что-л.)* vs. reflexive Form *учи́ться (чему́-л.)*. Beide Formen haben die Bedeutung „(etw. +Akk.) lernen".

546 Kontakt und Auseinandersetzung mit Formen von Schriftlichkeit hat es auch in dieser Zeit notwendig gegeben: angefangen beim Sprachführer bis hin zur ‚linguistic landscape' in Italien.

Natalia erklärte, dass sie über die Lektüre auch schreiben gelernt habe, erläuterte aber nicht, wie genau sich dieses Wissen manifestierte und welche Anwendung es im Alltag gefunden hat. Ihre Beispielerzählung in XII erwähnt das Phänomen der Doppelkonsonanten im Italienischen, die es im Rumänischen nicht gibt, was darauf hindeutet, dass sie in erster Linie an Orthographie denkt. Auch in S23/XXVI (s.u.) erwähnt sie die Doppelkonsonanten noch einmal. In dem Moment, wo sie versuchte, ihre Schriftpraxis von der gesprochenen Sprache her auszubauen, war sie mit dem gegenläufigen Problem zur oben geschilderten ersten Annäherung an das Italienische konfrontiert, wo sie aus dem Schriftbild eine mündliche Artikulation ableiten musste.

Grundsätzlich gab sie sich von ihren Italienischkenntnissen recht überzeugt, schränkte aber ein, dass sie nicht alle Wörter kennen würde und dass ihre Grammatik noch ausbaufähig sei. Die rumänische Konstruktion „lasa de dorit" hat in ihrer wörtlichen deutschen Übersetzung (lässt zu wünschen übrig) eine stärker defizitäre Konnotation als im Rumänischen.

Tabelle: Natalia/S22–23/T110–117

I	geschlossene Frage	A: ihm da - dar în italia ați tot învățat să scrieți în . italiană	A: əhm ja . aber haben Sie in Italien auch gelernt italienisch zu schreiben.
II	Bejahung	B: da.	B: ja.
III	Detaillierung (Zeitpunkt)	am învățat cînd am început să lucrez la marme de construţione la doamna la (Vorname, anonym.).	ich habe das gelernt als ich angefangen habe bei der Marmor der Bau bei der Frau (Vorname, anonym.).
IV	Haupterzählung	am început să citesc cărți în limba italiană da . avem o soră care studia la universitate . [A: îhî .] și: de fapt ea s-a căsătorit în italia [A: a:]	habe ich angefangen Bücher zu lesen auf Italienisch aber . ich hatte eine Schwester die an der Uni studiert hat . [A: əhə .] u:nd tatsächlich war sie in Italien verheiratet
V	Parenthese	s-a căsătorit în italia deacuma are un băiețel.	sie hat in Italien geheiratet und jetzt hat sie einen Sohn.
VI	Haupterzählung	și: . soțul ei avea o bibliotecă foarte mare [A: îhî .] și ea ne ales de acolo cărți . care scrise simple [A: îhî .]	und . ihr Ehemann hatte eine große Bibliothek [A: əhə .] und sie hat mir dort Bücher ausgesucht . die leicht geschrieben waren [A: əhə .]

VII	Wiederholung und Paraphrasierung	limba italiană simplă nu complicat	in leichtem Italienisch nicht kompliziert
VIII	Präzisierung	fiind că sînt cărți care scris complicat [A: îhî.] cuvinte complicate.	denn es gibt Bücher die sind kompliziert geschrieben [A: əhə.] mit komplizierten Wörtern.
IX	Forsetzung der Haupterzählung	și ne-au dat vreo cîteva cărți și eu le citem. și anumit iacă citind așa. am învățat să scriu. corect [A: îhî.]	und sie hat mir so einige Bücher gegeben und ich habe die gelesen. und genau beim Lesen dieser Bücher. habe ich gelernt korrekt zu schreiben [A: əhə.]
X	Begründung und Verallgemeinerung	fiind că limba italiană totuși a vorbi pentru noi. că sîntem din grupa limbelor [A: îhî.] romanje adică latine ne mai ușor decît rușilor [A: îhî.] la rușii vine oleacă mai greu. [A: îhî.] fiind că e grupa limbelor slavonje [A: îhî.] da noi facem itali limba italiană și limba romînă. [A: îhî.] e din grupa limbelor latinje [A: îhî.] nouă ne vine mai ușor decît la ruși [A: îhî.] să învățăm limba italiană.	denn Italienisch zu sprechen ist für uns. die wir aus der Gruppe der [A: əhə.] romanischen Sprachen sind also lateinischen für uns ist das einfacher als für die Russen [A: əhə.] für die Russen ist es ein bisschen schwieriger. [A: əhə.] denn sie gehören der Gruppe der slawischen Sprachen an [A: əhə.] aber wir machen Itali die italienische Sprache und die rumänische Sprache.[A: əhə.] sind aus der Gruppe der lateinischen Sprachen [A: əhə.] für uns ist das leichter als für die Russen [A: əhə.] dass wir Italienisch lernen.
XI	Einschränkung	așa da gramatica oleacă vine mai greu de a învăța decît a a o vorbi [A: îhî.] și ca să înveți ca	so die Grammatik ist für mich schwieriger zu lernen als zu sprechen [A: əhə.] und dass du lernst zu
XII	Beispiel	de exemplu un cuvînt la. la auz ca se pronunță:. mai accentuat pe anumite litere [A: îhî.] da șezi la (unverständlich) și te gîndești să scrie cu două consoane sau cu una [A: îhî.] trebuie să știi asta [A: îhî.]	zum Beispiel ein Wort nach. nach dem Hören wie es ausgeprochen wird. betonter auf bestimmten Buchstaben [A: əhə.] (unverständlich) und du fragst dich, schreibt sich das mit zwei Konsonanten oder mit einem [A: əhə.] das musst du wissen [A: əhə.]

XIII	Folgerung	și încă nici amu sînt cuvinte că încă n-am [A: bineînțeles] nu-s nu-s perfectă trebuie încă să învăț [A: îhî .] așa că la . gramatica rămîne încă de dorit [A: îhî .] gramatica încă trebuie de studiat.	und außerdem gibt es Wörter die ich nicht [A : natürlich] ich bin nicht bin nicht perfekt ich muss noch lernen [A: əhə .] so dass die Grammatik . kann noch verbessert werden [A: əhə .] die Grammatik muss noch gelernt werden
XIV	Nachfrage	A: Îhî . dar la interprinderea aceasta a: fost nevoie să scieți ceva ați avut	A: əhə . aber in diesem Unternehmen ə: war es notwendig dass sie etwas schreiben haben Sie
XV	Verneinung	B: nu numai cît ă: . oral [A: aha .] oral cît vorbeam cu: . cu persoanele pentru: . pentru comenzi [A: îhî .] primeam comenziile de scris nu scriam nimica [A: îhî .] nu	B : nein nur wenn ə: . mündlich [A: aha .] mündlich wenn ich gesprochen habe mit . mit Personen für . für Aufträge [A: əhə .] ich nahm Aufträge entgegen schreiben geschrieben habe ich nichts [A: əhə .] nein
XVI	Nachfrage	A: și vă amintiți de ceva în viața cotidiană cînd v-am . v-a trebuit să scrieți ceva sau -	A : und erinnern Sie sich an etwas im altäglichen Leben wo Sie . Sie schreiben mussten oder -
XVII	Haupterzäh-lung	B: oi - practic cît am lucrat la medici eu: . mă ocupam de copilul lor mă ocupam de: . curățenia în casă de călcat . practic nu se cerea și nici la lucru aista [A: îhî .] la marme construțione eu vorbeam oral la telefon .	B : ui - praktisch als ich bei den Ärzten gearbeiten habe . habe ich mich um deren Kind gekümmert ich kümmerte mich um . das Putzen im Haus darüber hinaus . wurde praktisch nichts von mir verlangt und auch nicht bei dieser Arbeit [A: əhə .] bei Marmor Bau hab ich am Telefon gesprochen
XVIII	Folgerung	de scris pentru mine citeam cărți ca să știu gramatica [A: îhî .] mai bine . da să dzic se cerea de la mine nu	zu schreiben war für mich ich habe Bücher gelesen damit ich die Grammatik besser kann [A: əhə .] aber nicht dass ich sagen würde das wurde von mir erwartet
XIX	suggestive Frage	A: =aha . a fo . îhî a fost adică a fost interesul vostru	A : =aha . wa . əhə war das also das war Ihr Interesse
XX	Bejahung und Präzisierung	B: a fost interesul meu personal [A: aha] ca să să învăț gramatica	B : das war mein persönliches Interesse [B: aha] dass ich die Grammatik lerne

| XXI | Begründung (Verallgemeinerung) | fiindcă: . e bine să știi ceva în plus [A: îhî .] tot timpul toată viața trebuie să înveți ceva nou . [A: da] așa că . […] | denn . es ist gut etwas zusätzliches zu können [A: əhə .] die ganze Zeit im ganzen Leben lernt man dazu . [A: ja] so dass |

S23/T17 ist hier nicht vollständig reproduziert. Im Anschluss an ihre Begründung (S23/XXI) erzählte sie, dass sie teilweise auch jetzt, in Moldova, noch versuchen würde, weiterhin auf Italienisch zu lesen: das von ihr hierfür ausgewählte Buch „Le parole che non ti ho detto" des Bestseller-Autors Nicholas Sparks (im Original auf Englisch) stelle sich aber als zu schwer heraus, obwohl sie die Verfilmung bereits kannte. Bei diesem Roman handelt es sich um einen Liebesroman, in dem notwendiger Weise auch Konstruktionen vorkommen, die in Natalias Alltagssprache keine Rolle spielen, insgesamt ist die Sprache aber anschaulich und zugänglich. Dies spricht sehr dafür, dass die literaten Ressourcen des Italienischen bei Natalia nicht sehr weit ausgebaut sind, vor allem aber auch dafür, dass sie keine erfahrene Vielleserin ist, die sich Unverständliches auch aus dem Kontext erschließt.

Ihre Strategie für das autodidaktische Lernen, sowohl der italienischen Orthographie, als auch des Schreibens am Computer, bestand darin, dieses Buch abzutippen. Als besondere Schwierigkeiten nannte sie in S23/XXVI erneut die Doppelkonsonanten, außerdem die Apostrophe und *liniuță*. Letzteres bezeichnet im Rumänischen in der Standardsprache Bindestriche, die es aber im Italienischen nur als Teil der Interpunktion gibt und nicht als Bestandteil der Morphologie von Konstruktionen, wie im Rumänischen. Es ist zu vermuten, dass sie die Akzente meint, die im Italienischen die Wortbetonung angeben und die es im Rumänischen nicht gibt. Dies belegt erneut, dass sie wenig Erfahrung damit hat, metasprachliche Aspekte zu thematisieren, zeigt aber auch, dass sie zahlreiche Konstruktionen des hierfür notwendigen Registers im Rumänischen kennt (Konsonant, Apostroph, Bindestrich).

6.2.3 Sprachliches Repertoire und Sprachpraxis

Natalia hat ausgebaute Register im Rumänischen, weil sie selbst in einem rumänischsprachigen Dorf in einer rumänischsprachigen Familie aufgewachsen ist, zu einer rumänischsprachigen Schule gegangen ist, später mit einem rumänischsprachigen Mann verheiratet war und auch ihre Tochter in dieser Sprache aufgezogen hat. Ihre Sprechweise ist deutlich regional ‚moldauisch' markiert. Schriftpraxis scheint in ihrem Alltag eine geringe Rolle zu spielen – in Italien hat sie kaum geschrieben, bei ihrem neuen Job im Call-Center tut sie es ebenfalls nicht und andere Schriftpraxis erwähnte sie (im Zusammenhang mit dem Italienischen) ebenfalls nicht. Nichtsdestotrotz ist der Umgang mit Schrift im Rumänischen, Russischen und Italienischen für sie Alltag, da sie ihr in der Stadt und auf der Arbeit ständig begegnen.

Die Aneignung des Rumänischen und Russischen erfolgte sukzessiv, beides jedoch seit ihrer Kindheit. Natalia versteht sich selbst als „parallel mit zwei Sprachen" aufgewachsen (S13/XXI). Russisch hat sie seit ihrer Kindheit begleitet, wurde im Alltag immer wieder praktiziert und außerdem in der Schule gründlich ausgebaut. Auch ihre Berufsausbildung machte sie in Russisch und die diaphasischen Register der Telekommunkation und Telegrafie standen ihr vermutlich vorrangig in Russisch zur Verfügung, weniger in Rumänisch. Allerdings hat sie in diesem Beruf auch nie gearbeitet, so dass der Wortschatz sicherlich nicht mehr aktuell und für sie vielleicht auch nicht mehr erreichbar ist.

In ihrem Alltag in Chișinău praktiziere sie täglich Russisch, das für sie die klassische Funktion der interethnischen Verkehrssprache zu sein scheint (S16/T75: „după cum știți în moldova trăiesc și ruși [A: îhî .] multe naționalități și servește"), womit es in ihrem Repertoire zwischen Rumänisch und Russisch eine relativ klare Funktionsverteilung zu geben scheint. Beide Sprachen haben auch während ihres zehnjährigen Aufenthalts in Italien eine wichtige Rolle gespielt: einerseits hat sie Kontakt zu ihrer Familie in Moldova gehalten (während andere Kontakte hier weitestgehend eingeschlafen sind), andererseits hatte sie in Italien regelmäßigen Kontakt zu anderen Moldauer*innen und zu Russischsprachigen anderer Nationalitäten (z.B. in einem Computerkurs für Ausländer in Mailand). Deutlich erkennbar ist auch ihre grundsätzlich positive Haltung zum Sprachenlernen. An zwei Stellen (S11/T59, S12/T63) reproduzierte sie nationalistische Diskurse, distanziert sich aber implizit davon: so akzeptiert sie durchaus den Ausdruck „limba moldovenească", gibt nur zu bedenken, dass, wenn man ganz korrekt sein wollte, „limba română" sagen müsse. Die Begründung, dass Moldova vom Mutterland gerissen worden sei, verpackt sie jedoch als die Meinung von Historikern und nicht als ihre eigene und fügt als Hauptvorteil einer etwaigen Zugehörigkeit zu Rumänien die EU-Mitgliedschaft an. An keiner Stelle des Interviews sagte sie etwas Ablehnendes über die Mehrsprachigkeit in Moldova oder über bestimmte Bevölkerungsgruppen.

Tabelle: Natalia/S15/T72–73[547]

I	suggestive Frage	A: îhm . dar cu: . soțul și cu fiica ați tot vorbit ă: în ă: romînă sau	A: əhm . aber mit . ihrem Mann und ihrer Tochter haben sie əh. auf əh Rumänisch geredet oder
II	Bejahung	B: nu[53] da romînă [A: îhî .]	B: ja sicher rumänisch [A: əhə .]
III	Begründung	în romînă am vorbit fiind că: . limba . limba: . limba mamei e romînă [A: îhî .] romînă [A: îhî .] mama mea vorbește romînă . tata a vorbit romînă [A: îhî .] părinții vor romîni [A: îhî .]	auf Rumänisch haben wir gesprochen denn . das ist die Sprache . Sprache . die Sprache meiner Mutter ist Rumänisch [A: əhə .] Rumänisch [A: əhə .] meine Mutter spricht Rumänisch . mein Vater hat Rumänisch gesprochen [A: əhə .] meine Eltern spra waren Rumänen [əhə .]
IV	Prenthese	moldoveni adică . [A: îhî .] cînd spui romîni parcă oleacă sună ceva [A: da da da da da] da cînd spui moldoveni (lacht) [A: da] și iată așa.	das heißt Moldauer . [A: əhə .] wenn du sagst Rumänen erscheint das ein bisschen hört sich etwas [A : jajaja ja ja] aber wenn du sagst Moldauer (lächelt) [A: ja] so war das
V	Frage	A: și . astăzi limba: . rusă: ă:m mai este de folos uneori.	A : und . heute ist das Russische noch manchmal nützlich für sie
VI	Reforumlierung	mai vorbiți cîndva: . sau după colegiul nu nu prea.	sprechen sied as manchmal . oder nach der Berufsschule nicht mehr so sehr
VII	implizite Bejahung	B: practic ă: – în ziua . în toate zilele	B : praktisch ə: – jeden Tag . an jedem Tag
VIII	Beispiel	exemplu te nimerești chiar în troleibuz merge cineva te adresează în limba rusă . îi răspunzi în limba rusă [A: îhî .]	beispielsweise wenn du in den O-Bus kommst kommt gerade da jemand spricht dich auf Russisch an . du antwortest ihm auf Russisch [A: əhə .]
XIX	Begründung	fiind că avem . după cum știți în moldova trăiesc și ruși [A: îhî .] multe naționalități	denn wir haben . wie sie wissen leben in Moldova auch viele Russen [A: əhə .] viele Nationalitäten

---

547 Nu ist hier nicht der rumänische Verneinungspartikel, sondern ein aus dem Russischen entlehntes Enunziativ (*ну*), das hier als Diskursmarker die Antwort einleitet und zur Frage verknüpft.

XX	Resümee	şi serveşte [A: îhî .]	und da ist es nützlich [A: əhə .]
XXI	Metakommentar	cînd să fie o limbă în plus asta e: . un plus [A: îhî .] serveşte [A: îhî .]	wenn eine Sprache zusätzlich da ist ə: . das ist ein Plus [A: əhə .] ist nützlich [A: əhə .]
XXII	Beispiel	că acuma iată de exemplu că am învăţat italiana dacă nu ştiam . italiana nu mă găseam locul aista de lucru [A: îhî . da] şi iată aşa.	denn jetzt also zum Beispiel dass ich Italienisch gelernt habe wenn ich kein Italienisch . könnte hätte ich diesen Job nicht gefunden [A: əhə . ja] so ist das

Nach zehn Jahren in Norditalien schätzt sie ihre Italienischkenntnisse selbst als recht gut ein; hierzu beigetragen haben nicht nur die als professionell und zugänglich wahrgenommenen Erklärungen der Großmutter in der ersten Familie, sondern auch der enge Kontakt zu einer italienischen Familie über vier Jahre hinweg in der zweiten Familie. Der Job in der Marmorfabrik kam über Kontakte zustande, dennoch ist die Tatsache, dass sie hier eingestellt wurde, um Telefonate von Kund*innen alleinverantwortlich anzunehmen, die eine Steinarbeit in Auftrag geben wollten, ein Zeichen dafür, dass ihre Sprachkenntnisse auch im Kundenkontakt für angemessen gehalten wurden. Natalia berichtete, dass am Anfang die Varietätenproblematik noch Schwierigkeiten bereitet hätte, wenn jemand aus dem Süden angerufen hätte. Offensichtlich wurden solche Probleme in dem Betrieb aber pragmatisch behandelt, da sie im Zweifelsfall ihre Chefin zur Hilfe rufen konnte und somit die Möglichkeit hatte, ihre Ressourcen weiter auszubauen, ohne an einer Hürde zu scheitern. Orthographische Kenntnisse hat sie sich selbst angeeignet, aber im Bereich der „Grammatik" (ohne, dass dieser näher spezifiziert worden sei) sieht sie noch Schwierigkeiten, ohne dass das ihr Gesamturteil, dass sie über gute Kenntnisse verfügt, einschränken würde. Dies stellt sie als eine Unumgänglichkeit nach zehn Jahren des täglichen Kontakts mit dieser Sprache dar „da eu zic după zece ani de zile doamna anna ce trebuieşte italiana [lacht] eu şi aşa o ştiu [A: da] că: per forţa am învăţat-o zece ani de zile [A: da] şi: . îmi pare că . vorbesc destul de binesor ." (S22, dt. „also ich sage nach zehn Jahren Frau Anna in denen man Italienisch braucht [lacht] kann ich das auch so [A: ja] denn notwendiger Weise habe ich sie nach zehn Jahren gelernt [A: ja] und . es scheint mir dass . ich recht gut spreche"). Natalia referiert bei der Beschreibung ihrer Italienischkenntnisse auf den Korrektheitsdiskurs als Maßstab, insbesondere im Bereich der Aussprache (z.B. S17/V, s.o.).

Über Fremdsprachen in ihrem Repertoire haben wir nur am Rande gesprochen. In T117 erwähnte sie, dass sie kein Englisch könne. Die Formulierung „noi dacă anglezǎ nu prea știm" würde wörtlich übersetzt bedeuten, dass sie es nicht so sehr (also doch ein bisschen) kann. Die Adverbkonstruktion *nu prea* spezifiziert in der Standardsprache ein Adjektiv, bevorzugt *mult* (*nu prea mult* entspricht dt. „nicht allzusehr"). In der Konstruktion ohne spezifiziertes Adjektiv drückt es sinngemäß das deutsche „kaum" aus. Fehlende Ressourcen im Englischen schlagen sich auch in Schwierigkeiten mit den Anglizismen im Bereich der Handys und Handyverträge aus. In der Schule wird sie wahrscheinlich Französisch gelernt haben, wie es zur Zeit der Sowjetunion (insbesondere auf dem Land) üblich war und teilweise bis heute ist (Weirich 2016a).

6.2.4 Sprechweise Natalia

In diesem Unterkapitel gehe ich zunächst kurz auf einige Merkmale der Sprechweise Natalias im Interview ein. Der größte Teil widmet sich aber den Lernprozessen, die bei Natalia im Laufe des Trainings bis zur ersten Phase ihrer selbständigen Arbeit beobachtet werden können. Dazu präsentiere ich Ausschnitte des dritten von vier Trainingstagen, an Hand derer ich Lernprozesse im Bereich der technischen Lexik von Handynutzung und Handyvertrieb illustriere. Bei der Betrachtung ihrer Sprachpraxis während der Arbeit wird dieser Aspekt wieder aufgegriffen. Zusätzlich geht es um die Rolle von ‚prefabs' während ihrer ersten Verkaufsgespräche.

6.2.4.1 *Sprechweise im Interview*

Natalia redete relativ bedächtig und deutlich[548] und bediente sich dabei vieler Elemente der gesprochenen Sprache, die informellen Registern angehören und teilweise deutlich regional markiert sind. Soweit sie mit den im Kapitel zu Polina ausführlich beschriebenen Phänomenen identisch sind, werden sie hier nur erwähnt: etwa *ficsa* (standardsprachlich *fiica sa*) (S2/VII)[549], *deamu* (*deacuma*) (S13/XVII), *amu* (S2/XXXI) *amuia* (S2/XXIV) für *acuma* (von Botoșineanu/Hobjilă 2002:149 als Dialektismen behandelt), *pur simplu* (pur și simplu) (S2/XVII) sowie zahlreiche (ebenfalls gängige) Abkürzungen. Hierzu gehört das Zahlwort

---

548 So auch die Einschätzung der Mitarbeiterin, die das Grobtranskript angefertigt hat: „Natalia (anonym.) говорит размеренно, понятно, неторопливо." (dt. „Natalia spricht bedächtig, verständlich, gemähchlich.")
549 Ich nenne hier nur die Beispiele aus den im ersten Teil des Kapitels interpretierten Sequenzen.

douş patru (*douăzeci şi patru*) (S2/XII) (zu zusammengesetzten Zahlwörtern siehe Turculeţ 2002:171), die Präpositionen: *pin* (*prin*) (S23/T125/XXVI, siehe Spinu 2010:101), *pîn* (*pînă*) (S4/XXII). Phonetische Phänomene sind nur approximativ transkribiert, in der Audioaufnahme ist jedoch hörbar, dass die für das moldauische Rumänisch typische Artikulation (vgl. Marin 1995; Bochmann 2002a:197; Turculeţi 2002:180[550]) der standardsprachlichen Silbe „zi" mit stimmhaftem alveolaren Affrikat „dzi" auch bei Natalia gängig ist (*dzîc, dzîle, şedz*). Die Zentralisierung des Phonems [i] wird auch in anderen Zuammenhängen manifest (*obosîtă*) sowie die Palatalisierung von [s] (peste → [pɛʃtə]), der Wegfall des Plosivs bei den Affrikaten ce/ci → [ʃ] (ceea – [ʃea], cine – [ʃine]) und die Diphtongisierung von [e], wie bei *cam puţinie* (S5/T29/XXI) oder *vierde* (S4/T25/XXVIII). Auch die Kurzform *da* für *dar* für die adversative Konjunktion (die allerdings als Diskursmarker häufig zur Anzeige eines Themenwechsels verwendet wir, Merlan 2002a:94; Turculeţ 2002:169) und die mündlichen Formen der Demonstrativpronomen.

Die Transkriptorin des Grobtranskripts (deren Erstsprache Russisch ist und die in der Hauptstadt aufgewachsen ist), schätzte Natalia als herausstechende Vertreterin der südmoldauischen Varietäten ein: „Natalia (anonym.) житель района Басарябяска, расположенного на юге Молдовы и яркий преставитель молдавской речи в тех краях." Auch wenn Natalia Italienisch sprach, war die südmoldauische Markierung teilweise deutlich zu hören, insbesondere auf Grund der Diphtongisierung des Phonems [e] zu [je], wie im Beispiel von [modjeli] oder „una nuova promozione" in Z33 der Arbeitsmitschnitts, die an manchen Stellen deutlich zu Tage trat, an anderen aber auch nicht. Eine mögliche Interpretation wäre, dass dies insbesondere bei unbekannten Konstruktionen zum Tragen kommt, wie bei den englischen Handynamen („galaxy njext e samsung a: vaiv iepsilon" Training Beispiel 2, T33).[551]

6.2.4.2 Lernprozesse im Training

Das eigentliche Training dauerte vier Tage, während denen drei Trainees (außer Natalia noch Corina und Mihai) in die wichtigsten Abläufe ihres neuen Jobs eingeführt wurden. Einerseits bedeutete dies, das Angebot kennenzulernen, das sie

---

550 Hier wird diese Aussprache auf Grund des den Betrachtungen als Basis dienenden Corpus als charakteristisch für weniger gebildete Sprecher*innen gesehen („Africata dentală sonoră dz se menţine mai ales unii vorbitori mai puţin instruiţi").
551 Diese Szene hatte ich mir auch im Forschungstagebuch notiert: [34:30] (Natalia, anonym.) ist der mld Akzent deutl. Anzuhören ‚modjele'.

den Kund*innen unterbreiten sollten, anderseits ging es um den Ablauf des Telefonats inklusive Verkaufsstrategien und technischen Details, die für das Zustandekommen des Vertrags unerlässlich waren. Schließlich wurden die Handhabung von Computersoftware zur Verwaltung der Kundendaten erläutert und wichtige Informationen, die auf der Internetseite des Handyanbieters zur Verfügung standen. Danach fand ein fünfter Trainingstag im Telefonsaal statt, wo Trainer Arcadi noch einige Unterweisungen am Beispiel realer Telefonate durchführte. Vor dem Beginn der eigenständigen Arbeit setzten die drei Trainees sich noch eine Woche lang neben erfahrene Operator*innen und beobachteten diese beim Verkauf.

Im Folgenden diksutiere ich ausführlich zwei Ausschnitte aus dem Transkript vom Nachmittag des 16.05., an dem Verkaufsgespräche geübt wurden. Ohne dass dies als Arbeitsauftrag klar formuliert worden wäre, waren dabei drei Punkte zentral: die zutreffende Beschreibung des Angebots, die Überzeugungskraft der Präsentation und der korrekte Ablauf des eigentlichen Verkaufsteils im Falle eines Vertragsabschlusses. Während für die eigentlichen Verkaufsgespräche ein fakultatives und exemplarisches Skript für den möglichen Gesprächsablauf zur Verfügung standen, lag dieses den Trainees zum Zeitpunkt der Übung noch nicht vor; sie versuchten sich an ihrer eigenen Erinnerung und ihren Notizen zu orientieren. Der Trainer Arcadi übernahm die Rolle eines interessierten Klienten und stellte Rückfragen zu den Handys und zum Angebot. Hierdurch sollten mögliche Reaktionen auf solche Fragen geübt werden. Arcadis Anliegen war jedoch nicht in erster Linie, eine möglichst realistische Verkaufssituation nachzustellen, denn er gab in dieser Rolle auch Hinweise auf wichtige Eigenschaften oder Aspekte des Angebots, die die Telefonist*innen nach Möglichkeit auch eigeninitiativ einbringen sollten. Als größte Schwierigkeit für die Teilnehmer*innen, die jedoch in den hier gewählten Ausschnitten keine Rolle spielt, erwies sich das Üben des Vertragsabschlusses am Telefon, wobei insbesondere die Zahlungsweise und das Einholen von Kreditkarten- oder Kontodaten einen heiklen Schritt darstellte.

Alle drei Trainingsteilnehmer*innen führten jeweils ein solches fiktives Verkaufsgespräch durch, zunächst Mihail, dann Corina und als letzte Natalia, „noch kurz". Nach einem ganzen Trainingstag und bereits zwei Stunden ohne Pause am Nachmittag waren alle sehr erschöpft und außerdem herrschte eine große Anspannung, da insbesondere zwischen Corina und Arcadi Konflikte zutage getreten waren, die letztlich aus unterschiedlichen Arten der Überforderung resultierten (diese spiegeln sich auch in Training Beispiel 2, s.u.). Natalia hatte mehrmals versucht, beschwichtigend zu intervenieren. Das geringe Vorwissen der Teilnehmer*innen produzierte beim Trainer Ungeduld und führte im Verlaufe des Trainings auch dazu, dass er den Teilnehmer*innen Vorwürfe machte, sich bei Univerconnect beworben zu haben, ohne die angegebenen Kriterien (Fähigkeiten im Umgang mit Computern) zu erfüllen. Es ist keineswegs auszuschließen, dass meine Anwesenheit diese Konflikte verschärften, weil dem Trainer an einem guten Eindruck von ihm und dem Unternehmen gelegen war.

Natalia stand also deutlich unter Druck, als sie mit der Simulation an der Reihe war, hatte aber den Vorteil, dass sie Prozedur nun schon zweimal bei Arcadi und Corina mitverfolgt hatte.

Die Konstruktion Touch Screen

Vor die Betrachtung einer Sequenz aus der Verkaufsgesprächsimulation von Natalia schalte ich einen Ausschnitt aus dem analogen Gespräch von Corina. Da für Natalia wie für Corina zu Beginn des Trainings sowohl Konzept wie auch die sprachliche Konstruktion „Touch Screen" neu waren, stellte die folgende Situation für beide ein Lernereignis dar, bei dem eine neue Konstruktion nicht nur gebraucht, sondern auch intensiv darüber gesprochen wurde.

In dieser Situation trat Arcadi aus seiner Rolle als fiktiver Kunde heraus, um Corina nach Eigenschaften des Telefons zu fragen. Als sie daraufhin erneut auf die Internetfähigkeit verwies, über die schon vorher ausführlich gesprochen worden war, stellte Arcadi die suggestive Frage, ob die Telefone „mit Tastatur" seien. Da Corina diese Frage nicht beantworten konnte, entspann sich ein Dialog über 27 Turns, im Verlaufe dessen sich herausstellte, dass Corina weder die Eigenschaften der von ihr in der Rolle der Verkäuferin angebotenen Handys kannte, noch die (komplementären) Konzepte ‚Tastatur' und ‚Touch Screen'.

Diese Sequenz steht aber auch exemplarisch für den Machtkonflikt zwischen Arcadi und Corina, der in recht unproduktiver Weise ausgetragen wurde. Corina konnte oder wollte nicht zugeben, dass sie gar nicht wusste, worum es geht; Arcadi versuchte ihr sowohl ihr Unwissen, als auch ihr Versäumnis nachzufragen aufzuzeigen. Natalia interveniert in T19, um Corina zur Hilfe zu kommen. Wahrscheinlich versuchte sie damit auch, die angespannte und für alle Anwesenden höchst unangenehme Situation aufzulösen, in der Arcadi versuchte, Corina vorzuführen, die ihrerseits diese Situation nicht auflöste, sondern durch Raten eine ‚richtige Antwort' suchte, ohne das Verstehen als Voraussetzung dafür zu betrachten. Natalia wiederholt zu diesem Zweck die Frage, ob das Telefon eine Tastatur habe, auf Rumänisch, indem sie Arcadis italienische Frage „*sono con tastiera*" aus T3 aufgreift (möglicher Weise hatte sie sich auch während des bisherigen Trainingsverlaufs entsprechende Notizen gemacht). Die Verwendung des (wenige Turns zuvor von jemand anderem eingeführten) italienischen Terminus in ihrer ansonsten rumänischen Proposition deutet darauf hin, dass ihr der rumänische Begriff (*tastatura*) nicht geläufig war. Damit zeigte sie, dass sie (anders als Corina) verstanden hatte, in welcher Form Tasten bei Handys auftauchen und mit welchem Begriff dieses Phänomen bezeichnet wird. Dies bedeutet jedoch nicht, dass sie das Pendant „Touch Screen" bereits kannte, auf welches Arcadi von Beginn an hinaus wollte, es aber erst in T27 selbst benennt.

Tabelle: *Training Beispiel 1: Corina und die Handytasten*

Turn	Person	Original	Übersetzung
1	Arcadi	[...] *okey dimmi qualcosa di [questi telefoni*	[...] okay sag mir etwas über [diese Telefone
2	Corina	[*può navigare sul internet.*	[es kann im Internet surfen
3	Arcadi	*okey - sono con tastiera -*	okay - sind sie mit Tasten -
4	Corina	*credo che sì . no io adesso le dico: lei .* [Arcadi stößt deutlich hörbar Luft aus]	ich glaube ja . nein sage ich Ihnen das jetzt sie .[Arcadi stößt deutlich hörbar Luft aus]
5	Arcadi	tu ai văzut galaxy next . și galaxy . și wave ipsilon.	hast du die gesehen galaxy next . und galaxy . und wave ypsilon
6	Corina	da eu an văzut da aişi n-an văzut - an văzut	ja habe ich gesehen aber hier habe ich sie nicht gesehen - ich hab sie gesehen
7	Arcadi	păi unde unde ai văzut	aber wo hast du sie gesehen
8	Corina	când ați arătat	als sie es gezeigt haben
9	Arcadi	aici	hier
10	Corina	l-an văzut	habe ich gesehen
11	Arcadi	la calculator	am Computer
12	Corina	da.	ja.
13	Arcadi	ai văzut bini.	hast dus richtig gesehen
14	Corina	(unverständlich)	(unverständlich)
15	Arcadi	cum îi (Name der Internetseite des Handyanbieters, anonym.) ai văzut bini . cî ne-an uitat şî pi (Name der Internetseite des Handyanbieters, anonym.) la tilifoaneli iestea.	wie auf (Name der Internetseite des Handyanbieters, anonym.) hast du das richtig gesehen als wir uns das auf (der Internetseite, anonym.) diese Telefone angesehen haben
16	Corina	dumneavoastr-aţi arătat.	Sie haben es gezeigt
17	Arcadi	da da ai văzut bini când (3) v-am arătat . are taste (2)	jaja aber hast du richtig hingeschaut (3) als ich euch das gezeigt habe . hat es Tasten

Turn	Person	Original	Übersetzung
18	Corina	nu . DA TASTE în ci sens=	nein . JA TASTEN in welchem Sinn.
19	Natalia	dacă are *tastieră*	ob es eine Tastatur hat
20	Arcadi	a: tu ştii şi-nsamnă taste	ah weißt du was Tasten heißt
21	Corina	nu taste la telefon normale nu taste normale	nein normale Tasten am Telefon also normale Tasten
22	Arcadi	păi di asta şî t-intreb	na das frag ich dich doch
23	Corina	ARE	HAT es
24		(Mihail und Arcadi lachen leise)	
25	Arcadi	n-are	hat es nicht
26	Natalia	dişeala cariii	diese die
27	Arcadi	touch screen (mehrere Leute murmeln etwas) diferenţa *tastiera*-i touch screen . m - asta-i *tastieră*	touch screen (mehrere Leute murmeln etwas) der Unterschied zwischen Tastatur und Touch Screen . m - das ist eine Tastatur
28	Corina	da.	ja.
29	Arcadi	wave şi galaxy avea aşa ceva . butoane cu cifre . ăi văzut la noi [de-aiestea	wave und galaxy haben so etwas . Knöpfe mit Zahlen . hast du sowas bei uns gesehen
30	Corina	[nu.	nein
31	Arcadi	păi n-are - *c'erà tastiera*.	hat es nicht - gab es eine Tastatur
32	Corina	nu.	nein
33	Arcadi	*allora è touch screen* (2) *touch screen vuole dire che* (2) *puoi toccare la scheda di touch screen* (3) *chiaro* (4) *per questo dico se non capite qualcosa . chiedete*	also ist es ein Touch Screen . Touch Screen heißt dass . du den Bildschirm berühren kannst mit Touch Screen (3) klar (4) deswegen sage ich wenn ihr etwas nicht versteht . fragt

Bei Beispiel 2 (s.u.) handelt es sich um einen Auszug aus der Verkaufsgesprächsimulation von Natalia, die versuchte, hierin nun die Handyeigenschaft ‚ohne Tastatur' unterzubringen, die ihr nach der zeitintensiven und nervenaufreibenden Diskussion zwischen Corina und Arcadi als hochrelevant erscheinen musste. Mein Fokus bei der Betrachtung liegt aber auf den Lernprozessen Natalias am Beispiel der Konstruktion „Touch Screen".

Mit Hilfe des FIP-Modells von Streb (2016) (s. Kapitel 2.3.2) können die Probleme, die Natalia bei der Aneignung der neuen Terminologie hat, am Beispiel des englischen Begriffs *Touch Screen* gut illustriert werden. Streb erläutert mit Hilfe des Basis-FIPs ‚Kuh' (als fiktiver Auszug aus einem Repertoire), wie mehrsprachiger Ausbau von Grundschulkindern in einem deutsch-italienischen bilingualen Schulkontext funktioniert. Wie die Konstruktionsgrammatik geht sie davon aus, dass sprachliches Wissen aus einer Form- und einer Inhaltsseite besteht und dass dieses Wissen unterschiedlich komplex sein kann. Es ist auf vielfältige Art erweiterbar, z.B. um Orthographie- und Registerwissen, um idiomatische Wendungen, um alternative Formen in weiteren Sprachen und Varietäten, aber auch um inhaltliche Differenzierungen (Streb 2016:523). Als zu lernenden Aspekt erwähnt sie auch die Frage, welche Art sprachlichen Wissens „sprachübergreifend" funktioniert und welche Aspekte sprachspezifisch gelernt werden müssen. Die Reihenfolge des Ausbaus ist abhängig von sprachlichen Ressourcen und Lernkontext (also von ihrer Erreichbarkeit). Letzterer spielt aber in den Betrachtungen von Streb keine große Rolle, da sie ihren Fokus auf die strukturelle Ebene richtet. Die Besonderheit der Konstruktion „touch screen" ist nun, dass diese als ursprünglich englische Konstruktion in den allermeisten Sprachen als Anglizismus übernommen wurde[552], d.h. dass die Form sprachübergreifend ist.

Natalia (wie auch Corina) hatten zu dieser Konstruktion kein Basis-FIP verfügbar, an das der Ausbau andocken könnte, da sie das Konzept (die Inhaltsseite) nicht kennen. Zwar besaßen sie selbst Handys, die jedoch keine Smartphones waren und auch keinen Touch Screen hatten. Touch Screens waren ihnen vielleicht schon in anderen Zusammenhängen begegnet (wie an Bank- oder Fahrkartenautomaten), aber höchstwahrscheinlich haben sie dies nicht als ein gesondertes technisches Phänomen wahrgenommen, dessen Existenz als Weltwissen abzuspeichern und mit einem Begriff zu versehen ist. Corina hatte deswegen in ihrer Übungs-Präsentation des Produktes diesen Aspekt schlichtweg ausgespart, der Trainer erinnerte sie daran durch Nachfrage (Beispiel 2, T3, s.o.). Für Corina stellte diese einprägsame Szene mit Sicherheit ein ‚Lernereignis' (Weirich 2013 und 2.3.4.6) dar, bei dem sie im Bereich Weltwissen den Unterschied zwischen einem Handy mit Touch Screen und einem mit Tasten

---

552 Die deutsche Übersetzung „berührungsempfindlicher Bildschirm" habe ich zum ersten Mal zur Kenntnis genommen, als ich im Zuge der vorliegenden Überlegungen nach deutschsprachigen Pendants gesucht habe. Das Französische verfügt auf Grund der besonderen sprachpflegerischen Bemühungen um französische Alternativen zu englischen Begriffen über *écran tactile*, das durchaus verbreitet ist. Im Italienischen scheint ausschließlich von *touch screen* die Rede zu sein.

lernte und zudem der Formseite erstmals bewusst begegnete.[553] Das FIP „touch screen" war also in ihrem Repertoire gänzlich neu, sowohl die Form-Seite als auch die Inhaltsseite.

In der folgenden Sequenz, in der Natalia selbst ein Verkaufsgespräch simuliert, verfügt sie über dieses Wissen bereits. Es stellt sich aber heraus, dass sie von der Formseite nach wie vor nur eine vage Vorstellung hatte, denn in ihrer Beschreibung der Telefone sagte sie: „sono con tai scri:n"[554] (T29). Aus der Situation im Simulationsgespräch von Corina hatte sie also auf der Ebene der Verkaufsstrategie behalten, dass „Touch Screen" ein wichtiger Aspekt der Beschreibung der Telefone ist. Auf der Inhaltsebene hat sie verstanden, dass es einen kategorialen Unterschied zwischen Handys mit und ohne Tasten gibt und dass „Touch Screen" letzteres bedeutet. Sie hat allerdings die Formseite noch nicht gänzlich erfasst, da sie nicht an andere auf der Formebene anknüpfbare Basis-FIPs (z.B. engl. *to touch* oder *screen*) zurückgreifen konnte. Dies wiederum zeigt, dass sie keinerlei oder nur sehr vereinzelte Kenntnis englischer Konstruktionen hatte, einerseits, weil sie nie Englisch gelernt hat, andererseits aber auch, weil sie offensichtlich im Rumänischen und Italienischen nicht mit denjenigen Registern in Kontakt gekommen war, in denen englische Begriffe an der Tagesordnung sind (wie z.B. im technischen Bereich und in der Werbesprache).

Streb (2016:522) hatte festgestellt, dass die Zuordnung der beiden Seiten eines FIPs „zeitweise über eine approximative inhaltliche Bedeutung" erfolgen kann. Aus den obigen Beobachtungen lässt sich nun folgern, dass die Formseite ebenso temporär approximativ gespeichert werden kann. Auch die Beobachtung, dass Lerner*innen sich bei fehlendem Sprachwissen auf ihnen bekannte ähnliche FIPs stützen, bestätigt sich: Natalia vesuchte die lautliche Seite mit [taj skri:n][555] zu imitieren. Die Silbe [taj] ist ihr aus dem Rumänischen vertraut, anders als [tatʃ]. Vielleicht kann diese Verwendung auch so interpretiert werden, dass sie eine Lücke im Form-Bild mit dieser ihr bekannten Silbe auffüllt und die Form-Seite des FIPs bei ihr vorübergehend mit [t??skri:n] besetzt ist. Dies korrespondiert auch mit der Annahme, dass Silben die kleinste für Lerner*innen intuitiv zugängliche Ebene sind (Maas 2013:77). Ihre Konstruktion „sono con

---

553 Dass ihr in der Werbung o.ä. noch nie das Wort begegnet ist, halte ich für unwahrscheinlich.
554 Im Transkript wurden phonetische Aspekte mit Hilfe der gängigen Orthographiekonventionen des Rumänischen oder Italienischen wiedergegeben.
555 Transkription nach Regeln des Internationalen Phonetischen Alphabets (IPA).

tai scri:n" belegt auch ihr Wissen darüber, dass es sich bei [t??skri:n] um ein Substantiv handelt.

Das Beispiel zeigt insgesamt, dass Strebs Überlegungen zum Konstruktionsausbau nicht nur für Kinder im Grundschulalter Relevanz haben, sondern auch bei älteren Lerner*innen, die bereits über ein umfangreiches mehrsprachiges Repertoire verfügen, laufen ähnliche Prozesse ab, wie bei jüngeren Lerner*innen. Ein Unterschied ist sicherlich, dass die Orthographie für Natalia eine Stütze sein könnte, wenn der Trainer den *Touch Screen* zum Beispiel an der Tafel notieren würde, oder andere didaktische Materialien zur Verfügung stünden. Da der Begrif aber vom Trainer als bekannt vorausgesetzt wird fehlt ihr dieses ‚Ausbauangebot'.

Durch korrigierende Rephrasierung (‚recast', Gass 2003:239) des Trainers wurde die lautliche Formseite [tatʃ scri:n] spezifiziert und wurde von Natalia dann am Telefon auch selbst so verwendet (s.u. 6.2.4.3).

Grafik: Ausbau des FIP touch screen

Tabelle: Training Beispiel 2: Verkaufssimulation Natalia[556]

1	Natalia	*buongiorno sono dall'ufficio . mi chiamo (Natalia, anonym.) sono dall'ufficio commerciale di paolo*[557] *. n*	Guten Tag ich bin vom Büro ich heiße (Natalia, anonym.) ich bin von der Vetriebsbüro von Paolo . n
2	Arcadi	*nu . pa di: . telefonia mobile (Name des Handyanbieters, anonym.) . ufficio commerciale di (Name des Handyanbieters, anonym.)*	nicht . pa vom Handyanbieter (Name, anonym.) . Vertriebsbüro von (Name des Handyanbieters, anonym.)

---

556 Diesen Namen produziert sie eventuell als irrtümlich abgespeicherte Form der Verbform „parlo", die zum gängigen Einstieg ins Gespräch gehörte, der auch im Training verwendet wurde („buon giorno. Sono (Name) dall'ufficio commerciale die (Name des Handyanbieters). Parlo con la signore/il signore (Name)?").

3	Natalia	*ufficio com [comerciale di (Name des Handyanbieters, anonym.)*	Vertriebsbüro der (Name des Handyanbieters, anonym.)
4	Arcadi	*[direzzione commerciale di (Name des Handyanbieters, anonym.) . okey*	Vertriebsabteilung von (Name des Handyanbieters, anonym.)
5	Natalia	*parlo con signor* (Vorname Nachname, anonym.)	spreche ich mit Herrn (Vorname Nachname, anonym.)
6	Arcadi	*=sì . buongiorno.*	=ja . guten Tag.
7	Natalia	*buongiorno . volevo ringraziarla che dei – dal duemila . undici è il nostro cliente.*	Guten Tag . ich wollte ihnen danken dass sie seit 2011 unser Kunde sind.
8	Arcadi	*ihim.*	ihim.
9	Natalia	*e visto che lei ha un classo di servizio quattro stellie*[558] *. vogliamo ringraziarla per questo . e abbiamo una offerta da farli*[559].	da sie eine Serviceklasse vier Sterne haben . (?) ihnen danken dafür . und haben ihnen ein Angebot zu machen
10	Arcadi	*okey.*	okay.
11	Natalia	*se lei ha un minuto da . per ascoltarmi*	wenn sie eine Minute Zeit haben . zuzuhören
12	Arcadi	*sì sì mi dica.*	jaja ich höre.
13	Natalia	*noi abbiamo una offerta molto a: vantaggiosa . si tratta di una scheda nuova . con un numero di (Name des Handyanbieter, anonym.)* (3)	wir haben ein sehr vorteilhaftes Angebot . es geht um eine neue SIM-Karte mit einer Nummer der ((Name des Handyanbieter, anonym.) (3)
14	Arcadi	*im ihim . è una offerta nuova.*	im ihihm . ist das ein neues Angebot.

---

557 Die Diphtongisierung ist hier nicht stark, die Artikulation ist in der Nähe eines sehr geschlossenen [e].

558 Auf Basis der Audioaufnahme ist schwer zu unterscheiden, ob Natalia hier (wie auch an anderen Stellen) das Dativ-Pronomen der Höflichkeitsform Singular *le* in einer zentralisierten Artikulation (*li*) verwendet. Möglich wäre auch, dass es sich um das maskuline Dativ-Pronomen *gli* handelt (welches normativ betrachtet an dieser Stelle falsch wäre).

15	Natalia	*è una offerta nuova molto vantaggiosa come vi[560] ho detto . con il piano tariffario di (Handytarif 1, anonym.) . che: deve pagare al minuto dieci centesimi.*	es ist ein neues sehr vorteilhaftes Angebot wie ich ihnen gesagt habe . mit dem Tarif (Handytarif 1, anonym.) . der sie müssen pro Minute zehn Cent bezahlen
16	Arcadi	*senza.*	ohne.
17	Natalia	*senza.*	ohne.
18	Arcadi	(unverständlich) *pagare -*	bezahlen
19	Natalia	*che prevede dieci centesimi al minuto . e dieci centesimi sms verso tutti numeri nazionali . senza scatto alla risposta[561] . tariffazione ai secondi.*	der vorsieht zehn Cent pro Minute . und zehn Cent pro sms an alle Nummern im Inland . ohne Verbindungsgebühr . Berechnung nach Sekunden
20	Arcadi	*okey.*	okay
21	Natalia	*più a questo . proponiamo . due telefoni . come regalo . a a parte a questa scheda . che lei la riceverà.*	und zusätzlich . bieten wir zwei Telefone an . als Geschenk . zusätzlich zu dieser SIM-Karte . die sie erhalten werden
22	Arcadi	*a due telefoni.*	a zwei Telefone.
23	Natalia	*due telefoni.*	zwei Telefone.
24	Arcadi	*sì è giusto*	ja, das ist richtig
25	Natalia	*i telefoni sono di nuova generazione . sono di marca samsung.*	die Telefone gehören der jüngsten Generation an . sie sind von der Marke Samsung
26	Arcadi	*posso avere due ä tutti due - (Natalia lacht) devo scegliere uno.*	kann ich alle beide haben – (Natalia lacht) oder muss ich eins auswählen
27	Natalia	*deve scegliere uno . sì non può prendere due telefoni . cè samsung abbiamo samsung galaxy niext . e samsung a: vaiv iepsilon.*	sie müssen eins auswählen . ja sie können nicht beide Telefone nehmen . das ist Samsung wir haben Samsung Galaxy Niext und Samsung a: vaiv jepsilon

---

559 In der Audioaufnahme ist recht deutlich zu hören, dass Natalia hier das Dativ-Pronomen der zweiten Person Plural verwendet (wie es im rumänischen Standard korrekt ist), anstelle des Höflichkeitspronomens, das der Form der dritten Person Singular Femininum entspricht.

560 *Scatto alla risposta* ist eine idiomatische Konstruktion im Italienischen, die eine Verbindungsgebühr bezeichnet, die beim Zustandekommen der Verbindung (zusätzlich zu den im Anschluss erhobenen Kosten pro Minute) erhoben wird (Synonym: *costo di connessione*).

28	Arcadi	wave ipsilon - okay	Wave Ypsilon
29	Natalia	*sono i . i telefoni novi . abba . sono con tai scri:n [senza*	das sind . neue Telefone . habe sie sind mit tai scrien [ohne
30	Arcadi	[=touch . touch screen.	[=touch . touch screen
31	Natalia	*questo non è* (lächelt) *sono touch screen=*	das ist nicht (lächelt) sie sind touch screen
32	Arcadi	nu înțăleg cî-s cuvinte-n engleză și poate (unverständlich)=	versteht ihr nicht dass das englische Wörter sind und vielleicht
33	Natalia	= da da *senza tastiera*	ohne Tastatur
34	Arcadi	vă dau s-înțălegiț ce-nsamnă asta.	das habe ich euch gesagt, damit ihr versteht, was das heißt
35	Natalia	*sono internet a banda larga.*	sie sind Breitbandinternet.
36	Arcadi	okey -	okay –
37	Natalia	(murmelt: alte nus).	(murmelt) mehr weiß ich nicht
38	Arcadi	*ce l'hanno facebook twitter.*	dass sie facebook und twitter haben
39	Natalia	*può navigare sul interniet avrà tutti . youtub ă:*	es kann im Internet surfen . es hat alles youtube
40	Arcadi	a okey.	a okay.
41	Natalia	*a tutti i servizi e:.*	alle Funktionen äh :
42	Arcadi	*basta . okey sono*	das genügt . okay sind sie
43	Natalia	con tesi (?)	mit (unverständlich)
44	Arcadi	*sono sono avanzati*	sie sind fortschrittlich
45	Natalia	*sono avanzati sì.*	sie sind fortschrittlich ja
46	Arcadi	okey.	okay.

Die Mehrheit der Schwierigkeiten Natalias in diesem Abschnitt hängen offenbar damit zusammen, dass sie kaum schriftliche Hilfsmittel (Ausbauangebote) hat, sondern allein auf ihre eigenen Notizen zurückgreifen muss. T27 zeigt, dass sie wie mit *touch screen* auch mit den Handynamen (*wave y*) Schwierigkeiten hat, was entweder darauf zurückzuführen ist, dass sie sie sich so notiert hat, wie sie sie beim Hören verstanden hat, oder nicht weiß, wie sie die englischen Namen aussprechen soll. In T33 baut sie in das Verkaufsgespräch zusätzlich zur Handyeigenschaft *touch screen* die Erklärung *senza tastiera* ein, die sie sich notiert hatte, die aber seitens des Trainers nicht Teil des Verkaufsgesprächs sein sollte, sondern nur die Verständnisschwierigkeiten der Trainees beheben sollte (wie Arcadi in T34 anmerkt). Auch die auf den ersten Blick unerklärlich anmutende Formulierung „sono dall'ufficio commerciale di paolo" (der in den Transkripten anonymisierte Name des Handybieters lautet nicht so ähnlich wie „paolo") könnte auf ein von ihr als Notiz verschriftliches Missverständnis hindeuten und von „parlo" kommen, womit in der Regel die zweite Proposition des Anrufs eingeleitet wird, um sicherzustellen, dass auch der gewünschte Kunde am Apparat ist.

Neue Konstruktionen, bei denen sowohl die Form- als auch die Inhaltsseite für sie neues Wissen darstellen, weiß sie noch nicht syntaktisch in neue Gefüge einzupassen, wie an der Proposition „sono internet a banda larga" (T35) zu sehen ist, wo durch das Hilfswerb *sein* „Breitbandinternet" zu einem Prädikat wird.[561] Im Verlauf des Trainings gab es durchaus mündliche Ausbauangebote für komplexere ‚prefabs' (wie „sono con/hanno internet a banda larga").

6.2.4.3 Sprachpraxis während der Telefonate und Verkaufsstrategien

Im Anschluss an das Interview am Mittwoch, den 06.06. konnte ich Natalia nachmittags ca. zwei Stunden bei der Arbeit beobachten – zu diesem Zeitpunkt arbeitete Natalia seit knapp zwei Wochen selbständig. In diesen 125 Minuten tätigte Natalia 29 Anrufe (siehe Tabelle unten). 14 Mal präsentierte sie die Promotionsaktion, 11 Mal erklärten die Kund*innen danach sofort, dass sie kein Interesse hätten. Mit den drei anderen (Z. 93, 108 und 115) vertagte sie das Gespräch auf einen anderen Zeitpunkt, weshalb nicht die Situation entstand, dass sie Details hätte erklären müssen. Die 14 Präsentationen ähneln sich deswegen bis in einzelne Formulierungen hin stark.

Tabelle: Übersicht über die Gesprächsverläufe (Natalia)

Art des Gesprächsverlaufs	Anzahl	Zeilennummer laut Transkript-Tabelle
nur „pronto" (meist, wenn Mail Box rangeht)	10	
Wiederanruf (nachdem am Tag zuvor vereinbart worden war, die Kund*innen würden sich das Angebot durch den Kopf gehen lassen)	4	58–60; 63, 65; 76
Abbruch des Telefonats durch Kund*in nach Vorstellung	1	27

---

561 Trainer Arcadi verwendete jedoch im Training auch mindestens einmal die Konstruktion „anche questo è touch screen".

Art des Gesprächsverlaufs	Anzahl	Zeilennummer laut Transkript-Tabelle
Präsentation des Angebots	14	14f; 33; 75; 82; 87; 89; 93; 98; 100; 108; 109; 112/14; 115, 133
Zahl der Anrufe insgesamt	29	

Mein Eindruck war, dass Natalia sich in ihre neue Aufgabe bereits so weit hineingefunden hatte, dass sie das Angebot souverän präsentierte, ihre sprachlichen Strategien nach zwei Wochen aber in erster Linie dazu dienten, die Telefonate überhaupt zu bewältigen und noch keine ausgereiften Verkaufsstrategien waren. Sprachlich nahm sie gegenüber den Kund*innen die Rolle als Vertreterin des Handyanbieters ein, indem sie z.B. vorgab, dem Unternehmen bereits über einen längeren Zeitraum verbunden zu sein. So sagte sie in Z60 es sei noch nie passiert, dass die IBAN nicht funktionierte. Die wiederkehrende Verabschiedung „ci sentiamo per altre promozione signor(a)" kreierte den Eindruck, dass sie davon ausgeht, auch in Zukunft als Vertreterin des Unternehmens zu fungieren. Häufig sprach sie auch vom Handyanbieter in der ersten Person Plural (wie in Z87 „visto che a con noi..."), manchmal aber auch in der dritten Person.

Schwierigkeiten hatte sie wie schon im Training weiterhin damit, über die reine Nennung der Modelle hinaus Details ihrer Funktionen zu präsentieren, was auch ein möglicher Grund dafür ist, dass sie die Kund*innen nicht überzeugte.[562] Wiederkehrend ist neben den Schlagworten *modelli moderni* bzw. *avanzati* der Touch Screen (s.u.).

Typischer Gesprächsverlauf

Die 14 Telefonate, bei denen sie das Angebot präsentiert, verlaufen nach einem sehr ähnlichen Schema, das sich folgendermaßen in elf Etappen unterteilen lassen kann:

---

562 Das Gespräch in Z58-60 belegt aber immerhin, dass sie am Vortag einen Vertrag abgeschlossen hatte.

Tabelle: typischer Verlauf eines Verkaufsgesprächs (Natalia)

	Etappe/Sequenz	Funktion/Inhalt	typische Formulierung
1.	„Aufforderung"[564]/ „summons"		(Telefonklingeln)
2.	pronto; „Antwort"/ „answer"	Überprüfung der Verbindung und Verfügbarkeit des/ der Angerufenen	
3.	Begrüßung; „wechselseitige Identifizierung"	Natalia stellt sich vor und fragt, ob sie mit der Person spricht, die ihr als Vertragsinhaber*in auf dem Bildschirm angezeigt wird	Buongiorno, sono Natalia dall'ufficio commerciale di (Name des Handyanbieters). Parlo con signor/a (Vorname, Nachname). Piacere signor/a (Vorname, Nachname).
4.	Gesprächseinstieg	Überleitung zwischen Identifizierung und Grund des Anrufs; besteht meist darin, dass Natalia fragt, ob ihr Gegenüber einen Augenblick Zeit habe	Ha un minuto libero?[565]

---

563 Die hier verwendeten Funktionsbezeichnungen orientieren sich an den Erkenntnissen der Konversationsanalyse zu Telefongesprächen, zu deren klassischen Themen die Eröffnungssequenzen (*openings*) gehören (Mondada/Schmitt 2008:9; Schegloff 1993). Kennzeichnend für diese Sequenzen in Telefongesprächen ist die Informationsasymmetrie zwischen Anrufer*in (hier Call-Center-Operatorin) und angerufener Person (Handy-Kund*in), welche jedoch die Person ist, die zuerst spricht (Schegloff 2002:290f; in italienischen Telefonaten ist dies in der Regel „pronto"). Da die Kund*innen auf ihrem Handy angerufen werden, kommt hinzu, dass sie sich in allen erdenklichen Situationen befinden können.

564 Im Vergleich zum simulierten Trainingsgespräch hat sich dieser Satz um die Begründung „per ascoltare" verkürzt.

	Etappe/Sequenz	Funktion/Inhalt	typische Formulierung
5.	Begründung des Anrufs	warum ausgerechnet der/die entsprechende Kund*in kontaktiert wurde & Ankündigung eines Angebots	[4 Elemente, die unterschiedlich kombiniert werden] – Visto che lei è il nostro migliore/fidele cliente – Ha un abbonamento (Name des Vertrags) – La (Name des Handyanbieters) la vuole ringraziare – Le vuole fare una proposta
6.	Präsentation des Angebots	Natalia nennt den Namen der Promotionsaktion	si tratta dell'offerta (Name des Angebots)/ si tratta di una offerta che sie chiama (Name des Angebots)
7.	Erläuterung des Angebots	kurze Zusammenfassung, dass es sich um ein kostenloses Handy und eine SIM-Karte handelt	praticamenta la (Handyanbieter) le manda gratis a casa sua un cellulare (di ultima generazione) insieme a una sim card ricaricabile
8.	Beschreibung des Tarifs	Erläuterung des Prepaid-Tarifs	su quale verrà attivato un piano tariffario molto economico ch'è il piu economico che c'è sul mercato italiano. Lei potrà parlare con soli dieci centesimi al minuto con tutti numeri fissi anche e cellulare senza scatto alla risposta e tariffazione ai secondi.
9.	Präzisierung: kostenloses Handys	Erinnerung an kostenloses Handy, Präzisierung: Kund*in kann zwischen vier Modellen wählen; Rückfrage, ob das interessiert	e guarde signor/a (Vorname), li diamo la possibilità di scegliere fra i quattro modelli che abbiamo. L'interessa ?
10.	Nennung der Handymodelle	kurze Nennung und Charakterisierung der Handys, die aktuell im Angebot sind	– Abbiamo dei modelli molto avanzati… – Abbiamo dei bei modelli… … abbiamo samsung touch screen due modelli/samsung wave ipsilon, poi samsung galaxy next, poi abbiamo business class balckberry pearl 3G che sul mercato verrebbe un prezzo di trecento euro e abbiamo anche nokia C301

	Etappe/Sequenz	Funktion/Inhalt	typische Formulierung
11.	Eingehen auf die Rückmeldung der Kund*innen	hier geht sie entweder auf Rückfragen ein oder formuliert Bedauern über spontane Ablehnung	(im Falle einer Ablehnung) ma magari per qualcuno della (sua) famiglia (o per qualche parente)
12	Verabschiedung		ho capito. Io la ringrazio. Magari ci centiamo per altri promozioni (signor/a Vorname). Buona sera(ta)/buon giorno/ arrivederci.

Die Etappen 1 bis 4 (Gesprächsaufforderung, Antwort, wechselseitige Identifizierung, Gesprächseinstieg) variieren sprachlich kaum.[565] In der fünften Etappe, bei der Begründung des Anrufs, verwendet Natalia unterschiedliche Kombinationen der drei in der Tabelle genannten Varianten. Die Konstruktion *visto che* ist dabei wichtig dafür, dass die flüssige Formulierung des Angebots glückt (s.u.). Dies sehe ich als Beleg der großen Bedeutung von *prefabs* in einer solchen exolingualen Situation mit großem Stressfaktor.

Infinitiv-Konstruktionen mit dem Verb *ringraziare* sind für diese Etappe ebenfalls zentral; nur in fünf der 14 Gesprächsverläufe wählte Natalia Formulierungen ohne dieses Verb.[566] Die beiden alternativen Konstruktionstypen mit *ringraziare* sind:

- mit vorangestelltem Objekt-Pronomen: „la (Handyanbieter) la vuole ringraziare che" (Z33, 82, 89, 133)
- mit angehängtem Objekt-Pronomen: „per ringraziarla che" (Z75, 93, 100, 109), „vogliamo ringraziarla" (Z98)

---

565 In Z89, 93, 100 und 133 lässt sie die Einstiegsfrage „ha un minuto libero" aus; in Z98 geht nicht der Vertragsinhaber ans Telefon, mit dem Natalia im Zweifelsfall den Vertragsabschluss machen muss, weshalb sie zunächst versucht zu klären, ob der zu sprechen sei, bevor sie dann der faktischen Handynutzerin das Angebot erklärt. In Z75 weist der Gesprächseinstieg mehrere Formulierungsvarianten auf, weil der Kunde sie offenbar nicht verstanden hat.

566 In Z87 wählt sie einen nüchternen Einstieg in die Angebotsformulierung: „si tratta di una promozione visto che lei a con noi un abbonamento..."; in Z. 108 ersetzt sie inhaltlich die Dankesgeste durch Auserwähltheit: „la (Handyanbieter) l'h a scelto com'il nostro migliore cliente", außerdem Z. 14, 112/14 und 115.

Diese Infinitivkonstruktion wird in den meisten Fällen gemeinsam mit einer Form der Begründung verwendet, dass es sich bei der/dem jeweiligen Kundi/en um eine(n) besonders gute(n) handelt, was wiederum an einem bestimmten Handyvertrag (anonymisiert: Handytarif 1 oder 2) festgemacht wird. Hierbei spielt die Konstruktion *visto che* als kausale Konjunktion eine entscheidende Rolle dafür, dass Natalia die Formulierung einer satzförmigen Äußerung gelingt.

Ihr privilegierter Einstieg ist dementsprechend „allora visto che lei…" + Begründung „…(è nostra migliore cliente che) à (con noi) un abbonamento xy" (Z14 und 75) bzw. in Kurzversion ohne die hier in Klammern gesetzten Ergänzungen (Z33 und 109).

In Z98 und 112 stellt sie andere Formen der Erklärung ihres Anrufs voran („si tratta di una offerta"; „la (Handyunternehmer) vuole fare una proposta molto vantaggiosa…"), kann aber hieran einen Hauptsatz mit *visto che* anknüpfen. In Z98 deutet sich an, dass für sie spontan keine andere Kausalverknüpfung erreichbar ist, die z.B. einen Nebensatz einleiten würde (z.B. „la (Name des Handyanbieters, anonym.) li vuole fare una proposta molto vantaggiosa signor (Vorname, anonym.) perchè lei ha con noi un abbonamento (Handytarif 3, anonym.). Per questo noi vogliamo ringraziarla e li proponiamo una . nuova promozione"). In Z100 ist erkennbar, dass Natalia trotz Verwendung der Konstruktion *visto che* Formulierungsschwierigkeiten hat, weil sie daran als Subjekt den Handyunternehmer anschließt, nicht den Kunden.

Formulierungsschwierigkeiten treten noch stärker dort zu Tage, wo sie auf die Konstruktion *visto che* ganz verzichtet. In Z82 schließt sie die Begründung des Anrufs als Nebensatz im Anschluss an die Infinitivkonstruktion mit *ringraziare* an, muss aber dreimal ansetzen, um zu formulieren, dass die Art des Handyvertrags des Kunden der Grund ist, dass ihm das Angebot gemacht wird. „che lei con noi (1), che ha un (erste Silbe Name des Vertrags) (2) un'abbonnamento (Name des Abos)" (und danach noch zwei Mal zur Formulierung des Zwecks des Anrufs „li vuoi li fare proponere une promozione…"). Ähnliche Schwierigkeiten entstehen ihr in Z89 und 93 („che si trova con noi che a un abbonamento (Name des Handytarifs, anonym.) e vogliamo parlare vogliamo fare un regalo"; „che con noi che ha un abbonamento xy si tratta di una promozione"). Eine flüssige (und zudem knappe) Formulierung ohne die Konstruktion *visto che* verwendet sie nur im letzten der 14 Telefonate (Z133). In allen Fällen findet sie zügig Formulierungsalternativen, gerade in dieser entscheidenden Etappe des Telefonats, in der es darum geht, die Aufmerksamkeit der Kund*innen zu gewinnen, wäre aber eine gelungene ad-hoc-Formulierung wichtig (siehe 6.1.4.2).

Die „Nennung des Angebots" in Etappe 6 besteht im Wesentlichen in der Nennung des Namens der Promotionsaktion und variiert dementsprechend kaum. Die Etappe wird in fast allen Fällen eingeleitet mit der auch in anderen Zusammenhängen mehrfach gebrauchten Konstruktion „si tratta di" („… una promozione/offerta che si chiama…" in Z89, 108; „…/dell' offerta (Name)" in Z14, 33, 93, 100, 133) und manchmal auch mit dem verkaufsstrategisch ungeschickten unbestimmten Artikel „…una nuova promozione/offerta (Name der Promotionsaktion, anonym.) in Z109, 115. Einzige auftauchende Alternative ist die direkte Formulierung „si chiama" (ohne vorherige Proposition mit si tratta) in Z75, 82, 87, 98.

Etappe 7, die Erläuterung des Angebots, ist fast immer identisch, da sich Natalia hier wohl eng an ein Skript hält, dessen Wortlaut auch in der obigen Tabelle abgebildet ist. In einigen wenigen Fällen ergänzt sie bereits an dieser Stelle Informationen zur Handywahl (die ansonsten erst in ihrer Etappe 8 oder 9 präsentiert werden). Diese Fälle (Z75, 82) verursachen ihr jedoch Probleme beim Anschluss. Auch die Etappen 8 und 9, wo sie den Handytarif beschreibt und an die Möglichkeit der Wahl eines kostenlosen Handys erinnert, verlaufen fast immer gleich. Ein einziges Mal führt sie in Z108 den Handytarif weiter aus, indem sie die möglichen Zusatz-Optionen andeutet, die mit der Sim-Karte aktiviert werden können.

Am meisten Spielraum für unterschiedliche Gesprächsverläufe bieten die Etappen 10 und 11, je nach Rückmeldung der Kund*innen auf ihre Frage, ob sie das Angebot interessieren würde. Bei der Vorstellung der Handymodelle (in Etappe 10) spielt die von Natalia im Training gelernte Konstruktion „Touch Screen" eine besondere Rolle, auf die ich unten ausführlicher eingehe. In Etappe 9 muss Natalia auf Rückmeldungen eingehen, falls diese kommen, was in verkaufsstrategischer Hinsicht wünschenswert ist, da dann zumindest die Chance auf ein minimales Interesse besteht. An dieser Stelle ist Überzeugungskraft gefragt. Vergleichbar mit dieser Etappe sind ihre drei Wiederanrufe bei Kund*innen, denen sie das Angebot bereits präsentiert hatte und die nach Bedenkzeit von einem Tag allesamt kein Interesse haben.

Diese Etappe stellt für Natalia sprachlich, aber auch inhaltlich eine Herausforderung dar, da sie selbst das Angebot noch nicht so gut durchschaut hat, dass sie überzeugen könnte. Die Beispiele Z109 und 115 zeigen, wie sie relativ hilflos daran erinnert, dass das Telefon gratis sei und der/die Angerufene eine/r der besten Kund*innen.

Nur in den drei Gesprächen in Z75, 93 und 98[567] lehnen die Leute nicht sofort nach der Rückfrage *l'interessa* am Ende von Etappe 8 ab, sondern erkundigen

---

567 Etappe 9 in Z98 ist jedoch relativ kurz, denn nachdem Natalia erwähnt hat, dass die SIM-Karte 24 Monate lang aufgeladen werden muss, hat die Person kein Interesse mehr.

sich nach den Konditionen. In Z75 und 93 tritt zu Tage, dass *praticamente* für sie als Diskursmarker in den spontan formulierten Propositionen eine wichtige Rolle spielt und zwar jeweils zu Beginn einer Proposition, in der sie jeweils einen Aspekt der Konditionen erläutert. Dadurch wird die Aussage abgeschwächt, was aber im Fall der uneingeschränkt zutreffenden Aussage „praticamente unica cosa che la (Handyanbieter) li bisogna fare: ogni ogni mesi una ricarica di soli dieci euro" als nicht wünschenswerter Effekt erscheint, genauso wie bei „praticamente i soldi sono cumulabile" (sinngemäß „das Guthaben muss nicht ausgegeben werden" in Z75 und 93). Für Natalia scheint diese Konstruktion darüber hinaus die Funktion zu haben, ihren Diskurs flüssig und idiomatisch erscheinen zu lassen. Dies funktioniert analog zu „allora", wie in ihrer Reformulierung in Z93 deutlich wird: „allora il telefono e gratis praticamente il telefono lo ricevi gratis insieme a la sim card". Hier überwiegt in besonderem Maße der Eindruck, dass die Aussage eingeschränkt wird. Standardmäßig ist die Konstruktion Teil der zentralen Proposition der Angebotsrepräsentation: „praticamente la (Handyanbieter, anonym.) li manda gratis a casa sua un cellulare…". Diese Proposition wurde so wörtlich im Training geübt. Ich vermute, dass sie die Konstruktion von hier entlehnt und in einen anderen Bedeutungszusammenhang transferiert hat.[568]

Sowohl bei den wiederkehrenden und schematisch verwendeten Formulierungen als auch bei den spontan artikulierten finden sich immer wieder Konstruktionen, die typisch für ein kommerzielles Register oder der Werbesprache sind, mit welchem Natalia bis zu ihrer Bewerbung bei Univerconnect wenig Berührung hatte. Diese Ausdrücke zeugen davon, dass Natalia im Begriff ist, sich ein neues Register des Italienischen anzueignen, das stellenweise schon so in ihrem Repertoire verankert ist, dass Konstruktionen für sie auch spontan in Stresssituationen erreichbar sind. Anders als die englischen Begriffe aus dem Bereich der Handytechnik konnte sie Ausdrücke wie „(una offerta) di non perdere" (Z115) oder „di ultima generazione" (Z75, 89) an bereits vorhandene FIPs aus ihrem Repertoire andocken.

---

568 Im ursprünglichen Zusammenhang ist die Einschränkung erstens inhaltlich zutreffend, da die Kund*innen ja insgesamt erst einmal 240 Euro Guthaben insgesamt aufladen müssen (auch wenn sie sich dies nach zwei Jahren erstatten lassen können) – gleichzeitig ist das Argument des kostenlosen Telefons so stark, dass hier praticamente noch die Konnotation von etwas Sensationellem hat, das hier knapp zusammengefasst wird.

Die Konstruktion Touch screen

Um das Phänomen „touch screen" hatte sich im Training ein intensives Lernereignis entwickelt, in Folge dessen es sich bei Natalia als zentrale Eigenschaft von Handys eingeprägt hat (siehe 6.2.4.2). Sie setzte es folglich nun bei ihren Verkaufsgesprächen (in Etappe 9) ein, um Kund*innen vom Angebot zu überzeugen.[569] Da es zu anderen Aspekten keine vergleichbar intensiven Lernereignisse gab, nannte sie kaum andere Eigenschaften der angebotenen Mobiltelefone. In Z82 ist beispielhaft zu sehen dass *Touch Screen* ohne Präposition verwendet wird: „e guarde signor (Vorname, anonym.) le diamo la possibilità di sceglire tra quattro cellulare che abbiamo . l'interessa (4) perché abbiamo: . dei touch screen samsung . due tipi non l'interessa (4) non seppe magari per qualcuna della famiglia – no . io la ringrazio e li auguro buona serata"

Touch Screen wird also synonym zu einem Handymodell verwendet und nicht als Eigenschaft des Handys betrachtet.[570] In den meisten Gesprächen umschreibt sie die angebotenen Geräte als *moderni* (Z63), *bei* (Z33, Z115) oder *avanzati* (Z83) und spezifiziert diese Attribute durch Verweis auf den *Touch Screen*.

Dass der *Touch Screen* für sie innerhalb ihrer drei ersten Univerconnect-Wochen zum Inbegriff eines wünschenswerten Handys wurde, zeigte sich auch in einer Seitenbemerkung zu mir: sie würde das Angebot annehmen, wenn es ihr jemand machen würde, da sie kein Touch Screen habe (s.u. Z37: „io non c'ho touch screen"). Diese Proposition zeigt, dass Touch Screen für sie metonymisch für das Konzept „Smart Phone" verwendet wird, welches in ihrem Repertoire noch nicht verankert ist. In meinem Forschungstagebuch hatte ich dazu notiert: „auch interessant, dass das Argument von (Natalia, anonym.), dass sie das Angebot annehmen würde, war, ihr Telefon habe keinen Touchscreen – etwas, das ihr natürlich vor drei Wochen noch nicht gefehlt hat – bzw. wusste sie noch gar nicht, was es ist." Als am zweiten Trainingstag der Trainer das I-Phone erwähnte, fragte Natalia ihn: „aşa se numeşte?" Den Trainer veranlasste das zu der erschreckten Rückfrage: davon hast du noch nie gehört? (FTB IV:17, 15.05.2012)

---

569 Bei Oksana ist dies nicht der Fall. Während meiner gesamten Hospitation erwähnte sie ein einziges Mal den Touch Screen bei der Beschreibung eines Handymodells (siehe Weirich 2016b:540). Operatorin Viorella beschrieb im Interview, dass sie abwägen würde, wem Sie im Verkaufsgespräch ein Handy mit Touch Screen anpreisen würde (und dass dafür z.B. Alter ein Kriterium sei).
570 Auch zwei Wochen später ist das noch der Fall. Während meiner Hospitation bei Oksana habe ich die erneut die Proposition „questi sono touch screen" aufgezeichnet (Oksana/Arbeit/T487).

Während der Verkaufsgespräche machte sie aber die Erfahrung, dass ein Touch Screen alleine für handybegeisterte Kund*innen nicht unbedingt ein Symbol des größtmöglichen technischen Fortschritts ist, da sie in den ersten Tagen mehrmals die Antwort bekam, dass der/die jeweilige Kunde/in ein I-Phone habe und deswegen kein Interesse an den von ihr angebotenen Smart-Phones habe. Dieses Phänomen erklärte sie mir nach Beendigung des Telefonats in Z33 folgendermaßen:

Tabelle: I-Phone

33	Natalia: […] ei au iphone mulţi au iphone modelul . ultimul model şel [=B: îhm] mai modern [B: îhîm .] şi noi li propunem ă: . tilifoanli noastri şi mulţ spun *ma io già ci ho iphone* adica *ultima.*	Natalia: […] sie haben I-Phone viele haben I-Phone das Modell . das jüngste Modell das[=Anna: hm] modernste [Anna: əhəm .] und wir bieten ihnen əh: . unsere Telefone und viele sagen aber ich hab schon ich habe ein I-Phone, also das jüngste.
34	Anna: *a: sì sì sì sì*	Anna: a : ja ja ja ja
35	Natalia: şeli mai avanţati (10) [B: lacht] aşela-i ultimo pe mercato . [B: îm] *sul mercato italiano sono ultimili più : . più moderne che sono iphone* (3)	Natalia: die fortschrittlichsten (10) [Anna lacht] das ist das neueste auf dem Markt [Anna : əm] auf dem italienischen Markt sind das die neuesten die aller . allermodernsten das sind I-Phone
36	Anna: hm (4) *a voi aveti telefonino sì*	Anna: hm (4) und Sie haben ein Handy, ja
37	Natalia: *ma . se a me farrebe questa offerta io la cederei* [B: (lacht)] *a un touch screen io non c'ho touch screen*	Natalia: aber . wenn man mir dieses Angebot machen würde, würde ch es annehmen [Anna : lacht] das hat einen Touch Screen und ich habe keinen Touch Screen
38	Anna: *da da da* (3) *co* (3) *come* (lacht) *come io*	Anna: jajaja (3) wie (3) wie (lacht) wie ich
39	Natalia: *sì . sì.*	Natalia: ja . ja.
40	Anna: *anche anche questa non è ultima generazie* (lacht) (3)	Anna: auch auch dieses ist nicht die neueste Generazion (lacht) (3)
41	Natalia: *mi ho un lg ma l'ho comprato in duemilaotto.*	Natalia: ich habe mir das habe ich mir gekauft 2008
42	Anna: ihim -	Anna: əhm -
43	Natalia: *però adesso sono.*	Natalia: aber jetzt sind die.
44	Anna: *sì questo è di duemilacinque .* (lächelt) *non so* (klicken) (72)	Anna: ja dieses hier ist 2005 . (lächelt) ich weiß nicht

In diesem kurzen Dialog gebraucht sie für sie offensichtlich neue Konstruktionen aus dem Register der Werbesprache, die in ihre Propositionen zu integrieren ihr noch schwerfällt, wie an den Konstruktionen mit „ultimo/ul" in Z33 und und 35 erkennbar ist. Möglicherweise überträgt sie die Konstruktion, die sie für das Italienische gelernt hat, ins Rumänische. Hierbei wird aber deutlich, dass diese Register auch im Rumänischen bislang nicht Teil ihres Repertoires waren – so fällt ihr spontan nicht der rumänische Begriff für „Markt" ein und sie switcht deswegen ins Italienische (Z35).

6.3 Oksana (Operatorin, Typ 4)

Zur Orientierung: Oksana ist eine derjenigen Operator*innen, die vor ihrer Bewerbung bei Univerconnect weder institutionalisierten Italienischunterricht hatte, noch jemals in Italien war, sondern sich autodidaktisch eine Basis an Italienischwissen angeeignet hat. Gleichzeitig ist sie eine der wenigen russischsprachigen Operator*innen bei Univerconnect und hat auch ihre Rumänischressourcen hier deutlich ausgebaut. Zudem ist sie eine der dienstältesten Mitarbeiter*innen, weil sie gleich mit Unternehmensgründung engagiert wurde und auch nach einem Jahr noch dabei war. Ihre autodidaktischen Lernprozesse und die diesen zugrunde liegende optimistische Haltung zum Lernen sowie ihre Wissbegierde wirkten sich auch auf die Daten aus. Hier entstanden in stärkerem Maße als in den anderen Gesprächen metasprachliche Sequenzen. Die Interaktionen mit ihren Kolleg*innen während der Arbeitshospitation zeugen außerdem von einem ausgeprägten mehrsprachigen Modus. An Oksanas Beispiel lässt sich die besondere Dynamik mehrsprachigen Ausbaus erahnen; so war das Erlernen des lateinischen Alphabets über den Rumänischunterricht ihrer Tochter eine Bedingung für bestimmte autodidaktische Aneignungspraxen des Italienischen.

6.3.1 Situierung des Interviews und Gesprächsverlauf

Auf Oksana als mögliche Gesprächspartnerin war ich von den Direktor*innen aufmerksam gemacht worden, als ich mich am 8. Mai nach russischsprachigen Operator*innen erkundigte. Der selbst russischsprachigen Direktorin war aber Oksana nicht sofort eingefallen, sondern erst im Nachgang (FTB II, 18). Das Interview legten wir auf einen Morgen vor Arbeitsbeginn, da Oksana alsgleich angesprochen hatte, dass sie sehr wenig Zeit hat. Wir trafen uns in der Filiale der Pizza-Kette im Parterre des Gebäudes, wo auch Univerconnect seine Räumlichkeiten hatte und saßen auf der Terrasse und damit in Sichtweite des Eingangs und der kommenden Operator*innen, mit einer derer sich gegen Ende des Interviews ein kurzes Gespräch entspann (S40). Einzelne Sequenzen des Interviews bestehen deswegen aus Interaktion mit den Kellner*innen (S7) oder thematisieren die Getränkewahl (S38).

Wir kannten uns zum Zeitpunkt des Gesprächs fast gar nicht, hatten uns erst einmal getroffen. Ich war in Anbetracht dessen sehr überrascht, wie offen Oksana auch über familiäre Angelegenheiten und schwierige Phasen ihres Lebens sprach. Gleichzeitig war sie ausgesprochen kooperativ und aktiv darum bemüht, dass ich ihr folgen konnte und mir nicht das nötige Kontextwissen fehlte. So rückversicherte sie sich etwa, ob ich wisse, wo Transnistrien sei (S2/T4 „знаешь где приднестрове?") oder ob mir von ihr verwendete Redewendungen geläufig sind (S5/T22/XXXIV-V „москва не сразу строилась. Знаешь эти слова?"). Sie stellte auch mehrfach Rückfragen zu meiner Person, sei es im Versuch ihre eigenen Argumente zu illustrieren (so ihre Frage nach meinen Russischkenntnissen in S14), aus Interesse an mir und meinem Forschungsvorhaben (S18) oder die Verhältnisse in Deutschland (S19). Sie war sehr bemüht, meine Fragen auch nach den Ausbauprozessen detailliert zu beantworten (S5, S25) und kam später, während ich sie bei der Arbeit beobachtete, selbständig auf den Aspekt des Schreibens bei der Arbeit zurück, als sich im Arbeitsprozess ein Beispiel hierfür ergab, nach dem ich sie zuvor während des Gesprächs gefragt hatte (S12).

Ihre biographische Erzählung zu Beginn des Gesprächs lenkte Oksana zügig auf die Aneignung des Italienischen (S5) und den ersten Job, im Rahmen dessen sie ihre Italienischressourcen kommodifizierte. Auf ihre Verneinung meiner Frage, ob sie schon einmal in Italien gewesen sei, entwickelte sie eine Sequenz (S9), in der sie ihre (pauschale) Abneigung Italiener*innen gegenüber zum Ausdruck brachte, die sich durch ihre Arbeit im Call-Center eingestellt hatte. Oksana beschrieb ausführlich den Nutzen eines Eingangsitalienischkurses bei Univerconnect (S10 und S12) und thematisierte ihre Auswanderungspläne nach Irland und die ökonomisch chronisch schlechte Situation in Moldova (S16 und 17). In der Mitte des Gesprächs wurde die Interaktion deutlich reziproker, Oksana stellte mir einige Fragen und das Gespräch entfernte sich dadurch zeitweise stark vom Leitfaden. Ab S20 versuchte ich das Gespräch durch Fragen zurück zu ihrem sprachlichen Repertoire und den Ausbauprozessen im Rumänischen zu lenken. Ab S26 stellte ich punktuelle Rückfragen zum Verlauf der Telefonate bei Univerconnect (S29–31), zum Umzug aus Transnistrien nach Chişinău (S34) und ihrem Schulbesuch (S35).

Ich hospitierte bei Oksana während der Arbeit am gleichen Tag, gleich unmittelbar nach dem Interview. Immer wieder wurde thematisiert, wie heiß es war (z.B. in einem kurzen Gespräch mit Koordinator Leandru in Oksana Arbeit/

T126)⁵⁷¹, gleichzeitig langweilten sich die Operator*innen, weil wenige Anrufe reinkamen (Oksana Arbeit/T115–121; T371–76), was damit erklärt wurde, dass die aktuelle Telefonliste zu Ende ging. Es herrschte deswegen allgemeine Langweile und Genervtheit, die teilweise durch zahlreiche Nebengespräche und Scherze kompensiert wurden, v.a. zwischen Oksana und ihrem Arbeitsnachbarn Denis.

6.3.2 Rekonstruktion Sprach- und Berufsbiographie

Oksana ist 1980 in einer kleinen (mehrheitlich rumänischsprachigen) Stadt im Norden der heutigen separatistischen Republik Transnistrien geboren und mit ihrer alleinerziehenden russischsprachigen Mutter und den zwei Geschwistern Anfang der 90er zu Verwandten nach Chişinău gezogen, um dem Krieg zu entfliehen, als Oksana gerade die siebte Klasse abgeschlossen hatte. Zu diesem Zeitpunkt sprach Oksana ausschließlich Russisch, aber die Mutter gab sie auf eine rumänischsprachige Schule, obwohl es auch russischsprachige Schulen gab, weil sie glaubte, dass es unter den neuen Verhältnissen wichtig sei, Rumänisch zu lernen. Die Teenagerin Oksana fühlte sich dort aber so unwohl, dass sie die Schule sehr unregelmäßig frequentierte und mehr schlecht als recht die neunte Klasse schaffte. Unmittelbar danach heiratete sie zum ersten Mal und wurde mit 17 Mutter einer Tochter. Von nun an schlug sie sich mit diversen Jobs durch (S2/T6), insbesondere nach der Trennung von ihrem ersten Ehemann.

Italienisch lernte sie zunächst aus Interesse vom italienischen Freund ihrer Schwester, später während Übersetzungsarbeiten für einen italienischen Geschäftsmann in Chişinău. Als dieser bankrott machte, blieben ihre Italienischressourcen eine ganze Weile ungebraucht. Sieben Jahre später rief sie eine Bekannte an und erzählte von einem italienischsprachigen Call-Center, das in Chişinău aufmachte. Zu diesem Zeitpunkte hatte Oksana das Gefühl, ihr Italienisch schon fast vergessen zu haben. Italienischkurse ermöglichten ihr jedoch die Reaktivierung und den Ausbau der Italienischressourcen, so dass sie in den Job einsteigen konnte.

6.3.2.1 Aneignung des Rumänischen

Oksana präsentierte sich im Gespräch als aufgeschlossene und wissbegierige Person, deren Motto ist: man kann alles lernen, wenn man will (z.B. S20/T182/XX, s.u.). Ihre ersten Erfahrungen mit dem Rumänischen zeugen jedoch von einer hohen Frustration, die sie selbst mit fehlender Motivation erklärt. Auf Anraten ihres

---

571 Dies wird auch an anderen Stellen sowohl auf Russisch, Rumänisch als auch Italienisch thematisiert, wie z.B. E 1106 T253, T470.

Bruders hatte Oksanas Mutter nach Ankunft in Chişinău beide Töchter in einer rumänischen Schule angemeldet. Oksana, die nun damit konfrontiert war, dass sie die Unterrichtssprache nicht verstand und auch die lateinische Schrift nicht lesen konnte, lernte nicht und blieb dem Unterricht auch häufig fern. Sie begründete das damit, dass ihr Rumänisch nicht gefallen habe und sie es deswegen nicht lernen wollte, obwohl einer ihrer Lehrer sich besonders um sie bemüht habe:

Tabelle: Oksana/S35/T307

I	Behauptung	а я не училась .	aber ich habe nicht gelernt .
II	Begründung	я не знала языка .	ich konnte die Sprache nicht .
III	Präzisierung der Behauptung	я даже в школу . не ходила .	ich ging nicht . einmal zur Schule .
IV	Detaillierung	один день ходила а неделю нет так [A: ыхы . (lacht)]	einen Tag ging ich und eine Woche nicht so [A: îhi . (lacht)]
V	Erklärung (Anakoluth)	мне не нравилось румын . я не хотела учить румынский язык мне не нравился он [A: ыхы .]	ich mochte kein rum . ich wollte kein Rumänisch lernen es gefiel mir nicht [A: îhi]
VI	Begründung	а там всё всё . на румынском .	und da war alles alles . auf Rumänisch
VII	Detaillierung	а я даже на латинице вот на таком латинице я не умела писать и читать тоже [A: ыхы .]	und ich konnte noch nicht einmal in der lateinischen Schrift also in dieser lateinischen Schrift konnte ich auch nicht schreiben [A: îhi]
VIII	Einschränkung	и что-то там учитель у меня был . очень хороший и он меня . он пытался меня учить . эм словарь [A: ыхы .] румынский .	und ich hatte da einen sehr guten Lehrer . und er bemühte sich mir . mir beizubringen . ähm den rumänischen Wortschatz .
XIX	Einschränkung der Einschränkung	ну я что я ребёнок . [A: ыхы .]	aber ich war halt ein Kind . [A: îhi .]
XX	Detaillierung	в ухо влетело в обе вылетело (для меня не было) [A: lacht)]	flog zum einen Ohr rein und zum anderen raus (für mich war das nicht) [A: (lacht)]
XXI	Folgerung	И: так до девятого класса дотянула еле-еле и ушла со школы и . вышла замуж	U:nd so hab ich mich bis zur neunten Klasse irgendwie geschleppt und bin aus der Schule und . hab geheiratet

Ihrer zwei Jahre jüngeren Schwester ging es ähnlich. Da sie noch mehr Schuljahre vor sich hatte als Oksana, zog sie daraus die Konsequenz, auf eine russischsprachige Schule zu wechseln. Hiervon berichtete Oksana zu einem relativ späten Zeitpunkt in unserem Gespräch, nachdem ich sie gebeten hatte, von ihrem Umzug nach Chişinău zu berichten.

Zuvor hatte ich sie gefragt, ob sie Moldauisch in der Schule gelernt habe. Dies verneinte sie kategorisch und erklärte dann, dass sie nur russische Bildungsinstitutionen besucht habe (у меня всё русское), woraus sich in Kombination mit S35 schließen lässt, dass sie die Zeit an der rumänischsprachigen Schule in Chişinău gar nicht als richtigen Schulbesuch wertete. Wahrscheinlich kommt hinzu, dass sie die negativen Erfahrungen in ihrer Erzählung zuerst aussparen wollte. Als Grund für ihre mittlerweile dennoch umfangreichen Rumänischressourcen gab sie an, dass sie über ihre Tochter Rumänisch gelernt habe, die sie auf dringendes Anraten ihrer Mutter in einen rumänischsprachigen Kindergarten gegeben hatte.

Tabelle: Oksana/S20/T173-182

I	Rückmeldung zum vorausgegangenen Turn	A: аха . да да - да .	A: aha . ja ja - ja .
II	Einleitung der Frage/ rhetorische Frage	а можно ещё э . вопрос а а	und kann ich noch əh . eine Frage a a
III	offene Frage	молдавский откуда узнала	woher hast du Moldauisch gelernt
IV	Schließen der Frage	из школы или так	aus der Schule oder so
V	Verneinung	B: из школы нет вообще-то .	B: aus der Schule überhaupt nicht –
VI	Begründung	я училась в русской школе и в русском садике [A: ыхы .] у меня всё русское [A: ыхы .] с мамой я общалась на русском	ich habe in einer russischen Schule gelernt und in einem russischen Kindergarten [A: əhə .] bei mir ist alles Russisch [A: əhə .] mit der Mama habe ich auf Russisch geredet

VII	Haupter-zählung	но так получилось я родила д . дочку [A: ыхы .] и я хотела её отдать тоже в русский садик в русскую школу чтобы мой бывший муж с ней вообще не мог найти с ней общего языка [A: ыхы .]	aber es hat sich so ergeben, dass ich eine . Tochter geboren habe [A: əhə .] und ich wollte sie auch in einen russischen Kindergarten geben und in eine russische Schule damit mein Ex-Mann mit ihr keine gemeinsame Sprache finden konnte [A: əhə .]
VIII	Parenthese/ Erklärung	он молдаван она русская и они не могут разговаривать .	er ist Moldauer sie Russin und sie können sich nicht unterhalten
XIX	Fortsetzung Haupter-zählung	а потом мама мне говорит говорит (оксана, anonym.) времена . меняются ты видишь всё сейчас румынское [A: ыхы .] давай отдадим ребёнка в румынский садик в румынскую школу а там скоро . ты сама разберёшься [A: ыхы .] ты у меня боевая .	aber dann sagt sagt die Mama mir Oksana . die Zeiten ändern sich du siehst alles ist jetzt Rumänisch [A: əhə .] lass uns das Kind in einen rumänischen Kindergarten geben in eine rumänische Schule und da wirst du bald selbst zurechtkommen [A: əhə .] du bist meine Kämpferin
XX	Wendung in der Erzählung	ну с ним я разобралась он больше не звонит и всё [A: (lacht)] a: .	nun mit ihm habe ich alles in Ordnung gebracht er ruft nicht mehr an und fertig [A: (lacht)] a: .
XXI	Folgerung	и вот так вот я начала ру . румынский учить от дочки [A: aха .] она меня учила .	und so kams ich begann ru . Rumänisch zu lernen von meiner Tochter [A: aha .] sie hats mir beigebracht .
XXII	Wendung in der Erzählung	а потом я пришла сюда [A: ыхы .] и вот здесь вот есть . большинство людей которые вот на румынском [A: да] именно разговаривают [A: да] и я по чуть-чуть выучила и румынский	und danach kam ich hierher [A: əhə .] und hier ist also ist . die Mehrheit der Leute die eben auch auf Rumänisch sprechen [A: ja] und ich habe Stück für Stück Rumänisch gelernt
XXIII	Rückmeldung	A: aха . тоже тоже здесь=	A: aha . auch auch hier=
XXIV	Zusammen-fassung	B: да [A: aха .] здесь и ещё с дочкой [A: aха .] они у меня румыны	B: ja [A: aha .] hier und auch mit meiner Tochter [A: aha .] sie sind meine Rumänen

XXV	Rückmeldung	A: аха . аха	A: aha . aha
XXVI	Haupter-zählung	B: и сейчас когда они делают э: . там . домашние работы они меня спрашивают как это на румынском	B: und jetzt wenn sie ə: . da . Hausarbeiten sie fragen mich wie ist das auf Rumänisch
XXVII	Rückmeldung	A: ыхы . (и ты лучше знаешь)	A: əhə . und du weißt es besser
XXVIII	Bestätigung	B: а я уже лучше знаю . и так всё постепенно	B: ich weiß es schon besser . und so alles Schritt für Schritt
XIX	Rückmeldung	A: аха . окей -	A: aha . okay -
XX	Begründung/ Lebensmotto	B: потому что когда хочешь всё это . получается	B: denn wenn du willst . klappt das auch alles

Trotz ihrer ausgeprägten Abneigung dem Rumänischen gegenüber heiratete sie einen moldauischen Mann. Diese unglücklich verlaufene Ehe war dann schließlich auch ein Motiv bei der Schulwahl für ihre Tochter, die die offenbar nunmehr stark mit der Person des Ehemanns assoziierte Sprache nicht lernen sollte (S20/VII). Sie folgerte (XXI) aus ihrer Erzählung, dass sie durch ihre Tochter begonnen habe, Rumänisch zu sprechen (wie genau präzisierte sie weder hier noch an anderer Stelle). Der Schulbesuch ihrer Tochter war auch ein entscheidender Moment für Oksanas Aneignung der Schrift, die sie selbst auf der Schule anscheinend nicht, oder nur unzureichend, gelernt hat (s.u.S22).

Arbeit/T251 dokumentiert ein Telefongespräch Oksanas in Rumänisch mit ihre Tochter. Es ist ein Hinweis darauf, dass Oksana nicht nur von ihrer Tochter Rumänisch gelernt hat, sondern dass das jetzt auch für sie eine, wenn nicht DIE Sprache ist, in der sie miteinander kommunizieren.[572] Als weiteren Faktor benannte sie ihre Arbeit bei Univerconnect (in XXII durch сюда bzw. здесь indiziert), bei der sie dann sogar so viel Rumänisch gelernt habe, dass sie inzwischen den Kindern auch bei den Hausaufgaben helfen könne.

6.3.2.2 Italienischaneignung

Als Auslöser dafür, dass Oksana Italienisch gelernt hat, sieht sie die Tatsache, dass ihre Schwester einige Jahre einen italienischen Freund hatte, mit dem sie sich auch verlobte. Der sei häufig zu Besuch gewesen und sie habe sich dafür interessiert, was die beiden reden (s.u. S5/18 und auch S2/T6).

---

572 Siehe Weirich 2016b:504 zur Sprechweise für das Rumänische.

Tabelle: Oksana/S5/T17-24

I	offene Frage (Anakoluth)	A: ыхы . и э: сначала когда . изуча	A: əhə . und ə: am Anfang als . du gelernt
II	Parenthese/ Erklärung	ну сказала что изучала язык потому что было интересно чтобы понять что они говорили [B: да]	naja du hast gesagt du hast die Sprache gelernt weil du es interessant fandest zu verstehen was die redeten [B: ja]
III	offene Frage	и как как изучала	und wie wie hast du gelernt
IV	Schließung der Frage	просто потому что слышала или	einfach in dem du zugehört hast oder
V	Bejahung und Ergänzung	B: просто потому что слышала и спрашивала что это [A: ыхы .]	B: einfach weil ich zugehört habe und weil ich gefragt habe was ist das [A: əhə .]
VI	Wiederholung II	и мне было интересно а что это а что это за слово а как оно выговаривается и всё [A: ыхы .]	und ich fand das interessant und was ist das und was ist das für ein Wort wie spricht man es aus und so [A: əhə .]
VII	Haupterzählung	а потом начала смотреть фильмы итальянские [A: ыхы .] не понимала у меня был словарик и это ага . ставила паузу [A: ыхы .] найти слово надо найти слово [A: ыхы .]	und dann habe ich angefangen italienische Filme zu schauen [A: əhə .] ich verstand nicht und ich hatte ein Wörterbuch und das war aha . habe auf Pause gedrückt [A: əhə .] finden ich musste das Wort finden [A: əhə .]
VIII	Zusammenfassung	и вот так по чуть-чуть [A: ыхы .]	und so Stück für Stück [A: əhə .]
XIX	Schlussfolgerung	но это . восемь лет я его учила [A: ыхы .] этот язык.	aber das sind . acht Jahre die ich diese Sprache schon lerne [A: əhə .]
XX	Präzisierungsfrage	A: и в . постоянно так э: самостоятельно	A: und . die ganze Zeit so autodidaktisch
XXI	Bejahung	B: да самостоятельно да .	B: ja autodidaktisch ja.
XXII	Illustration	мне мама говорила ты никогда не выучишь его что ты мучаешься [A: (lacht) .] я говорила спокойно.	meine Mutter sagte mir du lernst das nie was marterst du dich ab [A: (lacht)] und ich sagte nur die Ruhe.

XXIII	Nachfrage	A: а а в конце концов как э: эм - ну ну как эм . как ой сколько сколько понимала э: по . после этого или что могла сказать ну уровень языка какой	A: und und am End wie əhm - also also wie əm . wie ui wie viel wie viel hast du verstanden ə: na . nachdem oder was konntest du sagen also welches Sprachniveau
XXIV	Verneinung	B: нет когда я начала только сначала словами	B: nein als ich angefangen habe nur Wort für Wort
XXV	Präzisierung	одно слово только [A: ыхы . ыхы .]	ein Wort nur [A: əhə . əhə .]
XXVI	Beispielerzählung	там например э: . стакан и стакан и я смотрела так [A: ыхы .] да bicchiere я ему говорила дай bicchieri [A: ыхы .]	da zum Beispiel ə: . ein Glas und ein Glas und ich schaute so [A: əhə .] gib bicchiere ich sagte ihm gib bicchieri [A: əhə .]
XXVII	Kommentar	полу русский полу итальянский [A: ыхы . ыхы .]	halb Russisch halb Italienisch [A: əhə . əhə .]
XXVIII	Fortsetzung Beispielerzählung	а потом он мне говорит нет не говори да bicchieri он мне на итальянском говорил [A: аха .] non da bicchieri он мне говорил dammi bicchiere [A: ыхы .]	und danach hat er mir gesagt nein sag nicht gib bicchieri er sagte es mir auf Italienisch [A: aha .] non da bicchieri er sagte mir dammi bicchiere [A: əhə .]
XXIX	Kommentar/ Abschluss der Erzählung	и вот потихоньку [A: ыхы .] да там [A: ыхы .]	und so langsam [A: əhə .] da so [A: əhə .]
XXX	weitere Beispielerzählung	потом у меня сестра хорошо знала итальянский потому что она [A: ыхы .] с ним переписывалась [A: ыхы .] постоянно и разговаривала [A: ыхы .] а я нет .	dann konnte meine Schwester gut Italienisch weil sie [A: əhə .] sich mit ihm hin- und herschrieb [A: əhə .] andauernd und sprach [A: əhə .] und ich nicht.
XXXI	Wendung Beispielerzählung	и потом она меня даже так вот если я говорила дай мне тетрадь она говорит нет не говори дай мне тетрадь [A: ыхы . (lacht)] dammi . э: - quaderno	und danach fing sie sogar an wenn ich sagte gib mir das Heft sagte sie nein sag nicht gib mir das Heft [A: əhə . (lacht)] dammi . ə: quaderno

XXXII	Kommentar/ Abschluss der Erzählung	вот это вот [A: ыхы .] и потихоньку так [A: ыхы.] по чуть-чуть [A: ыхы .] и вот так вот .]	das wars so [A: əhə .] und langsam so [A: əhə .] Stück für Stück [A: əhə .] und so wars
XXXIII	Verallgemeinerung	всё делается по немножко [A: ыхы.	alles gelingt Schritt für Schritt [A: əhə .]
XXXIV	Sprichwort	это как говорится москва . не сразу строилась [A: ыхы .]	wie man sagt Moskau wurde nicht an einem Tag erbaut [A: əhə .]
XXXV	Verständnissicherung	знаете эти слова	kennen Sie diese Worte
XXXVI	Bejahung	A: да -	A: ja -
XXXVII	Sequenzabschluss	B: и вот так вот -	B: und so eben -

Oksana berichtete, dass der Freund der Schwester ein bis zwei Mal pro Jahr für insgesamt maximal vier Wochen pro Jahr zu Besuch gewesen sei. Für sie, die anders als die Schwester zu deren Freund während seiner Abwesenheit keinen Kontakt hatte, bedeutet dies einen zeitlich gesehen relativ geringen sprachlichen Kontakt.

Ihre Schilderung von Lernprozessen ist diejenige von komplexer werdenden Zeigespielen, wie ich sie bereits für Natalia (6.2.2.3) als Sonderform der auch im kindlichen Aneignungsprozess beobachtbaren Lernprozesse beschrieben hatte. In Alltagssituationen, wie etwa am Küchentisch, erschloss sie sich aus der Kommunikation der anderen ein-Wort-Konstruktionen (hier das Beispiel it. *bicchiere*, Glas) oder erfragte sie (V und VI). Auf meine umständlich formulierte Rückfrage (XXIII) hin, wie weit sie es in ihrem Verständnis mit diesen Lerntechniken gebracht habe, betonte sie noch einmal, dass sie anfänglich nur einzelne Wörter gelernt habe, der italienischsprachige Bekannte sie aber ermuntert habe, auch komplexere Konstruktionen zu lernen und zu verwenden (hier am Beispiel des Imperativs des transitiven Verbs *dare* (*qualcosa*) mit direktem Objekt). Aus der hierauf folgenden S6 (T26/XX s.u.), in der sie die (spätere) Aneignung von Orthographiewissen schildert, kann geschlossen werden, dass die in S5 geschilderten Lernprozesse ausschließlich mündlich erfolgten.[573]

Ergänzend dazu lernte sie an Hand italienischsprachiger Filme (VII), über die sie sich systematisch mit Hilfe eines Wörterbuchs Vokabular erschloss. Dies setzt voraus, dass sie zu dem Zeitpunkt bereits das lateinische Alphabet beherrschte

---

573 Möglich wäre allerdings, dass sie sich Notizen in Kyrillisch gemacht hat.

(welches sie ja, wie oben beschrieben, gemeinsam mit ihrer Tochter bei deren Schuleintritt gelernt hatte) und auch eine zumindest approximative Vorstellung italienischer Orthographie hatte, da sie ja im Wörterbuch ein zu den im Film vernommenen phonischen Formen graphisches Pendant finden musste.

Ihre Schilderung der ersten Italienischpraxis im mehrsprachigen Modus (XXVI) zeugt von ihrem starken Willen, das neue Wissen irgendwie zum Einsatz zu bringen, welches ihr auch der italienische Geschäftsmann zu Gute hielt, bei dem sie eine Weile als Übersetzerin arbeitete und so erstmalig ihre Italienischressourcen kommodifizieren konnte.

Tabelle: Oksana/S6/T26

I	Hintergrunderzählung	я учила этот итальянский сама	ich habe dieses Italienisch selbst gelernt
II	Haupterzählung	потом мне подружка говорит есть один итальянец ему нужен . переводчик [A: ыхы .]	danach sagt mir eine Freundin es gibt einen Italiener der braucht . einen Übersetzer [A: əhə .]
III	Hintergrunderzählung	а он знал румынский [A: ыхы .] этот итальянец . а я не знала что он знал румынский [A: ыхы .]	und er konnte Rumänisch [A: əhə .] dieser Italiener . aber ich wusste nicht dass er Rumänisch kann
IV	Haupterzählung	и когда . мне говорили переведи ему и я пыталась всегда	und als sie . mir sagten übersetz für ihn und ich versuchte es immer
V	Detaillierung	и у меня был словарик и я пыталась всегда сказать слово в слово [A: ыхы .] и не не неправильно говорила.	und ich hatte ein Wörterbuch und ich habe mich immer bemüht Wort für Wort zu sagen [A: əhə .] und ich sprach nicht nicht richtig
VI	Haupterzählung/ Folgerung	но . он понимал что я хотела ему сказать [A: ыхы .] и он так пару раз меня взял так на перевод [A: ыхы .]	aber . er verstand was ich ihm sagen wollte [A: əhə .] und er nahm mich so einige Male zur Arbeit [A: əhə .]
VII	Detaillierung	пару раз [A: аха .]	einige Male [A: aha .]
VIII	Haupterzählung	и потом он мне на румынском сказал говорит ты мне нравишься говорит [A: ыхы .] ты даже если не знаешь слова . ты в словарик смотришь.	und danach sagte er mir auf Rumänisch du gefällst mir [A: əhə .] selbst wenn du das Wort nicht kennst . nimmst du das Wörterbuch und schaust nach

XIX	Kommentar (Anakoluth)	и это нра [A: ыхы .]	und das gefi [A: əhə .]
	Haupt-erzählung/ Folgerung	и он меня начал . учить писать	und er begann . mir schreiben beizubringen
XX	Beispiel-erzählung	там вот например bicchiere [A: ыхы .] я же не знала например как она пишется [A: ыхы .] и он мне говорил смотри вот так вот пишется там cucchiaio [A: ыхы .] вот это ложка он мне говорил смотри с двумя к пишется [A: ыхы .]	da so zum Beispiel bicchiere [A: əhə .] ich wusste zum Beispiel gar nicht wie man das schreibt [A: əhə .] und er sagte mir schau so schreibt man das oder cucchiaio [A: əhə .] das ist Löffel er sagte mir schau das schreibt sich mit zwei K [A: əhə .]
XXI	Folgerung (Anakoluth)	ну так по чуть-чуть [A: ыхы . ыхы .] работала я у него . шесть месяцев [A: аха .] а я за него очень воевала -	naja so habe ich ein bisschen [A: əhə .] bei ihm gearbeitet . sechs Monate [A: aha .] ich habe sehr für ihn gekämpft

V illustriert deutlich, wie sie versuchte, sich verständlich zu machen, obwohl sie etwaigen Korrektheitsansprüchen nicht genügte. Sie hat also eine ausgesprochen pragmatische Haltung zum Italienischsprechen, die ihr sicherlich auch beim Einstieg in den Job beim Call-Center behilflich war, die sie aber vor allem auch von vielen meiner sonstigen Gesprächspartner*innen unterschied, für die die Angst, sprachliche Fehler zu machen, eine große Barriere darstellte (insbesondere Eugen, der Italienisch an der Universität gelernt hatte).

Dieses Vorgehen, so die Erzählung (VIII), überzeugte auch den Geschäftsmann, der sie in der Folge im Zeitraum von einem halben Jahr noch häufiger engagierte und ihr darüber hinaus Aspekte des Schreibens im Italienischen beibrachte. Als orthographische Schwierigkeit nannte Oksana dabei, wie auch schon Natalia, die Doppelkonsonanten. Während es die im Rumänischen, der stärksten Sprache Natalias, aber gar nicht gibt, haben sie im Russischen tendenziell eine ähnliche Funktion wie im Italienischen – das graphische Repräsentieren langer Konsonanten (Benedixen u.a. 2006:133f).[574] Diese Unterweisungen in Aspekten der Schriftsprache waren jedoch nicht zweckentbunden, sondern erfüllten auch im Arbeitskontext für buchhalterische Aufgaben (S32/T277/III) eine Funktion.

---

574 Für eine kontrastive Betrachtung deutscher und italienischer Orthographieregeln s. Streb (2016:319–323).

In S32/T277 schilderte sie detaillierter, wie die Arbeitsprozesse ausgesehen haben, die durchaus auch skribale Praxen aus dem Bereich der Buchhaltung implizierten. Bei der Inventur notierte sie zunächst alle Dinge irgendwie, auch wenn sie die italienischen Begriffe nicht kannte, um sie dann später zu übersetzen. Erneut spielten dabei Zeigespiele eine wichtige Rolle (VI), aber auch das Rumänische, welches Oksana und dem italienischen Geschäftsmann als Lingua Franca zur Verfügung stand. Diese Stelle gibt auch Hinweise auf die parallelen Ausbauprozesse im Rumänischen und Italienischen, die sich gegenseitig begünstigten. Kurze Zeit bevor Oksana den Geschäftsmann kennenlernte, hatte sie ja gemäß ihrer Erzählung in S22 erst das lateinische Alphabet erlernt, ohne das sie nun die notwendigen Notizen gar nicht machen könnte.

Nach Beendigung des Arbeitsverhältnisses mit dem italienischen Geschäftsmann gab es für sie keine weiteren Verwendungszusammenhängen, bis sie zu Univerconnect kam.

6.3.2.3 Italienischausbau bei Univerconnect

Im August 2011 begann Oksana, bei Univerconnect zu arbeiten. Zum ersten Mal erwähnte sie dies in S3/T8 als Abschluss ihrer biographischen Narration, deutlich markiert mit dem Turnabschluss „и всё -". Sie hatte zu diesem Zeitpunkt bereits seit einiger Zeit kein Italienisch praktiziert und deswegen großen Respekt vor dem Job, wie sich in ihrem Kommentar „это было ого когда" (dt. „das war damals ohO") zeigt. Der Einstieg wurde ihr jedoch durch einen zweimonatigen Kurs erleichtert, bei dem sie nicht nur ihre vorhandenen Ressourcen auffrischen konnte, sondern diese auch noch deutlich ausgebaut hat:

„пришла здесь были э: . эм . уроки итальянского языка [A: ахА .] и я здесь больше выучила [A: ыхы .] потому что я хотела выучить -" (ebenf. S3/T8, dt. „ich kam hier gab es äh: ähm . Italienischunterricht [A: ahA .] und ich habe hier mehr gelernt [A: îhi .] weil ich lernen wollte -").

Den ersten Kontakt mit dem Italienischen bei Univerconnect schildert Oksana aber als kleines Schockerlebnis (S5/T16). In S10/T51 deutete sie auf meine Frage hin einige Inhalte des Italienischkurses an, die sie mit „richtig schreiben, richtig aussprechen und irgendwelche Verben" umschreibt. Mit letzterem sind möglicher Weise vor allem Konjugationen gemeint. Sie charakterisierte diesen Kurs als absoluten Anfängerkurs („с нуля"), was insofern überrascht, als Oksana ja schon über allerhand Ressourcen verfügte – allerdings hatte sie auch nie systematisch in einem institutionellen Umfeld mit professioneller Lehrerin gelernt. Die Lehrerin ist in Oksanas Erzählung ein entscheidender Faktor dafür, dass sie letztlich Italienisch gelernt hat und erfolgreich den Job bei Univerconnect antreten konnte.

Auf Druck reagiert Oksana anscheinend empfindlich und Freundlichkeit und Bestärkung unterstützen sie eher in ihrem Lernprozess. Sie folgerte (in S3/T8), dass sie die allermeisten ihrer Italienischressourcen in diesem Kurs gelernt hätte.

6.3.2.4 Italienischlernen während der Arbeit

Als Schlüsseleigenschaft für weitere Lernprozesse während der Arbeit und in Interaktion mit den anderen Operator*innen nannte Oksana die Tatsache, dass sie gerne lernen würde und sich auch nicht für Nichtwissen schämen würde, sondern auf andere zugehe und frage.[575] Dies betrifft natürlich das Italienische, aber außerdem auch das Rumänische/Moldauische, welches die meisten ihrer Kolleg*innen sprechen. Die entsprechende Sequenz wurde genau dadurch eingeleitet, dass ich sie fragte, wie sie sich dann als Russischsprachige unter so viel Moldauisch fühlen würde (S25/T216/I).

Tabelle: Oksana/S25/T216–223

I	offene Frage	A: əhə - a ə:m как а как тебе шу но со шувствуешь с с этим . если все говорят на . на молдавском	A: əhə . a ə:m wie a wie fü naja wie fühlst du dich damit . wenn alle moldauisch reden
II	Antwort (implizite Verneinung)	B: мне мне хорошо	B: für mich für mich ist das gut
III	Begründung	потому что мне приятно [A: ыхы .] я учу что-то новое [A: ыхы .]	weil es mir angenehm ist [A: əhə .] ich lerne was Neues [A: əhə .]
IV	(negative) Detaillierung der Begründung	я не . не такой человек чтобы стесняться или .	ich bin nicht . so ein Mensch dass ich mich schäme oder .
V	(postive) Detaillierung der Begründung	я наоборот . прислушиваюсь. [A: ыхы .]	im Gegenteil . ich höre zu . [A: əhə .]

---

575 Die Verwendung des prädikativen Adjektivs приятно in ihrer Begründung (III) konnotiert ein explizit positives Verhältnis zur rumänischsprachigen Umgebung, mehr noch als хорошо, das alltagssprachlich auch häufig im Sinne von „in Ordnung" verwendet wird. Zum Konzept des ‚prädikativen Adjektivs' siehe Tauscher/Kirschbaum (1972:150).

VI	Beispielerzählung	даже итальянский вот здесь когда я слушаю как говорят операторы [A: ыхы .] я некоторые слова слу слышу [A: аха .] потом - хожу и спрашиваю а как переводится это слово что это за слово [A: ыхы .] и вот так вот я учу	sogar Italienisch also hier wenn ich höre wie die Operatoren reden [A: əhə .] hö höre ich irgendwelche Wörter [A: aha .] danach - gehe ich hin und frage wie übersetzt man dieses Wort was ist das für ein Wort [A: əhə .] und so lerne ich halt
VII	Rückfrage	A: ыхы . а помнишь э: . какой-то пример этого потому что я тоже хотела	A: əhə . und erinnerst du dich an . irgendein Beispiel dafür weil ich wollte auch
VIII	Kommentar	B: сейчас я тебе . дай мне вспомнить . [A: ыхы .] м: - подожди как это слово сейчас я не вспомню . [A: ыхы .]	B: ich sags dir gleich . lass mich nachdenken .[A: əhə .] m: - warte wie war das Wort ich erinner mich gerade nicht . [A: əhə .]
XIX	Antwort	*anticipo* [A: ыхы .] вот это я не знала что такое *anticipo* [A: ыхы .]	*anticipo* [A: əhə .] das wusste ich nicht was *anticipo* ist [A: əhə .]
XX	Beispielerzählung	я подошла и спросила что такое *anticipo* и мне объяснили [A: ыхы .] это когда сначала даёшь деньги потом получаешь телефон [A: ыхы .] какую-то часть денег [A: ыхы .] потом ещё какие-то -	ich ging hin und fragte was ist *anticipo* und sie erklärten mir [A: əhə .] das ist wenn du zuerst Geld gibst und dann das Telefon bekommst [A: əhə .] einen Teil vom Geld [A: əhə .] und dann noch was -
XXI	Kommentar	нет много слов было . просто я сейчас уже их знаю [A: да] и я их забыла просто какие они	nein es gab viele Wörter . ich erinnere mich jetzt nur nicht mehr an sie [A: ja] und ich habe einfach vergessen welche das waren
XXII	Rückmeldung	A: да	A: ja
XXIII	Beispielerzählung	B: вначале это было очень э: - а даже от (Nachname, anonym.) . есть . (Vorname Nachname, anonym.) вот он очень хорошо разговаривает на итальянском именно он так культурально разговаривает [A: ыхы .] и я вот от него много слов выучила.	B: am Anfang waren sehr ə: - a sogar von (Nachname, anonym.) . es gibt . (Vorname Nachname, anonym.) also der spricht sehr gut italienisch und genau er spricht so gebildet [A: əhə .] und von ihm habe ich viele Wörter gelernt

XXIV	Kommentar	но сейчас я их не вспомню [A: ыхы .] э: . там подожди какое же la su -	aber jetzt erinnere ich mich an sie nicht [A: əhə .] ə: . so warte was la sua -
XXV	Beispiel	*essigenzia* [A: ыхы .] то ли la sua . *essigenza* [A: ыхы .] la sua exigenza я вообще не знала этого слова	*essigenzia* [A: əhə .] also la sua essigenza [A: əhə .] la sua exigenza ich kannte dieses Wort überhaupt nicht
XXVI	Reziprozitäts-herstellung	A: ыхы . я тоже не знала	A: əhə . wusste ich auch nicht
XXVII	Beispielerzäh-lung	B: и я подошла и говорила а что такое не *exigenţa* а он говорит [A: ыхы .] *necessità* [A: аха .] э: нужда [A: ыхы . ыхы .] что тебе надо вот это *exigenzia* [A: ыхы .] я так посмотрела ого [A: (lacht)]	B: ich ging da hin und sagte was ist das *exigenza* und er sagt [A: əhə .] *necessità* [A: əhə .] ə: Bedarf [A: əhə . əhə .] das was du brauchst also das ist *exigenza* [A: əhə .] ich habe so geschaut oho [A: (lacht)]
XXVIII	Kommentar	и выучила видишь [A: ыхы . ыхы .] там ещё многие такие слова.	ich habe gelernt siehst du [A: əhə . əhə .] es gibt noch viele solche Wörter.
XXIX	Kommentar (Anakoluth)	вот я . я всегда говорила э:)	also ich . ich habe immer gesagt ə:
XXX	Beispielerzäh-lung	оно *raggiunto* [A: ыхы .] a это когда тебя . догоняют [A: ыхы .] оно *raggiunto* [A: ыхы .] а надо говорить оно *aggiunto* [A: аха .] когда добавили [A: ыхы . ыхы .] и вот я всегда говорила оно *raggiunto* и.	oder *raggiunto* [A: əhə .] das ist wenn sie dich . einholen [A: əhə .] aber man muss sagen es ist *aggiunto* [A: aha .] wenn etwas hinzugefügt wurde [A: əhə . əhə .] und ich hatte immer gesagt es ist *raggiunto* und.
XXXI	Erzählung	мне многие говорят ачё ты так говоришь не так говори говори так [A: ыхы .] да классно спасибо (lächelt) [A: ыхы . ыхы .]	viele sagen mir aber warum sprichst du so sags nicht so sags so [A: əhə .] ja klasse danke (lächelt) [A: əhə . əhə .]

XXXII	Beispielerzählung (Anakoluth)	или потом *rivolgersi* [А: ыхы .] я тоже не знала . вот . обратиться [А: ыхы .] я не знала что это такое и и я всегда думала как же обратиться обратиться вот обратитесь пожалуйста по этому номеру я не знала [А: ыхы .] и я подошла к э: . итальяшки кажется приехали - кажется они они были и я и я к ним подо . подошла	und dann *rivolgersi* [А: əhə .] das kannte ich auch nicht . so . sich wenden an [А: əhə .] ich wusste nicht was das ist und ich und ich dachte immer wie ist nur sich wenden an sich wenden an so wenden sie sich bitte an diese Nummer ich wusste das nicht [А: əhə .] und ich ging zu ə: den Italienern glaube ich waren gekommen - glaube ich sie sie waren da und ich und ich ging zu ihnen . ging ich
XXXIII	Korrektur	нет они - же не знают русского	nein die - können kein Russisch
XXXIV	Fortsetzung Erzählung	к кому-то я подошла и спросила а как вот э . сказать на итальянском - обратитесь по номеру там (Telefonnummer, anonym.) и мне сказали *rivolgersi* [А: ыхы . ыхы .]	zu irgendwem bin ich gegangen und habe gefragt also ə: . auf Italienisch sagen - wenden sie sich an die Nummer (Telefonnummer, anonym.) und sie sagten mir *rivolgersi* [А: əhə . əhə .]
XXXV	Kommentar	и вот - так вот потихоньку [А: ыхы .] есть ещё много слов просто я сейчас уже не вспомню	und so - so also langsam [А: əhə .] es gibt viele Wörter aber ich erinnere mich jetzt schon nicht mehr

In dieser Sequenz (S25) illustrierte Oksana deutlich ihre Lernstrategie. Erreichbarkeit von Italienischressourcen hängt dabei von einer Bewegung im Raum in Form des Hingehens-und-Fragens ab, wie es die Verbformen я *подошла и спросила* (S25/XX und XXVIII) bzw. nur я *подошла* zeigen (zweimal in XXXII). Als zentrale Lernstrategie schildert sie das Lernen von ihren Kolleg*innen, sowohl indem sie nach Konstruktionen fragt, die diese verwenden, die ihr aber nicht bekannt sind (Beschreibung in VI und Beispiele *anticipo* in XIX–XX und *essigenza* in XXV–XXVII), als auch nach solchen, die sie im Russisch kennt, die ihr aber im Italienischen fehlen, da sie ihr wiederkehrend in Gesprächen fehlen (*обратиться*/*rivolgersi* in XXXII–XXXV). Sie berichtet auch davon, dass andere sie auf missverständliche Verwendung von Konstruktionen hinweisen (in XXIX–XXXI *aggiunto* vs. *raggiunto*), was sicherlich damit zu tun hat, dass sie durch ihre Nachfragen signalisiert, dass sie an solcherlei Hinweisen interessiert ist.

Ihre Schilderung des ersten Beispiels *anticipo* (in XIX–XX) gibt Hinweise darauf, dass sie kein russisches Synonym hierzu kennt (wie etwa ава́нс, зада́ток oder предвари́тельный взнос, dt. Anzahlung). In der indirekten Rede, mit der sie die auf Nachfrage erhaltene Erklärung wiedergibt, enthält eine Umschreibung dessen, was eine Anzahlung ist, aber keine Übersetzung ins Russische („мне объяснили [A: ыхы .] это когда сначала даёшь деньги потом получаешь телефон [A: ыхы .] какую-то часть денег" in XX), wie etwa beim Beispiel *essigenza* (XXVII), wo sie ein italienisches Synonym (*necessità*) nennt und ein russisches (нужда), oder im Falle von *aggiunto* und *raggiunto* (XXX), wo sie jeweils eine russische Übersetzung nennt (догоняют respektive добавили). Während die letzteren drei Beispiele Konstruktionen sind, die auch in der Alltagssprache durchaus einen Platz haben, ist „Anzahlung" eine Konstruktion, die in stärkerem Maße an die funktionellen Register der Verkaufssprache und des Marketings gebunden sind.

Die Beispielerzählung in XXX gibt außerdem Aufschluss über Grammatikwissen. Während *raggiunto* und *aggiunto* Partizipien sind, die sie hier im mehrsprachigen Modus als Attribut zum neutralen (russischen) Personalpronomen *оно* verwendet, rekurriert die Umschreibung auf russische Verbformen der dritten Person Plural Präsens догоняют bzw. Vergangenheit добавили, womit Sachverhalte beschrieben werden, die im Italienischen (und Deutschen) durch ein Passiv (mit Partizip) ausgedrückt werden. Ihre Übersetzung ist also idiomatisch vollkommen zutreffend, nichtsdestotrotz gibt es auch im Russischen Partizipien mit einer ähnlichen Funktion. Dass sie eher den Gebrauchszusammenhang erläutert, als eine direkte Übersetzung zu nennen, ist pragmatisch naheliegend, könnte aber auch als Hinweis verstanden werden, dass ihr die russischen Partizipien in diesem Moment nicht als gebräuchliche Formen einfallen.

6.3.3 Repräsentation ihres Repertoires

Ich habe mit Oksana nicht über Fremdsprachenunterricht während ihrer Schulzeit gesprochen, sie hatte jedoch gleich zu Beginn gesagt, sie spreche „nur" Rumänisch, Russisch und Italienisch (S2/T6: „знаю только румынский русский вот и . и итальянский"). Das Abtönungspartikel „только" weist darauf hin, dass zum majorisierten Repertoire in Moldova Rumänisch und Russisch gehören, die also mehr oder weniger einer Selbstverständlichkeit darstellen, genauso wie bei Univerconnect das Italienische. Insofern es sich hierbei offensichtlich um (überdurchschnittlich) umfangreiche sprachliche Ressourcen handelt, ist diese Proposition sicherlich auch ein Hinweis auf Bescheidenheit. Auf das Englisch kam sie dann zu sprechen, als es darum ging, wie sie die lateinische Schrift gelernt hat.

Russisch war ihre erste und lange die einzige Sprache; bis einschließlich der siebten Klasse hat sie ihre Russischkenntnisse systematisch in der Schule ausgebaut, danach hat sie die Schule kaum noch besucht und dementsprechend auch nicht studiert oder eine Berufsausbildung gemacht. Es liegt deswegen die Vermutung nahe, dass sie nur bedingt förmliche Register und insbesondere literate Strukturen ausgebaut hat. Das Russische wurde jedoch in unserem Gespräch nicht weiter thematisiert; vermutlich sieht sich Oksana als kompetente Muttersprachlerin (im unten zitierten T188 zeigt sich, dass sie „vollständiges" Wissen von Sprachen für möglich und erstrebenswert hält).

Die Form ihrer Aneignung des Italienischen habe ich recht ausführlich thematisiert. Nachdem sie sich zunächst in der Interaktion mit einem Italiener und ihrer Schwester ein-Wort und dann auch komplexere Konstruktionen angeeignet hat, kamen bei ihrem Übersetzungs-Job für einen italienischen Geschäftsmann Übersetzungsübungen hinzu sowie Orthographiewissen. Hierbei kam ihr zugute, dass sie zu diesem Zeitpunkt bereits über Rumänischressourcen verfügte und vor allem das lateinische Alphabet beherrschte. Schließlich ermöglichte ihr der zweimonatige Sprachkurs bei Univerconnect (ein Jahr vor unserem Gespräch) systematisch v.a. grammatische Strukturen auszubauen. Seit dem hat sie bei der Arbeit Register des Telefonmarketings erlernt und sehr viel Übung in der Sprachpraxis hinzugewonnen. Zum Zeitpunkt unseres Interviews lernte sie bereits seit zehn Jahren Italienisch (hatte allerdings in der Zwischenzeit fast sieben Jahre kein Italienisch gesprochen) und schätzte ihre Ressourcen als „gut" ein, sah aber auch noch Ausbaupotential, das ihr im Alltag in Form von unbekannten Wörtern, die sie bei ihren Kolleg*innen hörte, ständig begegnete (S21/T188).

Im Vergleich zu einem Kollegen, von dem sie viel lernen würde, thematisierte sie auch Registerunterschiede (S25/XXIII): „он так культурально разговаривает" (dt.: „er spricht so gebildet"). Diese Proposition gibt gleichzeitig Aufschluss über ihre Register im Russischen – die Konstruktion культурально ist in diesem Zusammenhang unidiomatisch (es handelt sich um ein vom Substantiv культура abgeleitetes Adjektiv, im Deutschen als „kulturell" im Sinne von „die Kultur betreffend"). Im Zusammenhang mit Sprachpraxis gebräuchlicher ist культурно (dt. gebildet oder kultiviert). Ihre Repräsentation von Rumänischressourcen (in S24/S215) ist ganz ähnlich derjenigen des Italienischen (in S21/T188):

„тут есть некоторые слова . которые я вот то что живу уже всю жизнь в молдавии . я спрашиваю а что это за слово [A: ыхы . ыхы .] да - и мне потом его . переводят [A: ыхы .] есть много слов на румынском которые я не знаю" (dt. „es gibt da einige Wörter . die ich also die ich schon mein ganzes Leben in Moldawien . ich frage was ist das für ein Wort . ja - und sie übersetzen es mir . dann . es gibt viele Wörter im Rumänischen, die ich nicht kenne").

Ein offenbar wichtiger Unterschied für sie besteht aber darin, dass sie in Moldova aufgewachsen ist, wo (dieser Teil des Arguments ist nicht expliziert) sie regelmäßigen Kontakt zum Rumänischen hatte. Diesem Argument liegt die Norm zu Grunde, dass gesellschaftliche Mehrsprachigkeit auch gleich individueller Mehrsprachigkeit sein müsste. Die Tatsache, dass sie im Zusammenhang mit Sprachenlernen und Sprachkenntnissen sehr häufig mit „Wörter" argumentiert (insgesamt 32 Tokens für Formen von *слово* im Interviewtranskript), deutet darauf hin, dass sie Sprachkenntnisse gewissermaßen als eine mehr oder minder lange Vokabelliste versteht.

6.3.3.1 *Fremdsprachen: Englisch*

Das Englische verursachte für Oksana ein Dilemma. Sie selbst empfand der Sprache gegenüber eine Abneigung (die sie nicht weiter erklärte), hatte aber nun auch aus verschiedenen Gründen das Gefühl, es sich schrittweise aneignen zu müssen. Einerseits wollte sie ihre Kinder (die eigene Tochter und die zwei Kinder ihres Ehemannes) beim Lernen in der Schule unterstützen, andererseits hatte sie selbst konkrete Auswanderungspläne nach Irland (S22/VII und S16), wo sie um das Englische nicht herumkommen würde. Schließlich begegnete es ihr in Form bestimmten Bezeichnungen und technischer Begriffe auch auf der Arbeit, wie die Ausführliche Diskussion des Beispiels *Touch Screen* bei Natalia (6.2.4.1) gezeigt hatte. Letzteres erwähnte sie allerdings nicht selbst; sie bestätigte es zwar nachdrücklich (XII und XIV), als ich danach fragte, erklärte es aber nicht weiter.

Tabelle: Oksana/S22/T196-204

I	Behauptung	в: раньше я не умела вообще писать [A: аха .]	B: ich konnte früher gar nicht schreiben [A: aha .]
II	Korrektur	я даже на латинице вообще не умела писать [A: ахА .]	ich konnte nicht einmal in lateinischer Schrift überhaupt nicht schreiben [A: ahA .]
III	Haupterzählung	а вот с дочкой она когда учила алфа алфавит латинский . я с ней [A: ыхы .]	und also mit meiner Tochter als sie das Alpha lateinische Alphabet lernte . habe ich mit ihr [A: əhə .]
IV	Begründung	надо же было ей помогать . это а это б [A: ыхы .] и вот так потихоньку [A: ыхы . ыхы .]	ich musste ihr ja helfen . das ist a das ist b [A: əhə .] und so habe ich langsam [A: əhə . əhə .]
V	Haupterzählung	потом выучила [A: ыхы .] английский .	danach lernte sie [A: əhə .] Englisch

VI	Parenthese, Hintergrunderzählung	не хотела никогда учить . мне не нравился английский [A: ыхы .]	ich wollte niemals Englisch lernen . ich mochte kein Englisch
VII	Erläuterung	а потом . сейчас уже мне надо его учить . [A: ыхы .] в ирландии . там только английский=	und danach . jetzt muss ich es ja lernen . [A: əhə .] in Irland . dort wird nur Englisch=
VIII	Bestätigung	A: а да . конечно.	A: ah ja . klar.
IX	Haupterzählung	B: и я так по чуть-чуть [A: ыхы .] некоторые слова уже выучила [A: ыхы .] там little ну некоторые слова там.	B: und so habe ich Stück für Stück [A: əhə .] schon einige Wörter gelernt [A: əhə .] etwa little ein paar solche Wörter halt.
X	suggestive Nachfrage	A: да да да да да . а на . на работе здесь на работе не сложно без английского	A: jaja jajaja . und auf . auf der Arbeit hier auf der Arbeit ist es nicht schwer ohne Englisch
XI	Begründung	потому что ну я так думала потому что есть много . слова или названия на английском new wave galaxy бла бла бла	weil naja ich dachte weil es viele Wörter gibt . oder Bezeichnungen auf Englisch new wave galaxy bla bla bla
XII	Bejahung	B: да да да	B: ja ja ja
XIII	Kommentar	A: это всё тоже английский	A: das ist ja auch alles Englisch
XIV	Bejahung	B: да	B: ja
XV	suggestive Frage (Anakoluth)	A: но	A: aber
XVI	Antwort	B: но я я по чуть-чуть как бы я стараюсь учить	B: aber ich ich naja so Stück für Stück bemühe ich mich zu lernen
XVII	Begründung (Voraussetzung)	у меня дети учат английский язык [A: а да .]	meine Kinder lernen Englisch [A: ah ja .]
XVIII	Begründung (Folge)	и вот я потихоньку с ними учу [A: ыхы .]	und langsam lerne ich mit ihnen [A: əhə .]
XIX	Beispielerzählung	они иногда приходят со школы выучат какое-то слово и мне его кидают . а я его хоп . и схватила в мозги [A: ыхы .]	manchmal kommen sie aus der Schule lernen irgendein Wort und werfen mir das hin . und ich nehm es hopp . und packe es ins Hirn [A: əhə .]
XX	Kommentar	по чуть-чуть так вот учу . [A: ыхы .] потому что это надо	und Stück für Stück lerne ich so . [A: əhə .] denn das muss

Die Metaphorik, mit der sie diesen Vorgang beschreibt (in XIX) illustriert erneut die körperliche Dimension der Erreichbarkeit von Konstruktionen im Lernprozess und entwirft gleichzeitig das Bild eines sportlichen Spiels. Die Kinder „werfen" mit einem Wort und sie schnappt es und speichert es im Hirn (das Verb схватить kann unterschiedliche Arten des „Zugreifens" oder „Packens" ausdrücken); zusätzlich illustrierte sie diesen Vorgang mit dem lautmalerischen Enunziativ „hopp", das hier in einer Art indirekten Rede verwendet wird. Ihrer Einschätzung nach bestehen ihre Englischressourcen aber bisher nur aus einzelnen Wörtern (IX).

6.3.3.2 Schriftpraxis als Operatorin

Zur Rolle des Schreibens während der Arbeit äußerte Oksana sich in S12, als wir über den Italienischkurs bei Univerconnect sprachen. Sie hatte erwähnt, dass sie hierbei „richtig schreiben" gelernt hätten, woraufhin ich sie fragte, ob sie das denn bei der Arbeit überhaupt benötigen würden. Diese Frage erklärt sich auch durch meine Verwunderung über die didaktischen Konzepte desjenigen Italienischkurses, den ich selbst beobachtet hatte, der erstaunlich wenig direkt auf die sprachlichen Anforderungen bei der Arbeit ausgerichtet war.

Tabelle: Oksana/S12/T68–79

I	suggestive Frage	A: потому что ну например сказала что: . э: вы учили правильно писать [и я если]	A: weil naja zum Beispiel hast du gesagt dass . ə: ihr gelernt habt richtig zu schreiben [und wenn ich]
II	Bejahung	B: [писать читать]	B: [lesen schreiben]
III	suggestive Frage	A: ну например на работе вы мало пишете если я хорошо . поняла или	A: naja zum Beispiel auf der Arbeit schreibt ihr wenig wenn ich das richtig . verstanden habe oder
IV	Bejahung	B: э: . мы мало пишем	B: ə: wir schreiben wenig
V	(Gegen-) Beispiel	ну это нам больше . на пользу [A: аха .] там если например . даже когда вот выходит эта *scheda*	aber das ist uns eher . nützlich [A: aha .] dann wenn wir zum Beispiel . sogar also wenn diese Karteikarte aufgeht
VI	Rückfrage (gemeinsamer Wissenshorizont)	ты уже сидела	du hast doch schon dabei gesessen
VII	Bestätigung	A: ыхы . да	A: əhə . ja

VIII	Beispieler-zählung	B: возле оператора видела [A: аха .] когда выходит scheda . ты всё равно там пишешь э: . заметки я с ним поговорила . он сказал [A: аха .] вот это вот это	B: neben einem Operator hast das gesehen [A: aha .] wie die Karteikarte aufgeht . da musst du soundso was hinschreiben ə: . Bemerkungen ich habe mit ihm gesprochen . er hat gesagt [A: aha .] sowas sowas
XIX	Bestätigung	A: аха . да	A: aha . ja
XX	Antwort 2 (auf Frage in I)	B: и как бы надо	B: und da muss
XXI	Begründung 1	если ты напишешь . полу русский полу молдавский полу итальянский [A: (lacht)] человек не поймёт что ты там написал [A: (lacht)] и поэтому как-то .	wenn du schreibst . halb Russisch halb Moldauisch halb Italienisch [A: (lacht)] versteht kein Mensch was du da hingeschrieben hast [A: (lacht)] und deswegen irgendwie
XXII	Begründung 2	а сейчас а почему эти уроки были . потому что . а вот этот (unverständlich) он хочет какую-то шо-то открыть с банками [A: ыхы .] а там нужен итальянский . перфект [A: ахА .] поэтому [A: аха .] тоже калл центр тоже с итальянскими людьми . но идёт работа . с банком [A: аха .] и как бы ты должна знать это итальянский на отлично	und jetzt und warum gab es diese Kurse . deswegen . und dieser (unverständlich) er will was neues starten was mit Banken [A: əhə .] und da braucht es Italienisch [A: əhə .] es braucht perfektes Italienisch [A: ahA .] deswegen [A: aha .] auch Call-Center auch mit italienischen Leuten . aber die Arbeit läuft . mit der Bank [A: aha .] und deswegen sollst du Italienisch ausgezeichnet können
XXIII	Frage	A: ахА . это вы вместе эти которые там э: . э: будете работать или вы вместе изучали или как.	A: ahA . das macht ihr zusammen die die da ə: . ə: arbeiten werdet oder habt ihr zusammen gelernt oder wie.
XXIV	Verneinung	B: нЕт э:=	B: nein ə:=
XXV	Reformulie-rung der Frage	A: а это будет тоже здесь	A: a das wird auch hier sein
XXVI	Bestätigung	B: тоже здесь да [A: аха .]	B: auch hier ja [A: aha .]

XXVII	Besiepieler-zählung	он как-то что-то там говорил что типа через видео камеру . и там если человек захочет заплатить в банке . [A: ыхы .]	er hat irgendwas da gesagt so nach dem Motto über Videokamera . und dann wenn die Person will bei der Bank bezahlen will . [A: əhə .]
XXVIII	Kommentar	я так и не поняла как это будет происходить . но у нас будут уроки насчёт этого . и вот .	so richtig habe ich es nicht verstanden wie das gehen wird . aber wir werden Kurse dafür haben . so halt
XXIX	Erklärung	ты с человеком разговариваешь по видео камере [A: ыхы .] отсюда ты пишешь всё что человек хочет [A: ыхы .]	du redest mit der Person über Videokamera [A: əhə .] von hier aus und schreibst alles auf, was die Person will [A: əhə .]
XXX	Folgerung	ты должна уметь . написать . правильно [A: ыхы . ыхы .]	du solltest richtig . schreiben . können [A: əhə . əhə .]
XXXI	Begründung	потому что итальянцы они такие если ты неправильно написал всё уволена [A: ыхы .] да [A: ыхы .]	weil die Italiener sind solche wenn du nicht richtigst schreibst wars das du wirst du gefeuert [A: əhə .] ja [A: əhə .]

Zunächst bestätigte Oksana, dass sie bei der aktuellen Arbeit nicht viel schreiben müssen, erklärte dann aber in V bis VIII noch Gegenbeispiele: dies betrifft vor allem den Verlauf der Gespräche, den sie in der Kundenkartei festhalten müssen. Diese Einträge haben den Charakter von Notizen und bestehen häufig auch nur aus einem Wort (z.B. wenn der Anrufbeantworter rangeht). Priorität hat dabei die Verständlichkeit: andere Operatoren müssen mit der Notiz etwas anfangen können, wenn ihnen beim nächsten Mal die entsprechende Person per Zufallsprinzip zugeteilt wird. Dies ist in (XXI) die Begründung dafür, dass hier der mehrsprachige Modus nicht möglich sei, aus ihrer Formulierung geht aber nicht hervor, ob außer den anderen Operatoren noch weitere Personen die Notizen sehen. Es ist aber davon auszugehen, dass der Handyanbieter auf diese Daten ebenfalls Zugriff hat.

6.3.4 Sprechweise

Den russischen Elementen von Oksanas Sprechweise werde ich mich hier nicht im Detail widmen, es seien nur drei stilistische Elemente hervorgehoben: sie schließt sehr häufig Gedanken mit Konstruktionen ab, die dies explizit signalisieren und die im gesprochenen Russisch geläufig sind wie и всё (S3/T8), вот так oder и вот так вот (S5/T16, S5/T24, S29/T245, S34/T303). Die beiden Konstruktionen вот так und и вот так вот haben auch eine resümierende Rolle in adverbialer Funktion (die im Deutschen mit „so" übersetzt werden könnte), die eine inhaltliche Konkretisierung ersetzt (S3/T8, S16/T116, T122, S17/T137, S25/T217, S31/T265, T269, T271, S34/T301, T303). An einigen Stellen ist dies kombiniert mit einem Adverb wie и вот так вот потихоньку in S10/T51 und S22/T196 oder и вот так по чуть-чуть in S35/T313.[576] Für *вот* gibt es im gesamten Interviewtext 196 tokens. Ich werte dies als Zeichen einer aktiven und engagierten Redegestaltung, dass diese Elemente v.a. diskursstrukturierende Funktion haben und den Erzählmodus gestalten.

Ähnliches gilt auch für die wiederholte Verwendung von Sprichwörtern, insbesondere zwecks Illustration von Oksanas optimistischer Grundhaltung zum Lernen: *Москва не сразу строилась* (S5/T22, dt: „Moskau wurde nicht sofort erbaut"), *Некто не рождён учёным* (S14/92, dt. „Niemand ist als Wissenschaftler geboren"), und idiomatisierte Konstruktionen wie *Когдо хочешь всё это получается* (S20/182, dt. „Wenn du nur willst, gelingt dir alles").

Formen des Demonstrativpronomens *это* sind im gesamten Gespräch hochfrequent (208 Tokens im Transkript, einschließlich meiner Turns), was für die gesprochene Sprache nicht ungewöhnlich ist; auffällig ist jedoch die Form „это(т) итальянский" (S2/T6; S6/T26; S12/T75). Hierfür gibt es verschiedene mögliche Interpretationen; im gegebenen Kontext ist es wohl am ehesten eine Emphase, die impliziert, dass der Lernprozess gewisse Schwierigkeiten mit sich gebracht hatte. In zwei Fällen (S21/183; S32/T276) verwendete auch ich selbst die Form (nach der ersten Anwendung durch Oksana): ich sehe das als Beleg, dass die Emphase Wirkung hatte und die Form mir als Konsequenz besonders salient erschien. Ähnlich verhält es sich wohl mit der Form таком in „а я даже на латинице вот на таком латинице я не умела писать" (S35/T307/VII).

---

[576] Siehe auch Polina 5.4.4.1. Warditz (2013) diskutiert das Präsentativ *вот* nicht einzeln, es ist jedoch zentraler Bestandteil der von ihr genannten Beispiele für russische Umgangssprache bzw. *просторечие*, die urbane Umgangssprache. Zur Varietätendifferenzierung im Russischen siehe Warditz (2013:45 und 95). Für Botoşineanu/Hobjilă (2002:154) sind dies Füllwörter, die die Bedeutung des Gesagten nicht verändern.

6.3.4.1 Skribale Praxen

An die zuletzt diskutierte Sequenz (S12) knüpfte Oksana später am gleichen Tag, als ich bei der Arbeit hospitierte, noch einmal an, um mir an einem konkreten und aktuellen Beispiel zu illustrieren, was für eine Art Notizen sie während der Arbeit machen muss. Bei dem Beispiel handelt es sich um einen Fall, der relativ häufig eintritt: die Operator*innen haben nicht diejenige Person am Telefon, mit der sie reden müssen. Da das Sonderangebot nur für die Vertragsinhaber gilt (hier: der Großvater), können sie kein Verkaufsgespräch mit anderen Nutzer*innen des Vertrags führen, auch wenn das neue Telefon und die neue SIM-Karte ebenso wie der alte Handyvertrag nicht unbedingt von der Person genutzt werden muss, die den Vertrag abschließt. Hieraus folgt, dass die anderen Operator*innen die Situation kennen und also Kontextwissen mitbringen, das beim Verstehen der Notizen hilft; d.h. Verständlichkeit genügt, kleinere Rechtschreibfehler z.B. würden die Funktionalität der Notiz nicht notwendig einschränken, wenn sie verständlich bleibt.

Tabelle: Oksana/Arbeit/T291–303

291	Oksana: видешь вот здесь мы иногда пишем – и надо писать правильно чтобы поняли операторы что ты там пишешь.	Oksana: siehst du hier schreiben wir manchmal – und man muss richtig schreiben damit die Operatoren verstehen was du da schreibst.
292	Anna: (liest) *fornirà il numero dell'*=	Anna: (liest) wird die Nummer angeben von=
293	Oksana: *il nomero dell nonno* [Anna: *cio]* cioè titolare	Oksana : die Nummer vom Großvater der der Besitzer ist
294	Anna: ahA: ok - a . это значит *forni* .	Anna: ahA : ok - a das hier heißt *forni*
295	Oksana: *fornire* . даст номер . его дедушки.	Oksana: *fornire* . die Nummer geben . seines Großvaters.
296	Anna: ahA [он сдал да	Anna: ahA [er hat die gegeben ja
297	Oksana: потому что записаное на дедушку а: как бы . а пользуется им внук .	Oksana: weil es auf den Namen des Großvaters läuft aber also . gebrauchen tut es der Enkel.
298	Anna: aha . хорошо	Anna: aha . gut
299	Oksana: вот это так	Oksana: so ist es
300	Anna: то есть номер=	Anna: das heißt die Numme=

301	Oksana: перезвонит што бы он дал номер дедушки . [Anna: ahA] што бы смогли поговорить с дедушкой	Oksana: nochmal anrufen, damit er die Nummer von seinem Großvater gibt . [Anna: ahA] damit wir mit dem Großvater sprechen können
302	Anna: ahA . aha хорошо . a: то есть опять позвонить чтобы узнать номер . ihim -	Anna: ahA . aha gut . a: das heißt nochmal anrufen um die Nummer in Erfahrung zu bringen . ihim -
303	Oksana: да да да (5)	Oksana: ja ja ja (5)

Die Notiz ist knapp und enthält keine komplexe Satzverknüpfung, aber insbesondere das Verb *fornire* gehört einem eher förmlichen Register an. Oksanas Erklärung in T295 zeugt von detailliertem Wissen zum Verb *fornire*. In ihrer Notiz hatte sie die italienische Futurform *fornirà* verwendet. Auf meine implizite Nachfrage, was dieses Verb bedeutet, nannte sie den Infinitiv *fornire* und eine wörtliche Übersetzung ihres italienischen Satzes ins Russische „даст номер . его дедушки" (er wird die Nummer seines Großvaters geben). Anders als das häufig gebrauchte russische Verb дать ist *fornire* stärker an ein formelles Register gebunden. Dass sie im Russischen auf die alltagssprachlich gebräuchlichere Form zurückgreift, kann daran liegen, dass dies für sie selbst leichter erreichbar ist, wahrscheinlicher aber noch, dass sie ihr Register an meine Ressourcen anpasste, denn ich sollte die Konstruktion ja verstehen.

6.3.4.2 Mehrsprachiger Modus

Oksana bediente sich ihrer mehrsprachigen Ressourcen regelmäßig auch im mehrsprachigen Modus, mir gegenüber insbesondere Russisch-Rumänisch, wenn es der Erklärung diente, wie in S19/T164, wo sie das rumänische Wort für Miete heranzog, um den Unterschied zu einer Eigentumswohnung zu verdeutlichen, der in ihrer russischen Formulierung mit dem Possessivpronomen weniger eindeutig war. Dieser Kontrast hätte aber durchaus auch mit Hilfe der russischen Konstruktion *аренда* verdeutlicht werden können.

Tabelle: Oksana/S19/T162–64

B: не не ты не живёшь на квартире	B: nein nein du lebst nicht in einer Wohnung
A: аха . но	A: aha . aber
B: nu chirie именно твоя квартира.	B: nicht Miete sondern eben deine eigene Wohnung

Bei Themen, die die Arbeit betreffen, und insbesondere im Gespräch mit ihren Kolleg*innen kommt das Italienische hinzu. In verschiedenen Sequenzen werden einzelne italienische Begriffe in einen ansonsten einsprachig russischen Modus eingebaut. Sie sind für Oksana entweder spontan schneller erreichbar, oder erscheinen ihr passender, selbst wenn ihr russische Synonyme einfallen, wie im folgenden Beispiel aus S28/T239 des Interviews, als sie die Arbeit bei Univerconnect mit einem anderen italienischsprachigen Call-Center in der Stadt vergleicht, indem die Operator*innen deutlich weniger sprechen müssten:

„ты им там ты только говоришь вот у нас в зоне есть конс *consulente* да [A: ыхы .] он подойдёт к вам и объяснит всю программу [A: ыхы .] и они авторизированно [A: ыхы .] вам э: . раз объяснят просто я делаю а a *appuntament* да . [A: ыхы .] типа я назначаю число и . и время [A: ыхы .] и всё"
dt „du sagst ihnen da nur so wir haben hier einen con *consulente* ja . er kommt zu ihnen und erklärt ihnen das ganze Programm . und sie sind berechtigt . ihnen e . dann alles zu erklären ich mache nur das a a *appuntament* ja . so nach dem Motto ich mache Datum und . und Termin aus und das wars"

Beide italienischen Konstruktionen, *consulente* (dt. Berater) und *appuntamento* (dt. Termin), verwendete Oskana mit einem gewissen Zögern, das die Verletzung des monolingualen Modus, den sie mit mir ansonsten weitestgehend praktizierte, anzeigt. Beide Fälle unterscheiden sich in ihrem Verhältnis zum Russischen stark. Das russische Synonym von *consulente* ist fast identisch (консультант), was möglicherweise Unsicherheit über die richtige Form (im Russischen!) verursacht, während es im Fall von *appuntamento* gar kein russisches Synonym mit so eindeutiger Bedeutung gibt. дата impliziert eher einen bestimmten Zeitpunkt. Встреча ist ‚das Treffen', aber einen Begriff, der beide Bedeutungen umfassen würde, also ein verabredetes Treffen zu einem bestimmten Zeitpunkt, gibt es nicht. Die Form *consulent* enthält aber eventuell noch einen weiteren Aspekt von Sprachmischung: durch die Endung auf –ment, die es im Rumänischen gibt, aber nicht im Italienischen, erscheint sie als rumänisierte Form des italienischen *appuntamento* (für Termin würde im Rumänischen aber eher *programare* verwendet).

Ein Fall, wo der Gebrauch einer italienischen Konstruktion in einer ansonsten russischen Präposition sich aus der funktionellen Spezifik dieses Begriffs im Arbeitskontext erklärt ist „когда выходит *scheda*" aus der oben ausführlich diskutierten S12/V und VIII. Den Begriff *scheda*, der hier die elektronische Kundenkartei bezeichnet, gebrauchte sie ausschließlich bei Univerconnect, so dass ein russisches Synonym in ihrem Repertoire keine Funktion hätte.

In T264 war ich es, die auf ganz ähnliche Weise durch meine Nachfrage den mehrsprachigen Modus vorgab, als ich nach den *squadri* fragte. Dieser Begriff war mir bei meinem ersten Besuch im Telefonsaal aufgefallen, er war aber nach einer Weile wieder verschwunden. Die Operator*innen waren hierbei in Teams unterteilt worden und das erfolgreichste Team erhielt einen Gutschein für einen gemeinsamen Restaurantbesuch. In ihrer Antwort erweiterte Oksana den mehrsprachigen italienisch-russischen Modus mit der lautes Denken simulierenden Tag-Frage „pintru și o fost făcute" um das Rumänische.

Tabelle: Oksana/Arbeit/T264–269

264	Anna	раньще были эти *squadri*.	früher gab es diese squadri.
265	Oksana	а эти сделали . i . *squadri* pintru și o fost făcute . типо: как это . target da de target si . кто доходил до таргета=	a die haben sie gemacht . ə: . squadri wofür wurden die gemacht . so nach dem Motto: wie ist das . target so als target und . wer das Target erreicht hat=
266	Anna	aha:	aha:
267	Oksana	так фирма это тысячи лей как не дала не давала денги cash – a: . ты ходил там в ресторан или в кафэ куда нибудь	so gab die Firma tausend Lei naja gab sie nicht gab kein Geld cash – a: . du gingst da ins Restaurant oder Café irgendwo
268	Anna	aha:	aha:
269	Oksana	и на тысячи леев вся squadra . там сидел	für tausend Lei saß die ganze Squadra . da

Insbesondere mit ihrem Arbeitsplatz-Nachbarn Denis, der als einer der erfolgreichsten Operator*innen galt und darüber hinaus ein starker Unterhaltungsfaktor war, sprach Oksana zwischen den Telefonaten viel und nicht nur über den Verlauf der Arbeit, sondern die beiden scherzten auch und zogen sich gegenseitig auf. Denis war sehr kooperativ und versuchte Oksana zu unterstützen (in T309 gibt er ihr während eines ihrer Telefonate einen Tipp, was sie dem Kunden sagen kann, um ihn zu überzeugen). Die Tatsache, dass das Aufnahmegerät lief, wurde auch in die Scherze mit einbezogen (Arbeit/T11, T15, T256–257). Auf die Frage von Denis (T256), ob wir das eben Gesagte aufgenommen hätten, antwortete Oksana mit dem Witz, den Denis schon in T11 gemacht hatte: „la registrazione vocale" und ergänzte „noi registriamo tutto." *La registrazione vocale* ist ein Schlüsselbegriff im Call-Center, der sich hier von den Mitarbeiter*innen humorvoll angeeignet wird. Der mündliche Vertragsabschluss (*vocal order*) bedarf einer *registrazione vocale*, die einen kritischen Moment im Verkaufsgespräch darstellt: die Operator*innen dürfen sich dabei nicht versprechen und die Kund*innen dürfen dies nicht unterbrechen und müssen an den richtigen Stellen *sì* sagen.

Für Denis und Oksana waren Wortspiele während der Arbeit Zeitvertreibe und verfolgten nicht unbedingt das Ziel einen bestimmten Inhalt zu kommunizieren, sondern die Pointe beruhte eben auf dem mehrsprachigen Modus, wie in T139–150, wo die Kombination des russischen Abtönungspartikels так mit dem italienischen Affirmationssparktikel *sì*, sich im gesprochenen Medium zu Taxi ergänzen.

Tabelle: Oksana/Arbeit/T139–150

139	Denis	*come ti permetti . io ti pago alle fine (unverständlich) tu ti permetti=*	wie kannst du dir es erlauben . ich bezahle dich am Ende (unverständlich) du erlaubst dir=
140	Oksana	*(unverständlich) tu me paghi -*	(unverständlich) du bezahlst mich
141	Denis	*(räuspert sich) sì ce: – no però*	(räuspert sich) ja also – nein aber
142	Oksana	так *sì o no*	ja oder nein
143	Denis	*ogni tanto . va bene: -*	ab und zu . na gut -
144	Oksana	так *sì o no.*	also ja oder nein.
145	Denis	taxi -	Taxi -
146	Oksana	taxi -	Taxi -
147	Denis	*o no -*	oder nein -
148	Oksana	так *sì o no* (3)	also ja oder nein (3)
149	Denis	taxi .	Taxi .
150	Oksana	ты уже определись *sì o no* .	hast du dich schon festgelegt ja oder nein .

Wenn die beiden untereinander Italienisch sprachen, zeigte dies bereits an, dass sie in einem spielerischen Modus waren, denn wenn sie sich über ein konkretes ernstgemeintes Thema unterhielten, sprachen sie tendenziell Rumänisch in einer stark moldauisch konnotierten Varietät, inklusive dem häufig zweisprachigen Modus Rumänisch-Russisch, insbesondere, wenn vulgäre Ausdrücke verwendet werden (T428f und T434–458).

Eine ähnliche Sequenz in Italienisch, Russisch und Englisch liegt bei T87–103 vor. Aus dem Wortspiel mit dem englischen „yes of course" ergab sich die Frage danach, was Couscous sei – zur Beantwortung zog Denis mich heran, um Oksana eine brauchbare Erklärung zu geben (T108), da er selbst den Scherzmodus offensichtlich nicht verlassen wollte.

Tabelle: Oksana/Arbeit/T89-109

87	Oksana	(lacht) . *che voui.*	(lacht) . was willst du.
88	Denis	(unverständlich) - (Nachname Oksana, anonym.)	(unverständlich) - (Nachname Oksana, anonym.)
89	Oksana	a	a
90	Denis	(unverständlich)	(unverständlich)
91	Oksana	don't know	don't know
92	Denis	*a: hai capito . abbiamo comminciato* - (unverständlich) *a parlare in inglese*	a: du hast verstanden . wir haben angefangen (unverständlich) Englisch zu sprechen
93	Oksana	yes of course -	yes of course
94	Denis	sovhoz	sovhoz
95	Oksana	kovs kovs	kovs kovs
96	Denis	kus kus . *ho mangiato kus kus* (Nachname Oksana, anonym.)	kus kus . hast du Couscous gegessen (Nachname Oksana, anonym.)
97	Oksana	*cosa è questo*	was ist das
98	Denis	e: *cosa è questo . quello*	e : was ist das . jenes
99	Oksana	что такое . kus kus	was ist Kus Kus
100	Denis	măi ты не знаешь что такое кус кус	aber du weißt nicht was Couscous ist
101	Oksana	вот я не знаю что такое кус кус	genau ich weiß nicht was Couscous ist
102	Denis	a (Nachname Oksana, anonym.) *dell'usa completamente*	a (Nachname Oksana, anonym.) du bist zu gar nichts nutze
103	Oksana	и это всего только начало.	und das ist erst der Anfang
104	Denis	nu da nu da (3) *ma non è interessata hai capito* -	naja naja (3) (zu jemand anderem) sie ist nicht interessiert hast du verstanden
105	Oksana	сволочь (30) (Nachname Denis, anonym.) . (Nachname Denis, anonym.) что такое kus kus	Arschloch (30) (Nachname Denis, anonym.) . (Nachname Denis, anonym.) was ist kus kus
106	Denis (zu Anna)	kus kus знаешь что такое	(zu B): Couscous weißt du was das ist
107	Anna	ну типа кашки -	naja sowas in der Art wie Brei
108	Denis	обясни	erklär
109	Anna	это . ну может быть похоже на на на кашку да это . и да . ну как между рис и и и кашка эти: . маленкие эти только с воды это как гарнир.	das . naja vielleicht so ähnlich wie wie wie Brei aber das . und ja . naja wie zwischen Reis und und und Brei diese . kleinen die man nur mit Wasser das ist wie eine Beilage

Auch in der Kommunikation mit dem Vorgesetzten Leandru bediente sich Oksana des mehrsprachigen Modus, obwohl es das offizielle Gebot gab, dass im Telefonraum nur Italienisch gesprochen werden sollte.

Im folgenden Ausschnitt der Arbeit hatte Oksana ein Problem mit ihrem Telefon, das nicht funktionierte und rief den Team-Leader und sprach ihn im mehrsprachigen Modus an. Dass sie ihre Frage an Leandru mit dem italienischen Fragelexem *perchè* einleitet, sollte mutmaßlich suggerieren, dass sie sich zumindest in der Kommunikation mit ihren Vorgesetzten an das Italienischgebot hielt, schaltete dann aber unmittelbar Elemente der moldauischen Umgangssprache (die Verbform *funciclează*) und das Russische hinzu.

Tabelle: Oksana/Arbeit/T216–230

216	[...] (drückt auf dem Telefon herum) (Leandru, anonym.) *perchè* (unverständlich) funciclează . headset - headset - [D: come non (unverständlich)] nu sî funciclează вообще честное слово вообще смотри.	[...] (drückt auf dem Telefon herum) (Leandru, anonym.) warum (unverständlich) funktioniert . das Headset - Headset - [D: wie es funktioniert nicht] es funktioniert überhaupt nicht ehrlich gesagt schau.
217	D: fă-i un restart.	D: mach einen Restart
218	A: ma chi ristart.	A: aber was für einen Restart
219	D: *al telefono* . (unverständlich) *funziona proprio niente*	D: beim Telefon . (unverständlich) funktioniert gar nichts
220	A: nu funciclează *niente ninete proprio*	A: es funktioniert gar nichts nichts
221	F: *e perchè non c'è il tavo -*	F: weil das *tavo* fehlt
222	A: *e adesso mi cadra anche la linea giusto.*	A: und jetzt stürzt mir auch noch die Leitung ab richtig.
223	F: *sì:.*	F: ja:
224	A: *tutto colpe tua.*	A: alles deine Schuld .
225[578]	F: *certo.*	F: sicher.
227	F: *adesso funzionerà*	F: jetzt wird es funktionieren
228	A: *grazie* (unverständlich)	A: danke (unverständlich)
229	F: *prego . cinquanta euro.*	F: bitte . fünfzig Euro
230	A: s-înşepe . fa я банкрот стану с тобой – nu şi nu lucrează tilifonu - ma duc	A: fang nicht an . mach ich gehe mich dir Bankrott . nicht und das Telefon geht nicht - ich gehe

---

577 Turn 226 ist hier ausgelassen, weil er ein Nebengespräch wiedergab.

Ein Wortspiel, mit der Oksana ihre eigene stark umgangssprachliche Sprechweise zu ironisieren scheint, findet in T126 mit der Konstruktion *какой freddo* statt. Die Konstruktion aus einer Form des nach Eigenschaften fragenden Interrogativpronomens (hier in der maskulinen Form) *какой* + x ist eine im gesprochenen Russisch gängige Art, unterschiedliche Formen der Distanz auszudrücken. Während im Standardrussischen auf das Interrogativpronomen *какой* ein Substantiv folgt, können das in der Umgangssprache auch Adjektive sein. Im moldauischen Rumänisch ist die analoge Form mit *care* ebenfalls sehr produktiv. Es wird damit eine Aussage (in der Regel) im vorausgegangenen Turn mit (gespielter oder echter) Empörung in Frage gestellt. In der hier zitierten Szene fragte der Team-Leader Leandru ob es ihnen nicht zu kalt sei (wegen der Klimaanlage). Oksana und Denis fanden es allerdings schon die ganze Zeit viel zu heiß. Leandrus italienische Frage wird von Oksana zunächst auf Russisch mit der elliptischen umgangssprachlichen Form *нет ты что* (frei übersetzt: „was ist denn mit dir los?") zurückgewiesen. Nachdem Denis noch eine ebenfalls ablehnende Bemerkung auf Rumänisch geäußert hatte, ergänzte dann Oksana *какой freddo* um auszudrücken, dass es alles andere als kalt sei.

Tabelle: Oksana/ Arbeit/T123-126

123	Leandru	non fa troppo freddo	ist es nicht zu kalt
124	Oksana	нет ты что.	nein was ist denn mit dir los.
125	Denis	eu fug (unverständlich)	ich ergreif die Flucht (unverständlich)
126	Oksana	какой *freddo* (Anna: lacht) -	was für ein kalt (Anna lacht) -

Diese Schöpfung überträgt Denis in T232 vollständig ins Italienische „domani, ma quale domani", als er sich über die Kund*innen mockierte, die die Operator*innen am Telefon vertrösten. Die starke Geräuschkulisse und die teilweise anderssprachigen Konversationen der anderen Operator*innen stören Oksana nach eigenen Angaben nicht im Geringsten (Arbeit/T63-65). Sie schaltete vom mehrsprachigen sekundenschnell und problemlos in den einsprachig italienischen Modus, wenn ein Anruf reinkam, wie z.B. in T183. Hier hatte sie zuvor mit mir in Rumänisch und Russisch über eine Internetseite mit Bergblumen gesprochen und mitten hieraus in ein Kundengespräch wechselte.[578]

---

578 Insbesondere bei Denis betrifft das nicht nur den mehrsprachigen Modus, sondern auch das Register und den Unterton. Gemeinsam mit Ivan lästerte er zwischen den

„а здесь видеш написано gradina Kol.ken.hof . где-то там *pronto . buongiorno signor* (Vorname, anonym.) *mi chiamo* (Operator-Pseudonym Oksana, anonym.) *lo stiamo contattando dalla* (Name des Handyanbieters, anonym.) *officio comerciale* (3) *A ho trovato okey la ringrazio e li auguro buona giornata chiedo scusa salve* (3) он на русском разговари . он не понил всё"⁵⁷⁹

Dieser T183 ist nicht nur wegen des oben genannten Codewechsels interessant, sondern auch wegen ihrer russischen Erklärung an mich nach Beendigung des Telefonats, dass der Kunde russischsprachig gewesen sei und deswegen nicht alles verstanden habe. Als Operatorin wäre es ihr keineswegs untersagt, mit dem Kunden ein Gespräch auf Russisch zu führen. Obwohl sie im informellen Register scheinbar problemlos zwischen den Sprachen schaltet, stellt es für sie eine Barriere dar, ein Verkaufsgespräch in ihrer Erstsprache zu führen. Im Interview (S30) erklärte sie dies einerseits damit, dass sie sich schämen würde, aber nicht genau wisse, warum.

Tabelle: Oksana/S30/T250–255

250	A: (lacht) да - а были такие ситуации когда: . ым на телефоне было человек говоря . э: румынско или русско говорящий	A: (lacht) ja - gab es solche Situationen wo . əm am Telefon eine Person war die . ə: Rumänisch oder Russisch gesprochen hat
251	B: да . да	B: ja . ja
252	A: и что . что сделала	A: und was . was hast du gemacht
253	B: только на итальянском . я стесняюсь говорить на . румынском или на русском [A: ыхы .] у нас много операторов которые именно вот на русском разговаривают с клиентами или на мол румынском	B: nur auf Italienisch . ich schäme mich auf auf . Rumänisch zu sprechen oder auf Russisch [A: əhə .] bei uns gibt es viele Operatoren die eben genau auf Russisch sprechen mit den Kunden oder auf mol Rumänisch
254	A: да если	A: ja wenn

---

579 Telefonaten eigentlich permanent über die Kund*innen, schaltete aber auch hieraus (wie in T71) in Sekundenschnelle in einen freundlichen Ton um.
Dt. „und hier siehst du steht Garten Kol(.)ken(.)hof (.) irgendwo da hallo (.) guten Tag signor (Vorname, anonym.) ich heiße (Operator-Pseudonym Oksana, anonym.) wir rufen an von der (Name Handyanbieter, anonym.) Kundenabteilung (3) A ich habe es gefunden okay ich bedanke mich und wünsche ihnen einen schönen Tag es tut mir leid tschüss (3) er sprach auf Russisch (.) er hat nicht alles verstanden"

| 255 | B: да и делают контракты [A: аха .] а я стесняюсь . [A: аха .] не знаю почему . [A: аха .] я никогда ещё не говорила ни на румынском ни на каком . языке [A: аха .] ни на русском . только чисто итальянский мы находимся в италии мы должны говорить на итальянском [A: ыхы . ыхы . ыхы .] и всё | B: ja und sie machen Verträge [A: aha .] mir ist das peinlich [A: aha .] ich weiß nicht warum . [A: aha .] ich habe noch nie weder auf Rumänisch oder noch auf irgendeiner . Sprache [A: aha .] noch auf Russisch . nur sauber auf Italienisch wir befinden uns in Italien wir sollten auf Italienisch reden [A: əhə . əhə . əhə .] und fertig |

Als Begründung griff sie schließlich auf einen monolingualen Diskurs zurück, mit dem sie die Call-Center-interne Regel, das möglichst nur Italienisch gesprochen werden soll, verallgemeinerte und zu einer moralischen Erklärung machte: dass man in Italien auch Italienisch reden sollte. Mit dieser Proposition verlagerte sie auch ihren eigenen Standort nach Italien. Dies nach außen vorzugeben, ist zwar Unternehmenspolitik, hat aber gewöhnlich seine Funktion nur um eine Antwort für fragende Kund*innen parat zu haben. Dies ist also wohl als Erklärung zu interpretieren, die sie sich vor allem für ihr eigenes Verhalten gibt.

Es könnte aus dieser exklusiven Sprachwahl geschlossen werden, dass Oksana im Russischen Konstruktionen fehlen würden, die sie in einem überzeugenden Verkaufsgespräch brauchen würde. Dies würde auch einen Hinweis darauf geben, wie wichtig in einer solchen Stresssituation hochroutinierte Versatzstücke sind, auf die jederzeit zurückgegriffen werden kann. Eine Rolle spielt aber sicherlich auch das Phänomen der Gewohnheitssprache, da hier eben nicht von fehlenden Konstruktionen die Rede ist, sondern von einem Schamgefühl.

6.3.4.3 Italienischpraxis in Kund*innengesprächen

Auf Grund der geringen Frequenz der Telefonanrufe ist die Aufzeichnung der Arbeitshospitation hinsichtlich Oksanas Verkaufsstrategien und ihren Italienisch-Ressourcen im Bereich der Handy-Promotion weniger aufschlussreich als hinsichtlich des mehrsprachigen Modus.

Tabelle: Anrufstatistik Oksana 19.06.

Art des Gesprächsverlaufs	Anzahl	Zeilennummer laut Transkripttabelle
nur „pronto"	5	154, 169, 253, 255, 294
Wiederanruf	2	183, 216
Abbruch des Telefonats vor Angebotspräsentation	5	286/88; 358; 401; 429; 489/91
Neuanrufe mit Angebotspräsentation	6	189; 307–310; 354; 360; 423; 454
	18	

Aus der Übersicht über alle Gespräche, die Oksana geführt hat, geht hervor, dass es insgesamt sechs Telefonate gab, bei denen sie das Angebot präsentieren konnte. In keinem der Fälle kam es zu einem Vertragsabschluss. Bei drei Telefonaten endete das Gespräch nach der Präsentation des Angebots, weil die Kund*innen das Angebot sofort ablehnten (189, 423, 454). In einem Fall (307–310) interessierte sich der Kunde für die verfügbaren Telefonmodelle (307–310) und in den beiden anderen Fällen (354-6; 360-8) sagten die Kund*innen, dass sie sich das Angebot lieber im Internet ansehen würden. Im zweiten der beiden (360-8) wurde jedoch ein späterer Zeitpunkt vereinbart, zu dem Oksana noch einmal anrufen würde, um mit dem Kunden zu sprechen, wenn er das Angebot auf der Internetseite geöffnet hätte.

Tabelle: Typischer Gesprächsverlauf Oksana

	Sequenz	Funktion	typische Formulierung
1	„Aufforderung"/ „summons"		Telefonklingeln
2	pronto; „Antwort"/ „answer"	Verbindung überprüfen; Verfügbarkeit des/ der Angerufenen	pronto
3	Begrüßung; „wechselseitige Identifizierung"	Oksana stellt sich vor und stellt sicher, dass sie mit der gewünschten Person spricht	buongiorno signor(a), sono Oksana/ – dalla (Name Handyanbieter), ufficio commerciale/ suo gestore mobile – potrei parlare gentilmente con – stiamo contattando della (Name Handyanbieter)
4	Begrüßung & Gesprächseinstieg	Überleitung zwischen Identifizierung und Grund des Anrufs	– mi fa piacere – lei ha un minuto libero ora

	Sequenz	Funktion	typische Formulierung
5	Begründung des Anrufs	warum ausgerechnet der/ die entsprechende Kund*in kontaktiert wurde und Ankündigung eines Angebots	– guarde la (Handyanbieter) le vuole ringraziare din/del fatto che ha attivato con noi l'abbonamento (Name)/la vuole ringraziare d'aver attivato con noi l'abbonamento – le vuole ringraziare perché al suo numero ha raggiunto un servizio di quattro stelle – come ringraziamento lei ha/le se offre la possibilità di ricevere direttamente a casa sua un telefonino nuovo gratuito cioè a costo zero anticipo zero
6	Erläuterung des Angebots	Nennung Handyauswahl und Art der SIM-Karte (soll neugierig machen)	per lei abbiamo quattro tipi di telefoni per scegliere poi insieme al/oltre il telefono la (Handyanbieter) le rigala un nuovo numero ricaricabile con piano tariffario migliore/piu economico che c'è sul mercato italiano (in giorno d'oggi)
7	Erläuterung von Bedingungen	monatliches Aufladen (Einschränkung)	unico impegno/l'unica richiesta da parte sua e una semplice ricarica da solo dieci euro al mese
8	Überzeugung bei Ablehnung	Eingehen auf Rückfragen oder Versuche zu überzeugen	ma su questo numero lei può richiedere la portabilità dei numeri (T189) questa ricarica non viene mai azzerata al fine del mese reste suo credito per sempre magari puo chiedere in famiglia si qualcuno potrebbe servire un telefono gratis potrè chiedere per quale motivo

Auf Basis dieser sechs Telefonate kann der typische Gesprächsverlauf bei Oksana in acht Etappen unterteilt werden. Die ersten vier sind mit Natalias Vorgehensweise fast identisch, Oksana ging dann jedoch in Etappe 6 unmittelbar zur Erläuterung des Angebots über, ohne den Namen des Angebots zu nennen und hieran schloss sie eine knappe Zusammenfassung der Bedingungen an (Etappe 7). Anders als Natalia beschränkte sie sich bei der Nennung des Handytarifs darauf zu sagen, dass es der günstigste auf dem italienischen Markt ist, benannte aber nicht den genauen Tarif und sie nannte die verfügbaren Handymodelle erst auf Nachfrage. Dies passierte insgesamt dreimal (in T209, T360, T423). In den ersten beiden Fällen nennt sie aber einfach nur die Namen der Modelle, in T423 erklärt sie das Modell Nokia C30 als „meta touch screen meta con o tasti strutturato…". Dies ist anders als bei Natalia auch das einzige Mal, dass sie den Touch Screen erwähnte.

Wie bei Natalia (dort Etappe 11) erfordert auch ihre Reaktion auf Rückfragen oder Rückmeldungen der Kund*innen am meisten spontanes Reagieren (hier Etappe 8). Diese Beispiele zeugen davon, dass Oksana scheinbar problemlos in der Lage war, spontan, frei und eloquent zu reagieren. Beispielhaft hervorgehoben werden können die folgenden Turns, in denen die Formulierungen variiert. Die Konstruktion *a costo zero* kommt standardmäßig in ihrer Präsentation des Angebots vor (im gesamten Transkript in ihren Turns neunmal und auch bei den mitgeschnittenen Gesprächsabschnitten von Denis taucht diese Formulierung mehrfach auf) und wird auch zu Überzeugungszwecken verwendet; in T360 reformuliert sie aber auch mit *dovra pagare assolutamente nulla*.

In T189 muss sie dem Kunden erläutern, worum genau es geht, weil er die Begründung ihres Anrufes (in Etappe 5) nicht verstanden hatte:

„ä: l'abbonamento si chiama così (Handytarif 3, anonym.) quattrocento minuti al mese con divisia settimana . che utilizza un . un suo amico non sa se mi sbaglio . e lui che già lasciato un numero alternativo (3) numero (sagt Handynummer) li dice qualcosa signor (Vorname, anonym.) - si vEdo . ho visto (3) con l'abbonamemnto top (Handyvertrag 3, anonym.) lei ha preso un iphone quattro seidici gigabyte nero si ricorda signor (Vorname, anonym.) . in duemila undici . gennaio . a ecco . appunto singor (Vorname, anonym.)"

Augenfällig sind hierbei die häufigen Sprechersignale in Form von Verb plus direkte Anrede, bestehend aus der männlichen Höflichkeitsform *signor* plus Vorname: „li dice qualcose signor (Vorname)?" (dt. „sagt ihnen das etwas, Herr (Vorname)"), „si ricorda signor (Vorname)?" (dt. „erinnern Sie sich, Herr (Vorname)?") sowie „ecco appunto signor (Vorname)" (dt. „so ist es, ganz genau, Herr (Vorname)"), die der Herstellung des Kontakts und der Verständnissicherung dienen.[580]

In T207 reagiert Oksana darauf, dass die Kundin schon eine SIM-Karte mit dem angepriesenen Tarif hat (was sie der Kundenkartei entnommen hatte): „vedo che lei già sta utilizzando si tratta della" und versucht ihr die Vorteile schmackhaft zu machen, die die neue SIM-Karte für sie trotzdem hätte:

„che poi questa ricarica effetuata non a mai scandenza cioè alla fine del mese non veni adzerato non è come l'abbonamento che lei ha preso […] non scade la ricarica vieni accumulata […] in più si lei ha un numero . oppure qualcuno di famiglia ha un numero di un altro gestore richiediendo la portabilità dei numeri la (Handyanbieter, anonym.) gli rigalo altra tutto due anni di navigazione in internet"

---

580 Zum Vergleich für das gesprochene Rumänisch s. Merlan (2002a:97f).

Sie bietet in diesem Turn der Kundin vier synonyme Umschreibungen für „Verfall von Handyguthaben" an, um ihr den Unterschied zwischen der Prepaid-Karte in ihrem Besitz und der nun angebotenen zu verdeutlichen: 1. *questa ricarica effetuata non a mai scandenza* (dt. „diese getätigte Aufladung hat keine Verfallsfrist mehr"), 2. *alla fine del mese non viene adzerato* (dt. „am Ende des Monats wird es nicht annuliert/auf Null gestellt"), 3. *non scade* (dt. „es läuft nicht aus"), 4. *la ricarica viene accumulata* (dt. „das Guthaben kann angespart/angesammelt werden"). Als Indikator für ausgebaute Strukturen kann hier auch die Passivkonstruktion aus einer konjugierten Verbform von *venire* und dem Partizip Perfekt (hier von *azzerare* und *accumulare*) gewertet werden. Während die Konstruktion *non viene azzerato* in ihrer Angebotspräsentation eine Standardformulierung zu sein scheint (taucht auch in T423 und 454 auf), ist die Konstruktion *viene accumulato* ein Indiz dafür, dass sie in ihrem Repertoire die abstraktere Konstruktion ‚viene + Partizip' abgespeichert hat und variabel einsetzen kann.[581]

Sie variiert die Verknüpfung ihrer Propositionen (*poi, in più*) und bedient sich des Gerundiums zur Formulierung von Bedingungen (*richiediendo la portabilità*). Aus einer gebrauchsbasierten Perspektive auf sprachliche Repertoires würde das bedeuten, dass ihre umfangreichen sprachlichen Erfahrungen bei Univerconnect, sowohl in der Sprachproduktion, aber auch im Hören, Verstehen und Aneignen von Konstruktionen über die Kund*innen und vor allem ihre Kolleg*innen, dazu geführt haben, dass sie erstens eine große Anzahl von Konstruktionen „von der Stange" (Maas 2008b:446) abgespeichert hat, zweitens diese teilweise so gut verankert sind, dass sie eine gewisse Autonomie erlangen und auch spontan zu neuen Konstruktionen zusammengesetzt werden können.

Auch wenn phonetische Aspekte in dieser Arbeit größtenteils außer Betracht gelassen werden und in der Transkription nur sporadisch erfasst sind, fällt doch auf, dass wie bei Natalia auch Oksanas Sprechweise im italienischen Modus manchmal stark von einem moldauischen Akzent geprägt zu sein scheint. Am markantesten ist dabei die Diphtongierung der Vokale *e* und *o* in postkonsonantischer Position, wie bei den Beispielen: *certamentje* (T189), *rispondje* (T210). Dieses Phänomen wird von Turculeţ (2002:175) als häufiges Phänomen des spontanen gesprochenen Rumänischs in Chişinău beschrieben, das auch in öffentlichen Situationen im eher formellen Register der gesprochenen Sprache zu beobachten ist (so auch in Nachrichtensendungen etc.). Bei den von ihm genannten Beispielen für mehrsilbige Lexeme findet die Diphtongierung jedoch nicht in der letzten Silbe statt, wie in den beiden hier hervorgehobenen Beispielen. Bei

---

581 Zu den Besonderheiten der Aussprache s. Ende dieses Abschnitts.

Natalia waren es mittlere Silben wie im Beispiel *internjet* (siehe 6.2.2.5). Dass Oksana dieses als moldauisch markierte Phänomen auch im gesprochenen Italienisch praktiziert, obwohl Rumänisch gar nicht ihre erste Sprache ist, ist insofern nicht überraschend, als die gleiche Diphtongierung im Standardrussischen üblich ist und im gesprochenen Rumänisch in Moldova möglicher Weise ein Kontaktphänomen ist. So ist die übliche russische Aussprache des Anglizismus „Internet" (интернет) ebenfalls „internjet".

Der zur Diphtongierung umgekehrte Fall liegt bei der Verbform (standardsprachlich) *viene* vor, die hier im Zusammenhang mit der Passivkonstruktion auftaucht und wo der Diphtong [ie] eine Reduktion erfährt, während das Phonem /e/ (welches als Personalendung auch Morphem- bzw. Konstruktionsstatus hat) zu [i] reduziert wird. Die Reduktion des Diphtongs ie ist laut Turculeț (2002:175) in der Republik Moldova nach labialen Konsonanten dokumentiert (in erster Linie bilabiale wie /m/, /p/, aber auch dem labiodentalen /v/). Das Schließen von nichtakzentuiertem /e/ in finaler Position wie hier im italienischen *vieni* ist im gesprochenen Rumänisch in Moldova üblich (Turculeț 2002:177).

6.4 Eugen (Direktor, Typ 3)

Zur Orientierung: Eugen war einer der wenigen Beschäftigten bei Univerconnect, die Italienisch in einem institutionellen Rahmen an der Universität gelernt haben und anders als die Mehrheit der Operator*innen und auch die zweite Direktorin nie zum Arbeiten in Italien waren. Er verfügte deswegen über ausgebaute Italienischressourcen, hatte aber auf Grund eines Mangels an praktischer Erfahrung in der Kommunikation gerade zu Beginn seiner Call-Center-Karriere Schwierigkeiten, diese Ressourcen in der Arbeit anzuwenden. Trotzdem ist er einer derjenigen, die im Call-Center Karriere gemacht hatten und verdiente hier nicht nur übergangsweise seinen Lebensunterhalt. Da sein Lebensmittelpunkt in Rumänien war, wo er seit seinem 15. Lebensjahr wohnte, war er ausschließlich wegen der Arbeit und dem Karrieresprung zum Direktor in Chișinău, während bei allen anderen Interviewpartner*innen die Jobsuche der Wohnortwahl folgte. Sprachbiographisch spannend ist, dass der Beginn des Italienischausbaus (im Rahmen eines Studiums) institutionellen und biographischen Zufällen geschuldet ist, für seine weitere Biographie und berufliche Karriere dann aber ein entscheidender Faktor wurde, genauso wie seine erste Berufserfahrung in einem Call-Center (in Bukarest). Gleichzeitig wird das Italienische als praktische Ressource für ihn erst durch die Kombination aus institutionellem Ausbau und Lohnarbeit in einem Call-Center erreichbar. Was die weiteren Ressourcen in seinem Repertoire betrifft, hat die lange räumliche und außerdem starke emotionale Distanz Eugens zur moldauischen Gesellschaft dazu geführt, dass seine ausgebauten Ressourcen im Russischen seiner Auffassung nach gegenwärtig kaum noch abrufbar sind.

6.4.1 Situierung des Interviews und Gesprächsverlauf

Eugen war einer von zwei Direktor*innen im Call-Center, zuständig für das operative Geschäft.
Das Interview fand im Juni, also gegen Ende des Forschungsaufenthaltes bei Univerconnect statt. Ich war Eugen aber seit meinem zweiten Treffen mit Direktorin Kira (meiner ersten Kontaktperson) immer wieder begegnet und er war eine der wenigen Personen bei Univerconnect, die über meine Rolle ungefähr im Bilde waren. Wie Kira war er meinem Forschungsprojekt gegenüber von Anfang an aufgeschlossen, machte sich lediglich Sorgen, ob ich nicht enttäuscht sein würde, dass es schlussendlich gar nicht so spannend wäre. Unsere erste Begegnung habe ich folgendermaßen dokumentiert:

> „dem [Eugen] wurde kurz mein Vorhaben erklärt (das war ihm offensichtlich bis dato unbekannt) und er meinte, dass er da im Prinzip nichts gegen habe, dass er sich nur fragen würde, was das bringen soll; war sehr nett und auch offen – fragte mich, wer ich denn sei, was Thema meiner Doktorarbeit sei oder werden solle – das war ein Glücksfall, weil ich so nochmal auf das Gesamtprojekt zu sprechen kommen konnte […]; warum ich eigentlich Rumänisch gelernt hätte (meine Antwort: in der BRD Romanistik komparativ UND hätte etwas Spezielles machen wollen, nicht wie alle anderen Frz, It, Sp.); er meinte, er sei selbst auch Sprachwissenschaftler, habe Italienisch & Russisch studiert – Italienisch konnte er vorher gar nicht, eigentlich wollte er als zweite Sprache Deutsch, aber das sei zu schwer gewesen – Deutsch sei eine Sprache, die man nur im Land lerne (Intervention [Kira, anonym.]: das gelte für jede Sprache), dann habe er Russisch gewählt, weil er das ja schon gekonnt habe – aber jetzt habe er das völlig vergessen – hat fünf Jahre (oder sieben) in Rumänien gelebt und sei vor einem halben Jahr wiedergekommen; (Kira, anonym.) war überrascht, sie habe nicht gewusst, dass er Linguist sei – sie selbst auch, sie habe altslawische Sprachen (?) studiert" (FTB I, 2–3)

Einen Großteil meiner Beobachtungen in den ersten Wochen führte ich in einem Italienisch-Anfänger*innen-Kurs durch, wo Eugen ebenfalls immer wieder erschien, um kleinere informelle Zwischentest zu machen, bei denen er sich freundlich gab und stets versuchte, Witze zu machen. Darüber hinaus brach er wie im Interview auch bei Begegnungen im Italienischkurs häufig relativ unvermittelt in Monologe über die politische oder historische Gesamtlage aus und gab sich dabei klar als Anhänger eines rumänistischen Diskurses zu erkennen. Mit seiner freundlichen und humorvollen Art ging aber auch ein bisweilen taktloser, bzw. unfairer Umgang mit den Beschäftigten einher, weshalb es mit ihm und um ihn auch zahlreiche Konflikte gab, die in Interviews (ohne meine Nachfrage) von anderen Mitarbeiter*innen thematisiert wurden. Stein des Anstoßes waren dabei insbesondere Verzögerungen von Gehalts- und Prämienzahlungen.

Auch seine eigene Erzählung lässt bisweilen auf eine Haltung schließen, in der Arbeitnehmer*innenrechte keine Priorität haben. Am deutlichsten wird dies in einer Sequenz (S3/T12), wo es um die Verlagerung von Servicedienstleistungen aus Rumänien nach Moldova und die Gründung von Univerconnect geht. Als deren Grund wird eine Krise benannt, für die „unrechtmäßig" für ihren Lohn streikende Arbeiter*innen verantwortlich gemacht werden, die sich, so die alltagsrassistische Argumentation, wie im Dschungel aufgeführt und dadurch fahrlässig einen Großauftrag wie auch ihre Jobs auf Spiel gesetzt hätten. Er argumentierte dabei, dass es unangemessen sei zu behaupten, das Gehalt sei jeden Monat zwei Wochen zu spät gekommen; es sei einmal zwei Wochen zu spät gekommen und danach regelmäßig einmal pro Monat.

Das Interview mit Eugen verlief sehr entspannt, vielleicht auch, weil er ohnehin eine Neigung hatte, aus dem Nähkästchen zu plaudern und dadurch auch im Vergleich zu den anderen Gesprächspartner*innen die längsten narrativen Passagen produzierte. Häufig bewegte sich das Gespräch deswegen jedoch auf einer sehr allgemeinen Ebene und Eugen referierte über seine Sicht auf die Geschichte oder Gesellschaft Moldovas. Er thematisierte selbstständig (sprach)biographische Aspekte, die hier auch einer näheren Interpretation unterzogen werden können; es war jedoch schwierig mit ihm über konkrete Prozesse zu sprechen.

Am Mittwoch, den 15.6., bat ich Eugen spontan um ein Interview, das in seinem Büro stattfand, in welchem er alleine saß, anders als die zweite Direktorin Kira, die sich ihres mit der Administration teilte. Das Gespräch wurde nur einmal kurz durch Klingeln des Telefons unterbrochen (S3)[582], beim zweiten Mal (S7) ging er nicht ran. Er nahm sich auch viel Zeit und vermittelte nicht den Eindruck, dass er das Interview als Störung seines Arbeitstages empfand.

Bei der anfänglichen Klärung dessen, worum es im Gespräch gehen sollte, hatte ich Eugen gebeten, mit der Unternehmensgeschichte zu beginnen. Hierauf ging er (in S1 bis S4) detailliert ein und verknüpfte diese Erzählung auch mit Details aus der eigenen Berufsbiographie. Hierdurch schuf er von Beginn an einen offenen Gesprächsrahmen, der es mir ermöglichte, viel zu fragen. Im Anschluss ging es um die Kunden und Auftragslage bei Univerconnect (S5–7), wobei Eugen bemüht war, sich um eine sachliche Beantwortung der Fragen zu bemühen, die ein offensichtliches Konfliktfeld berührten, da er mit der Kundenakquise (für die er nicht selbst zuständig war) nicht einverstanden war. S6 enthielt einen längeren

---

582 Den Eindruck, dass er für die Dauer dieser guten Stunde unserem Interview absolute Priorität einräumte, vermittelte auch die Tatsache, dass er bei diesem Telefonanruf sehr kurz angebunden war und den Anrufer/die Anruferin fragte, ob es „dringend" sei.

Exkurs zu seiner eigenen ersten Arbeitserfahrungen in einem Call-Center, das mit Pannenhilfe im Auftrag von Autoherstellern betraut war. In S8 und S9 ging es um die interne Arbeitsteilung zwischen verschiedenen Call-Centern, die alle für den gleichen Handyanbieter arbeiteten. Ausgelöst durch meine Frage nach dem Personalbedarf von Univerconnect holte Eugen zu längeren Äußerungen zur Geschichte Moldovas und „Mentalitätsproblemen"[583] aus. Da in dieser Sequenz eine kritische Haltung zum Russischen in Moldova deutlich wurde, fragte ich, ob er nicht selbst Russisch studiert habe. Hierauf äußerte er sich zu seinem eigenen Russischausbau schon vor dem Studium während der Ferienarbeit in Moskau. Im Anschluss thematisierte er die allgemeine Haltung zum Russisch- und Fremdsprachenlernen in Moldova sowie die für ihn interessantesten Sprachen (S12/T66). Anknüpfend hieran fragte ich ihn nach seiner Studienfachwahl, zu der er sich sehr ausführlich äußerte (S13). Hierbei ging es auch um eine kindheitsbedingte Ablehnung des Spanischen, die das Gespräch auf Synchronisierung von Fernsehsendungen brachte und die unterschiedliche Melodie verschiedener Sprachen (S14 und 15). Schließlich ging es noch einmal ausführlicher um Eugens Berufseinstieg in einem italienischsprachigen Call-Center in Bukarest und seine anfängliche Sprechblockade (S17–19). Abschließend antwortete Eugen noch auf Fragen von mir zur Personalrekrutierung (S20+23) und zu den Italienischkursen (S22–24).

Eugen sprach sehr schnell und undeutlich (auch im Transkript sind deswegen einige Stellen als „unverständlich" gekennzeichnet). Häufig blieben Dinge implizit, weil er sie nur andeutete oder Äußerungen unterbrach (Anakoluth). Er argumentierte sehr assoziativ, setzte dadurch viele eigene Thematisierungslinien. Die Sequenzen sind deswegen meist sehr lang. Für die Detailinterpretation habe ich deswegen häufig nur Teile von Sequenzen oder sogar Turns ausgewählt, trotzdem sind die Tabellen sehr umfangreich.

---

583 „Mentalitätsprobleme" waren für Eugen in mehreren Argumenten Begründungen für bestimmte Missstände (oder als solche empfundene Gegebenheiten), wie in S3/T12 für Streiks in Rumänien, S11/T54+64 für Kleinkriminalität in Moldova und S12/T66 für den fehlenden Gemeinschaftsgeist der Moldauer*innen, der auch für die Popularität des Russischen verantwortlich gemacht wurde. Dies zeichnete jedoch nicht nur Eugens Text aus: auch Polina argumentierte (in S10/T66) mit Mentalitäten, um die veränderte Haltung minorisierter Sprecher*innen zum Rumänischen zu erklären.

6.4.2 Rekonstruktion der Sprachbiographie

Eugen ist 1982 geboren und in einem rumänischsprachigen Dorf aufgewachsen. Seit 1997 besuchte er ein Lyzeum in Rumänien und fuhr zur Finanzierung dessen im Sommer regelmäßig nach Moskau zum Arbeiten. Danach hat er in Bukarest Fremdsprachen (Italienisch und Russisch) sowie Jura studiert und unmittelbar danach 2006 bei einem italienischen Call-Center angefangen als Operator zu arbeiten, wo er auch zum ersten Mal direkten Kontakt zu Italiener*innen hatte. Zum Arbeiten in Italien war er nie. Das Call-Center gehörte zur gleichen Unternehmensgruppe wie Univerconnect, wohin er 2011 unmittelbar nach dessen Gründung versetzt bzw. befördert wurde. Im Hinblick auf Karrierefragen unterschied sich Eugen u.a deswegen deutlich von den anderen Führungskräften. Einerseits war er auf der Karriereleiter am weitesten aufgestiegen (vom Operator zunächst zum Trainer, und dann zum Direktor), andererseits war er auch nur wegen dieses Jobs in Moldova, wozu er ansonsten geringe Veranlassung sah. Er hatte bereits vor vielen Jahren die bewusste Entscheidung getroffen, in Rumänien zu leben, was er trotz des Jobs in Chişinău auch weiterhin tat. Er steht damit also auch exemplarisch für die seltenen Biographien, bei denen durch die Emigration moldauische Staatsbürgerschaft oder moldauische Biographie zu einem Karrierevorteil wird. Tatsächlich haben wir weder darüber geredet, wie er diesen Faktor einschätzt, noch was diese moldauische Herkunft für sein Leben in Bukarest bedeutete. Erst nach Beendigung des eigentlichen Interviews, nach dem Ausschalten des Aufnahmegerätes berichtete er, dass er gar nicht in Moldova wohnt. Dass ein Zusammenhang zwischen seiner Beförderung zum Direktor von Univerconnect und seiner biographisch bedingten Lokalkompetenz liegt, erscheint naheliegend.

Im Hinblick auf Eugens Sprachbiographie und sprachliche Ressourcen haben wir im Interview vor allem über das Russische und Italienische gesprochen, am Rande über Englisch und Französisch. Um seine Rumänischressourcen ging es allenfalls implizit und auch die Frage sprachlicher Alterität und Varietätenunterschiede im Zusammenhang mit dem Rumänischen wurden überhaupt nicht thematisiert. Trotz Eugens Rumänien-Affinität war seine Sprechweise stark regional als moldauisch markiert. Reaktionen darauf in Bukarest waren aber nicht Teil unseres Gesprächs.

6.4.2.1 Varietätenunterschiede im Russischen

Auf Rolle und Restrukturierung seiner Russischkenntnisse kam Eugen von selbst zu sprechen im Zusammenhang mit Mehrsprachigkeit in Moldova.[584] Zunächst argumentiert er, dass die russische Dominanz in der Sowjetunion dazu geführt habe, dass die Moldauer einerseits einen Minderwertigkeitskomplex davongetragen hätten (den sie ab 90 durch eine Rückbesinnung auf das Rumänische zu überwinden gesucht hätten) und andererseits versucht hätten, ihre Kinder möglichst viel Russisch lernen zu lassen. Dann berichtete er von den von schrecklicher Armut geprägten 90er Jahren, die ein hohes Maß an Kriminalität hervorbrachten. Die sprachlichen Gesetze des Kommunismus, d.h. dass soziale Macht mit Russischkenntnissen zu tun hatte, seien aber auch unter diesen Umständen in Kraft geblieben. So sei es für einen „Rachet" bzw. „Blatnoi" (in etwa zu übersetzen mit Kleingangster[585]) unerlässlich gewesen, Russisch zu können. Eugen differenziert an dieser Stelle selbst nicht in Register – es scheint auf der Hand zu liegen, dass das Russische etwa der politischen Führung im sowjetischen Moldova ein anderes gewesen ist, als dasjenige der Perestroika-„Blatnoi". In der russischsprachigen Soziolinguistik und Varietätenlinguistik gibt es hierfür den Begriff блатной язык.[586]

---

584 Die hatte ich angesprochen, da Eugen zuvor ausführlich argumentiert hatte, die Moldauer*innen hätten kein Talent zum Sprachenlernen (S9/T44).

585 Ledeneva (1998:175f) beschreibt, dass es den Begriff „blatnoi" im Russischen schon sehr lange gibt, sich aber in unterschiedlichen historischen Phasen seine Bedeutung stark verändert habe. In der Sowjetunion seien vor allem Netzwerke für gegenseitige Gefallen damit bezeichnet worden. Nach dem politischen und wirtschaftlichen Zusammenbruch der Sowjetunion wurde der Begriff wieder stärker in seiner Bedeutung von Beginn des 20. Jahrhunderts verwendet, wo er für Kleinkriminalität und Bandenzugehörigkeit steht.

586 Warditz (2013:45) setzt dies mit Argot gleich und unterscheidet es von Slang, professionellen und sozialen Jargons, den Formen der Umgangssprache *Prostorečie* 1 und 2, den territorialen Dialekten und der Standardsprache, wobei sie einräumt, dass insbesondere die Sub-Standardvarietäten teilweise nur schwer differenzierbar wären. Zweck des Argots sei unter anderem Unverständlichkeit gegenüber nicht-in-group-Personen (ebd. 102; Baldaev u.a. 1991). Wie auch das Phänomen der *blatnoi* an sich, wird auch der entsprechende Soziolekt schon seit den 30ern so benannt (siehe z.B. Поливанов 1931). Im autobiographischen Roman des 1980 geborenen Nicoli Lilin (2010:19, 41) über kriminelle Klans in der transnistrischen Stadt Bender erwähnt der Autor die „Verbrechersprache Fenya", die als Code v.a. gegenüber Polizisten fungierte. Er reserviert die Bezeichnung *blatnye* für andere Verbrechergruppen als seine eigene.

Tabelle: Eugen/S10-11/T52-64

I	Folgerung (Anakoluth)	B: [...] adică de fapt . prima.	B : [...] d.h. in der Tat . das erste.
II	Folgerung	prima chestie pe timpu comunismului era că a vorbi rusă	das Wichtigste in der Zeit des Kommunismus war, dass Russisch zu sprechen
III	Erklärung/ Reformulierung	însamnă o: . o: o: ierarhie socială . superioară [A: îhi] față de unul care nu știe rusa.	das bedeutet eine . eine eine soziale . Hierarchie [A: ǝhǝ .] gegenüber jemandem der kein Russisch kann
IV	Abschluss und Emphase	și asta așa	so wars
V	Argument (für II)	și era . în școli se învăța în rusă era obligatoriu rusa -	und es war . in den Schulen lernte man auf Russisch Russisch war obligatorisch
VI	Hintergrunder- zählung	EI după asta după nouăzeci și ceva . so început o perioadă de sărăcie . crUntă -	ei danach nach x-undneunzig . fing eine Zeit schrecklicher Armut an -
VII	Haupter- zählung	și pi fondu la sărăcia asta cruntă se dezvoltă și infracționalismu: . și o început ă: să apară: . aș faimoșii: . răcheți.	und vor dem Hintergrund dieser schrecklichen Armut hat sich Kriminalität entwickelt . und es ging los äh dass . die berühmten răcheți auftauchten
VIII	Präzisierung	eljdi [A: îh] rAchet [A: îhi] eljdi de rachet	eljdi [A: ǝh .] rAchet [A: ǝhǝ .] eljdi de rachet
IX	Unverständnis- äußerung	A: îh	A: hm
X	Erklärung durch Synonym	B: bandiț	B: Banditen
XI	Verständnis- bekundung	A: îhi îhi	A: ǝhǝ ǝhǝ .
XII	Präzisierung	B: ruși .	B: russische
XIII	Behauptung (Anakoluth)	pentru copii cUlmea.	für die Kinder der Gipfel
XIV	Wiederholung der Behauptung (Anakoluth)	pentru copii pentru adoloscent	für Kinder für Jugendliche
XV	Behauptung	nu copii pentru adoloșcenți - î: nu mai aveau un erou î: . oarecare	nicht Kinder für Jugendliche - äh : sie hatten keinen Helden äh : . wasfüreinen auch immer

XVI	Beispielerzählung	uite . a . acela sau acela nuştiu care sunt eroii în germania nu pre cunosc - în afară de otto van bismarc (A lacht .) nu mai cunosc pe nimeni - (ris)	schaumal . j . jener oder jener ich weiß nicht welche Helden es in Deutschland gibt ich kenndas nichht so - abgesehen von Otto Bismarck [A lacht .] kenne ich niemanden sont - (lachen)
XVII	Wiederholung der Behauptung	ă: nu mai aveau eroI .	äh : sie hatten keinen Helden .
XVIII	Erweiterung der Behauptung	dar ă: - vroiau să devină ban . devină bandiț	sondern äh : - wollten Ban . Banditen werden
XIX	Verstehensrückmeldung	A: îhi .	A: əhə .
XX	Behauptung (Anakoluth)	B: astea era .	B : das war .
XXI	Behauptung	să fie bandit astai ceva super . cool -	Bandit zu sein war etwas super . cooles -
XXII	Metakommentar	o perioadă: . dezastru . [A: îhi .] foarte urîtă.	eine desaströse Zeit . [A : ihi .] sehr schrecklich.
XXIII	Folgerung (Anakoluth)	Ei . şi tot chestia asta: însămna să fii: - n: . nuştiu curentui curent un aşa curent o aşa: . o aşa mentalitate	Ei . und diese ganze Sache bedeutete dass du - ichweißnicht im Trend Trend so ein Trend so eine . so eine Mentalität
XXIV	Folgerung	o aşa chestie nu prea există	so eine Sache gibts sonst nicht so
XXV	Einschränkung der Folgerung	mai au: . ă: negrii în america mai au aşa o chestie I: . sî îs bandiț şi gaş în bandă . [A: (angestrengt) îhi]	gibts noch äh . äh bei den Schwarzen in Amerika die haben noch sowas . dass du Bandit bist und in einer Gang [A: (angestrengt) əhə .]
XXVI	Detaillierung/ Erklärung der Folgerung	bandă di aşa şi tre să fie bandă şi au un cod de onoAre şi au . EI aşa şi aşa era şi aici.	Bande so eine und du musst ne Gang sein und einen Ehrenkodex haben und haben . ei sowas und so war es auch hier
XXVII	Folgerung	EI şi cas fie cool . [A: îhi .] în gaşcă şi aşa . trebuia să ştie rusă . [A: îhi .]	Ei und dass du cool sein musstest . [A: əhə .] (unverständlich) . dafür musstest du auch Russisch können . [A: əhə .]

XXVIII	Metakommentar	adi[ca] o chestie . psihologic vorbind în moldova există îi o problemă foarte gravă	das heißt eine Sache . psychologisch gesprochen gibt es in Moldova ein sehr schlimmes Problem
XXIX	Reziprozi-tätsherstellung/ Frage	nu știu dacăn . ai observat pi stradă . lume așa foarte multă lume îngîmfată așa . [A: îhi .]	ich weiß nicht ob du . du das auf der Straße gesehen hast . Leute sehr viele so eingebildete Leute . [A: əhə .]
	Reziprozitätsher-stellung/-Frage	foArti . ai observat chestia asta	SEHR . hast du das beobachtet
XXX	unschlüssige Rückmeldung	A: îh.	A: əh.
XXXI	geschlossene Rückfrage	B: (fragend) dA . a în germania tot așai . sau mă rog.	B : (fragend) jA . ist das in Deutschland auch so . oder ich sag mal.
XXXII	eingeschränkte Bejahung	A: există dar . nu . mai rar . aș zice . dAr există=	A: gibt es aber . nicht . seltener . würde ich sagen . aber gibt's=
XXXIII	Umschreibung	B: adică – mergi cu:: maxitaxi rutiera nu [A: îhi .] ei cînd se suie în rutieră îl vez . da . tari – în rusă îi spune blatnoi.	B : also – du fährst mit dem Sammeltaxi Bus nicht [A: əhə.] und wenn sie in den Bus steigen erkennst du das . ja . stark – auf Russisch sagt man dazu Blatnoi.
XXXIV	Rückfrage Verständnissicherung	ai auzit de expresia asta . blatnoi	hast du von diesem Ausdruck gehört . blatnoi
XXXV	Verneinung	A: (fragend) blatnoi . (verneinend) îmîm	A : (fragend) blatnoi . (verneinend) əməm
XXXVI	Erklärung	B: în română î: [überlegend] . românii spun șmecher	B: auf Rumänisch ə: [überlegend] . die Rumänen sagen șmecher
XXXVII	Verstehensbekundung	A: (verstehend) îhI	A: (verstehend) əhə:
XXXVIII	Beispiel-erzählung indirekte Rede (Anakoluth)	B: eu îs . (lachend)	B: ich bin . (lachend)
XXXIX	Beispiel-erzählung	șii vez ti uiț pi stradă și li vez atitudinea asta.	u:nd du siehst schaust auf der Straße und siehst bei ihm diese Haltung
XL	Beispiel-erzählung indirekte Rede	eu îs . și eu îs bandit și eu îl cunosc pi șiala și fac pi șiala	ich bin . und ich bin Gangster und ich kenn den und ich mach das

XLI	Metakommentar	chestii copilărieşti . [A: îhi .]	Kinderkram . [A: əhə .]
XLII	Metakommentar	dar grav îi cî: . generaţia mea . de adolescenţ . o fost tot sub influenţa – mentalităţii respectivi [A: îhi .]	aber schlimm əh denn . meine Generation . von Jugendlichen . ist unter dem Einfluss gewesen – dieser Mentalität [A: əhə .]
XLIII	Folgerung (Anakoluth)	obligai în moldova:	du musstest in Moldova
XLIV	biographische Erzählung	în nouăşapte şi am reuşit să ies din ă . din sfera asta . dar majori[t]atea aşa o fost - în: moldova: . fiecare el îi tare şmecher tari - tare . ci eu ci î [A: îhi .]	siebundneunzig habe ich es geschafft aus dieser Atmosphäre rauszukommen . aber die Mehrheit hat so . in Moldova . jeder er ist ein krasser Gangster krasser . krass . ci eu ci î [A: əhə .]
XLV	Folgerung/ Wiederholung des Arguments	ă: dar ca să fie: . aşa treb numadecît să ştii şi rusa	əh: aber so dass du . dafür musstest du unbedingt Russisch können
XLVI	Parenthese (biographische Erzählung)	acuma deja am început so uit	jetzt habe ich schon angfangen es zu vergessen
XLVII	Einschränkung	dar totuşi din gramatică ştiu foarte: . multi chestii aşa.	aber trotzdem weiß ich von der Grammatik . viele Dinge so.
XLVIII	Detaillierung	nu prea o mai vorbesc fluent că nam exerciţiu limbii.	ich spreche nicht sehr fließend weil ich keine Sprachpraxis habe.
XLIX	Argument	da di foarte multe ori auzi . şi vez îţi dai seama că el îi moldovan . şi nui . nui rus.	aber sehr oft hörst du . und siehst kapierst dass jemand Moldauer ist . und nicht . nicht Russe
L	Begründung	după accent se simte şi mai vorbeşte cu greşeli . [A: îhi .]	am Akzent hört man das und er redet auch fehlerhaft . [A: əhə .]
LI	Detaillierung	da el spune că nu înţelege româna . [A: îhi .] atît îi di.	aber er sagt dass er kein Rumänisch versteht . [A: əhə .] so sehr ist er
LII	Zusammenfassung (Antwort auf Frage aus T45)	aşa so ajuns aicea să se vorbească . bilingvi	so kam es dazu dass hier bilingual gesprochen wird

Welches genau sein Bezug zu diesen Banditenkreisen war, erklärte Eugen nicht. Seine biographische Erzählung (XLIV) sagt deutlich aus, dass er es anders als andere geschafft habe, sich 1997 dieser Sphäre zu entziehen, durch den Wechsel auf ein Lyzeum in Rumänien. Hiermit kann sowohl der Wegzug aus Moldova im Allgemeinen gemeint sein als auch aus einem konkreten Umfeld. Eugen hatte eine ausgeprägte Neigung zu großen Erzählungen, mit Verallgemeinerungen und pauschalisierenden Aussagen. In diesem Sinne sind auch seine Aussagen zur Kriminalität in Moldova zu verstehen: meine Frage nach der Mehrsprachigkeit in Moldova sollte ein Einwand gegen seine Erzählung sein, die Moldauer*innen hätten kein Sprachtalent. Hieraus leitete er eine verschwörungstheoretisch angehauchte Beschreibung der Unabhängigkeitsbewegung (S10/T48) und des daraus entstandenen interethnischen Konflikts sowie des Transnistrienkriegs (T52) ab. Im Anschluss hieran kam er auf die demolinguistischen Verhältnisse, den Zuzug russischer Führungskräfte nach dem zweiten Weltkrieg und den sprachlichen Minderwertigkeitskomplex der Moldauer*innen zu sprechen. Hieraus wiederum leitete er die Bedeutung des Russischen in seiner Jugendzeit (den 90ern) ab und erzählte von den Gangsterbanden, die die Verhältnisse in dieser Zeit maßgeblich mit beeinflusst hätten und für die eben Russisch ein wichtiges Symbol war. So beschreibt er, dass es in der sozialen Hierarchie der Sowjetunion wichtig war, Russisch zu können, weil auf alle, die es nicht konnten, hinab geblickt wurde. Er spricht dabei von einer Gangster-„Mentalität". Mit Mentalitätsproblemen hatte er aber auch die Streiks in Rumänien erklärt (S3/T12, s. 6.4.1).

Die drei Attribute, mit denen Russisch in dieser Sequenz belegt wird, sind „obligatorisch" (als Schulsprache, V), „cool" (XXVII) und „Ausdruck einer sozialen Hierarchie gegenüber demjenigen, der es nicht spricht" (III). D.h. das Russische ist in unterschiedlicher Hinsicht mit sozialen und institutionellen Zwängen verbunden. Insgesamt wird hiermit also das Bild entworfen, dass Russisch unumgänglich war. Eugen streut in diese verallgemeinernde Argumentation biographische Erzählungen als Beleg ein, seine eigenen Lernprozesse sind jedoch nicht das Hauptthema dieser Sequenz.

Mit seinem Umzug 1997 ging für ihn jedoch nicht nur eine Phase des Lebens in einer kriminellen Atmosphäre vorbei (so etwas hat es zweifellos im Rumänien und Russland der 90er ebenso gegeben, aber augenscheinlich kam er damit weniger in Berührung), sondern gleichzeitig beginnt auch diejenige der Arbeits(trans)migration nach Russland, mit der langfristig eine Restrukturierung des sprachlichen Repertoires einherging. Auf meine Frage (S12/T65), ob er nicht Russisch studiert habe (was ich von unserem ersten Treffen wusste, siehe 6.4.1), erklärte er ausführlich, dass er sich einen Großteil seiner Russischkenntnisse

beim Arbeiten in Moskau angeeignet habe. Dies stellte er auch als die Phase dar, in der er am meisten gelernt habe; obwohl er zuvor in seiner historischen Erzählung gesagt hatte, dass Russisch in der Schule sehr hohen Stellenwert genoss, scheint sein eigener Schulbesuch für den Russischausbau nicht zentral gewesen zu sein. Sein Ko
Seine Narration konstruierte er so, dass im Alter von 15 eine Zeit der harten Arbeit begann:

> „și mă mai ducem la moscova eu pe: . timpul vacanțelor de vară – ultima mea vacanță: . îi la cincisprezece de ani." (dt. „und ich bin nach Moskau gefahren während der Ferien um zu arbeiten. Meinen letzten Urlaub hatte ich mit 15.")

Wenn seine Russischkompetenzen bis zu diesem jungen Alter von 15 Jahren primär mit Kleinkriminalität und dann mit Arbeitsmigration verbunden waren, deutet dies darauf hin, dass sein sprachliches Repertoire von der von ihm selbst erwähnten Armut geprägt war. Es ist auch davon auszugehen, dass sie in erster Linie aus intimen umgangssprachlichen Registern bestanden haben.

Die funktionale Verteilung der Sprachen war aber für ihn genau entgegengesetzt zu der der meisten Beschäftigten von Univerconnect (bzw. moldauischen Personen mit Italienischressourcen), denn das Italienische war bei ihm Studienfach und Russisch die Sprache der Arbeitsmigration. Unmittelbar im Anschluss an seine Beschreibung, dass ein *Blatnoi* unbedingt Russisch können müsse (XLV), erklärte er, mangels Praxis inzwischen jedoch vieles vom Russischen wieder vergessen zu haben, unterschied dabei jedoch in Grammatik und Lexik und betonte, erstere sei ihm noch gut geläufig (XLVI–XLVIII).[587]

6.4.2.2 *Studium & institutionalisierter Sprachausbau*

Es ist davon auszugehen, dass Eugens Umzug nach Rumänien in mehrfacher Hinsicht mit einer bedeutenden Restrukturierung seines sprachlichen Repertoires einherging. Zum einen war er nunmehr mit einer anderen Varietät des Rumänischen konfrontiert, die auch als exogener Standard zu der von ihm praktizierten Varietät betrachtet wird. Gleichzeitig gab es mehrere Phasen der Restrukturierung seiner Russischressourcen, einerseits durch die Aufenthalte in Moskau, bei denen mit Sicherheit auch der Ausbau eines bestimmten arbeitsrelevanten Vokabulars stattfand. Bei Aufnahme seines Studiums kam dann außerdem der Ausbau formaler Register und literater Strukturen des Russischen

---

587 Auch bei unserem ersten Treffen im Gespräch mit Ko-Direktorin Kira hatte er von seinen in Vergessenheit geratenen Russischkenntnissen erzählt (FTB I, 2–3).

hinzu, welches er aus Bequemlichkeit als zweites Studienfach gewählt hat, obwohl er zu diesem Zeitpunkt ein zumindest ambivalentes Verhältnis zum Russischen gehabt haben muss (siehe 6.1.4.2). In S10/T48 schildert er, wie ihn das übertriebene Maß an Gewalt gegen Russophone in der Zeit kurz nach der moldauischen Unabhängigkeit schockiert habe, sagte aber explizit, dass er grundsätzlich damit einverstanden gewesen sei – es wäre ihm eben nur etwas zu brutal gewesen.

Zwar wird er mindestens in der Schule und gegebenenfalls im öffentlichen Diskurs mit Standardrussisch konfrontiert gewesen sein, aber die Umgangssprache, erst recht diejenige, die unter männlichen Jugendlichen als cool galt oder die bei Gelegenheitsjobs in Moskau gesprochen wurde, war sicherlich eine andere. Dies drückt sich wohl auch in seiner Einschätzung „nu eram foarte bun" (dt. „ich war nicht sehr gut") in T67 aus.

Sprach- bzw. Fächerwahl

Die Beschreibung der Sprachwahl überrascht insofern, als sie in einer Situation von enormer Prekarität stattfand, aber weder mit dem erwarteten Vorteil auf dem Arbeitsmarkt verbunden noch von Leidenschaft oder besonderem Interesse für Fremdsprachen geprägt ist. Es scheint so zu sein, dass zunächst einmal ein Studienabschluss überhaupt ein erstrebenswertes Ziel an sich darstellte, ungeachtet der Spezialisierung. Nachdem Eugens Erstwunsch, Jura zu studieren, wegen weniger Plätze und Korruption bei deren Vergabe zunächst nicht in Erfüllung ging, entschied er sich ohne große Motivation für ein Fremdsprachenstudium. Die Erklärung der Sprachwahl folgte dann einer Mischung aus pragmatischen und subjektiven ästhetischen Erwägungen – eine romanische Sprache habe es sein sollen, weil er in der Schule gut in Französisch war (nicht etwas wegen der Nähe zu Rumänisch), Spanisch konnte er nicht leiden, weil er aus seiner Jugend Telenovela-traumatisiert war[588], aber Italienisch habe eine schöne Melodie (T98).[589] Ein weiterer ausschlaggebender Grund war auch die Ankündigung, dass es eine Anfänger*innengruppe geben würde, die jedoch letztendlich nicht eingehalten wurde. Stattdessen wurde nur eine gemeinsame Gruppe mit Fortgeschrittenen gegründet, aus der von sechs Anfänger*innen außer ihm nur eine weitere Person überstanden hätte. Diese schwierige Ausgangssituation war für ihn gleichzeitig

---

588 Er spricht von der Serie „Alondra", eine mexikanische Telenovela, die 1995 das erste Mal ausgestrahlt wurde. Er mutmaßte, dass sie argentinisch oder brasilianisch sei.

589 Als weitere Begründung nannte er in S13/T72 die Tatsache, dass Engländer bzw. Deutsche und Franzosen Rivalen seien, er aber ja im Abitur Französisch gehabt hätte, weshalb er nun nicht Englisch studieren konnte.

der Grund als zweite Sprache Russisch hinzuzunehmen, was er bereits einigermaßen gut beherrschte.

6.4.2.3 Berufseinstieg und erste Italienisch-Praxis

Der Berufseinstieg ist laut Eugens Darstellung letztlich dem prekären Aufenthaltsstatus in Rumänien geschuldet gewesen. Zwei Wochen vor Ende des Studiums und somit vor den Prüfungen habe er ein Angebot aus einem neu eröffneten Call-Center bekommen, welches er zunächst gar nicht annehmen wollte, um in Ruhe sein Studium beenden zu können. Schließlich hat er dennoch zugesagt, um seinen Aufenthaltsstatus in Rumänien zu sichern – ohne feste Arbeitsstelle hätte er bald nach Beendigung des Studiums das Land verlassen müssen. Dies lässt darauf schließen, dass er zumindest zu diesem Zeitpunkt (2006) im Gegensatz zu vielen Moldauer*innen noch nicht die rumänische Staatsbürgerschaft hatte. Die Tatsache, dass er noch vor Beendingung seines Jobs zweimal (!) eine Arbeit angeboten bekam, spricht dafür, dass auch in Bukarest der Personalmangel in italienischsprachigen Call-Centern enorm war. Ohne dass Eugen dies zu Beginn des Studiums in Erwägung gezogen hätte, erwies sich sein Studium also als gut auf dem Arbeitsmakt kommodifizierbar. Die Remigration von Moldauer*innen (und Rumän*innen aus Italien) vergrößert nicht nur indirekt die Reichweite von Italienisch in der moldauischen (bzw. rumänischen) Gesellschaft, sondern steigert auch den Wert von Studienabschlüssen auf dem Arbeitsmarkt. Auch bei Univerconnect spielte die Rekrutierung von potentiellen Operator*innen an der Uni eine große Rolle.

Der abrupte Einstieg in die Arbeit als Operator entpuppte sich jedoch nicht nur als Herausforderung in der Hinsicht, dass Eugen parallel noch das Examen bewältigen musste, sondern auch, weil er sprachlich trotz (oder gerade wegen) seines Italienischstudiums auf diese Tätigkeit kaum vorbereitet war. Dies hat seinem Erleben zufolge vor allem auch die Direktorin des Call-Centers überrascht, die auf Grund seiner vorbildlichen Noten andere kommunikative Fähigkeiten erwartet hatte, die er aber in seinem Studium tatsächlich nicht erworben hatte. Die üblichen Bewerberinnen im Call-Center hätten in Italien gearbeitet und er sei mit seinem Studium „eine Rarität" gewesen – d.h. das Bewusstsein für Register und biographische Individualität von Ausbauprozessen scheint in diesem Unternehmen gering gewesen zu sein. Hinderlich waren in dieser Situation nicht nur die fehlenden kommunikativen Fähigkeiten im Italienischen, sondern auch die in der Universität erlernte Normativität und die Panik davor, Fehler zu machen.

Tabelle: Eugen S17/126-129

I	Antwort	foarte complicat.	sehr schwer
II	Erläuterung (Anakoluth)	ă: eU . făcînd filologie italiană dar accent foArte mult pus pe literatură pi civilizaţie italiană . şî pi gramatică . pi gramatică nu e aşa.	ǝ: ich . der ich italienische Philologie machte aber mit einem starken Akzent auf Literatur und italienische Landeskunde . und auf Grammatik . auf Grammatik ist nicht so.
III	Begründung	eu aveam un blocaj.	hatte ich eine Blockade
IV	Detaillierung	fiindcă eu în momentu în cari: vroiam să vorbesc . eu trebuia întîi sa traduc . şî sî verific . dacă nu cumva: . greşăsc . [A: îhi .]	denn in dem Moment wo ich sprechen wollte . musste ich zuerst übersetzen . und überprüfen . dass ich nicht irgendwie . einen Fehler mache . [A: ǝhǝ .]
V	Begründung	aveam teroare de: . e a greşî.	ich hatte Panik vor . Fehler zu machen.
VI	Begründung	da asta nu numa din cauza faptului cî: era f . dacî dădeam un examen era foArti foArti: . strict.	aber das nur aus dem Grund dass es war . wenn wir ein Examen abgelegt haben war es sehr sehr . streng.
VII	Beispielerzählung	puteai să scrii acolo dacîn aşa ţî tăia greşală şî gata . picai.	du konntest da hinschreiben aber wenn sie dir einen Fehler anstrichen wars das . du fielst durch
VIII	Detaillierung	dacî greşai î: în la la gramatică -	wenn du in . bei der der Grammatik einen Fehler machtest -
XIX	Einschränkung	dar î: – porneşte de la psihologia omului . [A: îhi .]	aber ǝ: – wenn man von der Psychologie des Menschen ausgeht
XX	Detaillierung	meu personal numi place să ştiu c[ă] greşăsc.	mir persönlich gefällt es nicht wenn ich weiß dass ich Fehler mache.
XXI	Beispielerzählung (Anakoluth)	aveam adică.	ich hatte also
XXII	Haupterzählung	m . nio trebuit mult timp după asta S mai bine vorbesc dicît sî tac arăt mai prost (lacht) . [A: îhi .] mai bine vorbesc.	ich brauchte viel Zeit danach dass ich besser spreche als dass ich schweige sieht blöder aus (lacht) [A : ǝhǝ .] dass ich besser spreche.

XXIII	Erklärung (Anakoluth)	eu aveam teamă că dacă:.	ich hatte Angst dass wenn ich.
XXIV	Erklärung	teamă că dacă vorbesc şi vorbesc greşit o să: o să fiu considerat prost	Angst dass wenn ich spreche ich mit Fehlern spreche dass ich für blöd gehalten werde
XXV	Detaillierung	am avut tot timpu . chestia asta . nu mio plăcut niciodată . să fiu într-un grup să fiu considerat prost din potrivă tot timpu în grup ă.	ich habe das immer gehabt . diese Sache . das hat mir nie gefallen . dass ich in einer Gruppe bin und im Vergleich zur Gruppe für blödgehalten werde immer in einer Gruppe ǝ:.
XXVI	Beispielerzählung	eram de ă de exemplu într-o clasă sînt acei din acolo care prostu clasei stau doi acolo de obicei stau în spate de obicei da amuia stau cîteodată şi în faţă (lacht) . [A: îhi .] da de obicei sînt . ă . doi trii care prostu clasei şi am avut tot timpu oroarea să fiu . adică . sn . terorizat să nu fiu aşa.	ich war zum Beispiel in einer Klasse und ich bin der blöde in der Klasse zwei Stehen da normalerweise standen sie hinten normalerweise aber manchmal auch vorne (lacht) . [A: ǝhǝ .] ja normalerweise sind . ǝ . zwei drei die blöden aus der Klasse und ich hatte die ganze Zeit Horror dass ich das bin . also . ich hatte Angst dass ich so bin
XXVII	Fortsetzung Detaillierung (IV)	şi cînd să vorbesc eu trbuia sî: . analizăz î . verIfic să traduc şi mă blOcam . mă blocam şi nu puteam să vorbesc . [A: îh .]	und wenn ich reden soll musste ich . analysieren und . überprüfen dass ich übersetze und ich blockierte . ich blockierte und konnte nicht sprechen . [A: ǝh .]
XXVIII	Kommentar	eu nu puteam sî leg două propoziţii în italiană . cîn am terminat	ich konnte keine zwei Sätze verbinden auf Italienisch . als ich das Studium abgeschlossen habe

Hieran anschließend erzählte Eugen weiter, dass er beim schriftlichen Einstellungstext im Call-Center überdurchschnittlich gut abgeschnitten habe, dann aber im Gespräch eine vollständige Blockade gehabt habe. Damit unterschied er sich deutlich von den meisten anderen Kandidat*innen, die auch wie die Operator*innen bei Univerconnect bereits in Italien gearbeitet hatten. Seine eigenen mündlichen Fähigkeiten fasst er schonungslos (in XXVIII) so zusammen, dass er keine zwei Sätze habe sagen können. Er stieß jedoch letztlich auf Verständnis, weil die Personalmanagerin an der gleichen Uni Italienisch studiert hatte. Sie nahm sich schließlich (ganz ähnlich wie Direktorin Kira das mit neuen Operator*innen bei Univerconnect machte) persönlich Eugens an und übte mit ihm nach der Arbeit mündliche Praxis.

S17/T129 zeigt sehr deutlich Eugens Bewusstheit für die unterschiedlich konstituierten Repertoires und kommunikativen Fähigkeiten von Personen, die Italienisch in einem institutionalisierten Kontext gelernt haben und denjenigen, die sich unter Bedingungen von Submersion in einem Arbeitskontext die Sprache angeeignet haben:

> „majoritatea erau […] care au făcut ă: . o lucrat în italia […] o lucrat acolo . nu știu . badante sau cu matura sau mai știu eu ci" (dt. „die Mehrheit waren […] haben gemacht Leute die in Italien gearbeitet haben […] sie haben da als Badante oder mit Abitur oder was weiß ich").

Eindrücklich ist die Art und Weise, wie er seine Angst vor dem Fehlermachen schildert. Nachdem er zunächst von einer Blockade (III) spricht, erklärt er deren Zustandekommen mit einer regelrechten Panik (V: *teroare*, XXVI: *oroare*). Die wiederum stellt er in einen direkten Zusammenhang mit den nicht auf Sprachpraxis orientierte Inhalten des Studiums (II), der Strenge des universitären Unterrichts und insbesondere den Prüfungen, bei denen weniger Fehler gereicht hätten um durchzufallen (VI–VIII). Es ist hieraus jedoch keine direkte Kritik dieser Methoden zu lesen. Eugen individualisiert seine Angst vielmehr, indem er erklärt, das liege an der jeweiligen Psyche des Menschen (XIX). Ausführlich und detailliert beschreibt er seine persönliche, besonders stark ausgeprägt Angst, Fehler zu machen und für blöd gehalten zu werden, insbesondere im direkten Vergleich innerhalb einer Gruppe (XIX–XXVI).

Seine eigenen Fähigkeiten beschreibt er so, dass er die „Grammatik" gekannt habe (gemeint sind mutmaßlich abstraktere Regeln), aber nicht habe kommunizieren können. Seine Strategie bei mündlichen Äußerungen zu diesem Zeitpunkt habe auf Grund seiner großen Angst im Umweg über die Übersetzung bestanden (IV + XXVII). Implizert ist damit, dass hierdurch eine spontane Reaktion, wie sie Interaktionen auszeichnet, nicht möglich war.

6.4.2.4 Kommunikative Anforderungen im Italienischen im Rahmen seines ersten Jobs

Bereits in S6/T26 hatte Eugen von seinen eigenen ersten Erfahrungen als Operator berichtet, als er mir das Unternehmensprinzip erklärte, nur mit großen Kunden zusammenzuarbeiten.

Die sprachlichen Anforderungen bei diesem Job beschrieb Eugen als hoch („destul de complicat", dt. „ziemlich kompliziert"), da sie starke Präzision erforderten, insofern es darum ging, Autos mit Panne auf der Autobahn genau zu lokalisieren und diese Lokalisierung an einen Pannendienst weiterzuleiten. Dabei konnte jeder kleine Fehler große Komplikationen erzeugen. Erschwert wurden diese Telefonate auch dadurch, dass die Besitzer*innen der liegengebliebenen Neuwagen üblicher Weise emotional stark aufgewühlt waren („era un client ă plin de nervi", dt. wörtl. „war ein Kunde voll Nerven", sinngemäß: „ein vollkommen aufgewühlter Kunde"), wodurch besondere Klarheit und Bestimmtheit bei der Kommunikation nötig sind und v.a. zwischenmenschliche Fähigkeiten erfordere („trebuia sa-ți dezvolți foarte bine abilități de comunicare negociere de: . foarte important", dt. "du musstest deine Fähigkeiten zu kommunizieren und zu verhandeln sehr gut entwickeln . das ist sehr wichtig").

Es kann davon ausgegangen werden, dass er nicht nur seine kommunikativen Fähigkeiten in diesem Job stark ausgebaut hat, sondern auch neue Register aus dem Bereich Organisation des Straßenverkehrs und der Automechanik hinzugelernt hat.

Seinen Karriereaufstieg vom Operator zum Trainer nach bereits vier Monaten und vier Jahre später das Angebot, Direktor von Univerconnect zu werden, erklärte er mit seinem guten Draht zu den Vorgesetzten, schilderte aber nicht weiter, welche Umstände oder Fähigkeiten seinerseits dafür verantwortlich waren (S6/T28).[590]

6.4.3 Repräsentation seines eigenen sprachlichen Repertoires

Eugens im biographischen Verlauf betrachtet erste Sprache ist Rumänisch und bis in die Gegenwart ist dies seine Kommunikationssprache bei der Arbeit und im täglichen Leben. Spätestens ab dem Lyzeum hat er eine rumänischsprachige Schule besucht und in seinem Fremdsprachenstudium an der Bukarester Universität wird er bis zu einem gewissen Grade auch formelle Register ausgebaut haben. Varietätenkonflikte auf Grund seiner moldauischen Herkunft sprach er im Interview nicht an. Obgleich er eine chauvinistische Haltung explizit von sich weist (S12/T66), machte er doch deutlich, dass er in vielen Punkten die moldauische Gesellschaft (grundsätzlich) ablehnte. Die Wahrnehmung von Mentalitätsproblemen oder historischen Versäumnissen mischte er mit den sprachlichen Verhältnissen, wenn er etwa der moldauischen Bevölkerung grundsätzlich eine

---

590 Ganz anders war es z.B. bei Team-Leader Anatol, der seine Hilfsbereitschaft betonte und somit die Beförderung mit seinen Verdiensten oder seiner Leistung erklärte.

Veranlagung zum Sprachenlernen absprach oder sich über Leute mokierte, die sich aus Gründen der Coolness als russischsprachig ausgeben, dies aber nur mangelhaft beherrschen würden. Obwohl er aber allem Moldauischen mit einer großen Skepsis begegnete und selbst schon seit vielen Jahren in Bukarest lebte, ist seine Sprechweise deutlich regional moldauisch markiert.

Sein Russisch ist wohl ausgebaut, auch wenn er es kaum noch sprach. Es musste vor allem eine breite Palette an Registern umfassen, da es einerseits Umgangssprache aus seiner Jugend einschloss, aber sicherlich auch formeller Register und literate Strukturen im Studium. Die Universität spielte hierbei eine besondere Rolle, weil der obligatorische Russischunterricht in der Schule nicht notwendig zu einem Ausbau führt, wie Eugen auch im Hinblick auf seine Schwester argumentierte. Allerdings berichtete Eugen keine Details aus seinem Russischstudium. Für die Gegenwart konstatierte er, dass er vieles verlernt habe, weil er Russisch nicht mehr bräuchte (s.o. S11/T64/XLVIII). Auf das Russische zu verzichten, ist mit Sicherheit zu einem nicht geringen Anteil eine Entscheidung seinerseits, denn in Chișinău, wo er nun seit mehreren Monaten mehrere Tage pro Woche verbringt, gibt es ja reichlich Gelegenheiten, Russisch zu sprechen. Auch seine Ko-Direktorin sprach zwar fließend Rumänisch, bevorzugte aber Russisch. Er betrachtete Russisch dennoch als Teil seines Repertoires, das er innerhalb weniger Wochen wieder aktivieren könne, wenn er einige Wochen in einer entsprechenden Umgebung leben würde (XXXII): hierbei nennt er explizit nur Russland (und Frankreich für Französisch). Moldova scheint für ihn nicht dazuzuzählen (oder er betrachtet seinen Zustand nicht als Leben in Moldova).

Gleiches gilt für Französisch, welches er in der Schule gelernt und damals angeblich ebenfalls gut gesprochen hat. Dies formuliert er selbst im Imperfekt, wie auch für das Russische.

Bemerkenswert ist, dass er sich trotz seines Fremdsprachenstudiums und trotz der Tatsache, dass Sprache ein wesentlicher Teil seiner täglichen Lohnarbeit war, für eine sprachlich untalentierte Person hielt. Dies begründete er damit, dass ihm das nötige „musikalische Gehör" dafür fehle, welches nötig sei, um eine Fremdsprache zu lernen. Bei ihm habe sich das so ausgewirkt, dass es ihm sehr schwer gefallen sei, bei italienischen „Muttersprachlern" Pausen zwischen den Wörtern zu erhören. Es ging also um Segmentierung. Dieses fehlende Talent müsse durch Intelligenz, Hartnäckigkeit und Übung („inteligență cu tenacitate cu exercițiu") kompensiert werden, also Eigenschaften, die er sich selbst zuschrieb.

Am Ende dieser Sequenz, in der er ein knappes Resümee seines aktuellen sprachlichen Repertoires formulierte, bewertete er sein Italienisch als „jetzt fließend" (XXXIII), nachdem er ja zuvor, wie bereits ausführlich diskutiert, vor allem die Defizite in der Sprachpraxis bis zu seinem ersten Job dargestellt hatte. Meine Frage, ob es schon einmal Beschwerden wegen der sprachlichen Ressourcen der Operator*innen gegeben habe (S20/T142), beantwortet er mit seiner persönlichen Erfahrung, die ihn die Sprachpraxis der Operator*innen treffend einschätzen lasse.

Tabelle: *Eugen/S21/T141*

I	Behauptung	B: și atunci știind eu cum am început și știind că eu personal nu vorbem . italiană.	B: und dann da ich weiß, wie ich angefangen habe und dass ich am Anfang kein Italienisch sprach.
II	Einschränkung	da într-adevăr eu aveam o bazî gramaticalî foarte solidă în spate da asta mo ajutat după asta să reușăsc s . să am o italiană: mult mai corectă decît decît ă: . alții.	natürlich hatte ich eine solide grammatikalische Basis im Rücken das hat mir geholfen danach dass ich es schaffe ein sehr viel korrekteres Italienisch zu haben als als . die anderen
III	Einschränkung der Einschränkung	dar în rest ă: . la	aber sonst . bei
IV	Beispielerzählung	de exemplu la . spunem la accent eu la mine se sîmte accentu destul de puternic în italiană [A: îhi]	zum Beispiel bei . sagen wir beim Akzent bei mir hört man den Akzent ziemlich stark im Italienischen [A: əhə .]
V	Reformulierung	am un accent în italiană foarte okei se simte destul de puternic	ich habe einen okayen Akzent im Italienischen man hört in stark
VI	Kommentar	da nici nu mă: . nus . nu mă interesază foarte mult asta.	aber das interessiert mich auch nicht sehr.
VII	Vergleich	dar sînt alții care au un accent faorte okei în italiană.	aber es gibt andere die haben einen sehr okayen Akzent im Italienischen

Dass er auf den „Akzent" zu sprechen kam, hängt sicherlich damit zusammen, dass ich dieses Stichwort als möglichen Grund von Kund*innenbeschwerden in meiner Frage (T140) schon vorgegeben hatte. Er erklärte einerseits, er habe einen starken Akzent im Italienischen, betonte aber gleichzeitig, dass ihn das auch nicht besonders stören würde (VI). Die Gründe dafür führte er aber nicht aus. Es scheint sich jedoch inhaltlich an seine Argumentation aus S18 anzuschließen, dass man sich mit genug Anstrengung auch als weniger talentierte Person sprachliche Ressourcen aneignen könnte. Das würde bedeuten, dass er zwar einen Akzent hat, aber wenn er wolle, diesen auch bearbeiten und ggf. ablegen könne. Beispiele für Kund*innenbeschwerden nannte er aber nicht, sondern erklärte nur, dass die unvermeidlich seien.

Hieran schloss sich sein Argument für die Personalpolitik bei Univerconnect an, dass alle eine Chance bekommen würden, weil ihm Mitarbeiter*inne lieber seien, die an sich arbeiten würden, als solche, die schon alles wissen (Siehe 6.1.4.1).

6.4.4 Sprechweise[591]

Das gesamte Gespräch fand konsequent im monolingualen Modus statt, nur sehr vereinzelt wurden Konstruktionen aus dem Italienischen zugeschaltet. Eugens Sprechweise ist durchweg markiert von Elementen, die für das gesprochene Rumänisch in Moldova typisch sind. Diese tragen in Kombination damit, dass er sehr schnell, leise und relativ undeutlich redete, dazu bei, dass er insgesamt relativ schwer zu verstehen war. Eugen machte kaum Pausen, setzte aber Betonungen und deutliche Formulierungen als rhetorisches Mittel an bestimmten Stellen gezielt ein, um Dinge zu betonen. In der Transkription sind deswegen viele Stellen als unverständlich markiert, an einigen Stellen aber auch artikulatorische Besonderheiten wiedergegeben.

Dies betrifft neben phonetischen Aspekten auch Verkürzungen. Insbesondere Auslaute, End- oder Anfangssilben artikulierte Eugen häufig nicht. Häufig betraf das den bestimmten männlichen Artikel, was laut Verebceanu (2002:183) im gesprochenen Rumänisch in Moldova üblich ist. Im Gegenteil sei die Artikulation dieses auslautenden -l als intellektuell markiert und ansonsten Kennzeichen geschriebener Sprache. Beispiele hierfür sind *capu* und *omu* in S6/T28.

In wiederholter und damit betonter Position (Botoșineanu/Hobjilă 2002:155): *noi primeam salariu cam între unu și cinci șase ă: . ale lunii . tot **timpu** tot **timpu*** (S3/T12)

Für das letzte Beispiel gibt es im gesamten Interviewtranskript 28 Tokens, häufig mit langem Vokal (*tot timpu:*).

Sehr häufig trat bei Eugen die bereits bei Polina (siehe 5.4.4) beobachtete Verkürzung der Form *sunt/sînt* (1. Pers. Sg. und 3. Pers. Pl. von *a fi*, dt. sein) zu *îs* auf (im gesamten Interviewtranskript 32mal), die aber erstaunlicherweise bei Merlan (2002a und b) und Turculeț (2002) gar keine Erwähnung und bei Verebceanu (2002:184) nur eine knappe findet. Sie wird hier als eine Kurzform neben der anlogen Form *i* bzw. *îi* gesehen. Das velare î wird dabei als prothetisch gesehen. In

---

591 Ausführlicher zu Eugens Sprechweise siehe Weirich 2016b:531–537.

diesem Sinne kann die Form *cares* hier als Kombination des Relativpronomens *care + s* gesehen werden.
  *am văzut **cares** condițiile* (S4/T18)
  Die Form mit prothetischem *î* tritt in S9/T44 in besonderer Häufung auf, wo er über die Sprachneigung der Rumänen (und deswegen über Menschen in der 3. Pers. Pl.) sprach:
  *adică **îs** mai: **îs** mai: . dispuși să învețe limbi străine* (S9/T44)
  *ă madrelingua acei (A: îh) care **îs** născuț* (S19/135)
  Die auch in den anderen rumänischsprachigen Interviews dokumentierte (siehe 5.4.4) „weichere" Aussprache ist bei Eugens Sprechweise markant. Soweit durch die Transkription dokumentiert, ist das vor allem der Wegfall des Plosivs bei palatalen Affrikaten (in der Orthographie der Standardsprache repräsentiert als *ce/ci* bzw. *ge/gi*), häufig in Kombination mit der Reduktion von auslautendem –e (Bochmann 2002a:197; Turculeț 2002:179; Verebceanu 2002:187). Beispiele dafür sind:
  nu-mi plași chestia asta (S20/T137)
  turșii, francejii, englejii (S9/T44)
  nu înțăleji (S19/T123)
  *și ave niște probleme pe care **niș** în ziu de zi nu le-am înțeles* (S6/T24)
  Unbetontes *ă* und *e* werden reduziert (Turculeț 2002:167 und 177):
  *eu aveam o **bazî gramaticalî** foarte solidă în spate* (S20/T141/II)
  *pentru **mini**. eu am . atîta timp cît am trecut eu prin **experinți*** (S21/T141)
  faci *parte dintr-un grup . de firme* (S1/T4)
  Die Artikulation von standardrumänischem *b* im Anlaut als *g* ist notorisch (Turculeț 2002:180):
  *și germani: o trecut [A: îhi] o trecut tot so uitat cum îi aișea aișea nui **ghini** hai mai încolo* (S9/T44)

Anakoluth

Eugens Sprechweise ist nicht nur phonetisch sehr stark reduziert und dadurch als mündliche Praxis markiert, sondern auch syntaktisch. Gemessen daran, dass es sich bei dem Gespräch um eine mündliche Interaktion handelt, kommt ein hoher Anteil narrativer und monologischer Stellen vor. Diese sind stark assoziativ und enthalten viele anakoluthische Propositionen, die teilweise im Kontext verständlich sind, häufig aber auch nicht.

Dies ist in der gesprochenen Sprache nicht ungewöhnlich und für das gesprochene Rumänisch in Moldova z.B. bei Merlan (2002b:134–136) gründlich belegt. Die Ursachen für eine solche Unterbrechung syntaktischer Strukturen können vielfältig sein. Merlan (2002b:135) nennt z.B. die Veränderung eines Diskursprojekts, Ellipse und Sprachökonomie, Digressionen bzw. Exkurse, Zögern oder bestimmte Diskursstrategien wie Topikalisierung oder Fokalisierung. Dass orate Strukturen nicht satzförmig artikuliert werden (Maas 2008:300), schränkt ihre Funktionalität und Verständlichkeit nicht grundsätzlich ein. Im Sinne des Satzverständnisses von Maas (2008:304) müsste eine orate (also nicht notwendig satzförmig artikulierte) Proposition zumindest im Kontext der Proposition interpretierbar sein, was mir bei Eugens Argumentation nicht immer gelang. Dies liegt sicherlich an den langen Turns mit explikativen und illustrativen Parenthesen, die Merlan (2002b:144) als eine der häufigsten Ursachen für Anakoluth benennt. Diese blockieren gleichzeitig Rückmeldungen der Gesprächspartner*innen und beeinträchtigen tendenziell Kohäsion und Kohärenz.

Konstruktionen/Lexikon

Im Bereich des Lexikons bzw. der verwendeten Konstruktionen weist der Text auf eine Reihe funktionell unterschiedlicher Register hin. Insbesondere zu Beginn des Gesprächs, in S1–3, verwendete Eugen eine Reihe von Fachbegriffen aus dem Bereich Ökonomie und Finanzwesen. Hierzu zählen *boom economic* und *cash flow* (beide T5), in T7 ist von Finanztranchen die Rede (*ai de imrumrutat incă două milionae în tranşa decit 5000 de mii de euro*), S2/T8 *end user* und *debitor* in T12 (im Deutschen synonym zu Schuldner).

In nur zwei Fällen verwendete Eugen Italienische Konstruktionen. Dies scheinen bewusste Abweichungen vom monolingualen Modus zu sein, da ihm das rumänische Synonym in diesem Moment nicht einfiel.

In S6/T26 ist dies thematisch an seine erste Tätigkeit in einem Call-Center, d.h. sprachbiographisch an eine bestimmte Lebensphase gebunden: *soccorso stradale*, artikuliert jedoch als *socoşul stradale*. Es folgt auf die erste Erwähnung eine Umschreibung der Tätigkeit, die eine inhaltliche Funktion für die Argumentation hat, aber auch darauf hindeutet, dass er ein rumänisches Synonym hierzu nicht kannte (kann also als „cultural borrowing" im Sinne von Myers-Scotton (2006:212ff) verstanden werden, siehe auch Cohal 2014:195).

In S8/T40+T42 verwendete er die Konstruktion *madrelingua* kommentarlos. In S19/T135 wird deutlicher, dass ihm zu *madrelingua* das rumänische Synonym fehlte, denn erst verzögerte er die Fortsetzung der Proposition mit dem Enunziativ ă:, dann nannte er die italienische Konstruktion und schloss dann noch eine Umschreibung auf Rumänisch an (dt. „die, die geboren sind, sprechen in der Sprache"). Die Schwierigkeit scheint sich hier daraus zu ergeben, dass Eugen ein Substantiv als Personenbezeichnung suchte (dt. Muttersprachler). Während im Italienischen *madrelingua* sowohl die Muttersprache, als auch einen Sprecher bezeichnen kann, gibt es im Rumänischen nur die Konstruktion *limbă maternă*, aus der mit Hilfe von Komposition *vorbitor de limbă maternă* gebildet werden kann (alternativ: *vorbitor nativ*). Seine komplizierte Umschreibung auf Rumänisch deutet jedoch daraufhin, dass für ihn in dieser Situation auch die Konstruktion *limbă maternă* nicht erreichbar war. Weniger wahrscheinlich ist, dass dies durch den Kooperativitätsaspekt zu erklären ist: dass er dachte, ich würde den Begriff nicht kennen. In S12/T66 verwendete er den Begriff *limbă maternă* mit der Umschreibung *limba care o avea mama*.

6.5 Zwischenfazit: Call-Center Univerconnect (Fallstudie 2)

In diesem Zwischenfazit werden die wichtigsten Schlussfolgerungen zur zweiten Fallstudie in Bezug auf die in 3.3 formulierten Leitfragen für die Interpretation zusammengestellt. Welche Erkenntnisse ergeben sich aus der Betrachtung der Sprachbiographien, der sprachlichen Repräsentationen und der Sprechweise dreier Call-Center-Mitarbeiter für die Erreichbarkeit und Reichweite sprachlicher Ressourcen auf dem moldauischen Arbeitsmarkt?

Die drei Mitarbeiter*innen des aus Chișinău für den italienischen Handymarkt arbeitenden Call-Centers, die in dieser Fallstudie porträtiert wurden, unterscheiden sich grundsätzlich durch die Aneignungsprozesse ihrer Italienischressourcen. Während Natalia den von den Personalverantwortlichen als typisch dargestellten Fall einer Operatorin repräsentiert, die viele Jahre in Italien gearbeitet und sich dabei in informellen Kontexten das Italienische angeeignet hat, resultieren Direktor Eugens Italienischressourcen aus einem Fremdsprachenstudium in Rumänien, während Oksana sich bis zu ihrer Bewerbung bei Univerconnect Italienisch autodidaktisch angeeignet hat, ohne jemals in Italien gewesen zu sein. Diese drei Personen spiegeln gleichzeitig das heterogene Bild der Belegschaft hinsichtlich ihrer Bildungshintergründe. Oksana hat mit Mühe einen Schulabschluss (9. Klasse) erworben, Natalia eine Ausbildung an einem College für Telekommunikation gemacht (aber nie in dem Bereich gearbeitet) und Eugen Fremdsprachen studiert. Dies schlägt sich im Bereich des Registerausbaus nieder, dessen Relevanz für die Verkaufsgespräche ich jedoch auf Grund der Datenbasis nicht beurteilen kann.

Die Reichweite ihrer Italienischressourcen für die Arbeit im Call-Center, bei der sie die Aufgabe haben, Kund*innen am Telefon im Rahmen einer Promotionsaktion Prepaidkarten zu verkaufen, war auf Grund der jeweiligen Sprachbiographien zum Zeitpunkt ihrer Bewerbung sehr unterschiedlich. Von ihren kommunikativen Fähigkeiten her war Natalia die einzige, die unmittelbar in die Arbeit einsteigen konnte, da sie nach über zehn Jahren in Italien über umfangreiches sprachliches Wissen gerade im informellen Register verfügte, das für die Telefongespräche ausschlaggebend ist. Sie hatte bereits Erfahrungen im Kund*innendienst am Telefon, da sie in Italien in einem Unternehmen die telefonische Auftragsannahme erledigt hatte. Sie war auch die einzige, die bereits Kenntnisse des Umgangs mit den unterschiedlichen Varietäten im gesprochenen Italienisch hatte, auch wenn sie selbst in Norditalien lebte und vorrangig mit Personen aus dieser Region zu tun hatte. Eugen verfügte, als er bei Univerconnect als Direktor anfing, ebenfalls über Erfahrung in der Telefonkommunikation mit italienischen Kund*innen, da er bereits zuvor in Bukarest in einem anderen Call-Center gearbeitet hatte. Als er hier anfing zu arbeiten, hatte er jedoch mit hohen Sprachbarrieren (auf der psychologischen Ebene) zu kämpfen, da er aus dem Studium zwar ausgebaute Grammatikkenntnisse mitbrachte, jedoch kaum kommunikative Fähigkeiten. Eine stark normative Haltung mit Angst, Fehler zu begehen stellte eine zuätzliche Barriere dar. Im Studium war nicht nur der einzige Fokus auf die italienische Literatursprache (und nicht auf gesprochene Sprache) gelegt worden, sondern auch eine stark normative Fehlerperspektive vertreten worden. Bevor er anfangen konnte, als Operator zu arbeiten, durchlief er ein individuelles Intensiv-Training in mündlicher Kommunikation auf persönliche Initiative der Personalverantwortlichen. Oksana verfügte über Grundkenntnisse, die sie zum Zeitpunkt ihrer Bewerbung lange nicht in der Praxis angewendet hatte. Ihr ermöglichte ein unternehmensinterner zweimonatiger Sprachkurs den Ausbau ihrer Ressourcen. Die Reichweite ihrer sprachlichen Ressourcen in der Call-Center-Kommunikation selbst war also zum Zeitpunkt der Bewerbung gering, aber immerhin so groß, dass sie auf ihrer Basis Zugang zu einem Raum bekam, in dem sie durch das Angebot eines Italienischkurses und die Praxis am Telefon ihre Ressourcen erheblich ausbauen konnte. Gleichwohl ist die weitere Kommodifizierbarkeit dieser Ressourcen (im Sinne ihrer Reichweite auf dem Arbeitsmarkt) in Moldova auf Grund der Struktur des Arbeitsmarkts und des niedrigen Lohnniveaus weiterhin gering.

Auf einer allgemeineren Ebene zeigt dies, dass der Zugang zu Institutionen mit einem sprachlichen Regime, das sich von ihrem Umfeld unterscheidet, eine Schwellenfunktion für die Erreichbarkeit sprachlicher Ressourcen hat. Roberts (2013:81) beobachtet dabei in westlichen Ländern die Reproduktion eines zweischichtigen Arbeitsmarkts, in dessen unterem Segment, in dem es kaum reguläre Selektionsprozesse gibt, irreguläre und schlecht bezahlte Arbeit mit schlechten Bedingungen geleistet wird (hier sind Migrant*innen überrepräsentiert), während im höheren Segment, wo rigide Selektionsprozesse stattfinden, die sicherere

Arbeit mit besseren Konditionen und Aufstiegschancen zu finden sei. Was die (fehlenden) Aufstiegschancen angeht, passt Univerconnect in dieses Schema. Arbeitsbedingungen, die Sicherheit des Jobs und die Bezahlung waren jedoch bei Univerconnect nicht im unteren Segment des moldauischen Arbeitsmarkts anzusiedeln. Das hat einerseits damit zu tun, dass das moldauische Lohnniveau insgesamt so niedrig ist, andererseits zeigt es, dass bei Univerconnect der Zugang zu einem vergleichsweise attraktiven Job, bei dem es in sprachlicher Hinsicht durchaus die Möglichkeit gab, viel hinzuzulernen, relativ einfach war. Dies bedeutet aus individueller Sicht, dass eine gewisse Reichweite der sprachlichen Ressourcen Zugangsvoraussetzung zu Institutionen ist, damit eine Erreichbarkeit von Ressourcen mit einer noch größeren Reichweite möglich ist. Als Konsequenz daraus ist für institutionelle Ausbauprozesse entscheidend, welche Zugangsvoraussetzungen bestehen, aber auch, welche institutionellen Angebote zur Unterstützung bei den weiteren Ausbauprozessen eingerichtet werden. Bei Univerconnect war die Eintrittsschwelle relativ gering: der große Arbeitskräftemangel einerseits und die Erfahrung, dass Operator*innen während der ersten Wochen im Job viel hinzulernen, führte dazu, dass auch Personen mit geringen Italienischkenntnissen zumindest für die Probezeit eingestellt wurden. Im ersten Jahr des Unternehmensbestehens gab es außerdem verschiedene Italienischkurse, die den künftigen Operator*innen den gezielten Ausbau ihrer Ressourcen ermöglichten. So war dies für die Italienischautodidaktin Oksana der Ort, an dem sie die größten Fortschritte gemacht hat und insbesondere grammatische Strukturen erstmals systematisch ausgebaut hat. Eugens Erfahrung bei seinem ersten Job in Bukarest war, dass er auf die persönliche Unterstützung einer einzelnen Person angewiesen war, da ein institutionalisiertes Ausbauangebot nicht vorhanden war.

Auch wenn das einzige Einstellungskriterium des Call-Centers Italienischkenntnisse sind, brauchen die Operator*innen in der Praxis jedoch weitere Kenntnisse, wie z.B. in der Handhabung von Computern und Eigenschaften von Smart-Phones und Handyverträgen, die jeweils auch mit spezifischen Fachtermini einhergehen. Hierfür herrschte jedoch in der Personalabteilung ein geringes Bewusstsein, da solche Dinge offenbar für selbstverständlich oder für schnell lernbar gehalten wurden. An dieser Stelle hatte Natalia, die ich in ihren ersten Tagen und Wochen bei Univerconnect beobachten konnte, trotz ihrer großen praktischen Erfahrung in italienischer Kommunikation große Schwierigkeiten.

Hier, wie auch bei der Entwicklung von Verkaufsstrategien, waren mangels intensiven Trainings besonders Eigeninitiative und Fähigkeit zur Selbstoptimierung gefordert (siehe auch Allan 2013). Selbstbewusstsein bzw. -sicherheit zeigten sich dabei als entscheidender Faktor der Erreichbarkeit von Ressourcen.

Hierin ist auch die Begründung für Oksanas erfolgreichen Einarbeitungsprozess zu sehen, die viel von ihren Kolleg*innen lernte und sich nicht scheute nachzufragen. Scham und Hemmungen bei der Arbeit im Call-Center waren für alle geteilte Erfahrung insbesondere in der Anfangszeit, wie die biographischen Erzählungen von Eugen und Oksana zeigten. Ihre Überwindung ist Voraussetzung für die Arbeit, kann aber gleichzeitig auch Quell sprachlichen Selbstbewusstseins sein.

Die Fallstudie zeigt, dass das Italienische Teil der sprachlichen Verhältnisse in Moldova geworden ist. Ursächlicher Grund hierfür ist die weitverbreitete Arbeitsmigration nach Italien, die bei den meisten Sprecher*innen des Italienischen Grund für die sprachlichen Ressourcen ist. Diese Ressourcen bleiben jedoch in ihrer Funktionalität nicht auf die Phase der Migration beschränkt, sondern können auch auf dem Arbeitsmarkt in Moldova kommodifiziert werden. Hierdurch wiederum vergrößern sich jedoch Erreichbarkeit und Reichweite von Italienischressourcen auch für Personen, die das Italienische selbst nicht in Italien gelernt haben. Bei Direktor Eugen, ist dies sogar ein Grund für einen seltenen Fall von Arbeits(re)migration nach Moldova.

Sprachliche Ausbauprozesse im informellen Kontext zu reflektieren, entpuppt sich als schwierige epilinguistische Praxis. Aus der Erinnerung leicht mobilisierbar sind offensichtlich Zeigespiele, von denen sowohl Natalia als auch Oksana trotz sehr unterschiedlicher Aneignungsprozesse berichteten. Diese Zeigespiele ähneln durchaus denjenigen von Kindern, die sich zunächst ein-Wort-Konstruktionen aneignen, jedoch rasch vom Wortlernen bzw. Lernen von Gegenstandsnamen zum „Aneignen von größeren Sprachkonstruktionen übergehen" (Tomasello 2003:173f). Letzteres ist dem Bewusstsein allerdings schwieriger zugänglich.

Gegenstand von Bewertungen waren bei Univerconnect hauptsächlich Italienischressourcen. Durch die geringen Einstellungsanforderungen waren die Italienischkenntnisse der Belegschaft sehr heterogen. Die Personalverantwortliche differenzierte diese Kenntnisse schematisch nach den Niveaus null, mittel und hoch. Ihre Unterscheidung in ehemalige Arbeitsmigrant*innen und Italienischstudierende diente der Zuordnung von Grammatikkenntnissen und kommunikativen Fähigkeiten, ging aber nicht mit einer Bewertung derart einher, dass sie einer dieser Gruppen die grundsätzlich bessere Eignung zusprach. Gegenstand von (subjektiven) Bewertungen unter Kolleg*innen war aber durchaus, wer wie gut Italienisch sprach. Personen mit als sehr gut wahrgenommenen Kenntnissen dienten als sprachliche Vorbilder bei der Aneignung von Konstruktionen. Ein starker moldauischer Akzent bei Kolleg*innen konnte aber auch Anlass für diskriminierende Scherze sein. Insgesamt hatten diese Bewertungen aber keinen hohen Stellenwert, was auch darauf zurückzuführen ist, dass alle Operator*innen

Italienisch als Zweit- bzw. Fremdsprache gelernt hatten und niemand mit Italienisch-Erstsprache in der Belegschaft war, was den normativen Druck erhöht hätte (Duchêne/Moyer/Roberts 2013:1). Über sich selbst sagten alle, dass sie gut Italienisch sprechen würden, was auch auf den bestärkenden Effekt erfolgreicher Kommunikation mit italienischen Kund*innen am Telefon zurückzuführen ist. In Bezug auf die Schriftlichkeit ist zu konstatieren, dass hier sowohl von Natalia als auch von Oksana vor allem auf die Orthographie abgehoben wird (namentlich die Doppelkonsonanten, die Phonem-Graphem-Relation bei den uvularen und velaren Okklusiven (ghe, ghi, che, chi) bzw. dem palatalen und alveolaren Affrikat (ce, ci, ge, gi) und den Akzenten.

Zum majorisierten Repertoire (im Sinne von Weirich 2014) bei Univerconnect gehörte neben Italienisch auch Russisch als Selbstverständlichkeit, auch bei Personen mit Rumänisch als Erstsprache. Als Begründung hierfür gilt dessen Notwendigkeit in der Sowjetunion. An der Tatsache, dass Eugen Russisch inzwischen nicht mehr praktizierte und hierfür (im Gegensatz zur sowjetischen Zeit und den 90ern) auch keine Notwendigkeit mehr sah, erkennt man jedoch deutlich einen wahrgenommenen Wandel der sprachlichen Verhältnisse.

Die Vorgabe der italienischen Einsprachigkeit im Call-Center funktionierte als Norm, aber in der Praxis wurden die mehrsprachigen Ressourcen der Operator*innen eingesetzt, sowohl wenn dies der Verständigung förderlich ist, aber auch zu spielerischen Zwecken. Dabei bildete sich ein spezifischer mehrsprachiger Jargon heraus. Dies ermöglicht gerade den russischsprachigen Operator*innen wie Oksana auch den Ausbau des Rumänischen in einer tendenziell stressbefreiten Situation, da der Fokus nicht auf dem Rumänischen, sondern dem Italienischen liegt, das jederzeit (sogar unter Berufung auf die offiziellen Maßgaben) als Verkehrssprache aktiviert werden kann. Der einzige Kontext, in dem der einsprachige italienische Modus konsequent von allen bedient wurde, waren die Kund*innengespräche. Obwohl es hierfür keinen standardisierten allgemeinverbindlichen Leitfaden gab und die Operator*innen im Sinne der Selbstoptimierung angehalten wurden, ihre eigenen Stile und Strategien zu entwickeln, führte doch das Repetitive der Aufgabe dazu, dass die Operator*innen im Basisteil des Gesprächs jeweils sehr ähnliche Konstruktionen gebrauchten. Hierdurch konnten sie ein souveränes Auftreten gewährleisten, indem Zögern, Retraktion, Enunziative und andere Redeunterbrechungen vermieden wurden. Diese treten auf, wenn Konstruktionen spontan im Gespräch nicht zu erreichen sind, obwohl die Sprecher*innen sie kennen, zumal in einer exolingualen Gesprächssituation mit einer/m legitimen Sprecher*in unter Verkaufsdruck und unter Beobachtung der Kolleg*innen. Dies hat wohl auch mit dem Grad an ‚Entrenchment' der Konstruktionen zu tun.

Im Vergleich zu den Interviewtexten treten typische Merkmale anderer Formen gesprochener Sprache in den Telefonaten deutlich weniger auf. Wo sie es tun, stellen sie tendenziell eine Einschränkung der Gesprächseffizienz dar, da sie die Überzeugungskraft reduzieren, wie am Beispiel einiger Telefonate der neuangestellten Natalia sichtbar wurde.

Die Verwendung wiederkehrender Konstruktionen, gegebenenfalls mit Variationsmöglichkeiten, sind auch eine wichtige Strategie beim Ausbau der Italienischressourcen. Sie ermöglichen eine sprachliche Bewältigung der Aufgabe, von der ausgehend dann synonyme oder alternative Formulierungen dem Repertoire hinzugefügt oder soweit verankert werden können, dass sie während des Telefonats erreichbar sind. Dadurch, dass die Formulierungsarbeit stark repetitiv ist und die Operator*innen sich gegenseitig ständig hören, können solche Konstruktionen relativ leicht während der Arbeit gelernt und verankert werden. Es ist davon auszugehen, dass sich hierdurch auch ein Univerconnect-spezifischer Jargon im einsprachig italienischen Modus herausbildet. Sowohl bei Oksana als auch bei Natalia war die Sprechweise im einsprachig italienischen Modus stellenweise durch phonetische Elemente geprägt, die für das gesprochene Rumänisch in Moldova charakteristisch sind.

Auch im einsprachig rumänischen Modus lassen sich Elemente der Restrukturierung der Repertoires auf prosodischer Ebene beobachten, die von einer „intonazione italianeggiante" (Cohal 2014:230) geprägt sind. Diesen Aspekt, der punktuell deutlich auffiel, konnte aber nicht systematisch untersucht werden.

7. Schlussfolgerungen

Die Auflösung der Sowjetunion ging in der heutigen Republik Moldova mit einem ‚Bruch der sprachlichen Verhältnisse' einher, die nach wie vor ein Feld konkurrierender Interessen und Kräfteverhältnisse sind. Sukzessive wird jedoch die Staatssprache Rumänisch/Moldauisch als alleiniger Geschäftssprache und in vielen Bereichen als Verkehrssprache konsolidiert. Höhere Bildung ist in manchen Fächern nur noch in der Staatssprache möglich, da immer weniger Studiengänge in russischer Sprache angeboten werden. Früher ausschließlich russischsprachige Räume, wie das Taxiwesen, werden mittlerweile zweisprachig.

Von allen Menschen, die in Moldova leben, hat dies ungeachtet ihrer Erstsprache eine Anpassungsleistung erfordert, die notwendig mit einer Restrukturierung der sprachlichen Repertoires einherging, die jedoch in mannigfaltigen Prozessen bestehen kann. Der Verlauf dieser Restrukturierungsprozesse hängt mit der Zusammensetzung des sprachlichen Repertoires der einzelnen Personen zusammen, mit der Artikulation der sprachlichen Verhältnisse in den Räumen, in denen sie leben und sich bewegen, mit Fragen der familiären Sprachpolitik und des *Empowerments* (Can 2011; Hill Collins 1991). Ein Stadt-Land-Gegensatz prägt den Zugang zu kommunikativen Umgebungen, die den Gebrauch sprachlicher Formen gleichzeitig nötig machen und ermöglichen. Durch die Schlüsselrolle des Schulbesuchs für die „Einsozialisierung" (Maas 2012b:25, 2013:73) in die ‚sprachlichen Verhältnisse' ist die Erreichbarkeit der sprachlichen Ressourcen in der neuen Staatssprache vor allem auch eine Generationenfrage, die ihrerseits zum Wandel der sprachlichen Verhältnisse und der sukzessiven „Normalisierung" der sprachlichen Verhältnisse beiträgt.

Die rumänischsprachige Generation, die noch in der MSSR die Schule besucht hat, verfügt größtenteils nach wie vor über ausgebaute Ressourcen des Russischen, die jedoch bei Sprecher*innen wie Call-Center-Direktor Eugen im Zuge der Restrukturierung der Repertoires eine Entpriorisierung erfahren haben und nun nicht mehr so selbstverständlich abrufbar und praktizierbar sind, wie noch vor zwanzig Jahren. Die Generation, die gegenwärtig rumänischsprachige Schulen besucht, baut die Russischressourcen im Schulunterricht kaum noch aus, da die Stundenzahl auf ein Minimum reduziert wurde. Die Erreichbarkeit literater Formen des Russischen wird hierdurch geringer, auch wenn das Russische in der „sprachlichen Landschaft" der Städte, im Radio und Fernsehen und im alltäglichen Umgang immernoch präsent ist (Muth 2014). Für die jüngere russischsprachige Generation wird das Rumänische über den intensiven Schulunterricht grundsätzlich erreichbar, es ist jedoch nicht empirisch erforscht, wie erfolgreich dieser Unterricht ist. Deutlich geringer ist die infrastrukturelle Erreichbarkeit der Staatssprache für die älteren Generationen, die zusätzlich zur Alltagsbewältigung zeitliche und finanzielle Ressourcen mobilisieren müssen, um institutionelle Lernangebote wahrzunehmen. Die ‚doppelt minorisierte' Bevölkerung (der sogenannten „nationalen Minderheiten") steht zudem vor der Wahl des Rumänischen oder Russischen (oder beidem) für das formelle Register und gleichzeitig auch vor der Wahl, die minorisierten Sprachen auszubauen oder nicht. Im moldauischen Schulsystem sind diese Entscheidungen gegenwärtig abhängig voneinander, da nur in russischsprachigen Schulen Unterricht in den Minderheitensprachen angeboten wird.

Ein beträchtlicher Teil der Bevölkerung eignet sich während der Migration Ressourcen des Italienischen, Portugiesischen, Griechischen oder Französischen an, die jedoch als Sprachen der Migration auf dem ‚sprachlichen Markt' in Moldova kaum Prestige haben, wohl aber teilweise auf dem Arbeitsmarkt kommodifiziert werden können.

Im ersten Teil dieser Schlussbetrachtungen (7.1) arbeite ich vergleichend heraus, wie meine Interviewpartner*innen ihren Umgang mit dem Bruch der sprachlichen Verhältnisse in Moldova 1989 geschildert haben und kontrastiere die ‚Artikulation der sprachlichen Verhältnisse' in den beiden Fallstudien, um die institutionellen Bedingungen der Restrukturierung sprachlicher Repertoires und der Kommodifizierung der Arbeitskraft herauszuarbeiten. Zu Prozessen des Sprachausbaus hatte ich hauptsächlich über die in der Interaktion mit mir konstruierten Sprachautobiographien und über die Repräsentationen von sprachlichen Repertoires Zugang. Auf diese Ebene konzentrieren sich folglich auch die Schlussbetrachtungen. Im zweiten von vier Teilen (7.2) schildere ich auf der Ebene der Repräsentationen, inwiefern die Dimensionen ‚Erreichbarkeit' und ‚Reichweite' in den Erzählungen und Argumentationen meiner Gesprächspartner*innen im Dorf U. und im Call-Center herauszulesen waren.

Im theoretischen Teil zu Beginn dieser Arbeit (Kapitel 2) wurden Thesen zu einem Konzeptpaar ‚Erreichbarkeit' und ‚Reichweite' als Scharnierbegriffe zwischen ‚sprachlichen Verhältnissen' und ‚sprachlichen Repertoires' bzw. deren Restrukturierung formuliert. Die Reichweite besteht in diesem Sinne aus dem Spektrum an Funktionen, die sprachliche Ressourcen in einem jeweils konkret zu beschreibenden gesellschaftlichen Zusammenhang erfüllen (können). Die Erreichbarkeit ergibt sich aus den Bedingungen für die Aneignung sprachlicher Ressourcen.

Im dritten Teil der Schlussfolgerungen nehme ich die im Theoriekapitel (2.3.3) formulierten Thesen wieder auf und diskutiere ihre Erklärungskraft für die Interpretation der Restrukturierung sprachlicher Repertoires vor dem Hintergrund der Diskussion der beiden Fallstudien. Die jeweiligen sprachlichen Verhältnisse und ihre spezifische Artikulation in unterschiedlichen Kontexten konstituieren mit Status und gesellschaftlichen Funktionen die wichtigsten Dimensionen der Reichweite sprachlicher Ressourcen. Die gesellschaftliche Infrastruktur insbesondere im Bereich der Bildung ist zentraler Faktor für die Erreichbarkeit sprachlicher Ressourcen. Doch auch unter gleichen gesellschaftlichen Bedingungen stellen sich Reichweite und Erreichbarkeit für Subjekte auf Grund ihrer Positionierung und ihrer jeweiligen Lebenslagen unterschiedlich dar. Der Grundgedanke hinter der Ausarbeitung einer Theorie von Erreichbarkeit und Reichweite besteht darin, genau diese Dimension sprachlich-sozialer Ungleichheit erfassen zu können.

Die Perspektive des Sprachausbaus bei Utz Maas, die für die Auseinandersetzung mit den Konzepten ‚sprachliche Verhältnisse', ‚Erreichbarkeit' und ‚Reichweite' grundlegend sind, hat dabei einen deutlich stärkeren Fokus auf Registerunterschieden und der Leistungsfähigkeit sprachlicher Formen. Demgegenüber ist die Perspektive in dieser Arbeit stärker individualisiert und auf Sprach- und Berufsbiographien zugeschnitten. Das heißt jedoch nicht, dass zu einer umfassenden Theorie von Erreichbarkeit und Reichweite diese sprachstrukturelle Ebene nicht dazugehören würde. Im letzten Teil dieser Schlussbetrachtungen (7.4) gebe ich einen Ausblick, was das für die weitere Operationalisierung der Konzepte bedeuten könnte.

7.1 Zwei Fallstudien und sechs Sprachbiographien im Vergleich

Die sechs Protagonist*innen dieser Arbeit wurden alle noch in der Sowjetunion, unter deutlich anderen sprachlichen Verhältnissen als den gegenwärtigen, geboren. Call-Center-Direktor Eugen, Operatorin Oksana und Fremdsprachenlehrerin Iolanda befanden sich in der unteren Sekundarstufe, als Moldova seine Unabhängigkeit erklärte; die beiden Lehrerinnen Anastasia und Polina waren am Ende ihrer Schulzeit und mussten sich in einer Zeit der radikalen Ungewissheit für ein Studium entscheiden. Call-Center-Operatorin Natalia suchte gerade (auf Grund der sowjetischen Residenzpflicht) in ihrem Heimatort in Südmoldova vergeblich nach Wegen, ihre Existenz zu bestreiten. Zwei der drei primär russisch- und ukrainischsprachigen Personen haben unmittelbar mit dem Bruch der Verhältnisse Anstrengungen unternommen, um sich die neue Staatssprache anzueignen.

Alle sechs mussten in dieser Umbruchphase nicht nur mehrfach zukunftsweisende Entscheidungen über Ausbildung, Wohnort- und Berufswahl treffen, sondern auch die Reichweite ihrer sprachlichen Repertoires abwägen. Anastasia ergriff die neue Kommodifizierbarkeit ihrer Ukrainischressourcen sowie die Reisemöglichkeiten und baute ihre Ukrainisch- und Russischressourcen in einem Studium in der Ukraine aus, um anschließend in ihrem Heimatdorf Grundschul- und Ukrainischlehrerin zu werden. Iolanda profitierte von der bestärkenden Erfahrung, sich auch in einer rumänischsprachigen Schule behauptet zu haben und studierte in der transnistrischen Hauptstadt Tiraspol Fremdsprachen. Call-Center-Direktor Eugen verließ in einer Phase der geöffneten Grenzen zwischen Rumänien und Moldova das Land, um den Schulbesuch in Rumänien fortzusetzen und entschied sich mangels anderer Studienplätze für ein Fremdsprachenstudium. Natalia entschloss sich ohne vorherige Italienischkenntnisse ihrer Schwester nach Italien zu folgen, um dort ein neues Leben aufzubauen, das sie nach zehn Jahren wieder aufgab.

Um mich der Heterogenität von Strategien und Restrukturierungsprozessen unter heterogenen sprachlichen Verhältnissen anzunähern, habe ich die Verwobenheit von Sprach- und Berufsbiographien bei Erwachsenen in zwei sehr unterschiedlichen Fallstudien betrachtet. Sowohl das russisch-ukrainische Lyzeum in einem ukrainischsprachigen Dorf als auch das italienischsprachige Call-Center in der Hauptstadt Chișinău sind Arbeitsplätze, an denen sprachliche Ressourcen ein zentrales Einstellungskriterium sind. Sowohl die geforderten Ressourcen, als auch die Artikulation der sprachlichen Verhältnisse und die interne Sprachpolitik unterscheiden sich aber erheblich.

Der Beruf der (Sprachen-)Lehrerin erfordert einen mehrjährigen institutionalisierten sprachlichen Ausbau, der durch Kurrikula, Normativität, Traditionen, explizite und implizite Regeln der internen Sprachpolitik vorbestimmt ist. In einer solchen (formellen) Lernumgebung werden außerdem ein hohes metasprachliches Bewusstsein und Normativität ausgebildet. Dadurch werden die Lehrerinnen auch auf einen beruflichen Alltag der didaktischen Vermittlung von sprachlichem Ausbau vorbereitet, der ein ähnliches Maß an Institutionalisierung, Normativität, Bewertungsorientierung und Traditionen aufweist. Die Lehrerinnen sind außerdem Schlüsselfiguren an der Schnittstelle zwischen der Dorfgesellschaft, einer sprachlich minorisierten, aber mit gemeinsamer Vernakulärsprache „kompakt lebenden" Bevölkerung und der staatlichen Sprachpolitik. Sie vertraten deswegen sowohl den ‚staatsbürgerlichen Diskurs', als auch den der ‚praktisch gelebten Mehrsprachigkeit', als auch den ‚puristischen'. Diese gerieten zueinander in Widerspruch, wenn es einerseits darum ging, den

Dorfdialekt zu pflegen und andererseits die Wichtigkeit des Ausbaus der ukrainischen Standardsprache zu vertreten, oder wenn es einerseits darum ging, die Notwendigkeit des Rumänischausbaus zu vermitteln und andererseits darum, für den Erhalt der Funktionen des Russischen zu kämpfen. Durch die aktuelle sprachliche Ausrichtung der Schule wurde auch die ‚doppelte Minorisierung' der Dorfbevölkerung reproduziert, die am Russischausbau für das formelle Register festhielt, obwohl dessen Reichweite als abnehmend beschrieben wurde. Schulpolitisch spielen dabei nicht nur der „kompensatorische Bildungsauftrag" (Maas 2012b:51) für die Erreichbarkeit der Geschäftssprache eine Rolle, sondern auch die sprachlichen Ressourcen des Lehrpersonals sowie damit verknüpft Besitzstands- und Statuswahrung. Die bei einer Umstellung der Unterrichtssprache erforderlichen personellen Änderungen wären kaum durchsetzbar, da in der Dorfbevölkerung, aus der sich das Lehrpersonal fast ausschließlich rekrutiert, nur die wenigsten über die notwendigen Rumänischressourcen verfügen. Dies wirft nicht nur die Frage nach der Erreichbarkeit der Staatssprache in Dörfern mit kompakt lebender minorisierter Bevölkerung auf, sondern auch die Frage nach legitimen Sprecher*innen: alle vier Rumänischlehrerinnen kommen aus anderen Dörfern und sind in rumänisch-/moldauischsprachigen Familien aufgewachsen. Es wäre also zu überprüfen, inwiefern „Ethnie" bzw. „Nationalität" notwendige Voraussetzungen sind, um legitime Sprecher*innen der Staatssprache zu sein, bzw. diese unterrichten zu können – und zwar sowohl auf der Ebene der Akzeptanz im moldauischen Hochschulsystem und bei den Ausbilder*innen, als auch im Dorf selbst.

Umso mehr erfordert der Ausbau der Geschäftssprache bei der minorisierten Bevölkerung (und hier in der Regel der Eltern für ihre Kinder) individuelle Entscheidungen und Strategien. Oksanas und Iolandas Eltern haben ihren russischsprachigen Töchtern aus diesem Motiv früh den Besuch einer rumänischsprachigen Schule zugemutet, in einem Fall mit Erfolg, im anderen letztlich auf Kosten einer erfolgreichen Schulkarriere.

Demgegenüber stellt das Call-Center eine junge und vergleichsweise wenig verregelte Institution mit niedrigen Zugangsvoraussetzungen dar. Keinerlei Ausbildung oder Qualifikationsnachweise sind erforderlich. Um zumindest auf Probe eingestellt zu werden, reicht es, geringe kommunikative Kompetenzen im Italienischen in einem kurzen Kennenlerngespräch und einem schriftlichen Grammatiktest unter Beweis zu stellen. Die Hürde, dies auch mit geringen Italienischkenntnissen zu versuchen, ist hierbei eine größere Barriere, als die Einstellungspolitik des Call-Centers. Auf Grund des hohen Personalbedarfs und der geringen Ansprüche des italienischen Auftraggebers bekommen fast alle

Bewerber*innen zumindest für eine Probezeit eine Chance. Für die Operator*innen bedeutet dies jedoch auch, dass sie ins kalte Wasser geworfen werden und es einen hohen Druck gibt, sich selbstständig sowohl in die sprachlichen Anforderungen einzufinden, wie auch in technische Aspekte, die Welt des mobilen Telefonierens und die Kunst des Telesalings.

Als Kommunikationssphäre bietet das Call-Center auf Grund seiner geringen sprachlichen Normativität und laxen internen Sprachpolitik denjenigen die Möglichkeit des sprachlichen Ausbaus in der Praxis, die den Mut haben, unter wenig vertrauten sprachlichen Verhältnissen zu kommunizieren. Diejenigen, die dabei geringe normative Anforderungen an die eigene Sprachpraxis haben, sind klar im Vorteil (Streb 2016:491).

Es zeigt sich in dieser Fallstudie auch, dass das Italienische nicht nur als Sprache der Migration wichtig ist, sondern auch als sprachliche Ressource im intimen Register, dass die aus Italien nach Moldova remigrierten Personen teilweise auch in ihren Familien und die Operator*innen untereinander verwenden. Zudem wird das Italienische in mehrsprachige Praxen des *translanguaging*, der rezeptiven Mehrsprachigkeit usw. eingebunden, die sich in einer Institution wie dem Call-Center etablieren können, weil hier ein geringer normativer Druck herrscht. Während ich diese Praxen bei der Arbeit im Gespräch der Operator*innen untereinander beobachten konnte, wurde in Einzelgesprächen mit mir eher der einsprachige Modus in Rumänisch/Moldauisch oder Russisch bedient. Im Vergleich zu den Gesprächen mit den Lehrerinnen, die fast ausschließlich im einsprachigen Modus geführt wurden, waren Elemente eines mehrsprachigen Modus in den Gesprächen mit den Call-Center-Mitarbeiter*innen jedoch deutlich frequenter.

Aus der Sicht der Lohnarbeitsbiographien sind die beiden Fallstudien auch deswegen grundsätzlich verschieden, weil die Schullaufbahn einzuschlagen ein mehrjähriges Studium voraussetzt und dadurch eine bewusste Entscheidung und eine mehrjährige Qualifikation erfordert. Die Lehrerinnen stellten sich mir gegenüber auch als Personen dar, die ihren Beruf aus Überzeugung und mit Freude ausüben, der ihnen bei allen Sorgen dennoch Erfüllung bringt. Dies ist bei den Call-Center-Mitarbeiter*innen nicht der Fall, die allesamt zufällig von der Arbeitsmöglichkeit erfahren und diese spontan ergriffen haben. Niemand hatte diese Tätigkeit als Berufsziel vor Augen und niemand hat bei der eigenen Qualifikation genau darauf hingearbeitet. Wenige Operator*innen hatten einen Studienabschluss in Fremdsprachen, die anderen waren von der Ausbildung her Elektriker, Buchhalter, Gymnastikdozentin, Telegraphin, Informatiker, Theologe und vieles andere mehr, wofür es für sie aus unterschiedlichen Gründen aktuell keine Möglichkeit der beruflichen Praxis gab.

7.2 Erreichbarkeit und Reichweite in den Reflexionen der Gesprächspartner*innen

Die Begriffe Erreichbarkeit und Reichweite sind der Alltagssprache entnommen und benennen somit Phänomene, die auch in epilinguistischen Diskursen von sprachwissenschaftlichen Laien formuliert werden. Einer direkten Referenz auf einen der beiden Begriffe bzw. ein rumänisches oder russisches Synonym bin ich in den Gesprächen nicht begegnet. Aus der Liste der möglichen Dimensionen, die ich im Theoriekapitel in abstrakter Form formuliert habe, haben aber viele in den Gesprächen Relevanz.

Es zeigen sich in den Diskursen meiner Gesprächspartner*innen im Dorf U. und denjenigen im Call-Center verschiedene Aspekte, die ich auf einige der eingangs bereits erwähnten Besonderheiten der beiden Fallstudien zurückführe: Die Minorisierung des Ukrainischen in Moldova, die geolinguistische Dimension der Sprachinsellage des Dorfes U. und den Stadt-Land-Gegensatz, das unterschiedliche Maß der Verregelung der internen Sprachpolitik und den Stellenwert des Arbeitsplatzes in der Sprach- und Berufsbiographie meiner Gesprächspartner*innen.

In den Schilderungen der Lehrerinnen war eine räumliche Konzeption der Reichweite sprachlicher Ressourcen gängig. Hierbei ging es um die begrenzte „kommunikative Reichweite" (König 2010) des ukrainischen Dialekts (die auf die Dorfgrenzen beschränkt war), der ukrainischen Standardsprache (die nach Ansicht der Lehrerinnen nur in der Ukraine von Nutzen war) oder die geringe Reichweite eines Repertoires ohne Moldauisch/Rumänisch. Bezugspunkt waren dabei die berufliche Zukunft und Bildungsmöglichkeiten (das *mobility potential*, Blommaert 2010:12), weshalb diese Äußerungen auch häufig im Zusammenhang mit der Zukunft der Schüler*innen getätigt wurden, seltener in Bezug auf die eigenen sprachlichen Ressourcen. Dies könnte so verstanden werden, dass die eigene berufliche Situation als relativ stabil wahrgenommen wurde, trotz Sorgen wegen Kürzungen im Bildungssystem und der geringen Löhne. Vielleicht ist es auch Ausdruck einer insgesamt relativ hohen Lebenszufriedenheit (oder dem Wunsch, mir diese zu vermitteln). In diesem Sinne stand die Aussage der Rumänischlehrerin Polina über die weit verbreitete Emigration aus U., dass nur die Staatsbediensteten bleiben würden, in einem Gegensatz zu Migrationsstatistiken, die belegen, dass überdurchschnittlich viele Lehrer*innen das Land verlassen (Kapitel 4.3.6).

Bei der Schilderung der begrenzten Reichweite des Rumänischen wird einerseits das Dorf als ein sprachlich abgegrenzter Raum mit eigenen Regeln konzipiert, der auch ein lebenswerter Wohnraum ist, aber in beruflicher Hinsicht kaum Möglichkeiten bietet. Andererseits ist die Rede von beruflichen Wegen, die unterschiedlich wünschenswert und erstrebenswert sind.

Die Reichweite als räumliche Metapher spiegelt die geografische Dimension der Reichweite, im Sinne der „kommunikativen Reichweite" (König 2010) und nicht die orthogonale Registerdimension. In den Repräsentationen der Gesprächspartner*innen im Dorf haben diese aber die Form von Wegen, nicht von Räumen und müssten folglich eher als Vektoren, denn als konzentrische Kreise skizziert werden, da manche Räume, die näher liegen als andere, trotzdem nicht frequentiert werden, wie z.B. die rumänischen Grenzstädte seitens der Bewohner*innen von U. Anders als es die in 2.2.2 beschriebene Raumvorstellung suggeriert, die aus der Semantik des Verbs ‚reichen' entsteht, deckt dann das sprachliche Repertoire nicht alle Punkte auf einer Strecke bis zu einem bestimmten Punkt ab, sondern nur diesen Punkt (und gegebenenfalls weitere Punkte).

Ein wesentlicher Unterschied im Vergleich der Repräsentationen in den beiden Fallstudien ergibt sich auch dadurch, dass in meinen Gesprächen mit den Lehrerinnen das Dorf bzw. die Dorfbewohner*innen als Gesamtheit Bezugspunkt für Möglichkeiten des Sprachausbaus waren. In diesem kollektiven Denken liegt ein wichtiger Stadt-Land-Unterschied, der sowohl mit der geringeren Anzahl von Sprecher*innen wie auch mit einer relativen Homogenität von deren sprachlichen Repertoires zu tun hat. Es erklärt sich zudem aus der zentralen Rolle der Lehrerinnen als kulturelle Akteurinnen im Dorf, die sich für die Zukunft der Schüler*innen und insbesondere den sprachlichen Ausbau verantwortlich fühlen. Letzteres wiederum ist auch eine Erklärung für die formulierten Sorgen.

Bei den Call-Center-Mitarbeiter*innen wurden Sprachaneignungsprozesse nicht aus einer solchen Perspektive geschildert. Sprachen galten hier eher als etwas grundsätzlich Lernbares. Schwierigkeiten bei der Aneignung wurden an individuellen Aspekten festgemacht, wie fehlende Motivation oder Wille (wie bei der russischsprachigen Oksana, als sie auf eine rumänischsprachige Schule wechselte) oder Begabung (wie Call-Center-Direktor Eugen, der sich selbst ein grundsätzlich fehlendes Talent zum Sprachenlernen attestierte, das mit Fleiß aber kompensiert werden könne). Die Idee der Eigenverantwortlichkeit, auf Basis derer mit Wille und Fleiß Sprachen angeeignet werden könnten, spielte in den individuellen Repräsentationen, aber auch der betrieblichen Sprachpolitik eine Rolle.

Dies verweist auf die Zentralität des Gebrauches, der seine Verbalisierung im Dorf im Begriff „sreda obščenia" (von mir mit „kommunikative Umgebung" übersetzt) fand. Eine solche Umgebung fehlte im Dorf vor allem für die Aneignung und Praxis des Rumänischen. In der Hauptstadt Chișinău hingegen, wo die meisten Call-Center-Operator*innen wohnten, sind Rumänisch und Russisch im alltäglichen Leben präsent. Italienisch haben die Call-Center-Mitarbeiter*innen im Gebrauch gelernt und gebrauchen es auch aktuell alle im Arbeitskontext. Sie haben dadurch nicht die Erfahrung gemacht, eine sprachliche Ressource für Zukunftsprojekte zu brauchen, aber kein Lernumfeld dafür zu erreichen. Die Konfrontation mit unmittelbaren praktischen Anforderungen ging der Aneignung sprachlicher Ressourcen voraus und sie haben in und durch die Praxis gelernt („din mers", Moşneaga et al. 2011:7, „в естественных условиях коммуникации", Млечко 2014:236). Hierbei treffen sich letztlich zwei konträre Szenarien der Sprachaneignung, wo auf der einen Seite praktische Erfordernisse stehen, auf der anderen die Frage nach Aneignung und Pflege sprachlicher Ressourcen, die im Alltag keine unmittelbare Anwendung finden, wie es auch die schwerpunktmäßige Beschäftigung der moldauischen Ukrainistik mit Erhalt ukrainischer Kultur und Identität spiegelt, wie sie in 4.1 und 4.3.3.3 angedeutet wurde.

Die Registerfrage in epilinguistischen Diskursen zu thematisieren, stellte sich als schwierig dar, da hierfür ein bestimmtes Maß an sprachlicher Bewusstheit notwendig ist. Bei den Lehrerinnen im Dorf U. wurden Varietätenunterschiede und Registerdifferenzierungen im Ukrainischen thematisiert, mit denen sie durch den schulischen Ausbau des Standardukrainischen und dessen Kontrast zur Vernakulärvarietät konfrontiert waren. Das Bewusstsein genau hierfür ist geschärft, da vor der Einführung von Ukrainischunterricht 1990 kein Kontakt zu dieser Standardsprache bestand. Von Registerunterschieden im Russischen und Rumänischen war überhaupt nicht die Rede, vielmehr ging es hier um Einzelsprachen in reifizierter Form. In der Praxis besteht im Russischen vor allem Kontakt zu den formellen Registern (als Bildungssprache und alternative Geschäftssprache), da die informellen Register im Ukrainischen bedient werden.

Die Umstellung des Alphabets und die Aneignung von schriftsprachlichen Strukturen in anderen als der Bildungssprache wurde auf der Ebene der Graphie und einzelnen Orthographieproblemen geschildert, im Großen und Ganzen aber als unproblematisch wahrgenommen. Während die meisten auch russischsprachigen Gesprächspartner*innen sich nicht mehr genau erinnerten, wann, wie und wo sie überhaupt die lateinische Schrift gelernt haben, die zwar vor den Sprachgesetzen von 1989 nicht so wichtig, aber irgendwie trotzdem immer schon da war (z.B. wegen des Französischunterrichts), ist Oksana ein Beispiel dafür, dass Schulunterricht und Kontakt zur lateinischen Schrift im öffentlichen Raum allein die Aneignung des Alphabets noch nicht zu einem Selbstläufer machen. Sie lernte die Schrift dann über ihre Tochter, als diese in die Schule kam, was für sie ein entscheidender Faktor dafür war, dass sie später auch Italienisch schreiben lernte.

In der Repräsentation von Ausbauprozessen wurde häufig von „Zeigespielen" (Tomasello 2009:72) erzählt, die auch für den anfänglichen Konstruktionsausbau im Erwachsenenalter Bedeutung zu haben scheinen. Die Aneignung von Einwortkonstruktionen ist damit gegenüber komplexeren sprachlichen Strukturen der Reflexion deutlich zugänglicher (Oksana erwähnte dies für Italienisch und Englisch; Natalia für Italienisch; Tatiana für Ukrainisch).

7.3 Erreichbarkeit und Reichweite revisited

Im Folgenden nehme ich die Thesen aus dem Theoriekapitel (2.2.3) wieder auf und diskutiere sie vor dem Hintergrund der beiden Fallstudien. Auf Grund der Logik der Überlegungen haben sich dabei die Nummerierungen verändert und die Thesen teilweise reformuliert.

These 1: Die Reichweite sprachlicher Ressourcen muss in Relation zu Lebensentwürfen betrachtet werden.

Die Reichweite sprachlicher Ressourcen zeigt sich in der Praxis und in Relation zu den persönlichen Lebensentwürfen. Hierin liegt auch ein Grund, dass für die Sprecher*innen selbst die Reichweite sprachlicher Ressourcen vorwiegend als zu geringe Reichweite spürbar wird und zwar dann, wenn das Repertoire an seine Grenzen stößt. Dies ist in der Ontogenese auch der Grund für Ausbau (Maas 2011:8).

Die Behauptung der Relativität der Reichweite ist insofern problematisch, als sie nicht dazu führen darf, den „Objektivitätsüberhang" (Görg 1995) sozialstrukturell angelegter Ungleichheiten oder die unterschiedliche Leistungsfähigkeit strukturell verschiedener sprachlicher Formen, z.B. für die Darstellung komplexer Sachverhalte, aus den Augen zu verlieren. Ebensowenig entsteht jedoch ein zutreffendes Bild, wenn der Nutzen bestimmter „Sprachen" oder sprachlicher Ressourcen verallgemeinert wird, so wie es am Gebrauchswert des Englischen in Kapitel 2.1.3.3 beispielhaft diskutiert wurde. Dass dies insbesondere im Zusammenhang mit dem Fremdsprachenlernen relevant ist, zeigte sich in U., wo wie an anderen Orten Moldovas ein spürbarer Rückgang des Interesses an Französisch (gegenüber Englisch) als Fremdsprache zu verzeichnen war, obwohl die häufigste Migrationsdestination der Einwohner*innen Paris ist.

Dass die Reichweite von „Sprachen" mit hohem Prestige oder ökonomischem Wert mitunter verabsolutiert wird, in Relation zu konkreten Lebensentwürfen jedoch wenig Bedeutung hat, spiegelte sich in der Aussage der Englischlehrerin, die Kinder sollten, wenn sie auf die Straße gingen, wenigstens nach dem Weg fragen können – die Wenigsten kommen aber in eine Situation, wo sie auf Englisch nach dem Weg fragen müssten.

Das Beispiel der Englisch- und Französischlehrerin Iolanda selbst zeigt auch, dass ihre Französischressourcen in ihrer aktuellen Lebenswelt keinen Gebrauchswert haben, da es an Praxismöglichkeiten fehlt. Dieselben Ressourcen könnten aber für sie selbst oder eine andere Person, z.B. bei einem Besuch der Verwandten in Paris, einen großen Gebrauchswert haben (vgl. Weirich 2016a). D.h. Reichweite hängt in diesem Sinn vom Gebrauchswert der Ressourcen für bestimmte Personen ab. Zwecks Anschaulichkeit habe ich hierzu in den theoretischen Überlegungen eine Reihe von Dimensionen angeführt: Alltagskommunikation und soziale Anerkennung, *scale jumping* und indexikalische Ordnungen, *voice* und bürgerliche Rechte, Zugang zu Bildung und Information, Kommodifizierbarkeit.

Alltagskommunikation & soziale Anerkennung

Unmittelbar mit der lokalen Artikulation sprachlicher Verhältnisse verknüpft ist die Alltagskommunikation, die für den Aufbau sozialer Beziehungen und Anerkennung wichtig ist. Hierbei stehen intime Register und diejenigen einer informellen Öffentlichkeit, die vor allem in der Praxis gelernt werden und mehrsprachige Praxen und Nicht-Standard-Varietäten umfassen, im Vordergrund. Im Dorf U. ist das die lokale Varietät des Ukrainischen, die hier im Alltag in der Mehrheit aller Situationen praktiziert wird. Ihre Bedeutung für die Alltagspraxen und ihre Erreichbarkeit im Alltag manifestieren sich darin, dass sie auch von Zugezogenen und Pendler*innen rasch erlernt wird, obwohl ihre Reichweite außerhalb des Dorfes gering ist und auch von allen so beschrieben wurde.

Im Call-Center Univerconnect waren in der Interaktion zwischen den Mitarbeiter*innen umgangssprachliche und lokal markierte Register des Rumänischen die am häufigsten praktizierten Formen. Diese sind für Allophone in der Praxis auch leichter zu erreichen, wie der Sprechweise der Operatorin Oksana zu entnehmen war. Deren erste Sprache war Russisch und sie berichtete, sich ihre Rumänisch-/Moldauischressourcen größtenteils bei Univerconnect angeeignet zu haben, wo die Mehrheit der Kolleg*innen rumänischsprachig war.

Allein zur Sicherstellung der Verständigung hätte Oksana sich genausowenig das Rumänische aneignen müssen, wie die Zugezogenen Iolanda und Polina den ukrainischen Dialekt des Dorfes U., da erstens das Italienische als Vehikulärsprache zur Verfügung stand und zweitens die Mehrheit der Kolleg*innen Russisch verstand. Diese Prozesse wurden überwiegend als freiwillig beschrieben, aber das Beispiel der Lehrerin Iolanda zeigte auch, dass es zumindest für sie als Bewohnerin des Dorfes einen sozialen Druck gab, den lokalen Dialekt zu lernen und zu sprechen, weil ihre Ressourcen des Russischen und des Standardukrainischen in der Alltagskommunikation (von anderen) als inadäquat bewertet wurden und auch teilweise nicht funktional (weil unverständlich) waren. Der Unterschied zwischen den beiden Fallstudien liegt auch in der Konstruktion eines einsprachigen Raumes in U., wo in der alltäglichen Praxis die Sprachwahl konventionell und mehr oder weniger alternativlos auf die lokale ukrainische Varietät fällt, und eines mehrsprachigen Raumes im Call-Center Univerconnect, der gemäß der internen Sprachpolitik einsprachig italienisch, in der Praxis aber mehrsprachig ist. Die Aushandlung der Sprachwahl in Einzelsituationen ist dadurch im Call-Center offener (siehe 3.4.2.2/Monolingualer Modus und Gewohnheitsmodus).

Scale-Jumping und indexikalische Ordnungen

Eine wichtige Dimension der Reichweite sprachlicher Repertoires besteht in der Möglichkeit das Register und dadurch die Ebene der Formalität zu wechseln (was Blommaert 2010:35; Busch 2013:131 als *scale-jumping* bezeichnen). Beide Fallstudien stellen aber ‚periphere sprachliche Märkte' (Weirich 2016c) dar, weshalb das formelle Register für den lokalen Gebrauch nicht die gleiche Funktion hat, wie bei überregionalen Treffen oder in der Kommunikation mit Behörden.

Dass elaborierte sprachliche Ressourcen und ein formelles Register im Dorfalltag eine geringe Rolle spielen, zeigte sich in den Klagen Iolandas, dass sie weder für die Praxis der ukrainischen Standardsprache, noch des Russischen und Rumänischen Gelegenheit habe. Ein Registerwechsel wird bei überregionalen Fortbildungstreffen der Lehrer*innen oder Wettbewerben nötig, wo erstens in Russisch oder Rumänisch kommuniziert wird und zweitens ein hoher Grad an Formalität in der Kommunikation wichtig ist, inklusive festlicher Ansprachen. In den Telefongesprächen der Operator*innen können Registerwechsel im Italienischen eine Verkaufsstrategie sein. In Abhängigkeit von den Kund*innen können sowohl formelle Ressourcen als auch ein eher informelles Register wirksamer sein. Hier differenzieren sich auch die Repertoires der Operator*innen, die Registerwechsel unterschiedlich gut beherrschten.

Da meine Daten vor allem aus exolingualen Gesprächssituationen der Interaktion mit mir bestehen, stellen *scale*-Wechsel eine Ausnahme dar, die vornehmlich bei endolingualen Seitenhandlungen vorkamen, wo auf die lokale Varietät des Ukrainischen, regionale Formen des Rumänischen/Moldauischen oder mehrsprachige Praxen rekurriert wurde. Hierbei tritt zutage, dass die Interaktion mit mir nicht dem intimen Register zuzurechnen ist, sondern eine halböffentliche Situation darstellt. Der wahrgenommene Grad an Formalität der Interaktion variierte. Ausdruck dessen ist, dass z.B. Natalia und Polina stark regional markierte Formen des Rumänischen verwendeten, die tendenziell informellen Situationen zugerechnet werden, jedoch anders als in den endolingualen Seitenhandlungen konsequent einen einsprachigen Modus bedienten.

Voice & Bürger*innenrechte

Für die Theorie ‚sprachlicher Verhältnisse' ist die politische Partizipation eine der wichtigsten Dimensionen, da Referenzpunkt moderne (bürgerliche und nationalstaatliche) Gesellschaften sind, die demokratisch legitimiert werden. Im Rahmen der hier interpretierten Gespräche kamen Fragen der politischen Partizipation und der Vertretung eigener Interessen jedoch kaum zur Sprache. In Bezug auf die Institution Schule wurde über die Interaktion mit der Schulbehörde im Raion gesprochen, die das Bindeglied zum Bildungsministerium in Chișinău darstellte. Die Reichweite des Russischen in dieser Kommunikation wurde geringer, da die Behördenkommunikation auf Rumänisch erfolgte und nicht für eine Übersetzung ins Russische gesorgt wurde. Auf der einen Seite wurde also der Zugang zur offiziellen Kommunikation für die allophone Bevölkerung nicht sichergestellt, auf der anderen Seite wurde genauso wenig die Aneignung der Staatssprache durch Fortbildungsangebote gefördert. Alle Maßnahmen, von denen mir berichtet wurde, waren eigeninitiativ und stark improvisiert.

In der Lokalpolitik im Dorf war Ukrainisch nicht nur ausreichend, sondern unerlässlich. Im Rathaus wurde fast ausschließlich Ukrainisch gesprochen, so dass die sprachlichen Barrieren für die Artikulation von Interessen auch für die Bevölkerung mit gering ausgebauten formellen Registern gering waren.

Im Call-Center war das formelle Register entsprechend der offiziellen Maßgabe das Italienische, die Vertretung der eigenen Interessen gegenüber den Chefs erfolgte jedoch eher im informellen Register auf Rumänisch oder Russisch. Mit Direktor Eugen hatten die Operator*innen eine Reihe von Interessenkonflikten, die entweder in Italienisch, vorrangig aber Rumänisch ausgetragen werden mussten, da er kein Russisch praktizierte. In der Kommunikation mit Direktorin Kira standen aber die Ressourcen aller drei Sprachen zur Wahl. Sie bevorzugte selbst das Russische, ich konnte aber nicht beobachten, inwiefern die Sprachwahl Einfluss auf die Aushandlung von Interessen in dieser Situation der Abhängigkeit zwischen Vorgesetzter und Angestellten ausübte.

Obgleich ich *voice* als den Kristallisationspunkt der Reichweite sprachlicher Ressourcen postuliert habe, kann ich auf Basis meiner Daten hierüber letztlich wenig fundierte Aussagen machen. Zukünftige Datenerhebungen müssten gezielter auf diese Frage ausgerichtet werden.

Zugang zu Bildung und Information

An der Schule im Dorf U. war aus institutionellen Gründen der Zugang zu (höherer) Bildung der am meisten thematisierte Aspekt der sprachlichen Reichweite. Hierbei sind die sprachlichen Verhältnisse auf der gesamtgesellschaftlichen bzw. nationalstaatlichen Ebene ausschlaggebend, die in einer mehrsprachigen Gesellschaft darüber entscheiden, in welchen Sprachen erstens Studiengänge angeboten werden und zweitens in welchem Maße eine Infrastruktur zur Verfügung gestellt wird, die die Erreichbarkeit dieser Ressourcen gewährleistet, gegebenenfalls auch zum Zwecke des Studiums und an der Universität.

Das betrifft nicht nur Kenntnisse einer Sprache im Allgemeinen, sondern den „Ausbau schriftkultureller Praxis" (Maas 2008b:312) im Speziellen, für den die Voraussetzungen in Form des Umgangs mit Registervariation bereits vor Eintritt in das Schulsystem in der Familie geschaffen werden (siehe 2.3.4.5). Den Lerner*innen sind diese Prozesse nur in Ausnahmefällen bewusst, aber auch die Pädagog*innen haben häufig ein geringes metasprachliches Bewusstsein für die kategorialen Differenzen zwischen oraten und literaten Strukturen. Nach ihrer Mehrschriftigkeit gefragt, gaben meine Gesprächspartner*innen auch im Lyzeum meist Auskünfte über Orthographie oder Schriftsysteme. Gerade der schulische Fremdsprachunterricht fokussiert kurrikular bedingt auf Literatursprache und setzt dabei auf ein Transferpotential, ohne die benötigten literaten Strukturen von interaktiven (oraten) Ressourcen aus zu bearbeiten. In diesem Sinne beklagten meine Gesprächspartner*innen am Lyzeum Praxisferne des Fremdsprachenkurrikulums (Soltan 2014; Weirich 2016a).

Im Dorf U. hatten diese Fragen nicht nur auf Grund des Bildungsauftrags der Schule höchste Dringlichkeit, sondern auch, weil hier als Bildungssprache das Russische ausgebaut wurde, das im moldauischen Bildungssektor, vor allem im Bereich der Hochschulen, systematisch an Reichweite einbüßt. Fokus der Argumente waren dabei in der Regel Einzelsprachen (also Rumänisch/Moldauisch vs. Russisch), während Sprachausbau und Register nicht thematisiert wurden, so dass eine Differenzierung der Erreichbarkeit literater Strukturen sowohl des Russischen als auch des Rumänischen nicht möglich war.

Die minorisierten Sprachen wie das Ukrainische haben auf dem moldauischen Bildungsmarkt keine Reichweite und die Tatsache, dass sie ein Studium in der Ukraine ermöglichen würden, steigerte in der Argumentation der Lehrer*innen die Reichweite des Ukrainischen kaum, da diese Option als tendenziell wenig attraktiv wahrgenommen wurde.

Relevanz hat der Zugang zu Bildungsinstitutionen (aber auch Arbeitsplätzen) nicht nur wegen der Bildungschancen, sondern auch, weil diese Institutionen für die Erreichbarkeit von sprachlichen Ressourcen eine Schwellenfunktion haben können, da die Sprachpraxis in diesen Institutionen einen Ausbau der sprachlichen Repertoires ermöglicht. Es ist deswegen ausschlaggebend, wie der Zugang zu Institutionen geregelt wird. Durch formalisierte Sprachtests kann per Ausschlusskriterium der Zugang verwehrt werden. Er kann aber auch eine abschreckende Wirkung derart haben, dass Interessierte sich erst gar nicht bewerben. Ein Beispiel hierfür ist der Studienantritt der Ukrainischlehrerin Anastasia Dimitrovna. Auf Grund von Eingangstests in Rumänisch an moldauischen Universitäten zu dieser Zeit entschied sie sich für einen Bildungsaufenthalt in der Ukraine, um der Zugangsschranke Rumänischtest zu entgehen.

Auch im Zusammenhang mit Lohnarbeit können Institutionen eine solche Schwellenfunktion haben – die niedrigen Einstellungsanforderungen im Call-Center Univerconnect ermöglichten Angestellten mit relativ geringen Italienischressourcen diese während der Arbeit auszubauen. Begleitet wurde dies jedoch durch formalisierte Lernformate, die sowohl Lernprozesse ermöglichten, als auch eine moralische Stütze boten.

In informellen Lernkontexten herrscht eine hohe Asymmetrie zwischen Erreichbarkeit und Reichweite: Erreichbarkeit ist stärker lokal an die Artikulation der sprachlichen Verhältnisse gebunden. Diejenigen Ressourcen, die in *scale-* bzw. Registerdimension eine geringere Reichweite haben, sind für *language user* deutlich leichter zu erreichen. Eine große Reichweite korrespondiert meist nicht mit guter Erreichbarkeit, steigert nur ihre Attraktivität. Hierauf muss mit einem kompensatorischen Bildungsauftrag reagiert werden, der in mehrsprachigen Gesellschaften mit mobilen Bürger*innen und in gesellschaftlichen Bruchphasen auch ein breites Angebot für Erwachsene bereithalten muss, die die Schule bereits abgeschlossen haben.

Über das reine Bildungsangebot und den Zugang dazu hinaus kommt es darauf an, welche ‚Ausbauangebote' (Streb 2016:477) dort gemacht werden und welche Ressourcen den Lerner*innen zur Verfügung stehen, um darauf einzugehen. So überschritt die russischsprachige Oksana zwar die Schwelle zu einer rumänischsprachigen Schule, scheiterte aber an der Unterrichtssprache, während die russischsprachige Iolanda aus einer bildungsbewussten Familie eines Militärangehörigen die Anfangsschwierigkeiten in einer moldauischen Schule überwunden hat und daraus gestärkt hervorgegangen ist. Eugen, der den Zugangstest zum Fremdsprachenstudium an der Universität von Bukarest bestanden hatte, konnte sich dort zwar solide Kenntnisse auch literater Strukturen aneignen, hat aber durch die ausgeprägte Normativität des Unterrichts kommunikative Barrieren aufgebaut.

Kommodifizierbarkeit der Arbeitskraft & Sprache als Produktionsmittel

Auch bei der Kommodifizierbarkeit sprachlicher Ressourcen als Teil der Ware Arbeitskraft muss differenziert werden, inwiefern diese eine Einstellungsvoraussetzung sind (etwa um im Einzelhandel Personen in bestimmten Sprachen bedienen zu können) oder die zentrale Qualifikation, wie es das Italienische bei den Call-Center-Operator*innen und ein Sprachenstudium bei den Lehrerinnen in den philologischen Fächern sind.

Der Arbeitsmarkt für Personen mit ausgebauten sprachlichen Ressourcen als Hauptqualifikation konzentriert sich in Moldova auf den Bildungsbereich und auf Übersetzungstätigkeit. Insbesondere Ressourcen in den minorisierten Sprachen wie Ukrainisch sind auf dem Arbeitsmarkt schwer kommodifizierbar. Von einem Markt für Authentizitätsprodukte, auf dem sprachliche Ressourcen im Ukrainischen einen Mehrwert abwerfen würden, kann nicht die Rede sein. Für alle diese Arbeitsplätze und insbesondere für diejenigen im Bildungssektor gilt außerdem, dass sie ausgesprochen schlecht entlohnt sind.

Sprachliche Ressourcen als Teil der Ware Arbeitskraft werden nicht unabhängig von dieser verkauft. Davon, dass Arbeitskraft auf dem moldauischen Arbeitsmarkt insgesamt sehr schlecht bezahlt wird, stellen auch die Arbeitsplätze keine Ausnahme dar, bei denen sprachliche Ressourcen die zentrale Qualifikation sind. Gleichzeitig reduziert sich hierdurch der Anreiz, die zeitlich aufwändige Investition zu tätigen, diese Ressourcen auszubauen (Maas 2005:105f). Ein Beispiel hierfür ist das Scheitern des dreimonatigen Italienischanfängerkurses im Call-Center, dem das Kalkül zugrunde lag, dass es einerseits möglich sei, in drei Monaten ausreichend gut Italienisch zu lernen, um am Telefon Promotionsangebote zu verkaufen und dass die Chance, kostenlos eine Sprache zu lernen, eine zusätzliche Motivation zu einem Arbeitsangebot darstelle. Dies bewahrheitete sich aber nicht, weil fast allen Teilnehmer*innen der Aufwand zu groß war, zumal in einer Situation, in der sie sich auf intensiver Jobsuche befanden.

Die ökonomische Reichweite sprachlicher Ressourcen hängt also in sehr viel grundsätzlicherer Art von den ökonomischen Verhältnissen ab, als nur von der Verwertbarkeit sprachlicher Ressourcen und ihrer kommunikativen Funktion. Voraussetzung einer umfassenden und systematischen Untersuchung der Kommodifizierbarkeit von sprachlichen Ressourcen wäre also eine Beschreibung der sozioökonomischen Verhältnisse inklusive der Reallöhne in transnationaler Perspektive. Bei der Binnendifferenzierung sozialer Ungleichheiten in einem nationalstaatlichen Rahmen müsste es um die Beschreibung sowohl der Lohnhöhe als auch der Arbeitsbedingungen gehen. Beide sind auch unabhängig von den persönlichen Lebensentwürfen für das persönliche Wohl entscheidend und nicht als Teil von Lebensentwürfen zu realisieren.

Mobilität und Migraton

In Blommaerts *sociolinguistics of mobility* (2010:3) begründet sich der Gebrauchswert sprachlicher Ressourcen durch die Mobilität, die sie ermöglichen. Hiermit ist in erster Linie eine vertikale Mobilität im Sinne des Erreichens von höheren *scales* gemeint („semiotic mobility"), wie sie bereits für Alltagspraxen beschrieben wurde.

Unter Berücksichtigung der hohen Migrationsrate in Moldova scheint eine wichtige Eigenschaft des *mobility potentials* die Ermöglichung oder Erleichterung von horizontaler Mobilität durch Arbeitsmigration zu sein. Geringe sprachliche Barrieren gelten zum Beispiel als ein Grund dafür, dass die russischen Großstädte die Liste der Orte mit den meisten moldauischen Arbeitsmigrant*innen anführen. Eine Voraussetzung sind solche Ressourcen aber meist nicht, da die Migration über persönliche Netzwerke organisiert wird, die auch bei der Adaption an die neuen Verhältnisse und beim Finden einer Arbeitsstelle behilflich sind, wie das Beispiel Natalia zeigte.

Gerade bei regulären Migrationsbewegungen, wie derjenigen nach Québec, kann Sprache ein entscheidender Faktor für den Zugang zu einem Visum sein. In der diskursiven Bewertung von Migration ist eine implizite Unterscheidung in prestigereiche (z.B. zum Zwecke eines Studiums) und nichtprestigereiche Migration (nicht reguläre und prekäre Migration zum Zwecke des Geldverdienens) am Werke (Weirich 2016c). Gerade für erstere sind ausgebaute Sprachkenntnisse aber eine Voraussetzung. Das Beispiel der gescheiterten Migration nach Québec der Englischlehrerin Iolanda zeigt, dass es dabei nicht nur um die eigenen Ressourcen, sondern auch diejenigen der Familienangehörigen geht.

Mobilität ist aber nicht nur ein Kriterium von Reichweite, sondern beeinflusst auch die Erreichbarkeit, weil sprachliche Formen, die in anderen Räumen gebräuchlicher sind, dadurch erreichbarer werden. Anlässlich von Arbeitsmigration sind das normalerweise zuerst orate Strukturen, die in der Alltagspraxis *en passant*, bzw. *din mers* (Moşneagă et al. 2011:7) gelernt werden. Sie können aber eine Basis darstellen, von denen aus auch schriftsprachliche Ressourcen „gebootet" (Maas 2008b:263) werden können, zumal wenn ein Transferpotential von anderen ausgebauten Sprachen besteht. Voraussetzung hierfür ist in den meisten Fällen ein längerer Aufenthalt. Beispielsweise hat sich die Call-Center-Direktorin Kira in ihrem zehnjährigen Aufenthalt in Italien zunächst in der Praxis kommunikative Ressourcen angeeignet und auf Basis dessen später schriftsprachliche Kompetenzen, die sie zu einer Arbeit in der Buchhaltung befähigten. Für Anastasia wurde das Standardukrainische inklusive seines formellen Registers durch den Studienaufenthalt in der Ukraine erreichbar.

Die während der Arbeitsmigration angeeigneten Ressourcen können aber auch die Erreichbarkeit und Reichweite der sprachlichen Repertoires nach Rückkehr verändern – etwa dadurch, dass die neuen Ressourcen neue Chancen auf dem Arbeitsmarkt eröffnen, oder dadurch, dass sie ein Transferpotential für die Aneignung neuer Ressourcen darstellen.

Tabelle: Dimensionen von Reichweite und Erreichbarkeit unter der Bedingung von Mobilität

	Mobilität/(E-)Migration	(Re-)Migration/Rückkehr
	kurzfristig	langfristig
Reichweite	RW ermöglicht M.	
	RW wird verringert durch M (Beispiel: Entwertung formeller Register im Russischen und Rumänischen in Italien)	RW wird vergrößert (Beispiel: Kommodifizierbarkeit der Ressourcen im italienischsprachigen Call-Center)
Erreichbarkeit	EK wird vergrößert (Beispiel: Aneignung des Italienischen in Italien)	EK wird vergrößert (Transfer – Beispiel: Erreichbarkeit des Rumänischen für ukrainischsprachige Personen, die in Frankreich oder Italien gearbeitet haben)

Zur Ermöglichung von sprachlichem Ausbau in Situationen der (eventuell nur vorübergehenden) Immobilität sind wiederum Bildungsangebote entscheidend, wie sie bereits unter D thematisiert wurden. Einerseits ist hierbei aus einer funktionalen Perspektive zu differenzieren in Sprachen, die unter den gegebenen Verhältnissen eine Funktion haben (so dass die Lernenden gleichzeitig L2 *users* und *learners* im Sinne von Cook 1999 sein können) und solchen, insbesondere

„Fremdsprachen", die wegen ihrer potentiellen oder imaginierten Reichweite angeeignet werden. Damit letztere erreichbar werden, braucht es Angebote zur Kompensation für den fehlenden Gebrauch, die in der Stadt tendenziell eher verfügbar sind. Das Beispiel von Oksanas Italienischaneignung zeigt aber auch, dass bei entsprechender Motivation (temporär) immobile Personen Strategien der autodidaktischen Aneignung entwickeln können.

These 2: Es kann nur über die Reichweite sprachlicher Repertoires sinnvoll gesprochen werden, nicht über diejenige einzelner Sprachen und Register.

Zu einem ‚sprachlichen Repertoire' zählt die Gesamtheit der sprachlichen Ressourcen, die einer Person zur Verfügung stehen, inklusive dem soziokulturellen Wissen ihrer situationsadäquaten Anwendung. Ein Hauptanliegen dieser Art der Betrachtung von sprachlichem Wissen besteht darin, der Tatsache Rechnung zu tragen, dass Einsprachigkeit und Mehrsprachigkeit genausowenig kategorial voneinander getrennt werden können, wie einzelsprachliche Systeme (Blommaert 2010:180f; Blommaert/Backus 2013:29; Lüdi 2014:67). Sprachliche Repertoires sind hoch dynamisch und ständig in Veränderung (Erfurt/Amelina 2008:33; Vigouroux 2005).

Beim Bewältigen sprachlicher Aufgaben steht den Sprecher*innen ihr gesamtes Repertoire zur Verfügung, aus dem sie je nach Situation, institutionellen Regeln und ihrem Gegenüber diejenigen Ressourcen wählen, die versprechen, die Aufgabe effektiv lösen zu können. Wenn hierfür nur Ressourcen einer bestimmten Sprache in Frage kommen, hat dies mit den etablierten Regeln zu tun.

Im sprachlichen Bewusstsein der Sprecher*innen und in alltäglichen Diskursen hingegen ist den dominanten Einsprachigkeitsideologien entsprechend das Denken in Kategorien getrennter Einzelsprachen gängig und die Autorepräsentation von Repertoires als Gesamtheit von Ressourcen und Konstruktionen, die normativ unterschiedlichen Sprachen zugeordnet werden, wenig verbreitet. Eine Ausnahme bei den Gesprächen stellte die Rumänischlehrerin Polina dar, die neben einem ausgeprägten Korrektheitsdiskurs auch einen ‚Diskurs der gelebten Mehrsprachigkeit' reproduzierte und von mehrsprachigen Praxen des *Translanguaging* und der ‚rezeptiven Mehrsprachigkeit' in ihrer Familie berichtete. In der Praxis stellt sich aber in einer individuellen Perspektive die Reichweite der sprachlichen Ressourcen aller Sprecher*innen als die Reichweite ihres sprachlichen Repertoires dar, da Personen und ihre Handlungsinteressen im Fokus stehen, die aus ihrem gesamten Repertoire schöpfen können. Wenn dabei Ressourcen ausgeklammert werden, ist dies eine Norm, die selbst auf ihre gesellschaftlichen Ursachen hin untersucht werden muss und ein Faktor, der die Erreichbarkeit der eigenen Ressourcen in konkreten Situationen beschränkt.

Selbst wenn Sprecher*innen bestimmte sprachliche Formen fehlen, die in einem bestimmten Raum nützlich wären, können sie möglicher Weise andere Ressourcen alternativ zur Hilfe ziehen, je nachdem ob Ressourcen funktional äquivalent oder komplementär sind. In Situationen, in denen die Sprachpraxis starken Bewertungen ausgesetzt ist, kann dies als Form des *scale-jumpings* verstanden werden, das deswegen funktioniert, weil das Gegenüber dazu gebracht wird, ebenfalls die Bezugsebene zu wechseln. Beispiele von russischsprachigen Geschäftsleuten in Deutschland und der *exit-option* Englisch nennt Amelina (2008). In einer früheren Publikation habe ich argumentiert, dass in der moldauischen Militärakademie trotz offizieller Einsprachigkeit in vielen Situationen auch auf die Ressourcen des Russischen zurückgegriffen werden kann (Weirich 2014:165) und dass trotz Einsprachigkeitsideologie mehrsprachige Repertoires als „normal" vorausgesetzt werden.

In der Interaktion der Call-Center-Operatorin Oksana mit ihrem Vorgesetzten Leandru war zu sehen, dass der Regel der Einsprachigkeit in Italienisch symbolisch durch die Verwendung einzelner Konstruktionen in Italienisch Rechnung getragen wurde, sie aber ansonsten sowohl auf umgangssprachliche russische als auch rumänische Ressourcen zurückgriff, um sich bei Problemen verständlich zu machen.

These 3: Im Kontrast von aktueller und potentieller Reichweite spiegeln sich Ungleichzeitigkeiten zwischen sprachlichem Repertoire und Lebenswelt

Anknüpfend an These 1, dass die Reichweite sich im Verhältnis zu Lebensentwürfen und Lebenswegen manifestiert, kann in eine aktuelle und eine potentielle Reichweite unterschieden werden. Analog zu sprachlichen Ressourcen mit einem hohen praktischen Nutzen und guter Erreichbarkeit im Alltag (wie der ukrainischen Vernakulärvarietät in U.), die jedoch darüber hinaus eine geringe Reichweite in anderen Lebenszusammenhängen haben, und schlecht erreichbaren Ressourcen mit einer hohen Reichweite, gibt es Ressourcen, die in bestimmten (möglicherweise wichtigen) Domänen eine hohe Reichweite haben könnten, die jedoch abstrakt bleibt, da die Sprecher*innen zu den Domänen keinen Zugang haben. Diese Reichweite nenne ich die potentielle Reichweite. Ihr nicht realisiertes Potential begründet sich auch dadurch, dass der Zugang zu sozialen Räumen nicht nur durch sprachliche Ressourcen, sondern zahlreiche andere Faktoren bestimmt wird.

Die Fremdsprachenlehrerin Iolanda verfügt über ein umfangreiches sprachliches Repertoire mit ausgebauten sprachlichen Ressourcen in mehreren Sprachen, die jedoch in ihrem Alltag als Lehrerin in einem Lyzeum eines ukrainischsprachigen Dorfes selten Anwendung finden. Während zum Zeitpunkt der Forschung ihre Französischressourcen für sie mangels Praxis einen geringen Gebrauchswert hatten, würde sich dieser doch drastisch erhöhen, wenn sie, wie viele andere Dorfbewohner*innen, nach Paris oder Québec umziehen würde. Dies wäre ein Rollenwechsel vom *L2 learner* zum *L2 user*.

Im Dorf gab es eine sehr geringe Schnittmenge von *L2 users* und *L2 learners*: Diejenigen, die (zum ersten Mal) nach Paris zum Arbeiten gehen, verfügen in der Regel nicht über vorherige Kenntnisse des Französischen und die wenigen, die über nennenswerte in einem formellen Umfeld ausgebaute Französischkenntnisse verfügen, haben keine Gelegenheit zur Mobilität in französischsprachige Umgebungen (Weirich 2016a).

Die weit verbreitete Migration nach Paris ist kein hinreichender Grund für schulischen Französischausbau (Englisch wird demgegenüber deutlich favorisiert) und ausgebaute Französischkenntnisse sind an sich kein Grund zu migrieren, geschweige denn eine hinreichende Bedingung dafür, da sowohl Grenzregime als auch finanzielle Möglichkeiten dem im Wege stehen. Die Lebenswelt von Personen stellt also einen Raum von Potentialen dar, die nicht alle praktisch genutzt werden (können) und der gleichzeitig nicht isoliert von anderen Räumen existiert, sondern mit diesen vielfältig verbunden ist. Eine Veränderung der Lebenswelt ist häufig mit Widerständen verbunden, auf die eine oder andere Art aber immer möglich. Die Menge der Möglichkeiten in einem Raum schränkt die Grenze möglicher Reichweiten ein.

Das Potential dieser Ressourcen kann sich durch die ausbleibende praktische Nutzung aber reduzieren (Maas 2005:105). So hatte insbesondere Iolanda Sorge, durch die fehlende Praxis ihre Rumänischressourcen einzubüßen.

Dieser Aspekt müsste im Rahmen der Forschung zu *language attrition* weiter bearbeitet werden, wobei zu überprüfen wäre, inwieweit sprachliche Ressourcen in der Praxis auch nach vielen Jahren ohne aktiven Gebrauch wieder mobilisiert werden können (noch erreichbar sind) und wie bzw. unter welchen Bedingungen das möglich ist. Eine Situation, wie diejenige, als Oksana sich beim Call-Center Univerconnect bewarb und hier nach vielen Jahren der Inaktivität ihre Italienischressourcen wieder mobilisierte, stellt eine spannende Forschungssituation dar, in der solche Prozesse für einen Spezialfall autodidaktisch in einem informellen Umfeld erlernter Fähigkeiten beobachtet werden könnten.

Eine derartige Forschung hätte insofern Relevanz, als die Repriorisierung sprachlicher Ressourcen ein alltäglicher Prozess und zentraler Bestandteil von sprachlichen Restrukturierungsprozessen ist (2.3.5), der Sprecher*innen mitunter jedoch große Sorgen bereitet, wie sie z.B. Iolanda mehrfach artikulierte. Besonders betroffen sind hiervon sicherlich die Zweitsprachen, deren Aneignung in besonderem Maße Investitionen erfordert, gleichzeitig aber besonders anfällig für Vergessensprozesse ist.

Eugens mangelnde Praxis des Russischen ist Ausdruck davon, dass die Potentiale auch ungenutzt bleiben können, wenn die Möglichkeit bestünde sie zu realisieren. Da er seine Russischressourcen nicht nutzt, ist es wenig sinnvoll, über deren Reichweite zu reden. Als potentielle Reichweite bestehen sie aber und können unter entsprechenden Umständen wieder mobilisiert werden.

Die ungenutzten oder nur zu einer begrenzten Anzahl und Art von Zwecken genutzten Ressourcen im sprachlichen Repertoire stellen potentielle Reichweiten dar, an die Menschen unter Umständen anknüpfen können. Inwieweit das auch passiert, hängt von einer Vielzahl von Faktoren ab, die insgesamt den Verlauf der sprachlichen Biographie bestimmen. Die potentiellen Reichweiten hängen letztlich auch von der Vorstellbarkeit von Möglichkeiten ab. Welche Pläne Menschen zu machen wagen, auf welche Projekte sie hinarbeiten, wird von ihrer Positionierung, von Privilegierung und Diskriminierung mitbestimmt (Busch 2012a:31).

These 4: Die Reichweite ist ein häufiges Motiv von Lernprozessen, aber keine hinreichende Bedingung dafür.

Aus der Perspektive der Sprecher*innen selbst kann die aktuelle oder potentielle Reichweite von Ressourcen ein Anreiz für den Ausbau des sprachlichen Repertoires sein, wenn die Ressourcen erreichbar sind. In der Praxis kann die Reichweite jedoch eine andere sein, weil in den sprachlichen Biographien unvorhergesehene *Turning-Points* neue Praxismöglichkeiten eröffnet haben (Vigouroux 2005:253). Dies kann mit der Dynamik der sprachlichen Verhältnisse zu tun haben, auf Grund derer solche Prozesse nicht vorhersehbar sind. Es liegt aber auch daran, dass die Einschätzungen nicht immer zutreffend sind.

Ganz abgesehen davon gibt es andere Motive für sprachliche Lernprozesse, die nur bedingt mit Reichweite zu erklären sind: Oksana hatte den Wunsch, an der Konversation ihrer Schwester mit deren italienischem Freund zu partizipieren, was als Interesse an einer anderen Kultur zu verstehen ist. Sie hatte Italienisch ohne Kalkül bezüglich seiner Reichweite aus Interesse und zur Praxis im intimen Register in Alltagssituationen im engeren Umfeld gelernt und erst später entfalteten diese Ressource auf dem Arbeitsmarkt eine Reichweite.

Bei Eugens Entscheidung für ein Fremdsprachenstudium stand der allgemeine Wunsch nach einem Studienabschluss bei einer begrenzten Anzahl von Studienplätzen im Vordergrund. Und zufällig ergab sich hieraus erst ein Arbeitsverhältnis, das seinen Aufenthaltsstatus in Rumänien sichern konnte und dann sogar eine Karrieremöglichkeit.

Durch die gesellschaftlich zunehmende Bedeutung des Englischen und den demographischen Wandel wird in Moldova gerade für die Generation von Lehrer*innen, die Englisch vor zehn bis zwanzig Jahren als Zweitfach neben dem Französischen gewählt haben, dies zur wichtigeren Qualifikation ihrer Arbeitskraft, wie das Beispiel von Englisch- und Französischlehrerin Iolanda im Dorf U. gezeigt hat (an anderer Stelle habe ich dies bereits für eine Lehrerin an der Militärakademie geschildert, Weirich 2014; siehe auch 2016a).

Insbesondere in Institutionen und bei Diskursen in der Bildungspolitik ist zu untersuchen, mit welchen Argumenten das institutionelle Lernen bestimmter Sprachen gefördert wird und welche Rolle Reichweite als Argument dabei spielt. Insofern Lernen eine Anstrengung darstellt, die intentional auf die Zukunft gerichtet ist, enthalten diese Ideologien Repräsentationen vom potentiellen Zweck und den möglichen Nutzen sprachlicher Ressourcen. Dies drückt sich auch in den Haltungen der Eltern zu ihren Kindern aus: die Mütter von Iolanda und Oksana insistierten darauf, nach der Unabhängigkeit der Republik Moldova von der Sowjetunion ihre Kinder auf rumänischsprachige Schulen zu schicken, um diese für die sich wandelnden Verhältnisse zu wappnen.

Andererseits müssen diese Überlegungen bei der Untersuchung der Kommodifizierung der Arbeitskraft mit einbezogen werden. Die Arbeitskraft wird auf dem Arbeitsmarkt immer als Ganzes verkauft, da sie an einen Körper gebunden ist, der für den Zeitraum, in dem die Arbeitskraft verkauft wird, an diese Tätigkeit gebunden ist. Die Qualifikationen, auf Grund derer die Arbeitskraft im Verlaufe einer Sprach- und Arbeitsbiographie verkauft werden kann, verändern sich aber, bzw. umgekehrt werden Fähigkeiten zu bestimmten Zeitpunkten in einer Biographie zu Qualifikationen der Arbeitskraft und hören womöglich zu einem anderen Zeitpunkt wieder auf, es zu sein. Insofern sollte theoretisch und methodisch weiter an Verfahren gearbeitet werden, die die Verknüpfung von Sprach- und Arbeitsbiographie als kultureller Biographie einer Ware (Appadurai 1986; Kopytoff 1986) rekonstruieren können.

These 5: Die Reichweite sprachlicher Repertoires stellt ein kollektives Gut dar

Zur Beschreibung der Dimensionen von Erreichbarkeit und Reichweite wurde bisher eine explizit individuelle Perspektive angelegt, um der Tatsache Rechnung zu tragen, dass Reichweite sprachlicher Ressourcen als Reichweite von sprachlichen Repertoires gedacht werden muss, die sich nur in der Praxis manifestiert. Sprachliche Praxis entfaltet sich nicht immer in der Bearbeitung von individuellen Zwecken, sondern auch von kollektiven Interessen. Sie wird im Zusammenhang von Arbeitsteilung ungleich verteilt oder dient in kooperativen Zusammenhängen der Sprachmediation der Unterstützung anderer. Für Literacy-Praxen ist dies längst festgestellt worden (Maas 2008b:393; Kell 2008:909). Die seltenen Rumänischressourcen im Dorf U. werden in diesem Sinne kollektiviert, da diejenigen, die mit ihren Repertoires in Konfrontation mit Schriftstücken oder mündlichen Äußerungen im Rumänischen an Grenzen stoßen, andere um Hilfe bitten.

Im Anschluss an die Diskussion zu *family interpreters* und *language brokers* als nicht professionelle Übersetzungsarbeit im Migrationskontext (Faulstich Orellana et al. 2003) habe ich an Hand der Sprachmediationen in der Schule argumentiert, dass sprachliche Repertoires eine kollektive Reichweite haben können. Im Schulalltag geht es dabei vor allem um Schriftverkehr mit der Schulbehörde im Raion (d.h. im formellen Register), bei Konferenzbesuchen, aber auch um spontane Simultanübersetzungen (siehe 5.1.4.4 und 5.5).

Der Fall des Lyzeums in U. zeigt also, dass Sprachmediation nicht nur in einer Migrationssituation relevant ist, sondern in mehrsprachigen Gesellschaften überhaupt. Aus Sicht der Dorf-Gemeinschaft besteht – negativ formuliert – eine sprachliche Abhängigkeit mancher Personen von anderen, wenn für den Zugang zu höheren *scales* Kenntnisse des Rumänischen/Moldauischen gefragt sind. Positiv formuliert: Die Repertoires einzelner Personen, die seltene, aber gefragte Ressourcen umfassen, ermöglichen einem größeren Personenkreis den Zugang zu Institutionen und Ressourcen, an die sie alleine nicht herankommen würden (Papen 2010:79). Nicht jede Person verfügt dann über die individuelle Autonomie, die entsprechenden Aufgaben selbständig zu bewältigen, es hängt jedoch von der Gestaltung der Beziehungen ab, was das für die Einzelnen bedeutet.

Aus Sicht der einzelnen Betroffenen bedeutet dies im Umkehrschluss eine besondere Verantwortung und auch eine höhere Belastung durch sprachliche Arbeit, in gewisser Weise natürlich aber auch eine Machtposition (dadurch, dass Ressourcen vorenthalten werden können oder nicht, siehe Erfurt/Amelina 2008:32). Ein bedeutender Unterschied zu den *family interpreters* im Kindesalter und in einer Migrationssituation ist hier, dass die nicht-rumänsichsprachige Dorfgemeinschaft und die Übersetzer*innen in ähnlichem Maße mit der Lebenswelt vertraut sind, altersmäßig auf Augenhöhe und nicht notwendig in direkten familiären Abhängigkeitsbeziehungen stehen. Dass ich in meiner Arbeit nur mit Erwachsenen gesprochen habe, heißt aber nicht, dass Kinder diese Funktion im Alltag nicht auch übernehmen.

Eine weitere Parallele scheint darin zu bestehen, dass diese Rollenverteilung vergeschlechtlicht ist (Faulstich Orellana u.a. 2003:507). Das kann daran liegen, dass ich (fast) nur mit Lehrer*innen geredet habe und dieser Beruf überwiegend von Frauen ausgeübt wird. Es gibt im Dorf zweifellos Männer mit Rumänischressourcen (z.B. diejenigen, die in der Armee arbeiten, oder die auf Rumänisch studiert haben) und möglicher Weise werden auch die um Übersetzungen gebeten. Bei einer eingehenderen Untersuchung dieser Beziehungen wäre außerdem eine wichtige Frage, wie diese Sprachmediationen in die allgemeinen Tauschbeziehungen eingebunden sind. Dies würde eine umfassendere ethnographische Studie zu den Tauschbeziehungen im Dorf voraussetzen, bei der zu fragen wäre, welche Form der Unterstützung zwischen wem wie entlohnt wird. Einen Sonderfall stellt dabei der Arbeitskontext dar: Obwohl Rumänisch für die Kommunikation mit den Behörden wichtig ist, gibt es hierfür keine expliziten Regeln und Zuständigkeiten. Weder das Sekretariat noch die Stelle des Direktors/der Direktorin waren z.B. mit Personen besetzt, die Rumänisch beherrschten. Im Einzelfall zu überprüfen ist auch, als was für eine Art von Gut diese Ressourcen gesehen werden und in welchen Zusammenhängen es dafür welche Art von Kompensation gibt.

Aus Sicht der Sprecher*innen kann die begrenzte Reichweite eines einzelnen Repertoires also kompensierbar sein, eine hohe Reichweite teilbar. Eine Überschneidung zur Kommodifizierung ergibt sich dort, wo diese Kompensation nur käuflich zu erwerben ist, sowohl, weil dies eine Hürde bei der Teilhabe an der Reichweite des Repertoires anderer Personen sein kann, als auch, weil das Teilen der eigenen Ressourcen ein Mittel zur eigenen Existenzsicherung darstellen kann.

These 6: Ermutigung ist eine Voraussetzung für Reichweite und Erreichbarkeit sprachlicher Ressourcen

Sowohl die Aneignung von sprachlichen Ressourcen als auch deren Praxis erfordern Selbstvertrauen und Mut, insbesondere dann, wenn sprachliche Räume betreten werden, in denen sich die Verhältnisse anders artikulieren, als in der gewohnten Umgebung und wenn diese, wie im Falle eines Studiums, mit hohem normativen Druck verknüpft sind. Der Kontrast der Biographien Iolandas und Anastasias zeigt, wie die eine, bestärkt durch die Erfahrung in einer „fremdsprachlichen" Umgebung ein Fremdsprachenstudium aufnahm, während die andere, mangels Selbstvertrauen in Bezug auf ihre Rumänischressourcen, von einem Studium in der moldauischen Hauptstadt absah und dies, obwohl sie in ihrer Schulzeit keine Scheu an den Tag legte, (auf Russisch) vor Personen zu sprechen und aufzutreten.

Sprachliche Sicherheit, wie sie im Hinblick auf Varietätenfragen ausführlich diskutiert wurde (Francard 1993a), hat nicht nur auf die Neuaneignung von Ressourcen Einfluss, sondern auch auf den Zugriff auf diejenigen, die schon vorhanden sind. Wenn Busch (2012a:31) von „Verfügbarkeit und Einsatz sprachlicher Realisierungsmittel" spricht, geht es (im Rahmen der Perspektive des „Spracherlebens") um psychologische Faktoren, die sich auf die Erreichbarkeit der Ressourcen im eigenen Repertoire auswirken können: es geht um einen „Raum der Potentialität (…), der von sedimentierten leiblich-emotionalen Erleben sowohl aufgespannt als auch eingeschränkt wird." (ebd.)

Dass mehrsprachige Ressourcen in der Familie die Erreichbarkeit deutlich erhöhen, erscheint unmittelbar naheliegend. Gerade in diesen intimen Beziehungen erfordert der Umgang mit asymmetrischen Repertoires jedoch einen sehr sensiblen Umgang. Die Lehrerin Tamara ließ sich von der Belustigung der rumänischsprachigen Familie ihres Ehemanns entmutigen, zu sprechen. Oksana begann erst Rumänisch zu lernen, als der Kontakt zu ihrem rumänischsprachigen (Ex-)Ehemann endgültig abgebrochen war. Polinas Tochter brauchte den Umweg über die Großeltern in einem anderen Dorf, um sich auf die Interaktion in Rumänisch mit ihrer Mutter einzulassen. Vielversprechend erscheint mir, solche Konstellationen mit dem Konzept des ‚Gewohnheitsmodus' (siehe 3.4.2.2/Monolingualer Modus und Gewohnheitsmodus) weiterzudenken, bei dem es darum geht, dass in zwischenmenschlichen Beziehungen häufig nur ein Bruchteil der zur Verfügung stehenden Ressourcen mobilisiert wird und dass der Rückgriff auf andere Sprachen und Register, auch wenn sie für das Gegenüber verständlich sind, zu Irritationen führen kann.

Normative Haltungen tragen dazu bei, dass sich in der Interaktion bevorzugt auf einen Modus verlassen wird, der gewohnt ist und indem sie eine Sicherheit haben. Normative Haltungen und puristische Diskurse gehören in der moldauischen Gesellschaft zu metasprachlichen Diskursen untrennbar dazu und schlugen sich in den allermeisten meiner Gespräche nieder, vor allem mit denjenigen Personen, die ein philologisches Studium absolviert hatten. Direktor Eugen berichte davon, wie die Angst, Fehler zu machen, für ihn eine derartige Barriere darstellte, dass er trotz ausgebauter universitärer Italienischkenntnisse, anfangs gänzlich unfähig war, mündlich zu kommunizieren. Polina befleißigte sich immer wieder, Berichte über ihre mehrsprachigen Praxen ergänzend dadurch zu kommentieren, dass sie alle Sprachen „korrekt" beherrsche. Im schriftlichen Medium, wo die normativen Erwartungen noch höher sind, äußerte sich dies umso stärker.

Umgekehrt zeigte das Beispiel Oksana, die sich aus normativen Bewertungen nicht viel zu machen schien, dass ihr unbefangener Umgang mit Wissenslücken die Erreichbarkeit von Konstruktionen im Ausbau erhöhte. Bestärkung oder *Empowerment* (Can 2011; Hill Collins 1991) in Schlüsselmomenten können einen entscheidenden Einfluss auf die Erreichbarkeit sprachlicher Repertoires haben. Oksana benannte die freundliche und humorvolle Italienischlehrerin im Call-Center als eine Schlüsselperson für ihren Italienischausbau. Eugen erfuhr nach seinem Vorstellungsgespräch im Bukarester Call-Center Bestärkung dadurch, dass die Personalchefin persönlich mit ihm zwei Wochen lang italienische Konversation übte, um seine Sprechblockaden abzubauen. In Natalias Erfahrung war die Geduld ihrer ersten Arbeitgeberin in Italien, die ihr auf eine zugängliche Weise ein grundlegendes Wissen im Italienischen vermittelte, ausschlaggebend für einen als relativ problemlos wahrgenommenen Aneignungsprozess des Italienischen.

Dass diese sprachliche Sicherheit auch mit eigenen und fremden Bewertungen zu tun hat, die das eigene Tun erfährt, liegt auf der Hand (siehe auch 2.3.6). Diese Bewertungen leiten sich jedoch oft nicht aus der sprachlichen Praxis selbst ab, sondern umgekehrt wird diese auf Basis anderer Diskriminierungen und Privilegien bewertet. Nicht-sprachliche Aspekte beeinflussen folglich Erreichbarkeit und Reichweite sprachlicher Ressourcen. Dies betrifft nicht nur die Aneignung von Ressourcen, die mitunter Mut und Selbstvertrauen erfordert, neue sprachliche Räume zu betreten, in denen die Verhältnisse sich anders artikulieren. Auch der erfolgreiche Abschluss von Lernprozessen in formellen Lernumgebungen ist fast überall an Bewertungen geknüpft, die durch Kategorisierungen beeinflusst werden. Ebenso hängt hiervon ab, welche Stimmen Gehör haben.

Anastasia Dimitrovna argumentierte, dass das Sprechen der ukrainischen Standardsprache hoch angesehen werde, weil es Ausdruck von Bildung sei (Iolandas Erfahrung war jedoch, dass das keinen Distinktionsgewinn brachte, sondern auf Irritation stieß). Oksana wies mit Bewunderung auf diejenigen hin, die sich im Italienischen gewählt ausdrücken konnten und versuchte von denen zu lernen.

Wenn im Folgenden Impressionen geschildert werden, die auf die Intersektion von Reichweite mit *Gender* hindeuten, sei angemerkt, dass diese nicht Gegenstand systematischer Auswertung in dieser Arbeit waren. Die Beschreibung der Sprechweise zeigte bei Lehrerin Polina eine starke Relativierung der eigenen Stimme durch Heckenausdrücke. Eminent war die fast schwärmerische Begeisterung der Schulbibliothekarin und zweier weiterer Lehrerinnen für den Schuldirektor der ukrainisch-russischen Schule in der Raionshauptstadt, die wir am Tag der offenen Tür besuchten, die mit Kommentaren zur grundsätzlich besseren Führungsfähigkeit von Männern begleitet wurden. Der junge Call-Center-Operator Ivan machte sich über die Italienisch-Sprechweise der älteren Kolleginnen lustig.

Diese Aspekte sind sowohl Ausdruck gesellschaftlicher Kräfteverhältnisse mit ihren Bewertungsmechanismen und in Diskursen fundierenden Handlungsdispositiven (Jäger 2009:22f), gleichzeitig zeigt sich hier auch ein Spielraum der Veränderung in konkreten Interaktionen, familiären, freundschaftlichen und kollegialen Konstellationen und insbesondere seitens von Multiplikator*innen wie dem Lehrpersonal, die ein Schlüsselrolle für die Erreichbarkeit sprachlicher Ressourcen und die Bestärkung von Lerner*innen haben.

These 7: Erreichbarkeit und Reichweite verändern sich mit den Verhältnissen

Die sprachlichen Verhältnisse sind permanent in Veränderung und mit ihnen können sich Erreichbarkeit und Reichweite verändern, weil sie abhängig sind von Zeit und Raum, von den sprachlichen Verhältnissen, aber auch von der individuellen Sprachbiographie, Lebensprojekten und Zielen der Sprecher*innen.

Zu unterscheiden sind erstens die Restrukturierung der individuellen sprachlichen Repertoires, die zu einer Veränderung seiner Reichweite, aber auch zur Erreichbarkeit weiterer Ressourcen beitragen, zweitens eine plötzliche Veränderung der Reichweite eines sprachlichen Repertoires durch Wechsel des Aufenthaltsortes in eine sprachliche Umgebung, in der die sprachlichen Verhältnisse deutlich anders artikuliert sind oder drittens ein Bruch der sprachlichen Verhältnisse in der Gesellschaft, in der die Sprecher*innen leben.

Im Idealfall vergrößert sich die Reichweite eines Repertoires durch seinen Ausbau. Dies kann so aussehen, dass konkrete sprachliche Konstruktionen hinzugelernt werden, die den Handlungsspielraum für die sprachliche Praxis erweitern. Durch eine Vergrößerung des Transferpotentials oder des metasprachlichen Wissens kann sich aber auch die Erreichbarkeit anderer sprachlicher Formen vergrößern. In den Gesprächen wurde immer wieder das Transferpotential zwischen den romanischen Sprachen erwähnt: für Iolanda war das Französische leichter zu erreichen, nachdem sie sich ausgebaute Ressourcen des Rumänischen angeeignet hatte, während das Französische für ihren Ehemann, der über diese Ressourcen nicht verfügt, kaum erreichbar ist. Die standardsprachlichen Formen des Ukrainischen sind für die Bewohner*innen aus U. vergleichsweise gut erreichbar, weil sie diese von ihrem Dialekt aus ‚booten' können und darüber hinaus über literate Strukturen des Russischen verfügen.

Die Möglichkeiten des sprachlichen Lernens, insbesondere schwierig zu erreichender Ressourcen hängen auch von materiellen Ressourcen ab, durch die etwa Nachhilfeunterricht, zusätzliche Sprachkurse, Auslandsreisen finanziert werden können. Im Dorf U. macht sich das deutlich bemerkbar, wo es nur sehr wenige Familien gibt, die sich Freizeitreisen ins Ausland erlauben können. Einen teilweisen Ausgleich stellt der Zugang zu Medien inklusive Internet als „sprachlicher Umgebung" dar, wie auch den Angeboten zum Sprachenlernen, wie sie der Team-Leader Leandru wahrgenommen hatte, um sich das Italienische anzueignen (5.1.2.2).

Funktion und Gebrauchswert von sprachlichen Ressourcen im Repertoire von Personen verändern sich, wenn die Person sich in weniger (oder gar nicht) vertraute sprachliche Räume begibt oder mit grundsätzlich anderen sprachlichen Verhältnissen zu tun hat (etwa in der Folge von Migration). Zu *Sociolinguistics of Mobility* gehört nicht nur die Reichweite sprachlicher Ressourcen für die Mobilität, sondern auch die Entwertung oder der (temporäre) Verlust von Reichweite der Repertoires durch die Mobilität (Plutzar 2016). Gleichzeitig wird durch neue Möglichkeiten des Gebrauchs (als *language user*) die Erreichbarkeit größer. Diese Erfahrung schilderte Natalia, die mit wenig Erfolg versucht hatte, sich bereits in Vorbereitung auf ihre Reise einige italienische Phrasen anzueignen und in der Praxis vor Ort sehr viel leichter lernte.

In mehrsprachigen Gesellschaften mit einsprachigen Inseln kann bereits eine Mobilität über wenige Kilometer zu einer Veränderung von Erreichbarkeit und Reichweite dadurch führen (Vigouroux 2005:253), dass sie Kontakt zu Sprecher*innen der Zielsprache ermöglicht (Norton 2000). Iolanda wechselte zum Zeitpunkt der moldauischen Unabhängigkeit auf die moldauische Schule im nur fünf Kilometer entfernten Nachbarort und erlernte im Gebrauch und submersiv in der Schule das Rumänische. Dadurch, dass sie an die Schule in U. wechselte, hatte sie aber kaum noch regelmäßigen Kontakt zu Rumänischsprecher*innen, was gleichermaßen den Nutzen der Ressourcen wie die Möglichkeiten, sie zu pflegen, einschränkte.

Erreichbarkeit und Reichweite (von dabei häufig als „Sprachen" reifizierten Ressourcen) sind als Gegenstand von Sprachpolitik und Interessenpolitik dem Versuch des Eingriffs und der gezielten Veränderung unterworfen, z.B. durch Statusänderung, die die Reichweite konkurrierender „Sprachen" regulieren soll, oder durch Standardisierungs- oder Normalisierungsprozesse. Dadurch, dass das Rumänische/Moldauische zur alleinigen offiziellen Sprache in Moldova erklärt wurde, wurde dessen Reichweite in den Sphären der Politik, der Bildung, der Medien etc. sukzessive ausgebaut und diejenige des Russischen eingeschränkt. Durch die Entscheidung für einen heterozentrierten Ausbau und gegen einen Standard, der nahe an der Praxis der Sprecher*innen ist, wurde allerdings die Erreichbarkeit dieser Ressourcen erschwert (Erfurt 2002:29; Schippel 2009).

Die Erreichbarkeit sprachlicher Ressourcen verändert sich auch im Falle einer Veränderung der sozioökonomischen Verhältnisse und materiellen Ressourcen, die ermöglichen, den Ausbau durch Bildungsinfrastruktur zu unterstützen. Die Medienpolitik kann dazu beitragen *exposure* zu ermöglichen oder nicht. Durch den Zugang zu Internet besteht ein virtueller sprachlicher Raum für Sprachpraxis (Гончаренко 2012).

7.4 Ausblick: Zur künftigen Operationalisierung von Erreichbarkeit und Reichweite

Die bislang diskutierten Thesen zu Erreichbarkeit und Reichweite speisen sich sowohl aus den theoretischen Überlegungen (in Kapitel 2), als auch aus den empirischen Beobachtungen und Interpretationen (in Kapitel 5 und 6). Durch letztere spannt sich eine Bandbreite heterogener Dimensionen auf. Die künftige Arbeit an den Konzepten steht vor der Herausforderung, der Komplexität der sprachlichen Dynamik Rechnung zu tragen, ohne die Konzepte dadurch zu *Catch-All*-Kategorien zu verwässern. Dafür, wie diese Gratwanderung aussehen könnte, können an dieser Stelle nur Hinweise gegeben werden.

Bei der Verwendung der Konzepte zur Interpretation von Daten muss die epilinguistische von der metasprachlichen Ebene und damit auch die Ebene der Repräsentationen von Sprecher*innen von der Ebene der Interpretation getrennt werden. Einerseits ist zu untersuchen, welche Dimensionen von Erreichbarkeit und Reichweite für die Erklärungen und Darstellungen der Sprecher*innen selbst Relevanz hat. Andererseits stellt sich die Frage nach der wissenschaftlichen Erklärungskraft der Konzepte im Rahmen einer Fachdiskussion. Die Kontrastierung von beidem gibt schließlich Aufschluss darüber, wie wissenschaftliche Erkenntnisse auch den Betroffenen selbst und Akteur*innen aus Sprachpolitik und Didaktik vermittelt werden können.

Die vorausgegangene Diskussion der Dimensionen von Reichweite in sieben Thesen bewegt sich auf der Ebene der sozialen Funktionen von sprachlichen Ressourcen und ihrer Bedeutung für individuelle Autonomie, diejenige der Erreichbarkeit auf Ebene der sozialen und individuellen Bedingungen ihrer Aneignung. Weniger kann ich auf Basis meiner Daten über die Funktion sprachlicher Formen selbst sagen, obwohl aus den theoretischen Überlegungen in Kapitel 2 deutlich hervorgeht, dass die Erreichbarkeit sprachlicher Ressourcen wesentlich von ihrem Abstand zu den bereits im Repertoire der Sprecher*innen vorhandenen Formen abhängt und vom Transferpotential, das den Lernenden zur Verfügung steht.

Mein Zugang zu solchen Prozessen beschränkte sich auf vereinzelte ‚Lernereignisse' und den Umgang der Operator*innen mit dem Verkauf am Telefon. Ein solches ‚Lernereignis' im Training des Call-Centers konnte wie in 6.2.4.2 beobachtet werden, als die Trainees Corina und Natalia sich neue Fachbegriffe aus dem Feld der Mobiltelefonie aneigneten, exemplarisch aufgezeigt am Beispiel *Touch Screen*. Die Besonderheit des Lernens von Fachtermini besteht darin, dass nicht nur die sprachliche Form neu (und in diesem Fall eine englische Konstruktion, die als Fremdwort im Italienischen verwendet wird) ist, sondern auch ihre Inhaltsseite. Zu beobachten war, wie Trainee Natalia im Lernprozess vorübergehend mit einer approximativen lautlichen Form und einer approximativen Bedeutung arbeitete und sich auf den Gebrauch zum passenden Zeitpunkt konzentrierte. Bestätigt hat sich hierbei auch, dass der hohe Stress in der Trainingssituation in Kombination mit der Thematisierung der Form- und Bedeutungsseite in der Trainingssituation zum „Hervorstechen" (*salience*) dieser Konstruktion beigetragen hat und in der Folge dazu, dass Natalia ihn sich eingeprägt hat und in ihren ersten Telefonaten regelmäßig einsetzen konnte. Es ist also methodisch sinnvoll bei der Beobachtung von Lernprozessen mit ‚Lernereignissen' zu arbeiten (Weirich 2013).

Bei der Beobachtung der Telefonate der Operator*innen trat die Bedeutung von *prefabs* oder fest zusammengefügten, formelhaften Elementen (Bybee 2006; Fillmore 1988; Fillmore/Kay/O'Connor 1988) auch bei erwachsenen Personen zu Tage, die über umfangreiche Ressourcen einer Sprache verfügen und in Alltagsinteraktionen problemlos im Stande sind, auf die Gesprächsbeiträge ihres Gegenübers spontan zu reagieren. Gerade in einer exolingualen Situation, in der ein hohes Stresslevel herrscht und ein souveränes Auftreten den Gesprächserfolg erhöht, sind solche Routine-Formulierungen unerlässlich, selbst wenn sie nicht durch ein betriebsinternes Skript vorgegeben sind.

Die sprachlichen Daten, über die ich hier verfüge, sind fast ausschließlich interaktive Gesprächsdaten, in erster Linie aus einer endolingualen nicht-alltäglichen und halböffentlichen Interaktion mit mir, die mangels geteilten Erfahrungshorizontes einen relativ hohen Grad an Explizierung erfordern. Um Aneignungsprozesse daraufhin zu untersuchen, wie mehrsprachige Erwachsene welche sprachlichen Formen erreichen, müsste ich von den Personen umfangreiche sprachliche Daten in verschiedenen Sprachen, Register und Medien erheben, um einen besseren Überblick über ihre sprachlichen Repertoires zu gewinnen. Ich müsste sie über längere Zeiträume in unterschiedlichen Alltagssituationen begleiten, um beobachten zu können, wie sie in der Praxis ihre Ressourcen einsetzen und wie diese in der Interaktion auf Grund welcher Kriterien bewertet werden und wie die Akteur*innen ihre kommunikativen Ziele erreichen. Auf diese Art und Weise könnten auch Differenzierungen der Bewertung auf Grund von *Gender* oder anderer Kategorien, die die Reichweite von sprachlichen Praxen beeinflussen, mit in die Betrachtungen einbezogen werden. Schließlich müsste ich die Person bei Lernprozessen beobachten und Transfer initiieren (etwa durch gezielte Schreibaufgaben), um feststellen zu können, welche sprachlichen Formen und Praxen für sie von ihrem Repertoire aus erreichbar sind. Um Restrukturierungsprozesse zu beobachten müssten schließlich diese umfangreichen Erhebungen im Abstand einiger Monate oder Jahre wiederholt werden.

Auch die theoretische Diskussion der Reichweite sprachlicher Ressourcen sollte sich künftig nicht auf die Benennung von sozialen Funktionen beschränken, sondern anhand konkreter Beispiele untersuchen, inwieweit Personen mit ihren sprachlichen Repertoires in der Lage sind, kommunikative und darstellende Aufgaben zu lösen. Diese Prozesse sind allein über die Autorepräsentationen des sprachlichen Repertoires, also die Selbsteinschätzung der Befragten, nicht rekonstruierbar. Sie können aber auch nicht ohne sie erfasst werden, da der Einsatz der sprachlichen Ressourcen und ihre Erreichbarkeit und Reichweite gerade bei Erwachsenen durch eine Vielzahl ideologischer und psychischer Faktoren beeinflusst wird. Genau dazu leistet die vorliegende Arbeit einen Beitrag.

Literaturverzeichnis

Die Titel sind in dem Alphabet in das Literaturverzeichnis aufgenommen, in dem auch die Titel im Orginal verfasst sind, d.h. Werke in kyrillischer Schrift wurden nicht transliteriert, sondern im Anschluss an die Werke in lateinischem Alphabet aufgeführt. Danach sind separat Internetquellen aufgeführt, die auf Websites verweisen. Die Verweise auf diese Links im Text bestehen aus Institution (ggf. als Abkürzung) und Jahr oder einer Ziffer zur Zuordnung. Beiträge mit identifizierbaren Autor*innen, Titel und Daten der Publikation, die online abgerufen wurden, sind aber (mit Internetlinks) in der Hauptliste aufgeführt, so z.B. Beiträge aus Online-Zeitschriften. Die in Kapitel 4 zitierten Gesetze werden im Literaturverzeichnis nicht aufgeführt.

Literatur im lateinischen Alphabet

Academia de Stiințe a Moldovei/ Rogovaia, Galina (Hg.) (2009): Ucrainenii din Moldova, moldovenii din Ucraina. Procese etnosociale/ Materiale conferinței. știintifice internaționale, Chișinău, 9.10.2008. Chișinău.

Academia Republicii Socialiste România/Institutul de lingvistică din București (1984): Dicționarul explicativ al limbii române. București: Editura Academiei Republicii Socialiste România.

AG Feministisch Sprachhandeln der Humboldt-Universität zu Berlin (2014/15): Was tun? Sprachhandeln – aber wie? W_ortungen statt Tatenlosigkeit! 2. Aufl. Online verfügbar unter http://feministisch-sprachhandeln.org/wp-content/uploads/2015/04/sprachleitfaden_zweite_auflage.pdf. [zuletzt überprüft am 13.08.2016]

Alarcon, Amado/ McC. Heyman, Josiah (2013): Bilingual call centers at the US-Mexico border. Location and linguistic markets of exploitability. In: *Language in Society* 42, 1–21.

Allan, Kori (2013): Skilling the Self: The Communicability of Immigrants as Flexible Labour. In: Alexandre Duchêne, Melissa M. Moyer und Celia Roberts (Hg.): Language, migration and social inequalities. A critical sociolinguistic. Bristol, UK u.a.: Multilingual Matters, 56–78.

Amelina, Maria (2008): Die werden sonst denken ich bin zweite Klasse. Ein Immigrant. Zur Mehrsprachigkeit russischsprachiger Transmigranten. In: *Osnabrücker Beiträge zur Sprachtheorie (OBST)* (75), 165–188.

Amelina, Maria (2010): Do other Languages than English Matter? International Career Development of Highly-Qualified Professionals. In: Bernd Meyer und

Birgit Apfelbaum (Hg.): Multilingualism at Work. From Policies to Practices in Public, Medical and Business Settings. Amsterdam [u.a.]: Benjamins, 235–252.

Amesberger, Helga/ Halbmayr, Brigitte (2008): Das Privileg der Unsichtbarkeit. Rassismus unter dem Blickwinkel von Weisssein und Dominanzkultur. Wien: Braumüller.

Ammon, Ulrich (1972): Dialekt, soziale Ungleichheit und Schule. Weinheim: Beltz.

Anderson Worden, Elizabeth (2011): The "Mock Reform" of History Education in Moldova: Actors versus the Script. In: *Comparative Education Review* 55 (2), 231–251.

Andrijasevic, Rutvica (2005): La traite des femmes d'Europe de l'Est en Italie. In: *Revue européenne des migrations internationales* 21 (1), 155–175.

Androutsopoulos, Jannis/ Spreckels, Janet (2009): Varietät und Stil: Zwei Integrationsvorschläge, https://jannisandroutsopoulos.files.wordpress.com/2009/12/jannis_janet_proofs_checked.pdf [zuletzt geprüft am 13.09.2016]

Appadurai, Arjun (1986): Introduction: Commodities and the Politics of Value. In: Arjun Appadurai (Hg.): The Social Life of Things. Commodities in Cultural Perspective. Cambridge [u.a.]: Cambridge University Press, 3–63.

Appadurai, Arjun (1988a): Introduction. Place and Voice in Anthropological Theory. In: *Cultural Anthropology* 3, 16–20.

Appadurai, Arjun (1988b): Putting Hierarchy in Its Place. In: *Cultural Anthropology* 3 (1), 36–49. Online verfügbar unter http://www.jstor.org/stable/656307 [zuletzt geprüft am 13.09.2016]

Armborst-Weihs, Kerstin (2001): Ablösung von der Sowjetunion. Die Emigrationsbewegung der Juden und Deutschen vor 1987. Münster: LIT.

Arnold, Katrin/ Ptaszek, Mariusz (2003): Die deutsche Call-Center-Landschaft: Regionale Disparitäten und Arbeitsmarktstrukturen. In: Frank Kleemann und Ingo Matuschek (Hg.): Immer Anschluss unter dieser Nummer. Rationalisierte Dienstleistungen und subjektivierte Arbeit in Call Centern. Berlin: edition sigma, 31–47.

Arpenti, Doina (2014): Unele cauze și efecte ale bilingvismului româno-italian. In: *Limba Română* XXIV (6). Online verfügbar unter http://www.limbaromana.md/index.php?go=articole&n=3069, [zuletzt geprüft am 13.09.2016]

Auer, Peter (1995): The Pragmatics of Code-Switching: a Sequential Approach. In: Lesley Milroy und Pieter Muysken (Hg.): One Speaker, two Languages. Cross-disciplinary Perspectives on Code-Switching. Cambridge [u.a.]: Cambridge University Press, 115–135.

Auer, Peter (2000): On-line Syntax – Oder: was es bedeuten könnte, die Zeitlichkeit der mündlichen Sprache ernst zu nehmen. In: *Sprache und Literatur* 85, 43–56.

Auer, Peter (2000): Why Should We and how Can We Determine the "Base Language" of Bilingual Conversation? In: *Estudios de Sociolingüística* 1 (1), 129–144.

Auer, Peter (2009): On-line Syntax: Thoughts on the Temporality of Spoken Language. In: *Language Sciences* 31, 1–13.

Avram, Andrei (2010): (Territorial-)Autonomie und ihre Mehrdeutigkeit in der Republik Moldova nach 1989. In: Vasile Dumbrava (Hg.): Geschichte politisch-sozialer Begriffe in Rumänien und Moldova. Leipzig: Leipziger Universitätsverlag (5), 111–129.

Ayvazyan, Nune (2016): Migrants' Languages: Assets or Liabilities? An Empirical Study of a Russian-Speaking Community in Tarragona, Spain. Roundtable: Language and Work. Commodification and its Critics. International Sociological Association. 3rd ISA Forum of Sociology. Universität Wien, 12.07.2016.

Backus, Ad (2014): Towards a Usage-Based Account of Language Change: Implications of Contact Linguistics for Linguistic Theory. In: Robert Nicolaï (Hg.): Questioning Language Contact. Limits of Contact, Contact at its Limits. Leiden [u.a.]: Brill, 91–118.

Bancova, Ivanna (2008): Limba găgăuza: etapele devenirii și perspectivele dezvoltării. In: Anastasia Stoianova und Tatiana Stoianova (Hg.): Carta Europeană a limbilor – instrument de protecție al diversității lingvistice și de întărire a dialogului intercultural în Moldova. Comrat-Taraclia-Briceni-Chișinău. Materialele seminarelor. Chișinău:Vector, 72–78.

Barth, Dagmar (2000): Die Brisanz der eigenen Rolle – Referenzmittel und Selbstdarstellung in Sprachbiographien ehemaliger DDR-Bürger. In: Ulla Fix, Dagmar Barth-Weingarten und Franziska Beyer (Hg.): Sprachbiographien. Sprache und Sprachgebrauch vor und nach der Wende von 1989 im Erinnern und Erleben von Zeitzeugen aus der DDR: Inhalte und Analysen narrativ-diskursiver Interviews. Frankfurt am Main u.a.: Lang, 55–201.

Barth-Weingarten, Dagmar (2003): Prozess und Resultat von Argumentationen: Die Habitate unterschiedlicher konzessiver Konstruktionen. In: Arnulf Deppermann und Martin Hartung (Hg.): Argumentieren in Gesprächen. Gesprächsanalytische Studien. Tübingen: Stauffenburg, 145–162.

Bausinger, Hermann (1972): Deutsch für Deutsche. Dialekte, Sprachbarrieren, Sondersprachen. 2. Bd. Zur. Fernsehserie Deutsch für Deutsche. Frankfurt am Main: Fischer-Taschenbuch-Verlag.

Beckner, Clayton (2013): Quantitative determinants of prefabs: A corpus-based, experimental study of multiword units in the lexicon. Dissertation submitted in Partial Fulfillment of the Requirements for the Degree of Doctor of Philosophy/ Linguistics. University of New Mexico. Department of Linguistics. Online verfügbar unter http://repository.unm.edu/handle/1928/23312 [zuletzt geprüft am 26.04.2018]

Bein, Roberto (2001): Die Wechselwirkung Prestige/Gebrauchswert des Französischen: früher erste, heute dritte Fermdsprache in Argentinien. In: Joachim Born (Hg.): Mehrsprachigkeit in der Romania. Französisch im Kontakt und in der Konkurrenz zu anderen Sprachen. Akten des 2. Frankoromanistenkongresses, Dresden, 25.–27. September 2000. Wien: Edition Praesens, 82–90.

Belina, Bernd/ Miggelbrink, Judith (2010): Am Ostrand des „wettbewerbsfähigsten Wirtschafsraums der Welt". (Raum-)Theoretische Überlegungen zur Produktion der EU-Außengrenze als Territorialisierungs- und Skalenstrategie. In: Mathias Wagner (Hg.): Alltag im Grenzland. Schmuggel als ökonomische Strategie im Osten Europas. Wiesbaden: VS, 215–230.

Beneke, Jürgen (1985): Zur sozialen Differenziertheit der Sprache am Beispiel jugendtypischer Sprechweise. In: *Zeitschrift für Phonetik, Sprachwissenschaft und Kommunikationsforschung* 38 (1), 251–263.

Benz, Wolfgang (Hg.) (2009): Holocaust an der Peripherie. Judenpolitik und Judenmord in Rumänien und Transnistrien 1940–1944. Berlin: Metropol.

Berejan, Silviu (1998): La langue roumaine en République Moldova. In: *Grenzgänge* 5 (10), 38–44.

Berger, Hartwig (1974): Untersuchungsmethode und soziale Wirklichkeit. Eine Kritik an Interview und Einstellungsmessung in der Sozialforschung. Frankfurt am Main: Suhrkamp.

Berruto, Gaetano (2004): Sprachvarietät – Sprache (Gesamtsprache, historische Sprache). In: Ulrich Ammon, Norbert Dittmar und Peter Klaus J. Mattheier (Hg.): Sociolinguistics. An International Handbook of the Science of Language and Society. 2. überarb. Aufl.. Berlin u.a.: de Gruyter, 188–195.

Berthele, Raphael (2004): Dialektsoziologie – Soziolinguistische Aspekte der Dialektologie. In: Ulrich Ammon, Norbert Dittmar und Peter Klaus J. Mattheier (Hg.): Sociolinguistics. An International Handbook of the Science of Language and Society. 2. überarb. Aufl.. Berlin u.a.: de Gruyter (Bd. 3.1), 721–738.

Bieder, Hermann (2009): Grammatiken der ukrainischen und der weißrussischen Sprache. In: Karl Gutschmidt, Sebastian Kempgen und Herbert Ernst Wiegand (Hg.): Die slavischen Sprachen. Ein internationales Handbuch zu ihrer Struktur, ihrer Geschichte und ihrer Erforschung. Berlin u.a.: de Gruyter, 1917–1924.

Bilinsky, Yaroslav (1962): The Soviet Education Laws of 1958-9 and Soviet Nationality Policy. In: *Soviet Studies* 14 (2), 138-157.

Biloa, Edmond/ Fonkoua, Paul (2011): Imaginaires linguistiques ou représentations du francais et des langues identitaires autochtones au Cameroun. In: Edmond Biloa (Hg.): Le français parlé et écrit en Afrique, Bilan et perspectives. Paris: Éditions universitaires européennes, 309-323.

Biroul Național de Statistică al Republicii Moldova (2015): Educația în Republica Moldova. Publicație Statistică 2014/2015. Biroul Național de Statistică al Republicii Moldova. Chișinău. Online verfügbar unter http://www.statistica.md/public/files/publicatii_electronice/Educatia/Educatia_RM_2015 [zuletzt geprüft am 13.09.2016]

Biroul Național de Statistică al Republicii Moldova (2016): Educația în Republica Moldova. Publicație Statistică 2015/16. Chișinău. Online verfügbar unter http://www.statistica.md/public/files/publicatii_electronice/Educatia/Educatia_RM_2016.pdf [zuletzt geprüft am 16.08.2016]

Bishop, Hywel/ Coupland, Nikolas/ Garrett, Peter (2005): Globalisation, Advertising and Language Choice: Shifting Values for Welsh and Welshness in Y Drych, 1851-2001. In: *Multilingua* 24, 343-378.

Blanchet, Philippe (2005): Minorations, minorisations, minorités: Essai de théorisation d'un processus complexe. In: *Cahiers de Sociolinguistique* 10, 17-47.

Blanchet, Philippe (2012): Linguistique de terrain. Méthode et théorie : une approche ethno-sociolinguistique. 2. Aufl. Rennes: Presses universitaires de Rennes.

Blommaert, Jan (2005): Discourse. A critical introduction. Cambridge [u.a.]: Cambridge University Press.

Blommaert, Jan (2006): Ethnography as Counter Hegemony: Remarks on Epistemology & Method (Working Papers in Urban Language & Literacies, 34). Online verfügbar unter: https://www.academia.edu/6465343/WP34_Blommaert_2006._Ethnography_as_counter-hegemony_Remarks_on_epistemology_and_method [zuletzt geprüft am 13.09.2016]

Blommaert, Jan (2010): The Sociolinguistics of Globalization. Cambridge [u.a.]: Cambridge University Press.

Blommaert, Jan/ Backus, Ad (2011): Repertoires Revisited: 'Knowing language' in Superdiversity (Working Papers in Urban Language & Literacies, 67). Online verfügbar unter: https://www.academia.edu/6365319/WP67_Blommaert_and_Backus_2011._Repertoires_revisited_Knowing_language_in_superdiversity [zuletzt geprüft am 13.09.2016]

Blommaert, Jan/ Backus, Ad (2013): Superdiverse Repertoires and the Individual. In: Ingrid de Saint-Georges und Jean Jacques Weber (Hg.): Multilingualism and multimodality. Current challenges for educational studies. Rotterdam u.a.: Sense Publishers, 11–32.

Bochmann, Klaus (1993): Theorien und Methoden der Sprachpolitik und ihrer Analyse. In: Klaus Bochmann, Jenny Brumme, Gerlinde Ebert, Jürgen Erfurt, Ralf Müller und Bärbel Plötner (Hg.): Sprachpolitik in der Romania. Zur Geschichte sprachpolitischen Denkens und Handelns von der Französischen Revolution bis zur Gegenwart. Berlin u.a.: de Gruyter, 3–62.

Bochmann, Klaus (1997): Der Name der Sprache und die wissenschaftliche Wahrheit. Ein sprachpolitischer Erlebnisbericht aus der Republik Moldova. In: *Quo Vadis, Romania?* 10, 77–85.

Bochmann, Klaus (2002a): Considerații finale. In: Klaus Bochmann und Vasile Dumbrava (Hg.): Limba Româna vorbita în Moldova istorica. Bd. 1: Leipzig, 195–198.

Bochmann, Klaus (2002b): Introducere. In: Klaus Bochmann und Vasile Dumbrava (Hg.): Limba Româna vorbita în Moldova istorica. Bd. 1: Leipzig, 9–12.

Bochmann, Klaus (2005): Wie Sprachen gemacht werden. Zur Entstehung neuer romanischer Sprachen im 20. Jahrhundert. Leipzig: Verlag der Sächsischen Akademie der Wissenschaften zu Leipzig (Sitzungsberichte der Sächsischen Akademie der Wissenschaften zu Leipzig, 139 (4)).

Bochmann, Klaus (2007a): „Sprache und Identität" – ein Forschungsprojekt. Zur Einführung. In: Klaus Bochmann und Vasile Dumbrava (Hg.): Sprachliche Individuation in mehrsprachigen Regionen Osteuropas. Republik Moldova. Bd. 1. Leipzig: Leipziger Universitätsverlag, 7–11.

Bochmann, Klaus (2007b): Sprache und Identität in mehrsprachigen Regionen in Osteuropa – Theoretische und methodische Ausgangspositionen. In: Klaus Bochmann und Vasile Dumbrava (Hg.): Sprachliche Individuation in mehrsprachigen Regionen Osteuropas. Republik Moldova. Bd. 1. Leipzig: Leipziger Universitätsverlag, 13–41.

Bochmann, Klaus (2012): Die Staatssprache – „Moldauisch oder Rumänisch"? In: Klaus Bochmann, Vasile Dumbrava, Dietmar Müller und Victoria Reinhardt (Hg.): Die Republik Moldau. Republica Moldova. Ein Handbuch. Leipzig: Leipziger Universitätsverlag, 609–616.

Bochmann, Klaus (2014): Wer ist der „ideale Sprecher"? Erfahrung als kommunikationslinguistische Kategorie. In: *Quo Vadis, Romania?* 43, 32–40.

Bochmann, Klaus (2015): Das Moldauische. Vom langsamen Sterben einer neuen Sprache. In: *Quo Vadis, Romania?* 45, 54–64.

Bochmann, Klaus/ Dumbrava, Vasile (Hg.) (2002): Limba Româna vorbita în Moldova istorica. 2 Bände: Leipzig: Leipziger Universitätsverlag.

Bochmann, Klaus/ Stiehler, Heinrich (2010): Einführung in die rumänische Sprach- und Literaturgeschichte. Bonn: Romanistischer Verlag.

Bochmann, Klaus/ Vasile Dumbrava (Hg.) (2007): Sprachliche Individuation in mehrsprachigen Regionen Osteuropas. Republik Moldova. 2 Bände. Leipzig: Leipziger Universitätsverlag.

Böhm, Manuela/ Gessinger, Joachim (2003): Schriftwechsel. In: *Osnabrücker Beiträge zur Sprachtheorie (OBST)* 66, 11-48.

Boian, Victoria (2012): Die Republik Moldova und die Ukraine (1998-2010). In: Klaus Bochmann, Vasile Dumbrava, Dietmar Müller und Victoria Reinhardt (Hg.): Die Republik Moldau. Republica Moldova. Ein Handbuch. Leipzig: Leipziger Universitätsverlag, 382-389.

Bopp, Tina (2013): Frontera perversa, agricultura fracturada. Sozioökonomische Kartographien und (neu)koloniale Verflechtungsgeschichten in der Landwirtschaft. Masterarbeit in Geschlechterforschung und Soziologie. Universität Basel.

Bot, Kees de (1996): Language Loss. In: Hans Goebl et al. (Hg.): Kontaktlinguistik. Ein internationales Handbuch zeitgenössischer Forschung/ Contact linguistics - an international handbook of contemporary research/ Linguistique de contact: manuel international des recherches contemporaines. Bd. 1. Berlin u.a.: de Gruyter, 579-585.

Botoșineanu, Luminița/ Hobjilă, Angelica (2002): Fenomene lexico-semantice. In: Klaus Bochmann und Vasile Dumbrava (Hg.): Limba Româna vorbita în Moldova istorica. Bd. 1. Leipzig : Leipziger Universitätsverlag, 149-158.

Bourdieu, Pierre (1982): Ce que parler veut dire. L'économie des échanges linguistiques. Paris: Fayard.

Bourdieu, Pierre (Hg.) (2005): Was heißt sprechen? Zur Ökonomie des sprachlichen Tausches. 2., erw. u. überarb. Aufl. Wien: Braumüller.

Bourdieu, Pierre/ Boltanski, Luc (1975): Le fétichisme de la langue. In: *Actes de la recherche en sciences sociales* 1 (4), 2-32.

Bousman, Isabelle/ Giot, Jean/ Ménager, Nicole (1993): L'insécurité linguistique du point de vue de l'enseignement. In: Michel Francard (Hg.): L'insécurité linguistique dans les communautés francophones périphériques. Actes du colloque de Louvain-la-Neuve 10-12- novembre 1993. 2 Bände. Louvain-la-neuve (Cahiers de l'institut de linguistique de louvain (CILL), 19), 51-57.

Boyer, Henri (2001): Introduction à la sociolinguistique. Paris: Dunod.

Boyer, Henri (2006): Le nationalisme linguistique: une option interventionniste face aux conceptions liberales du marché des langues. In: *Noves SL. Reviste de Sociolinguistica*, http://www6.gencat.net/llengcat/noves/hm06tardor-hivern/docs/boyer.pdf [zuletzt geprüft am 19.09.2016]

Braunmüler, Kurt (2007): Receptive Multilingualism in Northern Europe in the Moddle Ages: A Description of a Scenario. In: Jan D. ten Thije und Ludger Zeevaert (Hg.): Receptive Multilingualism. Linguistic Analyses, Language Policies and Didactic Concepts. Amsterdam [u.a.]: Benjamins, 25–47.

Brewer, John D. (1994): The Ethnographic Critique of Ethnography: Sectarianism in the RUC. In: *Sociology* 28 (1), S. 231–244. Online verfügbar unter http://soc.sagepub.com/content/28/1/231.full.pdf+html [zuletzt überprüft am 13.09.2016]

Brubaker, Rogers (1996a): Homeland Nationalism in Weimar Germany and "Weimar Russia". In: ders. (Hg.): Nationalism Reframed. Nationhood and the National Question in the New Europe. Cambridge: Cambridge Univ. Press, 107–147.

Brubaker, Rogers (1996b): National Minorities, Nationalizing States, and External National Homeland in the New Europe. In: ders. (Hg.): Nationalism Reframed. Nationhood and the National Question in the New Europe. Cambridge: Cambridge Univ. Press, 55–76.

Brubaker, Rogers (1996c): Nationhood and the National Question in the Soviet Union and its Successor States: an Institutional Account. In: ders. (Hg.): Nationalism Reframed. Nationhood and the National Question in the New Europe. Cambridge: Cambridge Univ. Press, 23–54.

Brubaker, Rogers (1996d): Rethinking Nationhood: Nation as Institutionalized Form, Practical Category, Contingent Event. In: ders. (Hg.): Nationalism Reframed. Nationhood and the National Question in the New Europe. Cambridge: Cambridge Univ. Press, 13–22.

Brubaker, Rogers (Hg.) (1996): Nationalism Reframed. Nationhood and the National Question in the New Europe. Cambridge: Cambridge Univ. Press.

Brubaker, Rogers (2004): Ethnicity Without Groups. Cambridge, Mass: Harvard University Press.

Bruchis, Michael (1982): One Step Back, Two Steps Forward. On the Language Policy of the Communist Party of the Soviet Union in the National Republics: Moldavian, a Look Back, a Survey, and Perspectives, 1924–1980. Boulder, New York: East European Monographs.

Bruchis, Michael (1984): The Language Policy of the CPSU and the Linguistic Situation in Soviet Moldavia. In: *Soviet Studies* 36 (1), 108–126.

Bruns, Bettina/ Müller, Kristine/ Wust, Andreas/ Zichner, Helga (2010): Grenzüberschreitende ökonomische Praktiken an den östlichen EU-Außengrenzen – Der Umgang von Kleinhändlern und Kleinhändlerinnen sowie Unternehmern und Unternehmerinnen mit Grenzregimen. In: Mathias Wagner

(Hg.): Alltag im Grenzland. Schmuggel als ökonomische Strategie im Osten Europas. Wiesbaden: VS, 129–146.

Bruthiaux, Paul (2008): Dimensions of Globalization and Applied Linguistics. In: Peter K. W. Tan und Rani Rubdy (Hg.): Language As Commodity. Global Structrues, Local Marketplaces. London [u.a.]: Continuum, 16–30.

Budach, Gabriele/ Roy, Sylvie/ Heller, Monica (2003): Community and Commodity in French Ontario. In: *Language in Society* 32 (5), 603–627.

Budeanu, Cristina (2013): Biografia lingvistică a unui colaborator al unui birou de traducere din Republica Moldova (Studiu de caz). Teza de masterat. Universitatea de Stat din Moldova, Chișinău : Facultatea de limbi străini.

Budeanu, Gheorghe (2011): John Onoje: „Știu că rușii au ocupat acest teritoriu în 1812". Timpul, http://www.timpul.md/articol/john-onoje-stiu-ca-rusii-au-ocupat-acest-teritoriu-in-1812-29940.html [zuletzt geprüft am 31.08.2016]

Bühler, Karl (1999 (1934)): Sprachtheorie. Die Darstellungsfunktion der Sprache. Ungekürzter Neudr. der Ausg. Jena, Fischer, 1934, 3. Aufl. Stuttgart: Lucius und Lucius.

Busch, Brigitta (2012a): Das sprachliche Repertoire oder Niemand ist einsprachig. Vorlesung zur Verleihung der Berta-Karlik-Professur an der Universität Wien. Online verfügbar unter http://heteroglossia.net/fileadmin/user_upload/publication/Busch_Sprachliches_Repertoire.pdf [zuletzt geprüft am 13.09.2016]

Busch, Brigitta (2012b): The Linguistic Repertoire Revisited. In: *Applied Linguistics* 33 (5), 503–523.

Busch, Brigitta (2013): Mehrsprachigkeit. Stuttgart: UTB.

Busch, Brigitta (2015): Linguistic Repertoire and Spracherleben, the Lived Experience of Language (Working Papers in Urban Language & Literacies, 148). Online verfügbar unter https://www.academia.edu/10278127/WP148_Busch_2015._Linguistic_repertoire_and_Spracherleben_the_lived_experience_of_language [zuletzt überprüft am 13.09.2016]

Busch, Brigitta (2016a): Heteroglossia of Survival: To Have One's Voice heard, to Develop a Voice Worth Hearing (Working Papers in Urban Language & Literacies, 188), Online verfügbar unter http://heteroglossia.net/fileadmin/user_upload/publication/WP188_Busch_2016._Heteroglossia_of_survi_17.53.51.pdf [zuletzt überprüft am 13.09.2016]

Busch, Brigitta (2016b): Methodology in Biographical Approaches in Applied Linguistics (Working Papers in Urban Language & Literacies, 187), https://www.academia.edu/20211841/WP187_Busch_2016._Methodology_in_biographical_approaches_in_applied_linguistics [zuletzt überprüft am 13.09.2016]

Busch, Brigitta (2016c): Sprachliche Verletzung, verletzte Sprache: Über den Zusammenhang von traumatisiertem Erleben und Spracherleben. In: *Osnabrücker Beiträge zur Sprachtheorie (OBST)* (89), 85–108.

Büscher, Klemens (2008): Die „Staatlichkeit" Transnistriens – ein Unfall der Geschichte? In: Egbert Jahn (Hg.): Nationalismus im spät- und postkommunistischen Europa. Baden-Baden: Nomos, 227–252.

Butuc, Petru (2012): Reformă ortografică din 17.02.1993 : cîteva precizări. In: Petru Butuc (Hg.): Studii de gramatică şi istorie a limbii române literare. Chişinău: Tipografia centrala, 174–181.

Bybee, Joan (2006): From Usage to Grammar: The Mind's Response to Repitition. In: *Language in Society* 82 (4), 711–733.

Bybee, Joan (2010): Language, Usage and Cognition. Cambridge [u.a.]: Cambridge University Press.

Bybee, Joan (2015): Language Change. Cambridge: Cambridge University Press.

Călugăreanu, Vitalie (2015): Suspiciuni de trucare a rezultatelor recensământului. Deutsche Welle online, 03.01.2015, http://www.dw.com/ro/suspiciuni-de-trucare-a-rezultatelor-recens%C4%83m%C3%A2ntului/a-18168729 [zuletzt geprüft am 13.09.2016]

Calvet, Louis-Jean (2003): Weinreich, Les contacts des langues et la sociolinguistique. In: Jacqueline Billiez (Hg.): Contacs de langues. modèles, typologies, interventions. Paris: L'Harmattan, 14–23.

Calvet, Louis-Jean (2011): La sociolinguistique. 7. Aufl. Paris: Presses universitaires de France.

Cameron, Deborah (1990): Demythologizing Sociolinguistics. Why Language does not Reflect Society. In: John Earl Joseph und Talbot J. Taylor (Hg.): Ideologies of Language. London, New York: Routledge, 79–93.

Cameron, Deborah (1992): "Respect, please!": Investigating Race, Power and Language. In: Deborah Cameron, Elizabeth Frazer, Penelope Harvey und M.B.H. Rampton, Kay Richardson (Hg.): Researching language. Issues of power and method. London, New York: Routledge, 113–130.

Cameron, Deborah (2000): Styling the worker. Gender and the commodification of language in the global service economy. In: *Journal of Sociolinguistics* (3/4), 323–347.

Cameron, Deborah (2005): Communication and commodification. Global economic change in sociolinguistic perspective. In: Guido Erreygers und Geert Jacobs (Hg.): Language, Communication and the Economy. Amsterdam/Philadelphia, 10–23.

Cameron, Deborah (2010): Gender, Language, and the New Biologism. In: *Constellations* 17 (4), 526–539.

Cameron, Deborah/ Frazer, Elizabeth/ Harvey, Penelope/ Rampton, M.B.H./ Richardson, Kay (1992a): Introduction. In: Deborah Cameron, Elizabeth Frazer, Penelope Harvey und Rampton, M.B.H., Richardson, Kay (Hg.): Researching Language. Issues of Power and Method. London, New York: Routledge, 1–28.

Cameron, Deborah/ Frazer, Elizabeth/ Harvey, Penelope/ Rampton, M.B.H./ Richardson, Kay (1992b): Conclusion. In: Deborah Cameron, Elizabeth Frazer, Penelope Harvey, M.B.H. Rampton und Kay Richardson (Hg.): Researching language. Issues of Power and Method. London, New York: Routledge, 131–138.

Can, Halil (2011): Empowerment – Selbstermächtigung in People of Color-Räumen. In: Susan Arndt und Nadja Ofuatey-Alazard (Hg.): Wie Rassismus aus Wörtern spricht. (K)Erben des Kolonialismus im Wissensarchiv deutsche Sprache. Ein kritisches Nachschlagewerk, 587–590.

Carmichael, Cathie (2000): Coming to Terms with the Past: Language and Nationalism in Russia and its Neighbours. In: Stephen Barbour und Cathie Carmichael (Hg.): Language and Nationalism in Europe. Oxford, New York: Oxford University Press, 264–279.

Carr, Edward Hallett (1963): The Bolshevik Revolution 1917–1923. London: Macmillan.

Cash, Jennifer R. (2011): Villages on Stage. Folklore and Nationalism in the Republic of Moldova. Berlin [u.a.]: LIT.

Cash, Jennifer R. (2015): How Much is Enough? Household Provisioning, Self-Sufficiency and Social Status in Rural Moldova. In: Stephen Gudeman (Hg.): Oikos and Market. Explorations in Self-Sufficiency after Socialism. New York [u.a.]: Berghahn, 47–76.

Castellotti, Véronique (2013): S'approprier une langue: une confrontation à l'altérité et une mobilisation de l'hétérogénéité. In: Foued Laroussi und Marie-Claude Penloup (Hg.): Identités langagières. Mélanges offerts à Régine Delamotte. Mont-Saint-Aignan: Presses universitaires de Rouen et du Havre, 73–78.

Castellotti, Véronique/ Moore, Danièle (2011): Compétence plurilingue et pluricultruelle. Genèses et évolutions. In: Philippe Blanchet und Patrick Chardenet (Hg.): Guide pour la recherche en didactique des langues et des cultures. Approches contextualisées. Paris [u.a.]: Éditions des archives contemporaines/ Agence universitaire de la francophonie, 241–252.

Castro Varela, María do Mar/ Dhawan, Nikita (2005): Postkoloniale Theorie. Eine kritische Einführung. Bielefeld: Transcript.

Cașu, Igor (2001): Etnicitate și politică în Moldova sovietică. In: Flavius Solomon und Al Zub (Hg.): Basarabia. Dilemele identitătii. Iași: Fundația Academică „A.D. Xenopol", 57–64.

Cașu, Igor (2012): Die Republik Moldau 1985–1991 – von der Perestrojka zur Unabhängigkeit. In: Klaus Bochmann, Vasile Dumbrava, Dietmar Müller und Victoria Reinhardt (Hg.): Die Republik Moldau. Republica Moldova. Ein Handbuch. Leipzig: Leipziger Universitätsverlag, 109–118.

Catană, Vitalie (2006): Moldovan Legislation in the Field of National Issues and Interethnic Relations. In: Doru Petruți, Ala Roșca, Tamara Cărăuș, Vitalie Catană, Mihail Guzun und Vasile Cantarji (Hg.): Etnobarometrul în Republica Moldova. Chișinău: Gunivas, 136–164.

Cebotari, Svetlana/ Budurina-GoreaciiI, Carolina/ Xenofontov, Ion (2012): Current Migration Tendencies of Moldova Population towards the European Area. In: *Postmodern Openings* 3 (1), 123–137.

Celic, Christina/ Seltzer, Kate (Hg.) (2011): Translanguaging: A Cuny-Nysieb Guide for Educators. New York: CUNY-NYSIEB.

Centrul de Resurse pentru Drepturile Omului (CReDO) (2008): Evaluation of Linguistic Eductaion Policy Options for Bulgarians and Ukrainians in Moldova. Chișinău, http://www.cilevics.eu/minelres/reports/moldova/Moldova_Shadow Report_CREDO_MultiLingualEducation.pdf [zuletzt geprüft am 13.09.2016]

Centrul Educațional Pro Didactica (2009): Problemele de Predare a Limbilor în Școlile Alolingve din Republica Moldova. O analiza a necesități. Chișinău, http://www.prodidactica.md/files/studiu_ro.pdf [zuletzt geprüft am 13.09.2016].

Cepoi, Marian (2014): Noua politică migraționistă a Rusiei și impactul politic asupra Republicii Moldova. Chișinău: Institutul pentru Dezvoltare și Inițiative Sociale (IDIS) Viitorul.

Chamberlain-Creangă, Rebecca (2011): Cementing Modernisation: Transnational Markets, Language and Labour Tension in a Post-Soviet Factory in Moldova. A Thesis Submitted in Fulfilment of the Requirements for the Degree of Doctor in Philosophy. London School of Economics, London. Department of Anthropology.

Chari, Sharad/ Verdery, Katharine (2009): Thinking Between the Posts: Postcolonialism, Postsocialism, and Ethnography after the Cold War. In: *Comparative Studies in Society and History* 51 (1), S. 6–34. Online verfügbar unter http://www.jstor.org/stable/pdf/27563729.pdf?_=1462540331422 [zuletzt geprüft am 13.09.2016]

Chaudenson, Robert (1995): Les Créoles. Paris: Presses Universitaires de France.

Cheianu-Andrei, Diana (2013): Cartografia Diasporei Moldovenești în Italia, Portugalia, Franța și Regatul Unit al Marii Britanii. Chișinău: Organizația Internațională pentru Migrație, Misiunea în Moldova. Online verfügbar unter: http://www.iom.md/attachments/110_raportfinalrom.pdf [zuletzt geprüft am 13.09.2016]

Chinn, Jeff/ Kaiser, Robert (1996): Russians as the New Minority. Ethnicity and Nationalism in the Soviet Successor States. Boulder: Westview.

Cimpoeş, Liubovi (2008): Limba găgăuză – aspecte ale dezvoltării istorice şi actuale. In: Stoianova Atanasia und StoianovaTatiana (Hg.): Carta Europeană a limbilor – instrument de protecţie al diversităţii lingvistice şi de întărire a dialogului intercultural în Moldova. Comrat-Taraclia-Briceni-Chişinău. Materialele seminarelor. Chişinău, 78–81.

Cimpoieş, Dragoş/ Lerman, Zvi/ Racul, Anatol (2009): The Economics of Land Consolidation in Family Farms of Moldova. 111 EAAE-IAAE Seminar 'Small Farms: decline or persistence'. University of Kent. Kent, 26.06.2009.

Ciscel, Matthew (2002): Linguistic Opportunism and English in Moldova. In: *World Englishes* 21 (3), 403–419.

Ciscel, Mattew (2007): The Language of the Moldovans. Romania, Russia, and Identity in an Ex-Soviet Republic. Lanham u.a.: Lexington Books.

Ciscel, Mattew (2008): Uneasy Compromise: Language and Education in Moldova. In: *The International Journal of Bilingual Education and Bilingualism* 11 (3–4), 373–395.

Ciscel, Mattew (2010a): The Impact of Global English on Linguistic Minorities in Romania and Moldova: Global Integration or American Cultural Imperialism? In: *East-West Cultural Passage* 9, 28–43.

Ciscel, Matthew (2010b): Reform and Relapse in Bilingual Policy in Moldova. In: *Comparative Education Review* 46, 13–28.

Ciscel, Matthew (2012a): Multilingualism and the Disputed Standardizations of Macedonian and Moldovan. In: Matthias Hüning, Ulrike Vogl und Olivier Moliner (Hg.): Standard Languages and Multilinguallism in European History. Amsterdam [u.a.]: Benjamins, 309–327.

Ciscel, Matthew (2012b): Foreign Language Learning Attitudes and Practices in the Republic of Moldova. Scholar Research Brief. IREX.

Ciscel, Matthew H. (2005): Language and Identity in Post-Soviet Moldova. In: Bent Preisler (Hg.): The Consequences of Mobility. Linguistic and Sociocultural Contact Zones. [Roskilde]: Roskilde University, Department of Language and Culture, 106–119.

Clyne, Michael (1992): Introduction. In: Michael G. Clyne (Hg.): Pluricentric Languages. Differing Norms in Different Nations, 1–10.

Clyne, Michael (2004): Empowerment through the Community Language, does it Work? Essen: LAUD (Linguistic Agency, Universität Duisburg-Essen).

Colesnic-Codreanca, Lidia (2003): Limba Română în Basarabia (1812–1918). Studiu sociolingvistic pe baza materialelor de arhivă. Chişinău: Museum.

Cohal, Alexandru L. (2010): Space Representation in the Spoken Language of Romanian Emigrants in Italy. In: Giovanna Marotta, Alessandro Lenci, Linda Meini, Francesco Rovai und Giovanna Marotta (Hg.): Space in Language. Proceedings of the Pisa International Conference. Pisa: ETS, 601–614.

Cohal, Alexandru L. (2014): Mutamenti nel romeno di immigrati in Italia. Milano: Franco Angeli.

Collins, James/ Slembrouck, Stef (2005): Multilingualism and Diasporic Populations: Spatializing Practices, Institutional Processes, and Social Hierarchies. In: *Language & Communication* 25, 189–195.

Condrea, Irina (2007): Der Terminus Muttersprache – Symbole und Mythen der Identität. In: Klaus Bochmann und Vasile Dumbrava (Hg.): Sprachliche Individuation in mehrsprachigen Regionen Osteuropas. Republik Moldova. Bd. 1. Leipzig: Leipziger Universitätsverlag (1), 57–69.

Condrea, Irina (2007 (2000)): Aspecte ale bilingvismului în Republica Moldova. In: dies. (Hg.): Studii de sociolingvistică, CEP USM: Chişinău, 6–12.

Condrea, Irina (2007 (2001)): Un sociolect în condiţii glotice basarabene. In: dies. (Hg.): Studii de sociolingvistică, CEP USM: Chişinău, 21–31.

Condrea, Irina (2007 (2002)): Denumirea limbii ca instrument în lupta politică. In: dies. (Hg.): Studii de sociolingvistică, CEP USM: Chişinău, 41–56.

Condrea, Irina (2007 (2005)): Cu privire la termenul *limba maternă*. In: dies. (Hg.): Studii de sociolingvistică, CEP USM: Chişinău, 83–90.

Condrea, Irina (2007 (2007)): Argoul basarabean în strada şi în presă. In: dies. (Hg.): Studii de sociolingvistică, CEP USM: Chişinău, 126–135.

Condrea, Irina (2009): Forme şi cauze ale diglosiei în Republica Moldova. In: Thede Kahl (Hg.): Das Rumänische und seine Nachbarn. Beiträge der Sektion „Sprachwandel und Sprachkontakt in der Südost-Romania" am XXX. Deutschen Romanistentag. Berlin: Frank & Timme, 175–185.

Cook, Vivian (1999): Going Beyond the Native Speaker in Language Teaching. In: *TESOL Quarterly* 33 (2), 185–209.

Coulmas, Florian (1992): Die Wirtschaft mit der Sprache. Eine sprachsoziologische Studie. Frankfurt am Main: Suhrkamp.

Coupland, Nikolas (2007): Style. Language, Variation and Identity. New York: Camebridge University Press.

Dabija, Natalia (2010): Rusa, a doua limbă la angajare. In: *Ziarul de garda*, 07.10.2010 (295), http://www.zdg.md/social/rusa-a-doua-limba-la-angajare [zuletzt geprüft am 13.09.2016]

Danero Iglesias, Julien (2013a): Constructing National History in Political Discourse: Coherence and Contradiction (Moldova, 2001–2009). In: *Nationalities papers* 41 (5), 780–800.

Danero Iglesias, Julien (2013b): La construction de l'histoire nationale dans le discours politique, entre cohérence et contradiction. La République de Moldavie (2001–2009). In: *Mots. Les langages du politique* 101 (1), 97–111.

Danero Iglesias, Julien (2014): Nationalisme et pouvoir en République de Moldavie. Bruxelles: Editions de l'Université de Bruxelles.

Danero Iglesias, Julien/ Stănculescu, Cristina (2015): L'émigration vue par ceux qui restent: l'imaginaire de la migration à Cahul, Moldavie. In: *Revue d'Etudes Comparatives Est Ouest* 46 (1), 111–136.

Darquennes, Jeroen (2004): Kontaktlinguistik kurz gefaßt. Versuch der Kartierung einer Forschungshaltung. In: Peter Hans Nelde (Hg.): Mehrsprachigkeit, Minderheiten und Sprachwandel. St. Augustin: Asgard, 9–21.

Del Percio, Alfonso/ Duchêne, Alexandre (2012): Commodification of Pride and Resistance to Profit. In: Alexandre Duchêne und Monica Heller (Hg.): Language in late capitalism. Pride and profit. New York: Routledge, 43–72.

Deletant, Dennis (1989): Language Policy and Linguistic Trends in Soviet Moldavia. In: Michael Kirkwood (Hg.): Language planning in the Soviet Union. London: Macmillan in association with the School of Slavonic and East European Studies, University of London, 189–216.

Delsing, Lars-Olof (2007): Scandinavian Intercomprehension Today. In: Jan D. ten Thije und Ludger Zeevaert (Hg.): Receptive multilingualism. Linguistic analyses, language policies and didactic concepts. Amsterdam [u.a.]: Benjamins, 231–246.

Demazière, Didier (2007): À qui peut-on se fier? Les sociologues et la parole des interviewés 121–122 (3), 85–100.

Dembinska, Magdalena/ Danero Iglesias, Julien (2013): The Making of an Empty Moldovan Category within a Multiethnic Transnistrian Nation. In: *East European Politics and Societies and Cultures* 27 (3), 413–428.

Demidirek, Hülya (2007): "New modes of capitalist domination: transnational space between Turkey and Moldova". In: *The Anthropology of East Europe Review* 24 (2), 15–20.

Denzin, Norman (1989): Interpretive Biography. Newbury Park: Sage.

Denzin, Norman (1992): Symbolic interactionism and cultural studies. The politics of interpretation. Oxford [u.a.]: Blackwell.

Denzin, Norman (1997): Interpretive ethnography. Ethnographic practices for the 21st century. Thousand Oaks, Calif: Sage Publications.

Deppermann, Arnulf (2003): Desiderata einer gesprächsanalytischen Argumentationsforschung. In: Arnulf Deppermann und Martin Hartung (Hg.): Argumentieren in Gesprächen. Gesprächsanalytische Studien. Tübingen: Stauffenburg, 10–26.

Deppermann, Arnulf (2008): Gespräche analysieren. Eine Einführung. 4. Aufl. Wiesbaden: VS.

Deppermann, Arnulf/ Lucius-Hoene, Gabriele (2003): Argumentatives Erzählen. In: Arnulf Deppermann und Martin Hartung (Hg.): Argumentieren in Gesprächen. Gesprächsanalytische Studien. Tübingen: Stauffenburg, 130–144.

Dhawan, Nikita (2007): Can the Subaltern Speak German? And Other Risky Questions. Migrant Hybridism versus Subalternity. translate.eipcp.net, http://translate.eipcp.net/strands/03/dhawan-strands01en#redir#redir [zuletzt geprüft am 19.09.2016]

Diefenbach, Andrea (2012): Land Ohne Eltern. Country without parents. Heidelberg, London: Kehrer/ Turnaround.

Dirven, Réné/ Martin Pütz (1996): Sprachkonflikt. In: Hans Goebl et al. (Hg.): Kontaktlinguistik. Ein internationales Handbuch zeitgenössischer Forschung/ Contact linguistics: an international handbook of contemporary research/ Linguistique de contact: manuel international des recherches contemporaines. Bd. 1. Berlin u.a.: de Gruyter, 684–691.

Discher, Christian (2015): Sprachkontakt, Migration und Variation: Die frankophone Integration von Rumänen in Paris nach 1989. Tübingen: Narr [u.a.].

Dittmar, Norbert (1997): Grundlagen der Soziolinguistik. Ein Arbeitsbuch mit Aufgaben. Tübingen: Niemeyer.

Doetjes, Gerke (2007): Understanding Differences in Inter-Scandinavian Language Understanding. In: Jan D. ten Thije und Ludger Zeevaert (Hg.): Receptive Multilingualism. Linguistic Analyses, Language Policies and Didactic Concepts. Amsterdam [u.a.]: Benjamins, 217–230.

Dolle, Verena/ Helfrich, Uta (Hg.) (2009): Zum Spatial Turn in der Romanistik. Akten der Sektion 25 des XXX. Romanistentages (Wien, 23.-27. September 2007). München: Meidenbauer.

Dom, Rosanna (2017): Fragile Loyalität zur Republik Moldau. Sowjetnostalgie und ‚Heimatlosigkeit' unter den russischen und ukrainischen Minderheiten. München: de Gruyter.

Duchêne, Alexandre (2009): Marketing, Management and Performance: Multilingualism as Commodity in a Toursim Call Centre. In: *Language Policy* (8), 27–50.

Duchêne, Alexandre (2011): Néolibéralisme, inégalités sociales et plurilinguisme : l'exploitation des ressources langagières et des locuteurs. In: *Langage et société* 136 (2), 81–108.

Duchêne, Alexandre/ Heller, Monica (Hg.) (2012): Language in Late Capitalism. Pride and Profit. New York: Routledge.

Duchêne, Alexandre/ Moïse, Claudine (2011): Genre et sexualité. Quels enjeux pour les sciences du langage. In: Alexandre Duchêne und Claudine Moïse (Hg.): Langage, genre et sexualité. Québec: Éditions Nota Bene, 7–25.

Duchêne, Alexandre/ Moyer, Melissa M./ Roberts, Celia (2013): Introduction: Recasting Institutions and Work in Multilingual and Transnational Spaces. In: Alexandre Duchêne, Melissa M. Moyer und Celia Roberts (Hg.): Language, Migration and Social Inequalities. A Critical Sociolinguistics. Bristol, UK u.a.: Multilingual Matters, 1–21.

Dumbrava, Vasile (2004b): Sprachkonflikt und Sprachbewusstsein in der Republik Moldova. Eine empirische Studie in gemischtethnischen Familien. Frankfurt am Main u.a.: Lang.

Dumbrava, Vasile (1998): Auf der Suche nach einer Identität. Veränderungen des Spachbewußtseins in der Republik Moldova in den neunziger Jahren. In: *Grenzgänge* 5 (10), 45–54.

Dumbrava, Vasile (2002): Die „Last der Geschichte" in der Republik Moldau. In: *Südosteuropa. Zeitschrift für Politik und Gesellschaft* 51 (07–09), 431–448.

Dumbrava, Vasile (2004): Die Rolle der Denkmäler in der MSSR/Republik Moldova bei der Identitätskonstruktion. In: Larisa Schippel (Hg.): Im Dialog. Rumänistik im deutschsprachigen Raum. Frankfurt am Main u.a.: Lang, 397–409.

Dumbrava, Vasile (2010): Verfassung als Ausdruck des Nations- und Staatsbildungsprozesses in der Republik Moldova. In: Ders. (Hg.): Geschichte politisch-sozialer Begriffe in Rumänien und Moldova. Leipzig: Leipziger Universitätsverlag, 171–184.

Dumbrava, Vasile (2012): Ce limbi sunt vorbite în instituțiile medicale din Găgăuzia? Câteva aspecte privind dinamica linvistică. In: *Limba Română* (11–12), 126–130.

Duminica, Ivan (2013): Situatia lingvistica a bulgarilor din Gagauzia (Cazul satului Chirsova, raionul Comrat). In: Conefrinta Transfrontaliera a Tinerlilor. Tinerii Politicieni, Juristi, Economisti, Jurnalisti, Artisti, Filologi… vis-avis de extinderea Uniunii Europene. Chișinău, 20–22 decembrie 2013. Chișinău: Universitatea de Stat a Academiei de Științe a Moldovei, 71–78.

Duncan, Peter J.S. (1996): Ukraine and the Ukrainians. In: Graham Smith (Hg.): The Nationalities Question in the Post-Soviet States. London [u.a.]: Longman, 188–209.

Dungaciu, Dan (2009): Cine suntem noi? Cronici de la Est de Vest. Ediția I. Chișinău: Cartier.

Dyer, Donald (Hg.) (1996): Studies in Moldovan: The History, Culture, Language and Contemporary Politics of the People of Moldova. Colorado: East European Monographs.

Dyer, Donald L. (1999): The Romanian Dialect of Moldova. Lewiston [u.a.]: Mellen.

Dyer, Donald L. (2015): "Hey, Teachers, Leave Them Kids Alone": What a Difference a Decade Has Made for the Bulgarians of Moldova. In: *Balkanistica* 28, 107–130.

Eckert, Penelope (2000): Linguistic Variation as Social Practice. Malden: Blackwell.

Eckert, Penelope/ Rickford, John (Hg.) (2001): Style and Sociolinguistic Variation. Berlin u.a.: de Gruyter.

Ehlich, Konrad (2012): Sprach(en)aneignung – mehr als Vokabeln und Sätze. Pro DaZ, https://www.uni-due.de/imperia/md/content/prodaz/sprach_en_aneignung_-_mehr_als_vokabeln_und_s__tze.pdf [zuletzt geprüft am 13.09.2016]

Eremia, Anatol/ Răileanu, Viorica (2009): Localitățile Republicii Moldova. Ghid informative documentar. Chișinău: Litera.

Erfurt, Jürgen (2003a): „Multisprech": Migration und Hybridisierung und ihre Folgen für die Sprachwissenschaft. In: *Osnabrücker Beiträge zur Sprachtheorie (OBST)* 65, 5–33.

Erfurt, Jürgen (2003b): Plurizentrischer Sprachausbau und die Herausbildung von Standardvarietäten in Moldova und Québec. In: *Quo Vadis, Romania?* 22, 8–21.

Erfurt, Jürgen (1991): Moldauisch – eine Ausbau- und Minderheitensprache? In: James R. Dow und Thomas Stolz (Hg.): Akten des 7. Essener Kolloquiums über „Minoritätensprachen/Sprachminoritäten". Vom 14.-17.6. 1990, an der Universität Essen. Bochum: N. Brockmeyer, 17–33.

Erfurt, Jürgen (1994): Glottopolitisch initiierter Sprachwandel. Unter Mitarbeit von Armin Bassarak und Katrin Kaiser. Bochum: Brockmeyer.

Erfurt, Jürgen (1998): Sprachpolitik und Sprachpraxis in der Republik Moldova. In: *Grenzgänge* 5 (9), 113–121.

Erfurt, Jürgen (2001): "Unsere Sprache ist verschmutzt und verdorben". Sprachliche Ideologien und Konflikte in der Republik Moldova. In: Peter Nelde und

Rosita Rindler Schjerve (Hg.): Minorities and Language Policy. Minderheiten und Sprachpolitik. Minorités et l'aménagement linguistique. St. Augustin: Asgard, 193–200.

Erfurt, Jürgen (2002): Dimensiunile Sociolingvistice ale limbii române vorbite. In: Klaus Bochmann und Vasile Dumbrava (Hg.): Limba Româna vorbita în Moldova istorica. Leipzig, 15–36.

Erfurt, Jürgen (2003a): „Multisprech": Migration und Hybridisierung und ihre Folgen für die Sprachwissenschaft. In: *Osnabrücker Beiträge zur Sprachtheorie (OBST)* 65, 5–33.

Erfurt, Jürgen (2003b): Plurizentrischer Sprachausbau und die Herausbildung von Standardvarietäten in Moldova und in Québec. In: *Quo Vadis, Romania?* 22, 8–21.

Erfurt, Jürgen (2004): Sprachliche Variation, Standardsprache und plurizentrischer Sprachausbau: Rumänisch in Moldova. In: Dorothea Rutke und Peter J. Weber (Hg.): Mehrsprachigkeit und ihre Didaktik. Multimediale Perspektiven für Europa. St. Augustin: Asgard-Verlag, 31–44.

Erfurt, Jürgen (2005): Frankophonie. Sprache – Diskurs – Politik. Tübingen [u.a.]: Francke.

Erfurt, Jürgen (2008a): Le français du XXe siècle. Variétés linguistiques et processus de standardisation. In: Gabriele Budach und Jürgen Erfurt (Hg.): Standardisation et déstandardisation. Le français et l'espagnol au XXe siècle/ Estandarización y desestandarización. El francés y el español en el siglo XX. Frankfurt am Main u.a.: Lang, 13–34.

Erfurt, Jürgen (2008b): Le standard, une variété à apprendre. Regards sur le français parlé au Québec. In: Gabriele Budach und Jürgen Erfurt (Hg.): Standardisation et déstandardisation. Le français et l'espagnol au XXe siècle/ Estandarización y desestandarización. El francés y el español en el siglo XX. Frankfurt am Main u.a.: Lang, 139–183.

Erfurt, Jürgen (2012): Sprachen und Sprachpolitik. In: Klaus Bochmann, Vasile Dumbrava, Dietmar Müller und Victoria Reinhardt (Hg.): Die Republik Moldau. Republica Moldova. Ein Handbuch. Leipzig: Leipziger Universitätsverlag, 617–628.

Erfurt, Jürgen (2013): Du français langue de la colonisation à la francophonie. Regards sur l'histoire des concepts et des idéologies linguistiques. In: Véronique Castellotti (Hg.): Le(s) français dans la mondialisation. Fernelmont: EME Ed., 41–57.

Erfurt, Jürgen/ Amelina, Maria (2008): Elitenmigration – ein blinder Fleck in der Mehrsprachigkeitsforschung? In: *Osnabrücker Beiträge zur Sprachtheorie OBST* (75), 11–42.

Erfurt, Jürgen/ Dumbrava, Vasile (2002): Recherches sur le terrain: entre pouvoir et méthode. In: *Sociolinguistica* 16, 153–160.

Erfurt, Jürgen/ Dumbrava, Vasile (2003): Subjekt und Methode. Über Forschungsdesign und Forschungsethik in der empirischen Sprachforschung. In: Klaus Bochmann, Peter Nelde und Wolfgang Wölck (Hg.): Methodology of Conflict Linguistics/Methodologie der Konfliktlinguistik/Méthodologie de languistique de conflit. St. Augustin: Plurilingua, 89–102.

Erfurt, Jürgen/ Weirich, Anna-Christine (2013): Sprachliche Dynamik in der Republik Moldova. In: Thomas Stehl, Claudia Schlaak und Lena Busse (Hg.): Sprachkontakt, Sprachvariation, Migration. Methodenfragen und Prozessanalysen. Frankfurt am Main u.a.: Peter Lang Edition (Bd. 2), 307–332.

Eyal, Jonathan/ Smith, Graham (1996): Moldova and the Moldovans. In: Graham Smith (Hg.): The Nationalities Question in the Post-Soviet States. London [u.a.]: Longman, 223–244.

Fairclough, Norman (2002): Language in New Capitalism. In: *Discourse & Society* 13 (2), 163–166.

Faulstich, Katja (2009): Deutscher Kolonialismus. (K)ein Thema der Sprachgeschichtsschreibung. In: Ingo H. Warnke (Hg.): Deutsche Sprache und Kolonialismus: Aspekte der nationalen Kommunikation 1884–1919. Berlin u.a.: de Gruyter, 65–96.

Faulstich Orellana, Marjorie (2009): Translating Childhoods. Immigrant Children, Language, and Culture. New Brunswick, N.J: Rutgers University Press.

Faulstich Orellana, Marjorie/ Dorner, Lisa/ Pulido, Lucila (2003): Accessing Assets: Immigrant Youth's Work as Familiy Translators or "Para-Phrasers". In: *Social Problems* 50 (4), 505–524.

Filip, Raluca (2015): Tableaux sur l'immigration permanente au Québec 2010–2014. Hg. v. Gouvernement du Québec. Québec. Online verfügbar unter: http://www.midi.gouv.qc.ca/publications/fr/recherches-statistiques/Immigration-Quebec-2010-2014.pdf [zuletzt geprüft am 15.08.2016]

Fillmore, Charles (1988): The Mechanisms of "Construction Grammar". In: *Proceedings of the Fourteenth Annual Meeting of the Berkeley Linguistics*, 35–55.

Fillmore, Charles/ Kay, Paul/ O'Connor Mary Catherine (1988): Regularity and Idiomaticity in Grammatical Constructions: The Case of Let Alone. In: *Language & Communication* 64 (3), 501–538.

Fischer, Kerstin/ Stefanowitsch, Anatol (2007): Konstruktionsgrammatik. Ein Überblick. In: dies. (Hg.): Konstruktionsgrammatik. Von der Anwendung zur Theorie. 2. Aufl.. Tübingen: Stauffenburg, 3–17.

Fischer-Galati, Stephen (1975): Moldavia and the Moldavians. In: Zev Katz, Rosemarie Rogers und Frederic Harned (Hg.): Handbook of major Soviet nationalities. New York: Free Press, 415–433.

Fischer-Rosenthal, Wolfram/ Rosenthal, Gabriele (1997): Narrationsanalyse biographischer Selbstrepräsentationen. In: Ronald Hitzler und Anne Honer (Hg.): Sozialwissenschaftliche Hermeneutik. Eine Einfuhrung. Ophaden: Leske + Budrich, 133–164.

Fix, Ulla (2000): Fremdheit versus Vetrautheit. Die sprachlich-kommunikativen Befindlichkeiten von Sprachteilnehmern in der DDR und ihre Reaktionen auf die Destruktion der kommunikativen „Selbstverständlichkeiten" des DDR-Alltags. In: Ulla Fix, Dagmar Barth-Weingarten und Franziska Beyer (Hg.): Sprachbiographien. Sprache und Sprachgebrauch vor und nach der Wende von 1989 im Erinnern und Erleben von Zeitzeugen aus der DDR: Inhalte und Analysen narrativ-diskursiver Interviews. Frankfurt am Main u.a.: Lang, 15–54.

Fix, Ulla (2000): Vorbemerkung. In: Ulla Fix, Dagmar Barth-Weingarten und Franziska Beyer (Hg.): Sprachbiographien. Sprache und Sprachgebrauch vor und nach der Wende von 1989 im Erinnern und Erleben von Zeitzeugen aus der DDR: Inhalte und Analysen narrativ-diskursiver Interviews. Frankfurt am Main u.a.: Lang, 7–14.

Fraginal, Eric (2007): Outsourced Call Centers and English in the Philippines. In: *World Englishes* 26 (3), 331–345.

Francard, Michel (1993a): Pour exorciser Shibboleth. In: Michel Francard (Hg.): L'insécurité linguistique dans les communautés francophones périphériques. Actes du colloque de Louvain-la-Neuve 10–12 novembre 1993. Louvain-la-Neuve: Cahiers de l'institut de linguistique de Louvain (CILL), 9–11.

Francard, Michel (1993b): Trop proches pour ne pas être différents. Profils de l'insécurité linguistique dans la Communauté francaise de Belgique. In: Michel Francard (Hg.): L'insécurité linguistique dans les communautés francophones périphériques. Actes du colloque de Louvain-la-Neuve 10–12 novembre 1993. 2 Bände. Louvain-la-Neuve: Cahiers de l'institut de linguistique de Louvain (CILL), 19, 61–70.

Francard, Michel (1997): Insécurité Linguistique. In: Marie-Louise Moreau (Hg.): Sociolinguistique. Les concepts de base. Liège: Mardaga, 170–176.

Franceschini, Rita (2002): Sprachbiographien: Erzählungen über Mehrsprachigkeit und deren Erkenntnisinteresse für die Spracherwerbsforschung und die Neurobiologie der Mehrsprachigkeit. In: *VALS-ASLA (Vereinigung für angewandte Linguistik in der Schweiz)* 76, 19–33.

Frazer, Elizabeth (1992): Talking about Gender, Race and Class. In: Deborah Cameron, Elizabeth Frazer, Penelope Harvey und Rampton, M.B.H.,

Richardson, Kay (Hg.): Researching language. Issues of power and method. London, New York: Routledge, 90–112.

Friedman, Debra (2010): Speaking Correctly: Error Correction as a Language Socialization Practice in a Ukrainian Classroom. In: *Applied Linguistics* 31 (3), 346–367.

Fruntașu, Iulian (2002): O istorie etnopolitică a Basarabiei. 1812–2002. Chișinău: Cartier.

Frunza, Alisa (2013): Femei din Moldova, https://gramaticamea.wordpress.com/femei-din-moldova/ [zuletzt geprüft am 13.09.2016]

Frunza, Alisa (2014): Linguistic Means Used to Achieve the Concept of "Role" in English, Russian, and Romanian: Structural and Semantic Peculiarities. Master Thesis. Universitatea de Stat din Moldova, Chișinău. Facultatea de limbi străini.

Gabanyi, Anneli Ute (1995): Die politische Entwicklung in Moldava [sic!]. In: Boris Meissner und Alfred Eisfeld (Hg.): Die GUS-Staaten in Europa und Asien. Baden-Baden: Nomos, 81–106.

Gabinschi, Marcu (1997): Reconvergenve of Moldavian towards Romanian. In: Michael Clyne (Hg.): Undoing and Redoing Corpus Planning. Berlin u.a.: de Gruyter, 193–214.

Gabinskij, Mark (2002): Moldawisch. In: Milos Okuka und Gerald Krenn (Hg.): Lexikon der Sprachen des europäischen Ostens. Klagenfurt: Wieser, 133–143.

Gal, Susan (2012): Sociolinguistic Regimes and the Management of 'Diversity'. In: Alexandre Duchêne und Monica Heller (Hg.): Language in Late Capitalism. Pride and profit. New York: Routledge, 22–42.

García, Ofelia (2009): Education, Multilingualism and Translanguagigng in the 21st century. In: Tove Skutnabb-Kangas (Hg.): Social Justice through Multilingual Education. Bristol [u.a.]: Multilingual Matters, 140–158.

García, Ofelia (2011): Theorizing Translanguaging for Educators. In: Christina Celic und Kate Seltzer (Hg.): Translanguaging: A Cuny-Nysieb Guide for Educators. New York: CUNY-NYSIEB, 1–6.

Garza, Thomas J. (2008): Не трожь молодёжь! A Portrait of Urban Youthspeak and the Russian Language in the 21st Century. In: *Russian Language Journal*, 58, 213–230.

Gasimov, Zaur (2012): Vorwort. In: ders. (Hg.): Kampf um Wort und Schrift. Russifizierung in Osteuropa, 19.-20. Jahrhundert. Göttingen: Vandenhoeck & Ruprecht, 7–8.

Gasimov, Zaur (2012): Zum Phänomen der Russifizierungen. Einige Überlegungen. In: ders. (Hg.): Kampf um Wort und Schrift. Russifizierung in Osteuropa, 19.–20. Jahrhundert. Göttingen: Vandenhoeck & Ruprecht, 9–25.

Gass, Susan (2003): Input and Interaction. In: Catherine Doughty und Michael H. Long (Hg.): The Handbook of Second Language Acquisition. Malden, MA: Blackwell Pub., 224–255.

Girke, Wolfgang/ Jachnow, Helmut (1974): Sowjetische Soziolinguistik/. Probleme und Genese. Kronberg Ts: Scriptor Verlag.

Gogolin, Ingrid/ Pries, Ludger (2004): Stichwort: Transmigration und Bildung. In: *Zeitschrift für Erziehungswissenschaft* 7 (1), 5–19.

Goldberg, Adele E. (1995): Constructions. A Construction Grammar Approach to Argument Structure. Chicago: University of Chicago Press.

Goldberg, Adele (2003): Constructions: a New Theoretical Approach to Language. In: *Trends in Cognitive Science* 7(5), 219–224.

Görg, Christoph (1995): Plädoyer für Gesellschaftstheorie. Eine Replik auf Christoph Scherrer. In: *PROKLA. Zeitschrift für kritische Sozialwissenschaft* 25 (4(101)), 625–643.

Gorban, Anna (2011): Ethnic and Socio-Cultural Aspects of Political Culture in Moldova. In: Mircea Brie, Ioan Horga und Sorin Şipoş (Hg.): Ethnicity, confession and intercultural dialogue at the European Union's eastern border. Newcastle upon Tyne: Cambridge Scholars Publishing, 133–150.

Gorton, Matthew/ White, John (2003): The Politics of Agrarian Collapse: Decollectivisation in Moldova. In: *East European Politics and Societies* 17, 305–331.

Green, David W. (1998): Mental Control of the Bilingu al Lexico-Semantic System. In: *Bilingualism: Language and Cognition* 1 (2), 67–81.

Grin, François (1990): The Economic Approach to Minority Languages. In: *Journal of Multilingual and* 11 (1–2), 153–173.

Grosjean, François (2008): Studying Bilinguals. Oxford [u.a.]: Oxford University Press.

Grosjean, François (2012): An Attempt to Isolate, and then Differentiate, Transfer and Interference. In: *International Journal of Bilingualism* 16 (1), 11–21.

Grosjean, François/ Py, Bernard (1991): La restructuration d'une première langue: L'intégration de variantes de contact dans la compétence de migrants bilingues. In: *La Linguistique* 27 (2), 35–60.

Guespin, Louis/ Marcellesi, Jean-Baptiste (1986): Pour la glottopolitique. In: *Langages* 21 (38), 5–34.

Gueunier, Nicole (1997): Représentations linguistiques. In: Marie-Louise Moreau (Hg.): Sociolinguistique. Les concepts de base. Liège: Mardaga, 246–252.

Gumperz, John (1964): Linguistic and Social Interaction in Two Communities. In: *American Anthropologist* 66 (6), 137–153.

Guțu, Ion (2006): Aspects historiques de la Francophonie Moldave. In: Ana Guțu (Hg.): La francopolyphonie comme vecteur de la communication. Chișinău: ULIM, 36–40.

Haarmann, Harald (1978): Studien zur interlingualen Soziolinguistik des Moldauischen. Tübingen: Narr.

Haarmann, Harald (1997): Moldawien. In: Hans Goebl et al. (Hg.): Kontaktlinguistik. Ein internationales Handbuch zeitgenössischer Forschung/ Contact linguistics – an international handbook of contemporary research/ Linguistique de contact: manuel international des recherches contemporaines. Bd. 2. Berlin u.a.: de Gruyter, 1933–1941.

Haarmann, Harald (2010): Weltgeschichte der Sprachen. Von der Frühzeit des Menschen bis zur Gegenwart. 2. Aufl. München: Beck.

Haarmann, Harald (2013): Das Moldauische (Moldawische). Aufstieg und Fall einer Standardsprache. In: Ulrich Hoinkes (Hg.): Die kleineren Sprachen in der Romania. Verbreitung, Nutzung und Ausbau. Frankfurt am Main u.a.: Lang, 235–248.

Haberzettl, Stefanie (2007): Konstruktionen im Zweitspracherwerb. In: Kerstin Fischer und Anatol Stefanowitsch (Hg.): Konstruktionsgrammatik. Von der Anwendung zur Theorie, Bd. 1. Tübingen: Stauffenburg, 55–77.

Halbmayer, Ernst/ Salat, Jana (2011): Qualitative Methoden der Kultur- und Sozialanthropologie. Wien, http://www.univie.ac.at/ksa/elearning/cp/qualitative/qualitative-titel.html, zuletzt aktualisiert am 31.01.2011 [zuletzt geprüft am 29.04.2016]

Hall, Stuart (1990): Cultural Identity and Diaspora. In: Jonathan Rutherford (Hg.): Identity. Community, Culture, Difference. London: Lawrence & Wishart, 222–237.

Hall, Stuart (1997): The work of representation. In: Stuart Hall (Hg.): Representation. Cultural representations and signifying practices. London [u.a.]: Sage, 13–64.

Harris, Brian/ Sherwood, Brian (1978): Translating as an Innate Skill. In: David Gerver und H. Wallace Sinaiko (Hg.): Language Interpretation and Communication. Boston, MA: Springer, 155–170.

Harvey, Penelope (1992): Bilingualism in the Peruvian Andes. In: Deborah Cameron, Elizabeth Frazer, Penelope Harvey, M.B.H. Rampton und Kay Richardson (Hg.): Researching language. Issues of power and method. London, New York: Routledge, 65–89.

Heeschen, Volker (2005): Ethnology and Anthropology/ Ethnologie und Anthropologie. In: Ulrich Ammon (Hg.): Soziolinguistik : ein internationales Handbuch zur Wissenschaft von Sprache und Gesellschaft/ Sociolinguistics.

An International Handbook of the Science of Language and Society. 2. Überarb. Aufl. Bd 2. Berlin: de Gruyter, 870–879.

Hegarty, Tom J. (2001): The Politics of Language in Moldova. In: Camille C. O'Reilly (Hg.): Language, Ethnicity and the State. Bd. 2: Minority Languages in Eastern Europe post-1989. Basingstoke: Palgrave, 123–154.

Heinemann, Margot/ Heinemann, Wolfgang (2002): Grundlagen der Textlinguistik. Interaktion – Diskurs – Text. Tübingen: Niemeyer.

Heintz, Monica (2007): "Nothing has changed, it just turned illegal": Discourses for the Justification of Illegal Trade and Immigration in the Moldovan Republic. In: *Anthropology of East Europe Review* 25 (1), 22–28.

Heintz, Monica (2008): State and Citizenship in Moldova: A Pragmatic Point of View. In: Monica Heintz (Hg.): Weak State, Uncertain Citizenship: Moldova. Frankfurt am Main u.a.: Lang, 1–18.

Heintz, Monica (2013): "We are here for Caring, not Educating": Education in Moldova. In: Christine Hunner-Kreisel und Manja Stephan (Hg.): Neue Räume, neue Zeiten. Kindheit und Familie im Kontext von (Trans-)Migration und sozialem Wandel. Wiesbaden: Springer Fachmedien, 141–149.

Heitmann, Klaus (1989b): Probleme der moldauischen Sprache in der Ära Gorbacev. In: *Südosteuropa* 38, 28–53.

Heitmann, Klaus (1987): Das Moldauische — eine eigenständige ostromanische Sprache? In: *Südosteuropa-Mitteilungen* 27 (1), 56–62.

Heitmann, Klaus (1989): 206. Moldauisch / Moldave. In: Günter Holtus, Michael Metzeltin und Christian Schmitt (Hg.): Lexikon der Romanistischen Linguistik (LRL). Die einzelnen romanischen Sprachen und Sprachgebiete von der Renaissance bis zur Gegenwart: Rumänisch, Dalmatisch. Bd. 3. Berlin u.a.: de Gruyter, 508–521.

Heitmann, Klaus (1991): Das Moldauische im Zeichen von Glasnost' und Perestrojka. In: Wolfgang Dahmen (Hg.): Zum Stand der Kodifizierung romanischer Kleinsprachen. Romanistisches Kolloquium 5 : Papers: Gunter Narr, 3–28.

Heitmann, Klaus (1997): Sprache und Nation in der Republik Moldova. In: Wilfried Potthoff (Hg.): Konfliktregion Südosteuropa. Vergangenheit und Perspektiven. München, 79–105.

Heitmann, Klaus (1998): Limba și națiunea în Republica Moldova. In: Klaus Heitmann (Hg.): Limbă și politică în Republica Moldova. Culegere de studii. Chișinău: Editura ARC, 123–166.

Heller, Monica (2003): Globalization, the New Economy, and the Commodification of Language and Identity. In: *Journal of Sociolinguistics* 7 (4), 473–492.

Heller, Monica (2007): bilingualism as ideology and practice. In: Monica Heller (Hg.): Bilingualism. A Social Approach. Basingstoke, New York: Palgrave Macmillan, 1–22.

Heller, Monica (2010): The Commodification of Language. In: *Annual Review of Anthropology* 39, 101–114.

Heller, Monica/ Duchêne, Alexandre (2007): Discourses of Endangerment: Sociolinguistics, Endangerment and the Social Order. In: dies. (Hg.): Discourses of Endangerment. Ideology and Interest in the Defence of Languages. London: Continuum, 1–13.

Heller, Monica/ Duchêne, Alexandre (2012): Pride and Profit: Changing Discourses of Language, Capital and Nation-State. In: dies. (Hg.): Language in Late Capitalism. Pride and Profit. New York: Routledge, 1–21.

Heller, Monica/ Pujolar, Joan/ Duchêne, Alexandre (2014): Linguistic Commodification in Tourism. In: *Journal of Sociolinguistics* 18 (4), 539–566.

Henry, Vincent (2012): Moldavie: Vers une identité multiple enfin assumée? In: *Revue Regard sur l'est*. Online verfügbar unter http://www.regard-est.com/home/breve_contenu.php?id=1286&PHPSESSID=33f154c75ad440dbbd8fdc5bc8ca3b26 [zuletzt geprüft am 05.09.2016]

Herdina, Philip/ Jessner, Ulrike (2013): The Implications of Language Attrition for Dynamic Systems Theory: Next Steps and Consequences. In: *International Journal of Bilingualism* 17, 752–756.

Hermanns, Harry (2008): Interviewen als Tätigkeit. In: Ernst von Kardorff, Ines Steinke und Uwe Flick (Hg.): Qualitative Forschung. Ein Handbuch. 6., durchges. und aktualisierte Aufl., Reinbek bei Hamburg: Rowohlt, 360–368.

Herod, Andrew (2011): Scale. London [u.a.]: Routledge.

Hill Collins, Patricia (1986): Learning from the Outsider Within: The Sociological Significance of Black Feminist Thought. In: *Social Problems* 33 (6), 14–32.

Hill Collins, Patricia (1991): Black Feminist Thought. Knowledge, Consciousness, and the Politics of Empowerment. New York: Routledge.

Hinnenkamp, Volker (1982): Foreigner Talk und Tarzanisch. Eine vergleichende Studie über die Sprechweise gegenüber Ausländern am Beispiel des Deutschen und des Türkischen. Hamburg: Buske.

Hirsch, Francine (2005): Empire of nations. Ethnographic Knowledge & the Making of the Soviet Union. Ithaca: Cornell University Press.

Hirsch, Joachim (2005): Materialistische Staatstheorie. Transformationsprozesse des kapitalistischen Staatensystems. Hamburg: VSA-Verlag.

Hladik, Radim (2013): A Theory's Travelogue: Post-Colonial Theory in Post-Socialist Space. Postcolonial Europe. Online verfügbar unter http://www.post

colonial-europe.eu/essays/153-a-theorys-travelogue-post-colonial-theory-in-post-socialist-space.html [zuletzt geprüft am 13.09.2016]

Hobsbawm, Eric (1990): Nations and Nationalism since 1780. Programme, Myth, Reality, 2. Aufl., Cambridge: Cambridge University Press.

Hoffmann, Ludger (1991): Anakoluth und Sprachliches Wissen. In: *Deutsche Sprache* 2, 97–120.

Hofmann, Sabine/ Budach, Gabriele/ Erfurt, Jürgen (2003): Einleitung. In: dies. (Hg.): Mehrsprachigkeit und Migration. Ressourcen sozialer Identifikation. Frankfurt am Main u.a.: Lang, 11–21.

Holborow, Marnie (2015): Language and Neoliberalism. Abingdon, New York: Routledge.

Hornbacher, Elina (2002): Der Stellenwert der russischen Sprache in der Republik Moldau. Ein Beispiel für Spätfolgen sowjetischer Sprachpolitik. In: *Osteuropa* 52 (1), 38–51.

hornscheidt, lann (2012): feministische w_orte. ein lern-, denk- und handlungsbuch zu sprache und diskriminierung, gender Studies und feministischer linguistik. Frankfurt am Main u.a.: Brandes & Apsel.

Houdebine, Anne-Marie (1993): De l'imaginaire des locuteurs et de la dynamique linguistique. Aspects théoriques et méthodologiques. In: Michel Francard (Hg.): L'insécurité linguistique dans les communautés francophones périphériques. Actes du colloque de Louvain-la-Neuve 10–12- novembre 1993. Louvain-la-Neuve (Cahiers de l'institut de linguistique de Louvain (CILL), 19), 31–40.

Houdebine, Anne-Marie (1997): Imaginaire linguistique (Théorie de l'). In: Marie-Louise Moreau (Hg.): Sociolinguistique. Les concepts de base. Liège: Mardaga (218), 165–168.

Hoyer, Niklas (2007): Istanbul lockt deutsche Call-Center, 15.10.2007, http://www.handelsblatt.com/unternehmen/it-medien/boombranche-istanbul-lockt-deutsche-call-center/2873346.html [zuletzt geprüft am 13.09.2016].

Hymes, Dell (1972): Models of the Interaction of Language and Social Life. In: John Gumperz und Dell Hymes (Hg.): Directions in Sociolinguistics: The Ethnography of Communication. London: Blackwell, 35–71.

Hymes, Dell H. (1974): Foundations in sociolinguistics. An Ethnographic Approach. Philadelphia: University of Pennsylvania Press.

Hymes, Dell (1996a): Report from an Underdeveloped Country: Toward Linguistic Competence in the United States. In: Dell Hymes (Hg.): Ethnography, Linguistics, Narrative Inequality. London: Taylor&Francis, 63–105.

Hymes, Dell (1996b): Speech and Language: On the Origins and Foundations of Inequality among Speakers. In: ders. (Hg.): Ethnography, Linguistics, Narrative Inequality. London: Taylor&Francis, 25–62.

Hymes, Dell (1996c): What is Ethnography? In: ders. (Hg.): Ethnography, Linguistics, Narrative Inequality. London: Taylor&Francis, 3–16.

Ihrig, Stefan (2009): Der transnistrische Holocaust in den Schulbüchern der Republik Moldova. In: Wolfgang Benz (Hg.): Holocaust an der Peripherie. Judenpolitik und Judenmord in Rumänien und Transnistrien 1940–1944. Berlin: Metropol, 225–239.

Ihrig, Stefan (2012): Geschichtsschulbücher und die nationale Frage. In: Klaus Bochmann, Vasile Dumbrava, Dietmar Müller und Victoria Reinhardt (Hg.): Die Republik Moldau. Republica Moldova. Ein Handbuch. Leipzig: Leipziger Universitätsverlag, 143–155.

Imo, Wolfgang (2007): Construction Grammar und Gesprochene-Sprache-Forschung. Konstruktionen mit zehn matrixsatzfähigen Verben im gesprochenen Deutsch. Tübingen: Niemeyer.

Istrati, Marta (2011): Comportamentul lingvistic al adolescenţilor rusofoni şi tipurile lingvistics de familie (rezultatele unei anchete sociolingvistice). In: *Philologia*, 140–151.

J.A.N. (1960): Nationality and Language in the USSR, 1959. In: *Soviet Studies* 11 (4), 446–451.

Jägendorf, Siegfried/ Hirt-Manheimer, Aron (2009): Das Wunder von Moghilev. Die Rettung von zehntausend Juden vor dem rumänischen Holocaust. Berlin: Transit.

Jäger, Siegfried (2009): Kritische Diskursanalyse. Eine Einführung. 5. Aufl. Münster: Unrast.

Januschek, Franz (2016): „Flucht_Punkt_Sprache": Editorial. In: *Osnabrücker Beiträge zur Sprachtheorie (OBST)*, 7–16.

Januschek, Franz (1986): Arbeit an Sprache. Konzept für die Empirie einer politischen Sprachwissenschaft. Opladen: Westdeutscher Verlag.

Jessop, Bob (2003): Globalization: It's about Time too! Institut für Höhere Studien. Wien (Reihe Politikwissenschaft, 85), https://www.ihs.ac.at/publications/pol/pw_85.pdf [zuletzt überprüft am 13.09.2016]

Jessop, Bob (2009): Avoiding Traps, Rescaling the State, Governing Europe. In: Roger Keil and Rianne Mahon (Hg.): Leviathan Undone? Towards a Political Economy of Scale. Vancouver: University of British Columbia, 87–104.

Jessop, Bob/ Brenner, Neil/ Jones, Martin (2008): Theorizing Sociospatial Relations. In: *Environment and Planning* 26, 389–401.

Jessop, Bob/ Oosterlynck, Stijn (2008): Cultural Political Economy: On Making the Cultural Turn Without Falling into Soft Economic Sociology. In: *Geoforum* 39 (3), 1155–1169.

Kahl, Thede/ Lozovanu, Dorin/ Heuberger, Valeria/ Jordan, Peter (2010): Ethnisches Bewusstsein in der Republik Moldau im Jahr 2004. Begleittext zum Kartenblatt im Atlas Ost- und Südosteuropa. Wien, Berlin, Stuttgart: Österreichisches Ost- und Südosteuropa-Institut; Gebrüder Borntraeger.

Kallmeyer, Werner/ Keim, Inken (2002): Eigenschaften von sozialen Stilen der Kommunikation: Am Beispiel einer türkischen Migrantinnengruppe. In: *Osnabrücker Beiträge zur Sprachtheorie (OBST)* 65, 35–56.

Karasu, Kristina (2012): Callcenter-Mitarbeiter in der Türkei: Bei Anruf Deutsch. In: *Spiegel Online* 03.06.2012, http://www.spiegel.de/wirtschaft/deutsche-callcenter-in-istanbul-boomen-a-834559.html [zuletzt geprüft am 18.08.2016]

Kaufman, Stuart (1996): Spiraling to Ethnic War: Elites, Masses, and Moscow in Moldova's Civil War. In: *International Security* 21 (2), 108–138.

Kell, Catherine (2008): 'Making Things Happen': Literacy and Agency in Housing Struggles in South Africa. In: *The Journal of Development Studies* 44 (6), 892–912.

Kemmer, Suzanne/ Barlow, Michael (2000): Introduction: A Usage-Based Conception of Language. In: dies. (Hg.): Usage-Based Models of Language. Stanford, Calif: CSLI Publications, Center for the Study of Language and Information, vii–xxviii.

Kilomba, Grada (2005): No Mask. In: Maureen Maisha Eggers, Grada Kilomba, Peggy Piesche und Susan Arndt (Hg.): Mythen, Masken und Subjekte. Kritische Weissseinsforschung in Deutschland. Münster: Unrast, 80–88.

King, Charles (1994): Moldovan Identity and the Politics of Pan-Romanianism. In: *Slavic Review* 53 (2), 345–368.

King, Charles (1998): Introduction: Nationalism, Transnationalism, and Postcommunism. In: Charles King und Neil Melvin (Hg.): Nations abroad. Diaspora politics and international relations in the former Soviet Union. Boulder, Colo: Westview Press, 1–25.

King, Charles (1999): The Ambivalence of Authenticity, or How the Moldovan Language Was Made. In: *Slavic Review* 58 (1), 117–142.

King, Charles (2000): The Moldovans. Romania, Russia, and the Politics of Culture. Stanford: Hoover.

King, Charles (2003): Marking Time in the Middle Ground: Contested Identies and Moldovan Foreign Policy. In: *Journal of Communist Studies and Transition Politics* 19 (3), 60–82.

King, Charles (2010): Extreme Politics. Nationalism, Violence, and the End of Eastern Europe. Oxford: Oxford University Press.

King, Charles/ Melvin, Neil (Hg.) (1998): Nations Abroad. Diaspora Politics and International Relations in the Former Soviet Union. Boulder, Colo: Westview Press.

King, Nigel/ Horrocks, Christine (2010): Interviews in Qualitative Research. Los Angeles: Sage.

Kloss, Heinz (1977): Über einige Terminologieprobleme der interlingualen Soziolinguistik. In: *Deutsche Sprache* (3), 224–237.

Koch, Peter (2010): Sprachgeschichte zwischen Nähe und Distanz: Latein – Französisch – Deutsch. In: Vilmos Ágel und Mathilde Hennig (Hg.): Nähe und Distanz im Kontext variationslinguistischer Forschung. Berlin u.a.: de Gruyter, 155–206.

Kolstø, Pål/ Edemsky, Andrei (1995): Russians in the former Soviet Republics. Bloomington: Indiana University Press.

Kolstø, Pål/ Melberg, Hans Olav (2002): Integration, Alienation and conflict in Estonia and Moldova at the Societal level. A Comparison. In: Pål Kolstø (Hg.): National Integration and Violent Conflict in Post-Soviet Societies. The Cases of Estonia and Moldova. Lanham, 31–70.

König, Werner (2010): Kommunikative Reichweiten: Ein Beitrag zur perzeptiven Dialektologie am Beispiel des Films „Wer früher stirbt ist länger tot". In: *Zeitschrift für Dialektologie und Linguistik* 77 (1), 1–18.

Kopytoff, Igor (1986): The Cultural Biography of Things: Commoditization as a Process. In: Arjun Appadurai (Hg.): The Social Life of Things. Commodities in Cultural Perspective. Cambridge, New York: Cambridge University Press, 64–91.

Korobov, Vladimir/ Byanov, Georgiy (2012): Ukraine: Inconsistent Policy toward Moldova. In: Marcin Kosienkowski und William Schreiber (Hg.): Moldova. Arena of International Influences. Lanham, [Md.]: Lexington Books, 219–235.

Kramer, Johannes (1980): Das Moldauische. In: *Balkan-Archiv* (5), 125–155.

Kramsch, Claire J. (2009): The Multilingual Subject. What Foreign Language Learners Say about Their Experience and why it Matters. Oxford, New York: Oxford University Press.

Kreindler, Isabelle (1989): Soviet Language Planning since 1953. In: Michael Kirkwood (Hg.): Language planning in the Soviet Union. London: Macmillan, 46–63.

Kreindler, Isabelle (1997): Multilingualism in the Successor States of the Soviet Union. In: *Annual Review of Applied Linguistics* 17, 91–112.

Kremnitz, Georg (1995): Sprachen in Gesellschaften. Annäherung an eine dialektische Sprachwissenschaft. Wien: Braumüller.

Kremnitz, Georg (2002): Zu Status, Prestige und kommunikativem Wert von Sprachen. In: *Quo Vadis, Romania?* 20, 122–128.

Kremnitz, Georg (2013): Question de terminologie et de concepts. In: ders. (Hg.): Histoire sociale des langues de France. Rennes: Presses universitaires de Rennes, 103–116.

Kreuzer, Christine (1998): Staatsangehörigkeit und Staatensukzession. Die Bedeutung der Staatensukzession für die staatsangehörigkeitsrechtlichen Regelungen in den Staaten der ehemaligen Sowjetunion, Jugoslawiens und der Tschechoslowakei. Berlin: Duncker & Humblot.

Kusterle, Karin (2011): Die Macht von Sprachformen. Der Zusammenhang von Sprache, Denken und Genderwahrnehmung. 1., Auflage. Frankfurt am Main u.a.: Brandes & Apsel.

Kuzelia, Zenon/ Rudnycyj, Jaroslav B. (1983): Ukrainisch-deutsches Wörterbuch. Українсько-Німецький Словник. 2., durchgesehene Aufl. Wiesbaden: O. Harrassowitz.

Lafont, Robert (1978): Le travail et la langue. Paris: Flammarion.

Lafontaine, Dominique (1986): Le parti pris des mots. Normes et attitudes linguistiques. Bruxelles: Pierre Mardaga.

Lakoff, Robin Tolmach (1990): Talking Power. The politics of Language in our Lives. New York: Basic Books.

Langacker, Ronald W. (1988): A usage-based model. In: Brygida Rudzka-Ostyn (Hg.): Topics in Cognitive Linguistics. Amsterdam: Benjamins, 127–161.

Langacker, Ronald W. (2000): A Dynamic Usage-Based Model. In: Michael Barlow und Suzanne Kemmer (Hg.): Usage-based models of language. Stanford, Calif: CSLI Publications, Center for the Study of Language and Information, 1–63.

Laroussi, Foued (1993): Processus de Minoration Linguistique au Maghreb. In: *Cahiers de Linguistique Sociale* 22, 45–56.

Lazarenko, Liubov (2012): Ukrainer. In: Klaus Bochmann, Vasile Dumbrava, Dietmar Müller und Victoria Reinhardt (Hg.): Die Republik Moldau. Republica Moldova. Ein Handbuch. Leipzig: Leipziger Universitätsverlag, 193–201.

Le Page, Robert (1968): Problems of Description in Multilingual Communities. In: *Transactions of the Philological Society*, 189–212.

Ledeneva, Alena V. (1998): Russia's Economy of Favours. Blat, Networking, and Informal Exchange. Cambridge, New York: Cambridge University Press.

Leontiev, Alexei (1995): Multilingualism for all – Russians? In: Tove Skutnabb-Kangas (Hg.): Multilingualism for all. Lisse, the Netherands: Swets & Zeitlinger, 199–213.

Lerman, Zvi/ Csáki, Csaba/ Moroz, Victor (1998): Land Reform and Farm Restructuring in Moldova. Progress and prospects. Washington, D.C: World Bank (no. 398), http://elibrary.worldbank.org/doi/abs/10.1596/0-8213-4317-3 [zuletzt geprüft am 13.09.2016]

Leroy, Marie/ Weirich, Anna (2014): Chercheures… en migrations ? – Echanges d'expériences. In: *Hommes et migrations* (1306), 83–92.

Lilin, Nicolai (2010): Sibirische Erziehung. Frankfurt am Main: Suhrkamp.

Linguri, Marco (2015): Potentiale gendersensibler Sprache im Rumänischen. Hausarbeit im Seminar „Einführung in die Rumänische Sprachwissenschaft". Goethe-Universität, Frankfurt am Main. Institut für Romanische Sprachen und Literaturen, https://gramaticamea.wordpress.com/potentiale-gendersensibler-sprache-im-rumanischen/ [zuletzt geprüft am 30.08.2016]

Lipset, Harry (1967): The Status of National Minority Languages in Soviet Education. In: *Soviet Studies* 19 (2), 181–189.

Livezeanu, Irina (1981a): Urbanization in a Low Key and Linguistic Change in Soviet Moldovia, part 1. In: *Soviet Studies* 33 (3), S. 327–351.

Livezeanu, Irina (1981b): Urbanization in a Low Key and Linguistic Change in Soviet Moldovia, part 2. In: *Soviet Studies* 33 (4), S. 573–592.

Löffler, Heinrich (1974): Probleme der Dialektologie. Eine Einführung. Darmstadt: Wissenschaftliche Buchgesellschaft [Abt. Verl.].

Löffler, Heinrich (2003): Dialektologie. Eine Einführung. Tübingen: Narr.

Lücke, Matthias/ Omar Mahmoud, Toman/ Steinmayr, Andreas. (2009): Labour Migration and Remittances in Moldova: Is the Boom Over? Internation Organisation for Migration. Chişinău, www.http://iom.md/materials/studies_reports/2009_05_05_remmit_boom_over_eng.pdf [zuletzt geprüft am 05.09.2016]

Lüdi, Georges (1996): Mehrsprachigkeit. In: Hans Goebl et al. (Hg.): Kontaktlinguistik. Ein internationales Handbuch zeitgenössischer Forschung/ Contact linguistics. an international handbook of contemporary research/ Linguistique de contact: manuel international des recherches contemporaines. Bd. 1. Berlin u.a.: de Gruyter, 233–245.

Lüdi, Georges (2003): Mehrsprachige Repertoires und plurielle Identität on Migranten: Chancen und Probleme. In: Inez de Florio-Hansen und Adelheid Hu (Hg.): Plurilingualität und Identität. Zur Selbst- und Fremdwahrnehmung mehrsprachiger Menschen. Tübingen: Stauffenburg, 39–58.

Lüdi, Georges (2004): Code-Switching/Sprachwechsel. In: Ulrich Ammon, Norbert Dittmar und Mattheier, Peter Klaus J. (Hg.): Sociolinguistics. An International Handbook of the Science of Language and Society. 2. überarb. Aufl.. Berlin u.a.: de Gruyter (Bd. 3.1), 341–350.

Lüdi, Georges (2005): L'intérêt épistémologique de l'autobiographie linguistique pour l'acquisition / enseignement des langues. In: Marie-Anne Mochet und Marie-José Barbot (Hg.): Plurilinguisme et apprentissages. Mélanges Daniel Coste. Lyon: ENS, 143–154.

Lüdi, Georges (2007): The Swiss Model of Plurilingualism. In: Jan D. ten Thije und Ludger Zeevaert (Hg.): Receptive Multilingualism. Linguistic Analyses, Language Policies and Didactic Concepts. Amsterdam [u.a.]: Benjamins, 159–178.

Lüdi, Georges (2014): Le „parler plurilingue" comme lieu d'émergence de variétés de contact. In: Robert Nicolaï (Hg.): Questioning language contact. Limits of contact, contact at its limits. Leiden [u.a.]: Brill, 58–90.

Lüdi, Georges/ Py, Bernard (2003): Être bilingue. 3. Aufl. Bern: Lang.

Lüdi, Georges/ Py, Bernard (2009): To Be or not to Be… a Plurilingual Speaker. In: *International Journal of Multilingualism*, 154–167.

Lüdtke, Hartmut (2008): Beobachtung. In: Ulrich Ammon, Norbert Dittmar, Klaus J. Mattheier und Peter Trudgill (Hg.): Sociolinguistics. An international handbook of the science of language and society/ Soziolinguistik : ein internationales Handbuch zur Wissenschaft von Sprache und Gesellschaft. Bd. 2. 2., überarb. Aufl. Berlin [u.a.]: de Gruyter, 1033–1051.

Lupu, Ramona (o.J.): An Assessment of Moldovan Labor Market through Gender llens. An Analytical Report Prepared in the Framework of the Project „Strengthening Moldova's capacity to manage Labor and Return Migration", http://www.legal-in.eu/images/stories/news_pdf/Publications/Assessment_en.pdf, [zuletzt geprüft am 15.08.2016]

Lyons, John (1968): Introduction to theoretical linguistics. London: Cambridge U.P.

Maas, Utz (1973): Grundkurs Sprachwissenschaft. München: List.

Maas, Utz (1985a): Lesen – Schreiben – Schrift. Die Demotisierung eines professionellen Arkanums im Spätmittelalter und in der frühen Neuzeit. In: *Lili. Zeitschrift für Literaturwissenschaft und Linguistik* 59, 55–81.

Maas, Utz (1985b): Sprachliche Verhältnisse in den spätmittelalterlichen und frühneuzeitlichen Städten in Norddeutschland. In: Cord Meckseper (Hg.): Katalog der Objekte. Niedersächsische Landesausstellung Stadt im Wandel, Kunst und Kultur des Bürgertums in Norddeutschland. Stuttgart-Bad Cannstatt: Ed. Cantz, 607–626.

Maas, Utz (1989a): Der Sprachwissenschaftler Gramsci. In: Utz Maas (Hg.): Sprachpolitik und politische Sprachwissenschaft. Sieben Studien. Frankfurt am Main: Suhrkamp, 165–189.

Maas, Utz (1989b): Sprachpolitik. Grundbegriffe der politischen Sprachwissenschaft. In: Utz Maas (Hg.): Sprachpolitik und politische Sprachwissenschaft. Sieben Studien. Frankfurt am Main: Suhrkamp, 16–63.

Maas, Utz (1989c): Sprachliche Verhältnisse in der frühen Neuzeit in Osnabrück. DFG-Projekt, Az. Ma 412/6. Abschlußbericht. Osnabrück.

Maas, Utz (2005): Sprache und Sprachen in der Migration im Einwanderungsland Deutschland, In: *IMIS-Beiträge* 26, 89–133.

Maas, Utz (2008a): Können Sprachen einfach sein? In: *Grazer Linguistische Studien* 1, 1–56.

Maas, Utz (2008b): Sprache und Sprachen in der Migrationsgesellschaft. Göttingen: V&R Unipress.

Maas, Utz (2010): Literat und orat. Grundbegriffe der Analyse geschriebener und gesprochener Sprache. In: *Grazer Linguistische Studien* (73), 21–150.

Maas, Utz (2011): Sprachausbau. Skript zur Vorlesung Graz WS 2011/12, https://zentrum.virtuos.uni-osnabrueck.de/wikifarm/fields/utz.maas/uploads/Main/Sprachausbau.pdf [zuletzt geprüft am 13.09.2016]

Maas, Utz (2012a): Enunciatives in Moroccan Arabic. In: STUF – Language Typology and Universals 65 (4), 398–411.

Maas, Utz (2012b): Was ist Deutsch? Die Entwicklung der sprachlichen Verhältnisse in Deutschland. Paderborn: Fink, Wilhelm.

Maas, Utz (2013): Die deutsche Orthographie. Die Rechtschreibung als Ausbau des sprachlichen Wissens. (Arbeitsfassung, 20.5.2013), https://zentrum.virtuos.uni-osnabrueck.de/wikifarm/fields/utz.maas/uploads/Main/Ortho_Buch.pdf [zuletzt geprüft am 13.09.2016]

Maas, Utz (2016): Was wird bei der Modellierung mit Nähe und Distanz sichtbar und was wird von ihr verstellt? In: Helmut Feilke und Mathilde Hennig (Hg.): Zur Karriere von Nähe und Distanz, Berlin u.a.: De Gryuter, 89–112.

Macha, Hildegard (2000): Erfolgreiche Frauen. Wie sie wurden, was sie sind. Frankfurt am Main, New York: Campus.

Marcellesi, Jean-Baptiste/ Gardin, Bernard (1974): Introduction à la sociolinguistique. La linguistique sociale. Paris: Larousse.

Marcus, George E. (1995): Ethnography in/of the World System: The Emergence of Multi-Sited Ethnography. In: *Annual Review of Anthropology* 24, 95–117.

Martin-Jones, Marilyn (2007): Bilingualism, Education and the Regulation of Access to Language Resources. In: Monica Heller (Hg.): Bilingualism. A social approach. Basingstoke, New York: Palgrave Macmillan, 161–182.

Massey, Doreen B. (2005): For Space. London [u.a.]: Sage.

Matthews, Mervyn (1993): The Passport Society. Controlling Movement in Russia and the USSR. Boulder: Westview Press.

Mayring, Philipp (2002): Einführung in die qualitative Sozialforschung. Eine Anleitung zu qualitativem Denken. 5., neu ausgestattete Aufl. Weinheim: Beltz.

McPhail, Brenda (2002): What is 'on the line' in Call Centre Studies? A Review of Key Issues in the Academic Literature. Toronto.

Menz, Astrid (1999): Gagausische Syntax. Eine Studie zum kontaktinduzierten Sprachwandel. Wiesbaden: Harrassowitz.

Merlan, Aurelia (2002a): Mărcile interactive și funcțiile lor în dialog. In: Klaus Bochmann und Vasile Dumbrava (Hg.): Limba Româna vorbita în Moldova istorica. Bd. 1, Leipzig, 92–105.

Merlan, Aurelia (2002b): Sintaxa românei vorbite în Moldova istorică. In: Klaus Bochmann und Vasile Dumbrava (Hg.): Limba Româna vorbita în Moldova istorica. Bd. 1, Leipzig, 123–148.

Metscher, Thomas (2010): Logos und Wirklichkeit. Ein Beitrag zu einer Theorie des gesellschaftlichen Bewusstseins. Frankfurt am Main u.a.: Lang.

Michalon, Bénédicte (2007): La périphérie négociée. Pratiques quotidiennes et jeux d'acteurs autour des mobilités transfrontalières entre la Roumanie et la Moldavie. In: *L'Espace Politique* 2 (2), http://espacepolitique.revues.org/902 [zuletzt geprüft am 25.10.2017]

Michalon, Bénédicte (2010): Der grenzüberschreitende Handel, eine räumliche Ressource: Das Beispiel des Verkehrs zwischen der Republik Moldau und Rumänien vor der europäischen Erweiterung 2007. In: Mathias Wagner (Hg.): Alltag im Grenzland. Schmuggel als ökonomische Strategie im Osten Europas. Wiesbaden: VS, 119–128.

Miecznikowski, Johanna (2004): Sprachbiographische Interviews im Vergleich: Anfangspunkte des Erwerbs von Zweitsprachen. In: Rita Franceschini und Johanna Miecznikowski (Hg.): Leben mit mehreren Sprachen. Sprachbiographien. Bern: Lang, 187–210.

Mikhalchenko, Vida Yu./ Trushkova, Yulia (2003): Russian in the Modern World. In: Jacques Maurais und Michael A. Morris (Hg.): Languages in a Globalising World. Cambridge [u.a.]: Cambridge University Press, 260–290.

Miller, George A. (1956): The Magical Number Seven, Plus or Minus Two Some Limits on Our Capacity for Processing Information. In: *Psychological Review* 101 (2), 343–352.

Ministerul Educației al Republicii Moldova (2010a): Русский язык и литература: Куррикулум для 10–12 кл. Chișinău: Î.E.P. Știința. Online verfügbar unter: http://edu.gov.md/sites/default/files/limba_si_rusa_x-xii.pdf [zuletzt geprüft am 13.09.2016]

Ministerul Educației al Republicii Moldova (2010b): Українська мова і література: Курікулум для 10-12 класи. Chișinău: Î.E.P. Știința. Online verfügbar unter: http://edu.gov.md/sites/default/files/limba_ucraineana_x-xii.pdf [zuletzt geprüft am 13.09.2016]

Ministerul Educației al Republicii Moldova (2014): Curriculum național. Planul-cadru pentru învățămîntul primar, gimnazial și liceal pe anul de studii 2014-2015. Fundstelle: Chișinău. Online verfügbar unter: http://www.edu.gov.md/sites/default/files/document/attachments/plan_cadru_2014-2015_.pdf [zuletzt geprüft am 13.09.2016]

Ministerul Educației al Republicii Moldova (2015): Planul–cadru pentru învățămîntul primar, gimnazial și liceal pentru anul de studii 2015-2016. Fundstelle: Chișinău. Online verfügbar unter: http://www.edu.gov.md/sites/default/files/plan-cadru_2015-2016_0.pdf [zuletzt geprüft am 13.09.2016]

Mînzarari, Dumitru (2012): Armee. In: Klaus Bochmann, Vasile Dumbrava, Dietmar Müller und Victoria Reinhardt (Hg.): Die Republik Moldau. Republica Moldova. Ein Handbuch. Leipzig: Leipziger Universitätsverlag, 308–317.

Mlečko, Tatjana (2012): Russen. In: Klaus Bochmann, Vasile Dumbrava, Dietmar Müller und Victoria Reinhardt (Hg.): Die Republik Moldau. Republica Moldova. Ein Handbuch. Leipzig: Leipziger Universitätsverlag, 184–193.

Mletschko, Tatjana (2007): Die Sprachgesetzgebung im Zeitraum 1989–2005. Ein Überblick. In: Klaus Bochmann und Vasile Dumbrava (Hg.): Sprachliche Individuation in mehrsprachigen Regionen Osteuropas. Republik Moldova. Bd. 1. Leipzig: Leipziger Universitätsverlag, 44–56.

Moldovanu, Gheorghe (2007): Politică și planificare lingvistică: de la teorie la practică. În baza materialului din Republica Moldova și din alte state. Chișinău: ASEM.

Mondada, Lorenza (2006): Interactions en situations porfessionelles et institutionelles: de l'analyse détaillée aux retombées pratiques. In: Revue francaise de linguistique appliquée XI (2), 5–16.

Mondada, Lorenza (2011): Le genre en action: la catégorisation des locuteurs comme production située des participants dans l'interaction. In: Alexandre Duchêne und Claudine Moïse (Hg.): Langage, genre et sexualité. Québec: Éditions Nota Bene, 115–143.

Mondada, Lorenza/ Schmitt, Reinhold (2008): Zur Multimodalität von Situationseröffnungen. In: Lorenza Mondada (Hg.): Situationseröffnungen. Zur multimodalen Herstellung fokussierter Interaktion. Tübingen: Narr, 7–52.

Mondada, Lorenza/ Nussbaum, Luci (2012): Introduction. Interactions cosmopolites: plurilinguisme et participation dans les contextes porfessionelles et universitaires. In: Lorenza Mondada und Luci Nussbaum (Hg.): Interactions cosmopolites. L'organisation de la participation plurilingue. Limoges: Lambert-Lucas, 7–27.

Moore, David Chioni (2001): Is the Post- in Postcolonial the Post- in Post-Soviet? Toward a Global Postcolonial Critique. In: PMLA 116 (1), 111–128.

Moreau, Marie-Louise (1997): Les types des normes. In: Marie-Louise Moreau (Hg.): Sociolinguistique. Les concepts de base. Liège: Mardaga, 218–223.

Moşneaga, Valeriu (2007): The Labor Migration of Moldovan Population: Trends and Effects (SOCIUS Working Papers, 3), http://pascal.iseg.utl.pt/~socius/pub licacoes/wp/wp200703.pdf [zuletzt geprüft am 13.09.2016].

Moşneaga, Valeriu (2012): Moldovan Labour Migrants in the European Union: Problems of Integration. San Domenico di Fiesole (CARIM East Research Report, 2012/41), http://www.carim-east.eu/media/CARIM-East-2012-RR-41.pdf [zuletzt geprüft am 13.09.2016].

Moşneaga, Valeriu (2013): Readmission, Return and Reintegration: Moldova (CARIM-East Explanatory Note, 13/04), http://www.carim-east.eu/media/exno/Explanatory%20Notes_2013-04.pdf [zuletzt geprüft am 13.09.2016].

Moşneaga, Valeriu/ Moraru, Victor/ Rusnac, Gheorghe/ Ţurcan, Valentin (2011): Faţetele unui proces. Migraţia forţei de muncă din Republica Moldova în Italia. Chişinau: Universităţea de Stat din Moldova Institutul Integrare Europeană şi Ştiinţe Politice Al Academiei de Ştiinţe a Moldovei/ Editerra Prim.

Moyer, Melissa G. (2013): Language as a Resource. Migrant Agency, Positioning and Resistance in a Health Care Clinic. In: Alexandre Duchêne, Melissa M. Moyer und Celia Roberts (Hg.): Language, Migration and Social Inequalities. A Critical Sociolinguistic. Bristol [u.a.]: Multilingual Matters, 196–224.

Mukomel, Vladimir/ Cheianu-Andrei, Diana (2013a): Moldovans in the Russian Federation: Socio-Economic Profile and Policy Challenges. Chişinău. Online verfügbar unter: http://www.iom.md/attachments/110_rfinaleng.pdf [zuletzt geprüft am 13.09.2016]

Mukomel, Vladimir/ Cheianu-Andrei, Diana (2013b): Moldovenii în Federaţia Rusă: profilul socioeconomic şi provocările de politici. Chişinău: Organizaţia Internaţională pentru Migraţie, Misiunea în Moldova. Online vefügbar unter http://iom.md/attachments/110_rfinalrom.pdf [zuletzt geprüft am 13.09.2016]

Munteanu, Igor (2002): Social Multipolarity and Political Violence. In: Pål Kolstø (Hg.): National Integration and Violent Conflict in Post-Soviet Societies. The Cases of Estonia and Moldova. Lanham, 197–232.

Muravschi, Alexandru (2002): Dezvoltarea rurala în Moldova (studiu de caz). Institutul de Politici Publice. Chişinău.

Muth, Sebastian (2014): Informal Signs as Expressions of Multilingualism in Chisinau: How Individuals Shape the Public Space of a Post-Soviet Capital. In: *International Journal of the Sociology of Language* (228), 29–53.

Myers-Scotton, Carol (2006): Multiple Voices. An Introduction to Bilingualism. Malden, MA: Blackwell Pub.

Negru, Gheorghe (2000): Politica etnolingvistică în R.S.S. Moldovenească. Chişinău: Prut Internaţional.

Nelde, Peter Hans (1999): Perspektiven einer europäischen Sprachpolitik. In: Union der Deutschen Akademien der Wissenschaften und Sächsische Akademie der Wissenschaften zu Leipzig (Hg.): „Werkzeug Sprache". Sprachpolitik, Sprachfähigkeit, Sprache und Macht: 3. Symposon der deutschen Akademien der Wissenschaften. Hildesheim, New York: G. Olms, 35–56.

Niemczik-Arambaşa, Mihaela Narcisa (2010): Erschwerung der Grenzüberschreitung im moldauisch-rumänischen Grenzraum und ihre Folgen für die Grenzraumbevölkerung. In: Mathias Wagner (Hg.): Alltag im Grenzland. Schmuggel als ökonomische Strategie im Osten Europas. Wiesbaden: VS, 91–111.

Niendorf, Mathias (2006): Das Grossfürstentum Litauen. Studien zur Nationsbildung in der frühen Neuzeit, 1569–1795. Wiesbaden: Harrassowitz.

Norton, Bonny (2000): Identity and Language Learning. Gender, Ethnicity and Educational Change. Harlow [u.a.]: Longman.

Oksaar, Els (2000): Idiolekt als Grundlage der variationsorientierten Linguistik. In: *Sociolinguistica* 14, 37–41.

Organization for Security and Co-operation in Europe (OSCE-Mission to Moldova) (2012): The Moldovan-Administered Latin-Script Schools in Transdniestria. Background, Current Situation, Analysis and Recommendations. Online verfügbar unter: http://www.osce.org/moldova/99058?download= true [zuletzt geprüft am 19.09.2016]

Organization for Security and Co-operation in Europe (OSCE)/ Centrul Educational Pro Didactica (2009): Probleme de predare a limbilor în scolile alolingve din Republica Moldova. Chişinău. Online verfügbar unter: http://www.prodidactica.md/files/studiu_ro.pdf [zuletzt geprüft am 19.09.2016]

Oteanu, Elena (2003): Politica lingvistică şi construcţia statală în Republica Moldova. Institutul de Politici Publice. Chişinău, http://www.ipp.md/

download.php?file=cHVibGljL2JpYmxpb3RlY2EvNjIvcm8vdmFyaWFud GEyMS4wNy4yMDAzIEVsZW5hIE90ZWFudS5kb2M%3D [zuletzt geprüft am 02.09.2016].

Oteanu, Elena (2005–2006): L'identité moldave: cible de la nation ou facteur de la scission. In: Irina Vainovski-Mihai (Hg.): New Europe College. Regional Program Yearbook 2005–2006. Bucharest: New Europe College, 229–276.

Otheguy, Ricardo/ García, Ofelia/ Reid, Wallis (2015): Clarifying translanguaging and deconstructing named languages: A perspective from linguistics. In: *Applied Linguistics Review* 6 (3), 281–307.

Palardy, Caroline (2015): L'immigration permanente au Québec selon les catégories d'immigration et quelques composantes. 2010–2014. Hg. v. Gouvernement du Québec. Direction de la recherche et de l'analyse prospective du ministère de l'Immigration, de la Diversité et de l'Inclusion. Québec (Portraits Statistiques), http://www.midi.gouv.qc.ca/publications/fr/recherches-statistiq ues/Portraits_categories_2010-2014.pdf [zuletzt geprüft am 15.08.2016].

Panainte, Sergiu/ Nedelciuc, Victoria/ Voicu, Ovidiu (3 aprilie 2013): Redobândirea cetățeniei române : o politică ce capătă viziune?, http://www.fundatia. ro/sites/default/files/ro_125_Raport%20Cetatenie.pdf [zuletzt geprüft am 15.08.2016]

Panitru, Maria Cristina/ Black, Richard/ Sabates-Wheeler, Rachel (2007): Migration and Poverty Reduction in Moldova. Development Research Centre on Migration, Globalisation and Poverty, http://www.migrationdrc.org/publi cations/working_papers/WP-C10.pdf [zuletzt geprüft am 19.09.2016].

Papen, Uta (2010): Literacy Mediators, Scribes or Brokers? The Central Role of Others in Accomplishing Reading and Writing. In: *Langage et société* 133 (3), 63–82.

Parmentier, Florent (2008): Weak State and Citizenship by Default. In: Monica Heintz (Hg.): Weak State, Uncertain Citizenship: Moldova. Frankfurt am Main u.a.: Lang, 21–32.

Parmentier, Florent (2010): Moldavie. Les atouts de la francophonie. Paris: Non lieu.

Pavlenko, Aneta (im Druck): Superdiversity and Why it isn't: Reflections on Terminological Innovation and Academic Branding. In: Stephan Breidbach, Lutz Küster und Barbara Schmenk (Hg.): Sloganizations in Language Education Discourse. Bristol: Multilingual Matters.

Pavlenko, Aneta (2000): Access to Linguistic Resources: Key Variable in Second Language Learning. In: *Estudios de Sociolingüística* 2 (1), 85–105.

Pavlenko, Aneta (2005): Emotions and Multilingualism. Cambridge [u.a.]: Cambridge University Press.

Pavlenko, Aneta (2006): Russian as a Lingua Franca. In: *Annual Review of Applied Linguistics*, 78–99.

Pavlenko, Aneta (2007): Autobiographic Narratives as Data in Applied Linguistics. In: *Applied Linguistics* 28 (2), 163–188.

Pavlenko, Aneta (2008): Multilingualism in Post-Soviet Countries: Language Revival, Language Removal, and Sociolinguistic Theory. In: *International Journal of Bilingual Education and Bilingualism* 11 (3–4), 275–314.

Pavlenko, Aneta (2013): Language Management in the Russian Empire, Sopviet Union, and Post-Soviet Countries. In: Robert Bayley (Hg.): The Oxford Handbook of Sociolinguistics. Oxford [u.a.]: Oxford University Press, 651–679.

Pavlenko, Aneta (2017): Russian-friendly: How Russian became a Commodity in Europe and Beyond. In: *International Journal of Bilingual Education and Bilingualism* (4), 385–403.

Petruți, Doru (2006): An Empirical Model of Interethnic Relations Reflected in the Ethnobarometer. In: Doru Petruți, Ala Roșca, Tamara Cărăuș, Vitalie Catană, Mihail Guzun und Vasile Cantarji (Hg.): Etnobarometrul în Republica Moldova. Chișinău: Gunivas, 9–52.

Petruți, Doru/ Roșca, Ala/ Cărăuș, Tamara/ Catană, Vitalie/ Guzun, Mihail/ Cantarji, Vasile (Hg.) (2006): Etnobarometrul în Republica Moldova. Chișinău: Gunivas.

Pfeil, Beate Sibylle (2006): Die Minderheitenrechte in Moldawien. In: Christoph Pan und Beate Sybille Pfeil (Hg.): Minderheitenrechte in Europa. Handbuch der europäischen Volksgruppen. 2., überarb. Aufl. Wien [u.a.]: Springer, 307–325.

Pfeil, Beate Sibylle (2012): Minderheitenrechte. In: Klaus Bochmann, Vasile Dumbrava, Dietmar Müller und Victoria Reinhardt (Hg.): Die Republik Moldau. Republica Moldova. Ein Handbuch. Leipzig: Leipziger Universitätsverlag, 266–277.

Piller, Ingrid (2012): Multilingualism and Social Exclusion. In: Marilyn Martin-Jones, Adrian Blackledge und Angela Creese (Hg.): The Routledge Handbook of Multilingualism. Milton Park [u.a.]: Routledge, 281–296.

Pivovar, Igor (2008): Realizarea standardelor internaționale de funcționare a limbilor în Moldova. In: Stoianova Atanasia und StoianovaTatiana (Hg.): Carta Europeană a limbilor – instrument de protecție al diversității lingvistice și de întărire a dialogului intercultural în Moldova. Comrat-Taraclia-Briceni-Chișinău. Materialele seminarelor. Chișinău, 31–39.

Pivovar, Igor (2009): Shadow Report on the implementation of the Framework Convention for the Protection of National Minorities by the Republic of Moldova. Chișinău, http://www.cilevics.eu/minelres/reports/moldova/ShadowReport_Moldova_CIR_2009.pdf [zuletzt geprüft am 05.09.2016]

Plutzar, Verena (2016): Sprachenlernen nach der Flucht. Überlegungen zu Implikationen der Folgen von Flucht und Trauma für den Deutschunterricht Erwachsener. In: *Osnabrücker Beiträge zur Sprachtheorie* (OBST) (89), 109–133.

Pohilă, Vlad (1990): Grafia latină pentru toți. Chișinău: Stiința.

Polanyi, Livia (1995): Language Learning and Living Abroad: Stories from the Field. In: Barbara F. Freed (Hg.): Second Language Acquisition in a Study Abroad Context. Amsterdam [u.a.]: Benjamins, 271–292.

Popescu, Nicu (2008): Transnistria's Survival. In: Monica Heintz (Hg.): Weak State, Uncertain Citizenship: Moldova. Frankfurt am Main u.a.: Lang, 55–70.

Poster, Winifried (2007): Who's On the Line? Indian Call Center Agents Pose as Americans for U.S.-Outsourced Firms. In: Industrial Relations 46 (2), 271–304.

Poulantzas, Nicos (2002): Staatstheorie. Politischer Überbau, Ideologie, autoritärer Etatismus. Hamburg: VSA-Verl.

Poyatos, Fernando (1983): New Perspectives in Nonverbal Communication. Studies in Cultural Anthropology, Social Psychology, Linguistics, Literature, and Semiotics. Oxford [u.a.]: Pergamon Press.

Prina, Federica (2015): Linguistic Justice, Soviet Legacies and Post-Soviet Realpolitik: The Ethnolinguistic Cleavage in Moldova. In: *Ethnopolitics* 14 (1), 52–71.

Pütz, Martin (2004): Sprachrepertoire/Linguistic Repertoire. In: Ulrich Ammon, Norbert Dittmar und Mattheier, Peter Klaus J. (Hg.): Sociolinguistics. An International Handbook of the Science of Language and Society, 2. Aufl., Berlin u.a.: de Gruyter (Bd. 3.1), 226–232.

Rampton, M.B.H. (1992): Scope for Empowerment in Sociolinguistics? In: Deborah Cameron, Elizabeth Frazer, Penelope Harvey und Rampton, M.B.H., Richardson, Kay (Hg.): Researching Language. Issues of Power and method. London, New York: Routledge, 29–64.

Rassool, Naz (2007): Global Issues in Language, Education and Development: Perspectives for Postcolonial Countries. Clevedon: Multilingual Matters.

Ribbert, Anne/ Thije, Jan D. ten (2007): Receptive Multilingualism in Dutch-German Intercultural Team Cooperation. In: Jan D. ten Thije und Ludger Zeevaert (Hg.): Receptive Multilingualism. Linguistic Analyses, Language Policies and Didactic Concepts. Amsterdam [u.a.]: Benjamins, 73–101.

Riehl, Claudia Maria (2009): Sprachkontaktforschung. Eine Einführung. 2. überarb. Aufl. Tübingen: Narr.

Rindler Schjerve, Rosita (2004): Minderheit/Minority. In: Ulrich Ammon, Norbert Dittmar und Mattheier, Peter Klaus J. (Hg.): Sociolinguistics. An International Handbook of the Science of Language and Society. 2. Überarb. Aufl. Berlin u.a.: de Gruyter (Bd. 3.1), 480–486.

Rindler-Schjerve, Rosita/ Vetter, Eva (2007): Linguistic Diversity in Habsburg Austria as a Model for Modern European Language Policy. In: Jan D. ten Thije und Ludger Zeevaert (Hg.): Receptive Multilingualism. Linguistic Analyses, Language Policies and Didactic Concepts. Amsterdam [u.a.]: Benjamins, 49–70.

Roberts, Celia (2013): The Gatekeeping of Babel: Job Interviews and the Linguistic Penalty. In: Alexandre Duchêne, Melissa M. Moyer und Celia Roberts (Hg.): Language, Migration and Social Inequalities. A Critical Sociolinguistic. Bristol, UK [u.a.]: Multilingual Matters, 81–94.

Rossi-Landi, Ferruccio (1975): Linguistics and Economics. The Hague: Mouton.

Roy, Sylvie (2005): Language and Globalized Discourse: Two Case Studies of Francophone Minorities in Canada. In: *Estudios de Sociolingüística* 6(2), 243–268.

Rutkowski, Ernst (1991): Briefe und Dokumente zur Geschichte der österreichisch-ungarischen Monarchie. Unter besonderer Berücksichtigung des böhmisch-mährischen Raumes. München: R. Oldenbourg.

Sainenco, Ala/ Popting, Tatiana (2009): Comunitățile multietnice: interferențe culturale, interferențe lingvale. In: o.A. (Hg.): Omagiu lui Ion Dumbraveanu la 70 de ani. Chișinău: CEP USM, 402–409.

Salah, Mohamed Azzedine (2008): The Impacts of Migration on Children in Moldova. New York: Unicef. Online verfügbar unter http://www.unicef.org/The_Impacts_of_Migration_on_Children_in_Moldova(1).pdf [zuletzt geprüft am 19.09.2016].

Șarov, Alexandra (2007): Dorfeliten. Historisch- Linguistische Aspekte. In: Klaus Bochmann und Vasile Dumbrava (Hg.): Sprachliche Individuation in mehrsprachigen Regionen Osteuropas. Republik Moldova. Bd. 1. Leipzig: Leipziger Universitätsverlag, 251–294.

Șarov, Alexandra (2008): Sprachliche Individuation der Dorfeliten in der Republik Moldau. Zur individuellen (Re-)Konstruktion von Situationen der Mehrsprachigkeit im moldauischen Dorf. Leipzig: Leipziger Universitätsverlag.

Schegloff, Emanuel A. (1993): Telephone Conversation. In: Ronald E. Asher (Hg.): The encyclopedia of language and linguistics. Oxford: Pergamon Press, 4547–4549.

Schegloff, Emanuel A. (2002): 18. Beginnings in the telephone. In: James E. Katz und Mark A. Aakhus (Hg.): Perpetual contact. Mobile communication, private talk, public performance. Cambridge: Cambridge University Press, 284–300.

Schegloff, Emanuel A. (2007): Sequence Organization in Interaction. Cambridge, New York (N.Y.), Melbourne [etc.]: Cambridge University Press.

Schegloff, Emanuel A. (2010): Some Other "Uh(m)"s. In: Discourse Processes 47, 130–174.

Schippel, Larisa (1998a): Forschungsbericht: Gesprochenes Rumänisch. In: Grenzgänge 5 (10), 55–85.

Schippel, Larisa (1998b): Prodrum. Limba română vorbită în Moldova istorică. In: Limbă şi literatură 43 (1), 87–90.

Schippel, Larisa (2001): Cultura comunicării orale ca problemă identităţii. In: Flavius Solomon und Al Zub (Hg.): Basarabia. Dilemele identitătii. Iaşi: Fundaţia Academică „A.D. Xenopol" (VI), 255–260.

Schippel, Larisa (2002): Limba vorbită. In: Klaus Bochmann und Vasile Dumbrava (Hg.): Limba Româna vorbita în Moldova istorica. 2 Bände: Leipzig, 37–52.

Schippel, Larisa (Hg.) (2004): Im Dialog. Rumänistik im deutschsprachigen Raum. Frankfurt am Main u.a.: Lang.

Schippel, Larisa (Hg.) (2006): Übersetzungsqualität. Kritik-Kriterien-Bewertungshandeln. Berlin: Frank & Timme.

Schippel, Larisa (2008): Ist Übersetzungsqualität wirklich ein Chamäleon? Von Skopoï, intra- und intertextueller Kohärenz und Translationsnormen. In: Maria Krysztofiak (Hg.): Ästhetik und Kulturwandel in der Übersetzung. Frankfurt am Main u.a.: Lang, 103–116.

Schippel, Larisa (2009): Sichtbare Hände im „Invisible Hand"-Prozess. In: Thede Kahl (Hg.): Das Rumänische und seine Nachbarn. Beiträge der Sektion „Sprachwandel und Sprachkontakt in der Südost-Romania" am XXX. Deutschen Romanistentag. Berlin: Frank & Timme (2), 297–316.

Schmid, Monika S./ Köpke, Barbara/ Bot, Kees de (2013): Language Attrition as a Complex, Non-Linear Development. In: *International Journal of Bilingualism* 17 (6), 675–682.

Schmid, Monika S./ Mehotcheva, Teodora (2012): Foreign Language Attrition. In: *Dutch Journal of Applied Linguistics* 1 (1), 102–124.

Schorkowitz, Dittmar (2008): Postkommunismus und verordneter Nationalismus. Gedächtnis, Gewalt und Geschichtspolitik im nördlichen Schwarzmeergebiet. Unter Mitarbeit von Vasile Dumbrava und Stefan Wiese. Frankfurt am Main u.a.: Lang.

Schramm, Katharina (2005): Weißsein als Forschungsgegenstand. Methodenreflexion und ‚neue Felder' in der Ethnologie. In: Maureen Maisha Eggers, Grada Kilomba, Peggy Piesche und Susan Arndt (Hg.): Mythen, Masken und Subjekte. Kritische Weissseinsforschung in Deutschland. Münster: Unrast, 460–475.

Schulze, Wolfgang (2002): Gagausisch. In: Milos Okuka und Gerald Krenn (Hg.): Lexikon der Sprachen des europäischen Ostens. Klagenfurt: Wieser, 781–786.

Schütze, Fritz (1980): Prozeßstrukturen des Lebenslaufs. Biographie-Tagung. Nürnberg, Februar 1980.

Schütze, Fritz (1981): Prozeßstrukturen des Lebensablaufs. In: Joachim Matthes, Arno Pfeifenberger und Manfred Stosberg (Hg.): Biographie in handlungswissenschaftlicher Perspektive. Kolloquium am Sozialwissenschaftlichen Forschungszentrum der Universität Erlangen-Nürnberg. Nürnberg: Verlag der Nürnberger Forschungsvereinigung, 67–156.

Schütze, Fritz (1987): Das narrative Interview in Interaktionsfeldstudien. Erzähltheoretische Grundlagen, Studienbrief der Fernuniversität Hagen. Teil I: Merkmale von Alltagserzählungen und was wir mit ihrer Hilfe erkennen können. Hagen: Fernuniversität Hagen.

Schwartz, Raviv (2007): Exploring the Link between Moldovan Communities Abroad (MCA) and Moldova. Internation Organisation for Migration, http://www.iom.md/materials/9_diaspora_and_ocv_final_report_eng.pdf [zuletzt geprüft am 19.09.2016].

Selting, Margret u.a.: Gesprächsanalytisches Transkriptionssystem 2 (GAT 2). In: Gesprächsforschung (10), http://www.gespraechsforschung-ozs.de/heft2009/px-gat2.pdf [zuletzt geprüft am 13.09.2016]

Siegal, Meryl (1996): The Role of Lerner Subjectivity in Second Language Sociolinguistic Competency: Western Women Learning Japanese. In: *Applied Linguistics* 17 (3), 356–382.

Siegel, Jeff (2003): Social Context. In: Catherine Doughty und Michael H. Long (Hg.): The Handbook of Second Language Acquisition. Malden, MA: Blackwell, 178–223.

Signy, Pascal (2004): Identités de genre, identités de classe et insécurité linguistique. Bern: Peter Lang.

Silver, Brian (1974): The Status of National Minority Languages in Soviet Education: An Assessment of Recent Changes. In: *Soviet Studies* 26 (1), 28–40.

Silver, Brian D. (1975): Methods of Deriving Data on Bilingualism from the 1970 Soviet Census. In: *Soviet Studies* 27 (4), 574–597.

Sinaeva-Pankowska, Natalia (2010): Multiple Identities as a Basis for Construction of (Post)Modern Moldovan Identity. In: John Burbick und William Glass

(Hg.): Beyond Imagined Uniqueness. Nationalisms in contemporary perspectives. Cambridge: Camebridge Scholars Publishing, 261–287.

Skvortsova, Alla (2002): The Cultural and Social Makeup of Moldova: A Bipolar or Dispersed Society? In: Pål Kolstø (Hg.): National Integration and Violent Conflict in Post-Soviet Societies. The Cases of Estonia and Moldova. Lanham, 159–196.

Slezkine, Yuri (1994): The USSR as a Communal Apartment, or How a Socialist State Promoted Ethnic Particularism. In: *Slavic Review* 53 (2), 414–452.

Smith, Graham (1996): The Soviet State and Nationalities Policy. In: Graham Smith (Hg.): The nationalities question in the post-Soviet states. London [u.a.]: Longman, 2–22.

Solchanyk, Roman (1982): Russian Language and Soviet Politics. In: *Soviet Studies* 34(1), 23–42.

Solomon, Flavius (2001): De la RSSM la republica Moldova. Identitate etnică și politică. In: Flavius Solomon und Al Zub (Hg.): Basarabia. Dilemele identitătii. Iași: Fundația Academică „A.D. Xenopol" (VI), 73–82.

Solomon, Flavius (2004): Die ethnokulturelle Politik der UdSSR und die „moldauische Nation". In: Flavius Solomon, Alexander Rubel und Al Zub (Hg.): Südosteuropa im 20. Jahrhundert. Ethnostrukturen, Identitäten, Konflikte. Iași, Konstanz: Editura Universității A.I. Cuza, 131–146.

Solonari, Vladimir (2002): Narrative, Identity, State: History Teaching in Moldova. In: *East European Politics and Societies* 16, 414–445.

Soltan, Angela (2014): Language education and its effectiveness in the Republic of Moldova. In: *International Journal of Cross-cultural Studies and Environmental Communication* 1 (1), 74–84.

Sonntag, Selma (2009): Linguistic globalization and the call center industry: Imperialism, hegemony or cosmopolitanism? In: *Language Policy* 8, 5–25.

Spiller, Bernd (2004): Stil. In: Ulrich Ammon, Norbert Dittmar und Mattheier, Peter Klaus J. (Hg.): Sociolinguistics. An International Handbook of the Science of Language and Society. 2. überarb. Aufl. Berlin u.a.: de Gruyter (Bd. 3.1), 206–216.

Spînu, Stela (2010): Graiurile românești din nord-estul Republicii Moldova. Chișinău: Institutul de Filologie al AȘM. Online verfügbar unter: https://www.academia.edu/10165457/Stela_Sp%C3%AEnu._Graiurile_rom%C3%A2ne%C5%9Fti_din_nord-estul_Republicii_Moldova [zuletzt geprüft am 13.09.2016]

Spivak, Gayatri Chakravorty (1988): Can the Subaltern Speak? In: Cary Nelson (Hg.): Marxism and the interpretation of culture. Basingstoke: Macmillan, 271–315.

Splitt, Julia (2013): Offshoring und „Remigration": Transnationale Biographien deutsch-türkischer Callcenter-Agents in Istanbul. In: Barbara Pusch (Hg.): Transnationale Migration am Beispiel Deutschland und Türkei. Wiesbaden: Springer Fachmedien Wiesbaden/ Imprint: Springer, 254–263.

Spranz-Fogasy (2003): Alles Argumentieren, oder was? Zur Konstitution von Argumentation in Gesprächen. In: Arnulf Deppermann und Martin Hartung (Hg.): Argumentieren in Gesprächen. Gesprächsanalytische Studien. Tübingen: Stauffenburg, 27–39.

Stepanov, Veaceslav (2008): Ucrainenii din Moldova. Dinamica identităţiilor etnice şi civice (anii 1989–2005). Autoreferat al tezei de doctor habilitat în ştiinţe istorice. Academia de Ştiinţe a Moldovei, Chişinău. Institutul patrimoniului cultural.

Stoianova, Anastasia/ Stoianova, Tatiana (Hg.) (2008): Carta Europeană a limbilor – instrument de protecţie al diversităţii lingvistice şi de întărire a dialogului intercultural în Moldova. Comrat-Taraclia-Briceni-Chişinău. Materialele seminarelor. Chişinău.

Streb, Reseda (2015): [ma ke ˈunbravo]: Ausbau mehrsprachiger Repertoires im Two-Way-Immersion-Kontext. Eine ethnographisch-linguistische Langzeituntersuchung in einer deutsch-italienischen Grundschulklasse. Inauguraldissertation zur Erlangung des Grades eines Doktors der Philosophie im Fachbereich Neuere Philologien der Johann Wolfgang Goethe-Universität zu Frankfurt am Main, Frankfurt am Main.

Streb, Reseda (2016): Ausbau mehrsprachiger Repertoires im Two-Way-Immersion-Kontext. Eine ethnographisch-linguistische Langzeituntersuchung in einer deutsch-italienischen Grundschulklasse, Frankfurt am Main u.a.:Peter Lang.

Streeck, Jürgen (2006): 139. Ethnomethodlogie/ Ethnomethodology. In: Ulrich Ammon (Hg.): Sociolinguistics. An International Handbook of the Science of Language and Society. Bd. 3. 2. Überarb. Aufl. Berlin [u.a.]: de Gruyter, 1416–1426.

Suveica, Svetlana (2013): "Entering through the back door"?! Debates on Romanian Citizenship for Moldovans. In: *Eurolimes* (supplement), 272–284.

Swiggers, Pierre (1993): L'insécurité linguistique: du complexe (problématique) à la complexité du problème. In: Michel Francard (Hg.): L'insécurité linguistique dans les communautés francophones périphériques. Actes du colloque de Louvain-la-Neuve 10–12- novembre 1993. 2 Bände. Louvain-la-neuve (Cahiers de l'institut de linguistique de louvain (CILL), 19), 19–29.

Szczepek, Beatrice (2000): Functional Aspects of Collaborative Productions in English Conversation (Interaction and Linguistic Structures (InLiSt), 21), http://www.inlist.uni-bayreuth.de/issues/21/inlist21.pdf [zuletzt überprüft am 13.09.2012].

Talburt, Susan/ Stewart, Melissa A. (1999): What's the Subject of Study Abroad?: Race, Gender, and "Living Culture". In: *The Modern Language Journal* 83 (2), 163–175.

Tamara Caraus (2006): The role of the nation-state in the resolution of interethnic problems in Moldova. In: Doru Petruți, Ala Roșca, Tamara Cărăuș, Vitalie Catană, Mihail Guzun und Vasile Cantarji (Hg.): Etnobarometrul în Republica Moldova. Chișinău: Gunivas, 81–111.

Tan, Peter K. W./ Rubdy Rani (2008): Introduction. In: Tan, Peter K. W. und Rani Rubdy (Hg.): Language As Commodity. Global Structrues, Local Marketplaces. London, New York: Continuum, 1–15.

Tauscher, E./ Kirschbaum, E. G. (1972): Grammatik der russischen Sprache. 10. Aufl. Düsseldorf: Brücken-Verlag.

Techtmeier, Bärbel (2002): Structuri și forme. In: Klaus Bochmann und Vasile Dumbrava (Hg.): Limba Romăna vorbita în Moldova istorica. Leipzig: Leipziger Universitätsverlag, 79–91.

Thompson, John B. (2005): Einführung. In: Pierre Bourdieu (Hg.): Was heißt sprechen? Zur Ökonomie des sprachlichen Tausches. 2., erw. u. überarb. Aufl. Wien: Braumüller, 1–35.

Tishkov, Valeriĭ Aleksandrovich (1997): Ethnicity, Nationalism and Conflict in and after the Soviet Union. The Mind Aflame. London, Thousand Oaks, Calif: Sage.

Tofan, Alina (2007): Sprachautobiographien im beruflichen Kontext. Zum Spracherwerb und Sprachengebrauch im Handel. In: Klaus Bochmann und Vasile Dumbrava (Hg.): Sprachliche Individuation in mehrsprachigen Regionen Osteuropas. Republik Moldova. Bd. 1. Leipzig: Leipziger Universitätsverlag, 213–250.

Tofan, Alina (2011): Mehrsprachigkeit im großstädtischen Handel in der Republik Moldau aus autobiographischer Perspektive. Subjektive Theorien über soziolinguistische Individuation. Leipzig: unveröffentlicht (DISS).

Tomasello, Michael (2003): Constructing a Language. A Usage-Based Theory of Language Acquisition. Cambridge, Mass: Harvard University Press.

Tomasello, Michael (2009): Die Ursprünge der menschlichen Kommunikation. Frankfurt am Main: Suhrkamp.

Tontsch, Günther (2004): Minderheitenschutz im östlichen Europa. Moldau, https://view.officeapps.live.com/op/view.aspx?src=http%3A%2F%2Fwww.uni-koeln.de%2Fjur-fak%2Fostrecht%2Fminderheitenschutz%2FVortraege%2FMoldau%2FMoldau_Tontsch.doc [zuletzt geprüft am 19-09-2016].

Trabant, Jürgen (1998): Artikulationen. Historische Anthropologie der Sprache. Frankfurt am Main: Suhrkamp.

Treichel, Bärbel (2004): Identitätsarbeit, Sprachbiographien und Mehrsprachigkeit. Autobiographisch-narrative Interviews mit Walisern zur sprachlichen Figuration von Identität und Gesellschaft. Frankfurt am Main u.a.: Lang.

Trifon, Nicolas (2010a): Guerre et paix des langues sur fond de malaise internationale. In: Matei Cazacu und Nicolas Trifon (Hg.): Un État en quête de nation. La République de Moldavie. Paris: Non lieu, 169–276.

Trifon, Nicolas (2010b): Le compromis indépendantiste, 1993–2009: retour sur une sortie d'empire empêchée. In: Matei Cazacu und Nicolas Trifon (Hg.): Un État en quête de nation. La République de Moldavie. Paris: Non lieu, 77–165.

Tse, Lucy (1995): Language Brokering among Latino Adolescents: Prevalence, Attitudes, and School Performance. In: *Hispanic Journal of Behavioral Sciences* 17, 180–193.

Tse, Lucy (1996): Who Decides? The Effect of Language Brokering on Home-School Communication. In: *The Journal of Educational Issues of Language Minority Students* 16, 225–233.

Turcan, Olga (2014): Le français en Moldavie: entre héritage, tradition et mondialisation. Thèse pour obtenir le grade de Docteur de l'université de Strasbourg. Soutenue le 27 mars 2014.

Turcan, Olga (2009): La promotion de la francophonie en Moldavie par la coopération décentralisée (franco-moldave), https://app.box.com/shared/3ntgbbj79l.

Turcan, Olga (2013): Aspects des politiques linguistiques à l'égard du français en Moldavie : quelle(s) dynamique(s) ? In: Actes du 2e Congrès européen de la FIPF «Vers l'éducation plurilingue en Europe avec le français. De la diversité à la synergie., Bd. 1. Federation internationale des professurs de français. Prag, 163–174.

Turculeţ, Adrian (2002): Tipuri de texte orale. In: Klaus Bochmann und Vasile Dumbrava (Hg.): Limba Română vorbita în Moldova istorica. Bd. 1. Leipzig: Leipziger Universitätsverlag, 53–78

Urla, Jaqueline (2012): "Total Quality Language Revival". In: Alexandre Duchêne und Monica Heller (Hg.): Language in late capitalism. Pride and profit. New York: Routledge, 73–92.

Uitermark, Justus (2002): Re-scaling, „Scale Fragmentation" and the Regulation of Antagonistic Relationships. In: *Progress in Human Geography* 26 (6), 743–765.

van Meurs, Wim (2003): Moldova – nationale Identität als politisches Programm. In: *Südosteuropa-Mitteilungen* 43 (4–5), 31–43.

Verebceanu, Galaction (2002): Fenomene fonetice ale limbii vorbite în R. Moldova. In: Klaus Bochmann und Vasile Dumbrava (Hg.): Limba Româna vorbita în Moldova istorica. Leipzig: Leipziger Universitätsverlag, 181–193.

Verebceanu, Galaction (2007): „Rumänisch habe ich sehr spät in meinem Leben gelernt." Identität und Sprache in der Armee. In: Klaus Bochmann und Vasile Dumbrava (Hg.): Sprachliche Individuation in mehrsprachigen Regionen Osteuropas. Republik Moldova. Bd. 1. Leipzig: Leipziger Universitätsverlag, 312–339.

Vertovec, Steven (2006): The Emergence of Super-Diversity in Britain. University of Oxford (Centre on Migration, Policy and Society Working Paper, 25). Online verfügbar unter https://www.compas.ox.ac.uk/media/WP-2006-025-Vertovec_Super-Diversity_Britain.pdf [zuletzt geprüft am 19.09.2016].

Vertovec, Steven (2007): Super-Diversity and its Implications. In: *Ethnic and Racial Studies* 29 (6), 1024–1054.

Vietti, Francesco (2009a): "Chiedi a zio Western Union!". Bilanci economici transnazionali e mutamento dei legami familiari tra l'Italia e la Repubblica Moldova. In: *eSamizdat* VII (1), 191–209.

Vietti, Francesco (2009b): Euro-stil. Storia di una famiglia transnazionale moldava. In: *Mondi Migranti* III (1), 191–210.

Vietti, Francesco (Hg.) (2012): Il paese delle badanti. Una migrazione silenziosa. Torino: Società editrice internazionale.

Vigouroux, Cécile B. (2005): "There are no Whites in Africa". Territoriality, Language, and Identity among Francophone Africans in Cape Town. In: *Language & Communication* 25, 237–255.

Vigouroux, Cécile B. (2009): A Relational Understanding of Language Practice. In: James Collins, Stef Slembrouck und Mike Baynham (Hg.): Globalization and Language in Contact. Scale, Migration and Commnunicative Practice. London, New York: Bloomsbury Academic, 62–84.

Vremiş, Maria/ Craievschi-Toartă, Viorica/ Burdelnii, Eugeniu/ Herm, Anne/ Poulain, Michel (2012): Extended Migration Profile of the Republic of Moldova. Chişinău: International Organization for Migration (IOM).

Walthert, Yannick (2016): Kommunikative Herausforderungen bei der Fallherstellung im Asylverfahren. In: *Osnabrücker Beiträge zur Sprachtheorie (OBST)* (89), 33–51.

Warditz, Vladislava Maria (2013): Varianzstilistik im Wandel. Russischer Standard und Non-Standard nach 1985 im Spannungsfeld von linguistischem und extralinguistischem Diskurs. Habilitationsschrift im Fach Slavische Philologie. Universität Potsdam, Potsdam. Philosophische Fakultät.

Way, Lucan (2002): Pluralism by Default in Moldova. In: *Journal of Democracy* 13 (4), 127–141.

Wee, Lionel (2008): Linguistic Instrumentalism in Singapore. In: Tan, Peter K. W. und Rani Rubdy (Hg.): Language As Commodity. Global Structrues, Local Marketplaces. London, New York: Continuum, 31–43.

Weirich, Anna-Christine (2013): Ausbau Events and the Linguist's Role in the Dynamics of Minorization in Northern Moldova. In: *Slovo* 25 (1), 65–82.

Weirich, Anna-Christine (2014): Majorized Linguistic Repertoires in a Nationalizing State. In: Kristine Horner, Ingrid de Saint-Georges und Jean-Jacques Weber (Hg.): Multilingualism and Mobility in Europe. Policy and Practices. Frankfurt am Main [u.a.] Lang, 149–170.

Weirich, Anna-Christine (2015a): Einige Gedanken zu aktuellen Entwicklungen des Glottonymstreits in der Republik Moldova. In: *Quo Vadis, Romania?* (46), 106–129.

Weirich, Anna-Christine (2015b): Neulich im Hausflur – Bewertungen von Rumänischsprechen zwischen Tür und Angel, zuletzt aktualisiert am 24.12.2015, https://gramaticamea.wordpress.com/2015/12/24/neulich-im-hausflur-bewertungen-von-rumanischsprechen-zwischen-tur-und-angel/, zuletzt geprüft am 07.09.2016.

Weirich, Anna-Christine (2016a): De l'utilité du français en République de Moldavie : Représentations en contexte minorisé. In: *Révue Francophone de Didactique des Langues et des Cultures* 1 (1), 245–261.

Weirich, Anna-Christine (2016b): Individuelle sprachliche Repertoires und gesellschaftliche Mehrsprachigkeit in der Republik Moldova. Inauguraldissertation zur Erlangung eines Grades eines Doktors der Philosophie. Goethe-Universität, Frankfurt. Romanische Sprachen und Literaturen.

Weirich, Anna-Christine (2016c): „Moldovan" and Feminist Language Politics – Two Distinct Peripheral Markets. In: Julie Abbou und Fabienne H. Baider (Hg.): Gender, Language and the Periphery. Grammatical and Social Gender From the Margins, Amsterdam [u.a.]: Benjamins, 285–323.

Weirich, Anna-Christine (2017a): „Ab und an rattert ein Pferdefuhrwerk vorbei." – Moldova-Klischees in deutschen Medienberichten, zuletzt aktualisiert am 11.07.2017,. https://gramaticamea.wordpress.com/2017/07/11/ab-und-an-rattert-ein-pferdefuhrwerk-vorbei-moldova-klischees-in-deutschen-medien berichten/, zuletzt geprüft am 27.09.2017.

Weirich, Anna-Christine (2017b): Sprachliche Repertoires und gesellschaftliche Partizipation ukrainischsprachiger Bevölkerung in der Republik Moldova. In: *Lětopis* (64), S. 100–120.

Weisskirch, Rob S./ Alatorre Alva, Sylvia (2002): Language Brokering and the Acculturation of Latino Children. In: *Hispanic Journal of Behavioral Sciences* 24, 369–378.

Weltens, Bert (1988): The Attrition of French as a Foreign Language. Proefschrift ter verkrijging van de graad van doctor. Katholieke Universiteit Nijmegen, Nijmegen.

Werlen, Iwar (2007): Receptive Multilingualism in Switzerland and the Case of Biel/Bienne. In: Jan D. ten Thije und Ludger Zeevaert (Hg.): Receptive Multilingualism. Linguistic Analyses, Language Policies and Didactic Concepts. Amsterdam [u.a.]: Benjamins, 137–157.

Wilson, Andrew (1996): The Post-Soviet States and the Nationalities Question. In: Graham Smith (Hg.): The Nationalities Question in the Post-Soviet States. London, New York: Longman, 23–44.

Wilson, Andrew (1998): The Ukrainians: Engaging the "Eastern Diaspora". In: Charles King und Neil Melvin (Hg.): Nations abroad. Diaspora Politics and International Relations in the Former Soviet Union. Boulder: Westview Press, 103–131.

Wissen, Markus (2008): Zur räumlichen Dimensionsierung sozialer Prozesse: Die Scale-Debatte in der angloamerikanischen Radical Geography – eine Einleitung. In: Markus Wissen (Hg.): Politics of scale. Räume der Globalisierung und Perspektiven emanzipatorischer Politik. Münster: Westfälisches Dampfboot, 8–32.

Wittgenstein, Ludwig (Hg.) (1984): Werkausgabe. Tractatus logico-philosophicus. Tagebücher 1914–1916. Philosophische Untersuchungen. Frankfurt am Main: Suhrkamp.

Woydack, Johanna-Elisabeth (2013): Standardisation and Script Trajectories in a London Call Centre. An Ethnography of a Multilingual Outbound Call Centre. A Thesis submitted in fulfilment of the requirements for the PhD Degree at King'S College London. King's College, London.

Yanovich, Liza (2015): Children Left Behind: The Impact of Labor Migration in Moldova and Ukraine. Migration Policy Institute, http://www.migrationpolicy.org/article/children-left-behind-impact-labor-migration-moldova-and-ukraine [zuletzt geprüft am 05.09.2016]

Yastrebova, Olga (2008): Youth-Speak and other Subcodes in Post-Soviet Russian. In: Ernest Andrews (Hg.): Linguistic Changes in Post-Communist Eastern Europe and Eurasia. New York: Columbia University Press, 36–57.

Zabarah, Dareg (2011): The Role of the Orthodox Churches in Defining the Nation in Post-Soviet Moldova. In: *Südosteuropa* (2), 214–237.

Zaharova, Natalia (2013): Motivele studierii limbii engleze la Universitate și școli lingvistice (studiu de caz USM și Studium). teza de master. Universitatea de Stat din Moldova, Facultatea de limbi străini, Chișinău.

Zakharine, Dmitri (2005): Von Angesicht zu Angesicht. Der Wandel direkter Kommunikation in der ost- und westeuropäischen Neuzeit. Konstanz: UVK.

Zeevaert, Ludger (2007): Receptive Multilingualism and Inter-Scandinavian Semicommunication. In: Jan D. ten Thije und Ludger Zeevaert (Hg.): Receptive Multilingualism. Linguistic Analyses, Language Policies and Didactic Concepts. Amsterdam [u.a.]: Benjamins, 103–135.

Zeevaert, Ludger/ Thije, Jan D. ten (2007): Introduction. In: Jan D. ten Thije und Ludger Zeevaert (Hg.): Receptive Multilingualism. Linguistic Analyses, Language Policies and Didactic Concepts. Amsterdam [u.a.]: Benjamins, 1–21.

Zichner, Helga (2013): How to grow English Lawn in Moldova? Reflecting on the Reasons to Establish and those to Participate in the Erasmus Mundus Programme of the European Union. In: *Journal of Social Science Education* 12 (4), 29–42.

Ziem, Alexander/ Lasch, Alexander (2013): Konstruktionsgrammatik. Konzepte und Grundlagen gebrauchsbasierter Ansätze. Berlin u.a.: de Gruyter.

Zofka, Jan (2012): Die „Transnistrische Moldauische Republik" (PMR). In: Klaus Bochmann, Vasile Dumbrava, Dietmar Müller und Victoria Reinhardt (Hg.): Die Republik Moldau. Republica Moldova. Ein Handbuch. Leipzig: Leipziger Universitätsverlag, 118–128.

Zofka, Jan (2012): Russianess als unsichtbare Norm. Mobilisierungsdiskurse des pro-russländischen Separatismus in Transnistrien. In: Zaur Gasimov (Hg.): Kampf um Wort und Schrift. Russifizierung in Osteuropa, 19.-20. Jahrhundert. Göttingen: Vandenhoeck & Ruprecht, 113–129.

Zofka, Jan (2014): Russischsprachige in den Nachfolgestaaten der UdSSR. Sowjetische Nationalitätenpolitik und postsowjetische Konfliktlagen. Bundeszentrale für Politische Bildung (Deutschland Archiv), http://www.bpb.de/183747 [zuletzt geprüft am 14.08.2015].

Zofka, Jan (2015): Postsowjetischer Separatismus. Die pro-russländischen Bewegungen im Dnjestr-Tal und auf der Krim 1989–1995. Göttingen, Niedersachs: Wallstein.

Zofka, Jan (2016): The Transformation of Soviet Industrial Relations and the Foundation of the Moldovan Dniester Republic. In: *Europe Asia Studies* 68 (5), 826–846.

Literatur im kyrilischen Alphabet

Аникьева et al. (Hg.) (2007): Русский язык в Республике Молдова: реалии и перспективы. Материалы республиканской научно-практичкской конференции. Кишинёв.

Антипова, Светлана (2007): Русский язык села Семеновка района Штефан-Водэ Республики Молдова. In: *Русин* 8 (2), 114–120.

Арефьев, А. Л. (2012): Русский язык на рубеже XX – XXI веков. Moskau: Центр социального прогнозирования и маркетинга.

Бабенко, Н. (2012): Русский язык в инокультурной среде: проблемы и пути их решения. In: *Слово.ру: балтийский акцент* (2), 9–14.

Блажко, Владимир (2009): Роль народной культуры в самоидентификации украинцев. In: Academia de Stiinte a Moldovei und Galina Rogovaia (Hg.): Ucrainenii din Moldova, moldovenii din Ucraina. Procese etnosociale / materiale conf. şt. intern., Chişinău, 9 oct. 2008 = Ukraïncy i Moldovi, moldovany v Ukraïni. Chişinău, 215–218.

Вангели-Павличенко, В./ Похилэ, В. (1989): Сэ читим, сэ скриеи ку литере латине. Кишинэу: Едитура «Лумина».

Гончаренко Александра Борисовна (2012): Виртуальная языковая среда и её особенности. Санкт-Петербургский Государственный Университет Технологии и Дизайна, Москва: Эксмо.

Гончарова, Света (2014): Источник сил для уставшей мамы: Академия экспертов.

Грек, и. д. (2007): Роль общественных организаций в укреплении и развитии двуязычного диалога в обществе. In: Аникьева et al. (Hg.): Русский язык в Республике Молдова: реалии и перспективы. Материалы республиканской научно-практичкской конференции. Кишинёв, 219–222.

Ионова, Ирина (2007): Функций Молдовенизмов: двуязычие как источник речевой игры. In: *Русин* 9 (3), 79–89.

Кауненко, Ирина (2009): Психологические особенности этнического самоопределения Украинцев Молдовы. In: Academia de Stiinte a Moldovei und Galina Rogovaia (Hg.): Ucrainenii din Moldova, moldovenii din Ucraina. Procese etnosociale/ Materiale conferinţei ştiintifice internaţionale, Chişinău, 9 oct. 2008 = Ukraïncy i Moldovi, moldovany v Ukraïni. Chişinău, 240–247.

Кожухар, Віктор Г./ Кожухар, Катерина С. (Hg.) (2008): Українці Молдови. Історія і сучасність. Наукові дослідження і матеріали. Кишинêв.

Кожухар, Катерина С. (2008): Українські говірки в Республіці Молдова (загальна характеристика фонетичної системи). In: Віктор Г. Кожухар und Катерина С. Кожухар (Hg.): Українці Молдови. Історія і сучасність. Наукові дослідження і матеріали. Кишинёв, 89–108.

Кожухарь, Екатерина (2012): Языковая и этническая идентификация украицев Республики Молдова. In: *Revista de Etnologia si Culturologia* XI–XII, 82–87.

Млечко, Татъяна Петровна: Быть или не быть? Русский язык в системе образования Республики Молдова 1989–1999. Кишинёв: Инесса.

Млечко, Татъяна Петровна (2009): Родной язык нетитульного населения страны как язык высшего образования. (Русскоязычная вертикаль образования в Республике Молдова). In: *Russian Language Journal*, 37–47.

Млечко, Татъяна Петровна (2012): Русская языковая личность в социокультурном измерении новой диаспоры. In: *Слово.ру: балтийский акцент* (2), 30–35.

Млечко, Татъяна Петровна (2013): Языковая личность: социокультурный аспект дискурсивных практик. In: *Вестник Славянского университета* (21), 97–111.

Млечко, Татъяна Петровна (2014): Русская языковая личность в поликультурном пространстве Ближнего Зарубежья. Диссертация на соискание ученой степени доктора филологических наук. Российский университет дружбы нарадов (РУДН), Москва.

Млечко, Татъяна/ Паря, Елена (2012): Сохранение лингвокультурной самобытности языковой личности в диаспоре. In: *Studia Universitatis (Seria Ştiinţe Umanistice)* 10 (60), 185–188.

Никитченко, Алла (2009): Формирование идентичности национальных меньшинств в системе доуниверситетского образования республикик Молдова. In: Academia de Stiinte a Moldovei und Galina Rogovaia (Hg.): Ucrainenii din Moldova, moldovenii din Ucraina. Procese etnosociale/ Materiale conferinţei ştiintifice internaţionale, Chişinău, 9 oct. 2008. Chişinău, 158–169.

Носуленко, Валерий Н. (2010): Расширенная среда общения. Московский городской психолого-педагогический университет. Москва (Сборник международной конференции «Современные методы психологии»), http://psyjournals.ru/modern_psychological_methods/issue/31038_full.shtml [zuletzt geprüft am 23.08.2016].

Поливанов, Е. Д. (1931): О Блатном языке учащихся и о «славянском языке» революции. In: Поливанов Е. Д. (Hg.): За марксистское языкознание. Москва: Федерация, 161–172.

Савоскул, Сергей (1994): Русские нового зарубежя. In: *Национальние отношения*, 90–101.

Савоскул, Сергей (2008): Немного об изучении русских нового зарубежья. In: *этнографическое обозрение* 2, 30–41.

Славянский Университет Республики Молдова (Hg.) (2003): Славянские чтения: материалы Научно.теоретической Конференции. Кишинёв: Центральная Типография.

Степанов, Вячеслав (2009): Этносоциальные ценности украинцев в современной Молдове. (по материалам этносоциологических исследований). In: Academia de Stiinte a Moldovei und Galina Rogovaia (Hg.): Ucrainenii din Moldova, moldovenii din Ucraina. Procese etnosociale/ Materiale conferinței științifice internaționale, Chișinău, 9 oct. 2008. Chișinău, 87–96.

Степанов, Вячеслав П. (2010): Грани идентичностей. Этногражданские процессы в среде национальных меньшинств Республики Молдова на примере украинского населения (1989–2009 гг.). Кишинёв: Elan Poligraf.

Субботина, Ирина А. (2004): Молдавия: этнические модели адаптации к условиям трансформиующегоося общества. Москва («исследования по прикладной и неотложной этнологии» Института этнологии и антропологии РАН: Документ И 175).

Тудосе, В.И. (2003): Лексические и другие особенности русского говора села Кунича Республики Молдова. In: Славянский Университет Республики Молдова (Hg.): Славянские чтения: материалы Научно.теоретической Конференции. Кишинёв: Центральная Типография, 81–97.

Тудосе, Вера И. (2007): Взаимодействие русского языка и культуры с другими языками и культурами в полиэтничной Молдавии. In: *Русин* (2), 97–106.

Тудосе, Вера И. (2006): Особенности русской разговорной речи жителей Молдавии. In: *Русин* 4 (2), 168–184.

Хруслов, Георгий (2006): Функционирование русского языка в странах СНГ. In: *Russian Language Journal,* 56, 131–166.

Verzeichnis der Internetlinks

Amnesty International (2012): Moldova fails to adequately protect lesbian, gay, bisexual, transgender and intersex (LGBTI) individuals from discrimination (Amnesty International Public Statement, EUR 59/004/2012). Online verfügbar unter https://queeramnesty.ch/docs/eur590042012en_Moldova.pdf, [zuletzt geprüft am 08.09.2016]

Banca de date statistice Moldova (2014): Castigul salarial mediu lunar pe Activitati economice, Ani, Sector, Indicatori si Sexe, http://statbank.statistica.

md/pxweb/pxweb/ro/30%20Statistica%20sociala/30%20Statistica%20social
a__03%20FM__SAL010__serii%20anuale/SAL010100.px/table/tableView
Layout1/?rxid=2345d98a-890b-4459-bb1f-9b565f99b3b9 [zuletzt geprüft am
17.09.2016]

BNS 1) Banca de Date Statistice Moldova (2014) : Castigul salarial mediu lunar brut si net pe activitati economice, sectoare si sexe, 2013-2014, http://statbank.statistica.md/pxweb/pxweb/ro/30%20Statistica%20sociala/30%20Statistica%20sociala__03%20FM__SAL010__serii%20anuale/SAL010100.px/table/tableViewLayout1/?rxid=2345d98a-890b-4459-bb1f-9b565f99b3b9, [08.08.2016]

BNS 2) Biroul Național de Statistică (2004): Recânsamîntul Populației 2004 : Populația după naționalitate de bază, în profil teritorial, http://www.statistica.md/pageview.php?l=ro&idc=295&id=2234, [11.09.2016]

BNS 3) Biroul Național de Statistică: Pondarea femeilor in numarul personalului didactic dupa Nivelele educationale si Ani de studii, http://statbank.statistica.md/ [29.09.2015]

BNS 4) Biroul Național de Statistică: Institutii de invatamint primar si secundar general dupa Indicatori, Tipul institutiilor, Medii si Ani, http://statbank.statistica.md/, [29.09.2015].

BNS 5) Biroul de statistică al Republicii Moldovei : Recensamîntul populației 2004. Migrație. Populația temporar absentă, plecată peste hotare, după țara în care se află și durata absenței, pe sexe și medii, http://www.statistica.md/pageview.php?l=ro&idc=295&id=2359, [15.08.2016]

BNS 6) Biroul de statistică al Republicii Moldovei : Banca de date statistice Moldova (Populatia de 15 ani si peste, aflata la lucru sau in cautare de lucru, in strain pe Grupe de virsta, Sexe, Ani, Trimestre si Medii, http://statbank.statistica.md/pxweb/pxweb/ro/30%20Statistica%20sociala/30%20Statistica%20sociala__03%20FM__03%20MUN__MUN070/MUN070100.px/table/tableViewLayout1/?rxid=2345d98a-890b-4459-bb1f-9b565f99b3b9, [15.08.2016]

BNS 7) Biroul de statistică al Republicii Moldovei : Banca de date statistice Moldova (Populatia de 15 ani si peste, aflata la lucru sau in cautare de lucru, in strain pe Tara de destinatie, Grupe de virsta, Nivel de instruire, Ani si Sexe), http://statbank.statistica.md/pxweb/pxweb/ro/30%20Statistica%20sociala/30%20Statistica%20sociala__03%20FM__03%20MUN__MUN070/MUN070200.px/table/tableViewLayout1/?rxid=2345d98a-890b-4459-bb1f-9b565f99b3b9, [15.08.2016]

BNS 8) Biroul de statistică al Republicii : Planul calendaristic de prelucrare și diseminare a datelor Recensămîntului Populației și al Locuințelor 2014, Moldovei, http://www.statistica.md/pageview.php?l=ro&idc=479&id=5177, [27.08.2016]

BNS 9) Biroul Național de Statistică (2004) : Populația după naționalitățile de bază, limba maternă și limba în care vorbește de obicei, http://www.statistica.md/public/files/Recensamint/Recensamintul_populatiei/vol_1/8_Nation_Limba_vorbita__materna_ro.xls, [27.08.2016]

BNS 10) Biroul Național de Statistică (2017): Rezultatele Recensămîntului Populației și al Locuințelor 2014, http://www.statistica.md/pageview.php?l=ro&idc=479, [26.04.2018]

Casata.md: Localitati din Republica Moldova, http://www.localitati.casata.md/, [24.11.2014.]

Centrul Educațional Pro Didactica: Resurse Internet, http://www.prodidactica.md/e_resources.php3, [26.11.2015]

Coica, Ala (2012): Comisia Națională pentru Funcționarea Limbilor rătăcită printre hârțoage. Timpul 11.09.2012. http://www.timpul.md/articol/comisia-naionala-pentru-funcionarea-limbilor-ratacita-printre-haroage-37131.html [25.09.2017].

Dex online: 13 definiții pentru „cam" http://dexonline.ro/definitie/cam, [25.08.2016]

Duden (1): Reichweite, die, http://www.duden.de/rechtschreibung/Reichweite#Bedeutung1, [01.03.2016]

Duden (2): suche nach „reichweite", http://www.duden.de/suchen/dudenonline/reichweite, [01.03.2016]

Duden (3): erreichen, http://www.duden.de/rechtschreibung/erreichen, [01.03.2016]

Duden (4): Erreichbarkeit, http://www.duden.de/rechtschreibung/Erreichbarkeit, [01.03.2016]

Europarat (1): Gesamtverzeichnis. Unterschriften und Ratifikationsstand des Vertrags 148. Europäische Charta der Regional- oder Minderheitensprachen, https://www.coe.int/de/web/conventions/full-list/-conventions/treaty/148/signatures?p_auth=7S1fEFe0, [16.08.2016]

Eurostat (2015): Statistics Explained/ Statistiken zu den Bildungsausgaben, http://ec.europa.eu/eurostat/statistics-explained/index.php/Educational_expenditure_statistics/de, [11.09.2016]

Eurostat (2015): Statistics Explained/ Migration and migrant population statistics. Main countries of citizenship and birth of the foreign foreign-born population (1 January 2014), http://ec.europa.eu/eurostat/statistics-explained/images/a/ac/Main_countries_of_citizenship_and_birth_of_the_foreign_foreign-born_population%2C_1_January_2014_%28%C2%B9%29_%28in_absolute_numbers_and_as_a_percentage_of_the_total_foreign_foreign-born_population%29_YB15-fr.png, [11.09.2016]

Eurostat (2016): Statistics Explained/ Migration and migrant population statistics. Main countries of citizenship and birth of the foreign foreign-born population (1 January 2015), Main_countries_of_citizenship_and_birth_ of_the_foreign_foreign-born_population%2C_1_January_2015_(^{1})_(in_ absolute_numbers_and_as_a_percentage_of_the_total_foreign_foreign-born_population)_YB16.png, [15.09.2016]

Interethnic Relations in Moldova (2011): Natonal minorities' rights in the Republic of Moldova: existing poblems, posted by Expert on 21.03.2011, https://interethnicmoldova.wordpress.com/category/ensuring-of-the-natonal-minorities-rights-in-the-republic-of-moldova-existing-poblems/, [16.08.2016]

IPP (1) : Institutul de Politici Publice : Barometrul de Opinie Publica – aprilie 2002, http://www.ipp.md/libview.php?l=ro&idc=156&id=469, [09.08.2016]

IPP (2) Institutul de Politici Publice, http://www.ipp.md/libview.php?l=ro&idc=163&id=76, [27.08.2016]

IPP (3) : Institutul de Politici Publice : Etnobarometru – Republica Moldova. Raport de cercetare -studiu Delphi-, http://www.ipp.md/public/files/Barometru/ Etnobarometru/Raport%20de%20cercetare%20al%20studiului%20Delphy.pdf, [13.08.2016]

IUMA Moldova (2002): Appeal of minority NGOs from Moldova, 1. April 2002, http://www.minelres.lv/minelres/archive/04012002-13_43_55-8468.html, [31.08.2016]

Liceul Teoretic „Dante Alighieri" din Chişinău (2012): Scurt Istoric, https://ltdantealighieri.wordpress.com/2012/06/18/scurt-istoric/, [16.09.2016]

Lorchenkov, Vladimir (2013): Moldova, the 51st state? New York Times, 27.12.2013, http://www.nytimes.com/2013/12/27/opinion/moldova-the-51st-state.html?_r=0, [11.09.2016]

Unimedia (2011): John Onoje, refugiatul din Republica Sierra Leone, a devenit cetăţean moldovean, 17. Januar 2011, http://unimedia.info/stiri/john-onoje--refugiatul-din-republica-sierra-leone--a-devenit-cetatean-moldovean-28614.html, [31.08.2016]

Unimedia (2014): Hartă: Câţi refugiaţi ucraineni au venit în Moldova după izbucnirea conflictului armat din estul ţării vecine, http://unimedia.info/stiri/ harta-cati-refugiati-ucraineni-au-venit-in-moldova-dupa-izbucnirea-conflictului-armat-din-estul-tarii-vecine-84156.html, [29.08.2016]

United Kingdom (2006): A guide to names and naming practices, https://www.fbiic.gov/public/2008/nov/Naming_practice_guide_UK_2006.pdf, [13.09.2013]

UPSC/Facultatea de Filologie, http://www.upsc.md/new/?page_id=406, [26.11.2015]

USARB (Universitatea de Stat « Alecu Russo » din Bălţi) (2014): Ordin Nr. 08-545 din 06.08.2014, http://www.usarb.md/fileadmin/universitate/Admitere_2014/rezultate_finale/Ordin_de_inmatriculare__cu_finantare_de_la_bugetul_de_stat__invatamint_cu_frecventa_la_zi__1_master.pdf, [26.11.2015]

USARB : Planul de înmatriculare. Studii cu frecvenţă la zi, http://www.usarb.md/admitere/admitere-2014/licenta/plan-de-inmatriculare/litere5/zi3/, [26.11.2015]

ZDF (2010) : Wir sitzen im Süden/Synposis, http://wir-sitzen-im-sueden.org/de/synopsis/, [16.09.2016]

Бердянський державний педагогічний університет, http://www.bdpu.org/index.html, [12.07.2016]

Славянский университет РМ (СУРМ 1). Функционирование русского языка в Молдове (публикации членов исследовательской группы), http://surm.md/index.php?option=com_content&task=view&id=563, [11.09.2016]

Сталин (1950): МАРКСИЗМ И ВОПРОСЫ ЯЗЫКОЗНАНИЯ. Относительно марксизма в языкознании, http://www.philology.ru/linguistics1/stalin-50.htm, [08.09.2016]

Index

A

Abstand (Sprache) 47f, 52, 56, 68, 607
Alphabet 100, 172, 331, 346, **386–389**, 586, 590
– kyrillisches A. 168, 182, 202f, 387, 388, 411f, 419, 518
– lateinisches A. 168, 169, **201–203**, 282, 296, 319, 343, 346, 286, 342, 386–388, 402f, 410–412, 481, 509, 512, 518, 521, 526–528, 585f
Amtssprache, siehe Behördenkommunikation
Aneignung (sprachliche) 28, 30, 35f, 40, 48f, 59f, 63, 67, 69, 75–77, 84–86, **88–90**, 92, 95, 100, 103, 107, 109, 124, 150, 152, 154, 161, 165, 224, 453, 455, 461, 475, 477f, 484, 487, 509, 515f, 518, 522, 528f, 571, 578f, 584–586, 594f, 598f, 601–603, 607f; siehe auch Submersion; Ausbau
Anonymisierung 115, 126, **135–136**, 251, 375
Arbeit, siehe Lohnarbeit
Arbeitskraft 32–34, 54, 73–75, 152
Arbeitsmigration, siehe Migration
Arbeitsplätze, siehe Lohnarbeit
Argot 171, 206–208, 478, 553
Artikulation, siehe sprachliche Verhältnisse
Attrition 31, 70, 84, 89f, 95, 97, 104f, 150, 361f, 597
Ausbau 36f, 39–42, 46f, **48–51**, 52, 62, 67f, 77f, 80, 86, 88, 95f, **98–101**, 102, 104, 109, 150, 163, 172, 179, 182f, **197–203**, 297, 417, 479, 493, 495, 509f, 559, 561, 572, 575f, 578–582, 584–586, 590f, 594, 597f, 603f, 606

– A. des Rumänischen, siehe R.
– A. des Ukrainischen, siehe U.
– A. der Minderheitensprachen 211
Ausschluss, siehe Diskriminierung
Außerkurrikulare Aktivität 144, 248, 278f, 292, 300f, **302–305**, 311, 337, 406, 588
Autodidaktik 38, 93, 453, 454f, 458, 462, 483, 509, 516, 571, 573, 595, 597
Autonomie 61, 72, 78, **90–93**, 366, 600, 607

B

Baltische Staaten 177, 195f, 235
Barriere 56, 72, 108, 259, 263, 379, 380, 401, 403f, 419, 458, 520, 542, 551, 562–564, 572, 581, 589, 592f, 602, 603
Bălți 175, 202, 204, 210, 215, 218, 262, 273, 290f, 308, 323, 377, 396
Behördenkommunikation 73, 176, 195, 213, 258, **293–294**, 296, 398, 403,
Bewertung (sprachliche) 42, 46, 51, 54–57, 66f, 77, 88, 93, 105, 107, 112, 159, 198, 206, 239, 240f, 298, 325, 328–330, 353, 418f, 438, 449, 574, 603
Bildung 29, 32, 34, 46f, 50f, 53, **55f**, 62, 73, 76, 93, 95, 107, 150, 158, 172, 204, 208, 223f, 218, 330, 338, 347f, 358f, 370, 433, 456f, 463f, 484, 513, 527, 571, 577, 579f, 581–583, 587, 590, 592, 594, 603, 606
Bildungspolitik 29, 32, 40, 42, 44, 47, 55f, 62, 115, 180, 182f, 187, 223–231, 277–280, 437, 599, 606

Bildungssystem (Moldova) 55, 170–173, 175f, 185, 195f, 201f, 210–212, 214, 217, **223–231**, 233, 248, 250, 259f, 262, 266–268, 273, 282, 289–292, 299, 301–303, 308, 323, 332f, 360, 366–368, 396f, 413, 417, 419f, 578, 581, 538, 585, 589ff
Bilinguismus, siehe Mehrsprachigkeit
Binnenmigration, siehe Migration
Biographie
– Berufsbiographie 30, 33, 113f, 132, 147, 152, 220, 274, 305, 323, 359, 548f, 579f, 582f, 599
– Normalbiographie 153, 265f
– Sprachb., siehe S.
Bruchphase 48, 51, 60, 103, 107, 169, 185, 417f, 577–580, 591, 604
Bulgarien 33, 112, 170, 176, 290
Bulgarische Nationalität 191–193
Bulgarische Sprache 28, 168, 170f, 175, 109, 192–195, 210f, 213, 216, 242, 261, 360

C
Call-Center 27, 30–34, 37, 58, 93, 111, 114–116, 128, 130, 136, 144, 150, 154, 156, 161, 165, 204, 234, 246, 303, 341, **423–459**, 483, 510f, 520, 536f, 543, 548, 551f, 561, 563, 565, 571–576, 578–585, 587–589, 591f, 594, 596f, 603f, 607
– *Inbound* 435, 565
– *Outbound* 435, 442
– *Offshore* 436, 438
– Registerdifferenzierung im C., siehe Register
Children Left Behind, siehe Familientrennung
Chișinău 27, 30f, 33f, 116, 158, 174–176, 181, 200, 204, 209f, 221, 227, 229, 234f, 262, 273, 276, 282, 290f, 301, 340, 359, 371, 396, 423, 425, 428–430, 432f, 435, 447, 452, 454, 458, 460, 463f, 468, 474, 484, 510–513, 547f, 552, 566, 571, 580, 585, 589
Code-Switching, siehe Sprachwahl

D
Demotisierung 44, 47, 69, 176, 179, 181
Deutsch 27, 29, 54, 230, 235, 428, 549
Deutschland (Bundesrepublik) 28f, 124, 229, 235, 241, 510, 555f
Diglossie 42, 183, 197, 249, 257, 418
Dialekt, siehe Varietät
Diskriminierung 31, 38f, 46f, 50, 55, 61f, 64, 67–69, 77, 92, 107, 109, 111, 187, 189, 195, 213f, 241f, 275, 316, 598, 603
Diskurs
– Diskursmarker, siehe Enunziativ
– epilinguistischer D. 37f, 46, 113, 139f, 156f, 170, **237–243**, 452, 583, 585, 602, 606
– gesellschaftlicher D. 42, 57, 113, 136, 138, 140, 170, **237–243**, 274f, 452f
– Mediend. 113, 122, 172, 186, 196f, 239, 277
Doppelte Minorisierung 179, 185, 209, 211, 228f, 276, 578, 581
Dorf
– rumänischsprachiges D., siehe R.
– ukrainischsprachiges D., siehe U.
Dynamik (sprachliche) 63, 68, 73, 101, 103, 105, 107, 111, 169, 174, 183, 280, 509, 598, 606

E
Eingangstest, siehe Sprachtest
Einsprachigkeit 82, 88, 104, 111f, 126, 156, 159, **162–166**, 170, 197f,

220, 224, 228, 264, 340, 369, 381, 413, 424, 433f, 439, **447–450**, 459, 465, 467, 536, 543, 568, 570, 575, 577, 588, 602
- russische E., siehe Russisch
Emigration, siehe Migration
Englisch 27–29, 53f, 56, 58, 69, 71, 75, 117, 128, 164f, 170, 226f, 229–231, 267, 274, 278, 282, 301f, 338–341, 353, 355, 357–359, 373f, 417, 421, 429, 437, 466f, 487, 493, 526, 528–530, 538f, 552, 560, 586f, 596f, 599, 607
- E.lehrerin, siehe Lehrer
- E.unterricht, siehe Schule/Fremdsprachenunterricht
- Kommodifizierung des. E., siehe K.
Entrenchment 84, 87, 94, 101, 161, 576
Enunziativ 131, 150, 485, 570, 575
Epilinguistische Diskurse, siehe Diskurs
Eponym 45
Erreichbarkeit 29–32, 35–40, 42f, 46f, 49–53, **58–70**, 77–79, 87f, 91, 101, 103, 108f, 111, 153, 157, 160, 172, 193, 210, 246, 263, 274, 293, 307, 325, 346, 417f, 420, 530, 548, 571–574, 577–79, 581, 583, 586f, 590f, 593f, 596, 600–608
- E. des Rumänischen, siehe Rumänisch
- E. des Russischen, siehe Russisch
- E. des Ukrainischen, siehe Ukrainisch
- E. formeller Register, siehe Register
Erstsprache 34, 52, 92, 98, 103–106, 112
- E. Rumänisch, siehe Rumänisch
- E. Russisch, siehe Russisch/russophone Bevölkerung Moldovas

Erwachsene 40, 55, 68, 94, 97, 100f, 103, 109, 193, 200, 249, 437, 456, 580, 586, 591, 601, 607f
Ethnizität 29, 45, 56, 61, 112, 158, 177f, 190–193, 209, 212, 215, 265, 278, 286, 316, 324, 340, 479, 581
Ethnographie 66, 102, 111, 116–121, 128, 215
Europa 27
- Osteuropa 29, 436
- Westeuropa 28, 124, 233f, 423
- Europäische Union 122, 124, 167, 231, 234, 236, 247, 453

F
Fachsprache 33, 93, 96, 107, 152, 183, 198, 262, 321, 403, 457, 487, 493f, 467, 506, 528, 573, 607
Fachterminologie, siehe Fachsprache
Familiensprache 29, 37, 46f, 52, 69, 211, 216, 311, 324, 342, 368, 370
Familientrennung 113, 237, 457, 473
Fehlerperspektive, siehe normative Grammatik
Feminismus, siehe Gender
Fernsehen, siehe Medien
Fetischisierung (von Sprache) 34, 43, 64, 74, 77, 424
Flucht 29, 234
Folklore 215, 242, 254, 393
Forschungsethik 111–115, 118, 121, 144
Forschungsnotizen 34, 117, 118, 128, 136, 148, 246, 338, 360, 425, 462
Fragebogen 34, 117, 133, 190, 215, 229, 286, 398, 406
Frankreich 33, 56, 232, 235f, 270, 273, 359, 389, 405, 421, 566, 587
Französisch 28, 70, 103, 105, 117, 128, 170, 226f, 230f, 234, 267, 272f, 278, 282, 301f, 341, 344f, 347f, 358–360, 410, 417, 421, 429, 493,

671

549, 552, 560, 566, 578, 586f, 597, 599, 605
- F.lehrerin, siehe Lehrer
- F.unterricht 202, 421, 586
- Kommodifizierung des F., siehe K.

Fremdsprache 29, 54f, 69, 76, 94f, 170, 175, 184, **229–231**, 240, 283f, 286, 292, **301–302**, 338, 340, 344, 347, 358, 410, 421, 486, 528–530, 551f, 560, 566, 571, 579, 582, 587, 590, 592, 596f, 599, 602

Funktionen (sprachlicher Formen) 28f, 34f, 37, 42f, 47–49, 51–54, 56, 67, 71, 95, 106f, 167, 172, 176, 181, 187, **193–203**, 211, 293, 455, 559
- F. des Rumänischen, siehe Rumänisch
- F. des Russischen, siehe Russisch

G

Gagauzien 116, 167, 168, 175, 189, 213, 235, 294

Gagauzische Nationalität 191–193

Gagauzische Sprache 28, 95, 168, 170f, 175, 190, 192–195, 210, 216, 242, 246, 261

Gebrauchsbasiertheit 36, 40f, 78, 82, **84–90**, 100f, 103, 106f, 161, 403, 410, 547

Gebrauchswert **53f**, 57, 61f, 72, 74, 77, 84, 109, 586f

Geflüchtete, siehe Flucht

Gemischtethnische Ehe/Familie, siehe mehrsprachige Familie

Gender 27, 47, 61f, 66, 72, 92, 108, 112f, 125, 128, **129–130**, 174, 232f, 236–238, 261, 270, 321, 392, 421, 456f, 463, 468–471, 601, 604, 608

Geschäftssprache 29, 36, **45–50**, 62, 68f, 73, 103, 107, 168, 179f, 199, 210f, 224f, 235, 237, 262, 346, 371, 577, 581, 585

Geschlechtsidentität, siehe Gender

Gesprochene Sprache, siehe Mündlichkeit

Gewohnheitsmodus 108, **162–166**, 198, 255, 264, 374, 403, 405, 543, 588, 602

Globalisierung 34, 64, 74

Glottonym 28, 174, 182, 186–189, 193, 252, 343, 345f, 370f, 376, 406, 452f, 484

Grammatik 83–88, 99, 104, 141, 368, 442, 447, 454, 457, 480–482, 486, 521, 526, 557, 559, 562, 564, 567, 572f, 581
- Normative Grammatik, siehe Norm

Griechisch 28, 170, 578

Groupism, siehe Gruppismus

Gruppismus 112

H

Heterogenität 36, 41, 44, **52**, 55, 78–82, 84, 89, 95, 98, 109, 162, 169f, 172, 199, 200, 203, 222, 251, 423, 462, 571, 574, 580, 606

Hochqualifizierte, siehe Qualifikation

I

Identität 29, 44f, 61, 66, 80, 111, 126, 140, 155, 174f, 181, 186, 188, 211, 213, 215, 218, 229, 238, 242, 252–254, 265, 277, 278, 286, 296f, 324, 328, 354, 396, 438, 453, 585

Ideologie (sprachliche) 28, 55–57, 76, 107, 108, 132, 156–158, 162, 164, 185f, 200, 220, 252, 297, 374, 433f, 452, 595f, 599, 608

Idiomatisierung 42, 87, 98, 101f, 143, 151, 323, 344, 407, 493, 497, 506, 526f, 533

Imago 45

Indexikalität 40, 67f, 72, 106, 153, 165, 587f
Interaktionsanalyse 35, 37, 136, 138, 140f, 146–149
Interjektion, siehe Enunziativ
Internet, siehe Medien
Intersektionalität 39f, 47, 61, 92
- siehe auch Gender
Interview 34, 37, 102, 104, 113, 115–117, 125, **130–147**, 190, 215, 237–239, 246, 248, 255, 269, 273, 280, 288, 290, 303, 325, 367, 369, 375, 381, 396, 404, 413, 420, 425, 428, 431–433, 441, 450, 452, 457, 467, 484, 487, 499, 507, 527f, 533, 536, 542, 565, 568f, 576
- Führung 31, 125, **130–132**, 133, **142–144, 306–307, 338–340, 375–376, 460–462, 509–511, 549–551**
- Interpretation (der Interviews) 34, 37, 118, 127, 128, 129, 134, **136–167**
Italien 33, 38, 105, 172, 232, 234f, **236–238**, 241, 272, 274, 432, 434f, 437f, 442, 454, 456–458, 461–463, 468–470, 474f, 477, 480, 484, 486, 509, 543, 548, 563, 571–576, 594
- Aufenthaltsstatus 122, 172, 231, 236f, 460, 463, 468, 471
- siehe auch Arbeitsmigration
Italienisch 27f, 33, 37f, 52, 93, 106, 116, 164, 170f, 234, 423f, 426, 429f, 433f, 438–441, 444, 447–449, 451–453, 456–460, 467, 470, 475–478, 480f, 486f, 490, 493, 495–509, 511, 516–526, 531, 535f, 540–548f, 559, 562f, 566–568, 571–576, 578, 581f, 585f, 588f, 591f, 594–598, 603–605, 607
- formelle Register des I. 437, 455, 460, 475, 479, 483, 535, 589
- halböffentliches Register des I. 33

- Kommodifizierung des. I., siehe K.
- Varietäten 442, 486, 572
Italienischkurs (betriebsintern) 115, 117, 423, 440f, 447, 458, 510, 521f, 527, 530, 549, 572f, 592

K
Kanada 55, 75, 174, 198, 233, 338, 340, 359, 593, 597
Karpaten 250, 327, 348, 351
Kindergarten 117, 270, 280f, 287, 290f, 340, 350, 352, 356, 513f
Kin-States 33, 112, 197, 211
Kirche 189, 258, 342
Kollokationen 87, 97f, 100f, 161, 208, 219, 316, 331, 475, 543, 607
Kommodifizierung (Theorie) 34, 54, 57f, 61, 65, 67, 73–76, 109, 116, 152f, 221, 246, 423f, 457, 587, **592f**, 594, 599, 601
- von Englischressourcen 302, 341, 373
- von Französischressourcen 302
- von Italienischressourcen 33, 38, 423, 457, 510, 519, 561, 572, 574, 578, 594
- von Russischressourcen 235
- von Ukrainischressourcen 32, 259, 305, 323f, 421, 580, 592
Kommunikation 46f, 49, 51, 54, 58f, 61, 72, 80f, 109, 137–139, 145, 162f, 220, 294, 328f, 336, 354, 362, 402f, 406, 434, 439, 454, 515, 561, 565, 571, 589, 601
- kommunikative Umgebung, siehe sprachliche Umgebung
Kompetenz 42, 87, 98, 101f, 143, 151, 323, 344, 380, 387, 430, 436, 441, 447, 450, 456, 467, 493, 497, 506, 526f, 533, 552, 559
- kommunikative K. 227, 335, 449, 457, 561, 564f, 571, 574, 581, 594

673

- maximale K. 84, 216
- mehrsprachige K. 84, 96, 380
- rezeptive 197, 218, 220, 258, 300, 331, 384
- Varietätenk. 165, 298
- schriftsprachliche K. 377, 457, 462, 479, 594

Konstruktionsgrammatik 83, 84, 493
Korrektheit (sprachliche), siehe normative Grammatik
Kräfteverhältnisse (gesellschaftliche) 36, 51, 169, 178, 198, 577, 604
Kultur 81, 215–217, 241f, 246, 277–279, 281, **302–305**, 360, 433, 527
Kyrillisch, siehe Alphabet

L

Ländliche Gebiete, siehe Raum (ländlicher)
Landwirtschaft 34, 72, 237, 248f, **268f**, 291, 306, 375, 418, 458
Language brokers, siehe Sprachmediator*innen
Lebenswelt 82, 96, 106f, 123, 156, 587, 597
Legitime Sprecher*in 32, 43, 46, 56, 108, 130, 157, 241, 288, 305, 325–331, 353, 368, 374, 433, 444, 447, 495, 575, 581
Legitime Sprache, siehe Legitime Sprecher*in; siehe auch Bewertung; Markt (sprachlicher); normative Grammatik
Lehrbuch, siehe Lehrmaterial
Lehrmaterial 198, 201f, 250, 301, 327, 339, 396, 341, 371
Lehrer*in 32, 37f, 133, 143f, 154, 224f, 245, 247, 258, 260f, 269, 271f, 279, 293, 302, 354, 375, 388, 391f, 400f, 404, 406–408, 417, 421, 521, 581, 588, 591f, 597, 599, 601, 603f

- Englischlehrer*in 38, 76, 245, 249, 268, 278, 294, 302, **338–374**, 587, 593, 597, 599
- Französischlehrer*in 76, 268, 278, 302, 338, 340f, 358f, 587, 597, 599
- Rumänischlehrer*in 32, 38, 114, 202f, 240, 245, 249f, 269–271, 275, 282, 286, 293f, 305, 328, 336, 360–362, 365, 367, **374–416**, 581, 583, 595
- Russischlehrer*in 143, 252, 255, 263, 273, 375, 381, 404–406, 410, 419

Lernen, siehe Aneignung
Lernereignis 102, 384, 493, 607
Lernumgebung 55, 77, 81, 85, 88, 92, **93–95**, 96f, 100, 455, 460, 467, 476, 564, 566, 580, 493, 602f
Lexik 83, 87f, 94, 104, 159, 161, 181, 206, 208, 251, 300, 330, 367, 382, 457, 484, 487, 512, 559, 570f,
Linguistic Landscape, siehe sprachliche Landschaft
Literacy, siehe Schriftlichkeit
Literate Strukturen 32, 36, 48, 68, 89, 94–96, 98–100, 102, 107, 109, 141, 146, 159, 161, 183, 250, 257f, 298, 319, 325, 327, 455f, 483, 527, 559, 566, 577, 590–592, 605
Literatursprache 140, 158, 205f, 208, 252, 298–300, 318, 324, 329, 348, 384f, 572
Lohn 27, 32f, 74, 113, 122, 270, 421, 427f, 430–432, 436, 473, 550, 583
- Durchschnittslöhne 28, 75, 172
Lohnarbeit 28–34, 39, 50, 56f, 70f, 73, 93, 107, 109, 111, 150, 154, 169, 172, 220f, 229, 231, 235–237, 246, 259–262, 266, 268–274, 289, 302, **323–324, 389–392**
L2, siehe Zweitsprache

M

Majorisierung, siehe Repertoire
Markt (sprachlicher) 43, 56, 64, 66, 116, 172, 198, 206, 313, 333f, 433, 444–453, 578
Marxismus 43, 74, 86; siehe auch Staatstheorie
Materialismus 36, 40, 44, 65, 114
Medien (Sprachgebrauch) 51, 78, 170, 180, 205, **258f**, 342, 348, 362, 405, 419, 605f
- Fernsehen 70, 185, 205, 227, 258, 259, 300, 306f, 318, 325, 349, 354f, 361, 369, 406, 419, 551, 560
- Internet 78, 80f, 406, 605
- M.diskurse, siehe Diskurs
- Zeitung 34, 128, 135, 185, 189, 246, 248, 258, 275, 301, 405
Mehrschriftigkeit 51, 93, 98, 100f, 202f, 343, 368, 387f, 398, 440, 446f, 457, 460, 462, 479–483, 510, 512, 520, 526, 528, 530, 532, 534, 563, 575, 585f, 590, 608
Mehrsprachigkeit 42, 50, 52, 54, 73, 82, 88, 90, 93, 98, 100, 113, 164, 219, 240, 269, 287, 361, 413, 414f, 418, 423, 447, 459f, 465f, 577, 588, 595
- familiäre M. 174, 189, 215, 219, 234, 263, 264, 268, 294f, 305, 308–313, 374–377, 397–404, 405, 419, 437, 514, 595, 600, 602
- gelebte M. (Diskurs), 139, 240, 374, 580, 595, siehe auch Diskurs (Medien)
- gesellschaftliche M. 27, 29, 42, 46, 50, 52, 57, 69, 75, 96f, 108, 111f, 126, 143, 163, 168, 175, 185, 187, 197f, 215, 219f, 233f, 239, 292, 295, 439, 484, 528, 553, 557f, 590f, 600, 605
- individuelle M. 29, 33f, 38, 40, 52, 54, 75, 82–84, 88, 90, 96–98, 101, 109, 139, 162f, 170, 197f, 207f, 221, 234, 240, 299, 305, 308, 338, 340, 354, 368, 374, 380, 382, 418, 423, 433f, 437f, 493, 495, 509, 528, 575, 580, 595, 603, 608
- mehrsprachige Kompetenz, siehe Kompetenz
- mehrsprachiger Modus, siehe Sprachpraxis (mehrsprachige)
- M. Erwachsener, siehe Erwachsene
- M.forschung, siehe Sprachwissenschaft
- migrationsbedingte M. 33, **233–235**, 302, 582
- offizielle M. 187f, 194f, 197, 215, 335
- schriftliche, siehe Mehrschriftigkeit
- rezeptive M. 27, 97, **218–220**, 267f, 294, 331, 374, 401, 419f, 450, 582, 595
- schulische M. 83, 102f, 162, 195, 225, 284, 287, 299, 353, 361, 367, 493
Metasprachliches Wissen 38, 78, 96, 361, 479, 483, 509, 580, 590, 602, 604, 606
Methoden, siehe Register/M.; Interview; Forschungsethik; Forschungsnotizen; Wochendokumentation
Migrant*in, siehe Migration
Migration 28f, 33, 37, 69, 75, 77, 79–81, 103, 105f, 108, 113, 116, 163, 172, 174, 210, 231–238, 240, 251, **273–276**, 288, 302, 338, 389, 420, 428, 437, **468–475**, 578, 593, 597
- Arbeitsmigration 28, 32, 34, 37f, 124, 168–170, 172, 231–233, 274f, 338, 376f, 389, 418, 420, 423, 432, 435, 437f, 454–457, 459f, 463,

468–483, 548, 558f, 563, 574, 578, 593f, 597, 603
- Binnenmigration 34, 273, 435, 460, 463, 468
- Emigration 33, 234, 510, 552, 583
- Remigration 33f, 52, 81, 116, 234, 428, 431, 463, 473, 561, 582
- Transmigration 33, 52, 81, 234, 237, 276, 558
- zirkuläre Migration 109

Migrationslinguistik, siehe Sprachwissenschaft

Militär 76, 112, 115, 123, 156, 208, 214, 266, 270, 276, 291, 302, 340–342, 350, 352, 359, 375

Minderheit
- nationale Minderheit 32f, 37, 168, 170, 175, 184f, 187, 189, 191, 197, 209, 212, 214, 428, 578
- sprachliche Minderheit 29, 33, 54, 73, 111f, 116, 169, 170, 174f, 179, 182, 184, 191–195, 198, **209–218**, 223, 225, 255
- ukrainische Minderheit, siehe ukrainisch

Minorisierung, siehe Minderheit; Majorisierung

Mobilität 36, 41, 47, 60, 63, 64, 67, 71, 75, 78, 81, 88, 96, 103, 107, 114, 170, 210, 235, 328, 333, 359, 417, 418, 593, 605; siehe auch Migration

Moldauische Sprache, siehe Rumänisch

Moldauische Nationalität 191–193

Moldovenismus 188, 199

Monolingualer Modus, siehe Einsprachigkeit

Mündlichkeit 42, 48, 50, 51

Muttersprache 95, 101, 106, 140, 158, 179, 182f, 190, 195f, 216f, 219, 265f, 281, 286f, 289, 291, 297, 299, 303f, 324, 344, 347, 368, 379, 396, 427, 451, 566, 570f

N

Name der Sprache, siehe Glottonym

Nation 112, 182, 265, 279

Nationalismus 176–178, 185, 187, 286, 326, 388, 393, 484

Nationalität, siehe Staatsbürgerschaft

Nationalität (russ. *National'nost'*) 158, **177–181**, 182, 184, 189–193, 195f, 209, 212, 214, 218, 242, 246f, 252–254, 261, 278, 286f, 307, 309, 352, 393, 484f, 581

Nationalstaat, siehe Staat

Native Speaker, siehe Muttersprache

Normalisierung (sprachliche) 28, 37, 51, 54, 58, 77, 172, 187, 189, **197–203**, 223f, 226, 577, 606

Norm 85, 88, 91, 119, 178, 196, 199, 206, 342, 528, 575
- Normalbiographie, siehe Biographie
- Normalisierung, siehe N.
- Normalität 73, 81, 84f, 88, 119, 125, 157, 320, 335, 396, 425, 430f, 451, 459, 492, 503, 594, 596
- normative Grammatik 48, 56, 88, 158, 205f, 238, 298f, 234, 316, 331, 371, 418, 475, 486, 561, 572, 580, 582, 592, 595, 602f
- Normierung 50, 171, 176, 186, 203, 207, 250, 327
- präskriptive Norm, siehe normative Grammatik
- sprachliche N. 28, 42, 46, 50, 52, **56f**, 66, 68, 81, 93, 99, 105, 120, 129, 162f, 165, 169f, 198f, 202f, 205–207, 238, 252, 271, 277, 327, 331, 333f, 353f, 357, 369, 414, 433, 496, 575

O

Obščina, siehe ukrainische Gemeinschaft
Offizielle Sprache, siehe Geschäftssprache
Ökonomie, siehe Produktionsverhältnisse; Verhältnisse (gesellschaftliche)
Ontogenese 49, 52, 62, 68f, 86, 90f, 93, 98, 108, 229, 586
Operator*in 33, 114f, 117, 132, 203, 234f, 240, 423–428, 431–434, 436–460, 468, 501, 507, 509, 511, 522f, 530ff, 534, 536f, 541f, 548, 550, 552, 561, 563f, 567, 571–576, 579, 582, 585, 587–589, 592, 596, 604, 607; siehe auch Call-Center
Optimizacija 115, 248, **277–278**, 293
Orthographie 100, 201f, 282, 331, 388, 412, 416, 447, **479–483**, 486, 493, 495, 519f, 534, 575, 590
Osteuropa, siehe Europa
Outsourcing 234, 426, 437

P

Partizipation 39f, 44–48, 50f, 54, 61, 63, 67f, 72, 90, 96, 109, 211f, 226, 589
Personalitätsprinzip 195, 212
Philippinen 437f
Phonetik 87, 108, 171, 201, 204–207, 251, 326, 337, 413, 416, 488, 494, 547, 568f, 576
Portugiesisch 28, 170, 578
Positionierung (soziale) 36, 46, 61, 72, 92, 112f, **121–124**, 128, 158, 579, 598
Postsowjetische Länder 122, 177, 235, 303
Poststrukturalismus 40
Praxis (sprachliche), siehe Sprachpraxis

Prefabs, siehe Kollokationen
Prestige 56, 57, 71, 96, 107, 199, 239, 304, 587
Privilegien 31, 39, 48, 50, 61, 67, 77, 92, 107, 112, 113, 156, 212, 598, 603
Produktionsmittel 73, **592f**
Produktionsverhältnisse 53
Prosodie 145, 146, 159, 161, 283, 449, 488
Purismus 50, 56, 108, 139, 163, 170, 174, 197, 206, 220, 238–240, 252f, 291, 297, 316, 325, 331, 351, 369, 380

Q

Qualifikation 31–33, 38, 57f, 73f, 260, 432f, 456, 490, 582, 592, 599

R

Raum 33, 41, 43, 48, 51–54, 56, 58f, 61, 63–67, 72, 75, 77, 81f, 90, 97f, 106, 112, 120, 124, 138, 150, 157f, 167, 172, 197, 212, 237, 245, 247, 254, 258, 266, 289, 292, 305, 328, 333, 345, 361, 405, 419, 424, 433f, 436f, 439, 447, 525, 548, 572, 577, 581, 583f, 593, 596f, 601–606
– Dialektraum, siehe Varietäten
– einsprachiger Raum, siehe Einsprachigkeit
– ländlicher Raum 34, 81, 204, 210, 231, 240, 242, 245, **247–249**, 269, 334, 487, 577, 583f
– öffentlicher Raum 202, 211, 586
– postsowjetischer Raum, siehe postsowjetische Länder
– russischsprachige Räume, siehe Russisch
– urbaner Raum 80, 81, 163, 204, 210, 233, siehe auch Bălți; Chișinău
Ready-mades, siehe Kollokationen

Register
– Begriff 32f, **42**, 46–49, **51–53**, 60, **66f**, 72f, 75, 88–90, 93–96, 98–101, 104, 106, 108, 579, 584, 588, 590f
– Erforschung, siehe Register/Methode
– Erreichbarkeit formeller R. 183, 257, 288, 314
– halböffentliches R. des Italienischen, siehe Italienisch 33
– formelle R., siehe auch literate Strukturen
– formelle R. des Italienischen, siehe I.
– formelle R. des Rumänischen, siehe R.
– formelle R. des Russischen, siehe R.
– formelle R. des Ukrainischen, siehe U.
– Methode 152, 157, 159f, 163, 166, 585, 590, 608
– R.Differenzierung in MD **170f**, 198, 204, 234
– R.Differenzierung im Dorf U. 229, 249f, 254, 256, 288, 295, 297–299, 305, 312–314, 318, 326f, 330f, 341f, 350, 352–354, 357, 368–370, 373, 401, 403, 410–412, 414f, 417, 419, 587–589, 600
– R.Differenzierung im Call-Center 456f, 460, 464, 487, 493, 505, 509, 547, 559, 565, 578f, 581f, 584f, 587–589, 598, 600, 602, 608
Reichweite 29–32, 34–40, 46f, 53, 55, **58–68**, **70–77**, 78f, 82, 84, 88, 91, 94, 97, 103f, 109, 111, 153, 157, 170, 183, 246, 263, 266, 293, 325, 346, 417, 419, 420, 424, 454, 571–574, 577–579, 581, 583, 586f, 590f, 593f, 596, 600–608
– von Repertoires, siehe Repertoire

– des Rumänischen, siehe Rumänisch
– des Russischen, siehe Russisch
– des Ukrainischen, siehe Ukrainisch
Reisen, siehe Mobilität
Remigration, siehe Migration
Reparatur 131, 154, 309, 315, 351, 358, 378, 387, 391, 466, 471, 512, 551, 555ff, **569f**
Repertoire (sprachliches) 29–36, 39f, 47, 52, 54, 59f, 67, 69, 71f, 74–81, **81–85**, 89, 91, 93f, 96, 98, 101–107, 109f, 120, 131f, 138–140, 144f, 153, 158–160, 162, 164f, 168, 172, 178, 185, 193, 203, 209, 234, 267f, 276, 316, 325, 331, 335, 340–342, 345, 353f, 362, 369, 381, 397, 401, 403f, 416f, 419, 423, 425, 437f, 448, 453, 455f, 458f, 484, 486, 493–495, 506f, 509f, 526, 536, 547f, 559, 564, 566, 576–578, 584, 588, 595, 602–605, 607f
– Ausbau 75, 198, 268, 299, 377, 403, 456, 591, 598
– Majorisierung 57, 75, 107, 156, 335, 369, 526, 575
– Reichweite 34f, 54, 61–63, 68, 70, 75–77, 91, 107, 150, 308, 367, 417, 419, 424, 578, 580, 583, 586, 588, 594f, 600f, 604f
– Repräsentation des R. 31, 138, 147, 150, **155–158**, 238, **324–337**, **368–373**, **392–413**, 417, 420, **483–487**, **526–532**, **565–568**, 571, **595–598**
– Restrukturierung des R. 30–32, 34, 36, 38f, 51, 60, 62f, 76, 78f, 89f, **103–106**, 128, 139, 147, 152–154, 401, 403, 418, 424, 453, 459, 558f, 577–580, 598, 604, 608
– ukrainisches R. 255, 299, 327, 381

Repräsentation(en) 31–36, 76, 107,
109f, 138, 147, **155–158**, 163, 238,
324–337, 368–373, 392–416, 417,
420, 526–528, 571, 584, 606; siehe
auch Repertoire/Repräsentation
Ressource (sprachliche) 28–32, 34f,
37, 39f, 44, 46f, 49f, 52, 54f, 57–59,
61–63, 66f, 71, 75f, 79, 81f, 85, 89,
94–97, 99, 102, 108, 111, 150, 155,
162, 198, 246, 292f, 325, 346, 348,
409f, 417, 420, 423, 435f, 453, 459,
548, 566, 572f, 577–583, 585–608
Restrukturierung, siehe Repertoire
Rezeptive Mehrsprachigkeit, siehe
Mehrsprachigkeit
Romanès 171, 194
Romanische Sprachen 106, 167, 201,
235, 253f, 302, 345, 358, 365, 479,
480f, 549, 560, 605
Rumänien 27f, 38, 167, 182f, 197,
232, 236, 239, 247, 437, 463, 484,
548, 550, 552, 558, 559, 561, 566
Rumänismus 188–190, 549
Rumänisch 27, 49, 52, 88, 128, 151,
160, 164, 173, 176, 184, 190, 192,
198, 213, 222, 257, 288, 302, 325,
346, 348, 353–358, 360, 366f, 370f,
379, 381, 383f, 387, 397, 399–402,
405, 419, 434, 438, 440, 447f,
479–481, 483, 485, 490f, 515f,
520–522, 526f, 537, 542f, 553, 560,
583, 585, 594, 605
- Ausbau 37, 173, 181–183, 187, 202,
271, 325, 342, 345, 371, 380, **386–
389**, 390, 403, 420, 462, **464–468**,
509f, 521, 575
- Erreichbarkeit **262–266**, 267f, 291f,
316, 374, 404, **406–409**, 417f, 420,
591, 594
- Erstsprache R. 28, 169f, 184, 186f,
192–194, 197, 203, 216, 235, 239,
241, 259, 274, 294, 341, 377, 404,
413, 450, 452, 462, 483, 522, 577,
587, 602; siehe auch Erstsprache
- formelle Register des R. 169, 171,
183, 198, 203, 205, 207, 209, 292, 338,
410, 464–468, 483, 547, 565, 570
- Fremdsprache, siehe Zweitsprache
- Funktion 29, 54, 168, 175, 209,
211, 218, 222, 258, 264, 266, 277,
292–294, 331–333, 362, 364,
450–459, 565, 575, 578, 581, 588,
589, 590, 601, 605
- gesprochenes R. 105f, 155, 160,
171, 174, 187, 203–205, 207, 238,
413–415, 458, 487–488, 538,
546–548, 568f, 576, 587; siehe auch
Argot
- italienisch-r. Kontaktphänomene
105, 161, 237, 449, 509, 535–537
- Kenntnisse 37f, 190, 193, 197f,
201, 205, 208, 218, 229, 239, 241,
263, 267, 282, 293–295, 302, 307,
310, 315f, 331, 334–336, 338f, 344f,
347f, 361, 367f, 379, 394, 401, 403,
409f, 417, 426, 438, 460, 483, 489,
494, 513, 542, 557, 566, 570f, 581,
587f, 597, 600–602
- r. Orthographie, siehe Orthographie
- Reichweite 183, 198, 258, 264–266,
295f, 331, 367, 417, 420, 467, 583f,
600
- R. in der Ukraine 174
- R. in Transnistrien 189
- Rumänischlehrer*in, siehe
Lehrer*in
- r.sprachige Bevölkerung Moldovas, siehe Erstsprache
- r.sprachiges Dorf 37, 247, 249, 253,
259, 263, 342, 374, 376, 392–394,
418, 462, 483, 552
- r.sprachige Schule/Bildungsinstitution, siehe Schule

- R.unterricht 117, 200f, 210, 223, 227, 263, 278, 282–284, 287, 291, 297, 304, 315, 348, 406, 509
- russische-r. Kontaktphänomene 88, 222, 415, 478f, 535, 537f, 541, 548
- Schriftpraxis 202f, 207, 221, 226, 331, 395, 403, 406, 410, 484
- Staatssprache Moldauisch/Rumänisch, siehe Staatssprache
- Standard 28, 168, 171, 182, 186, 191, 199, 203–207, 338, 414f, 478, 488, 497, 569
- Status 28, 168, 170, 175, **194–197**, 213, 214, 221, 606
- Studium 211, 374, **388–397**
- Varietäten 27f, 106, 160, 169, 171, 197, **203–209**, 239f, 410, 413, 538, 541, 557, 559, 565, 587, 589
- Zweitsprache R. 54, 145, 170, 174, 187, 193, 205, 227, 229, 239, 241, 253f, 277, 292, 315, 340, 347, **389–397**, 549, 577

Russifizierung 176, 180, 342

Russ*innen, siehe Russisch/russophone Bevölkerung Moldovas

Russisch 27, 88, 128, 142, 151, 156, 162, 164f, 170, 175–177, 179, 183, 197, 199, 218–222, 264, 294, 327, 341, 344, 347f, 350–352, 355–358, 373–374, 377, 379–381, 384, 398f, 403f, 406, 409–412, 414–416, 420, 430, 434, 447, 450f, 462, 484, 517, 520, 526, 531f, 535–538, 540, 542f, 548, 551, 560, 577, 582f, 585, 590, 598, 602
- Bildungssprache R. 32, 179, 185, 209, 218, 224, 259, 265–267, 273, 287, 289–291, 320f, 420, 462–467, 513, 577, 590
- Einsprachigkeit 54, 224, 536
- Entlehnungen aus dem R. 182f, 206, 208, 251, 256, 383, 400, 415f, 479
- Erreichbarkeit des R. 183f, 211, 259, 267, 381, 420, 577, 591
- formelles Register des R. 37, 47, 170, 174, 187, 207, 209, 211, 227, 250, 256–258, 290, 312f, 325, 342, 368f, 410, 417, 420, 464–468, 527, 553, 559, 566, 578, 581, 585, 594, 605
- Fremdsprache 187
- Funktion 28, 53, 55, 168, 170, 180, 182f, 209, 217, 219, 221f, 235, 245, 249, 254, 256–259, 266f, 277, 289, 294, 299, 311, 314, 342, 361, 378, 381, 430, 438, 452, 460, 467, 484, 510, 525–527, 543, 548, 553, 577, 588
- gesprochenes R. 171, 208
- Kenntnisse 180, 190, 194, 207, 216f, 227, 229, 234, 239, 241, 255–257, 287
- Kommodifikation R., siehe K.
- Kontaktphänomene, siehe Rumänisch bzw. Ukrainisch
- Migration 170, 174, 232f, 235, 240, 558f, 594
- Minderheitensprache 187, 189
- Nationalität 191–193, 307, 309
- Russischlehrer*in, siehe Lehrer*in
- russophone Bevölkerung MD 54, 170, 175, 183f, 186f, 189, 192, 197f, 203, 208–210, 215f, 219, 225, 234, 241f, 246, 397, 340, 352, 368f, 439, 443, 450, 452, 458, 467, 479, 484, 488, 509, 511, 522, 560, 575, 577, 579, 581, 584, 587, 592
- Reichweite des R. 171, 183, 209, 235, 266, **267–268**, 288f, 293, 296, 299, 311, 334, 367, 406, 420f, 589
- r.sprachige Räume 197, 235, 577
- R.unterricht 180, 184, 227, 240, 257, 282–284, 299, 378, 380–382, 386, 559, 566

- Sprache der interethnischen Kommunikation 184, 187, 194, 195, 267, 268, 276, 289, 290, 334, 405, 421
- Status 28, 47, 168–170, 173, 176, 187, 193, 194–197, 200, 211, 213f, 221f, 235, 289
- Studium 184, 262, 452, 549, 551f, 558f, 561, 566
- Unterrichtssprache 32, 117, 176f, 179f, 184f, 195, 197, 209, 214, 225–228, 247f, 257, 261, 267, 277, 280–283, **287–291**, 293, 299, 301, 307, 312, 377, 395f, 462f, 511, 513f, 578, 580, 604
- Varietäten 28, 171, 174, 203, **207–209**, 250, 553, 555–557
- Verkehrssprache R. 28, 32, 168, 185, 187, 209, 211, 254f, 269, 279, 287, 305, 406
- Zweitsprache R. 28, 145, 170, 193f, 551f

Russische Föderation 33, 92, 127, 170, 172, 197, 215, 232f, 235f, 268, 273, 289f, 316f, 389, 430, 551f, 559f, 566, 593

Russland, siehe Russische Föderation

S

Sagbares 138, 156f, 238, 327
Salienz 85, 87, 102, 533, 607
Scale 58, 60, **64–68**, 72, 75, 258, 295, 417, 587–589, 591, 593, 596, 600
Schreiben, siehe Schriftlichkeit
Schriftkultur, siehe Schriftlichkeit
Schriftlichkeit 33, 34, 41, 43, 46–48, 50f, 53, 62, 64, 67–69, 94, 96, 98f, 145f, 159, 170, 177, 221, 249f, 257, 293–296, 307, 325, 331, 362, 368, 387f, 410, 416, **446–447**, 454, 461, **479–483**, 510, 521, 530–532, 534, 585, 590, 596, 600
- elektronisch 406, 536

Schule 28, 30–32, 37, 50, 53, 73, 83, 93f, 99f, 102, 107, 109, 111, 114, 116f, 125, 130, 162, 164, 198f, 223, 230f, 261, **309–313**, 314, 318, 338, 343–346, 348f, 353, 356
- ukrainische Schule (in Moldova) 32, 58, 116, 156, 179, 245f, 248f, 259f, **268–305**, 340, 349, 351, 366, 580, 604

Schulsystem, siehe Bildungssystem
Script 445, 505, 575
Slawische Sprachen 182, 253–255, 479, 481, 549
Sowjetunion 29f, 127, 167, 172f, 176f, 181f, 184, 210, 214, 242, 250f, 271, 302, 305, 320, 327, 340–343, 345f, 349, 358, 453, 463, 553, 558, 575, 577, 579, 599
- Moldauische Sozialistische Sowjetrepublik (MSS) 69, 177, **181–185**, 214, 221, 230, 239, 417, 577
- postsowjetische Länder, siehe p.
- Sprachpolitik, siehe S.

Soziolinguistik, siehe Sprachwissenschaft
Spanisch 103, 105f, 230, 428, 549–551
Sprachaneignung, siehe Aneignung
Sprachausbau, siehe Ausbau
Sprachbiographie 29, 31, 40, 50, 57, 62, 73, 75, 77, 79, 85, 88f, 93, 97, **106–110**, 113, 116, 131, 220, 238, 243, 245, 276, 335, 417f, 424f, 435, 461, 550, 571, 578–580, 583, 598f, 604
- indexikalische 40, 106–110, 153
- Sp.Forschung 35–38, 76, 109, 126–128, 132, 136, 138f, 147f, 150, 152f, 158, 245, 307, 342, 375, 392, 425, 435, 462, 578f
- Sp. Interview 102, 139f, 307, 317, siehe auch Sp.Forschung

- (konkrete/einzelne) Sp. 235, 268, 294, 303, 307–324, 338, 340–367, 376–392, 403, 417–419, 439, 456, 458, 461–483, 511–526, 552–565, 602
Spracherhalt 32
Spracherwerb, siehe Aneignung
Sprachgemeinschaft 49, **79–81**, 87, 178, 194, 200
Sprachgesetz (1989) 28, 53, 169, 185, 189, **194–197**, 201, 221, 386, 388, 585
Sprachkonflikte 28, 43, 126, 185f, 209, 433, 447, 452
Sprachkontakt 71, 89, 104, 106, 162, 170, 183, 185, 199, 211, 219, 237, 255, 416, 418, 449, 469, 479, 548
Sprachliche Landschaft 27, 174, 200, 202, 221, 479, 577
Sprachliche Persönlichkeit (*jazykovaja ličnost'*) 173, 175, 207f, 292
Sprachliche Umgebung (*jazykovaja sreda*) 55, 60, 69, 85, 105, 207, 210, 220, 263, 292, 325, 335f, 357, 397, 403, 418f, 522, 566, 577, 582, 585, 597, 602, 604f
Sprachliche Unsicherheit, siehe Unsicherheit
Sprachmediator*innen 294f, 310, 334–336, **362–367**, 409, 417, 600f
Sprachminderheit, siehe Minderheit
Sprachpflege 123, 187, 198, 209
Sprachpolitik 29, 40f, 46, 49, 53, 56–59, 77, 103, 107, 156, 209, 434, 437, 577, 580, 582f
– in Moldova 37, 169, 173, 175–177, 181, 185–187, **194–214**, **278–305**
– sowjetische Sprachpolitik 173, 176, **177–185**
Sprachpraxis 27f, 31, 34–37, 39f, 42, 45f, 48, 52, 56, 58, 61, 67, 81, 86, 102f, 106f, 120, 132f, 139, 157–159, 162f, 190, 221f, 239, 245f, 527, 564, 566
– im Dienstleistungssektor 77, 217, 221f, 234f, 405, 423, 430, 433f, 437, 467, 486, 499–509, 543
– in Familien 67, 73, 78, 97, 109, 165, 190, 216f, 219, 235, 254f, 268, 287, 311, 318, 339, 341, 354–358, 361, 371, 377, 382, 397–404, 419, 462, 475, 483, 581, 586, 602, 604
– mehrsprachige 27, 88, 94, 158, **162–165**, 170, 187, 239, 267, 379f, 382, 404f, 410, 413–415, 418, 447–450, 509, 519, 526, 532, **535–543**, 575, 582, 587–589, 595, 603
– in Unternehmen 220f, 425, 433–435, 487
Sprachtest 200, 314–317, 340, 440, 581
Sprachwahl 76, 88, 164f, 198, 220, 222, 257, 311, 337, 357, 381, 397, 401f, 447
Sprachwandel 49–51, 86, 105, 299
Sprachwissenschaft 234, 276, 292, 437, 438
– Migrationslinguistik 33, 80, 103, 233
– moldauische Sprachwissenschaft 28, 88, 123, 173f, 206f, 238, 327
– Romanistik 39, 65, 238, 262, 549
– Soziolinguistik 30, 34, 36f, 40, 47, 56, 61, 63–65, 74, 78f, 81, 83, 88, 114, 116, 127, 140, 155, 174, 219f, 294, 423f, 434
Sprechweise 37, 110, 147, 154, **159–166**, 205, 239, 241, 325, **337**, **373–374**, 375, 413–417, 438, **487**, **532–548**, 552, **568–571**, 576, 604
Staat 44, 46f, 226, 335, 483
– bürgerlicher Staat 43–46
– Nationalstaat 36, 41f, 44, 51, 58, 64, 169, 223, 233, 240, 242, 590

Staatsbürgerschaft 45, 61, 140, 177, 196, 212, 214, 231f, 237, 277, 453, 484, 561
Staatssprache 28, 32, 49f, 108, 169f, 186f, 194–196, 200, 210, 217, 219, 236, 258, **262–266**, 276, 286, 291f, 324, 386, 394f, 407–409, 418, 577–579, 581, 589; siehe auch Glottonym
Staatstheorie 40, 44, 58, 65
Standardsprache 28, 50, 56, 64, 71, 158, 170, 183, 186, 191, 209, 271
Standardisierung 50, 52, 77, 176, 199, 438, 606
Statistik 28, 190–193, 216f, 230–233, 235–237, 246f, 261, 286, 583
Status (von Sprachen), siehe Funktionen
Stil 46, 80, 96, 99, 160, 204, 206, 222, 449
Studium, siehe Universität
Submersion 75, 274, 455, 564, 605; siehe auch Aneignung
Superdiversität **79–81**
Symbol (Zeichen) 48, 84, 86, 89, 92f, 98–101, 146
Syntax 83, **145–146**, 168, 251, 357, 382, 416, 499, 569

T
Tagebuch, siehe Forschungsnotizen
Territorialrecht 195, 212
Textlinguistik 35, 137, 146
Training (Call-Center) 116, 118, 427f, 433, 439, 440, 443–445, 448, 460, 466, 487–499, 506f, 573
Transfer 93, 100f, 162f, 211, 255, 306, 358, 367f, 590, 594, 604, 607f
Transkription 27, 127f, **133–136**, 137, 146, 150, 159, 161, 337, 494, 547, 568f
Translanguaging 27, 88, 163, 582, 595

Transmigration, siehe Migration
Transnationalisierung 111, 116
Transnistrien 47, 167f, 189, 203, 214, 218, 232, 316, 304, 345, 351, 358, 462, 511, 558, 580
Türkei 112, 235, 437
Türkisch 28

U
Überdachung 42, 99
Übersetzung 58, 73, 294f, 302, 334–336, 363, 367, 369, 384, 409, 519, 523, 527, 592
Ukraine 33, 112, 116, 122, 125, 167, 170, 174, 177, 203, 210, 218, 233f, 242, 247f, 259, 271, 285, 290f, 300f, 305f, 308, 316f, 319, 323, 326, 237, 328, 340f, 345, 348–352, 354, 361, 369, 377, 378, 393, 417, 418
Ukrainische Sprache 37, 47, 117, 142, 166, 168, 170f, 179, 182, 190, 192f, 195, 213, **214–218**, 242, 265, 269, 282, 286, 304, 332, 334, 353, 361, 377–381, 397, 399–402, 405f, 409–412, 580, 586
- Akzent 413
- Ausbau 32, 211, 217, 262, 299, **318–323**, 324, 327, **348–350**, 354, **381–386**, 421
- Dorf 30–32, 34, 37, 58, 70, 81, 108, 111, 115–118, 125, 127f, 130, 133–135, 144, 156, 158, 164, 208–210, 213, 238, 240–242, **245–305**, 306–308, 311, 313, 318, 321–324, 237–330, 333–335, 338, 340f, 344f, 347, 350–353, 356f, 362f, 366–368, 370, 374, 376f, 381–385, 389f, 392–396, 404–406, 409, 417–421, 458, 578, 580f, 583–585, 587–590, 597, 599–602, 605; siehe auch Registerdifferenzierung im Dorf U.

683

- Erreichbarkeit des U. 32, 255, 257, 300
- Erstsprache U. 192, 579, 594
- formelle Register des U. 250, 256–258, 299, 305, 316, 318, 321, 325–327, 350, 354, 369, 37, 411f, 419, 585, 594
- Funktion 256, 330, 369, 401, 589; siehe auch fomelle Register des U.
- Gemeinschaft (*obščina*) 245, 248, 294
- Kontaktphänomene U.-Russisch 325
- Lehrerin 245, 258, 261, 263, 271, 294, 296–298, 304, **305–337**, 417, 580, 591
- Reichweite des U. 32, 209, **259–262**, 289, 300, 323, 328, 354, 357, 417, 581
- Standardsprache 249, 252, 254, 258, 291, 306, 316, 318, 326–330, 338, 348, 350, 352f, 368, 370, 374, 383–385, 417, 581, 585, 588, 594, 603, 605
- Studium 259, 260, 262, 307, 320,
- ukrainische Minderheit 32, 37, 194, 210f, 245, 294, 307, 394, 420, 583, 591f
- ukrainische Nationalität 191–193, 246f, 253, 261
- ukrainische Schule, siehe Schule
- ukrainische Varietäten 28, 37, 144, 249, 250–254, 298f, 305f, 308–310, 312f, 318, 324–330, 337, 350, 352–354, 356, 368, 370, 374, 381, 383–385, 410, 417–419, 537, 585, 587–589, 596
- Unterricht 218, 251f, 257, 261, 283f, 287, 291, 295, **296–301**, 306–308, 318f, 329, 369, 421
- Unterrichtssprache 281, 288, 290, 320, 324
- Zweitsprache 255, 267

Unabhängigkeit(serklärung Moldovas 1991) 28–30, 169, 175, 188, 211, 218, 223, 270, 345, 579, 599, 605

Ungleichheit (soziale) 29f, 36, 45, 47, 53, 61, 63f, 91, 96, 142, 194, 209, 579

Universität 38, 93–95, 115, 198, 202, 209, 231, 238, 266, 273, 289–291, 305, 307, 315f, 321, 325f, 329, 359, 377, 386–390, 392, 395, 417f, 420, 431f, 435, 440, 454, 457f, 480, 520, 548f, 559–561, 563–566, 572, 577, 579–581, 590–593, 599, 601–603

- Anthropologische Universität (Chişinău) 173
- Freie Universität Moldovas (Universitatea Liberă Internaţională din Moldova, ULIM) 188, 435
- Pädagogische Universität Ion Creangă 290, 396, 435, 441
- Slavonische Universität (Chişinău) 173, 175, 209
- Staatliche Universität Moldovas (Universitatea de Stat din Moldova, USM) 175, 188, 291, 435
- Staatliche Universität Bălţi 175, 202, 215, 218, 262, 273, 291, 308, 323, 377, 396

Universalgrammatik 85, 87

Unsicherheit (sprachliche) 56, 62, 77, 108, 157, 238

Usage based approach, siehe Gebrauchsbasiertheit

V

Varietät (sprachliche) 42f, 47, 50–52, 57, 64, 66, 70, 80, 84, 96, 98, 101, 104, 106, 157, 160, 199, 250, 211, 414, 434, 587

Vatersname 135, 208, 271

Verfassungsgericht 28
Verhältnisse
- Artikulation von Verhältnissen 31, 37, 54, 58, 59, 69, 77f, 81, 128, 134f, 148, 158, 164, 204, 210, **245–305**, 374, 390, 393, **424–459**, 462, 464, 577, 579f, 587, 591, 601, 603
- Bruch, siehe Bruchphase
- im Call-Center, siehe Artikulation von V.
- im Dorf U., siehe Artikulation von V.
- gesellschaftliche V. 28, 30, 33, 35f, 39f, 53, 57, 65, 72, 74, 91f, 99, 109, 111–114, 119f, 122, 126f, 154, 176, 198, 227, 231, 235, 246, 295, 431, 558, 593, 604f
- Kräftev., siehe Kräfteverhältnisse
- Produktionsv., siehe Produktionsverhältnisse
- sprachliche V. 2831, 35–40, **41–59**, 60–64, 68f, 77f, 83, 89, 91, 96, 98, 103, 106f, 109, 121, 127, 136, 138, 143, 150, 153, 157f, 167, 229, 233f, 277, 282, 305, 421, 565, 574f, 577–580, 582, 589f, 595, 598f, 604–606
- sprachliche V. in MD 20, 29, 31, 32, 33, 37, 39, 51, 58, 127, 142, **167–243**, 245, 289, 302, 316, 334f, 395, 417f, 421, 453, 433, 458, 464, 511, 558, 574, 575, 578; siehe auch Registerdifferenzierung in MD

Verkaufsstrategie 443–446, 449, 457, 489, 494, **499–509**, 543, 573, 588
Verkehrssprache 28, 46f, 188, 235, 282, 447, 453, 484, 575, 577
- internationale 198, 222
- Russisch, siehe Russisch
Vernakulärsprache 37
Voice 40, 61f, 72, 77, 79, **90–93**, 96, 107, 114, 587, 589, 594

W
Wahrheit (historische) 123
Ware, siehe Kommodifizierung
Wirtschaft, siehe Produktionsverhältnisse; Verhältnisse (gesellschaftliche); Kommunikation in Unternehmen
Westeuropa, siehe Europa
Wert, siehe Bewertung
Wochendokumentation 128, 357f, 368, 377, **405–406**, 410, 416

Z
Zeigespiele 476, 518, 521, 574, 586
Zeitung, siehe Medien
Zensus, siehe Statistik
Zweitsprache 28, 92, 94, 98, 106, 112, 594, 597
- Rumänisch als Z., siehe Rumänisch
- Russisch als Z., siehe Russisch
- Ukrainisch als Z., siehe Ukrainisch